朱啟鈐舊照，1918年（朱天提供）

賀 朱啟鈐先生年譜長編出版

一代宗師

癸卯年傅熹年題時年九十歲

海内巍巍存素堂，衆星拱極舉霞觴。三十八載回眸處，衣襟猶然帶賸香。

魯地伏生尊壽耇，嶺南學海渺無涯。汪洋難自一勺見，毛義詳箋效鄭家。

任國兄欲余題學林春秋所注

桂師文因賦二絕句

庚辰孟冬 劉宗漢

劉宗漢

朱啟鈐年譜長編

上册

李楚君 著

浙江古籍出版社

謹以此書獻給劉宗漢先生

朱啟鈐（右三）與家人在北戴河

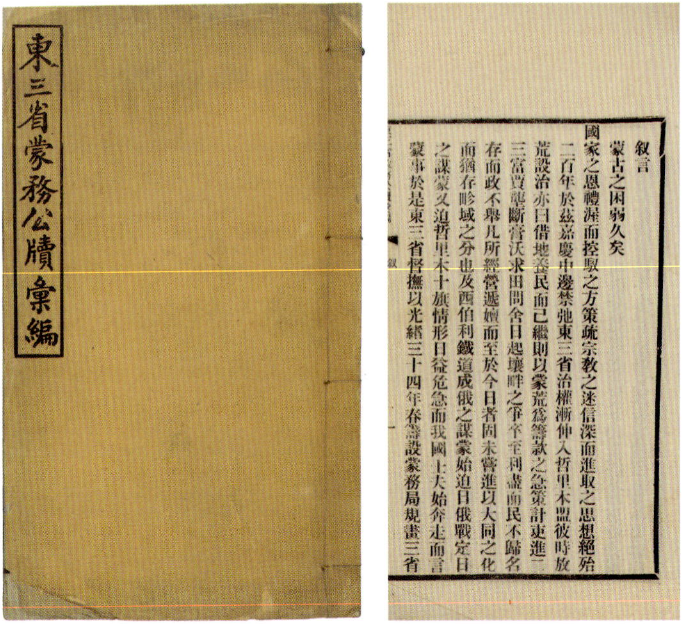

《東三省蒙務公牘彙編》（1909 年）

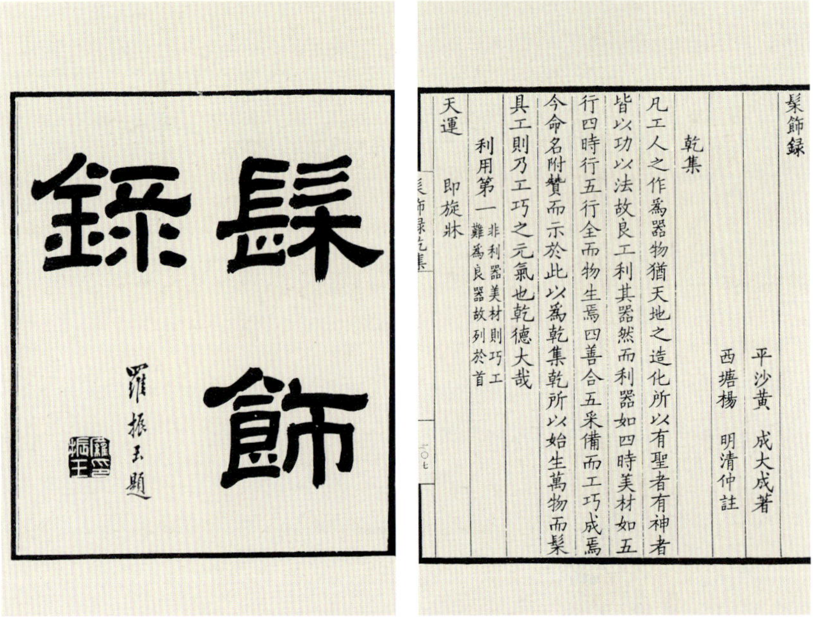

《髹飾錄》（1927 年）

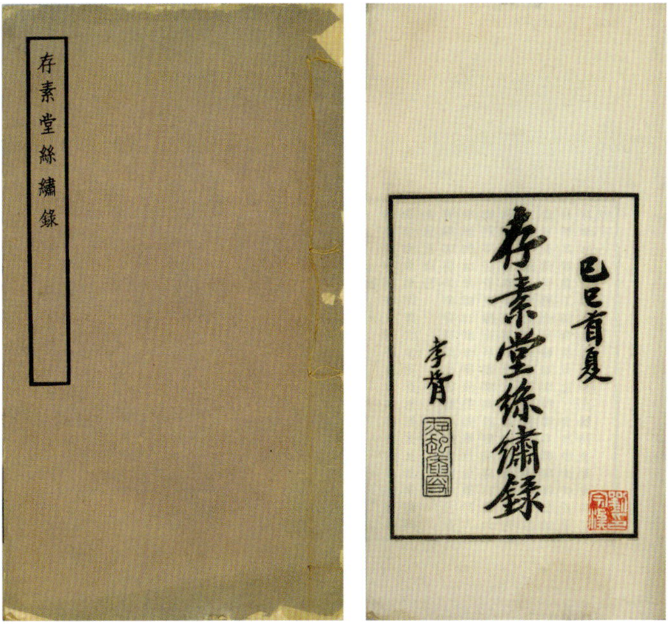

《存素堂絲繡錄》（1929 年）

《纂組英華》（1935 年）

内中收錄朱啟鈐舊藏
《朱克柔緙絲牡丹》

李明仲營
造法式三
十六卷

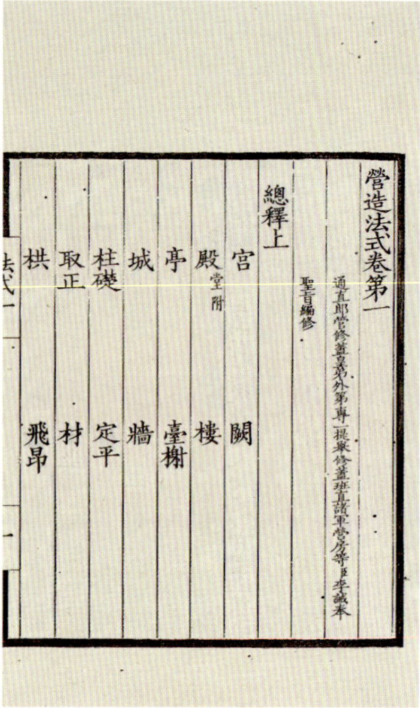
營造法式卷第一
通直郎管修蓋皇弟外第專一提舉修蓋班直諸軍營房等臣李誡奉
聖旨編修
總釋上
宮 闕
殿堂附 樓
亭 臺榭
城 牆
柱礎 定平
取正 材
栱 飛昂
法式一

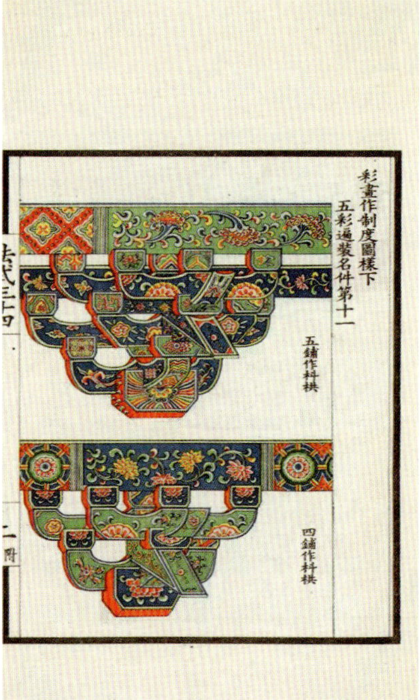
彩畫作制度圖樣下
五彩遍裝名件第十一
五鋪作枓栱
四鋪作枓栱

解綠裝名件
凡青綠疊暈大青在外青華在中粉綠在內
凡綠疊暈大綠在外綠華在中粉綠在內
枓栱方桁身內並用土朱

《营造法式》（1929 年）

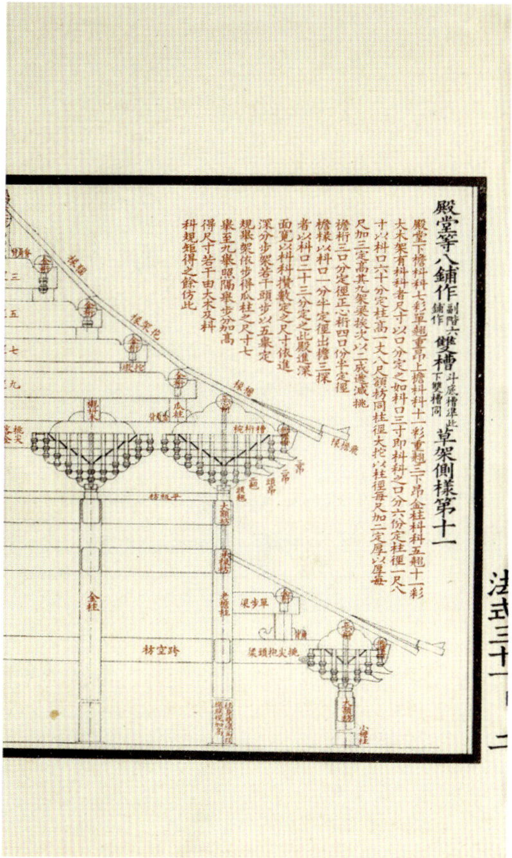

《營造法式》內頁

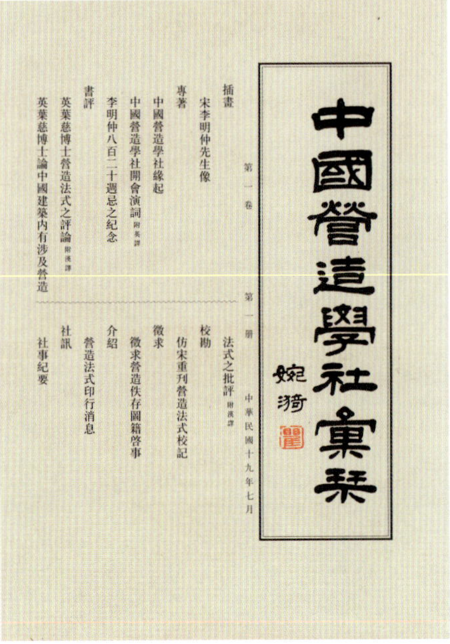
中國營造學社彙栞

婉漪

第一卷 第一册 中華民國十九年七月

插畫

宋李明仲先生像

專著

中國營造學社緣起

中國營造學社開會演詞 附英譯

李明仲八百二十週忌之紀念

書評

英葉慈博士營造法式之評論 附漢譯

英葉慈博士論中國建築內有涉及營造法式之批評 附漢譯

校勘

仿宋重刊營造法式校記

徵求

徵求營造佚存圖籍啓事

介紹

營造法式印行消息

社訊

社事紀要

《中國營造學社匯刊》（1930 年）

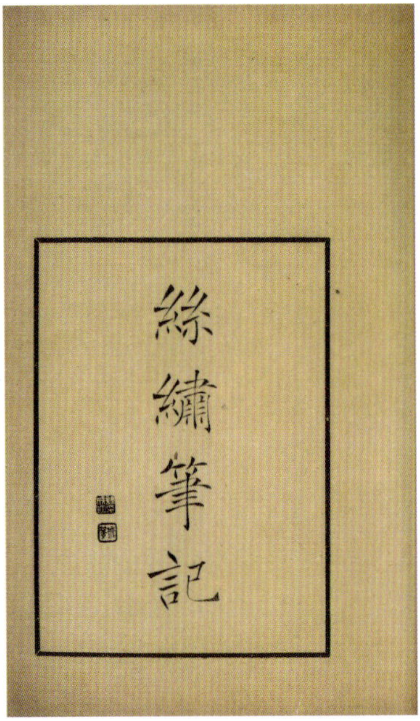
絲繡筆記

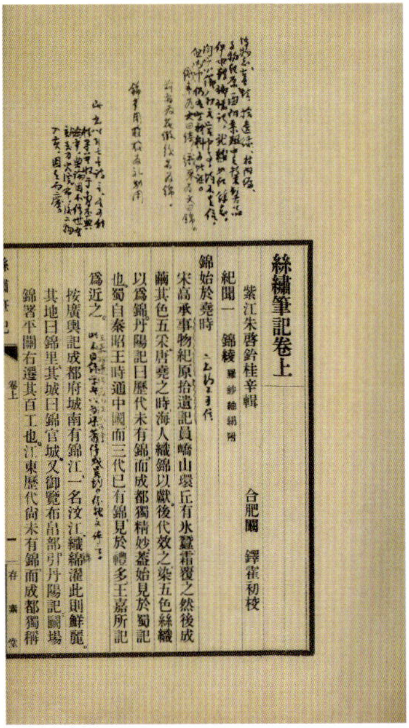
絲繡筆記卷上

紫江朱啓鈐桂辛輯　合肥闞　鐸霍初校

紀聞一　錦綾 羅紗紬絹附

錦始於堯時

宋高承事物紀原拾遺記員嶠山環丘有氷蠶霜覆之然後成繭其色五采唐堯之時海人織錦以獻後代效之染五色絲織以爲錦。丹陽記曰歷代未有錦，而成都獨精妙，蓋始見於蜀記也，蜀自秦昭王時通中國而三代已有錦見於禮多王嘉所記爲近之。

按廣輿記成都府城南有錦江，一名汶江，織錦濯此則鮮麗。其地曰錦里，其城曰錦官城，又御覽布帛部引丹陽記闞場錦署平關右遷其百工也。江東歷代尚未有錦而成都獨稱

《絲繡筆記》（1930 年）

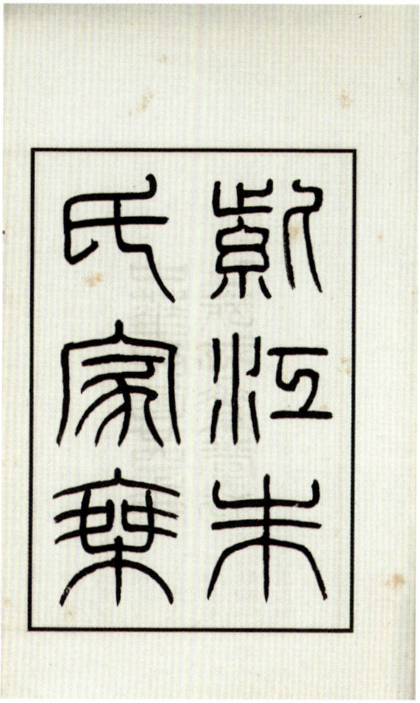

紫江朱氏家乘

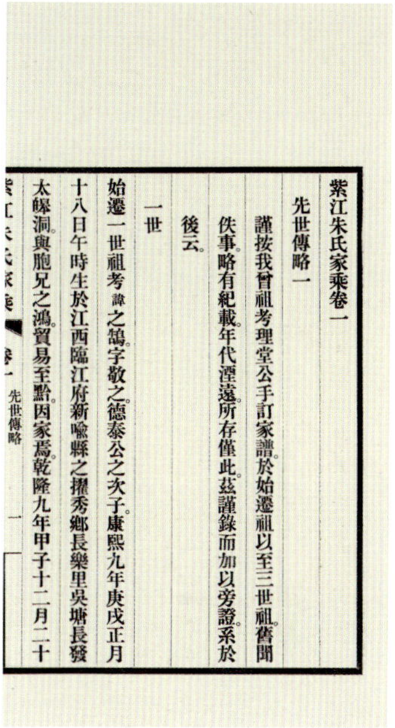

紫江朱氏家乘卷一

先世傳略一

謹按我曾祖考理堂公手訂家譜。於始遷祖以至三世祖。舊聞佚事略有紀載。年代湮遠。所存僅此。茲謹錄而加以旁證。系於後云。

一世

始遷一世祖考諱之鵠。字敬之。德泰公之次子。康熙九年庚戌正月十八日午時生於江西臨江府新喻縣之擢秀鄉長樂里吳塘。長發太瞑洞。與胞兄之鴻貿易至黔。因家焉。乾隆九年甲子十二月二十

紫江朱氏家乘 卷一 先世傳略 一

《紫江朱氏家乘》（1935年）

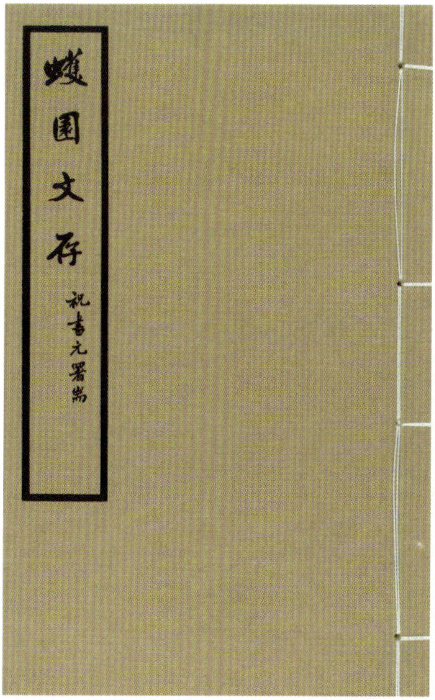

蠖園文存

祝書元署耑

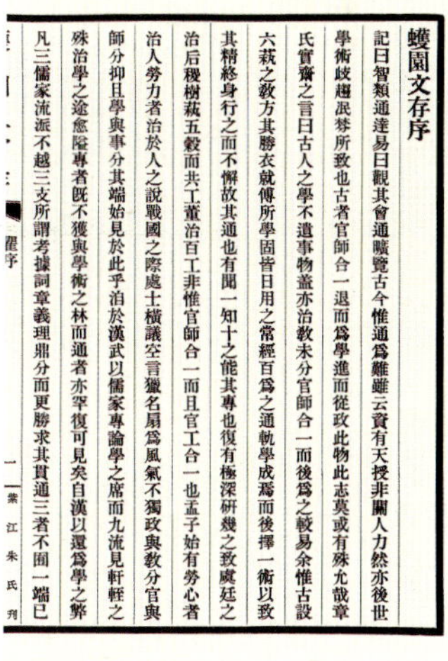

蠖園文存序

記曰智類通達易曰觀其會通曠覽古今惟通爲難雖云資有天授非關人力然亦後世學術歧趨泯棼所致也古者官師合一退而爲學進而從政此物此志莫或有殊允哉章氏實齋之言曰古人之學不遺事物蓋亦治教未分官師合一而後爲之較易余惟古設六藝之教方其勝衣就傅所學固皆日用之常經百爲之通軌學成焉而後擇一術以致其精終身行之而不懈故其通也有聞一知十之能其專也復有極深研幾之致虞廷之治后稷樹藝五穀而共工董治百工非惟官師合一而且官工合一也孟子始有勞心者治人勞力者治於人之說戰國之際處士橫議空言獵名扇爲風氣不獨政與教分官與師分抑且學與事分其端始見於此乎洎於漢武以儒家專論學之席而九流見輊輕之殊治學之途愈隘專者既不獲與學術之林而通者亦罕復可見矣自漢以還爲學之弊凡三儒家流派不越三支所謂考據詞章義理鼎分而更勝求其貫通三者不囿一端已

蠖園文存 瞿序 一

紫江朱氏刊

《蠖園文存》（1936年）

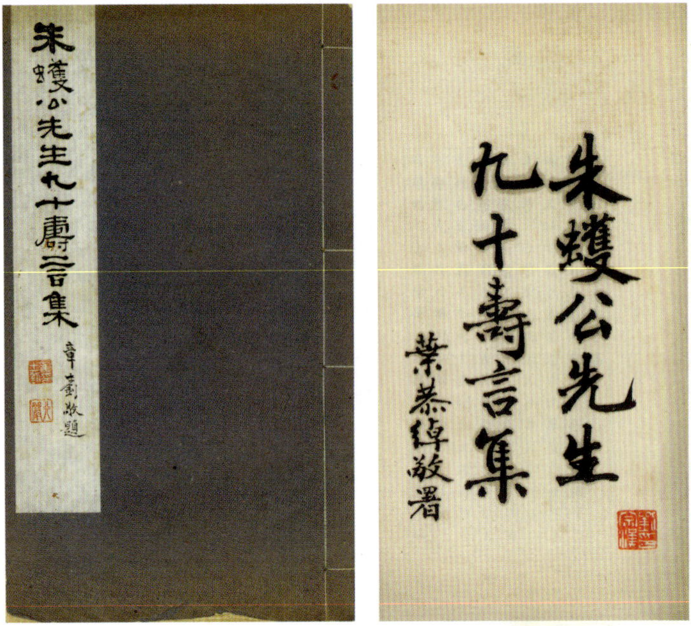

《朱蠖公先生九十壽言集》（1961 年）

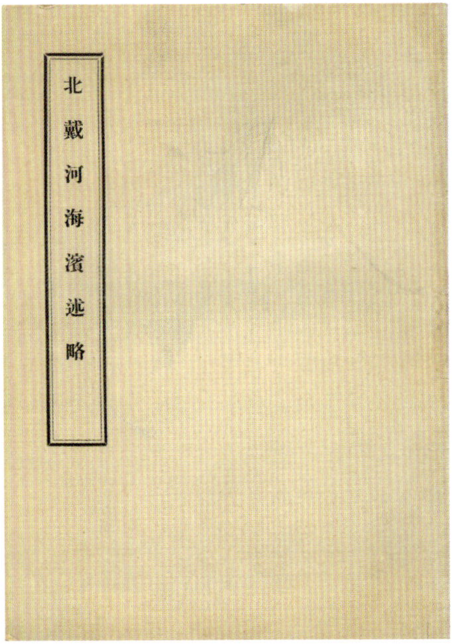

《北戴河海濱述略》

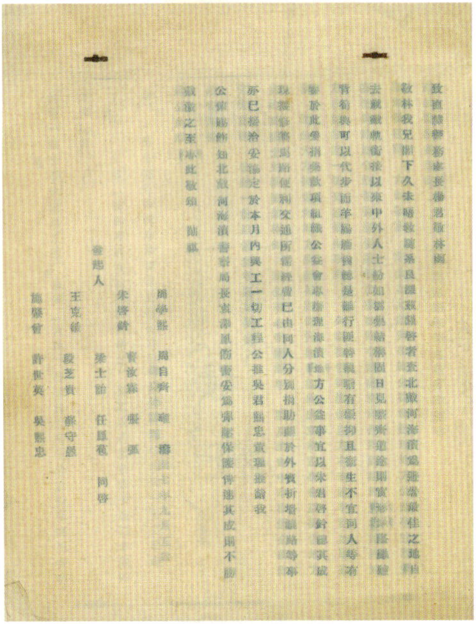

《致直隸警務處長楊君敬林函》

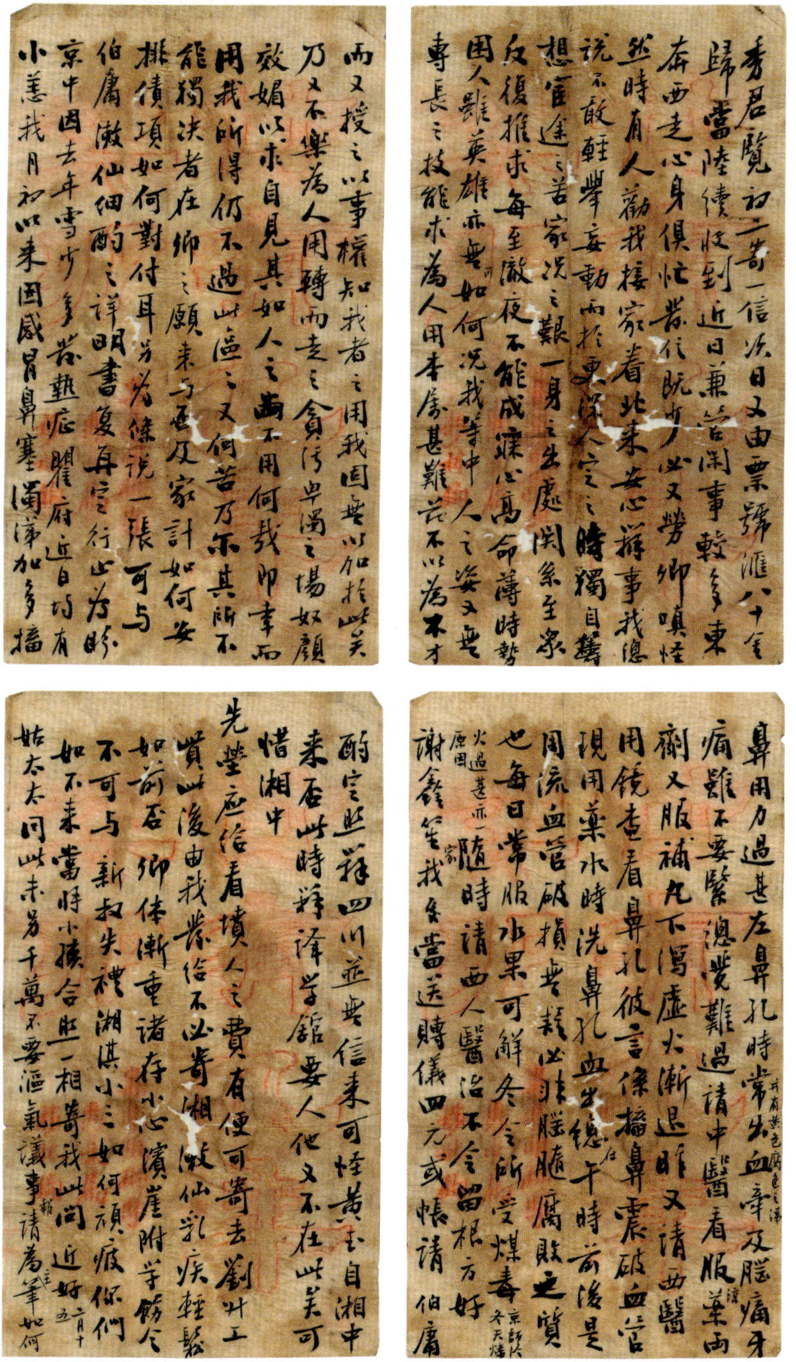

秀君覽初二寄一信次日又由票號滙八十金
歸當陸續收到近日兼管閑事較多東
奔西走心身俱忙前信既少以又勞卿嗔怪
然時有人勸我接家眷北來安心辦事我總
說不敢輕舉妄動而於更深人定之時獨自籌
想宦途之苦家況之艱一身之處關系全家
反復推求每至徹夜不能成寐心高命薄時勢
困人雖英雄亦無如何況我等中人之姿又無
專長之技能求為人用本屬甚難若不以為不才
而又授之以事權知我者之用我固無以加於此矣
乃又不樂為人用轉而走之貪污卑濁之場奴顏
婢媚以求自見其如人之齒不用何我卿幸而
用我所得仍不過此區區又何苦乃爾其所不
能獨決者在卿之願來與否及家計如何安
排債項如何對付耳另為條說一張可與
伯庸漱仙細酌之詳明書覆再定行止為盼
京中因去年雪少多患熱症瞿府近日均有
小恙我月初以來因感冒鼻塞濁涕加多擂
鼻用力過甚左鼻孔時常出血并有黃色膿色之涕牽及腦痛牙
痛雖不要緊總覺難過請中醫看服涼藥兩
劑又服補丸下瀉虛火漸退昨又請西醫
用鏡查看鼻孔彼言係擂鼻震破血管
現用藥水時洗鼻孔血出總在午時前後是
因流血管破損無疑必非腦髓腐敗之質
也每日常服水果可解冬令所受煤毒京師冬天燒
火過甚亦一原因隨時請西人醫治不令留根方好
謝鑫笙我家當送賻儀四元或帳請伯庸
酌定此辦四川並無信來可怪黃去自湘中
來否此時辦譯學館要人他又不在此矣可
惜湘中
先塋應給看墳人之費有便可寄去劉竹工
貲此後由我發給不必寄湘漱仙亂疾輕鬆
如前否卿體漸重諸存小心濱崖附學勸令
不可與新叔失禮湘淇小三如何頑痴你們
如不來當將小孩合照一相寄我此間近好五月十五
姑太太同此未另千萬不要漚氣議事請為報注筆如何

朱啟鈐致于寶珊家書（1903年）

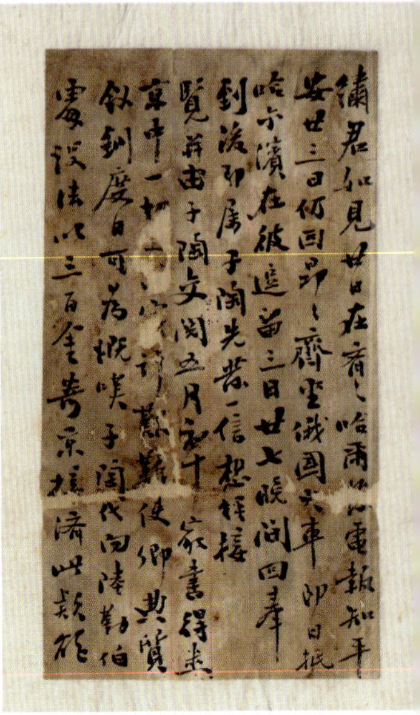
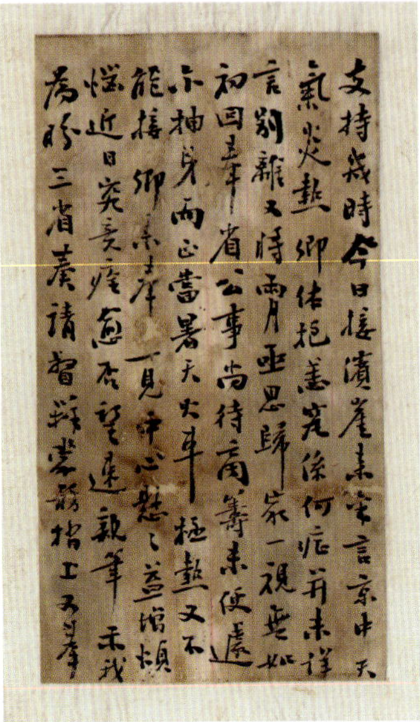
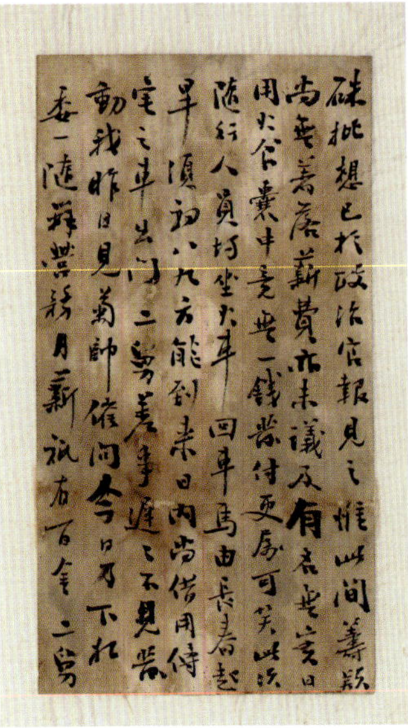
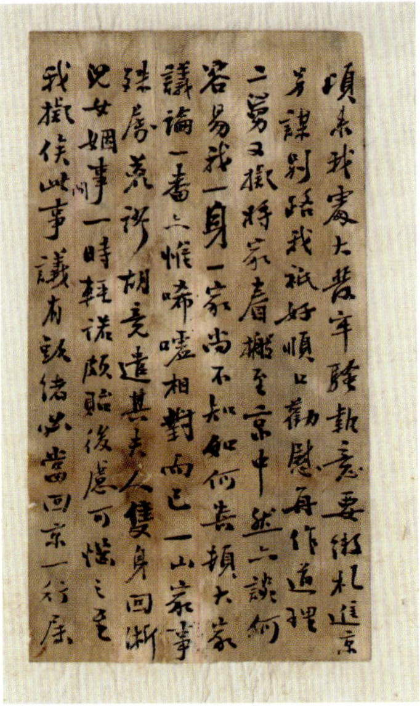
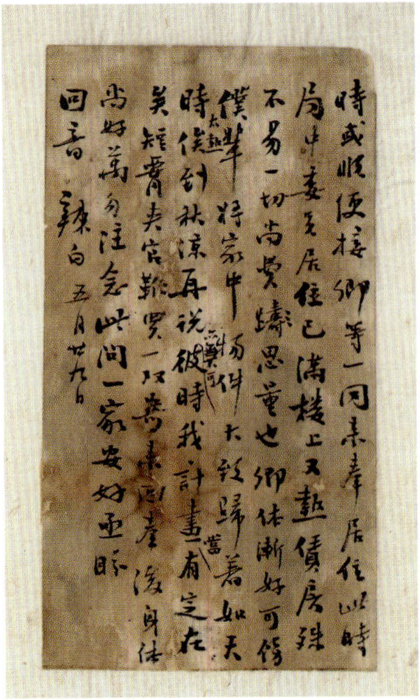

朱啟鈐致于寶珊家書（1908年）

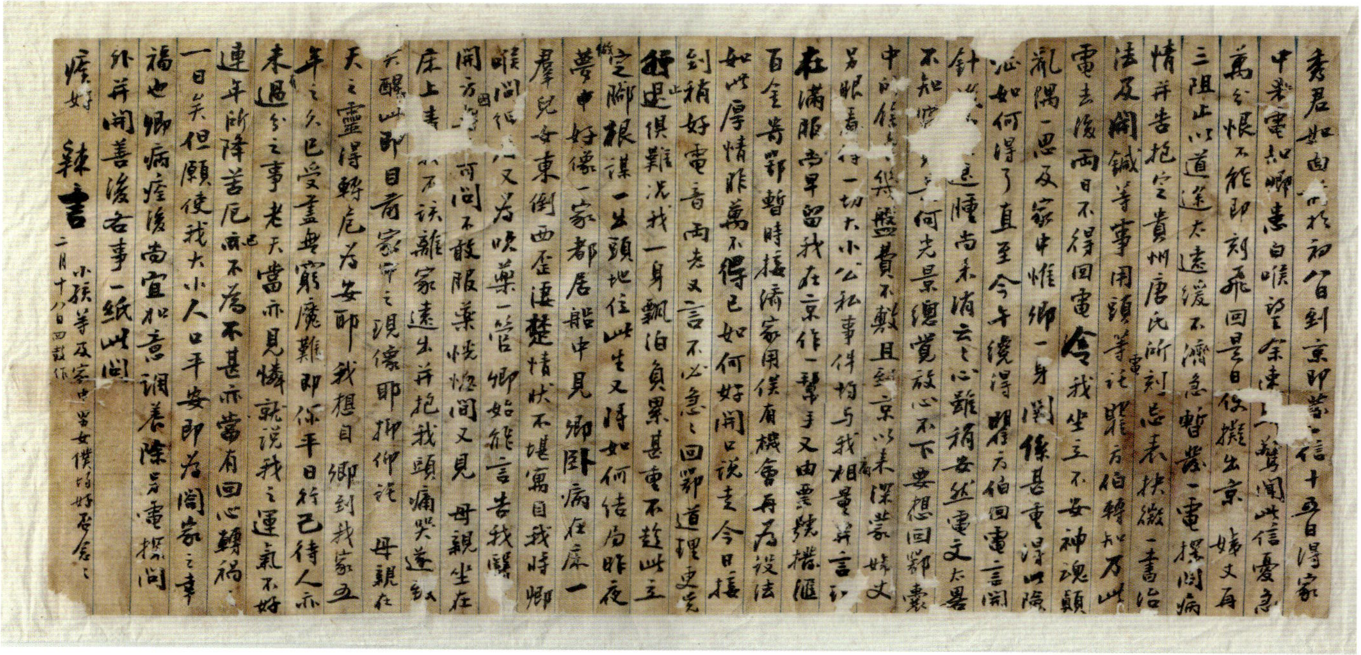

朱啟鈐致于寶珊家書.1（1902年）

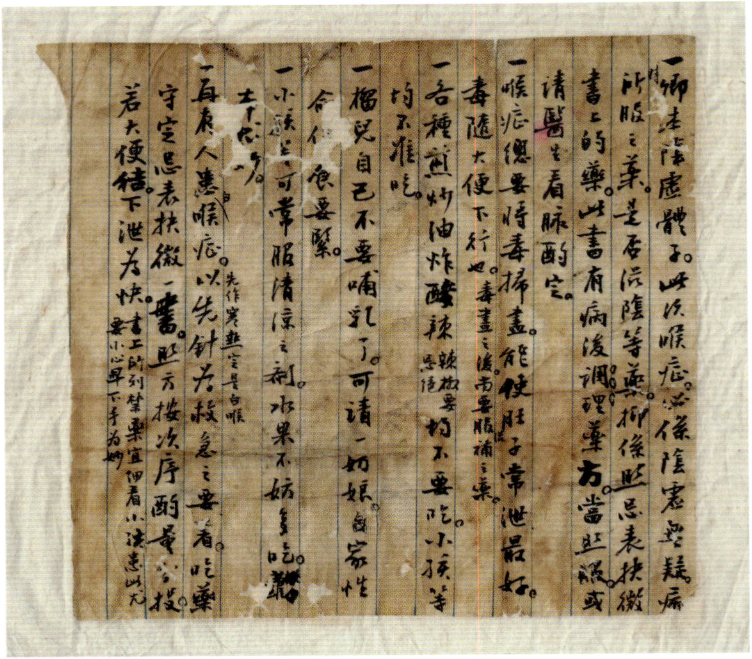

朱啟鈐致于寶珊家書.2（1902年）

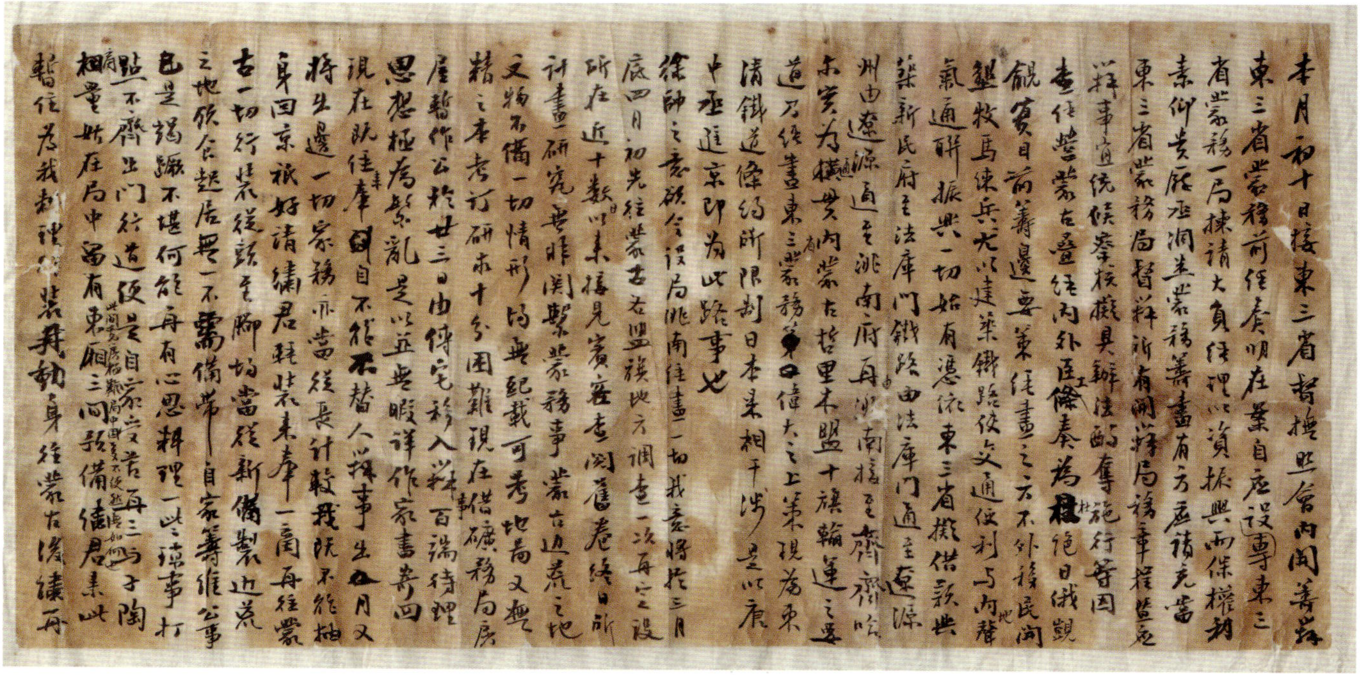

朱啟鈐致家人書 .1（1908 年）

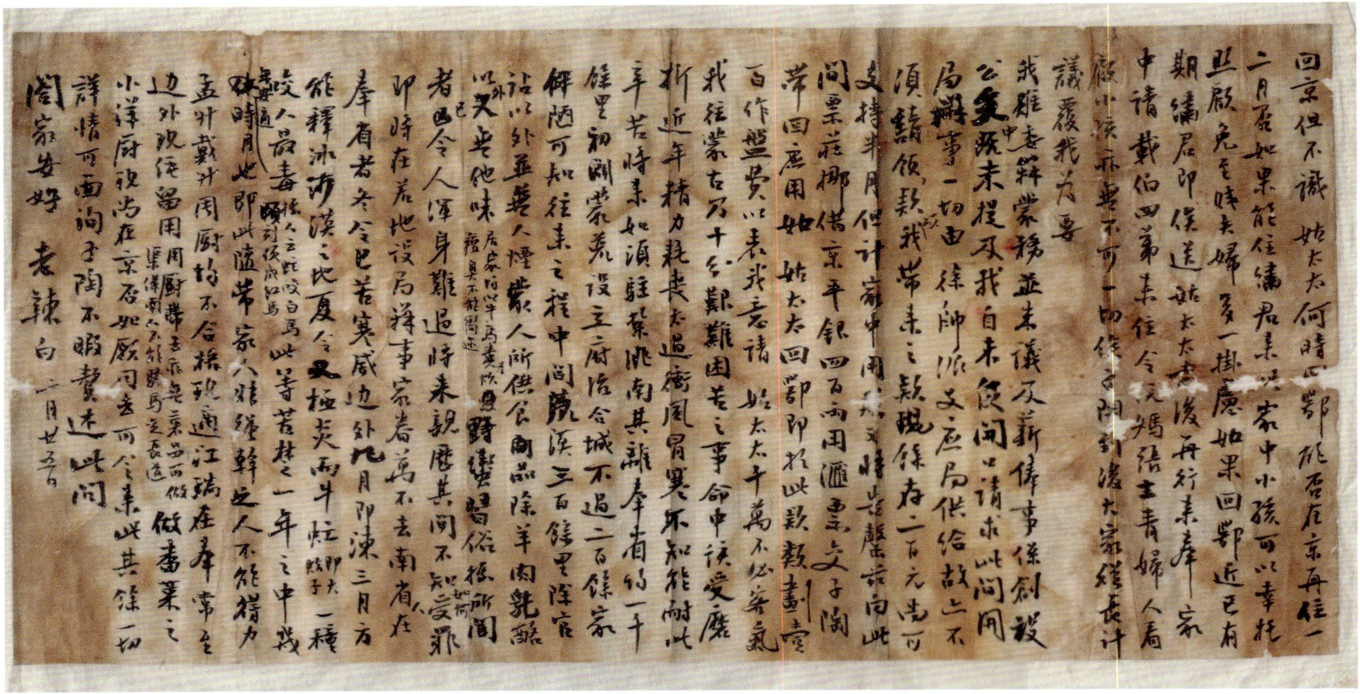

朱啟鈐致家人書.2（1908年）

序　言

《朱啟鈐年譜長編》即將出版，撰者李楚君女士要我爲此書寫一篇序言，實在是惶恐之至。無論是從年齒還是以學識而言，我都没有資格爲這部長編撰寫序言。在世的前輩中以傅熹年先生寫序最爲相宜，但傅先生年事已高，僅爲此書的出版寫了題詞。再有就是在蠖公身邊工作多年的劉宗漢兄更爲合適，豈料宗漢兄去年突然去世，僅爲此書題寫了書名，於是楚君找到我，要我來完成這件事。

趙家與朱家也可以算是四代世誼，我的曾伯祖趙爾巽民初領修《清史稿》，蠖公彼時在袁世凱身邊，當時諸多事務性工作和經費等事項也是多由蠖公聯繫，蠖公以晚輩斡旋其間。五六十年代，我家居住在北京東四二條，而蠖公家住在東四八條，兩家過從較密切，也有幸見過一兩次蠖公。我小時候經常和蠖公之子朱海北先生接觸，他經常來我家，甚至帶著我玩耍。後來，蠖公文孫朱文相夫婦又與我有許多工作上的接觸，十分熟悉。直到今天，其重孫朱天也常在很多場合見面。因此説“四代世誼”並非虚妄。

朱啟鈐（1872—1964），字桂辛，號蠖公、蠖園，祖籍貴州開陽，生於河南信陽。歷任光緒、宣統年間道員，後任京師大學堂譯書館監督，北京外城巡警總廳廳丞，内城警察總監。民國後曾任内閣交通總長、内務總長，並代理過國務總理。1919 年任南北議和的北方總代表。議和失敗後，基本脱離政界，疏遠政壇。此後從事中興煤礦、中興輪船公司等實業事務。1930 年利用中英庚款創辦營造學社，組織和從事古建研究和古代工藝美術研究。1949 年以後任全國政協委員、中央文史館館員，1964 年病逝，終年 93 歲。

蠖公的一生歷經了清代、民國和新中國等三個歷史時期，他在任期間和脱離政界之後曾在北京的城市改造和古建保護等方面做出過重要的貢獻，如改建正陽門，打通東西長安街，整治北京溝渠，維修故宫角樓以及中山公園的創建與北戴河的開發利用等。此外，在古建研究和古代工藝美術研究等諸多方面都有著開創性的作用，得到了近現代文物研究界的讚譽和肯定。

《朱啟鈐年譜長編》一書，是撰者李楚君利用大量史料編輯撰寫的史料性年譜。由於朱啟鈐先生一生經歷複雜，涉獵廣泛，交集博眾，因此編輯整理工作也就十分不易。作者在蒐集原始材料中做了大量的工作。其中既有已刊書籍和文章，也有大量的家藏未刊史料，如日記、筆記、函件、私札、呈文、報告等等，也有許多僅見個人和圖書館的珍藏。這些龐雜的材料要經過反復的印證和篩選，互爲參補。所涉獵的同時代各界人物的史料要盡可能去粗取精，去僞存真，其工作難度是不言而喻的。譜主所處的時代跨度較大，接觸的人物和學科範圍迥異，這也是這部年譜修撰的難度所在。

資料長編歷來是修撰年譜的基礎，而編修年譜的工作對於近代人物而言難度更大，譜主生活的年代去之不遠，所留存的史料龐大，難免會有矛盾和謬誤，選擇和運用則會帶來諸多考量的抉擇。加之蠖公的身份特殊，交往廣泛，更爲繁難。這部年譜綴以"長編"，也足見作者的謙辭和科學嚴謹的態度，這是值得嘉許的。

《朱啟鈐年譜長編》的出版，既是對朱啟鈐先生的紀念，也是研究中國近現代史的重要的史料，同時，對研究中國古建營造和工藝美術如緙絲、髹飾等都有著重要的價值，是值得重視的一部年譜長編。

趙　珩

2024 年大暑後於彀外書屋，時年七十有六

編撰説明

一、本譜係長編體，盡量詳實地呈現朱啟鈐之一生。朱啟鈐有《朱啟鈐自撰年譜》（簡稱《自撰年譜》），本譜在此基礎上更爲擴充。《自撰年譜》中的部分訛誤信息，本譜依據相關文獻予以訂正；部分無法覈實内容，予以保留。

二、本譜正文採用綱目體：標題爲綱，引用資料、支撑材料等注釋爲目（宋體字），並加按語。注釋中引用資料除特殊需要外不作注釋，以避繁複。

三、本譜採用陰曆（民國元年之前，附注陽曆）和陽曆（民國元年起始）混合繫年，按年季月日排列。日期不詳者，列於本月之後。月份不詳者，以季節標明。季節不詳者，列于本年之後。日期不詳、據内容可推斷時間階段者，置於相應位置。民國元年以後之部分紀時仍沿用陰曆，所署時間無法分辨陽曆陰曆紀年者，皆暫作爲陽曆紀年，待有進一步資料後再予以修正。

四、除引文外，正文中之“先生”專指譜主。《自撰年譜》《蠖園文存》及相關文獻中涉及的人物多以字、號出現，本譜正文中出現的人物，經編者考證後使用本名，無法確考者使用字、號。

五、公文、詩詞題目皆不加標點斷句。

六、譜主《蠖園文存》中，部分呈文標注有時間，其中凡能查到明確批復者,所標注時間皆與批復時間相同,其當非撰文時間,應爲批文時間,故於其條目下予以訂正。

七、多數手稿未署準確時間,經编者考證出時間後,置於譜中相應位置。

八、本譜中,稿本、刊本並存者,因刊本每有改動,故引文優先選用稿本。

九、爲保留文獻的完整性,凡未刊文字多爲全文引用。已刊文字酌情或全部引用,或部分引用。全文引用者基本不分段落,個别容易産生歧義者保留段落;部分引用者不另起段落,標以引號。

十、引文中異體字、簡稱予以統一,當時習用詞彙用字予以保留。文獻手蹟中無法辨識、殘損之文字皆以□符號代替,缺落字以【】表示。

十一、參考文獻按字頭漢語拼音順序排列,以後依次類推。

目　録

譜 前

康熙九年庚戌　一六七〇年

正月十八日，午時，烈祖朱之鵠生。

《紫江朱氏世系表》：德泰：謹按德泰公有兩子：長之鴻，字順之；次之鵠，字敬之。順之公之後無傳，是以吾家遷黔世系以敬之公爲始遷一世祖。之鵠：字敬之。生康熙庚戌正月十八日午時，卒乾隆甲子十月二十二日亥時。葬開州永興場江西坡山内，内子午外壬丙向。配喻氏。子：珍；瓊，殤；玫，殤。（《紫江朱氏家乘》）

按：爲紫江朱氏一世祖。享年七十五歲。

康熙三十一年壬申　一六九二年

十二月十一日，丑時，烈祖母喻氏生。

《紫江朱氏世系表》：之鵠配喻氏：修文縣喻□□女。生康熙丙子（改壬申）十二月十一日丑時，卒乾隆丙午七月十六日午時。葬江西坡山内，内子午外壬丙向。（《紫江朱氏家乘》）

按：享年九十一歲（改九十五歲）。

雍正二年甲辰　一七二四年

十月二十四日，戌時，天祖母盧氏生。

《紫江朱氏世系表》：珍繼配盧氏：貤封孺人。生雍正甲辰十月二十四日戌時，卒乾隆辛亥六月二十五日酉時。葬江西坡山内，壬山丙向。(《紫江朱氏家乘》)

按：享年六十八歲。

雍正三年乙巳　一七二五年

正月十七日，卯時，天祖朱珍生。

《紫江朱氏世系表》：珍：之鵠子。字儒玉。貤封文林郎。生雍正乙巳正月十七日卯時，卒乾隆庚戌正月初一日卯時。葬開州永興場江西坡對岸山内，辛乙改乾巽向。元配盧氏，貤封孺人；繼配盧氏，貤封孺人。子：正洪；正渭；正淮；正濤。均繼娶盧出。(《紫江朱氏家乘》)

按：爲紫江朱氏二世祖。享年六十六歲。

乾隆十三年戊辰　一七四八年

三月初六日，子時，高祖朱正洪生。

《紫江朱氏世系表》：正洪：珍長子。字武臣。貤封文林郎，晉贈奉直大夫。生乾隆戊辰三月初六日子時，卒嘉慶乙丑十月十六日戌時。葬開州永興場江西坡山内，壬山丙向。配何氏。子：燮和；協和。(《紫江朱氏家乘》)

按：爲紫江朱氏三世祖。享年五十八歲。

乾隆二十七年壬午　一七六二年

二月十五日，子時，高祖母何氏生。

《紫江朱氏世系表》：正洪配何氏：貤封孺人，晉贈宜人。生乾隆壬午二月十五日子時，卒道光丁酉二月十五日未時。葬貴筑雞場白雲寺側剪刀坡山内，艮坤並寅申向。（《紫江朱氏家乘》）

按：享年七十六歲。

乾隆四十六年辛丑　一七八一年

十二月十六日，巳時，曾祖朱爕和生。

《紫江朱氏世系表》：爕和：正洪長子。更名世熙，字伯咸，一字安泉，號理堂，一號長康。州廩生。嘉慶癸酉科優貢，道光辛巳制科舉孝廉方正，壬午科舉人。大挑知縣，湖南桑植縣知縣，歷署永定、衡陽、桂陽等縣知縣，升任乾州直隸廳同知。主講貴州正本書院。癸卯科湖南鄉試同考官。敕授承德郎，誥贈資政大夫。生乾隆辛丑十二月十六日巳時，卒道光己酉十二月二十日卯時。葬貴筑北門外都溪對岸山内，辛山乙向。配唐氏；側室邵氏。子：旭；昕；暲，邵出。（《紫江朱氏家乘》）

《先世傳略二》"四世"：曾祖考諱世熙，原名爕和，字安泉，一字皡如，號理堂，一號咸伯，一號長康。（《紫江朱氏家乘》卷一）

按：爲紫江朱氏四世祖。享年六十九歲。《世系表》作"字伯咸"，《先世傳略二》作"號咸伯"。

乾隆四十七年壬寅　一七八二年

十月十一日,寅時,曾祖母唐氏生。

《紫江朱氏世系表》:燮和配唐氏:敕封安人,誥贈夫人。生乾隆壬寅十月十一日寅時,卒道光癸卯八月初一日午時。葬貴筑南門外荒寨對岸山内,乾山巽向。(《紫江朱氏家乘》)

按:享年六十二歲。

嘉慶十八年癸酉　一八一三年

九月二十三日,戌時,祖父朱昕生。

《紫江朱氏世系表》:昕:燮和次子。原名楙藻,字麗生,號曙樓。州廩生,畢節縣教諭。敕授文林郎,誥贈資政大夫。生嘉慶癸酉九月二十三日戌時,卒咸豐丁巳七月初五日酉時。葬省城南門外小河坡上,四冲丙山壬兼子午向。元配何氏,敕贈孺人,誥贈夫人;繼配劉氏;側室江氏。子:壽衡;慶增;慶墉;慶垓,殤;慶奎。女七人:長□珊,未字,殤;次□珊,適貴筑附生張壽祺;三秋珊,適直隸候補道廣西思恩府知府貴筑傅屺孫;四玉珊,適世襲雲騎尉花翎副將貴筑謝春霖;五□珊,適候選從九品江寧縣趙澐;六紫珊,適候選知州貴筑傅嵩孫。均劉出。七幼珊,適河南候補典史宜賓趙恩熙,江出。(《紫江朱氏家乘》)

朱啟鈐《瞻懷外紀》:吾舅氏五人。長屺孫,字竹湘。直隸候補道,廣西思恩府知府。配朱氏,字秋珊,吾三姑母也。三嵩孫,字竹溪。候選知州。配朱氏,字紫珊,吾六姑母也。(《紫江朱氏家乘》卷一《先世傳略二》附録)

按：爲紫江朱氏五世祖。享年四十五歲。傅嵩孫，爲傅壽彤次子。

嘉慶十九年甲戌　一八一四年

八月初六日，申時，祖母劉氏生。

《紫江朱氏世系表》：昕繼配劉氏：貴筑劉沛霖女。敕封孺人，誥贈夫人。生嘉慶甲戌八月初六日申時，卒同治壬申六月初六日戌時。葬湖南善化縣八都許家冲窑柴山，壬山丙向。（《紫江朱氏家乘》）

嘉慶二十三年戊寅　一八一八年

是年，外祖父傅壽彤生。

朱啟鈐《外祖傅公傳略》：公諱壽彤，字青餘，晚號澹叟。貴州貴筑縣籍。公中式道光甲辰科舉人，咸豐癸丑科進士，改庶吉士。所著有《孝經述》二卷、《古音類表》九卷、《孔庭學裔》六卷、《澹勤室詩》六卷、《汴城籌防備覽》一卷、《歸德寨堡圖表》一卷。公生於嘉慶二十三年戊寅，卒於光緒十三年丁亥。子五人：長屺孫；次嵩孫；次嶧孫；次岳孫；次岷孫。女五人：長夢瓊，適開州朱慶墉；次寶瓊，適貴筑黄國瑾；次幼瓊，適善化瞿鴻禨；次五瓊，適湘陰左琦；次紫瓊，適侯官林步隨。（《蠖園文存》卷下）

按：《澹勤室全集》收録《孔庭學裔》，爲五卷。林步隨，林則徐曾孫，其次子林墨卿，後改名凌青，曾任中華人民共和國外交部駐聯合國代表。

朱啟鈐《瞻懷外紀》:外祖青餘公,諱壽彤,原名華賡。吾舅氏五人。長屺孫,字竹湘。直隸候補道,廣西思恩府知府。配朱氏,字秋珊,吾三姑母也。三嵩孫,字竹溪。候選知州。配朱氏,字紫珊,吾六姑母也。五岳孫,字季衡。六岷孫,字幼峨。歷任江西彭澤、豐城、新建等縣知事。(《紫江朱氏家乘》卷一《先世傳略二》附録)

是年,外祖母劉氏生。

朱啟鈐《外祖傅公傳略》:配劉夫人,同里原任雲南普洱府知府劉公沛霖次女,與公同年生。(《蠖園文存》卷下)

按:劉氏卒於光緒十八年。

道光二十年庚子　一八四〇年

正月十一日,大伯父朱壽衡生。

《紫江朱氏世系表》:壽衡:昕長子。原名肇增,字芷川,又字至川。五品銜湖南麻陽縣典史,誥授奉直大夫。生道光庚子正月十一日□時,卒光緒甲辰六月二十八日□時。元配李氏;繼配陳氏;側室彭氏。子:啟鏌,李出;啟錕,陳出。女五人。(《紫江朱氏家乘》)

按:爲紫江朱氏六世祖。

道光二十一年辛丑　一八四一年

十一月初三日,卯時,二伯父朱慶增生。

《紫江朱氏世系表》:慶增:昕次子。原名肇培,號心田,字筱樓,一字曉樓。河南候補巡檢,署陳留縣典史,敕授登

仕郎。生道光辛丑十一月初三日卯時，卒光緒甲辰五月十九日亥時。元配蘇氏；繼配陸氏；側室楊氏。子無。(《紫江朱氏家乘》)

按：爲紫江朱氏六世祖。

道光二十三年癸卯　一八四三年

九月二十八日，卯時，父親朱慶墉生。

《紫江朱氏世系表》：慶墉：昕三子。原名肇墉，字梓皋，一字子高，又字石泉，號崇伯。監提舉銜候選通判，誥授奉直大夫，誥贈資政大夫。生道光癸卯九月二十八日卯時，卒光緒乙亥十月初三日未時。配傅氏。子：啟鏜，殤；啟紛，殤；啟鈐。女：徵蓮。(《紫江朱氏家乘》)

按：爲紫江朱氏六世祖。黄國瑾作《梓皋公墓志銘》、瞿鴻禨作《梓皋公壙志》，皆收録於《紫江朱氏家乘》卷一《先世傳略二》。

十二月初五日，亥時，母傅夢瓊生。

朱啟鈐《傅太夫人行述》：傅太夫人諱夢瓊，字清漪。河南按察使傅公壽彤長女。(《紫江朱氏家乘》卷一《先世傳略二》"六世"附録)

《紫江朱氏世系表》：慶墉配傅氏：誥封宜人，誥贈夫人。生道光癸卯十二月初五日亥時，卒光緒庚子閏八月二十四日丑時。(《紫江朱氏家乘》)

按：章梫作《傅太夫人墓碑》，收録於《紫江朱氏家乘》卷一《先世傳略二》。

傅壽彤作《十二月初五日初生女》：天將春色靳貧家，姊妹枝從冷處華。怪底清癯似阿母，連宵風雪夢梅花。○天意蒼茫那可知，蘭徵麟夢故遲遲。傳書尚是他年事，先遣人來繡我詩。（《瀹勤室古近體詩》卷一）

按：傳詩收録於先生撰《瞻懷外紀》（《紫江朱氏家乘》卷一《先世傳略二》附録），詩句"連宵風雪夢梅花"後添加注釋："吾黔地暖少雪，生時忽見風雪，以爲佳祥。"

道光二十八年戊申　一八四八年

六月十四日，外舅于德楙生。

朱啟鈐《外舅于森圃先生行狀》：公諱德楙，字績臣，一字森圃。貴州貴陽人。公以道光二十八年生於貴陽。啟鈐於公本姻家子，公配劉夫人即先祖妣之從姪也。啟鈐少孤，隨先母依外祖傅青餘公居長沙，公昔年宦於湘，兩家以故中表，歲時過從，嘗蒙垂愛。及啟鈐游蜀，又與公宦轍合。（《蠖園文存》卷下）

按：據《行狀》，于德楙爲先生繼室于寶珊之父，生於道光二十八年戊申六月十四日，卒於民國二十三年甲戌十月二十五日。

咸豐二年壬子　一八五二年

九月十六日，戌時，叔父朱慶奎生。

《紫江朱氏世系表》：慶奎：昕五子。原名肇奎，更名瀛，字暢九，一字雲樵。國學生。五品銜候選縣丞，誥授奉政大夫。生咸豐壬子九月十六日戌時，卒宣統辛亥閏六月二十五日卯時。元配徐氏；繼配孫氏。子：啟鎔；啟

鏸。(《紫江朱氏家乘》)

按:爲紫江朱氏六世祖。

同治元年壬戌 一八六二年

七月初六日,姨母傅幼瓊生。

朱啟鈐《姨母瞿傅太夫人行述》:太夫人姓傅氏,諱幼瓊,字曰婉漪,晚年自署石筍峰老人。世爲貴州貴筑籍。咸豐癸丑翰林河南按察使諱壽彤字青餘之第三女,同治辛未翰林協辦大學士軍機大臣外務部尚書善化瞿文慎公諱鴻機字止盦之繼室也。以夫官封一品夫人。同治元年壬戌七月六日,生於河南南陽府署。(《蠖園文存》卷下)

按:先生母親夢瓊爲傅壽彤長女。

是年,朱慶墉、傅夢瓊締姻。

《蠖園年表》:六世顯妣傅太夫人來歸。梓皋公仍居南陽甥館。(《紫江朱氏家乘》卷三)

同治四年乙丑 一八六五年

是年,長兄朱啟鏜生。(《蠖園年表》)

同治七年戊辰 一八六八年

是年,長兄朱啟鏜殤。(《蠖園年表》)

按:生於同治四年。

是年,次兄朱啟鈖生。(《蠖園年表》)

同治八年己巳　一八六九年

是年，次兄朱啟鈖殤。(《蠖園年表》)

按：生於同治七年。

同治十年辛未　一八七一年

二月十六日，子時，元配陳氏生。

《紫江朱氏世系表》：啟鈐元配陳氏：湖南茶陵陳遠謨女。誥封恭人，晉封夫人。生同治辛未二月十六日子時，卒光緒丁酉四月初四日申時。(《紫江朱氏家乘》)

正　譜

同治十一年壬申　一八七二年　一歲

是年，外祖父補南汝光道，攜眷赴任。

朱慶奎《四十年艱辛記》：是時，青丈已補南汝光道。（《紫江朱氏家乘》卷二）

按：南汝光道，駐信陽州。

六月初六日，祖母劉氏卒於汴梁，享年五十九歲。（《蠖園年表》）

《紫江朱氏世系表》：昕繼配劉氏：生嘉慶甲戌八月初六日申時，卒同治壬申六月初六日戌時。葬湖南善化縣八都許家冲窑柴山，壬山丙向。（《紫江朱氏家乘》）

七月二十七日至八月初間，父母赴信陽。

朱慶奎《四十年艱辛記》：三兄三嫂過七七後，即攜六妹同赴申陽。（《紫江朱氏家乘》卷二）

按：先生祖母卒於六月初六日，七月二十六日滿七七。

十月十二日，辰時，先生生於信陽州。

《蠖園年表》：是年七世啟鈐生於信陽州，梓皋公三子也。（《紫江朱氏家乘》卷三）

朱慶奎《四十年艱辛記》：十月十二日，三嫂生一子，名啟鈐。（《紫江朱氏家乘》卷二）

《紫江朱氏世系表》：啟鈐：慶墉三子。原名啟綸，字桂辛。元配陳氏；繼配于氏；側室許氏。子：沛，陳出；瀏，殤；泗，殤；渌，殤；渤，于出。女：長湘筠，陳出；次淇筠；三淞筠；四津筠；五湄筠；六洛筠；七浦筠，殤；八沚筠，殤；九汀筠；十浣筠。均于出。（《紫江朱氏家乘》）

按：先生又字老辣，晚年別署蠖公。室名存素堂、蠖園、勤炳燭齋。《蠖園文存》卷下《燕几圖蝶几譜校刊記》署款"朱啟鈐識於勤炳燭齋"。

劉宗漢《回憶朱桂辛先生》：有些書籍把他的名字寫成"桂莘"，是不確切的。因爲"桂辛"二字有出典，不能隨便改字。據《宋史・晏敦復傳》，敦復爲諫官，鯁直敢言。會秦檜主和議，敦復廷争甚力，檜使人勸其曲從。敦復曰："吾終不爲身計誤國家，况吾姜桂之性，到老愈辣，請勿言。"桂老因早年喪父，在外祖父家長大，鍛煉了一些辦事才幹，十五歲即被外祖母指定協助辦理外祖父的喪事，且爲人鯁直，這樣就取上引《宋史》上的典故，字老辣，又字桂辛。桂老不僅終生没有署過"桂莘"，而且對别人把"桂辛"寫成"桂莘"非常反感。（《蠖公紀事》）

本年，張之洞三十六歲、張百熙二十六歲、瞿鴻禨二十三歲、徐世昌十八歲、袁世凱十四歲、章梫十二歲、汪康年十三歲、端方十二歲、岑春煊十二歲、唐紹儀十一歲、唐才常六歲、郭葆昌六歲、梁士詒四歲、周自齊四歲、錢能訓四歲、熊希齡三歲、陶湘二歲。

本年，曾國藩卒。

同治十二年癸酉　一八七三年　二歲

本年,梁啟超生。

同治十三年甲戌　一八七四年　三歲

九月,大妹徵蓮生。

《蠖園年表》:是年徵蓮生,梓皋公之長女也。(《紫江朱氏家乘》卷三)

朱慶奎《四十年艱辛記》:是秋九月,三嫂生一女,名徵蓮。(《紫江朱氏家乘》卷二)

十二月初五日,清同治帝愛新覺羅·載淳去世。

本年,葉景葵、闞鐸、楊度、李純生。

光緒元年乙亥　一八七五年　四歲

正月二十日,愛新覺羅·載湉即位,改年號爲光緒。

四月二十九日,外祖父傅壽彤任河南按察使。(《清代職官年表》)

是年,值恩科,父親朱慶墉回黔參加鄉試,落第。聞傅壽彤秉臬開藩,即偕傅氏堂兄傅華升、堂弟傅華晉及家人賈福等返汴。

朱慶奎《四十年艱辛記》:三兄素好學,有志科名,雖承青丈代捐通判,其所以遲遲未出山者,誠以吾家屢世書香,至余兄弟輩若概屬異途,殊覺無以對先人而傳書香之業。因值今上登極特賜恩科,遂決意回黔鄉試,即由申陽攜舊僕賈福同行。三兄自赴家鄉即患瘧疾,帶病進場,榜發竟落孫山,而卷則堂備。適聞青丈秉臬開藩,即偕青丈堂兄聚堂、堂弟鶴庭及家人賈福等返汴。(《紫江朱氏家乘》卷二)

《貴筑黄公國瑾所撰梓皋公墓志銘》:光緒元年乙亥,吾亞朱君梓皋自河南歸,應試貴州,下第。復出清溪之門背灘,舟敗没於水,卒。同行者,外舅傅公青餘之從兄弟華升、華晉。(《紫江朱氏家乘》卷一《先世傳略二》"六世"附録)

十月初三日,未時,朱慶墉等人行至貴州清溪門背灘,舟碰灘石傾覆,與傅華升、賈福遇難,傅華晉遇救。享年三十三歲。

《蠖園年表》:梓皋公十月初三日卒於青溪道中,享年三十一歲。是年值恩科,公回黔鄉試。歸途覆舟遇難,暫厝玉屏。老僕賈福殉焉。(《紫江朱氏家乘》卷三)

朱慶奎《四十年艱辛記》:詎舟行至黔境清溪縣之門背灘,大雨傾盆,山水驟發,舟碰灘石,全船覆歿。幸鶴庭得船頭木招騎乘水面,浮流數十里至玉屏縣屬之楊平塲獲救,得慶更生,方將三兄、聚堂、賈福尸骸撈獲。乃光緒乙亥年十月初三日事也。(《紫江朱氏家乘》卷二)

《貴筑黄公國瑾所撰梓皋公墓志銘》:復出清溪之門背灘,舟敗没於水,卒。華升死,華晉遇救。年三十有三。(《紫江朱氏家乘》卷一《先世傳略二》"六世"附録)

按:朱慶墉生於道光二十三年,本年三十三歲,《蠖園年表》年齡不確。

十月,傅華晉將朱慶墉及傅華升瘞於玉屏水旁。土人盜發之,乃徙厝岸上高處。

《貴筑黄公國瑾所撰梓皋公墓志銘》：華晉遇救，起獲君及華升尸，並瘞於水旁。土人盜發之，乃徙厝岸上高處。（《紫江朱氏家乘》卷一《先世傳略二》"六世"附録）

本年，張作霖生。

光緒二年丙子　一八七六年　五歲

是年，外祖父傅壽彤在河南按察使任。（《清代職官年表》）母親攜先生兄妹隨同居於使署。（《蠖園年表》）

朱慶奎《四十年艱辛記》：七七後，三嫂攜子女仍返傅宅。（《紫江朱氏家乘》卷二）

正月，父親亡故消息達河南，始發喪。

《蠖園年表》：梓皋公訃至，河南始發喪。（《紫江朱氏家乘》卷三）

朱慶奎《四十年艱辛記》：新正初六，始得閲來信，合家驚悼。（《紫江朱氏家乘》卷二）

本年，陸宗輿生。

光緒三年丁丑　一八七七年　六歲

是年，外祖父傅壽彤在河南按察使任。（《清代職官年表》）母親攜先生兄妹隨同居於使署。

十一月二十九日，申時，繼室于寶珊生。（《紫江朱氏家乘》之《紫江朱氏世系表》）

朱啟鈐《繼室于夫人墓志銘》：夫人貴陽于氏，字寶珊，前江蘇候補道署皖南鎮總兵諱德楙之長女。于公於啟鈐爲表叔行。夫人所生子，男一人：渤；女九人：淇筠、淞筠、津

筠、湄筠、洛筠、浦筠、沚筠、汀筠、浣筠。(《蠖園文存》卷下)

朱啟鈐《繼配于夫人行述》:幼嫻姆訓,習書史。曾隨侍居日本,通其語文。(《朱母于夫人行述》)

按:于氏卒於民國十六年。

本年,曹汝霖、華南圭生。

光緒四年戊寅　一八七八年　七歲

是年,外祖父傅壽彤在河南按察使任。(《清代職官年表》)母親攜先生兄妹隨同居於使署。

八月,姨母傅幼瓊與瞿鴻禨成婚於開封三聖廟門之行轅。(《蠖園文存》卷下《姨母瞿傅太夫人行述》)

《止盦年譜》:二親命訂姻傅氏。八月,傅夫人來歸。(《長沙瞿氏家乘》卷五)

按:據《止盦年譜》,瞿鴻禨元配吴氏,傅幼瓊乃其繼室。瞿鴻禨(1850—1918),字子玖,號止盦,湖南善化(今長沙)人,時在河南學政差任。

十月初五日,外祖父傅壽彤河南按察使任期結束。(《清代職官年表》)

冬,外祖父傅壽彤歸田,先生兄妹奉母隨同離開河南前往武昌。

《蠖園年表》:傅太夫人率孤子啟鈐、徵蓮,隨外祖父去河南。(《紫江朱氏家乘》卷三)

朱啟鈐《瞻懷外紀》:光緒戊寅冬,外祖歸田,投紱即行,獨攜吾母子自隨。(《紫江朱氏家乘》卷一《先世傳略二》附録)

朱啟鈐《傅太夫人行述》:戊寅,先外祖解組歸湘,特命太夫人率啟鈐及女弟俱隨侍,並就塾焉。(《紫江朱氏家乘》卷一《先世傳略二》"六世"附録)

按:據《清代職官年表》,十月五日傅壽彤結束河南按察使任期。本年十月十三日立冬。

歲暮,與家人抵達武昌。

《蠖園年表》:歲暮抵武昌。(《紫江朱氏家乘》卷三)

本年,王揖唐生。

光緒五年己卯　一八七九年　八歲

春,外祖母率全眷暨姨母傅幼瓊抵達武昌。

朱啟鈐《瞻懷外紀》:次年(光緒五年)春,外祖母始率全眷暨瞿姨母後至。(《紫江朱氏家乘》卷一《先世傳略二》附録)

二月,瞿鴻禨送母殷氏和元配吴氏靈櫬由武昌起程歸長沙,先生兄妹侍母隨外祖父母同行。

《蠖園年表》:傅太夫人率啟鈐等侍外祖父母,旋由武昌徙居長沙。(《紫江朱氏家乘》卷三)

《止盦年譜》:(正月)初十日,(吾母)棄養。二月中,扶喪就道。

朱啟鈐《瞻懷外紀》:次年(光緒五年)春,外祖母始率全眷暨瞿姨母後至,於是决計卜居長沙。蓋黔已無家可歸,而外祖父母在,桑榆晚景,一切家政皆恃吾母爲左右手,亦不能須臾離也。(《紫江朱氏家乘》卷一《先世傳略二》附録)

隨家人陸行至襄陽登舟。(《止盦年譜》)

四月，到達長沙，寓草湖門。

《蠖園年表》：旋由武昌徙居長沙，初寓草湖門。（《紫江朱氏家乘》卷三）

《止盦年譜》：三月抵里，奉柩入城。

朱啟鈐《姨母瞿傅太夫人行述》：四月乃達長沙，其艱辛可知矣。（《蠖園文存》卷下）

按：《止盦年譜》《行述》所記時間不同，姑取《行述》。

冬，遷居瀏陽門。

《蠖園年表》：冬，遷瀏陽門。（《紫江朱氏家乘》卷三）

朱慶奎《四十年艱辛記》光緒六年：奠安後，隨往謁青丈及姨母並嫂妹等，時已卜居於湘省之瀏陽門正街。室宇寬宏，樓台峻麗。其後有園，名止園，頗極花木臺榭之勝。中有池，廣種芙蕖。（《紫江朱氏家乘》卷二）

是年，大伯父朱壽衡令長子啟鍈隨五叔父慶奎赴汴梁接祖母靈柩，表叔于德楙與傅華晉偕僕人前往玉屏接先生父親朱壽墉遺櫬。

朱啟鈐《瞻懷外紀》：時大伯父芷川公方在省垣，遂定計令長子祥麟隨五叔父奉祖母柩來湘卜葬。而吾父遺櫬尚寄厝玉屏，亦遣幹僕隨于績臣、傅鶴亭兩公往遷，均於次年安窀穸焉。（《紫江朱氏家乘》卷一《先世傳略二》附録）

朱啟鈐《傅太夫人行述》：時先大母柩尚厝汴梁，先府君柩尚厝玉屏。太夫人以吾鄉兵燹之後，田園廬舍蕩然無存，難作歸計。遂措資，分途奉遷就湘卜葬。（《紫江朱氏家乘》卷一《先世傳略二》"六世"附録）

按：傅鶴亭，爲傅壽彤堂弟傅華晉。

光緒六年庚辰　一八八〇年　九歲

八月，祖母劉氏靈柩葬於湖南善化縣圭塘許家冲。(《蝮園年表》)

朱慶奎《四十年艱辛記》：余即延堪輿家日往四鄉遍尋葬地，至秋始於瀏陽門外地名圭塘許家冲卜得張姓之山，縱横十丈，去價百廿緡，奉安吾母體魄。(《紫江朱氏家乘》卷二)

十二月初十日，朱慶墉靈柩葬於湖南善化縣圭塘柴坡山。

《蝮園年表》：傅太夫人遷梓臯公靈柩至自玉屏。冬十二月卜葬於長沙圭塘柴坡之原。(《紫江朱氏家乘》卷三)

朱慶奎《四十年艱辛記》：是時三兄靈櫬亦經妥僕搬取來湘，並寄於金鳳園。余即延堪輿家日往四鄉遍尋葬地。又於三里許柴坡卜得張姓地一段，去價六十千，以葬吾三兄。時當歲末，風雪交加。(《紫江朱氏家乘》卷二)

《紫江朱氏世系表》：葬湖南善化縣柴坡山内，已山亥向兼巽乾。(《紫江朱氏家乘》)

光緒七年辛巳　一八八一年　十歲

是年，始就外傅，從善化孝廉俞勉卿讀書。

《蝮園年表》光緒七年：啟鈐八歲始就外傅，從善化孝廉俞勉卿先生讀書。(《紫江朱氏家乘》卷三)

按："八歲"誤，本年應爲十歲。

本年，章士釗、葉恭綽生。

光緒八年壬午　一八八二年　十一歲

光緒九年癸未　一八八三年　十二歲

母攜先生等隨外祖母遊武昌，遂在舅父寓中從彭東受讀書。(《蠖園年表》)

是年，妹徵蓮許字吴縣錢濟勳。

《蠖園年表》：妹徵蓮許字錢氏。(《紫江朱氏家乘》卷三)

《紫江朱氏世系表》：慶墉女徵蓮，適湖北候補知縣江蘇吴縣錢濟勳。(《紫江朱氏家乘》)

朱啟鈐《繼配于夫人行述》：(光緒二十四年)太夫人易舟赴武昌就醫，寄寓妹夫錢伯庸家。(《朱母于夫人行述》)

按：據《行述》，錢濟勳字伯庸。

本年，邢端、周詒春生。

光緒十年甲申　一八八四年　十三歲

九月初七日，堂弟朱啟鎔生。

《紫江朱氏世系表》：啟鎔：慶奎長子。字子陶。生光緒甲申九月初七日亥時。(《紫江朱氏家乘》)

本年，吴鼎昌生。

光緒十一年乙酉　一八八五年　十四歲

是年，附三舅父傅嶧孫館，從瀏陽孝廉劉聘臣讀書。

《蠖園年表》：啟鈐附三舅父館，從瀏陽孝廉劉聘臣先生讀書。

按：據《蠖園文存》卷下《外祖傅公傳略》，三舅名嶧孫。

五月十五日，瞿鴻禨奉命簡放浙江學政。（《止盦年譜》）

六月，瞿鴻禨到任。（《止盦年譜》）

十一月，母挈先生兄妹奉外祖母劉氏至杭州浙江學使署。

朱啟鈐《姨母瞿傅太夫人行述》："光緒丙戌，偕妹徵蓮隨侍先母奉外王母劉太夫人至浙江學使署。"又云："六月抵任。十一月奉迎外王母劉太夫人至任所，先母挈啟鈐兄妹同往焉。十二月二十日爲劉太夫人生辰，在學署演劇稱慶。"（《蠖園文存》卷下）

按：兩段記載到署時間有異，姑從後段記載。

本年，左宗棠卒。

光緒十二年丙戌　一八八六年　十五歲

本年，瞿鴻禨在浙江學政差任。

是年，姨夫瞿鴻禨令先生從武岡張石琴在浙江學使署讀書。

朱啟鈐《姨母瞿傅太夫人行述》：（光緒丙戌）文慎令從武岡張石琴先生在署讀書者年餘。（《蠖園文存》卷下）

按：《蠖園年表》光緒十年"是冬，傅太夫人攜啟鈐侍外祖母遊杭州，住浙江學署，命啟鈐從張石琴先生讀書"有誤，光緒十一年六月瞿鴻禨到杭州就任學政。

冬，侍母居長沙，讀書外祖傅壽彤家，晤見于鍾岳繼室楊氏攜子女來訪。

民國三十二年十月朱啟鈐《伯英遺稿跋》：啟鈐童時侍先母居長沙，讀書外祖傅公青餘家。一日忽有旗裝女客自黔中來，艤舟河干，向外家告貸，外祖母劉方赴鄂，外祖命吾母出應。客偕來者有衣冠少年，冠四品，詢姓氏，似曰楊，即其子也。則命余與敬之表兄夔陪坐，飯於書齋。云尚有一女守靈舟中，以輿往迓，未果來。彼時聞吾母呼旗婦爲姨母，敬之兄告余，此嫗與吾祖母及外祖母爲通譜姊妹。外家款接甚殷，又念其窮途，贐以二百金，信宿始去。余睹漢軍旗裝，詫爲初見，而少年則作黔語，舉止談吐猶帶貴胄氣息，其行色至今猶憧憧在心目。是爲光緒十二年丙戌冬間事。後六十年蟄居舊京，蓄意搜采鄉邦文獻，初得于公鍾岳《西笑山房詩鈔》刊本，繼再探索，肆人又捆載其生前手稿及家世事悉歸於我。整比而綴讀之，知于公殉難後，遺族羈滯黔中者廿餘年，扶櫬回旗，正在是歲。嗣子延忠方成年，承襲騎都尉世職，故厥冠四品，舟中守靈之女則字佩蘭者也。稽其家乘，一行三人，情事都合。當時余誤聽傳呼，以少年爲楊姓，蓋旗俗以官名首字爲稱，延、楊聲混，遂致迷離。童時懵懂，今始恍然晤及向所見者即于公之繼室楊夫人也。（《伯英遺稿》卷末）

光緒十三年丁亥　一八八七年　十六歲

本年，瞿鴻禨在浙江學政差任。

是年，外祖父傅壽彤卒，享年七十歲。

朱啟鈐《外祖傅公傳略》：公生於嘉慶二十三年戊寅，卒於光緒十三年丁亥，享年七十歲。（《蠖園文存》卷下）

瞿鴻禨《題外舅傅青餘先生小像》：公今老矣神奕奕，昂藏獨立松千尺。空山雲卧響龍吟，風雨無人誰愛惜。書生提戈壯殺賊，下馬飛書磨盾墨。功成閉閤趣賣刀，桴鼓無聲化耕織。民思來暮使君歸，黄鐘不怨知者希。定王城東結茅屋，閒讀道書躭息機。長鯨掀鬐飛海水，下瀨樓船横萬里。側席如求韓范人，白羽一揮應强起。（《超覽樓詩稿》卷一）

是年，母哀毁成病。（《蠖園年表》）

外祖母命先生襄理外家喪事。（《蠖園年表》）

光緒十四年戊子　一八八八年　十七歲

春，患傷寒重症，得母醫藥而解。（《蠖園年表》）

十一月，瞿鴻禨任滿，請假回到長沙。（《止盦年譜》）

是年，侍母至瀏陽鄉中，經理外家喪事。（《蠖園年表》）

是年，從祝省吾始習舉業。（《蠖園年表》）

朱啟鈐《姨母瞿傅太夫人行述》：（光緒丙戌）文慎令從武岡張石琴先生在署讀書者年餘。其後，以旁騖歧説，不能伏案爲制舉文字，爲師長所棄。（《蠖園文存》卷下）

光緒十五年己丑　一八八九年　十八歲

十月，娶陳光璣，始自爨，奉母移居定王臺。（《蠖園年表》）

《紫江朱氏世系表》：啟鈐元配陳氏：湖南茶陵陳遠謨女。（《紫江朱氏家乘》）

劉宗漢《回憶朱桂辛先生》：桂老娶茶陵陳光璣，比他大三歲。陳的本生父是陳遠謨，因生下後即喪母，遂過繼給陳遠濟。陳遠濟出任駐英法比參贊時，陳光璣隨任出國，生活在巴黎，十歲後才回國。陳不僅給桂老帶來了異國見聞，而且從陳遠濟遺留下的書籍中也讀到了不少維新富强的著作，從而接受了變法維新的思想。（《蠖公紀事》）

光緒十六年庚寅　一八九〇年　十九歲

十二月十二日，巳時，長子朱沛生於湖南。

《蠖園年表》：啟鈐長子（八世）沛生。（《紫江朱氏家乘》卷三）

《紫江朱氏世系表》：沛：啟鈐長子。字澤農。生光緒庚寅十二月十二日巳時。配孟氏；側室李氏。子文極，文楷，孟氏出；子文梧，女文椅、文梅，李氏出。（《紫江朱氏家乘》）

按：朱沛，曾任津浦鐵路賬房總管、總務處長。卒於一九六二年。據劉宗漢提供資料，朱沛生於湖南，卒於天津。

本年，黄彭年卒。

光緒十七年辛卯　一八九一年　二十歲

八月，瞿鴻機簡放四川學政差。

《止盦年譜》：八月，復奉命簡放四川學政，着迅赴新任，毋庸來京請訓。

十月，隨姨丈瞿鴻機自武昌上峽赴川。（《蠖園年表》）

朱啟鈐《姨母瞿傅太夫人行述》：十月文慎到武昌，寓陳右銘先生藩署，遣楚寶輪船入湘迎眷。劉太夫人以太夫人已有身七月，川江驚險，宜有朝夕侍側之人。而啟鈐既冠有子，宜令經涉世途，以擴聞見，遂函屬文慎，以啟鈐侍行。(《蠖園文存》卷下)

《止盦年譜》：放榜後，乘輪船由海道至滬上。再乘江輪至漢口。時傅夫人方有身，先自京回湘，復來漢口同行入川。十月上峽。

十二月，抵達成都。(《蠖園年表》)

《止盦年譜》：船至萬縣，登陸，抵成都。

本年，黄國瑾卒。

光緒十八年壬辰　一八九二年　二十一歲

正月，與唐才常訂交。

朱啟鈐《姨母瞿傅太夫人行述》：方啟鈐居蜀幕時，與唐君才常最相得。唐君，譚壯飛之友也，治經史掌故，恒具創見。啟鈐得外舅陳松生先生隨使英法時之遺書，粗聞以製造致富强之説，時舉以相絜聒，故兩人抵掌談天下事，頗駭當時俗論。(《蠖園文存》卷下)

劉宗漢《回憶朱桂辛先生》後記記録瞿鴻禨長孫瞿同祖的補充史實：桂老在瞿鴻禨四川學政幕中閱卷時，唐才常正在瞿家教家館，桂老因此和唐相識定交。(《蠖公紀事》)

唐才質《唐才常烈士年譜》：正月初十抵成都，入居學署，任閱卷兼教讀。(《唐才常集》附録)

二月，侍瞿鴻禨開考成都省棚，並照例調考松潘、理番、懋功三廳，資州、綿州、茂州各屬。

《止盦年譜》：是時（二月）開考成都省棚。並照例調考松潘、理番、懋功三廳，資州、綿州、茂州各屬。

朱啟鈐《姨母瞿傅太夫人行述》：太夫人命啟鈐隨侍文慎，調護起居。是時開考成都省棚，並照例調考松潘、理番、懋功三廳，資州、綿州、茂州各屬。（《蠖園文存》卷下）

事竣出省，按試眉州、嘉定府、敘州府、瀘州、重慶府、酉陽州、夔州府等屬。（《蠖園文存》卷下《姨母瞿傅太夫人行述》）

九月，自夔門折回萬縣，按臨川北綏定、順慶、保寧、潼川、龍安等處。（《蠖園文存》卷下《姨母瞿傅太夫人行述》）

十二月初六日，外祖母劉氏卒。（《蠖園文存》卷下《姨母瞿傅太夫人行述》）

按：劉氏生於嘉慶二十三年。

十二月二十四日，始回署度歲。（《蠖園文存》卷下《姨母瞿傅太夫人行述》）

《止盦年譜》：向例每年出棚，夏間必回院小憩，惟川省地方寥廓，直至十二月二十四日始克遄歸焉。

是年，與章梫訂交。

《海寧章左丞梫所撰傅太夫人墓碑》：光緒壬辰、癸巳間，與君同居文慎幕府，始得訂交。（《紫江朱氏家乘》卷一《先世傳略二》"六世"附録）

光緒十九年癸巳　一八九三年　二十二歲

正月二十七日，隨瞿鴻禨復出省，按試寧遠、雅州、邛州三棚。通省歲考，至是始全竣。（《蠖園文存》卷下《姨母瞿傅

太夫人行述》）

按臨寧遠，道出越嶲，晤同知傅廉。試畢重過越嶲，得傅氏二百金相贈。

朱啟鈐《瞻懷外紀》：更以貲斧不繼，坐困中道，小住巴蜀者且數月。吾父與二舅父周訪親故告貸，遇桐梓傅香泉刑部廉爲外家遠宗，方宦於蜀，接濟吾父二百金，始解此厄。後三十年，啟鈐侍瞿文慎輶軒入蜀，按臨寧遠，道出越嶲，香泉丈適任越嶲同知。班荊道故，詢及寒家。文慎公告以小子在幕，並令以父執禮往見，絮述前事，相顧黯然。試畢重過越嶲，適將歸省，又出二百金相贈。（《紫江朱氏家乘》卷一《先世傳略二》附録）

正月杪，得外祖母訃書。（《蠖園文存》卷下《姨母瞿傅太夫人行述》）

朱啟鈐《姨母瞿傅太夫人行述》：先是，外王母劉太夫人已於前一年十二月六日棄養，家人以新歲，未敢馳告。是歲正月杪，文慎甫出棚，得訃書，因命隨行之傅表兄敬之回署，並屬我外姑于太夫人就近護視。（《蠖園文存》卷下）

按：《蠖園年表》光緒十八年："歲暮回成都，驚聞外祖母之喪。"當不準確也。

是年，瞿鴻禨爲先生捐府經歷職。

《蠖園年表》：先是，文慎公爲納粟，始就府經歷職。（《紫江朱氏家乘》卷三）

朱啟鈐《傅太夫人行述》：復稱貸爲捐府經歷，就川筮仕。（《紫江朱氏家乘》卷一《先世傳略二》"六世"附録）

四月初八日，瞿鴻禨回省。（《止盦年譜》）

四月，請假回長沙省親。(《蠖園年表》)

七月，自長沙侍母送妹徵蓮就婚於武昌。

《蠖園年表》：是年七月，遣嫁吾妹徵蓮。(《紫江朱氏家乘》卷三)

朱啟鈐《姨母瞿傅太夫人行述》：啟鈐亦以妹徵蓮於歸錢氏，暫歸料理。爰自長沙侍先母送妹就婚於武昌。(《蠖園文存》卷下)

禮畢，奉母由武昌入蜀。

《蠖園年表》：遂由武昌奉傅太夫人入蜀。(《紫江朱氏家乘》卷三)

朱啟鈐《姨母瞿傅太夫人行述》：禮畢，隨侍入蜀。(《蠖園文存》卷下)

十一月抵成都，僑寓惜字宫于德楙表叔宅中。(《蠖園年表》)

光緒二十年甲午　一八九四年　二十三歲

二月，瞿鴻禨出棚試順慶、保寧、潼川三府。(《止盦年譜》)

春，在瀘州得鹽務局印簽所差。(《蠖園年表》)

四月初三日，瞿鴻禨回省。至是歲科兩試始一律完竣，本年任滿。(《止盦年譜》)

四月，調合州鹽務分卡，徙家合州。(《蠖園年表》)

十一月初三日，表叔于德楙致書先生。

于德楙致先生書：桂姪侍右：昨讀寄書，只以交代事冗，到瀘悉後方定，托柳翁轉寄，諒邀察入。遥想潭第增綏，必如心頌。楙連日督盤倉穀並一切公事，竭十數日之力始行告竣。廿二到瀘呈結，仗本州加印，星馳就道，廿八日抵省參衙，悤悤幾無暇晷，然虧短情形，深蒙玖老憐恤也。新學憲丁憂之説，乃傳言也。十月廿三至西安，大約到川接印當在月之中旬。中峰意緒極煩，昨上疏乞退。川督已簡閩浙，譚公履任不知何時，此公與玖老是何交誼，便望詳細告知。昨謁玖老談次，誠恐鹽局變動，頗以姪事爲憂。現在船已僱定，交卸後即可解纜東下，本月廿外定可起身，太夫人及姪台想須來渝一行。楙合江之役負累數竿，而黄霓生幫款尚欠七百未付，日來催索，避債無臺，焦灼之狀有難筆述。省門局面更變，絲管紛紛，楙現寓駱公祠對門，僑居錦城，撑持匪易，加以人口嗷嗷，正不知如何究竟。倭寇已得旅順，恢復甚難，餉相支絀，大局豈堪設想哉？使女平安，前因出痘，嘔血輒至數升，醫藥無效，於十月中澣病故矣。率布數行，敬請太夫人坤安，並頌雙祉暨候文郎清吉。德楙頓首，冬月三日。内子、小兒本堯侍筆請安並頌潭祺。（朱氏家藏稿本）

朱啟鈐《姨母瞿傅太夫人行述》：蓋外舅于森圃先生爲啟鈐表叔，筮仕於蜀，相依久故也。（《蠖園文存》卷下）

按：信言"川督已簡閩浙，譚公履任不知何時"，又言"新學憲十月廿三至西安，大約到川接印當在月之中旬"，據《清代職官年表》，光緒二十年十月二十二日譚鍾麟任四川總督，同年吴樹棻接替瞿鴻機任四川學政，皆相吻合，故此書作於本年。據《外舅于森圃先生行狀》，于氏時署合江縣知縣。

十一月（初三日後），瞿鴻機學政任滿，啟程回籍。

《止盦年譜》：本年任滿，先期請假兩月回籍修墓，於十一月啟程。

瞿鴻禨攜家眷途經巴江時，先生奉母至江干與其話別。(《蠖園文存》卷下《姨母瞿傅太夫人行述》)

是年，長女朱湘筠生於四川。

《蠖園年表》：是年，啟鈐長女湘筠生。

《紫江朱氏世系表》：女：長湘筠，陳出。(《紫江朱氏家乘》)

按：據劉宗漢提供資料，朱湘筠生於四川，卒於臺灣。

本年，瞿宣穎生。

光緒二十一年乙未　一八九五年　二十四歲

正月初四日，瞿鴻禨抵長沙。(《止盦年譜》)

春，瞿鴻禨銷假到京。(《止盦年譜》)

五月，瞿鴻禨迎家眷入都。(《止盦年譜》)

十二月，瞿鴻禨轉補翰林院侍讀學士。(《止盦年譜》)

是年，徙家瀘州，寄寓文廟街。(《蠖園年表》)

光緒二十二年丙申　一八九六年　二十五歲

是年，調管灌口灘水軍兼救生紅船事。(《蠖園年表》)

冬，奉督辦夏時委派，修鑿雲陽大蕩子新灘工事，與萬縣鹽局總辦汪賁之、雲陽縣令吴寶銓同役，先生專任工程，是爲身任勞役之始。(《蠖園年表》)

光緒二十三年丁酉　一八九七年　二十六歲

二月初七日，瞿鴻禨任詹事府詹事。（《清代職官年表》）

是年（四月初四日前），在雲陽工次，草舍被災，幸以身免。（《蠖園年表》）

四月（初四日前），工竣馳歸。（《傅太夫人行述》）

朱啟鈐《傅太夫人行述》：迨丁酉四月啟鈐差竣，聞電馳歸，陳氏旋亦永逝。（《紫江朱氏家乘》卷一《先世傳略二》"六世"附録）

四月初四日，申時，元配陳氏病卒於四川瀘州，年二十七歲。

《蠖園年表》：陳夫人病革，四月初四日卒於瀘州，年二十有六。（《紫江朱氏家乘》卷三）

《紫江朱氏世系表》：啟鈐元配陳氏：卒光緒丁酉四月初四日申時。（《紫江朱氏家乘》）

按：陳氏生於同治十年（1871）二月十六日，享年二十七歲。《蠖園年表》年齡不確。

七月初九日，瞿鴻禨署刑部左侍郎。（《清代職官年表》）

八月二十四日，娶于德楙長女寶珊爲繼室。

朱啟鈐《繼配于夫人行述》：余以丁酉八月二十四日與夫人結褵於大邑縣署。（《朱母于夫人行述》）

朱啟鈐《姨母瞿傅太夫人行述》：文慎暨太夫人則以書教爲于氏作蹇修，蓋外舅于森圃先生爲啟鈐表叔，筮仕於蜀，相依久故也。（《蠖園文存》卷下）

朱啟鈐《外舅于森圃先生行狀》：光緒十八年，仍就知縣班到四川需次；次年，署合江縣知縣；二十一年，補署威遠；次年復調署大邑，旋題補威遠，回履本任。（《蠖園文存》卷下）

八月三十日，相偕返瀘。

朱啟鈐《繼配于夫人行述》：余以丁酉八月二十四日與夫人結褵於大邑縣署，居甥館七日，相偕返瀘。（《朱母于夫人行述》）

十月初二日，瞿鴻禨任内閣學士兼江蘇學政。（《清代職官年表》）

《止盦年譜》：十月十七日，抵江陰接任。

十二月，以知縣改指江蘇，偕于氏奉母離蜀東下。

《蠖園年表》：傅太夫人於啟鈐涉險有戒心，至是不樂居蜀中，遂令改官知縣，與新婦奉母東歸。（《紫江朱氏家乘》卷三）

朱啟鈐《繼配于夫人行述》：外舅助厚資，使改官知縣，夫人復鬻奩成其事。將以引見入都，會太夫人不習川中水土，又以蜀道攀躋艱阻，余復喜任工事，上年修灘，烈山攻石，動資礮火爲用，時懸涉險之慮，故不欲余筮仕是邦。遂決計改官他省，於十二月買舟舉家東下，並送陳夫人遺櫬還湘。（《朱母于夫人行述》）

朱啟鈐《姨母瞿傅太夫人行述》：是年，文慎升詹事，權刑部左侍郎，繼拜督學江蘇之命。途次補内閣學士，兼禮部侍郎。十月十七日，全家抵江陰任所。啟鈐既就婚于氏，以先母不習川中水土，又以蜀道攀躋險阻，不欲更筮仕是邦，遂以知縣改指江蘇，於季冬之月，買舟東下。（《蠖園文存》卷下）

行至涪州，母於舟次中風。（《蠖園年表》）

歲暮，艤舟萬縣，經汪賁之診治，母得藥稍蘇。(《螻園年表》)

按：汪氏時任萬縣鹽局總辦。

本年，劉敦楨生。

光緒二十四年戊戌　一八九八年　二十七歲

本年，瞿鴻禨在内閣學士江蘇學政任。(《清代職官年表》)

度歲後，泛舟出峽至宜昌，遣老僕送陳夫人櫬歸長沙。先生侍母至武昌就醫，寓妹徵蓮家，服張仲蓮大令藥，疾乃大和。(《螻園年表》)在武昌，時時接濟照拂叔母一家。

朱啟鈐《姨母瞿傅太夫人行述》：始得安抵武昌，寄居妹家，此戊戌春間事也。(《螻園文存》卷下)

朱啟鎔續編《四十年艱辛記》：府君在鄂仍賦閑，家用漸不支。幸三伯母由川來鄂，桂辛兄、徵蓮姊時時接濟照拂。(《紫江朱氏家乘》卷二)

三月，應瞿鴻禨電召，抵江陰，居幕中，襄理蘇松太三屬試事。

《螻園年表》：三月赴江陰，隨文慎公按試蘇、松、太倉三屬。(《紫江朱氏家乘》卷三)

朱啟鈐《姨母瞿傅太夫人行述》：文慎將出棚，按試蘇州，聞啟鈐已蒞鄂，電召隨侍。二月，馳抵江陰，遂命居幕中，襄理蘇、松、太三屬試事。(《螻園文存》卷下)

按：《行述》《年表》記載抵江陰時間有異，姑從《年表》。

春，與張緝光相識於吴門。

張緝光《跋湘江紅葉圖》：戊戌之春，予識朱子桂辛於吴

門。(《紫江朱氏家乘·紫江朱氏三世遺墨·湘江紅葉圖》卷後)

四月二十三日,光緒帝頒布《明定國是詔》(《德宗實録》卷四一八),戊戌變法正式開始。

六月,赴京引見,分發江蘇候補知縣。

《蠖園年表》:六月赴京引見,分發江蘇。(《紫江朱氏家乘》卷三)

《紫江朱氏世系表》:啟鈐:江蘇候補知縣。(《紫江朱氏家乘》)

六月,次女朱淇筠生於蘇州。

《蠖園年表》:是年六月,啟鈐次女淇筠生。

《紫江朱氏世系表》:女:次淇筠,于出。(《紫江朱氏家乘》)

按:據劉宗漢提供資料,朱淇筠生於蘇州,一九五一年卒於上海。

七月,抵達江蘇。(《蠖園年表》)

八月初六日,戊戌政變發生,光緒皇帝發布諭旨,籲懇慈禧皇太后訓政。(《德宗實録》卷四二六)

冬,朱徵蓮與于夫人奉母自鄂來蘇州,賃居護龍街。叔母攜子女也同赴蘇。

《蠖園年表》:冬間,于夫人偕妹徵蓮奉母自鄂來,賃居蘇州護龍街。吾家方徙居蘇州,遂迎五叔母率子女同赴蘇就學。(《紫江朱氏家乘》卷三)

朱啟鎔續編《四十年艱辛記》:秋間三伯母就養入蘇,以府君所入甚微,吾母子四人無依,約同赴蘇焉。(《紫江朱氏家乘》卷二)

按:《蠖園年表》《四十年艱辛記》所述赴蘇時間有異,姑存《蠖園年表》之説,有待覈實。

光緒二十五年己亥　一八九九年　二十八歲

正月二十五日，瞿鴻禨任禮部右侍郎，留江蘇學政任。(《清代職官年表》)

夏，奉委上海出口捐局。(《紫江朱氏家乘》卷一《先世傳略二》"六世"附録朱啟鈐《傅太夫人行述》)

是年，迎母移家於滬，住上海南市施家巷。叔母攜兒女也自蘇州移居上海。

《蠖園年表》：又移家於滬，住上海南市施家巷。(《紫江朱氏家乘》卷三)

朱啟鈐《繼配于夫人行述》：後因己亥辦上海出口捐局，復奉迎至滬。(《朱母于夫人行述》)

朱啟鎔續編《四十年艱辛記》：是年府君仍任寶塔洲事，吾母率兒女居蘇州，旋以桂兄任出口捐局，移上海。(《紫江朱氏家乘》卷二)

是年，三女朱淞筠生於上海。

《蠖園年表》：是年，啟鈐三女淞筠生。

《紫江朱氏世系表》：女：三淞筠，于出。(《紫江朱氏家乘》)

按：據劉宗漢提供資料，朱淞筠生於上海，卒於美國。

爲張緝光作《創設惠通公司啟》。

《創設惠通公司啟》附注：此文爲亡友善化張劭熙緝光所撰，時在光緒戊戌、己亥間。此事既徒托空言，而張君下世又已十載。遺翰飄零，僅存片羽，亟録於此，以志腹痛。(《蠖園文存》卷上)

按：據附注，作於光緒戊戌、己亥間，姑存於此。

是年，外舅于德楙以蜚語被議罷職。(《蠖園文存》卷下《外舅于森圃先生行狀》)

光緒二十六年庚子　一九〇〇年　二十九歲

是年，在上海出口捐局任。

朱啟鈐《姨母瞿傅太夫人行述》：是年(文慎)學政本已報滿，不得不遣眷先行。啟鈐則奉先母居滬，辦理出口捐局，不得從也。(《蠖園文存》卷下)

是年，聞北方義和拳之變，輦轂震驚，親友遭亂者紛集沓來，傀焉不可終日。(《蠖園年表》)

七月二十日，各國聯軍入京師。(《德宗實録》卷四六七)

七月二十一日，光緒皇帝奉慈禧皇太后出京赴太原。(《德宗實録》卷四六七)

七月二十八日，好友維新派領袖唐才常被張之洞處死。

唐才質《唐才常烈士年譜》：七月二十八日清晨，(張之洞)派兵圍搜武漢自立會各機關，遂被逮。夜二更，與林圭等二十餘人同時就義於武昌滋陽湖。(《唐才常集》附録)

劉宗漢《回憶朱桂辛先生》：桂老和庚子時被張之洞殺死的唐才常也有較密切的往來，唐是他在四川時的好友。桂老晚年在看一本講到唐才常的書時，曾對我説："這是我的朋友，被殺死了。我很難過。"可見與唐交誼之深。(《蠖公紀事》)

閏八月二十四日，丑時，母傅夢瓊卒，享年五十七歲。

《蔞園年表》:傅太夫人病劇,遂於閏八月廿四日棄養,享年五十有七。(《紫江朱氏家乘》卷三)

朱啟鈐《繼配于夫人行述》:庚子之變,全國洶洶,避難者麕聚海上,外艦叢集,滬濱風鶴驚皇,不知禍患之焉屆。而亂中交通阻塞,商業凋敝,余所辦出口捐局因之徵收短絀,不中考成。太夫人憂傷如焚,病乃轉劇,竟以是年閏月在滬寓棄養。(《朱母于夫人行述》)

本年,瞿鴻禨江蘇學政報滿,未及簡放新任,遣眷先行。

《止盦年譜》:拳亂起,各省軍務倥傯,本年恩科兩試展至次年舉行,學政報滿,亦未及簡放新任。府君聞西狩之信,即專摺馳問。嗣因頭風自額頂至腦後苦作掣痛,病體難支,再奏請先行交卸,給假兩月回籍就醫。

九月初九日,瞿鴻禨遷都察院左都御史。(《清代職官年表》)

九月二十日,瞿鴻禨擢工部尚書。(《清代職官年表》)

瞿鴻禨作《蒙恩擢左都御史未十日再擢工部尚書恭志感悚》。(《超覽樓詩稿》卷一)

十月二十一日,瞿鴻禨獲批休假兩月。將學政關防移交總督,起程回長沙。

《止盦年譜》十月二十一日:摺差齎回原摺,奉批賞假兩月,假滿即赴行在。

十月,扶櫬起程赴長沙。

朱啟鈐《姨母瞿傅太夫人行述》:十月,扶櫬回鄉。(《蔞園文存》卷下)

十一月初二日，瞿鴻機抵長沙。（瞿鴻機《恩遇記》）

十一月，抵長沙。賃居草潮門孫公園。（《蠖園年表》）

《蠖園年表》：十一月，奉靈柩回長沙。賃居草潮門孫公園。（《紫江朱氏家乘》卷三）

朱啟鈐《姨母瞿傅太夫人行述》：亂離轉徙，又值臘盡，到湘無所投止。太夫人則以餘屋芘寒家，並致廩餼。（《蠖園文存》卷下）

按：未知寄居姨母傅太夫人寓所與"賃居草潮門孫公園"是否同一居所，或其是何順序，待考。

十二月初八日，瞿鴻機起程赴西安行在。（《恩遇記》）

是年，撰《傅太夫人行述》。（《紫江朱氏家乘》卷一《先世傳略二》"六世"附録）

按：《行述》又收録於《開陽縣志稿》第十二章《藝文》，名《先妣傅太夫人行述》。

光緒二十七年辛丑　一九〇一年　三十歲

本年，瞿鴻機在工部尚書任。（《清代職官年表》）

正月十五日，瞿鴻機抵西安。（瞿鴻機《恩遇記》）

《止盦年譜》：元旦行次許州，十五日抵西安。四月初九日奉旨在軍機大臣上學習行走，次日入直。

是年（正月十五日後），瞿鴻機電令先生前往西安供差。先生以母葬未終没有應命。

《姨母瞿傅太夫人行述》：文慎電令啟鈐往西安供差，以喪葬未終，未遑應命。（《蠖園文存》卷下）

四月初九日，瞿鴻禨奉旨在軍機大臣上學習行走。（《清代職官年表》）

四月十二日，瞿鴻禨兼充政務處大臣。（《清代職官年表》）

是年，葬母於湖南善化縣八都西字區長沙冲十里塘山内，元配陳夫人祔焉。其間得與張緝光相聚。

《螻園年表》：卜葬傅太夫人於長沙西塘冲之原，元配陳夫人祔焉。（《紫江朱氏家乘》卷三）

《紫江朱氏世系表》：慶墉配傅氏：葬湖南善化縣八都西字區長沙冲十里塘山内，己山亥向兼巽乾。啟鈐配陳氏：葬湖南善化八都西字區長沙冲十里塘山内，祔姑傅太夫人墓。（《紫江朱氏家乘》）

張緝光《跋湘江紅葉圖》：予以庚子歸長沙。其明年，桂辛來葬母於湘山，與之開發胸臆，旁皇林谷。躡衡嶽之足，探汨羅之淵。桂辛常若有所感觸，戚然不能自已者，輒私忖之，莫得其故。（《紫江朱氏家乘·紫江朱氏三世遺墨·湘江紅葉圖》卷後）

四月，啟程抵鄂。（《螻園文存》卷下《姨母瞿傅太夫人行述》）

朱啟鈐《繼配于夫人行述》：余之再家武昌也，因辛丑夏秋間車駕尚留西安，瞿公先赴行在，馳書命余往。故將眷口移鄂，依吾妹以居。（《朱母于夫人行述》）

六月初九日，瞿鴻禨任外務部會辦大臣兼尚書。（《清代職官年表》）

七月二十五日，清政府簽訂《辛丑條約》。隨後八國聯軍退出京城。

是年，奉姨丈瞿鴻禨令，以將有回鑾之信折回長沙，以備送瞿眷北上。（《蠖園文存》卷下《姨母瞿傅太夫人行述》）

十月，護送姨母傅氏及瞿宣穎等離湘赴京，張緝光同行。

《止盦年譜》：全眷則以十月離湘北上。

瞿宣穎《張劭希師事略》：辛丑之冬北上，師亦偕行，行止於武昌。館課之暇，與余兄弟同習西洋文字。

按：瞿文轉録自《瞿宣穎年譜》。

途經武昌，以海道已凍，借寓大朝街行臺暫居。

《蠖園年表》：是年冬移家武昌，居大朝街。（《紫江朱氏家乘》卷三）

《止盦年譜》：行抵武昌，得府君電，以海道已凍，屬在鄂暫住，因借寓大朝街行臺。

十一月二十八日，光緒皇帝奉慈禧皇太后回到京城。（《德宗實録》卷四九〇）瞿鴻禨隨侍。

《止盦年譜》八月二十四日：隨扈回鑾，拜黄馬褂帶賸貂褂及紫禁城騎馬之命。二十九日：以匡扶大局功賞太子少保銜，一再固辭，請收回成命，允之。十一月二十八日：抵京。

十二月初一日，瞿鴻禨充會辦路礦大臣。（《清代職官年表》）

是年，于德坤途經武昌，暫住朱寓，教授先生兒女讀書，得與先生晤面。

朱啟鈐《于業乾丈故實於家譜及家人談話中所聞瑣言彙

録》:辛丑年,因會試有改在河南舉行,業乾丈乃出黔,過漢陽,聞寒家尚居武昌,内子于寶珊接至家中暫住,並教小兒女讀書。而會試之年爲甲辰,是以不必急急赴汴。時啟鈐在京瞿文慎公家作幕,偶回武昌一行,得親謦欬。(朱氏家藏稿本)

按:于德坤(1874—1912),字業乾。先生外舅于德楙胞弟。一九〇五年加入同盟會,任評議部議員。一九一二年,任南京臨時政府内務部僉事,回貴州組建國民黨支部,被謀殺。

居武昌期間,有意輯成家譜,張緝光爲之商訂體例。

朱啟鈐《紫江朱氏家乘序例》:光緒辛丑,客居武昌,與張君緝光共晨夕。旅窗多暇,有意輯成家譜,張君欣然爲之商訂體例,親繕世系表數紙。即以先府君手册爲依據,而客中無可質證,闕佚太多,不得不姑置之。(《紫江朱氏家乘》卷首)

是年,章士釗始任朱家西席,教授先生長子朱沛。與章士釗訂交。

一九六一年十二月十二日章士釗《同兑之壽蠖公開秩百歲》:憶昔論交歲辛丑,北徵半道齊耕耦。

一九六一年章士釗爲朱啟鈐作九十壽詩詩注:光緒辛丑,吾館君家,今齊頭六十年矣!(劉宗漢《有關朱啟鈐先生史料的幾點補正》)

瞿宣穎《叔兄希馬公事略》:次年全家自湘北上,以候舟次於武昌,始習泰西文字,與同學豪俊章君行嚴輩朝夕切磋,見聞益富。

按:瞿文轉録自《瞿宣穎年譜》。章士釗,字行嚴。

十二月二十二日,瞿鴻禨任軍機大臣。(《清代職官年表》)充經筵講官。(《止盦年譜》)

是年，次子朱瀏生於長沙。（《蠖園年表》）

按：朱瀏卒於光緒二十八年。

是年，與嚴復相見數面。

民國三年三月十二日嚴復致先生書：辛丑數面，南北分飛。（耿春亮《新發現嚴復致朱啟鈐信函一通》）

本年，梁思成、張學良生。李鴻章卒。

光緒二十八年壬寅　一九〇二年　三十一歲

本年，瞿鴻機在軍機大臣、外務部會辦大臣兼尚書任。（《清代職官年表》）

二月初八日，送姨母傅氏及瞿宣穎至北京，並致書夫人于寶珊。

《蠖園年表》：二月啟鈐送瞿姨母傅夫人赴北京。（《紫江朱氏家乘》卷三）

《姨母瞿傅太夫人行述》：壬寅春，浮江東下，循海道入京。時文慎已隨扈先至，初寓北池子左文襄在樞廷時故邸，繼徙黄米胡同完顏氏半畝園鄰宅。（《蠖園文存》卷下）

瞿宣穎《塾中記》：壬寅的春天，經由上海北上。（《瞿宣穎年譜》）

二月十五日，接到家中來電，得知夫人感染白喉。

二月十八日，致書夫人于寶珊。

致于寶珊書：秀君如面：前於初八日到京，即發一信。十五日得家中來電，知卿患白喉，望余速歸。驚聞此信，憂急萬分，恨不能即刻飛回，是日便擬出京。姨丈再三阻止，以道途太遠緩不濟急，暫發一電探問病情，並告抱定貴州唐氏所刻《忌表抉微》一書治法及開鍼等事，用頭等電託瞿方伯轉知。乃此電去後，兩日不得回電，令我坐立不安，神魂顛亂。偶一思及家中惟卿一身關係甚重，得此險症如何得了？直至今午纔得瞿方伯回電，言“開鍼後□□退，腫尚未消”云云。心雖稍安，然電文太略，不知究竟是何光景，總覺放心不下，要想回鄂，囊中所餘無幾，盤費不敷。且到京以來，深蒙姨丈另眼看待，一切大小公私事件均與我商量，並言現在滿服尚早，留我在京作一幫手，又由票號撥匯百金寄鄂，暫時接濟家用，俟有機會再爲設法。如此厚情，非萬不得已，如何好開口說走？今日接到稍好電音，兩老又言不必急急回鄂道理，更覺行止俱難。況我一身飄泊，負累甚重，不趁此立定腳跟謀一出頭地位，此生又將如何結局？昨夜做夢，好像一家都居船中，見卿卧病在床，一群兒女東倒西歪，淒楚情狀不堪寓目。我將卿喉間細看，又爲吹藥一管，卿始能言，告我醫□開方，因無□可問，不敢服藥。恍惚間，又見母親坐在床上，責我不該離家遠出，並抱我頭痛哭，遂致哭醒。此即目前家中之現像耶？抑仰託母親在天之靈得轉危爲安耶？我想自卿到我家五年之久，已受盡無窮魔難，即你平日行己待人，亦未有過分之事，老天當亦見憐。就說我之運氣不好，連年所降苦厄，已不爲不甚，亦當有回心轉禍之一日矣。但願使我大小人口平安，即爲闔家之幸福也。卿病痊後，尚宜加意調養，除另電探問外，並開善後各事一紙。此問痊好。辣言。小孩等及家中男女僕均好否？念念。二月十八日四鼓作。

一、卿本陰虚體子,此次喉症必係陰虚無疑。病時所服之藥是否滋陰等藥,抑係照《忌表抉微》書上的藥?此書有病後調理藥方,當照服,或請醫生看脉酌定。一、喉症總要將毒掃盡,能使肚子常泄最好,毒隨大便下行也。毒盡之後,尚要服滋補之藥。各種煎炒油炸酸辣辣椒要忌絶。均不要吃,小孩等均不准吃。一、榴兒自己不要哺乳了,可請一奶娘,自家性命□食要緊。一、小孩等可常服清涼之劑,水果不妨多吃,蘿布尤妙。一、再有人患白喉症,先作寒熱,定是白喉。以先針爲救急之要著,吃藥守定《忌表抉微》一書,照方按次序酌量分投。若大便結,下泄爲快。書上所列禁藥,宜細看。小孩患此,尤要小心,早下手爲妙。(朱氏家藏稿本)

按:書言"抑仰託母親在天之靈得轉危爲安耶",此信當作于朱母傅氏去世後,傅氏卒於光緒二十六年閏八月廿四日。(《紫江朱氏家乘》卷三)

據信文内容,收信人秀君當爲朱夫人。光緒二十三年秋,朱氏娶繼室于寶珊,則秀君應爲于氏。筆者於各種已刊文獻中,未見于氏有"秀君"之字號,此可作補白也。

書信言"卿到我家五年之久",此信當作於本年。

古人服期不少於二十七個月,先生除服當不早於光緒二十八年十一月下旬,書信言"(姨丈)並言現在滿服尚早",也與所推定寫信時間相吻合。

五月四日,袁世凱任直隸總督。(《清代職官年表》)

約是年,致書聶緝槼,提出締結兒女婚姻。(據聶緝槼致先生書)

按:聶緝槼復先生書約作於本年,故先生致聶緝槼書札姑存於本年。

約是年，聶緝槼復書先生，商討子女締姻事宜。

聶緝槼致先生書：桂莘仁兄大人閣下：川塗修阻，馳念爲勞。前奉惠書，備承遠注，就審禮廬退處，潭第安穌，至以爲慰。弟謬膺疆寄，倏忽經年，責重時艱，愧無補救，幸轄境均甚安謐。慈親迎養在署，健適如常，此則私衷之聊可自慰者耳。承示一節，敬悉種切，昔年與令姨丈曾有締婚之約，嗣以年庚不合致未克諧，甚以爲歉，曾與徐倅談次及之。兹讀來函，復悉前途雅意，彼此居同鄉里，又屬世交契好，申之以婚姻，實所甚願。既承不棄，何敢拘世俗之見，避攀附之嫌？稟請慈命，亦甚欣然。用特泐函奉復，請即轉致將男庚開下，以便合婚。如合，當再由敝宅將女庚一併開送，寄請前途復加推算，俟兩處均以爲合，即可定議。先此奉復，祇頌禮祺，附璧大版。愚弟聶緝槼頓首。令姨丈處如通稟時，祈代爲請安。（瞿宣穎舊藏稿本）

按：書札未署時間。書言“謬膺疆寄，倏忽經年”，當作於聶氏初任巡撫一年之後。光緒二十六年十二月十四日聶氏任湖北巡撫，姑存於此。

是年，瞿鴻禨命先生留京供差礦務總局。（《蠖園年表》）

是年，奉張百熙派，任京師譯學館提調。

《蠖園年表》：“旋奉張文達公派充大學堂譯學館提調。”（《紫江朱氏家乘》卷三）

張緝光《京師譯學館建置記》：光緒二十八年，學務大臣既於東安門内北河沿購宅一區，將闢爲譯學館，以之賡續同文館，爲外國語言文字專門學校，奏派湘鄉曾京卿廣銓爲監

督。事未竟，而曾京卿以母故，辭去學務大臣。奏以開州朱大令啟鈐代之經營。(《重刊京師譯學館校友録》)

按：據《清代職官年表》，張百熙時任學務大臣，曾氏非爲學務大臣。

李希聖《京師譯學館沿革略》：光緒二十七年十二月，奉旨以同文館歸併大學堂。而長年開支，在海關船鈔項下撥用三成之款。扣留外務部經費無著，大學堂房舍又不敷，乃於北河沿購宅一區，稍加修理，改名譯學館。於光緒二十八年十一月十九日奏定變通辦法，於華俄銀行餘利項下撥用四萬餘金，習英、法、俄、德、日本五國文兼他科學。復經外務部議覆，所有學生均與大學堂學生一律予以出身。此同文館改譯學館之沿革大略如此。(《重刊京師譯學館校友録》)

劉焜《京師譯學館始末記》：以是本館之待遇在各校中最爲優異。主其議者長沙張文達公百熙，贊成之者南皮張文達公之洞、善化瞿文慎公鴻禨也。(《重刊京師譯學館校友録》)

按："張文達公之洞"應爲"張文襄公之洞"。張之洞時任湖廣總督，張百熙時任吏部尚書、學務大臣兼京師大學堂總教習。

陳從周《京師譯學館》：近人治教育史，言清季京師大學堂者屢見記述，而於京師譯學館者知者至罕。嘗聞紫江朱先生云：京師譯學館成立於清末光緒二十九年，乃同文館之後身。校址在東安門内，東去不遠爲馬神廟之京師大學堂，即今之紅樓。該館於民國成立時停辦，歸併於大學堂，爲北大之法學院。譯學館開辦人爲曾廣銓、朱啟鈐，以後之監督爲黄紹箕、章梫、王季烈、邵垣浚。分英、法、德、俄文四科，魏易、胡敦復、蔡子玉、蕭智吉諸人授一二年級英文，三年級以上則爲英人教授。其他之課程教授爲蔡元培、陳衍、汪榮寶、韓朴存、丁福保等。(《梓室餘墨》)

冬，張緝光爲先生題其尊人繪《湘江紅葉圖》於都門。

張緝光題跋：(文略)。壬寅冬中，善化張緝光跋於都門。(《紫江朱氏家乘·紫江朱氏三世遺墨·湘江紅葉圖》卷後)

是年，次子朱瀏殤。(《蠖園年表》)

按：朱瀏生於光緒二十七年。

光緒二十九年癸卯　一九〇三年　三十二歲

本年，瞿鴻禨在軍機大臣、外務部會辦大臣兼尚書任。袁世凱在直隸總督任。(《清代職官年表》)

是年，在京師譯學館提調任。

正月十三日至二十二日間，致書端緒。告知無法參加鄧邦述在陶然亭之約宴，並通知公祭吴汝綸時間。

致端緒書：連日出入相左，不得一見，悵甚。孝先約宴陶然亭，足下去否？弟今日病喉，請晤時代爲致辭。昨大學堂知會，廿三日在陶然亭公祭吴摯甫先生，同人均須一往，特以奉聞。肅請仲綱五兄大人台覽。鈐頓首。四月分薪水代領，並呈。(《墨色將至》)

按：光緒二十九年正月十二日吴汝綸卒於安徽，北京公祭當在本月廿三日。

正月二十三日，參加在陶然亭舉辦的公祭吴汝綸活

動。（據正月十三日至二十二日間先生致端緒書）

二月初二日，致書夫人于寶珊。（據二月十五日朱啟鈐致于寶珊家書）

二月初五日，京師大學堂支應局提調紹英至譯學館，與先生商量學堂工程事。

《紹英日記》二月初五日：至譯學館，見朱監督商工程事，朱桂辛屬請示學務大臣如何隔斷房間，並屬催沈府尹代爲買民房之事。

按：紹英時任京師大學堂支應局提調。

二月十五日，復書夫人于寶珊。

致于寶珊家書：秀君覽：初二寄一信，次日又由票號匯八十金歸，當陸續收到。近日兼管閑事較多，東奔西走，心身俱忙，發信既少，必又勞卿嗔怪。然時有人勸我接家眷北來，安心辦事，我總説不敢輕舉妄動。而於更深人定之時，獨自籌想，宦途之苦，家况之艱，一身之出處，關系至衆，反復推求，每至徹夜不能成寐。心高命薄，時勢困人，雖英雄亦無可如何，况我等中人之姿，又無專長之技能，求爲人用，本屬甚難。兹不以爲不才而又授之以事權，知我者之用我固無以加於此闕，乃又不樂爲人用，轉而走之貪污卑濁之場，奴顔效媚以求自見，其如人之齒不用何哉？即幸而用我，所得仍不過此區區，又何苦乃爾！其所不能獨决者，在卿之願來與否，及家計如何安排、債項如何對付耳。另爲條説一張，可與伯庸、漱仙細酌之，詳明書復，再定行止爲盼。京中因去年雪少，多發熱症。瞿府近日均有小恙。我月初以來，因感冒鼻塞，濁涕加多，擂鼻用力過甚，左鼻孔時常出血,並有黄色、腐色之涕,牽及腦痛、牙痛,雖不要緊,總覺難過。請中醫看,服涼藥兩劑,又服補丸下瀉,虚火漸退。昨又請西醫用鏡查看鼻孔,彼言係搐鼻震破血管,現用藥水時洗鼻孔,血出總在午時前後,是周流血管破損無疑,必非腦髓腐敗之質也。每日常服水果,可解冬令所受煤毒。京師冷,冬天烤火過甚,亦一原因。隨時請西人醫治,不令留根方好。謝鑫笙家,我處當送賻儀四元,或帳請伯庸酌定照辦。四川並無信來,可怪。黄玉自湘中來否?此時辦譯學館要人,他又不在此矣,可惜。湘中先塋,應給看墳人之費,有便可寄去。劉升工貲,此後由我發給,不必寄湘。漱仙乳疾輕鬆如前否?卿體漸重,諸存小心。濱崖附學,飭令不可與新叔失禮。湘、淇、小三如何頑疲?你們如不來,當將小孩合照一相寄我。此問近好。二月十五日。姑太太同此,未另,千萬不要漚氣議事。報請爲主筆如何?(朱氏家藏稿本)

按:書言“京中因去年雪少,多發熱症”“京師冷,冬天烤火過甚,亦一原因”,説明先生在京城已經歷過冬天,書寫時間當不早於光緒二十九年,信中尚在商量家眷入京事宜。

《蠖園年表》光緒二十九年:“是年始徙家來北京,寄居大鶇鴿市端午樵中丞宅。”(《紫江朱氏家乘》卷三)三月初一日致汪康年書:“眷口擬令北來,月内過滬,僅有奴子隨送。瞿海老在滬,聞月内亦將返都,敝眷能與同行,最屬周妥。”(《汪康年師友書札》—《朱啟鈐》)據此,于夫人攜子女入京應不晚於光緒二十九年四月,此信當作于本年。且箋紙印有“廿有九年癸卯”,與所推定時間相吻合。

二月二十五日，致書汪康年。

三月初一日朱啟鈐致汪康年書：廿五日郵寄一函，諒登簽記。(《汪康年師友書札》一《朱啟鈐》一)

是年(二月二十八日前)，岳父于德楙致書先生，告知赴蜀充通省警察總局提調兼巡警官生學堂副監督。

本年朱啟鈐致于寶珊書：岳父來諭讀悉，蒙岑帥委辦警察固好，然此事太不容易見功。

《外舅于森圃先生行狀》：(光緒)二十八年，西林岑公春煊督川，夙知公去官不以罪，乃調公赴蜀，派充通省警察總局提調兼巡警官生學堂副監督。(《蠖園文存》卷下)

按：光緒二十八年七月初一日，岑春煊署四川總督。

是年(二月二十八日前)，致書夫人于寶珊。

致于寶珊書：繡君覽：廿五日接手條一紙，知常犯腳氣。昨伯庸信中又言頭疼，月分漸深，加意保養爲是。前言接眷從緩，至産後再議，亦可聽卿酌量，俱不强勉。但家眷不來，須託便將我夏季紗衣帶來，及早設法爲要。岳父來諭讀悉，蒙岑帥委辦警察固好，然此事太不容易見功。我已由此間發信去，所要牛肉汁、牛髓粉，望由湖北買好，由郵局帶去最妥。我鼻血已愈，身體大好，每日公事較忙，精神爲之一振。覺每日時刻甚短，匆匆又是一日，頗不似去年寂寥無賴也。子陶往寶慶充教習，我與劭熙均不以爲然，因其有五百元之束修，我又有不便阻止此行。彼在山巒之區，於自己西學必無長進。此間開礦路局、學堂譯學，均招已通洋文學生，出身甚優，彼來最合式，但無錢可貼家用耳。子陶未行，可以告知。“到寶勿廢西文，求通中學，謙和接人”。是我轉贈語也。辣白。

計開應請集議各條分綴於左:“留京幸望五”:一、在京附冀此間人以幕客相待,外則大老屬目,内與縉紳會處,便於結納,於將來外就可多圖一二知名。一、在京官職等級之見不如外間之甚,可兑官場炎涼之醜態,趨□□矣。一、辦譯學館事有專屬,但期二三同志不虞掣肘,且在京師大學堂,於名譽上亦較美聽。一、譯學館定有附學章程,濱兒可以就學五年,卒業即有出身。一、張尚書必有總督之望,既蒙見賞,我力辭二次,再三挽留,又令劭熙、瞿七先生來勸。此人多情,不可不結識。且在此候三年,總當有一江蘇好督撫出進。“留京疑難三”:一、學堂難辦,提調任重事繁,學生不易約束,成效至速亦三年方有可觀。然既要辦事,勞怨是分中應有。且學語言文字之學堂,較□□學問又容易見功。一、京師應酬多,食用昂,居家較鄂加一倍。與上海不相上下。一、在京苦耐,債項一時無以清償,招人指摘,此事最難。“到蘇得意不得意之别四”:得意居二分,不得居八分,最不可必之事。一、得意。括地方還賬。一、得意。熱鬧門面,隨手揮霍。一、不得意,棄京中現有之好分,一到江南,三月無差,家用即無所出。即偶得一事,期滿又當閑坐,窮候補滋味最可寒心。一、東調西遷,終年奔走,躭悮小孩讀書,尤不合算。“一人留京家眷居鄂礙難五”:一、心掛兩頭,客居非久安之法。一、骨肉遠離□無次□□有□□□家一轉□反不貲。去年回鄂用二百金。一、隨時匯款,終有不能接濟之時,貽累親友,心實不安。一、單送小孩來京就學,你們又不放心,我亦經管不到。一、在京一分花消,鄂中一分花消,亦不合算。“家眷動身來京疑難五”：一、打算來京，只能仿照出洋辦法，所有夯重器具及用不着之物，均不必帶，以省運費。鄂中既須覓房寄頓，到京又不免要添置。此事有人答應爲我家借木器，如果能應帶之物，再開單寄知酌帶。一、盤費須三百元。計算十人：大小五口，男僕二名，女僕婢大小三名。一、此刻即動身，卿係重身，海舟遇風恐受不住。然此有命，或不遇風。一、海風最平静時，以五六七等月□好，然彼時既怕查疫，又是當産之際。如來以三月爲妥。一、三月間來，我不能分身來接，因曾敬貽要赴東洋一行，學堂乃我一人經手開辦，萬難遠離。若候産後再來，添一吃乳小孩更屬費事。以上各節，請伯庸將文法深奥字句，包括□演説於議員前席，則委曲俱出可以協謀矣。議定之後，如主即來，請拍一電，即電匯盤費；不來、遲來，均以函復可也。（朱氏家藏稿本）

按：此信未署時間。信文“子陶往寶慶充教習”，與《中央文史研究館館員傳略·朱啟鎔》“一九〇三年朱啟鎔應聘擔任湖南寶慶府中學堂英文教員”吻合；“頗不似去年寂寥無賴也”也與光緒二十八年先生初至京時境況吻合。二月二十八日先生致于夫人書言“頃得電，知欲即來”，則此書當不晚於二月二十八日，與“但家眷不來，須託便將我夏季紗衣帶來，及早設法爲要”時間（本年四月十一日立夏）也相吻合。

二月二十七日，京師大學堂支應局提調紹英至譯學館，會同先生與天義講定講四間。

《紹英日記》二月二十七日：至譯學館，會同朱桂辛與天義講定講四間，三丈見方，連廊檐共銀六千六百兩。

按：紹英時任京師大學堂支應局提調。

二月二十八日，致書夫人于寶珊。

致于寶珊家書：頃得電，知欲即來，驛馬星動，自不可遏，擬即預備房舍。但檢點一切，總須十天半月方能起身，玆將移家事宜，及途中應知各節，條列於左：一、盤費約需三百元。玆由票號匯寄二百金，但到鄂較遲，恐不能久候，已於回電中懇請伯庸先爲墊撥，款到後再爲償還，以便早日起身。一、粗夯木器好木器可略帶。及無用書新學書要帶。箱、零件箱應用碗盞帶來，京師極貴。决不可帶，小櫃可帶一對，大衣櫃不必帶，大床不須帶，三籐棚子便可。須加酌量，總以輕便爲要。其餘不帶之物，可寄存錢府。黄玉想必同來，彼於路上情形較熟，諸事可以放心。岳厨願來否？阮媽越走越遠，想亦不肯輕捨，回家路上全靠彼照應小孩。奶嫗過滬可令回家。小三又多一層吵鬧，如何是好？帶人過多，盤費不貲，殊難爲情，此等事均聽自酌。總之，我以三百元交黄玉包到京也。自鄂動身先發一電。一、瞿七先生現在上海，過滬遣人至中外日報館，一問汪穰卿便知住處。彼言三月半前回京，不知趕得上同行否。如趕不上，諸事我已函託汪穰卿照應，必能周到。在滬坐何船，於何日開行，亦發一電，以便我到塘沽來接。一、海船須坐上艙或官艙，不必省此小費，亦不必拘定招商局船，總以有好房艙爲要。海多帶生紅朮，常吃百試百驗之法。遇風不吐，蒸熟吃亦可。卿與女僕輩均是好吐之人，我甚擔心，但求海不揚波爲幸。一、過上海，黑藤圈椅可帶四把，家中小蝦鬚簾要帶，寬大的不要。此間蒼蠅最可惱，將可帶不可帶之物另開有一單，酌量可也。一、沿途務須保重，海行較冷，身邊須備棉衣棉袴之類。北邊天氣不同，不可大意。一、安胎藥品途中須帶，或帶丸藥。繡君照知。辣白，二月廿八日燈下。（朱氏家藏稿本）

按：與三月初一日先生致汪康年信文相關聯，當作於本年。

三月初一日，致書汪康年。

致汪康年書：穰卿我兄鑒：廿五日郵寄一函，諒登簽記。下走媚骨不全，拙於進取，江南物競大邦，揆之天演公例，尤不我容，何如老作幕客？轉覺言論自由，亦鳩藏不爲鴻笑之道，兄謂如何？眷口擬令北來，月内過滬，僅有奴子隨送，滬地生疏，一切尚懇分神照拂，瑣瀆幸無爲罪。瞿海老在滬，住小沂譯書局内，曾否晤談？聞月内亦將返都，敝眷能與同行，最屬周妥。有函相托，希即轉交爲感。如海老先行，海船艙位臨時惟公是賴，千萬叩禱。蘇子熙調動，聞係法使詰責，謂彼縱匪自恩，蘇不去，粤事一日不能平靖。法向庇蘇，忽又改變政策，可怪！日俄搆兵事，外部問諸日俄使臣，均言不確。潘侍御慶瀾上摺劾張、袁不應奏廢科舉，指摘原奏中“科舉爲二百年來弊政”一語，爲得罪列祖列宗，意謂祖宗法制，臣下擅行謗毁，稱爲弊政，是祖宗所行皆弊政矣。上意頗動，亦交政務處併議，阻力之大，雖張、袁而陳，恐亦不能輕革也。江蘇撫臣恩壽進呈《聖諭象解》，奏中援引乾隆朝刊有《五經像解》，擬題繪圖石印進呈，上意初擬一句一圖，此事恐起兩漢經師，運以意匠，亦無辦法，工費浩大，由其次也。瑣以奉問，餘容再佈。手此，敬請撰安。朱啟鈐頓首，三月初一日。頌閣二兄未另，即此附達作第五函。（《汪

康年師友書札》一《朱啟鈐》一)

按:信文"江蘇撫臣恩壽進呈《聖諭象解》",據《清代職官年表》,恩壽光緒二十七年十月任江蘇巡撫,光緒三十年四月十一日離職;"眷口擬令北來,月内過滬",與《蟫園年表》光緒二十九年"是年始徙家來北京"吻合,此信當作於光緒二十九年。

是年(三月二十一日前),汪康年致書張緝光和先生。

《致張劭熙朱桂辛二君書》(一):昨見報,知盛宫保電催政府速備三百萬,收取商股,免爲外人收取。又盛以他報謂,電股大半皆在盛手,盛即屬人來館,請敝報代爲聲明,盛所有電股陸續抵押外,僅存十餘萬而已云云。究竟是否實情,實不可知,惟合此二事觀之,難保非盛覬知國家不能籌此巨款,伊即乘時將股押與外人,或用外人出名,使國家必須照時值方能購回。竊謂宜電令盛,飭該局登一告白於中西各報,並知會股東,所有執有股票之人,如有售於他人,限於幾日内,將股票已售某人報局,過期即不得出售外人,庶可杜絶此弊。惟弟意此事究不合公理,於商情大爲震動,惟有仍如前函所云,利權歸商,由官稽察,稍可補救萬一。且電報係全國通消息之事,應隸郵部,斷無歸外省督撫之理。招商應歸商部,亦無歸北洋大臣之理。昨見報載,袁擬國家官銀行,亦以天津官銀行爲本行,此事實可怪詫。此係户部之事,何得讓之疆臣?且如此,則袁於兵權之外,又握大利權,且得郵權,意欲何爲?弟謂爲國家計,爲師座(原按:謂瞿相國)計,此事當再三審察,如欲任其大成,當一切聽之;若以爲不可,則宜預爲阻遏,否則事權盡在一人,一旦禍發,悔將奚及！請兩兄即將此函轉呈師座，以備葑菲之採。再，現在伍軼庸星使接議商約以來，遇事均能抗争。第一日開議，日本日置君幾爲失色，蓋不意華官居然能如此在行也。至日置開來各款，伍俱隨事指駁，有舉重若輕之狀。若外務部吏能力爲主持，或尚可挽回一二。此事極爲緊要，乞轉達師座爲禱。今日見諭旨，因川督岑奏，陳光弼不交認墊之款，着各督撫限令繳出。此事實足令富人灰心，墊款與尋常款項不同，乃致如此嚴重，足使天下寒心，而以後報效及捐款之人，皆裹足矣。今日方欲勸海外華商至中國經營商務，又欲激勸富人報效，而所辦皆使人短氣之事，實不可解。至天津鑄一兩重之銀圓，實足紊亂錢法，如此則舊時七錢二分之銀圓，將置之何地？宜速議。現在華人以内地各礦私自與外人訂約者，無慮千百，宜設法飭人暗中查取，實已訂約者究有若干，章程若何，路礦局亦宜定一中外可守之章，使人可遵行。台州海門廳之煤礦極佳，前有都司林賀初都戎，飭營兵私行挖賣，現與官紳某省知州葉某，欲招意商辦理，意領事聞之甚悦，因其地近三門灣也。鄙意宜速下諭旨，令各處礦山之欲招外人合辦者，應先向路礦總局掛號，方准訂約，如此稍免流弊。至報效及驗資，西人優爲之，而華人則力不及，宜删去。再，現有黠者，先查何處有礦山，即向山主賤價買得或租得，再向外人兜售，獲利極豐。宜定章，凡五年内所購之山，將來所得之利，宜歸山主一半。（原注：光緒二十九年）（《汪康年文集》）

按：書言“今日見諭旨，因川督岑奏，陳光弼不交認墊之款，着各督撫限令繳出”，三月二十一日岑春煊由四川總督改署兩廣總督，此書當作於三月二十一日之前。

約三月間，于夫人攜眷自鄂經滬至京，寄居於大鶉鴿市湖北巡撫端方宅中。

《蠖園年表》：是年始徙家來北京，寄居大鶉鴿市端午樵中丞宅。(《紫江朱氏家乘》卷三)

朱啟鈐《繼配于夫人行述》：直至服闋，留京供差路礦局，夫人始於癸卯春攜子女入都。復因蘆漢鐵路未通，繞道至滬，轉航北上。夫人方娠，依膝下者復四人，資斧不充，行李重累。乘輕舟出吴淞，一女流料量提挈，既極勞瘁，且爲逆旅主人所紿，海舶以艙滿拒登載，致飄盪於驚濤駭浪中者彌日，可謂極人生倉皇危懼之境矣。(《朱母于夫人行述》)

三月初一日朱啟鈐致汪康年書：眷口擬令北來，月内過滬，僅有奴子隨送。瞿海老在滬，聞月内亦將返都，敝眷能與同行，最屬周妥。

是年，致書端緒。

致端仲綱書：頃曾敬貽京卿歸述尊謙，至爲感佩。日内即請管學堂派，惟名目早經擬載章程，弟當再詣管學，陳請甘居副席，庶於名位相稱。明早九鐘，敬翁囑函約台駕至玉樓春大餐，並會商議工藝局定造學生講堂坐位式樣，幸光降爲請。此頌仲綱五先生台安。啟鈐頓首，初七。(《近代史所藏清代名人稿本鈔本》第一輯一四四册)

光緒二十九年京師譯學館《奏定譯學館章程》之《教員管理員章第五》第一節：本館所設教員管理員如下：監督，教務提調(或名爲副監督，管提調事，以便京職易於相處，由學務大臣酌定)。庶務提調(或名爲副監督，管提調事，以便京職易於相處，由學務大臣酌定）。齋務提調（同前）。[《中國近代教育史資料》第五章《半殖民地半封建教育體系的形成和演變（中）》第六節《高等教育》]

按：書言“惟名目早經擬載章程”，《奏定譯學館章程》制定於光緒二十九年；“弟當再詣管學，陳請甘居副席”，光緒二十九年曾廣銓丁憂離職，先生接任譯學館監督。此書當作於本年先生擔任提調接任監督之前。

是年（五月二十一日前），任京師大學堂譯學館監督。

《蠖園年表》：啟鈐充京師大學堂譯學館監督。（《紫江朱氏家乘》卷三）

章梫《序四》：未幾，離大學而特立，改提調爲監督。（《重刊京師譯學館校友録》卷首）

按：五月二十一日先生致汪康年書言“尚書責弟兼辦監督”，則任譯學館監督不晚於五月二十一日。

四月至五月（二十一日前）間，汪康年致書張緝光和先生。

《致張劭熙朱桂辛二君書》（二）：昨見津報，忽言朝廷擬改服色，將於明年元旦下諭旨。此事極有關係，因亟爲此函，請轉達師座（原注：謂瞿相國）。改服色一事，近人雖時言及，然弟極不視爲要圖。且朝廷果能實力變法，則改服色，或足助變法之力量；若不變法，而徒改服色，則變法一事，何補存亡之毫末？足取笑而已。從前日人改服色，亦頗爲西人所笑，且若在從前風氣未開，阻撓者多，如朝廷毅然改革，則改服色足以示力量、易視聽。今當喪禍之餘，民情趨外，即此一節，徒足表示朝廷媚悦外人之象。况此事關係民間生業者極大，倘頓解長服而爲短衣，易綢緞而爲呢羽，則凡蠶桑繅織諸人，立有擠溝壑之慮，而進口貨則所增奚止千萬？今國内虚耗，方須爲小民籌添生計，何可更爲此抑絶之法，致民生愈困，籌款愈難。尤有慮者，日本之人與我相類，其來華者大率無賴，今衣服殊異，尚復時肆貪□（原注：此處原書如此），滋事誆騙，時有所聞，若一旦服色亦改而相通，則日人可隨時混入内地，與華人相混，爲種種不法之事；而華人之能日語者，又可自詭爲日人，敲詐平民，以日詭華，以華詭日，何以待之？又一人之身忽日忽華，又何以待之？徒滋事故，多速獄訟，甚無謂也。若朝廷之意已定，不能挽回，宜令惟在官場之人公服一例改革，其官人常服及平民不知此列，婦女亦不須改。其官場公服雖式樣改變，仍須以綢緞爲之，如此則保全尚多。惟冀師座力言之，不勝冀盼。總之，此事實係小節，無關大局，與請西人宴會，及開茶會，徒足爲媚外之憑據而已。兩兄聞弟此言，不知亦目爲迂闊否。（《汪康年文集》）

原注：原編者謂此信"未詳年月"。按：天津《大公報》於一九〇三年一月發起關於剪髪易服的公開討論，據此信内容推測，當寫於一九〇三年，即光緒二十九年。

按：五月二十一日先生致汪康年書言"劭熙既丁憂回南"，此書當作於二十一日之前；又云"月來連接四書，均轉呈師座"，此書或即所言四書之一。

五月二十一日，接汪康年手書，即予復書。

致汪康年書：穰兄鑒：月來連接四書，均轉呈師座。今日又接自鄒雲帆交來手書,知公盼我復音甚急。原師居湖上,弟以隻身荷譯學館事。劭熙既丁憂回南,曾敬貽又丁憂不來長沙,尚書責弟兼辦監督,現在開學在即,籌備一切,觸手皆在困難之境,京師辦事,固非能由我思想本我面目所可爲也。故終日爲學堂事所縛,不能去湖上,政界消息絶寡聞。見劭熙南去,又斷我一寫信之手,是以數月來發信最少,兄及頌公其當責我背約矣。兄來函所陳各事,均將原函送至湖上呈閲,弟既不在左右探討,即函中所説要義,恐其閲書亦不能得事之原委,如所謂義勇隊、教育會及海上諸人之行徑等事。非弟不問世務,實怪我朝廷政府均戀山林享受,棄絶世界,我輩絮聒其旁,有何悦耳娱目之言,使之樂於聽受?即使强言慰藉,假意咨嗟,究於國事何補?即如恩壽拿愛國會事,我問政府何又出此丢臉之策。彼言並非政府之意。我問恩壽是否政府所用。彼言乃慶之親家云。若人宗旨,但事非由我發端,或苟争而不用吾言,我皆可謝無罪於天下矣。又如十三日户部被燬,四恒被擠,市面異常駭動。最可怪者,恒和銀號倒閉,與户部失火同時。此中隱弊,並不查究。當起火之次日,市面銀條、錢條不能流通,商店因之倒閉者極多。京師半年無雨,旱象已成,人心尤爲惶動,弟因上書湖上,請面奏籲請回宫,使百官就職,如户部被燬,堂官無處分,均因各官奔走頤和園。即因旱求雨,揆之古義,亦應修省之時,是非在頤和園唪經與乞靈鐵牌所能濟事。書上頗不滿人意,殆以爲輕躁好事耳。頃聞兩宫明日回宫,因祭地壇、傳臚兩事,在城或有十日之留,倘承顔色詢及所陳各事,我舌尚在,仍不肯負兄苦心苦口也。匆匆,復請辯安。

朱啟鈐心叩。五月二十一日。聞劭兄閏五月半來，當過上海，可一見。(《汪康年師友書札》—《朱啟鈐》二)

按：書言“弟以隻身荷譯學館事。……尚書責弟兼辦監督，現在開學在即，籌備一切”，光緒二十九年九月十四日京師譯學館開館，此信當作於本年。

約五月至七月間，三子朱泗生於北京。(《蠖園年表》)

本年先生致錢濟勳書：“以五六七等月□好，然彼時既怕查疫，又是當産之際。”

按：朱泗卒於光緒三十一年。

八月二十九日，徐世昌晤先生。(《徐世昌日記》)

是年，組織編制《譯學館章程》。

《奏定譯學館章程》(光緒二十九年)：

《立學總義章第一》：第一節：設譯學館，令學外國語文者入焉；以議外國之語文，並通中國之文義爲宗旨。以辦交涉教譯學之員均足供用，並能編纂文典，自讀西書爲成效。每日講堂功課六點鐘，五年畢業。第二節：譯學爲今日政事要需，入此學者皆以儲備國家重要之用，自以修飭品行爲先，以兼習普通學爲助。向來學方言者，於中國文詞多不措意，不知中國文理不深，則於外國書精深之理不能確解悉達。且中文太淺，則入仕以後成就必不能遠大，故本館現定課程，於中國文學亦爲注重。

《教員管理員章第五》：第一節：本館所設教員管理員如下：監督，教務提調(或名爲副監督，管提調事，以便京職易於相處，由學務大臣酌定)，專門學教員，外國文教員，普通學教員，助教，庶務提調(或名爲副監督，管提調事，以便京職易於相處，由學務大臣酌定），文案官，收支官，雜務官，齋務提調（同前），監學官，檢察官。[《中國近代教育史資料》第五章《半殖民地半封建教育體系的形成和演變（中）》第六節《高等教育》]

九月十四日，京師譯學館開館。

張緝光《京師譯學館建置記》：學務大臣奏以開州朱大令啟鈐代之經營，數月規模矗具。乃召學子試之，得百餘人，廉其學有根柢曾習外國文者、年幼質敏易於造就者及仕學、師範兩館學生之能習外國文者，隸譯學館，都七十餘人，開校授學，時二十九年九月十四日也。監督朱大令以館地湫隘，旁無林木曠地，非學堂所宜，講堂及自修室因民居修葺，尤不中法式，請於學務大臣，謀所以擴充之議良久，乃奏請撥用御騾圈地，以資推廣。得旨允行。又益以光禄寺之官地民屋數所，建置齋舍。（《重刊京師譯學館校友録》）

劉焜《京師譯學館始末記》：京師譯學館於前清光緒二十九年九月開館，於宣統三年九月間停辦，先後八年。（《重刊京師譯學館校友録》）

是年，汪康年致書先生。

《致朱桂辛先生書》：昨聞東三省開爲口岸一事，本初大肆阻力，謂不允俄亦不允英、美，方昭公允。此語大爲乖□（原注：此處原書如此）。聞本初好用舊時美生，疑此亦聽彼熒惑之語也。弟前函力破此説，兄想必以爲然。昨有最熟外交之人，力謂中國現處萬難之會，宜出不意，許英、美、日東三省開爲通商口岸之舉，如此則三國必喜，我等即與之密約，如俄有他種要脅，則彼等必須幫忙。俄人雖怒，見我處聯絡已定，亦必有所顧忌。又俄不得志於東，必將肆志於蒙、藏，彼時可再與英、日商一法卻之。總之，彼無辭可以對諸國也。至俄現亦屢以新疆、蒙古爲言，然此乃彼故意用閃爍手段，使我意思疑惑。須知彼本意實在東三省，其視東三省重於蒙古十百倍也。惟此法須斷、須速，否則俄形勢已定，日本必不用兵，英則主義不定，美則但須俄啖以小利，亦必無言。如此，則我東三省折入於俄，至是英美始大悔，必爲桑榆之收，而佔揚子江、佔粵等説起矣。而德佔山東，法佔滇桂，日佔浙閩，所不待言。然又不能平平過去也，又必有無數争辯，無數波瀾。不知吾師（原注：謂瞿相國）彼時仍日日至外務部，與之從容剖斷乎？抑至彼時始從容投劾而歸乎？至俄人，近日不與我亟争，時作若引若拒之狀，時作推宕延緩之語，彼非有所畏懼也，蓋將乘此而固東三省之防，且安排各國也。一旦勢定，輒下訓條於我，直令我一切遵依，我外部大臣即欲與争，尚敢有他言乎？至處置新黨一事，弟前函屢言之，亦常與他人言之，而竟無信我者。端中丞至照會各處，指明留學生即革命黨，其不知作用一至如此。竊謂即使義勇隊有與革命黨通連之事，朝廷宜作爲不知，一面獎勵，一面慰撫，使勿輕動，此所謂因而用之，既以離彼之心，且假以激勵天下也。（《汪康年文集》）

原注：光緒二十九年。

是年，與管學大臣張百熙陪同直隸總督袁世凱視察京師大學堂譯學館。（據《中國近代珍藏圖片庫》之《袁世凱與北洋軍閥》卷圖 20《袁世凱張百熙朱啟鈐合影》説明）

是年，外舅于德楙自黔來京。（《蠖園年表》）

光緒三十年甲辰　一九〇四年　三十三歲

本年，瞿鴻禨在軍機大臣、外務部會辦大臣兼尚書任。袁世凱在直隸總督任。(《清代職官年表》)

是年，在京師大學堂譯學館監督任。

四月初二日，徐世昌到譯學館南鄰訪先生。(《徐世昌日記》)

五月十九日，二伯父朱慶增卒於河南陳留縣典史署任。(《蠖園年表》)

六月十九日，訪軍機大臣户部尚書榮慶。

《榮慶日記》：有頃朱桂辛到，座間譚(延闓)、黄(瑞麟)兩庶常到。

按：榮慶，光緒二十九年九月任户部尚書、十二月任軍機大臣，光緒三十一年十一月任學部尚書。

六月二十一日，晚，徐世昌訪先生。(《徐世昌日記》)

冬，辭譯學館監督。

劉宗漢《回憶朱桂辛先生》：次年(一九〇四年)冬，經過徐世昌的推薦，桂老辭去了譯學館監督的職務，到天津籌辦遊民習藝所。(《蠖公紀事》)

朱啟鈐《重刊京師譯學館校友録序》：不佞承乏校務，僅及期年。(《重刊京師譯學館校友録》卷首)

劉焜《京師譯學館始末記》：翌年(光緒二十九年)考取甲級學生入館開校，至三十年九月間添招乙級學生入學爲止，是爲本館成立時期。(《重刊京師譯學館校友録》)

按：黄紹箕繼任譯學館監督。

是年（十一月初七日後），奉兩江制軍端方、陝西巡撫夏時、浙江巡撫聶緝椝委辦軍事文報。

《蠖園年表》：日俄戰起，奉兩江端午樵制軍、陝西夏菽軒中丞、浙江聶仲芳中丞委辦軍事文報。（《紫江朱氏家乘》卷三）

按：日俄戰争爆發於光緒二十九年十二月二十三日（陽曆1904年2月8日）。據《清代職官年表》，本年聶緝椝任浙江巡撫；十一月初七日夏時任陝西巡撫；九月二十三日兩江總督李興鋭卒，周馥由山東巡撫接任，其到任前由端方暫署，十一月初七日端方改任湖南巡撫。故“委辦軍事文報”應在十一月初七日夏時任陝西巡撫後。

冬，經徐世昌薦舉，受知於直隸總督袁世凱。

《蠖園年表》：冬，以天津徐公之薦，受相城袁公知。（《紫江朱氏家乘》卷三）

徐嘉禾爲朱啟鈐題其尊人慶墉繪《湘江紅葉圖》云：桂辛世講出其尊人梓皋别駕《湘江紅葉圖》屬題，圖爲别駕癸亥秋由宛南旋黔途間韻事。余與别駕交最久，傅丈青餘官信陽觀察時，同肄業於廨舍西偏葵陰學舍中。（《紫江朱氏家乘》卷五《先世遺文》）

按：徐世昌時候補閣學署兵部左侍郎，袁世凱時任直隸總督。徐嘉禾爲徐世昌叔父，據其題跋可知，與先生父親慶墉交誼深厚。徐世昌與先生乃世交，舉薦先生自合乎情理。

是年，四女朱津筠生於蘇州。

《蠖園年表》：四女津筠生。

《紫江朱氏世系表》:女:四津筠,于出。(《紫江朱氏家乘》)

按:卒於一九四八年。據劉宗漢提供資料,朱津筠生於蘇州。

本年,翁同龢卒。

光緒三十一年乙巳　一九〇五年　三十四歲

本年,瞿鴻禨在軍機大臣、外務部會辦大臣兼尚書任。袁世凱在直隸總督任。(《清代職官年表》)

正月初五日,晚,訪徐世昌,久談。

《徐世昌日記》:晚,聘卿來久談,朱桂莘復來久談。

七月二十日,中國同盟會在日本東京成立,選舉孫文爲總理,黄興爲庶務。(《孫中山年譜長編》)

八月初四日,直隸總督袁世凱、湖廣總督張之洞奏請立停科舉,推廣學堂。(《中華民國史.大事記》)

九月初十日,清廷設立巡警部,徐世昌任巡警部尚書。(《中華民國史.大事記》)

是年,招堂弟朱啟鎔赴京師大學堂譯學館肄業,妹朱徵蓮同行。

朱啟鎔續編《四十年艱辛記》:啟鎔奉桂兄招,赴京師譯學館肄業,因偕蓮姊率弟妹北上。(《紫江朱氏家乘》卷二)

是年,以候選道觀政北洋,創辦天津習藝所,建築勸業場。

《蠖園年表》:以候選道觀政北洋,派辦天津習藝所工程。

朱啟鈐《繼配于夫人行述》:(乙巳)以道員觀政北洋,創辦習藝所,建築勸業場。(《朱母于夫人行述》)

是年,四子朱淥生。(《蠖園年表》)

是年,四子朱淥、三子朱泗先後以喉疫殤。(《蠖園年表》)

按:朱泗生於光緒二十九年。

光緒三十二年丙午　一九〇六年　三十五歲

本年,瞿鴻禨在軍機大臣、外務部會辦大臣兼尚書任。袁世凱在直隸總督任。徐世昌在軍機大臣巡警部尚書任。(《清代職官年表》)

正月二十六日,瞿鴻禨任協辦大學士。(《清代職官年表》)

二月(八日之後)至三月間,奉巡警部調京,署内城巡警廳廳丞。時徐世昌爲巡警部尚書,貝勒毓朗爲左侍郎,趙秉鈞爲右侍郎。

《蠖園年表》:啟鈐奉巡警部調京,奏署内城巡警廳廳丞。

《德宗實録》(八)卷五五五光緒三十二年二月上:乙巳,諭軍機大臣等:御史朱錫恩奏京畿地方盜竊滋多,請推廣巡警一摺。著巡警部、順天府妥籌辦理,原摺均著鈔給閲看。(《清實録》)

徐世昌《擬訂巡警部暨内外城警察廳官制摺附單》:京師爲首善之區,自應先定額缺,俾昭久遠。擬請變通舊章,改設額缺，内外城各設廳丞一員，參事、知事各官分隸焉。廳丞爲地方表率，與各省警務同轄於臣部，以一事權。所有臣部司員及廳員額缺，臣等公同商酌擬就官制章程，謹分繕清單，恭呈御覽，伏候欽定。

附《京都内外城警察廳官制》：一、原設内外城之兩總局，擬俱改爲巡警廳，曰：内城巡警總廳、外城巡警總廳。總理内外城一切警務。一、原設之内外城各分局，擬俱改爲分廳。内城擬設五廳，曰：内城中分廳，内城東分廳，内城南分廳，内城西分廳，内城北分廳。外城擬設四廳，曰：外城東分廳、外城南分廳、外城西分廳、外城北分廳。各歸内外城巡警廳直轄。一、原設之内外城監督，擬俱改設廳丞，位正四品，視府丞。（《退耕堂政書》卷三）

章士釗《書趙智庵》：蠖稱："五大臣出洋，車站遇炸，政府鑒於革命黨之潛力威脅，又覺五城御史及步軍統領衙門，官兵腐化不足恃，乃創設巡警部。以徐世昌爲尚書，貝勒毓朗爲左侍郎，趙秉鈞爲右侍郎，並設内外城巡警廳，以代五城御史巡街之任，分段治事。巡警站街，調查户口之外，兼理人民違警之罪。時我以候選道調部，補内城巡警廳丞，段少滄補外城。"（《文史資料選輯》一九八五年第三輯）

按：蠖稱，指朱啟鈐稱。

《朱啟鈐與江寧府巡警合影》説明：一九〇五年，巡警部監丞朱啟鈐到江寧府視察巡警廳時與歡迎者及巡警合影。（《中國近代珍藏圖片庫》之《袁世凱與北洋軍閥》卷圖 39）

按：據此照片説明，先生調入巡警廳當不晚於光緒三十一年（一九〇五），待考。

四月初二日，調署外城巡警廳廳丞，榮勳署内城巡警總廳廳丞。

《蠖園年表》：旋調任外城巡警廳廳丞，創辦京師警察市政。（《紫江朱氏家乘》卷三）

《德宗實録》（八）卷五五八光緒三十二年四月：（己亥）調内城巡警總廳廳丞朱啟鈐署外城巡警總廳廳丞，以五品京堂榮勳署内城巡警總廳廳丞。（《清實録》）

光緒三十二年四月二十一日《局員舞弊據實糾參摺》："事據署外城總所所丞朱啟鈐申稱……"五月二十九日《巡警部及内外城巡警廳官員酌擬陞補廉俸章程分繕清單立案摺》："臣部左右參議及内外城巡警總所所丞……"（《天津市歷史博物館館藏北洋軍閥史料・徐世昌》卷二）

按：據此，外城巡警廳廳丞，當又名外城巡警總所所丞。

章士釗《書趙智庵》：蠖稱："未幾，段以御史截取，外放廣東惠潮嘉道，我又移接段任。雖外城如宣南五方雜處，市面殷闐，號稱難治，而我與趙相處三年，一切措置裕如，交誼彌切。我常自笑，或者趙以我也是佐雜官出身，引爲同調，亦未可料。"（《文史資料選輯》一九八五年第三輯）

按：蠖稱，指朱啟鈐稱。段，指外城巡警廳廳丞段少滄。

五月初一日，夏至，光緒帝聖駕親行夏至大雩，先生夤夜率所屬入社稷壇，待漏於一息齋。

朱啟鈐《一息齋記》：光緒三十二年丙午，余官巡警部内城廳丞時，夏至大雩，恭逢德宗聖駕親行，夤夜率所屬入壇，待漏於此。（《蠖公紀事》）

按：一息齋位於中山公園社稷壇正門東側，本爲明清皇帝祭壇時警衛人員的住所。“内城廳丞”有誤，四月初二日先生已調署外城巡警廳廳丞。

《德宗實録》(八)卷五六〇光緒三十二年五月：丁酉朔，夏至，祭地於方澤，上親詣行禮。(《清實録》)

六月二十八日，晨，在頤和園仁壽殿參加光緒帝誕辰日慶典。禮畢，奉軍機處密札，押解吴道明、范履祥二犯赴天津交案。

章士釗《吴道明案始末》：吴道明者，光緒末造，保皇黨人潛蹤北京，烜赫一時之一大間諜也。往者吾閱梁君漱溟記彭翼仲一文，稱彭在北京所辦之《中華報》，曾揭露康梁黨人吴道明，由日本回國活動，被袁世凱之天津北洋營務處秘密處死。以袁世凱言，此實爲一忍無可忍之刺激，袁因密令新設之巡警部，飭外城警廳捕人封報，由是彭翼仲及另一辦報人杭辛齋得罪，而《中華報》被封，乃一九〇六年陰曆八月十二日事也。與彭翼仲同被捕者，别有一范履祥，詳見《文史資料選輯》第四輯百〇三頁。夫公曆一九〇六年，即前清光緒三十二年，時余亡命日本，吴道明事從報紙上略有所見，即揣知吴道明爲僞託之名，至其人爲誰，無由確定。翌年，即一九〇七夏，吾由東京經滬赴英，有僚婿梁元，自承吴道明爲乃父鐵君，受康有爲命，入京謀畫，備舉大事，不幸終爲袁世凱所賣，中毒身死……今閲梁文，追懷往事，事越五十餘年，亦在若芒若昧之中。又知梁文所指外城警廳，當時廳丞爲吾友朱君啟鈐，或者朱知此事綦詳，擬往就詢一切。不謂朱見梁作，恰有同感，寒暄甫接，滔滔爲余縷述辦案經過，而卻不知吴道明究爲何人。夫梁元老矣，流浪南中，苦無聊賴，吾今歲驟爾相遇，借談往事，事切己身，印象朗朗，臨别以所撰或他人代撰概略一篇交余："梁爾煦字鐵君，廣東順德縣麥村鄉人，少時與康有爲同游朱九江（次琦）門下，喜談天下大勢及古今王霸史略……爾煦有兄曰霞鳖者，雄於財，承辦廣西鹽務，創立林全大江公堂於梧州，總持桂林、全州、大黄江等處鹽櫃，署爾煦爲堂總，廣爲肆應，如是者有年……顧爾煦翻有隱憂，時則唐才常漢口勤王失敗，有爲重返新嘉坡，與黨人籌商善後，爾煦昌言：'軍事既無把握，唯余步武荆軻、聶政之一途，庶彰績效。'有爲以爲然，然荆聶難其人，爾煦拍案以起曰：'此吾之責也。'衆嘿然，而議遂定。尋於天津開一照相館，北京頤和園外亦設支店，爾煦易名吴道明，捐一候選道頭銜，厠身政地。園内有尚衣監馬總管者，西后嬖人也，而爾煦與之交往綦密，因應咸宜。久之，遣江浩然赴日本，與浪人宫崎寅藏謀，造一重量炸彈，輾轉運達園内，密埋戲臺隱處，以備西后誕日，朝貴叢集看戲時，一舉轟之，光緒帝因得從瀛臺步出，重理朝政。史稱'奪門復辟'，及所謂荆聶秘計，大抵如是。顧爾煦有舊識粤人朱祺，在楊以德部下任偵探，偶於天津衢市，彼此相遇，朱甚駭異，苦加詰問，爾煦語塞，因據實以告。夫爾煦者，一心無城府人也，朱既佯和其説，爾煦亦竟與嬉遊無間。以致朱得乘間抵隙，搜出爾煦密碼電本及其他秘件，爲賣友希榮地，聞爾煦在京驟爾被捕以此。袁世凱初不知吴道明即爾煦，訊供之日，爾煦直言無隱，且面對袁世凱多所質責，詞連戊戌六君子舊案。世凱畏事洩得禍，因即遣人以盛筵款接爾煦，陰置毒其中，數小時頃，爾煦暴斃，而袁世凱以用法聞。”……爾煦就死日期，言者不一其説，康（有爲）跋謂是七月十四日。夫丙午者，公曆千九百〇六年也，跋文題於甲子臘，甲子爲公曆九百二十四年，去丙午十八載，與康所謂垂今二十年成數相合。獨死期之七月十四日，廳丞君言：期太遠，不足信。蓋君憶解案之日，恰值光緒帝誕辰，是晨百官在頤和園仁壽殿叩頭申祝，君以三品參列在殿門外，隨班行禮，禮畢，即奉到軍機處密札，命押解吴道明、范履祥二犯赴天津交案，以軍法立時處理。君因脱卸朝衣，蒼黄就道，抵津時，津門亦正演劇恭祝如儀，萬頭攢動，袁世凱稱病室處，並未臨場。君入督署寢門，交代公事，時乃六月二十八日也。君隨押吴、范兩犯馳往北倉交卸。時洋兵充斥京津道上，獨北倉韓家墅一帶仍由華兵駐守。查北倉與韓家墅間，中隔北運河，約二十里許，君雖以北倉爲行程終點，而預計該犯到墅，遵照軍機字寄之嚴厲指示，應須立刻如法處置。君言：翌日即六月二十九日，至多推遲到三十日或七月一日，當無不勾當竣事。復次，案到津後，並無何等審訊過程，何來與袁世凱面質是非之事？微論世凱以督憲身分，未嘗面犯，即襄辦軍務如段芝貴輩，亦未看到吴道明正身。要之七月十四日之説，距離實況太遠，不足信據。吾問廳丞君：自案發以至解案，曾經過若干時日？君言：案在提督衙門連審三日，然後移交警廳，吾初疑該犯曾經刑訊逼供，以至狼狽不堪，到廳後倒身長卧，瘖瘂不言。旋反復檢查，並無鏖刑受傷痕跡。約略計之，該案在京經程，多亦不過七日而已。君又言：吴道明身材高大，鬚眉甚偉，惟鼻梁折痕宛然，美中不足；雖死囚枷鎖在身，而一舉手投足間，仍似有力貫之。聞其平日鴉片煙癮綦重，顧連亘數日，堅强忍耐，絶食無聲；全案既不見隻字供辭，即監房亦不聞呻吟微息。或謂道明武功訓練有素，精於技擊，慕虬髯公之爲人，似亦可信。康跋稱其長身玉立，又譽之爲烈俠，語非泛泛，頗足狀其爲人。廳丞君言：吴道明案之决以軍法處理，乃鑒於沈藎案之受到公使團及一般西人之惡評，謂清廷故意摧折新黨，淫刑殺人。時值庚子之後，聯軍尚未撤盡，洋人勢張如虎，對小朝廷指揮恣意，斥責頻加，奕劻、那桐之流，唯恐吴案釀成沈案之續，一誤再誤。又以案情牽涉帝后之争，一面嚴防西后聞知，以致光緒帝益形困辱；一面飭知袁世凱，用快刀斬亂麻手法，案到即以軍法從事，秘不公佈。凡吴案之所以若隱若現，知其底藴者絶罕，而彭翼仲偶於事後，微露刊章，即遭嚴法遣戍，職是故也。廳丞君又言：西后回鑾，大阿哥新廢，后爲障翳西人視聽，乘便即推光緒帝出面，使中外人共見，以迴虜怒而釋群疑。頤和園門樓外，鋪設大幕，分期演出英使介紹之印度馬戲，兩宫俱得聳身群僚之上，公然平視，外賓且在邀請之列，東西仕女，舉目齊觀，凡以此也。帝好拆視鐘錶，亦好攝影技術，吴道明結連宫監，獻媚妃嬪，攜苛達克出入禁園，隨意取影，無形之中，獲與瀛臺囚人耳鬢厮磨，投其所好，藉口沖曬相片，跡近奸隨。保皇黨人因而造作文字，增益本事，描繪少主逋臣之心影合一，號稱宫廷秘息，廣事宣揚，以擴大該黨藥籠中之奪門聲勢，爲進一步從海外打撈金錢之計，大抵利用此一形勢爲之也。斯偌大形勢，確爲近代史乘中之所罕見，一旦失敗，慘逾張子房之一擊不中，康先生流涕而記，誠非無因。倘若奕劻輩當時稍欠矜慎，案

交刑部,依證跡觸類株連,殊不難釀成戊戌政變第二之險惡局勢,廳丞君之言如此。(《文史資料選輯》一九六一年第十八輯)

七月初二日,下午,約談許寶蘅。

《許寶蘅日記》:五鐘至巡警廳訪撷珊、建齋,朱桂馨廳丞啟鈐約談,談三十分鐘。

七月十三日,清廷宣布仿行憲政,大權統於朝廷,庶政公諸輿論。(《中華民國史.大事記》)

八月初九日,徐世昌留先生、趙秉鈞、榮勳、袁克定於徐宅午餐。

《徐世昌日記》:回寓,會客,辦公,(中午)留智庵、竹農、桂辛、雲臺飯。

九月二十日,巡警部改爲民政部。徐世昌不再擔任軍機大臣。

《德宗實録》(八)卷五六四光緒三十二年九月:甲寅,諭内閣:朕欽奉慈禧端佑康頤昭豫莊誠壽恭欽獻崇熙皇太后懿旨,前經降旨宣示,爲立憲之豫備,飭令先行釐定官制……巡警爲民政之一端,著改爲民政部。(《清實録》)

《中華民國史.大事記》九月二十日:清廷命吏部尚書鹿傳霖、學部尚書榮慶、巡警部尚書徐世昌、户部尚書鐵良開去軍機,專管部務。

章士釗《書趙智庵》:蠖稱:"新官制行,巡警部改爲民政部,將工部、禮部、太常寺、鴻臚寺歸併在内。以肅王善耆爲尚書,左右侍郎仍舊。我與智庵指臂相聯,依然如故。"(《文史資料選輯》一九八五年第三輯)

按:蠖,指先生。

九月二十一日,徐世昌改任民政部尚書。(《清代職官年表》)

十一月(二十九日前),邀請楊毓麟至北京辦《神州日報》。

十一月二十九日王慕陶致汪康年書:《神洲報》已成立,租定四海春舊址,在《時報》隔壁,明正出報……篤生不來有三原因:一則……一則昨午端午帥來一電,託元丞轉篤生,謂朱桂辛請篤生至北京辦《日報》,千萬屬元丞勸篤,並請篤生至南京面晤一談,篤生大疑。此節乞秘之,勿告桂辛,恐於篤生交情有礙。(《汪康年師友書札》一《王慕陶》七)

按:《神州日報》創刊於光緒三十三年。光緒三十二年十一月二十九日,陽曆爲一九〇七年一月十三日。

十二月初十日,下午,許寶蘅到警廳,與先生議辦報館事。

《許寶蘅日記》:四鐘到警廳,與桂辛議辦報館事。

許寶蘅《夬廬居士年譜》光緒三十二年:初設京師内外城巡警廳。外城廳丞爲開州朱桂辛啟鈐,由端仲綱緒、汪建齋立元推薦,八月派余在衛生處行走。(《許寶蘅日記》附録一)

十二月十二日,許寶蘅爲代擬致匋公信。

《許寶蘅日記》:爲桂辛擬致匋公信。

十二月二十二日,許寶蘅爲代擬謝恩摺。

《許寶蘅日記》:爲桂辛擬謝恩摺。

本年,愛新覺羅·溥儀生。

光緒三十三年丁未　一九○七年　三十六歲

本年，瞿鴻禨在協辦大學士、軍機大臣、外務部會辦大臣兼尚書任。袁世凱在直隸總督任。徐世昌在民政部尚書任。(《清代職官年表》)

是年，在署民政部外城巡警廳廳丞任。

正月初六日，訪徐世昌。(《徐世昌日記》)

正月十九日，岑春煊由雲貴總督改任四川總督。未赴任。(《清代職官年表》)

徐一士《岑春煊》：光緒末葉，慶王奕劻長樞機，爲朝臣領袖，袁世凱督畿輔，爲疆吏領袖，並承后殊眷。二人深相結納，勢傾全國。而内則軍機大臣瞿鴻禨，外則兩廣總督岑春煊，獨深不直之，顯樹異幟，雖勢力不逮，然亦差相頡頏，爲所忌憚，以鴻禨、春煊清勤負重望，簾眷亦隆也。丙午，春煊在粵督任，稱病請開缺，冀内用。調雲貴，不就，堅請入對。翌年，復使再督四川，仍不願往，遂北上。(《一士譚薈》)

袁世凱《復端方密函》(光緒三十三年四月十九日)之駱寶善評點：光緒三十三年上半年，在清政府内部，袁世凱、慶親王奕劻集團與岑春煊、瞿鴻禨發生了一場争鬥。最後，以瞿、岑徹底失敗而告終。這年是丁未年，故史稱“丁未政潮”。政潮由岑春煊在瞿鴻禨的支持下首先發難開始。年初，岑春煊由雲貴總督改任四川總督，詔旨明諭他不必進京請訓。他認爲這是慶、袁與他過不去，於是在上海逗留期間，便同軍機大臣兼外務部尚書瞿鴻禨秘密約定，在西上赴川督任時，道經武漢，突然電請入覲，而且不待諭旨允准，就徑行乘京漢火車，北上進京，利用慈禧太后的寵信，扳倒當政的首席軍機大臣慶親王奕劻，排斥直隸總督袁世凱。（《駱寶善評點袁世凱函牘》）

二月初一日，與梁士詒、許寶蘅、鄧邦述、任鳳苞、王奎章、施肇基於陶湘宅晚餐。

《許寶蘅日記》：（晚）七鐘到陶蘭泉宅，梁燕孫約飯，同座爲朱桂辛、鄧孝先、任振采、王奎章、植之、蘭泉，二鐘歸。

三月初八日，徐世昌任東三省總督兼管三省將軍事務，充欽差大臣。唐紹儀任奉天巡撫，朱家寶署吉林巡撫，段芝貴署黑龍江巡撫。（《清代職官年表》）

《惲毓鼎澄齋日記》光緒卅三年三月初九日：東三省建立行省，以徐世昌爲總督兼管三省將軍，充欽差大臣。唐紹儀爲奉天巡撫，朱家寶爲吉林巡撫，段芝貴爲黑龍江巡撫。皆北洋所保薦也。三省爲祖宗發祥之地，三百年來例用豐沛人鎮守。前年授趙次帥將軍，猶是漢軍旗也。全用漢人，實自今始，而事權之重，爲向來所未有。

三月十一日，與賀國昌、許寶蘅、陳時利、汪立元、祝書元、曾維藩、顧鰲、李滋軒、王文豹等人赴崇效寺賞花，並晚餐。

《許寶蘅日記》：四鐘半到崇效寺看花，賀莘生爲主人，朱桂辛廳丞、陳劍秋、汪建齋、祝讀樓、曾介白、顧鉅六、李滋軒、王紹泉，尚有二人不知名氏，劇飲醉歸。

三月二十日，岑春煊任郵傳部大臣。（《清代職官年表》）

徐一士《岑春煊》:行抵漢口,電奏即日入京陛見,於三月抵京,未候朝命也。既召見,后慰勞甚至,勖其勿遽言退,並問所願。對曰:"如蒙准臣開缺養疴,自屬天恩高厚,倘不獲俞允,則留京授以閒散之職,亦深感鴻慈。"后因指帝而謂之曰:"我常同皇帝説:'庚子年若無岑春煊,我母子焉有今日?'你的事都好説,我總不虧負你!"於是授爲郵傳部尚書。(《一士譚薈》)

袁世凱《復端方密函》(光緒三十三年四月十九日)之駱寶善評點:三月中,岑春煊到京,連續數次覲見慈禧太后,參劾奕劻、袁世凱,並明白要求留京。瞿則事先布置江春霖等御史交章上奏,彈劾慶、袁,遥相配合。慶、袁一時陷於四面楚歌之中。與此同時,慈禧太后命岑春煊留京,任郵傳部尚書。當天,岑即向慈禧太后面參袁的親信郵傳部侍郎朱寶奎。一參即准,朱被革職。(《駱寶善評點袁世凱函牘》)

四月初八日,午後,訪趙秉鈞,徐世昌在座。

《徐世昌日記》:門人章一山(梫)、黄次奮(瑞麒)約宴集,散後到趙智庵處久談,桂辛亦往。

四月十一日,同盟會發動黄岡起義。(《中華民國史.大事記》)

四月十三日,午後,訪徐世昌,久談,錢能訓在座。

《徐世昌日記》:午後,幹臣、桂辛諸君在此久談。

四月十七日,岑春煊改任兩廣總督。(《清代職官年表》)

徐一士《岑春煊》:后知春煊與奕劻水火,欲調解之,因問以到京後曾否往謁奕劻。對曰:"未嘗。"后曰:"爾等同受倚任,爲朝廷辦事,宜和衷共濟,何不往謁一談?"曰:"彼處例索門包，臣無錢備此。縱有錢，亦不能作如此用也。”后亂以他語而罷。春煊屢爲后言奕劻貪劣諸狀，蘄早斧逐，以澄清政地。后雖不能從，意蓋不能無動。奕劻自危，以瞿、岑互爲聲援，亟與世凱謀去二人，於是四月春煊奉旨再督兩廣。（費行簡《慈禧傳信録》云：“春煊復薦桂撫林紹年清亮，后亦信之。世凱睹狀，知己亦將爲岑黨所摇。適粵寇更作，乘入覲時爲后言：‘周馥臣姻家，知其人雖忠誠，而年已及耄，粵寇再起，而其地革命黨尤煩，恐非馥才力所能制。臣過蒙慈眷，雖事非職掌，而不敢不聞。’后曰：‘此爾愛國忱，吾方嘉之。如言知兵及威望，固莫加岑春煊，而慮其不願再任粵事，奈何？’世凱對：‘君命猶天命，臣子寧敢自擇地？春煊渥蒙寵遇，尤不當如此。’后頷之，翌日命下。時春煊方將續疏論劻罪，而不虞己已外簡矣，知爲劻黨所排，陛辭日涕泣爲后言：‘朝列少正士，風氣日壞，國本可危，乞后省察。’”）（《一士譚薈》）

袁世凱《復端方密函》（光緒三十三年四月十九日）之駱寶善評點：袁、慶迅即起而反擊。一面由世續、徐世昌在慈禧太后處爲奕劻説項，一面奕劻利用慈禧太后單獨召見的機會，全力反擊。他痛説岑春煊之所以參劾他和袁世凱，是爲了布置慈禧太后歸政，迎接光緒帝重新執政。這一下説到慈禧太后的痛處，深感不能讓岑留京鬧騰，立即采納了奕劻的主張，改任岑爲兩廣總督，將他趕出北京。岑出京後，並不去廣州赴任，而是逗留上海，伺機反撲。袁世凱便指使親信、上海道員蔡乃煌，假造岑春煊與梁啟超合影照片送到北京，由奕劻拿去面奏慈禧太后，作爲證據，説岑春煊勾結

保皇黨人，圖謀不軌。慈禧太后不知是計，大爲震怒，當即下令將岑春煊罷官革職。(《駱賓善評點袁世凱函牘》)

按：據《清代職官年表》，七月初四日岑春煊被免去兩廣總督職務。

五月初六日，御史惲毓鼎彈劾瞿鴻機"居心巧詐，蠹政害民，交通報館，漏泄機密"。

《惲毓鼎澄齋日記》：具疏劾軍機大臣外務部尚書協辦大學士瞿鴻機居心巧詐，蠹政害民，交通報館，漏泄機密。

徐一士《岑春煊》：五月鴻機放歸田里，政潮告一段落矣。(《一士譚薈》)

五月初七日，光緒帝硃批惲毓鼎彈劾摺："瞿鴻機著開缺回籍，以示薄懲。"

《蠖園年表》：五月瞿文慎公罷相歸里。(《紫江朱氏家乘》卷三)

《惲毓鼎澄齋日記》光緒卅三年五月初六日：次日奉硃諭：著開缺回籍，以示薄懲。所援引之兒女親家法部右參議余肇康革職。以小臣一言，不待查辦，立予罷斥，自來所未有也。

《光緒宣統兩朝上諭檔》光緒三十三年五月初七日：内閣奉硃諭：惲毓鼎奏參樞臣懷私挾詐請予罷斥一摺。據稱協辦大學士外務部尚書軍機大臣瞿鴻機暗通報館，授意言官，陰結外援，分布黨羽。余肇康於刑律素未嫻習，因案降調未久，與該大臣兒女親家，托法部保授丞參等語。瞿鴻機久任樞垣，應如何竭忠報稱，頻年屢被參劾，朝廷曲予寬容，猶復不知戒慎。所稱竊權結黨保守禄位各節，姑免深究。

余肇康前在江西按察使任内因案獲咎，爲時未久，雖經法部保授丞參，該大臣身任樞臣，並未據實奏陳，顯係有心回護，實屬徇私溺職。法部左參議余肇康著即行革職，瞿鴻機著開缺回籍，以示薄懲。欽此。

《光緒宣統兩朝上諭檔》光緒三十三年五月初七日：內閣奉上諭：惲毓鼎奏參瞿鴻機暗通報館授意言官各節。著交孫家鼐、鐵良秉公查明，據實覆奏。欽此。

朱啟鈐《姨母瞿傅太夫人行述》：就中文慎最爲僉邪所惡者，惟主持輿論一事。汪君康年之在滬辦《中外日報》也，遠在庚子以前。汪君，文慎門下士之夙邀賞拔者也。不唯汪君，其時吴越兩省名流以言論繫時望者，類皆著弟子籍，有知遇感者也。文慎柄政，上海輿論於政府措施抨擊曾無假借，而文慎訪問得失，未嘗不虛懷以聽焉。京師初無報館，江南人士來者漸多，頗開清議之門。甲辰、乙巳之間，京師文字之禍興。朝貴銜報館切齒，必欲得而甘心。啟鈐方長警廳，知其事甚悉，嘗屢以去就争。朝貴既無如何，遂以怒報館者怒文慎。加以朝官鑽營奔競之風素爲文慎所深惡，言官舉其醜穢，攻彈不已。遂又以怒言官者怒文慎，於是以"私通報館，授意言官"，屏文慎去國矣。(《蠖園文存》卷下)

按：《徐世昌日記》缺失五月初四至初七日。

五月初八日，瞿鴻機離京赴長沙。

朱啟鈐《姨母瞿傅太夫人行述》：文慎奉放歸之命，次日即行。以五月十一日抵家。(《蠖園文存》卷下)

《止盦年譜》五月二十日：自京乘京漢車轉輪船抵長沙。

按:《行述》《年譜》記載瞿鴻禨抵長沙時間不同。

瞿鴻禨作《罷免出都作》:臣罪邱山負至尊,捫心豈獨畏人言。愚忠未效青蒲益,曲貸猶深羽扇恩。十駕蹇蹄羞峻坂,九關孤夢隔重閽。偶遊轂外初衣遂,息盡塵機老灌園。○兩肩荷弛一身輕,布韈芒鞋著便行。風雨寒鐙書有味,煙波短艇釣無驚。消閒敢續歸田録,志悔從深誓墓情。車馬輭紅真自擾,閉門習静養殘生。(《超覽樓詩稿》卷二)

按:瞿鴻禨《知止園近作》稿本,收録有此詩的修改底稿,塗改甚多。

瞿鴻禨《敏齋見和罷歸之作再疊前韻答之》:三千食客會朱門,黑白還應定一尊。財匱萬方民疾蹙,憂深百里聖瞻言。蚡嬰意氣猶驕寵,牛李交遊有怨恩。機事機心全埽盡,忘勞甘灌漢陰園。(瞿鴻禨《知止園近作》稿本)

按:此詩未收入瞿鴻禨詩集刊本中。

五月二十六日,光復會在安慶發動起義。(《中華民國史.大事記》)

五月,袁世凱致函瞿鴻禨,予以慰問。

袁世凱《致瞿鴻禨函》(光緒三十三年五月):宦海波生,石尤風起。以傅巖之霖雨,爲泰岱之閑雲。在朝廷援責備賢者之條,放歸田里;在執事本富貴浮雲之素,養望江湖。有温公獨樂之園,不驚寵辱;但謝傅東山之墅,奚慰生靈。雖鵬路以暫紆,終鶴書之再召。弟投身政界,蒿目時艱,讀芝焚蕙歎之篇,唏嘘不絶;感覆雨翻雲之局,攻錯誰資。敢問起居,藉鳴結轖。(《駱寶善評點袁世凱函牘》)

七月(初十日前),獲准開缺。

《螻園年表》:五月瞿文慎公罷相歸里,啟鈐亦有開缺之請。遂回長沙修墓。(《紫江朱氏家乘》卷三)

《許寶蘅日記》七月初九日:一時又到捐局,知桂辛廳丞已准請開缺,劍秋署理。

按:《許寶蘅日記》初八日記載曾去捐局、警廳,未言及先生獲准開缺事。

七月十一日,晚,與許寶蘅、李厚之、李光榮、陳時利、許世英、汪守珍、賀國昌、曾維藩飲於平介館。

《許寶蘅日記》七月十一日:(晚)八時到平介館,厚之、仲謙昆仲約飲,有桂辛、劍秋兩廳丞,雋人、聘耕、莘生、介白。

七月二十一日,離京。

《許寶蘅日記》七月廿一日:到東車站送桂辛廳丞,送者甚多,八時開車。

《許寶蘅日記》七月十三日:七時到放生池巡警操場,因桂辛廳丞將行,合外城總廳、分廳、各區、教練所、捐局、教養局各員及巡警隊、馬巡隊共照一相以爲紀念,十時半散歸。十四日:六時到警廳,總廳三處同官及豫審廳員在平介館公餞桂辛廳丞。十五日:三時入城到德昌飯店,捐局委員紳董公餞桂辛廳丞,照相,三時半入座,五時半散。又到桂辛宅中照相,夜飲,在座者凡十九人,十二時散。十七日:五時半桂辛廳丞來,又共照相。

按:徐世昌八月初一日在奉天晚宴先生,此時先生或赴天津,有待覈實。

七月二十七日,袁世凱接替呂海寰任軍機大臣、外

務部會辦大臣兼尚書。(《清代職官年表》)

按:五月初七日,吕海寰接替瞿鴻機任軍機大臣、外務部會辦大臣兼尚書。

八月初一日,徐世昌與錢能訓在奉天晚宴先生暨參贊、司道數人,久談。

《徐世昌日記》:與幹臣晚宴朱桂辛暨參贊、司道數人,久談。

按:據《徐世昌日記》,徐氏時在奉天。

八月初二日,上午,徐世昌到巡警總局答拜先生。(《徐世昌日記》)

八月(十五日前),回到京城。

《許寶蘅日記》八月初三日:六時到東車站迎桂辛,未到。十五日:十時入城訪桂辛、植之,均不遇。

八月十六日,下午,許寶蘅到巡警總廳訪先生。

《許寶蘅日記》八月十六日:三時到總廳,晤桂辛談。

八月十九日,晚,宴請許寶蘅、祝書元於寓。

《許寶蘅日記》:四時同讀樓到桂辛宅宴,談至十一時半歸。

八月二十一日,下午,訪許寶蘅於捐局。

《許寶蘅日記》:二時半復到捐局,桂辛廳丞來談。

九月初三日,晚,乘車離京。

《許寶蘅日記》:八鐘到西車站送桂辛,遇辜鴻銘、張虎臣,略談。

按:冬季先生回長沙修墓,本日爲寒露,尚未入冬,此時離京或赴天津,待覈實。

冬，回長沙修墓。

《蠖園年表》：遂回長沙修墓。(《紫江朱氏家乘》卷三)

朱啟鈐《姨母瞿傅太夫人行述》：丁未之冬，啟鈐鑒於朝局之非，亦欲歸從文慎於鄉里。因棄官南游，偕妹徵蓮同省太夫人，且謁先墓，流連旬日，追話半生奔走之跡。(《蠖園文存》卷下)

十月，應兩江總督端方邀請，赴金陵一遊。其間□鴻鈺與□幼農約遊明陵。

《蠖園年表》：冬，應端午樵制府之招赴金陵一遊，時于森圃外舅需次南京也。(《紫江朱氏家乘》卷三)

《遊明孝陵合影》題記：丁未十月桂辛京卿檥舟白下，鈺與幼農太守約謁明陵，歸過商品陳列所，特撮景以志斯遊。即呈桂辛京卿鑒存。鴻鈺題記。(《中國近代珍藏圖片庫》之《袁世凱與北洋軍閥》卷圖72)

按：端方時任兩江總督。

十一月(初六日前)，回至京城。

《許寶蘅日記》十一月初六日：介白來函，知桂辛自南來。

十一月初十日，許寶蘅來訪。

《許寶蘅日記》：赴各大軍機府第投刺，便訪各前輩，順道訪桂辛略談，二時半歸。

十一月二十五日，與許寶蘅、榮厚、榮勳、陳時利、樂達義、曾維藩、邵善夫、叢兆丹談宴於陳玉春寓齋。

《許寶蘅日記》：三時又至陳玉春寓談宴，同座爲朱桂辛、榮叔章、榮竹農、陳劍秋、樂印孫、曾介白諸君，玉春與邵善夫、叢兆丹爲主人。

十二月二十六日，光緒帝簽批東三省總督徐世昌調先生赴東差委摺請。

徐世昌《朱啟鈐調東差委片》：再，查東省初改行省，百度維新，待人而理。其有長於吏治，交涉學界、軍隊、商務之員，隨時量材調用，期收實效。歷經臣等先後奏調、咨調，分别録用。即在奉候補及投效各員，亦詳加選拔，以備任使。惟是邊地取材不易，方今政務繁重，應辦之事較内地爲尤多，自應甄拔賢能及時圖效。兹查有開缺請假修墓民政部外城巡警總廳廳丞朱啟鈐，器識宏遠，辦事勤能，前隨臣世【昌】創辦京師巡警，力果心精，不畏勞怨，成效昭著，蒙恩簡授斯職。今請假開缺回籍修墓，尚未銷假。伏思東省要政需人，如墾務、界務、邊務之類，皆關緊要，合無仰懇天恩俯准，將該廳丞調東差委，以收得人之效出自逾格鴻慈。如蒙俞允，臣等即檄飭遵照辦理。謹附片具陳，伏乞聖鑒。謹奏。

光緒三十三年十二月十七日附奏，於三十四年正月初一日奉到硃批：著照所請，該部知道。欽此。（《天津市歷史博物館館藏北洋軍閥史料》徐世昌卷三）

《德宗實録》（八）卷五八五光緒三十三年十二月下：（癸未）東三省總督徐世昌奏：東省要政需人，請將開缺民政部外城巡警總廳廳丞朱啟鈐調東差委。允之。（《清實録》）

十二月，五女朱湄筠生於北京。

《蠖園年表》：是年十二月，啟鈐五女湄筠生。

《紫江朱氏世系表》：女：五湄筠，于出。（《紫江朱氏家乘》）

按：據劉宗漢提供資料，朱湄筠生於北京。據朱天提供資料，朱湄筠卒於二〇〇六年。

本年，張百熙卒。

光緒三十四年戊申　一九〇八年　三十七歲

本年，袁世凱在軍機大臣、外務部會辦大臣兼尚書任。徐世昌在東三省總督任。(《清代職官年表》)

正月十九日，許寶蘅至先生寓齋晚餐。

《許寶蘅日記》：便至朱桂辛廳丞寓晚餐，聽王雲峰彈三弦，能作各種歌曲及各樂器聲，可謂奇技，十時歸。

春，東三省總督徐世昌等籌設蒙務局，規劃三省蒙疆興革。

朱啟鈐《東三省蒙務公牘彙編叙言》：及西伯利鐵道成，俄之謀蒙始迫；日俄戰定，日之謀蒙又迫。哲里木十旗情形日益危急，而我國士夫始奔走而言蒙事，於是東三省督撫以光緒三十四年春籌設蒙務局，規畫三省蒙疆興革。(《東三省蒙務公牘彙編》卷首)

二月初十日，接東三省督撫照會，擬請充當東三省蒙務局督辦。

二月二十五日朱啟鈐家書：本月初十日，接東三省督撫照會，内開善辦東三省蒙務前經奏明在案，自應專設東三省蒙務一局，揀請大員經理，以資振興而保權利。素仰貴廳丞洞悉蒙務，籌畫有方，應請充當東三省蒙務局督辦，所有開辦局務章程暨應辦事宜，統候察覈，擬具辦法，酌奪施行等

因。(朱氏家藏稿本)

二月十一日,東三省總督徐世昌晚宴于式枚、朱家寶、程德全、華世奎、吴廷燮、周樹模、錢能訓與先生。

《徐世昌日記》:晚宴晦若、經田、雪樓、弼臣、向之、桂辛、少樸、幹臣。

二月二十五日,自奉天致家書,安置家務。

朱啟鈐家書:本月初十日,接東三省督撫照會,内開籌辦東三省蒙務前經奏明在案,自應專設東三省蒙務一局,揀請大員經理,以資振興而保權利。素仰貴廳丞洞悉蒙務,籌畫有方,應請充當東三省蒙務局督辦,所有開辦局務章程暨應辦事宜,統候察覈,擬具辦法,酌奪施行等因。查經營蒙古,疊經内外臣工條奏,爲杜絶日俄覬覦,實目前籌邊要策。經畫之方,不外移民、開墾、牧馬、練兵,尤以建築鐵路,使交通便利,與内地聲氣通聯,振興一切始有憑依。東三省擬借款興築新民府至法庫門鐵路,由法庫門通至遼源州,由遼源通至洮南府,再由洮南接至齊齊哈爾,實爲通貫内蒙古哲里木盟十旗輸運之要道,乃經畫東三省蒙務偉大之上策。現爲東清鐵道條約所限制,日本來相干涉,是以唐中丞進京即爲此路事也。

徐帥之意,欲令設局洮南經畫一切,我意將於三月底四月初先往蒙古各盟旗地方調查一次,再定設所在。近十數日以來,接見賓客,查閱舊卷,終日所計畫研究無非關繫蒙務事。蒙古邊荒之地,文物不備,一切情形均無紀載可考,地圖又無精之本,考訂研求十分困難。現在借礦務局房屋暫作公,於廿三日由傅宅移入辦事,百端待理,思想極爲繁亂，是以並無暇詳作家書寄回。現在既經來奉，自不能不替人辦事。出月又將出邊，一切家務亦當從長計較，我既不能抽身回京，祇好請繡君輕裝來奉一商，再往蒙古。一切行裝，從頭至脚均當從新備製。邊荒之地，飲食起居無一不需備帶。自家籌維公事，已是竭蹶不堪，何能再有心思料理一些瑣事。打點不齊，出門行道便是自家受苦。再三與子陶商量，姑在局中留有東厢三間，此間覓房極難，局中固多不便，然無如何也。預備繡君來此暫住，爲我料理行裝，我動身往蒙古後，繡再回京。但不識姑太太何時回鄂，能否在京再住一二月否？如果能住，繡君來此，家中小孩可以幸托照顧，免至賤夫婦多一掛慮。如果回鄂近已有期，繡君即俟送姑太太走後再行來奉。家中請載伯四弟來住，令阮媽、張士青婦人看顧小孩，亦無不可。一切俟子陶到後，大家從長計議，覆我爲要。

我雖委辦蒙務，並未議及薪俸事，係創設，公文中既未提及，我自未便開口請求。此間開局辦事，一切由徐帥派支應局供給，故亦不須請領款項。我帶來之款，現餘存二百元，尚可支持半月，但計家中用款又將告罄。兹向此間票莊挪借京平銀四百兩，用匯票交子陶帶回應用。如姑太太回鄂，即於此款類劃壹百作盤費，以表我意，請姑太太千萬不必客氣。我往蒙古，乃十分艱難困苦之事，命中該受磨折。近年精力耗喪太過，衝風冒寒，不知能耐此辛苦。將來如須駐紮洮南，其離奉省約一千餘里，初闢蒙荒設立府治，合城不過二百餘家，僻陋可知。往來之程中間荒漠三百餘里，除官站以外，並無人煙。蒙人所供食品，除羊肉乳酪以外，又無他味。居家均以牛馬糞爲炊，羶臭不能嚮邇。野蠻習俗，據所聞者已令人渾身難過，將來親歷其間不知如何受罪。即將在若地設局辦事，家眷萬不去。南省人在奉省者冬令已苦寒威，邊外九月即凍，三月方能釋冰。沙漠之地，夏令又極炎，而牛虻即大蚊子。一種咬人最毒。據人云，虻咬白馬，頃刻便成紅馬。此等苦楚，一年之中幾無安適時月也。即此隨帶家人，非强幹之人不能得力，孟升、戴升、周厨均不合格。現適江瑞在奉，常至邊外，現經留用。周厨帶去，亦無菜品可做。渠係南人，不能騎馬走長道。做番菜之小洋厨現尚在京否？如願同去，可令來此，其餘一切詳情可面詢子陶，不暇贅述。此問閤家安好。老辣白，二月廿五日。（朱氏家藏稿本）

按：信中言及充當蒙務局督辦事，當作於光緒三十四年。

二月二十九日，朱啟鎔致書先生。（據三月初二日先生家書）

三月初二日，致書朱啟鎔、漱仙及夫人于寶珊。

朱啟鈐家書：頃接子陶廿九來書，得悉一切，稍慰懸念。這幾日考證地圖，撰擬辦法，伏案凝思，腦力枯澀異常，加以想起家中景況，種種爲難，債□□□□□□□□□□□□（作者注：文字殘損，下同）邊疆，重累妻子，尤所煩惱。中夜自籌，亦惟嗟歎而已。現在所籌蒙邊辦法，擬以通路置驛、組織交通機關爲入手，似此縮圖，預計經費亦非有百萬經費之款不能展□。如三省無的款可籌，則此局亦可不設矣，一切大計必俟唐帥回奉，方能定議。照此看來，三月底恐尚不能□□□。鄙意如果□□不以□之條陳爲然，即便藉此脱卸，繡翁來奉，留姑太太在京看家，殊屬不近情理，最好俟送姑太太走後再來。小妹、小三有阮媽看顧,自能安怗。惟小湄留京,繡君必不放心,萬不得已,衹好攜之同來,但不知乳娘又作刁難否。大家計議定後,先行電知姑太太行期,即遣戴升回也。辦人一層,本非一時便能得當,衹要用有心物色□好。梅□雖屬合格,來京既屬費事,且係南人,恐又不能受邊荒苦楚。至於擯棄不擯棄,則有各人緣法。講新理,夫婦尚持合則留不合則去之道,况婢妾耶?吴士緗言暑中拆房,鐵林及伯崇住房均在應拆之列,幕府紛搬至恒升店内。子陶住房尚可緩拆,云並以附知丁九皋。前送之各種警務章程,尚有幾部,令濱崖清出數部□來爲要。此間昨日下冰雹,羊皮袍、絲棉襖尚脱不下。繡君來千萬多帶應穿衣服,火車出山海關便冷矣。此請子陶、漱翁、繡君仝覽。汪太太處已商量好否?盼速復。辣白,三月初二日三更。(朱氏家藏稿本)

按:此信接續二月二十五日家書内容,且此時家眷尚未前往東北,信當作於本年。又據光緒二十九年二月十五日先生致于寶珊家書"另爲條説一張,可與伯庸、漱仙細酌之,詳明書復,再定行止爲盼","漱翁"當即"漱仙"。

四月初二日,奉天行省公署發送《照會蒙務局督辦會同洮南府孫守詳查扎薩克圖郡王烏泰私借俄債並妥商辦法文》(《東三省蒙務公牘彙編》卷三)

原注:作於光緒三十四年四月初二日。

《扎薩克圖郡王烏泰咨蒙務局前後借欠俄債情形併聲明立案文》(十一月初八日):敝王於光緒三十年二月二十六日借有俄商道勝銀行盧布二十萬元,又於三十二年八月借俄員霍爾窪特、達聶爾二員盧布九萬元，因屆期迫索，無法籌還，無奈於去年冬間面求洮南府孫守轉稟東三省軍督憲，懇請設法救助。（《東三省蒙務公牘彙編》卷三）

按：先生此時尚未正式就任蒙務局督辦。

約三月中旬至四月上旬間，夫人于寶珊赴奉天與先生相聚。

按：據三月二日先生家書，于氏尚在京城，又據五月十三日先生致于寶珊家書，于氏四月上旬離奉返京，其自京赴奉當不早於三月二日。

四月上旬，夫人于寶珊離奉返京。

按：五月十三日先生致于寶珊家書：别來今已一月，離情想皆同然。頃接子陶轉到四月廿一日手書……悉卿回京後一切安好。又，五月二十九日先生致于寶珊家書"别離又將兩月，亟思歸家一視"，則于氏離奉回京當在四月上旬。

四月十三日，受東三省總督徐世昌委派，會同洮南府知府孫葆瑨赴哲里木盟查辦扎薩克圖郡王烏泰中俄交涉債案，並率員順道調查蒙旗交通路綫及河流道里。

《蠖園年表》：赴哲里木盟，調查扎薩克圖郡王烏泰中俄交涉債案。（《紫江朱氏家乘》卷三）

《蒙務局呈東三省總督派員調查蒙旗情形説帖》（光緒三十四年十月十六日）：第一次。於本年四月十三日起程，五月二十七八等日先後旋省。蒙務局督辦赴扎薩克圖王旗查辦事件，查辦扎薩克圖郡王烏泰借用俄債各案，並順道考查。由法庫門經博王旗界過遼源州，入達爾漢王旗、郭爾羅斯前旗、圖什業圖王旗、扎薩克圖王旗，各蒙旗界越開通縣治，抵洮南府治各交通路綫，及沿途一切情形。同行各員銜名列後：民政部郎中吴笈蓀、直隸候補道吴熙忠、奉天交涉司俄文譯員候補直隸州李鴻謨、蒙文譯員協領榮德、蒙文譯員候補直隸州明哲、民政部六品警官張殿奎、測繪委員民政部八品警官孫啟鴻、測繪委員民政部九品警官陳得貴。（《東三省蒙務公牘彙編》卷一）

徐世昌《扎薩克圖郡王烏泰私借俄債酌擬辦法摺》（六月十五日）：臣等於本年二月間接據洮南府知府孫葆瑨禀，稱風聞扎薩克圖郡王烏泰有私借俄債情事。密向該旗蒙員來粲文等詰問，初猶推諉，迨曉以利害，始將該王借款係以全旗路鑛牲畜爲質，限期甚迫，該王正在爲難等情和盤托出。適該郡王因商辦愛其撓荒務來府會晤，面與申説，乘機開導。該王亦深悔悟，願將路礦報效，並北山後餘地三四百里另議出放，求朝廷借款救助，以期挽回。所有兩次押借俄款字據二紙一併鈔録，禀請覈辦前來。臣等以事關重大，當即遴委奏派督辦蒙務、前民政部外城總廳廳丞朱啟鈐會同孫葆瑨查辦。（《天津市歷史博物館館藏北洋軍閥史料》徐世昌卷四）

朱啟鈐《蒙務局請籌的款並預籌鐵路議》（光緒三十四年十二月十八日）：四月間，啟鈐奉委查辦扎薩克圖王烏泰債務，前往洮南，率領員司人等由奉天遵陸北行。出法庫門，經科爾沁左翼前旗、左翼後旗，至遼源州；經左翼中旗、右翼中旗，至洮南府；再經右翼後旗、扎賚特旗，至黑龍江省城；經杜爾伯特旗、郭爾羅斯後旗，至哈爾濱。並分遣隨員，沿洮兒河東出嫩江，至新城府；經郭爾羅斯前旗，以達長春

府，會集回奉，環歷一周於蒙地方域，得知要略。（《蠖園文存》卷上）

四月二十一日，于夫人致書先生。

五月十三日先生致于寶珊家書：頃接子陶轉到四月廿一日手書……幸悉卿回京後一切安好，小孩等亦壯適，稍慰遠念。

四月，在洮南府，結識張作霖。

朱海北《風雲變幻的北戴河海濱》：我父與張作霖在清朝末年曾有一段交往。那是光緒三十二年（1906），徐世昌任東三省總督時，先父襄贊政務並任蒙務局督辦。徐世昌任命張作霖爲五路巡防營的前路統領，駐紮洮南府。先父幾次視察政情至洮南，由瀋陽出法庫，經科爾沁左翼後旗、通遼，再經科右翼後旗、扎賚特旗，至黑龍江省，經杜爾伯特旗至哈爾濱……一路都由張作霖派人警戒護送。（《蠖公紀事》）

按：朱文記載"光緒三十二年"時間有誤。先生本年任蒙務局督辦，並曾前往洮南府。

五月初二日，徐世昌致書先生。

徐世昌致先生書：桂辛仁兄大人閣下：逕啟者：頃據調查蒙古事務委員路道棫卿稟陳，抵公府後各項辦理情形，特飭照録寄呈台鑒，即希詧核爲禱。專此，祇請勛安不一。愚弟徐世昌頓首，五月初二日。附《路道棫卿來稟》：（文略）。（上海圖書館藏稿本）

按：附件《遵擬路道棫卿稟呈郭爾羅斯前旗輿圖由》，標注"光緒三十四年六月初八日到"，徐札當作於本年。

五月初十日，于夫人致書先生。

五月廿九日先生致于寶珊家書：並由子陶交閱五月初十家書，得悉京中一切□□，家計難□，使卿典質釵釧度日，可爲慨嘆。（朱氏家藏稿本）

是年（五月十二日後），吉林巡防營務處調查蒙古事務候補道路槐卿致書先生。

路槐卿致先生書：桂馨仁兄大人閣下：前上蕪緘，賚由阮公槐太守處轉遞，諒達典籤。撫駒隙之如流，又蜩鳴之八聽。遙詹芝宇，莫罄葭思。就諗績茂昌辰，勛同夏大，以頌以欣。弟此次赴蒙，小住半月，應商事件，如興學、練兵、開墾各大端，每不憚反復詳説，久之亦共明此意。公爺以下協理印軍各員僉謂："當此五洲環視，非競爭自立，不足以圖生存。既蒙朝廷眷顧，蒙旂督、撫憲關懷邊鄙，代爲籌畫，感激同深。舉凡目前之急，本應逐件興辦，以副咸與維新之望，惟年來財政日見消極，同時舉辦，未逮良多。再四籌維，祇應先設初級學堂兩處，挑選本旂子弟年齡合格者，課以蒙漢普通各科學，以資試辦，俟效果漸臻，再行推廣。其餘應辦各件，必隨時酌奪情形，但爲力所能到者，當竭力商辦"云云。查該旂近年困苦，一切新政未能同時並舉，目睹情形尚屬實在。第該旂人稀地闊，可墾之荒，如塔胡城、色克集、七家子等處，實占多數。只以此役宗旨，以開通風氣、勸令自強爲目的，墾政能否興辦，未便相強。遂將調查事項填注明晰，由彼啟程遄返。路過春城，復在南公租務處，傳集蒙民，帶同繙譯，親將白話訓詞演説一通，觀聽之人尚有激動感情現象。越日，匆匆就道，現於五月十二日旋抵吉垣。除俟該境輿圖續就另寄外，合將調查清摺附呈督閱，尚冀遠錫方鍼，藉匡不逮，盼禱良深。專此，祗請大安。餘維丙照不莊。愚弟路槐卿頓首。計附呈調查事項清摺一扣。（上海圖書館藏稿本）

按：此函與五月初二日徐世昌書札在同一東三省蒙務總局卷宗，封面標注“宣統元年三月初十日重立”，則此札也應作於本年。

五月十三日，致書夫人于寶珊。

致于寶珊家書：繡君如晤，别來今已一月，離情想皆同然。到洮之次日曾寄一書，不識於何日收閲。頃接子陶轉到四月廿一日手書，途中沉滯計將半月，知去書亦必遲遲也。幸悉卿回京後一切安好，小孩等亦壯適，稍慰遠念。此間查辦事件已畢，公事即日專馬遞發，我輩擬於十五日動身遊歷蒙旗北部，繞道黑龍江省城，再趁俄國東清鐵道至哈爾濱一行。彼間尚有應查事也。自洮南北行，仍用車馬，中間道路較洮南至遼源州更爲荒陋，所幸不過五百餘里，約行五日，即抵昂昂齊。鐵路車站。由車站到江省不過四十餘里，俟到江省再以電報通知。此間天氣惟午正較熱，早晚總可着薄棉，即熱時，法蘭絨裹衣亦尚可耐。居此將二十天，飯食得曹庖均極合口，惟地氣亢燥，大便易結。紅色補丸藥性大熱，是以不敢常服。精神身體均尚如常，幸勿過念。預算回奉時期必在月底，届時能否抽暇到京，俟回奉面菊帥後方能定奪。如不能回，必當約卿來奉一見。江南、湖南、湖北均有信來否？家中用度如何支給？每於夜静思及，不勝懊惱。貴州糧道裁去，敬貽回京之説由何處得來？曾五現在何處？探明寄知爲要。絲帶、骨簪均收到，鋪褥均合式，在此亦用行床，頗爲安適。同行大衆均極平安，備帶藥品均用不着，可幸，可喜。現在學堂正值暑假，湘筠當已回家，小妹、小三之學堂下學期尚開否？濱崖無一字稟來，現作何事？手此布復，並問闔家平安。辣白，五月十三日。卿服紅色補丸，身體受得住，如便燥，以常服瀉品爲要。不願服燕補丸，即通大通海芝麻油均好。（朱氏家藏稿本）

按：信文内容與本年"四月，赴哲里木盟，調查札薩克圖郡王烏泰中俄交涉債案"吻合，次年先生即辭去督辦職務，此信當作於本年。

五月二十日，在齊齊哈爾。

五月二十九日先生致于夫人家書：廿日在齊齊哈爾□電報知平安。

《蒙務局呈東三省總督派員調查蒙旗情形説帖》（光緒三十四年十月十六日）：在洮事竣，復派員分二路調查蒙地交通路綫，並率同吴部郎、吴道至江省勾留，旋赴哈爾濱與二路調查各員會齊回省。（《東三省蒙務公牘彙編》卷一）

五月二十三日，回到昂昂齊，乘俄國火車，到達哈爾濱。（據五月二十九日先生致于夫人家書）

按：在哈爾濱逗留三日。

同日，光緒帝批准東三省總督徐世昌具呈舉薦先生任蒙務局督辦摺。

《蠖園年表》：啟鈐應東三省總督徐公調奏，任蒙務局督辦。（《紫江朱氏家乘》卷三）

東三省總督徐世昌、奉天巡撫唐紹儀、吉林巡撫朱家實、署黑龍江巡撫周樹模《奏陳擬派大員督辦蒙務摺》：奏爲考察蒙務情形並擬派大員督辦以鞏邊疆而固藩服恭摺仰祈聖鑒事。竊臣等前以東三省蒙務關係緊要，非詳細調查、通盤籌畫、派員專辦，不足以通情僞而遏亂源，當經歷將情形辦法擇要臚陳。奉上諭："著廷杰、誠勳按照所陳，分別派員查勘，仍著徐世昌咨商該都統等妥籌興辦。原摺著鈔給廷杰、誠勳閱看，將此各諭令知之。欽此。"查錫林郭勒、昭烏達二盟旗分隸於察哈爾、熱河，已由該都統等酌度情形，奏明辦理。今就東三省所轄哲里木四部蒙旗詳細考查，次第規畫，誠以事機繁賾，必當握要以圖，責任鉅艱，尤在擇人而理。溯自東省開辦蒙荒以來，科爾沁左翼前後二旗及中旗之東南，逼近邊墻，早經開闢，人民風土漸就庶饒。其設治者，爲奉屬之昌圖、遼源、法庫、康平、奉化、懷德等處。至郭爾羅斯前旗，東半部則爲吉省之長春、農安、長嶺等處，所轄地人民繁聚，地利漸興。惟科爾沁右翼前後二旗，雖已設有洮南、靖安、安廣、開通等府縣，而已放之荒，率多未墾。若科爾沁右翼中旗，開局放荒招徠絶少。他如江省之安達則爲杜爾伯特旗地，大賚廳則爲札賚特旗地，肇州廳則爲郭爾羅斯後旗地，大都距鐵路較近者，設治墾荒，略可漸期繁盛。其餘則無官無民，彌望平原，委同草莽。惟科爾沁左翼中旗轄境既廣，地亦膏腴，實因彩和新甸荒地一段興訟多年，任其蕪廢。僅東南百數十里劃入遼源、奉化境内者稍稍開放，此外數百里荒漠無垠，梗塞中部，盜匪出没，商旅不前。横覽四部形勢之區，思所以入手經營之處，竊以整理蒙務必當聯絡其心志，區分其疆理，興工業以資生聚，利運輸以通有無,非如當日之僅收荒價也。且以蒙性顓愚,易受要挾,近復聚會練兵,互相勾結包庇,蒙匪擅給軍儲。又其甚者,私借外債,以土地物産作抵。其對於我之官吏,開土地則疑爲奪利,理訴訟則不肯輸誠,攜貳之乘匪伊朝夕。若不及時布置,陰與維持,廣爲勸導,不獨爲三省腹心之患,且將爲外人利用之資。臣等屢飭調查,粗知概要,必先據全蒙要塞之地,乃可立施行次第之基。竊維洮南一府地勢高曠,索岳爾濟山在其東北,既可恃爲農林之資,洮河一流貫注於松花江,又有舟楫之利,那金河都爾吉則産金沙,野馬圖山則有煤鑛,固哲里木北部之隩區也。擬就其地設法經營逐漸展拓,則北可趨齊齊哈爾以入江省,東可由伯都訥以通吉林,南可經遼源法庫而赴瀋陽,西可取徑索岳爾濟山以越烏珠穆沁而達庫倫。迤南渡潢河,而西則可循建昌平泉舊道以至畿輔,殆所謂適中之地而四達之衢也。惟兹事重大,頭緒繁多,固東省之藩籬,立蒙藩之根本,自難視爲緩圖。臣世昌總制三邊,勢難遍歷,非有才識明敏熱心任事之大員,得以代臣等宣布朝廷恩威以實行其政策者,未易膺兹重任。查有開缺民政部外城巡警總廳廳丞朱啟鈐,器識宏通,心精力果,開辦京師巡警成效昭著。該員才識開明,不辭勞怨,前經臣等奏調來東,委以考查各事,盡心計畫,動中肯綮。臣等再四籌商,意見相同,擬派該員爲三省蒙務局督辦,以資控馭。如蒙俞允,臣等即檄飭遵照辦理,並刊刻木質關防,俾資鈐用。至該局甫經開辦,責任煩重,擬先以交通爲入手辦法。查理藩部舊例,各蒙地本設有臺站,並歲用定額。今則臺站漸就廢弛,傳遞文件延緩逾時,且形勢變遷,須酌易路綫以利運輸。現擬分途設備，次第推廣，凡道理之區劃，驛站之分設，弁兵之支配，皆由該督辦通盤籌畫，禀由臣等酌覈，以次舉行。惟地勢荒遠，費用浩繁，既爲殖民固圉之謀，即須合全國之力以相貫注。我朝康熙乾隆時經營蒙古，招撫賑卹動逾百萬，日本之經營北海道也，亦擲無限貲財，良以開拓邊荒無惜鉅資。但際此庫儲支絀，東省財力亦有未充，臣等惟有悉心計畫，勉力籌付，冀得次第開通，期收實效，所有支用各款再行隨時報部，至該督辦遠駐蒙荒一切事宜均由臣等飭遵。其於各蒙王旗應如何文牘往還、以資接洽之處，容俟審定行文公式，由臣等札飭各蒙旗遵照辦理。所有考查蒙務情形，並擬派大員督辦緣由，謹合詞恭摺具陳，伏乞皇太后、皇上聖鑒訓示。謹奏。光緒三十四年五月十七日。

硃批：著照所請，該部知道。(《宫中檔光緒朝奏摺》第廿五輯)

《德宗實録》(八)卷五九二光緒三十四年五月下：(丁未，東三省總督徐世昌等)又奏"考查蒙務情形，並擬派大員督辦，以鞏邊疆而固藩服"。允之。(《清實録》)

《東三省督撫會奏考查蒙務情形並擬派大員督辦摺》：(文略)。五月二十六日奉硃批："著照所請，該部知道。欽此。"(《東三省蒙務公牘彙編》卷一)

《考查蒙務情形擬派大員督辦摺》草稿：(文略)。光緒三十四年五月十七日具奏，五月二十七日奉到硃批："著照所請，該部知道。欽此。"(《天津市歷史博物館館藏北洋軍閥史料》徐世昌卷三)

按：摺文又收録於《退耕堂政書》卷一六，名《考察蒙務情形擬派大員督辦摺》，未署時間。

五月二十七日，結束調查札薩克圖郡王烏泰中俄交涉債案，晚間回到奉天。

五月二十九日先生致于夫人家書：廿七晚間回奉。

《蒙務局呈東三省總督派員調查蒙旗情形説帖》（光緒三十四年十月十六日）：第一次。於本年四月十三日起程，五月二十七八等日先後旋省。（《東三省蒙務公牘彙編》卷一）

五月二十九日，自奉天致書夫人于寶珊。晚，東三省總督徐世昌約請先生與司道、沈桐數人宴集，久談。

致于寶珊家書：繡君如見，廿日在齊齊哈爾□（作者注：此字殘缺）電報知平安。廿三日仍回昂昂齊，坐俄國火車，即日抵哈爾濱，在彼逗留三日。廿七晚間回奉，到後即屬子陶先發一信，想經接覽。並由子陶交閲五月初十家書，得悉京中一切□□，家計艱難，使卿典質釵釧度日，可爲慨嘆。子陶代向陸勤伯處設法以三百金寄京接濟，此款能支持幾時。今日接濱崖來禀，言京中天氣炎熱，卿體抱恙，究係何症，並未詳言。别離又將兩月，亟思歸家一視，無如初回奉省，公事尚待商籌，未便遽爾抽身。而正當暑天，火車極熱，又不能接卿來奉一見，中心懸懸，益增煩惱。近日究竟痊愈否？望速親筆示我爲盼。三省奏請督辦蒙務摺上，又奉硃批，想已於《政治官報》見之。惟此間籌款尚無着落，薪費亦未議及，有名無實，日用伙食，囊中竟無一錢發付，更屬可笑。此次隨行人員均坐火車，回車馬由長春起旱，須初八九方能到來，日内尚借用傅宅之車出門。二舅差事遲遲不見發動，我昨日見菊帥催問，今日乃下札委一隨辦營務，月薪只有百金。二舅頃來我處,大發牢騷,執意要繳札,進京另謀别路,我只好順口勸慰,再作道理。二舅又擬將家眷搬至京中,然亦談何容易,我一身一家尚不知如何寄頓,大家議論一番,亦惟唏嘘相對而已。一山家事殊屬荒謬,胡竟遣其夫人隻身回浙,兒女姻事一時輕諾,頗貽後慮,可惱之至。我擬俟此間事議有頭緒,必當回京一行,届時或順便接卿等一同來奉居住。此時局中委員居住已滿,樓上又熱,賃房殊不易,一切尚費思量也。卿體漸好,可飭僕輩將家中物件大致歸着,如天時太熱,俟到秋凉再説亦無不可。彼時我計畫當有定在矣。短腰夾官靴買一雙寄來。回奉後身體尚好,萬勿注念。此問一家安好,亟盼回音。辣白,五月廿九日。(朱氏家藏稿本)

按:信文與五月十三日先生家書相接續,此信當作於本年。

《徐世昌日記》:晚約司道、桂辛、鳳樓數人宴集,久談。

是年,致書東三省總督徐世昌。(據徐世昌《復朱督辦》)

是年,東三省總督徐世昌復函先生。

徐世昌《復朱督辦》:昨奉手書,備諗賢勞鞅掌,歷險陟幽,道塗所需,凡百艱苦,至爲系念。蒙情蔽塞垂數百年,執事此番親歷其境,見聞所及,默識於心,將來見諸施行,决不同於鑿空,此可爲深幸者也。遼源居住日人,各處測繪,暗與蒙旗勾結,居心叵測,亦由我地方有司放棄責任,絶不過問,遂致聽客之所爲。蒙境情形日益危迫,及今籌防萬難再緩,目前,請密查日人舉動,陸續見示;一面屬地方官妥籌辦理,在遊歷則應保護,在測繪則應禁阻,俾彼稍知顧

忌。至於聯絡蒙旗抵制外力，仍視我勢力之所到，非空言所能爲功，執事成竹在胸，不難措之裕如也。(《退耕堂政書》卷四〇)

按：復函未署時間，據函文當作於先生調查哲里木盟期間。

蒙務局呈東三省總督《派員調查蒙旗情形説帖》：奉天督撫帥於本年五月派交涉司僉事袁良赴遼源州，阻止日本軍官、學生在蒙旗地方繪圖一事。(《東三省蒙務公牘彙編》卷一)

六月初十日，作《上東三省總督籌勘蒙地鐵路説帖附圖》。(《東三省蒙務公牘彙編》卷一)

原注：光緒三十四年六月初十日。

六月十五日，蒙務局第二次派員調查蒙旗交通路綫及河流道里。

《蒙務局呈東三省總督派員調查蒙旗情形説帖》(光緒三十四年十月十六日)：第二次。於六月十五日起程，至七月十三四日先後回省，奉天提學司僉事候補道郭宗熙查辦直隸阜新縣京控各案件，並考查由錦州赴朝陽及小庫倫沿途情形。復往賓圖王旗，由新民府回省，另派員分兩路調查。(《東三省蒙務公牘彙編》卷一)

葉黼丞《調查錦州朝陽庫倫日記》光緒三十四年：六月十五日，奉督辦諭，隨同會辦郭大人並同局諸人，赴朝陽、小庫倫一帶考查路綫。遂於十五日九鐘赴車站，乘二次火車，十鐘開駛。七月十三日，早八鐘，乘火車旋省。(上海圖書館藏稿本)

按：七月十二日先生參加徐世昌晚宴，其應當未參加此次調查。

是年，作《蒙務局上東三省督撫經營蒙務條陳》。

《蒙務局上東三省督撫經營蒙務條陳》：啟鈐荷蒙委任，悚惕不遑，匝月以來細心研究，集諸調查之所紀，證以案牘之所存。（《蠖園文存》卷上）

按：五月二十三日光緒帝簽批徐世昌等人呈《考查蒙務情形擬派大員督辦摺》，《條陳》作於擔任蒙務局督辦匝月以後，約在六月末七月初。《條陳》收録於《東三省蒙務公牘彙編》卷一，並附有《驛站章程》《轉運公司章程》《編輯職掌簡章》《經費預算清單》。

六月二十三日，東三省總督徐世昌兼署奉天巡撫。（《清代職官年表》）

七月二十六日徐世昌《恭報交接撫任日期摺》：竊於光緒三十四年七月十一日臣紹【儀】旋抵奉天省城，當經恭報電奏在案。回奉以後，將外交、内政重要各端及一切應行籌辦事宜，與臣世【昌】詳細籌商接洽，臣紹【儀】即於七月二十四日交卸撫任，臣世【昌】即於是日祗領兼任。（《天津市歷史博物館館藏北洋軍閥史料》徐世昌卷四）

七月十二日，晚，東三省總督徐世昌偕唐紹儀宴先生與參贊、司道等人，久談。（《徐世昌日記》）

八月（二十二日前），自奉天回京。

《許寶蘅日記》八月廿二日：知朱桂辛自奉天來。

八月二十三日，許寶蘅訪先生。

《許寶蘅日記》：十一時入城訪桂辛，談奉天事及蒙古計劃。

九月初八日，蒙務局第三次派員調查蒙旗交通路綫及河流道里。

《蒙務局呈東三省總督派員調查蒙旗情形説帖》：第三次。於九月初八日起程，分三路考查哲里木盟各蒙旗西北部河流道里，並與附近兩盟蒙旗接近界址暨交通路綫，每路各派二員。（《東三省蒙務公牘彙編》卷一）

是年，東三省總督徐世昌復函先生。

徐世昌《又復朱督辦》：頃展固里本包頭寄來手書，藉悉日人在彼境種種情形，可危可懼。蒙藩各部素守羈縻政策，絕不干預其内政，及今情變勢遷，他族蹈瑕抵隙，非變易宗旨決不足以固我藩籬。執事此次周歷遐荒，采訪所及，必已預籌應付之策，及今蒙心未去，逐漸經營猶可爲力。前據尊函，已電達外部，昨得覆電云：現經切照日本代使轉飭阻止，並通告各國駐使，嗣後遊歷人員，凡關乎形勢險要處所，概不得任意測繪；即偶有可以測繪之處，亦應報由地方官，轉報該省大吏咨部覈辦。希飭該處委員，於此次測繪日人隨時詰阻，並嚴諭各蒙旗毋得與外人私通書信，以杜隱患，希即察覈辦理。所有續抵各處情形，尚希隨時見示，無任企盼。（《退耕堂政書》卷四〇）

按：復函未署時間，據文意當作於先生調查哲里木盟之後。

十月十七日，東三省總督照會先生《准部咨扎賚特旗荒務經費前款准其支留以後續放荒價酌覈辦理文》。（《東三省蒙務公牘彙編》卷二）

原注：作於光緒三十四年十月十七日。

十月二十日，奉天行省公署照會先生《覈議哲里木盟報部公文由盟長專員呈送有無窒礙文》。（《東三省蒙務公牘彙編》卷四）

原注:作於光緒三十四年十月二十日。

十月二十一日,光緒皇帝愛新覺羅·載湉崩逝於瀛臺之涵元殿。(《德宗實録》卷五九七)

十月二十二日,慈禧皇太后葉赫那拉氏崩於儀鸞殿。(《德宗實録》卷五九七)

十月二十六日,同烏王抵哈爾濱,逢哈埠舉行大喪哀禮。

《蒙務局督辦上東三省總督磋商扎薩克圖郡王俄債辦法書》(光緒三十四年十一月初五日):敬稟者:啟鈐同烏王於前月念六日抵哈,正哈埠舉行大喪哀禮,各署停公期内未便遽出辦事,惟與施道計議一切。(《東三省蒙務公牘彙編》卷三)

按:光緒皇帝載湉卒於十月二十一日(陽曆十一月十四日)。

十月二十七日,會同試署濱江關道施肇基、扎薩克圖郡王烏泰、兩名俄員霍爾窪特、達聶爾開始磋商解決借俄債務問題。

按:至十一月初五日談判情況,詳見十一月初五日先生致東三省總督徐世昌書。

奉天行省公署照會蒙務局督辦《濱江道與俄員議結還債條款文》(光緒三十四年十一月二十九日):據濱江關施道肇基呈報:"竊蒙王烏泰借欠俄債由東省代爲清理一案,迭經職道遵奉憲飭,將原借銀二十九萬兩與公司銀行往復磋商,始終抱定免息還盧之議,爲本案必達之目的。其時該俄員等總以未見烏王爲藉口,不肯决然定議。嗣蒙憲台派令

蒙務局督辦朱京堂，挈同烏王於前月杪來哈，會同職道與霍、達兩俄員再伸前議。”(《東三省蒙務公牘彙編》卷三)

十月三十日，致書東三省總督徐世昌，詳陳議還扎薩克圖郡王烏泰俄債情形。

十一月初一日先生致徐世昌書：昨呈一函，詳陳議還扎薩克圖郡王烏泰俄債情形，諒邀鑒察。(見下)

十一月初一日，致書東三省總督徐世昌，覈議吉林蒙務處稟籌辦事權限。

《蒙務局督辦上東三省總督覈議吉林蒙務處稟籌辦事權限書》(光緒三十四年十一月初一日)：欽帥鈞鑒：昨呈一函，詳陳議還扎薩克圖郡王烏泰俄債情形，諒邀鑒察。頃接由局寄到諭交覈議吉林蒙務處辦法稟稿一件，遵即悉心覈閱。查該處所陳大意，僅就吉林所轄郭爾羅斯一旗情形立説，而三省合籌宗旨尚未得其要領。南郭爾羅斯公現係十旗盟長，經蒙伊始切要政策，極應聯絡盟長，利用其固有之權力，改正其慣行之例文，以操縱十旗，則阻力迎刃悉解。入手之方，非予以實惠、動以感情，使之隔絶部吏，一切行政悉聽命於行省督撫，不能不就我範圍，該旗當特别注重者此也。啟鈐籌蒙政見，在移民同化，不在教猱升木。如練兵、興學、開濬、蒙智，固屬美譚，既非近功，竊恐自擾，即開墾一端，非俟國家籌有的款實力内充，不能大舉。若徒遣二三委員前往宣導，勸其自新自治，無乃空費唇舌。至於已經設治地方，一切政事仍當責在民官。蒙務人員自應開榛披莽，將一片荒漠使無民者有民，無官者有官，乃爲盡職。若但收據已成之局，爲裝點門面之計，不過地方官多一文牘，蒙務局多一承轉而已。且蒙務之設局,重在化除蒙漢畛域,扶持郡縣治權,對於蒙旗王公顯示主體,對於地方有司隱作調人,必須親歷其間,見諸事實,乃得蒙人信仰,樂於就範,剛柔並進,庶乎其可。吉林蒙務處設在省垣,啟鈐竊不謂然,如謂將來實行新官制,則蒙務亦爲各司之對待。該處之籌備,固所應爾。如照三省合籌原議,則設局乃一時權宜之計。大凡局所,原爲補助有司所不及,遇事應互相維持,何能顯分權限?譬如長春一府即屬蒙地,租賦尚未盡歸地方,有司若照所議,則一切均由蒙務處主持辦理,但移各司備案,試問能合於今日之時局否。啟鈐雖有督辦蒙務之責,亦不敢牽强議行,自任不宜也。但所稱該處無事可辦,直等虛設,自屬實在情形。伏思南滿東清鐵路,經哲里木蒙地約二千里,蒙旗交際日繁,外漸由此而生南滿一綫。如鐵嶺、昌圖、四平街、公主嶺,爲日人窺蒙門户,樞紐則在長春東清一綫;如富拉爾基、昂昂溪、安達、五站、雙城、張家灣、陶賴昭,爲俄人通蒙經路,樞紐則在哈埠。經理蒙務杜防交涉,長春、哈爾濱兩處,我不可不耑設機關,以資抵制。哈埠原有蒙旗交涉局,于道馴興辦理有年,頗協機宜,應議改設爲江省蒙務局,仍由于道兼辦,以資熟手。吉林蒙務處則移長春,名爲吉省蒙務局,路道槐卿熱心任事,又與郭爾羅斯公旗愜洽,責令耑辦其事,均歸督辦節制。將來啟鈐移駐洮南興辦一切,遇有關係全盟事宜,與盟長應商應轉之件,並可責成該局就近承轉,似此變通。啟鈐控制西南兩局,護持東北,已成犄角之勢,竟體靈活,聲息相通,於蒙務較有裨益,且已成之舉不必輟於半途,待用之才亦不至無所表見矣。所有覈議吉林蒙務處辦法。並籌議分設長春、哈爾濱局務意見，是否有當，伏候採擇施行。再，江省一局，可附入交涉局中。歲貼經費有限，長春一局歲需款項，吉林蒙務處原有經費可資挹注，如蒙允議再爲妥籌辦法，倘再須增添用款，尚懇由三省全力擔任，設法籌撥。至於長嶺子荒務情形，啟鈐處無案可稽，應否歸於蒙務，應請吉林撫帥飭司一併籌議具復。耑肅覆陳，恭叩鈞祺，伏惟垂鑒。(《東三省蒙務公牘彙編》卷四)

十一月初五日，致書東三省總督徐世昌，磋商扎薩克圖郡王俄債辦法。

《蒙務局督辦上東三省總督磋商扎薩克圖郡王俄債辦法書》(光緒三十四年十一月初五日)：敬禀者：啟鈐同烏王於前月念六日抵哈，正哈埠舉行大喪哀禮，各署停公期內未便遽出辦事，惟與施道計議一切。查大清銀行借款四十萬，俄員早有所聞，蒙員尚有在哈坐候者，暗通消息，誠恐不免。蒙人愚而嗜利，易受人紿，俄員好賄營私，是其慣技。烏王借款銀行，不過應名，其實皆達聶爾主持。該員辦理蒙債，此間別有機關，信而可徵。前施道與銀行提議，堅持七成還本，是以俄員利與烏泰直接以其已有四十萬之預備耳。睹此情形，非挾持烏王不能制俄蒙之串謀。因告烏王，此次同欽帥訪聞所欠俄債，尚有不實不盡之處，命啟鈐同來查詰。如果查有勾串情事，不惟不能擔任借款，並須奏請參革該王爵職，應按平常個人私債辦法置之不理。又將隨來蒙員嚴語責詰，斥其欺朦蒙王，從中舞弄，應即一併帶回奉天，請加懲處，並揚言北京市面緊迫，大清銀行借款無從籌付，合同未能簽字等語。該王聞聽，惶急萬分，矢誓陳白，並俯首央求代爲懇恩,始終成全。一面復令孟範九至銀行查探内情,陳説利害,爲故使聞知之計,此二十七至三十等日對付該王之情形也。初一日始,予以和平詞色會同施道重加開導,要脅該王三事:一、令該王自見霍爾窪特、達聶爾,聲明此項債款經國家派員清理,該王不能自主,且大清銀行借款現無把握,即有款亦不能由該王及屬下人等經手撥付。二、原借兩款本係盧布,業經施道在銀行問明,不能憑藉譯文謞誤牽混。三、原本盧布二十九萬,現只能減成還本,積年利息一概免卻。以上三事責令自行磋商,並限三日議明,如無成説,啟鈐即當回奉稟復,一切均作罷議。該王遵於初二、初三、初四等日三見霍、達,節次苦磨,每次對答均令詳細譯明授以機宜,以資應付。昨據該王持回達聶爾指示節目大概,允照原本二十九萬盧布議還,利息概行免付,啟鈐等現只許至二十三萬盧布,約合八成有餘。今日係禮拜,復令烏王致達一函,聲明所允還本免利一節回商派來大員仍難照辦,總須極力再減,方能擔承之意,冀得該俄員覆函,作爲照允二十九萬盧布之憑證,以免翻覆。此數日内,對付俄人之情形也。啟鈐與施道密商,俄款讓步已至二十九萬盧布,較合同所載,本利可省銀十餘萬兩,機倪至此,已屬非始願所及。烏王近受責難,異常惶急,日事哀求,其情不無可憫,啟鈐等亦不忍再用激厲手段,至失蒙心。擬俟得有達聶爾覆函,即與施道出見俄人,直接商辦。如果俄人不翻前議,當予照准議結,另立付款條件,一面撤回蒙文印據,令蒙王先行回旗。一切因應機宜,容再會同施道妥爲籌度,續行稟報。再,烏王到此一連五日未令出門,俄人有該王被交涉局禁錮之謡,適值該王感冒小病,施道延請俄醫院德國醫生至局診視,以明無他。該王每次往見霍、達,均代備雙馬軒車,加派兵役護從,用視隆重之意。但俄人侵略野心未已,手段層出不窮,現值國家多故,交涉移步换形,操縱均不敢必有勝算。惟有仰承藎謨,參以權變,恩威並施,俾蒙人有所警惕感戀而已。以上所持辦法是否允當,恭候鈞示,方敢讓步。如照此議辦理,二十九萬盧布按照時價,約合銀二十六七萬兩,再加該王應還杜爾伯特旗一款,北京借款有三十萬兩,綽有餘裕。但北京市面窘急,亦係實在情形,大清銀行合同究竟已否簽印,撥付款項有無阻礙,無從懸揣。伏懇覈奪電示,以便遵循辦理。此間天氣異常和暖,尚未見雪,市場附近人心均極安謐,堪以上慰。厪注肅陳,敬叩鈞祺。再,此次與蒙王同行,長春以南沿途,日人接待蒙王改裝學蒙語者不知凡幾,詭言異狀,大半皆陸軍少年,可見處心積慮,謀我正亟。蒙人智識不完,間乎齊楚之間,能不啟其外漸之心?竊謂日之蠶附,尤甚於俄之鷹饑。長荒大漠,我國一無戒備,測繪行商,聽客所爲,來軫方遒,何堪設想!啟鈐奉委經理蒙務,持議經年,一籌莫展。旅行中對於此等激刺,只能徒勞作蛙怒而已。哲里木十旗之地適當其衝,固非設一局所空言坐鎮所能維繫,尤非隻手寸心所能防制。即如烏泰一事,啟鈐操持已及數月,對付之方自覺圖窮匕見,而將來效果如何,實未可知,不能不益自惶悚耳。謹據所見以陳,用備籌策,區區之愚,伏維鑒恕。(《東三省蒙務公牘彙編》卷三)

十一月初九日,愛新覺羅·溥儀即位,以明年爲宣統元年。(《德宗實録》卷五九八)

十一月十四日,作《咨呈東三省督撫本局行文公式文》。(《東三省蒙務公牘彙編》卷一)

原注:光緒三十四年十一月十四日。

十一月十五日,動身回奉天。

十一月二十九日《奉天行省公署照會蒙務局督辦濱江道與俄員議結還債條款文》:朱京堂於本月十五日動身回奉。

十一月二十九日,奉天行省公署照會先生《濱江道與俄員議結還債條款文》。

《奉天行省公署照會蒙務局督辦濱江道與俄員議結還債條款文》(光緒三十四年十一月二十九日):爲照會事案。據濱江關施道肇基呈報"竊蒙王烏泰借欠俄債由東省代爲清理一案,迭經職道遵奉憲飭,將原借銀二十九萬兩與公司銀行往復磋商,始終抱定免息還盧之議,爲本案必達之目的。其時該俄員等總以未見烏王爲藉口,不肯决然定議。嗣蒙憲台派令蒙務局督辦朱京堂,挈同烏王於前月杪來哈,會同職道與霍、達兩俄員再伸前議。又閱旬餘,幸終就範。當經商定一切辦法,由朱京堂與職道酌訂議單,以爲換回烏王印據地步。朱京堂於本月十五日動身回奉,職道即於是日將議單簽印交付俄員,收回蒙文借據二紙,當即塗銷,該蒙王亦已就道回旗。兹將所立議單鈔呈憲鑒,並將蒙據附繳,除已電禀外,理合具文呈報,仰祈憲台俯賜鑒覈,飭局備案施行,須至呈者"等情,據此,除批"據呈已悉,仰候照會蒙務局備案,繳議單鈔發,蒙據二紙已銷,應存印發"外,相應照會貴局,請煩查照備案,須至照會者。計開還款條件:

一、扎薩克圖郡王烏泰所欠俄債，經濱江關道施會同霍提督查明，只有二款：（一）道勝銀行借款二十萬盧布；（二）霍提督達代辦代借九萬盧布。二、以上借款二十九萬盧布，該王無力歸還，商請中國、俄國大員三面議明，允照原本歸還，積欠歷年利息全數免讓。三、此項還款，議明由東三省蒙務局督辦朱、試署濱江關道施擔承代爲籌還，自議單簽字之日起三個月内，或在北京或在哈爾濱付款，臨時由濱江道知會。四、此項議單簽字後，即將扎薩克圖王蒙文借據交回，注銷作廢，嗣後交款辦法執此爲據，俟二十九萬盧布交清，再將此單收回。（《東三省蒙務公牘彙編》卷三）

十二月初二日，作《咨呈東三省督撫開用關防日期文》。（《東三省蒙務公牘彙編》卷一）

原注：光緒三十四年十二月初二日。

十二月初九日，作《咨呈東三省督撫本局辦事簡章文》。（《東三省蒙務公牘彙編》卷一）

原注：光緒三十四年十二月初九日。

十二月十一日，軍機大臣、外務部會辦大臣兼尚書袁世凱被免職。（《清代職官年表》）

十二月十八日，作《咨呈東三省督撫請再奏請款並籌議鐵路文》。（《東三省蒙務公牘彙編》卷一）

原注：光緒三十四年十二月十八日。

按：呈文收録於《蠖園文存》卷上，名《蒙務局請籌的款並預籌鐵路議》。

十二月二十五日，奉天行省公署發送《照會蒙務局

督辦達旗指荒抵債一案業經判結並發執照存根文》。(《東三省蒙務公牘彙編》卷二)

原注:光緒三十四年十二月二十五日。

宣統元年己酉　一九〇九年　三十八歲

本年,徐世昌在東三省總督任。

是年,在東三省蒙務局督辦任。

正月初四日,上午,訪徐世昌。

《徐世昌日記》:晨起,辦公,幹臣、朱桂辛來談。

正月十九日,錫良接替徐世昌任東三省總督,徐世昌轉任郵傳部尚書。(《清代職官年表》)

宣統元年徐世昌《交卸東三省總督等篆務日期摺》:宣統元年正月十九日奉上諭:錫良著授爲欽差大臣,調補東三省總督,兼管三省將軍事務。(《天津市歷史博物館館藏北洋軍閥史料》徐世昌卷六)

正月,編輯完成《東三省蒙務公牘彙編》,並作叙言。

《叙言》:及西伯利鐵道成,俄之謀蒙始迫;日俄戰定,日之謀蒙又迫。哲里木十旗情形日益危急,而我國士夫始奔走而言蒙事,於是東三省督撫以光緒三十四年春籌設蒙務局,規畫三省蒙疆興革。其夏,奏派啟鈐督辦,所以定主名而保領土,非僅欲示羈縻,蘇其困累已也。啟鈐受事,方矜矜焉懼任大而責且重,然終不敢不勉爲其難。乃裹糧出邊,周歷哲里木盟十旗,凡山川險要、風俗習慣及諸蒙窳朽之狀,既有所得,輒爲大府陳之,而籌其辦法。復以查辦札薩克圖王旗債案,益習諸蒙情僞,得其入手之方。任事之心粗有把握,遂不肯牽率顧忌,以遷就文法。蓋蒙人怨我官吏深,乘日俄之煽誘而生攜貳,坐堂皇而謀要荒者,十年來未發其覆,而猶以故事客氣爲操縱,此又何足非者。今知其然,則不能委蛇步趨,以誤大計。然款未集而事未舉,奉天一局遥領數千里,實權不張,方欲以漸進而圖之,果能前後一心,内外合力,未始不可圖維。若以外人集目之地,吾方力圖抵制者,而或爲無端之興廢,則匪特棄前功,抑將以速禍梱患矣。啟鈐深思滋戚,尚恐吾國上下未明夫此,爰率局中曹吏檢設局以來往還之文牘,及比年蒙事之奏議條陳,編輯成書,名曰"東三省蒙務公牘彙編",凡四卷。復别擇其關於他蒙旗之事者,爲附編一卷。俾謀國之士,手是書而知東蒙之危迫,或者議論事實於國家領土之關係,庶有以相助也。董子曰:"正其誼不謀其利,名其道不計其功。"啟鈐其猶敢有寵辱之見哉?晨焉思之,夕焉書之,後之人得跡而求焉,或賴乎斯。宣統元年正月,開州朱啟鈐叙。(《東三省蒙務公牘彙編》卷首)

按:叙文收録於《蠖園文存》卷上。

閏二月二十五日,巳時,幼子朱渤生於遼寧鐵嶺。

《蠖園年表》:是年,啟鈐幼子八世渤生。(《紫江朱氏家乘》卷三)

《紫江朱氏世系表》:渤,于出。啟鈐次子,字海北。生宣統己酉閏二月廿五日巳時。(《紫江朱氏家乘》)

《中央文史研究館館員傳略》:朱海北,原名渤,以字行,又名鐵驪,生於遼寧鐵嶺,一九九六年一月四日逝世。

按:朱渤爲先生第五子。

三月十七日，郵傳部尚書兼奉天巡撫徐世昌附奏朱啟鈐赴日俄境界調查事。

《朱啟鈐赴日俄境界調查片》：再前以三省蒙務亟待經營，特奏請設立蒙務局，以前開缺民政部外城廳丞朱啟鈐督辦其事。該員任事一載，周歷蒙境，考查綦詳，所議籌蒙各端，悉規久遠。謂蒙荒空曠，首宜殖民興墾，以充内力，斯由庶而富，由富而强，外患可以少戢，尤爲探本之論。故該員於殖民一端，不憚悉心考究，以期見諸寔行。兹據呈稱，查俄於東海濱、日於北海道，所行殖民政策至爲猛進，必須實地調查，以資考證。現在本局籌議各事，因款未籌定，舉辦需時，擬即乘此暇日，前往俄之東海濱省及日本之北海道遊歷一周，詳細調查，俾於將來辦事得有把握。該兩處地方距東省甚近，一俟考查事畢，再行回局任事，所有局務暫由局内隨辦道員于駟興暫行照料等情。查該員熱心調查，寔事求是，現以局務尚簡，呈請赴鄰境調查，毅力寔心，不無可取，自應准其前往，調查一切，以爲將來辦事考證之資。裨益蒙務，實非淺鮮，理合附片陳明，伏乞聖鑒。謹奏。宣統元年三月十七日附奏。（《天津市歷史博物館館藏北洋軍閥史料》徐世昌卷六）

三月二十日，錫良接替徐世昌兼署奉天巡撫。（《清代職官年表》）

宣統元年徐世昌《交卸東三省總督等篆務日期摺》：又，三月二十日奉上諭："奉天巡撫著錫良兼署。欽此。"欽遵在案。兹新任東三省總督兼署奉天巡撫臣錫良，於三月二十六日馳抵奉天省城。（《天津市歷史博物館館藏北洋軍閥史料》徐世昌卷六）

四月初五日，陪同郵傳部尚書徐世昌到京，民政部右參議汪榮寶訪先生於陸宗輿家。

《汪榮寶日記》：（早）七時半，赴車場迎候徐尚書，知當以九時四十分到。候謁畢，聞朱桂辛同來，止陸閏生家，即往黄綬胡同訪之，留飯。

四月初六日，下午訪汪榮寶。

《汪榮寶日記》：肅邸以電話召往，飯後到府。談次，適朱桂辛來見，三時頃辭出。

四月，作《東三省籌蒙大勢圖序》。

《東三省籌蒙大勢圖序》：冬十一月，調查既畢，即與二三僚屬鈎稽摹繪。本胡氏、鄒氏所著《一統輿圖》以正經緯，旁采《中俄交界圖》、學部審定各圖以及于振甫觀察新測哲盟十旗分圖，並參考《皇朝通志》《朔方備乘》《東三省輿地圖説》，與夫古今私家著述，訂其乖謬，補其罅漏，凡五閱月而圖成。（《蠖園文存》卷下）

按：序文作於宣統元年夏四月。

是年，作《籌勘蒙地鐵路説帖》。（《蠖園文存》卷中）

按：標注作於宣統元年。

在蒙務局督辦任期間，作有《籌蒙要策》（《蠖園文存》卷上）；收到洮南府知府孫葆瑨《上蒙務局督辦經營洮蒙説帖》（《東三省蒙務公牘彙編》卷四）。

五月十七日，晚，飯於郵傳部尚書徐世昌京寓。（《徐世昌日記》）

按：據《徐世昌日記》，徐氏時在京城。

五月二十三日，民政部右參議汪榮寶訪先生於大鶉鴿市。

《汪榮寶日記》：早起，冷水浴。到大鶉鴿市訪朱桂莘。

五月二十八日，早，訪汪榮寶於寓所。

《汪榮寶日記》：早起，朱桂辛來談。十時頃到部辦事。

五月二十九日，汪榮寶約請先生與張緝光、李深、章梫、陳琦、周景濤、王季烈晚飯於寓齋。

《汪榮寶日記》：本日約朱桂辛、張劭希、李慶階、章一山、陳啟榮、周松生景濤，前譯學館教務提調、王君九在寓齋晚飯。一山、啟榮、松生辭，十時頃席散。

六月初一日，自京致書東三省蒙務局總辦于駟興。

《錫良檔存振甫收啟鈐（朱啟鈐）來函》：振甫仁兄大人閣下：違教旬日，企想正殷，得奉惠書，敬悉一是，至慰至慰。弟到京寓端仲綱宅中，取其與北池子較近。初至酬應甚繁，暑日徵逐極以爲苦，亦竟未暇搦管作書也。錦洮路事，將命之後細探内容，郵部尚無定見，現聞以俄軌關涉問諸外部，借款辦法詢諸司農，須得兩部同意再作協商。英工師昨出勘路説帖及測繪地圖若干種，上之郵部，方倩人繙譯，不知幾時乃能脱稿，應付外人亦姑用推緩妙訣而已。其原因近以南皮主張川漢、粤漢兩路借款爲湘鄂士紳所反對，是以借債修路之政見不免爲時論所摇動，即菊公亦不願獨任其難耳。况錦洮一議，東省視爲治標之急策，而中央覺天下之大危急之事等於此者奚啻什百，何獨注意及之？東省原奏又以清淡之筆出之，自難聳其聽聞，即於前之所謂新法，今之所謂錦洮，利害若何，關繫若何，部中員司均瞠然莫辨方位。弟到京出所爲《圖説》以饗當局，始漸悉其中原委，刻又有須俟英工師《圖説》譯出合參考證之説。至英工師之合同，爲唐中丞所密締，部中接續辦理，尚不得認爲正式契約，且勘費需款甚鉅，萬一勘而不辦，此款歸何處擔負亦一問題。若借款包工歸一公司經理，又與津浦、蘇杭各路借款自辦之例不合，將來權利之關繫必多牽混，此又當改訂合同之最大問題。部中以爲，三省奏交之後是令其獨負責任，則全路之利益、借款之抵當不能不加審計。而借外債之事，商之度支部本難邀其同意，加之此路以籌邊爲主，要又難與内地同科，如言興利十年，以往能否獲利實不可必。菊公心知其然，若舉此意以語司農斷不認可，躊躇審慎不肯輕發，殆有深意存焉。是以部中對於此事方在討論之中，行否必俟與司農接洽乃有真意見覆奏之後，始能議及借款辦法也。總之，東三省恃部中主持，不自預籌抵息之款，部中恐無獨自擔任之辦法，内外不相協合，空言亦屬無濟。南皮爲湘鄂借洋債一千萬，皆指兩省税釐及各項進款保息，是必得本省督撫協力擔任，載在合同，發行債票，乃有效力。不惟修路遥遥無期，即勘估之舉，今年亦復無望矣。弟來此，已將兩帥指示之機宜及地利之關繫畢陳於諸大老之前，是爲應盡義務，至於三部如籌議未經解决，秘不得聞。澤公昨自西陵回京，菊公亦未得相晤，想有非一言所能定議者。弟既未便越俎代謀，兀守亦屬無益，擬於初三赴津一謁。那相、午帥由海道來，初五六當抵津沽，冀得一見，再行回奉。以上所談路事，多由旁測所及，故未便布之公函，尚懇執事於趨謁時，先以密陳帥聽爲感。耑布，敬

請台安。弟啟鈐頓首,六月初一日。(《近代史所藏清代名人稿本鈔本》第三輯一二六册)

按:先生光緒三十四年五月就任東三省蒙務局督辦,宣統元年辭任。三十四年五月二十九日於奉天致京家書言及"無如初回奉省,公事尚待商籌,未便遽爾抽身";宣統元年五月十七日先生在京。又據《徐世昌日記》,徐氏三十四年五月底六月初皆在奉天,宣統元年在京,與書云"菊公亦未得相晤"契合。此書當作於宣統元年。于馴興時任東三省蒙務局總辦。

是年,所編《東三省蒙務公牘彙編》四卷《附編》一卷鉛印刊行。

六月十七日,徐世昌兼任督辦津浦鐵路大臣。(《清代職官年表》)

是年,辭去蒙務局督辦職務。

《蠖園年表》:啟鈐辭去蒙務局督辦職,赴俄羅斯屬西伯利亞東海濱省及日本北海道。(《紫江朱氏家乘》卷三)

按:據《蠖園年表》,辭職當在赴俄羅斯屬西伯利亞東海濱省及日本北海道之前。

六月末,起程赴俄羅斯屬西伯利亞東海濱省及日本北海道遊歷。

《蠖園年表》:赴俄羅斯屬西伯利亞東海濱省及日本北海道。(《紫江朱氏家乘》卷三)

按:先生八月二十六日致夫人于寶珊書云"我遊行將已兩月",考察當始於六月末。

七月二十五日,於海參崴致書夫人于寶珊。(據先生八

月初二日致于寶珊家書)

七月二十六日,午後,乘坐日本郵船鳳山丸離開海參崴渡海前往日本敦賀市。(據先生八月初二日致于寶珊家書)

七月二十八日,早,抵敦賀港,未趕上汽車,即在敦賀市旅舍留宿一晚。(據先生八月初二日致于寶珊家書)

七月二十九日,早,乘車離開敦賀市。晚,抵達東京,卜居京橋區木挽町二丁目八番地厚生館。(據先生八月初二日致于寶珊家書)

八月初一日,晤清國駐日本公使胡惟德。(據先生八月初二日致于寶珊家書)

按:胡公使,即清國駐日本公使胡惟德。

八月初二日,於東京致書夫人于寶珊。

致于寶珊家書:前月廿五日自海參崴啟行,曾發一書交哈爾濱轉寄,計先入覽。廿六午後附日本郵船鳳山丸渡海。廿八早七鐘抵敦賀港,登岸後急行,汽車已開行,即在敦賀旅舍停留一宵。廿九早附汽車行,是日晚八鐘抵東京,卜居京橋區木挽町二丁目八番地厚生館。昨日晤胡公使,得閱濱兒七月廿所寄書,知移家入京情形,少慰離緒。書言起居勞頓,腦病復發,此時當得休息,加意調攝爲是。現既移居都門,女友往來必多,然聚集之日甚長,酬酢往還儘可緩緩答謝也。湘筠姊妹入學之事如何?余意湘筠能入師範女學,與二妹同處最好,惟現在不易插班。京中他項女學,教課管理均不完善,祇好暫在家中温習功課,俟招新班時再令入校。淇筠、淞筠兩人,東城女學亦無佳者,余意請一教習,在家課讀,俟余歸時自行組織。家用一層,余在海參崴曾寫信告施植之觀察前撥天津之款匯回，由陸勤伯手轉交留備家用。因余至黑龍江，周少帥送川資二千羅布，儘敷旅費，是以將施款計天津行市化寶銀一千兩。照數撥回，想月半間當可交到。我在東京遊覽數日，即赴北海道。由此間去，須三日火車方抵青森，再坐一日海船始達函館。擬在北海道居留一星期，再返東京約在中秋後二三日也。來書仍交公使館爲妥。此間天氣已是秋涼時候，風景正佳，惟語言不通，事事得賴舌人，殊爲悶氣。幸飲食起居尚堪自適，身體亦健好，勿念勿念。此詢一家安好。辣字。八月初二日。（朱氏家藏稿本）

八月初七日，赴北海道，並致書夫人于寶珊。（據先生八月二十六日致于寶珊家書）

八月二十五日，回到東京。（據先生八月二十六日致于寶珊家書）

八月二十六日，於東京致書夫人于寶珊。

致于寶珊家書：八月初七赴北海道時，曾寄一書，昨回東京，接濱崖初三、初七所發兩函，得悉到京後家中情狀，少慰旅懷。施植之處所匯之款，初七函中尚未提及，當時或尚未到，刻間已交到否？甚念甚念。子陶初六由奉天來信，言月中由海道回鄂，交涉司已不能相容，婚事畢後，擬仍至京謀事云云。瀋陽官場變態極多，是亦恒情，但彼喜期原係何時，我此刻不復記憶。助彼之婚費尚有百金，係交子陶自帶，抑另匯鄂中，渠來信並未提及也。湘筠就學京師，須待明年，天津又係半塗而廢，我心中亦無主意，看我回京後局面久暫，再作道理。異國旅行靡有定蹤，此間報紙載中國新聞極其簡略，朝局是何景相，未能揣度。昨回東京，始知南皮去世，戴尚書新入樞府，此亦政界亦大變動。汝輩家居不聞外事，當亦與我羈身異域同也。我遊行將已兩月，舟車勞頓，漸覺疲困，且天氣漸寒，從行諸君衣裳均覺單薄，亟當料理歸國。兹定九月初二日至神户，附日本郵船相模丸逕達天津，豫計歸期重陽前後准可抵家。此數日中尚須在東京參觀學校、官署，再至横濱、大阪一遊，或由馬關上船。惟昨在北海道渡輕津海峽，風浪甚大，幸只一夜程途。此行船出高麗海峽，不知風信如何也。盧毅庭同赴北京，辦理沿路調查記載，可將外院南房收拾出來，安置棹椅床榻，爲盧君居住之所。又陶君藴滄亦同來京小住，一切照樣預備棹椅，不敷可先買粗洋椅數件應用。南房如無表糊隔斷，亦即速爲收拾，但取潔净能住爲是。都中朋友來問行程，可告歸期在即，均未另作函稱謝。此布，即詢近好。老辣白，八月廿六日自東京厚生館旅舍發。姑太太回信來否？彼前言不來是真話假話，我無從揣摩。（朱氏家藏稿本）

按：據信文，此書寫於本年赴北海道遊歷中。

九月初二日，至神户，乘坐日本郵船相模丸起程返津。（據先生八月二十六日致于寶珊家書）

《蠖園年表》：遊歷六閱月始返。（《紫江朱氏家乘》卷三）

按：據本譜，先生九月二十三日在徐世昌寓賞菊宴集，距五月十七日晚飯於郵傳部尚書徐世昌宅，間隔四個月。又據八月二十六日家書“我遊行將已兩月”，則與起程遊歷間隔不足三月，《蠖園年表》所記“六閱月”應不准確。

九月(十六日前),至京城。

《許寶蘅日記》九月十六日:飯後入城訪朱桂辛不遇。十七日:桂辛來電話約入城談,四時出門先到廣成金店,下車時頭爲招牌撞破。遂歸,以電話告知桂辛,約明日再談。

按:據《許寶蘅日記》,許氏時在京城。

九月(十八日前),充津浦鐵路南段總辦。

《許寶蘅日記》九月十八日:建齋來,談及桂辛現奉郵部派充津浦南段總辦,擬約余同往,余頗爲躊躇。

九月十八日,下午五時,許寶蘅來訪,後同赴章梫約,汪榮寶、王季烈、顧澄在座。

《許寶蘅日記》:五時訪桂辛談。六時同赴一山約,座有汪袞甫、王君九、顧養吾,八時散。

《汪榮寶日記》:自貝子處出,到東興樓應章一山之招,八時頃散歸。

九月二十三日,下午,徐世昌約請先生與姜桂題、錢能訓、華世奎、李焜瀛、李經邁賞菊宴集,久談。

《徐世昌日記》:偕伯棠、雨人來寓。又約姜翰兄、錢幹臣、朱桂辛、華弼臣、李符曾、李季高來賞菊宴集,久談。

十月初二日,與許寶蘅、段書雲、華世奎、錢能訓、張緝光於廣和居午餐。

《許寶蘅日記》:桂辛約至廣和居午餐,同座爲段少滄前輩、華璧臣前輩、幹臣姑丈、劭希同年。

十月初七日，與陳静齋、許寶蘅、榮勳、張百納、錢能訓、祝書元夜飲。

《許寶蘅日記》：夜赴陳静齋約，同座爲朱桂辛、榮竹農、張百納、錢幹臣、祝讀樓諸君，飲醉甚。

十一月二十一日，晤民政部左參議汪榮寶。

《汪榮寶日記》：（午飯後）在東北城一帶拜客數家，晤朱桂辛。

十一月，致書漢冶萍公司總經理盛宣懷，商量津浦鐵路向漢陽鋼廠定購所需鋼軌墊板等件事宜。

《朱啟鈐致盛宣懷函》（宣統元年十一月）：宫保鈞鑒：敬肅者：月前迭奉琅函，以本路所需鋼軌墊板等件，囑即向漢陽鋼廠訂購等因，並蒙開送價目清單，下局仰見振興工藝之至意，遠聆之下，欽佩莫名。啟鈐謬綰路工，敢不極力維持其間？冀副諄諭，無如北段所需鋼料早經前總辦與德廠訂立合同，在先所有大批鐵件已歸德廠承辦，現僅剩有臨城至棗莊支路及利國驛一帶需用鋼軌及搭板、螺釘等項，共重六千三百餘噸。德廠合同已滿，自可改向漢廠訂購，而總工程司面稱，猶謂德廠合同雖滿，但本局所購鋼料已多，若仍接續購買，尚可商令從廉，或仍照合同原價承辦，不能因外洋鋼價已漲遽請加價等語。是德人於此項貿易，其競争已不遺微細。啟鈐於提倡中國工藝理應維持，只以借款合同鉗制綦嚴，設購用漢廠鋼料，未能廉於德廠，即無從間執德人之口。此等爲難情形，當亦仰邀鑒諒。月前李部郎維格來津亦經詳細陳述，當經彼此悉心商酌，按照鈞處所開價目擬定合同底稿，仍聲明俟本局奉督、幫辦大臣批准後，再互换正式合同，彼此簽字，各執一紙，作爲草議，諒李部郎亦必早陳鈞鑒。兹本局申奉督、幫辦大臣批開：續購鋼軌等件，既據總工程司面稱，德國公司於該局交易尚可通融退讓等語，此次改向漢廠定購，自應較德廠價值尤廉方爲合宜。查草合同只魚尾墊板減去一先令，其大宗鋼軌並未減讓。至運費一項與由德運華同價，亦欠公允，恐貽口實，應由該局商會格外覈減，再行定購。再，此次所擬草合同既經聲明，須俟本大臣批准後方能互换正式合同，應即先行發還，俟商定價值呈候覈定等因，奉此。除一面電會李部郎外，謹即肅箋奉達，懇祈鈞處知照李部郎，應如何再爲覈減之處從速商定，以便申請督、幫辦大臣示下，早訂合同，俾免誤期，實深企禱。專此，恭請鈞安。統維垂察。朱啟鈐謹肅。（《盛宣懷檔案資料選輯》之四《漢冶萍公司》三宣統元年十一月初九日《盛宣懷致李維格函》附件）

按：盛宣懷時任漢冶萍公司總經理。

《盛宣懷致李維格函》（宣統元年十一月初九日，上海）：一琴仁兄大人閣下：頃接津浦北段朱桂莘京堂函稱"臨城至棗莊支路及利國驛一帶擬向漢廠訂購鋼軌、搭板、螺釘等件。兹奉督辦大臣批開：此次改向漢廠定購，自應較德廠價值尤廉。其大宗鋼軌及運費應由該局商令格外覈減，再行定購，並須俟批准後方能互换正式合同等因。除電令外懇爲知照"等語。弟頃與沈雨翁面商，似此計較反不如開標之爲愈，況德軌全係貝色麻，漢軌全係西門士馬丁。可詢其馬丁鋼彼可讓價若干？已派人往詢朱桂莘。然津浦北路畏德人如虎，沈雨翁面勸我廠略減，即祈閣下從速酌定，電知敝處，以便代爲調處早定合同爲要。原函抄覽。此請台安。愚弟盛宣懷頓首。十一月初九日。附抄函一件。（《盛宣懷檔案資料選輯》之四《漢冶萍公司》三）

按：盛函言“頃接津浦北段朱桂莘京堂函”，與《許寶蘅日記》九月十八日“建齋來，談及桂辛現奉郵部派充津浦南段總辦”相異。又《蠖園年表》宣統二年“徐公奏調啟鈐在郵傳部丞參上行走，兼任津浦鐵路北段總辦，籌建山東濼口黄河橋工”，則盛函所言“津浦北段”有誤，此時先生仍爲津浦南段總辦。

是年，以津浦資產作爲擔保，幫助中興公司從交通和保商兩銀行借款二〇〇餘萬元，解決了台棗鐵路工程的資金困難。（《棗莊煤礦志・人物與榮譽・朱啟鈐》）

王作賢、常文涵《朱啟鈐與中興煤礦公司》：再加一九〇九年公司興建第一口大井時，資金短缺，曾向銀行提出借貸，銀行因懷疑公司無償還能力而不與貸給。這時中興煤礦公司爲擺脱困境而求助於津浦鐵路局。當時身爲津浦鐵路局督辦的朱啟鈐等給予了大力支持，以津浦路資產作擔保，幫助中興煤礦公司從交通銀行和保商銀行獲得二〇〇餘萬元的借款，使中興煤礦的各項工程得以繼續進行，保證了台棗鐵路和第一大井工程的建設。（《蠖公紀事》）

按：《煤礦志》“一九〇九年，朱啟鈐在任津浦路督辦期間”有誤，先生時任津浦南段總辦，民國元年三月二十二日任津浦鐵路督辦。

本年，張之洞卒。

宣統二年庚戌　一九一〇年　三十九歲

本年，徐世昌在郵傳部尚書兼督辦津浦鐵路大臣任。(《清代職官年表》)

是年，在津浦南段總辦任。

正月十八日，徐世昌任協辦大學士。(《清代職官年表》)

正月二十四日，傍晚，與張緝光、許寶蘅晤於暢叙園。

《許寶蘅日記》正月廿四日：五鐘赴劭希暢叙園之約，晤桂辛。

四月十八日，下午，訪徐世昌談公事。(《徐世昌日記》)

四月二十七日，長子朱沛娶宛平孟廣慧。

《蠖園年表》：是年啟鈐爲長子沛娶宛平孟氏。(《紫江朱氏家乘》卷三)

《許寶蘅日記》四月廿七日：七時半到東城朱桂辛寓，賀其娶婦，十一時歸。

《紫江朱氏世系表》：沛配孟氏：宛平孟錫金次女。生光緒丁亥五月初三日卯時，卒民國己卯正月十七日戌時。(《紫江朱氏家乘》)

按：孟氏，名廣慧。

五月初二日，晚宴徐世昌。

《徐世昌日記》：晚赴朱桂辛宴集之約。

按：據《徐世昌日記》，徐氏時在京城。

六月二十二日，晚十一時，許寶蘅到天津，晤先生。

《許寶蘅日記》六月廿二日：十一時到津，晤劉聚卿、朱桂辛、錢念慈、陸仲芳諸君。

六月二十三日，下午，許寶蘅到津浦路局訪先生。（《許寶蘅日記》）

是年，郵傳部尚書徐世昌奏調先生在郵傳部丞參上行走，兼任津浦鐵路北段總辦，籌建山東濼口黄河橋工。（《蠖園年表》）

十二月二十日徐世昌《奏爲恭報津浦鐵路工程過半並預算進步情形摺》：津浦全路約長二千一百七十里，北段自天津至嶧縣約長一千三百餘里，南段自浦口至嶧縣約長七百餘里，原定合同限以四年告竣。自光緒三十四年六月開工……（《天津市歷史博物館館藏北洋軍閥史料》徐世昌卷六）

按：徐世昌七月十三日卸任郵傳部尚書，先生在郵傳部丞參上行走當不晚於徐氏離任時間。

《徐世昌朱啟鈐等察看鐵路設計合影》説明：圖爲一九一〇年郵傳部尚書、督辦津浦路大臣徐世昌與郵傳部丞參上行走兼任津浦路北段總辦朱啟鈐在測繪科前察看鐵路設計時與同僚合影。（《中國近代珍藏圖片庫》之《袁世凱與北洋軍閥》卷圖 40）

七月十三日，徐世昌卸任郵傳部尚書，轉任軍機大臣。（《清代職官年表》）

八月二十五日，午後，與沈雲沛同訪徐世昌於寓，留晚。（《徐世昌日記》）

按：據《徐世昌日記》，徐氏時在京城。

同日，徐世昌去協辦大學士。（《清代職官年表》）

八月二十七日，徐世昌任體仁閣大學士。（《清代職官年表》）

《清代職官年表·軍機大臣年表》宣統二年庚戌:徐世昌。體仁。七、甲寅;協(卸郵尚)入直。八、丙申、廿五,9.28;遷體仁。

《清代職官年表·大學士年表》宣統二年庚戌體仁閣:徐世昌(軍)。八、戊戌;授。

按:遷體仁閣大學士時間,《軍機大臣年表》爲二十五日,《大學士年表》爲二十七日,姑從《大學士年表》。

是年,作《遷葬故明朱王孫遺骸碑》。

《遷葬故明朱王孫遺骸碑》:宣統二年三月,國家築津浦鐵路,購地取道。至兖、徐諸郡縣,經兖州城東南關外,於泗水橋李家村東北,得前明新蔡藩裔輔國將軍朱王孫合葬墓。四月,啟鈐以勘工,北自天津,道德州,渡黄河,至濟南。復南行,次於泰安聞其事,則先期馳至兖,舉顛末電告督辦鐵路大臣及山東巡撫。(《蠖園文存》卷上)

按:先生作碑文作於宣統二年。

宣統三年辛亥　一九一一年　四十歲

本年,徐世昌在體仁閣大學士軍機大臣任。(《清代職官年表》)

是年,在津浦鐵路北段總辦任。

《蠖園年表》:在津浦鐵路工次。(《紫江朱氏家乘》卷三)

三月二十九日,同盟會在廣州發動起義。(《中華民國史.大事記》)

三月,乞假回湘。前往看望瞿鴻禨。

朱啟鈐《姨母瞿傅太夫人行述》:三月,乞假回湘。其年啟鈐督修津浦路,往來山左,見青島之風土而樂之。謁文慎及太夫人,力陳長沙亂象之深,以出游爲得計。八月下旬,武昌舉兵之訊到,長沙一時擾亂。啟鈐濫緣時會,忝竊名禄,不獲親往省視。(《蠖園文存》卷下)

按:光緒三十三年五月初七日瞿鴻機因受御史惲毓鼎彈劾開缺回籍後,先生也開缺回長沙修墓。光绪三十四年後,在徐世昌舉薦下,先生出任蒙務局督辦、津浦鐵路北段總辦。民國元年三月十日袁世凱就任臨時大總統,二十二日先生任津浦鐵路督辦,七月任交通總長,成爲袁黨重要成員。劉宗漢《回憶朱桂辛先生》後記記録瞿鴻機長孫瞿同祖補充史實:"袁世凱拉攏桂老成功,桂老逐步轉爲袁黨後,據説瞿對他頗爲不滿。"《行述》言"迄辛亥最後拜别文慎之日",應即此次見面。

四月初十日,清政府宣布立憲,頒布内閣官制,設立内閣,以慶親王奕劻爲内閣總理大臣,大學士那桐、徐世昌爲内閣協理大臣。(《中華民國史.大事記》)

四月十三日,巳時,長孫朱文極生。

《蠖園年表》:長孫九世文極生,沛之長子也。(《紫江朱氏家乘》卷三)

《紫江朱氏世系表》:孟氏出。沛長子,字狀頭。生宣統辛亥四月十三日巳時。配賀氏:番禺賀頎五女。(《紫江朱氏家乘》)

按:朱文極卒於一九九五年一月五日。據劉宗漢提供資料,賀氏,名聖慈,生於一九一七年,卒於一九七五年;文極繼室何瑞珍。

四月二十九日,署理吉林民政使。

《宣統政紀》卷五三宣統三年四月下:(丁酉)趙爾巽據電奏"擬調鄧邦述來奉辦理審計事宜,請以候補三品京堂朱啟鈐署理吉林民政使"等語,著照所請。(《清實録》附録)

閏六月二十五日,卯時,叔父朱慶奎卒於南京,享年六十歲。(《蠖園年表》)

《紫江朱氏世系表》:慶奎:卒宣統辛亥閏六月二十五日卯時。葬湖南省城北門外鐵爐寺後。(《紫江朱氏家乘》)

按:朱慶奎生於咸豐二年。

七月二十日,下午,民政部左參議汪榮寶同李家駒至津,同訪先生。晚,訪汪榮寶,共飯後,同赴梁士詒於某青樓之邀飲,張慶桐、任鳳苞在座。

《汪榮寶日記》:午後二時半車發,抵津……同柳公訪朱桂辛,定明日赴濟南,索得汽車時間表及北段路綫圖各一件而回。桂辛送來酒饌一席,辭不獲,正飲啖間,桂辛來訪,親送由津至泰來回免票二張,因留共飯。飯罷,桂辛以梁燕孫在某青樓邀飲,强余同往,因同車而去,遇張鳳輝、任振采於座,未終席而回。

七月二十一日,前往車場送汪榮寶赴濟南。

《汪榮寶日記》:早起,七時許,與柳公同詣車場,大兄送行。比至,則桂辛已在此相候,同登車,送至西站而別。

七月二十八日,赴兖州。(《汪榮寶日記》七月二十九日)

七月二十九日,自兖州回濟南,約請汪榮寶途經泰安時會合同行。晚,抵濟南,與汪氏同晚餐。

《汪榮寶日記》:朱桂辛昨赴兖州,本日回濟南,專車以四時過泰安,先時遣人邀同行,在普照寺匆匆一覽,即往車場,專車恰到,以五時發。桂辛明日回天津,途中更不寂寞矣。七時許抵濟南,仍宿督辦行轅。朱旭初兄弟來候,桂辛約往一飯館晚餐。

七月,至南京會勘浦口商埠碼頭,並勘定濟寧、嶧縣中興煤礦枝綫。(《蠖園年表》)

《蠖園年表》:十月津浦方告通軌。而武漢革命軍起,南京搆戰,徐州阻車,南北工事復陷於紛拏之域,投衡折衝瘁於斯年。(《紫江朱氏家乘》卷三)

八月初一日,晨,與汪榮寶、李家駒同乘車離開濟南,晚八時頃回到天津。

《汪榮寶日記》七月二十九日:桂辛明日回天津。八月初一日:天未明即起。朱旭初兄弟來談,並送登車。車中炎熱頗甚,比較前數日山居氣候,相差總在兩三個月以上。午後入直隸境,遇雨,漸覺涼爽。八時頃抵津,徐建侯觀察招飲其居。飯罷,柳溪由桂辛招待住督辦行轅,余仍往大兄寓住宿。

八月初二日,早,前往車場送汪榮寶、李家駒回京。(《汪榮寶日記》)

八月十九日,武昌起義爆發。(《中華民國史.大事記》)

八月二十三日,袁世凱任湖廣總督,未赴任。(《清代職官年表》)

九月十一日,袁世凱任内閣總理大臣。(《清代職官年表》)

九月二十六日,袁世凱在北京組成責任内閣。(《中華民國史.大事記》)

十月初四日，傍晚，汪榮寶赴津浦路局訪先生。

《汪榮寶日記》：（傍晚）到津浦路局訪桂辛，詢悉今日尚接浦局電報，但云南京岌岌可危，並未云不守。

按：十月初三日汪榮寶至天津。

十一月初四日，汪榮寶致書先生，由張坤持送。

《汪榮寶日記》：寄朱桂辛書一件，令張坤持往。

十一月初十日，十七省代表在南京投票選舉孫文爲中華民國臨時大總統。（《孫中山年譜長編》）

十二月初五日，上午，汪榮寶詣津浦鐵路北段工程總局訪先生，談片刻而回。（《汪榮寶日記》）

十二月初九日，上午，汪榮寶來訪。晚，與汪榮寶、任鳳苞及陸宗輿在寓所晤談時局。

《汪榮寶日記》：早起，訪朱桂辛，悉已到鐵路總局，乃詣局候之。正談論間，梁燕生自京師以電話招桂辛與語，桂辛去，余在樓上，忽聞槍聲兩響及警笛聲，頗爲疑訝。桂辛旋至，云昨夜京師有人炸良賚臣。語未畢，見樓下巡警奔馳，行人走避，知必有故，探之，則天津鎮張懷芝自京來津，下車時，有人向施放兩槍，均未命中，而其人則已被獲。桂辛復述京電云，賚臣被炸傷腿，刺客自行炸斃，尚未審爲何許人。暗殺疊出，危機四伏，若大局再不解決，恐京津之亂即在目前，年少皇族之肉，豈足食乎。旋回寓。（晚）飯後，桂辛遣使邀往其寓一談，至則任振采鳳苞及閏生在座，聞本日前敵各軍段祺瑞、倪嗣冲、張勛、曹崑（錕）及姜桂題等十餘人連名電奏，力請承認共和，並聲明戰争之無益，約一千餘言，殊覺出人意外。又聞姜桂題及馮國璋輩在京分向各王公竭力遊説，勸其平和了結，項城布置，着着進步，機會已熟，解決不難矣。回寓已逾十二時。

十二月初十日，汪榮寶、任鳳苞、陸宗輿先後訪先生，會談時局。

《汪榮寶日記》：飯後詣桂辛，有頃，振采亦來，同到總局。桂辛以電話探詢吴士湘（東海幕府），知各軍聯銜電奏，於今日呈遞，慈宫無言，但令交各王公閲之。昨日，張勛軍與民軍戰於鳳陽府屬之固鎮（津浦路綫），初戰得利，傍晚，民軍又來攻，炮力甚猛，遂致敗績，電閣乞援云。旋回朱宅，閏生亦來，手談至十時許而散。

十二月十三日，晚，汪榮寶訪先生探尋時局消息。

《汪榮寶日記》：晚飯後，詣桂辛探尋時局消息，遜位問題仍無着落，亦並無繼續停戰之明文，固鎮方面，自初十日後不聞更有戰事。十一時許回寓。

十二月十五日，晚，汪榮寶訪先生探聽時局消息。

《汪榮寶日記》：晚飯後，詣桂辛探聽消息，渠亦未聞，因以電話詢北京吴士湘，則云今日會議遜國問題，並無一人反對，刻尚未宣布，想不久必發表矣云云。十時頃回寓。

十二月十七日，晚，汪榮寶訪先生探聽時局消息。

《汪榮寶日記》：晚飯後，詣桂辛，聞自本日起，又停戰十日，並聞遜國事，雖無發表明文，已有密旨交内閣承認共和云。旋即回寓。

是年，自叔父朱慶奎遺孤得其遺著《四十年艱辛記》。

朱啟鈐《紫江朱氏家乘序例》：宣統辛亥，叔父雲樵公没。其孤檢遺篋，忽得所撰《四十年記》一册，爲未完之作。所記先年事，有啟鈐所未及知者，頗可藉以補充。（《紫江朱氏家乘》卷首）

按：朱慶奎編《四十年艱辛記》，經朱啟鎔續編、朱啟鈐加按語後，於民國二十四年至三十三年鉛印。

是年，六女朱洛筠生於北京。

《蠖園年表》：是年，啟鈐六女洛筠生。（《紫江朱氏家乘》卷三）

《紫江朱氏世系表》：女：六洛筠，于出。（《紫江朱氏家乘》）

劉宗漢《有關朱啟鈐先生史料的幾點補正》：現在我們只知道宣統三年時朱先生住在東城大佛寺，他的六女兒朱洛筠女士即出生在這裏。（《北京文史資料》65 輯）

按：據朱天提供資料，朱洛筠卒於二〇〇三年。

是年，外舅于德楙遷居上海。

朱啟鈐《外舅于森圃先生行狀》：辛亥春，以裁缺交卸回籍，行抵漢口，端公再起，適有督辦川漢鐵路之命，挽留暫居武昌。旋值革命事起，倉促遷地滬上。（《蠖園文存》卷下）

本年，汪康年、端方卒。

中華民國元年壬子　一九一二年　四十一歲

是年，在津浦北段總辦任。

一月一日，中華民國誕生，孫文在南京就任臨時大總統。（《中華民國史.大事記》）

二月十二日，宣統皇帝愛新覺羅・溥儀頒布退位詔書。（《中華民國史.大事記》）

二月十三日，臨時大總統孫文向臨時參議院提出辭職咨文。（《中華民國史.大事記》）

二月十五日，袁世凱任臨時大總統。（《中華民國史.大事記》）

按：十四日孫文至南京臨時參議院辭臨時大總統職，並推薦袁世凱繼任。

二月十八日，自本日起，所有内外文武官員行用公文一律改用陽曆。

《新華臨時大總統袁【世凱】布告》（十二月三十日）：現在共和政體業已成立，自應改用陽曆以示大同。應自陰曆壬子年正月初一日起，所有内外文武官行用公文一律改用陽曆，署"大中華民國元年二月十八日即壬子年正月初一日"字樣。特此布告。（《臨時公報》中華民國元年二月二十日）

二月二十日，黎元洪任臨時副總統。（《中華民國史.大事記》）

二月二十一日，陪周樹模自津至京訪徐世昌於寓。

《徐世昌日記》：巳正後回寓，會客。周少樸由黑龍江到津，自津偕桂辛來訪，留飯久談。

三月十日，袁世凱在北京就任臨時大總統職。（《中華民國史.大事記》）梁士詒任總統府秘書長。（《辛亥以後十七年職官年表》）

三月十三日，唐紹儀被袁世凱提名爲國務院總理。（《辛亥以後十七年職官年表》）

三月二十二日，任津浦鐵路督辦。

《蠖園年表》：啟鈐奉令充津浦鐵路督辦。（《紫江朱氏家乘》卷三）

《臨時大總統令》：委任朱啟鈐接充督辦津浦鐵路事宜。此令。中華民國元年三月二十二日即壬子年二月初四日。大總統蓋印。（《臨時公報》中華民國元年三月二十三日）

三月三十日，袁世凱任命各部部長：外交總長陸徵祥（未到任前，由胡惟德暫署），内務總長趙秉鈞，財政總長熊希齡，陸軍總長段祺瑞，海軍總長劉冠雄，教育總長蔡元培，司法總長王寵惠，農林總長宋教仁，工商總長陳其美，交通總長唐紹儀兼。（《辛亥以後十七年職官年表》）

四月一日，下午，與馮元鼎訪徐世昌於寓，談接辦津浦路事。（《徐世昌日記》）

四月二日，南京臨時參議院議决臨時政府遷往北京。（《辛亥以後十七年職官年表》）

四月五日，南京臨時參議院議决臨時參議院遷往北京。（《辛亥以後十七年職官年表》）

四月八日，袁世凱任命施肇基爲交通總長。（《辛亥以後十七年職官年表》）

四月十六日，與馮元鼎諸人訪徐世昌於寓，同飯於福全館。（《徐世昌日記》）

五月十一日，葉恭綽任交通部路政司司長。（《辛亥以後十七年職官年表》）

《葉遐庵先生年譜》：以先生任交通部路政司司長兼領

鐵路總局局長職權。

五月二十四日，午後，訪徐世昌。(《徐世昌日記》)

五月二十六日，與朱寶仁等陪同徐世昌自京赴津，徐居於先生天津寓齋，來客甚多。晚，與徐世昌、錢能訓久談。

《徐世昌日記》:偕桂辛諸君起行，鐵林同行。到天津，住朱桂辛家，見其子女。來客甚多。錢幹臣自陝西到上海，來天津，亂後相見，無限感慨。其興致尚好，用槍自擊之傷已平復。午後到租界訪晤慶邸、振貝子、孫慕韓，各談片刻。歸，同桂辛街頭散步，看新闢實業場基址。晚與桂辛、幹臣諸君久談。

五月二十七日，下午，陪同徐世昌訪孫寶琦，久談。(《徐世昌日記》)

五月二十九日，陪同徐世昌赴山東。並與阮忠樞、張勛、田中玉、朱寶仁、朱慶瀾、曹秉章、常耀奎、楊葆益、德國人黎諾陪同登岱山，晚宿山頂。

《徐世昌日記》:晨起，起行，過灣德看用塞門德土(即洋法所燒石灰)所造石橋，每孔極大，行火車極平穩。山中多石之處造此橋行火車極便，亦新法，中國初用也。至泰安府換山行肩輿登岱，至紅門小坐。緣山鋪石爲路，階級層疊而上，過斗母宫小坐。柏洞一帶柏樹夾路，雲步橋瀑布甚佳，五大夫松以上松樹極好。伏虎嶺、中天門以上甚陡，峻石甚奇，望南天門如在天半。既至其頂，下視諸峰羅列在下。到碧霞祠、東嶽廟看唐摩崖碑，登太平頂(即玉皇頂)看無字碑。山頂極平，廟院以石欄圍，數峰尖爲泰山極頂也（碧霞祠有明銅碑二，又有本朝石碑二，焚裂），院有碑鐫“古登封臺”四字。登丈人峰，四望諸峰環繞其下，遠視泰安府城如置一棋局耳。晚宿山頂，與同游諸人暢談。同游者爲阮斗瞻（忠樞）、張少軒（勛）、朱桂辛（啟鈐）、田蘊山（中玉）、朱鐵林（寶仁）、朱紫樵（慶瀾）、曹理齋（秉章）、常朗齋（耀奎）、楊冠如（葆益）、德國人黎諾。途中看光弟山壁題字。

五月三十日，陪同徐世昌繼續遊岱山。晚，回至兖州府，宿張勛營中。

《徐世昌日記》：黎明起，看日出。絶頂風大甚涼，猶着皮裘。下至山半逐漸脱去，山下天氣已甚熱矣。下山肩輿如飛，過回馬嶺，遊暴經峪，看水簾，到簑衣亭。遊普照寺，寺有六朝松在廟臺上，偃蓋半畝，青葱可愛。别院有小松一株，亦可愛。進城謁岱廟，看漢柏唐槐。殿前有石數塊，院東有古石幢（俗傳爲無字碑）。道人出高宗賜玉圭瞻視，規式甚大（有“乾隆年制”四字）。回，火車開行。晚到兖州府，宿少軒營中。晤柯鳳孫、王飴山，略談。梧生昆仲亦由濟南至兖。

五月三十一日，晨起，陪同徐世昌至曲阜瞻仰孔林，於衍聖公孔令貽府午飯。晚歸兖州，飯於張勛營中。夜宿於車。

《徐世昌日記》：晨起，乘肩輿至曲阜瞻仰孔林。有舉事官隨時指導，林廟兩處，同來者皆展拜。衍聖公孔燕庭（令貽）約至其府留飯，看高宗賜十器，並看元、明衣履及元世祖、明太祖畫像二軸，又明臣遺像畫册一本，畫工甚佳。晚歸兗州,飯於少軒營中,久談。夜登車就寢。

六月一日,陪同徐世昌乘火車到嶧縣棗莊中興煤礦,協理戴緒南陪同視察。飯後登車,折回北行,過鄒縣下車瞻仰孟廟。夜至濟南,仍宿津浦鐵路局。

《徐世昌日記》:天微明,火車開行。到嶧縣之棗莊,至中興煤礦察看。辦礦總理張毓渠(蓮芬)在濟南,協理戴緒南照料看視。飯後登車,折回北行,過鄒縣下車瞻仰孟廟,有五經博士陪觀。瞻仰畢,登車即開行,沿途見張少軒兵甚精壯。夜至濟南,仍宿津浦鐵路局。沿途看路工、橋工均甚堅實,且多新法。沿路種德槐甚多。到後有數親友來看視。

六月二日,陪同徐世昌在濟南休息一日。

《徐世昌日記》六月二日:在濟南休息一日。桂辛、蕭仲三具酒食與德工程司數人會食。晚與斗瞻、桂辛諸君閒談。六月三日:晨起,乘膠濟鐵路火車起行(桂辛代向膠濟鐵路總辦西貝德索花車),總工程師德普彌勒陪行。晚至青島,光弟攜兩子暨諸至友來接。住光弟宅,會客。

按:《徐世昌日記》三日至九日未記載先生行蹤。

六月十日,晚,徐世昌至天津,宿先生宅。(《徐世昌日記》)

按:六月十一日徐世昌自津回至北京,《徐世昌日記》未言及先生。

六月二十四日,徐世昌約先生等人早飯。(《徐世昌日記》)

六月二十七日,施肇基辭去交通總長,海軍總長劉冠雄代理交通總長。(《辛亥以後十七年職官年表》)

六月二十九日,袁世凱任命陸徵祥爲國務總理。(《辛亥以後十七年職官年表》)

按:六月二十七日,國務總理唐紹儀去職。

六月三十日,下午,與錢能訓訪徐世昌,並留晚飯,久談。

《徐世昌日記》:午後小憩,會客至晚。留桂辛、幹臣晚飯,久談。

七月五日,徐世昌到天津,住於先生寓。與徐廷爵、馮元鼎、孟錫珏陪伴徐氏。

《徐世昌日記》:午刻到天津,住朱桂辛宅,與諸君談。午後[與]桂辛、徐建侯、馮次台、孟玉雙同到法人福來地理髮館剪髮,又同到各洋行買服飾物件。訪琴軒久談,徐建侯約晚飯。

七月六日,中午,與華世奎、嚴修、□伯鵬暨路局諸人約請徐世昌於李文忠祠午飯。

《徐世昌日記》:桂辛、弼臣、範孫、伯鵬暨路局諸人約在李文忠祠午飯。

按:《日記》記載:徐世昌七月七日居津,八日午後離開天津。

七月十八日,上午,訪徐世昌於天津居所。

《徐世昌日記》:晨起,範孫、桂辛諸君來談。

按:徐世昌十四日下午抵天津。

七月二十一日,晚,訪徐世昌。(《徐世昌日記》)

七月二十三日,晚,與徐世昌談。(《徐世昌日記》)

七月二十六日，臨時大總統袁世凱批准熊希齡、王寵惠、蔡元培、宋教仁、施肇基五人與唐紹儀連帶辭職，並任命周學熙爲財政總長、許世英爲司法總長、范源濂爲教育總長、陳振先爲農林總長、朱啟鈐爲交通總長。

《任命周學熙等職務令》：任命周學熙爲財政總長，許世英爲司法總長，范源濂爲教育總長，陳振先爲農林總長，朱啟鈐爲交通總長。此令。中華民國元年七月二十六日。大總統蓋印。陸徵祥署名。(《袁世凱全集》第二十卷 20－543)

《段祺瑞赴參議院代陸徵祥説明第二次閣員名單詞》(一九一二年七月二十五日)：朱君啟鈐，於路礦等事研究有素，在辦理津浦鐵路北段時，争回權利之處不鮮。任以交通總長一席，必能勝任。(録自《政府公報》中華民國元年八月初九日第一百一號)

附録《參議院表决國務員結果》(參議院第四十七次會議速記録)：七月二十六日上午九時三十分開議。財政總長周學熙：同意五十四票，不同意三十六票。教育總長范源濂：同意七十票，不同意二十一票。司法總長許世英：同意七十票，不同意二十一票。農林總長陳振先：同意五十七票，不同意三十四票。工商總長蔣作賓：同意四十四票，不同意四十七票。交通總長朱啟鈐：同意四十七票，不同意四十四票。(録自《政府公報》中華民國元年八月初十日)(《民初政争與二次革命》上編《民初政争》)

按：工商總長人選蔣作賓未能通過參議院表决。

民國元年八月十九日《交通部官制》：第一條，交通總長管理鐵路、郵政、電政、航政，監督所轄各官署及全國關於交

通電氣事業。(《政府公報》民國元年八月二十一日第一百十三號)

是年(七月二十七日之後),調張緝光入京。

九號譚延闓致葆生書:"今朱已得總長,未必有暇。渠今調用張君緝光字劭希,兄之至交到京。"(俞冰《名家書札墨跡》第十八册《譚延闓書札》)

按:據其他信文可知,信言"總長"當爲交通總長。先生任職時間爲民國元年七月二十六日,調張入京當在其後。

七月二十八日,下午,與徐世昌談。(《徐世昌日記》)

七月二十九日,上午,徐世昌來訪,送先生赴京。(《徐世昌日記》)

八月一日,與國務總理陸徵祥副署臨時大總統袁世凱簽批前津浦鐵路南局總辦段書雲呈《請將徐防各營前借路局款項令飭速籌撥還文》。(《袁世凱全集》第二十卷 20-588)

八月八日,與國務總理陸徵祥副署臨時大總統袁世凱簽發先生呈《陳震辭職令》。(《袁世凱全集》第二十卷 20-614)

同日,晚,許寶蘅訪先生談。

《許寶蘅日記》:下午到府。九時訪朱桂辛談,十二時歸。

八月十日,與國務總理兼外交總長陸徵祥、内務總長兼代理財政總長趙秉鈞、陸軍總長段祺瑞、海軍總長劉冠雄、司法總長許世英、教育總長范源濂、農林總長陳振先、工商總長劉揆一副署臨時大總統袁世凱簽發《公布中華民國國會組織法令》《公布參議院議員選舉法令》《公布眾議院議員選舉法令》。

按:依次取自《袁世凱全集》第二十卷 20-635、636、637。

八月十三日，與國務總理兼外交總長陸徵祥、内務總長兼代理財政總長趙秉鈞、陸軍總長段祺瑞、海軍總長劉冠雄、司法總長許世英、教育總長范源濂、農林總長陳振先、工商總長劉揆一副署臨時大總統袁世凱簽發《公布衆議院議員各省覆選區表令》。(《袁世凱全集》第二十卷 20－643)

八月十七日，與國務總理兼外交總長陸徵祥、内務總長兼代理財政總長趙秉鈞、陸軍總長段祺瑞、海軍總長劉冠雄、司法總長許世英、教育總長范源濂、農林總長陳振先、工商總長劉揆一副署臨時大總統袁世凱簽發《公布禮制令》；與國務總理陸徵祥副署臨時大總統袁世凱簽批先生呈《將津浦鐵路督辦取銷並原設機關暫行併部文》。

按：依次取自《袁世凱全集》第二十卷 20－671、673。

八月十九日，與國務總理兼外交總長陸徵祥、内務總長趙秉鈞、財政總長周學熙、陸軍總長段祺瑞、海軍總長劉冠雄、司法總長許世英、教育總長范源濂、農林總長陳振先、工商總長劉揆一副署臨時大總統袁世凱簽發《公布更正衆議院議員各省覆選區表令》《公布蒙古待遇條例令》；與國務總理陸徵祥副署臨時大總統袁世凱簽發《公布交通部官制令》。

按：依次取自《袁世凱全集》第二十卷 20－687、690、689。

八月二十五日，國民黨在北京開成立大會，通過國民黨名稱及規約，選舉孫中山、黄興、宋教仁、王寵惠、王人文、王芝祥、吴景濂、張鳳翽、貢桑諾爾布九人爲理事，胡瑛、張繼、于右任、胡漢民、唐紹儀等二十九人爲參議。(《中華民國史.大事記》)

八月二十九日，與代理國務總理趙秉鈞副署臨時大總統袁世凱簽發先生呈《任命張緝光等職務令》。(《袁世凱全集》第二十卷 20－750)

按：據《辛亥以後十七年職官年表》，八月二十日至九月二十五日，陸徵祥稱病住院，趙秉鈞代理國務總理。

八月三十日，陶湘致書先生。

《陶湘致朱啟鈐函》(1912 年 8 月 30 日)：桂莘先生總長鈞鑒：中華航業僅一招商局，董事會與辦事員互相齟齬，幸賴大部主持，命下之日，人心稍定。惟股東一面，難保不有誤會。一俟京員到滬，股東維持會當可據實條陳，總期政府與股東相爲維繫、保全目前、推廣將來爲宗旨。我國實業如此之壞，招商局之外，只有漢冶萍鋼鐵一事最爲宏大。去夏因日本制鐵所定購生鐵，續議預支鐵價一千二百萬元。漢廠本有三爐之外，第四爐亦已開工定料，得此鉅款，可造六爐爲限，供給國外銷路及國内鐵路之用。是以漢廠及萍礦布置，均係照此配搭。各省幹路次第興造，借款合同内訂定悉用華軌，每年約有千萬進款。將來中央銀行通行紙幣準備金照例必需有價證券一半相抵。漢冶萍爲第一大公司，若出一二千萬證券抵借紙幣，尤爲銀行、鐵廠兩益之舉，數年後股份必可蜂集。再就交通利便之區，如利國驛、銅官山添設分廠，此以前公司預算計畫之大概也。乃自去秋武漢起義，一概停工，公司正在羅掘設法修復。詎料鄂省議會反抗於前，贛省又別立集成公司名目，阻撓於後。雖蒙大總統加意扶持，無如各分省界一味恃蠻。董事特開股東大會，決議歸還國有以及國家保護商辦兩策。群疑保護無效，贊成國有者遂居多數，當即公舉董事、監查、經理各一位，到京遞呈面商辦法。伏查鋼鐵一部分，於國家軍政、財政、商政均有關係，而且下關係之最近者鐵路尤爲大端。若一旦潰敗決裂，則軌料、橋料等需必皆仰給於外洋，於我公强中抑外之夙抱未免相背。湘爲股東一分子，素承青睞，用敢略述顛末，以備采擇。大抵鋼鐵關係，揆初諸君諒能詳言之。惟兹事無窮大利隨乎其後，美、德兩國可爲對照。而搜求原料、研究化煉、陶冶人才，種種困難均已過去者，非今日處於無可商辦之際，公司股商斷不肯輕易放手。爲政府計，機不可失。況民國於破壞之後，得一建設，足以動中外之觀聽，而使列强聞風傾慕，計莫有善於此者。想我公智珠在握，亦無待湘之多言也。惟款項一事，必須詳晰言之，方有藉手。查辛亥年公司帳目實已用銀三千三百萬兩之譜，其物業所值，何止此數？姑勿深論。然非有此數之款，則無從承受，此天下之通義。而此籌款性質應分三項：其一爲籌償股東老本者，其二爲還債欠者，其三爲繼續營業之需者。當此借款未成，司農仰屋，欲得此款談何容易！然則國有遂無辦法乎？似可分別數項。日本債欠爲最鉅。内有日金一千一百三十八萬餘元，本屬以貨抵還，毋庸償款。又有借款日金五百八十二萬餘元，又銀一百四十萬兩，分票甚多，限期甚近，如難籌還，似可照公司所議，根據辛亥年續購生鐵合同，預支一千二百萬元，除已付南京政府三百萬元外，如數預支。原擬另造下游新廠者，今先以抵還正金、三井各借欠，若仍由公司經理商議，諒可做得到。此外，各洋商欠款不及五百萬兩，擬以財政部明年二月内到期認還南京欠款二百五十萬元，約可抵還二百萬兩，仍以公司輪駁押借一百萬兩。其餘二百萬兩以及華債中儲蓄等款最急者，請以萍鄉煤礦暫押數百萬兩，足可敷布。股東老本項下一千三百十七萬七千元，若能有現款籌還，固最信用，今既不能語於此，若發公債票，我國政府素未能孚信於民，慮股東振振有詞也。今擬變通辦法，莫如由國家發回短期證券，限三年内清償現款。當現款未償前，照股票年給八釐之息。股東雖未必躊躇滿志，然當此危疑震撼之際，交讓俯從，諒亦不難辦到。至於繼續營業，則但修理機爐，規復運道，以後日日有貨可出，即日日有款可收。所需不多，無足爲慮。然則雖號稱三千餘萬，實則只須現款數百萬，並可仍將公司之產業抵押，即可集事矣。夫抵押借債所最患者，本息償還無著，斯抵押品將爲債主所處分耳。然以漢冶萍現成局面，但使營業規復，則一定之入款，確有可稽。苟非舞弊虧蝕，則債款不至償還無著，甚明也。如政府不願負借債之名，一俟中央銀行成立，紙幣一行，即可首先歸還此款。以上所擬國有辦法，似難實易，湘閱其帳目，集其緒論，折衷於各方面，毫無疑義。倘承俯納芻蕘，在股東保全資本，其事甚小；於民國大局所關，至大至久。用敢不揣冒昧，縷晰布陳。敬請台安，伏祈大鑒。陶湘謹啟。八月三十日。

敬再啟者：漢冶萍中日合辦，南京臨時政府先與三井立約，公司賡續草合同第十款訂明：俟民國政府覈推，股東會贊成，方能簽印。故銷廢不甚費事，此皆有合同、電報可爲憑證也。今日本願以上年所議預借生鐵價，除已付三百萬元外，其未付之款約合銀七百萬兩，與公司議在下游另設一新鐵廠，專供日本生鐵之用，並欲監督我公司財政，此公司新計畫印刷本所由來也。夫所謂另立新廠，如不能加招華股，全用他人資本，未免利權外溢。股東意見，分廠非不可設，惟漢冶萍機器運道一切布置，均已預備化鐵爐四五座之用，譬如若干筵席分兩庖厨，不及並一庖厨，其費自省。況一庖厨，鍋灶均備，原料均足，無俟外求乎？公司本欲俟漢廠四五爐成，已可獲利，再赴下游設分廠，就用利國驛、銅官山之鐵，逐步推廣，各國實業無不如此。今日惟因鄂贛蠻不講理，不得已而急謀新廠，以供日料，此亦任事之苦衷；而股東願以歸還政府，免爲外人垂涎，尤爲苦中之苦。如果政府願收，只須並力經營漢廠，將已定第四爐材料趕速砌造，一年完工，每年出鐵二十一萬五千噸，足供華軌、日鐵之所需。若將兵工廠歸併黑山，尚可添設兩大爐，利益尤厚。但款項一時既難就緒，所有各種外債莫若由公司代爲料理清楚。制鐵所原議續購生鐵，尚可預借九百萬元，若以清償日本抵押各欠款，須仍由公司辦妥後再由政府調印，方有把握。至所擬萍礦另押一款，應由政府收回後自辦。若恐費事，亦不妨先與資本家議一草合同，再由政府覈准。惟如何辦法，必須政府商定而後行。似宜先由某部與公司代表擬訂草合同條款，交代表帶回開會商定，次第辦理，較爲穩妥。一得之愚,統希密察。附呈清單,係就辛亥年帳抄録,時逾半年,或有異同,合併聲明。其請鈞安。陶湘又啟。(《盛宣懷檔案資料選輯》之四《漢冶萍公司》三)

原注:此函是盛宣懷修改定稿。

九月二日,與代理國務總理趙秉鈞副署臨時大總統袁世凱簽發先生呈《任命程源深等職務令》。(《袁世凱全集》第二十卷20-784)

九月四日,與代理國務總理兼内務總長趙秉鈞、財政總長周學熙、陸軍總長段祺瑞、海軍總長劉冠雄、司法總長許世英、教育總長范源濂、農林總長陳振先、工商總長劉揆一副署臨時大總統袁世凱簽發《公布省議會議員選舉法令》。(《袁世凱全集》第二十卷20-806)

九月六日,與葉恭綽陪同孫文乘專車赴張家口考察京張鐵路。十一時至南口,夜宿南口。

《孫中山年譜長編》九月六日:九時乘專車從前門開出往張家口視察,十一時至南口,午餐後,一時半往遊明陵,至長陵拍照留念。晚間,京張鐵路同人開歡迎會,本夜宿南口車上。(《民立報》一九一二年九月八日)

九月七日,上午十時半,抵達張家口車站,梁如浩、梁士詒在歡迎現場。

《1912年9月7日孫中山視察京張鐵路時與歡迎人員在張家口車站合影》中有葉恭綽、梁如浩、梁士詒、朱啟鈐等人。(國家博物館藏品)

《孫中山年譜長編》九月七日:上午十時半抵張家口,赴該處官紳之歡迎宴會,先生演説共和國民之責任。一時半起程回南口,途經宣化下車少停以答謝各界。下午四時抵八達嶺,停車觀玩長城形勢及山景。復率十數人,披榛攝石,直至山巔。是夜仍宿南口車上。交通總長朱啟鈐及葉恭綽陪同先生,先生沿途談話關於鐵路政策頗多,又於鐵路管理頗爲注意,時向朱、葉二人詢問。(《民立報》一九一二年九月十五日)

九月八日,回至北京。

《孫中山年譜長編》九月八日:上午參觀清河織呢廠;下午開車回北京。

九月九日,與代理國務總理趙秉鈞、財政總長周學熙副署臨時大總統袁世凱簽發《授孫文籌畫全國鐵路全權令》。(《袁世凱全集》第二十卷 20-847)

九月十一日,與代理國務總理趙秉鈞副署臨時大總統袁世凱簽發先生呈《任命羅國瑞俞人鳳職務令》。(《袁世凱全集》第二十卷 20-868)

九月二十五日,袁世凱任命趙秉鈞爲國務總理。(《辛亥以後十七年職官年表》)

按:八月二十日,陸徵祥因病請假,趙秉鈞代理國務總理。九月二十二日,國務總理陸徵祥去職。

同日,與國務總理兼内務總長趙秉鈞、外交總長梁如浩、財政總長周學熙、陸軍總長段祺瑞、海軍總長劉冠雄、司法總長許世英、教育總長范源濂、農林總長陳振先、工商總長劉揆一副署臨時大總統袁世凱簽發《公布

第一屆省議會名額表令》。(《袁世凱全集》第二十卷20－962)

九月二十八日,與國務總理兼内務總長趙秉鈞、外交總長梁如浩、財政總長周學熙、陸軍總長段祺瑞、海軍總長劉冠雄、司法總長許世英、教育總長范源濂、農林總長陳振先、工商總長劉揆一副署臨時大總統袁世凱簽發《公布國慶日紀念日令》。(《袁世凱全集》第二十卷 20－981)

十月一日,簽報《内務部爲籌設古物保存所致大總統呈》。

《内務部爲籌設古物保存所致大總統呈》:查古物應歸博物館保存,以符名實。但博物館尚未成立以先,所有古物,任其堆置,不免有散失之虞。擬請照司所擬,於京師設立古物保存所一處,另擬詳章,派員經理。至各省設立分所之處,應從緩議。是否有當,伏候鑒覈。中華民國元年十月一日。(《中華民國史檔案資料彙編》第三輯文化分册《文物古蹟與博物館》)

十月二日,與國務總理兼内務總長趙秉鈞、外交總長梁如浩、財政總長周學熙、陸軍總長段祺瑞、海軍總長劉冠雄、司法總長許世英、教育總長范源濂、農林總長陳振先、工商總長劉揆一副署臨時大總統袁世凱簽發《公布省議會議員各省覆選區表令》。(《袁世凱全集》第二十卷 20－1015)

同日,與國務總理兼内務總長趙秉鈞、外交總長梁如浩、財政總長周學熙、陸軍總長段祺瑞、海軍總長劉冠雄、司法總長許世英、教育總長范源濂、農林總長陳振先、工商總長劉揆一副署臨時大總統袁世凱簽發《公布省議會議員各省覆選區表施行法令》。(《袁世凱全集》第二十卷20-1017)

十月三日,與國務總理兼内務總長趙秉鈞、外交總長梁如浩、財政總長周學熙、陸軍總長段祺瑞、海軍總長劉冠雄、司法總長許世英、教育總長范源濂、農林總長陳振先、工商總長劉揆一副署臨時大總統袁世凱簽發《公布服制令》。(《袁世凱全集》第二十卷20-1030)

十月八日,與國務總理兼内務總長趙秉鈞、外交總長梁如浩、財政總長周學熙、陸軍總長段祺瑞、海軍總長劉冠雄、司法總長許世英、教育總長范源濂、農林總長陳振先、工商總長劉揆一副署臨時大總統袁世凱簽發《依法慎重選舉議員令》。(《袁世凱全集》第二十卷20-1063)

十月九日,獲得二等嘉禾勳章。

《授趙秉鈞等勳章令》:趙秉鈞給予一等嘉禾章,梁如浩、周學熙、段祺瑞、劉冠雄、許世英、范源濂、陳振先、劉揆一、朱啟鈐給予二等嘉禾章。此令。中華民國元年十月初九日。大總統蓋印。趙秉鈞署名。(《袁世凱全集》第二十卷20-1080)

葉祖孚《關於朱啟鈐的文物賬册》:民國元年給二等嘉禾章執照一紙。(《蠖公紀事》)

十月十六日,與國務總理兼内務總長趙秉鈞、外交總長梁如浩、財政總長周學熙、陸軍總長段祺瑞、海軍總長劉冠雄、司法總長許世英、教育總長范源濂、農林總長陳振先、工商總長劉揆一副署臨時大總統袁世凱簽發《公布中央行政官官等法令》《公布中央行政官官俸法》。

按：依次取自《袁世凱全集》第二十卷 20－1157、1158。

十月十九日，晚，徐世昌到京，先生赴徐寓晤談。

《徐世昌日記》：申刻登車，晚到京，到車站接者熟人甚多。到寓，梧生、桂辛、張乾若先後來談，夜眠甚遲。

十月二十二日，晚，攜酒食訪徐世昌，同與趙秉鈞、馮元鼎、孟錫珏、金湘臣、梁士詒小飲，久談。

《徐世昌日記》：晚桂辛攜酒食來，約同智庵、次台、玉雙、金湘臣、梁燕孫小飲，久談。

十月二十六日，上午，徐世昌起程赴彰德，先生與馮元鼎等人前往車站送行。

《徐世昌日記》：晨起，起行，到車站送行者甚多，桂辛、次台諸君皆至，爲另掛花車，夜至彰德。

十一月二日，與國務總理兼内務總長趙秉鈞、外交總長梁如浩、財政總長周學熙、陸軍總長段祺瑞、海軍總長劉冠雄、司法總長許世英、教育總長范源濂、農林總長陳振先、工商總長劉揆一副署臨時大總統袁世凱簽發《公布技術官官俸法令》。(《袁世凱全集》第二十一卷 21－8)

十一月四日，與國務總理趙秉鈞副署臨時大總統袁世凱批湖南都督譚延闓呈《查明前長沙郵政局總辦美人阿林敦贊助民國成績卓著擬給優等勳章請裁奪施行文》。(《袁世凱全集》第二十一卷 21－31)

十一月六日,與國務總理兼内務總長趙秉鈞、外交總長梁如浩、財政總長周學熙、陸軍總長段祺瑞、海軍總長劉冠雄、司法總長許世英、教育總長范源濂、農林總長陳振先、工商總長劉揆一副署臨時大總統袁世凱簽發《公布公文書程式令》。(《袁世凱全集》第二十一卷 21-59)

十一月十二日,與國務總理趙秉鈞、農林總長陳振先、工商總長劉揆一副署臨時大總統袁世凱簽發《任命史履晉職務令》。(《袁世凱全集》第二十一卷 21-122)

十一月十五日,袁世凱任命陸徵祥爲外交總長。(《辛亥以後十七年職官年表》)與國務總理兼内務總長趙秉鈞、外交總長、財政總長周學熙、陸軍總長段祺瑞、海軍總長劉冠雄、司法總長許世英、教育總長范源濂、農林總長陳振先、工商總長劉揆一副署臨時大總統袁世凱簽發《公布參議院議員選舉法華僑選舉會施行法令》;與國務總理兼内務總長趙秉鈞、工商總長劉揆一副署臨時大總統袁世凱批督辦浦口商埠事宜沈秉堃呈《請飭國務院刊刻關防即日發給以資應用文》;與國務總理趙秉鈞副署臨時大總統袁世凱簽發先生呈《任命施肇曾職務令》。

按:依次取自《袁世凱全集》第二十一卷 21-157、169、161。本日陸徵祥接替梁如浩任外交總長,外交總長姓名空缺應是陸氏尚未到任。

十一月十八日,與國務總理兼内務總長趙秉鈞、外交總長陸徵祥、財政總長周學熙、陸軍總長段祺瑞、海軍總長劉冠雄、司法總長許世英、教育總長范源濂、農林總長陳振先、工商總長劉揆一副署臨時大總統袁世凱簽發《公布國籍法令》。(《袁世凱全集》第二十一卷 21－193)

十一月十九日,與國務總理趙秉鈞、農林總長陳振先、工商總長劉揆一副署臨時大總統袁世凱簽批直隸都督馮國璋呈《遵飭署勸業道史履晉接印視事文》。(《袁世凱全集》第二十一卷 21－227)

十一月二十日,與國務總理趙秉鈞副署臨時大總統袁世凱簽發交通部呈《令楊士琦查辦招商局改組辦法令》。(《袁世凱全集》第二十一卷 21－240)

十一月二十一日,晚,訪徐世昌寓齋。(《徐世昌日記》)

按:據《徐世昌日記》,徐氏時在京城。

十一月二十二日,與國務總理趙秉鈞副署臨時大總統袁世凱簽發國務總理趙秉鈞等呈《交通部薦任人員按初任官擬叙令》《馮元鼎叙等令》。

按:依次取自《袁世凱全集》第二十一卷 21－259、260。

十一月二十五日,與國務總理趙秉鈞副署臨時大總統袁世凱簽發《予洋員德連陞卹金令》。(《袁世凱全集》第二十一卷 21－298)

十一月二十七日,晚,徐世昌宴請先生與李經羲、姜桂題、趙秉鈞、周學熙、梁士詒、段芝貴,久談。

《徐世昌日記》:晚宴客:李仲先、姜翰卿、趙智庵、周緝之、朱桂辛、梁燕孫、段香巖,久談,近三更始去。

十一月二十八日,與國務總理趙秉鈞副署臨時大總

統袁世凱簽發《任命黄興職務令》。(《袁世凱全集》第二十一卷 21-331)

十二月三日,與國務總理兼内務總長趙秉鈞、外交總長陸徵祥、財政總長周學熙、陸軍總長段祺瑞、海軍總長劉冠雄、司法總長許世英、教育總長范源濂、農林總長陳振先、工商總長劉揆一副署臨時大總統袁世凱簽發《豁免廉能官吏因公虧累布告》;與國務總理趙秉鈞、農林總長陳振先、工商總長劉揆一副署臨時大總統袁世凱簽批福建都督孫道仁呈《轉報實業司司長李恢視事日期文》。

按:依次取自《袁世凱全集》第二十一卷 21-395、404。

十二月十一日,與國務總理趙秉鈞副署臨時大總統袁世凱簽批國務總理趙秉鈞與先生呈《擬將交通部技正羅國瑞等均照初任官改叙五等請鑒覈備案文》。(《袁世凱全集》第二十一卷 21-502)

十二月十三日,電告上海正金銀行分行,支付漢冶萍公司與川粤漢鐵路經前總辦訂定合同之軌價事宜。

《北洋政府交通部總長朱啟鈐致上海正金銀行分行元電》(民國元年十二月十三日):正金銀行鑒:本部接漢冶萍公司來電,請將該公司與川粤漢鐵路經前總辦訂定合同之軌價,於交軌後付與横濱正金銀行之上海支店代該公司收款一節,本部可以照准所請。惟該公司前已在本部預支川路軌價銀一百萬兩,俟川路開工後,應在川路所付軌價内盡先照約如數扣還歸部。此外,該公司交川路鋼軌,即將該路應付之軌價銀照付貴銀行代收可也。除另函外，特聞。交通部朱啟鈐，元。(《舊中國漢冶萍公司與日本關係史料選輯》六《日本帝國主義對公司申請“國有”的注視與干預》)

原注：本件在原資料内係中文件。朱啟鈐發出本電後，當日又寄出一公函云：“本部十三日元電計已達覽，惟電碼輾翻譯，誠恐不免有訛，致涉誤會，兹將再録原電寄達。”又於十四日將元電内容函達漢冶萍公司。

十二月十八日，與國務總理趙秉鈞副署臨時大總統袁世凱簽發先生呈《任命陳毅袁長坤職務令》。(《袁世凱全集》第二十一卷 21－622)

十二月二十一日，與國務總理趙秉鈞副署臨時大總統袁世凱簽批先生呈《請裁撤各省交通司缺文》。(《袁世凱全集》第二十一卷 21－671)

十二月二十二日，與國務總理趙秉鈞副署臨時大總統袁世凱簽發交通部呈《任命詹天佑職務令》。(《袁世凱全集》第二十一卷 21－680)

十二月二十三日，與國務總理趙秉鈞副署臨時大總統袁世凱簽發先生呈《任命沙海昂陶遜職務令》。(《袁世凱全集》第二十一卷 21－709)

十二月二十九日，與國務總理趙秉鈞副署臨時大總統袁世凱簽發國務總理趙秉鈞等呈《陳毅等敘列等第令》。(《袁世凱全集》第二十一卷 21－810)

十二月三十日，與國務總理趙秉鈞副署臨時大總統袁世凱簽發先生呈《免曹汝英本官令》《免榮永清本官令》。

按:依次取自《袁世凱全集》第二十一卷 21-847、848。

是年,七女朱浦筠生於北京。

《蠖園年表》:是年,七女浦筠生。

《紫江朱氏世系表》:女:七浦筠,殤,于出。(《紫江朱氏家乘》)

按:據劉宗漢提供資料,朱浦筠生於北京,一九二九年卒於天津。

是年,就任交通總長後,遷往東城什錦花園官産宅院居住。(劉宗漢《有關朱啟鈐先生史料的幾點補正》)

中華民國二年癸丑 一九一三年 四十二歲

本年,袁世凱在臨時大總統任。

是年,在交通總長任。居於東城什錦花園官宅。(劉宗漢《有關朱啟鈐先生史料的幾點補正》)

一月一日,詹天佑簽題照片贈與先生。

詹天佑題《詹天佑像》識語:桂辛總長惠存。詹天佑謹贈,中華民國二年元旦日。(《中國近代珍藏圖片庫》之《袁世凱與北洋軍閥》卷圖 2)

一月八日,與國務總理兼内務總長趙秉鈞、外交總長陸徵祥、財政總長周學熙、陸軍總長段祺瑞、海軍總長劉冠雄、司法總長許世英、教育總長假、農林總長陳振先、工商總長劉揆一副署臨時大總統袁世凱簽發《暫行畫一地方官制令》《公布畫一現行各省地方行政官廳組織令》《公布畫一現行順天府屬地方行政官廳組織令》《公布畫一現行各道地方行政官廳組織令》《公布畫一現行各縣地方行政官廳組織令》《公布順天府屬地方行政官廳組織令》《公布畫一現行地方警察官廳組織令》《公布畫一現行京師警察官廳組織令》《公布畫一現行中央直轄特別行政官廳組織令》。

按:《公布畫一現行中央直轄特別行政官廳組織令》取自《袁世凱全集》第二十一卷 21－978。其他取自《中華民國史檔案資料彙編》第三輯政治分册《北洋政府組織機構的設置·地方機構的設置與官制的制定》(原注:北洋政府國務院檔案)。

一月九日,與國務總理兼内務總長趙秉鈞、外交總長陸徵祥、財政總長周學熙、陸軍總長段祺瑞、海軍總長劉冠雄、司法總長許世英、教育總長假、農林總長陳振先、工商總長劉揆一副署臨時大總統袁世凱簽發《現行都督府組織令》《制定文官任免執行令緣由令》《關於文官任免執行令》《官吏服務令》。

按:《制定文官任免執行令緣由令》取自《政府公報》中華民國二年一月九日第二百四十三號;《現行都督府組織令》取自《中華民國史檔案資料彙編》第三輯政治分册《北洋政府組織機構的設置·地方機構的設置與官制的制定》(原注:北洋政府國務院檔案)。其他依次取自《袁世凱全集》第二十一卷 21－994、995。

一月十日,與國務總理兼内務總長趙秉鈞、外交總長陸徵祥、財政總長周學熙、陸軍總長段祺瑞、海軍總長劉冠雄、司法總長許世英、教育總長假、農林總長陳振先、工商總長劉揆一副署臨時大總統袁世凱簽發《速爲籌備召開正式國會令》;與國務總理趙秉鈞、財政總長周學熙副署臨時大總統袁世凱簽發《交通銀行兑换券應照中國銀行兑换券章程辦理令》。

按:依次取自《袁世凱全集》第二十一卷 21-1009、1018。

一月十三日,北洋政府駐法蘭西公使胡惟德簽題照片贈與先生。

胡惟德題《胡惟德像》識語:桂辛先生惠存。胡惟德留贈,二年一月十三日。(《中國近代珍藏圖片庫》之《袁世凱與北洋軍閥》卷圖 316)

同日,與國務總理兼内務總長趙秉鈞、外交總長陸徵祥、財政總長周學熙、陸軍總長段祺瑞、海軍總長劉冠雄、司法總長許世英、教育總長假、農林總長陳振先、工商總長劉揆一副署臨時大總統袁世凱簽發《申儆京外有職人員令》;與國務總理趙秉鈞、財政總長周學熙副署臨時大總統袁世凱簽批先生呈《請派沈雲沛與中英公司商訂浦信借款造路正約文》;與國務總理趙秉鈞副署臨時大總統袁世凱簽發《任命沈雲沛職務令》。

按:依次取自《袁世凱全集》第二十一卷 21-1055、1073、1061。

一月十五日,午時,次孫朱文楷生。

《紫江朱氏世系表》:文楷:孟氏出。沛次子,字特夫。

生民國壬子十二月初九日午時。配金氏：滿洲愛新覺羅氏載掄女，生民國甲寅正月初十日。(《紫江朱氏家乘》)

按：金氏，名仲驄。

一月二十四日，與國務總理趙秉鈞副署臨時大總統袁世凱簽發先生呈《任命梅光羲職務令》。(《袁世凱全集》第二十一卷 21－1271)

一月二十九日，與國務總理趙秉鈞、工商總長劉揆一副署臨時大總統袁世凱簽發《委派袁樹勛職務令》；與國務總理趙秉鈞副署臨時大總統袁世凱簽發《免黃興本職令》。

按：依次取自《袁世凱全集》第二十一卷 21－1368、1362。

一月三十日，國務總理趙秉鈞與先生副署臨時大總統袁世凱簽批《籌辦浦信鐵路事宜沈雲沛呈報明視事日期文》。(《袁世凱全集》第二十一卷 21－1381)

一月三十一日，與國務總理趙秉鈞副署臨時大總統袁世凱簽批交通部呈《劃分電政區域酌設管理局擬定暫行章程及所轄各局處數表請鑒覈批示遵行文》。(《袁世凱全集》第二十一卷 21－1394)

二月三日，與國務總理趙秉鈞副署臨時大總統袁世凱簽批交通部呈《任命岑春煊職務令》。(《袁世凱全集》第二十二卷 22－16)

二月四日，孫文致電先生，告赴日行期並請電匯墊款。

孫文《致朱啟鈐告赴日行期並請電匯墊款電》(民國二

年):北京交通部朱總長鑒:新密。兹定本月十一日往日本,謀聯絡增進兩國交誼。鈞部二月份墊款,請於行期前電匯來滬。三月份墊款,若能同匯尤盼。孫文,支。(二月四日)(《國父全集》第四册)

按:民國元年九月九日,袁世凱授孫文以籌畫全國鐵路全權。

二月八日,與國務總理趙秉鈞、陸軍總長段祺瑞副署臨時大總統袁世凱簽批陸軍部、交通部呈《謹會同將軍用半價記賬及半價交價兩種執照詳加斟酌改用新式執照並規定軍用執照暫行條例暨頒行日期繕具執照式樣條例清單請鑒覈文》。(《袁世凱全集》第二十二卷22-103)

二月(九日前),應瞿宣穎所託,安排譚延闓妻弟方葆生就職於津浦路局。

譚延闓致葆生書,十九日:"聞弟在津,不審何就。津浦鐵路總辦朱桂辛啟鈐者,舍親瞿子玖之戚,今爲弟作一函,望持往面干之。其人來往鐵道間,於京津兩處打聽,必得見也。"九號:"前寄書屬弟謁朱桂辛,不識去否。今朱已得總長,未必有暇。"二月九日:"昨得京師友人書,言朱桂辛總長已爲弟委一津浦路局差。弟可往京見之,無論事大小,總可就,暫且棲身,將來必有進境,斷不可嫌低也。"(俞冰《名家書札墨跡》第十八册《譚延闓書札》)

按:先生民國元年七月二十六日就任交通總長,十九日、九號書當分别作於任職前後,二月九日書則作於民國二年。據信文,葆生爲譚延闓夫人方榕卿弟之字號,其名待考。

二月十一日，與國務總理趙秉鈞、財政總長周學熙、陸軍總長段祺瑞副署臨時大總統袁世凱批先生呈《遵查前粵漢鐵路督辦譚人鳳電請撥還欠款一案所有總公所等經費已由部陸續付清至巡兵餉銀其性質實關軍事應交財政陸軍兩部在兵餉項下覈給請鑒覈批示文》。（《袁世凱全集》第二十二卷 22－124）

二月十四日，與國務總理趙秉鈞副署臨時大總統袁世凱簽批海軍上將薩鎮冰呈《報明吴淞商船學校續修工款各數目開單請飭部如數照發文》。（《袁世凱全集》第二十二卷 22－181）

二月十八日，與國務總理趙秉鈞副署臨時大總統袁世凱簽批先生呈《繕具本部應鑄一廳四司印信印文請鑒覈飭院施行文》。（《袁世凱全集》第二十二卷 22－254）

二月二十日，午後，徐世昌訪先生未遇。（《徐世昌日記》）

二月二十二日，隆裕太后去世。在故宫太和殿設治喪所，允許人民自由參拜，先生擔任照料指揮事宜。

> 《本園創辦之經過》：本園之建立動機，始於民國二三年之交。先是，辛亥革命宣布共和，南北軍代表會同訂立清皇室優待條件，内載清皇帝遜位後應遷居頤和園，顧以事實遷延，至二年初尚未履行，而皇城以内仍爲禁籞。至是年春三月清隆裕太后上賓，於太和殿設治喪所，僉議以隆裕太后有讓國之德，應許人民入内自由參拜。時紫江朱公啟鈐任交通總長，擔任照料指揮事宜。（《中央公園二十五周年紀念册》第一章）

同日，與國務總理趙秉鈞副署臨時大總統袁世凱簽批先生呈《據路政司轉據吉長鐵路總辦孫多鈺報明吉長鐵路通車日期各情形請鑒覈文》。(《袁世凱全集》第二十二卷 22－308)

二月二十三日，訪徐世昌。(《徐世昌日記》)

二月二十八日，與國務總理趙秉鈞、財政總長周學熙副署臨時大總統袁世凱簽批先生呈《擬定裁撤豐台稅局並由部擔任抵補情形請鈞覈文》。(《袁世凱全集》第二十二卷 22－395)

三月二日，下午，訪徐世昌，談至上燈後離開。(《徐世昌日記》)

三月(六日前)，與國務總理趙秉鈞副署臨時大總統袁世凱簽批先生呈《據吉長鐵路總辦孫多鈺報明通車日期各情形文》。(《袁世凱全集》第二十二卷 22－467)

原注:中華民國二年三月五日刊載。

三月十三日，與國務總理趙秉鈞副署臨時大總統袁世凱簽發先生呈《免陶遜本官令》。(《袁世凱全集》第二十二卷 22－572)

三月十五日，與國務總理趙秉鈞副署臨時大總統袁世凱簽批先生呈《報明本部僉事鄭鴻謀出缺日期暨將該家屬繳到勳章送還銓敘局等情請鑒覈文》。(《袁世凱全集》第二十二卷 22－604)

三月十九日，與國務總理兼內務總長趙秉鈞、外交總長陸徵祥、財政總長周學熙、陸軍總長段祺瑞、海軍總長劉冠雄、司法總長許世英、教育總長劉冠雄、農林總長陳振先、工商總長劉揆一副署臨時大總統袁世凱簽發

《公布舉行民國議會開會禮日期令》。(《袁世凱全集》第二十二卷 22－644)

按:時海軍總長劉冠雄兼署教育總長。

三月二十日,宋教仁在滬寧路上海站遇刺。(《中華民國史.大事記》)

按:三月二十二日,宋教仁不治身亡。

三月二十八日,與巡警廳舊日同僚許寶蘅、王文豹、許世英、榮勳、章宗祥、王善荃、陳時利、汪立元、祝書元、殷錚、汪守珍聚會。

《許寶蘅日記》:六時半到德昌飯店,王文豹約,皆巡警廳舊日同僚也,朱桂辛、許雋人、榮竹農、章仲和、王仲薌、陳劍秋、汪建齋、祝讀樓、殷鐵庵、汪聘耕,凡主客十二人。

三月二十九日,與國務總理趙秉鈞副署臨時大總統袁世凱簽發先生呈《免祝書元虞愚本官令》《任命陳同壽等職務令》《任命王蘊登等職務令》。

按:依次取自《袁世凱全集》第二十二卷 22－805、806、807。

三月,先生等人發起組織中國經濟學會。

《中國經濟學會發起人名單》:朱啟鈐、沈式荀、吴乃琛、林志烜、陳振先、虞熙正、李士熙、胡文藻、許世英、項驤、馮閱模、錢應清、段祺瑞、孫多森、李盛銜、劉頌虞、陸徵祥、王璟芳、吴用威、陳威、賈士毅、曲卓新、趙秉鈞、趙椿年、李景銘、陸世芬、周學熙、冒廣生、陸定、謝霖、姚東彦、楊汝梅、劉冠雄、楊壽枏、潘敬、邵羲、范源濂、李士偉、陳經、袁永廉、劉揆一、趙從蕃、錢承志、唐瑞銅、熊希齡、陶德琨、張汝翹、劉鴻壽。

《中國經濟學會章程》(草案):第一章總則:第一條本會定名爲經濟學會。第二條本會以研究學理、調查事實、發表經濟政策爲宗旨。(下略)中華民國二年三月日。(北洋政府陸軍部檔案)(《中華民國史檔案資料彙編》第三輯文化分册《文化學術團體·民間文化學術團體》)

四月一日,與國務總理兼内務總長趙秉鈞、外交總長陸徵祥、財政總長周學熙、陸軍總長段祺瑞、海軍總長劉冠雄、司法總長許世英、署教育總長兼農林總長陳振先、工商總長假副署臨時大總統袁世凱簽發《公布行政執行法令》。(《袁世凱全集》第二十二卷 22-852)

四月二日,與國務總理兼内務總長趙秉鈞、外交總長陸徵祥、財政總長周學熙、陸軍總長段祺瑞、海軍總長劉冠雄、司法總長許世英、署教育總長兼農林總長陳振先、工商總長假副署臨時大總統袁世凱簽發《公布省議會暫行法令》。(《袁世凱全集》第二十二卷 22-875)

四月四日,與國務總理趙秉鈞副署臨時大總統袁世凱簽發先生呈《任命梅光羲等職務令》、國務總理趙秉鈞等呈《陳同壽等敘列等第令》《王蘊登等敘列等第令》。

按:依次取自《袁世凱全集》第二十二卷 22-911、916、917。

四月八日,外交總長陸徵祥、司法總長許世英分别簽題照片贈與先生。

陸徵祥題《陸徵祥像》識語:桂辛先生惠存。陸徵祥謹贈,民國二年四月八日。(《中國近代珍藏圖片庫》之《袁世凱與北洋軍閥》卷圖300)

許世英題《許世英像》識語:桂辛先生惠存。中華民國二年四月八日,許世英謹贈。(《中國近代珍藏圖片庫》之《袁世凱與北洋軍閥》卷圖315)

四月九日,與國務總理趙秉鈞副署臨時大總統袁世凱簽發國務總理趙秉鈞等呈《梅光羲叙列等第令》。(《袁世凱全集》第二十二卷22-969)

四月十日,與國務總理兼内務總長趙秉鈞、外交總長陸徵祥、財政總長周學熙、陸軍總長段祺瑞、海軍總長劉冠雄、司法總長許世英、署教育總長兼農林總長陳振先、工商總長假副署臨時大總統袁世凱簽發《公布西藏第一届國會議員選舉法令》。(《袁世凱全集》第二十二卷22-973)

四月十七日,與國務總理趙秉鈞副署臨時大總統袁世凱簽發先生呈《任命盧毅黄敦懌職務令》。(《袁世凱全集》第二十二卷22-1071)

四月二十一日,與國務總理趙秉鈞副署臨時大總統袁世凱簽發國務總理趙秉鈞等呈《盧毅黄敦懌叙列等第令》。(《袁世凱全集》第二十二卷22-1132)

五月一日,趙秉鈞托病請辭國務總理及内務總長職務,未獲批准,國務院總理由陸軍總長段祺瑞暫時代理。(《辛亥以後十七年職官年表》)

按:五月二日,内務總長由次長言敦源暫代。

五月十日，與代理國務總理兼陸軍總長段祺瑞、外交總長陸徵祥、内務總長假、財政總長假、海軍總長劉冠雄、司法總長許世英、署教育總長兼農林總長陳振先、工商總長劉揆一副署臨時大總統袁世凱簽批熱河都統熊希齡《擬熱河現行特定官廳組織法十八條請鑒覈批准施行呈》。(《袁世凱全集》第二十二卷 22 - 1365)

五月十一日，梁士詒署財政次長。(《辛亥以後十七年職官年表》)

五月十六日，與代理國務總理段祺瑞副署臨時大總統袁世凱簽發先生呈《任命華南圭軍佐銜令》。(《袁世凱全集》第二十二卷 22 - 1464)

五月二十日，與代理國務總理段祺瑞副署臨時大總統袁世凱簽發代理國務總理段祺瑞等呈《華南圭叙列等第令》。(《袁世凱全集》第二十二卷 22 - 1535)

六月六日，與代理國務總理段祺瑞副署臨時大總統袁世凱簽發先生呈《任命高恩洪職務令》。(《袁世凱全集》第二十三卷 23 - 51)

六月十日，與代理國務總理段祺瑞副署臨時大總統袁世凱簽發代理國務總理段祺瑞等呈《高恩洪叙列等第令》。(《袁世凱全集》第二十三卷 23 - 97)

六月十七日，與代理國務總理段祺瑞副署臨時大總統袁世凱簽發《岑春煊辭職令》。(《袁世凱全集》第二十三卷 23 - 180)

六月十八日，與代理國務總理段祺瑞副署臨時大總統袁世凱簽發《任命詹天佑職務令》、交通部《擬漢粤川鐵路改歸部直轄辦法令》。

按:依次取自《袁世凱全集》第二十三卷 23-194、195。

六月二十一日,與代理國務總理兼陸軍總長段祺瑞、外交總長陸徵祥、内務總長假、財政總長假、海軍總長假、司法總長許世英、署教育總長兼農林總長陳振先、工商總長劉揆一副署臨時大總統袁世凱簽發《妥籌裁兵節餉並裁減行政經費令》。(《袁世凱全集》第二十三卷 23-215)

六月二十二日,與代理國務總理段祺瑞副署臨時大總統袁世凱簽發代理國務總理段祺瑞等呈《詹天佑叙列等第令》。(《袁世凱全集》第二十三卷 23-237)

六月二十五日,與代理國務總理段祺瑞、財政總長假副署臨時大總統袁世凱簽發《命財政交通兩部限期裁撤豐台等分局卡令》;與代理國務總理段祺瑞副署臨時大總統袁世凱簽批先生呈《報明議定接收蘇省鐵路合約請鑒覈施行文》、先生呈《縷陳接收商辦湘路各情形繕具合約並付息表請鑒覈施行文》。

按:依次取自《袁世凱全集》第二十三卷 23-271、275、276。

七月三日,葉恭綽任代理交通次長,任命令由先生與代理國務總理段祺瑞副署臨時大總統袁世凱簽發。(《袁世凱全集》第二十三卷 23-358)

七月六日,與代理國務總理段祺瑞副署臨時大總統

袁世凱簽批先生呈《擬訂督辦漢粤川鐵路職務暫行章程請鑒覈批示遵行文》。(《袁世凱全集》第二十三卷 23－407)

七月八日,與代理國務總理段祺瑞副署臨時大總統袁世凱簽批交通部路政司司長葉恭綽呈《請收回成命文》、直隸都督兼署民政長馮國璋呈《順直省議會咨請將從前京奉路局撥解本省二成餘利照常支發等情請鑒覈示遵文》。

按:依次取自《袁世凱全集》第二十三卷 23－422、424。

七月十二日,與代理國務總理段祺瑞、内務總長假、工商總長劉揆一副署臨時大總統袁世凱簽發代理國務總理段祺瑞呈《任命劉福洪職務令》;簽批先生呈《報明崇文門税局遵將所設之豐台等分局卡一律裁撤等情請鑒覈文》、代理交通次長葉恭綽呈《報明就職日期請鑒覈備案文》。

按:依次取自《袁世凱全集》第二十三卷 23－473、474、475。

同日,李烈鈞在湖口起兵,二次革命爆發。(《中華民國史.大事記》)

七月十三日,與代理國務總理段祺瑞、内務總長假、農林總長陳振先、工商總長劉揆一副署臨時大總統袁世凱簽發《勸導實業令》。(《袁世凱全集》第二十三卷 23－488)

同日,葉恭綽代理交通部次長。(《辛亥以後十七年職官年表》)

七月十四日,簽發《委任華南圭籌設交通博物館令》。

《交通部委任華南圭籌設交通博物館令》(交通部委任令第九十九號):令署技正華南圭。本部依據官制,應行設立交通博物館。玆先就鐵路一門提前籌辦,委任署技正華南圭爲路政門主任,按照籌備大綱從速舉辦。此令。交通總長朱啟鈐。中華民國二年七月十四日。(《中華民國史檔案資料彙編》第三輯文化分册《文物古蹟與博物館》)

七月十六日,國務總理趙秉鈞去職。(《辛亥以後十七年職官年表》)

七月十七日,與代理國務總理段祺瑞副署臨時大總統袁世凱簽批交通部次長接管漢粵川鐵路事宜馮元鼎呈《報明接任漢粵川鐵路督辦職務日期文》。(《袁世凱全集》第二十三卷 23 - 564)

同日,臨時大總統袁世凱任命先生暫行代理國務總理。

《任命朱啟鈐職務令》:特任交通總長朱啟鈐暫行代理國務總理。此令。中華民國二年七月十七日。大總統印。國務總理段祺瑞。(《袁世凱全集》第二十三卷 23 - 552)

七月十八日,先生辭代理國務總理不就職,本日院議遂停。(《許寶蘅日記》)與代理國務總理段祺瑞副署臨時大總統袁世凱簽發先生呈《任命汪廷襄職務令》。(《袁世凱全集》第二十三卷 23 - 603)

七月十九日,臨時大總統袁世凱批准收回先生代理國務總理之任命,任命陸軍總長段祺瑞仍行代理國務總理。

《批交通總長朱啟鈐呈請收回代理國務總理成命暨准免本官文》:批:呈悉。據稱交通重要,實難兼顧,所請收回代理國務總理成命之處,應即照准。此批。中華民國二年七月十九日。大總統印。國務總理段祺瑞。(《袁世凱全集》第二十三卷 23-626)

《任命段祺瑞職務令》:特任陸軍總長段祺瑞仍行代理國務總理。此令。中華民國二年七月十九日。大總統印。國務總理段祺瑞。(《袁世凱全集》第二十三卷 23-609)

七月二十一日,與代理國務總理段祺瑞副署臨時大總統袁世凱簽發代理國務總理段祺瑞等呈《汪廷襄敘列等第令》。(《袁世凱全集》第二十三卷 23-661)

七月二十二日,與代理財政總長梁士詒以修築同成鐵路爲名,與法、比兩國鐵路公司代表陶普施簽訂借款一〇〇〇萬英鎊合同。

《中華民國史.大事記》七月二十二日:交通總長朱啟鈐、代理財政總長梁士詒以修築同成鐵路(大同至成都)爲名,與法、比兩國鐵路公司代表陶普施簽訂借款一〇〇〇萬英鎊合同,以同成鐵路全部財産及收入爲擔保。

《財政交通兩部與法比公司商訂同成鐵路借款合同呈》:財政總長、交通總長爲呈請事:竊交通事業,鐵路爲先。吾國幹路雖有京漢、津浦、粤漢、隴海數綫,而西部大部之縱貫綫,尚付缺如。以秦、晉、川、滇,上腴天府,隔閡壅閉,遺憾滋多。本部有鑒於此,發起同成鐵路,急起直追,以圖挽救。此路係由晉省大同至川省成都,築造幹綫,北接張、綏,南聯滇、蜀,藉以控引藩部,撫馭蒙旗。全路延長三千餘里,連貫三省，實爲内地行政用兵極占優勝之路。惟方今款項支絀，籌集爲難，當以利用外資，以謀開拓各項新事業，已爲今日輿論所公認。經提出借款修路案，由國務會議公决在案。因財政上關係，由財政部商同交通部，委托隴秦豫海鐵路督辦施肇曾與比法公司代表商訂借款，磋商多次，始擬訂五釐利英金壹千萬鎊之借款合同。所有内容，如發售債票、付還本息及工程材料各項條件，大致以隴海借款合同爲底本，而逐加討論，最後結果頗有比較優勝之點。查此路由大同至蒲州一段，本歸山西商辦，經歷七年，僅成榆次、北票村間軌路十五里，榆次、太谷間土工七十里。嗣遭變亂，金融停滯，商股無著，公司解體，山西省議會本有收歸公家清理之議。惟舉債既無能力，處理又無方法，以致債權叢集，交涉屢生，全路觀成，不知何日。交通部對於此案補救維持，責無旁貸。且同蒲原議北接張、綏，南連洛、潼，本爲秦、晉縱貫之要路。張綏路工本年十月可抵大同，同成路綫起首工事，擬由大同、太原雙方著手。現在洛潼既歸國有，劃入隴海經營，其蒲州終點以地勢論，自當趨重潼關，與隴秦幹路銜接，鑿山通道，一切設施須有並進之謀，方收貫通之益。大率由潼西以達鳳翔，利用併軌；由鳳翔以達成都，則宜單綫。分道互進，五年届滿，隴蜀大通，雖西陲工事，頗極險艱，然大勢所趨，全局所繫，不能不作此滿意之希望，極端之進取。假定爲圓滿之計劃，此次借款既根據上項計劃分别規定。如合同第四條第五項聲明，同蒲鐵路收歸國有，併入此路之内。又第四項，在隴海路綫内建築平行之路，由督辦及總工程司商明，隴海督辦及總工程司務使兩路均獲便利云云。以免臨事互有抵觸。又第十八節聲明,接展本路或建築枝路,悉采取限制主義,得仍用華款自築。又第八條,債票費用之折扣改爲五釐半,則均係酌采浦信合同辦法,較勝隴海合同。惟據該公司代表聲稱:此次合同條款屢經讓步,現在歐洲銀市尚欠融活,加以大局未經寧謐,外國資本團投資態度不免觀望。本代表因本合同往復磋商,業經就緒,是以不惜多方遷就,以免儲有現金之團體或因他種牽制,遽受解散之損害等語。此次借款,磋商多日,仍得兼采隴海、浦信辦法,折衷訂定,不背財政部當日發端之原意,實由於此。此項合同應請迅咨國會通過,以完手續。合將合同全文繕呈大總統鑒覈施行。謹呈。右呈大總統。財政總長梁士詒代、交通總長朱啟鈐,中華民國二年七月二十日。(北洋政府財政部檔案)(《中華民國史檔案資料彙編》第三輯財政分册《北洋政府時期財政・內外債》外債之三《同成鐵路借款》)

按:周學熙時任財政總長,因休假而由署財政次長梁士詒代簽。

同日,招商局董事會副會長盛宣懷自上海致書先生。

盛宣懷致先生書(1913 年 7 月 22 日,上海):桂莘先生鈞鑒:招商局幸隸宇下,正擬秉承大教,整頓擴充,一息尚存,稍圖報稱,乃贛、寧滋事,誠如鈞電,商民何以堪此。頃詳致泗州一函,備述目下情形。據招商局云,向來須由天津電報局轉寄,弟恐不能機密,謹呈台端,即祈閱後加封轉交,是所至禱。如蒙賜復,請郵遞上海静安寺路第一百十一號可也。手布,敬請大安。愚弟盛〇〇謹啟,七月二十二日。

(《盛宣懷檔案資料選輯》之一《辛亥革命前後》)

按:盛宣懷時兼任招商局董事會副會長。

七月二十三日,與代理國務總理段祺瑞副署臨時大總統袁世凱簽發《撤銷孫文職務令》。銷去孫文籌辦全國鐵路全權。(《袁世凱全集》第二十三卷 23-681)

七月二十五日,與代理國務總理段祺瑞副署臨時大總統袁世凱簽批先生呈《據漢粤川鐵路參贊魏瀚呈請准予銷差等情請鑒覈示遵文》。(《袁世凱全集》第二十三卷 23-733)

七月二十七日,與代理國務總理段祺瑞副署臨時大總統袁世凱簽發先生呈《免盧毅本官令》。(《袁世凱全集》第二十三卷 23-767)

七月三十一日,熊希齡任國務總理。(《辛亥以後十七年職官年表》)

同日,復書招商局董事會副會長盛宣懷。

朱啟鈐復盛宣懷函(1913 年 7 月 31 日,北京):杏孫先生大鑒:接展惠函,敬悉一是。招商局爲吾國唯一航業,擴充整頓未可再事遷延。先生實業大家,於該局事業殫力有年,關念自必愈切,扶衰振弊,豈伊異人。遠企崇撝,彌殷景企。贛、寧事起,南人盼望救平,有如饑渴。比者大軍南下,屢由招商局撥用船隻,得以早達,顧全大局,佩仰尤深,泗州函已代致矣。此復,祇頌籌祉。朱啟鈐頓首,七月卅一日。(《盛宣懷檔案資料選輯》之一《辛亥革命前後》)

按:此爲七月二十二日盛宣懷書之復函。

同日,與代理國務總理段祺瑞副署臨時大總統袁世

凱簽發《鐵路總公司事權暫由交通部執行令》。(《袁世凱全集》第二十三卷 23-816)

八月一日,與代理國務總理段祺瑞副署臨時大總統袁世凱簽批先生呈《據招商局電請飭鄂贛艦隊援釋江永兩船在滬各船聽候政府調遣遇有不測應照章償卹等情請鑒覈施行文》。(《袁世凱全集》第二十三卷 23-834)

八月四日,與代理國務總理段祺瑞副署臨時大總統袁世凱簽批先生呈《擬將郵政出力華洋各員擇尤分等請獎繕單請批示祇遵文》。(《袁世凱全集》第二十三卷 23-874)

八月十三日,與代理國務總理段祺瑞副署臨時大總統袁世凱簽發先生呈《免袁長坤本官令》。(《袁世凱全集》第二十三卷 23-1036)

八月十八日,與代理國務總理段祺瑞副署臨時大總統袁世凱簽批參謀本部次長陳宧呈《轉報山西自榆次東趙至壽陽郭村被水衝壞軌道五處等情請鑒覈文》。(《袁世凱全集》第二十三卷 23-1135)

八月十九日,招商局董事會副會長盛宣懷自上海復函先生。

盛宣懷復朱啟鈐函(1913 年 8 月 19 日,上海):桂莘先生大鑒:奉七月三十一日惠函,敬聆一是。此次軍務,招商局輪船一在供應中央調用,一在阻止亂軍截留,其他不遑計及。幸蒙先生指揮如意,俾免愆尤,同深感泐。惟各船停駛數月以來,生意悉讓洋船,又增許多損失,只可希望大局從此粗安,群策群力,徐圖恢復耳……敬請台安。盛〇〇謹

啟。(《盛宣懷檔案資料選輯》之三《辛亥革命前後》)

八月二十日,與代理國務總理段祺瑞副署臨時大總統袁世凱簽批先生呈《報明粵漢鐵路鮎魚套至新益洲一段土方工程業已包工開辦等情請鑒覈文》。(《袁世凱全集》第二十三卷 23-1166)

八月二十五日,與代理國務總理段祺瑞副署臨時大總統袁世凱簽批交通部呈《報明辦理洛潼鐵路收歸國有詳細情形文》。(《袁世凱全集》第二十三卷 23-1244)

八月二十六日,與國務總理熊希齡副署臨時大總統袁世凱簽發先生呈《免于焌年本官令》。(《袁世凱全集》第二十三卷 23-1271)

八月三十一日,與國務總理熊希齡副署臨時大總統袁世凱簽批交通部呈《報告派員赴俄京鐵路大會文》。(《袁世凱全集》第二十三卷 23-1357)

九月二日,與國務總理熊希齡副署臨時大總統袁世凱簽批交通部《報明正太鐵路被水衝壞及修復需款各情形呈》。(《袁世凱全集》第二十三卷 23-1393)

九月四日,與外交總長陸徵祥、財政總長周學熙、司法總長許世英、農林總長陳振先辭職;葉恭綽代理交通總長。(《辛亥以後十七年職官年表》)

九月十一日,袁世凱任命各部總長:外交總長孫寶琦,内務總長朱啟鈐,司法總長梁啟超,教育總長汪大燮,工商總長暫兼農林總長張謇,交通總長周自齊,財政總長熊希齡兼。陸軍總長段祺瑞、海軍總長劉冠雄留任。

《任命孫寶琦等職務令》:特任孫寶琦爲外交總長,朱啟鈐爲内務總長,梁啟超爲司法總長,汪大燮爲教育總長,張謇爲工商總長,周自齊爲交通總長。此令。中華民國二年九月十一日。大總統印。國務總理熊希齡。(《袁世凱全集》第二十三卷 23-1564)

《任命熊希齡職務令》:特任熊希齡兼財政總長。此令。中華民國二年九月十一日。大總統印。國務總理熊希齡。(《袁世凱全集》第二十三卷 23-1565)

《任命張謇職務令》:特任張謇暫兼農林總長。此令。中華民國二年九月十一日。大總統印。國務總理熊希齡。(《袁世凱全集》第二十三卷 23-1566)

《内務部官制》(民國元年八月八日):第一條、内務總長管理地方行政、選舉、賑恤、救濟、慈善、感化、人户、土地、警察、著作出版、土木工程、禮俗、宗教及衛生事務,監督所轄各官署及地方長官。(《中華民國建國文獻·民初時期文獻》第一輯)

九月四日袁世凱《致眾議院任命國務員咨請同意文》:爲咨明事:查國務院總理熊希齡現在業經就職,其餘各國務員自應分别另行選任。查有孫寶琦、朱啟鈐、梁啟超、汪大燮、張謇、周自齊,均屬學識閎通,確有經驗,歟歷中外,聲譽素隆。兹擬任命孫寶琦爲外交總長、朱啟鈐爲内務總長、梁啟超爲司法總長、汪大燮爲教育總長、張謇爲工商總長、周自齊爲交通總長,特按照《中華民國臨時約法》第三十四條,咨請貴院同意,即希查照見復。再,現當建設之始,一切政策之進行均與財政有關,國務總理熊希齡長於理財,財政總

長一職,即由該總理兼任,不再另行提出。此咨。(《袁大總統書牘彙編》)

按:本日陰曆爲八月十一日,《蠖園年表》"七月,内閣改組,轉任内務部總長"所記時間不準確。

九月十三日,就任内務總長,刊登《政府公報》通告,並呈《就職任期文》。

《内務總長呈報就職任期文》(九月十三日):爲呈報事中華民國二年九月十一日奉大總統令:"特任朱啟鈐爲内務總長,此令。"啟鈐遵於九月十三日就内務總長之職,除登《政府公報》通告外,理合呈報大總統鑒覈。謹呈大總統。(《内務公報》中華民國二年十月十五日第一期)

臨時大總統袁世凱《批内務總長朱啟鈐呈報明就職日期請鑒覈文》:批:據呈已悉。此批。中華民國二年九月十七日。大總統印。國務總理熊希齡。(《袁世凱全集》第二十三卷 23-1693)

同日,與國務總理兼財政總長熊希齡副署臨時大總統袁世凱簽發《任命喇世俊職務令》;與國務總理熊希齡副署臨時大總統袁世凱簽發《公布修正警察服制令》《任命李開侁職務令》、國務總理熊希齡呈《免歐冕本官令》《任命宋公壽職務令》《免游澤寰龔壐揆本官令》《免劉啟昆本官令》。

按:依次取自《袁世凱全集》第二十三卷 23-1614、1609、1610、1618、1619、1621、1623。

九月十五日,與國務總理熊希齡副署臨時大總統袁世凱簽批署直隸民政長劉若曾呈《彙報内務財政實業三司長到任日期文》、署山東民政長兼會辦軍務田文烈呈《報明伏汛期内黄河兩岸各工一律防護平穩文》《報明到任後考察大概並辦理情形請鑒覈示遵文》,簽發國務總理熊希齡呈《任命馮夢雲葉蓁職務令》《免石英職務令》。

按:《彙報内務財政實業三司長到任日期文》取自《政府公報》中華民國二年九月十七日第四九二號。其他依次取自《袁世凱全集》第二十三卷 23-1660、1662、1649、1654。

九月十六日,與國務總理熊希齡、農林總長、工商總長、交通總長周自齊副署臨時大總統袁世凱簽發國務總理熊希齡呈《褫吴琨職歸案懲辦令》;與國務總理熊希齡、陸軍總長段祺瑞副署臨時大總統袁世凱簽發《嚴拿方策等令》;與國務總理熊希齡副署臨時大總統袁世凱簽發先生呈《任命陳毅職務令》《免張培爵本官令》。

按:依次取自《袁世凱全集》第二十三卷 23-1676、1677、1673、1675。《褫吴琨職歸案懲辦令》中農林總長、工商總長未署姓名。

九月十七日,與國務總理兼財政總長熊希齡副署臨時大總統袁世凱簽批雲南滇西觀察使楊晉呈《報明奉狀到任日期暨轄境地方情形請鑒覈施行文》。(《袁世凱全集》第二十三卷 23-1699)

九月十八日,與國務總理財政總長熊希齡副署臨時大總統袁世凱簽發《任命錢能訓職務令》。(《袁世凱全集》第二十三卷 23-1701)

九月十九日，與國務總理熊希齡副署臨時大總統袁世凱簽發《任命韋紹皋職務令》《任命戚揚職務令》《任命伍莊職務令》《整飭廣東吏治令》。

按：依次取自《袁世凱全集》第二十三卷23－1704、1713、1714、1719。

九月（二十一日前），與國務總理兼財政總長熊希齡副署臨時大總統袁世凱簽批寧夏將軍常連寧夏副都統綽哈泰呈《懇准籌撥鉅款急籌寧夏旗兵生計暨先撥兵餉以救危急各等情請電鑒示遵文》。（《袁世凱全集》第二十三卷23－1726）

九月二十三日，與國務總理熊希齡副署臨時大總統袁世凱簽發《褫程道存曾貞職訊辦令》、國務總理熊希齡等呈《陳毅叙列等第令》，簽批江西民政長汪瑞闓呈《報明接印視事暨銷燬木質關防文》。

按：依次取自《袁世凱全集》第二十三卷23－1770、1771、1775。

九月二十四日，與國務總理熊希齡副署臨時大總統袁世凱簽發《任命陳廷傑職務令》《任命段書雲等職務令》，簽批國務總理熊希齡呈《擬懇分別任命段書雲等督辦會辦江北徐淮海清鄉事宜請鑒覈文》。

按：依次取自《袁世凱全集》第二十三卷23－1776、1777、1779。

九月二十五日，與國務總理熊希齡副署臨時大總統

袁世凱簽發《任命饒漢祥職務令》。(《袁世凱全集》第二十三卷 23－1789)

九月二十六日，與國務總理熊希齡副署臨時大總統袁世凱簽發《免王祖同本官令》《任命李兆珍職務令》。

按：依次取自《袁世凱全集》第二十三卷 23－1804、1805。

九月二十七日，與國務總理兼財政總長熊希齡、外交總長孫寶琦、陸軍總長段祺瑞、海軍總長劉冠雄、司法總長梁啟超、教育總長汪大燮、農林總長兼工商總長、交通總長周自齊副署臨時大總統袁世凱簽發《公布議院法令》。(《袁世凱全集》第二十三卷 23－1810)

按：農林總長兼工商總長未署姓名。

九月二十八日，與國務總理熊希齡副署臨時大總統袁世凱簽發《賑撫江西災民令》、國務總理熊希齡與先生呈《任命高登甲職務令》《任命傅汝楫等職務令》《任命章燦等職務令》《任命劉樹銘等職務令》《任命俞家驥等職務令》《免周日宣本官令》。

按：依次取自《袁世凱全集》第二十三卷 23－1816、1826、1827、1828、1829、1830、1831。

九月三十日，與國務總理熊希齡副署臨時大總統袁世凱簽發國務總理熊希齡與先生呈《任命王桂林職務令》。(《袁世凱全集》第二十三卷 23－1868)

十月二日，與國務總理熊希齡、外交總長孫寶琦、司法總長梁啟超、教育總長汪大燮、農林總長、工商總長副署臨時大總統袁世凱簽批護理熱河都統舒和鈞呈《遵將熱河教育實業兩廳外交司法兩專員裁併情形及裁撤日期一併報明請鑒察施行文》;與國務總理熊希齡副署臨時大總統袁世凱簽發國務總理熊希齡與先生呈《任命福平安職務令》、簽批護理甘肅都督兼民政長張炳華呈《報明啟用民政長印信日期文》。

按:依次取自《袁世凱全集》第二十四卷 24 - 13、9、15。

十月三日,與國務總理熊希齡副署臨時大總統袁世凱簽發國務總理熊希齡與先生呈《任命鄧瑶光職務令》《任命馬六舟職務令》、先生呈《任命周介裪等職務令》《任命歐陽棟等職務令》《任命蔣道援等職務令》《任命王伯齡等職務令》《准免杜寶賢本官令》《解散會匪令》。

按:依次取自《袁世凱全集》第二十四卷 24 - 24、29、25、26、27、28、30、32。

十月四日,憲法會議公布《大總統選舉法》。(《中華民國史.大事記》)

吴叔班記録、張樹勇整理《吴景濂自述年譜》:由兩院推出憲法起草委員六十名,即每院三十名,公推參議院議員湯漪爲憲法起草委員會委員長。開會後,以憲法全部一時不能起草,及草起出,一時亦難議决。而國家現時之政府,照《約法》上仍爲臨時政府,總統亦爲臨時總統。若待全案議决,非數月所能成功,故公决先起憲法中之一部——大總統選舉草案——以便依憲法選出正式總統。故中華民國憲法中之一部分草案——大總統選舉法——先由起草委員會提出草案，交憲法會議議決宣布。袁氏派施愚、顧鰲、饒孟任、黎淵、方樞、程樹德、孔昭焱、余棨昌等八人至憲法委員會出席，經起草委員會拒絶。既被拒絶，而袁干涉憲法之心未已，又派梁啟超、周自齊、朱啟鈐等連日宴請憲法委員會委員於宣武門内中華飯店，疏通意見。各委員咸以草案既經二讀會，無修改餘地答之。連日不得要領，最後乃令湯化龍再從事疏通，並示以各省軍民長官令條陳憲法意見電摘，謂疏通無效即發出。時湯化龍已密定破壞國會之計，受袁命後，謂已疏通無效，於是袁氏致各省軍民長官令條陳憲法之有電、支電(見"憲法史")拍發。第一次國會非法解散之事實現，而議憲亦告停頓矣。(《近代史資料》總107號)

按：吴景濂時任臨時參議院議長。

同日，與國務總理熊希齡、司法總長梁啟超副署臨時大總統袁世凱簽批署山東民政長田文烈呈《報明令委龔積柄代理内務司長員缺請鑒覈文》；與國務總理熊希齡副署臨時大總統袁世凱署直隸民政長劉若曾呈《轉報署理渤海觀察使劉錫鈞回任日期請查覈文》、步軍統領衙門呈《開單報明八月分辦過事項請鑒察文》；簽發《免羅佩金本官令》《任命唐繼堯等職務令》、國務總理熊希齡與先生呈《免謝謙職務令》《任命陳景松職務令》《免張光鼐本官令》《免張華蓮等本官令》《免羅惇㬊等本官令》《免李嘉品周維宗本官令》《免張東烈本官令》。

按：《署直隸民政長劉若曾呈大總統轉報署理渤海觀察使劉錫鈞回任日期請查覈文並批》取自《政府公報》中華民

國二年十月六日第五百一十一號。其他依次取自《袁世凱全集》第二十四卷 24－54、51、38、39、41、42、43、44、45、46、47。

十月六日，袁世凱當選正式大總統。（《辛亥以後十七年職官年表》）

十月七日，國會選舉副總統，黎元洪當選。（《辛亥以後十七年職官年表》）與國務總理熊希齡、司法總長梁啟超副署大總統袁世凱簽發國務總理熊希齡與先生呈《褫刁慶祥職訊辦令》；與國務總理熊希齡副署大總統袁世凱簽發《任命王瑚職務令》、先生呈《任命殷錚職務令》《任命金紹城職務令》《任命阮毓崧職務令》、國務總理熊希齡與先生呈《任命曹豫謙等職務令》《任命李鍈李宗元職務令》，簽批國務總理熊希齡呈《報明護理福建民政長劉次源接印視事日期文》。

按：依次取自《袁世凱全集》第二十四卷 24－90、72、76、77、78、85、86、102。

十月八日，與熊希齡、孫寶琦、段祺瑞、劉冠雄、梁啟超、汪大燮、張謇、周自齊獲得一等嘉禾勳章。

《予熊希齡勳章令》：熊希齡給予一等嘉禾章。此令。中華民國二年十月八日。大總統印。國務總理熊希齡。（《袁世凱全集》第二十四卷 24－109）

《予孫寶琦等勳章令》：孫寶琦、朱啟鈐、段祺瑞、劉冠雄、梁啟超、汪大燮、張謇、周自齊均給予一等嘉禾章。此令。中華民國二年十月八日。大總統印。國務總理熊希齡。（《袁世凱全集》第二十四卷 24－110）

葉祖孚《關於朱啟鈐的文物賬册》:民國二年給一等嘉禾章執照一紙。(《蠖公紀事》)

十月九日,受大總統委派,赴溥儀宫内呈遞國書,報告選定正式大總統,於陽曆十一日就任。醇親王載灃、溥儀宫中總管内務府大臣世續、内務府大臣紹英、景豐在場。副總統黎元洪覆電國務總理熊希齡及各部總長申謝。同日,與國務總理熊希齡副署大總統袁世凱簽批浙江都督朱瑞呈《報明第三區水上警察隊第一第五兩營煽變及辦理各情形請察覈文》。(《袁世凱全集》第二十四卷 24-124)

《紹英日記》九月初十日:進内,王爺到。午初,皇上升乾清宫覲見,民國大總統派朱啟鈐帶領衛侍武官四員呈遞國書,報告選定正式大總統,於陽曆十一日就任。由景三哥同余導引覲見。世太保念答詞,退出。朱總長等至上書房稍坐,醇王接見後先散,候世太保下來略談,朱總長等告辭,退出。

按:陰曆九月初十日,陽曆爲十月九日。王爺,醇親王載灃;景三哥,景豐。

黎元洪《覆國務總理各部總長》(中華民國二年十月九日):蒙惠陽電,承賀滋慚。元洪謬荷虚榮,重膺次選,鮮能薄德,時懔冰淵。所幸民氣聿新,國基永奠,大總統主張於上,諸君子負荷其間。元洪得以閒身與聞國政,與我首揆列卿長親教益,曷勝榮幸。尚望時錫箴規,俾免隕越,是所跂禱,特電馳謝。(《黎副總統政書》卷三十一)

按:陽電,七日電。

十月十日，上午，袁世凱在太和殿宣誓就任大總統，先生與梁士詒、陸徵祥、梁啟超、劉冠雄、汪大燮、王家襄、湯化龍、章宗祥、曹汝霖、顧維鈞、蔭昌等人以及外國使節參加典禮。顧鰲簽題照片贈與先生。同日，先生與國務總理兼財政總長熊希齡、外交總長孫寶琦、陸軍總長段祺瑞、海軍總長劉冠雄、司法總長梁啟超、教育總長汪大燮、農林總長兼工商總長張謇、交通總長周自齊簽發《大總統蒞任宣言佈告》。(《袁世凱全集》第二十四卷 24－149)

《大總統蒞任禮節》：大總統於十月十日上午十時就任。是日上午九點三十分，由府乘禮車至天安門下車，奏軍樂，易肩輿進天安門，至太和門入中左門，蒞休息室。十時，禮官、衛侍官齊集禮堂，掌儀官引祝員入禮堂，分班序立，大禮官、外交官引外賓就瞻禮席。引禮官恭導大總統蒞禮堂，奏國樂並鳴禮砲百零一響，每半分鐘鳴砲一次，鳴砲地點由拱衛軍司令官擇定。大總統升禮臺中立南向，侍從各官隨登，左右序立。樂止。侍從官進誓詞，大總統宣讀誓詞，慶祝員向大總統行謁見禮一鞠躬，大總統答禮。侍從官進宣言書，大總統誦宣言書，誦畢，慶祝員向大總統行慶祝禮三鞠躬，大總統答禮，樂三作，禮成，掌儀官引導慶祝員退就接待室，引禮官恭導大總統還休息室。大禮官引外賓由東門出，入禮堂正門，序次排立。大禮官請大總統復蒞禮堂，奏樂，大總統就禮臺前南向立，外交總長隨同各國公使暨參隨各員同向大總統行鞠躬禮，大總統答禮。領銜公使代表外交團讀頌詞，繙譯畢，大總統親誦答詞，翻譯畢，各國公使暨參隨各員同向大總統行鞠躬禮，大總統答禮畢。大總統前向領袖公使，由大禮官依次引見各國公使，大總統與之握手，每一國公使引見大總統後，即由該使引見該國館員向大總統一鞠躬，大總統答禮。引見禮畢，外交團向大總統一鞠躬，大總統答禮畢，外交團退赴接待室。大禮官引導清皇室代表自禮堂中門入，大總統南向，清皇室代表向大總統行鞠躬禮，大總統答禮，清皇室代表致頌詞，大總統答詞畢，清皇室代表向大總統行鞠躬禮，大總統答禮。大總統前向清皇室代表握手畢，清皇室代表復向大總統行鞠躬禮，大總統答禮，禮官引清皇室代表退出禮堂，引禮官恭導大總統還休息室。俟閱兵禮式齊備，由陸軍總長請大總統蒞天安門閱兵，外交總長邀請各國公使、清皇室代表同往參列。閱兵禮畢，大總統即由天安門外乘禮車回府。(《內務公報》中華民國二年十月十五日第一期)

《袁世凱與外國使節合影》説明：一九一三年十月十日，袁世凱就任正式大總統後，各國駐華使節覲見袁世凱。照片中包括總統府秘書長梁士詒、外交總長陸徵祥、内務總長朱啟鈐、司法總長梁啟超、海軍總長劉冠雄、教育總長汪大燮、參議院議長王家襄、眾議院議長湯化龍、大理院院長章宗祥、外交部次長曹汝霖、外交部參事顧維鈞、侍從武官長蔭昌。(《中國近代珍藏圖片庫》之《袁世凱與北洋軍閥》卷圖 122)

顧鰲題《顧鰲像》識語：民國二年十月國慶日，撮影紀念。桂辛總長惠存。顧鰲。(《中國近代珍藏圖片庫》之《袁世凱與北洋軍閥》卷圖 330)

十月十一日，與國務總理兼財政總長熊希齡、外交總長孫寶琦、陸軍總長段祺瑞、海軍總長劉冠雄、司法總長梁啟超、教育總長汪大燮、農林總長兼工商總長、交通總長周自齊副署大總統袁世凱簽發《所有京外官員照舊供職令》。(《袁世凱全集》第二十四卷 24－158)

按：農林總長兼工商總長未署姓名。

十月十三日，與國務總理兼財政總長熊希齡副署大總統袁世凱簽發《賑撫安徽災黎令》；與國務總理熊希齡、陸軍總長段祺瑞副署大總統袁世凱簽發《拏捕究辦附和獨立之江西省議會議員令》；與國務總理熊希齡副署大總統袁世凱簽發《任命許世英職務令》、國務總理熊希齡與先生呈《任命潘殿保職務令》《任命張又栻等職務令》《任命錫廉職務令》，簽批内務部呈《查徐淮海清鄉暫行章程大綱十三條業經總會辦擬定應令商同都督民政長另擬辦事細則報部查覈等情請鑒覈文》。

按：依次取自《袁世凱全集》第二十四卷 24－190、191、193、205、206、207、210。

同日，與諸人約徐世昌晚飯，久談。(《徐世昌日記》)

十月十四日，與國務總理熊希齡、農林總長、工商總長副署大總統袁世凱簽發《免關景燊本官令》《任命羅普職務令》；與國務總理熊希齡副署大總統袁世凱簽發《任命李鴻祥職務令》。

按：依次取自《袁世凱全集》第二十四卷 24－217、218、215。

十月十六日，錢能訓任内務次長，吴炳湘任京師警察廳總監。與國務總理熊希齡、陸軍總長段祺瑞副署大總統袁世凱簽批歸化城副都統賈賓卿呈《擬設局清查土默特旗地畝招民墾種以濟餉源而裕生計請訓示祗遵文》;與國務總理熊希齡副署大總統袁世凱簽發《寬免逆黨圖謀内亂人員令》《任命錢能訓爲内務次長令》《任命吴炳湘任京師警察廳總監令》《任命王治馨職務令》,簽批署廣東民政長李開侁呈《報明到任日期文》。

按:依次取自《袁世凱全集》第二十四卷24－252、237、239、240、241、254。

十月十七日,與國務總理熊希齡副署大總統袁世凱簽發《限令各省民政長嚴行考覈縣知事令》、國務總理熊希齡與先生呈《免于家銘本官令》《任命兆麟李鍾山職務令》。

按:依次取自《袁世凱全集》第二十四卷24－255、258、259。

十月十九日,與國務總理熊希齡、外交總長孫寶琦、陸軍總長段祺瑞副署大總統袁世凱簽發《勦撫福建仙遊德化土匪令》;與國務總理熊希齡、陸軍總長段祺瑞副署大總統袁世凱簽發先生呈《優卹趙一德令》;與國務總理熊希齡副署大總統袁世凱簽發《任命高增爵職務令》《任命蔣德鈞職務令》《任命林萬里職務令》。

按:依次取自《袁世凱全集》第二十四卷24－287、270、272、273、275。《優卹趙一德令》取自《内務公報》中華民國二年十一月十五日第二期。

十月二十日，與國務總理兼財政總長熊希齡副署大總統袁世凱簽批署理塔爾巴哈台參贊汪步端呈《報明巡警分區成立日期暨區巡官等薪公餉項額支數目擬懇追加預算各等情請鑒覈立案示遵文》；與國務總理熊希齡副署大總統袁世凱簽發《整頓官常令》、國務總理熊希齡與先生呈《任命吉廷彥等職務令》《免沈澤生等本官令》《免李辛白本官令》、先生呈《褫陳周膺職懲辦令》、國務總理熊希齡等呈《殷錚金紹城叙列等第令》。

按：依次取自《袁世凱全集》第二十四卷 24－314、293、305、307、308、309、310。

十月二十一日，與國務總理熊希齡副署大總統袁世凱簽發《任命龔積柄職務令》。(《袁世凱全集》第二十四卷 24－322)

十月二十二日，與國務總理熊希齡副署大總統袁世凱簽批江西宣撫使段芝貴呈《報明宣撫事竣繳銷前領關防請鑒覈飭行文》、兼署四川民政長胡景伊呈《擬將川北觀察使楊湘免官以新都縣知事高培德升署請察覈示遵文》《報明令委王陵基暫行兼署川東觀察使印務請俯賜察考文》。

按：依次取自《袁世凱全集》第二十四卷 24－348、349、350。

十月二十三日，與國務總理熊希齡、陸軍總長段祺瑞副署大總統袁世凱簽發國務總理熊希齡呈《優卹陶駿保令》，簽批先生呈《擬將故京山縣知事顧慶雲比照陸軍上校陣亡例給予卹金請鑒覈批准施行文》。

按：依次取自《袁世凱全集》第二十四卷 24－355、366。

十月二十四日，與國務總理熊希齡副署大總統袁世凱簽發《任命湯薌銘兼職令》《免韋紹皋本官令》《任命張鳴岐職務令》。

按：依次取自《袁世凱全集》第二十四卷 24－373、374、375。

十月二十五日，與國務總理熊希齡副署大總統袁世凱簽發《任命賈景德職務令》、先生呈《褫李乾璜職令》，簽批護理熱河都統舒和鈞呈《轉報秘書谷正清等呈請辭職請鑒覈准予施行文》《擬以内務廳科長張秉彝署理蒙旗廳廳長請鑒覈施行文》、署浙江民政長屈映光呈《報明接任視事日期文》。

按：依次取自《袁世凱全集》第二十四卷 24－393、395、398、410、411。

十月二十六日，與國務總理兼財政總長熊希齡、教育總長汪大燮、農林總長兼工商總長張謇副署大總統袁世凱簽發國務總理熊希齡與先生呈《任命譚道隆等職務令》《任命梁淇祥等職務令》；與國務總理熊希齡、工商總長張謇副署大總統袁世凱簽發國務總理熊希齡呈《任命傅春官職務令》。

按：依次取自《袁世凱全集》第二十四卷 24－417、418、416。

十月二十七日，與國務總理熊希齡、教育總長汪大燮、農林總長兼工商總長張謇副署大總統袁世凱簽發《再次訓令禁煙令》;與國務總理熊希齡、陸軍總長段祺瑞副署大總統袁世凱簽發《處置附從寧波獨立之顧乃斌等令》;與國務總理熊希齡副署大總統袁世凱簽發國務總理熊希齡與先生呈《免段樹滋本官令》《任命何世謙等職務令》。

按:依次取自《袁世凱全集》第二十四卷 24-425、436、433、434。

十月二十八日,與國務總理兼財政總長熊希齡、陸軍總長段祺瑞副署大總統袁世凱簽發《緝拏懲治黃緝熙等令》;與國務總理熊希齡、陸軍總長段祺瑞副署大總統袁世凱簽發《任命王祖同職務令》;與國務總理熊希齡副署大總統袁世凱簽批京師警察廳總監吴炳湘呈《報明就職日期文》、護理熱河都統舒和鈞呈《擬以丁湛福爲總務處科長黄萬褫爲財政廳科長請鑒覈准予任命施行文》《擬將李潤霖扶昌徠兩員均改任爲内務廳科長請鑒覈准予任命施行文》,簽發國務總理熊希齡與先生呈《免屈德澤本官令》。

按:依次取自《袁世凱全集》第二十四卷 24-450、444、455、456、457、449。

十月二十九日,與國務總理熊希齡副署大總統袁世凱簽發《任命周學熙等職務令》、國務總理熊希齡與先生呈《任命朱正元等職務令》。

按:依次取自《袁世凱全集》第二十四卷 24－462、468。

十月三十日,與國務總理熊希齡、陸軍總長段祺瑞副署大總統袁世凱簽發《任命朱慶瀾職務令》;與國務總理熊希齡、教育總長汪大燮副署大總統袁世凱簽批河南民政長張鳳臺呈《遵議擬尊孔教爲國教於其誕日奉祀並祀天宜以黄帝配享各等情請鑒覈文》;與國務總理兼財政總長熊希齡副署大總統袁世凱簽發《賑濟陝西災民令》《蠲緩江西各屬應徵下忙丁漕令》;與國務總理熊希齡副署大總統袁世凱簽發國務總理熊希齡與先生呈《免陳樹勳本官令》《任命林炳華職務令》,簽批順天府府尹王治馨呈《報明任事日期文》、吉林民政長齊耀琳呈《報明公回日期文》、署理湖北民政長饒漢祥呈《報明任事日期文》。

按:依次取自《袁世凱全集》第二十四卷 24－476、493、473、474、477、478、488、489、490。

十月三十一日,與國務總理熊希齡副署大總統袁世凱簽發先生呈《蒙古烏蘭察布盟補選參議院議員日期令》。(《袁世凱全集》第二十四卷 24－499)奉天民政長許世英報送先生《爲趙增標等創辦政學研究會轉請立案呈》。(《中華民國史檔案資料彙編》第三輯政治分册《黨派社團及會黨起事·社團》)

十一月一日,與國務總理兼財政總長熊希齡、教育總長汪大燮、農林總長兼工商總長張謇副署大總統袁世凱簽發先生呈《任命任爲濬等職務令》《任命陶然等職務令》;與國務總理熊希齡、陸軍總長段祺瑞副署大總統袁世凱簽批陝甘籌邊使張廣建呈《報明啟用關防日期文》;與國務總理熊希齡副署大總統袁世凱簽發國務總理熊希齡與先生呈《任命孫蘭等職務令》,簽批江西宣撫副使趙惟熙與江西民政長汪瑞闓呈《懇將烈婦石氏給予旌表以勵末俗請訓示祇遵文》、奉天都督兼民政長張錫鑾呈《報明交卸兼署民政長日期文》。

按:依次取自《袁世凱全集》第二十四卷 24-517、518、529、519、527、528。許世英九月四日辭去司法總長職務,十月十三日任奉天民政長。

十一月二日,與國務總理兼財政總長熊希齡、教育總長汪大燮、工商總長兼農林總長張謇副署大總統袁世凱簽批國務總理熊希齡呈《擬將地方官吏任用辦法改歸一律俾昭整齊各等情請鑒覈示遵文》;與國務總理兼財政總長熊希齡副署大總統袁世凱簽發國務總理兼財政總長熊希齡與先生呈《免楊德鄰本官令》《任命劉棣芬職務令》。

按:依次取自《袁世凱全集》第二十四卷 24-544、536、537。

十一月三日,與國務總理熊希齡、工商總長兼農林總長張謇副署大總統袁世凱簽發國務總理熊希齡、工商總長兼農林總長張謇與先生呈《免李春暉本官令》;與國務總理熊希齡、外交總長孫寶琦副署大總統袁世凱簽批福建都督孫道仁呈《密陳吳夔王桐等二員擬請分別以觀察使特派交涉員記名録用請察覈文》;與國務總理熊希齡副署大總統袁世凱簽發《公布國籍法施行規則令》,簽批内務次長錢能訓呈《報明就職日期文》。

按:依次取自《袁世凱全集》第二十四卷24-563、569、558、565。

十一月四日,與國務總理熊希齡副署大總統袁世凱簽發《解散國民黨取消國民黨議員資格令》《告國民黨人令》《贛寧亂平布告國人》,簽批國務總理熊希齡呈《擬將福建民政長劉次源優加獎勵請鑒覈施行文》、先生呈《覈議四川酉陽縣龍潭鎮人民擅設縣治請飭四川都督民政長嚴行究辦祈鑒覈示遵文》。同日,大總統袁世凱面諭先生及陸建章執行解散國民黨之手段:解散政黨,實政府不得已之舉。軍警執行,當用文明手腕,切勿操切從事。

按:依次取自《袁世凱全集》第二十四卷24-576、577、578、580、584、597。

十一月六日,與國務總理兼財政總長熊希齡副署大總統袁世凱簽發《免鈕傳善本官令》;與國務總理熊希齡副署大總統袁世凱簽發《合祀前代勳臣民國烈士令》《任命吳筠孫職務令》、先生呈《免潘毓桂郭則沄本官令》《任命白承頤陳常職務令》、國務總理熊希齡與先生呈《免楊湘本官令》。

按：依次取自《袁世凱全集》第二十四卷24－618、609、619、622、623、629。

十一月七日，與國務總理熊希齡、農林總長兼工商總長張謇副署大總統袁世凱簽發《任命陳樹屏職務令》、簽批吉林民政長齊耀琳呈《轉報兼署實業司長王莘林到任日期等情文》；與國務總理兼財政總長熊希齡副署大總統袁世凱簽發《免胡善思本官令》、國務總理熊希齡與先生呈《任命丁湛福黄萬祧職務令》；與國務總理熊希齡副署大總統袁世凱簽發《嚴除地方惡蠹令》《各民政長慎擇賢能令》、國務總理熊希齡與先生呈《任命張秉彝職務令》《任命魯效祖職務令》《免任毓麟本官令》《免谷正清等本官令》《免蘇成章本官令》，簽批國務總理熊希齡與先生呈《准陝西都督兼民政長張鳳翽擬懇特予鳳翔縣知事繆延福等嘉獎等情請鑒覈施行文》《查覈江蘇民政長韓國鈞呈懇將内務司長馬士杰等分别仍任本職飭赴本任各等情請鑒覈令准施行文》。

按：依次取自《袁世凱全集》第二十四卷24－639、661、647、648、630、631、640、641、645、646、649、656、657。

十一月九日，與國務總理兼財政總長熊希齡副署大總統袁世凱簽發《賑濟雲南災民令》《任命袁家普兼職令》；與國務總理熊希齡、司法總長梁啟超副署大總統袁世凱簽發《褫張玉麟職訊辦令》，簽批署山東都督靳雲鵬等呈《報明將拿獲前在青州滋事案内在逃首犯大增即景斌及伊第二子春多即行正法以懲凶頑而昭炯戒請睿鑒批示衹遵文》;與國務總理熊希齡副署大總統袁世凱簽發《任命許國楨職務令》,簽批陝西都督張鳳翽呈《報明交卸民政長日期文》。

按:依次取自《袁世凱全集》第二十四卷 24－672、677、682、689、676、691。

同日,與蕭仲三自天津派醫官虞順德來京爲徐世昌醫足疾。(《徐世昌日記》)

十一月十日,與國務總理兼財政總長熊希齡副署大總統袁世凱簽發《任命李國筠王荃本兼職令》;與國務總理熊希齡、農林總長兼工商總長張謇副署大總統袁世凱簽發《優待僑民投資回國興辦實業令》;與國務總理熊希齡、陸軍總長段祺瑞副署大總統袁世凱簽發國務總理熊希齡與陸軍總長段祺瑞呈《獎勵葉大匡令》;與國務總理熊希齡副署大總統袁世凱簽發國務總理熊希齡等呈《錢能訓敘列等第令》。

按:依次取自《袁世凱全集》第二十四卷 24－699、703、704、709。

十一月十一日,與國務總理熊希齡副署大總統袁世凱簽發《懲辦姜佐武令》。(《袁世凱全集》第二十四卷 24－711)

十一月十二日,與國務總理兼財政總長熊希齡副署大總統袁世凱簽發國務總理兼財政總長熊希齡與先生呈《免袁金鎧本官令》《任命王瓛禕職務令》,簽批山西都督閻錫山等呈《查明撤任豐鎮縣知事姜佐武任内吞蝕勒索各款開具清摺請察覈示遵文》；與國務總理熊希齡副署大總統袁世凱簽發《任命宋聯奎職務令》《任命張厚堃職務令》、國務總理熊希齡與先生呈《任命龍雲藻林師尚職務令》《任命申鍾嶽職務令》《免于英蕤本官令》《任命孟平任職務令》《免陳景松本官令》《免申鍾嶽本官令》，簽批陸軍上將銜江西宣撫副使趙惟熙呈《瀝陳正式政府成立亟宜敦崇本計臚舉大綱請鑒覈文》。

按：依次取自《袁世凱全集》第二十四卷 24－721、722、744、718、719、727、728、729、730、735、736、740。

十一月十三日，與國務總理熊希齡副署大總統袁世凱簽批署陝西民政長高增爵呈《報明任事日期文》、署四川民政長陳廷傑呈《報明接印日期文》。

按：依次取自《袁世凱全集》第二十四卷 24－763、764。

十一月十四日，與國務總理兼財政總長熊希齡、教育總長汪大燮、農林總長兼工商總長張謇副署大總統袁世凱簽發國務總理熊希齡與先生呈《任命陸維雲等職務令》；與國務總理熊希齡、司法總長梁啟超副署大總統袁世凱簽發《蠲除省界妙選賢能令》；與國務總理熊希齡、農林總長兼工商總長張謇副署大總統袁世凱簽批國務總理熊希齡呈《轉陳督辦導淮事宜張謇函稱擬在京城暫設導淮總局並頒給關防各等情請鑒覈施行文》；與國務總理熊希齡副署大總統袁世凱簽發《任命宋安樞職務令》《任命戴潤章職務令》《任命邱永琛等職務令》《任命李潤霖扶昌徠職務令》《免朱景輝李樹楷本官令》《免戴彬本官令》《免談國桓等本官令》《免方大英本官令》，簽批國務總理熊希齡與先生呈《轉陳廣西都督兼署民政長陸榮廷電請將署博白縣知事張玉麟褫職等情請鑒覈施行文》、先生呈《據江西民政長汪瑞闓電呈籌辦警備隊各情形擬暫照准請鑒覈施行文》。

按：依次取自《袁世凱全集》第二十四卷24－780、771、786、772、777、778、779、782、783、784、785、788、789。

同日，上午，訪徐世昌，久談。（《徐世昌日記》）

十一月十五日，與國務總理熊希齡、司法總長梁啟超副署大總統袁世凱簽批蒙番宣慰使甘肅西寧鎮總兵馬麒呈《報明拉布楞商民世興錫等被阿錯和番族劫殺一案全案辦結情形請鑒覈示遵文》；與國務總理熊希齡副署大總統袁世凱簽批陸軍上將銜江西宣撫副使趙惟熙呈《報明差竣回京起程日期請鑒覈文》。

按：依次取自《袁世凱全集》第二十四卷24－809、810。

十一月十七日，與國務總理兼財政總長熊希齡副署大總統袁世凱簽批寧夏將軍常連副都統綽哈泰呈《瀝陳寧防旗丁斷餉情形乞飭部撥給兵餉以救饑軍請批示祗遵文》；與國務總理熊希齡副署大總統袁世凱簽發國務總理熊希齡與先生呈《免王莘林本官令》《免孫甲榮本官令》，簽批陸軍上將銜江西宣撫副使趙惟熙呈《保薦勤能卓著之隨員黄祖徽楊炤懇恩存記録用請鑒覈文》。

按：依次取自《袁世凱全集》第二十四卷 24－830、827、826、833。

十一月十八日，與國務總理熊希齡副署大總統袁世凱簽批署山東民政長田文烈呈《報明節逾霜清秋汛已過通工一律防護平穩情形請鑒覈施行文》、署四川民政長陳廷傑呈《擬懇任命倪煥奎署理川西觀察使員缺文》。

按：依次取自《袁世凱全集》第二十四卷 24－852、853。

十一月十九日，與國務總理熊希齡副署大總統袁世凱簽批江西宣撫副使趙惟熙與民政長汪瑞闓呈《擬將節孝兩全慘遭槍殺之熊杜氏及其子典儀給予旌表請鑒覈文》。(《袁世凱全集》第二十四卷 24－874)

十一月二十日，與國務總理兼財政總長熊希齡副署大總統袁世凱簽發《劉次源職務復原令》；與國務總理熊希齡副署大總統袁世凱簽發《免張元奇本官令》《任命汪聲玲職務令》《撫卹危士修令》《矜全程道存令》、國務總理熊希齡與先生呈《褫何永福職訊辦令》，簽批署直隸民政長劉若曾呈《據冀南觀察使何炳庠呈請頒發李連莊高村黄莊三汛大王廟匾額等情是否可行請鈞裁文》。

按：署直隸民政長劉若曾呈文取自《政府公報》中華民國二年十一月二十七日第五百六十三號。其他依次取自《袁世凱全集》第二十四卷 24－882、880、881、888、889、890。

十一月二十二日，與國務總理兼財政總長熊希齡副署大總統袁世凱簽批護理甘肅都督兼民政長張炳華呈《轉報署甘肅財政司長田駿豐交卸暨兼署甘肅財政司長喇世俊任事日期請鑒照文》;與國務總理熊希齡副署大總統袁世凱簽批國務總理熊希齡呈《據護理熱河都統舒和鈞轉呈阜新縣小學教員彭郁華事母至孝應懇獎給匾額准予建坊等情請鑒覈示遵文》、國務總理熊希齡呈《據銓叙局呈稱覈覆黑龍江民政長請獎得力人員應准擇尤開單請獎勳章等情請鑒覈示遵文》。

按:依次取自《袁世凱全集》第二十四卷 24－954、939、943。

十一月二十三日,與國務總理熊希齡、陸軍總長段祺瑞副署大總統袁世凱簽發《北京警備地域内解嚴令》《京師解嚴後軍警務須保障地方安寧令》。

按:依次取自《袁世凱全集》第二十四卷 24－962、963。

十一月二十四日,次女朱淇筠適寧海章以吴。上午徐世昌、下午臨時稽勛局長許寶蘅分别赴先生寓齋賀喜。

《蠖園年表》:是年遣嫁次女淇筠於寧海章氏。(《紫江朱氏家乘》卷三)

《徐世昌日記》十月廿七日(11 月 24 日):(上午)出門爲朱桂辛道喜,久坐。

《許寶蘅日記》十月廿七日(11 月 24 日):四時到朱桂辛處賀喜。

《中央文史研究館館員傳略》:章以吴(1897—1977),歷任重慶金城銀行總處專員、信託部經理,上海金城銀行支行副經理、總行儲信部副經理。

按：章以旲爲章梫長子。《徐世昌日記》記有民國二年、三年、四年三次到先生處道喜，未言明何事。其年份對應有先生次女、長女、三女出嫁，民國三年、四年可確定分别爲長女、三女出嫁事。本年道喜當爲次女出嫁事。

十一月二十五日，與國務總理兼財政總長熊希齡副署大總統袁世凱簽批護理甘肅都督兼民政長張炳華呈《報明甘肅皋蘭等屬禾苗被災大概情形請鑒覈文》；與國務總理熊希齡副署大總統袁世凱簽發《任命倪焕奎職務令》、國務總理熊希齡與先生呈《任命熊廷權等職務令》《任命賀彬蔚職務令》《任命傅弼職務令》《免孟昭增本官令》《任命姜可欽趙頡第職務令》《免蔣恩榮本官令》《免章紹洙本官令》，簽批河南民政長張鳳臺呈《謹陳整頓吏治管見請採擇文》、新疆都督兼民政長楊增新呈《報明啟用印信日期文》。

按：依次取自《袁世凱全集》第二十四卷 24－1011、980、985、986、987、988、989、993、994、1008、1012。

十一月（二十七日前），大總統袁世凱面諭先生：近京中豪侈已極，堂會戲，演則連日，麻雀賭，輸且巨萬。宜嚴禁。（《袁世凱全集》第二十四卷 24－1034）

原注：中華民國二年十一月二十六日刊載。

十一月二十六日，與國務總理兼財政總長熊希齡、外交總長孫寶琦、陸軍總長段祺瑞、海軍總長劉冠雄、司法總長梁啟超、教育總長汪大燮、農林總長兼工商總長張謇、交通總長周自齊副署大總統袁世凱簽發《組織政治會議機關令》；與國務總理熊希齡副署大總統袁世凱簽發《尊孔典禮令》。

《尊孔典禮令》原注：《政府公報》第五百六十三號。

按：依次取自《袁世凱全集》第二十四卷 24－1016、《中華民國史檔案資料彙編》第三輯文化分册《尊孔讀經·規復祀孔》。

十一月二十七日，與國務總理熊希齡、陸軍總長段祺瑞副署大總統袁世凱簽發《駁斥升允信函檄文令》；與國務總理兼財政總長熊希齡副署大總統袁世凱簽發國務總理兼財政總長熊希齡呈《嚴拏懲辦王荷令》；與國務總理熊希齡副署大總統袁世凱簽發先生呈《任命蔡寶善職務令》、國務總理熊希齡與先生呈《獎懲河南省各縣知事令》，簽批國務總理熊希齡與先生呈《據情轉呈湖北教育司技正饒漢秘呈請迴避應准免官等情請鑒覈允准施行文》。

按：依次取自《袁世凱全集》第二十四卷 24－1048、1049、1041、1044、1054。

十一月二十八日，與國務總理熊希齡、陸軍總長段祺瑞副署大總統袁世凱簽發《嚴禁賭博令》；與國務總理熊希齡副署大總統袁世凱簽批貴州民政長戴戡呈《報明接任視事日期文》。

按：依次取自《袁世凱全集》第二十四卷 24－1060、1068。

十一月二十九日，與國務總理熊希齡副署大總統袁世凱簽發《免陳之麟本官令》《任命孫江東職務令》、國務總理熊希齡與先生呈《免盧啟咸本官令》《任命朱光均職務令》《任命楊恒祥等職務令》，簽批先生呈《據山東民政長田文烈派員偕同衍聖公孔令貽赴京擬由部請期覲見以便賚呈闕里聖廟碑碣拓文暨前代冠服各等情應懇令准聖裔一切仍舊並示期覲見請鑒覈示遵文》。

按：依次取自《袁世凱全集》第二十四卷 24－1077、1078、1096、1097、1100、1107。

十一月三十日，與國務總理熊希齡副署大總統袁世凱簽發《考察各縣知事令》、國務總理熊希齡與先生呈《任命暹昺珗等職務令》。

按：依次取自《袁世凱全集》第二十四卷 24－1124、1140。

十二月一日，與國務總理熊希齡、陸軍總長段祺瑞副署大總統袁世凱簽發《嚴察退伍兵丁滋擾地方蹂躪良善令》；與國務總理兼財政總長熊希齡副署大總統袁世凱簽批奉天民政長許世英呈《報明實行裁減行政公署俸給經費各辦法請鑒覈文》；與國務總理熊希齡副署大總統袁世凱簽發國務總理熊希齡與先生呈《褫何緒振職令》，簽批江蘇都督張勛呈《轉請保存撂開前代各祠宇以資觀感等情文》、川邊經略使兼領都督事尹昌衡呈《擬將因公斃命之雅江縣知事王廷珠照軍官陣亡例從優議卹請察覈示遵文》。

按:依次取自《袁世凱全集》第二十四卷 24－1155、1163、1156、1164、1167。

十二月二日,與國務總理兼財政總長熊希齡、外交總長孫寶琦、陸軍總長段祺瑞、海軍總長劉冠雄、司法總長梁啟超、教育總長汪大燮、農林總長兼工商總長張謇、交通總長周自齊副署大總統袁世凱簽發《公布知事任用暫行條例令》《公布知事試驗暫行條例令》;與國務總理兼財政總長熊希齡副署大總統袁世凱簽批奉天民政長許世英呈《准科爾沁左翼中旗扎薩克達爾罕親王呈稱本旗荒地二段擬援照卓王放荒成案辦理自應照准並擬以汪守珍爲達旗荒務局局長請鑒覈飭部立案文》;與國務總理熊希齡副署大總統袁世凱簽批內務部呈《報明修正江蘇徐淮海清鄉督辦段書雲等所擬清鄉辦事詳細章程請鑒覈備案文》、內務部呈《據督辦徐淮海清鄉事宜段書雲等呈送開辦經費等項數目清冊到部已照冊開列預算修正案內所需款項應查照院批由該省民政長覈發至所需手槍子彈應由陸軍部查覈辦理請鑒覈文》。

按:《公布知事任用暫行條例令》《公布知事試驗暫行條例令》取自《中華民國史檔案資料彙編》第三輯政治分册《北洋政府組織機構的設置·地方機構的設置與官制的制定》(原注:北洋政府多防鎮守使署檔案)。其他依次取自《袁世凱全集》第二十四卷 24－1189、1182、1184。

十二月三日,與國務總理熊希齡副署大總統袁世凱簽批内務部呈《署直隸民政長劉若曾呈報東明黄河南岸官工三汛安瀾請頒發匾額一案擬查照成例分别辦理請鑒覈批示遵行文》。(《政府公報》中華民國二年十二月五日第五百七十一號)

十二月四日,與國務總理兼財政總長熊希齡副署大總統袁世凱簽發《財務整頓令》;與國務總理熊希齡副署大總統袁世凱簽發國務總理熊希齡等呈《吴笈蓀叙列等第令》。

按:依次取自《袁世凱全集》第二十四卷 24－1222、1229。

十二月五日,與國務總理熊希齡副署大總統袁世凱簽發國務總理熊希齡等呈《蔡寶善叙列等第令》,簽批國務總理熊希齡與先生呈《陳明國務會議議決將口外十二縣並烏昭兩盟歸綏遠將軍管轄等情請批示遵行文》。大總統袁世凱發布《命内務總長致各省民政長電令》。

按:依次取自《袁世凱全集》第二十四卷 24－1243、1247、1249。

十二月六日,與國務總理熊希齡副署大總統袁世凱簽發《任命楊葆昂職務令》。(《袁世凱全集》第二十四卷 24－1252)

十二月七日,簽發内務部《公布知事任用暫行條例施行細則令》。(《中華民國史檔案資料彙編》第三輯政治分册《北洋政府組織機構的設置·地方機構的設置與官制的制定》)與國務總理熊希齡副署大總統袁世凱簽發國務總理熊希齡與先生呈《免熊

廷襄本官令》。(《袁世凱全集》第二十四卷 24－1263)

《公布知事任用暫行條例施行細則令》原注:北洋政府多防鎮守使檔案。

十二月八日,與國務總理熊希齡副署大總統袁世凱簽發《清室各王公府所屬壯丁照舊繳納丁糧令》《褫袁立昱戴乾職拿辦令》。

按:依次取自《袁世凱全集》第二十四卷 24－1283、1284。

十二月九日,與國務總理兼財政總長熊希齡、外交總長孫寶琦、陸軍總長段祺瑞、海軍總長劉冠雄、司法總長梁啟超、教育總長汪大燮、農林總長兼工商總長張謇、交通總長周自齊副署大總統袁世凱簽批國務總理熊希齡等呈《遵令擬派國務院及各機關政治會議人員請鑒覈文》;與國務總理熊希齡副署大總統袁世凱簽批國務總理熊希齡呈《報明更正熱河都統薦任警察廳各官等情請鑒覈批示施行文》。

按:依次取自《袁世凱全集》第二十四卷 24－1297、1305。

十二月十日,與國務總理兼財政總長熊希齡、外交總長孫寶琦、陸軍總長段祺瑞、海軍總長劉冠雄、司法總長梁啟超、教育總長汪大燮、農林總長兼工商總長張謇、交通總長周自齊副署大總統袁世凱簽批國務總理熊希齡等呈《懇准擬定各項暫行條例提前頒布施行等情請鑒覈示遵文》;與國務總理熊希齡、陸軍總長段祺瑞副署大總統袁世凱簽發《漢蒙人民相安令》。

按:依次取自《袁世凱全集》第二十四卷 24-1330、1324。

十二月十一日,與國務總理熊希齡副署大總統袁世凱簽批步軍統領衙門呈《報明本年十月分辦過事項擇略繕單請鑒察文》、陸軍上將銜陸軍中將廣西都督兼民政長陸榮廷呈《報明啟用民政長印信日期文》。

按:依次取自《袁世凱全集》第二十四卷 24-1337、1340。

十二月十二日,與國務總理熊希齡副署大總統袁世凱簽發《免饒漢祥職務令》《任命吕調元職務令》《任命葉濟職務令》、國務總理熊希齡與先生呈《免丁其尉本官令》《任命李隨良職務令》《褫顧英明職審辦令》。

按:依次取自《袁世凱全集》第二十四卷 24-1346、1347、1351、1360、1361、1365。

同日,大總統袁世凱派遣先生與趙秉鈞、梁啟超、梁士詒、蔭昌、崑源、陸建章、馬龍標等前往大清德宗景帝、孝定景后靈前致祭。晚,訪徐世昌,與陸建章飯於徐寓。

《派趙秉鈞等致祭清德宗帝后令》:本年十二月十三日爲大清德宗景皇帝、孝定景皇后奉安之期,特派趙秉鈞、梁啟超、梁士詒、朱啟鈐、蔭昌、段芝貴、陸建章、馬龍標前往敬謹致祭。此令。中華民國二年十一月二十一日。大總統

印。國務總理熊希齡。(《袁世凱全集》第二十四卷 24－896)

《光緒帝后奉安祭文·喪祭祭文》:中華民國二年十二月十二日,大總統袁世凱,謹代表國民,遣官趙秉鈞、梁啟超、梁士詒、朱啟鈐、蔭昌、崑源、陸建章、馬龍標等,致祭於大清德宗景皇帝、大清孝定景皇后之靈曰:(文略)。(《袁世凱全集》第二十四卷 24－1373)

《徐世昌日記》:傍晚歸,拜客,小憩。朱桂辛、陸朗齋來,在此晚飯。

十二月十三日,與國務總理熊希齡、陸軍總長段祺瑞副署大總統袁世凱簽發《再嚴申誥誡嚴禁軍警入黨令》。(《袁世凱全集》第二十四卷 24－1378)

十二月十四日,與國務總理兼財政總長熊希齡副署大總統袁世凱簽發《免劉棣芬職務令》《任命胡瑞霖職務令》;與國務總理熊希齡副署大總統袁世凱簽發國務總理熊希齡與先生呈《免劉善浤本官令》。

按:依次取自《袁世凱全集》第二十四卷 24－1384、1385、1396。

十二月十五日,與國務總理熊希齡副署大總統袁世凱簽批先生呈《報明凡各該民政長於省道縣公署科長技正縣知事各員雖有呈薦文到在先未經部覈由國務院呈遞者一律緩辦由各省暫行委署或代理等情請鑒覈示遵文》、署湖北民政長饒漢祥呈《轉報暫行署理湖北實業司長曹實仁到任日期文》、署四川民政長陳廷傑呈《請將輕離職守之重慶警察廳長張經綸免去本官並聲明委員暫署各等情請察覈示遵文》、署阿爾泰辦事長官和碩親王帕勒塔呈《查新疆候補道彭文丙資勞甚深懇准交國務院存記等情請鑒覈施行文》。

按：依次取自《袁世凱全集》第二十四卷 24－1407、1411、1415、1416。

十二月十六日，與國務總理熊希齡、陸軍總長段祺瑞副署大總統袁世凱簽發《任命江朝宗職務令》，簽批川邊經略使兼領川邊都督事尹昌衡呈《創辦西方佛教集成總會擬具章程懇准立案請鈞示祇遵施行文》。

按：依次取自《袁世凱全集》第二十四卷 24－1421、1430。

十二月十七日，與國務總理熊希齡、陸軍總長段祺瑞副署大總統袁世凱簽批陸軍總長段祺瑞呈《擬將山東警察廳長安仁等分别給予獎章請鑒覈示遵文》；與國務總理熊希齡副署大總統袁世凱簽發《獎懲山東知事令》，簽批前北京警備地域司令官趙秉鈞呈《報明本處撤銷各情形請鑒覈文》、署理察哈爾都統何宗連呈《據情轉呈八旗各總管等呈懇將右翼興和豐鎮寧遠陶林等四縣毋庸劃歸綏遠城改組等情請鑒覈示遵文》。

按：依次取自《袁世凱全集》第二十四卷 24－1452、1445、1457、1459。

十二月十八日，與趙秉鈞、治格至武英殿，同看熱河運來陳設之物，溥儀宫中内務府大臣紹英亦至。

《紹英日記》十一月二十一日：午刻，至武英殿，見趙智庵、朱桂辛、治鶴卿,同看熱河運來陳設金玉寶、瓷器、玉器等物,内務府、内務部、運解委員會同驗收,加蓋橡皮圖書。在彼處便飯,未正二刻散。

按:陰曆十一月二十一日,陽曆爲十二月十八日。趙秉鈞本年七月十六日被免内務總長職務,運送熱河文物一事當與其相關聯。

同日,與國務總理兼財政總長熊希齡、外交總長孫寶琦、陸軍總長段祺瑞、海軍總長劉冠雄、司法總長梁啟超、教育總長汪大燮、農林總長兼工商總長張謇、交通總長周自齊副署大總統袁世凱簽發《交政治會議討論副總統黎元洪及各省都督聯名通電令》;與國務總理熊希齡、陸軍總長段祺瑞副署大總統袁世凱簽發國務總理熊希齡呈《秉公澈查重慶官吏借搜求亂黨爲名非法苛勒一案令》。

按:依次取自《袁世凱全集》第二十四卷 24-1461、1467。

十二月十九日,與國務總理兼財政總長熊希齡、陸軍總長段祺瑞副署大總統袁世凱簽批署理察哈爾都統何宗連呈《擬將張家口官斗局權歸察防徵收以抵巡防營餉請飭内務部行知直隸民政長遵辦文》;與國務總理熊希齡、教育總長汪大燮副署大總統袁世凱簽批駐日代辦使事馬廷亮呈《轉報留日學生郭傳治等呈請定孔教爲國教請察覈施行文》;與國務總理熊希齡、司法總長梁啟超副署大總統袁世凱簽批步軍統領衙門《報明拿獲結夥持械網毆事主迭次搶劫盜犯孫榮等送廳起訴呈》;與國務總理兼財政總長熊希齡、司法總長梁啟超副署大總統袁世凱簽批奉天民政長許世英呈《報明拘獲攜款潛逃之已革知事王荷送廳起訴等情請鑒覈文》;與國務總理熊希齡副署大總統袁世凱簽發《任命何麟書職務令》《任命魁福職務令》、國務總理熊希齡與先生呈《免王鉢本官令》《免樓汝增本官令》《免張朱李蔭蕃本官令》《免曾厚章本官令》《免周鐵英本官令》《免熊燾本官令》。

按:依次取自《袁世凱全集》第二十四卷 24-1491、1494、1500、1511、1475、1476、1480、1481、1482、1483、1484、1485。

十二月(二十日前),大總統袁世凱與先生商籌撲滅白狼辦法:先從整頓吏治入手,再將通匪人犯從嚴懲治。飭朱電令王祖同來京面商一切,以便進行。(《袁世凱全集》第二十四卷 24-1538)

原注:中華民國二年十二月二十日刊載。

十二月二十日,與國務總理熊希齡、陸軍總長周自齊副署大總統袁世凱簽發《任命紹英職務令》;與國務總理熊希齡、陸軍總長段祺瑞副署大總統袁世凱簽批安徽都督倪嗣冲呈《擬將故執法官程文焌晉階議卹暨特予烈婦程徐氏旌表等情請鈞鑒訓示祇遵文》;與國務總理兼財政總長熊希齡副署大總統袁世凱簽批湖南都督湯薌銘呈《轉報兼署湖南財政司長劉棣芬任事日期請察覈備案文》;與國務總理熊希齡副署大總統袁世凱簽發《褫金盛唐職通緝令》,簽批國務總理熊希齡呈《查明河南都督張鎮芳河南民政長張鳳臺先後電保各知事互有異同暨電碼錯誤等情擬將范壽銘等六員改給六等勳章或照例交部存記請鑒覈示遵文》、國務總理熊希齡與先生呈《彙案轉報浙江行政公署科長周鐵英熊燾二員均擬准免本官請鑒覈令准施行文》、福建民政長汪聲玲呈《報明接印視事日期請鑒覈施行文》、河南民政長張鳳臺呈《轉報節逾霜清黃河工程一律防護平穩暨援案將該局長馬振濂並在事文武各員分別請獎給獎等情請鑒覈施行文》、護理綏遠城將軍督辦墾務賈賓卿呈《查明西盟各旗墾地被霜被水成災擬將歲租分別蠲緩以恤民生請鑒覈文》。

按:依次取自《袁世凱全集》第二十四卷24-1515、1528、1530、1516、1520、1527、1531、1532、1534。據《辛亥以後十七年職官年表》,十二月十九日周自齊暫兼陸軍總長。

十二月二十一日,與國務總理熊希齡、農林總長兼工商總長張謇副署大總統袁世凱簽發《任命張謇職務令》《任命丁寶銓職務令》;與國務總理兼財政總長熊希齡副署大總統袁世凱簽發《任命陳之麟職務令》;與國務總理熊希齡副署大總統袁世凱簽發《任命丁立棠職務令》《任命徐謙職務令》、國務總理熊希齡與先生呈《任命陳承昭職務令》《免張經綸本官令》、先生呈《任命周階鼐職務令》《任命全奂澤等職務令》。

按:依次取自《袁世凱全集》第二十四卷 24 - 1539、1540、1544、1541、1545、1551、1569、1552、1553。

十二月二十二日,與國務總理兼財政總長熊希齡、外交總長孫寶琦、陸軍總長兼交通總長周自齊、海軍總長劉冠雄、司法總長梁啟超、教育總長汪大燮、農林總長兼工商總長張謇副署大總統袁世凱簽發《公布修正各部官制通則等案令》《諮政治會議增修約法程序令》;與國務總理熊希齡、陸軍總長周自齊副署大總統袁世凱簽發陸軍總長段祺瑞呈《褫增喜瑞普職令》;與國務總理熊希齡副署大總統袁世凱簽發國務總理熊希齡與先生呈《予史紀常等勳章令》。

按:依次取自《袁世凱全集》第二十四卷 24 - 1575、1576、1582、1578。周自齊時暫兼陸軍總長。

十二月二十三日,與國務總理兼財政總長熊希齡副署大總統袁世凱簽發《整飭各省財政令》,簽批署理山東民政長會辦軍務田文烈呈《報明遵令追繳本省議會國民黨議員證書辦理各情形請鑒覈施行文》、安徽都督兼民政長倪嗣冲呈《保薦龔心湛等四員懇以内務司觀察使簡任請睿裁施行文》。

按:依次取自《袁世凱全集》第二十四卷 24 - 1612、1620、1623。

十二月二十四日，與國務總理熊希齡副署大總統袁世凱簽發《任命田文烈職務令》。簽發《内務部公布古物陳列所章程保存古物協進會章程令》。

按：《任命田文烈職務令》取自《袁世凱全集》第二十四卷24－1628。

《内務部公布古物陳列所章程保存古物協進會章程令》（内務部令第七十二號）：大地博殖，萬品燦陳，物質區分，各以其類。考古之士，探求學理，於以察天演之遞嬗，研製作之精奥，究人事之變遷。東西各邦，搜羅珍異，創立專院，一以耀生産之繁富，一以靳美術之專攻，而尤重於篤守古器，永保弗失。其國人得所參觀，資以發明。學術既興，工業益進。我國地大物博，文化最先，經傳圖志之所載，山澤陵谷之所蘊，天府舊家之所寶，名流墨客之所藏，珍賚併陳，何可勝紀。顧以時代謝，歷劫既多，或委棄於兵戈，或消沉於水火，剥蝕湮没，存者益鮮。而異邦人士，梯航遠來，又復挾資以求，懷寶而去，或且兢兢焉考究東方古學，侈爲大家。以我國歷代創造之精，又多篤學好古之士，而顧不暇自保，而使人保之，亦可概也！近世學者雖亦爲保持古物不逮，寖至廢輟，此學者之憂而國家之責也。本部有鑒於兹，爰乃默察國民崇古之心理，搜集累世尊秘之寶藏，於都市之中闢古物陳列所一區，以爲博物院之先導。綜吾國之古物與出品二者而次第集之，用備觀覽，或亦網羅散失、參稽物類之旨所不廢歟！博物君子，如有聞風而興起者，則尤本部所企望者也。兹爲制定《古物陳列所章程》十七條、《保存古物協進會章程》二十五條，公布施行。此令。中華民國二年十二月二

十四日。附《古物陳列所章程》《保存古物協進會章程》。(《中華民國史檔案資料彙編》第三輯文化分册《文物古蹟與博物館》)

按:民國元年十月一日內務部呈報《籌設古物保存所文》。

十二月二十五日,與國務總理熊希齡副署大總統袁世凱簽發先生呈《免穆湘瑶本官令》。(《袁世凱全集》第二十四卷 24－1652)

十二月二十六日,與國務總理熊希齡、教育總長汪大燮、農商總長張謇副署大總統袁世凱簽發國務總理熊希齡與先生呈《免郝士琳周秉琨本官令》《免孔令燦馬憲章本官令》;與國務總理熊希齡、司法總長梁啟超副署大總統袁世凱簽發《著黨積齡宋聯奎交部存記令》;與國務總理熊希齡、農商總長張謇副署大總統袁世凱簽發國務總理熊希齡與先生呈《免李樹聲本官令》;與國務總理兼財政總長熊希齡副署大總統袁世凱簽發國務總理熊希齡與先生呈《免張渠本官令》;與國務總理熊希齡副署大總統袁世凱簽發國務總理熊希齡與先生呈《免夏炎甲本官令》《免陶鳳集本官令》《獎懲浙江知事令》《免程蔭南本官令》《免王杜等本官令》《任命范守佑朱佑保職務令》《免孔憲廷本官令》《免臧伯魯祝從恩本官令》《褫熊丙生職通緝令》。

按:依次取自《袁世凱全集》第二十四卷 24－1680、1681、1674、1682、1685、1671、1672、1675、1678、1679、1673、1683、1684、1686。

十二月二十七日,與國務總理熊希齡、農商總長張謇、交通總長周自齊副署大總統袁世凱簽發《興修水利令》;與國務總理兼財政總長熊希齡、陸軍總長周自齊副署大總統袁世凱簽發《獎懲大理兵變在事人員令》;與國務總理熊希齡、司法總長梁啟超副署大總統袁世凱簽批署步軍統領江朝宗等呈《報明拏獲迭次結夥施放洋槍打傷事主搶劫盜犯李三即小李等一案送廳起訴文》;與國務總理熊希齡副署大總統袁世凱簽發國務總理熊希齡與先生呈《免陳必淮本官令》《任命羅經權職務令》。

按:依次取自《袁世凱全集》第二十四卷 24－1688、1690、1709、1691、1692。

十二月二十八日,溥儀宮中内務府大臣紹英拜晤先生。(《紹英日記》)與國務總理熊希齡、司法總長梁啟超副署大總統袁世凱簽發《司法獨立令》;與國務總理熊希齡、陸軍總長周自齊副署大總統袁世凱簽發《綏拊蒙民令》。

按:依次取自《袁世凱全集》第二十四卷 24－1713、1715。

十二月二十九日,與國務總理熊希齡、陸軍總長周自齊副署大總統袁世凱簽發《通緝參預湖南省獨立之周震鱗等四十三人令》;與國務總理熊希齡副署大總統袁世凱簽發先生呈《免舒鴻貽本官令》《免杜關本官令》,簽批河南民政長張鳳臺呈《報明沁工合龍援例將記過之河防局長馬振濂等分别准予抵銷等情請鈞示祇遵文》。

按:依次取自《袁世凱全集》第二十四卷 24－1747、1738、1746、1753。

同日，爲飭查河東政友會情形致函國務總理熊希齡。

《内務部公函》(二年警字第　號)：徑啟者：准交到河東鹽運使高景祺、觀察使楊葆昂電稱“查明河東政友會支部，雖無借名劣跡，會員皆出彼入此。如何辦法，請示遵”等情到部。查此案係由貴院發電飭查，相應函請查照，將原電送交本部，以憑覈辦可也。此致國務總理。(《中華民國史檔案資料彙編》第三輯政治分册《黨派社團及會黨起事·社團》)

原注：北洋政府内務部檔案。作於一九一三年十二月二十九日。

按：公函編號空缺。

同日，葉恭綽任交通部路政局局長兼代理次長。

《葉遐庵先生年譜》：十二月交通部改組路政司，改爲路政局。廿九日奉命任路政局長兼代次長。

十二月三十日，與國務總理熊希齡副署大總統袁世凱簽發先生呈《免伍晟本官令》《任命于寶軒職務令》《任命周秉清等職務令》。

按：依次取自《袁世凱全集》第二十四卷24－1772、1773、1774。

十二月三十一日，與國務總理兼財政總長熊希齡、外交總長孫寶琦、陸軍總長兼交通總長周自齊、海軍總長劉冠雄、司法總長梁啟超、教育總長汪大燮、農商總長張謇副署大總統袁世凱簽發《公布知事獎勵條例令》《公布知事懲戒條例令》；與國務總理熊希齡副署大總統袁世凱簽批先生呈《據江蘇淮海清鄉督會辦段書雲等呈報設立總支局地點暨開辦日期等情請鑒覈文》。

按:依次取自《袁世凱全集》第二十四卷 24 - 1780、1781、1803。

是年,外舅于德楙任濟南電報局局長,調貴陽電政監督,因是乃得攜眷歸黔。(《蟫園文存》卷下《外舅于森圃先生行狀》)

中華民國三年甲寅　一九一四年　四十三歲

本年,袁世凱在大總統任。

是年,在内務總長任。居於東城什錦花園官宅。(劉宗漢《有關朱啟鈐先生史料的幾點補正》)

一月二日,受大總統袁世凱委派,赴溥儀宫中答禮。

《紹英日記》民國二年十二月初七日:大總統派朱桂莘給皇上答禮,在尚書府待以果點、香賓酒,王爺到。

按:陰曆民國二年十二月初七日,陽曆爲民國三年一月二日。

同日,國務總理熊希齡復函先生。

《國務院公函》(三年内字第一號):徑復者:准貴部函開:准交到河東鹽運使高景祺、觀察使楊葆昂電稱"查明河東政友會支部,雖無借名劣跡,會員皆出彼入此。如何辦法,請示遵"等情到部。查此案係由貴院發電飭查,相應函請查照,將原電送交本部,以憑覈辦到院。相應抄録董鎮守使原電及本院復電,函送貴部查照可也。此致内務總長。

附抄電三件。熊希齡，中華民國三年一月二日。（《中華民國史檔案資料彙編》第三輯政治分册《黨派社團及會黨起事·社團》）

原注：北洋政府内務部檔案。

按：此爲民國二年十二月二十九日内務部致熊希齡函之復函。

一月四日，與國務總理熊希齡副署大總統袁世凱簽發《任命張錫鑾兼署奉天民政長職務令》《任命裴鋼署理四川内務司長職務令》。

按：依次取自《袁世凱全集》第二十五卷 25－40、42。

一月五日，與國務總理熊希齡、陸軍總長周自齊副署大總統袁世凱簽發《嘉獎廣東剿匪在事出力人員令》；與國務總理熊希齡副署大總統袁世凱簽發先生呈《免劉傳綸王克仁本官令》；與國務總理兼財政總長熊希齡、教育總長汪大燮、農商總長張謇副署大總統袁世凱簽發國務總理熊希齡與先生呈《免吴耀椿等本官令》；與國務總理熊希齡、教育總長汪大燮副署大總統袁世凱簽發國務總理熊希齡與先生呈《免張鑫本官令》；與國務總理兼財政總長熊希齡副署大總統袁世凱簽發國務總理熊希齡與先生呈《免方尚義本官令》；與國務總理熊希齡副署大總統袁世凱簽發國務總理熊希齡與先生呈《免王陽晞本官令》《免劉在霄本官令》。

按：依次取自《袁世凱全集》第二十五卷 25－52、58、57、59、60、61、62。

一月六日，與國務總理熊希齡副署大總統袁世凱簽批山西都督閻錫山民政長陳钰呈《報明遵令追繳國民黨省議會議員證書辦理各情形請鈞鑒文》、湖南都督兼民政長湯薌銘呈《報明遵令解散各屬國民黨機關辦理完竣各等情請察覈示遵文》、廣東都督龍濟光、民政長李開侁、鎮撫副使龍覲光呈《報明廣屬辦理清鄉情形請察覈示遵文》、河南民政長張鳳臺呈《遵令將褫職寧陵縣知事楊炳震被控各案查辦擬結懇從寬免予深究請鈞鑒文》;與國務總理熊希齡副署大總統袁世凱簽發先生呈《任命任嗣源等職務令》《褫奪邊度春職務令》、國務總理熊希齡與先生呈《分别懲處張炳華等令》,簽批先生呈《報明本部遵令改組暨分别去留各員請鑒覈示遵文》。

按:依次取自《袁世凱全集》第二十五卷 25－78、79、84、94、68、70、69、75。

一月七日,與國務總理熊希齡副署大總統袁世凱簽發《免陳昭常本官令》《任命楊晟職務令》。

按:依次取自《袁世凱全集》第二十五卷 25－102、103。

一月八日,與國務總理熊希齡副署大總統袁世凱簽批山西都督閻錫山民政長陳鈺呈《報明遵令印發布告解散國民黨分設機關情形請鑒覈文》;與國務總理兼財政總長熊希齡副署大總統袁世凱簽批大總統府秘書廳長梁士詒軍事處長蔭昌呈《擬以承宣官郭葆昌交内務部以觀察使存記財政部以關監督榷運局局長酌量録用請鑒覈施行文》。

按：依次取自《袁世凱全集》第二十五卷25－133、135。

一月九日，與國務總理熊希齡、陸軍總長周自齊副署大總統袁世凱簽發《授王桂林軍銜予左杕周勳章令》；與國務總理熊希齡副署大總統袁世凱簽發《厲禁哥老會令》，簽批署四川民政長陳廷傑呈《繕呈履歷請俯賜查考文》、先生呈《報明覈議山東黄河三游局制從緩改組酌量更正名稱及運河仍由岱南觀察使兼轄各等情請鑒覈示遵文》。

按：依次取自《袁世凱全集》第二十五卷25－153、159、169、165。

一月十日，與國務總理兼財政總長熊希齡、外交總長孫寶琦、陸軍總長兼交通總長周自齊、海軍總長劉冠雄、司法總長梁啟超、教育總長汪大燮、農商總長張謇副署大總統袁世凱簽發《停止國會議員職務令》《停止國會議員職務之布告》；與國務總理熊希齡、陸軍總長周自齊副署大總統袁世凱簽發《責成陝西都督張鳳翽嚴拿究治亂徒黨羽令》《通飭各地嚴緝郭彦清令》；與國務總理熊希齡、司法總長梁啟超副署大總統袁世凱簽發國務總理熊希齡與先生呈《褫張國麟職務令》；與國務總理熊希齡副署大總統袁世凱簽發國務總理熊希齡與先生呈《任命易抱一職務令》《免潘祖樾等本官令》《任命梁石蓀等職務令》《任命楊光瓚等職務令》《免方大柱屠義肅本官令》《褫宋汾年職務並嚴緝懲辦令》、國務總理熊希齡等呈《周秉清伍晟叙列等第令》《于寶軒等叙列等第令》、先生呈《任命許寶蘅職務令》。下午，訪農商總長張謇。

按：依次取自《袁世凱全集》第二十五卷25－171、172、188、189、186、180、181、182、183、185、187、193、194、175。

張謇《柳西草堂日記》民國二年十二月十五日：午後就浴。朱桂辛來談。(《張謇全集》8)

按：日記使用陰曆。

一月十一日，與國務總理兼財政總長熊希齡、外交總長孫寶琦、陸軍總長兼交通總長周自齊、海軍總長劉冠雄、司法總長梁啟超、教育總長汪大燮、農商總長張謇副署大總統袁世凱簽發《就特設造法機關事諮詢政治會議令》；與國務總理兼財政總長熊希齡副署大總統袁世凱簽發《免王黻煒本官令》《任命張翼廷職務令》；與國務總理熊希齡副署大總統袁世凱簽發先生呈《任命張鍇等職務令》。

按：依次取自《袁世凱全集》第二十五卷25－200、203、204、207。

一月十二日，與國務總理熊希齡、陸軍總長周自齊副署大總統袁世凱簽發《通緝嚴拿田昌領等令》；與國務總理熊希齡副署大總統袁世凱簽發《馬鄰翼調京另候任用令》，簽批浙江都督朱瑞呈《報明浙江水師改編水警暨一切事宜移交民政長接管等情請鑒覈文》、國務總理熊希齡與先生呈《擬以遺失印信之大田縣知事宋汾年褫職緝辦並委姚其昌代理等情請鑒覈令准施行文》。

按:依次取自《袁世凱全集》第二十五卷 25－214、213、215、216。

一月十三日,午刻,到武英殿會同溥儀宫中内務府大臣紹英驗收熱河銅器。

《紹英日記》民國二年十二月十八日:午刻,到武英殿,會同朱桂莘驗收熱河銅器。

按:陰曆民國二年十二月十八日,陽曆爲民國三年一月十三日。

同日,與國務總理熊希齡、陸軍總長周自齊副署大總統袁世凱簽發《任命戚朝卿舒和鈞職務令》《將陳燦華郎慶祥褫職嚴辦令》,兼代陸軍總長周自齊呈《將顧思進等褫革拏辦令》;與國務總理熊希齡副署大總統袁世凱簽批奉天民政長許世英呈《擬以前奉天財政司長趙臣翼派充達旗荒務局局長請飭部備案文》、簽發國務總理熊希齡與先生呈《免姜可欽馬振理本官令》。

按:依次取自《袁世凱全集》第二十五卷 25－226、239、238、245、230。

一月十四日,與國務總理熊希齡副署大總統袁世凱簽發《著宋聯奎暫理陝西民政長令》;與國務總理熊希齡、陸軍總長周自齊副署大總統袁世凱簽批國務總理熊希齡呈《請分别任免熱河都統公署各廳長文》;與國務總理兼財政總長熊希齡、教育總長汪大燮、農商總長張謇副署大總統袁世凱簽發國務總理熊希齡與先生呈《免裘光曜等本官令》;與國務總理兼財政總長熊希齡、教育總長汪大燮副署大總統袁世凱簽發國務總理熊希齡與先生呈《免劉樹銘等本官令》。

按:依次取自《袁世凱全集》第二十五卷 25-252、264、259、260。

一月(十六日前),與國務總理熊希齡、外交總長孫寶琦、司法總長梁啟超副署大總統袁世凱簽批國務總理熊希齡等呈《請添設上海觀察使員缺並遴員請簡文》。(《袁世凱全集》第二十五卷 25-288)

原注:中華民國三年一月十五日刊載。

一月十五日,與國務總理熊希齡副署大總統袁世凱簽發先生呈《任命王黻煒職務令》;與國務總理熊希齡、農商總長張謇副署大總統袁世凱簽發國務總理熊希齡與先生呈《免伊雙慶姚明德本官令》;與國務總理熊希齡副署大總統袁世凱簽發國務總理熊希齡與先生呈《任命劉斌職務令》《免張朝墉本官令》《吉林考覈知事各予獎懲令》《直隸考覈知事各予獎懲令》。

按:依次取自《袁世凱全集》第二十五卷 25-278、284、282、283、285、286。

一月十六日,與國務總理兼財政總長熊希齡副署大總統袁世凱簽發《整頓財政勿稍怠弛令》《公布督徵經徵分徵官解款足額獎勵條例令》《公布督徵經徵分徵官額外增加獎勵條例令》;與國務總理熊希齡副署大總統袁世凱簽發國務總理熊希齡與先生呈《任命孟昭涵等職務令》《免余樸傅裕綸本官令》。

按：依次取自《袁世凱全集》第二十五卷 25－292、293、294、298、302。

一月十七日，與國務總理兼財政總長熊希齡、外交總長孫寶琦、陸軍總長兼交通總長周自齊、海軍總長劉冠雄、司法總長梁啟超、教育總長汪大燮、農商總長張謇副署大總統袁世凱簽發《公布文官甄别程序條例令》；與國務總理熊希齡、農商總長張謇副署大總統袁世凱簽發國務總理熊希齡呈《任命諸宗元等職務令》。

按：依次取自《袁世凱全集》第二十五卷 25－314、324。

一月十八日，與國務總理兼財政總長熊希齡、陸軍總長周自齊副署大總統袁世凱簽發《嚴緝究辦張根仁令》；與國務總理熊希齡副署大總統袁世凱簽批國務總理熊希齡呈《據臨時稽勳局局長許寶蘅呈懇收回内務部考績司司長成命等情請鑒覈施行文》。

按：依次取自《袁世凱全集》第二十五卷 25－334、338。

一月十九日，與國務總理熊希齡、陸軍總長周自齊副署大總統袁世凱簽發《厲禁秘密結社令》；與國務總理熊希齡、司法總長梁啟超副署大總統袁世凱簽發國務總理熊希齡與先生呈《褫曾廣桂等職務並按律懲辦令》；與國務總理熊希齡、教育總長汪大燮副署大總統袁世凱簽發國務總理熊希齡與先生呈《免林伯年本官令》；與國務總理熊希齡副署大總統袁世凱簽發國務總理熊希齡與先生呈《免龍雲藻林師尚本官令》《任命樓汝增汪聲職務令》《任命鄧州梓職務令》;與國務總理熊希齡副署大總統袁世凱簽發先生呈《免何宗義本官令》《任命唐鋭職務令》。

按:依次取自《袁世凱全集》第二十五卷 25－355、354、353、350、351、352、348、349。

一月二十日,與國務總理兼財政總長熊希齡、外交總長孫寶琦、陸軍總長兼交通總長周自齊、海軍總長劉冠雄、司法總長梁啟超、教育總長汪大燮、農商總長張謇副署大總統袁世凱簽發《公布文官懲戒委員會編制令》;與國務總理兼財政總長熊希齡、陸軍總長周自齊副署大總統袁世凱簽發《嚴查僞造貨幣令》;與國務總理熊希齡副署大總統袁世凱簽發《免史履晉署任令》《任命周紹昌職務令》、國務總理熊希齡與先生呈《考覈獎懲山西諸縣知事令》《任命李暹等職務令》;與國務總理兼財政總長熊希齡副署大總統袁世凱簽批先生呈《據旅京滇紳朱家寶等呈稱滇省大理兵燹後繼以地震大雪新河等縣被災奇重擬懇飭撥賑款以惠災黎請鑒覈批示施行文》。

按:依次取自《袁世凱全集》第二十五卷 25－361、382、365、366、380、374、386。

一月二十一日,與國務總理兼財政總長熊希齡副署大總統袁世凱簽發《汪瑞闓解任議處令》;與國務總理熊希齡副署大總統袁世凱簽發《任命戚揚職務令》，簽批署步軍統領江朝宗呈《據左翼翼尉申振林等呈稱所屬官弁實無入黨之人等情請鑒察文》；與國務總理熊希齡、農商總長張謇副署大總統袁世凱簽批國務總理熊希齡與全國水利局總裁張謇呈《報明全國水利局總裁就職任事日期文》；與國務總理熊希齡副署大總統袁世凱簽發國務總理熊希齡與先生呈《將范國溥褫職查辦令》，簽批先生呈《陳明浙省水上警察籌備事竣應准將處長葉焕華銷去差使請鑒覈施行文》。

按：依次取自《袁世凱全集》第二十五卷 25－389、390、401、402、398、399。

一月二十二日，與國務總理熊希齡副署大總統袁世凱簽發《任命張毅兼職令》，簽批國務總理熊希齡呈《准内務部函據湖南都督兼民政長咨稱湖南省議會解散關防繳呈及酌留辦事員暫行保管文卷器具仍派警監視以昭慎重等情理合轉呈鑒覈文》，簽發國務總理熊希齡與先生呈《免顔鐔本官令》《鄒鏡波褫職訊辦令》，簽批國務總理熊希齡與先生呈《查覈豫省黄河安瀾擬請將河南民政長張鳳臺河防局長馬振濂二員傳令嘉奬至在事各支局長應呈部存記其餘各員弁應由該省查明給奬祗候鑒覈示遵文》。

按：依次取自《袁世凱全集》第二十五卷 25－412、428、411、422、426。

一月二十三日，與國務總理熊希齡、教育總長汪大燮副署大總統袁世凱簽發山東民政長田文烈呈《免雷光宇本官令》；與國務總理熊希齡、陸軍總長周自齊副署大總統袁世凱簽發《嚴行查拏川省叛黨令》；與國務總理熊希齡副署大總統袁世凱簽批湖南都督兼民政長湯薌銘呈《湘省行政公署業經遵令成立所有内務財政教育實業四司亦均併入公署實行合署辦公等情請察覈施行文》。

按：依次取自《袁世凱全集》第二十五卷25－437、442、448。

一月二十四日，副署大總統袁世凱簽批國務總理熊希齡呈《轉據直隸民政長呈稱據清苑縣知事耿守恩條陳管見懇轉呈等情請鑒覈示遵文》；大總統袁世凱簽批國務總理熊希齡與先生呈《許寶蘅叙列等第令》、國務總理熊希齡等呈《王瀓煒等叙列等第令》；國務總理熊希齡副署大總統袁世凱簽批先生呈《擬請在公人員准給四季節假各一日乞鑒覈施行文》。

《定四季節假呈》：竊自新邦肇造，陽曆紀元，所以利國際之交通，定會計之年度，允宜垂爲令甲，昭示來兹。但乘時布令，當循世界之大同；而通俗宜民，應從社會之習慣。故日本維新以來，改正曆法，推行以漸，民間風俗所關，悉屬因仍未改。春秋佳日，舉國嬉嬉，或修祓禊，或隆報饗，歲時景物，猶見唐風。良以徵引故事，點綴承平，不但資生計之節宣，且助精神之活潑。我國舊俗，每於四時令節，游觀祈獻，比户同風。固作息之常情，亦張弛之至道。本部徵采風俗，衡度民時，以爲對於此類習慣，警察、官吏未便加以干涉，即應明白規定，俾有率循。擬請定陰曆元旦爲春節，端午爲夏節，中秋爲秋節，冬至爲冬節。凡我國民，均得休息，在公人員，亦准給假一日。本部爲順從民意起見，是否有當，理合呈請大總統鑒覈施行。(《蠖園文存》卷上)

《批内務總長呈擬請在公人員准給四季節假各一日乞鑒覈施行文》：批：據呈已悉。應即照准。此批。中華民國三年一月二十四日，大總統印。國務總理熊希齡、内務總長朱啟鈐。(《袁世凱全集》第二十五卷 25－463)

按：其他依次取自《袁世凱全集》第二十五卷 25－466、460、461。

一月二十六日，與國務總理兼財政總長熊希齡、外交總長孫寶琦、陸軍總長兼交通總長周自齊、海軍總長劉冠雄、司法總長梁啟超、教育總長汪大燮、農商總長張謇副署大總統袁世凱簽發《組織成立約法會議令》《公布約法會議組織條例令》；與國務總理熊希齡、農商總長張謇副署大總統袁世凱簽發《免丁寶銓本官令》。

按：依次取自《袁世凱全集》第二十五卷 25－476、477、479。

一月二十七日，與國務總理熊希齡、陸軍總長周自齊副署大總統袁世凱簽發《文武一心除暴綏良令》；與國務總理熊希齡副署大總統袁世凱簽批江西民政長汪瑞闓呈《轉報贛北觀察使吴筠孫接印任事日期文》。

按:依次取自《袁世凱全集》第二十五卷 25－484、496。

一月二十八日,與國務總理熊希齡副署大總統袁世凱簽批署四川民政長陳廷傑呈《造具四川前清故紳劉光第楊鋭事實清册並懇分令湖南等省民政長將譚嗣同等事實清册造呈一□□部從優議卹特予表揚請鑒覈施行文》、國務總理熊希齡呈《轉據湖南都督兼署民政長湯薌銘咨稱遵令查明前賢私祠被人侵佔者已飭屬悉行發還等情請鑒覈施行文》、先生呈《轉據河南民政長張鳳臺呈請將已故河南新野縣知事葉承祖特予褒卹以風有位等情請鑒覈施行文》。

按:依次取自《袁世凱全集》第二十五卷 25－515、512、514。

一月二十九日,與國務總理兼財政總長熊希齡、外交總長孫寶琦、陸軍總長兼交通總長周自齊、海軍總長劉冠雄、司法總長梁啟超、教育總長汪大燮、農商總長張謇副署大總統袁世凱簽發《公布約法會議議員選舉程序施行細則令》;與國務總理熊希齡副署大總統袁世凱簽批國務總理熊希齡呈《擬通行各省一律繳銷各司長印信仍由印鑄局鑄發小官印請鑒覈施行文》、先生呈《據奉天民政長呈稱增設台安縣治劃定遼中台安兩縣界址等因支配甚爲平均請鑒覈示遵文》。

按:依次取自《袁世凱全集》第二十五卷 25－523、530、531。

一月三十日，與國務總理熊希齡副署大總統袁世凱簽發《任命周務學職務令》，簽批先生呈《擬改各省重複縣名撮舉理由分别説明請鑒覈批示文》。

《内務總長朱啟鈐呈大總統擬改各省重複縣名撮舉理由分别説明請鑒覈批示文並批附清單》：洎民國肇造，天下爲縣，於是二縣同名者七十四，三縣同名者十有二，四縣同名者四，五縣同名者三，六縣同名者一，稽其總數實七倍於唐時。（後略）。

批：據呈已悉。應如所擬辦理。此批。單存。大總統印。中華民國三年一月三十日。國務總理熊希齡、内務總長朱啟鈐。（《改定各省重複縣名理由清單》卷首）

按：《任命周務學職務令》取自《袁世凱全集》第二十五卷25－541。《擬改各省重複縣名撮舉理由分别説明請鑒覈批示文》收録於《蠖園文存》卷上，名"改定各省重複縣名呈"，未署時間。

一月三十一日，與國務總理熊希齡、司法總長梁啟超副署大總統袁世凱簽發《厲禁考試惡習令》；與國務總理熊希齡、陸軍總長周自齊副署大總統袁世凱簽發《獎懲平定榆亂在事文武各員令》。

按：依次取自《袁世凱全集》第二十五卷25－554、556。

一月，署奉天民政長張錫鑾報送先生《奉天行政公署請通令查禁遼陽鋼盆教秘密結社呈》。（《中華民國史檔案資料彙編》第三輯政治分册《黨派社團及會黨起事·會黨起事》）

按：張錫鑾時署奉天民政長。

二月二日，與國務總理熊希齡副署大總統袁世凱簽發《任命曾昭琪署職令》、國務總理熊希齡與先生呈《任命黃伯孝職務令》。

按：依次取自《袁世凱全集》第二十五卷 25－579、580。

二月三日，與國務總理熊希齡副署大總統袁世凱簽發《停辦各省地方自治會令》；與國務總理兼財政總長熊希齡副署大總統袁世凱簽發《豁免多倫縣民國二年錢糧令》；與國務總理熊希齡、陸軍總長周自齊副署大總統袁世凱簽批國務總理熊希齡呈《據晉南鎮守使董崇仁電稱永濟縣民警王彥勝等捏稱鹽卡運丁搶劫行人財物覈與尋常劫犯迴殊自應歸入軍法範圍從嚴懲辦以後如遇此等劫案應否准予立按軍法懲治之處請鑒覈批示祇遵文》；與國務總理兼財政總長熊希齡、外交總長孫寶琦、陸軍總長兼交通總長周自齊、海軍總長劉冠雄、司法總長梁啟超、教育總長汪大燮、農商總長張謇副署大總統袁世凱簽批國務總理熊希齡與各部總長等呈《國務會議議決特設清史館延聘專員分任編纂請鑒覈批示施行文》；與國務總理熊希齡副署大總統袁世凱簽批國務總理熊希齡與先生呈《據陝西署民政長高增爵因病再電懇請開去署缺請鑒覈施行文》。

按：依次取自《袁世凱全集》第二十五卷 25－582、584、594、593、595。

二月四日，與國務總理兼財政總長熊希齡、外交總長孫寶琦、陸軍總長兼交通總長周自齊、海軍總長劉冠雄、司法總長梁啟超、教育總長汪大燮、農商總長張謇副署大總統袁世凱簽發《公布約法會議議員選舉日期令》《發交政治會議議決解散各省議會令》;與國務總理熊希齡、陸軍總長周自齊副署大總統袁世凱簽發《嚴行偵緝新同盟會令》;與國務總理兼財政總長熊希齡副署大總統袁世凱簽批奉天兼署民政長張錫鑾呈《轉報財政司長張翼廷任職日期等情文》;與國務總理熊希齡、農商總長張謇副署大總統袁世凱簽批國務總理熊希齡與農商總長張謇呈《據浙商龐啟壽等呈稱龐青城當去年叛黨搆亂被嫌獲咎實係無識盲從可否援照赦令將被收家產准予發還請鑒覈示遵文》;與國務總理熊希齡副署大總統袁世凱簽發國務總理熊希齡與先生呈《分别獎懲丁祖蔭等令》、先生呈《免關成林本官令》《任命王鍾秀職務令》,簽批先生呈《遵議奉省籌設土地調查局擬從緩辦俟擬定辦法呈覈公布後再行通飭舉辦請鑒覈批示祇遵文》。

按:依次取自《袁世凱全集》第二十五卷 25-606、607、608、633、622、612、613、614、625。

同日,參與創辦的古物陳列所成立。(據故宫博物院提供信息)

《古物陳列所》:古物陳列所是民初内務部總長朱啟鈐一手辦起來的。朱啟鈐在北京城市近代化建設上起了極爲重要的作用,又擬將奉天(瀋陽)故宫、熱河(承德)行宫兩處所藏文物集中於北京故宫,籌辦古物陳列所。此議獲袁世凱批准後，從一九一三年十一月到一九一四年十月，民國政府内務部偕同清室内務府人員，先後赴熱河行宫與瀋陽盛京故宫，將兩處二十餘萬件陳設物品運京，存於太和、中和、保和、武英諸殿。古物陳列所的設立宗旨是：“默察國民崇古之心理，搜集累世尊秘之寶藏，於都市之中闢古物陳列所一區，以爲博物院之先導。”一九一四年二月四日，古物陳列所成立，熱河都統治格兼任古物陳列所所長。（《故宫學百廿題》四《故宫學研究對象之三：故宫博物院》49《古物陳列所》）

二月六日，與國務總理熊希齡、陸軍總長周自齊副署大總統袁世凱簽發《裁撤伊犁鎮邊使令》《任命楊飛霞職務令》；與國務總理熊希齡副署大總統袁世凱簽發《停辦京師各級地方自治會令》、先生呈《免王縉本官令》。

按：依次取自《袁世凱全集》第二十五卷 25－645、646、644、651。

二月七日，與國務總理兼財政總長熊希齡、外交總長孫寶琦、陸軍總長兼交通總長周自齊、海軍總長劉冠雄、司法總長梁啟超、教育總長汪大燮、農商總長張謇副署大總統袁世凱簽發《公布國幣條例及施行細則令》《定祀天爲通祭令》《發布規復祭孔令》；與國務總理熊希齡副署大總統袁世凱簽發《提倡信教自由令》；與國務總理熊希齡、陸軍總長周自齊副署大總統袁世凱簽批國務總理熊希齡與先生呈《轉據四川民政長陳廷傑呈稱署理彭山縣知事陳忠良緝捕匪徒頗稱得力惟係行伍出身擬懇轉呈特獎勳章免去本官另予録用等情請鑒覈令准施行文》。

按：依次取自《袁世凱全集》第二十五卷 25－658、659、660、661、668。其中《發布規復祭孔令》出自北洋政府内務部檔案。

二月（九日前），大總統袁世凱與先生、陸軍總長周自齊商擬勦辦白狼辦法。（《袁世凱全集》第二十五卷 25－707）

原注：中華民國三年二月八日刊載。

二月八日，與國務總理熊希齡、陸軍總長周自齊副署大總統袁世凱簽發《保護各處教堂教士令》《任命楊飛霞職務令》；與國務總理熊希齡、司法總長梁啟超副署大總統袁世凱簽批署步軍統領江朝宗等呈《謹將二年十二月分辦過事項擇略繕單請鑒察文》；與國務總理兼財政總長熊希齡、陸軍總長周自齊、司法總長梁啟超、教育總長汪大燮副署大總統袁世凱簽批國務總理熊希齡呈《轉據山東民政長呈稱壽光縣知事徐德潤條陳時政語多中肯於吏治民情尤爲洞悉請鑒覈示遵文》。

按：依次取自《袁世凱全集》第二十五卷 25－674、678、701、696。

二月（十日前），袁世凱面晤先生，敦勸兼代交通總長。

袁世凱《面晤内務總長朱啟鈐敦勸其兼代交通總長之談話》（中華民國三年二月十二日刊載）：交通事極重要，然兩局長均能協助，暫時權代，當無窒礙，仍請格外偏勞。（《袁世凱全集》第二十五卷 25—787）

二月九日，兼代理交通總長。免去國務總理熊希齡

財政總長兼職，陸軍總長周自齊調署財政總長兼代理陸軍總長。(《辛亥以後十七年職官年表》)

同日，帶領内務部十四人赴總統府改官覲見。

《許寶蘅日記》：八時三刻赴總統府改官覲見，由朱總長帶領内務部共十四人，十時半見。

同日，與國務總理兼財政總長、外交總長孫寶琦、陸軍總長兼交通總長周自齊、海軍總長劉冠雄、司法總長梁啟超、教育總長汪大燮、農商總長張謇副署大總統袁世凱簽批國務總理兼財政總長熊希齡呈《懇准予辭職另簡賢能俾卸仔肩藉全素履文》；與國務總理熊希齡、農商總長張謇副署大總統袁世凱簽發國務總理熊希齡等呈《免傅春官本官令》《任命金鼎職務令》；與國務總理熊希齡副署大總統袁世凱簽發《任命劉炤職務令》。

按：依次取自《袁世凱全集》第二十五卷25－721、716、717、712。其中721呈文中"國務總理兼財政總長"後未署人名。

二月十日，獲授二等文虎勳章。

《予朱啟鈐勳章令》：朱啟鈐給予二等文虎章。此令。中華民國三年二月十日。大總統印。國務總理熊希齡，陸軍總長周自齊。(《袁世凱全集》第二十五卷25－722)

葉祖孚《關於朱啟鈐的文物賬册》：民國三年給二等文虎章執照一紙。(《蠖公紀事》)

同日，與國務總理熊希齡副署大總統袁世凱簽批署湖北民政長吕調元呈《轉報鄂東觀察使范守佑任事日期

文》。(《袁世凱全集》第二十五卷 25－745)

二月十一日,充第一届知事試驗主試委員長。

《蠖園年表》:充第一、二届知事試驗主試委員長。(《紫江朱氏家乘》卷三)

《派朱啟鈐充任職務令》:派朱啟鈐充知事試驗主試委員長。此令。中華民國三年二月十一日。大總統印。國務總理熊希齡、内務總長朱啟鈐。(《袁世凱全集》第二十五卷 25－747)

《派朱家寶等充任職務令》:派朱家寶、趙惟熙、沈銘昌、許鼎霖、王丕煦、董鴻禕、陳懋鼎、孫培、馬德潤、雷光宇、方樞、夏曾佑充知事試驗主試委員。此令。中華民國三年二月十一日。大總統印。國務總理熊希齡、内務總長朱啟鈐。(《袁世凱全集》第二十五卷 25－748)

《派李杭文等充任職務令》:派李杭文、馬彝德、易恩侯、錢承鋕充知事試驗監試委員。此令。中華民國三年二月十一日。大總統印。國務總理熊希齡、内務總長朱啟鈐。(《袁世凱全集》第二十五卷 25－749)

《知事試驗暫行條例》第十四條:試驗委員會以左列各員組織之:一委員長,一人;二主試委員,無定額;三監試委員,二人至四人。第十五條:前條規定之委員長以内務總長任之。(《内務公報》中華民國二年十二月十五日第三期)

同日,與國務總理熊希齡、陸軍總長周自齊副署大總統袁世凱簽發《任命田文烈職務令》《任命高景祺職務令》;與國務總理熊希齡副署大總統袁世凱簽發《命龔積柄暫行護理職務令》,簽批政治會議議長李經羲呈《爲規復文廟祀孔文》、先生呈《謹將貴州民政長呈擬移治增置各縣名稱列表請鑒覈示遵文》。

《政治會議議長李經羲爲規復文廟祀孔呈並大總統批》:(文略)。批:據呈已悉。交内務部查覈,分别令行各省民政長轉飭各地方官遵辦。此批。中華民國三年二月十一日。大總統印。國務總理熊希齡,内務總長朱啟鈐。(《政府公報》第六三六號)(《中華民國史檔案資料彙編》第三輯文化分册《尊孔讀經·規復祀孔》)

按:其他依次取自《袁世凱全集》第二十五卷 25－751、752、753、760。

二月十二日,免去熊希齡國務總理職務,孫寶琦兼任代理國務總理。

《准免熊希齡本官令》:國務總理熊希齡疊呈辭職。熊希齡准免本官。此令。(《袁世凱全集》第二十五卷 25－766)

《任命孫寶琦兼職令》:特任孫寶琦兼代理國務總理。此令。(《袁世凱全集》第二十五卷 25－767)

同日,與代理國務總理兼外交總長孫寶琦、署財政總長兼陸軍總長周自齊、海軍總長劉冠雄、司法總長梁啟超、教育總長汪大燮、農商總長張謇副署大總統袁世凱簽批原國務總理熊希齡呈《謹再陳情請另簡賢員擔任國務文》;與原國務總理熊希齡、陸軍總長周自齊副署大總統袁世凱簽發《明定庫蒙泰所任伊犁領隊之職責及領屬關係令》;與原國務總理兼財政總長熊希齡副署大總統袁世凱簽批先生呈《據本部參事前奉天財政司長王黻煒呈稱前在奉天財政司長任内因屬同署辦公且無司印無文牘往還之必要故未移交公牘等情據情轉呈請鑒覈文》。

按:依次取自《袁世凱全集》第二十五卷 25－770、768、778。

二月十三日,與代理國務總理兼外交總長孫寶琦、署財政總長兼陸軍總長周自齊、海軍總長劉冠雄、司法總長梁啟超、教育總長汪大燮、農商總長張謇副署大總統袁世凱簽發《公布約法會議議員資格審定會組織令之令》;與代理國務總理孫寶琦副署大總統袁世凱簽批原國務總理熊希齡與先生呈《予鍾毓等勳章令》。

按:依次取自《袁世凱全集》第二十五卷 25－789、798。

二月十四日,參加大總統府會議,會議談論大正博覽會赴會經費事、整理財政及裁遣軍隊事項、中日實業公司條款事項、日本鹿兒島災卹及運米出口事項、平政院事項。(上海圖書館藏郭則沄等《民國三年府院會議紀録》稿本)

同日,與代理國務總理孫寶琦、陸軍總長周自齊副署大總統袁世凱簽批原國務總理熊希齡與先生呈《褫謝肇包謙職嚴緝令》。(《袁世凱全集》第二十五卷 25－816)

二月十五日,與代理國務總理孫寶琦副署大總統袁世凱簽發《改派吴闓生職務令》《勗勉河南民政長田文烈之訓令》、先生呈《免李欽典本官令》、代理國務總理孫寶琦等呈《何瑞章張競立叙列等第令》。

按:依次取自《袁世凱全集》第二十五卷 25－821、825、818、827。

二月十六日,與代理國務總理孫寶琦、陸軍總長周自齊、教育總長汪大燮、農商總長張謇副署大總統袁世凱簽發代理國務總理孫寶琦與先生呈《免金祖澤等本官令》;與代理國務總理孫寶琦、署財政總長周自齊、教育總長汪大燮、農商總長張謇副署大總統袁世凱簽批代理國務總理孫寶琦與先生呈《免王桱等本官令》;與代理國務總理孫寶琦副署大總統袁世凱簽發代理國務總理孫寶琦與先生呈《任命李新謨蔣繼伊職務令》《任命張秉彝職務令》《任命于廷榮職務令》。

按:依次取自《袁世凱全集》第二十五卷 25－838、839、835、836、837。

二月十七日,與代理國務總理孫寶琦、署財政總長兼陸軍總長周自齊、教育總長汪大燮副署大總統袁世凱簽批原國務總理熊希齡呈《據情代呈貴州校長胡爲一條陳時政數端請鑒覈示遵文》;與代理國務總理孫寶琦、署財政總長周自齊副署大總統袁世凱簽發《任命蔣楙熙兼職令》,簽批署四川民政長陳廷傑呈《謹述川省今昔之變非先慎選吏才整理財政一切政務皆不足以言設施並縷陳數月來治蜀情形請察覈文》;與代理國務總理孫寶琦副署大總統袁世凱簽發代理國務總理孫寶琦與先生呈《考覈陝西知事分別給予獎懲令》,簽批先生呈《報明就任兼代交通總長日期文》。

按：依次取自《袁世凱全集》第二十五卷 25－860、851、857、853、864。

二月十九日，與代理國務總理兼外交總長孫寶琦、署財政總長兼陸軍總長周自齊、海軍總長劉冠雄、司法總長梁啟超、教育總長汪大燮、農商總長張謇副署大總統袁世凱簽發《公布修正約法會議議員資格審定會組織令之令》；與代理國務總理孫寶琦副署大總統袁世凱簽發《任命趙秉鈞兼職令》、代理國務總理孫寶琦與先生呈《褫趙榮山郝延鍾職令》《褫李桂森職聽候訊辦令》，簽批先生呈《據陝西民政長呈稱劃分三道區域酌改名稱等情尚無不妥擬准暫行沿用請鑒覈示遵文》；與代理國務總理孫寶琦、署財政總長周自齊副署大總統袁世凱簽發署財政總長周自齊呈《免邱廷榮本官令》。

按：依次取自《袁世凱全集》第二十五卷 25－875、880、889、890、897、888。

二月二十日，梁啟超辭去司法總長職務，章宗祥接任。（《辛亥以後十七年職官年表》）

同日，與代理國務總理孫寶琦、農商總長張謇副署大總統袁世凱簽發代理國務總理孫寶琦與先生呈《免謝桓武本官令》；與代理國務總理孫寶琦、署財政總長周自齊副署大總統袁世凱簽發署財政總長周自齊呈《予陝西辦理驗契各員分別獎懲令》；與代理國務總理孫寶琦副署大總統袁世凱簽發《崇聖典例令》，簽批先生呈《擬由部通令各省民政長嗣後應受懲戒之高等文官務須臚列事實檢附證據先行呈部察覈送文懲戒委員會審查議決呈請令准施行各等情請鑒覈示遵文》。

《大總統發布崇聖典例令》：大總統令：兹制定崇聖典例公布之。此令。中華民國三年二月二十日。國務總理孫寶琦、内務總長朱啟鈐。（北洋政府内務部檔案）（《中華民國史檔案資料彙編》第三輯文化分册《尊孔讀經・規復祀孔》）

按：其他依次取自《袁世凱全集》第二十五卷 25－912、913、915。

二月二十一日，與代理國務總理孫寶琦、陸軍總長周自齊副署大總統袁世凱簽發《分别懲處胡萬泰顧琢塘令》；與代理國務總理孫寶琦、署財政總長周自齊副署大總統袁世凱簽批兼護甘肅民政長張炳華呈《報明兼署財政司長喇世俊交卸日期文》《轉報財政司長王舍棠就職任事日期文》；與代理國務總理孫寶琦副署大總統袁世凱簽批原國務總理熊希齡呈《轉據籌辦安徽賑撫事宜周學熙呈稱病體未痊實難任事懇仍照前電力辭等情請鑒覈示遵文》、先生呈《據江蘇揚屬清鄉事宜丁立棠報明啟用會辦江蘇揚屬清鄉支局關防日期文》。

按：依次取自《袁世凱全集》第二十五卷 25－924、935、936、930、931。

二月二十二日，與代理國務總理孫寶琦副署大總統袁世凱簽發先生呈《免唐榮陽本官令》。（《袁世凱全集》第二十五卷 25－959）

二月二十三日，與代理國務總理孫寶琦、署財政總長周自齊副署大總統袁世凱簽發《嚴懲擅棄職守官吏籌款賑撫災民令》，簽批山西都督閻錫山呈《據情轉懇將已故山西民政長趙淵應領卹金飭部照發文》；與代理國務總理孫寶琦、農商總長張謇副署大總統袁世凱簽發《任命陳希賢職務令》，湖北民政長吕調元呈《准免陳樹屏本官令》《准免曹寶江署任令》；與代理國務總理孫寶琦副署大總統袁世凱簽批原國務總理熊希齡呈《查有前湖北沔陽縣知事田潛才識宏通懇請優加擢用以觀察使記名等情請鈞裁文》、甘肅寧夏護軍使馬福祥呈《報明啟用關防日期文》、先生呈《報明開始試驗及開用關防日期文》。

按：依次取自《袁世凱全集》第二十五卷 25－962、977、966、964、965、972、978、974。

二月（二十五日前），與代理國務總理孫寶琦副署大總統袁世凱簽批代理江西民政長戚揚呈《報明接代江西民政長印務日期文》。（《袁世凱全集》第二十五卷 25－993）

二月二十四日，與代理國務總理孫寶琦、署財政總長兼陸軍總長周自齊副署大總統袁世凱簽發《籌辦警隊綏靖閭閻令》；與代理國務總理孫寶琦副署大總統袁世凱簽批河南民政長張鳳臺呈《擬以財政司長高鴻善暫行兼理豫東觀察使篆務請鈞鑒文》、兼護甘肅民政長張炳華呈《據甘肅蘭山觀察使張厚塈呈請給假回籍修墓俟假滿即行赴任等情請鑒覈示遵文》、先生呈《任命田潛等職務令》《任命王坦等職務令》、代理國務總理孫寶琦與先生呈《報明試驗事宜遇有出場之時擬即委托主試委員朱家寶代理請鑒覈文》。

按:依次取自《袁世凱全集》第二十五卷 25-981、1007、1009、986、987、996。

二月二十五日,與代理國務總理兼外交總長孫寶琦、署財政總長兼陸軍總長周自齊、海軍總長劉冠雄、司法總長章宗祥、署教育總長蔡儒楷、農商總長張謇副署大總統袁世凱簽發《公布各省薦任以上文官赴任憑限規則令》;與代理國務總理孫寶琦、署教育總長蔡儒楷、農商總長張謇副署大總統袁世凱簽發《任命江謙徐念兹職務令》、江蘇民政長韓國鈞呈《免黄炎培黄以霖本官令》;與代理國務總理孫寶琦副署大總統袁世凱簽批新疆都督兼民政長楊增新呈《據情轉懇擬將財政司黄立中之嫡母生母頒給匾額以彰榮典請鑒覈施行文》、代理國務總理孫寶琦呈《據銓叙局呈稱中央高等甄别委員會俟將中央行政官甄别完竣後所有各地方薦任以上文官亦應一體甄别擬變通辦法分别調驗等情請鑒覈示遵文》、先生呈《遵議釐定禮制擬即組織編訂禮制會以興禮教請鑒覈施行文》《報明議定閩省鐵路暫由本部接管等情請鑒覈施行文》,簽發先生呈《免蒲蕃昌等本官令》《任命劉錫彤等職務令》。

按：依次取自《袁世凱全集》第二十五卷25－1013、1016、1015、1023、1021、1022、1025、1018、1019。其中《遵議釐定禮制擬即組織編訂禮制會以興禮教請鑒覈施行文》收録於《蠖園文存》卷中，名“設立編訂禮制會呈”，標注時間爲民國三年二月二十五日，或也爲批復時間，而非呈文時間。

二月（二十七日前），報送《擬訂崇聖條例呈》。（《蠖園文存》卷中）

按：標注時間爲二月二十六日，或也爲批復時間。

二月二十六日，參加國務會議，會議討論礦業條例案、全國水利局預算案、審計處官制案。（上海圖書館藏郭則沄等《民國三年府院會議紀録》稿本）

同日，與代理國務總理孫寶琦、陸軍總長周自齊副署大總統袁世凱簽批河南民政長張鳳臺呈《據商城紳董熊賓等呈懇將該縣捐軀報國之已故知事許中書政績事實宣付史館並建專祠等情請查覈施行文》、署熱河都統姜桂題呈《報明熱河改組民政軍政兩廳成立日期請鑒覈備案文》、先生呈《擬將河南商城縣已故知事許中書比照陸軍上校例給卹請鑒覈示遵文》；與代理國務總理孫寶琦、署財政總長周自齊副署大總統袁世凱簽批代理國務總理孫寶琦與先生及署財政總長周自齊呈《免高鴻善本官另候任用令》；與代理國務總理孫寶琦副署大總統袁世凱簽批署陝西民政長高增爵呈《報明交卸署陝西民政長日期文》、代理國務總理孫寶琦呈《報明江蘇民政長電覆籌辦旗民生計情形請鑒覈文》、先生呈《准綏遠城將軍電稱歸綏民政廳長劉炤應否覲見再行就職等情請批示祇遵文》,簽發代理國務總理孫寶琦與先生轉據河南民政長張鳳臺呈《免杜嚴本官令》。

按:依次取自《袁世凱全集》第二十五卷25－1057、1053、1055、1045、1060、1051、1058、1046。

二月二十七日,凌晨,直隸都督趙秉鈞卒。傍晚,先生接大總統袁世凱電,命赴津視察情形,同時接任都督之職。即赴公府晉謁,面陳試事方始,不能離場,建議改命朱家寶前往。同日,朱家寶兼署直隸都督。連夜乘專車赴任,先生前往車站送行。

章士釗《書趙智庵》:正摇惑間,以朱啟鈐蠖公與智庵同僚稔熟,當能深知内蘊,因發緘詢之。蠖公書示如下:"静仁之言,止於得半近似。我聞津門傳言,是智庵厨人被買通而下毒,其暴死於本宅厠中,時已午夜。先是洪述祖構成宋案,以勛位許應夔丞,夔丞索酬不遂,咆哮難制,述祖因扼殺之於京奉火車包房以滅口。時南北報紙,紛紛攻詰,都指爲智庵主謀。項城與人談到此事,兼有利用形勢推刃智庵之暗示。而智庵不甘爲代罪羊,時出怨言。實亦述祖雖爲智庵所養鷹犬,而宋案一切指示,悉出項城,智庵枉尸其名而已。智庵之出爲直隸都督也,袁、趙顯有違言,方被左遷。加以述祖深結項城以傾主,尤使智庵憤激。北洋爲第一强藩,智庵入津,於自爲辯護處,更覺放言無忌。先之以袁、趙之互怨,繼之以趙、洪之内訌,於是項城認智庵爲叛己抗命。述祖亦心懷恐懼,先下手爲强,而智庵不免於死矣。或謂買通厨人，即述祖所爲，是或可信。又京兆尹山東人王治馨者，亦智庵手下健將。彼在北京爲宋遯初開追悼會時，對眾指斥項城殺戮功臣，言下有鳥盡弓藏之感。此事通國轟傳，項城大恨。逾年，治馨以貪贓五百元，被法庭判處死刑，其結果與智庵暴下而亡相類。所有智庵爲厨師施毒一説，吾在智庵津寓喪所，親聞之治馨。"夫宋案爲項城主謀，吾當時在京，即已如是斷定。憶京友爲遯初開追悼會時，吾猶未出京，不久王治馨即被殺。兩事牽連，由夏逮冬，似都在民國二年。智庵死事，遠後於此，螻公不可能遇治馨於智庵喪所。吾復以此質螻，螻答頗詳："趙智庵之死，實在民國三年四五月間，彼時我正在知事試驗場中；考場假象坊橋眾議院爲之，全按鎖院制度行事，委員長與同考官都居闈中，不得外出。一日傍晚，忽奉總統電召，稱趙秉鈞急病身故，命朱某赴津視察情形，同時接任都督之職。我即赴公府晉謁，見項城形色哀痛，言語倉皇。我因面陳試事方始，不能離場，可否改命朱家寶前去。時家寶爲同考官，在鎖闈中。經項城同意，電家寶進府，面授機宜。下令朱家寶任直隸民政長，派專車送去，我親至車站送行，時已夜半矣……人言龐雜，難於盡信，就中有王治馨同座發言，我印象甚明。查治馨以犯贓處死刑，是民國三年章仲和任司法總長奉命新訂條例後，方能按律治罪，此有司法案卷可查，决非前一年即民國二年所能預先執行。民國初元，治馨曾任内務次長，因趙智庵離職，首長空虛，彼且代理部務。我移掌内務，是二年七月，人員更動，治馨才調任京兆尹，由是其犯贓在趙死後半年，灼然不疑。"黄秋岳《花隨人聖庵摭憶》載："趙秉鈞來歷不明，事卻甚確。趙自言不詳父母姓氏，幼蓋被人販鬻者。其未到津前，嘗爲河南典史。”吾並以此質之螻公，螻稱：“趙智庵出身，人多不明，難於論斷。但知他是一個佐雜小官，在甘新從軍，隨左宗棠參加金順大軍，出嘉峪關追剿白彦虎有功，以微職保至道員。又有人説：他爲袁保恒隨員，袁以翰林奉旨監西徵軍，趙從之出關，漸以工馬術，參金順軍打前鋒顯名。趙對我説：在星星峽戈壁灘遇大風雪，連人帶馬，埋没雪中三晝夜，幾死，幸身壓馬腹，取微暖，未凍斃。此行全隊人馬，死者過半，彼之幸生，由蒙古軍醫灌以馬鹿血致然。彼因筋骨折傷，一生不能近女色，惟與鴉片煙相依爲命。在侍郎任内，京師戒煙令下，王公顯貴，都無例外。此因政府與英國訂約，以十年爲期，斷絶煙癮，執行嚴切，京内外以戒煙死者無算，趙獨具摺請罷職免驗。召見時，親向西后訴述星星峽前情，並稱體弱多病，僅恃洋藥存活，勒令戒絶，必至喪命，懇恩開缺回籍，以維殘年等語。因此奉旨免其戒煙，此光緒末年任民政部右侍郎時事也，吾親聞之。至於與袁結合，首因本是小午部曲之故。項城在小站練兵，趙隨習軍政，專攻偵探、警察兩門，機智殊眾，遂膺要職。庚子□亂，隨往山東，充營務處委員。項城調任直督，天津正在聯軍協防之際，交涉頻繁，令充南段巡警局總辦，與各租界戍卒，錯雜相處，因應咸宜。又招聘日本教官，訓練學生，爲中國運用外洋警察制度，樹之風聲……至於智庵爲項城運籌帷幄，如何勾通内監，迫清廷下遜位詔，及撫綏南方黨人之處，世已周知，無俟瀆叙。”螻公叙述甚詳，足見智庵一生輪廓。夫智庵者，項城之智囊也，緣參預秘密過多，致以猜忌殞身，可爲一歎。外間甚至傳説：光緒帝先西后一日而歿，亦與智庵之毒辣手段有關，此蠖公指爲無稽，吾乃存疑不問。吾寫右記畢，蠖公復告余一趣事：“智庵在侍郎任内，有揚州鹽商某曲意夤緣，以一吴姬奉贈。據稱善於烹調，並帶有厨娘大姐，一切食用器具俱全。該商又盛備資妝，親送來京。時趙在内務部街有新官邸，鋪陳豪貴，而塊然獨處，阿諛取巧者乃乘機而進，然若輩固不知智庵嗜好何種也。人以美人來獻，趙竟不拒，反而以納姬廣召賓客，我輩皆往賀。越數日，以新人决裂，毅然遣歸聞，原主意存調停，終於無效。趙對人解釋，止于‘吴語不通，獷性難馴’八字。”蠖公又云：“智庵年過五十，唇上無髭，有類閹寺。吾謂其傷殘不堪御女，顧蓄妾蓄孌童何用？所云有子，又從何來？凡此語涉矛盾，外人無從勘知。”蠖公又言智庵一事可記。崇陵工程開始後，梁節庵麻衣種樹，在西陵入口小山坡上之龍王廟，枯守三年，一切費用，全是智庵供給。智庵死後，節庵建議，由崇陵工程處，以餘料餘工爲智庵規畫墓地，並改龍王廟爲趙公祠。其管工程技師馬榮，向爲智庵所賞拔，經彼全力以赴，祠於民國七八年間落成，知友多往奠醊。蠖公此説頗有趣，證明智庵身後，與明代大璫之遺臭無以異。(《文史資料選輯》一九八五年第三輯)

《許寶蘅日記》二月初三日(2 月 27 日)：聞趙智庵暴疾垂危。十二日(3 月 8 日)：二時到趙都督宅公祭。

《王治馨墓志》拓片：生於同治七年戊辰六月二十九日，卒年四十有七。

按：據《辛亥以後十七年職官年表》，趙秉鈞卒於二月二十七日,同日朱家寶兼署直隸總督。先生所憶"趙智庵之死,實在民國三年四五月間,彼時我正在知事試驗場中"當不準確。王治馨於一九一四年六月二十七日被捕,十月二十三日被處死,章氏"憶京友爲遯初開追悼會時,吾猶未出京,不久王治馨即被殺。兩事牽連,由夏逮冬,似都在民國二年"當不準確;先生所憶"所有智庵爲厨師施毒一説,吾在智庵津寓喪所,親聞之治馨"存在可能。

同日,與代理國務總理孫寶琦、署教育總長蔡儒楷、農商總長張謇副署大總統袁世凱簽發代理國務總理孫寶琦與先生呈《免唐之定等本官令》;與代理國務總理孫寶琦、署財政總長周自齊副署大總統袁世凱簽發《任命劉瞻漢兼署職務令》、護理陝西民政長宋聯奎呈《免張益謙本官令》;與代理國務總理孫寶琦、陸軍總長周自齊副署大總統袁世凱簽發《任命朱家寶職務令》;與代理國務總理孫寶琦副署大總統袁世凱簽發《任命凌紹彭署職令》《任命鈕傳善署職令》《派吴燾職務令》《考覈四川省屬吏分别獎懲令》、代理國務總理孫寶琦與先生呈《饒鳳璜免去本官另候簡用令》《免温文本官令》。

按:依次取自《袁世凱全集》第二十五卷 25-1075、1064、1063、1079、1066、1067、1078、1071、1065、1076。

二月二十八日,與代理國務總理兼外交總長孫寶琦、署財政總長兼陸軍總長周自齊、海軍總長劉冠雄、司法總長章宗祥、署教育總長蔡儒楷、農商總長張謇副署大總統袁世凱簽發《解散各省省議會令》;與代理國務總理孫寶琦、署教育總長蔡儒楷副署大總統袁世凱簽批代理國務總理孫寶琦呈《奉令據政治會議議決祀孔典禮各節自應遵辦惟祭服祭品等項現在尚未議定此次上丁釋菜勢難如期舉行擬請展至本年秋季再行遵照致祭以昭慎重請鑒覈示遵文》;與代理國務總理孫寶琦副署大總統袁世凱簽批原國務總理熊希齡呈《謹將前衆議院議員程崇信政績據實臚陳可否優予録用請鑒覈施行文》《前令各省組織高等文官懲戒委員會成立多起現查文官懲戒委員會編制令其設於地方各官署者僅得稱爲普通除函由内務部通飭各省一律改正外請鑒覈示遵文》、署湖北民政長吕調元呈《報明壽昌縣已改名鄂城縣應更换印信以符名實等情請鑒覈文》、護理山東民政長龔積柄呈《報明接印任事日期文》、代理國務總理孫寶琦與先生呈《據四川民政長陳廷傑呈稱城口縣知事羅本持捐俸彌補軍費請酌予獎叙等情專案請傳令嘉獎文》《查覈四川都督保薦秘書楊贊賢等請以薦任官叙用等情應由該省長官查照知事試驗條例保薦試驗各辦法呈部覈辦請鑒覈文》、先生呈《擬以本部次長錢能訓充任編訂禮制會會長請鑒覈施行文》。

按:依次取自《袁世凱全集》第二十五卷25-1085、1098、1104、1105、1112、1113、1099、1106、1100。

二月,與代理國務總理孫寶琦副署大總統袁世凱簽批署四川民政長陳廷傑呈《擬請將熊楊亂事出力之石泉

縣科長朱紹熹等分别卹獎以昭激勸文》。(《袁世凱全集》第二十五卷 25－1117)

原注:中華民國三年二月。

三月一日,與代理國務總理孫寶琦副署大總統袁世凱簽發先生呈《免嚴宗恩本官令》《任命柏森職務令》、代理國務總理孫寶琦與先生呈《免李湛田張毓書本官令》《免舒業順本官令》。

按:依次取自《袁世凱全集》第二十五卷 25－1120、1121、1126、1127。

三月二日,與代理國務總理孫寶琦、署財政總長周自齊、署教育總長蔡儒楷、農商總長張謇副署大總統袁世凱簽發《鄭重任免各省司長暨各道觀察使令》;與代理國務總理孫寶琦、署財政總長周自齊副署大總統袁世凱簽發《任命龔心湛兼署職務令》、代理國務總理孫寶琦、署財政總長周自齊與先生呈《免李國筠兼任令》、先生呈《任命閻恩榮職務令》;與代理國務總理孫寶琦副署大總統袁世凱簽發《公布治安警察條例令》《公布警械使用條例令》。

按:依次取自《袁世凱全集》第二十五卷 25－1139、1142、1141、1143、1133、1134。

三月三日,與代理國務總理孫寶琦、農商總長張謇副署大總統袁世凱簽發《公布國有土地承墾條例令》;與代理國務總理孫寶琦、署財政總長周自齊副署大總統袁世凱簽批署步軍統領江朝宗、順天府府尹王治馨呈《懇飭財政部將京西普安淀等處粥廠米石從速照數撥給請鑒覈施行文》；與代理國務總理孫寶琦副署大總統袁世凱簽發《公布豫戒條例令》、代理國務總理孫寶琦與先生呈《傳令嘉獎著有成績之四川省公署各員令》，簽批署直隸民政長劉若曾呈《報明交卸民政長篆務日期文》、代理國務總理孫寶琦呈《據趙惟熙等臚陳前清湖南巡撫陳寶箴事略乞予表揚等情自宜覈轉代乞恩榮謹繕録原呈請鑒覈示遵文》。

按：《署直隸民政長劉若曾呈大總統報明交卸民政長篆務日期文並批》取自《政府公報》中華民國三月六日第六百五十六號。其他依次取自《袁世凱全集》第二十五卷 25－1155、1168、1154、1158、1163。

三月四日，代理國務總理孫寶琦簽發國務院致先生公函，關於防緝革命黨人組織俠義鐵血團圖謀大舉；與代理國務總理孫寶琦、署財政總長周自齊副署大總統袁世凱簽批先生呈《查皖省六霍兩屬天災之後繼以匪擾僅資賑款事何能濟擬懇迅速撥款項以資拯恤請鑒覈批示施行文》；與代理國務總理孫寶琦副署大總統袁世凱簽批署直隸民政長劉若曾呈《轉報内務司長周紹昌任事日期文》、護理陝西民政長宋聯奎呈《報明任事日期文》，簽發先生呈《任命張奎元職務令》《任命王襄等職務令》、代理國務總理孫寶琦等呈《田潛等叙列等第令》。

《國務院公函》（三年密字第一百六十二號）：徑密啟者：

案准奉天都督密函稱：偵得匪黨在東組織俠義鐵血團，力圖大舉等語。當經據情轉呈。奉大總統批：據呈已悉，交内務、陸軍兩部設法認真查緝。此批。除分函陸軍部外，相應抄録原呈函知貴部查照辦理可也。此致内務部長。孫寶琦，中華民國三年三月四日。(《中華民國史檔案資料彙編》第三輯政治分册《黨派社團及會黨起事·會黨起事》)

原注：北洋政府内務部檔案。

按：《署直隸民政長劉若曾呈大總統轉報内務司長周紹昌任事日期文並批》取自《政府公報》中華民國三年三月十日第六百六十號。其他依次取自《袁世凱全集》第二十五卷25－1187、1197、1178、1179、1183。

三月五日，與代理國務總理孫寶琦副署大總統袁世凱簽批代理國務總理孫寶琦等呈《准柏森叙列等第令》。(《袁世凱全集》第二十五卷25－1217)

三月六日，與代理國務總理孫寶琦、陸軍總長周自齊副署大總統袁世凱簽發《著張炳華進京另候任用令》《任命張廣建職務令》；與代理國務總理孫寶琦副署大總統袁世凱簽發代理國務總理孫寶琦與先生呈《傳令嘉獎張宏樾等令》《分别獎懲四川辦理禁煙各員令》，簽批署湖北民政長吕調元呈《轉報鄂北觀察使朱佑保到任日期文》。

按：依次取自《袁世凱全集》第二十五卷25－1232、1233、1235、1236、1251。

三月(八日前)，與代理國務總理孫寶琦、署財政總長周自齊副署大總統袁世凱簽批河南民政長張鳳臺呈《擬將豫省行政公署秘書杜嚴等分别保薦以備器使請鑒覈文》。(《袁世凱全集》第二十五卷 25-1264)

原注:中華民國三年三月七日刊載。

三月七日,與代理國務總理孫寶琦副署大總統袁世凱簽發先生呈《任命林彦京職務令》,簽批兼理湖南民政長湯薌銘呈《報明湘省各屬自治機關先經解散及奉令遵辦各等情請批示祗遵文》。

按:依次取自《袁世凱全集》第二十五卷 25-1259、1265。

三月八日,與内務次長錢能訓率部僚公祭直隸都督前國務總理趙秉鈞。

《内務部公祭直隸都督前國務總理趙公文》:維民國三年三月八日,内務總長朱啟鈐、次長錢能訓謹率部僚以清酌庶羞致祭於陸軍上將勳一位直隸都督兼民政長前國務總理内務總長趙公之靈。(《内務公報》中華民國三年三月十五日第六期《雜録》)

章士釗《書趙智庵》:家寶去,我仍回院主試事,俟過正場三日以後,我方赴津會斂(俗名接三)。其在趙宅治喪者,爲朱家寶、張懷芝、凌福彭、楊以德等,皆天津官場人物也。在津會葬,即日返京覆命。智庵家屬,只一妾一子。所謂妾者,亦不過一灶下婢,荒年在河南收買之難女;所謂子者,養子也,聞妾後將養子殺卻。其他有二孌童,居常伺候燒煙開飯,客來也不避開。趙好男風,人所共知。是日已經棺斂,我未見遺容。其宅有小花園，山石樹木俱齊，眾議即在其處淺厝，故云會葬，非視斂也。在趙宅所晤諸人，大抵北洋舊同事居多。(《文史資料選輯》一九八五年第三輯)

按:趙秉鈞卒於二月二十七日。

同日，與代理國務總理孫寶琦副署大總統袁世凱簽發先生呈《免李振麟本官令》《任命梁一恕職務令》《盧世儀等免去本官另候任用令》。

按:依次取自《袁世凱全集》第二十五卷 25－1273、1274、1277。

三月九日，與代理國務總理兼外交總長孫寶琦、署財政總長兼陸軍總長周自齊、海軍總長劉冠雄、司法總長章宗祥、署教育總長蔡儒楷、農商總長張謇副署大總統袁世凱簽發《擬設清史館令》;與代理國務總理孫寶琦、署財政總長周自齊副署大總統袁世凱簽批代理國務總理孫寶琦呈《據銓叙印鑄兩局會呈稱擬將財政部所定獎給徵收官吏之雙鶴單鶴獎章內務部所定獎給各縣知事之棠蔭章一律援照知事獎勵條例之嘉禾章辦理各等情請鑒覈施行文》。

按:《大總統發布設置清史館令》取自《政府公報》中華民國三年三月十日第六百六十號。其他取自《袁世凱全集》第二十五卷 25－1284。

三月十日，與代理國務總理孫寶琦、陸軍總長周自齊、司法總長章宗祥副署大總統袁世凱簽批內務部《據徐淮海清鄉督辦段書雲呈報辦理清鄉窒礙情形擬變通治匪辦法以後拏獲匪徒除有别項情節者照章移送司法衙門其確爲搶劫燒殺姦淫虜掠等犯歸入軍事範圍辦理呈》;與代理國務總理孫寶琦、陸軍總長周自齊副署大總統袁世凱簽批直隸民政長兼署理都督朱家寶呈《報明接印任事日期文》;與代理國務總理孫寶琦副署大總統袁世凱簽批步軍統領衙門呈《謹將三年一月分辦過事項彙總擇略繕單請鑒察文》、代理江西民政長戚揚呈《轉報代理内務司長陶家瑶任事日期文》,簽發代理國務總理孫寶琦與先生呈《免張俊英等本官令》。

按:依次取自《袁世凱全集》第二十五卷 25－1316、1317、1318、1324、1308。

三月十一日,與代理國務總理孫寶琦、陸軍總長周自齊副署大總統袁世凱簽批《留任河南護軍使趙倜陳豫省善後辦法不外祛匪患辦清鄉整軍隊三端請鑒覈訓示呈》;與代理國務總理孫寶琦副署大總統袁世凱簽發《公布褒揚條例令》,簽批河南民政長田文烈呈《報明到任日期文》、國務總理孫寶琦與先生呈《覈覆四川民政長呈請卹獎積勞病故之石泉縣科長朱紹熹等一案分别擬給卹金勳章請鑒覈令准施行文》。

按:依次取自《袁世凱全集》第二十五卷 25－1342、1331、1344、1345。

三月(十三日前),報送《擬劃察哈爾特别行政區域呈》。(《蠖園文存》卷中)

按：標注時間爲民國三年三月十三日，或也爲批復時間。

三月十二日，參加國務會議，會議討論文官懲戒令暨文官懲戒執行令草案、審計處官制、陸軍刑事條例暨陸軍刑事條例施行規則草案、世爵封襲條例、文官考試令、典試委員編制令暨文官保降令、漢冶萍公司借款案。（上海圖書館藏郭則沄等《民國三年府院會議紀録》稿本）

同日，與代理國務總理兼外交總長孫寶琦、署財政總長兼陸軍總長周自齊、海軍總長劉冠雄、司法總長章宗祥、署教育總長蔡儒楷、農商總長張謇副署大總統袁世凱簽發《公布會計條例令》《公布審計條例令》；與代理國務總理孫寶琦、陸軍總長周自齊副署大總統袁世凱簽發《按法嚴辦煙犯令》；與代理國務總理孫寶琦、署財政總長周自齊副署大總統袁世凱簽批先生呈《陳明前經國務會議議決直隸省開縣民埝决口工程經費全數暫由國家擔認補助一次懇飭部迅撥的款發交該省具領以重要工請鑒覈示遵文》；與代理國務總理孫寶琦副署大總統袁世凱簽發《慎選保薦知事令》，簽批署察哈爾都統何宗連《陳明内務部擬劃全國行政區域以察哈爾轄三縣移治多倫以上谷郡轄十一縣設治宣化各節於邊疆形勢規劃有誤請鑒覈呈》、署四川民政長陳廷傑呈《擬將已撤長寧縣知事丁松年褫職查辦並懇將已撤署清溪縣知事王鈞軸獎案撤銷請訓示遵行文》。嚴復致書先生。

按:依次取自《袁世凱全集》第二十五卷 25－1349、1350、1351、1364、1352、1362、1363。

嚴復致先生書:桂辛總長仁兄執事:敬啟者。辛丑數面,南北分飛,比年雖同處王城人海之中,顧以國事賢勞,不敢冒昧溷謁。寅維體中康娱,公私迪吉,無任頌載。兹有瀆者,本年二月二十一日《北京日報》於各省新聞欄内,載有借屍還魂一事。弟因此事關於學理甚鉅,當即繕緘,托長垣執事查取情節虛實。去後,據復:除與報紙所云字眼純係京話一節不合外,其復甦自述種種,乃與報載相符,令人懷疑依然莫釋。因欲知底裹,今謹緘乞費神,敕屬代查情事如左:一查北京南城有否雲姓人家,其家世情形,是否如報中言甦者所口述。一查此南城雲姓,與長垣武邱集之李姓,是否親串,抑平日往來,或他事相涉,其姓家事爲李母之所前聞。一查雲家知否風傳其女借屍之事,知後有無派人前往長垣看視。一查如經派人看視,相見時情狀如何。今將原報割斷並抄知事復緘,統呈偉覽。極知瑣屑,但以關係哲學心理,弟以學人天職,必求此事真相,用敢具緘奉瀆,仰求台端爲學界將伯之助。臨穎不勝戰懼悚戢之至。手此。肅敬尊祺。諸惟愛照不宣。弟嚴復再躬,三月十二日。

(附長垣縣知事緘)又陵先生大人台鑒:甲寅二月初三日,奉到賜函,敬悉一事。李女復生之事,上年冬間即有所聞。因未親見其人,疑信參半。奉諭後,即於初八日,將該民女唤至縣署内堂,面加質詢。據述家世以及父母姓氏,悉與報載相符。其回生係在上年舊曆十月二十六日晚間,因病昏迷,經李母聲唤甦醒,即云我雲桂香也。但雲女時針工甚好，今則一無所能。雲女在日，頗知文墨，改軀之後，目不識丁，且色憔悴，目睛直視，語言係屬長垣字眼，亦少言語，豈病後邪熱未盡耶？抑靈性雖存、身軀已换之故耶？此中學理深微，想大君子研究必有所得也。惜垣邑地屬偏隅，又乏名醫診其脈息，實無從試驗，但以橘子坤物試其知否，語亦支吾。據此情形，一時尚難確定，容俟詳細查清，再行報命。尚祈察入是幸。專此肅復，敬請著安。諸惟愛照不宣。長垣縣知事林森謹肅，二月初九日。（耿春亮《新發現嚴復致朱啟鈐信函一通》）

三月十三日，與代理國務總理孫寶琦、陸軍總長周自齊副署大總統袁世凱簽發《責成豫鄂秦三省協力剿匪保護各國教士令》《通飭各省嚴拏亂黨令》，簽批署熱河都統姜桂題呈《遵令改組熱河民政軍政兩廳情形暨報明成立日期等情請鑒覈文》；與代理國務總理孫寶琦、署財政總長周自齊副署大總統袁世凱簽發代理國務總理孫寶琦與先生呈《免成憲熊道琛本官令》；與代理國務總理孫寶琦副署大總統袁世凱簽批籌辦八旗生計事宜陸建章等呈《奉諭交議馮煦等函請籌備寧垣旗民生計事宜謹擬定辦法暨附呈八卦洲碑記二紙等情請鑒覈批示遵行文》、先生與主試委員朱家寶等呈《報明本届試事辦畢各場試驗情形暨審查保薦免試人員應從嚴限制等情並繕具試驗及格人名册請鑒覈文》，簽發代理國務總理孫寶琦與先生呈《任命鄧瑶光職務令》《任命梁豐職務令》、代理國務總理孫寶琦等呈《林彦京叙列等第令》。

按:依次取自《袁世凱全集》第二十五卷 25 - 1371、1372、1384、1379、1383、1382、1374、1377、1381。

三月十四日,參加大總統府會議,會議討論中日合辦實業公司事項、巴拿馬賽會事項、招商局事項、維持司法事項、先生會上所呈遞京畿緝獲盜劫案犯清摺、漢冶萍借款事項。(上海圖書館藏郭則沄等《民國三年府院會議紀録》稿本)

同日,與代理國務總理兼外交總長孫寶琦、署財政總長兼陸軍總長周自齊、海軍總長劉冠雄、司法總長章宗祥、署教育總長蔡儒楷、農商總長張謇副署大總統袁世凱簽發《妥速籌備約法會議開會事項令》;與代理國務總理孫寶琦、陸軍總長周自齊副署大總統袁世凱簽批代理國務總理孫寶琦呈《據四川都督等先後電覆會覈四川查辦使姚寶來查覆董清峻等呈稱川亂未息隱患甚鉅一案所陳各節或案經懲治或情有可原應即毋庸置議彙案轉呈請鑒覈文》;與代理國務總理孫寶琦、署教育總長蔡儒楷副署大總統袁世凱簽發代理國務總理孫寶琦與先生呈《免胡斗衡本官令》;與代理國務總理孫寶琦副署大總統袁世凱簽發《任命阮毓崧伍莊署職令》、代理國務總理孫寶琦與先生呈《任命高桐職務令》《免余名銓本官令》《免汪希秘書本官令》《任命揚鎮毅屈爔職務令》《免趙頡第本官令》、先生呈《免王繩高本官令》,簽批襲封衍聖公孔令貽呈《懇收回增加祭費成命飭部免提祀田並擬懇令飭山東民政長妥籌加撥地畝仍作祀田暨百户等官由衍聖公揀委各等情請鑒覈示遵文》、署雲南都督唐繼堯呈《懇將雲南都督府高等顧問周沆交國務院存記優予擢用請裁覈示遵文》、先生呈《擬將直隸省大元兩縣合併爲大名縣暨毋庸規復魏縣請鑒覈示遵文》。

按:依次取自《袁世凱全集》第二十五卷 25－1391、1413、1406、1393、1401、1402、1403、1404、1405、1407、1416、1418、1415。

三月十五日,與代理國務總理孫寶琦、署財政總長周自齊副署大總統袁世凱簽發《任命李祖年兼職令》、先生與署財政總長周自齊呈《免崔廷獻王志昂本官懲警令》;與代理國務總理孫寶琦、陸軍總長周自齊副署大總統袁世凱簽發代理國務總理孫寶琦與先生呈《廣東省考察屬吏分別獎懲令》;與代理國務總理孫寶琦副署大總統袁世凱簽發《任命金永職務令》。

按:依次取自《袁世凱全集》第二十五卷 25－1433、1429、1436、1431。

三月十六日,與代理國務總理外交總長孫寶琦、署財政總長兼陸軍總長周自齊、海軍總長劉冠雄、司法總長章宗祥、署教育總長蔡儒楷、農商總長張謇副署大總統袁世凱簽發《修正各省薦任以上文官赴任憑限規則第二條第十條令》;與代理國務總理孫寶琦、陸軍總長周自齊副署大總統袁世凱簽發《地方官吏須守土保民令》;與代理國務總理孫寶琦、署財政總長周自齊副署大總統袁世凱簽批交通部呈《轉據交通銀行呈擬交通銀行則例開具清摺請鑒覈公布施行文》;與代理國務總理孫寶琦副署大總統袁世凱簽發先生呈《任命章祜職務令》。

按:依次取自《袁世凱全集》第二十五卷25-1442、1451、1453、1447。

三月(十八日前),大總統袁世凱諭國務院各總長、次長:此後,各總次長無論如何,當此過渡時期,不得托詞去位。(《袁世凱全集》第二十五卷25-1475)

原注:中華民國三年三月十七日刊載。

三月十七日,與代理國務總理孫寶琦、署財政總長周自齊、司法總長章宗祥副署大總統袁世凱簽批先生與署財政總長周自齊會呈《覆覈前長春官銀錢號分號委員查富煜係省委人員自無可褫之職惟案關贓私自應歸法庭審理並懇先行查抄家產備抵以重公款據情會呈請鑒覈允准施行文》;與代理國務總理孫寶琦、陸軍總長周自齊副署大總統袁世凱簽發《任命張鳴岐職務令》;與代理國務總理孫寶琦、署財政總長周自齊副署大總統袁世凱簽發《任命張翼廷職務令》;與代理國務總理孫寶琦副署大總統袁世凱簽發代理國務總理孫寶琦與先生呈《任命裴熙琳張鏡寰職務令》《任命金祖澤職務令》。

按:依次取自《袁世凱全集》第二十五卷25-1469、1459、1461、1462、1463。

三月(十九日前),大總統袁世凱面諭各總長:目下一切規制尚不能定,此乃時勢所限,無可如何。因此便然不思振作,最爲可危現狀。刻已稍静,無所用其維持,正可放手辦事矣。治國如治病,病狀時有變動,豈能久不改方。若拘執不變,古書可以治國,醫書可以治病;治病焉用醫生,治國焉用人才。(《袁世凱全集》第二十五卷 25-1501)

原注:中華民國三年三月十八日刊載。

三月(十九日前),大總統袁世凱於宴請國務員時特囑先生:亟宜切實整頓路政,取締路員於客貨票尤宜獎絶風清。(《袁世凱全集》第二十五卷 25-1503)

原注:中華民國三年三月十八日刊載。

三月十八日,與代理國務總理孫寶琦、陸軍總長周自齊副署大總統袁世凱簽批順天府府尹王治馨《報明自上年秋冬兩季截至一月破獲盜匪案件列表請鑒覈呈》、山西都督閻錫山呈《擬將異常出力之巡警道南桂馨等請分别優給獎叙文》;與代理國務總理孫寶琦、司法總長章宗祥副署大總統袁世凱簽批步軍統領衙門呈《報明拏獲結夥捆毆事主搶劫行人盜犯陳九兒等一案送廳起訴文》;與代理國務總理孫寶琦副署大總統袁世凱簽批籌辦八旗生計事宜陸建章等呈《據成都旗人代表前四川峩眉縣知縣銘恒等呈稱成都旗民生計中絶懇請代呈以救危急等情請鑒覈施行文》、甘肅都督趙惟熙呈《保薦解任甘肅巡警道賴恩培等四員請鑒覈訓示飭遵文》、山東民政長高景祺呈《報明到任日期文》。

按：依次取自《袁世凱全集》第二十五卷 25－1484、1488、1496、1485、1489、1491。

三月十九日，參加國務會議，會議討論川邊另劃行政區域案、審計處提出各省預算决算逾限處分案、駐日陸公使請教育部添設秘書專辦駐日學務案。（上海圖書館藏郭則沄等《民國三年府院會議紀録》稿本）

同日，與代理國務總理孫寶琦、署財政總長周自齊副署大總統袁世凱簽批先生呈《遵覈被匪戕害之河南新野縣知縣葉承祖擬照章給卹請鑒覈批示施行文》；與代理國務總理孫寶琦副署大總統袁世凱簽批湖南都督湯薌銘呈《報明覆審匪犯楊禮臣等分别正法監禁等情請俯賜察覈文》、署四川民政長陳廷傑呈《報明改訂臨時省議會議决通省團練章程及辦理情形繕具清册請鑒覈示遵文》、署湖北民政長吕調元呈《報明暫刊陽新五峯兩縣印信各一顆令發各該縣具領遵用請鑒覈文》、國務總理孫寶琦與先生呈《陳明此次各部總長及各地方長官保薦應免知事試驗人員彙造履歷事實並審查報告清單清册請鑒覈施行文》，簽發先生呈《免王宗祐本官令》《任命邊守靖職務令》。

按：依次取自《袁世凱全集》第二十五卷 25－1516、1518、1519、1521、1513、1509、1510。

三月(二十一日前),大總統袁世凱簽批先生等呈《報試驗知事情形文》:據呈已悉。所稱保薦過濫,請嚴定考成,酌加限制各節,已有令明發矣。此批。册存。(《袁世凱全集》第二十五卷 25－1542)

原注:中華民國三年三月二十日刊載。

三月二十日,與代理國務總理孫寶琦、司法總長章宗祥副署大總統袁世凱簽批奉天民政長張錫鑾呈《准盛京副都統咨請轉懇取銷審判廳將福陵青樁界内陵荒視爲普通私荒原判等情應否准予取銷重申禁令請鑒覈施行文》;與代理國務總理孫寶琦副署大總統袁世凱簽發《免許世英本官令》、代理國務總理孫寶琦與先生呈《任命葉廣釗職務令》《任命范壽桐職務令》《任命潘邠職務令》《湖北省考察屬吏分别獎懲令》。

按:依次取自《袁世凱全集》第二十五卷 25－1541、1526、1530、1531、1532、1534。

三月二十一日,與代理國務總理孫寶琦副署大總統袁世凱簽批順天府尹王治馨呈《報明營務處探訪隊長王保德等緝獲要犯李春湘請鑒覈文》。(《袁世凱全集》第二十五卷 25－1560)

同日,請許寶蘅代撰挽趙秉鈞聯。(《許寶蘅日記》)

張謇《柳西草堂日記》二月二十五日:天壇吊祭趙上將。(《張謇全集》8)

按:日記使用陰曆。

三月二十二日,與代理國務總理孫寶琦、陸軍總長周自齊副署大總統袁世凱簽批二等文虎章甘肅寧夏護軍使兼署寧夏將軍節制阿拉善鄂托克烏審等旗陸軍中將馬福祥呈《謹就寧夏將軍組織行政公署擬具暫行章程請交議覈准施行文》;與代理國務總理孫寶琦、署財政總長周自齊副署大總統袁世凱簽批文官高等懲戒委員會委員長董康呈《條列目前切要事宜數端請分別訓示遵行文》;與代理國務總理孫寶琦副署大總統袁世凱簽發代理國務總理孫寶琦與先生呈《任命方大英職務令》,簽批代理國務總理孫寶琦與先生呈《據吉林民政長齊耀琳呈請任命葉廣釗爲西南路觀察使署秘書等情請批示祗遵文》《據署湖北民政長吕調元呈請任命范壽桐爲鄂東觀察使署秘書潘邠爲鄂北觀察使署秘書等情請批示祗遵文》。

按:依次取自《袁世凱全集》第二十五卷 25 - 1568、1570、1567、1571、1573。

三月(二十四日前),大總統袁世凱面告先生:縣知事爲親民之官,應如何設身處地,講求捕務,認真防範。此次河南等省到處伏莽,皆由地方養成。此後防匪弭盜,責成縣令辦理,不稍寬假。倘再敷衍,縱匪成患,定予嚴處,以重地方。(《袁世凱全集》第二十五卷 25 - 1614)

原注:中華民國三年三月二十三日刊載。

三月二十三日,與代理國務總理孫寶琦、陸軍總長周自齊副署大總統袁世凱簽批四川都督胡景伊署四川民政長陳廷傑呈《報明川省上年十月至年底各屬徵辦匪徒姓名事實撮要列表請鑒覈令遵文》;與代理國務總理孫寶琦、署財政總長周自齊副署大總統袁世凱簽批先生呈《據籌備國會事務局呈兩院原設警衛處係由京師警察廳遴選編練均仿照特别警察辦理現在兩院雖不開會嗣後約法會議及其他開會場所尚需警衛擬請將該處編制概仍舊貫各等情轉請鑒覈示遵文》;與代理國務總理孫寶琦副署大總統袁世凱簽發《王治馨開缺另候任用令》《任命沈金鑑職務令》、代理國務總理孫寶琦與先生呈《免王文華本官令》《任命李映雪職務令》,簽批步軍統領衙門呈《據四郊自治總局督辦周鍾俊呈復遵令通飭京師地方各級自治會概行停辦詳細調查並無財産糾葛及不正當之收入取具甘結造册呈覈等情請鑒察文》。

按:依次取自《袁世凱全集》第二十五卷 25－1606、1595、1585、1586、1591、1597、1592。

三月,第一届知事試驗舉行。考取知事謁見總理。

《許寶蘅日記》正月十九日(2 月 13 日):王晉民垚來,來應知事試驗者。二月初九日(3 月 5 日):參觀知事試驗,場内布置一切甚爲整齊。十七日(3 月 13 日):二時到部,布置知事試驗處。十八日(3 月 14 日):鄭幹臣滋藩、楊誠齋道隆兩同年來,皆第一届知事試驗及格者。二十七日(3 月 23 日):八時三刻到國務院,照料考取知事謁見總理。

按:本次爲第一届知事試驗,其結束當不晚於三月十四日。

三月二十四日，與代理國務總理孫寶琦、署財政總長周自齊副署大總統袁世凱簽發《免周平珍本官令》《任命蔣繼伊署職令》。

按：依次取自《袁世凱全集》第二十五卷 25－1617、1618。

三月二十五日，與代理國務總理孫寶琦、署財政總長周自齊副署大總統袁世凱簽發代理國務總理孫寶琦與先生呈《免王垓袁祖光本官令》，簽批先生呈《瀝陳直東兩省河工危險災黎呼籲所需款項懇迅予如數補助一次發交該省具領以符原議等情請鑒覈批示遵行文》；與代理國務總理孫寶琦副署大總統袁世凱簽發《任命戚揚署職令》《任命何剛德署職令》、代理國務總理孫寶琦與先生呈《任命葉鑄職務令》，簽批綏遠將軍張紹曾呈《據歸綏民政廳長劉焀報明就職日期及呈請頒發任命狀各等情請鑒覈批示施行文》。

按：依次取自《袁世凱全集》第二十五卷 25－1643、1645、1635、1636、1642、1651。

三月（二十七日前），大總統袁世凱特令先生通電各省民政長：山西盂縣知事，因鄉民抗拒驗契稅，擅行開槍傷害四十餘命，殊屬不合。除已派員嚴行查辦外，應嚴飭各該省所屬各知事，嗣後除遇有特別匪亂外，無論何事，不得草菅民命，致干嚴懲。（《袁世凱全集》第二十五卷 25－1672）

原注：中華民國三年三月二十六日刊載。

三月二十六日，參加國務會議，會議討論蒙藏局改設專部案、都統府官制暨都統府審判條例案、文官卹金令施行細則、報紙條例、征收官吏考核條例、督徵經徵分徵官懲戒條例案。（上海圖書館藏郭則澐等《民國三年府院會議紀録》稿本）

同日，與代理國務總理孫寶琦、陸軍總長周自齊副署大總統袁世凱簽發《任命宋聯奎職務令》；與代理國務總理孫寶琦、署財政總長周自齊副署大總統袁世凱簽批奉天民政長張錫鑾呈《擬將隨缺伍田地價仍按四成發給八旗官兵以恤生計請鑒覈備案文》，簽發代理國務總理孫寶琦與先生呈《免杜龍彬本官令》，簽批代理國務總理孫寶琦與先生呈《據河南民政長田文烈呈據豫南觀察使葉濟呈請薦任葉鑄爲秘書暨科長袁祖光王垓先後辭職請免去本官各等情請批示祇遵文》；與代理國務總理孫寶琦、農商總長張謇副署大總統袁世凱簽批署湖北民政長吕調元呈《轉報署實業司長陳希賢到任日期文》；與代理國務總理孫寶琦副署大總統袁世凱簽發《從嚴議處王秉鉞令》，簽批署四川民政長陳廷傑呈《陳明遵令酌設各地方警隊訂定暫行簡章撥給款項槍械籌擬要領並預籌巡防營改編警備隊各等情請察覈示遵文》。

按：依次取自《袁世凱全集》第二十五卷25－1655、1666、1659、1669、1671、1663、1667。

三月（二十八日前），大總統袁世凱飭内務部：各省匪氛不靖，民困難蘇，非於捕務切實整頓，不足以清亂源。因決定飭部擬訂兩項懲罰專章：一、地方官吏諱盜懲罰專章。一、捕務廢弛罰章。俟規定妥協，即行通飭各省一律遵照。（《袁世凱全集》第二十五卷 25－1673）

原注：中華民國三年三月二十七日刊載。

按：原標題爲"飭内政部擬訂兩項懲罰章程"，"内政部"應爲"内務部"。

三月（二十八日前），與代理國務總理孫寶琦副署大總統袁世凱簽批代理國務總理孫寶琦與先生呈《規定上海觀察使區域列表會呈請鑒覈示遵文》。（《袁世凱全集》第二十五卷 25－1688）

原注：中華民國三年三月二十七日刊載。

三月二十七日，與代理國務總理孫寶琦副署大總統袁世凱簽發《任命王耒署職令》、先生呈《免蔣道援本官令》《任命謝啟文職務令》、代理國務總理孫寶琦與先生呈《任命徐國樑職務令》，簽批代理國務總理孫寶琦與先生呈《准審計處奉天民政長先後送到查覆奉天省城警察廳廳長修築馬路違法興工一案應交文官高等懲戒委員會審查辦理請鑒覈示遵文》；代理國務總理孫寶琦副署大總統袁世凱簽發先生呈《予哈得爾等勳章令》。

按：依次取自《袁世凱全集》第二十五卷 25－1679、1682、1683、1684、1690、1676。

三月二十八日，參加大總統府會議，會議討論西藏劃界事項、中日實業公司股本事項、俄使提出呼倫貝爾條件及伊犁俄兵交涉哈薩克游牧地問題、漢冶萍鄂省官款

事項、市政局設置事項、頒布交通銀行條例事項、海軍部訂購軍艦事項。(上海圖書館藏郭則沄等《民國三年府院會議紀録》稿本)

三月三十日,與代理國務總理孫寶琦、署財政總長周自齊副署大總統袁世凱簽發《任命龔廷楝職務令》,簽批先生呈《擬將因公被害之山東樂安縣知事王文域按照文官卹金令給予遺族卹金請鑒覈批示施行文》;與代理國務總理孫寶琦副署大總統袁世凱簽發先生呈《免蔣澍霖本官令》。

按:依次取自《袁世凱全集》第二十五卷25-1729、1744、1738。

三月三十一日,與代理國務總理兼外交總長孫寶琦、署財政總長兼陸軍總長周自齊、海軍總長劉冠雄、司法總長章宗祥、署教育總長蔡儒楷、農商總長張謇副署大總統袁世凱簽發《公布平政院編制令》;與代理國務總理孫寶琦、陸軍總長周自齊副署大總統袁世凱簽發《望朱家寶勉抑哀思勤服國務令》《准朱家寶奔喪回籍令》;與代理國務總理孫寶琦副署大總統袁世凱簽發《免高增爵本官令》《任命宋聯奎職務令》《命周紹昌調京另候任用令》《任命吳燾職務令》《舉劾屬僚務當審慎持平令》《公布民業鐵路條例令》、先生呈《任命黄桂昌職務令》,簽批先生呈《據京師紳商士民惲毓鼎馮韓霑等呈稱直隸都督暨民政長趙秉鈞有功京師懇准予在京擇地建祠歲時上祭及交國務院酌擬説法等情經部分別覈議請鑒覈示遵文》。

按：依次取自《袁世凱全集》第二十五卷 25－1756、1759、1760、1761、1762、1763、1764、1768、1773、1769、1776。

同日，晚，訪徐世昌，久談，三更始去。(《徐世昌日記》)

四月一日，與代理國務總理孫寶琦副署大總統袁世凱簽發代理國務總理孫寶琦與先生呈《免蘇紹章等本官令》，簽批先生呈《籌設督察禁煙處專管禁煙事務等情請鑒覈文》《河南鎮平縣紳高麟超等抵禦悍匪駡賊遇害擬按卹金令每年給高麟超遺族卹金二百四十元伊姪高敬宗係無職人員擬比照褒揚條例給予匾額題字請鑒覈批示施行文》。

按：依次取自《袁世凱全集》第二十六卷 26－5、10、11。

四月二日，與代理國務總理孫寶琦、陸軍總長周自齊副署大總統袁世凱簽批湖南都督兼民政長湯薌銘呈《報明湘省匪徒滋擾及辦理情形請覈示文》；與代理國務總理孫寶琦、署財政總長兼陸軍總長周自齊副署大總統袁世凱簽批會辦河南剿撫事宜張鎮芳呈《報明啟用關防日期並電商河南都督民政長籌提的款派員馳赴豫南賑撫請鑒覈施行文》；與代理國務總理孫寶琦、司法總長章宗祥副署大總統袁世凱簽批步軍統領衙門呈《報明拏獲搶劫鄰境盜犯郭大槓仔即郭狗剩兒等四名已函送地方檢察廳提起公訴並飭將在逃之劉海郭二槓仔嚴緝務獲等情請鑒察文》；與代理國務總理孫寶琦副署大總統袁世凱發布《公布報紙條例令》《免王瑚本官令》《分別獎懲河南數縣知事令》,簽批前甘肅都督趙惟熙呈《懇復諡法以光盛典而勸有位請鑒示採擇施行文》、河南民政長田文烈呈《報明前因豫東觀察使沈銘昌充政治會議委員以財政司長高鴻善暫行兼理現該司長本任業已交卸擬以陳寶楨暫行代理豫東觀察使請鈞鑒文》、先生呈《據江蘇民政長臚陳太倉縣知事洪錫範政績擬懇給予勳章請鑒覈令准施行文》、國務總理孫寶琦與先生呈《據陝西民政長高增爵呈稱病難速痊懇請開缺等情請鑒覈批示施行文》。

按:依次取自《袁世凱全集》第二十六卷 26－30、32、35、15、19、23、31、36、27、33。

四月(四日前),報送《編訂禮制會議定禮目呈》。(《蟫園文存》卷中)

按:標注時間爲民國三年四月三日,或也爲批復時間。

四月三日,與代理國務總理孫寶琦、署財政總長周自齊、農商總長章宗祥副署大總統袁世凱簽發《清理官產尅日程功令》;與代理國務總理孫寶琦副署大總統袁世凱簽發先生呈《免徐鶴年等本官令》。

按:依次取自《袁世凱全集》第二十六卷 26－40、49。本年四月二日,農商總長張謇休假,司法總長章宗祥暫兼(五月一日,張謇重任)。

四月四日,參加大總統府會議,會議討論法國推廣租界訂定罪犯引渡條款、借款事項、察哈爾都統駐紮地

點事項、恰克圖會議事項、裁減司法機關事項。（上海圖書館藏郭則沄等《民國三年府院會議紀録》稿本）

同日，與代理國務總理孫寶琦、陸軍總長段祺瑞、司法總長章宗祥副署大總統袁世凱簽發《公布增訂檢察廳調度司法警察章程令》；與代理國務總理孫寶琦、署教育總長蔡儒楷副署大總統袁世凱簽批兼護甘肅民政長張炳華呈《轉呈代理教育司長楊丙榮就職日期文》；與代理國務總理孫寶琦、陸軍總長段祺瑞副署大總統袁世凱簽批署綏遠城將軍張紹曾呈《報明軍政民政兩廳長到任日期文》；與代理國務總理孫寶琦副署大總統袁世凱簽發先生呈《任命汪廷襄職務令》、代理國務總理孫寶琦與先生呈《任命陳亮職務令》《任命譚椒馨等職務令》《分別獎懲貴州各縣知事令》《免蕭方駿本官令》《免程毓麟本官令》。

按：依次取自《袁世凱全集》第二十六卷 26－57、75、76、66、67、68、69、70、71。

四月五日，與代理國務總理孫寶琦、司法總長章宗祥副署大總統袁世凱簽發《公布縣知事兼理司法事務暫行條例令》《公布縣知事審理訴訟暫行章程令》；與代理國務總理孫寶琦副署大總統袁世凱簽發《任命阮忠植職務令》《任命陳光憲職務令》、先生呈《傳令嘉獎張文翰令》。

按：依次取自《袁世凱全集》第二十六卷 26－77、78、81、82、86。

四月六日，與代理國務總理孫寶琦、陸軍總長段祺瑞副署大總統袁世凱簽發《分别獎卹張華亭等令》；與代理國務總理孫寶琦、司法總長章宗祥副署大總統袁世凱簽批署步軍統領江朝宗呈《謹將三年二月分辦過事項擇略繕單請鑒察文》《報明拏獲結夥持械刨挖墳塚盗犯劉福長即劉大鼻仔暨銷贓知情各犯及在三河縣提來之同夥盗犯等訊據供認屬實已函送地方檢察廳提起公訴並飭將在逃之劉海嚴緝務獲請鑒覈文》；與代理國務總理孫寶琦副署大總統袁世凱簽發先生呈《免李霆輝本官令》，簽批先生呈《據江蘇民政長呈請薦任陸宗保爲省城警察廳署長等情應請任命至應否免覲請示遵文》、代理國務總理孫寶琦呈《前奉交議衍聖公孔令貽呈崇聖典例間有未當懇飭部查照前令免提祀田一案函由内務部審覈准復稱原呈各節頗多誤會分别議駁等因經院覆覈尚屬允當應否照擬辦理之處請覈示文》、直隸民政長兼署理都督朱家寶呈《轉據天津紳商劉彭年等懇爲趙故督秉鈞建設專祠請查覈批示施行文》、安徽都督兼民政長倪嗣冲呈《據六安縣知事呈稱黑龍江審判廳推事汪贊煃請假赴六入贅城陷被執駡賊遇害伊妻汪吕氏痛夫殉節請優予卹典並准予旌表文》。

按：依次取自《袁世凱全集》第二十六卷 26－97、102、98、109、101、113、105、115。

四月七日，與代理國務總理孫寶琦、署財政總長周自齊、陸軍總長段祺瑞副署大總統袁世凱簽批代理國務總理孫寶琦呈《擬定前清四川總督趙爾豐卹金數目請覈示文》;與代理國務總理孫寶琦、署財政總長周自齊副署大總統袁世凱簽發《公布交通銀行則例令》;與代理國務總理孫寶琦副署大總統袁世凱簽批奉天民政長張錫鑾吉林民政長齊耀琳會呈《請將何厚琦交院部以觀察使存記遇缺呈請簡任文》。

按:依次取自《袁世凱全集》第二十六卷 26－125、119、126。

同日,夜,瞿宣穎自滬至京,前往先生寓所。先生留其住宿,並力勸其家北游。

《瞿兑之日記》(外三種):三月十二日(4月7日),夜七時半,到京,行李因在行李專車,與子武候之甚久始齊。一人喚車至桂辛宅,適桂在家,引見甚驚異,其兒女亦均不相識矣。留余住宿,余亦不辭。桂意力勸我家北游,余擬明日寫信詳述之。母親病後大宜游散,藉此一游,最合宜也。

按:本譜中所引用《瞿兑之日記》,皆由唐雪康提供。

四月八日,與代理國務總理孫寶琦、署財政總長周自齊、農商總長章宗祥副署大總統袁世凱簽批先生呈《黑龍江清丈招墾設局開辦一案已由部電令該民政長仍照前案督飭進行並將所呈清丈兼招墾章程規則表册等項查覈飭遵請鑒覈文》;與代理國務總理孫寶琦、陸軍總長段祺瑞副署大總統袁世凱簽批署步軍統領江朝宗呈《拏獲迭次結夥持械扎斃事主盜犯馮九仲即馮四等二名函送京畿軍政執法處歸案訊辦並飭將在逃之竇德山等嚴緝務獲請鑒察文》、甘肅民政長兼署甘肅都督張廣建呈《報明接印任事日期文》;與代理國務總理孫寶琦、司法總長章宗祥副署大總統袁世凱簽批步軍統領衙門呈《拏獲迭次結夥持械毆傷事主搶劫行人盜犯王惠然即賓印又名王賣驢等已函送地方檢察廳起訴請鑒察文》;與代理國務總理孫寶琦副署大總統袁世凱簽發先生呈《予龔維錡等勳章令》、代理國務總理孫寶琦與先生呈《任命張允升職務令》,簽批先生呈《擬具禮目繕呈鑒覈批示文》《分别禮聘江瀚等選派王黻煒等爲編訂禮制會會員文》《覈議四川籌設警隊情形並將原章略予修改各節請鑒覈文》《故河南商水縣知事曾紀烜因勦匪被戕擬援照卹金令第十八條請卹文》,江蘇民政長韓國鈞呈《稱贛榆縣知事王佐良等四員實心任事卓著循聲據武衛前軍統領白寶山碭山縣公民王立庭等臚陳政績請予獎勵前來請分别給予勳章以勵賢能文》。

按:依次取自《袁世凱全集》第二十六卷26-146、150、153、151、134、135、143、144、145、147、148。

同日,晚,在寓所與瞿宣穎同餐。

《瞿兑之日記》(外三種):三月十三日(4月8日),歸已天黑,與桂兄同飯,飯後至上房,徵蓮表姊亦在此。

四月九日,與代理國務總理孫寶琦、署財政總長周自齊副署大總統袁世凱簽發《免高凌霨本官令》《任命汪士元兼職令》;與代理國務總理孫寶琦副署大總統袁世凱簽發代理國務總理孫寶琦等呈《汪廷襄叙列等第令》,簽批代理國務總理孫寶琦與先生呈《報明第一屆知事試驗取列甲乙等人員均已照章分發繕單請鑒覈文》。

按:依次取自《袁世凱全集》第二十六卷26－158、160、164、166。

四月十日,參加國務會議,會議討論籌辦全國煤油礦事宜處條陳辦法大綱兩端請決定案。(上海圖書館藏郭則澐等《民國三年府院會議紀録》稿本)

同日,與代理國務總理兼外交總長孫寶琦、署財政總長周自齊、陸軍總長段祺瑞、海軍總長劉冠雄、司法總長兼農商總長章宗祥、署教育總長蔡儒楷副署大總統袁世凱簽發《公布糾彈條例令》;與代理國務總理孫寶琦、署財政總長周自齊、陸軍總長段祺瑞副署大總統袁世凱簽批先生呈《覈滇省國民軍改編警備隊一案既經該民政長分别籌有的款自應照准並將原章略加修改請鑒覈文》;與代理國務總理孫寶琦副署大總統袁世凱簽發《予洪錫範勳章令》《任命夏繼泉等職務令》,簽批陸軍上將銜政治約法兩會議議員趙惟熙呈《新律不適國情爲世詬病應另開法律館悉心討論勒爲專書俾資遵守是否有當請鑒覈訓示文》、山東民政長兼會辦軍務高景祺呈《報明到任後察看通省情形先須保衛地方廣籌生計若外交吏治教育實業須次第施行延攬人才尤爲急務謹將籌辦大概情形呈請覈示文》、護理直隸民政長内務司長吴燾呈《報明接印視事並就護任日期文》、代理國務總理孫寶琦呈《轉據山東都督靳雲鵬民政長高景祺等呈報辦理樂安戕官一案獲犯訊供各情檢同原呈請鑒覈文》、代理國務總理孫寶琦與先生呈《擬將田寶榮以觀察使存記請覈示施行文》。

按：依次取自《袁世凱全集》第二十六卷 26－170、181、172、174、183、184、187、179、180。

四月十一日，參加大總統府會議，會議討論日本皇太后喪禮下旂事項、招商局事項、交涉事項、礦政局聘用技監事項、漢冶萍公司事項、土匪游勇就地正法事項、財政事項。（上海圖書館藏郭則沄等《民國三年府院會議紀録》稿本）

同日，與代理國務總理孫寶琦、司法總長章宗祥副署大總統袁世凱簽發《公布嗎啡治罪條例令》；與代理國務總理孫寶琦、署教育總長蔡儒楷、農商總長章宗祥副署大總統袁世凱簽批代理國務總理孫寶琦與先生呈《免鄧宗等本官令》；與代理國務總理孫寶琦、署財政總長周自齊副署大總統袁世凱簽發《著劉瞻漢解職來京令》《任命鈕傳善職務令》；與代理國務總理孫寶琦副署大總統袁世凱簽發《免章煒本官令》、先生呈《任命顧鉌職務令》、代理國務總理孫寶琦與先生呈《免周孚本官令》，簽批交通部呈《嗣後借款修路除已訂合同暨業經計議者外其餘概緩籌辦文》。家眷與瞿宣穎赴津。

按：依次取自《袁世凱全集》第二十六卷 26－193、205、200、201、203、204、206、209。

《瞿兑之日記》(外三種)：三月十六日(4 月 11 日)，午後四時半，乘專車同桂公全眷赴津。

四月十三日，下午，接見免試覈准知事。

《許寶蘅日記》：二時後帶領免試覈准知事謁見總長，五十餘人，五時方畢。

同日，與代理國務總理孫寶琦、署教育總長蔡儒楷、農商總長章宗祥副署大總統袁世凱簽批先生呈《所有簡任官暫兼署奉天民政長張錫鑾等九員應否覲見開單請示遵文》；與代理國務總理孫寶琦、陸軍總長段祺瑞副署大總統袁世凱簽批直隸民政長兼署都督朱家寶呈《據天津警察廳廳長楊以德呈稱該廳警察員司自民國光復以來維持地方秩序緝拏土匪亂兵擇尤開單擬獎軍職勳章請准予分別酌獎以資鼓勵文》、代理國務總理孫寶琦呈《准湖南都督湯薌銘咨覆奉飭籌撥陸軍中將張其鍠續修沅江種福垸堤工款項俟先行查勘再行籌撥等語轉呈鑒覈文》；與代理國務總理孫寶琦、司法總長章宗祥副署大總統袁世凱簽批署步軍統領江朝宗呈《報明拏獲盜犯印祿即小吉子等送廳起訴文》；與代理國務總理孫寶琦副署大總統袁世凱簽發《公布修正知事試驗條例令》、代理國務總理孫寶琦與先生呈《任命陳應榮職務令》《任命陳秋潭職務令》《任命周式淦職務令》，簽批代理國務總理孫寶琦呈《據考取甲等知事周大封條陳管見各節檢同原呈轉請鑒覈示遵文》、先生呈《各省警察廳長暨秘書科長等官皆係薦任例須覲見惟職務重要擬請嗣後除京師警察廳薦任以上各職員及各省省會商埠警察廳長應隨案請示外其餘應覲各官請暫免其入覲並由部飭令先行就職一面仍由銓叙局繕發任命狀以重職守文》《據山西民政長陳鈺轉據省城警察廳長靳鞏呈稱秘書章煒因事辭職遺缺擬以顧鉌薦任等情自應分别照准再該員顧鉌應否免其覲見請鑒覈文》《所有薦請任命之天津警察廳消防督察長張奎元等十三員可否准免覲見請批示祗遵文》、甘肅隴東護軍使張行志呈《請將王世相以司長觀察使記名簡任文》、護理直隸民政長吳燾呈《報明前内務司長周紹昌交卸日期並遵令晉京文》。

按:依次取自《袁世凱全集》第二十六卷 26－241、245、237、246、215、222、223、224、240、227、228、242、235、248。

四月十四日,參加國務會議,會議討論籌辦全國煤油礦事宜處條陳辦法大綱兩端請決定案、察哈爾都統請將右翼四旗暨興寧豐陶四縣仍歸察管轄案。(上海圖書館藏郭則沄等《民國三年府院會議紀録》稿本)

同日,與代理國務總理孫寶琦、署財政總長周自齊、署教育總長蔡儒楷、農商總長章宗祥副署大總統袁世凱簽發代理國務總理孫寶琦與先生呈《免陸慶楹等本官令》;與代理國務總理孫寶琦、署財政總長周自齊副署大總統袁世凱簽發代理國務總理孫寶琦與先生呈《免張鏡寰汪大勳本官令》,簽批先生呈《准財政部函據熱河國稅廳籌備分處處長呈稱承德縣知事盧宗吕經徵糧租如限徵齊並能整理歲賦增加歲額請予覈獎等情經部覆覈無異擬請准由本部記名以昭激勸文》;與代理國務總理孫寶琦、農商總長章宗祥副署大總統袁世凱簽發代理國務總理孫寶琦與先生呈《免馬超群本官令》;與代理國務總理孫寶琦、陸軍總長段祺瑞副署大總統袁世凱簽批順天府府尹沈金鑑呈《遵令飭屬將罪犯趙起兒等十三名均依軍法槍斃以昭炯戒文》;與代理國務總理孫寶琦副署大總統袁世凱簽發代理國務總理孫寶琦與先生呈《免李繼訓等本官令》,簽批代理國務總理孫寶琦與先生呈《浙江行政公署秘書楊鎮毅係本年三月十四日任命應否來京覲見抑或免覲之處請示遵文》《據福建民政長汪聲玲薦任陳應榮爲行政公署秘書應否來京覲見抑或免覲之處請示遵文》《轉據下川南道觀察使曾昭琪請以陳秋潭爲公署秘書應否來京覲見抑或免覲之處請示遵文》《轉據甘肅河西觀察使文愷請以周式淦爲公署秘書應否來京覲見抑或免覲之處請示遵文》。

按:依次取自《袁世凱全集》第二十六卷 26－261、259、269、260、270、262、265、266、267、268。

四月十五日,與代理國務總理孫寶琦、農商總長章宗祥副署大總統袁世凱簽發《任命劉恩源職務令》;與代理國務總理孫寶琦副署大總統袁世凱簽發《任命袁學昌職務令》，簽批文官高等懲戒委員會委員長董康呈《報明議决蘭山觀察使黄家模抗令不遵光山縣知事朱蔚然潢川縣知事陳揚失守城池付懲戒各案業經審查議决認爲應受懲戒處分除照章函送國務院轉呈覈奪外謹先期報告文》、署理江西民政長戚揚呈《報明奉令改爲署任仔肩益重謹當恪遵鈞諭將贛省亂後撫輯事宜及財政進行方法妥慎□商認真辦理請鑒覈文》《轉報兼理内務司長陳嘉善任事日期文》、先生呈《擬請嗣後地方官署通於省行政公署内組織一普通懲戒委員會凡該省官署之應付懲戒事件暫由該會辦理以歸劃一是否有當請鑒覈文》。

按：依次取自《袁世凱全集》第二十六卷 26－274、273、280、282、283、278。

四月十六日，與代理國務總理孫寶琦副署大總統袁世凱簽發先生呈《免嚴觀光本官令》、代理國務總理孫寶琦與先生呈《免唐鍾元本官令》、先生呈《免潘迺斌等本官令》。

按：依次取自《袁世凱全集》第二十六卷 26－295、296、297。

同日，訪徐世昌，久坐閒談。

《徐世昌日記》：朱桂辛、錢幹臣來園中瀏覽，在春秋佳日亭下久坐閒談。

四月十七日，參加國務會議，會議討論奉天商借日

款條件案、漢冶萍礦產議歸官商合辦案、審計處議停給各官署火食案。(上海圖書館藏郭則沄等《民國三年府院會議紀録》稿本)

同日,與代理國務總理孫寶琦、署教育總長蔡儒楷、農商總長章宗祥副署大總統袁世凱簽批廣西民政長張鳴岐呈《報明裁撤教育實業兩司後教育事項歸併内務實業事項歸併財政各設專科辦理請鑒覈文》;與代理國務總理孫寶琦副署大總統袁世凱簽發《任命王舍棠職務令》、代理國務總理孫寶琦與先生呈《免馬士杰本官令》,簽批廣西民政長張鳴岐呈《廣西教育事項歸併内務司辦理請將教育司長唐鍾元免去本官以觀察使存記文》、護理直隸民政長内務司長吴燾呈《轉報永定河凌汛安瀾請鑒覈文》、代理國務總理孫寶琦呈《據盛京副都統三多等呈請就杭乍防營公産籌辦生計又呈請飭浙江民政長保護旗營私産各等情查所陳各節確係實情轉呈請覈示文》。

按:依次取自《袁世凱全集》第二十六卷 26-327、316、315、328、329、324。

同日,接瞿鴻禨書。

《瞿兑之日記》(外三種):三月二十二日(4 月 17 日),接父致桂書及婧書。

按:據《瞿兑之日記》,瞿宣穎於十三日自津回京,此時居住於先生寓所,先生當於同日接到瞿鴻禨書信。

四月十八日,參加大總統府會議,會議討論東三省借款條件案、吉林采木公司交涉案、司法事項、審計統計事項、法查官產事項、山東鐵路借款事項。(上海圖書館藏郭則沄等《民國三年府院會議紀録》稿本)

同日,與代理國務總理孫寶琦、農商總長章宗祥副署大總統袁世凱簽發《著派楊士琦王存善職務令》,簽批署湖北民政長吕調元呈《報明代理内務司長余棨視事日期並送履歷文》。

按:依次取自《袁世凱全集》第二十六卷 26-336、357。

四月十九日,與代理國務總理孫寶琦、陸軍總長段祺瑞副署大總統袁世凱簽批先生呈《官電積欠報費多未清繳於官業收入有礙謹陳困難情形並擬具清理舊欠限制新欠兩辦法如蒙覈准即由本部分行欠款各機關及各電局遵照文》。(《袁世凱全集》第二十六卷 26-368)

四月二十日,與代理國務總理孫寶琦、署財政總長周自齊副署大總統袁世凱簽批署財政總長周自齊呈《四川財政司長龔廷楝等或職務重要道途遼遠或係兼職業已就任應否令其來京覲見抑或免覲之處請示遵文》;與代理國務總理孫寶琦副署大總統袁世凱簽批山東民政長高景祺呈《報明凌汛期内黄河南岸防護平穩情形請鑒覈文》、先生呈《奉令通飭各省仿照四川籌設警隊辦法兹據浙江民政長呈稱各縣均已設有警察並於特別縣屬酌練小隊無另設警隊之必要等情擬即指令照准並飭改稱警備隊以歸一律請鑒覈文》、代理國務總理孫寶琦與先生呈《據廣東民政長李開侁呈稱前徐聞縣知事饒光攜款私逃曾經參劾在案現該員已將各款如數解清請將前案注銷應否准予注銷請示遵文》、先生呈《查覈前護甘肅民政長張炳華請獎拏獲狄道匪首段春元等案内尤爲出力人員一案聲叙既未詳明擬獎亦多不合已令知現任民政長查覈具覆再行擬獎呈奪文》，簽發代理國務總理孫寶琦與先生呈《任命王枚功職務令》《免劉子元本官令》。

按：依次取自《袁世凱全集》第二十六卷 26－383、387、374、375、382、371、373。

四月二十一日，與代理國務總理孫寶琦、陸軍總長段祺瑞副署大總統袁世凱簽發《免張紹曾本官令》《任命潘矩楹署職令》。

按：依次取自《袁世凱全集》第二十六卷 26－391、392。

四月二十二日，瞿宣穎離京返滬。

《瞿兑之日記》(外三種)：三月二十七日(4 月 22 日)，晨四時起，盥沐。近五時，始至車站，傅少石送余登車，桂辛遣送之張弁已先在。

同日，與代理國務總理孫寶琦副署大總統袁世凱簽批代理國務總理孫寶琦與先生呈《吉林西北路觀察使李家鼇呈請任命王枚功爲秘書據情轉呈鑒覈施行該員應否令其來京覲見並候示遵文》。(《袁世凱全集》第二十六卷 26－414)

四月二十三日，與代理國務總理孫寶琦副署大總統袁世凱簽批代理國務總理孫寶琦呈《覆准内務部覈覆熱河都統姜桂題請將東陵荒地撥給看守園庭弁兵耕種案請鑒覈文》、廣西民政長張鳴岐呈《報明於三月十八日接印任事文》。

按:依次取自《袁世凱全集》第二十六卷26-433、437。

四月二十四日,與代理國務總理孫寶琦、署財政總長周自齊、署教育總長蔡儒楷、農商總長章宗祥副署大總統袁世凱簽發代理國務總理孫寶琦與先生呈《免楊家鼐等本官令》;與代理國務總理孫寶琦、署財政總長周自齊、農商總長章宗祥副署大總統袁世凱簽批綏遠將軍督辦墾務張紹曾呈《現於歸化城設立清理地畝總局已於四月一日開辦應需經費先由墊款借撥請鑒覈文》;與代理國務總理孫寶琦、陸軍總長段祺瑞副署大總統袁世凱簽發《任命曹錕職務令》;與代理國務總理孫寶琦、農商總長章宗祥副署大總統袁世凱簽發代理國務總理孫寶琦與先生呈《免胡達林本官令》;與代理國務總理孫寶琦副署大總統袁世凱簽發《任命志錡職務令》《飭各保薦長官慎選賢能令》、代理國務總理孫寶琦與先生呈《免黃伯孝本官令》《任命楊家鼐職務令》《免趙邦彦本官令》、先生呈《免陽煦本官令》,簽批護理直隸民政長内務司長吴燾呈《堵築南五大工合龍在事出力人員擬請開復處分並援案給獎會辦道員潘煜擬請換給六等嘉禾章永定河道謝嘉祐督率工汛不辭勞瘁該員前已獎四等嘉禾章應如何加給獎勵請鑒覈文》。

按:依次取自《袁世凱全集》第二十六卷 26－449、457、444、452、446、447、450、451、454、453、456。

四月二十五日,任督辦京都市政事宜。(《袁世凱全集》第二十六卷 26－465)

同日,參加大總統府會議,會議討論簡派北京城市工程局總裁事項、四川民政長電陳收回軍票辦法、約法事項、礦税事項、川省礦產事項、礦物監督署經費事項。(上海圖書館藏郭則沄等《民國三年府院會議紀録》稿本)

同日,與代理國務總理孫寶琦、署財政總長周自齊副署大總統袁世凱簽批署雲南都督唐繼堯呈《任可澄等六員品學兼優足備任使擬請交院部存記優予擢用文》;與代理國務總理兼外交總長孫寶琦副署大總統袁世凱簽批駐德意志國全權公使顔惠慶呈《報明五月間遵往和京會議禁煙事宜文》;與代理國務總理孫寶琦副署大總統袁世凱簽發《派汪大燮充任職務令》《派汪鳳瀛江瀚充任職務令》《派王杜等充任職務令》《派熊兆周等充任職務令》,簽批先生呈《請免去廣西桂林警察廳科長陽煦本官一面飭令遴員先行試署俟辦有成績再薦請任命文》。

按:依次取自《袁世凱全集》第二十六卷 26－480、482、466、467、468、469、478。

四月二十六日,與代理國務總理孫寶琦副署大總統袁世凱簽發《公布修正崇聖典例令》。(《袁世凱全集》第二十六卷 26－486)

四月二十七日，與代理國務總理孫寶琦、署財政總長周自齊、農商總長章宗祥副署大總統袁世凱簽發《特設淮南墾務局令》；與代理國務總理孫寶琦、署財政總長周自齊副署大總統袁世凱簽批廣西民政長張鳴岐呈《署理財政司長蔣繼伊可否准其暫緩覲見文》；與代理國務總理孫寶琦副署大總統袁世凱簽批先生呈《此次免試知事各員除業經報到之辛漢等五十三員已送銓叙局轉呈請覲暨汪鴻蓀顧珽二員前在山東虧欠公款應暫停分發外其餘章同等六十五員均在外省當差擬請暫准免覲文》《擬訂修正崇聖典例第四條緣由繕呈鑒覈公布文》《報明派李映庚充編訂禮制會會員文》、順天府府尹沈金鑑呈《請在公署内設收呈處並繕具簡章請覈示文》、代理國務總理孫寶琦呈《據河南民政長田文烈呈稱委任丁嶲暫行代理豫西觀察使篆務轉呈請鑒覈文》。

按：依次取自《袁世凱全集》第二十六卷 26－501、518、512、513、519、521、523。

同日，晚，與第二屆知事試驗主試委員長汪大燮宴請主試、監試、襄校各員。

《許寶蘅日記》四月初三日（4 月 27 日）：六時，汪委員長、朱總長及主試、監試、襄校各員均到。夜公宴，十一時散。

四月二十八日，第二屆知事試驗舉行。

《蠖園年表》：充第一、二屆知事試驗主試委員長。（《紫江朱氏家乘》卷三）

《許寶蘅日記》四月初一日（4 月 25 日）：到部，將試場各事預備清楚，主試委員長奉派汪伯唐。發函通知各員於廿七日三時入場，本處人員於明日入場。初四日（4 月 28 日）：六時點名，九時畢。入場者一千二百四十人，未到者四十八人。初五日（4 月 29 日）：六時點名，十時半畢。入場者一千三百二十八人，内有昨日未到者一人，今日不到者四十人。照第一屆例應於三十日揭示廿八試卷，但此屆多一主試轉折，殊爲費事。

四月十三日公布《修正知事試驗條例》第十五條：委員長以内務總長或各部總長，由大總統特任之。（《内務公報》中華民國三年五月十五日第八期）

按：又據五月二十二日大總統袁世凱批知事試驗委員會主試委員長汪大燮呈《報明第二屆知事試驗完竣陳明辦理情形並開呈録取及格員名清册文》（《袁世凱全集》第二十六卷 26－1233），第二屆知事試驗委員會主試委員長應爲汪大燮。汪氏時任教育總長，亦符合《修正知事試驗條例》之任職條件。《蠖園年表》記載"充第二屆知事試驗主試委員長"不準確，或先任命先生後又有調整，待考。

同日，與代理國務總理孫寶琦、司法總長章宗祥副署大總統袁世凱簽發《李春榮即行降等令》；與代理國務總理孫寶琦副署大總統袁世凱簽發《著李鴻祥來京覲見令》《任命唐繼堯兼職令》《任命劉顯潛署職令》《褫汪瑞闓職令》，簽批先生呈《署陝西民政長宋聯奎江蘇淮揚觀察使陳光憲應否來京覲見抑准免覲請示遵文》、軍政執法處陸建章與順天府府尹沈金鑑呈《會薦李杜劉國勳請以觀察使存記文》、山西都督閻錫山與民政長陳鈺呈《會薦鮑振鏞楊兆泰吴人達請交院部以觀察使存記文》。

按：依次取自《袁世凱全集》第二十六卷 26－539、532、533、534、538、541、543、544。

四月二十九日，與代理國務總理孫寶琦、司法總長章宗祥副署大總統袁世凱簽批代理國務總理孫寶琦等呈《查覈高等文官懲戒委員會議决汪瑞闓李春榮分别褫職降等一案李春榮應依議辦理汪瑞闓可否特予减等抑仍照原議辦理請覈示文》；與代理國務總理孫寶琦副署大總統袁世凱簽發《任命戚揚職務令》，簽批内務部呈《廣東貴州警察廳長鄧瑶光李映雪二員應否來京覲見抑或免覲之處請示遵文》、先生呈《遵擬保薦免試知事資格限制辦法繕單呈請裁定至各省現任知事或因特别需要勢難按期送驗自應准其保薦暫免紛更惟仍須詳列政績以昭詳慎請覈示文》。

按：依次取自《袁世凱全集》第二十六卷 26－561、552、562、560。

四月三十日，與代理國務總理孫寶琦副署大總統袁世凱簽發代理國務總理孫寶琦與先生呈《派丁士源職務令》、先生呈《任命周祖蔭職務令》《免黄敦鬲本官令》，簽批署江西民政長戚揚呈《報明瀘溪等十縣奉内務部令更定名稱遵於五月一日一律改用新定縣名並暫刊木質印信令發各該縣遵用文》。

按：依次取自《袁世凱全集》第二十六卷26－573、574、576、579。

五月一日，與代理國務總理孫寶琦副署大總統袁世凱簽發《派戴陳霖帛黎職務令》《任命曹本章署職令》《派謝重光職務令》、先生呈《免吴文炳本官令》，簽批先生呈《調任河南豫西觀察使夏繼泉等四員應否令其來京覲見抑或免其覲見及緩覲之處請覈示文》、代理國務總理孫寶琦與先生呈《銓叙局局長夏壽康呈請裁局免官一案奉批由院部妥議劃分權限呈明辦理等因查該局與部司職掌前已條議劃分應毋庸再行擬議請鑒覈備案文》、先生呈《署陽曲縣知事陳毓沂既據山西都督咨稱政治優長堪膺保薦擬請傳令嘉獎並交院部以觀察使存記文》《據護理直隸民政長吴燾轉據口北觀察使劉焌呈請覲見文》、第二期知事試驗主試委員長汪大燮呈《報明開始試驗並啟用關防日期文》。

按：依次取自《袁世凱全集》第二十六卷26－592、595、605、597、608、613、615、616、618。

同日，與代理國務總理兼外交總長孫寶琦、署財政總長周自齊、陸軍總長段祺瑞、海軍總長劉冠雄、司法總長兼農商總長章宗祥、署教育總長蔡儒楷副署大總統袁世凱簽發《公布中華民國約法令》《公布中華民國約法之布告》，以大總統責任制代替内閣責任制，設政事堂於大總統府。任命徐世昌爲國務卿，任命各部總長：外交總長孫寶琦、内務總長朱啟鈐、財政總長周自齊、陸軍總長段祺瑞、海軍總長劉冠雄、司法總長章宗祥、教育總長湯化龍、農商總長張謇、交通總長梁敦彦。梁敦彦因請假未到任，先生暫緩交卸交通總長。晚，訪國務卿徐世昌，久談。

《於大總統府設政事堂令》：現在國務院官制業經廢止，依照約法行政以大總統爲首長之規定，特於大總統府設政事堂。除政事堂組織另定外，所有京外各官署向來呈報國務總理事件，應自本令發布之日起一律改呈大總統。此令。中華民國三年五月一日。大總統印。國務總理孫寶琦。（《袁世凱全集》第二十六卷 26－589）

按：其他依次取自《袁世凱全集》第二十六卷 26－585、587、586、590。

《徐世昌日記》：晚梧生、桂辛來，久談。

五月二日，向大總統袁世凱呈報就任内務總長日期。

朱啟鈐《呈大總統呈明本部總長就職日期文》（五月二日）：爲呈報事。本年五月一日奉大總統令"特任朱啟鈐爲内務總長。此令"等因，奉此。啟鈐遵於是日就任内務總長之職，理合呈報大總統鑒覈施行。謹呈大總統。

批：據呈已悉。此批。（《内務公報》中華民國三年六月十五日第九期）

同日，梁士詒改任稅務督辦。（《辛亥以後十七年職官年表》）

五月三日，國務卿徐世昌副署大總統袁世凱簽發原代理國務總理孫寶琦與先生呈《免蔣繼伊本官令》《任命段永年職務令》《任命李大松職務令》。

按:依次取自《袁世凱全集》第二十六卷 26-639、640、641。

五月四日,國務卿徐世昌副署大總統袁世凱簽批先生呈《擬請將葉蓁仍改任爲熱河警察廳勤務督察長文》、原代理國務總理孫寶琦與先生呈《據署廣東民政長李開侁呈稱秘書蔣繼伊奉令署理廣西財政司長請免去本官所遺之缺查有段永年堪以薦任請分別任免再段永年是否令其來京覲見請示遵文》《據廣西民政長張鳴岐轉據鬱江觀察使夏文炳呈請以李大松爲秘書請鑒覈任命施行是否令其來京覲見並候批示祗遵文》、陸軍總長段祺瑞與先生呈《修改軍用乘車暫行條例甲類車照暨規定特別護照並頒行日期請鑒覈示遵文》。

按:依次取自《袁世凱全集》第二十六卷 26-685、686、687、695。

五月五日,國務卿徐世昌副署大總統袁世凱簽發先生呈《任命章寶穀等職務令》《免秦毓琦朱景熙本官令》《任命劉焜職務令》《任命陳懋咸朱運昌職務令》《任命黃家傑等職務令》《任命成維靖職務令》《任命趙恭寅等職務令》《免李時燦本官令》,簽批先生呈《擬將第三屆知事試驗日期展至本年九月舉行第四屆遞推至明年三月舉行通令各省所有現任知事限兩期内一律送驗文》。

按：依次取自《袁世凱全集》第二十六卷 26－712、713、714、715、716、717、718、722、734。

五月六日，向大總統袁世凱呈報就任督辦京師市政事宜日期，並請頒發督辦京師市政關防。

《呈大總統呈報任事日期並請頒發督辦京師市政關防文》（五月六日）：爲呈請事。本年四月二十五日奉大總統令"任命朱啟鈐督辦京都市政事宜。此令"等因。奉此，於五月一日祇遵任事，暫在内務部内附設公所，先行籌畫開辦事宜，一俟覓有相當房屋，再行遷移，以資辦公。惟將來市政開辦，事務殷繁，應請飭下印鑄局鑄發關防一顆，俾昭信守，理合呈請鑒覈施行。謹呈大總統。

批：呈悉。應由印鑄局鑄發關防，俾昭信守。此批。（《内務公報》，内務部編纂發行，中華民國三年六月十五日第九期）

大總統袁世凱《批督辦京都市政事宜内務總長朱啟鈐呈報明任事日期暫在内務部附設公所並請飭鑄關防以昭信守文》：批：呈悉。應由印鑄局鑄發關防，俾昭信守。此批。中華民國三年五月十三日。大總統印。國務卿徐世昌。（《袁世凱全集》第二十六卷 26－60）

同日，國務卿徐世昌副署大總統袁世凱簽發先生呈《免李鍾山本官令》，簽批先生呈《據奉天民政長保薦免試知事趙恭寅等十一員審查及格呈請任命並據聲稱均係要缺職務繁重請免覲見可否請示遵文》《據順天府尹沈金鑑呈稱府尹公署僅設秘書一員實苦不足臂助請變通緩設技正添置秘書一員即以陳懋咸朱運昌薦任等語自應照准呈請任命惟該二員應否令其覲見之處並請覈示文》《據安徽民政長倪嗣冲呈請薦任黄家傑裴景福李德星爲秘書自應照准呈請任命惟該員等應否令其來覲之處並請覈示文》《請任命成維靖爲安徽蕪湖警察廳長該員現充要差可否准免覲見請示遵文》《據浙江民政長屈映光呈稱秘書秦毓琦因事辭職科長朱景熙另有委任所遺秘書一缺擬以劉焜薦充請轉呈分别任免等情均應照准再劉焜應否免覲請示遵文》《請任命章寶穀等爲湖北行政公署秘書該員等應否來京覲見請示遵文》。

按:依次取自《袁世凱全集》第二十六卷 26－741、745、746、747、748、749、750。

五月七日,國務卿徐世昌副署大總統袁世凱簽批先生呈《籌辦八旗生計事宜志錡應否覲見文》《上届知事試驗應列乙等之桂林警察廳科長熊肅經桂省來電扣除兹據廣西民政長查覆該員支發津貼並無中飽情弊請列入乙等照章分發文》《遵諭開送參事陸夢熊等呈候揀派一員在府辦事文》。

按:依次取自《袁世凱全集》第二十六卷 26－782、783、785。

五月八日,國務卿徐世昌副署大總統袁世凱簽發先生呈《王義林從優議卹令》《任命陳德蘋等職務令》《免戴潤章本官令》《任命温文燦職務令》。

按:依次取自《袁世凱全集》第二十六卷 26－804、807、810、811。

五月九日，國務卿徐世昌副署大總統袁世凱簽發先生呈《任命馬鎮桐職務令》，簽批先生呈《署南和縣知事馮遠翼呈稱被劾褫職純由傾陷請派員詳查等情兹據直隸民政長復稱該員對於禁煙一事洵屬辦理不善未便委員覆查等語除批示外呈請鑒覈文》《奉天北路觀察使署秘書戴潤章辭職回籍請免去本官遺缺以温文燦薦請任命再温文燦應否來京覲見請示遵文》。

按：依次取自《袁世凱全集》第二十六卷 26－849、859、860。

五月十日，國務卿徐世昌副署大總統袁世凱簽發先生呈《任命崔鳳舞職務令》。（《袁世凱全集》第二十六卷 26－875）

同日，許寶蘅訪先生於寓齋。

《許寶蘅日記》：見命令，余暫行代理内務次長。十二時到朱總長寓談，三時後回場。

五月十一日，國務卿徐世昌副署大總統袁世凱簽發先生呈《任命曾維藩兼職令》《免李固基本官令》《任命黄兆熊職務令》《免馬振濂本官令》《任命吕耀卿職務令》。

按：依次取自《袁世凱全集》第二十六卷 26－892、893、894、899、900。

五月十二日，國務卿徐世昌副署大總統袁世凱簽批先生呈《遵批查覈順天府府尹沈金鑑呈請就防營改組警備隊一案章程大致妥協所需經費令該府另造表册送陸軍部酌辦至營務處處長姚捷勳擬函陸軍部酌予任用請鑒覈文》《請任命崔鳳舞爲江蘇滬南警察分廳廳長該廳長職務重要可否免其覲見請示遵文》《擬請任命馬鎮桐爲山東煙臺警察廳長如蒙覈准可否暫免覲見請示遵文》。

按:依次取自《袁世凱全集》第二十六卷 26-926、927、932。

五月十三日,國務卿徐世昌副署大總統袁世凱簽發先生呈《任命王殿璋職務令》《福建考覈知事分别獎懲令》,簽批先生與財政總長周自齊及司法總長章宗祥呈《陳明順天府行政區域及權限應行規定各節請鑒覈批示文》、先生呈《請飭下外交部照會瑞士政府轉達萬國郵會通告各國聲明中國政府加入萬國郵政包裹公約文》《據山東民政長請以泰安縣知事馮汝驥暫代岱南觀察使請鑒覈文》。

按:依次取自《袁世凱全集》第二十六卷 26-948、950、951、959、966。

同日,晨,瞿宣穎應先生電召自滬至京,先生與妹徽蓮、妹夫錢濟勳前往車站迎接。

《瞿兑之日記》(外三種):四月十日(5 月 4 日),朱公來電,敦勸北行,云十七有快車,即以是日啟行。四月十五日(5 月 9 日),桂遣張福來迎。四月十九日(5 月 13 日),晨七時抵京,桂辛、伯庸夫婦均在站相迎。

五月十四日,國務卿徐世昌副署大總統袁世凱簽發先生呈《嚴拏究辦邊金聲令》,簽批先生呈《查明蒙古實業公司承墾揚濟兩貝勒府地一案窒礙情形提議整頓辦法請示遵文》《據河南民政長田文烈呈稱河防局局長馬振濂因病辭職請免去本官所遺之缺查有湖北審計分處處長吕耀卿堪以勝任是否令其來京覲見請示遵文》《請任命王殿璋爲川西觀察使署秘書應否令其來京覲見請示遵文》《署雲南民政長唐繼堯署貴州黔西觀察使劉顯潛是否覲見請示遵文》。

按:依次取自《袁世凱全集》第二十六卷 26－986、989、990、991、992。

五月十五日,國務卿徐世昌副署大總統袁世凱簽發先生呈《任命郭以保李杜職務令》,簽批先生呈《京師警察廳處長陳德蘋等三員應否令其覲見抑或免覲請示遵文》《據署四川民政長陳廷傑呈請任命署内務司長裴鋼代理川東觀察使教育司長王章祜兼代理内務司長並是否覲見請示遵文》《遵令議卹安徽六安縣警務長王義林臨難捐軀擬照章加倍給予一次卹銀八百兩以示優異文》《據湖北都督民政長咨稱擬辦清鄉並釐訂章程業經查照覆覈請照准施行文》。

按:依次取自《袁世凱全集》第二十六卷 26－1028、1032、1037、1038、1039。

同日,長女朱湘筠適宛平孟重遠。上午内務部考績司司長許寶蘅、下午國務卿徐世昌先後赴先生寓賀喜。瞿宣穎參加婚禮。

《蠖園年表》:遣嫁長女湘筠於宛平孟氏。(《紫江朱氏家乘》卷三)

《紫江朱氏世系表》:長女湘筠適宛平孟重遠。(《紫江朱氏家乘》)

《許寶蘅日記》四月廿一日(5月15日):九時到朱總長寓,賀其女公子結婚。

《徐世昌日記》四月廿一日(5月15日):(下午)到桂辛處道喜。

《瞿兑之日記》(外三種):四月二十一日(5月15日),是日朱長女公子與宛平孟重遠氏結婚,賓客甚衆。晚間演影戲,二時始散。

按:據劉宗漢提供資料,朱湘筠育有一女孟璧攀,約生於一九一五年,婿張昌華。

五月十六日,國務卿徐世昌副署大總統袁世凱簽發先生呈《免鄭璜本官令》《榮勳叙列等第令》《曾維藩黄兆熊叙列等第令》,簽批先生呈《據順天府府尹沈金鑑擬將保薦免試審查及格之宛平縣知事郭以保通縣知事李杜呈請任命等因覈與任用條例相符據情懇請任命再李杜應調取覲見文》《擬請將約法會議議員梁士詒等均勿庸改選以省手續文》。

按:依次取自《袁世凱全集》第二十六卷26-1068、1070、1071、1075、1076。

同日,許寶蘅代表先生公宴知事試驗委員長汪大燮及主試、襄校、監試各委員。(《許寶蘅日記》)

五月十七日,知事試驗委員會諸人覲見,先生前往慰勞諸人。(《許寶蘅日記》)

五月十八日,國務卿徐世昌副署大總統袁世凱簽發先生呈《懲處黄紹魯等令》,簽批先生呈《遵諭開送熟習部務人員參事王黻煒等請揀派在府辦事文》《謹將處分前山東布政使志森呈請發還慶餘堂產業一案始末情形呈請鑒覈文》《覈擬路員服章規則圖表呈請覈示文》。

按:依次取自《袁世凱全集》第二十六卷 26－1108、1110、1111、1129。

五月十九日,國務卿徐世昌副署大總統袁世凱簽批先生呈《准文官高等懲戒委員會審議江西民政長請懲屬吏一案内華光祖等八員應再調查其黄紹魯等十二員應受處分議決報告據情轉呈文》《據河南民政長呈稱擬就有匪各縣原有勇隊參照四川辦法改編警備隊各節擬如所請辦理請覈示文》。

按:依次取自《袁世凱全集》第二十六卷 26－1150、1152。

五月二十日,國務卿徐世昌副署大總統袁世凱簽發先生呈《派員稽查督理招商局令》。(《袁世凱全集》第二十六卷 26－1169)

五月二十一日,國務卿徐世昌副署大總統袁世凱簽批先生呈《前據湖北民政長舉劾知事據情轉呈案内聲明另行覈辦之陶炯照一員現准司法部函覆應無庸議請鑒覈准照原案以觀察使存記文》。(《袁世凱全集》第二十六卷 26－1196)

五月二十二日,國務卿徐世昌副署大總統袁世凱簽發先生呈《免賀碩麟等本官令》《任命秦毓琦等職務令》《免萬自逸等本官令》《任命魏允恭李嘉璧職務令》《傳令嘉獎王秉樞令》《免王繼業本官令》《免姚叔虞王志恭本官令》。

按:依次取自《袁世凱全集》第二十六卷26－1212、1213、1214、1215、1216、1217、1218。

同日,瞿宣穎與先生家眷赴津。

《瞿兑之日記》(外三種):四月二十八日(5月22日),四時半,由京赴津,朱眷同行。八時到,寓杏花村朱宅。

五月二十三日,國務卿徐世昌副署大總統袁世凱簽發先生呈《任命嵇祖佑佘司禮職務令》《任命章倬雲等職務令》,簽批先生呈《據護直隸民政長吳燾呈行政公署秘書于振宗等請免本官薦任秦毓琦等爲秘書轉呈鑒覈分別任免並秦毓琦等應否緩覲恭候示遵文》《所有江西民政長戚揚署福建西路觀察使曹本章福建民政長許世英應否飭令來京覲見抑或免覲請示遵文》《據河南民政長田文烈呈請將萬自逸等免去秘書科長本官並請任命魏允恭李嘉璧爲秘書可否免覲請示遵文》《據署雲南民政長李鴻祥電稱臨開廣觀察使吳良桐情殷參覲等因可否令其來京覲見請示遵文》《查明鄭州紳民常鳳仁等電控委員李寶綱硬佔民田一案並無其事應請無庸置議文》。

按:依次取自《袁世凱全集》第二十六卷26－1250、1252、1258、1259、1260、1261、1262。

五月二十四日,與梁士詒、周自齊、葉恭綽、任鳳苞等人參加交通銀行通常股東總會會議。

《交通銀行通常股東總會攝影紀念》題記：民國三年五月二十四日，交通銀行通常股東總會攝影紀念。(《中國近代珍藏圖片庫》之《袁世凱與北洋軍閥》卷圖 254)

按：據照片説明，包括朱啟鈐、梁士詒、周自齊、葉恭綽、任鳳苞。

同日，國務卿徐世昌副署大總統袁世凱簽發先生呈《任命王允哲職務令》。(《袁世凱全集》第二十六卷 26－1279)

五月二十五日，國務卿徐世昌副署大總統袁世凱簽批先生呈《請開放京畿名勝酌訂章程繕單請示文》《據四川民政長呈請任命廳長並請均免覲見文》《據吉林民政長呈稱署内務司長兼署實業司長王莘林可否緩覲請示遵文》《報明江漢關監督兼管漢口工巡事宜丁士源任事日期並擬由部頒發木質關防文》《據福建民政長請薦王允哲爲東路觀察使署秘書應否覲見請示遵文》。

按：依次取自《袁世凱全集》第二十六卷 26－1313、1314、1322、1325、1328。

按：《開放京畿名勝酌訂章程呈》收録於《蠖園文存》卷中，標注民國三年五月二十五日，或也爲批復時間。

五月二十六日，參政院成立，袁世凱任命黎元洪、汪大燮爲正副院長。(《中華民國史.大事記》)

五月二十八日，國務卿徐世昌副署大總統袁世凱簽發先生呈《任命張樹勳職務令》《協力修築京都環城鐵路令》，簽批先生呈《第二届試驗及格甲乙等知事應否覲見文》《據多防鎮守使王懷慶請獎陳光麟葉名科二員擬請准以觀察使記名文》《請將山東辦理樂安戕官案出力各員分别獎給勳章文》。

按:依次取自《袁世凱全集》第二十六卷 26－1378、1383、1385、1387、1388。

同日,下午,偕許寶蘅接見江天鐸、謝恒武、張昭芹、周禮等人。

《許寶蘅日記》:四時陪桂老接見江天鐸、謝恒武、張昭芹、周禮等五人。江現爲律師,卻非吏才;謝爲河南人,曾官山西,近年任河南内務實業司長;張係廣東人,曾任四川知縣;周係山東知縣,此次保薦免考;其一人猥瑣,不甚可取。

是年(五月三十日前)致電四川民政長陳廷傑。

《内務總長就不能召開臨時省議會事致四川陳民政長電》(一九一四年五月三十日以前):(原件缺頁)。(《天津市歷史博物館館藏北洋軍閥史料》袁世凱卷一《公牘電文》)

按:陳廷傑時署四川民政長。

五月二十九日,午,約飲許寶蘅至文華殿,並閱覽熱河避暑山莊文物。(《許寶蘅日記》)

五月三十日,國務卿徐世昌副署大總統袁世凱簽批先生呈《請任命張樹勳爲湖南省城警察廳長並可否免其來京覲見候示遵文》《轉據熱河都統請獎司令部書記官張綬緗以知事記名應照知事任用條例保薦審查覈准免試再行注册請示遵文》《報明粵路選舉總協理情形文》。

按:依次取自《袁世凱全集》第二十六卷 26－1420、1421、1436。

五月三十一日,國務卿徐世昌副署大總統袁世凱簽批先生呈《籌定參政院立法院及約法會議平政院地址請訓示文》。(《袁世凱全集》第二十六卷 26－1451)

六月一日,國務卿徐世昌副署大總統袁世凱簽發先生報送《任命吴超職務令》、先生呈《免劉泗方李鴻鈞本官令》,簽批先生呈《覈議四川廣安縣團練長蒲詢等被戕身死請給予卹金文》。

按:依次取自《袁世凱全集》第二十七卷 27－11、12、19。

六月二日,國務卿徐世昌副署大總統袁世凱簽批先生呈《請免去河南警察廳勤務督察長劉泗方本官由河南巡按使先行委任史雲等分别調署各缺俟有成績送部覈准再行請予薦任文》《雲南警備隊總司令部成立暨啟用關防日期據情轉呈文》《請將已故本部僉事樊樹勳照章給予卹金由》《甘肅實業司科長張學仁請免本官由》《裁缺保薦免試縣知事擬議辦法請示由》《福建行政公署秘書樓汝增汪聲呈請辭職請免本官由》。

按:前兩文依次取自《袁世凱全集》第二十七卷 27－42、43;後四文取自《内務公報》中華民國三年七月十五日第十期。

六月三日,呈報《奉到督辦京都市政事宜關防暨啟用日期由》。

《内務總長督辦京都市政事宜朱啟鈐呈報奉到關防暨啟用日期由》:據呈已悉。此批。(《内務公報》中華民國三年七月十五日第十期)

《批内務總長督辦京都市政事宜朱啟鈐呈報奉到關防暨啟用日期文》:據呈已悉。此批。中華民國三年六月四日。大總統印。國務卿徐世昌。(《袁世凱全集》第二十七卷 27-102)

按:據此應爲三日呈報,四日批。

六月四日,國務卿徐世昌副署大總統袁世凱簽發先生呈《依法處分潘禮彦令》《褫熊鶴年職按法嚴懲令》,簽批先生呈《蘇松常各屬清鄉事竣蘇州清鄉公所照章裁撤並瀝陳辦理結束情形據情轉呈文》《河南河防局局長吕耀卿豫東觀察使范壽銘應否覲見請訓示文》。

按:依次取自《袁世凱全集》第二十七卷 27-89、90、97、101。

六月五日,國務卿徐世昌副署大總統袁世凱簽發先生報送《任命王宗祐署職令》。(《袁世凱全集》第二十七卷 27-114)

六月六日,國務卿徐世昌副署大總統袁世凱簽發先生與司法總長章宗祥呈《曾麟綬等分别降等免官令》、先生呈《四川涪陵縣警所區官楊玉崑等禦匪被戕擬請照章給卹並請准其合祀眉涪昭忠祠以彰崇報文》《請任命王宗祐署甘肅省城警察廳長如蒙允准可否暫免覲見請訓示文》。

按:依次取自《袁世凱全集》第二十七卷 27-161、167、168。

六月七日，國務卿徐世昌副署大總統袁世凱簽批先生呈《覈准免試知事趙文粹等四十九員應否覲見抑派員代見再未經報到之劉文蔚等查均在外當差擬請暫免覲見照章分發請示文》。(《袁世凱全集》第二十七卷 27－200)

六月八日，國務卿徐世昌副署大總統袁世凱簽發先生呈《劉其勳等從嚴議處盡法懲治令》，簽批先生呈《覈覆幣制局總裁梁啟超特保張昭芹一案請由部以縣知事分省任用由》《前雲南民政長李鴻祥呈稱前大理縣知事蘇桂芬等已奉令褫職請免再加懲罰乞訓示施行由》《河南巡按使田文烈詳稱典史俞世梓臨難捐軀請給卹金乞訓示施行由》。

按：依次取自《袁世凱全集》第二十七卷 27－236、239、240、241。

同日，與周自齊、梁士詒、施肇基、馮元鼎宴請比利時公使，徐世昌應約參加晚宴。

《徐世昌日記》：晚赴周子廙、朱桂辛、梁燕孫、施植之、馮次台宴集比公使諸人之約，夜歸。

是年，比利時贈予先生王冕二等大綬章。

葉祖孚《關於朱啟鈐的文物賬册》：比國贈王冕二等大綬章，一件。一九一四年即民國三年。(《蠖公紀事》)

按：六月八日，先生與徐世昌等人宴請比利時公使，獲贈比利時勳章或相關聯，姑置此。

六月九日，國務卿徐世昌副署大總統袁世凱簽發先生呈《嘉獎段士璋令》。(《袁世凱全集》第二十七卷 27－270)

六月十日，國務卿徐世昌副署大總統袁世凱簽發先生呈《任命徐德鶴等職務令》。(《袁世凱全集》第二十七卷 27－311)

六月十一日，國務卿徐世昌副署大總統袁世凱簽批先生呈《請將裁缺湖北內務司長伍莊交政事堂存記文》。(《袁世凱全集》第二十七卷 27－353)

同日，赴徐世昌晚宴，趙爾巽、世續、李經羲、楊士琦、錢能訓在座，久談。

《徐世昌日記》：晚宴趙次山、世博軒、李仲先、朱桂辛、楊杏城、錢幹臣，久談。

六月(十三日前)，報送《京師環城鐵路請由京張路局承修接通京奉東便門車站呈》。(《蠖園文存》卷中)

按：標注時間爲民國三年六月十二日，或也爲批復時間。

六月十二日，國務卿徐世昌副署大總統袁世凱簽發先生呈《任命靳鞏職務令》《予謝宗夏勳章令》，簽批先生呈《覈覆江蘇都督呈請獎署碭山縣知事謝宗夏以道尹存記一案擬請咨送來京覲見至所請並給予四等嘉禾章應否特給請示遵文》。

按：依次取自《袁世凱全集》第二十七卷 27－365、366、384。

同日，參政院開院，與國務卿徐世昌、參政院院長黎元洪、副院長汪大燮、秘書長林長民以及章宗祥、周自齊、段祺瑞、劉冠雄、孫寶琦、王闓運、趙爾巽、瞿鴻機、薩鎮冰、王家襄、梁啟超、李經羲、湯化龍、蔡鍔、蔭昌、施愚、周學熙、熊希齡、馬良、梁士詒、徐紹楨、孫毓筠、錢能

訓等合影留念。(據《中國近代珍藏圖片庫》之《袁世凱與北洋軍閥》卷圖131《參政院開院合照》説明)

同日,葉恭綽簡任交通部次長兼任郵政總局局長。(《葉遐庵先生年譜》)

六月十三日,國務卿徐世昌副署大總統袁世凱簽發先生呈《任命馬良佐等職務令》,簽批先生呈《覈議四川公民朱策勳等呈爲窮人無告公代申訴俾保私産一案擬請令准施行由》。

按:依次取自《袁世凱全集》第二十七卷 27－413、423。

六月十八日,國務卿徐世昌副署大總統袁世凱簽批先生與財政總長周自齊呈《覆覈浦口商埠局人員薪水及各項局用請訓示遵行文》。(《袁世凱全集》第二十七卷 27－559)

同日,與段祺瑞、劉冠雄、周自齊、孫寶琦宴請周馥午飯,並約請徐世昌陪座。

《徐世昌日記》:午後段芝泉、劉冠雄、周子廙、孫慕韓、朱桂辛約陪周玉山午飯。

六月十九日,報送《修改京師前三門城垣工程呈》。

《會呈大總統籌擬修改京師前三門城垣等處工程辦法請鑒覈示遵文》(六月十九日):爲修改京師前三門城垣等處工程會同擬具辦法呈請鑒覈事。竊查京師爲首善之區,實中外人士觀瞻所萃,凡百設施,必須整齊閎肅,俾爲全國模範。正陽、崇文、宣武三門地方,闤闠繁密,轂擊肩摩,益以正陽城外京奉、京漢兩幹路貫達於斯,愈形逼窄,循是不變,於市政交通動多窒礙,殊不足以擴規模而崇體制。啟鈐任交通總長時,曾於修築京都環城鐵路案内,奉大總統申令修改甕城,疏濬河道及關於土地收用事宜,應由内務部會同步軍統領,督飭各該管官廳營汛協力輔助,俾速施工,毋誤要政。等因。仰見大總統注重工程、振興市政之至意。查修改正陽門工程一案,所有關於拆去甕城,收用城内外民房、官廳,添闢城門及展修馬路,修造暗溝各項辦法,曾於上年由内務、交通兩部派員,迭次籌商備具議案,提出國務會議議决在案。現奉明令,遵即會同組織改良前三門工程委員會揀派專員,悉心規畫,賡續辦理,以策進行。兹特就原訂各條逐加研究,參酌情形分别修正擴充,妥擬辦法,俾期完備。如正陽門甕城東西月牆分别拆改,於原交點處東西各開二門,即以月牆地址改築馬路,以便出入。另于西城根化石橋附近,添闢城洞一處,加造橋梁以縮短城内外之交通。又,甕城正面箭樓,工築崇巍,擬仍存留,惟於舊時建築不合程式者,酌加改良;並另添修馬道,安設石級,護以石欄,欄外種植樹木,以供眾覽。又箭樓以内正陽門以外,原有空地,擬將關於交通路綫酌量劃出外,所餘之地一律鋪種草皮,雜植花木,環豎石欄,貫以鐵練,與箭樓點綴聯絡一致,並留爲將來建造紀念物之地。又,正陽門地勢低窪,夏令常易積水,擬於新開左右城門之下修砌暗溝,自中華門前石栅欄内起,通至護城河止,藉資宣泄,此關於修改甕城之工程計畫也。復查圍繞甕城東西兩面,原設有正陽商場一所,麕集貿易阻礙交通,應即撤去,現已由警察廳協商發價遷移。又,正陽門東西城垣附近,内外各官廳及民房各處,經勘定之後認爲有礙交通者,按照收用房地暫行章程,一體飭令遷讓,以維公益。其甕城内舊有古廟二座,擬仍保存加以髹飾,俾留古蹟。此關於收用土地,改正道路之大概情形也。至疏濬河道溝渠,淤塞已久,業經組織測量隊分段實地勘測,如將來勘定河身裁彎取直,勢預略向南移,其北岸騰出空地,擬即全行撥歸交通部接管,以備擴充東西車站之用。至此次建築工程及收用土地等項所需經費,交通部查前門東西車站,在兩路爲全綫之首站,在中央係全國之觀瞻,現經各路聯運來往頻繁,與世界交通尤有關係,所有車站設備及附屬車站之建築物,亟應進求完備,未可因仍舊觀。此次工程改良後,以平治道路,便利交通,點綴風景,展拓餘地,凡所設施莫不直接間接與該兩站有關,且獲相當之利益。前項經費,擬飭由京奉、京漢兩路,各撥銀元二十萬元列入預算,仍視工程之需要分期支撥,撙節動用。惟此項工程重大,規畫必期周詳,庶於市政、交通前途多所裨益。啟鈐等職任所在,自當隨時會商,督飭承辦各員妥慎將事,克期開工,並知照該管官廳營汛協力輔助,曉諭商民,共維公益,俾成盛舉而蕆全工。是否有當,理合會同呈請大總統鑒覈批示遵行。進呈。(《内務公報》中華民國三年七月十五日第十期)

按:呈文收録於《蠖園文存》卷中,名《修改京師前三門城垣工程呈》,所標注時間民國三年六月二十三日爲批復時間。

大總統袁世凱《批内務部交通部呈擬修改京師前三門城垣工程辦法請鑒覈由》:所擬修改正陽門甕城、添闢化石橋城洞分撥地段暨籌畫經費各項辦法,應均如擬照准。即迅速興工以期交通便利。至收用房地,並宜和平曉導,勿涉操切,以恤民艱。此批。中華民國三年六月二十三日。大

總統印。國務卿徐世昌。(《袁世凱全集》第二十七卷 27－706)

《各該管官廳協助施工令》(中華民國三年六月二十六日刊載):修改甕城,疏濬河道及關於土地收用事宜,應由内務部會同步軍統領,督飭各該管官廳營汛,協力輔助,俾速施工,毋誤要政。(《袁世凱全集》第二十七卷 27－760)

同日,國務卿徐世昌副署大總統袁世凱簽批先生呈《酌擬變通新疆知事試驗辦法擬請舉行特别試驗專試願赴新疆人員其原在該省供職效力等員應令該省長官試驗一次請鑒覈文》、先生與陸軍總長段祺瑞呈《會覈財政部呈明淮北公民沈雲沛等呈請規定淮北緝私營兼任捕務辦法分别准駁請訓示文》。

按:依次取自《袁世凱全集》第二十七卷 27－586、587。

六月二十日,國務卿徐世昌副署大總統袁世凱簽發先生呈《免鄧澤壎本官令》《任命蔡寶廉焦琴職務令》《免韋文林本官令》《任命吕春琯職務令》《免文華本官令》,簽批先生呈《湖北政務廳廳長陳希賢暫緩覲見據情轉請訓示由》。

按:依次取自《袁世凱全集》第二十七卷 27－608、609、610、611、612、628。

六月二十一日,國務卿徐世昌副署大總統袁世凱簽發先生呈《嚴懲金光灼等令》,簽批與陸軍總長段祺瑞呈《晉西鎮守使請於署内添設兼管民政人員尚屬妥協應否照准請示遵文》。

按:依次取自《袁世凱全集》第二十七卷 27－647、661。

六月二十二日,國務卿徐世昌副署大總統袁世凱簽發先生呈《周醒南等褫職訊辦令》《按法嚴懲華光祖等令》。

按:依次取自《袁世凱全集》第二十七卷 27-678、679。

六月二十三日,國務卿徐世昌副署大總統袁世凱簽發先生呈《予朱家琛匾額令》。(《袁世凱全集》第二十七卷 27-702)

六月二十四日,農商總長張謇致函先生。

張謇《致朱啟鈐函》(1914 年 6 月 24 日):桂莘總長大鑒:全國測量輿圖,内關於施行要政之需要,外迫於萬國輿圖會之詰促,比辱諉諈,曾將所辦南通測繪之經歷奉告,並招鮑、胡兩生備貴部之咨問。嗣經議决,以直隸、江蘇爲南北二點之範。走以勘淮南下,復以韓省長一再詢問,乃以舟車之暇,草《江蘇測繪輿圖議》,意欲奉商貴部,兼答韓省長之問。鄙意之主張,比例用五千分之一者,蓋爲清理田賦正確收入之前提,其所關諸要政,另詳於議。謹以奉察,幸分暇而辱教之。若付左右,以備參考,則尤下走之深願也。省長來電並復韓函稿並奉閱。此請大安。函中懲獎條例一節,公如謂然,乞即付所司議行。鄙意懲例以停止職業爲限,獎例則給以獎章而已。(《張謇全集》2)

原注:據《張謇信稿》。

六月二十六日,國務卿徐世昌副署大總統袁世凱簽發先生呈《免黄承璋本官令》《沈銘昌叙列等第令》。

按:依次取自《袁世凱全集》第二十七卷 27-777、788。

六月二十七日,國務卿徐世昌副署大總統袁世凱簽發先生呈《褫革米庭珍職務令》。(《袁世凱全集》第二十七卷 27-821)

六月二十八日，國務卿徐世昌副署大總統袁世凱簽發先生呈《任命程炎勳職務令》。(《袁世凱全集》第二十七卷 27－847)

六月二十九日，國務卿徐世昌副署大總統袁世凱簽發先生呈《張友棟等敘列等第令》。(《袁世凱全集》第二十七卷 27－878)

七月三日，國務卿徐世昌副署大總統袁世凱簽發先生呈《免許家恒等本官令》《免盛慶琳本官令》《免魏錦曾本官令》《任命王鴻翱沈崇祺職務令》《張政等褫職免官令》《褫劉其勳等職訊辦令》。

按：依次取自《袁世凱全集》第二十七卷 27－994、995、996、997、1002、1004。

七月五日，大總統袁世凱簽批先生呈《爲遵議擬訂祭冠祭服呈請覈定頒行事文》《爲遵擬祀天通禮分別規定祭禮祭品呈請鑒覈事文》。

《爲遵議擬訂祭冠祭服呈請覈定頒行事文》：(文略)。七月五日奉大總統批令："所訂祭祀冠服圖式，折衷往制，具臻周妥，應與祀天通禮一併頒行，交政事堂禮制館通行，運照圖暨説明書併發。此批。"(《祭祀冠服制》卷首)

《爲遵擬祀天通禮分別規定祭禮祭品呈請鑒覈事文》：(文略)。七月五日奉大總統批令："祀天典禮綦重，所呈各節，準今酌古，考訂周詳，應即准予照辦，交政事堂禮制館通行，運照説明書併發。此批。"(《祀天通禮》卷首)

七月六日，國務卿徐世昌副署大總統袁世凱簽發先生呈《金國書交文官高等懲戒委員會議處令》。(《袁世凱全集》第二十七卷 27－1101)

七月七日,國務卿徐世昌副署大總統袁世凱簽發先生呈《免廖彭本官令》《任命宋文郁職務令》。

按:依次取自《袁世凱全集》第二十七卷27-1122、1123。

七月十日,公布《修正内務部官制案》。

《修正内務部官制》(民國三年七月十日):第一條,内務部直隸於大總統,管理地方行政及選舉、賑恤、救濟、慈善、感化、人户、土地、警察、著作出版、土木工程、禮俗、宗教、衛生等行政事務。(《中華民國建國文獻·民初時期文獻》第一輯)

按:中華民國元年八月八日公布《内務部官制》第一條,内務總長管理地方行政、選舉、賑恤、救濟、慈善、感化、人户、土地、警察、著作出版、土木工程、禮俗宗教及衛生事務,監督所轄各官署及地方長官。(《中華民國建國文獻·民初時期文獻》第一輯)

七月十三日,外孫章文晉生。

按:章文晉原名欣,卒於一九九一年。先生二女朱淇筠長子,曾任中國外交部副部長、駐美利堅合衆國大使。

七月十六日,國務卿徐世昌副署大總統袁世凱簽發先生呈《任命祝書元職務令》《任命温朝詒趙會鵬職務令》《嘉獎汪鳴鶴令》《免王方瀛本官令》《褫陳驥職並交法院審訊令》《分别懲處陳大年等令》。

按:依次取自《袁世凱全集》第二十七卷27-1371、1372、1374、1375、1376、1377。

七月二十五日,因市政事宜,偕許寶蘅公宴本京士紳。(《許寶蘅日記》)

七月三十日，簽發《内務部命京師警察廳查禁南洋瓦城等地再造黨飭》。(《中華民國史檔案資料彙編》第三輯政治分册《黨派社團及會黨起事·黨派》)

原注：北洋政府内務部檔案。

七月三十一日，簽發《内務部爲轉飭報界遵守軍事秘密範圍條款致各省巡按使都統咨》。(《中華民國史檔案資料彙編》第三輯文化分册《新聞通訊·有關報刊通訊社的法規與令文》)

原注：北洋政府内務部檔案。

按：所咨"各省巡按使，熱河、察哈爾、綏遠都統"。

約七月下旬，農商總長張謇復函先生。

張謇《復朱啟鈐函》(1914 年 7 月下旬)：桂莘總長大鑒：頃奉大函，敬悉。二届保薦知事汪龍標以"該員出身差缺年月均不詳備，以致被駁。現既補具詳細履歷，自可備文再行咨送"等因。惟本部二届所保薦與汪同時被駁者，尚有商言志一員，其審查被駁之原因，亦乞見示。如有不合之處，可否更正匯送？幸教。敬頌大安。(《張謇全集》2)

原注：據《張謇信稿》。原件無日期，按《張謇信稿》順序排列。

八月(十九日前)，大總統袁世凱與國務卿各部總長等密議中立之談話：目下内患漸平，歐戰又起，於國際上有間接之影響，實屬不幸。諸公近日籌畫施行，已極勞苦，惟若能始終堅守中立，於將來外交上未必無所裨益。然籌措固須周詳，而態度務須鎮静，始能臻於完妥。本大總統應與諸君共勉之。(《袁世凱全集》第二十八卷 28－515)

原注:中華民國三年八月十八日刊載。

八月三十一日,晚七時,偕許寶蘅公宴知事試驗委員長汪大燮及主試、監試、襄校諸人。(《許寶蘅日記》)

八月,與財政總長周自齊、農商總長張謇參加商界歡迎内務府暨内務、財政、農商各部總次長員司提署、順天府警察廳各長官活動。

《北京商界歡迎各部官員合影》題記:民國三年八月,商界等歡迎内務府暨内務、財政、農商各部總次長員司提署、順天府警察廳各長官並紳商攝影。(《中國近代珍藏圖片庫》之《袁世凱與北洋軍閥》卷圖 137)

按:據照片説明,合影中包括内務總長朱啟鈐、財政總長周自齊、農商總長張謇。

九月(十六日前),報送《覈議張元旭封號及香租田畝呈》。(《蠖園文存》卷中)

按:標注時間爲民國三年九月十五日,或也爲批復時間。

九月(二十一日前),報送《擬訂地方行政講習所校外修業章程呈》。(《蠖園文存》卷中)

按:標注時間爲民國三年九月二十日,或也爲批復時間。

九月二十日,約請徐世昌到武英殿觀看修理工程所藏古物,並留午飯久談。

《徐世昌日記》:午前歸,朱桂辛約到武英殿看修理工程尊藏古物,留飯久談,各處瀏覽,攜二女同去。

九月二十八日，大總統袁世凱率各部總長並文武官吏，著新制定祭服，在北京孔廟行秋丁祀孔典禮。(《群强報》民國三年九月二十九日第八百二十七號)

《祭孔》圖片説明：一九一四年九月二十八日，即爲仲秋上丁，袁世凱率文武百官到孔廟祭孔。這是侍從官朱啟鈐、周自齊與祀孔官員、舞蹈隊伍在孔廟大成殿前合影。(《中國近代珍藏圖片庫》之《袁世凱與北洋軍閥》卷圖 139)

張謇《柳西草堂日記》八月九日(9 月 28 日)：丑初起，丑正二刻詣孔廟，卯正總統至。行禮，冠用殷冔制，上衣下裳，下則方靴，明製也。(《張謇全集》8)

按：日記使用陰曆。

秋，建議闢社稷壇爲公園，開放供人遊賞。

《本園創辦之經過》：至是年春三月清隆裕太后上賓，於太和殿設治喪所，僉議以隆裕太后有讓國之德，應許人民入内自由參拜。時紫江朱公啟鈐任交通總長，擔任照料指揮事宜，以是周廻巡視於東西殿閣。迄於南部之午門、端門、天安門左右朝房及東太廟、西社稷壇等處，加意察視。以稷壇古柏參天，廢置既逾期年，遍地榛莽，間種苜蓿以飼羊豕。其西南部分，則爲壇户飼養牛羊及他種畜類，渤溲凌雜，尤爲荒穢不堪。朱公以如此名地廢棄可惜，思欲闢治而未果也。比及冬間，朱公調長内務。翌年春季熱河行宫古物陸續移運來京，僉議安置之法，朱公乃建議政府自任與清廷交涉，即暫時不能踐移園之約，應將三殿以南劃出，歸民國政府管理，便於各殿閣處所安置古物。旋與清室商定，將三殿後後左後右等門堵塞，清室改由神武門出入。三殿迤南，惟太廟以清室祭祀所關，仍舊封禁，餘由政府管領。於是朱公闢治稷壇之素願得償，乃與二三朋好企劃興作，而闢壇爲公園之議起矣。民國三年秋季，朱公既建議闢稷壇爲公園，顧斬治荒穢，興起土木。(《中央公園二十五周年紀念册》第一章)

按：隆裕太后卒於民國二年。

十月八日，受派督辦八旗生計事宜。

《任命朱啟鈐職務令》：派朱啟鈐督辦八旗生計事宜。此令。中華民國三年十月八日。大總統印。國務卿徐世昌。(《袁世凱全集》第二十九卷 29-204)

十月十日，古物陳列所在故宫武英殿正式對外開放，成爲中國第一座國立博物館。(《故宫學百廿題》四《故宫學研究對象之三：故宫博物院》49《古物陳列所》)

《許寶蘅日記》八月廿一日(10月10日)：慶生叔與熙伯等均至古物陳列所遊覽。

《古物陳列所遊記》：古物陳列所前日開幕准人遊覽一節……(《盛京時報》民國三年十月十六日)

按：民國元年十月一日内務部呈報大總統《籌設古物保存所文》，民國二年十二月二十四日先生簽發内務部《公布古物陳列所章程令》。

同日，中國第一個面對公眾開放的社稷壇公園正式投入使用。

中華民國十四年十月十日朱啟鈐《中央公園記》：民國肇興，與天下更始，中央政府既於西苑闢新華門爲敷政布令之地，兩闕三殿，觀光闐溢，而皇城宅中，宫牆障塞，乃開通南北長街、南北池子爲兩長衢。禁籞既除，熙攘彌便，遂不得不亟營公園,爲都人士女遊息之所。社稷壇位於端門右側,地望清華,景物鉅麗,乃於民國三年十月十日開放爲公園,以經營之事委諸董事會。園規取則於清嚴,偕樂不謬於風雅。因地當九衢之中,名曰中央公園。設園門於天安門之右,綺交脈注,綰轂四達。架長橋於西北隅,俯瞰太液,直趨西華門,俾遊三殿及古物陳列所者跬步可達。西拓繚垣,收織女橋御河於園内,南流東注,迤邐以出皇城。撤西南複垣,引渠爲池,累土爲山,花塢水榭,映帶左右,有水木明瑟之勝。更劃端門外西廡朝房八楹,略事修葺,增建廳事,榜曰"公園董事會",爲董事治事之所。設行健會於外壇東門内馳道之南,爲公共講習體育之地。移建禮部習禮亭與内壇南門相值。其東建來今雨軒及投壺亭。西建繪影樓、春明館、上林春一帶廊舍。復建東西長廊,以蔽暑雨。遷圓明園所遺蘭亭刻石及青雲片、青蓮朵、搴芝、繪月諸湖石,分置於林間水次,以供玩賞。其比歲市民所增築如公理戰勝坊、藥言亭、噴水池之屬,更不遑枚舉矣。北京自明初改建皇城,置社稷壇於闕右,與太廟對。壇制正方,石階三成,陛各四級:上成用五色土隨方築之,中埋社主。壝垣甃以琉璃,各如其方之色。四面開欞星門,門外北爲祭殿,又北爲拜殿。西南建神庫、神厨,壇門四座。西門外爲牲亭,有清因之。此實我國數千年來特重土地人民之表徵。今於壇址,務爲保存,俾考古者有所徵信焉。環壇古柏,井然森列,大都明初築壇時所樹。今圍丈八尺者四株,丈五六尺者三株,斯爲最鉅;丈四尺至盈丈者百二十一株,不盈丈者六百三株,次之;未及五尺者二百四十餘株;又已枯者百餘株。圍徑既殊，年紀可度。最鉅七柏，皆在壇南，相傳爲金元古刹所遺。此外合抱槐榆雜生，年淺者尚不在列。夫禁中嘉樹，盤礴鬱積，幾經鼎革，無所毀傷，歷數百年，吾人竟獲栖息其下，而一旦復睹明社之舊，故國興亡，益感懷於喬木。繼自今封殖之任，不在部寺，而在群眾。枯菀之間，實自治精神强弱所繫。惟願邦人君子愛護扶持，勿俾後人有生意婆娑之歎，斯尤啟鈐所不能已於言者。啟鈐於民國三四年間長内部，從政餘暇，與僚友經始斯園。園中庶事，決於董事會公議。凡百興作及經常財用，由董事醵集，不足則取給於遊資及租息，官署所補助者蓋鮮。歲月駸駸，已逾十稔，董事會諸君礱石以待，謹述緣起及斯壇故實以諗將來，後之覽者，庶有可考鏡也。（《蠖園文存》卷上）

朱深《中央公園二十五周年紀念册序》：京師之有公園，自中央公園始，而創造之者，則爲紫江朱蠖公。

按：民國四年，此公園命名爲中央公園。

十月三十日，下午，與内務次長分發考取知事。（《許寶蘅日記》）

按：沈銘昌、榮勳時任内務次長。

十月，邀請統一鐵路會計會同人參觀古物陳列所。

葉恭綽《故宫武英殿古物陳列所前大幅合影》題跋：民國三年十月，統一鐵路會計會同人承朱桂辛總長招遊古物陳列所，攝此紀念。時適會務完畢，同人將先後離京，此圖亦所以志别也。恭綽。（西泠印社拍賣有限公司二〇二四年春季二十周年拍賣會《中外名人手跡與影像藝術專場》拍品）

十一月（十四日前），大總統袁世凱面諭先生，令將京師孔子廟酌加修葺。

《估修京師孔廟工程呈》(民國三年十一月十四日):前奉大總統面諭,令將京師孔子廟酌加修葺,仰見崇儒尊聖之至意。(《蠖園文存》卷中)

十一月十四日,國務卿徐世昌副署大總統袁世凱簽批先生報送《估修京師孔廟工程呈》。

《估修京師孔廟工程呈》(民國三年十一月十四日):前奉大總統面諭,令將京師孔子廟酌加修葺,仰見崇儒尊聖之至意。茲奉明諭酌修,自應遵照辦理。惟查大成殿棟宇崇閎,規模廣大,若另行翻蓋,誠恐工程太鉅,需款過多。際此帑項支絀之時,自不得不力求節省。茲據廣利木廠開具清單前來,計工料各價共需一萬四千餘元,詳加覆覈,當無浮濫,較之各廠開價亦屬最廉。擬即令其承做。冬寒瞬届,亟宜及時工作,以期早日觀成。(《蠖園文存》卷中)

大總統袁世凱批内務部呈《遵諭估修京師孔子廟工程繕單呈請鑒覈如蒙照准此項工款應如何籌撥請示遵由》:此項工款,應由本大總統特捐銀五千圓,餘款並交財政部迅速籌撥,早日興修。此批。中華民國三年十一月十四日。大總統印。國務卿徐世昌。(《袁世凱全集》第二十九卷 29-1109)

按:《估修京師孔廟工程呈》,標注時間民國三年十一月十四日爲批復時間。

十一月(二十日前),報送《派員調查闕里及濟南孔廟樂器情形並酌擬辦法呈》。(《蠖園文存》卷中)

按:標注時間爲民國三年十一月十九日,或也爲批復時間。

十一月二十四日，國務卿徐世昌副署大總統袁世凱簽批先生呈《八旗世襲爵職異常清苦擬請飭部准將應領本季俸銀先行酌量撥發藉資生活請鈞鑒訓示由》。（《袁世凱全集》第二十九卷29－1342）

是年，呈請限制皇室之頒布榮典。

《郭則澐自訂年譜》後三年甲寅(1914)：至是，文安公上書政府，請援歐西教皇例，爲皇室定永遠尊崇之制，載於憲法，山人亦力言之，師不能行。既而内務總長朱某復呈請限制皇室之頒布榮典，臚列至七八條，山人見之，即詣師力争，謂"頒賜榮典初不悖於優待條件，且既禮以外國君主，即當保其尊榮，所以恩遇舊臣者，有公例在"，反復辯論甚久。

十二月一日，國務卿徐世昌片派先生與司法總長章宗祥，會同前往内務府接洽整頓清皇室禮儀待遇。

《大總統府政事堂片交第七十二號》：片交内務總長朱、司法總長章。本日國務卿面奉大總統諭"據參政院代行立法院咨，請迅速派專員提出條款，與清皇室接洽，以遏亂源"等語。即派内務總長朱啟鈐、司法總長章宗祥，會同前往，與内務府接洽一切。等因。此交。國務卿，中華民國三年十二月一日。

參政院代行立法院咨爲建議事：近來復辟歸政，訛言朋興。國本動揺，人心疑懼。仰賴大總統據肅政史暨各將軍、巡按使之呈請及本院之建議，於本月二十三日明發命令，申明紊亂國憲，即照内亂罪從嚴懲辦。等因。在案。惟查該項謬説之發生，雖由文人迂腐之見及奸徒煽惑之謀，而實亦前清皇室蹈常襲故，不能别嫌明微有以致此。試言其故。夫優待條件，雖明訂“清帝辭位，民國待以外國君主之禮”等語。然此種語意，不過表明舊君遜國，依然安富尊榮，帝者上儀，無庸貶損。而按之實際，自與各外國君主之有土地、人民、政權者，截然不同。乃今清皇室之正朔服色，顯與民國殊異。即如宗人府及内務府所屬各衙門張貼告示，仍用宣統年號及陰曆月日。而西華門、神武門出入之内廷當差各員，依然翎頂辮髮。此其一也。民國官吏雖多前清故臣，而爵賞之權，自當操之民國元首。乃今清皇室於民國在職人員，賜壽賜恤，給贈物品，仍用上諭。其飾終典禮，並有賜謚及宣付史館立傳等事，殊非統於一尊之義。此其二也。國家刑罰，爲統治權之一種作用，人民身體非依法律不得逮捕、監禁、審問、處罰，載在約法，尤應爲五族所共守。乃今清皇室内務府所屬慎刑司，依然存在，雖專治太監，不及平人，而太監亦民國人民之一，自不應於民國法庭以外，更立非法之審判機關。此其三也。以上三端，易淆觀聽。若不早爲拔本塞源之計，皆足以爲陰謀詭計之媒，非徒擾亂民國，兼恐傾覆皇室。伏維前清孝定皇后，女中堯舜，天啟人基，既不惜割統治之大權，媲隆揖讓，又豈必擁空名之帝制，致啟猜嫌。爲此，咨請大總統懲前毖後，深思遠覽，迅派專員，提出條款，與清皇室接洽。即：（一）清皇室通用民國紀年，並改陽曆。内廷當差人員，亦從民國服制。（二）清皇室對民國官民，限於贈給物品。其賜謚及立傳之儀節，應即停止。（三）裁撤慎刑司，太監及内廷當差人員犯罪，均應照普通法律，由民國法庭依法究治。上列之外，所有一切近於行使政權事項,一律停止。則亂源永遏,邪説不興,民國安而清皇室亦安矣。謹依約法第三十一條第七款暨第六十七條之規定,提出建議,相應咨請大總統查照施行。此咨大總統。(《中華民國史檔案資料彙編》第三輯政治分册《政策法令·朱啟鈐關於整頓清皇室禮儀待遇令函及會擬接洽條款》)

原注:北洋政府司法部檔案。

十二月十二日,與司法總長章宗祥會同前往内務府,與溥儀宫中内務府總管大臣世續、内務府大臣紹英等接洽,並根據參政院建議各節,提出條款。

《致内務府函》(1914 年 12 月):徑啟者:本月一日准政事堂交片内開:本日國務卿面奉大總統諭"據參政院代行立法院咨,請迅派專員提出條款,與清皇室接洽,以遏亂源"等語,即派内務總長朱〇〇、司法總長章〇〇會同前往,與内務府接洽一切。等因片交前來。兹經依據參議院議案,根據優待條件,擬具條款,應即前詣台端接洽。爲此具函奉達,即祈訂定日期並會晤地點,以便屆時趨商可也。此致内務府。(《中華民國史檔案資料彙編》第三輯政治分册《政策法令·朱啟鈐關於整頓清皇室禮儀待遇令函及會擬接洽條款》)

十二月二十六日朱啟鈐、章宗祥合呈《奉派與清皇室接洽情形並將商訂善後辦法七條繕摺呈覈由》:等遵即會同前往内務府,與該府總管大臣等接洽,並根據參政院建議各節,提出條款。

《紹英日記》十月二十六日:午後,至世中堂宅,與朱、章總長會議。二十七日:早,進内,王爺到,將與朱、章協商條款呈閲,王爺令會同酌定後再定。散後至中堂宅,商改條件。

按：十月二十六日爲陰曆時間，陽曆爲十二月十二日。世續時任溥儀宫中總管内務府大臣，紹英時任内務府大臣。王爺，醇親王載灃。

十二月二十四日，與司法總長章宗祥會同前往醇親王府，與醇親王載灃及内務府大臣紹英等接洽，商訂善後辦法。

《紹英日記》十一月初八日：至王爺府，同見朱、章總長，會議定局。

十二月二十六日朱啟鈐、章宗祥合呈《奉派與清皇室接洽情形並將商訂善後辦法七條繕摺呈覽由》：迭經共同商榷，並已意見一致。

按：十一月初八日，陽曆爲十二月二十四日。世續時任溥儀宫中總管内務府大臣，似應參與會談，待考。王爺，醇親王載灃。

十二月二十六日，函寄司法總長章宗祥會呈稿，請署名鈐章後寄還；並與章宗祥聯名呈報《奉派與清皇室接洽情形並將商訂善後辦法七條繕摺呈覽由》。同日，國務卿徐世昌副署大總統袁世凱簽批呈文。

《朱啟鈐致章宗祥函》（十二月二十六日）：仲和仁兄大鑒：送上會呈稿一件條件清摺，理由書附，統請查收備案。另，呈稿一件，請署名鈐章，仍賜復還爲荷。此致勛綏。弟朱啟鈐頓首。（《中華民國史檔案資料彙編》第三輯政治分册《政策法令・朱啟鈐關於整頓清皇室禮儀待遇令函及會擬接洽條款》）

《奉派與清皇室接洽情形並將商訂善後辦法七條繕摺

呈覈由》：内務總長、司法總長謹呈。爲呈復事。十二月一日准政事堂片交：本日國務卿面奉大總統諭“據參政院代行立法院咨請迅派專員，提出條款，與清皇室接洽”等語。即派内務總長朱、司法總長章會同前往，與清皇室内務府接洽一切。等因。此交。各等情等。遵即會同前往内務府，與該府總管大臣等接洽，並根據參政院建議各節，提出條款。迭經共同商榷，並已意見一致。清皇室洞明大勢，既願遠引嫌疑，該府長官力顧大體，尤能和衷維持，商訂善後辦法，舉凡參政院所辨，改用民國紀年、服制，停止賜謚，裁撤慎刑司及停止一切近於行使政權各事項，認係遵重統治權應有之事，並不稍存意見，允即悉遵院議及此次提出各條款施行。惟宫中典祀及其他禮節，未能頓改舊貫，欲以新服制用諸舊時禮節，據稱頗多窒礙。竊惟禮既無妨從俗，其關於宗廟、家庭間禮節上之服式，似不必强變其習尚，此節擬據情轉請略示便宜。至剪髮者一節，據稱向來准其自由，内庭當差人員剪髮者，且已居其多數。立傳一節，據稱自遜位以後，並未施行，參政院建議及此，諒係告者之過。合併聲明。所有奉派接洽情形，理合會呈具復。並將商訂善後辦法七條，繕具清折，並另具理由書，謹乞大總統鑒覈訓示祇遵。謹呈。

兹爲鞏固清皇室安全，依據參政院建議案，聲明優待條件，議定善後辦法如左：

一、清皇室應尊重中華民國國家統治權。除優待條件特有規定外，凡一切行爲與現行法令抵觸者，概行廢止。

理由　按統治權，惟一不可分。清皇室既已移轉統治權，同處於此惟一統治權之下，則本於統治權作用之現行法令，自不應抵觸。尊重統治權，即所以尊重國家，亦即所以保全皇室也。查隆裕皇太后宣布共和詔旨有云："不忍以大勢，内審輿情，特率皇帝將統治權公諸全國，定爲共和立憲國體。"又云"合滿、漢、蒙、回、藏五族完全領土，爲一大中華民國，予與皇帝，得退處寬閑，優遊歲月，長受民國之優禮"等諭。本年約法會議修改約法，將優待條件增入約法之中。是皇室應享之權利，實與國民同受約法之保障。既受約法之保障，則約法所載中華民國之惟一統治權，皇室即當然有共守之義務也。況由前之説，乃遵共和詔旨，皇帝辭卸政權遞嬗之會，以全權委之臨時政府，即統治權移轉之實徵；由後之説，皇室既受約法保障，即同處統治權之下，自不能有涉於政權之行爲。比年以來，國基初定，一切政治，概從簡略。舊制相沿，習焉不察，遂因慣例，而生寬假，致與現行法令漸有抵觸之事實。此肅政史所以有杜防之請，而參政院建議案所由亟亟以爲言者也。本條確定範圍，則其下皆屬節目矣。

二、清皇室對於政府文書及其他履行公權、私權之文書、契約，通用民國紀年，不適用舊曆及舊時年號。

理由　按正朔爲國家的制度，一國自無二致。民國紀元改用陽曆，以從大同，清皇室同在中華民國之内，自宜遵用正朔，以符現制。

三、大清皇帝諭告及一切賞賜，但行於宗族家庭及其屬下人等，其對於官民贈給，以物品爲限。所有賜謚及其他榮典，概行廢止。清皇室所屬機關，對於人民不得用公文示告及一切行政處分。清皇室如爲民事上或商事上法律行爲，非依現行法令辦理，不能認爲有效。

理由　按諭示等公文，爲國家法令之程式；立傳等榮典，爲國家元首之特權。統治權既已移轉，自不可以假借行政處分，爲行政權之作用。非執行法律機關，尤不可以行使。至如民事上或商事上法律行爲，雖在國家行之，立於私權關係，亦且與人民同遵法令。清皇室若於法令範圍外作法律行爲，國家將無從保護，故不能認爲有效。惟大清皇帝尊號仍存，宫内所用執事人員，可照常留用，載在優待條件。則以皇帝舊時之行文程式，行之於其所屬宫内人員，自尚無妨。

四、政府對於清皇室，照優待條件，保護宗廟、陵寢及其原有私産等一切事宜，專以内務部爲主管之衙門。

理由　按優待既訂條件，保護應有專責。關於應行保護宗廟、陵寢及其原有私産等事，極爲繁賾，若無主管衙門爲之接受承轉，則事無專屬，在政府每慮保護之未周，在皇室亦若接洽之無自，確定内務部爲主管之衙門，所以聲明權限，表示責任，且以免直接處分，蹈於行使政權之嫌疑。

五、清皇室允確定内務府辦事之職權，爲主管皇室事務總機關，應負責任。其組織另定之。

理由　按政府現認内務府爲主管皇室事務機關，以責任言之，夐乎其重。比年以來，宫中大事，以及對於政府請求，所有協商事宜，悉由該府接洽辦理。幸賴二三老成協恭將事，雙方融洽，從無間言，裨益實屬匪細。溯查舊制，内務府之職掌，原限於供給使令之役，位屬家臣，但有將順之心，而無匡正之義。改革以後，事務雖較繁重，職制仍未變更，即就皇室範圍内現有之機關而論，其分際在内務府職位以上者，尚復不少，主其事者，挾其地望，視若故常，何能受其支配。竊謂官無法守，則權限難明；家無主宰，則紀綱不飭。今以内務府爲主管機關，代表皇室，負其責任，不從改正職權入手，殊非經久之法。且大清皇帝正在冲齡，整理家政，責在有司。若再因仍舊制，散漫無紀，不惟四百萬之歲費每虞不給，即原有之私產亦清理無時。兹由政府協定主管皇室事務機關，俾專宫中總務之司，兼盡隨時輔導之責，正名授任，負完全責成，揆之保護之義，實爲允當，皇室之利，固亦大局之幸也。

六、新編護軍，專任内廷警察職務，管理護軍長官負完全稽查、保衛之責。其章程另定之。慎刑司應即裁撤，其宫内所用各項執事人役及太監等犯罪，在違警範圍以内者，由護軍長官按警察法處分，其犯刑律者，應送司法官廳辦理。

理由　宫内所用各項執事人等如有違犯情事，民國對於清皇室應盡保衛之責，只以禁城内非普通警察所及，用是就原有護軍專任禁城警務，餉由政府發給。管理處長官，本由大總統任命，完全任稽查、保衛之責。從前因禁城警務，尚無專屬，而宫内所用各項人役，遇有違犯，不能無所懲治。是以舊日之慎刑司，尚相沿存在。今禁城警務，既有專任，且所有護軍，已經編練，辦理多時，情形熟悉，内外極爲融洽。此後各項執事人等如有違犯，其情節較輕者，當然由管理護軍長官按違警法處分；倘情罪重大者，亦應由管理護軍長官送司法官廳辦理。在護軍長官本爲職份内應盡之務，而相沿之慎刑司，亦可裁節矣。

七、清皇室所用各項執事人等，同屬民國國民，應一律服用民國制服，並准其自由剪髮。但遇宫中典禮及其他禮節，進内當差人員所用服色，得從其宜。

理由　按建議案有云清皇室服色，顯與民國殊異，内廷當差人等，應一律服用民國制度一節。查内廷當差人員，同屬民國國民，服制本難兩歧。但以清皇室現在情形，民國制服又未完備，詳加討論，其中亦殊有爲難之處。蓋照優待條件，宫内各項執事人員依舊存在，此項仰給於宫廷者，不下數千人，輪班入值，窮苦居多。若令一律服用民國制服，匪特財力不給，製備爲艱，而進退禮式，亦難適宜。若用乙種服，則前清本爲便衣出入宫廷，甚至視爲不敬，且章服所以辨等威明秩序。究竟皇室現有人員，准用民國何等官服，亦屬疑問。綜此種種困難，故一旦以簡單之規定，改其習尚，遂覺有急切不易行者。欲祈事之易行，又不戾於議案原則，惟有酌定限制辦法。凡屬宫内當差人等，其以國民資格爲個人身份上之行爲，及與人群相接之事，一律限用民國製服，以昭大同。如遇服務内廷，是爲其職份上應盡義務之時間，對於家主禮節所關，著用服色不妨"暫"從其舊。似此辦理，覺尚於法令、情理，均尚可通(如果清皇室鑒於世界趨勢，翻然改圖，棄其舊時服色，特别定一種宫中之標飾或竟易民國制度，自可隨時辦理)。又查法蘭西改革以後，其世家大族每遇大祭祀、大宴饗，均崇尚古先法服，以爲令典，但於國家政治上，不生何等妨礙，自無干涉之必要。宫中典禮，凡有職務，皆有專司。進内當差人員，服色得從其宜，固亦普通法理所許也。至自由剪髮，前清本有明文，政府方厲行勸導。現在内廷當差之人，自行剪去者甚多。

據内務府聲明,外間傳言剪髮者不准進内當差,實無其事。故於本條明定之,以免誤會。(《中華民國史檔案資料彙編》第三輯政治分册《政策法令·朱啟鈐關於整頓清皇室禮儀待遇令函及會擬接洽條款》)

原注:北洋政府司法部檔案。

按:摺文中所引用《清帝遜位詔書》有脱文。如"不忍以大勢,内審輿情,特率皇帝將統治權公諸全國,定爲共和立憲國體",原文爲"是用外觀大勢,内審輿情,特率皇帝將統治權公諸全國,定爲共和立憲國體"。

《批内務總長朱啟鈐司法總長章宗祥呈奉派與清皇室接洽情形並將商訂善後辦法七條繕摺呈覈由》:應准照辦,並候咨參政院代行立法院知照。清摺並理由書存。此批。中華民國三年十二月二十六日。大總統印。國務卿徐世昌。(《袁世凱全集》第二十九卷 29 - 2006)

《紹英日記》十一月十三日:進内。閲《政府公報》,會議事已發抄完結矣。

按:十一月十三日,陽曆爲十二月二十九日。

是年,與梁士詒、周自齊集資購得德人穆麟德遺書二十二箱。

民國十九年十月二十五日先生致國立北平圖書館副館長袁同禮書:民國三年,曾任寧波税務司德人穆麟德在華逝世身後鬻其藏書,弟曾與梁燕孫、周子廙兩君集資購得,計裝二十二箱。當時因掌内務、籌辦古物陳列所諸事,以傳心殿爲辦事地點,此書購到即置殿旁閒屋。(《國立北平圖書館館務報告》民國十九年七月至二十年六月)

按：穆麟德(1847—1901)，德國東方學家、漢學家和外交官。

《十九年度中國營造學社事業進展實況報告》(乙)社外委托辦理事項(3)德人穆麟德氏遺書之整理：民國三年，朱先生曾購德人穆麟德氏遺書二十二箱，約計數百餘種。當時因無適當之圖書館可以公開研究，遂暫寄古物陳列所。(《中國營造學社彙刊》第二卷第三册《本社紀事》)

先生曾致書梁士詒言及穆麟德遺書事：穆麟德書籍由顧維鈞交到書籍目録，由津運京，已將原箱交存武英殿保存。敬請燕公先生鑒。朱啟鈐頓首，二月四日。(《北洋政府國務總理梁士詒史料集》之《唐紹儀爲穆麟德夫人求書款函》附)

原注：録自《梁譚玉櫻居士所藏書翰圖照影存》。

按：此信若作於民國三年，則購書當在二月四日之前；若作於民國四年，購書應在下半年。有待其他文獻進一步確認。

是年，姨母傅氏攜瞿宣穎來京，先生陪侍旬日。

《姨母瞿傅太夫人行述》：其年宣穎漫遊至京，啟鈐詢知起居，因念違侍日久，欲奉慈輿來北，以遂孺私。知文慎感懷桑海之變，不欲重入脩門，爰擬迎居津沽。文慎欣然亦既許之矣，卒以出處宜慎，人言可畏，但屬太夫人北來，啟鈐得偕婦子奉旬日之歡。此甲寅年事也。(《蠖園文存》卷下)

是年，與周自齊等參加國貨展覽，並攝影留念。(據《中國近代珍藏圖片庫》之《袁世凱與北洋軍閥》卷圖135《朱啟鈐等參觀國貨展覽》説明)

是年，爲補充社稷壇公園改建工程經費之不足，先生發起第一次募捐,與國務卿徐世昌、長江巡閱使張勛、副總統黎元洪、財政總長周自齊、國史館副館長楊度以及雍濤等人捐款。

《本園創辦之經過》:工程浩大,需款正多,乃發起募捐。計第一次募捐列名發起者爲:段祺瑞、朱啟鈐、湯化龍、梁敦彦、梁士詒、王士珍、薩鎮冰、孫寶琦、周自齊、劉冠雄、陸徵祥、章宗祥、蔭昌、張勛、江朝宗、吴炳湘、施肇曾、薩福懋、葉恭綽、榮勳、張弧、陳宧、唐在禮、曹汝霖、張壽齡、沈銘昌、沈雲沛、馮元鼎、治格、沈金鑑、祝書元、陳時利、徐廷爵、趙慶華、孟錫珏、關冕鈞、陳威、任鳳苞、顧維鈞、周作民、孫培、王瓛煒、于寶軒、吕鑄、許寶蘅、李宣威、林振耀、俞瀛、胡筠、方仁元、馬榮、陶湘、張蓮芬、胡希林、黄植、楊德森、王克敏、鮑宗漢、鄧文藻、金森、金萃康等六十人。啟云:(文略)。捐啟發出後,計不及半年,募款四萬餘元。其中個人捐款,以徐總統世昌(時任國務卿)、張上將勛(時任長江巡閱使)各捐一千五百元,雍君濤兩次合捐千五百元爲獨多,次若黎總統元洪(時任副總統)、朱總長啟鈐、周總長自齊、楊館長度各捐一千元。(《中央公園二十五周年紀念册》第一章)

是年,八女朱沚筠生於北京。

《蠖園年表》:是年,八女沚筠生。

《紫江朱氏世系表》:女:八沚筠,殤,于出。(《紫江朱氏家乘》)

按:據劉宗漢提供資料,沚筠生於北京。

中華民國四年乙卯　一九一五年　四十四歲

本年,袁世凱在大總統任。徐世昌在國務卿任。

是年，在内務總長任，兼督辦京都市政事宜。居於東城什錦花園官宅。（劉宗漢《有關朱啟鈐先生史料的幾點補正》）

《蠖園年表》民國四年：政事堂改制，仍留内務總長任，兼交通總長。（《紫江朱氏家乘》卷三）

按：民國三年五月一日，廢内閣設政事堂於大總統府。改制後，任命梁敦彦爲交通總長，先生任内務總長，梁敦彦因請假未到任，先生暫緩交卸交通總長，故《清末民初職官名録》中列名爲梁敦彦。

一月一日，與孫寶琦、周自齊、張謇、梁敦彦同獲授中卿。

《授孫寶琦等官秩令》：孫寶琦、朱啟鈐、周自齊、張謇、梁敦彦均授爲中卿。此令。中華民國四年一月一日。大總統印。國務卿徐世昌。（《袁世凱全集》第三十卷 30－3）

葉祖孚《關於朱啟鈐的文物賬册》：民國四年特授中卿策令，一件。袁總統任内。（《蠖公紀事》）

一月二日，上午，先生代表國府前往溥儀宫中致賀答謝，巳刻，溥儀於乾清宫接見，醇親王載灃、宫中内務府大臣紹英在場。

《紹英日記》民國三年十一月十七日：進内，民國派朱啟鈐致賀答謝。巳刻，皇上升乾清宫，覲見如禮，醇王爺到。

按："民國三年十一月十七日"，陽曆爲民國四年一月二日。

一月四日，正午十二點，先生與國務卿徐世昌、左丞楊士琦、右丞錢能訓、外交總長孫寶琦、財政總長周自齊、陸軍總長段祺瑞、海軍總長劉冠雄、司法總長章宗祥、教育總長湯化龍、農商總長張謇、交通總長梁敦彦陪同大總統袁世凱，在懷仁堂公宴全體參政院參政、約法會議議員。

政事堂禮官處《四年一月四日正午十二點鐘本府公宴參政院參政約法會議議員次序禮節單》：（文略）。附録《公宴參政院參政全體約法會議議員全體啟》："敬啟者：四年一月四日正午十二點鐘，本府公宴參政院參政全體、約法會議議員全體，恭奉派定禮堂執事各官，相應刷印清單並禮節單各一份函送，祈查照。是日届時蒞臨，恭候執事實爲公盼。"《本府公宴參政院參政約法會議議員銜名單》："……國務卿徐世昌、左丞楊士琦、右丞錢能訓、外交總長孫寶琦、内務總長朱啟鈐、財政總長周自齊、陸軍總長段祺瑞、海軍總長劉冠雄、司法總長章宗祥、教育總長湯化龍、農商總長張謇、交通總長梁敦彦。"（私人藏稿本）

一月六日，正午，參加大總統袁世凱在懷仁堂公宴文武各官及駐京蒙古王公活動。

政事堂禮官處《四年一月六日正午十二點鐘本府公宴文武各官次序禮節單》：（文略）。附録《一月六日正午十二點鐘本府公宴文武各官及駐京蒙古王公銜名單》："黎副總統、徐國務卿、左丞楊士琦、右丞錢能訓、外交總長孫寶琦、内務總長朱啟鈐、財政總長周自齊、陸軍總長段祺瑞、海軍總長劉冠雄、司法總長章宗祥、教育總長湯化龍、農商總長張謇、交通總長梁敦彦。"（私人藏稿本）

一月十一日,國務卿徐世昌副署大總統簽批先生呈《奉令授官謹申謝悃由》。(《袁世凱全集》第三十卷 30－245)

一月十六日,大總統袁世凱諭令先生,將去歲關於八旗生計問題提出覈議之案呈府候閱。

《諭内務總長朱啟鈐調閱八旗生計提議案》(中華民國四年一月十六日):諭朱總長,飭將去歲關於八旗生計問題提出覈議之案,無論曾否決議,一律檢齊呈府候閱。(《袁世凱全集》第三十卷 30－406)

一月十八日,日本公使日置益向袁世凱提出"二十一條"要求,要袁"迅速商議解決,並守秘密"。袁世凱接閱後答稱:"容詳細考慮,再由外交部答覆。"晚,奉袁世凱之命,陸徵祥召集孫寶琦、曹汝霖、梁士詒舉行秘密會議,討論"二十一條"。孫、曹主張只有接受,梁、陸則認爲應該談判。未能達成一致。(《中華民國史.大事記》)

《中華民國史.大事記》:"二十一條"要求分爲五號,主要内容是:"第一號四條,承認日本繼承德國在山東的一切特權並加以擴大;第二號七條,承認日本在南滿和内蒙東部的各項特權(居住權、工商經營權、築路和開礦權),旅順、大連的租借期和南滿、安奉兩鐵路期限延至九十九年;第三號二條,中日合辦漢冶萍公司;第四號一條,中國沿海的港灣島嶼不得租借或割讓給別國;第五號七條,中國政府聘用日人爲政治、財政、軍事顧問,中日合辦警察和兵工廠,承認日本在武昌與九江南昌,及南昌杭州、南昌潮州間的鐵路建築權,並承認日人在華布教權。"

一月十九日，袁世凱接見日本軍事顧問坂西利八郎，拒日對華“二十一條”要求，聲稱：“日本竟以亡國奴視中國，中國決不作高麗第二。”（《中華民國史．大事記》）

同日，孫寶琦向袁世凱報告昨晚會議結果，並向袁請示，袁亦主張與日方談判。當夜，孫寶琦即遞辭呈，並向袁舉薦陸徵祥繼任外交總長。（《中華民國史．大事記》）

一月二十日，日本公使日置益親往北京政府外交部補遞“二十一條”條款，作爲正式交涉根據。並會見陸徵祥，商討“二十一條”會談時間，訂於二月二日下午三時首開談判。（《中華民國史．大事記》）

一月二十七日，陸徵祥接替孫寶琦任外交總長。（《民國職官年表》）

一月，章宗祥簽題照片贈與先生。

章宗祥題《章宗祥像》識語：桂莘先生惠存。宗祥，四年一月。（《中國近代珍藏圖片庫》之《袁世凱與北洋軍閥》卷圖 326）

二月二日，外交總長陸徵祥、次長曹汝霖、秘書施履本與日本公使日置益、參贊小幡酉吉、書記官高尾亨在外交部舉行關於“二十一條”第一次交涉。會上陸主逐條按順序詳細審議，日使堅持逐號一攬子討論。會間，陸對第一號第一條提出修正，即日本將膠州灣交還中國，中國同意將德國在山東其他特權讓與日本，當即爲日置益拒絶。（《中華民國史．大事記》）

《中華民國史．大事記》：二月三日，日外務大臣加藤約駐日公使陸宗輿密談，暗示不堅持“二十一條”中之第五號。陸致電外交部轉達加藤旨意，並稱：“袁大總統如有意聯交，即或遇革命紛亂之事，日政府自應中政府希望，盡力援助，並非干涉。”同日，日公使派使館書記官高尾亨往訪外交次長曹汝霖，指責北京政府對“二十一條”交涉故意遷延，催促從速進行。

二月五日，中日“二十一條”舉行第二次交涉。陸徵祥發表對全案的意見：對第一第二號部分條款提出修正，而對其餘各號條款表示難以接受，並聲明：“同意先就全部條款，分別説明意見，但中國政府於討論細節時，逐條尚有意見提出。”日本公使日置益要求北京政府提出修正案，陸允九日將修正案送日使館。(《中華民國史.大事記》)

二月九日，外交部對“二十一條”提出第一次修正案，日本公使以未能全部接受日本要求，表示大爲不滿，並以不開議爲要脅。北京政府對日妥協，“允將旅順、大連、南滿鐵路展期九十九年，三、四兩號亦允酌議”。(《中華民國史.大事記》)

《中華民國史.大事記》：經多次接洽，十二日，日使始將一、二、三號修正案收下，轉達日本政府。

同日，外交次長曹汝霖電駐日公使陸宗輿稱，“此次提案時，日本公使聲明一、二兩號綢繆訂約，三、四兩號互换文書，五號係勸告性質，希望實行”，故對於五號擬“堅持不議”。(《中華民國史.大事記》)

二月十二日，上午，在居仁堂參加大總統袁世凱舉辦的統一共和紀念日慶賀典禮。

秘書廳、軍事處《舉辦統一共和紀念日慶賀典禮啟》：逕啟者：二月十二日爲統一共和紀念日，應行慶賀典禮，請届日上午九點鐘齊集本府頤年堂，隨同秘書長、秘書次長、軍事總長、軍事次長，分班至居仁堂行禮。特此奉聞。秘書廳、軍事處啟。附禮節單一紙。文官燕尾服，軍官軍用大禮服，得有勳位勳章者一律佩戴。附名單：熊總理希齡、孫總長寶琦、朱總長啟鈐、周總長自齊、梁總長啟超、汪總長大燮……（私人藏稿本）

按：書於民國四年。

二月（十四日前），報送《添製京師孔廟樂器並酌擬祀天典禮應增樂器呈》。（《蠖園文存》卷中）

按：標注時間爲二月十三日。《文存》中能查到明確批復之呈文，所標注時間皆與批復時間相同。二月十三日或也爲批復時間。

二月十七日，晚，赴内務府大臣紹英處談改組護軍事。

《紹英日記》正月初四日：晚，朱總長來，談改組護軍事，留公事三件，送世相處閱看。初五日：午後，至世中堂宅，説明護軍改組事，當將原公事送交朱桂莘，並聲明内務府護軍由管理處兼管。

按：正月初四日，陽曆爲二月十七日。

二月二十六日，受大總統袁世凱委派，前往溥儀宫中致賀其十歲生日。

《紹英日記》正月十三日:進内,隨班給皇上行禮謝恩。大總統派朱總長致賀萬壽,送如意一柄。

按:正月十三日,陽曆爲二月二十六日。溥儀生於光緒三十二年正月十四日。

三月一日,帶領内務府大臣紹英覲見大總統袁世凱、國務卿徐世昌、政事堂左丞楊士琦、右丞錢能訓。

《紹英日記》正月十六日:卯刻,著武官上等一級大禮服,赴公府接待所候帶覲見。巳刻,由禮官、内務總長帶領覲見大總統,進門先排班,脱帽立候,大總統至,立見,行三鞠躬禮畢。大總統云:皇室守衛管理護軍事務甚爲重要,深知二位品學兼優,嗣後遇事即可照章執行,如官役有不法行爲,可告我知之,即應軍事懲辦等語。俟語畢,行一鞠躬禮退。隨同朱總長至政事堂見徐相國、楊左丞、錢右丞略談。散後至武英殿换便衣,辦就任呈,即作爲三月一日就任,呈報大總統,明日遞呈。同鶴清至徐相國處、段總長處、朱總長處。

按:徐相國,國務卿徐世昌;楊左丞,政事堂左丞楊士琦;錢右丞,右丞錢能訓;段總長,陸軍總長段祺瑞。

三月五日,周自齊去財政總長職,轉署農商總長。(《辛亥以後十七年職官年表》)

三月九日,三女朱淞筠嫁嚴恩棫。内務部考績司長許寶蘅、國務卿徐世昌、内務府大臣紹英等赴先生寓道喜。

《蠖園年表》：遣嫁三女淞筠。（《紫江朱氏家乘》卷三）

《許寶蘅日記》正月廿四日（3月9日）：十二時到朱總長寓賀其嫁女。

《徐世昌日記》正月廿四日（3月9日）：（下午）到朱桂辛處道喜。

《紹英日記》正月二十四日：至朱總長處賀喜，送如意一柄。

按：正月二十四日，陽曆爲三月九日。

《紫江朱氏世系表》：三淞筠適厦門陳清文。（《紫江朱氏家乘》）

按：據劉宗漢提供資料，朱淞筠曾有過短暫婚姻，陳清文爲朱淞筠繼任丈夫。筆者曾見到朱淞筠與嚴南璋結婚照，本年朱淞筠所嫁之人應爲嚴氏。嚴恩槱（1888—?），字南璋。一九〇四年畢業於聖約翰書院，後赴美國留學。曾任農商部駐美調查員、美國留學生監督、外交部駐滬辦事處處長。一九二九年嚴氏再娶黄琮蘭，與朱淞筠當已離婚，淞筠則再嫁陳清文。

三月十一日，晚，約溥儀宮中内務府大臣紹英至武英殿談公事。

《紹英日記》正月二十六日：是日，住内務府堂上。晚間，朱總長約至武英殿談公事。

按：正月二十六日，陽曆爲三月十一日。

三月十八日，約法會議閉會，先生與錢能訓、章宗祥、徐世昌、孫毓筠、施愚、薩鎮冰合影。（據《中國近代珍藏圖片庫》之《袁世凱與北洋軍閥》卷圖129《約法會議閉會合影》説明）

三月(二十日前),大總統袁世凱與各總長誥誡群僚之談。

《誥誡群僚之談》(中華民國四年三月十九日刊載):現在時事多艱,無論在朝在野,均應共體時艱,同紓國困。乃近查各部官僚,群趨浮薄,或涉跡花叢作狹邪之遊,或三五成群爲捉雀之戲,宴客必需大餐,金錢視若泥沙,實屬毫無心肝。仰各總長切實調查,嗣後如再有仍蹈此等惡習者,定付懲戒,以儆官邪。(《袁世凱全集》第三十卷 30-2105)

三月二十一日,旅京紳商受市政公所委託組織中央公園第一届董事會,選舉出常任董事,先生與治格被公推爲正副會長。中央公園董事會正式接手公園的管理。

《本園董事會歷届常任董事名録·第一届常任董事名録》(民國四年三月二十一日公推):會長:朱啟鈐。副會長:治格。評議部:梁士詒、孫寶琦、章宗祥、周自齊、江朝宗、薩鎮冰、吴炳湘、曹汝霖、榮勳、張弧、施肇曾、陳威、任鳳苞、王黻煒、楊德森、顧維鈞、薩福楙。事務部:葉恭綽文藝兼管理、吴承湜管理、馮元鼎文藝兼樹藝、吕鑄管理兼建築、孟錫珏樹藝兼建築、權量管理、胡筠會計、王景春管理、闞鐸文藝、方仁元管理、華南圭建築、葉基楨樹藝、馬榮建築兼管理、鄭咸會計、雍濤管理兼會計。候補人:吴笈蓀、江庸、董玉麐、徐廷爵、關冕鈞、陳鑾、李殿璋、程經邦、鄧文藻。(《中央公園二十五周年紀念册》第三章《本園章制摘要及人事變遷》)

《本園創辦之經過》:由市政公所委托旅京紳商組織董事會經營管理,擬具開放章程十二條。自章程頒布後,一切由董事會董理。(《中央公園二十五周年紀念册》第一章)

《本園章制摘要及人事變遷》：紫江仍被推爲董事長。自四年夏初至五年夏間，一切仍仰賴於董事長。(《中央公園二十五周年紀念册》第三章)

按：本年五月六日(陰曆三月二十三日)立夏。

三月三十一日，大總統袁世凱簽批先生呈《爲遵訂隨從制服擬具通行規則並繪圖詮説仰祈鑒覈批示遵行事文》。

《爲遵訂隨從制服擬具通行規則並繪圖詮説仰祈鑒覈批示遵行事文》：(文略)。四年三月三十一日奉大總統批令："准如所擬辦理，即由該部通行，運照規則圖説存。此批。"(《隨從制服規則》卷首)

四月(三日前)，報送《遵議地方自治試行條例施行規則呈》。(《蠖園文存》卷中)

按：標注時間爲四月二日，或也爲批復時間。

四月(九日前)，報送《籌設傳染病醫院呈》。(《蠖園文存》卷中)

按：標注時間爲四月八日，或也爲批復時間。

四月九日，瞿鴻禨獲准辭去參政院參政。(《袁世凱全集》第三十一卷 31－233)

四月十日，全國水利局致函先生。

全國水利局《致内務部函》(1915 年 4 月 10 日)：敬啟者：頃准貴部咨送會呈大總統"浙省海塘工程重要，亟待興修，懇請飭撥款項，豫彌災患"呈稿，本總裁業已查覈簽名，另文送還。查此項工程，關係至鉅。新工、舊工，依現時勘查工師之所主張，亦各有説。現分臨時、平時之期間，以劑治本、治標之緩急，實係正當辦法。惟施工之前，似當分别何處可仍舊工，何處應參新法，參照各説，審度潮勢地形，詳實估計，造具豫算，方可著手動用款項，以期不致虚糜竭澤之財，可收實利禦災之效。鄙見如此，貴部當亦謂然也。此致内務總長。全國水利局啟。(《張謇全集》2)

原注：據《張謇信稿》。

按：張謇時任全國水利局總裁。

四月十五日，國務卿徐世昌副署大總統袁世凱簽批先生呈報《籌修京師正陽門城垣辦法》。

《籌修京師正陽門城垣辦法》(民國四年四月十五日)：振興市政及開辦電車，均以利便交通爲最注意之點。上年曾由本部會同交通部，呈請將京師前三門城垣等處酌加修改，擬具工程辦法呈奉。令准遵，即會同組織改良前三門工程委員會，召集專門工程司，悉心討論，俾爲振興市政、開辦電車之預備。惟此項工程重大，規畫籌議不憚求詳。旋以歐戰發生，原訂洋工程司羅克格因事離京，未能即時擔任，以致稍爲延擱。現值春令融和，工程設施陸續籌備，應行收用之房地，亦經和平曉導辦理，略有端緒，復奉鈞諭催辦，自應趕緊興工。但所需經費，原擬由交通部，在京奉、京漢兩路局，各撥銀元二十萬元，分期支撥。現在能否繼續進行，當經咨商交通部派員會商辦理。旋據聲稱，刻因展修環城鐵路及籌設鐵路總車站，次第舉辦，需款較多，前次認撥之四十萬元，一時恐難挹注等語。且此項大宗特別支出，爲本部預算所無，亦苦無從籌撥，事關重要，有不敢不先事陳明者。查原擬修改工程，按照上年呈請覈定改修正陽門圖式，如拆改甕城東西月墻、添闢城門、改築馬路、修砌暗溝、改良箭樓工築等項工程,均關重要。而拆改甕城東西月墻,就其基址交點開闢城門,尤爲工程中重要之點。良以前門交通繁盛,車馬殷闐,較之他城,奚啻倍蓰。若非將甕城拆去,則取徑仍多迂曲,將來電軌經過,不足以利通行而新氣象。現在環城鐵路繞過德勝、安定、東直、朝陽各門,其兩邊甕城,業經交通部呈請修改。前門觀瞻所繫,自應遵照上年覈准圖式一律修改。其箭樓仍舊留存,以崇古制。至原擬京漢、京奉、京張等路之總車站,近由交通部會商本部,擬於天橋附近,擇隙空地段敷布建設。但造端宏大,爲方來之碩畫,非旦夕所能程功。前門車站爲東西兩路總匯之區,而地勢逼窄,不敷分布,目前亦宜統籌兼顧。擬仍前次會呈原案,將前門護城河岸裁灣取直。其北岸騰出餘地,撥歸交通部,以備擴充車站之用,庶幾交通市政均有裨益。其疏濬護城河經費,即由市政公所籌措,並督飭警察廳及土木工程處分段承修。此項工程經費,較上年既略有變更,所需工程經費及收用房地一切用款,切實撙節,估計至必少須銀元二十萬元方克集事。況施工地點係都門最爲繁盛之區,既因便利交通起見,尤宜縮短限期,同時並舉,剋日觀成,若不預籌的款專備工需,深恐有誤要政。惟交通部現在舉辦環城鐵路,需款甚急,若仍照前案一律由交通部籌措,一時難以挹注,自係實在情形。查市政公債捐款八萬六千餘兩,前經呈請撥還,近准財政部咨稱,呈奉批准,先還一半。此項工程,本與市政有關,應由市政公所擔任六萬元。其餘不敷之數,惟有懇請飭下交通部,仍照前案,再設法籌撥十四五萬元。但開工伊始，未必需用全款，應視工程緩急情形，酌量支撥。其關於前門工程計畫，界内有妨礙交通房屋，應一面由部分别飭由警察廳，按照收用章程，次第辦理，以爲興修工程之準備。一俟籌定的款，即可會同籌擬工程，擇期工作。(《蠖園文存》卷中)

《批内務部呈籌擬修改正陽門城垣工程辦法並請指撥款項文》：批令：准如所擬辦理，交交通部查照籌撥。特批。中華民國四年四月十五日。大總統印。國務卿徐世昌。(《袁世凱全集》第三十一卷 31－434)

四月二十一日，下午，到護軍管理處，與溥儀宫中内務府大臣紹英略談。

《紹英日記》三月初八日：午後，至管理處，朱總長到，略談。

按：三月初八日，陽曆爲四月二十一日。

四月二十三日，農商總長張謇復函先生。晚，赴紹英宴，内務部次長沈銘昌和榮勳、司法部次長江庸、三多在座。

張謇《復朱啟鈐函》(1915 年 4 月 23 日)：敬復者：准貴部咨開"案查至以憑覈辦並抄原函"等因，查光復之初，鹽政紊亂，事權不一。本總長任鹽政總理時，淮北、淮南實未能統一。查當時淮北督銷局長，不及半載，凡楊、張、熊、盧四人，均係前江北蔣都督雁行所委。張即名祖陶，在差不及兩月，至因何故奉撤，敝處無案可稽，應請調查前江北蔣都督雁行移交案卷，方可根查也。此復内務總長。(《張謇全集》2)

原注：據《張謇信稿》。

《紹英日記》三月初十日：晚，請客，朱總長、沈冕士、榮竹農、江亦筠、三六橋。

四月二十七日，張謇辭去農商總長職務；周自齊去財政總長職，轉任農商總長；周學熙署財政總長。（《辛亥以後十七年職官年表》）

四月二十九日，大總統袁世凱簽批先生與稅務處督辦梁士詒呈《任命蔡乃煌職務令》。（《內務公報》中華民國四年五月十五日第二十期）

五月三日，張謇致電先生與機要局長張一麐。

張謇《致朱啟鈐張一麐電》（1915 年 5 月 3 日）：北京內務部朱總長、機要局張局長鑒：南通公益捐請褒案，計册七十四户，山僧爲團體捐之一户，請詳覈速呈。謇，江。（《張謇全集》2）

原注：據《張謇信稿》。

夏初，將社稷壇公園正式定名爲中央公園。

《本園創辦之經過》：自民國三年秋末至四年夏初，爲本園開辦草創之期，其始爲紫江朱公以內務總長兼市政督辦資格獨立創辦，指揮部所工役加緊工作。朱公每日必抽暇到園督率，以南壇門外小屋爲治事之所。於是者亘六閱月，始正式定名爲中央公園。（《中央公園二十五周年紀念册》第一章）

按：本年三月二十三日（陽曆五月六日）立夏。

五月七日，下午三時，日公使日置益將最後通牒一件，附解釋七條，送交外交部，限四十八小時內“照四月二十六日提出之修正案所記載者，不加以何等之更改，速行應諾，帝國政府兹再重行勸告，對於此勸告，期望中國政府至五月九日午後六時爲止，爲滿足之答覆；如到期不受到滿足之答覆，則帝國政府將執認爲必要之手段”。(《中華民國史. 大事記》)

《中華民國史. 大事記》：夜，外交部派員前往俄使館就“二十一條”要求事尋求支持，俄使庫朋斯齊竟然要北京政府“立即無條件地接受日本的最後通牒”。○英外交大臣葛雷電示駐華公使朱爾典，向北京政府非正式提出“强硬勸告”，立即接受日本有關“二十一條”最後修正案。○五月七日，袁世凱連夜召開會議，次日上午繼續會議。下午一時袁世凱又召集國務卿、左右丞、各部總長及參政趙爾巽、李盛鐸、梁士詒、楊度、施愚等開特別會議，決定接受日本全部侵略要求，並擬定復文。

按：據《中華民國史. 大事記》，此前，中日雙方曾舉行過二十四次“二十一條”交涉。

五月八日，袁世凱召集國務卿及各部總長開緊急會議，發言者大都迎合袁意，認爲只有接受日本要求一途，袁世凱決定忍辱接受日本最後通牒之要求。

《中華民國史. 大事記》：五月八日，英公使朱爾典訪晤外交總長陸徵祥，力勸中國接受日“二十一條”要求，謂“中日交涉，竟至決裂……各國即同情，亦無能爲力。爲目前計，只有忍辱負重之一法，接受日本要求，以避危機”。○袁世凱召集國務卿及各部總長開緊急會議，先由陸徵祥報告上午會見英使朱爾典之情況，然後討論。發言者大都迎合袁意,認爲只有接受日本要求一途,惟獨段祺瑞主張動員軍隊,對日示以强硬。最後,袁以“我國國力未充,目前尚難以兵戎相見”爲由,决定忍辱接受日本最後通牒之要求。〇下午五時,袁世凱派外交部部員持復文送交日使日置益徵求意見,日置益提出有關第五號添入“日後協商”字樣,即可接受。

五月九日,袁世凱接受日本“二十一條”。外交總長陸徵祥、次長曹汝霖親往日使館遞交復文,對日本最後通牒要求各節,概予承認。復文謂:“中國政府爲維持東亞和平起見,對日本國政府四月二十六日提出之修正案,除第五號中五項容日後協商外,其第一號、第二號、第三號、第四號之各項,及第五號中關於福建問題以公文互换之件,照四月二十六日提出之修正案所記載者,並照日本政府所交最後通牒附加七件之解釋,即行應諾。”(《中華民國史.大事記》)

五月十六日,《娱閑録》第二十一册刊印,收録先生所作《牡丹新頌》數則。

《牡丹新頌》:曉色將侵,花光漸吐。直上三竿,欄干正午。艷蕊烘雲,重輪亦俯。相得益彰,芳名冠譜。映日紅。〇驚若芙蓉,裊裊腰支。葉被僮僮,柔鬚散絲。弱倩人扶,心定神痴。封姨肆虐,朱旛護持。顫風嬌。〇旭日初升,綺雯糺縵。仙擁赤城,波光燦爛。登樓縱觀,園張錦幔。海天霞。〇楊柳曉含,嫩痕低韡。霞綺千堆,濃姿萬朶。迎風欲蕩,碧紗輕鎖。月色朦朧,咸驚婀娜。籠煙紫。〇肯讓梅先,春風獨占。屈指時節,廿番信驗。群芳步塵,不驕不僭。一百五。○九十餘光,花事將了。落紅滿地,晚香愈好。後勁獨推,撑持力矯。殿春芳。(《娱閑録》第二十一册《四川公報增刊》之《文苑》)

五月二十五日,中日"二十一條"及换文,由外交總長陸徵祥與日本公使日置益在北京簽字暨交换。(《中華民國史.大事記》)

五月(二十八日前),報送《擬調查户口規則暨書類程式呈》。(《蠖園文存》卷中)

按:標注時間爲五月二十七日,或也爲批復時間。

五月三十一日,請紹英午餐。(《紹英日記》)

五月,發起組織行健會。

馬鄰翼《行健會記》:民國紀元之三年孟冬,政府開放社稷壇爲公園,時紫江朱公桂辛長内務,劃外壇東南隅爲公共講習體育場所,並發起組織本會,定名"行健",此四年五月事也。(《中央公園二十五周年紀念册》第七章《本園藝文金石略》)

六月二日,《娱閑録》第二十二册刊印,收録先生所作《牡丹新頌》數則。

《牡丹新頌》:長天一色,玉鏡臺開。明並太阿,洗絶纖埃。風來欲波,香浸青苔。伊人宛在,不盡溯洄。秋水妝。○閣扉高開,位正中宫。臨芳金殿,帝制巍崇。漏遲瓢影,侍近宸躬。禁院黄。○本自在身,現如來相。座近竹林,蓮花喜向。七寶莊嚴,大光明放。觀音面。○來從天竺,認是胡僧。法施石點,舍利光騰。天花互映,低視金繩。西番頭。

○叱潤墀香，長門莫賦。深鎖東風，舞還卻步。貯得温柔，寶帳重護。金屋嬌。○朱唇得酒，妝競海棠。乍開笑靨，斜倚玉箱。朝酣國色，嬌艷比楊。醉春容。○鉛華學御，嬌額塗黄。理紋曼靡，纖手匀將。蝶衣輕舞，素蕊凝香。膩粉妝。（《娱閑録》第二十二册《四川公報增刊》之《文苑》）

六月十日，與伍朝樞、雍濤、金邦平、唐在禮、章宗祥、嚴修、張一麐、曹汝霖、夏壽田、徐佛蘇、曾彝進聯名發布《徵集行健會同人啟》。

張一麐等《徵集行健會同人啟》（一九一五年六月十日）：（文略）。伍朝樞、雍濤、金邦平、唐在禮、章宗祥、朱啟鈐、嚴修、張一麐、曹汝霖、夏壽田、徐佛蘇、曾彝進敬啟。（《天津市歷史博物館館藏北洋軍閥史料》黎元洪卷十）

六月（十四日前），報送《修復周陵呈》。（《蠖園文存》卷中）

按：標注時間爲六月十三日，或也爲批復時間。

六月十五日，國務卿徐世昌副署大總統袁世凱簽批先生呈《前約法會議議員田應璜嚴天駿二員臚陳事實請量加擢用文》。（《袁世凱全集》第三十一卷 31－2032）

六月十六日，主持正陽門改造工程開工典禮。

朱海北《正陽門城垣改建史話》：一九一五年六月十六日正式開工。先父親臨施工現場，冒雨主持了開工典禮。手持袁世凱以總統名義頒發的特製銀鎬，刨下了第一塊城磚。（《蠖公紀事》）

六月十七日，國務卿徐世昌副署大總統袁世凱《批督修正陽門工程麥信堅呈報啟用關防及動工日期並設立督修處

酌派委員請示文》：批令：呈悉。交内務、交通兩部查照。此批。(《袁世凱全集》第三十一卷 31－2092)

六月二十日，葉恭綽以三次長參案被暫停交通次長職務。

《葉遐庵先生年譜》六月：葉恭綽以三次長參案停職。十月：始判明復職。十二月十九日：進叙一等。

《三水梁燕孫先生年譜》：是月(六月)交通大參案發生，先生避嫌遊西山。先是，帝制之謀，胚胎於癸丑之冬，孕育於甲寅之夏。逮日本提出二十一條件，忍辱簽定，演成五九國恥；意者以爲是當輟非分之謀矣。孰知某公子者，急於化家爲國，無恥者攀龍附鳳，霞蔚雲蒸，其運動視五九以前尤劇。當時彼輩會商，籌度中外大勢，以爲歐戰正酣，各國無暇東顧，日本新得權益，意頗滿足，外交上已毋庸顧慮；國内各省督軍、民政長，大半爲北洋袍澤，餘亦俯首服從，示以羈縻，無慮反側，是各省亦無問題。至京内情形，清室祇須善爲安置，百官有司，祇須升秩有差，餘無可慮者。惟軍政尚在段祺瑞手中，財政尚在梁士詒手中，段祺瑞、梁士詒、熊希齡三人對於帝制並不讚同，不可不先爲之所。于是有爲之策者主脅陸軍次長徐樹錚以迫段；脅交通次長葉恭綽以迫梁；脅財政次長張弧以迫熊，蓋其時張固接近熊也。於是分頭辦理。結果，段祺瑞辭職，以王士珍代之，陸軍次長徐樹錚、財政次長兼鹽務署長張弧免職，交通次長葉恭綽停職候傳，時謂之三次長參案。至(六月)二十日大總統又申令："據平政院長周樹模呈稱：'津浦鐵路局長趙慶華舞弊營私一案，交通部次長葉恭綽最有關係，請諭令暫行停職候傳！'

等語。葉恭綽著暫行停職。”周緝之懷葉氏力争免除鐵路貨捐之嫌，復因而下石，謂葉氏請免鐵路貨捐，乃係受商人之運動，請併案究辦。遂使查辦之使絡繹於途，審判之卷堆疊於庭，歷時五月，結果卒未得何證據，不得已僅以私罪微譴，去趙慶華一人，而所謂最有關係而必欲排擊之交通次長葉恭綽竟奉明令復職。今録關於諸案之明令如左：京漢鐵路案。十二月五日大總統申令：“……葉恭綽、林振耀牽涉情節，既查無實據，均免予置議！同興公司夾帶私貨，妨礙路務，原訂合同，著即取消！餘均如擬，責成交通部分别從嚴查辦，以清積弊，並交司法部查照！”

七月三十一日，簽發《市政公所籌設國貨展覽會京都出品協會通告》。（《蠖園文存》卷中）

按：標注時間爲七月卅一日。

同日，北京政府農商部呈准定每年“清明”爲“植樹節”。（《中華民國史．大事記》）

八月三日，袁世凱憲法顧問美國人古德諾在北京《亞細亞日報》發表《共和與君主論》，鼓吹帝制。（《中華民國史．大事記》）

八月（八日前），報送《本部顧問改爲名譽職並詳陳歷年辦理情形呈》。（《蠖園文存》卷中）

按：標注時間爲八月七日，或也爲批復時間。

八月十二日，呈報大總統《籌辦疏濬京師前三門護城河工程計畫並測量水平改良溝渠釐定管理河道辦法文》。

《呈大總統呈爲籌辦疏濬京師前三門護城河工程計畫並測量水平改良溝渠釐定管理河道辦法文》(八月十二日):(文略)。啟鈐職掌所關兼督市政,幾經籌畫,對於以上種種之設施,務使此舉以豫漸而易行,决不因疑難而少阻,裨可分期措辦得蕆全工,似於河道宣洩不無裨意。所有籌辦疏濬京師前三門護城河工程計畫並測量水平改良溝渠暨釐定管理河道辦法各情形是否有當,理合具呈大總統鑒覈訓示。謹呈。(《内務公報》中華民國四年九月第二十四期《文牘》)

大總統袁世凱批《内務部呈籌辦疏濬京師前三門護城河工程計畫並測量水平改良溝渠暨釐定管理河道辦法各情形請鑒覈由》:京師河道年久失修,亟應通盤籌畫,設法疏濬。該部所擬各項辦法,規畫周妥,應准照辦,即責成該部次第整理,切實進行,以重要政。此批。八月十四日。(《内務公報》中華民國四年九月第二十四期《命令》)

按:呈文收録於《蠖園文存》卷中,標注時間爲八月十四日。據《内務公報》,當於十二日上報,十四日批復。

八月十四日,楊度、孫毓筠、嚴復、劉師培、李燮和、胡瑛等六人在京師發起籌安會,鼓吹帝制,並發布《宣言書》。(《三水梁燕孫先生年譜》)

《籌安會宣言書》(民國四年八月十四日):(文略)。發起人楊度、孫毓筠、嚴復、劉師培、李燮和、胡瑛。(《中華民國建國文獻·民初時期文獻》第一輯)

原注:本文録自中國國民黨中央委員會黨史史料編纂委員會編《革命文獻》第六輯。

八月二十日,簽發内務部《請飭屬保護寺院財産致

各省巡按使都統咨文》。(《中華民國史檔案資料彙編》第三輯文化分册《佛教文化·保護寺廟章則與令文》)

原注:北洋政府内務部檔案。

同日,籌安會宣告正式成立,楊度出任理事長,孫毓筠任副理事長,嚴復、劉師培、李燮和、胡瑛爲理事。同日,籌安會通電全國,謂:"本會之立,將籌一國之治安,研究君主、民主國體二者以何適於中國,專以學理是非。事實利害爲討論範圍,至範圍以外各事,本會概不涉及,以此爲至嚴之界限。"(《中華民國史.大事記》)

《籌安會成立啟事暨章程》(民國四年八月二十三日):(文略)。(《申報》民國四年八月二十三日)

按:即所謂《籌安會宣言書》。

大總統袁世凱《批籌安會宣言書》(中華民國四年八月二十三日):堂。(《袁世凱全集》第三十二卷 32-1436)

原注:日期據《袁世凱卷》編者釐定。

同日,梁啟超在《大中華》雜誌發表《異哉所謂國體問題者》一文,反對變更國體。

《中華民國史.大事記》並記載:該文又發表在九月三日《京報》,次日《國民公報》轉載,六日上海《申報》《時報》《神州日報》相繼刊出,七日天津《大公報》轉載。遍傳全國各大城市。

八月二十四日,段芝貴、袁乃寬在京發起召開軍警大會,雷震春、江朝宗等四十四人參加,討論"籌安事宜",一致簽名"贊成君主"。(《中華民國史.大事記》)

同日，籌安會通電各省將軍、巡按使、都統、巡閱使、護軍使、各省城商會，請派代表到京加入討論變更國體問題。(《中華民國史.大事記》)

《中華民國史.大事記》:八月二十九日，陸軍總長段祺瑞稱病退居西山，拒不勸進，並迭請辭職，是日袁世凱令准免職，以王士珍繼任。八月三十一日，陳其美由滬至東京，與孫中山計議西南起兵討袁。八月，中華革命黨政治部部長胡漢民自東京致書楊度，數其發起籌安會等罪狀，並指出“民國確認足下爲罪人，袁家究不以足下爲忠僕，徒博得十萬金一時之揮霍，而身死名裂，何所取哉”。九月一日，貴州巡按使龍建章密電國務卿徐世昌，痛陳變更國體危險，請“取消籌安會，以釋群疑”。九月四日，參政院參政汪鳳瀛致書籌安會楊度，直言帝制之七不可，並稱“就目前時勢論之，斷不可於國體再議更張，以動搖國脈”。九月五日，中華革命軍江西司令長官夏之麒自滬致函陳其美，請速示討袁方針。九月七日，北京《天民報》以反對帝制被封。九月九日，廣西將軍陸榮廷致電政事堂，不同意變更國體，稱馮電(原按:指三日馮國璋等致政事堂密電):“持論正確，先獲我心，應請國務卿立斷定奪，領銜陳請交議，以昭詳慎。”九月十日，教育總長湯化龍因病請假，袁世凱特任章宗祥兼代教育總長。總檢察廳檢察長羅文幹因欲查究籌安會叛逆責任未果，乃托母病請求辭職。是日，袁世凱批令准假兩月，其職務派朱深暫行兼代。十月一日，黎元洪向參政院咨請辭副總統職。十月二十四日，袁世凱令准平政院院長周樹模因病免職，遺缺特任錢能訓署理。十一月二十一日，參政梁啟超呈請辭職,袁世凱令給假兩月,俾資調理。

按:軍警大會召開後,也有衆多文武官員紛紛上密呈給袁世凱,請願實行君主制。

同日,中日俱樂部成立於北京,曹汝霖任會長,先生與周自齊、章宗祥、楊士琦、梁士詒、日本駐中國大使館三等書記某人加入俱樂部。

《譯電》:本月二十四日,北京成立一中日俱樂部,會長曹汝霖及日使署三等書記某君、周自齊、朱啟鈐、章宗祥、楊士琦、梁士詒均加入。(《申報》民國四年八月二十八日)

八月二十七日,簽發《大柵欄改修馬路飭》。

督辦京都市政公所飭第六十一號:爲飭知事:據警察廳詳據大柵欄紳士樂鐸等稟稱,該巷馬路,迭經翻修,不能耐久。經公司協議,籌集洋一千八百元,將該巷改修臭油馬路一條,以期堅固,如款項不敷,懇爲補助等情,轉詳前來。爲此飭行該處,仰即速爲勘估,造册詳報,以憑覈批。此飭。督辦朱啟鈐。右飭土木工程處處長馬榮。准此。鈐"督辦京都市政事宜關防"印。中華民國四年八月廿七日。(北京市檔案館藏稿本)

八月二十九日,籌安會發布主張君主立憲通電。

《籌安會主張君主立憲通電》(民國四年八月二十九日):(文略)。(《中華民國建國文獻·民初時期文獻》第一輯)

原注:本文録自中國國民黨中央委員會黨史史料編纂委員會編《革命文獻》第六輯。

八月三十日,與段芝貴、梁士詒等十人密電各省將軍、巡按使假造民意,請願改變國體,謂:"現擬第一辦法，用各省公民名義，向參政院代行立法院上請願改革書，每省各具一請願書，均由此間代辦，隨將底稿電聞，請將尊名並貴省紳商列入。”外交部分電駐外使館，稱政府對籌安會並無成見，不加干涉。(《中華民國史.大事記》)

《鄭孝胥日記》八月二十六日(10月4日)：汪甘卿來，示電報四件，皆朱啟鈐等十二人致各省言公民選舉事，汪言，馮國璋不從逆，其將士皆聽命。

秋初，爲補充中央公園改建工程經費之不足，先生等人發起第二次募捐。

《本園創辦之經過》：四年秋初，以待辦工程尚多，募集之款不敷，乃發出第二次募捐。公啟署名者，除原發起人外，加入許世英、徐紹楨、王占元、熊希齡、潘矩楹、孟恩遠、張錫鑾、張元奇、靳雲鵬、王揖唐、田文烈、蔡儒楷、李純、雷震春、江庸、傅增湘、段芝貴、徐樹錚、湯化龍、陸榮廷、施肇曾、陳文運、師景雲、曲同豐、張士鈺、張志潭、吴承湜、闞鐸、王景春、權量、華南圭、常耀奎、董玉麐、鄭咸、鄧君翔、金邦平、雍濤等三十餘人。啟云：(文略)。此啟發出，續有所得，而因董事會組織成立，分別部居，各有負責之人，園務蒸蒸日上，一切備具公園形式，非復曩時之污萊矣。(《中央公園二十五周年紀念册》第一章)

按：本年立秋爲六月二十八日(陽曆八月八日)。民國三年秋季先生等人發起首次募捐。

八月，參加地方警察傳習所開學典禮，發表訓詞。

《内務總長訓詞》(地方警察傳習所開學)：今日爲本所

開學之期，本總長略將此次本部呈准大總統創辦地方警察傳習所之主旨爲諸君一述。（文略）。（《内務公報3》中華民國四年八月第二十三期）

按：民國元年十一月，北洋政府内務部下令將京師高等巡警學堂改爲警察學校。民國四年，内務部將警察學校改爲地方警察傳習所。

九月二日，與段芝貴、梁士詒、周自齊、張鎮芳、唐在禮、雷震春、江朝宗、吴炳湘、袁乃寬十人聯名密電各省將軍、巡按使，稱："共和不能適用，亟應改爲君主立憲，以救危亡"，"望熟籌解决電復。"（《中華民國史.大事記》）

九月六日，大總統袁世凱委派政事堂左丞楊士琦代表赴參政院代行立法院發表對於變更國體之宣言。

《特派政事堂左丞楊士琦代表蒞參政院代行立法院發表宣言書》（中華民國四年九月六日）：本大總統受國民之付托，居中華民國大總統之地位，四年於兹矣。憂患紛乘，戰兢日深，自維衰朽，時虞隕越，深望接替有人，遂我初服。但既在現居之地位，即有救國救民之責，始終貫徹，無可諉卸，而維持共和國體，尤爲本大總統當盡之職分。近見各省國民，紛紛向代行立法院請願改革國體，於本大總統現居之地位，似難相容。然大總統之地位，本爲國民所公舉，自應仍聽之國民，且代行立法院爲獨立機關，向不受外界之牽掣，本大總統固不當向國民有所主張，亦不當向立法機關有所表示。惟改革國體，於行政上有甚大之關係。本大總統爲行政首領，亦何敢畏避嫌疑，緘默不言。以本大總統所見，改革國體，經緯萬端，極其審慎，如急遽輕舉，恐多窒礙。大總統有保持大局之責,認爲不合時宜。至國民請願,要不外乎鞏固國基,振興國勢,如徵求多數國民之公意,自必有妥善之上法。且民國憲法正在起草,如衡量國情,詳晰討論,亦當有適用之良規,請貴代行立法院諸君子深注意焉。

原注:此據《申報》注明日期。

《宣言書》另一版本:本大總統受國重託,四載於兹,際此時局艱難,常以隕越爲懼,黽勉從事,憂慮交縈,深望卸肩有日,得以優遊林下。惟一日在任,則一日當以保衛國家與人民爲職務,責無旁貸。而保全共和之國體,尤爲本總統專責。近日各省人民紛紛呈請代立法院改變國體,此舉與本總統之地位殊爲矛盾。但總統之職授自國民,國體問題,當然視民意爲轉移。且代立法院乃獨立機關,不受局外之干預。從嚴格言之,本總統本未可在國民或代立法院之前發表意見。第國家之改變,爲行政權急切重要之變遷,本總統既爲行政元首,自不能沉默無言。本總統之意,國體一改,國家種種關係皆將爲之大變。此事要當殫精竭慮,審慎計議,若匆遽解决,則必窒礙叢生。本總統有維持大局之責,故視變更國體一舉,殊不合於國情。至於國民之請願,推其目的不外乎鞏固邦本,增進國勢。若採全國大多數人民之輿情,自可得妥善之方法。且民國憲法方在草擬,詳察國情,慎重討論,當可籌定適當可行之法制。(《袁世凱全集》第三十二卷 32—1813)

《袁世凱爲變更國體問題致參政院訓詞》(1915 年 9 月 6 日):本月六日午後,袁總統致訓詞於代行立法院之參政院。其辭曰:(文略)。(《中華民國史檔案資料彙編》第三輯政治分

册《重大歷史事件和問題·洪憲帝制》)

原注:四年九月十日《商務日報》載路透社電。

《九月七日北京來電》(1915年9月7日):大名王鎮守使轉師、營長均鑒:華密。各報載大總統派員到參政院發表意見,所言各節别有用意,請勿誤會。我輩主張君主宗旨,仍舊一力進行,萬勿鬆懈。餘隨時電告。唐在禮、袁乃寬、傅良佐、陳光遠、張士鈺、蔡鍔、蔣作賓、蔣尊簋、蔣雁行、黄士龍、丁槐、陸錦、盧永祥、李進才、徐邦傑、馬龍標、王廷楨、孫武、田中玉、雷震春同叩。(《中華民國史檔案資料彙編》第三輯政治分册《重大歷史事件和問題·洪憲帝制》)

原注:北洋政府多防鎮守使署檔案。

白蕉《帝制之實現取消與袁世凱之死》:袁特派政事堂左丞楊士琦莅院,發表宣言書,略謂:(文略)。〖眉批〗此宣言書發表後,楊度忽夜間來訪,謂:吾之於總統不若君交情之久,今日忽有不合事宜之諭,究竟總統性情何如,請見告。余曰:然則君須以此事主動告余,乃可討論。楊謂:吾本欲回湘,士詒云,總統有大事須汝出頭,實則我亦被動,非主動,但吾向主君憲之説,故願爲之,今何以有此異言。余曰:吾告汝二事,一爲前清預備立憲;一爲蘇杭甬鐵路,皆事前堅拒,事後翻然改計。公爲此事,將來誅晁錯以謝天下,公之首領危矣!楊聞之悚然。翌日,朱桂莘等約楊談話,其意又堅,蓋又有人嗾之矣。(《近代史資料文庫》第二卷)

按:眉批爲張一麐所批。

九月九日,肅政廳全體肅政史呈請袁世凱取消籌安會,略謂:“楊度身爲參政,孫毓筠曾任約法會議議長,唱

此異説,無怪人民驚疑。應請迅予取消,以靖人心。"袁令内務部確切考查,明定範圍,示以限制。(《中華民國史.大事記》)

九月十一日,參政院開會,全體通過承認籌安會。

《參政院通過承認籌安會》:真日參政院開會,全體通過承認籌安會,及各省公民請願案成立,已提付審查再定。(四年九月十五日《商務日報》)(《中華民國史檔案資料彙編》第三輯政治分册《重大歷史事件和問題・洪憲帝制》)

原注:臺灣"國史館"檔案。

九月(十四日前),大總統袁世凱批片交内務府,要求就君主原理,確切考查,明定範圍,示以限制,通飭遵照。

《批片交内務府》(中華民國四年九月十三日刊載):世界各國有君主、民主之分,要不外乎本國情爲建設,以達其鞏固國家、保全種族之宗旨。中國當君主時代,厲禁討論民主政體,而秘密結社煽惑不絶,實於共和原理毫無識解。迨潮流所至,一旦暴發,更無研究之餘地。迄至今日,不但人民無共和之智識,即居議政行政之地位者,真能透澈共和之原理,百不一睹;而一部分人民,主張君主之説,暗潮鼓蕩,已非一日,前車之鑒,可爲寒心。恐其於君主原理,猶之初創共和時代之茫昧隔膜。講學家研究學理,本可自由討論,但具有界説,不可逾越範圍。著内務部確切考查,明定範圍,示以限制,通飭遵照。(《袁世凱全集》第三十二卷 32 - 2023)

九月十四日,簽發《内務部致外交部咨》,關於日本人桑名貞治郎在煙臺開設芝罘日報事。(《中華民國史檔案資料彙編》第三輯文化分册《新聞通訊・禁阻列强在華非租界地開設報館》)

九月二十一日《外交總長陸徵祥致内務總長咨》(外交部咨出字第三五五號):外交部爲咨行事:接准來咨,以日人桑名貞治郎在煙臺開設華文報,覈與福建成案事同一律,取締辦法亦應一致。惟事關外交,相應咨行查照等情。並附鈔件前來。查本年七月間,准煙臺交涉員電,日人桑學海在煙臺開設華文報館,應否阻止,請示祗遵到部。即經根據三年七月致福建巡按使取締外人在内地開設報館辦法電復在案。玆准前因,相應將往來電文抄録,咨請貴部查照轉復可也。此咨内務總長。(《中華民國史檔案資料彙編》第三輯文化分册《新聞通訊・禁阻列强在華非租界地開設報館》,下同)

十月二十日《外交總長陸徵祥致内務總長咨》(外交部咨出字第三九九號):外交部爲咨行事:日人擬在煙臺開設華文日報事,業於九月二十一日將本部與煙臺交涉員往來電文抄送查照在案。旋於三十日准該交涉員將此案繼續交涉文件函送前來。玆復准電稱:現又准日領函催轉知郵局掛號,此案究應由部與日使解決,抑由本署繼續辦理等語。查芝罘日報從前既曾以日人桑學海名義准其在道署立案,此次脱離華東重行出版,似與創設有別,且煙臺雖無租界,究係約開商埠,華洋雜處,與完全内地又復不同,若竟不准設立,恐難就我範圍。除由部電飭該交涉員仍行就地遵照本部七月馬電繼續交涉外,相應先將該交涉員繼續送到與日領交涉文件,抄咨貴部查照可也。此咨内務總長。

十一月十七日《外交總長致内務總長咨》(外交部咨出

字第四四六號）：外交部爲咨行事：接准咨稱：外報在中國出版應否先令遵照報律，領有准照，方准在郵局掛號，請覈定見復等情。前來。查報館亦爲營業之一，嗣後外人在内地各處自應絶對不准開設，其已經開設之報館，業由郵局准予掛號者，按之不溯既往之例，似難强令服從報律。惟所有雖經開設，尚未在郵局掛號之報紙，自應先令認守報律，再行准其郵便掛號，以示限制。至外報之在商埠租界發行者，其情形雖與内地迥殊，似亦應一律辦理，以資取締。不過，日本等國在各處商埠租界多有自設郵局情事，中國方面若不予掛號，彼仍可由本國郵局傳遞，則限制效力亦頗微弱耳。前准十月二十二日來咨，業經本部抄録飭行煙臺交涉員向日領交涉，能否就範，尚未據復。兹准前因，除俟該交涉員詳復到部，再行奉達外，相應先行咨復貴部查照可也。此咨内務總長。

中華民國五年八月十一日《内務總長致外交總長咨》：内務部爲咨復事：准咨達報紙條例現經廢止，芝罘日報援請掛號應否照准，請查覈見復等因。查報紙條例雖經廢止，而開設報館亦爲營業之一種，對於地方官署負有禀報義務。前准交通部咨詢現在報紙掛號辦法，本部曾經以須有地方官執照方能准其掛號等語，咨復在案。該芝罘日報既擬向郵局掛號，似應照此辦理，相應咨復查照。此咨外交總長。

九月十九日，梁士詒等人在北京發起全國請願聯合會，推定沈雲沛爲會長，那彦圖、張鎮芳爲副會長，發布《宣言書》。（《三水梁燕孫先生年譜》）

《全國請願聯合會宣言書》（民國四年九月十九日）：民

國肇建，於今四年，風雨飄摇，不可終日，父老子弟，苦共和而望君憲，非一日矣。自頃以來，二十二行省及特别行政區域暨各團體，各推舉尊宿，結合同人，爲共同之呼籲，其書累數萬言，其人以萬千計，其所蕲向，則君憲二字是已。政府以兹事體大，亦嘗特派大員，發表意見於立法院。凡合於鞏固國基、振興國勢之請，代議機關所以受理審查以及於報告者，亦既有合於吾民之公意，而無悖於政府之宣言，凡在含生負氣之倫，宜有舍舊圖新之望矣。惟是功虧一簣，則爲山不成，鍥而不捨，則金石可貫。同人不敏，以爲我父老子弟之請願者，無所團結，則有如散沙在盤；無所榷商，則未必造車合轍。又況同此職志，同此目標，再接再厲之功，胥以能否聯合進行爲斷。用是特開廣座，畢集同人，發起全國請願聯合會，議定簡章凡若干條。此後同心急進，計日程功，作新邦家，慰我民意，斯則四萬萬人之福利光榮，匪特區區本會之厚幸也。(《中華民國建國文獻・民初時期文獻》第一輯)

原注：本文録自中國國民黨中央委員會黨史史料編纂委員會編《革命文獻》第六輯。

《三水梁燕孫先生年譜》：此請願聯合會發起人中，某鉅公竟代先生署名。其他文件因亦如之，在當時環境自無由自白，世遂謂先生爲主動人之一，不知其時言動，且極不自由，他更無論矣。

九月二十九日，代表参政院發出有關選舉要求的電文。

白蕉《帝制之實現取消與袁世凱之死》：(九月)九日，朱啟鈐代表参政院發電云：組織計劃，由参政院决定後，全恃選舉監督實行此舉之目的，故彼等當有管理選政及利用被選舉人之實力。至國民代表，無論何地，每縣須出一人；且須擇各省與政府機關有關係之人物，方能對於選舉真目的不致有所誤會。(《近代史資料文庫》第二卷)

九月三十日，受大總統袁世凱委派，前往溥儀宫中，致賀端康皇貴妃生日，並呈送壽禮。醇親王載灃、總管内務府大臣世續、内務府大臣紹英在場。

《紹英日記》八月二十二日：隨同王爺、中堂至端康皇貴妃前行禮。大總統派内務總長朱啟鈐來致賀，並送如意一柄，端康皇貴妃在養心殿冬暖閣立見，世中堂念答詞。朱總長與治都護尚有進奉。擬定回賞各大卷四卷，在祥義買回，賞進奉來人等，每份八元。二十四日：上賞朱總長、治大人緞各四卷。二十五日：進内，爲朱總長、治鶴清屬代奏謝恩事，令奏事處至永和宫代陳。

按：八月二十二日(陽曆九月三十日)，爲端康皇貴妃(即瑾妃)生日。王爺，醇親王載灃。

同日，參加京師傳染病醫院開院典禮，並發表訓詞。

《内務總長訓詞》(京師傳染病醫院開院)：(文略)。(《内務公報》中華民國四年十月第二十五期)

按：《京師傳染病醫院開院訓詞》(民國四年九月三十日)收録於《蠖園文存》卷中。

十月一日，上午，内務府大臣紹英赴大總統府答謝，先生侍班陪同。

《紹英日記》八月廿三日：辰正二刻，至公府答禮致謝，由中華門正門入，有軍隊奏樂迎，並備大船來接。在内係禮官黄錫臣、蔡君接待，並備煙酒、點心。朱總長亦來侍班，在海宴堂見大總統，行三鞠躬禮，立見。遂一鞠躬退出，復至外邊，大禮官、内務總長相陪，讓用酒點，稍談遂出。仍乘船出，至新華門復有軍隊奏樂相送。

按：八月二十三日，陽曆爲十月一日。

十月（四日前），先生等人致電各省，言公民選舉事。

《鄭孝胥日記》八月二十六日（10月4日）：汪甘卿來，示電報四件，皆朱啟鈐等十二人致各省言公民選舉事，汪言，馮國璋不從逆，其將士皆聽命。

十月五日，下午，訪徐世昌。

《徐世昌日記》：飯後又辦公，略寫字，會客甚多，林宗孟、朱桂辛、錢幹臣先後來，久談。

十月六日，梁士詒等爲加速帝制進行，藉口國民會議係決定憲法機構，不適宜解決國體問題，遂以參政身份，糾合數人起草《國民代表大會組織法》，建議召集“國民代表大會”表决國體問題。是日，參政院代行立法院通過此案，並咨請袁世凱公佈。（《中華民國史. 大事記》）

十月七日，先生及周自齊、梁士詒等十人密電各省將軍、巡按使，謂：“國民代表大會擁戴電中，須有恭戴今大總統袁世凱爲中華帝國皇帝字樣；委任參政院爲國民代表大會總代表電，須用各省國民代表大會名義。……至商、軍、政各界推戴電簽名者愈多愈妙。投票後三日内必須電告中央，將來宣詔登極時，國民代表大會及商、軍、政各界慶祝書，亦請預擬備用。”（《中華民國史. 大事記》）

十月八日，國務卿徐世昌副署大總統袁世凱簽發《組織國民代表大會決定國體令》《公布國民代表大會組織法令》。

《組織國民代表大會決定國體令》：……謹按《約法》第一章第二條，中華民國主權本之國民全體，則國體之解決，實爲最上之主權，即應本之國民之全體。兹議定名爲國民代表大會，即以國民會議初選當選人爲基礎，選出國民代表，決定國體……兹據《約法》第三十一條之規定，於十月六日開會議決《國民代表大會組織法》，經三讀會通過。現在全國人民亟望國體解決，有迫不及待之勢，相應鈔録全案並各請願書，咨請大總統迅予公布施行等因。除將代行立法院議定之《國民代表大會組織法》公布外，特此布告，咸使聞知。此令。中華民國四年十月八日。大總統印。國務卿徐世昌。(《袁世凱全集》第三十三卷 33－228)

《公布國民代表大會組織法令》：參政院代行立法院議定《國民代表大會組織法》，兹特公布之。此令。中華民國四年十月八日。大總統印。國務卿徐世昌。(法文略)。(《袁世凱全集》第三十三卷 33－229)

十月九日，以先生等爲首之辦理國民會議事務局密電各省巡按使，預擬操縱選舉國民代表辦法："投票決定國體，必有全體一致之精神，方可以震動中外之耳目。然欲收此良果，必先於當選之人悉心考究，確信其能受指揮，方可入選。"未投票之先，"遴選妥員，分途聯絡……而禮貌之間，無損於威，酒醲之勞，無傷於財，必

使下之身心樂爲上用，而後如身之使臂，臂之使指”。(《中華民國史. 大事記》)

十月十日，國務卿徐世昌副署大總統袁世凱簽批先生呈《派員前赴朝鮮參觀物産共進會並飭便道考察市政以備參考由》。(《袁世凱全集》第三十三卷 33－295)

十月十一日，先生等密電各省：“每縣初選當選人來省報到，必須設招待員接洽，疏通意見，再由監督長官以談話宴飲爲名，召之至署，將君憲要旨及中國大勢，並擬定充選之人名示之，須用種種方法，總以必達目的爲止。”(《中華民國史. 大事記》)

十月十五日，籌安會改用憲政協進會討論國體問題。

《三水梁燕孫先生年譜》十月十五日：籌安會以君主政體可實現，此後應進而討論立憲問題，乃改稱憲政協進會。

《〈商務日報〉刊載籌安會改用憲政協進會討論國體問題》：籌安會發生以來，各處所派代表在一般會員中獨蒙特別優待，因之普通會員都希望升充代表，而各處加派數人不過一電通知，毫不費力，以後源源而來，試問會中何以應付？該會有鑒於此，遂乘取消籌安會之際，用憲政協進會名義發出啟事云：籌安會前此通電各處，請派代表爲國體問題，至爲重要，不得不詳加討論，並以考求各方面人心之向背，乃承各機關各團體遣派代表加入討論，全體投票皆君主立憲，實本會所極歡迎。惟本會關於討論國體一端已於玆告一結束，今惟静待國民代表大會之表决而已。特此通告。除籌安會未經改爲憲政協進會時各處已到京赴會之代表仍由本會照常接待外，其餘均請一律停派，本會亦不再爲接待。恐未周知，特此宣告。云。(《中華民國史檔案資料彙編》第三輯政治分册《重大歷史事件和問題·洪憲帝制》)

原注：十一月十五日重慶《商務日報》。

十月二十二日，上午，赴大總統府賀祝總統袁世凱夫人生日。

《許寶蘅日記》：今日總統夫人生日，總長、次長詣府賀祝。

同日，國務卿徐世昌副署大總統袁世凱簽批先生報送《呈恭報辦理京都市國貨出品協會情形並擬京師工商業改進會辦法附呈會場照片一册請鈞鑒由》。(《内務公報》中華民國四年十一月第二十六期)

按：《辦理京都市國貨出品協會並籌設工商業改進會呈》(民國四年十月二十二日)收録於《蠖園文存》卷中，所標注"二十二日"當爲批復時間。

十月二十三日，與周自齊、梁士詒、張鎮芳、阮忠樞、唐在禮、袁乃寬、張士鈺、雷震春、吴炳湘聯名致通電各省將軍巡按使，要求在國體未解決之前，對推戴書希萬分秘密；並告知在國體投票解決後，國民推戴書用語要求及奏摺格式。

《朱啟鈐等致各省將軍巡按使通電》(1915年10月23日)：各省將軍巡按使鑒：華密。國體投票解決後，應用之國民推戴書文内，有必須照叙字樣，曰國民代表等，"謹以國民大意恭戴今大總統袁世凱爲中華帝國皇帝，並以國家最上完全主權奉之於皇帝，承天建極，傳之萬世"。此四十五字，萬勿絲毫更改爲要。再，此種推戴書，在國體未解决之前，希萬分秘密。並盼先覆。至奏摺一切格式，均照舊例，惟跪奏改爲謹奏。其他儀式，俟擬定再行通告。啟鈐、自齊、士詒、鎮芳、忠樞、在禮、乃寬、士鈺、震春、炳湘。(《護國運動資料選編》第一章第一節)

十月二十六日，與周自齊等十人密電各省將軍、巡按使，謂："國體投票開票後，當即行推戴，無須再用投票手續，即由公等演説，君憲國體既定，不可一日無君，諸位代表應推戴袁世凱爲中華帝國大皇帝，如贊成應起立。表决後即將擬定之國民推戴書交請各代表署名。"(《中華民國史.大事記》)

十月二十七日，徐世昌獲准休假，外交總長陸徵祥兼代國務卿。(《辛亥以後十七年職官年表》)

同日，往賀大總統袁世凱五子袁克權娶婦。

《請帖款式》：十月二十七日爲第五子克權授室，敬請執柯。(袁世凱五子袁克權婚禮籌備檔案稿本)

《婚禮禮堂觀賀各官》：……内務總長朱啟鈐……(袁世凱五子袁克權婚禮籌備檔案稿本)

《許寶蘅日記》：今日因總統之公子娶婦，總、次長未到署。

十一月七日，先生等密電各省，聲稱日藉口中國恐有變亂，强拉英俄聯合勸告，"此事萬無緩辦之理，各省

票數全體推戴齊至時，政府自當稍取委蛇遜讓態度，以表示重視邦交之意”。(《中華民國史.大事記》)

同日，袁世凱公佈《著作權法》。(《中華民國史.大事記》)

十一月八日，籌備國民大會事務辦理國民會議事務局通告，自十月二十九日至十一月八日各省區依法舉行決定國體投票數：計京兆二十票，直隸一百一十九票，奉天五十六票，吉林三十七票，黑龍江二十二票，陝西九十票，湖南七十五票，湖北六十九票，廣東九十四票，江蘇六十票，山西一百〇二票，山東一百〇七票，浙江七十五票，福建六十二票，河南一百〇八票，安徽六十票，江西八十一票，綏遠八票，熱河十五票，察哈爾七票，共二十處，已投決定票數一千二百七十六票，“據各監督報告，均係一律贊成君主立憲”。(《中華民國史.大事記》)

按：合計票數應爲一千二百六十七票。

十一月十日，京師警察廳總監吴炳湘呈報先生《爲憲政討論會請求立案詳》。

《内務部批稿》(十一月十七日)：據詳已悉，應准備案。鈔件存。此繳。(《中華民國史檔案資料彙編》第三輯政治分册《黨派社團及會黨起事·社團》)

原注：北洋政府内務部檔案。

十一月十二日，簽發致外交部《爲〈順天時報〉載誣蔑挑撥之詞請向日使交涉予以訓誡或取締咨稿》。[《護國運動》(二)籌備洪憲帝制]

原注：北洋政府内務部檔案。

十一月十三日，與周自齊、梁士詒、張鎮芳、阮忠樞、唐在禮、袁乃寬、張士鈺、雷震春、吴炳湘聯名致電山西將軍閻錫山及巡按使金永，告知御極典禮已由内務部召集各機關組織大典籌備處。

《北京朱總長等元電》（十一月十四日到）：太原閻將軍、金巡按鑒：密。解決國體已有廿省，指日可告完全。所有關於御極典禮，同人雖已擬有草案，然兹事體大，非集思廣益不爲功，已由内務部主持集會，在京各機關組織大典籌備處，不日開辦。屆時另由内務部轉電詳達，特此先聞。啟鈐、自齊、士詒、鎮芳、忠樞、在禮、乃寬、士鈺、震春、炳湘。元。印。（《閻錫山檔案・要電録存》）

"大典籌備處"原注：袁世凱爲推動帝制而設立的機關，早在民國四年九月，即已開始秘密工作，到十二月十九日袁才明令正式成立。籌備處處長由内務總長朱啟鈐兼，籌備委員有周自齊、梁士詒、張鎮芳、阮忠樞、唐在禮、袁乃寬、張士鈺、雷震春、吴炳湘、楊度、孫毓筠、葉恭綽、曹汝霖、江朝宗、施愚、顧鰲等人。

按：注文云"袁世凱爲推動帝制而設立的機關，早在民國四年九月，即已開始秘密工作"以及籌備委員成員組成，不知所自，有待覈實。

十一月十五日，内務部向大總統袁世凱呈報《請設大典籌備處文》。

《内務部請設大典籌備處呈稿》（1915 年 11 月 15 日）：呈爲擬請特設大典籌備處，以昭崇重而維國本，恭呈仰祈睿鑒事。竊查各省各特別行政區域國民代表決定國體投票，准籌備國民代表大會事務辦理國民會議事務局報告，贊成君主立憲者，現已達一千三百數十餘票之多，預測將來趨勢，國民代表大會之總意見，代行立法院匯總比較，自亦不逾多數之範圍。此次國體決定，誠亘古未有之宏規，萬衆一心之盛軌。箕風畢雨，既已允協輿情，則創製顯庸，自必期其美備。本部竊以爲此次改革國體，係出於全國人民之公意，而全國人民之心理，又純以國家之安固發達爲期，不特與列代徵誅之局迥不同符，即揆之唐虞揖讓之風，亦爲創例。伏查前奉大總統申令有云：此次改革，非一人一家之關係，實四百兆人民利害之分途。旨哉斯言，真足以表示此次國體政革之精神，亦即將來制度考文之準則。蓋必抱定此旨，以求利國而福民，乃與國民組織國家之宗旨不背。惟是一國政治之隆污，繫於一國典制之得失，而國家大典，又以關於國體者爲獨重。兹事體大，籌備宜先，盛世良規如何因襲，末造弊制如何革除，均應從容討論，不厭其詳。且當此國際交通之時，宜有漸趨大同之勢，宜如何采人之長，益我所短，尤當分別籌計，以期不誤初基。其間斟酌損益，自有非倉猝草創所能爲功者。蓋自三代以迄明清，開國大典，率皆各不相沿，因時軔制。周公聖人也，雖亦因殷因夏，猶必制官禮，以致太平。而叔孫通草綿蕝之儀，絶擊柱之習，遂以開兩漢聲明文物之先。班固稱潤色鴻業，衆庶悦豫。蓋古先哲王其所以宏開物成務之功者，未嘗不兢兢於此矣。然貞觀之節文未備，則學者議論紛然；唐紹以詳練顯名，雖專官亦難稱職。況此次改革國體，原屬全國民意之所主張，全國民意係專爲五大民族所共有之國家，樹長治久安之業，非徒爲一人一姓襲特殊之尊號，便攀鱗附翼之圖。加以代行立法院決以“君主立憲”四字爲標題，君主制與立憲制相倚相成，則將來大典舉行，必使海内人心無所觖望。與其補苴於事後，毋寧審慎於事先。此通乎古今而不能不預爲籌備者也。各國典禮，國各不同，然吉軍嘉賓之制，朝覲聘饗之儀，無論遠西近東，大率互相仿效，雖俄、英古國，日本新邦，要皆因時制宜，相去不遠。蓋以國際之交涉，尤係中外之觀瞻，縱形式不妨各殊，而精神要自一貫。且各國王禮本極尊嚴，倘此後國體變更，而一切朝章猶復踵前清末葉以前之舊，既有悖世界大同之通例，亦轉損國家元首之尊崇，徒以貽行人之諷議，累交際之繁難。欲於樽俎折衝之時，不失國際國家之資格，此通乎中外而不能不預爲籌備者也。昔者宋儒朱熹纂《儀禮經傳通解》，特定王朝之禮，馬端臨《文獻通考》本之，而著王禮一門，自時厥後，續有纂修，文質彬彬，煥乎大備。今欲定最新之制度，求典禮之咸宜，將僅循歷史之陳跡，則恐其與現時時勢不宜。若專就列國所通行，則恐其與吾國國情不諰，斟酌損益，垂諸不刊，千里毫釐，其難其慎。本部爲尊重國家大典起見，擬請特設大典籌備處，集合各部、院、局、處，凡百職司，會同辦理。各省各特别行政區域長官，於國家休戚有關，大典自宜參預，擬行令派員到處，協同辦事，藉資群策。至於各地方績學博聞之士，開敏特達之材，類多於國典朝章究心沿襲，亦應廣爲徵聘，切實考求，庶乎群彦並興，折衷一是，我國家億萬年有道之長，即基於此。所有擬請特設大典籌備處，以昭崇重而維國本各緣

由,是否有當,理合具呈陳請,謹乞大總統睿鑒訓示施行。謹【呈】。(北洋政府内務部檔案)[《護國運動》(二)籌備洪憲帝制]

十一月十七日,内務部致電各省將軍、巡按使、鎮守使,發起組織大典籌備處。

《内務部爲發起組織大典籌備處電》(1915 年 11 月 17 日):抄送三份。各省將軍、巡按使、鎮守使鑒:據本月十一日籌備國民代表大會事務局通告,各省及各特別行政區域,依法舉行決定國體投票,經各該監督電報到局者,自十月二十九日至十一月八日,已至二十二處,均係一律贊成君主立憲等語,是變更國體,已經多數表決,確爲民意僉同之證。嗣後立國精神,應蘄進於君憲制度,以孚民望。但一代開國之治,君主御宇,首在與民更始,蕩滌蕪穢,創制顯庸,貴於因時損益。所有典章制度,應興應革,如賞赦蠲復賜粟帛署行義興教育外工商諸大端,與中央主持各機關政務,及各地方民生休戚,關係至鉅,應由在京各官署及地方長官會同擬議,以臻妥治。至若朝儀、祀典、輿服、器數等,文質異宜,容威有辨。現值大同之世,固未可因襲歷代之舊章,而民俗相殊,抑未容盡采列邦之先例。自宜融貫中外,斟酌變通,集名士之精思,成一朝之盛典。上所舉列,若不及時討論,則施行之電,無所憑藉。現由本部發起,務請各機關共同組織,名曰“大典籌備處”,暫以天安門内爲辦事處所,尅日成立。所有應行討論之宜,自當隨時徵求意見,尊處如有所見,務希各抒宏論,並希派員與議,以策進行。特此電達,並盼見復。内務部。篠。印。(北洋政府多防鎮守使署檔案)[《護國運動》(二)籌備洪憲帝制]

十一月十九日，大典籌備處組織成立，内務部致電各省將軍、巡按使、護軍使、都統、鎮守使，要求會派與議人員；先生簽發《爲組織大典籌備處致全國水利局咨文》。

十一月十九日《内務部爲大典籌備處成立請會派與議人員電》：抄送三份。各省將軍、巡按使、護軍使、都統、鎮守使鑒：本部發起大典籌備處，徵集意見、派員與議各節，篠電業經奉達。兹於本日組織成立。各省選派與議人員，擬請每省軍政兩界長官，遴選通達典章制度人才，會派一員抑或二員，務期審擇，寧缺毋濫，以昭慎重而便諮詢。内務部。皓。印。（北洋政府内務部檔案）[《護國運動》（二）籌備洪憲帝制）]

《咨行組織大典籌備處徵求意見希各抒宏論以策進行事由》：内務部爲咨行事：（文略）。尊處如有所見，務希各抒宏論，以策進行。除通電各省暨分咨各部院局處外，相應咨行貴局查照。此咨全國水利局。内務總長朱啟鈐，中華民國四年十一月十九日。部印。（《天津市歷史博物館館藏北洋軍閥史料》黎元洪卷一）

按：咨文與十七日内務部致各省將軍、巡按使、鎮守使《爲發起組織大典籌備處電》電文相似。

《朱啟鈐關於成立大典籌備處徵求政務意見咨》：内務部爲咨行事：（文略）。尊處如有所見，務希各抒宏論，以策進行。除通電各省暨分咨各部院處外，相應咨行貴處查照。此咨護軍管理處。内務總長朱啟鈐，中華民國四年十一月十九日。（《中華民國史檔案資料彙編》第三輯政治分册《重大歷史事件和問題・洪憲帝制》）

原注:北洋政府護軍管理處檔案。

按:與咨全國水利局文同。

十一月(二十日前),報送《遵覈海軍部呈請祠祀左文襄等並規復功臣專祠辦法呈》。(《螻園文存》卷中)

按:標注時間爲十一月十九日,或也爲批復時間。

十一月二十一日,全國各省"代表大會"決定國體投票,均告完成,共計投一千八百五十九票,一律贊成君主立憲。(《中華民國史.大事記》)

十一月(二十六日前),大總統袁世凱飭内史處電囑各省將軍巡按使及特別行政區長官,帝制案繼續籌畫之際,各地方不得發生意外糾葛;特交内史處致密電各省軍民大員,帝制延期,決無中止之議,應各以鎮静態度維持地方秩序。

《飭内史處電囑各省將軍巡按使及特別行政區長官》(中華民國四年十一月二十五日刊載):帝制案進行,現正在繼續籌畫之際。所最重要者,在此時期各地方不得發生意外糾葛,始不至再有阻礙。兹有特別密囑者四事:一爲慎辦各尋常交涉,和平了結。一爲慎重保護外人,不得發生衝突。一爲辦理各項捐稅,不得過於苛求。一爲各項行政,務須維持現狀。以上四端即著隨時斟酌情形,變通辦理。(《袁世凱全集》第三十三卷 33-1648)

《特交内史處致各省軍民大員密電》(中華民國四年十一月二十五日刊載):日下帝制延期,原係特別審慎不得已之舉,決無中止之議,勿得誤信謡諑。中央自另有正當解決辦法繼續進行。所有各軍民長官,應各以鎮静態度維持地方秩序,是即與帝制進行有切要關係之要端。(《袁世凱全集》第三十三卷 33 - 1649)

十一月二十五日,許寶蘅爲代寫挽鄭侯聯。(《許寶蘅日記》)

十一月三十日,簽發《公布十月考詢合格覈准免試縣知事應行分發各員支配省份及發給知事憑照時間示》。(《政府公報》中華民國四年十二月二日第一千二百八十二號)

是年(十二月一日前),中央公園董事會發起建立俱樂部,先生將其命名爲"來今雨軒"。

《本園施工次第》民國四年【十五】建來今雨軒:壇外東南隅建大廳五楹,環廳四出廊。廳後置太湖石,山景爲廣東劉君所疊,廳前置石座湖石一。原擬爲俱樂部,嗣改爲餐館。有徐大總統題匾。(《中央公園二十五周年紀念册》第二章)

劉宗漢《"春節"與"來今雨軒"——記朱啟鈐先生的兩件小事》:北京中山公園内有個飯館叫"來今雨軒",北京人和到過北京中山公園遊玩的人對它都很熟悉。"今雨"二字人們都知道是出自杜甫的《秋述》,"今雨"謂新交友人,"來今雨"即結識新友之意,這當然不錯;但殊不知還另有淵源。原來,今天的中山公園本爲清代的社稷壇,是一九一四年朱啟鈐先生任内務總長時(當時的内務部兼管北京市政)闢爲公園的,其時名中央公園,園内"來今雨軒"之名也是朱先生定的。原來朱啟鈐先生幼年喪父,在外祖父傅壽彤家裏長大。傅在長沙的園子名止園,止園中有一處即名"來今雨軒"。朱先生少年時即住在止園,當時朱母傅清漪太夫人時常對朱先生説:“外氏教養,施及兩世,汝其敬志勿忘。”(《蠖園文存》卷下《澹勤室詩補遺跋》)朱先生受其外祖父養育之恩,念念不忘,爲刊刻《澹勤室詩》不遺餘力。不難看出,“來今雨軒”之名除出自杜詩外,還含有朱啟鈐先生對其外祖的懷念之意呢。(《團結報》1987年8月15日)

按:據《來今雨軒介紹》,一九一五年由中央公園董事會發起成立,軒名爲朱啟鈐所定。

十二月一日,在中央公園來今雨軒舉行大典籌備處開幕禮,先生以籌備會辦事員長名義宣布開會詞。政事堂各局長、農商部長周自齊、蒙藏院總裁貢桑諾爾布、税務處督辦梁士詒、參謀本部次長唐在禮、交通部次長葉恭綽、軍需局袁乃寬、國史館副館長楊度、高等軍法會議傅良佐等參會。先生與楊度分别擔任大典籌備處正副處長。

《内務部參事某關於參加大典籌備第一二次會情形詳報稿》:爲詳報第一、二次赴會情形,恭請鑒覈事。竊參事自奉派赴大典籌備會後,候至本月一日接到該會知會,即日開會,當即遵赴會所。是日,該會假座中央公園來今雨軒行開幕禮。午後三點鐘,内務部朱總長以該會辦事員長之名義宣布開會詞。到者二百餘人,政事堂各局長、農商部周自齊、蒙藏院貢桑諾爾布、税務處梁士詒、參謀部唐在禮、交通部葉恭綽、軍需局袁乃寬、清史館楊度、高等軍法會議傅良佐等,均在座。三點半鐘散會。未議他事。謹將開會詞另傳陳閲。本月七日,第二次開會。參事〇〇〇謹詳。中華民國四年十二月。

謹將大典籌備會開會詞繕陳鈞鑒:大典籌備處之設,係由内務部倡發其議,將合在京各機關主管人員及在外各長官所派人員詳考博稽,共襄盛典。兹於本日組織成立。得與諸君子商榷一堂,導揚閎矩,潤色鴻業,甚盛事也。啟鈐不敏,被推爲辦事員長,深望諸君協力匡助,相與有成。謹就現在籌備經過情形暨將來釐訂典禮之要旨,略貢愚見,就正有道。此次改革國體,實出於全國人民之公意,贊成君憲,萬眾一心,則釐定制度典章,亦當以適合全國人民之心理爲斷。前奉大總統申令有云:此次改革,非一人一家之關係,實四百兆人民利害之分途。仰繹睿旨,於我國民改革國體之精神,昭然若揭。此後締造新國,百端待舉,大而國家政策,小而官司典制,均宜抱定主旨,以求利國而福民,乃與國民組織國家之心理相合。況代行立法院議決,以君主立憲四字爲標識,君主制與立憲制相倚相成,尤當根本憲政,黽勉進行。乃以見此次國體之改革,實有關千萬年根本之至計,而非徒爲一姓一家彰尊榮之號也。本此主旨,以定典制,則其中應研究者厥有二事,因時定制,代各不□〔同〕,官禮之訂,不襲夫夏、殷,綿蕞之儀,獨開夫兩漢,古先哲王,所以孜孜於開物成務者,蓋一朝之製作,固非循塗守轍者所能爲役也。矧海通而後,時會攸殊,優勝劣敗,捷如影響。若僅循歷史之陳跡,戾世界之大勢,未見其能立國也。諸君倘有見於此,而就古今異宜者一商榷之。各國典禮,國各不同,然遠西近東,大率互相仿效,雖俄、英古國,日本新邦,要皆因時制宜,相去不遠。此後國體變更,倘一切典章猶復踵前朝之舊,既有悖大同之通例,亦轉損國家元首之尊嚴,徒以重上下之壅閡,累交際之繁難,凡在閎達,當所不取。諸君倘有見於此,而就中外殊揆者一商榷之。諸君多在主管機關,於一切典制,夙經研究,又多績學多聞之士,開敏特達之材,必能融會貫通,折衷□□。□各省所派人員,既爲各長官倚任之才,亦必皆學識淵【博】,□□□□從容討論,自可廣集衆思。啟鈐不敏,亦得疏附先□□□□□其爲榮幸,曷有既極。(北洋政府内務部檔案)[《護國運動》(二)籌備洪憲帝制]

李吉奎《梁士詒》:早在十一月二十六日,日置益公使便報告石井外相,説明年一、二月中國可能實現帝制,要求與有關各國協商承認問題。内謂:中國政府已在加緊實行帝制的準備,在東安門内設立帝制籌備處,由内務總長朱啟鈐任處長,若干當權的高官配屬任委員,加緊進行各種準備。十二月二日,該公使又報告,十二月一日,在中央公園的來今雨軒開會成立大典籌備處,該處的組織如下:處長朱啟鈐,副處長楊度。總務科主任梁士詒,禮制科主任王式通(前約法會議秘書長),法典科主任顧鰲(國會籌備處長),撰擬科主任阮忠樞(内史長),制誥科主任郭則沄(銓敘局長),會計科主任張鎮芳(前河南巡按使)。(原注:《日本外交文書》大正四年第二册。)

曹汝霖《曹汝霖一生之回憶》四七《帝制運動先設籌安會》:又設大典籌備處,以朱桂莘、楊杏城爲正副會長,以郭世五爲庶務丞。大典籌備處大權操於郭世五,一切御用服裝等類均由郭世五獨具匠心。

葉恭綽《洪憲帝制前政事堂的産生及其有關各人的活動》:(楊士琦)又兼爲大典籌備處長(世傳朱啟鈐者誤)。(《北洋政府國務總理梁士詒史料集》)

《三水梁燕孫先生年譜》十二月十九日:設大典籌備處,以楊士琦爲處長。

按:又據《面諭大典籌備處長朱啟鈐》(洪憲元年一月二十八日刊載)(《袁世凱全集》第三十四卷 34-1037),明確先生爲大典籌備處處長。葉文、岑譜所記大典籌備處處長爲楊士琦有誤,或爲淡化交通系參與洪憲帝制事而有意爲之。

大典籌備處自此開始運行。本月十九日袁世凱簽發批准正式成立大典籌備處。

十二月二日,簽發《公布保護版權禁止翻印仿製事》。(《政府公報》中華民國四年十二月十一日第一千二百九十一號)

十二月六日,簽發《批准王益保陳曾任辭職飭》。(《政府公報》中華民國四年十二月十一日第一千二百九十一號)

十二月七日,代理國務卿陸徵祥副署大總統袁世凱簽批先生與京畿軍政執法處處長雷震春、黑龍江巡按使朱慶瀾、原任上海鎮守使鄭汝成等呈《赦免韓復袒等人令》。(《政府公報》中華民國四年十二月八日第一千二百八十八號)

同日,主持召開大典籌備第二次會議。

《内務部參事某關於參加大典籌備第一二次會情形詳報稿》:本月七日,第二次開會。參事○○○謹詳。中華民國四年十二月。(北洋政府内務部檔案)[《護國運動》(二)籌備洪憲帝制]

按:大典籌備第一次會議於本月一日召開。

《大典籌備處請各部院赴會討論帝制籌備事宜通知》(1915年12月)：啟者：本月十一日恭奉申令，創造弘基，事體繁重，應飭各部院就本管事務會同詳細籌備。又於十四日恭奉申令：各部院籌備事務，以簡略撙節爲主。各等因。兹定於每星期三、星期六午後兩鐘，在天安門内大典籌備處齊集會議籌備事宜，届時各部院總裁暨辦事各員，務請蒞臨會議。如總裁是時因公未能到處，即請副總裁到處列席與議。特此知照。大典籌備處。[《護國運動》(二)籌備洪憲帝制]

按：大典籌備處每星期三、星期六午後兩鐘例行會議，當在十四日之後。

十二月(九日前)，簽發内務部《咨福建巡按使請飭查福安市鄉公立救貧工藝廠辦理是否覈實並希見復文》。(《政府公報》中華民國四年十二月八日第一千二百八十八號)

按：咨文未具月日。

十二月(十二日前)，簽發《内務部咨覆福建巡按使准咨開籌備自治經費請就地另籌等因應從緩議請查照文》。(《政府公報》中華民國四年十二月十一日第一千二百九十一號)

按：咨文未具月日。

十二月十一日，代行立法院開會，彙查全國國民代表，以共一千九百九十三人全票主張君主立憲而決定君主立憲國體，並呈送勸進書；代理國務卿陸徵祥副署大總統袁世凱簽發《送還代行立法院推戴書不承認帝位令》。先生簽發《委任祁錫年沈力立職務飭》。

《全國國民代表大會總代表代行立法院奏爲國體已定，

天命攸歸,全國國民籲登大位以定國基,合詞仰乞聖鑒摺》:奏爲國體已定,天命攸歸,全國國民籲登大位以定國基,合詞仰乞聖鑒事。竊據京兆,各直省,各特别行政區域,内外蒙古、西藏、青海回部,滿、蒙、漢八旗,全國商會及華僑,有勳勞於國家,碩學通儒各代表等,投票决定國體,全數主張君主立憲,業經代行立法院咨陳政府在案。同時據京兆,各直省,各特别行政區域,内外蒙古、西藏、青海回部,滿、蒙、漢八旗,全國商會及華僑,有勳勞於國家,碩學通儒各代表等,各具推戴書,均據稱國民公意,恭戴今大總統袁世凱爲中華帝國皇帝,並以國家最上完全主權奉之於皇帝,承天建極,傳之萬世等因。兼由各國民代表大會委托代行立法院爲總代表,以全國民意籲請皇帝登極前來。竊維帝皇受命統一區夏,必以至仁覆民而育物,又必以神武戡亂而定功。《書》云:"一人有慶,兆民賴之。"《詩》曰:"燕及皇天,克昌厥後。"蓋惟應天以順人,夫是以人歸而天與也。溯自清季失政,民罹水火,呼籲罔應,潰决勢成,罪己而民不懷,命將而師不武。我聖主應運一出,薄海景從,逆者革心,順者效命,岌然將傾之國家,我聖主實奠安之。斯時清帝不得已而遜位,皇天景命,始集於我聖主,我聖主有而弗居也。南京倉卒,草創政府,舉非其人,民心皇皇,無所托命,我聖主至德所覆,邇安遠懷去暴歸仁者,若水之就下,孑然待盡之人民,惟我聖主實蘇息之。斯時南京政府不得已解散,皇天景命,再集於我聖主,我聖主仍有而弗居也。民國告成,四方和會,群醜竊柄,怙惡不悛,安忍阻兵,自逃覆載,我皇主赫然震怒,臨之以威,天討所加,五旬底定,以至仁而伐不仁,蓋有徵而必無戰,慕義向化者先歸而蒙福,迷復不遠者後至而洗心,皆惟我聖主實撫育而安全之。斯時大難既平,全國統一,皇天景命,三集於我聖主,我聖主固執謙德,又仍有而弗居也。夫惟皇煌帝禘,聖人無利天下之心,而天施地生,兆民必歸一人之德。往者國家初建,參議院議員推舉臨時大總統,斯時全國人心,咸歸於我聖主,國運於以肇興。繼此國會成立,參議院、眾議院議員推舉大總統,全國人心又咸歸於我聖主,國基於以大定。然共和國體,不適國情,上無以建保世滋大之宏規,下無以謀長治久安之樂利。蓋惟民心有所舍也,則必有所取;有所去也,則必有所歸。今者天牖民衷,全國一心,以建立帝國,民歸盛德,又全國一心,以推戴皇帝。我中華文明禮義,爲五千年帝制之古邦,我皇帝睿智神武,爲億萬姓歸心之元首。伏願仰承帝眷,俯順輿情,登大寶而司牧群生,履至尊而經綸六合。軒帝神明之胄,宜建極以承天;媯后繼及之規,實撫民而長世。謹奏。中華民國四年十二月十一日。(《政府公報》中華民國四年十二月十三日第一千二百九十三號)

《大總統申令》:准代行立法院咨開:本院前據國民請願,改變國體,議定由國民代表大會解決,議具法案,咨請大總統公布施行。茲先後接准各省區國民代表大會監督文電報稱,依法組織國民代表大會。又據國民代表大會文電報送決定國體票數,並公同委托本院爲國民代表大會總代表前來。本院於十二月十一日開會,彙查全國國民代表,共一千九百九十三人,得主張君主立憲票一千九百九十三張,是全國民意,業經決定君主立憲國體,所有民國各法令,除與國體牴觸不適用各條款外，仍應存其效力。又接准各省區國民代表大會文電，一致推戴今大總統爲皇帝。伏查帝室典章，歷代均有通例，其選舉大總統法，亦當然廢止。兹謹將國民代表大會決定國體票數，彙開總單，又國民代表大會總代表推戴書，及各省區國民代表推戴書，又各界推戴文電，附咨齎送。應請大總統查照施行等因。並收到國民代表大會決定國體票數總單，及國民代表大會總代表推戴書，各省區國民代表推戴書等件。准此，查《約法》内載，民國之主權本於國民之全體。既經國民代表大會全體表決改用君主立憲，本大總統自無討論之餘地。惟推戴一舉，無任惶駭。天生民而立之君，大命不易，惟有豐功盛德者始足以居之。本大總統從政垂三十年，迭經事變，初無建樹，改造民國，已歷四稔，憂患紛乘，愆尤叢集，救過不贍，圖治未遑，豈有功業足以稱述？前此隱跡洹上，本已無志問世。遭遇時變，謬爲眾論所推，不得不勉出維持，捨身救國。然辛亥之冬，曾居政要，上無裨於國計，下無濟於民生，追懷故君，已多慙疚。今若驟躋大位，於心何安？此於道德不能無慚者也。制治保邦，首重大信，民國初建，本大總統曾向參議院宣誓，願竭能力，發揚共和。今若帝制自爲，則是背棄誓詞，此於信義無可自解者也。本大總統於正式被舉就職時，固嘗掬誠宣言，此心但知救國救民，成敗利鈍不敢知，勞逸毁譽不敢計。是本大總統既以救國救民爲重，固不惜犧牲一切以赴之。但自問功業既未足言，而關於道德、信義諸大端，又何可付之不顧？在愛我之國民代表，當亦不忍强我以所難也。尚望國民代表大會總代表等，熟籌審慮，另行推戴,以固國基。本大總統處此時期,仍以原有之名義,及現行之各職權,維持全國之現狀。除咨復代行立法院,並將國民代表大會總代表推戴書及各省區國民代表推戴書等件,送還代行立法院外,合行宣示,俾眾周知。此令。大總統印。中華民國四年十二月十一日,國務卿陸徵祥。(《政府公報》中華民國四年十二月十二日第一千二百九十二號)

内務部飭第八十六號:委任祁錫年爲主事、沈方立試署主事。此飭。内務總長朱啟鈐。右飭祁錫年、沈方立。准此。部印。中華民國四年十二月十一日。(《政府公報》中華民國四年十二月十七日第一千二百九十七號)

是年(十二月十三日前),於國務會議上提出,以蒙古王公來京很久,不宜令其久候,應請宣布登極日期。

曹汝霖《曹汝霖一生之回憶》四七《帝制運動先設籌安會》:内長朱桂莘於國務會議,以蒙古王公來京很久,不宜令他們久候,應請宣布登極日期,以慰他們渴望。項城總以外交方面不宜操切從事,尚無表示。

十二月(十三日前),全國請願聯合會會長沈雲沛暨全體職員會員等呈《奏爲天位既定人心歡忭敬攄賀忱恭摺仰祈聖鑒摺》;全國請願聯合會惲毓鼎等呈《奏爲國體大定歷數有歸世事人心兩相迫促籲懇順民情而正大位以奠邦基以振國勢恭摺仰祈聖鑒摺》;憲政協進會理事長楊度、孫毓筠等呈《奏爲表伸慶祝恭謝聖恩環懇登極以慰民望摺》。(《政府公報》中華民國四年十二月二十五日第一千三百四號)

按:署"中華民國四年十二月",未署日。

十二月十二日，代理國務卿陸徵祥副署大總統袁世凱簽發針對參政院二次勸進之《大總統申令》，飭令各部院就本管事務會同詳細籌備完竣，再行呈請施行，同時將國民代表大會總代表推戴書及各省區國民代表推戴書發交政事堂，並咨復全國國民代表大會總代表代行立法院；大典籌備處致密電各省區，希即先行電賀袁世凱登極。

《大總統申令》：據全國國民代表大會總代表代行立法院奏稱：竊總代表前以衆論僉同，合詞勸進，籲請早登大寶。奉諭推戴一舉，無任惶駭等因。仰見聖德淵衷，巍巍無與之至意，欽仰莫名。惟當此國情萬急之秋，人民歸嚮之誠，既已坌湧沸騰，不可抑遏，我皇帝儻仍固執謙退，辭而不居，全國生民實有若墜深淵之懼。蓋大位久懸，則萬幾叢脞，豈宜拘牽小節，致國本於阽危。且明諭以爲，天生民而立之君，惟有功德者足以居之。而自謂功業、道德、信義諸端，皆有問心未安之處。此則我皇帝之虚懷若谷，而不自知其撝冲逾量者也……除將明令發還本國民代表大會總代表推戴書及各省區國民代表推戴書等件，仍行齎呈外，謹具摺上陳，伏乞睿鑒施行等情。據此，天下興亡，匹夫有責，予之愛國，詎在人後。但億兆推戴，責任重大，應如何厚利民生，應如何振興國勢，應如何刷新政治，躋進文明，種種措置，豈予薄德鮮能所克負荷？前次掬誠陳述，本非故爲謙讓，實因惴惕交縈，有不能自已者也。乃國民責備愈嚴，期望愈切，竟使予無以自解，並無可諉避。第創造弘基，事體繁重，洵不可急遽舉行,致涉疏率。應飭各部院,就本管事務會同詳細籌備,一俟籌備完竣,再行呈請施行。凡我國民,各宜安心營業,共謀利福,切勿再存疑慮,妨阻職務。各文武官吏,尤當靖共爾位,力保治安,用副本大總統軫念民生之至意。除將國民代表大會總代表推戴書及各省區國民代表推戴書發交政事堂,並咨復全國國民代表大會總代表代行立法院外,合行宣示,俾衆周知。此令。大總統印。中華民國四年十二月十二日,國務卿陸徵祥。(《政府公報》中華民國四年十二月十三日第一千二百九十三號)

按:《護國運動》(二)籌備洪憲帝制收録《北京政府關於大總統就參政院二次勸進申令故示"謙遜"電》(取自外交部雲南特派員公署檔案),電致"宿州、各省區衙門",内容與此申令同。

《大典籌備處爲袁世凱登極在即各省區應先行電賀密電》(1915 年 12 月 12 日):急。抄送二。各省將軍並轉各省辦事長官,徐州巡閱使,赤峰、張【家】口都統並各護軍使:堂密。真電諒達。本日已奉明諭:各省區國民代表贊成君憲,一致推戴,無可推諉,著各部院籌備一切等因。是登極雖未定期,而國體已定,諭旨已頒,京中文武各機關高級官吏均於十三日早入内朝賀。各省處似亦宜先行電伸賀忱,希即查照辦理。大典籌備處,文。印。[《護國運動》(二)籌備洪憲帝制]

原注:北洋政府多防鎮守使署檔案。

《大典籌備處爲請各省處先電賀袁世凱電》(1915 年 12 月 12 日):急。抄送。各省將軍並轉各省鎮守使、巡按使並轉各省辦事處長官，徐州巡閱使，赤峰、張家口都統並各護軍使：（文略）。

原注：北洋政府多防鎮守使署檔案。

按：與《大典籌備處爲袁世凱登極在即各省區應先行電賀密電》文同。

十二月十三日，代理國務卿陸徵祥副署大總統袁世凱簽發《改行君憲國體告國民令》；先生與參政院參政、各部各衙門特任簡任官、溥儀宮中内務府大臣紹英前往新華門覲賀新皇帝袁世凱。晚，電約溥儀宮中内務府大臣紹英至内務部，爲調查秦璽應歸新國保存，屬其轉達世續斟酌辦理。

《大總統申令》：前清遜位，民國成立。予以薄德，受國民之付托，攬統治之大權。惟以救國救民爲志願，憂勤惕厲，四載於兹。每念時艱，疚慚何極。近以國民趨嚮君憲，厭棄共和。本懲前毖後之心，爲長治久安之計，迫切呼籲，文電紛陳，僉請改定國體。官吏將士，同此悃忱，舉國一心，勢不可遏。予以原有之地位，應有維持國體之責，一再置辭，人不之諒。旋經代行立法院議定，由國民代表大會解決國體，各省區國民代表一致贊成君主立憲。我國主權本於國民全體，予又何敢執己見而拂民心？天視自我民視，天聽自我民聽。民之所欲，天必從之。往籍所垂於順天逆天之故，致戒甚嚴，天不可見，見於民心，斷非藐藐之躬所能强抑。外徵大勢，内審素懷，事與願殊，異常悚懼。從民意則才不足以任重，違民意則理不足以服人。因應胥窮，旁皇竟日。深維好惡同民之義，環顧黎元望治之殷，務策安全，用奠區宇。因思宵小僉壬，何代蔑有？好亂之徒，謀少數黨派之私權，背全體國民之公意，或造言煽惑，或勾結爲奸，甘爲同國之公敵，同種之莠民。在國爲逆賊，在家爲敗子，蠹國禍家，衆所共棄，國紀具在，勢難姑容。予惟有執法以繩，免害良善。著各省文武官吏，剴切曉諭，嚴密訪查，毋稍疏忽。將此通諭知之。此令。大總統印。中華民國四年十二月十三日，國務卿陸徵祥。（《政府公報》中華民國四年十二月十四日第一千二百九十四號）

《參政院參政各部各衙門特任簡任官覲賀時的談話》（中華民國四年十二月十三日）：十三日，參政院同各部各衙門特任簡任官赴新華門覲賀新皇帝。排班既定，新皇帝出至中庭南面立，各官皆北面立，行三鞠躬禮。皇帝乃言曰："余向以捨身救國，今諸君又逼我作皇帝，是捨家救國矣。從古至今，幾見有皇帝子孫有好結果者。"余聽之愕然。（《袁世凱全集》第三十三卷 33－2113）

按：《袁世凱全集》中此條材料實自王錫彤《抑齋自述》之四《民國閑人》中摘出，則"余"即王氏。

《紹英日記》十一月初七日：七點，至總統府總長辦事處，隨衆至居仁堂與大總統致賀。晚，朱總長電約至内務部□□，爲調查秦璽應歸新國保存，屬轉達世相斟酌辦理。

同日，通令各省訪查反對帝制，稱改變國體出於"民意"，對於"好亂之徒"必須"嚴密訪查，毋稍疏忽"。（《中華民國史．大事記》）

十二月十六日，與梁士詒、周自齊、張鎮芳、阮忠樞、唐在禮、袁乃寬、張士鈺、雷震春、吴炳湘聯名致電山西將軍閻錫山及巡按使金永，各省選舉國民代表暨解決國體、推戴今大總統爲中華帝國大皇帝，所有一切辦法、程序，及監督長官演説詞，並全場攝影，務希完全寄京，以便彙集成書。午後，内務府大臣紹英至内務部見先生，面陳並無舊璽。

《北京大典籌備處銑電》（十二月十七日到）：太原閻將軍、金巡按：密。此次各省選舉國民代表暨解決國體、推戴今大總統爲中華帝國大皇帝，所有一切辦法、程序，及監督長官演説詞，並全場攝影，務希完全寄京，以便彙集成書，昭示新朝盛軌。鈐、詒、齊、芳、樞、禮、寬、鈺、春、湘。銑。（《閻錫山檔案·要電録存》）

《紹英日記》十一月初十日：進内，王爺、中堂到，中堂説明朱總長所説事，當飭交泰殿首領將寶譜取來一閲，皆先朝滿漢文合璧寶，並無明以前之物，中堂令回覆朱總長。午後，至内務部見朱總長，面陳並無舊璽云。

按：十一月初十日，陽曆爲十二月十六日。

十二月（十九日前），報送《擴充游民習藝所呈》。（《蠖園文存》卷中）

按：標注時間爲十二月十八日，或也爲批復時間。

十二月十八日，代理國務卿陸徵祥副署袁世凱簽批《内務部呈祀天典禮尚待修正本届請從緩舉行文》。

《内務部呈祀天典禮尚待修正本届請從緩舉行文並批令》：爲祀天典禮尚待修訂本届請從緩舉行仰祈睿鑒事。竊查《祀天通禮》内開“冬至恭祀上天於南郊”等語,本届冬至係十二月二十三日,本部自應按照成案謹敬預備。惟國體變更,此項原訂通禮所有升降之節、禮器之數均須俟禮制館參考往制悉心修訂,方足以昭隆重。現在祀期伊邇,擬請將本届祀天典禮從緩舉行。如蒙俞允,再由本部通電各省,一律遵照。是否有當,伏乞大總統訓示遵行。謹呈。

政事堂奉批令:應准從緩舉行,即由該部通電遵照此令。政事堂印。中華民國四年十二月十八日,國務卿陸徵祥。(《政府公報》中華民國四年十二月二十一日第一千三百一號)

十二月十九日,代理國務卿陸徵祥副署袁世凱簽批兼代國務卿外交總長陸徵祥、政事堂左丞楊士琦、政事堂右丞平政院院長錢能訓、内史監内史長阮忠樞、内務總長朱啟鈐、財政總長周學熙、陸軍總長統率辦事處辦事員王士珍、海軍總長劉冠雄、司法總長章宗祥、教育總長張一麐、農商總長周自齊、交通總長梁敦彦、參謀本部次長唐在禮、蒙藏院總裁貢桑諾爾布、審計院院長孫寶琦、大理院院長董康、税務處督辦梁士詒聯名《奏請准設大典籌備處以昭隆重摺》。

《兼代國務卿外交總長陸徵祥政事堂左丞楊士琦政事堂右丞平政院院長錢能訓内史監内史長阮忠樞内務總長朱啟鈐財政總長周學熙陸軍總長統率辦事處辦事員王士珍海軍總長劉冠雄司法總長章宗祥教育總長張一麐農商總長周自齊交通總長梁敦彦參謀本部次長唐在禮蒙藏院總裁貢桑諾爾布審計院院長孫寶琦大理院院長董康税務處督辦梁士

詒奏請准設大典籌備處以昭隆重摺並批令》：奏爲遵令擬設大典籌備處以昭隆重恭摺仰祈聖鑒事。本月十一日奉申令“創造弘基事體繁重，應飭各部院就本管事務會同詳細籌備”。又於十四日奉申令“各部院籌備事務，以簡略撙節爲主”各等因。仰見聖德謙冲，睿謨深遠，綸言所布，敢不欽承。竊維此次改革國體，係出於全國人民之公意。而全國人民之心理，又純以國家之安固發達爲期。箕風畢雨，既已允協輿情，則創制顯庸，自必蘄臻美備。玆事體大，亟待研求。臣等公同討論，以爲國基肇造，百度維新，環球棣通，觀瞻所繫，必參考夫中外，博稽夫古今。歷代良規，自當酌爲因襲；末造弊制，尤應概予删除。總期融會貫通，折衷參善。各國典制固不盡同，然吉嘉賓軍之禮，朝覲聘饗之儀，無論遠西近東，大率因時制宜，形式不妨各殊，精神要自一貫。今欲定興朝之制度，求文質之得中，既應乎時勢之大同，尤貴與國情相吻合，潤色鴻業，垂諸不刊，周監殷因，其難其慎。前由内務部組織集議機關會同各部院局處派員辦理，並分電各省各特別行政區域長官均派員與議，粗具規模。現在奉命飭各部院籌備一切，擬懇明令准設大典籌備處，以昭隆重。庶崇規茂矩，弘我漢京。我國家景運之隆，即基於此。所有遵令擬設大典籌備處緣由是否有當，理合恭摺會陳。伏乞皇上聖鑒訓示。謹奏。

政事堂奉批令：悉。此令。政事堂印。中華民國四年十二月十九日，國務卿陸徵祥。（《政府公報》中華民國四年十二月二十二日第一千三百二號）

吴叔班記録、張樹勇整理《吴景濂自述年譜（下）》：設立

大典籌備處,朱啟鈐購辦龍衣朝服,修理宫殿。(《近代史資料》總 107 號)

按:十一月十五日内務部向大總統袁世凱呈報《請設大典籌備處文》,十二月一日大典籌備處舉辦開幕典禮後即開始工作。

十二月二十一日,國務卿徐世昌去職,陸徵祥接任,仍兼外交總長。(《辛亥以後十七年職官年表》)

同日,先生簽發《内務部通行京外查禁上海〈愛國報〉咨稿》。[《護國運動》(二)籌備洪憲帝制]

《内務部通行京外查禁上海〈愛國報〉咨稿》原注:北洋政府内務部檔案。

同日,袁世凱封龍濟光、張勛、馮國璋等四十九人以公侯伯子男五等爵位。(《中華民國史.大事記》)

十二月二十三日,封劉冠雄、雷震春、陳光遠、張敬堯、張作霖等七十餘人爵位。(《中華民國史.大事記》)

同日,雲南將軍唐繼堯、巡按使任可澄聯名致電大總統袁世凱,請取消帝制,立即將楊度、孫毓筠、嚴復、劉師培、李燮和、胡瑛、朱啟鈐、段芝貴、周自齊、梁士詒、張鎮芳、雷振春、袁乃寬等人即日明正典刑,以謝天下。同日,參加洪憲帝袁世凱冬至祭天大典。

《唐繼堯任可澄致袁世凱電》:北京大總統鈞鑒:華密。自國體問題發生,群情惶駭,重以列强干涉,民氣益復騷然。僉謂誰實召戎,致此奇辱,外侮之襲,實責有所歸。乃聞頃猶籌備大典,日不暇給,内拂輿情,外貽口實,禍機所醞,良可寒心。竊維我大總統兩次即位宣誓,皆言恪遵《約法》,擁護共和。皇天后土,實聞斯言;億兆銘心,萬邦傾耳。記曰:"與國人交止於信。"又曰:"民無信不立。"食言背誓,何以御民;網紀不張,本實先撥,以此圖治,非所敢聞。計自停止國會,改建約法以來,大權集於一人,凡百設施,無不如意,以改良政治,鞏固國基,草偃風從,何懼不給,有何不得已而必冒犯叛逆之罪,以圖變更國體?比者代表議決,吏民勸進,擁戴之誠雖如一致,然利誘威迫,非出本心;作僞心勞,昭然共見。故全國人民痛心切齒,皆謂變更國體之原動力,實發自京師,其首禍之人,大總統之股肱心膂。蓋楊度等之籌安會煽動於前,而段芝貴等所發各省之通電促成於後。大總統知而不罪,民惑實滋。查三年十一月二十四日申令有云"民主共和載在《約法》,邪説惑眾厥有常刑。嗣後如有造作謬言,紊亂國憲,即照内亂罪從嚴懲辦"等語。楊度等之公然集會,朱啟鈐等之秘密電商,皆爲内亂重要罪犯,証據鑿然。應請大總統查照前項申令,立將楊度、孫毓筠、嚴復、劉師培、李燮和、胡瑛、段芝貴、朱啟鈐、周自齊、梁士詒、張鎮芳、袁乃寬等即日明正典刑,以謝天下;涣發明誓,擁護共和。則大總統守法之誠庶可爲中外所信,而民怨可稍塞,國本可稍定。繼堯等夙承愛待,忝列司存,既懷同舟共濟之誠,復念愛人以德之義,用敢披瀝肝膽,敬效忠告。伏望我大總統改過不吝,轉危爲安,民國前途實爲幸甚。再者,此間軍民痛憤久積,非得有中央永除帝制之實據,萬難鎮勸。以上所請,乞於二十四日上午十點鐘以前賜答。臨電涕泣,不知所云,謹率三軍翹企待命。開武將軍督理雲南軍務唐

繼堯、雲南巡按使任可澄叩。漾，印。(《護國運動資料選編》第二章第一節)

葉祖孚《關於朱啟鈐的文物賬册》：蠖公祭服全身像，一幀。四十四歲，民國四年冬至祭天時。○蠖公祭服畫像，一幀。四十四歲，民國四年冬至祭天時，王漢明繪。(《蠖公紀事》)

按：本年十一月十七日(陽曆十二月二十三日)冬至。

大典籌備處《請示郊天登極大典時刻稟文》：伏查郊天登極各大典，業經恭擬禮案，上呈睿覽。現由大典籌備處各員公同商酌，僉以爲登極時刻定在午正，則祀天事竣後必有三小時之準備，然後布置一切乃可臻周協。緣樂舞等項，只有一份，尚須由天壇折回，道途較遠，頗需晷刻。而警備等事，亦須從容調度，以期妥慎。當郊天禮成之後，聖駕似宜先行回宮稍憩，俟届吉時再行御殿，行登極禮。庶事實可免困難，典禮益昭整肅。是否有當，伏乞訓示遵行。(《辛亥時期袁世凱秘牘》五七)

十二月二十四日，蔡鍔、戴戡聯名致電大總統袁世凱，請於滇將軍、巡按使所陳各節迅予照准，立將段芝貴諸人明正典刑，並發明令，永除帝制。

《蔡鍔戴戡致袁世凱電》：北京大總統鈞鑒：華密。自籌安會發生，演成國變，紀綱廢墜，根本動摇；馴至五國警告迭來，辱國已甚。人心惶駭，禍亂潛滋。鍔到東以後，曾切詞披布腹心，未蒙采納。彌月以來，周歷南北，痛心召侮，無地不然。頃間抵滇，輿情尤爲憤激。適見唐將軍、任巡按使漾日電陳籲請取消帝制，懲辦元凶。足徵人心大同，全國一致。鍔等辱承恩禮，感切私衷，用敢再效款款之愚，爲最後之忠告。伏乞大總統於滇將軍、巡按所陳各節迅予照准，立將段芝貴諸人明正典刑，並發明令，永除帝制。如天之福，我國家其永賴之，否則土崩之禍即在目前，噬臍之悔，云何能及！痛哭陳詞，屏息待命。鍔、戡同叩。敬。印。（《護國運動資料選編》第二章第一節）

原注：此敬電爲護國軍主要之電。蔡鍔於十二月二十日到滇，二十一日會議，二十二日宣誓，夜復通宵會議，議決，二十三日擬定電文，二十四日發出致袁之敬電。

十二月二十五日，唐繼堯、蔡鍔、李烈鈞、任可澄、劉顯世、戴戡等人通電全國，反對帝制，宣布雲南獨立。（《中華民國史．大事記》）

十二月二十八日，與周自齊、梁士詒、阮忠樞、張鎮芳、唐在禮、袁乃寬、張士鈺、雷震春、吴炳湘聯名致電山西將軍閻錫山及巡按使金永，建議政府宣布唐繼堯等罪狀以憑興師致討。

《北京大典籌備處儉電》（十二月二十八日到）：太原閻將軍、金巡按使鑒：密。君主立憲係國民代表大會决定，雲南代表亦在其列，鐵案如山，無可移易，舉國上下亦更無反對之餘地。今唐繼堯、任可澄等通電謂利誘勢迫，非出本心，誣各處代表並及監督並雲南代表及其本身。以個人好亂之私衷，違反全國國民之公意，即爲國〔民〕公敵。請將此意設法由國民代表大會電請參政院，建議政府，宣布唐、任等罪狀，以憑興師致討，底定邊圉。專電密布，亟盼速覆。啟鈐、自齊、士詒、忠樞、鎮芳、在禮、乃寬、士鈺、震春、炳湘。

儉。印。(《閻錫山檔案·要電録存》)

十二月二十九日,國務卿陸徵祥簽批交通部次長麥信堅《奏正陽門工竣請派員驗收摺》,任命先生負責正陽門改造工程驗收。

《督修正陽門工程交通部次長麥信堅奏正陽門工竣請派員驗收摺並批令》:六月六日奉令督修正陽門工程,遵即任事,曾將開工日期及設立工程處暨組織彈壓公所一切情形,呈報在案。旋督飭羅克格洋工程司,按照内務、交通兩部會同呈奉覈定修改各項工程做法,分别次第進行。如拆去甕城東西月墻。又箭樓東西改築新墻,上建月台,北面東西兩旁添築石梯,建造騎樓,添改門牕。又開闢東西門洞,建築馬路,並改造城墻内外寬大水溝及環竪石欄,貫以鐵練髹飾舊廟。各工程均已一律修竣,其有礙路綫美國操場地址,業向使館磋商收回,將墻基從新修砌。而東西棋盤街左近佔礙工作官民各房屋,亦均由内務部飭警察廳和平曉導,全數收用。至起運拆卸積土,則由交通部督飭京奉、京漢兩鐵路管理局敷設臨時鉄道,不分昕夕,剋期運竣。以上係按照原擬工程辦法已經完竣之大概情形也。此外,因工程上之需要,續估中華門前石欄杆,以及零星點綴各工,並内務部土木工程處承辦拉運舊料等項,亦已隨案報竣。其新開城門東西兩旁應行修建官廳兵房,以及修補原有石路各工,均與本工有連帶之關繫,而爲包工合同所無,現正由内務部擔認補修。再,查新闢城門既經開放,道路坦蕩,往來車馬暢行無阻,但趨至正陽橋時,該處面積尚形窄狹,不無壅滯之慮。現經内務部籌擬展寬東西兩旁橋翅,俾利通行,仍責成原辦工程司賡續辦理。適值冬令,工作較難,且尚須收用民房數處,一時未能趕辦,擬俟明年春融,由内務部屆時督飭辦理。此又續估已辦各工及籌擬加寬橋工之大概情形也。惟是修改正陽門工程爲國門觀瞻所繫,規模宏肅,氣象一新,款鉅工繁,至關重要。前以該處地當衝衢,交通繁盛,新開城門及馬路竣工時,因與他項工作有關,勢不得不量爲變通,豫行開放,業經呈明在案。現在全工蕆事,擬請特派大員驗收,以重要工而資結束。除工程經費決算及在事各員擇尤請奬另案具報外,所有承修正陽門工程完竣並請驗收各緣由是否有當,伏乞皇帝陛下聖鑒訓示。謹奏。

政事堂奉批令:著派朱啟鈐驗收。此令。政事堂印。中華民國四年十二月二十九日,國務卿陸徵祥。(《政府公報》洪憲元年一月七日第二號)

按:六月十六日先生主持正陽門改造工程開工典禮,六月十七日國務卿徐世昌副署大總統袁世凱簽批麥信堅《呈報啟用關防及動工日期並設立督修處酌派委員請示文》。

十二月三十日,下午二時,率同督修官交通部次長麥信堅、京師警察廳總監吴炳湘、承修工程外國工程司羅克格等,驗收正陽門城垣改造工程。

《内務總長朱啟鈐奏奉派驗收正陽門工程謹將查勘情形恭摺具陳摺》:奏爲奉派驗收修改正陽門工程謹將查勘情形恭摺具陳仰祈聖鑒事。竊臣於上年十二月二十九日承准政事堂交出《督修正陽門工程交通次長麥信堅奏報正陽門工竣請派大員驗收》一摺,奉批令"著派朱啟鈐驗收。此令"。奉此,遵於翌日下午二時前往工次,偕同督修麥信堅,

並率同京師警察廳總監吴炳湘暨在事監修彈壓各員、承修工程洋工程司,逐細履勘。(《政府公報》洪憲元年一月十八日第十三號)

十二月三十一日,簽發《任命沈國均職務飭》《林彦京等進俸飭》《吴彤華等叙列等第進俸飭》《樓邁晉級飭》《崇桂晉級飭》。(《政府公報》洪憲元年一月九日第四號)

同日,據大典籌備處奏請改元摺,代理國務卿陸徵祥副署袁世凱簽發明年改元洪憲令。

《申令》:據大典籌備處奏請改元一摺,明年改爲洪憲元年。此令。十二月三十一日。(《内務公報》中華民國五年一月第二十八期)

是年,九女朱汀筠生於北京。

《蠖園年表》:是年,九女汀筠生。

《紫江朱氏世系表》:女:九汀筠,于出。(《紫江朱氏家乘》)

按:據劉宗漢提供資料,朱汀筠生於北京。一九四八年卒於香港。

中華民國五年丙辰　一九一六年　四十五歲

是年,在内務總長任。居於東城什錦花園官宅。(劉宗漢《有關朱啟鈐先生史料的幾點補正》)

一月一日,中華民國護國軍政府在昆明正式成立,雲南取消將軍行署、巡按使署,改爲都督府,舉唐繼堯爲中華民國軍政府都督。(《中華民國史.大事記》)唐繼堯、蔡鍔、李烈鈞聯名發表討袁檄文。(《護國運動資料選編》第二章第二節)大典籌備處發布《關於奏准將民國五年改爲洪憲元年的通告》。

《大典籌備處通告》：上年十二月三十一日恭奉申令"據大典籌備處奏請改元一摺，明年改爲洪憲元年。此令"。自本年一月一日起，所有奏咨暨一切公牘，祇署洪憲元年某月某日。特此通告。（《政府公報》一九一六年一月七日第二號）

同日，先生赴中南海懷仁堂覲見袁世凱。

《新華宮朝賀典禮禮節》：一月一日上午十點鐘朝賀禮節届期。上午九點鐘以前，朝賀各官詣新華宮門遞臣名柬入門券，由伴引官驗券引入，乘汽車至豐澤園門下車，换乘人力車，至寶光門下車，進寶光門，至景福門，收入門券。來薰風門，承宣官收臣名柬，經更衣室入禮堂。文武侍從官班立，掌儀官引各官署文官在禮堂東，武官在禮堂西，各排定班次，北向肅立。奏樂。承宣官入奏，禮官恭請皇帝臨禮堂，陞寶座。樂止。朝賀各官向皇帝陛下朝賀，行三鞠躬，禮畢。奏樂。禮官恭請皇帝入休息室。樂止。掌儀官引朝賀各官退。（沈嘉蔚編撰《莫理循眼裏的近代中國》）

《許寶蘅日記》：九時半到新華門乘汽車、洋車到寶光門，詣懷仁堂，諸特任簡任官齊集。十時半今上出，立懷仁堂階上，衆行三鞠躬禮，班散。今上御寶座，清室代表貝勒溥潤先進見，次章嘉呼圖克圖，次天主教主教，今上均起座行禮，十一時畢。同總、次長到大典籌備處小坐。

一月二日，上午，前往溥儀宮中致賀答謝，溥儀和醇親王載灃接見先生，溥儀宮中總管内務府大臣世續、内務府大臣紹英、景豐在場。

《紹英日記》民國四年十一月二十六日（一九一六年一

月一日）：接朱總長電話云，奉派明日來致賀答謝，當由電話轉達世中堂。二十七日：早，進内。巳刻，朱總長到，余與東甫兄在前導引，世中堂先到宫中預備，口述答詞。是日皇上升乾清宫，見畢，在上書房接待，預備酒點。醇王爺亦接見。

按：東甫，景豐。

一月五日，國務卿陸徵祥簽發袁世凱接受帝位申令。袁世凱交諭代理國務卿陸徵祥轉告大典籌備處“對於籌備未盡事宜，仍應提前切實籌備”。

《袁世凱表示接受帝位申令》：政事堂奉申令，天生民而立之君，使司牧之。以藐藐之躬，舉數萬萬人之生命財産，賴一人以保護之；舉數萬萬人之知識能力，賴一人以發育之。昔人所謂夙興以求、夜寐以思者，責任何等重大。古稱神農憔悴，大禹胼胝，憂勞過於平民，誠非虚語。矧在今日爲競存時代，爲君之難，百倍於古。□〔儻〕視南面爲尊榮之地，元首爲權利所歸，是於立君本意，及君之責任，全未體會，即此一念，必致誤國殃民，災及其身而後已。民國成立以來，暴亂之衆，狂妄之徒，各趨於權利之極端，爲非分之希望，或逞强力，或飾巧言，百計經營，務償厥志，意若朝持魁柄，夕正首邱，亦所心願。其次，即暫據一隅，猶足慰情聊勝，至於何以撫輯人民，何以統治軍旅，何以因應國交，概不之思。其暴烈分子，行同盜賊，惟利是圖，固無論已。即號爲有政治思想者，但憑心理之倚偏，不顧事實之利害，鑿空嚮壁，大言炎炎，按之毫無實際。夫美錦尚不可以學製，顧可以億萬生靈供其輕心試驗乎？回溯已往四年，此輩多入政界，底藴畢宣，絶少表見，一誤再誤，害中於國。推原其故，由於此輩但知居高之尊貴，而不知應事之艱難，權利必争，責任不負，鼎折覆餗，勢所必然。予昔養痾洹上，無心問世，不幸全國崩解，環球震動，遂毅然以救國救民爲己任，支持四載，困苦備嘗，真不知尊位之有何樂。無如國民仰望甚切，責備甚嚴，同爲國民，敢自暇逸，責任所在，盡力以爲，不惜一身，衹知愛國。皇天后土，實鑒此心。明知暴亂之衆，狂妄之徒，斷不可以謀國，然果使中有傑出之才，可以治國保民，爲人民所信仰，極願聽其爲之，予得釋此艱鉅之仔肩，詎非幸事？然能安大局，環顧何人，爲智愚所共見？人民無罪，未可舉全國之重任，任人試驗。實逼處此，無從諉卸。國民深悉暴民狂徒之心理，終必慘烈相争，儻有墨、葡之變，必爲越、韓之續。故謀改國體，冀可長治久安，文電交馳，情詞迫切，無非出於愛國之真誠。乃有蔡鍔之流，權利熏心，造謡煽亂，非不知人民之狀況，時局之艱危，但思僥幸一逞，償其大欲，即塗炭生靈，傾覆祖國，亦所不顧。抑知國之不存，權利何有？此等舉動，早爲國民所預料，幸而發覺尚早，不難隨時消滅。各省官民，僉謂國體業經全國人民代表開會决定，一致贊成君憲，並同戴一尊。根本大計，豈可朝令夕改？斷無再事討論之餘地。籲請早登大位，速戡反側，同深義憤，萬口一譚。予以薄德，既受國民之推戴，將吏之尊親，何敢再事游移，貽誤全國。苟爲逆首，惟有執法從事，以謝國民。著各省文武長官，剴切出示，曉諭人民，分別順逆，各愛身家，勿受煽惑，自貽伊戚。各省長官，皆能力保治安，軍人尤深明大義，均任守衛地方之責。務望各以愛國勸勉，恪盡厥職，用副予視民如傷諄諄告誡

之至意。此令。洪憲元年一月五日,國務卿陸徵祥。(《政府公報》一九一六年一月六日第一號)

袁世凱《登極期暫緩事交諭國務卿轉告大典籌備處》(一九一六年一月五日):交諭國務卿轉告大典籌備處,飭令對於帝制籌備未盡之各要件,仍應提前切實籌備,勿爲人言所左右,致貽誤機要。(《袁世凱全集》第三十四卷 34-168)

一月九日,與周自齊、梁士詒、張鎮芳、阮忠樞、唐在禮、袁乃寬、張士鈺、雷震春、吴炳湘聯名致電山西將軍閻錫山及巡按使金永,請以國民代表名義電籲袁世凱早正大位以饜人望。

《北京朱總長等佳電》(一月九日到):太原閻將軍、金巡按使鑒:密。君憲政體,全國一致贊同。現在各省代表電請參政院轉奏早日御極,已居多數,尊處似應一體照辦。務希接電後,亦以國民代表名義電院,籲懇主上早正大位,以饜人望,愈速愈妙。鈐(朱啟鈐)、齊(周自齊)、詒(梁士詒)、芳(張鎮芳)、樞(阮忠樞)、禮(唐在禮)、寬(袁乃寬)、鈺(張士鈺)、春(雷震春)、湘(吴炳湘)。佳。印。(《閻錫山檔案·要電録存》)

一月(十一日前),袁世凱交諭大典籌備處對於國體改革典章制度的意見。

袁世凱《交諭大典籌備處》(一九一六年一月十日刊載):此次國體改革,俯順民意,殊非得已。所有典章制度,但求合於定制,不必過事鋪張。現在籌備之件,或有涉乎具文,或有剿襲秕制,俱與實際毫無裨益,應由該處慎爲釐定,毋取粉飾,毋事奢靡,處處當以福國利民爲主旨。(《袁世凱全

集》第三十四卷 34－345）

一月十日，簽批祝書元報送《成立内務部典禮事務處呈》；山西將軍閻錫山、巡按使金永聯名電復先生，已復電參政院轉奏請袁世凱早日御極。

《祝書元呈》（一九一六年一月十日奉總長批）：敬陳者：竊開國典禮極爲隆重，現在登極之期雖尚待諏吉舉行，而關於各項應辦事務要不能不預爲布置，俾期周妥。本司職守攸關，此項承辦處所，應即早日成立。兹擬就承運門内擇定辦事地點，名曰内務部恭辦典禮事務處，並將原設之内務部辦事歸併合辦，以便就近籌備。所有登極頒詔各項事宜，即由該處敬謹辦理，其祀天告廟事宜，亦由該處派員兼辦，用專責成。處内擬分文牘、贊序、會計、庶務、交際、警衛六股。擬設：正處長一員、副處長二員；各股擬設正、副主任各一員，股員酌設若幹員。兹將典禮司人員全單暨辦事處原派名單一併開呈。伏候覈派。祝書元。

《典禮司人員全單》：祝書元、曾維藩、陶洙、聶寶琛、張維勤、鄭毅權、世常、董瑞椿、曹經沅、汪兆鸞、張伯欽、耆壽、富和珍、王兆鈞、蕭史鳳、章孚、多福、郭昭、王經邦、王廷治、趙常清、葉榮昌、洪雙銓、梁吉昌、羅恩秀。

《籌辦國慶事務處執事員》：處長沈國均，副處長董玉麟，（下略）。

《朱啟鈐批》：榮次長充處長，以典禮司長、庶務科【長】充副處長。應派員司，由處長選定飭委。朱啟鈐。（《中華民國史檔案資料彙編》第三輯政治分册《重大歷史事件和問題・洪憲帝制》）

原注：北洋政府内務部檔案。

《致北京朱總長蒸電》(一月十日發):北京内務部朱總長鑒:密。佳(九日)電敬悉。晉省國民代表曾於歌(五)日電政事堂,籲懇皇上速登大位在案。兹復電參政院轉奏,請早日御極矣。乞轉達周(自齊)、梁(士詒)、張(鎮芳)、阮(忠樞)、袁(乃寬)、唐(在禮)、雷(震春)、吴(炳湘)諸公爲禱。閻錫山、金永叩。蒸。印。(《閻錫山檔案・要電録存》)

一月十二日,簽發内務部《任命孫保圻職務飭》。(《政府公報》洪憲元年一月十七日第十二號)

一月十三日,代理國務卿陸徵祥簽批先生呈《奏奉派驗收正陽門工程謹將查勘情形恭摺具陳摺》《奏京奉鐵路副局長徐廷爵監修正陽門工程擬請特予從優叙官摺》。

内務總長朱啟鈐《奏奉派驗收正陽門工程謹將查勘情形恭摺具陳摺》:奏爲奉派驗收修改正陽門工程謹將查勘情形恭摺具陳仰祈聖鑒事。竊臣於上年十二月二十九日承准政事堂交出《督修正陽門工程交通次長麥信堅奏報正陽門工竣請派大員驗收》一摺,奉批令:"著派朱啟鈐驗收。此令。"奉此,遵於翌日下午二時前往工次,偕同督修麥信堅,並率同京師警察廳總監吴炳湘暨在事監修彈壓各員、承修工程洋工程司逐細履勘,謹將查驗情形縷晰陳之。一、修改箭樓工程。查箭樓東西原與月墻毗連,月墻拆去後,添砌新墻,一幅厚三法尺,用舊磚兼三合土築成。在墻頂東西兩面,增築堅固懸空月臺二座,内支鐵架,外加修飾。北面之東西兩邊,建築石梯二座,每座分四截計,步級八十二級,均用磨光新石砌成。又北面展築平台,使與石梯銜接,墻基亦甚堅實。其東西南三面建造騎樓,均以洋灰鋪墁。周圍欄杆,並將舊式門窗一律修改,添配玻璃,油飾見新,俾壯觀瞻。一、添闢城門工程。查東西月墻聯接城身地點,既經拆去,即就原處各開門洞二座,左出右入。仍間以新築磚墻,計厚二法尺,每洞各寬九法尺,高八法尺。兩旁墻身,亦加築新墻,以掩拆卸痕跡。凡墻基加鑲片石,比馬路高二法尺有奇,悉用鋪路舊石築成。上面結拱皆揀選合用磚料壓實鋪齊,與墻上道路一律均平。東西馬道,則均加寬修砌,並於新闢城門各安鋼門二扇,高四法尺,用鐵門樞坎入墻身,以期穩固。其下安設鐵軌轆輪,以便啟閉。一、修築馬路工程。查新開東西門洞以下改修馬路二條,寬二十法尺,南循月墻舊址,直抵正陽橋北,接東西交民巷。又由東往西,除當中石路仍留存外,餘均添築石瀝青馬路。做法係用石渣鋪蓋,敷以碎砂,再用重量汽輾壓,至三十法寸厚爲度,兩邊人行便道亦均用唐山鋼磚鋪砌。至馬路流水溝工,概用條石修砌暗溝,全體計長八百法尺,寬六十法寸有奇,深一法尺有奇,並附連諸小水溝。更於新開東西城門下添開寬大暗溝二道,由中華門前起,直達護城河止,以備夏令盛潦積水宣洩之地。其新路兩旁暗溝上面,皆用通氣鐵板鋪蓋,並設察看井口,以便隨時洗掃。一、起運積土工程。查自開工日起,先拆東西月墻接連大城身處,及東西甕城上小箭樓。由京奉、京漢兩路局臨時安設岔道,用鐵路土車起運磚土,晝夜轉運,歷時兩月有餘。統計裝運之積土,共八萬八千立方法尺,共載鐵路二十噸土車九千三百輛,工役人數合三萬三千工有奇,辦理至爲妥協。其餘:如正陽橋至新開城門,安設洋灰欄杆;又,正陽門前至箭樓隙地,建築洋灰方礅,貫以鐵鍊;又,收回使館,保衛綫内操場,西面墻基改用舊石鋪砌。均在包工範圍以内。此外,因工程上之需要,續修中華門前石欄杆及石座鐵燈杆;棋盤街安設洋灰欄杆,並左右大井欄;另運購大石獅三對,分設正陽門前及箭樓石梯左右;並將舊甕城内原有古廟二座加以髹飾,俾留古蹟,以及零星點綴各工;又,收用正陽門内外左近佔礙工作官民各房屋,並由内務部土木工程處承辦。拆用舊料、起運磚土等項,亦均辦理完竣。以上各項工程,按照内務、交通兩部會同呈奉覈定各項做法,均屬相符。其續增各工,一併隨案逐加考察,亦與報部原案無異。此驗收正陽門工程之實在情形也。伏查京師爲首善之區,實中外人士觀瞻所萃。正陽門地方閭閻繁密,轂擊肩摩,此次改修工程爲便利交通起見,同時並舉程工,未逾期限,工料亦復堅實。自路工告成放行以後,市民交口稱便。從此皇都閎廓,萬方於以具瞻王道蕩平,群庶樂兹同軌矣。至關於本工應行續修加寬正陽橋工,及石路官廳兵房各工,及栽種樹株等項,當仍由臣部督飭,分别賡續辦理。除在事尤爲出力人員另摺陳請獎勵暨工程決算均由該督修另案具報外,所有驗收修改正陽門工程緣由,理合恭摺具陳,並附呈工程攝影全圖。伏乞皇帝陛下聖鑒訓示。謹奏。

政事堂奉批令:悉。此令。政事堂印。洪憲元年一月十三日,國務卿陸徵祥。(《政府公報》一九一六年一月十八日第十三號)

按:摺文收録於《蠖園文存》卷中,名“驗收正陽門工程呈”(民國五年一月十三日),略作修訂及删減。正陽門改造工程於民國四年六月十六日開工。

内務總長朱啟鈐《片奏京奉鐵路副局長徐廷爵監修正陽門工程擬請特予從優叙官摺》：再，臣奉令籌畫修改正陽門工程，爲時尚在民國元年供職交通總長任内。惟以國門建築宜爲久遠之圖，所有開通新路、保存舊觀及與此項工程連帶相關之處，外城鐵路河渠、内城使館界劃，均非全體通籌未敢輕於從事。計畫之初，經臣委托京奉鐵路副局長徐廷爵悉心勘查，互相商討，將及期年，乃能擬定形式，設爲問題，徵集中外有名工師各抒建築意見，以備采擇。至最後，始得羅克格工程師應選，擬具圖型，呈奉覈定。而中間因市民房屋遷移之轇轕，與夫其他阻力，又復延置年餘，商籌往復，輟作不時。該員經理其事，未嘗稍涉懈弛。迨上年奉令特派麥信堅督修，該員充任監修委員，董率工程進行，晝夜兼施，無間寒暑，幸能如期告竣。而一應交涉事宜，賴其肆應之力居多。查該員由商科舉人洊升道員，歷充東三省礦務總辦，試署奉天勸業道僉事、津浦鐵路北段提調各差缺，勤勞卓著，積資已在十年以上。此項工程自經臣委托規畫，以至竣工，在事已逾三年，尤非尋常盡職可比。自未便没其微勞，擬請特予從優叙官，以資策勵。除該員履歷另行咨送銓叙局外，是否有當，謹附片具陳。伏乞聖鑒訓示。謹奏。

政事堂奉批令：交政事堂飭銓叙局覈叙。此令。政事堂印。洪憲元年一月十三日，國務卿陸徵祥。(《政府公報》一九一六年一月十八日第十三號)

一月(十四日前)，袁世凱諭大典籌備處：所有增設之機關，如非必不得已者，一律暫行緩設。

袁世凱《諭大典籌備處》(一九一六年一月十三日刊載):現值財政支絀之際,所有增設之機關,如非必不得已者,一律暫行緩設。俟庫款稍裕,再行分别設置,以資變通。(《袁世凱全集》第三十四卷34-445)

一月十五日,簽發内務部《派孫保圻崗位飭》。(《政府公報》一九一六年一月二十四日第十九號)

一月二十日,下午,許寶蘅赴中央公園拜訪先生。

《許寶蘅日記》:四時到公園,總長於星期二、四、六等日在園辦公也。

一月二十五日,簽發内務部《任命朱鵬許敦恒職務飭》。(《政府公報》一九一六年一月二十九日第二十四號)大典籌備處致電山西將軍閻錫山、巡按使金永,望設法申明"法理上之皇帝,早已完成,登極典禮遲早無關國本",使上下曉然。

《北京大典籌備處有電》(一月二十六日到):太原閻將軍、金巡按使鑒:密。國民代表大會一致主張君憲,是國體已定;各國民代表及總代表一致推戴今上,是帝位又已定。蓋國既决定君主,則我國所奉元首爲皇帝,而大總統今上俞允推戴,則所總攬者爲帝國統治權,所居者即爲皇帝地位,而非大總統地位。就法理論,自上年十二月十一日,代行立法院彙呈票數,我之君主國體已完全成立;十四日、十六日,申令催定憲法,我之立憲政治已開始進行。洪憲元年後之國家,蓋猶是民國以前數千年來君主相承之國家。國家既未一日解組,故統治權之組織及作用,自國體决定之日以致於今,一切如常,無所絲毫缺乏。此外所應籌備者,不過表面慶賀之儀文,與各國加冕相仿,早日奉行固足饜飫人心,及遲之又久，亦有各國成例可援，不足爲異。乃近日官民文電亟亟以登極爲請，一若此禮一日未舉，即國體一日不定，在衆情汲汲皇皇，自由愛國而發。然按之法理以求，國體已決，御位得人，國是即爲大定。至典禮舉行遲早，於政治上初無重要關係，且我國此次改變，乃以數千年固有之國家，恢復相傳之國體，戴原有之大總統爲皇帝，主權既未中斷，政務又照舊進行，本與極端改革者不同。吾國歷代帝業之成，各不一致，故登極典禮亦各不同。總其始本不處於國家元首之地位，一旦受命而爲元首，固必急行大禮，以表示其正位。若今上在共和時本爲民國元首，改建君憲又爲帝國元首，與歷代徵誅揖讓皆不同，不在汲汲舉行大禮，然後表示其正位也。我國由民國依法律軌道造成帝國，元首較之歷來開國創業尤爲正大。事實上、法理上之帝國皇帝，早完全成立，典禮遲早無關國本，望設法申明此義，使上下曉然，釋去疑慮，庶人民職業得以安心，經理國家政治得以按步進行，實爲當今切要。特紓所見，用質高明。大典籌備處。有。印。（《閻錫山檔案·要電録存》）

一月二十六日，簽發内務部《陳彦彬周鴻熙叙列等第進俸飭》。（《政府公報》一九一六年一月三十一日第二十六號）

一月二十七日，貴州宣布獨立，劉顯世任都督。（由雲龍《護國史稿》）

一月（二十九日前），袁世凱面諭先生。

袁世凱《面諭大典籌備處長朱啟鈐》（一九一六年一月二十八日刊載）：滇亂發生，實因予薄德所致，慚愧曷勝。當此軍費孔棘之秋，舉行大典，支銷鉅款，予心甚爲不安。宜俟滇亂敉平後，定期宣布登極日期。方今國體已決，予受國民全體推戴，業經照允登極，現在國基已固，大局底定，暫緩登極日期，於大局何妨。（《袁世凱全集》第三十四卷34－1037）

二月十一日，簽發内務部《瞿長齡代理田潛工作飭》。（《政府公報》一九一六年二月二十日第四十五號）

二月十五日，簽發内務部《派楊時芳崗位飭》。（《政府公報》一九一六年二月二十日第四十五號）

二月二十六日，簽發内務部《設立籌備處及配備聶寶琛等人飭》《任命劉德沛等人職務飭》。（《政府公報》一九一六年二月二十九日第五十四號）交通總長梁敦彦簽發致内務總長《有關查禁民信日報咨》。（《中華民國史檔案資料彙編》第三輯文化分册《出版與查禁·出版品的查禁》）

《有關查禁民信日報咨》原注：北洋政府内務部檔案。

二月二十八日，袁世凱下令於北京設立高等警官學校，以培養高等警察人才。（《中華民國史.大事記》）

袁世凱《面諭内務總長朱啟鈐速辦高等警察學校》（一九一六年二月二十九日刊載）：去年内務部所辦之警察傳習所，地點太小，不敷分配，恐不足以養成高等警學之人材。在京擇一寬大之地點，創一高等警察學校，以期人材廣集，藉多研究警學。（《袁世凱全集》第三十四卷34－2040）

三月二日，下午，訪徐世昌。

《徐世昌日記》：飯後寫字，小憩，看書，朱桂辛、孫少侯來，余東屏來。

三月三日，簽發内務部《公布保護版權禁止翻印仿

製示》。(《政府公報》一九一六年三月十五日第六十九號)

三月四日,簽發内務部致各省巡按使(除雲貴外)、各都統、阿爾泰辦事長官、塔爾巴哈台參贊咨文。(《中華民國史檔案資料彙編》第三輯文化分册《出版與查禁·出版品的查禁》)

原注:北洋政府内務部檔案。

按:此爲針對二月二十六日交通總長梁敦彦簽發致内務總長《有關查禁民信日報咨》所發。

三月十日,與楊士琦商量袁世凱祭孔祝文署名事。

張一麐《〈蘇州市鄉公報〉十週紀念頌辭》:三月十日,項城派余祭孔子恭代行禮。十一日早六時,行祭禮,大雪。先一日,朱君啟鈐持祝文商諸楊君士琦,應否稱"中華民國大總統致祭"? 余謂:"人可欺,天不可欺,應用'大總統'字樣。"故民五丁祭祝文尚是"大總統袁世凱致祭於先師孔子之神",載在内務府檔案。可爲項城未稱帝之證。(《心太平室集》卷六)

三月十五日,廣西宣布獨立,陸榮廷任都督。(由雲龍《護國史稿》)

三月十七日,簽發内務部《第三四届保薦覈准免試知事應行考詢各員傳詢時間示》。(《政府公報》一九一六年三月二十日第七十四號)

三月二十日,參加討論撤銷帝制會議。

《三水梁燕孫先生年譜》:召集國務卿、各部總長、參政院參政、肅政廳肅政史、平政院院長,討論撤銷帝制問題。討論結果,决定於是夕下令。其中忽生一波折,即袁長子克定之阻止是也。克定之意,以爲不爲帝制,必仍爲總統,今日西南各省既不慊於稱帝,乃以獨立要挾取消帝制,安知取消帝制後,若輩仍不慊爲總統,又以獨立而要挾取消總統乎?得步進步,無已時也。項城動容,飭印鑄局將令文送回更改。至二十一夕,乃再决定下令。

三月二十一日,代理國務卿陸徵祥辭職獲准,徐世昌接任國務卿。

《准陸徵祥開去國務卿令》:政事堂奉策令:迭據陸徵祥奏稱兼職繁重,懇請專任外交總長等語。陸徵祥應准開去國務卿。此令。洪憲元年三月二十一日。政事堂印。國務卿陸徵祥。(《袁世凱全集》第三十四卷 34-2744)

《任命徐世昌職務令》:政事堂奉策令:特任徐世昌爲國務卿,即日視事。此令。政事堂印。洪憲元年三月二十一日,國務卿陸徵祥。(《袁世凱全集》第三十四卷 34-2745)

三月二十二日,國務卿徐世昌副署袁世凱簽發《撤銷承認帝位案停止籌備事宜令》,著將上年十二月十一日承認帝制之案,即行銷毁,由政事堂將各省區推戴書一律發還參政院代行立法院轉發銷毁。

《撤銷承認帝位案停止籌備事宜令》:政事堂奉申令:民國肇建,變故紛乘,薄德如予,躬膺艱鉅。憂國之士怵於禍至之無日,多主恢復帝制,以絶争端而策久安。癸丑以來,言不絶耳,予屢加呵斥,至爲嚴峻。自上年時異勢殊,幾不可遏,僉謂中國國體非實行君主立憲决不足以圖存,儻有墨、葡之争,必爲越、緬之續。遂有多數人主張恢復帝制,言之成理,將士吏庶同此悃忱,文電紛陳,迫切呼籲。予以原有之地位，應有維持國體之責，一再宣言，人不之諒。嗣經代行立法院議定，由國民代表大會解決國體，各省區國民代表一致贊成君主立憲，並合詞推戴。中國主權本於國民全體，既經國民代表大會全體表決，予更無討論之餘地。然終以驟躋大位，背棄誓詞，道德信義，無以自解，掬誠辭讓以表素懷。乃該院堅謂：元首誓詞，根於地位，當隨民意爲從違，責備彌嚴，已至無可諉避。始以籌備爲詞，藉塞衆望，並未實行。及滇黔變故，明令決計從緩，凡勸進之文，均不許呈遞。旋即提前召集立法院，以期早日開會徵求意見，以俟轉圜。予憂患餘生，無心問世，遁跡洹上，理亂不知。辛亥事起，謬爲衆論所推，勉出維持，力支危局，但知救國，不知其他。中國數千年來，史册所載帝王子孫之禍，歷歷可徵，予獨何心貪戀高位？迺國民代表既不諒其辭讓之誠，而一部分之人心又疑爲權利思想。性情隔閡，釀爲厲階，誠不足以感人，明不足以燭物，予實不德，於人何尤？苦我生靈，勞我將士，以致群情惶惑，商業凋零，撫衷内省，良用瞿然。屈己從人，予何惜焉？代行立法院轉陳推戴事件，予仍認爲不合事宜，著將上年十二月十一日承認帝位之案即行撤銷，由政事堂將各省區推戴書一律發還參政院代行立法院轉發銷毀。所有籌備事宜立即停止。庶希古人罪己之誠，以洽上天好生之德，洗心滌慮，息事寧人。蓋在主張帝制者，本圖鞏固國基，然愛國非其道，轉足以害國。其反對帝制者亦爲發抒政見，然斷不至矯枉過正，危及國家。務各激發天良，捐除意見，同心協力，共濟時艱，使我神州華裔，免同室操戈之禍，化乖戾爲祥和。總之萬方有罪，在予一人。今承認之案業已撤銷,如有擾亂地方,自貽口實,則禍福皆由自召。本大總統本有統治全國之責,亦不能坐視淪胥而不顧也。方今閭閻困苦,綱紀凌夷;吏治不修,真才未進。言念及此,中夜以興,長此因循,將何以國？嗣後文武百官務當痛除積習,黽勉圖功,凡應興應革諸大端,各盡職守,實力進行,毋托空言,毋存私見,予惟以綜覈名實信賞必罰爲制治之大綱,我將吏軍民尚其共體茲意。此令。政事堂印。洪憲元年三月二十二日,國務卿徐世昌。(《政府公報》一九一六年三月二十三日第七十七號)

三月二十三日,國務卿徐世昌副署袁世凱簽發《廢止洪憲年號令》,仍以本年爲中華民國五年。

《廢止洪憲年號令》:政事堂奉告令:前據大典籌備處奏請建元,現在承認帝位一案業已撤銷,籌備亦經停辦,所有洪憲年號應即廢止,仍以本年爲中華民國五年。此令。政事堂印。中華民國五年三月二十三日,國務卿徐世昌。(《政府公報》中華民國五年三月二十四日第七十八號)

三月二十六日,大總統袁世凱密諭中央各要員。

袁世凱《密諭中央各要員》(中華民國五年三月二十六日):本大總統受國民之委托,躬膺艱鉅,始終以救國救民爲宗旨。此次大亂猝發,生民塗炭,殊非意料所及。該員等夙稱公忠,務各和衷協議,藉保和平。如有最難解决之件,確有裨於國計民生者,雖使本大總統犧牲一切,亦在所不辭。(《袁世凱全集》第三十五卷35-106)

三月三十日,簽發内務部《第四屆覈准免試縣知事限期陳明事實示》。(《政府公報》中華民國五年四月五日第九十號)

四月一日，下午，訪國務卿徐世昌。

《徐世昌日記》：朱桂辛、周子詒、梁燕孫來，久談，至初更後始去。

四月二日，政事堂奉袁世凱明令，公告參政院代行立法院撤銷國民總代表名義及君主立憲國體案。（《中華民國史．大事記》）

四月四日，簽發《内務部咨覆湖南巡按使四年度統計除選舉類改定外餘仍照三年度原案辦理文》。（《政府公報》中華民國五年四月二十二日第一百七號）

同日，大總統袁世凱召集國務卿徐世昌及各部總長宣示時局主張。

袁世凱《召集國務卿徐世昌及各部總長宣示時局主張》（中華民國五年四月四日）：本總統爲救國安民起見，故以維持大局爲念，一身安危不敢顧及，若不達此目的，斷不辭職。惟對付南軍方針，主張平和解決，不惜勉從其要求。若南軍要求過重，是係故意破壞大局，予斷不稍予寬宥，應即勦滅倡亂人員，以保大局。（《袁世凱全集》第三十五卷 35－338）

四月五日，簽發内務部《第二十九次注册各著作物合行公布示》。（《政府公報》中華民國五年四月二十五日第一百十號）

四月六日，廣東將軍龍濟光與巡按使張鳴岐宣布廣東獨立。（由雲龍《護國史稿》）

同日，先生簽發《派任吴道培職務飭》。（《政府公報》中華民國五年四月十七日第一百二號）

四月七日，國務卿徐世昌簽發申令，將籌備立法院事務局、辦理國民會議事務局歸併内務部兼辦。

《大總統著將籌備立法院事務局等歸併内務部兼辦申令》：政事堂奉申令：籌備立法院事務局、辦理國民會議事務局，均著歸併内務部兼辦。此令。中華民國五年四月七日，國務卿徐世昌。[《護國運動》(二)籌備洪憲帝製]

按：原書取自《政府公報》民國五年四月八日第九十三號。

四月八日，晚，訪徐世昌。(《徐世昌日記》)

四月(十二日前)，大總統袁世凱密諭各部總長：對於時局問題，務須按部就班，詳慎覈議。

袁世凱《密諭各部總長》(中華民國五年四月十一日刊載)：對於時局問題，務須按部就班，詳慎覈議。毋矜毋躁，毋畏難，毋因循，以期依次解決。(《袁世凱全集》第三十五卷 35－568)

四月十二日，大總統袁世凱在居仁堂召集先生與徐世昌、段祺瑞、梁士詒、袁乃寬密議談退位事。

袁世凱《在居仁堂召集徐世昌段祺瑞朱啟鈐梁士詒袁乃寬密議談退位事》(中華民國五年四月十二日)：退位一事，固屬正當手續，惟時間不可欲速。總要大家磋商，瞻前顧後，籌一妥善計劃。設草率了事，希國早脱難圈，將來禍患更不堪言。約計善後方法，一爲退位後余個人及子孫、族戚應如何維護，不使生危險之虞。二爲退位後，財産一切，除國有外，應歸本人享受者，不得有絲毫損害。三爲退位後，同事官僚不得仍受處分，或萬不得已，亦應分別輕重，以昭公允。(《袁世凱全集》第三十五卷 35－600)

同日，籌安會理事長楊度、副理事長孫毓筠、全國請願聯合會副會長張鎮芳皆被免去參政院參政本職。

四月十二日《准免楊度本職令》：政事堂奉策令：參政院參政楊度呈請辭職。楊度准免本職。此令。（《袁世凱全集》第三十五卷35－574）

四月十二日《准免孫毓筠本職令》：政事堂奉策令：參政院參政孫毓筠呈因病懇請辭職。孫毓筠准免本職。此令。（《袁世凱全集》第三十五卷35－575）

四月十二日《准免張鎮芳本職令》：政事堂奉策令：參政院參政張鎮芳呈請辭職。張鎮芳准免本職。此令。（《袁世凱全集》第三十五卷35－576）

同日，簽發内務部《派吴道培崗位飭》。（《政府公報》中華民國五年四月十七日第一百二號）

同日，浙江省宣佈獨立。（《中華民國史.大事記》）

四月十七日，汪大燮獲准辭去參政院副院長及參政本兼職務。（《中華民國史.大事記》）

四月（十九日前），袁世凱談退位事。

袁世凱《對某人談退位事》（中華民國五年四月十八日刊載）：處此時艱，攬此危殆政權，貽臭千古，對内對外聲敗名裂，若再不明進退，不察是非，不卹體面，索性做去，要如何便如何，即三尺童子，庸夫愚婦，亦不肯爲，況余覥居全國元首地位已有數載乎。特退位事，實非僅恃函電往復所能成功，亦非會議二三旬所可告竣，故不匆促將事耳。（《袁世凱全集》第三十五卷35－781）

原注：《申報》稱轉載於《順天時報》。

四月十九日，簽發内務部《委任梁祖杰職務飭》《梁祖杰叙列等第進俸飭》《委任金子直職務飭》《金子直叙列等第進俸飭》。(《政府公報》中華民國五年四月二十五日第一百十號)

四月二十一日，國務卿徐世昌副署大總統袁世凱簽發《委任國務卿總理國務組織政府令》《公布政府組織令》。(《政府公報》中華民國五年四月二十二日第一百七號)

四月(二十三日前)，簽發《内務部咨各省巡按使各都統川邊鎮守使四年度内務統計除選舉類表式改定外餘仍查照三年度原案辦理文》。(《政府公報》中華民國五年四月二十二日第一百七號)

按：令文只署有年月，當不晚於二十二日。四月四日先生曾簽發《内務部咨覆湖南巡按使四年度統計除選舉類改定外餘仍照三年度原案辦理文》。

四月二十二日，國務卿徐世昌辭職，段祺瑞接任國務卿。

四月二十二日《准免徐世昌本職令》：政事堂奉策令：國務卿徐世昌呈請辭職。徐世昌准免本職。此令。(《政府公報》中華民國五年四月二十三日第一百八號)

四月二十二日《任命段祺瑞職務令》：政事堂奉策令：特任段祺瑞爲國務卿。此令。(《政府公報》中華民國五年四月二十三日第一百八號)

四月二十三日，被免去内務總長職。段祺瑞兼任陸軍總長、陸徵祥任外交總長、王揖唐任内務總長、孫寶琦任財政總長、劉冠雄任海軍總長、章宗祥任司法總長、張國淦任教育總長、金邦平任農商總長、曹汝霖任交通總長。

《蠖園年表》:洪憲政變,引咎去職。(《紫江朱氏家乘》卷三)

四月二十三日《任命段祺瑞職務令》:政事堂奉策令:特任段祺瑞兼陸軍總長。此令。(《政府公報》中華民國五年四月二十四日第一百九號)

四月二十三日《任命陸徵祥等職務令》:政事堂奉策令:特任陸徵祥爲外交總長,王揖唐爲内務總長,孫寶琦爲財政總長,劉冠雄爲海軍總長,章宗祥爲司法總長,張國淦爲教育總長,金邦平爲農商總長,曹汝霖爲交通總長。此令。(《政府公報》中華民國五年四月二十四日第一百九號)

四月二十四日,午後,訪王揖唐不遇,嗣於中央公園中約談,内務部次長榮勳和沈銘昌、京師警察廳總監吴炳湘在座。六時,王揖唐赴先生寓齋,接洽部事。

《揖唐日記》四月二十四日:(午後)桂莘來訪不遇,嗣於中央公園中約談,榮、沈兩次長及吴總監咸在,暢談迺别。五時訪仲老略談而别,因桂莘約定六時在寓静候,亟須往談也。接洽部事,十一時始别去。

按:榮勳、沈銘昌時任内務部次長,吴炳湘時任京師警察廳總監。

四月(二十六日前),大總統袁世凱接見國務卿段祺瑞晉謁時,發表對於退位之談話。

《接見國務卿段祺瑞晉謁時對於退位之談話》(中華民

國五年四月二十五日）：南軍對於退位之舉，一再堅持，勢已無商量之餘地。殊不知本大總統自辛亥出山，以至於今日，其間政治措施方針雖略有不同，然揆厥私衷，固無時不以國事爲重。現在予對於去留問題，毫無容心，應由調停各員審度機宜，如果予之退職，實與大局確有裨益，即可正式允認，毋庸介介於個人虛譽。（《袁世凱全集》第三十五卷 35－1002）

四月二十六日，王揖唐接替先生任督辦京都市政事宜。

四月二十六日《任命王揖唐職務令》：政事堂奉策令：任命王揖唐督辦京都市政事宜。此令。（《政府公報》中華民國五年四月二十七日第一百十二號）

四月二十八日，黑龍江省宣佈獨立。（《中華民國史．大事記》）

四月三十日，中午，内務部次長榮勳、沈銘昌及民治司長于寶軒、職方司長吕鑄、警政司長陳時利、典禮司長祝書元、考績司長許寶蘅等内務部同人在中央公園來今雨軒公宴先生與新任部長王揖唐。溥儀宫中内務府大臣紹英陪座。

《許寶蘅日記》：十二時到公園公宴桂辛、一堂兩公。

《揖唐日記》：部中同人公請新舊兩總長於來今雨軒中，拍影紀念。

《紹英日記》三月二十八日：午刻，内務部次長及閣署司長等公請，陪朱、王總長在公園之來今雨軒早餐。申刻回家。

按：三月二十八日，陽曆爲四月三十日。時榮勳、沈銘昌任内務部次長，于寶軒任民治司長，吕鑄任職方司長，陳時利任警政司長，祝書元任典禮司長，許寶蘅任考績司長。

四月，中央公園董事會公推第二屆常任董事。先生連任會長，吴炳湘爲副會長。

《本園董事會歷届常任董事名録·第二届常任董事名録》（民國五年四月公推）：會長：朱啟鈐。副會長：吴炳湘。評議部：孫寶琦、江朝宗、薩鎮冰、曹汝霖、施肇曾、陳威、任鳳苞、王黻煒、薩福楙、葉恭綽、胡筠、方仁元、許世英、張志潭、于寶軒、鮑宗漢、鄧文藻。事務部：治格、吕鑄、孟錫珏、權量、王景春、闞鐸、華南圭、雍濤、馬榮、董玉麐、鄭咸、吴承湜、江庸、徐樹錚、常耀奎。候補人：曾毓雋、靳雲鵬、伍朝樞、徐廷爵、徐世章、沈吉甫、吴鼎昌、陸夢熊、水鈞韶、俞瀛、李殿璋、李思浩、曾彝進、姚國楨、龍學競、何瑞章、顔世清。（《中央公園二十五周年紀念册》第三章《本園章制摘要及人事變遷》）

五月一日，下午，訪徐世昌。（《徐世昌日記》）與王揖唐交接市政公所事。

《揖唐日記》：是日，接市政公所事，與桂莘談話甚久，接洽一切，並接見全所各員。

五月八日，政事堂改稱國務院。（《袁世凱全集》第三十五卷35－1384）

同日，獨立各省成立軍務院，唐繼堯任撫軍長、岑春煊任撫軍副長。軍務院直隸大總統黎元洪，指揮全國軍事，籌辦善後。（由雲龍《護國史稿》）

按:《護國史稿》記載軍務院成立於廣州,于永純《關於〈護國史稿〉的幾個問題》認爲是在肇慶。

五月(十日前),大總統袁世凱對國務卿段祺瑞談退位條件。

袁世凱《對國務卿段祺瑞談退位條件》(中華民國五年五月九日刊載):予欲退位,但對於後繼者有不安之點,故尚遲疑未决。否則,無論何時亦可退位也。(一)現徵出中北兵約十萬,在北方之兵亦約十萬,此兩者俱屬予支配之下,倘予退位後,彼等能甘心服從後繼者否。(二)全國將軍、鎮守使能全服從後繼者否。(三)財政困難已達於極點,後繼者果能處理此難局否。(《袁世凱全集》第三十五卷 35-1441)

五月十日,晚,與許寶蘅等飲於任鳳苞之園。

《許寶蘅日記》:午飯後到部,六時散。赴桂辛總長約飲於任振采之園。

五月(十二日前),大總統袁世凱接見某國駐京公使謁見時談退位問題。

袁世凱《接見某國駐京公使謁見時之退位問題談》(中華民國五年五月十一日刊載):本總統受國民之委托就職者也,任期尚未滿,决不因少數人之要求而辭職。現在全國一切事務,本總統及内閣共同負責,外間所傳要求總統退位各種電報,無論其爲真僞,均不之理。况黨人中一部分已歸中央範圍,此時南方若不爲過甚之要求,則和局應即成立。(《袁世凱全集》第三十五卷 35-1494)

原注:《大公報》稱,據五月十一日北京《東文新支那報》刊載。

五月十一日，下午，訪徐世昌。（《徐世昌日記》）

五月十二日，晚，許寶蘅等在樂家公宴先生。

《許寶蘅日記》：六時到樂家公宴桂辛總長。

五月二十日，周自齊署財政總長。（《辛亥以後十七年職官年表》）

五月二十二日，陳宧宣布四川獨立。（由雲龍《護國史稿》）

五月二十八日，葉恭綽請辭交通部次長獲准休假。（《辛亥以後十七年職官年表》）

五月二十九日，湖南將軍湯薌銘宣布湖南獨立。（由雲龍《護國史稿》）國務卿段祺瑞副署大總統袁世凱簽發《大總統宣布帝制議案本末令》。（《政府公報》中華民國五年五月三十日第一百四十五號）

同日，大總統袁世凱與國務卿段祺瑞談退位事。

《與國務卿段祺瑞談退位事》（中華民國五年五月二十九日）：如退位有利大局，余固願退。否則，不敢博高蹈名。須審察時勢，與各省熟籌妥善。余無成心。（《袁世凱全集》第三十五卷 35－1974）

六月（四日前），大總統袁世凱召見段祺瑞語退位事。

袁世凱《召見段祺瑞語退位事》（中華民國五年六月三日刊載）：予之履任總統，係依法律而來，此後退位，亦當依法律而去。若僅有少數人之要求，斷難承認。（《袁世凱全集》第三十五卷 35－2067）

六月六日，袁世凱去世。副總統黎元洪代行大總統職權。（《袁世凱全集》第三十五卷 35－2104《以黎元洪代行大總統職權令》）

《揖唐日記》六月七日:夜半,袁前大總統行入殮禮,國務員等同往行禮。六月八日:午前,赴府參列奉移典禮。午後二時,再赴府參列入祭典禮。六月廿三日:是日,爲行大祭典禮之期。六月廿八日:午前,恭送項城大總統殯如儀。

六月七日,黎元洪繼任大總統。(《辛亥以後十七年職官年表》)

六月十四日,上午,訪徐世昌,久談。(《徐世昌日記》)

按:徐世昌時在北京。

六月十六日,葉恭綽被免去交通次長職務。

《葉遐庵先生年譜》:居津照管惠民公司。梁君士詒屢諫袁勿行帝制,又勸對德奥宣戰,皆不省,乃與先生迭次籌商欲建策以維持國際地位,遂決定組織惠民公司。惠民公司者,即招華工二十餘萬人赴歐洲參戰之總機關。

六月二十三日,周自齊被免去署財政總長職,梁士詒被免去税務督辦職。(《辛亥以後十七年職官年表》)

夏,吴炳湘、治格代任其中央公園董事會長職責。

《本園章制摘要及人事變遷》:五年夏間,朱公適去津,七年春間始返。於此期間,由吴鏡潭總監、治鶴清都護代任其責。(《中央公園二十五周年紀念册》第三章)

七月十四日,唐繼堯、岑春煊、梁啟超、劉顯世、陸榮廷、陳炳焜、吕公望、蔡鍔、李烈鈞、戴戡、李鼎新、羅佩金、劉存厚聯名通電全國,宣佈撤銷軍務院。(《中華民國史.大事記》)國務總理段祺瑞副署大總統黎元洪簽發申令,著將楊度、孫毓筠、顧鰲、梁士詒、夏壽田、朱啟鈐、周自齊、薛大可等人拿交法庭，嚴行懲辦。

《大總統申令》：自變更國體之議起，全國擾攘，幾陷淪亡，始禍諸人，實尸其咎，楊度、孫毓筠、顧鰲、梁士詒、夏壽田、朱啟鈐、周自齊、薛大可，均著拏交法庭，詳確訊鞫，嚴行懲辦，爲後世戒。其餘一概寬免。此令。中華民國五年七月十四日，國務總理段祺瑞。（《政府公報》中華民國五年七月十五日第一百九十號）

《三水梁燕孫先生年譜》七月：懲辦始禍諸人，令中計八人，而最先發起籌安會之六君子嚴復、劉師培、李燮和、胡瑛等不與焉。十三太保中之袁乃寬、張鎮芳等更不與焉。而先生及朱啟鈐、周自齊俱在其列，别有用意，蓋甚明也。

七月十七日《張勛反對懲辦楊度等電》：乃昨讀大總統十四日申令，將楊度等八人拿交法庭，詳確訊鞫，嚴行懲辦，此必出於獨立各省之要求，而大總統不得已之苦衷，我輩均能默喻。第平情論之，共和帝制主張，雖有不同，功罪原難遽定。若以相煎之急，不爲餘地之留，竊恐胡越同舟，冰炭共器，怨毒所積，報復相尋，既開攻詰之端，非國家之福。且讀大總統十二日申令，所有以前因政治犯罪被拘禁者，應即一律釋放，其通緝各案，亦一律撤銷等因。廓然大公，曷勝欽佩。夫此輩獲邀寬典，以其爲政治犯也。然則倡言帝制，獨非政治犯乎？法者，所以持天下之平。若犯同罰異，是法律因人爲輕重，何以昭天下之公？且帝制議起，當時軍政各界一致贊成，即首鼠兩端、前後異轍者流，均非於帝制問題全無關係，今獨歸罪八人，於理亦非公允。明知申令既頒，勢難反汗，而勳猶鰓鰓過慮、不憚煩言者，誠不欲徇少數人之要求,破壞天下共遵之法律,應如何主持公理,饜服群情,直道自在人心,度非無術以處此也。[《護國運動》(五)袁世凱被迫取消帝制]

原注:原書取自北洋政府外交部檔案。

是年,至夏間止,中央公園董事會募捐五萬餘元,獲得市政公所補助一萬三千二百餘元。

《本園創辦之經過》:計朱公始任事至五年夏間止,募捐及五萬餘元,市政公所補助一萬三千二百餘元。除挪用千步廊材料及利用内務部及市政公所工役工作不計,實用洋六萬餘元。(《中央公園二十五周年紀念册》第一章)

按:本年四月初五日(陽曆五月六日)立夏,七月初十日(陽曆八月八日)立秋。

是年(六月六日袁世凱去世後至八月十四日間),離京移居天津英租界。

《蠖園年表》:六月項城薨,遂移居於天津。(《紫江朱氏家乘》卷三)

劉宗漢《有關朱啟鈐先生史料的幾點補正》:一九一六年,袁世凱因帝制失敗而死去,朱先生從此退出政治舞台,因此也就遷出了什錦花園的住宅。(《北京文史資料》65 輯)

《許寶蘅日記》六月三十日(7 月 29 日):到琉璃廠買《陽明集》,杭州刻本,贈蠖公,聞蠖公明日西行,作箋送之。

按:據許氏日記,七月下旬先生曾經在京,未知是離京後再次赴京抑或是直至此時方才離京,姑存此,待考。

八月十四日,晚,徐世昌訪先生於天津寓。

《徐世昌日記》:偕鐵林赴天津,徐廷爵迎於半途,午刻到津。訪鐵寶臣，到徐廷爵宅晚飯，並到其比鄰訪朱桂辛。

八月十五日，與徐廷爵、徐世昌晚宴。

《徐世昌日記》：赴徐建侯、朱桂辛晚飯之約，二更後歸。

是年，爲袁世凱營葬於洹上村。（《蠖園年表》）

六月二十日《大總統告令》：本月二十三日爲前大總統大祭典禮之期，特派國務卿段祺瑞前往敬謹行禮。其殯前一日應舉行祖奠禮，特派内務總長王揖唐前往敬謹行禮。此令。（《内務公報》中華民國五年七月第三十四期）

《水竹邨人年譜》稿本民國五年七月二十三日：偕席夫人、諸長女孫至彰德，住紡紗廠，爲袁總統成主，翊日送葬。

《田文烈致大總統國務總理報告袁世凱葬事電》（民國五年八月二十四日下午收到）：袁大總統葬事已於昨夕舉行，文烈先期來彰照料，蔭專使暨典禮員今早禮成，現已起行回京。（《天津市歷史博物館館藏北洋軍閥史料》黎元洪卷十）

是年，初到北戴河海濱，住在津浦鐵路局德國工程師白克納在劉莊别墅中。（劉宗漢《朱啟鈐與公益會開發北戴河海濱拾補》）

是年，北戴河海濱支綫開闢後，先生謀劃成立地方自治公益會。

《蓮花石公園記刻石》：丙辰秋，許君静仁長交通，拓海濱支軌以惠行人。余時以逋客結廬於西山之麓，野服徜徉，咨考故實，深懼山川風物不可以久存也。乃謀倡自治，立公益會，修路築室，井堙木刊，前邪後許，西人亦斂手無異詞。（《蠖園文存》卷上）

劉宗漢《朱啟鈐與公益會開發北戴河海濱拾補》：海濱支綫的開闢，説明到一九一六年時，到北戴河海濱來避暑的中外人士已經達到了相當的數量。北戴河已經成爲中國的避暑勝地。但是,這塊避暑勝地卻缺乏必要管理機構,至於公共設施(如交通、衛生)的建設,更是無從説起。西方人雖然在海濱設立了若干帶有租界性質的組織,但他們只是"謀私人感情之聯絡",不可能對海濱的開發管理感興趣。其中有的更是劣跡昭著,專以坑害中國人爲事。這種情況要求中國人自己組織起來,建設必要的公共設施,開發海濱,並且在西方人面前維護中國人的利益。這就是公益會産生的客觀條件。(《蠖公紀事》)

十一月二十六日,在天津召開中興煤礦公司第六次股東會,决議改組董事會,徐世昌任董事會長。徐世昌委托先生代理董事會長,於天津設立總公司,在棗莊設總礦,並設駐礦經理處。戴緒萬任駐礦經理,胡希林爲副經理。(《棗莊煤礦志·大事記》)

《蠖園年表》:經營山東嶧縣中興煤礦公司,自食其力。(《紫江朱氏家乘》卷三)

《主要領導人更迭》:一九一六年十一月至一九一八年五月,中興公司總公司董事會長徐世昌,代理董事會長朱啟鈐。(《棗莊煤礦志·管理體制》第一章第九節)

《棗莊煤礦志·概述》:光緒初年,窑主金銘等人聯絡東明知縣米協麟、候補知縣戴華藻,禀呈北洋大臣李鴻章奏准,於一八七八年春來棗莊籌集商股銀二萬兩,創辦了由官僚、富商和地主合資的"山東嶧縣中興礦局"。一八九九年二月二十日,在張蓮芬的主持下,正式成立"商辦山東嶧縣華德中興煤礦股份有限公司"。一九一五年二月,南大井發生透水和瓦斯爆炸事故，造成 499 名礦工死亡，礦井被淹。公司突遭重創，經營急轉直下，張蓮芬憂極辭世。爲"亟籌救急之法"，一九一六年十一月，公司在天津召開董事會議，改組董事會，設總公司於天津，設總礦於棗莊，推軍政要人徐世昌爲董事會長，戴緒萬爲駐礦經理。

按：張蓮芬爲中興公司主要創辦人，時任總經理。

王作賢、常文涵《朱啟鈐與中興煤礦公司》：朱啟鈐在現狀岌岌可危的情況下，被股東會推舉爲董事會長。朱啟鈐接事後，爲擺脱困境，不得不亟籌救急之法：一、在天津設立總公司，購置辦公大樓；二、制定《中興煤礦公司暫行簡章》、《中興煤礦公司章程》、《董事會議事規則》、《總公司辦事規則》等規章制度。同時，爲了償還急債、籌建第二大井，朱公聯絡南北股東，增加資本，計劃募集資金二百萬元（招股、借債各一百萬元），以五十萬元作還急債之用，一百五十萬元開新大井。爲了鼓勵入股，凡入新股都加二成計算（每股一〇〇元，實交八十三元）。到一九一七年股金增至三八〇萬元，使公司不僅渡過了難關，而且營業也逐漸興旺起來。（《蠖公紀事》）

是年，北洋政府駐美利堅公使顧維鈞簽題照片贈與先生。

顧維鈞題《顧維鈞像》識語：桂莘總長賜存。維鈞謹贈，時民國五年駐節美京。（《中國近代珍藏圖片庫》之《袁世凱與北洋軍閥》卷圖 317）

是年，外舅于德楙自貴州僑寓天津。

《蠖園年表》：于森圃外舅自貴州北來，卜居天津。（《紫江朱氏家乘》卷三）

本年，袁世凱、蔡鍔卒。

中華民國六年丁巳　一九一七年　四十六歲

是年，居於天津英租界。（劉宗漢《有關朱啟鈐先生史料的幾點補正》）在中興公司代理董事長任。

王作賢、常文涵《朱啟鈐與中興煤礦公司》：到一九一七年股金增至三八〇萬元。（《蠖公紀事》）

《本園章制摘要及人事變遷》：五年夏間，朱公適去津，七年春間始返。（《中央公園二十五周年紀念册》第三章）

四月二十八日，下午，徐世昌訪先生，談有頃。（《徐世昌日記》）

五月二日，晚，與徐世昌、段芝貴、徐廷爵聚會。

《徐世昌日記》：晚赴朱桂辛、段香巖、徐建侯之約，夜深歸。

六月二十四日，下午，徐世昌赴先生齋中小坐。

《徐世昌日記》：出門訪周玉山橋梓不遇，到朱桂辛齋中小坐。

七月二日，段祺瑞任國務總理。（《辛亥以後十七年職官年表》）

是年（七月十七日後），交通系襄助國務總理段祺瑞平息張勛復辟，約定事後特赦先生、梁士詒、周自齊，因受到財政總長梁啟超、司法總長林長民、内務總長湯化龍等人反對而未果。

一九一七年九月二十五日《易宗夔述請特赦函》：即如此次段總理馬廠誓師，剷除張逆。貴部下曹、葉諸君或參謀略，或助餉糈，始克成此大功。當時原與總理口頭契約，事後特赦公與桂莘、子廙三人，弟等再具呈國務院，請特赦晰子、少侯五人，乃提出國務會議時，任公首先反對，濟武、宗孟反對尤力。馮公本無成見，以宗孟長篇議論反對，遂爲所動，此事遂成畫餅。竊以今日吾國財政困難，達於極端，非公出而主持，幾無挽救之法。總理亦知任公爲書生，擔任財政，不過暫時的。至永久的，非公莫屬。研究派深知此意，故極力反對特赦，以圖永握財權。（《北洋政府國務總理梁士詒史料集》）

按：七月初，張勛擁護清廢帝溥儀在北京復辟。段祺瑞隨即組織討逆軍於四日在馬廠誓師，十二日攻入北京城，同日溥儀宣布退位。梁啟超七月十七日任財政總長，十一月二十二日離任；林長民七月十七日任司法總長，十一月三十日辭任；湯化龍七月十七日任内務總長，十一月三十日離任。國務會議當不早於七月十七日。

七月十九日，葉恭綽任交通次長。（《辛亥以後十七年職官年表》）

七月三十一日，上午，徐世昌訪先生。（《徐世昌日記》）

八月一日，馮國璋當選爲民國大總統。（《辛亥以後十七年職官年表》）

八月，交通次長葉恭綽兼任郵政總局局長。（《葉遐庵先生年譜》）

八月，與夫人偕遊北戴河海濱，以八千元買下德國工程師白克納位於劉莊的别墅。

《蠖園年表》：與室人偕遊北戴河海濱，買山築室作終焉之計。（《紫江朱氏家乘》卷三）

劉宗漢《朱啟鈐與公益會開發北戴河海濱拾補》:次年(一九一七年)八月,中國對德宣戰,白克納作爲交戰國僑民被遣返回國,朱先生便以八〇〇〇元的代價買下了這座别墅。(《蠖公紀事》)

九月一日,護法軍政府在廣州成立,孫文任大元帥,唐繼堯、陸榮廷任元帥,伍廷芳爲外交部長,孫洪伊爲内務部長,唐紹儀爲財政部長,張開儒爲陸軍部長,程璧光爲海軍部長,胡漢民爲交通部長,林葆懌爲海軍司令,李福林爲大元帥府親軍總司令。(《辛亥以後十七年職官年表》)

十一月十四日,王揖唐、那彦圖分别當選爲北京政府臨時參議院正副議長。(《辛亥以後十七年職官年表》)

十二月一日,錢能訓任内務總長。(《辛亥以後十七年職官年表》)葉恭綽、金城、陳漢第等在中央公園舉辦賑災義展,先生提供六件藏品參展。(萬君超《葉恭綽鑒藏編年事輯》)

十二月二十八日,祝書元簽題照片贈與先生。

祝書元題《祝書元像》識語:祝書元三十九歲小照,敬呈蠖公惠存。丁巳冬月望日。(《中國近代珍藏圖片庫》之《袁世凱與北洋軍閥》卷圖 144)

是年,十女朱淀筠生於天津。

《蠖園年表》:是年,十女淀筠生。

《紫江朱氏世系表》:女:十淀筠,于出。(《紫江朱氏家乘》)

按:據劉宗漢提供資料,朱淀筠生於天津,一九九七年卒於美國洛杉磯。

中華民國七年戊午　一九一八年　四十七歲

是年，居於天津英租界。(劉宗漢《有關朱啟鈐先生史料的幾點補正》)在中興公司代理董事長任。

一月十五日，西南"護法各省聯合會議"在廣州成立。舉行宣誓式，並推岑春煊爲議和總代表，伍廷芳爲外交總代表，唐紹儀爲財政總代表，唐紹儀、程璧光、陸榮廷爲軍事總代表。(《中華民國史.大事記》)

二月四日，馮國璋據曹錕等呈請，下令洪憲帝制犯梁士詒、朱啟鈐、周自齊等三人，均准免予緝究。(《中華民國史.大事記》)

《三水梁燕孫先生年譜》二月四日：令梁士詒、朱啟鈐、周自齊三人，免予緝究。初，各省督軍以馮、段交惡，日益糾紛，群思借重北洋老成，消弭禍患。上年十二月中，直隸督軍曹錕邀集奉天督軍張作霖、吉林督軍孟恩遠、黑龍江督軍鮑貴卿、山西督軍閻錫山、陝西督軍陳樹藩、河南督軍趙倜、福建督軍李厚基、浙江督軍楊善德、安徽督軍倪嗣冲及長江三督，熱、察、綏三特區各督軍及代表等，齊集天津，議取和戰策略。各督軍多數意見，以化除馮、段隔閡，必須借重老成，擬推徐東海及先生出而調停。而先生正遊歷東洋，尚未歸國，通緝舊案，尚未取銷。乃邀交通次長葉恭綽赴津商洽辦理，一面電促先生回國，一面聯銜備文，由葉攜京面見馮總統。馮言："燕孫、桂辛、子廣皆老友，燕孫尤爲我輩推崇，久欲邀其來京，共圖大事。請先電知燕孫，爲我致意！"是日遂下令曰:"前據督軍曹錕等電稱'時事多艱,人才難得。查有梁士詒、朱啟鈐、周自齊三人,前因政治嫌疑,奉令通緝,嗣於上年七月間,軍事猝起,奔走擘畫,多所裨助,擬懇略迹原心,復其自由'等語,梁士詒、朱啟鈐、周自齊均免予緝究,以從寬典。"

李漢青《梁士詒被通緝前後的活動》:梁士詒這期間的一切活動,都圍繞著取消通緝。他與皖系的勾結已完全成熟,與新交通系亦達成默契,惟有"關外王"張作霖不聽這一套,他深知奉張在時局上的作用,不能不把他聯絡好。梁訪日期間,通過日本的關係與張聯絡,並派葉恭綽(時任交通次長)往東北活動,建立了關係。張作霖這時正同段祺瑞勾結,才答應向大總統提出。馮國璋呢,雖經張作霖和交通系一些要人爲梁説項,但因他與段鬧别扭,而梁又正和段結合,故口頭上儘管答應,就是不肯明令發表。還有一個原因,馮也討厭梁。袁當總統時,梁是公府秘書長,一切機要秘密,都瞞不了他,袁搞帝制,外面已公開傳説,而對馮表示,决不肯當皇帝。在馮來京謁袁臨走時,一再托梁,如有變革,請預先寫信告訴他。一直等到大事已定,梁士詒才寫信與馮説:項城决定這樣,不那樣辦不成,我們只好支持項城作皇帝算啦。馮因此心里很不高興,現在梁有事求他,他就遲遲不發表。葉恭綽等又去請北洋派元老徐世昌出面説情,徐也表示這事不好講,徐出主意叫找錢能訓,錢原是徐的人,同馮的關係很好,由他出面比較合適。又托北洋派中著名的"和事佬"王士珍説好話。又走内綫,托馮的太太周道如(他係袁世凱的家庭教師),還通過馮的參謀長師景雲關説。交通系又給了一筆錢,才算達到目的。一九一七年十二月,天津督軍團會議時,張作霖挽他的親家曹錕出面,由曹錕、張作霖、閻錫山、孟恩遠、倪嗣冲等以“時事多難,人才難得”爲由,請求取消對梁士詒等的通緝令,還説請他出來調停時局。(《北洋政府國務總理梁士詒史料集》)

二月二十八日,馮國璋下令開釋帝制復辟犯雷震春、張鎮芳。(《中華民國史.大事記》)

三月十五日,馮國璋下令免於緝究民國五年七月十四日及六年七月十七日通緝之復辟案犯楊度、孫毓筠、顧鰲、夏壽田、薛大可、康有爲、劉廷琛、萬繩栻、梁敦彦、胡嗣瑗十人。(《中華民國史.大事記》)

三月二十三日,段祺瑞任國務總理。(《辛亥以後十七年職官年表》)

按:段氏一九一七年十一月二十二日辭去國務總理職務,此爲再次就任。

四月十三日,與梁士詒、周自齊、曹汝霖等宴請財政顧問阪谷芳郎、日本公使林權助於天津日本花園。

大隱居士手摘《政聞紀要》並記載:到會者不下百餘人。聞係因某項大借款問題,並非普通酬酢也。(《近代史資料專刊:一九一九年南北議和資料》)

四月十五日,晚九時,自津乘車到京,此乃先生被通緝離京後首次公開回京。許寶蘅、紹英等人接站。

《許寶蘅日記》:朱桂老晚車來京,至東車站迎之,九時方到。

《紹英日記》三月初五日：晚，至車站接朱桂辛晤談，問候即回。

按：三月初五日，陽曆爲四月十五日。

四月十六日，許寶蘅、紹英訪先生。

《許寶蘅日記》：十一時，訪桂老談。

《紹英日記》三月初六日：至朱桂莘處晤談。

按：三月初六日，陽曆爲四月十六日。

四月十七日，午，許寶蘅等部廳同人一百六十餘人公宴先生於中央公園來今雨軒，紹英在座。

《許寶蘅日記》：十一時到公園，部廳同人公宴桂老於來今雨軒，凡一百六十餘人，三時後散。

《紹英日記》三月初七日：午，同世中堂請姜翰卿，散後至中央公園歡迎朱總長。

按：三月初七日，陽曆爲四月十七日。

四月十九日，上午，與郭葆昌陪同徐世昌乘專車離京。夜至彰德，宿車上。(《徐世昌日記》)

大隱居士手摘《政聞紀要》：徐世昌出京赴豫。朱啟鈐同行。車站送行者，極一時之盛。(《近代史資料專刊：一九一九年南北議和資料》)

四月二十日，陪同徐世昌前往袁世凱墓地察看工程。袁克定請諸人飯於袁宅，午刻登車續行，申刻至衛輝，晚宿車上。

《徐世昌日記》：黎明起，偕桂辛諸人到袁大總統墓地察看工程良久。到袁宅，雲台留飯，久談。午刻登車開行，申刻到衛輝。下車到牌坊地察看新種樹株,詣祖塋展拜。進城到四嬸母宅謁見。晚飯後仍車上宿。

四月二十一日,與郭葆昌陪同徐世昌至輝縣。傍晚同與朱寶仁遊席效泉逸園,並在席宅晚飯。

《徐世昌日記》:黎明起,開車,到潞王墳下車,乘轎到輝縣寓中。趙周人派軍隊來護衛,桂辛、詩屋同行來輝。途中作詩一首。傍晚微雨,偕桂辛、詩屋、鐵林同到席效泉逸園遊眺,即在效泉宅晚飯,冒雨歸。

四月二十二日,上午,與郭葆昌、朱寶仁、席效泉陪同徐世昌到水竹村遊覽、宴集。

《徐世昌日記》:(上午)偕桂辛、詩屋、鐵林、效泉到水竹村遊覽、宴集。午後歸,小憩,來客,與桂辛諸人談。晚飯後朱渭春來。

四月二十三日,上午,與郭葆昌、朱寶仁陪同徐世昌遊覽西關洗心亭舊園,又同遊百泉,席效泉、朱渭春亦至宴飲暢談。下午,徐世昌送先生與郭葆昌起行回京。

《徐世昌日記》:(上午)偕朱桂辛、郭詩屋、朱鐵林到西關洗心亭舊園遊眺。又同到百泉遊覽,席效泉、朱渭春亦至宴飲暢談。午後歸,作詩一首,小憩,送桂辛、詩屋起行回京。

徐世昌《偕朱桂辛郭詩屋朱渭春朱鐵林席效泉百門陂游讌》:春水碧無際,閒雲自去來。行吟還擊壤,長嘯此登臺。歲月勞山屐,胸懷托酒杯。流泉清不滓,一爲洗塵埃。(《水竹邨人集》卷一二)

四月二十五日，姨丈瞿鴻禨去世。

《止盦年譜》三月十五日：至夜戌正十分，棄不孝等而長逝矣。

按：陰曆三月十五，陽曆爲四月二十五日。

陳三立《瞿止庵相國挽詩》：江海青茫茫，染夢别公地。憑几督授稿，寫印爲校字。顔汗覆瓿作，敢取涸瘠寐。留我耳中語，嗚呼遂隔世。公早擢侍從，藉甚廊廟器。乘軺歷方州，具瞻風教寄。楨榦收俊髦，筐篚絶輿隸。召侮弄國柄，蕭牆憂匪細。兩宫果蒙塵，奔命干戈際。諸葛性謹慎，密勿綜大計。揞拄返蹕初，再睹乾坤霽。澹泊平津宏，調護鄴侯泌。盡瘁帷幄間，恩寵償狼狽。聽履巧射影，初服依松桂。卧起超覽樓，公退居長沙，有樓曰超覽。湘流蕩吟思。運極劇秦坑，懸喘窮海裔。賤子亦流人，故懽拾遺墜。談舌喟不辰，引咎每含涕。苟活接汐社，老禿挈曹輩。銷磨壘塊胸，壯公富新製。蝸角一餉樂，聚散已殊勢。酣歌斷風雨，温馨蝕蘭蕙。矧交豺獸跡，出没靡寧歲。撼痾釣游鄉，波道血泥漬。村郭斥爲墟，爾倀導吞噬。陸沉終自決，天誘欲誰冀。一瞑掬萬恨，慘澹訴先帝。虛空真靈翔，披髮當下視。有身憐後死，賢達日相棄。冷月漏蜃樓，求索魂九逝。（《散原精舍詩續集》卷下）

張元濟《挽瞿鴻禨》：使立朝不爲奸懟所排，詎令人水深火熱至此；豈神州真有陸沉之禍，故奪我泰山梁木於先。（《張元濟全集》第四卷）

四月底，攜夫人赴上海，吊唁瞿鴻禨。

《蠖園年表》：瞿文慎公逝世，赴上海會喪。（《紫江朱氏家乘》卷三）

朱啟鈐《姨母瞿傅太夫人行述》:戊午之春,文慎騎箕之耗達啟鈐津寓。其時啟鈐甫免於名捕之厄,投袂南行……啟鈐聞耗,急偕婦趨省。(《蠖園文存》卷下)

五月五日,徐世昌回到天津,偕十弟徐世章赴先生寓齋午飯。再赴先生寓齋晚飯,並與先生、華世奎諸人聚談。

《徐世昌日記》:偕十弟赴朱桂辛宅午飯,小憩。借錢幹臣空宅居住,距光弟較近。又到桂辛宅晚飯,與弼臣、桂辛諸人談。

按:當日徐世昌自河南回到天津。徐世昌十弟爲徐世章。

五月十七日,攜黄彭年家藏巨然《江山秋霽圖》(署款鍾陵寺僧巨然)赴徐世昌宅。(《徐世昌日記》)

五月二十日,廣州護法軍政府改組,岑春煊任主席總裁兼内務部長,唐紹儀任總裁兼財政部長,唐繼堯任總裁,伍廷芳任總裁兼外交部長,孫文任總裁兼交通部長,林葆懌任總裁兼海軍部長,陸榮廷任總裁,莫榮新任陸軍部長,李烈鈞任參謀總長。(《辛亥以後十七年職官年表》)

六月三日,與梁士詒、周自齊等主張調和南北方,公推徐世昌斡旋其間。(大隱居士手摘《政聞紀要》)

《中華民國史.大事記》:六月六日,徐世昌應交通系梁士詒、朱啟鈐、周自齊等之請,出面斡旋南北調和,是日由天津到北京。

六月十二日，上午，離京。

《許寶蘅日記》：九時到西車站送朱桂老，到站時車剛開，不及見，遂歸。

六月二十日，當選參議院議員。

大隱居士手摘《政聞紀要》：中央第一部、第二部、第四部、第五部參議員已選出。第二部投票人共十七名，朱啟鈐、王揖唐、陳振先、張元奇、熙彦、蔡儒楷、周自齊、吕調元八人當選。（《近代史資料專刊：一九一九年南北議和資料》）

六月，中興煤礦公司董事會改組，先生接替徐世昌任董事會長，並連任總經理。

《蠖園年表》：礦事大進，被舉爲中興煤礦公司總經理。（《紫江朱氏家乘》卷三）

《主要領導人更迭》：一九一八年六月，中興公司總公司董事會長兼總經理朱啟鈐。（《棗莊煤礦志・管理體制》第一章第九節）

七月四日，岑春煊就任軍政府政務總裁。

七月四日岑春煊《就任軍政府政務總裁通電》：前承國會非常會議選舉春煊爲政務總裁，兹定於七月四日就職。（《岑總裁通告就職要電》，《中華新報》1918 年 7 月 14 日）（《岑春煊集》陸）

七月五日，中華民國軍政府宣布成立。

《中華民國軍政府宣布成立電》（民國七年七月五日）：廣州參議院、衆議院、莫督軍、李省長、省議會、畢節行營並轉滇、黔、川、陝、鄂靖國各軍司令，貴陽劉督軍、省議會，成都熊督軍、省議會，雲南劉代督軍、由代省長、省議會，永州譚聯軍總司令、譚組庵先生，南寧陳省長、省議會，韶州李聯軍總司令、李督辦，郴州程、馬各總司令、趙司長，汕頭陳督辦、方總指揮鑒：繼堯、廷芳、葆懌、榮廷、春煊等謬承國會非常會議選舉爲軍政府政務總裁，先後宣布就職，各電計邀台鑒。查軍政府組織大綱，軍政府以國會非常會議所選出之政務總裁七人組織政務會議，行使其職權。現除唐少川、孫中山兩總裁因交通阻礙，未接有就職通告，派員敦促外，計就職總裁已居過超半數。當此北廷狡謀愈肆，暴力橫施，大局阽危，民命無托，護法進行，刻不容緩。謹於本月五日宣布，中華民國軍政府依法成立，即開政務會議。特此通告。政務總裁唐繼堯、伍廷芳、林葆懌、陸榮廷、岑春煊。魚。（《軍政府公報・布告》修字第1號，1918年8月31日）（《岑春煊集》陸）

原注：此電上海《民國日報》1918年7月15日有録，題作"中華民國軍政府成立・總裁通電就職"。

七月，成立北戴河海濱公益會。

《北戴河海濱公益會報告書》：本會發端於中華民國七年之七月，啟鈐實創此議，同人氣求聲應，地方官廳亦樂贊助，本會於焉成立。（《蠖園文存》卷上）

《北戴河海濱公益會董事會議紀録》（中華民國二十二年十一月二十七日）：吴達詮董事報告大概：本會於民國七年中國加入歐戰後成立，並非爲個人娛樂起見，完全爲争國際地位，不忍坐視地方事業經營之權落諸外人之手。人所共知，其始修道路，建事務所、公園、醫院，皆會員各解私囊爲之。（《北戴河海濱公報》第三期）

八月十二日，新國會在北京開會，出席參議員一

百〇六人,衆議員三百五十八人。(《中華民國史.大事記》)

八月二十日,夜,王揖唐、吴炳湘、徐樹錚聯名電告先生:擬定先生任參議院副議長,二十二日進行投票。盼其二十二日午前到京。

《致朱啟鈐哿夜電》(一九一八年八月二十日):火急。北戴河海口西山探投朱桂莘先生鑒:參副群望所屬,定以屈公,聯洽布置均已周妥,廿二投票。盼盡廿二午前到京,以免投票後正副均不在院,蓋燕老非廿二晚不能到也。揖唐、郅隆、毓雋、炳湘、樹錚同叩。哿夜。印。(《近代史資料專刊:徐樹錚電稿》1143)

八月二十二日,下午,國會召開第一次會議,梁士詒當選參議院議長,先生缺席當選爲參議院副議長。當日接到當選消息後,致書參議院議長,辭去副議長及議員之職。

《蠖園年表》:第二屆國會被舉爲參議院議員,並被選爲副議長,未就。(《紫江朱氏家乘》卷三)

《速記録・第一次會議》(節録):中華民國七年八月二十二日下午二時三十五分振鈴開會。

主席(李兆珍):現報告投票結果:梁君士詒得一百一十九票,梁君善濟得三票,本席得一票,共票一百二十三張。梁君士詒得一百一十九票,已過投票總數之半,當選爲本院議長。

主席:請議長就席。

主席(梁士詒):按照參議院議長、副議長互選規則第一條之規定,選舉副議長應用有記名投票法。

主席：現報告投票結果：朱君啟鈐得一百一十四票，李君盛鐸得四票，梁君善濟得三票，秦君望瀾得一票，廢票一張。在場人數共一百二十三人，朱君啟鈐得一百一十四票，已過投票總數之半，當選爲本院副議長。

陳議員瀛洲：副議長已否出席？

主席：副議長今日未出席。（《參議院公報》第一期第一册）

《參議院議員一覽表·在京住址》：朱啟鈐，西成報子胡同顏宅。（《參議院公報》第一期第一册附録）

按：兩院議長、副議長任期爲三年。據《參議院公報》第一期第一册《議事録》，先生簽定議席號爲一〇四。

《朱副議長辭職函》：敬啟者：頃准梁議長電知，本日參議院選舉副議長，啟鈐當選爲副議長。惟啟鈐現充中興煤礦公司總經理，公司重新組織增加股本數百萬，均係一手經營，責任所關，實難一日弛卸。倘並騖兼營，必負股東之付托；缺席曠職，終受院法之制裁。再四思維，啟鈐對於副議長一職勢難應選，應請開會另舉，無任企禱。尤有請者，啟鈐年來屏絶政治，投身商業，久已具有決心，一旦見異思遷，不但有負初衷，而於個人道德、實業前途及政治家在社會信用均有關礙。所有啟鈐議員一席應請一併准予辭職，不勝迫切屏營之至。此致參議院議長。（《參議院公報》第一期第五册公函）

九月（四日前），返回天津。

《許寶蘅日記》九月四日：訪朱桂辛於天春園，已回津矣。

是年（九月五日前），與周學熙、王克敏、施肇曾、周自齊、曹汝霖、梁士詒、段芝貴、許世英、雍濤、張弧、任鳳苞、蘇守愚、吴熙忠聯名函告直隸警務處長楊以德同人分别捐資擬修築馬路,請飭知北戴河海濱警察局長袁澤鳳,飭警妥爲彈壓保護,俾速其成。

《致直隸警務處長楊君敬林函》:敬林我兄閣下:久未晤教,馳繫良深。兹謹啟者:查北戴河海濱,爲避暑最佳之地,自去歲鐵軌銜接以來,中外人士紛如雲集,結構固日見整齊,道途則實形湫隘,驢背筍輿可以代步,而羊腸雁齒總是難行。匪特觀瞻有礙,抑且衛生不宜。同人等有鑒於此,爰捐集款項,組織公益會,專辦理海濱地方公益事宜,以朱君啟鈐總其成。現擬修築馬路,便利交通,所需經費已由同人分别捐助。關於外賓拆墻讓路等事,亦已接洽妥協,定於本月内興工,一切工程,公推吴公熙忠董理。擬請我公俯賜飭知北戴河海濱警察局長袁澤鳳,飭警妥爲彈壓保護,俾速其成,則不勝感激之至。專此,敬頌勛祺。發起人朱啟鈐、周學熙、王克敏、施肇曾、周自齊、曹汝霖、梁士詒、段芝貴、許世英、雍濤、張弧、任鳳苞、蘇守愚、吴熙忠同啟。(劉宗漢舊藏抽印本)

按:周學熙(1866—1947),曾任財政總長。王克敏(1876—1945),曾任財政總長。施肇曾(1867—1945),曾任交通銀行董事長。周自齊(1869—1923),曾任財政總長兼鹽務署督辦。曹汝霖(1877—1966),曾任交通總長兼財政總長。梁士詒(1869—1933),曾任總統府秘書長。段芝貴(1869—1925),曾任陸軍總長。許世英(1873—1964),曾任内務總長、交通總長。雍濤(1875—1948),企業家。張弧(1875—1938),曾任財政次長。任鳳苞(1876—1953),曾任交通銀行協理。蘇守愚，不詳。吴熙忠(1882—1966)，企業家。九月五日楊以德回復此函。

九月四日，徐世昌當選民國大總統。(《中華民國史.大事記》)

九月五日，直隸警務處長楊以德函復先生等人，已飭令北戴河海濱警察局長袁澤鳳，對北戴河海濱公益會組織修築馬路工程加以保護。

《直隸警務處長楊以德復函》：敬肅者：接讀大函，敬悉諸公在北戴河組織公益會，辦理地方公益事宜，現擬修築馬路，屬令飭警彈壓保護等因，業經飭令該處袁局長遵照辦理。查北戴河地方日見發達，一切交通衛生事項，以德久擬提倡興辦，衹以力有未逮，不克如願。兹蒙諸公大力提倡，俾地方蒙福，曷勝佩仰。如能即此成立華董事會，以提倡地方自治，於國土主權關係極鉅，諸公熱心愛國，諒早鑒及。至會中章程，想必組織完備，務祈檢賜一份，以備參考。專肅，敬候勛安，並候諸公均祺。民國七年九月五日，楊以德謹肅。(劉宗漢舊藏抽印本)

九月(十四日前)，南北方開始電商解決和議問題。

大隱居士手摘《政聞紀要》九月十三日：聞南北解決問題已開始電商。據政界某外人云：南北之時局解决問題，連日雙方確已開始電商，其電報多由蘇督、鄂督轉來，東海方面，接獲者尤多。東海已電邀在野各要人，如梁任公、張季直、熊秉三諸人來京，各抒意見，以便采擇云。九月十五日：吴佩孚報告，和議進行，南軍已退至零陵城下。(《近代史資料專刊：一九一九年南北議和資料》)

九月二十五日，大總統徐世昌宴請先生與曹汝霖、錢能訓、陸宗輿、吴笈蓀晚飯於寓齋，飯後久談。

《徐世昌日記》：會中外客至晚。朱桂辛、曹潤田、錢幹臣、陸閏生、吴士緗在此晚飯，飯後久談。

九月二十八日，下午，參議院第七次議事，先生以一百零四票當選爲交通股常任委員。

《議事録·第七次議事録》：中華民國七年九月二十八日下午一時開議。主席宣告出席議員已足法定人數，命秘書長報告上次選舉各股常任委員結果。附各股常任委員當選人及其票數如左：交通股常任委員七人：朱啟鈐，一百零四票；任鳳賓，一百零二票；蔡儒楷，一百零一票；王世澂，一百票；沈國均，九十七票；劉冕執，九十三票；韋榮熙，九十一票。(《參議院公報》第一期第二册)

九月，啟動北戴河海濱修路工程。

《北戴河海濱公益會報告書》：草創伊始，百端待舉，而道路崎嶇，游海濱者咸感不便，入手之始，以修馬路爲第一步。啟鈐既創議，不得不勉爲其難。當時情事大類苦行頭陀沿門托鉢，同人不以爲愚，慨然助之。爰勘路綫，稽工料，九月興始工作。(《蠖園文存》卷上)

十月四日，上午，參議院召開常任委員會，交通委員會用無記名投票法選舉委員長及理事，到會委員五人，先生以四票當選爲交通委員長。(《參議院公報》第一期第二册議事録)

按：交通委員會到會委員：蔡儒楷、劉冕執、沈國均、任鳳賓、章榮熙。

十月九日，葉恭綽被免去交通次長及郵政總局局長職務。(《葉遐庵先生年譜》)

十月(十一日前)，南方軍政府派定胡漢民等爲出席南北和會代表。

十月十日《岑春煊致熊希齡陳報南方已派定胡漢民等爲出席南北和會代表電》：代表事爲陝、閩問題，横生枝節。迭經苦心斡旋，現已派定章士釗、胡漢民、李曰垓、曾彦、郭椿森、劉光烈、王伯群、彭允彝、饒鳴鑾、李述膺諸君爲代表，並已通告北方。(《中華民國史檔案資料彙編》第三輯政治分册《重大歷史事件和問題・南北議和》)

原注：熊希齡檔案。

十月十日，徐世昌就任大總統。國務總理段祺瑞去職，錢能訓暫行代理國務總理。(《辛亥以後十七年職官年表》)

十月十三日，受代理國務總理錢能訓委托，許寶蘅赴天津説先生。

《許寶蘅日記》九月初八日(10月12日)：四時到幹丈宅，命余赴津説朱桂老。初九日(10月13日)：十一時半到老龍頭下車，逕至桂老寓，述幹丈意，談甚暢。初十日(10月14日)：十時赴東海府，一時到部，三時到幹丈宅報告桂老意。

按：幹丈，代理國務總理錢能訓；東海，大總統徐世昌。十二月，國務院任命先生爲南北和談北方總代表，許氏赴津，當爲請先生出任總代表事。

十月中旬，梁士詒、周自齊、朱啟鈐等人在天津發起組織和平促進會。（《申報》民國七年十月二十五日）

《國内和平呼聲的高漲與和平期成會等團體的出現》：十月中旬，曾因副總統選舉問題，梁士詒的舊交通系與安福系決裂，舊交通系和研究系以及一部分無所屬議員百餘人，爲了反對段祺瑞的主戰政策，謀求與南方議和，抵制安福國會選舉曹錕爲副總統，離京到了天津。梁士詒、周自齊、朱啟鈐等在天津發起組織了和平促進會，準備邀請梁啟超、熊希齡、張謇、蔡元培、王寵惠等一些南北名流參加，以促進和平的實現。擬議研究的問題有：一、以怎樣的形式謀求雙方之妥協，或開全國國民會議，或開南北代表會議；二、會議地點以何處爲宜；三、會議召開之後，將協議哪些問題，一俟議決後，即向南北兩政府提出建議。（《中華民國史》第三卷第六章第一節）

十月二十一日，下午，訪大總統徐世昌。

《徐世昌日記》：飯後小憩，閱公牘，見中外屬僚，幹臣、桂辛來久談。

十月二十三日，熊希齡、蔡元培、張謇等人發起組織平和期成會。（《申報》民國七年十月二十六日）

《國内和平呼聲的高漲與和平期成會等團體的出現》：和天津和平促進會成立的同時，北京一些名人也紛紛起來探討和平問題。僅十月二十二日這一天，就有三處和平討論會，即蔡元培和全國商會聯合會會長兼直隸省議會會長邊守靖等，在民國大學開會"討論和平之預備"；谷鍾秀、文群等在江西會館"討論和平之進行"；由一些滿蒙要人組成的五族聯合會在雍和宫討論"和平解决之方法"。梁士詒、朱啟鈐和周自齊都是舊交通系的領袖,梁、朱又是安福國會參議院正副議長,由他們出頭露面發起並領導和平運動,和平有被政派利用之嫌疑。而當時人們憎惡政黨政派,舊交通系在社會上的聲名又不好,因而不願同它攪在一起,輿論也"不贊成一派一系之運動,希望在野者共舉以圖其成"。於是,十月二十三日,由熊希齡、蔡元培、張謇等人發起組織了"平和期成會"。梁士詒此時也恍然大悟,意識到自己居於議長地位,不便出面宣導,便贊成用和平期成會名稱,將和平促進會取消。舊交通系以個人資格加入和平期成會(僅周自齊、汪有齡等數人加入),梁士詒和朱啟鈐均未參加。十一月三日,和平期成會在北京虎坊橋湖廣會館開成立會。熊希齡當選爲會長,蔡元培爲副會長。(《中華民國史》第三卷第六章第一節)

按:在各種文獻中,或云平和期成會,或云和平期成會。本譜叙述文字中,統一爲平和期成會;引用文獻時,保留原貌,不作修改。

十月二十五日,任公府高等顧問。

葉祖孚《關於朱啟鈐的文物賬册》:民國七年任公府高等顧問任命狀,一紙。徐總統任内,十月廿五日。(《蠖公紀事》)

十一月二日,軍政府主席總裁岑春煊電復江蘇督軍李純,表示同意"迅開和平會議",請"當機立斷"。(《中華民國史.大事記》)

十一月七日,下午,自天津至京訪大總統徐世昌,久

談。(《徐世昌日記》)

十一月十二日,北京國務會議討論時局問題,議決開南北和平會議。(《中華民國史.大事記》)

十一月十七日,熊希齡、蔡元培致電廣州軍政府政務總裁岑春煊,轉達北京政府意見,欲委托江蘇督軍李純居中協調南北議和。

《南北議和北方當局仍欲委托李純居中辦理熊希齡蔡元培來電》:廣州軍政府岑雲階先生鑒:此係據東海意勸南軍亦表示退兵,俾開和平端緒。敝會要求開南北代表會議,當局雖允辦,但非必不得已不願實行,且仍欲委托李秀山辦理,不欲遽另派代表。請由尊處徑向李督商榷,主張進行。謹再密陳。熊希齡、蔡元培叩。篠。(《岑春煊集》陸《宜召開和會以促南北議和致熊希齡函》附)

十一月二十八日岑春煊《復北京熊秉三蔡孑民兩先生請其力促東海省悟電》:篠電有奉。此間一致贊成開和平會議解决一切,而無其他苛求者,實因歐洲之和平會議行將開幕,我國亟應商派代表前往列席。若南北之和平會議不開,則北方所派之代表,南方當然一致反對,列强未必不藉爲口實而不予承認,國際地位從此失去。爲救國計,是以此間前次意見雖有出入,經疏通後即表贊同。詎知煊方苦心斡旋,冀挽危局,而東海重對等之形式,輕國家之存亡,欲於避去對等形式之外,謀巧取和平之方。要知不顧公理,决難辦到,徒見其心勞日絀,横生枝節耳,近且有援陝援閩之事實表現。煊爲大局前途至深憂慮,務請我公於接得此間贊成蒸電辦法後,仍痛言利害,鼎立主持,促其省悟,挽此浩劫,

是所至禱。(《岑春煊集》陸)

十一月二十二日,岑春煊致電錢能訓,希望速開和平會議。

《希速開和平會議解決一切致錢能訓電》(民國七年十一月二十二日):十九日電敬悉,此間頃已通令前方各軍隊一律恪守原防,静待後命矣。時至於今,非平和不足以挽危局,我公與東海誠有以和平收拾時局之意,應速贊成開平和會議,由雙方選派代表解決一切,則人民幸甚,大局幸甚。岑春煊。養。[《關於表面謀和之要電·岑西林復錢能訓電》,《民國日報》(上海)1918 年 11 月 30 日](《岑春煊集》陸)

十一月二十六日,李純致電岑春煊,通告北京政府擬定會議方案:會議名稱爲"善後會議",三星期後在南京召開,各自派代表十人。

十一月二十六日《李純致岑春煊電》:當經轉呈中央,並擬定善後會議名目,議雙方各派代表十人,解決法律事實。兹接國務院電,均准照辦,並擬指定南京爲會議地點。是諸公所希望而指示者,幸不辱命。現擬由純通電宣布,即日組會議,雙方均于三星期到寧,公同解决各問題。除法律應完全由會議解決外,其關乎事實有緊要迫切,或簡單易於解決者,則雙方直接洽商,隨時解決,以赴時機。雙方代表,以資望素著,經驗素深,或有法學知識,或熟悉各方面情形而向無成見者爲合。以上各節,中央均已同意,用特電達。如公等贊同,即祈飛速電復,以便宣布。(《李廷玉所存電稿》42)

十一月二十七日,下午,參議院第十六次會議通過先生請辭參議院議長及參議院議員決議。同日，參議院秘書廳函告先生決議結果。

《速記録·第十六次會議》（節録）：中華民國七年十一月二十七日下午一時振鈴開會。

九十四號（翟文選）：朱副議長自當選後即未到院出席。查院法第七條"議員於開會後滿一個月尚未到院者應解其職。但有不得已故障報告到院時，得以院議展期至兩個月爲限"云云。現朱副議長自當選後，既未到院出席，亦未請假聲明故障，應如何辦理之處，本席主張變更議事日程，請大眾討論。

主席：朱副議長於不出席時間中，亦有請假者，且業已來函辭職。

九十號（蔡國忱）：請問議長，朱副議長請假由何人許可？查議院法第十一條"議員請假期間在七日以内者，得由議長許可；七日以上者，須付院議決之"云云。朱副議長缺席多日，議長何以不提付院議？

主席：朱副議長係請短假，有一日者，亦有兩日者。

九十號（蔡國忱）：查議院法第十一條後半規定有"但連續請假數次合算在七日以上者，仍須提付院議"等語，是請假雖係短期，如連續在七日以上，即應提付院議表決。

主席：朱副議長並未連續請七日以上之假。

九十號（蔡國忱）：朱副議長自當選後，即未出席，連續請假豈能不在七日以上？譬如，此次請假一日，下次請假三日，再下次請假五日，合計已過七日。依議院法第十一條後半之規定，即應提付院議。現既並未提付院議，試問朱副議長之假究爲何人所許可？如謂爲議長所許可，則連續請假在七日以上，議長實無許可之權也。

主席：朱副議長有時請假、有時缺席，並未連續請假在七日以上，故無從提付院議。

一百六十四號（胡鈞）：適間議長既云朱副議長曾經來函辭職，即請議長將朱副議長辭職書提出表决可也。

十三號（唐理淮）：議長之聲明殊屬錯誤。須知議院法規定請假之限制，是爲全體議員，不能因朱副議長一人而爲委曲之解釋。朱副議長既連續請假在七日以上，依議院法第十一條之規定，即應提付院議。

主席：朱副議長係間日請假，例如，於一日請假一日，於四日、五日又請假兩日，並未連續請假至七日以上。

十三號（唐理淮）：議員請假如無限制，則於將來會議甚有妨礙。

六十二號（蔣棻）：朱副議長請假之事，現可置而勿論，即請議長將朱副議長辭職書提付院議可也。

主席：朱副議長辭職書，現由秘書長朗讀。

秘書長（梁鴻志）：朗讀朱副議長辭職書畢。

主席：適間胡議員提議將朱副議長辭職書提出表决，應先變更議事日程，諸君對於變更議事日程之提議有無附議者？

附議者在三人以上。

主席：現付表决，贊成變更議事日程者請舉手。

眾舉手。

主席：多數。按照議院法第十二條之規定“議員辭職之許否，須付院議決之”，朱副議長辭職之事，係分兩層：一層是辭副議長之職，一層是辭議員之職。究應分別表決，抑合併表決？

七十七號（秦望瀾）：請合併表決可也。

四十號（何焱森）：本席主張分別表决。

六十二號（蔣棻）：既是兩事，應請分別表決。

主席：現既有人主張合併表決，亦有人主張分別表決，應先將此兩種主張付一表決，贊成朱啟鈐君辭職事件合併表決者請舉手。

衆舉手。

主席：少數。現分別付表決，贊成朱啟鈐君辭副議長之職者請舉手。

衆舉手。

主席：多數。贊成朱啟鈐君辭議員之職者請舉手。

一百四十四號（周秀文）：此次表決請用起立方法，以昭鄭重。

主席：現以起立方法付表決，贊成朱啟鈐君辭議員之職者請起立。

衆起立。

主席：多數。

（《參議院公報》第一期第四册）

參議院秘書廳《致朱副議長通知院議可決辭職函》：敬啟者：接准來函“辭去參議院議員及副議長一席”等語，業於十一月二十七日大會報告，當經院議可决。除咨國務院依法另補外，相應通知，希即查照是荷。此致朱桂莘先生。參

議院秘書廳啟。十一月二十七日。(《參議院公報》第一期第五册公函)

《咨國務院本院議員龔心湛朱啟鈐等業經辭職請行知内務部轉行各該原選監督依法遞補文》:據中央第二部議員朱啟鈐來函辭去參議院議員等因到院,於同日報告,亦經院議可决。除具函通知各本人外,相應依照議院法第十三條之規定,一併咨請貴院查照行知内務部,分别轉行各該省區原選監督依法遞補,至爲企盼。此咨國務院。中華民國七年十二月二日。(《參議院公報》第一期第四册《公文》)

按:據《參議院公報》第一期第五册《公函》,十二月十三日參議院議長梁士詒提交辭職書,二十一日參議院提付表决,經院議許可。

十二月七日,下午,大總統徐世昌召集先生與錢能訓、曹汝霖開會,談良久。(《徐世昌日記》)

十二月(十一日前),北京政府接受南方督軍意見,同意將南北善後會議加"和平"二字,堅持會議地點仍定在南京。

十二月十日《李廷玉致吴佩孚電》:此次會議,中央已允加"和平"二字,惟地點因國體關係,不願托外人宇下,故决在南京。且辛亥在滬會議,暴烈分子,手槍炸彈,施行强迫,不容正人君子發言。此次亦不宜蹈前覆轍。况陰謀之徒,力願南方堅持,和議停廢,以快其心。(《李廷玉所存電稿》61)

按:李廷玉,江蘇督軍李純幕僚。《中華民國史.大事記》十二月三十日:"李純在南京設立和平會議辦事處,委李廷玉爲主任。"

十二月十一日，北京國務會議議決特派先生爲南北議和北方總代表，吴鼎昌、王克敏、施愚、方樞、汪有齡、劉恩格、李國珍、江紹杰、徐佛蘇爲代表。(《中華民國史.大事記》)

同日，代理國務總理錢能訓致電軍政府七總裁，告知北方委派議和總代表及代表名單。

《李純致錢能訓電》(1918年12月11日到)：佳兩電敬悉。代表首席，擬定朱君，至爲忭慰。遵已與彼方接洽，並分電西林、武鳴及各要人，請西林擔任領袖。俟得復再聞。(《南北議和文獻》15)

按：佳電，九日電。

十二月十一日《錢能訓致廣州七總裁真電》：兹經派定朱啟鈐君爲總代表，吴鼎昌、王克敏、施愚、方樞、汪有齡、劉恩格、李國珍、江紹杰、徐佛蘇諸君爲代表，並迅速籌備一切，以便早日開議。尊處代表各員，當以派定，務希從速電示，俾便接洽。(《議和文獻輯存》4)

原注：原載北京《政府公報》1918年12月13日第1034號。

一九一九年四月十七日《北京國會議員王郅隆等致朱啟鈐電》：況執事係受國務院委任，其權限不能出乎行政範圍。(《議和文獻輯存》32)

《北京政府代表名單》：

朱啟鈐　桂莘

吴鼎昌　達詮　後門外雨兒胡同安福系

王克敏　叔魯　石老娘胡同直系

施　愚　鶴初　象來街路北金宅直系李純

方　樞　立之　後孫公園安福系

汪有齡　子健　大醬房胡同安福系

劉恩格　鯉門　西單横二條路東安福系、奉系

李國珍　叔遠　順治門大街研究系

江紹杰　漢三　教場四條路西安福系

徐佛蘇　　　　絨綫胡同研究系（《南北議和文獻》21）

原注：各代表派系係據葉恭綽所談加注。

按：據葉恭綽《一九一九年南北和議之經過及其内幕》，北方代表團成員另有秘書：周詒春、賈士毅。

十二月十七日，南方軍政府政務會議推定唐紹儀爲南方議和總代表。（《中華民國史．大事記》）北京"平和期成會"熊希齡、蔡元培致函先生，陝閩剿匪安民，爲大局善後要政，而劃界停戰則爲目前待决之亟務，懇請毅力主持，勿令陝、閩糾紛影響和局。

《熊蔡對於閩陝問題之主張》過録《熊希齡蔡元培致朱啟鈐信》：陝閩問題，内容複雜，而陝尤特甚。昨國務院電復南中，認陝閩爲剿匪區域，在當局雖自具苦心，而内容問題，實非如是單簡。陝亂經年，兵匪糅雜，人民疾苦，地方糜爛，誠如院電所云。惟查該靖國軍本部曾經南方承認，其總副司令于右任、張鈁曾受南方任命，現既南北停戰而獨對陝閩用兵，則南方所争，似亦不能全置之不顧。閩事糾紛，稍遜於陝，然協商解决，要亦宜速。伏念中國今日，處不得不和之勢，有外人干涉之危，無論南北均宜覺悟大勢，先决根本。會議早開一日，則危機減少一分，對局部問題，總宜捨棄成

見，顧全大局。敝會斟酌各方情形，以爲剿匪安民，爲大局善後要政，而畫界停戰，則日前待決之亟務。擬懇我公毅力主持，商請政府暫令停戰，一面電商南中，會同派員至兩省監視畫界，暫維現狀。其靖國軍區域中之土匪，即責成該總司令負責剿辦，静候解決。如是既便大局和議之進行，且無礙地方善後之計畫。爲大局計，似莫逾此。（民國七年十二月二十二日《申報》）

十二月十五日岑春煊《復南京李秀山督軍邇患足疾不克赴寧已公推少川先生任總代表希望解決陝西問題電》：現已公推少川先生任總代表，已復各方同意，不日即正式通告。（《岑春煊文集》）

十二月十八日，由京津商學各界發起組織的全國和平聯合會在北京京師總商會召開成立大會，蔡元培任主席。（1918年12月25日《民國日報》）

十二月二十日，錢能訓任國務總理。（《辛亥以後十七年職官年表》）

十二月（二十二日前），南方軍政府擬定和談代表。

十二月三十日《李純致國務院電》：頃岑西林養電稱："元電奉悉。北方已派朱君啟鈐等爲代表，甚慰。此間已推定唐君紹儀爲總代表，其他代表均已分别推定；俟得陸、唐諸公同意，即奉聞。（《李廷玉所存電稿》70）

按：養電，二十二日電。南方軍政府擬定代表當不晚於二十二日。

十二月二十一日，徐世昌於總統府設財政委員會，周自齊任委員長，張弧爲事務主任，梁士詒、汪大燮、陸宗輿、曹汝霖、李士偉、朱啟鈐、陳振先、吴鼎昌、張志潭、王克敏、徐恩元、張壽齡、葉恭綽等爲委員。梁士詒獲准辭去參議院議長及議員職務。(《中華民國史.大事記》)同日,訪大總統徐世昌。(《徐世昌日記》)

十二月(二十四日前),餞别葉恭綽。

葉恭綽《一九一九年南北和議之經過及其内幕》:書至此忽憶及一事。當一九一八年冬朱桂辛先生將南下時,我亦將有巴黎之行。餞席上,朱先生囑余書箑扇以志離别,余大書明人詩云:"南山與秋色,氣勢兩相峙。閑者解其紛,君今已閑未。"蓋預料此行之無結果也。(《文史資料選輯》第二十六輯)

《中華民國史.大事記》十一月二十八日:徐世昌令准交通總長曹汝霖派前次長葉恭綽前往歐洲考察各國交通。十二月六日再派王景春、韓汝甲隨葉同行。

《葉遐庵先生年譜》:冬遊歐美。巴黎和會開幕,先生以部派赴歐,協助我國出席和會各代表,並調查歐戰後各國復興各設施。先生約王景春、韓汝甲二君同行赴歐,並約陳介、劉鐵誠二君赴日本,其行程則擬經日本、美國至歐。十二月廿三日由北京起程。

按:先生二十九日離京赴寧,餞别葉氏當在十二月(二十四日前)。

十二月二十三日,下午,大總統徐世昌與先生和錢能訓談良久。晚,宴請安福俱樂部成員代表。

《徐世昌日記》:(下午)善後討論委員會開辦,到會。又與幹臣、桂辛談良久。

《新民通信第三百五十號》(1918 年 12 月 26 日晚刊布 27 日稿)之《各代表連日在京之行動》:新民通信社消息云:朱總代表偕同各代表,連日在中央公園招宴各政團。二十三日晚所請者爲安福俱樂部之王揖唐、田應璜、王印川、梁鴻志、曾毓雋五氏。(《南北議和文獻》22)

《南北議和文獻》21《朱啟鈐等招待北京各團體代表名單》原注:朱啟鈐等北京政府代表十人在出席和會之前,於一九一八年十二月二十三日至二十五日在北京招待北京各團體代表。出席名單,均由各團體提出。在各團體提出名單時,均有致朱啟鈐信一通,說明送上名單,無他內容,從略。

十二月二十四日,中午,宴請豐盛胡同七號俱樂部成員代表。晚上,宴請憲法研究會成員代表。

《新民通信第三百五十號》(1918 年 12 月 26 日晚刊布 27 日稿)之《各代表連日在京之行動》:二十四日午宴所請者爲七號俱樂部之梁士詒、周自齊、畢桂芳、杜特、吴鈁、陳邦燮五氏。二十四日晚宴所請者爲研究會之梁善濟、林長民、黄群、王家襄、籍忠寅等五氏。(《南北議和文獻》22)

十二月二十五日,中午,宴請討論會成員代表。晚上,宴請和平統一會、和平期成聯合會及五族和平會成員代表。

《新民通信第三百五十號》(1918 年 12 月 26 日晚刊布 27 日稿)之《各代表連日在京之行動》:二十五日午宴所請者爲討論會之孫潤宇、袁榮叟、王毅、魏斯炅、林韻宫、蔡國忱、蘇毓芳、蘇藝林、趙炳麟、譚雨三、陸宗輿等十一氏。二十五日晚宴所請者爲和平統一會之張貞午、王采臣、程仲漁、趙竹垣、蔣枚生、曲理齋等，和平期成會之熊希齡、蔡元培、谷鍾秀、丁世嶧、莊蘊寬、張一麐等及五族和平會之吕超伯、陳小莊、高登鑪、吕習恒、張敬輿等。(《南北議和文獻》22)

十二月二十六日，下午二時，在中央公園招待中外新聞記者及特派員，發表演説，希望輿論界發揮偉論，以詔同人。同日，國民經濟協進會致函，推薦其出席北方代表招待各團體代表名單。

《新民通信第三百五十號》(1918年12月26日晚刊布27日稿)之《各代表連日在京之行動》：昨日(26日)午後二時至三時，招待中外新聞記者，到者約六七十人。先由朱總代表致詞，大意謂："年來國内俶擾，於統一國家之下，乃有雙方對峙之現象，此誠國家之大不幸。政府内審國民之心理，外鑒世界之趨潮，毅然奮斷，下令停戰，委任啟鈐等爲政府代表，開和平善後之會議，以蘄和平而謀統一。顧政府派遣代表已及兼旬，而西南派人消息仍復沉寂無聞。且雙方原議，舉凡一切糾紛，悉納諸會議範圍中，平允解決。乃西南於會議之前，發生種種先決問題，致和平稍生障礙。啟鈐等體政府息事寧人之意，初不因是波折，稍爲存遲回觀望之心。刻同人等決定本月二十九日束裝南下，在寧静候。蓋所以昭示中央愛重和平之誠意，兼以促西南之反省也。惟是啟鈐等自維庸陋，膺兹重任，撫躬循省，深懼勿勝。連日爲集思廣益起見，已約集各政團徵求多數之意見，以爲列席時談判之資料。本日特招待在京新聞記者諸君，辱承不棄，惠然肯來,曷勝榮幸。不過今日招邀,殊非尋常酬酢可比。同人等對於諸君最大之要求,即在主張正義,發揮健全之輿論,以爲代表同人之後盾,和平前途,庶或有濟。諸君子皆新聞界之名宿,而新聞又爲一國輿論之源泉,如蒙發揚偉論,以詔同人而寵其行,則尤同人等所禱祀求之者也。”次由《京報》邵振青君演説裁兵廢督之必要。次《北京日報》朱淇君演説,就邵意而加以引伸。次《新民報》烏澤聲君演説南北宜同時裁兵廢督。次《經世報》陳焕章、張一鶴兩君演説,代表此次出發,宜代表全國,代表民意。次路透社訪員伍恒君(A. E. Wearna)演説歐洲和會開始,亟望中國内部統一云云。至四點方散。(《南北議和文獻》22)

《朱啟鈐等招待北京各團體代表名單》之《國民經濟協進會函》:逕啟者:欣聞貴總代表諸公南下在即,企仰莫名。本會素抱提倡國民經濟之宗旨,顧以經濟事業之發展,胥視國内和平爲依歸。同人尊重和平,最爲切摯。滬粤方面均舉代表接洽,冀以贊助和局之早成。兹特公推本會主任幹事廖廉能、參議麥秩嚴、幹事卓宣謀、薛登道四君上謁台端,務希酌定日期,先行見示。以便届時趨教,接洽一切。此致議和總代表、代表。國民經濟協進會謹啟,十二月二十六日。(《南北議和文獻》21)

原注:此函實爲名單。據朱啟鈐復函,朱啟鈐等因於二十九日啟程,未接見國民經濟協進會代表。

十二月二十七日,北京政府召開善後討論會,討論善後事宜。(大隱居士手摘《政聞紀要》)中午,國務總理錢能訓在中海春藕齋爲先生等北京政府代表餞行。

《新民通信第三百五十一號》(1918 年 12 月 27 日晚刊 28 日稿)之《政府頒致各代表之方針》:新民通信社消息云:全體閣員昨日(27 日)正午十二時在中海春藕齋爲朱總代表及各代表餞行,並披露政見。主賓一十七人。首由錢總理代表閣員,起立演説政府方針。大意謂:“政府委任諸君爲代表,與西南代表會議。現當諸君臨行,願宣述政府意見:第一,西南數省因法律問題,内争經年。現值歐戰告終,正宜一致對外,發展國力,以盡其對於世界之義務。今大總統受任伊始,首先與西南開誠協商,繼復納西南之請,而有派遣代表會議之舉。政府所可告於諸君者無他,即爲國家進步計,不能不以和平統一爲必要者也。第二,關於法律問題。將來會議時應以多數輿論爲基礎,以國家爲前提,使真正法意歸於一致。第三,關於善後問題。將來會議時應就現狀妥籌收束,被兵省分,匪患兵亂,亟籌規復。善後經費,以必要爲限。改良計劃,以能行爲主。第四,關於民治問題。現今世界大勢,不容我故步自封。原望借此内争之結果,厲行民治,肇造新邦,鞏固國本,一新人心,是所至盼。云云。當由朱總代表致答詞。賓主盡歡而散。至下午二時方散。(《南北議和文獻》23)

十二月二十八日,上午,與北方代表拜謁大總統徐世昌。中午,徐世昌在懷仁堂筵宴代表。

《新民通信第三百五十二號》(1918 年 12 月 28 日晚刊 29 日稿)之《昨日公府之宴會》:新民通信社消息云:昨日正午總統在懷仁堂筵宴各代表,列席者十二人:朱啟鈐、錢能訓、吴鼎昌、王克敏、方樞、李國珍、汪有齡、劉恩格、江紹杰、徐佛蘇、吴笈蓀、郭則澐。閣員中僅錢總理列席，於閣議散後，偕同郭秘書長匆促赴宴。此外各部總長並未與宴，亦並未招請各政團人員。總統於席間隨意談話，並無正式演說。蓋前日國務員之招宴，重在發表意見；昨日之宴，重在爲各代表送行云。(《南北議和文獻》24)

《徐世昌日記》：派赴南京總代表、代表諸人來謁，會議並筵宴。午後散。

大隱居士手摘《政聞紀要》：元首在懷仁堂筵宴和議代表朱桂莘等，席間演説：第一，希望放出世界眼光，見其遠者大者。第二，希望解決法制，須合民情。第三，希望收束軍事，不存敷衍。第四，希望地方善後通力合作。第五，希望遇事勿過偏枯，勿存敷衍。(《近代史資料專刊：一九一九年南北議和資料》)

十二月二十九日，下午二時零五分，與北方代表王克敏、吴鼎昌、方樞、江紹杰、李國珍、徐佛蘇、劉恩格、汪有齡等人乘專車離京，總統徐世昌代表秘書長吴笈蓀、國務總理錢能訓、署財政總長曹汝霖等各界代表二百餘人前往車站送行；即日到達天津，徐樹錚在津爲先生等代表餞行。

《北京特别通信》之《代表出發時之盛況》：中華民國七年十二月二十九日下午二時零五分，北方政府派往南京準備與西南開和平善後會議之代表九人已出發矣。代表共計十人，施愚已先期南下，故此日出發者爲朱啟鈐、王克敏、吴鼎昌、方樞、江紹杰、李國珍、徐佛蘇、劉恩格、汪有齡等九人，最後至者爲王克敏。愚至車站時，送行者已極擁擠，吴笈蓀代表東海，閣員總次長亦皆來站歡送，此外，如梁士詒等之各派首領，莫不來會。爲之點綴者，則有荷槍之警察與紅衣高帽之軍樂隊。朱啟鈐氏與各要人一一握手，笑容可掬，在一部分送行者之感想，似時局重任都付與代表十人之兩肩，但不知彼代表心中之感想爲何如也。（民國八年一月一日《申報》）

《代表出發之續聞》：是日所乘之車輛，係由國務院傳諭路局特別預備之專車，計掛花車一輛、頭等車三輛、二三等車各一輛。閣員之送行者爲總理錢幹丞與曹潤田、朱博淵二氏，此外大官如姚震、吴鏡潭、于寶軒、江天鐸、曾毓雋、李思浩、梁士詒、張一麐、王家襄諸氏，使館方面則有日本使署參贊西田君及各部員、各議員等約二百餘人。（民國八年一月三日《申報》）

《許寶蘅日記》：十一月廿七日（12 月 29 日），午後鐵庵來，同到車站送朱桂辛代表南下。

按：鐵庵，譚啟緒，審計院醫生。

《北代表抵寧後之京訊》：北方議和代表朱桂莘等自京出發之後，即日抵津。徐樹錚適在天津，爲之祖餞，談笑甚歡。據某代表云，小徐在席並無何等表示。（民國八年一月八日《申報》）

同日，薩福楙電告先生，據香港來電，南方代表名單已全部發表。

《薩福楙致朱啟鈐電》（1918 年 12 月 29 日發，30 日到）：天津京奉路局鄭副局長：丙密。轉朱桂老鈞鑒：西南代表，除香山總代表早定外，據昨晚香港來電，已全部發表。

孫文代表胡漢民、岑春煊代表章行嚴、湖南彭允彝、四川秦廣禮、雲南唐繼虞、貴州王百群、廣東郭松年、陝西李述膺、廣西崔湷、海軍饒子和,共十人。謹電聞。福楙、永銘。豔。(《南北議和文獻》25)

按:永銘,當爲錢永銘。

十二月三十一日,夜,與北京政府代表離開天津赴南京。

《北京特别通信》之《北代表之公府餞别會》:三十一日夜十二時,由津以專車赴寧。(民國八年一月一日《申報》)

《北代表抵寧後之京訊》:三十一日晚九時半,自津搭乘專車南下。(民國八年一月八日《申報》)

十二月二十八日《李純致岑春煊等電》:接國務院電,中央總代表朱桂莘君暨代表諸君,已定於本月卅一日來寧,特此布聞。(《李廷玉所存電稿》68)

十二月下旬,岑春煊擬定南方軍政府和議條件。

十二月三十一日林森鈔録《岑春煊所擬和議條件》:恢復舊國會;補充西南軍餉軍實;中央、地方分權,劃分軍區,軍民分治,實行地方自治。

(一)繼續民國六年之憲法會議。(二)舊國會及北京國會同時閉會,俟憲法公布後改選。(三)由憲法會議以過半數之議决,修改兩院議員選舉法。憲法公布後,依此改選。此項選舉法將來修改由國會行之。(四)憲法會議開會日期及地點,由平和會議定之。平和會議爲倡成憲法起見,並將議定一期限未成或憲法會議始終未能開會時將再開會另議救濟方法。(五)平和會議簽字之日,以平和會議名義宣言,承認徐世昌爲中華民國第二屆大總統。(六)設弼政院於北京,監督施行平和條件,其組織由平和會議定之,弼政院人員由平和會議選出之。第一次統一内閣閣員之任命,須經該院同意。(七)平和會議已經議决之軍事、財政各案,應即照行。(八)陝、湘兩省督軍,另易他員接任。(九)西南用人問題,按照廣州軍政府及各該省當局之意見處理之。(十)所有不洽輿論之對外各種密約,由統一政府擔任交涉取銷。(十一)地方制度由平和會議議定督行辦法施行之。(十二)爲發展西南交通,南代表新提出西南鐵路應議决施行。(《天津市歷史博物館館藏北洋軍閥史料》吴景濂卷五民國七年十二月三十一日林森致吴景濂書札附件)

是年,親往杭州,尋定瞿鴻禨墓地。

《蠖園年表》:且侍姨母傅太夫人至杭州經營葬地。(《紫江朱氏家乘》卷三)

朱啟鈐《姨母瞿傅太夫人行述》:是年,禀太夫人之命,追體文慎遺志,卜葬西湖。啟鈐親往相度,爰得宋時功德院永福寺前地一區,處靈隱西偏石筍峰之下。(《蠖園文存》卷下)

按:四月底,先生曾經赴上海吊唁瞿鴻禨。未知尋定墓地是否與其同時,姑存此。

是年,爲北戴河海濱公益會首捐大洋一千元。

才樹驤《朱啟鈐在北戴河的建樹》:查一九一八年至一九二〇年在朱公首捐大洋一〇〇〇後,周學熙、李士鑑、雍劍秋、張叔誠、段芝貴、梁士詒、施肇曾、任鳳苞、王克敏、徐世章、王郅隆、吴鼎昌、劉君垣、李恩浩、徐樹錚、陳義安、闞向午等五十一人和啟新公司捐洋灰折款及公園臨時售品助

捐,共得洋四〇三〇五元有奇。(《蠖公紀事》)

是年,親自勘定北戴河路綫,開始修築道路。(才樹驤《朱啟鈐在北戴河的建樹》)

是年,北戴河别墅建成,先生命名爲“蠡天小築”。

楊炳田《朱家墳始末》:到一九一八年建成(即現在的西一路五十五號原公園路八號),共用款六〇九七元。别墅修成後,朱便把劉莊白克納的房子用原價賣給了雍濤(即雍劍秋,公益會成員,軍火商),從此便搬來西山居住。(《蠖公紀事》)

劉宗漢《朱啟鈐與公益會開發北戴河海濱拾補》:但劉莊地處石嶺會的附近,不便久居。所以不久朱先生便由張叔誠先生手中在聯峰山買下一塊地皮(用資 1359 元),自己設計建造了一座别墅。至一九一八年這座别墅建成,朱先生名之爲“蠡天小築”,取戰國時范蠡脱離政治隱於商賈之義。朱先生在修建“蠡天小築”的同時,在“蠡天小築”之西附近處給段芝貴修建了一座别墅。(《蠖公紀事》)

本年,瞿鴻禨卒。

中華民國八年己未　一九一九年　四十八歲

本年,徐世昌在大總統任。(《辛亥以後十七年職官年表》)

是年,居於天津英租界。(劉宗漢《有關朱啟鈐先生史料的幾點補正》)在中興煤礦公司董事長兼總經理任,兼任南北和平會議北方總代表。

一月一日,夜,途經蚌埠,安徽督軍倪嗣冲親赴車站迎送，並晤談甚久。

《北代表抵寧後之京訊》：本月一日晚十時過蚌埠，倪嗣冲親赴車站迎送，與各代表密談五小時之久，倪即席表示意見：第一，希望速復和平統一；第二，全國軍隊應無分南北，迅速規復民國四年或五年舊額，以救財政上之危急。（民國八年一月八日《申報》）

《專電·南京電》（四日下午十鐘）：頃晤朱總代表，言：過蚌與倪談數小時，倪對裁兵希望恢復四、五年舊狀，以悟於武力最後解決説難實行。前敵軍隊宜速撤，未撤前防他變，爲和平障礙。安武軍派出者，二月内均可撤回，將先收束輜重等隊。（民國八年一月五日《申報》）

《北代表抵寧紀聞》：旋接蚌埠車站來電，始知各代表在蚌耽擱四小時，倪督親送上車，談話甚久，又遲延二小時。（民國八年一月三日《申報》）

按：倪嗣冲時任安徽督軍。

一月二日，上午十時半，與北方代表一同到達南京。下午一時，江蘇督軍李純設宴歡迎先生等北方代表。下午五時，先生等代表至省署答拜。晚，江蘇督軍李純、江蘇省省長齊耀琳爲先生等代表設宴洗塵。

《北代表抵寧紀聞》：今晨（二日）五時始由蚌開車。直至十時半車始抵站，齊鎮守使率領全體軍官上車晉見，政界各機關長官亦按次晉見，最後省議會、和平期成會、商學界代表聯袂晉見，均未接談，行一鞠躬禮即下車。至十一時，齊鎮守使陪送各代表過江，並派軍艦一艘護送。李督、齊省長均親自到江口官渡輪船碼頭迎接，輪靠碼頭時，李督、齊省長即登輪,偕朱總代表上岸,同乘汽車入城。聞代表中,只朱總代表帶有女眷,故獨住湖北會館,佈置頗爲華麗。(民國八年一月三日《申報》)

《南京快信》:昨日(二日)下午一時,李督在署設宴歡迎北代表朱啟鈐等,軍界少校以上、政界各機關長官均陪席。下午五時,各代表至省署答拜。(民國八年一月四日《申報》)

《北代表抵寧後之京訊》:二日早十時抵南京,李督、齊省長親赴江干迎迓。是日晚,即在督署設宴洗塵。(民國八年一月八日《申報》)

一月四日,南方總代表唐紹儀致電先生,就奉軍許蘭洲、管金聚兩旅參加陝戰、蓄意破壞和局一事,痛加斥責;並請先生電告北京政府,明頒停戰命令,懲辦許、管,另將嗾使奉軍加入戰争之陝西督軍陳樹藩即日調離陝境,以遏亂源。下午二時,李純赴湖北會館回拜先生。晚,先生與平和期成會會長熊希齡等人會談於揚子江旅館,商量疏通唐紹儀之法。

一月五日先生致國務總理錢能訓電過録此電文:朱桂莘先生鑒:得三原急報,自奉軍管旅全體加入戰綫之後,戰事日趨劇烈,戰局日增擴大。夫陳樹藩與靖國軍,尚爲陝省内部之争。乃當和議將開之際,而奉命入陝之奉軍,竟敢不遵停止進攻之命,擅自開釁,破壞和局。似此所謂停戰劃界者,何由實行?竊謂爲解决陝局糾紛計,爲除去議和將來障礙計,除奉軍撤回原防,殊無辦法。即請執事電告北京政府,明頒停戰命令,飭凡於停戰令下後入陝之北軍全數撤退,以免横生枝節。並懲許、管抗令挑釁之罪。至陳樹藩嗾使奉軍加入戰争，尤爲造亂之首，亟應即日撤離陝境，以遏亂源。且更有不得已於言者，當此議和將始，而奉軍竟敢抗令挑釁，是即北政府威令完全不行之證。則將來雙方所議，縱有結果，北政府如何負責。若明文所議不能實行，則雙方會議，豈非多事。請將此議轉告北政府，並即日答復爲盼。紹儀。支。（《南北議和文獻》32）

《南京快信》：李督昨日下午二時親赴細柳巷湖北會館朱總代表寓所回拜。（民國八年一月五日《申報》）

《專電・南京電》（四日下午七鐘）：熊等今晚與朱啟鈐等會談於揚子江旅館，商疏通少川之法。（民國八年一月五日《申報》）

一月五日，復電南方總代表唐紹儀，敦促迅復李純勘日電廣州軍政府所擬五條辦法；致電國務總理錢能訓，鈔録一月四日唐紹儀來電及一月五日復電内容，並決定徑自電復，仍抱定李純所擬定辦法五條；電復各報，所有會議規則，應俟雙方協定再行布聞。

一月五日先生致國務總理錢能訓電過録此電文：上海唐總代表鑒：支電悉。陝事李督軍勘日電廣州軍政府所擬五條辦法，尚未得復。此係根本解決糾紛之策，即希尊處轉催迅復。政府自當本此五條通令辦理。特復。啟鈐。歌。（《南北議和文獻》32）

《朱啟鈐致錢能訓電》（1919 年 1 月 5 日）：北京集靈囿譯電處譯呈錢總理鑒：和密。得少川電文曰："朱桂莘先生鑒：得三原急報，自奉軍管旅全體加入戰綫之後，戰事日趨劇烈，戰局日增擴大。夫陳樹藩與靖國軍，尚爲陝省内部之争。乃當和議將開之際，而奉命入陝之奉軍，竟敢不遵停止進攻之命，擅自開釁，破壞和局。似此所謂停戰劃界者，何由實行？竊謂爲解决陝局糾紛計，爲除去議和將來障礙計，除奉軍撤回原防，殊無辦法。即請執事電告北京政府，明頒停戰命令，飭凡於停戰令下後入陝之北軍全數撤退，以免横生枝節。並懲許、管抗令挑釁之罪。至陳樹藩嗾使奉軍加入戰争，尤爲造亂之首，亟應即日撤離陝境，以遏亂源。且更有不得已於言者，當此議和將始，而奉軍竟敢抗令挑釁，是即北政府威令完全不行之證。則將來雙方所議，縱有結果，北政府如何負責？若明文所議不能實行，則雙方會議豈非多事？請將此議轉告北政府，並即日答復爲盼。紹儀。支。"等語。其措詞頗有盛氣淩人之概。弟决意不允照轉中央，徑自電復，仍抱定李督軍所擬定辦法五條，促其轉催軍政府答復辦理，以挫其鋒。文曰："(作者注：電文略。詳見一月五日先生復南方總代表唐紹儀電)"。等語。已與李督軍接洽，謹以奉聞。陝事進行實在情形若何，並盼密告。鈐。微。(《南北議和文獻》32)

原注：集靈囿譯電處，即善後辦事處。朱啟鈐"特存要件"中有《善後辦事處暫行辦法》。全文録下：一、本處設於集靈囿西花園。一、本處設主任二員，以府院秘書王杜、朱彭壽兼充。並酌派府院秘書廳人員分任撰擬、收發、繕録文電，至多以六員爲限，其翻譯電報，仍由府譯電處指定專員管理。一、本處電本有二：一"和密"，通用公開之電用之。一"梓密"，特别密商事件不便公開者用之。和密各電由譯電處專員密譯，梓密各電由譯電處送本處主任親譯。一、和

密電於呈閱後，隨時交善後討論會。梓密電應否抄交，由主任請示施行。一、總代表及各代表來電，請書明“集靈囿譯電處静呈”字樣。一、每日收到各電即時譯就，由主任分送總統、總理閱覈，面承意旨，酌擬復稿，呈定後，即時譯發。來電在夜間十一時後者，於次早提前分送。一、本處所收文電及覈復各函電，隨時密送府院秘書長閱覈，以資接洽。一、詳細函件隨時用快信寄寧，其各代表關係會議函件，亦請徑寄本處，較爲敏捷。一、本處人員應一律嚴守秘密，本處辦公室内不得接見賓客。（府院人員除秘書長隨時到處外，其餘非有公事接洽，亦不得訪談。）一、本處庶務，由公府庶務司派員經理。一、本處人員職務繁勞、酌給津貼，以資體卹。

《朱啟鈐復各報電》：三十電悉。此次代表會議，洵如尊電，關係國家至鉅，兩方真意亟當公諸國民，俾可共見。貴報主持正義，全國傾向，傳信釋疑，尤所幸賴。現中外各新聞記者來寧者已不乏人，李督軍關於記者招待設備尤爲周到。至旁聽一節，刻西南代表尚未派定，所有會議規則，應俟雙方協定再行布聞。特先奉復。朱啟鈐叩。（1919年1月5日《民國日報·公電》）

大隱居士手摘《政聞紀要》：議和朱總代表電稱，此次和平會議，擬准報界旁聽，使外間得明真相云云。蓋取公開形勢也。（《近代史資料專刊：一九一九年南北議和資料》）

按：《政聞紀要》與《朱啟鈐復各報電》内容不相一致。

一月七日，和平會議南北總代表開始直接商辦議和事宜。鄭洪年致電先生。

大隱居士手摘《政聞紀要》:蘇督李純電告政府,謂朱、唐兩總代表業已接晤,嗣後雙方商洽事件,請逕由朱、唐兩總代表直接商辦。(《近代史資料專刊:一九一九年南北議和資料》)

《鄭洪年致朱啟鈐電》(1919 年 1 月 7 日發,當日到):南京車站送細柳巷朱寓吴笈蓀兄。微密。桂老鈞鑒:前托薩、錢代達詳情,諒經鈞察。前日唐已急函粵速派代表。粵國會現正謀倒岑,進行甚猛,俟結束後,代表即可正式發表。前擬定之十員,當不至有大變更。唐對洪年密言,東海從來能容納者,僅我與桂莘、杏城三人。杏城多不肯直言,我此出實爲東海。彼等謂我犧牲國會,但武力無歸宿,國會何用,况孫派不稍予滿意,何能得永久和平?我惜不能與東海見面,若一見,則諸事易决。伯蘭(原注:孫洪伊,字伯蘭)言西南只有少川,如代表派不出,則請蓂賡、幹卿各代表參事數人,助唐開議,便可解决。聞唐與中山均暗中有此主張,請勿宣布。默察各方情形,除伯蘭外,均不重視國會,而重視廢督裁兵,似於外交確有把握,其争在滬開議者,此其真因。谷九峰(原注:谷鍾秀,字九峰)昨晤唐,唐袖示東文報,戲之曰:"汝來疏通我。"又曰:"代表推定,政學會人多數,聞彼等因此反對,是此事否?"約談二十分鐘,所問非所答。谷遂出。中山允開會時,盡舉所知以告,力助進行,囑先致意。唐及兩孫各派,對公均確表示滿意。餘容續陳。洪年。虞。(《南北議和文獻》34)

一月九日,致電參陸辦公處張志潭。廣州軍政府七總裁致電大總統徐世昌,通告南方代表爲章士釗、胡漢民、李曰垓、曾彦、郭椿森、劉光烈、王伯群、彭允彝、饒鳴鑾、李述膺。

《朱啟鈐致張志潭電》(1919 年 1 月 9 日):參陸辦公處張元伯(原注:張志潭,字元伯、遠伯)鑒:虞密。會議開時,關於軍隊收束問題,西南方面恐不能不有所提議。亟應請兄先將民國四年中央及各省所定兵額及餉數,民國五、六、七年中央及各省所增兵額及餉數,並附以統兵將領名姓與所駐省分及餉項之所出,分年分地列表。並由吴君達詮(原注:吴鼎昌,字達詮)晉京,與兄接洽迅速辦理,即由吴君將各種資料攜回討論,預爲準備。鈐。佳。(《南北議和文獻》36)

《廣州七總裁致徐世昌佳電》(1919 年 1 月 9 日):十萬火急。北京徐菊人先生鑒:兹派定唐紹儀君爲總代表,章士釗、胡漢民、李曰垓、曾彦、郭椿森、劉光烈、王伯群、彭允彝、饒鳴鑾、李述膺諸君爲代表,即日赴滬,聽候陝、閩、鄂西問題解决,即行開議。特此通告。岑春煊、伍廷芳、陸榮廷、唐繼堯、孫文、唐紹儀、林葆懌。佳。印。(《議和文獻輯存》15)

原注:原載北京《政府公報》1919 年 1 月 19 日第 1064 號。

《南代表名單》:唐紹儀(總代表)、章士釗(代表岑春煊,政學會)、胡漢民(代表孫中山,國民黨)、李曰垓(代表雲南唐繼堯,隨後改爲繆嘉壽)、曾彦(代表廣西陸榮廷,政學會)、郭椿森(代表廣西莫榮新,政學會)、劉光烈(代表四川)、王伯群(代表貴州)、李述膺(代表陜西,政學會)、彭允彝(代表湖南,政學會)、饒鳴鑾(代表福建及海軍)。(《中華民國史》第三卷第六章第二節)

按:此次推選代表名單與民國七年十二月二十九日《薩

福楙致朱啟鈐函》所列名單有差異。

一月(十日前),致電國務總理錢能訓,認爲舊會不通過代表,軍府不能自由。錢能訓復電先生,仍主先決事實法律問題,由議席公决。

《各通信社電·北京電》(十日):朱啟鈐電錢:舊會不通過代表,軍府不能自由。唐紹儀謂:如北方承認,維持法理,可以疏通請示辦法。某諮議向錢建議:舊會經政府解散,無承認之理由。代表通過與否,乃由西南自身問題,不必中央借著,止可催派代表。錢已電朱,仍主先决事實法律問題,由議席公决。(民國八年一月十二日《申報》)

一月(十一日前),南方爲派遣代表事發生争執,北方代表繼續在南京等候。

大隱居士手摘《政聞紀要》一月十日:西南爲派遣代表又發生争執,舊國會一派與軍政府意見尚不一致,朱總代表等惟在寧静候而已。(《近代史資料專刊:一九一九年南北議和資料》)

一月(十一日前),致電國務院,要求速派周自齊、林長民襄助會務。

《專電·北京電》(十一日下午四鐘):朱電院:速派周自齊、林長民來寧,襄助會務。徐昨傳周、林入見,諭令即日南下。(民國八年一月十二日《申報》)

一月十一日,江蘇督軍李純致函先生,隨函鈔送駐京調查員關於許蘭洲、張錫元兩旅至陝分區剿匪情形報告。

《李純所派駐京調查員密根》(1919年1月10日):南

京督軍李鈞鑒:紹密。謹將調查許、張(原注:許蘭洲與張錫元)兩旅至陝分區剿匪(原注:北京政府污靖國軍爲匪)情形,報告如下:一、許部主力由武功、扶風之綫進擊鳳岐之匪。二、許部之一支隊,由醴泉至乾縣助攻鳳岐一帶之匪。三、劉部(原注:劉鎮華部)鎮嵩軍由盩厔、郿縣援助許部,進擊鳳、寶一帶之匪。四、第四混成旅爲許部之後援並保護長安及至潼關後方之策源地。五、第四混成旅之一部,協向陳督(原注:陝西督軍陳樹藩)所部攻擊高陵一帶之匪。六、晉軍先進取澄城、白水,然後再由中部攻擊宜君、同官之匪。七、甘軍一部由清水至兩當,進擊鳳縣一帶之匪。八、管使(原注:陝西鎮守使管金聚)以一部出益門,扼堵鳳岐之匪南竄。謹聞。〇〇叩。蒸。(《南北議和文獻》37)

原注:此電於 1 月 11 日由李純抄送朱啟鈐。李純函云:"頃接駐京調查員報告許、張兩旅至陝分區剿匪情形,相應照録一份,函送台端,即希察閱。"

同日,吴鼎昌回京。

《專電·南京電》(十一日下午三鐘):吴代表鼎昌今日以鹽業銀行開會名義,專車赴京。其内容以各代表在寧已采擇各方輿論對於有關國本之事實問題,詳細研究其辦法,故吴回京搜集財政上重要材料。(民國八年一月十二日《申報》)

一月十三日,薩福楙致電先生。

《薩福楙致朱啟鈐函》(1919 年 1 月 13 日發,17 日到):桂老賜鑒:敬肅者:日昨孫君伯蘭請客席散,經楙詢其南方代表幾時可以正式發表,據云彼及唐少川先生皆屢次有電到粵催派,並云如唐能對彼等表示明白,抱定護法宗旨及廢主戰派領袖並國防軍與廢督裁兵各事，彼必盡力提倡。予唐全權，其他九人或爲代表，或爲參贊，僅襄贊其事。昨午又晤唐君少川，彼仍堅持地點在滬。並云俟南方代表派定時，關於權限一層，彼必先與南方訂明，方可就職等語。再，近日有人運動二孫往寧一行，孫伯蘭決定不去，大料孫中山亦未必肯往。楙意現在惟有政府及各方面竭力設法，先將南方代表派出，否則，日久必生枝節也。專此肅陳。祗請鈞安。薩福楙謹肅，元月十三日。(《南北議和文獻》47)

一月十四日，廣州軍政府七總裁致電大總統徐世昌，通告以繆嘉壽代替李曰垓爲南方代表。

《廣州七總裁致徐世昌鹽電》(1919 年 1 月 14 日)：急。北京徐菊人先生鑒：佳電諒達。李曰垓職現改派繆嘉壽君爲代表。特此通告。岑春煊、伍廷芳、陸榮廷、唐繼堯、孫文、唐紹儀、林葆懌。鹽。印。(《議和文獻輯存》16)

一月(十六日前)，徐世昌電告先生，會談地點可與唐紹儀逕自決定。

《專電・北京電》(十五日下午六鐘)：徐電朱：地點可與唐逕自決定。(民國八年一月十六日《申報》)

一月十五日，致電北方代表吴鼎昌；唐在章三次致電先生；北方代表吴鼎昌致電先生。

《朱啟鈐致吴鼎昌電》(1919 年 1 月 15 日發)：北京雨兒胡同吴次長鑒：鋘密。十三函悉。對某君發表之意甚合。頃已見《申報》北京專電，措詞尚妥。補助至多每月一千。其人甚飄忽，得力再續給，方有操縱，希酌行。叔魯、子健自滬歸,言得晤少川,口吻仍先事實法律。並稱總代表就否,對於西南尚有三問題:(一)須有全權。(二)不受條例拘束。(三)地點在滬。又云代表會議不當有南北之分,應一致討論永久和平方法,先接洽後開會云云。又美參贊來言:激烈派對於國防軍進行之速,甚生疑慮。少川在滬宣言:開會時視爲先决問題,以解内外人心之疑。此言美爲後盾,不可不注意。靳翼青現長陸軍,可否從芝老(原注:段祺瑞,字芝泉)原意歸納部轄,實際上似無出入,望密商先發制勝之策。蠖。咸。(《南北議和文獻》41)

《唐在章致朱啟鈐電》(1919 年 1 月 15 日發,16 日到):南京湖北會館朱總代表鈞鑒:彰密。昨晚公使團密開會商,决對南再提勸告,僅美使未贊同,候請示本國。乞秘。西南尚無正式派出代表通知,此間空氣似不甚佳。達詮到京已接洽。謹聞。章。删。(《南北議和文獻》42)

《唐在章致朱啟鈐電》(1919 年 1 月 15 日發,16 日到):南京湖北會館朱總代表鈞鑒:彰密。公使團會議决定,電飭廣東領事團,通告軍政府,大意如下:北方休戰,並派代表,南方獨否,不足示誠意。英、法、美、日、意五國特正式通告南方,如能於本月二十五日派出代表赴滬開會,並在會議内决定用途,則所有去年之關餘千二百萬,可照所定用途撥用。否則,將關餘於二十五日後統交中央政府云云。通告電已發出。極確。謹聞。章。删二。(《南北議和文獻》43)

《唐在章致朱啟鈐電》(1919 年 1 月 15 日發):南京朱總代表鈞鑒:彰密。京津兩《益世報》近由美館收買,主筆杜竹軒本日赴滬。杜不甚純正,前正在京運動各西報訪員,提議八款，通電各處，如副座南選、解散新會及地點在滬各主張。此次來滬，恃美館名義，難保不別生問題。請周寄梅、端納兩□注意，並先與上海各西報接洽。端納本囑擔任連絡滬西報，一二兩月津貼，已爲代表領交，存花旗銀行。並乞轉致。章。咸。(《南北議和文獻》44)

《吴鼎昌致朱啟鈐電》(1919年1月15日發，17日到)：朱總代表鑒：錁密。元首、總揆均晉謁，詳陳各方情形，極以同人所見爲然。現正調集材料屬草。又，昨日公使團會議，中央提用關餘一千二百萬元，議決本月二十五日爲止，若無南北代表會同抗議，即先提付。已於昨日電告粵領，轉知軍府。此事極有關係，特聞。上海東方通信社頗多來寧見公，希注意。交部得沙面電云，代表已得舊國會同意派出，不知確否。餘函詳。鼎昌。删。(《南北議和文獻》51)

同日，先生與美使館白少尉談話。

《一月十五日朱總代表與美使館白少尉談話節略》：一、和議未開以前，雙方總代表所以不宜會晤接洽者，緣朱、唐二君，原係至友，爲人所共知。今若先事會晤，恐致引起兩方各派之疑忌，不特無補於事，反足增加困難。按此條係因該少尉有總代表先行赴滬與香山交換意見之主張而答。二、兩總代表對於和會應議事件，雖各有一定之計劃，而在施行之方法未經明確規定，彼此詳細討論確實贊同之前，似不宜遽行宣布。三、朱、唐二君俱贊成先討論事實。四、唐君與民黨中人素乏政治經驗，且近年以來，久已脱離政局，是以對於建設計劃每多偏重理想，而於國内實情往往不能切合。五、朱君對於建設計劃並非偏廢理想，惟欲以事實爲根據，而旁采世界良好之經驗爲方針耳。六、朱君對於解决現時糾紛，擬由財政方面着手，先研究民國五年治平時期及六、七兩年用兵時期全國之收支統計，以達恢復民國五年之狀況。然後更進而謀國家永久之計劃，俾根本上之種種危險得以消滅，而各項有益之新政得以發展。今所謂廢督、裁兵及恢復地方自治各題目，咸屬中國全國建設大問題中之小問題，朱君所研究者，即爲中國現時之解决及永久之建設也。(《南北議和文獻》50)

一月十六日，西南軍政府改稱護法政府。(大隱居士手摘《政聞紀要》)

同日，先生致電北方代表吴鼎昌；派在上海的密探心致電先生。

《朱啟鈐致吴鼎昌電》(1919 年 1 月 16 日)：北京雨兒胡同吴次長鑒：鋘密。頃接滬電(原注：朱啟鈐派有密探在滬，隨時將所得消息電朱。此人署名爲"心"。此處"滬電"，即心致朱啟鈐"銑二電"。電文與本文所引全同，惟無最後"故受排斥"四字)如下："密，粵府電唐總代表，證書已派員專送等語。又某方面得軍府密電，蓂賡不滿於李曰垓，已改派繆嘉始〔壽〕。繆爲滇政務會議人員。又粵會湘人開會，討論章士釗、彭允彝代表資格問題，結果承認章代表西林，彭不能代表湖南。彭已辭，另派何人未定。聞李、彭均隸政學會，故受排斥。"云云。其不能正式通告，或即爲此。並請轉達府院。〇。銑。(《南北議和文獻》45)

《心致朱啟鈐電》(1919 年 1 月 16 日發，當日到)：急。南京下關交通銀行速送朱總長：微密。頃某方面得粵電，寒日政務會議,伍主席代表十人及各省代表,暨□議長均出席。提議意見六條:一復國會。二定地方制度,制定憲法。三決定軍區及裁兵。四補充護法各省軍費,由各省詳造報册。五善後借款,南北共同辦理。六軍府公布命令,承認有效等因。次唐督代表趙藩述唐督意見如左:一議和取對等資格。二法律爲重,事實次之。三勿以一部分利害單獨行動。次胡漢民主張:一條件須國會同意。二不讓步之條件須先提議。三確定總代表與代表之權限。次章行嚴謂:議和之際,雖有種種風説,須持冷静,勿摇惑。唯褚輔成默無一語。心。銑三。(《南北議和文獻》46)

按:據一月十六日《朱啟鈐致吴鼎昌電》原注,"心"爲先生派在上海的密探。

一月十七日,致電國務總理錢能訓;北方代表吴鼎昌致電先生;吴鼎昌、唐在章聯名致電先生;財政部致電先生,請曲予維持南北和談。

《朱啟鈐致錢能訓電》(1919 年 1 月 17 日晚發):敬密啟者:昨美使館武參贊拍來思(Price)自滬回京,過寧時偕美領事來談。渠在滬先勸香山來寧,未能如願。因又勸弟赴滬與香山交换意見,並探詢預定之和議辦法,當由弟婉詞解釋,嗣經周詒春補具一英文談話節略(原注:即下文《一月十五日朱總代表與美使館白少尉談話節略》)交去。渠將以之報告使館者,兹特譯呈鑒覈。查該節略係由該員匆匆擇要記録,於弟當時談話原意頗有未盡豁露之處,謹爲我公一密陳之。此次使館方面調查和議人員,間接遞一意見書(原注:即下文《上海某美人對於雙方代表之希望》),其中所列各條:首係廢督裁兵,以政權歸之本省人民。其餘一則曰實業應歸國辦,利權不得讓與任何一國。再則曰政府各機關宜雇用外人,充當行政顧問各職。三則曰整頓財政應與萬國財政委員會協商辦理。目光所注,不言可知。所謂最後之協助者此耳。香山處必已先入有此種主張。殊不知此項問題之解決,不在叫囂之空言,而在切實之辦法;不盡在目前之急救,而在長久之治安。溯其本源,仍須從國家經濟方面謀切實之保障,此所以有促達銓回京調查事實、搜集資料之舉也。蓋廢督、裁兵問題,即軍事收束問題,而軍事收束問題,亦即經濟支配問題。查現在國家收入,每年不過三萬五千萬,國債一項,已占一萬四五千萬;軍費復達二萬萬以上,銷耗之鉅,已臻極則。將來善後借款成立,國債支出又須加增,而鎊價漲起以後,海關、鹽税兩項,能否有前此之盈餘,尚不可必。除必須之行政經費外,所餘可供軍事之支配者,誠已無幾。故此次善後最大問題,即此後財政應如何較量出入分配適當,以維護永久之安寧。所謂會議之關鍵在此,所謂以經濟解決而謀保障之方法亦在此。此中曲折,香山於政局隔閡已久,未盡了然,不免有言之過易之概。至於國際利害,或僅偏聽一方之主張,作取快一時之議論,不知爲國家計,亦須兼營並顧,不宜專走極端也。總之,京中中外新聞記者所發表之八條,及滬上美人所抱之希望,關於法律各節雖各不同,而對内對外主張極端之意見可稱一致。該參贊以非正式手段交閲,其間必有用意,弟所以將預定計劃、國人所抱宗旨、謀經濟解决之理由,略加點示。是日彼此談話甚長,又經輾轉傳譯,該員回京報告使館之詞,不知有無誤解之處，最好請吴達銓與周廙老審酌鄙見，面晤美使詳談一切，以資證明。但所交閲意見書，渠向周詒春聲明爲某友所托，應守秘密，晤美使不必提及，並勿泄出爲要。專此奉達。敬頌台綏。(《南北議和文獻》48)

原注：原爲稿本，未署下款，標題爲“致錢總理”。

《上海某美人對於雙方代表之希望》：議和代表似應宣布下列事項，俾國民曉然於和平會議對於國内善後方法之意見，及辦理善後事宜之機關。一、本代表等係經南北兩方選出，兹以下列各問題實爲當務之急，且以國事應得國民之公判，謹將和議全文宣告於國民，並請各省議會俯賜鑒察。甲、取消督軍制度，將一省政權歸之本省人民，開地方自治之端，以饜民望。乙、解散冗兵而組織國軍。丙、凡鐵類、石油、水力及鐵路各種實業，應歸國辦，而其利權不得讓與任何一國。丁、政府各機關宜雇用外人充當行政及顧問各職，俾得以新法改良我國行政。戊、凡損害我國領土完全及獨立之條約，應商請目下樂助我國組成責任政府之各友邦删除之。己、整理財政(係並振興全國實業及改組國家銀行而言)應與萬國財政委員會協商辦理，該會所立地位爲顧問而兼有執行之權，俾中國財政得以清理而保持經濟獨立。二、上述各節，施諸實行，勢須組織政府。竊查省議會爲現時之合法機關，完全代表民意，而得人民之信任，是以本代表等謹將下列意見貢諸各省議會之前。甲、各省省議會，就其議員中推選代表十人，集於南京，代表全國人民組織國會。乙、該國會集合後，其第一責任即制頒各省區聯合之約章，以期鞏固統一於一中央政府之下。丙、該國會應選出大總統、副總統各一人,並通過大總統提出之内閣。丁、各省議會應於其議員中選出代表五人,合組一憲法起草會。戊、永久憲法未經各省議會通過以前,該國會得作爲最高立法機關,而其所制定之約章,應有國家基本法之效力。(《南北議和文獻》49)

《吴鼎昌致朱啟鈐電》(1919年1月17日發,18日到):朱總代表鑒:鋘密。咸電悉。某君事,款係分月交與,尊見同辦法再函詳。三師事已密商。今日元首與翼青(原注:靳雲鵬,字翼青)商議辦法,定妥後即奉聞。關餘用途單,本日另函寄。昌。筱。(《南北議和文獻》53)

《吴鼎昌唐在章致朱啟鈐電》(1919年1月17日發,18日到):南京朱總代表鈞鑒:彰密。銑電敬悉。七總裁佳、鹽兩電同於銑晚到,文如下:"徐菊人先生鑒:兹派定唐紹儀君爲總代表,章士釗、胡漢民、李曰垓、曾彦、郭椿森、劉光烈、王伯群、彭允彝、饒鳴鑾、李述膺爲代表,即日赴滬,聽候閩、陝、鄂西問題解决,即行開議。特此通告。岑春煊等。佳。"又:"徐菊人先生鑒:佳電諒達。李曰垓職現改派繆嘉壽爲代表。特此通告。岑春煊等。鹽。"又港電:"寒日政務會議,各總裁、各代表列席,正式披露代表。岑未到。伍提出五款:一、復舊會;二、實行地方制;三、軍事問題由軍事委員提交代表;四、西南所需軍事費由西南開交代表,善後借款由會議决定交南北政府合辦;五、軍政府命令由北方承認有效。"昌、章。筱。(《南北議和文獻》54)

按:佳電,九日電;鹽電,十四日電。

《財政部致朱啟鈐電》(1919年1月17日發,19日到):南京轉朱總代表鑒:宜密。部庫如洗,需款萬急。本部會同外交部，迭向公使團交涉，請放關税餘款一千二百萬元。磋議再三，今甫通過，規定用途如下：四年公債還本三百七十萬元，積欠外交部各使館經費一百八十萬元，廣東治河經費一百萬元，裁兵費一百四十萬元，撤防費一百四十萬元，教育費三十萬元，上年十月分欠發軍餉一百四十萬元，維持上海絲廠費一百萬元，共一千二百萬元。惟查公使團照復外交部文内，大致以南北久已停戰，請放關餘，未便再有反對。倘善後會議不持異議，則此款應於一月二十五日放還。至軍事用費，深望中國政府嚴加查覈，用於外部清單内指定之用途，不作他用各等語。此案千回百折，其中經過困難情形，幾非筆舌所能罄，現幸告成，勉度難關。深恐南北會議此事，又生枝節。特此密陳，務乞曲予維持，至爲感禱。財政部。筱。交行。(《南北議和文獻》56)

一月十八日，巴黎和會開幕，北京政府代表陸徵祥、王正廷出席。(《中華民國史.大事記》)

同日，先生致電唐在章。

《朱啟鈐致唐在章電》(1919年1月18日)：北京國務院唐伯文(原注：唐在章，字伯文)鑒：彰密。筱電悉。頃接滬探電[原注：滬探電，署名爲“心”，筱(17日)發]如下：“密。頃某方面接粤電，關於國會議決代表條例五條如左：(一)總代表代表護法政府，有辦理和平會議事務之全權。(原注：此條，據心十八日電更正爲：‘二、總代表一員，代表十員，由護法政府派遣，但總代表得國會之同意。’)(二)總代表、代表由護法政府派遣，但須得國會之同意。(三)總代表有指揮各代表之權，各代表違背護法主張，總代表得撤退之,咨請護法政府改派。(四)和平會議之條件,須經國會同意。(五)本條例至和平會議完結時廢止。"等語。按此爲國會過激派極端之主張,對待政學會代表。唐在滬曾宣言,不受何項條件限制,殆指此也。嘯。(《南北議和文獻》52)

一月十九日,兩次致電北方代表吴鼎昌;唐在章致電先生。

《朱啟鈐致吴鼎昌電》(1919 年 1 月 19 日):北京雨兒胡同吴次長:鋘密。十二詳函悉。關餘用途單,此間已接財部電知粵代表等,二十一二可到滬。無論如何,二十五前絶無開會之事;但恐西南來電抗議耳。中央能否仍向外交團運動,到期支付便了。不然,日來滬報激烈派對於陝事,呼號急迫,南代表到滬,必引此爲口實,或生枝節也。前日快寄密函到否?與美武員譚話譯稿昨又補寄校正華洋文一件,希抽换。再,添派代表之事,都中争此者有人,恐啟黨潮。曾電幹老,主張不派。如派周季梅(原注:即周詒春)固所贊同,希轉達請示。蠖。效。(《南北議和文獻》57)

《朱啟鈐致吴鼎昌電》(1919 年 1 月 19 日下午 12 點發):北京雨兒胡同吴次長鑒:鋘密。滬報載接粤電,西林答復領團:"一月二十五日勢難開會。外交團之决議,直無異無條件將關餘交付北方。余意以爲延期至二月二十五日,方爲至當。"云。此項答復,由粤領報告公使團等語。確否請探復。蠖。效二。(《南北議和文獻》58)

《唐在章致朱啟鈐電》(1919 年 1 月 19 日發,20 日到):南京朱總代表鈞鑒:彰密。嘯電謹悉。本早西林來筱電,大意:一、陝事以于右任轄軍及駐地爲界,本不待分。即承尊囑，當飭電查，照秀督開列界限辦理。二、代表佳日早定，因電阻遲達，日内當已抵滬，閩陝事儘可就地商洽。三、熊軍（原注：熊克武軍）報告北軍反攻，乞飭退。陳炯明進兵，已電覈禁等語。又港探電，胡漢民銑日先行，各代表尚無行期云。章。皓。（《南北議和文獻》59）

一月二十日，唐在章致電先生。

《唐在章致朱啟鈐電》（1919年1月20日發，21日到）：南京朱總代表鈞鑒：彰密。本日胡鄂公自成都來筱電稱，熊未受軍府川督職，即爲歸向中央計，惟表面難驟合，緩當受任命。又七總裁蒸電稱，李督劃區剿匪辦法，仍慮不盡融洽，擬邀各領事居間。錢總理復電，外人居間，有妨國體，仍照劃區法，徑與李督洽商。港探電：一、軍府以將校十五名組軍事委員會；取决軍事條件，提交代表，各省委員反對。二、胡漢民、徐謙、汪兆銘筱日同船赴滬。章。號。（《南北議和文獻》60）

一月二十一日，徐世昌特派陸徵祥、顧維鈞、王正廷、施肇基、魏宸組爲出席巴黎和會全權委員。（《中華民國史．大事記》）

同日，吴鼎昌致電先生；汪有齡致函先生。

《吴鼎昌致朱啟鈐電》（1919年1月21日發，22日到）：南京朱總代表鑒：鋘密。效日兩電並十七日函件均接悉，已密呈元首、揆座。由沂老（原注：指周自齊）便中照公談話之意，與美館説明。代表事仍照尊意不必添派。關餘事西林經粤領抗議緩期，確有其事。美、日使仍主原意；英使稍有遲疑。大致可望如期支付，現正交涉，容續電告。本日吴秘書長來寓謂"奉元首諭囑昌轉告，此次會議，西南若提出人的問題，應嚴行拒絶；並云合肥參戰有功，此次元首主和，又得其維持幫助之力，對於合肥亦不得提及隻字"等語。吴並云，元首特命其來寓作爲正式傳諭。謹以奉聞。又陜閩六條辦法内，雙方派人監視軍隊事，昌意主張由雙方代表會議，公推一二人照派。如此可免作爲會議之先决問題，而派人名義上之困難亦可免卻。已陳元首、揆座。公如何，盼示。前謁見合肥情形及外交狀況，已托端甫（原注：徐世章）兄面陳。並與端甫約定渠回京見面後，昌再來寧。又歐洲和使人數，定爲陸、顧、王、施、魏，除陸外，餘可輪派列席。並聞。昌。箇。（《南北議和文獻》64）

《汪有齡致朱啟鈐函》（1919年1月21日）：桂老賜鑒：頃訪信公（原注：指盧信）未遇，旋晤九峰。知渠與信公受少川委托，准於今晚赴寧謁公，面商分用關餘一事，先主張各分一半，而以三分之一爲轉圜地步。齡意此款中央若欲獨享，太傷感情，恐多紛議；不如以中央所開裁兵費、撤防費爲標準，酌減若干，作爲西南善後經費預支之款。如此辦理，在我情理兼盡，可得各方面之同情。不知尊意以爲何如。齡明晨本擬往訪少川，現因分用關餘一事不便發表意見，擬俟接公復信後再往。行嚴改二十日由港赴滬，同行者聞有彭、郭、王（原注：當即彭允彝、郭椿森、王伯群）三人。齡旋寧之期恐須在二十五六。若公有事見召，得信即行。專此奉布，祇頌公綏。有齡謹啟，二十一日晚七鐘。復示請由交通銀行轉交。（《南北議和文獻》65）

一月二十二日，谷鍾秀、盧信赴南京，與先生接洽，並商關於關税餘款事宜。

一月二十二日《朱啟鈐致錢能訓電》：本日谷、盧兩君到寧面述少川已電英使，大致主張此款由雙方代表協議分撥之法。（《南北議和文獻》66）

一月二十四日《朱啟鈐致吴鼎昌電》："谷、盧兩君昨夜回滬，報告少川。"（《南北議和文獻》69）

按：會談詳情見二十二日先生致錢能訓電文。

同日，致電國務總理錢能訓；致電北方代表吴鼎昌；陝北鎮守使井岳秀致電徐世昌、錢能訓、參謀總長、陸軍總長、平和期成會熊希齡、唐紹儀、朱啟鈐、陸榮廷、李純、岑春煊、唐繼堯等人，呼籲先議和再接續善後。

《朱啟鈐致錢能訓電》(1919 年 1 月 22 日)：萬急。錢總理鈞鑒：密。昨日接少川馬電，兹托汪精衛、谷鍾秀、盧信三君赴寧，與尊處接洽，並商關於關税餘款事件等語。本日谷、盧兩君到寧面述少川已電英使，大致主張此款由雙方代表協議分撥之法。據谷、盧兩君所述，少川之意在平分全數。鈐等將財政部開列用途清單，逐條商議，並加解釋：一、四年公債還本，係税務司指抵之款。二、出使經費，係各銀行扣抵之款。三、教育經費，係外國留學墊款。四、廣東治河經費及外交團議决維持絲廠費，雖未得其詳，亦必係指定不能移動之款。以上共七百八十萬元，萬難分撥。谷、盧兩君惟要求將上項用途詳確説明，以便轉達。其餘四百二十萬元，據谷、盧兩君之意，姑就此數均分。南方用途，亦不外裁兵、撤防、欠餉等項，以後再開清單。鈐等以爲此事雖非代表應議條件，但既經少川派人接洽，自應據實轉陳。如何解决，祈即裁復。朱〇〇等。養。（《南北議和文獻》66）

《朱啟鈐致吴鼎昌電》(1919 年 1 月 22 日發):北京雨兒胡同吴次長鑒:鋘密。少川委托汪精衛、谷九峰、盧信公來寧商洽關餘款事,同人與之磋議甚久,並將款項用途逐條解釋。兹據其來意,用正式電轉達中央,因其第一次派人來商,不能不轉。惟聞英使尚在遲疑。少川又有電外交團主張南北均分,不知臨時生阻力否。爲期已近,能一面對付,一面支款,度過年關再説。代達一節,固亦緩兵之策,即同人亦對谷等聲明,往返電商,恐不濟急。即中央允爲分撥若干,用途尚須外交團審酌,手續繁多,西南亦未必遽得。窺渠等之意,但於名義分得多若干,緩急固非所計耳。政府回電,務持大度同仁之語爲是。特密達,希轉陳。精衛因折臂損骨入醫院,未來。並聞。蟆。養。(《南北議和文獻》67)

《井岳秀養電》(1919 年 1 月 22 日):(文略)。(《議和文獻輯存》20)

原注:原載北京《政府公報》1919 年 1 月 28 日第 1073 號。

一月二十三日,吴鼎昌致電先生。

《吴鼎昌致朱啟鈐電》(1919 年 1 月 23 日發,24 日到):南京朱總代表鑒:鋘密。養電轉陳關餘事,外交團無變動,過二十五日便了。故院電明日方奉復。希公對於來員設詞延待院復。美參贊事,沂老另函復。歐洲和議情形,前函所述密詢美館,頗確。希密告少川,迅謀統一對外。端甫何日回? 盼示。昌。漾。(《南北議和文獻》68)

一月二十四日,致電吴鼎昌;國務總理錢能訓致電先生。

《朱啟鈐致吴鼎昌電》(1919 年 1 月 24 日):北京雨兒胡同吴次長:鋘密。漾電悉。谷、盧兩君昨夜回滬,報告少川。此間電院請示情形,過二十五候院復來,轉電少川可耳。劉光烈昨自川來,過寧時,秀山延之上岸,端甫與之同席。聞其譚話甚嘹亮,同人尚未見面。章行嚴、彭允彝、王伯群定今夜來寧,子健在滬,當與同回。晤譚情形,容再奉達。端甫到即住敝處,一切均接洽。渠定明晚赴蚌埠,二十七可到京。歐洲和議情形,昨已密告信公,轉少川注意。但彼自命爲外交老手,觀察上何如,亦屬信公探告。總統傳諭一節,亦對盧有所表示。陝閩事,少川本不甚注重,軍政府又未以此六條相告,由雙方代表商議派員一層,俟章行嚴等來交換意見再説。蠖。敬。(《南北議和文獻》69)

《錢能訓致朱啟鈐電》(1919 年 1 月 24 日發,25 日到):朱總代表鑒:密養電悉。和議開始,彼此一家,自應通盤籌劃。爲統一之先聲,中央毫無偏見。關餘用途係經外交團通過,如四年公債還本,爲全國人民共同關係,由税務司擔保直接撥發;外交經費爲全國對外代表者之用,留學經費亦無彼此之分,均係由銀行團扣還歸墊。廣東治河經費由銀行交粵絲廠,維持經費由銀行交滬。此外爲裁兵撤防之費,一一列有詳細清單,均於國家財政和議前途有益。若用途稍有變動,必須另行開具詳細清單,通過外交團,頗費周折。而四年公債業經登報定於一月二十七日抽簽在前,又勢難延緩交付之期,失信國民。好在裁兵、撤防各種善後經費,彼此同一情形,中央豈有歧視之理? 亟盼和議告成,共同籌劃西南各省所有裁兵撤防計劃,並盼迅速開具詳細清單,預爲準備,以免臨時因此延緩。希將此事實在情形轉告來寧諸君,代達少川兄爲荷。能訓。敬。(《南北議和文獻》70)

一月二十四日，委託王克敏、江紹杰自南京赴上海，將李純所擬陝、閩、鄂西停戰辦法六條面交唐紹儀，並以北京政府擬派宋聯奎爲陝西劃界仲裁人徵詢其意。(《中華民國史.大事記》)

一月二十五日，唐紹儀再晤王克敏、江紹杰，告以宋聯奎與陝督陳樹藩關係至深，礙難同意。旋亦提出停戰辦法五項：一、明令停戰；二、取消檢查三原電報；三、須得三原總司令部停戰之密電爲證據；四、派員劃界；五、建議派張瑞璣爲陝西劃界仲裁人。(《中華民國史.大事記》)

同日，致函李純；北京外交部致電李純並轉熊希齡、朱啟鈐暨代表諸人。

《朱啟鈐致李純函》(1919年1月25日)：秀帥麾下：南方提議關餘一事，前經密陳政府，請示辦法。頃奉敬電，於該項用途，及由外交團通過各情，甚爲詳析。當經電復，擬請王叔魯、江漢三兩君明日赴滬，面晤少川，俾由口頭答復，並順便接洽。兹將來去電文抄送省覽。又解决陝事，應本我公前擬辦法次第進行。政府昨電擬由雙方代表公推大員馳往監視一節，並已商由王、江兩君與少川交换意見。惟關於此事，最近往來電文，尚祈飭鈔一份，逕交叔魯，以備參考，無任企幸。順頌勛綏。弟朱〇〇，正月二十五日。(《南北議和文獻》71)

《北京外交部致李純等電》(1919年1月25日)：南京李督軍鑒：並轉熊秉三先生、朱桂莘先生暨代表諸公鑒：准和會全權委員陸總長(原注：外交總長陸徵祥)，自法京來電稱"五國議決處置俄國問題,先令俄國各政府團體停止軍事動作,並派員會同英、美、法、意四國代表,公同設法恢復俄國和平。查俄亂不戢,致召干涉,足爲殷鑒。我國若不早謀統一,言念前途,不寒而栗。現南北調停,至如何程序,請隨時電知,以資應付"等語。特電聞。外交部。有。印。(《南北議和文獻》72)

原注:此電由江蘇督軍署秘書廳抄轉朱啟鈐,朱於一月二十六日收到。

一月二十八日,唐在章致電先生與吴鼎昌;唐在章致電先生。

《唐在章致朱啟鈐電》(1919 年 1 月 28 日發,當日到):朱總代表、吴次長鈞鑒:彰密。少川近密致英公使一函,叙述議和意見,計列七款:一、撤參戰處,廢國防軍。二、裁減軍隊。三、推行警察。四、去督軍制。五、省長由民選。六、廢釐金。七、改國會制。並謂總統目前仍受制武人,望協助。又言南北代表尚融洽,但令他方面勿牽制,解決甚易云云。又京中報界,近兩日有南方要求處分禍魁諸謡言,已堅約各報勿登出。此説似來自南方,乞設法。守滬消息,並乞常示。章。勘。(《南北議和文獻》73)

《唐在章致朱啟鈐電》(1919 年 1 月 28 日發,29 日到):南京朱總代表鈞鑒:彰密。本日七總裁有電稱,悦卿任爲閩督,已在粤就職,行其職分内應行之事,並非進兵。各代表已出發,候閩、陝、鄂西問題解決,即開議云。又港探電,舊參院宥日討論代表條例及總代表職權,仍未決。章。勘二。(《南北議和文獻》74)

一月二十九日，致電國務總理錢能訓；唐紹儀致明電先生和李純，告知委派六位代表赴南京面謁。

《朱啟鈐致錢能訓電》(1919 年 1 月 29 日)：北京集靈囿譯電處呈錢總理鑒：和密。前奉敬電，即請叔魯、漢珊(原注：江紹杰，字漢珊，或作漢三)攜尊由赴滬面復少川，並商閩陝問題。少川謂軍政府與中央往復各電及秀山所電各款，均未接洽。由王、江兩君以秀山最近所擬五款交閱，並以派宋聯奎前往劃界，詢其意見。少川謂，須轉詢陝西代表再復。翌日往見少川，謂宋與陳督關係太深，不甚贊成，即提出意見五項：(一)明令停戰。(二)取消檢查三原電報。(三)須得三原總司令部停戰之密電爲證據。(四)派員劃界。(五)主張派張瑞璣。但張現在粵，可由陝議員楊銘源先行代往。並云總理撫陝時，張曾任首縣，中央當可同意。王、江兩君又以各派一人爲詢，少川未置可否，大概事尚可商。鈐以上提出五項，與秀山商酌。所謂明令停戰者，與秀山原電第一款無大差别，只須中央電令陝西照辦，不過重言申明，無須再發明令。至第二、第三各項，俟劃界人員到陝區劃清晰，亦即自然解决。惟所推之張瑞璣、楊銘源二人，能否勝任，務請速復。又，報載宋聯奎已命入陝，確否？並乞示知。南方代表已有胡、章、劉、李、饒五人到滬。少川之意，俟再到數人，當請彼等來寧答謝李督招待盛意，並與鈐等接洽，不必待全數到齊始行開議云云。知注附聞。朱〇〇。豔。(《南北議和文獻》75)

唐紹儀《致朱總代表李督軍電》(1919 年 1 月 29 日)：南京朱總代表並轉李督軍鑒：西南議和代表章士釗、胡漢民、王伯群、李述膺、饒鳴鑾、彭允彝諸君准於今日夜車赴寧,面謁台端。謹電奉聞。唐紹儀,艷叩。印。(《唐紹儀發電稿》明電 1)

《劉奇瑶等致吴景濂褚輔成函》(1919 年 2 月 4 日)附件二《南北議和之消息》(一)(《申報》1919 年 2 月 4 日):南方代表章行嚴、胡漢民、饒子和、李述膺、彭允彝、王伯群六人,於上月二十九日赴寧。(《吴景濂函電存稿》48)

一月三十日,章士釗、胡漢民、彭允彝、王伯群、李述膺、饒鳴鑾等六位南方代表在南京面晤先生,轉達唐紹儀對議和會議兩點意見。先生提出會議規則四條,交胡漢民攜交南方總代表唐紹儀,徵求意見。

大隱居士手摘《政聞紀要》一月三十日:南方代表章士釗、胡漢民、彭允彝、王伯群、饒鳴鑾、李述膺赴寧,與北方代表接洽。由北方總代表提出會議規則四條,交胡漢民攜交南方唐總代表,徵求意見。約記如下:(一)會議各案由南北總代表協定後正式提出大會。(二)開會之時,僅憑南北總代表發言,但南北總代表得隨時指出代表一名,陳述意旨及意見。(三)南北總代表關於開審查會或預備會議認爲必要時,由雙方代表自由發言,討論結果後,再經總代表之協定。(四)會議之形式不取公開,但協議事件經雙方協定後,得酌量公布。(《近代史資料專刊:一九一九年南北議和資料》)

二月二日朱啟鈐致唐紹儀電:卅日,章、胡、彭、王、李、饒諸代表來寧,轉述尊意。一地點在滬,二會議時專由雙方總代表發言等語。地點問題,本易解決。唯會議辦法,似應采取不分南北共同協商之精神。當提出會議大綱辦法四條：一議題由雙方總代表協定後，列入議案。二會議時，由雙方總代表發言，但得委托分代表陳述。三議案總代表認爲應準備或審查者，得開準備會或審查會；準備會或審查會得由兩方代表聯合行之。四準備會或審查會擬議事件，仍由雙方代表取決。當時雙方代表詳述理由，並面告胡代表即晚回滬代達。此項辦法決定後，即可定期開會。（《南北議和文獻》84）

《劉奇瑶等致吴景濂褚輔成函》（1919 年 2 月 4 日）附件一《共同通信社電》（《申報》1919 年 2 月 3 日）：南京電，二月一日，南方代表章、胡、李、彭、饒、王六名到寧，在花牌樓代表公寓會餐。由章士釗代述唐紹儀意見數條如下：（一）會議地點在滬。（二）開議日期，預擬二月六日。（三）會議規則，除雙方總代表外，各分代表均無發言權。一、二兩條，北代表未答復，惟第三條，經朱啟鈐駁云，北代表係合議制，與報載舊國會議決之南代表規則不同，事實上當然不能一律。章云，此次和議，純由軍政府主載，舊國會不能完全限制等語。北代表未答辯而散。北京電，南京會議，改爲江蘇會議，在寧在滬均無不可，藉弭南北之争。由李純電明中央照辦。附件二《南北議和之消息》（一）（《申報》1919 年 2 月 4 日）：三十日胡、饒兩君先乘晚車返滬。三十一日下午四時，李、彭、王三君亦由寧返。章行嚴三日晨返滬。繆嘉壽乘美國愛瓜多船，於二日晚抵埠，惟曾彦未到。南方各代表與北方代表接洽後，北方朱總代表及各代表意思，似可赴滬開議，但未明言。北代表曾提出會議規則四條，大致如下：（一）會議各案，由南、北總代表協定後正式提出大會。(二)開會時,僅限南、北總代表發言,但南、北總代表皆得隨時指定代表一人陳述意見。(三)南、北總代表認爲須開審查會或預備會時,可由雙方各分代表自由發言,討論有結果後,仍須經南、北總代表之協定。(四)會議形式,不取公開。但所議事件,經雙方協定後,可以酌量公布。以上四條,已由胡代表返滬帶陳唐總代表察覈。(《吴景濂函電存稿》48)

同日,李純將一月二十九日《李純致錢能訓電》、三十日《錢能訓致李純電》鈔送給先生。

《李純致錢能訓電》(1919 年 1 月 29 日):特急。北京國務總理鑒:〇密。接廣州七總裁感電稱"陝西軍隊駐紥地點及將領姓名,已於馬日電達,計已邀鑒。煊等以爲劃駐辦法,由雙方公推威信素孚之大員前往監視,尤爲妥善。張將軍紹曾公正嚴明,南北悦服,兹擬推張將軍入陝一行,秉公辦理。如荷贊同,請轉電北京一致推任,是所切盼,並希示復"等語。查五條辦法已於勘日電商西南,並録稿奉達。除廣州馬電另行渾含電復,容再録陳外,其陝省監視人員,勘電係遵照來示,議由雙方總代表公推。兹據電推張紹曾,應否復以仍照勘電辦理,抑如何答復之處,祈轉陳請示見復爲禱。李純。艷。(《南北議和文獻》76)

原注:本電與下一通錢能訓致李純電,均由李純抄送朱啟鈐。

《錢能訓致李純電》(1919 年 1 月 30 日):南京李督軍鑒:親譯〇密。豔二電悉。西林來電,擬推張紹曾赴陝,仍由雙方公推辦法。若竟照此辦理,彼必藉口於先决陝事,再行開議。鄙意仍宜查照前電，由雙方總代表公同集議，正式推定，藉可促成會議，且杜口實。即請我公與少川、桂莘就近接洽，並以此意酌復西林，如何？能訓，三十。(《南北議和文獻》77)

一月三十一日，南方代表彭允彝、王伯群、李述膺離寧回滬，先生復請其轉達唐紹儀，接受北方代表所提意見。

二月二日朱啟鈐致唐紹儀電：卅一日，彭、王、李諸君回滬時，又復請其轉達台端，容納鄙見，迅速惠復。(《南北議和文獻》84《朱啟鈐致唐在章電》)

二月一日，唐紹儀正式就任南北和平會議南方總代表。唐紹儀兩次致明電先生。

唐紹儀《致廣州政務會議電》(1919 年 2 月 11 日)：儀遵於二月初一日正式就職，謹以奉聞。(《唐紹儀發電稿》明電 12)

唐紹儀《致西南六省督軍電》(1919 年 2 月 13 日，由各代表譯，用密碼)：儀於東日正式就職，專候朱總代表到滬，即行開議。(《唐紹儀發電稿》密電 3)

按：東日，一日。

《致朱總代表電》(1919 年 2 月 1 日)：急。南京朱桂莘總代表鑒：頃得三原于總司令右任函稱“奉軍全部加入戰綫，管金聚攻奪寶雞，連日興、武、盩、鄠等處迭有激戰”等語。方今和議密邇，國人企望和平，乃許、張、陳、管各軍群起破壞陝局，殊與所擬停戰劃界辦法不符。應請執事迅飭許、張、陳、管各軍實行停戰，退回原防。事機迫切，佇盼教復。唐紹儀。東。印。(《唐紹儀發電稿》明電 2)

《致朱總代表電》(1919 年 2 月 1 日):南京朱桂莘總代表鑒:昨章、胡、彭、李、王、饒六代表赴寧,諒經接洽。西南方面主張會議地點應在上海,歷經電北政府述明理由。此時似應定期開議,俾時局早日解決。應請尊處速商貴代表諸公決定電復爲盼。至會議規則,俟面商並復。唐紹儀。東。印。(《唐紹儀發電稿》明電 3)

《劉奇瑶等致吴景濂褚輔成函》(1919 年 2 月 4 日)附件二《南北議和之消息》(一)(《申報》1919 年 2 月 4 日):唐已復電朱總代表,略謂會議地點,南方皆主張上海,請貴總代表及早決定,以便開議。至於會議規則,俟莅滬後再行面議云云。北代表接唐復電後,曾開會議一次,決定除朱總代表外,各分代表准今晚或明日(即四日)齊赴上海,與南代表面商和議開會地點問題。(《吴景濂函電存稿》48)

二月二日,致電唐紹儀;趙慶華致電先生。

《朱啟鈐致唐紹儀電》:上海唐總代表鑒:卅日,章、胡、彭、王、李、饒諸代表來寧,轉述尊意。一地點在滬,二會議時專由雙方總代表發言等語。地點問題,本易解決。唯會議辦法,似應采取不分南北共同協商之精神。當提出會議大綱辦法四條:一議題由雙方總代表協定後,列入議案。二會議時,由雙方總代表發言,但得委托分代表陳述。三議案總代表認爲應準備或審查者,得開準備會或審查會;準備會或審查會得由兩方代表聯合行之。四準備會或審查會擬議事件,仍由雙方代表取決。當時雙方代表詳述理由,並面告胡代表即晚回滬代達。此項辦法決定後,即可定期開會。卅一日,彭、王、李諸君回滬時,又復請其轉達台端,容納鄙

見，迅速惠復。現逾三日，未接來電，不勝翹望。特再電達，希即見示爲荷。朱啟鈐。冬。(《南北議和文獻》84)

《趙慶華致朱啟鈐電》(1919 年 2 月 2 日)：桂公鈞座：敬肅者：睽違訓誨，時切馳思，敬稔旅祉延禧，百凡休鬯，至以爲慰。上月下旬，燕老遇見朱英使，談及和平會議事，英使署有派員赴會參觀之舉。嗣詢悉英使擬派商務參贊婁思君(Mr. Rose)來寧，曾於上月二十九日約在甘石橋談話，周廙老亦在座。當將各方面情形詳告，並將所定宗旨亦已告知，彼我意見相同，婁君允願贊助。曾給介紹函，燕老親筆批注，請鈞處介紹汪、施、王、吴諸君與婁君相識接洽。婁君日内出京，由京赴漢，再乘輪來寧，大約二月十日以前必到。至祈優加接待，並請指導一切爲禱。專此肅達。敬頌勛綏，恭賀春禧。趙慶華謹肅，二月二日。(《南北議和文獻》83)

二月三日，部分北方代表赴滬。

二月三日《朱啟鈐致唐在章電》：爲催促商定會議辦法，今日特屬吴鼎昌等全體代表，乘午車赴滬，與唐接洽一切，俾得早日開議。(《南北議和文獻》84)

《劉奇瑶等致吴景濂褚輔成函》(1919 年 2 月 4 日)附件二《南北議和之消息》(一)(《申報》1919 年 2 月 4 日)：北方代表汪有齡、施愚、李國珍、方樞、王克敏、徐佛蘇、江紹杰等七人，已於昨晚九時由寧乘車來滬，惟朱啟鈐未到。該代表等到滬後，先至鹽業銀行，旋即各散，或回滬寓，或假寓東亞旅館。擬於明晨往靶子路唐少川磋議一切。(《吴景濂函電存稿》48)

按：施愚有誤，當爲吴鼎昌。

大隱居士手摘《政聞紀要》一月二十六日：和議代表吴鼎昌稟辭出京。二月三日：北代表徐佛蘇、李國珍、汪有齡等赴滬。（《近代史資料專刊：一九一九年南北議和資料》）

同日，致電唐在章。

《朱啟鈐致唐在章電》（1919 年 2 月 3 日發）：北京國務院唐伯文鑒：彰密。冬日曾電致少川，文如下："（作者注：文略，即二月二日朱啟鈐致唐紹儀電）"。又爲催促商定會議辦法，今日特屬吴鼎昌等全體代表，乘午車赴滬，與唐接洽一切，裨得早日開議。江。（《南北議和文獻》84）

按：冬日，二日。

二月四日，七位在滬北方代表面見南方總代表唐紹儀。唐紹儀致明電先生；錢能訓致電先生。

《劉奇瑶等致吴景濂褚輔成函》（1919 年 2 月 4 日）附件二《南北議和之消息》（二）（《申報》民國八年二月五日）：南北代表面商會議規則。北方代表徐佛蘇、汪有齡、江紹杰、李國珍、王克敏、方樞、吴鼎昌（昨誤爲施愚）共七人，於前晚（三日）聯翩蒞滬，已志昨報。兹悉徐等此來係與南代表面商會議規則事宜。昨日正午十二時，齊見唐總代表。聞在座北方某代表發言，謂朱總代表此次提出會議規則四條，係因總代表一人雖可提綱挈要，但遇有特殊事件，分代表知之尤能詳盡者，則當會議涉於某種問題，得隨時指定熟悉某種情形之代表陳述意見，庶足互相協助，以利進行，諒南方代表當對此議亦表同情。唐總代表答稱：凡總代表與分代表並無何等差别。所不同者，唯總代表會議時有發言權與決議案決定時簽字權二者而已，並舉歷次所辦外交先例爲言。蓋議場發言，如雙方皆非限於一人，恐秩序不能維持云云。北方又一代表謂，此項會議究與國際交涉不同，且此次會議内容極爲複雜，若漫無規則，恐和議前途進行頗爲困難。唐總代表言：余與朱總代表多年老友，無事不可面談，並無須訂定會議規則之必要。談論許久，不得要領。最後唐總代表對於開審查會一節，認爲隨時可以協定，惟亦無須訂定於規則之中。至第二條，尤絶對不能贊成。結果，北代表言，將今日所談情形先爲電告朱總代表，俟如何復電再商。嗣又談及會議公開問題。唐總代表謂：余並非主張秘密，但新聞記者不可旁聽。某人問能旁聽者限於何種人，唐言如和平聯合會與期成會中人皆不妨參觀旁聽等語。北方各代表隨即興辭各散。(《吴景濂函電存稿》48)

《唐紹儀致朱桂莘電》(1919 年 2 月 4 日)：南京朱桂莘先生鑒：得三原急報，自奉軍管旅全體加入戰綫之後，戰事日趨劇烈，戰局日增擴大。夫陳樹藩與靖國軍尚爲陝省内部之争，奉軍竟敢不遵停止進攻之命，擅自開釁，破壞和局，似此所謂停戰劃界者何由實行？竊謂爲解决陝局紛糾計，爲除去議和將來障礙計，除將奉軍撤回原防，殊無辦法。即請執事電告北京政府，明頒停戰命令，飭凡於停戰令下後入陝之北軍，全數撤退，以免横生枝節，並懲許、管抗令挑釁之罪。至陳樹藩嗾使奉軍加入戰争，尤爲造亂之首，應即日撤離陝境，以遏亂源。且更有不得已於言者，當此議和將始，而奉軍竟敢抗令挑釁，是即北政府威令完全不行之證，則將來雙方所議縱有結果，北政府如何負責？若明知所議不能實行，則雙方會議豈非多事？請將此意轉

告北政府，並即日答復爲盼。唐紹儀。支。印。(《唐紹儀發電稿》明電4)

《錢能訓致朱啟鈐電》(1919年2月4日發，5日到)：南京朱總代表：梓密。蠖公鑒：本日《京報》號外登載我公致少川電全文，是否由尊處交登？其中有無作用？祈示復。紫。支二。(《南北議和文獻》87)

二月五日，致電錢能訓；錢能訓致電先生；熊希齡致電李純，轉先生；唐紹儀致明電先生。

《朱啟鈐致錢能訓電》(1919年2月5日)：北京集靈囿譯電處，梓密。紫公鑒：支二電悉。致少川電本係用明碼，有意使外間傳播，表示正當之主張，希望社會之同情。上海報館亦有發號外者。自係一種空氣作用。四條辦法各代表赴滬接洽，少川仍堅拒不納。其詳情及對付方法，俟明日各代表回寧，與秀山商酌後，另電奉聞。蠖。歌。(《南北議和文獻》88)

按：此爲四日錢能訓致先生電(支二電)之復電。

《錢能訓致朱啟鈐電》(1919年2月5日發，6日到)：朱總代表鑒：密。近日中外言論咸裁兵，且善後借款亦以裁兵爲前提。此次開議，自應首先提出裁兵議案，雙方派人於中央設立裁兵委員會。將來裁兵實多計劃，即可由會員討論議決，俾早實行。請公先與香山協商。此事爲中外注目，務請接洽進行，並希見復爲盼。能訓。微。(《南北議和文獻》90)

《熊希齡致唐紹儀等電》(1919年2月5日)：請轉總代表唐少川諸公鑒：今日爲外交緊急事，曾發一函，須七號方到。惟時機迫切，又有新發生消息，不得不再電報告。前月廿九提出青島問題，日本大使先期知照陸使暫避，僅由顧、王兩使。念八争論，尚不激烈。念九顧使發言甚得體，各國均表贊助。散後，各代表並與顧使握手，以示美感。詎料本月二日駐京日使小幡，赴外部與陳代總長交涉，謂歐洲會議各國，要求中日兩國宣布自歐戰以來中日所訂密約。日大使答以須請示政府，中國大使乃謂並不反對宣布，是與日本未能一致行動。中政府若不訓令顧、王等隨同日本一致，日本即任聽東三省獨立，並將參戰借款停止交付，永遠佔領膠州，以爲脅迫。北京政府頗爲震懾，將開國務會議解决。希齡以爲時機已迫，乃於昨日切函東海及幹臣，力勸勿爲所惑。今日得中央消息，國務會議仍然畏首畏尾，特爲氣悶。查此次歐洲和平會議乃爲我國生死問題，苟稍有良心者無不知此舉可以出死入生，出奴入主。今顧、王兩使既能力争國權，中央政府宜如何堅持不動，將密約電寄宣布，豈能因日使虚聲恫嚇，令功墜垂成。况參戰借款，日本自稱僅交三百萬，餘一千七百萬停止交付。該政府對内對外業經宣言，該使小幡何得又以此要挾政府，謂不續交。其意無非以我財政支絀，藉此以爲挾迫。不知現在南北會議，各省督軍宗旨，均因軍餉無着，商榷裁兵，何至再持此款，添練特别軍隊，而置各省已有之軍於不顧。中央政府及段芝泉亦斷不忍以此一千七百萬之日金爲人所挾制，致將四萬萬人之國土置於度外，而使萬世子孫永爲牛馬奴隸。現聞北京各外交團及外人意見，均以爲中央如無能力對付日本，或致受脅承諾，惟賴南北會議之各代表力争或否認，以爲補救之一着。路透電業已表示此意。是其視各代表爲全國民意之中心也。弟擬請雙方各代表,目前將内政□□(暫緩)商議,以此次外交爲第一問題,趕開臨時緊急會議,聯電政府,速照陸使等所請,概將密約宣布。政府若不見聽,即通電歐美各國否認,以救國危。將來能達目的,四萬萬國民感戴諸君保邦之功,百世不忘矣。務乞迅即籌議,無任盼禱。熊希齡。微。(《南北議和文獻》89)

原注:另有一件内容與此電全同,係電李純轉朱啟鈐者。

唐紹儀《致朱總代表電》(1919 年 2 月 5 日):萬急。南京朱總代表鑒:昨日路透電報稱:日使警告,干涉我外交主權,謂和平會議當唯日本馬首是瞻,不容有所主張,否則參戰借款契約須即取消,並索還前交之三百萬元等語。當即電東海如下:(略)。按參戰借款成立於歐戰緊急危險之時,未經國會同意。今情勢變更,該約本無繼續承認之必要。日使持此以爲要脇,殊屬强横無理。我如俯首聽命,何以立國?現惟有迅即籌償該款,同時取消軍事協約,庶免爲高麗之續。四萬萬民意所在,萬國公論所在,無所逃避。請尊處亦以此意急電東海,迅速裁奪。無任盼禱。唐紹儀。微。印。(《唐紹儀發電稿》明電 6)

唐紹儀《致徐東海電》(1919 年 2 月 5 日):萬急。北京徐東海先生鑒:據路透電報稱,日使對我警告,干涉我外交主權,謂政府當訓令在巴黎之中國代表,凡所主張非經日本同意,不能提出和平會議;中日締結之密約不能發表。中國政府如同意,則昨年九月參戰債款二千萬元中未付之千七百萬元可以照付,否則將該借款取消契約,並索還已付之三百萬元等語。此事果確,殊駭聽聞。我國自有主權,豈能受此無理恫喝!四萬萬國民未死,亦豈能受此屈辱!公負莫大責任,全國具瞻。請即飭部據理答復,迅速籌償該款,取消軍事協約,中日一切秘密條約得由我國全權代表隨時提出,訴之萬國公論,公不能使之有所瞻顧以違反民意。至日使所指三百萬元之款,如公不能籌償,我全國國民自應力任。否則公無以自解於天下,國民亦將謀所以對公。一髮千鈞,宜立裁斷,無任盼切。紹儀。微。印。(《唐紹儀發電稿》明電5)

二月五日後數日,就近日外交形式發表談話。

《朱總代表之談話》:新聞界訪員某君昨日赴寧,親謁朱代表,叩以近日外交情形。據朱總代表面告某君:予近日迭得有責任之消息,日使小幡因青島問題與外交部交涉。以王、顧二使提議青島問題及宣布密約二事,並未先與日專使接洽,與國際慣例不合,請政府注意。至外間所傳要求撤退王、顧,以武力恫嚇各節,實未言及。近日政府接歐洲來電,謂五强國會議處分德屬島嶼問題,日本提出青島當爲無條件之讓與,其時並未先與陸使接洽。迨各國主持須中國委員出席,一鐘前始通知中國委員到會,顧使倉卒出席抗爭,當然不能先與日本接洽。各國對於顧使辯論,表示同情。乃小幡到部,反以不先接洽相責,實與事實相反。某君又詢以政府詰誡王、顧,有無其事。朱總代表答以並無其事。昨政府又電致陸專使,屬其轉告王、顧,元首對於此事之態度,初非浮言所能動聽也。最後某君謂,宣布歐戰後中日密約一層,政府有無確實辦法。朱總代表云,當日小幡日使至外部交涉,亦曾言及,可將濟順、高徐路約提出歐洲大會。外部因與《二十一條》有關,並要求將《二十一條》同時提出。日使並無異言。此係經過實情云云。(《南北議和文獻》85)

原注:原件油印,無月日,據内容推斷,當爲一九一九年一、二月之交事。

大隱居士手摘《政聞紀要》二月一日:日本公使小幡氏以脅迫行動晉見外交次長陳籙,要求我政府約束顧、王二代表,勿再在歐和會議持反對之言論,而事事與日本取同一之態度,否則取消退還青島之宣言,並佔據山東,所有以前尚未交付之參戰借款一千七百萬亦不交付,且中國將蒙其他之不利益。措辭極厲,察其意猶在中日密約之秘密問題。當時陳次長答以須取決於國務會議。小幡氏遂悻悻而去。事爲外間所悉,歐美人方面俱爲不平,政府尚無所表示也。(《近代史資料專刊:一九一九年南北議和資料》)

按:二月一日日使小幡質問北京政府外交部次長,四日北京政府電告南京和談代表,則先生談話應在五日之後不久,原注在一、二月之交不準確。

二月六日,致電周自齊、交通總長曹汝霖;李純發出通電;某人致電先生。

《朱啟鈐致周自齊曹汝霖電》(1919年2月6日):北京報子胡同周子沂總長、趙家樓曹總長:宣、咫密。昨電計達。路透消息,真確情形若何?亟盼見告。冬鄉論調激昂,對外主張應歸一致。弟所處地位,尤與此事有密切關係,非得確實情形,不能發言。究竟:一、日使對外交部發何言論?二、政府若何答復?三、政府對於陸、王、顧各使有無命令?

四、報傳日人軍人對於駐日中國使館威脅舉動,是否屬實?五、以未付參戰借款爲要挾條件,是否屬實?借款經費未付,尚有若干?此語若確,芝老是何意見?六、日本有無以軍力爲要挾之表示?七、歐美各使館對於此事之議論及對於政府之表示若何?八、政府决定若何之方針,對付此問題?即逐條指示爲荷。鈐。魚。(《南北議和文獻》101)

《李純通電》(1919年2月6日):國務院各部院、各總裁、曹經略使、巡閱使、督軍、省長、都統、護軍使、海陸軍各司令、朱總代表暨代表諸公,譚月波、組庵兩先坐、吴將軍均鑒:近月以來,和平空氣布滿全國,因善後之解决,有會議之盛舉。既經中央復准,各方贊同,雙方各推總代表亦先後分莅寧滬。惟以中央頒布停戰罷兵令,廣州軍府亦通令停戰罷兵,各省雖皆奉行,而陝、閩、鄂西等處尚有糾葛。經多次之協商,定簡捷之辦法:(一)陝、閩、鄂西雙方一律嚴令實行停戰。(二)援閩、援陝軍隊,即停前進,擔任後方剿匪任務;嗣後不再增援。(三)閩省、鄂西、陝南由雙方將領直接商定停戰區域辦法,簽字後各呈報備案。(四)陝省内部由雙方總代表公推德望夙著人員,前往監視區分。(五)劃定區域,各擔任剿匪衛民,毋相侵越;反是者,國人共棄之。以上五條,均陳奉中央允准,電得廣州軍府同意,即日雙方通令按照實行。所有陝閩等問題,遂已解决,會議即可進行。知關廑念,特此布奉。李純。魚。(《南北議和文獻》92)

《微密電》(1919年2月6日發,7日到):浦口楊段長速送朱總長:微密。地點事,東海本允,由端甫電秀山疏通,秀亦允,惟復電大發牢騷。此間對於香山不容納四項辦法,不

甚滿意。地點事將停。桂心。魚。(《南北議和文獻》93)

原注:此電末尾"桂"字不清,不知是否與"心"字相聯爲發電人署名。只得用"微密電"標題。

同日,南方總代表唐紹儀針對先生提出的會議規則提出修改意見。

大隱居士手摘《政聞紀要》二月六日:朱總代表提出之會議規則,經唐總代表修正如下:(一)議題由兩總代表協定。(二)會議時由總代表發言。(三)開議後總代表以爲宜準備或審查者,由總代表指定某人行之。(四)準備審查兩會議定仍須俟兩總代表公决。(《近代史資料專刊:一九一九年南北議和資料》)

二月七日,復電贊成唐紹儀對會議規則的修改意見;唐在章致電先生;唐紹儀致明電先生;唐紹儀致密電先生。

大隱居士手摘《政聞紀要》一月十二日:和議地點堅持在滬,唐少川以去就相争,元首已俯予承諾,惟否認在租界舉行,以顧國家體面也。十五日:和議代表吴鼎昌晉謁元首,詳述抵寧所辦關於和議上事件,及唐少川堅持在上海租界開和議會與疏通無效之經過各情形。南方派郭人漳、唐寶鍔赴寧謁李純,謂議和地點非上海不可,此實南方大多數主張云云。二月七日:唐總代表所修正之議和規則,已由朱總代表復電贊成。北代表除朱、施二公外,均已到滬。會場决定在舊日之德國總會。(《近代史資料專刊:一九一九年南北議和資料》)

《唐在章致朱啟鈐電》(1919 年 2 月 7 日發,8 日到):南京朱總代表鈞鑒:彰密。歌魚電敬悉。已屬路透及《字林西報》各訪員，分電滬、粵兩處，大意如下：此間中外人士，聞唐君反對朱總代表四項辦法，致有議遲開，群情失望。謂值外交緊迫不定，因手續小節，致礙進行。北方已一再讓步，深望南方賢明，乞總代表剋日開會，共禦外侮云云。滬上中西各報是否照登，請飭查復。章。虞。（《南北議和文獻》94）

唐紹儀《致南京朱總代表電》（1919 年 2 月 7 日）：南京朱總代表鑒：頃准秀公魚電稱，所擬停戰辦法五條，（原注：江蘇督軍李純提出實現全面停戰的五項建議：一、停戰區域包括陝、閩、鄂三省；二、北方"援陝""援閩"軍隊均停止前進；三、雙方議和總代表共同派員到陝西監視停戰；四、陝、閩、鄂三省由雙方將領劃定停戰區域；五、雙方在劃定區域内剿匪衛民。）經北京政府電准照辦，已同時電徵軍政府同意等因。準此，除由此間電軍府速催張君瑞璣剋日兼程赴陝外，應請尊處即電京，迅飭前方防綫各軍實行停止進兵，不得再施攻擊，以昭誠意而維和局，無任企盼之至。紹儀叩。虞。印。（《唐紹儀發電稿》明電 7）

按：同日，唐紹儀並分别致電廣州軍政府、張瑞璣。

唐紹儀《致朱總代表電》（1919 年 2 月 7 日）：南京朱總代表鑒：和密。聞日使於巴黎會議聲稱，各國所有占領德屬應分别辦理，並謂青島實德國屬地等語。遁詞既出，知其所窮。查青島係德國向我租借，約章具在，可資考證。而日使强指爲德國屬地，蓋意存欺朦。國際之信誼果安在者？夫屬地與租借地，其性質迥殊，斷不容併爲一譚。應請執事會銜以此意電京。一面電致王、顧二使，一致主持，以折其鋒。國土存亡，所繫甚大。倘以爲然，迅乞裁復，並請由尊處主

稿，無任企盼。紹儀叩。虞。印。(《唐紹儀發電稿》密電 1)

二月八日，致電唐紹儀；致電錢能訓，請迅飭前方各軍停止前進；致電唐在章；致電北方代表吴鼎昌；致電財政次長吴鼎昌；與唐紹儀聯名致電中國駐法國大使館，轉王正廷、顧維鈞；唐紹儀致密電先生；交通總長曹汝霖致電李純，轉先生。

唐紹儀《致朱總代表電》(1919 年 2 月 8 日)：庚電敬悉。(《唐紹儀發電稿》密電 2)

按：庚電，八日電。

《朱啟鈐致錢能訓電》(1919 年 2 月 8 日)：錢總理鑒：密。接唐總代表虞電，文曰"頃准秀公魚電稱'所擬停戰辦法五條，經北京政府電准照辦，已同時電商軍政府同意'等因。准此。除由此間電軍政府速催張君瑞璣剋日兼程赴陝外，應請尊處逕即電京，迅飭前方防綫各軍，實行停止進兵，不得再施攻擊，以昭誠意而維和局。無任企盼之至"等語。陝事既經雙方協商，張瑞璣不日北行，應請即照李督商定之第一、二條，迅飭前方各軍實行停進。其餘各條分别施行。此電必須正式復答，請即日賜復爲盼。○。庚。(《南北議和文獻》97)

《朱啟鈐致唐在章電》(1919 年 2 月 8 日發)：北京國務院唐伯文：彰密。中央代表抵滬後，謁唐磋商會議規則，照原四條略加修改，已得雙方同意，即協推汪、方、章、胡四君起草，結果由王今日回寧報告。又議場先擇上海總商會，繼以地址不便，擬借用前德總會云。(《南北議和文獻》98)

《朱啟鈐致吴鼎昌電》(1919 年 2 月 8 日)：上海吴代表

鑒：鋘密。香山虞電屬會銜電主座，弟因對主座稱謂不一，涉筆復止。已將原電轉京，並另電痛陳利害，即與會銜無異。彼此處地不同，當能見諒。俟得政府回電，如主張不致相歧，自當一致貫徹。設有異同時，須用秉三電之所主張。即爲南北代表，自應聯合表示。但此係國民外交，爲世界所注目，發言不可不特加慎重。况國際禮儀，動意氣、傷感情之論調，固所不宜；即傳説過甚之詞，亦未可據爲典要。此次日使對我外部之確情，及我政府對外之方針，暨各方面之態度，均宜考查明晰，方可以其情實爲對待之根據。香山爲外交先輩，允宜奉爲圭臬，對外有所主張，誼當一致。兹事體大，其進行程度，尤冀隨時審酌，以期周至。頃鶴雛來寧，述及臨行所聞日使恐嚇不如外間所傳之甚，政府亦頗沉静，不爲所動，所謂詰誡王、顧（原注：王正廷與顧維鈞），亦尚無此事實。鈐昨致各方探詢之電，尚未得復。請公親持此電，轉告香山。至擬另電致王、顧二使一節，告以國民公意爲之後援，以鼓其氣，甚有作用。即我輩對於二使此次在歐會抗議，亦當表示敬意。已復電香山，請主稿挈名會發。措詞應采何種方式，並望同人參酌爲荷。再，函電所商會議之事，容另達。庚。（《南北議和文獻》99）

《朱啟鈐致吴鼎昌電》（1919 年 2 月 8 日）：上海吴次長：鋘密。同人均鑒：頃幹老梓密，答復外交事如下：聞青島問題，滬上論調頗趨激烈，大抵由於西報鼓吹，即路透電所載，亦全非事實。此事緣起，係因顧使在會要求直接歸還青島，語甚持正。日使謂其持論過激，曾至外部抗辯，但亦主張將膠濟借款條約提出大會。我政府則以中日密約《二十一條》與此項問題有關,擬同時一併提出,日使亦無異詞。現出院電陸(原注:出席巴黎和會的全權代表陸徵祥)全權相機披露。外間所傳恫嚇之辭,不無已甚。即英美論辯激烈,不免張大其詞,恐係爲人利用。少川致主座微電,亦已復之。大要謂政府宗旨堅定,決不致爲何方搆煽所能動摇等語。又據許君云,廿九日元首尚有電致陸使等,奬勵王、顧之語。餘電均未來。知注並聞。起草事進行如何?地點事,頃接端甫轉來李廷玉轉去吴子玉電,痛詆唐主在滬,此間不平之意可知。屬商電部借房,籌備一節,俟叔魯到婉商較妥。蠖。庚二。(《南北議和文獻》100)

唐紹儀、朱啟鈐聯名《致巴黎顧王二使電》(1919 年 2 月 8 日):和會尊議極是,全國嘉許。希竭力進行。青島爲德租地,非屬地可比。若京電意存畏葸,必出日本强迫。全權在握,諸君務勿瞻徇,自有全國國民爲後盾也。紹儀、啟鈐。齊。(《唐紹儀發電稿》明電 10)

按:二月八日唐紹儀致先生密電曾録電文,文字稍有不同。

大隱居士手摘《政聞紀要》二月八日:雙方代表及西南軍政府七總裁,對於新交涉電請當局據理拒駁。惟聞日本方面頗有讓步,並電該國代表在和會宣布一切秘密條約。(《近代史資料專刊:一九一九年南北議和資料》)

唐紹儀《致朱總代表電》(1919 年 2 月 8 日):南京朱總代表鑒:和密。庚電敬悉。當於本日電王、顧二使,堅持原議矣。其文曰:"巴黎。中國使館轉王正廷、顧維鈞二君鑒:聞在和會力争主權,至理名言,舉國嘉許。查青島爲德國租地，非屬地可比，日使所稱顯係遁辭。國土存亡關係甚大，除電致東海一致主張外，望勿稍瞻徇，以竟全功，四萬萬國民自能爲君等後盾也。啟鈐、紹儀同叩。”相應電達，統希查照。紹儀叩，齊。印。(《唐紹儀發電稿》密電 2)

《曹汝霖致朱啟鈐電》(1919 年 2 月 8 日發，當日到)：飛急。南京李督軍轉朱桂莘先生：咫密。魚電悉。此事全非事實，純係西報鼓吹挑撥。一、日使對外部只言專使在會，並未與日代表接洽，遽言可以密約發表，不合外交慣例，請注意。二、政府答以當注意。三、並無命令。四、毫無事實。五、另一問題，日使恐國防軍再作徵南之用，請政府聲明並無政治作用。六、亦非事實。七、歐美方面頗疑謠言爲真，請政府勿受要挾。八、政府只允發表密約可以同意，已令代表將所有中日關於山東秘約發表。歌電當相機辦理。霖。庚。(《南北議和文獻》102)

按：此爲二月六日先生致周自齊、曹汝霖電之復電。

同日，與唐紹儀共同簽發南北和平會議規則。

大隱居士手摘《政聞紀要》：和會規則由胡漢民、章士釗、汪有齡、吴鼎昌等會同擬定後，經唐、朱兩總代表簽字發表：(一)會議時雙方總分代表列席。(二)會議時由雙方總代表發言。(三)議題由雙方總代表協定。(四)議題既開，總代表認爲應開準備會或審查會者，由雙方總代表各指定若干人聯合行之。(五)議時由雙方總代表各派秘書一人記録，並會同整理保管記録文件。(六)會議未決事件及準備會或審查會擬定事件，雙方代表及秘書均負完全秘密責任。(七)議時不准旁聽。(八)本規則由雙方總代表簽字。(《近

代史資料專刊：一九一九年南北議和資料》)

按：一月三十日，先生提出會議規則四條，由胡漢民轉交唐紹儀，徵求意見。二月六日，唐紹儀提出修改意見。二月七日，先生復電贊成唐紹儀的修改意見。

同日，國務院署銓叙局局長許寶蘅到南京面見先生，轉授政府關於和談意見。

《許寶蘅日記》：正月初五日(2月5日)，三時揆召囑赴南京與蠖公接洽事件。初六(2月6日)，入府謁主座，陳明南京之行，與世湘接洽。初八日(2月8日)，入城至細柳巷湖北會館，晤蠖公談。

按：據《夬廬居士年譜》，許寶蘅民國七年任大總統府秘書，再任銓叙局局長。

二月九日，致電北方代表吴鼎昌；收到李純所鈔送錢能訓與其往來電文。

《朱啟鈐致吴鼎昌電》(1919年2月9日)：上海吴次長鑒：鋘密。頃接京咫密探電如下：(即《南北議和文獻》102《曹汝霖致朱啟鈐電》全文，略)。去電問語，如尚記憶，希即補充。一面由快函抄寄。第二函悉，應致中央探索之事，請擬稿寄來爲然。鈐。佳。(《南北議和文獻》104)

《錢能訓致李純電》(1919年2月7日發)：南京李督軍鑒：親譯，〇密。魚電悉，解決陝閩等處簡捷辦法五條，已得彼方贊成，自應早日宣布實行。惟第四項公推大員監視一節，原議係雙方總代表公推德望夙著人員前往。既經彼方一致贊同，且經我公通電宣布，自應仍由總代表公推，以符定議。前粤中來電，雖有公推張紹曾之説，但此間未經同意。嗣少川有擬推張瑞璣之電,亦曾以張瑞璣自較勝任,准仍應由雙方代表正式公推。祈以此意切商西林諸公,俟雙方總代表公推辦法協商確定,即可將五條辦法正式宣布。再,前得我公復電,於偕同赴滬一節未荷贊同。惟滬上同隸帡幪,無論在寧在滬,一切仍仗槃猷匡濟。未盡之言,另托鶴雛代達,想邀鑒察。敬以附聞。能訓。陽。(《南北議和文獻》95)

原注:此電與下一通李純復錢能訓電,均由李純抄送朱啟鈐,朱於二月九日收到。

《李純復錢能訓電》(1919年2月8日發):北京國務總理鑒:親譯,〇密。陽電敬悉。辦法第四項公推大員一節,彼方復電已贊成由雙方總代表公推,其所云張紹曾者,特申前電之請,囑純設法維持而已。純於接電後,即已於麻日復其一電云"卅電敬悉。勘電五條辦法既荷贊同,已轉陳中央查照,通電實行,並由純另行通電宣布矣。尊處擬公推張紹曾一節,聞唐總代表之意,似別有所囑。既由雙方總代表公推,純勢難儳言,尚乞鑒原爲幸"等語。此時中央但須將五條辦法正式宣布,不必問其張紹曾一層。蓋純之通電,不過告慰各方面,仍須由中央電令實行。朱總代表乃可與唐少川協商公推也。若中央内定張瑞璣,只須於宣布後,密電桂莘,商唐公推,不必再向西南辯白,致生枝節。尊意以爲何如?至赴滬籌備一節,勢難遵從,魚電已詳述之,並詳復端甫先生矣。李〇。庚。(《南北議和文獻》96)

二月(十二日前),南方代表全部到達上海。

唐紹儀《致廣州政務會議電》(1919年2月11日):廣

州軍政府政務會議諸公均鑒:前准貴會議議決,以唐紹儀爲南北議和全權總代表,章士釗、胡漢民、繆嘉壽、曾彦、郭椿森、劉光烈、王伯群、彭允彝、饒鳴鑾、李述膺爲代表。並派員賫送總代表證書前來。兹各代表已先後抵滬,會議地點亦經南北協商决定在滬。儀遵於二月初一日正式就職,謹以奉聞。唐紹儀叩。真。印。(《唐紹儀發電稿》明電 12)

《南代表名單》:

章士釗　行嚴。湖南人,留英學生,岑春煊代表,政學會。

胡漢民　展堂。孫文代表,日本留學生,老同盟會,與汪精衛齊名,曾任粤都督。

繆嘉壽　延之。曾爲唐繼禹參贊,隨同赴粤者。辛亥時,爲李根源副官長。洪憲之役,爲兵站總監。其後爲旅長,旋擢爲滇軍第二師師長。最近爲蒙自道尹。

曾彦　其衡。廣西代表,曾任議員及廣東財政廳長。昔爲政學派,後因政學派其財政廳長以楊永泰代之,極惡政學派,武鳴派也。

郭椿森　松年。廣東代表,即粤督之參謀長。與李根源頗接近。貴州人。武鳴因郭偏重聯李,聞不甚以郭爲然。

劉光烈　亞休。四川代表,四川熊督(原注:四川督軍熊克武),聞與政學會接近。

王伯群　貴州人,留日學生。劉督軍(原注:貴州督軍劉顯世)之甥,貴州師長王文華之胞兄。黔中道尹。

李述膺　龍門。陝西人,舊國會議員,陝西代表,政學會。

饒鳴鑾　子和。福建人。福建及海軍方面代表。海軍參謀長,已故饒司令本族。

彭允彝　静慎。湖南人,留日學生,政學會。(《南北議和文獻》55)

按:據唐紹儀電文,南方代表全部到達上海時間當不晚於十一日。

二月十三日,唐紹儀致明電先生;收到北方代表王克敏來電。

唐紹儀《致南京朱總代表電》(1919 年 2 月 13 日):急。南京朱總代表鑒:會議規則早經雙方議定,曾交汪代表有齡轉送尊處,諒經接洽。中外輿論責望和議早開,南北所有糾紛各節,會議遲開一日多受一日之害。兹特囑汪君兆銘、盧君信專誠來寧,歡迎執事及各代表諸公即日來滬,以便訂期開會,共决大計,無任延企。紹儀叩。元。印。(《唐紹儀發電稿》明電 15)

《王克敏致朱啟鈐電》(1919 年 2 月 13 日到):朱總代表鑒:魯密。頃晤少川,各代表亦在坐。少川閲電後,謂:"我請東海宣布者,係軍事協定及其另定之密約。來電所言,問非所答,全是搪塞之詞。"敏謂:"外交有一宗手續。此次歐議席上,係因青島問題而起,則在會議所宣布者,只能以與青島有關係之密約爲限,似不能横插他題。"唐又言:"軍事協定較之密約爲要。我請朱總代表因我等之要求,請東海將軍事協定及其另定之密約及所有與日本密約,一併對我等宣布。"敏謂:"此係另一問題,與此次日本外交無涉,外交事總算已有辦法。"嗣唐又言:"軍械又有一船,要使一面議和,一面交戰,斷説不去。須請政府對日本聲明,將軍械及因軍事之借款,在會議中概行停止。至陜事,胡仍照對達詮所言,李□□緊急。”敏謂:“現在仍照李秀山所擬辦法五條實行,自可解决。”唐言:“五條皆係敷衍辦法,只須照第一條實行便足。”唐又言:“桂辛何尚不來。如再不來,外人皆疑爲另有用意,大非所望。”敏以準備未全爲詞。唐言:“國家大事,豈能以館舍不周爲解。”隨後總結數言:一、請政府將與日本所定各種密約,對和平會議推誠宣布。一、和平會議期内,請政府對日本聲明,將前定之軍械及日軍事之借款,一律停交。已交之軍械,政府應有處置妥法。一、陜事請政府速定相當辦法。一、請公速來,免人生疑。乞速電復。再,唐言,軍事協定確有另定條件。渠在日本時,田中陸軍大臣曾對渠言“有此條件,不能宣布”等語。並聞。敏。(《南北議和文獻》107)

按:此電未有發電時間。

二月(十二日後),汪精衛、盧信專程赴南京,迎接先生及北方代表前往上海參加南北和平會議。

唐紹儀《致南京朱總代表電》(1919 年 2 月 13 日):兹特囑汪君兆銘、盧君信專誠來寧,歡迎執事及各代表諸公即日來滬,以便訂期開會,共决大計,無任延企。(《唐紹儀發電稿》明電 15)

《三水梁燕孫先生年譜》五月十三日:當朱氏南下之際,汪精衛至南京迎之,談次,北方某分代表當衆言南方總代表不知可以代表各分代表否。汪曰:“此係當然。”某曰:“恐不然罷,即如朱先生何嘗可以代表我們各分代表!”汪愕然,一座駭然，以爲某何爲於斯時而發斯言也。

按：汪精衛、盧信專程趕往南京當不早於十三日。

是年（一月十四日或二月十四日），安徽銅陵縣知事祝崧年致書先生。

祝崧年致先生書：桂辛總長大人偉鑒：前上寸緘，略陳一是，諒邀鑒原。詎龔省長即升財政總長，得電任命後即赴京就職。幸繼任皖長爲吕省長，想不久即由京津到寧、到皖履任。兹懇者擬上一書，乞總長先行寄去，俾得先存記室，俟吕省長到寧見總長時再加栽培，庶易生大效，則感戴奚如！惟此函係年擬稿，不免冗長，如此函有未當，祈更正，另繕郵發爲禱。請原其不厭求詳耳。乞斟酌照發，並希加蓋印章、添寫信面，即日郵寄，至懇至感。恃蒙垂情逾格，憐恤衰庸。臨穎媿感無既，俟見護省長後，束裝來寧一敘衷曲。專懇，即請勛安。祝崧年頓首，十四日午後。再，去歲蒙賜薦章，實生效力，無奈下走遇合不時耳。聞原定望江縣，旋改繁昌，又改定遠，不料望江係渤海公以伊中表某某易之，繁昌係極峰左右維持之，定遠係鳩江道尹之公子，自是難更。大約有新主任到，一切自必改弦更張，姑且待之，如下走等苦不堪言矣。乞閲後付丙。心又叩。（朱氏家藏稿本）

按：箋紙署“心又叩”，未署名款，信封上署“崧年上書”，書札當爲名崧年者所書。

朱啟鈐致吕調元書：燮甫省長仁兄偉鑒：鵲報傳來，鶯遷志喜。當時局趨向和平之會，正國家發展政治之秋，恭維疆綰江淮，秩崇桑梓，鴻勛日晉，雀躍春升。弟跡寄金陵，時逢玉綰，群賢畢至，萬眾齊趨。但願有益此行，大慰中外永久福利和平之期望，則大幸耳。兹懇者敝業師祝崧年實任安徽銅陵縣知事有年，辦理教育、實業、圩公、緝捕盜匪、結理訟訴等要政，均著有聲，疊蒙督軍、省長咨呈請獎勳章在案。詎四五等年來防禦亂匪、撲滅蝗蝻、保護圩隄，不辭勞瘁，遂患瘧疾。去夏尤劇，因此請假，當經地方文電挽留，堅辭，始准委員代理。五月一日交卸，交代清楚。九月内請銷病假，聽候差委。當兹政府殷殷求治之期，地方喁喁望澤之日，賢大吏諄諄察吏之時，自必爲地擇人，不爲人擇地。惟祝知事有爲有守，政聲卓著，並不以缺瘠事繁，稍息勞苦，知事中洵不數數覯也。特懇格外栽培，或准予回任，或量予任優。將不僅爲師門作介紹，仰望推愛之殷，且爲大府引賢能，立上知人之頌。代陳履歷一扣。耑肅，敬敂勛祉，並賀升禧。愚弟朱啟鈐鞠躬。（朱氏家藏《祝崧年致朱啟鈐書札》稿本附件）

按：書言"兹懇者敝業師祝崧年實任安徽銅陵縣知事有年，辦理教育、實業、圩公、緝捕盜匪、結理訟訴等要政，均著有聲，疊蒙督軍、省長咨呈請獎勳章在案"，則前書當爲祝崧年所書，其時任銅陵縣知事。

兩札皆未署年款。祝書言"龔省長即升財政總長，得電任命後即赴京就職。幸繼任皖長爲吕省長"。據《辛亥以後十七年職官年表》，龔心湛一月十一日免去安徽省長，改任財政總長；吕調元民國八年一月十一日任安徽省長，三月四日到任，十二月三十一日離任。則祝書當作於龔氏離任後不久之一月十四日或二月十四日。又據祝書内容，可知朱書乃爲祝氏代作。朱書信文"弟跡寄金陵，時逢玉綰，群賢畢至，萬眾齊趨。但願有益此行”，則作於一月二日先生到達南京參加南北會談之後，亦與推定祝書時間相吻合。

二月十四日，致電王克敏；周自齊致電先生。

《朱啟鈐致王克敏電》(1919年2月14日)：上海新閘路十三號王叔魯先生鑒：〇密。陝事得新老電：政府已將五條於覃日通電宣布等語。外交情形，日内稍變，日本有將各種密約先行宣布之説，政府亦電令陸使相機辦理。同人二三日内赴滬，詳情面談。德華住宅，照電財部借用矣。鈐。寒。(《南北議和文獻》108)

《周自齊致朱啟鈐電》(1919年2月14日發，15日到)：南京朱桂莘先生：宣密。微、魚兩電悉。山東問題，已由總理撮要電達。兹遵示條復：一、日使對外部云，兩國密約須彼此商允，始可宣露；顧、王提議不合外交手續。二、政府答復，事關領土，不能不在會提議；日本原有歸還之諾，自必實行。三、政府對顧、王無誥誡之事。四、並無其事。五、日使云，參戰款如我正式請其停付，或移作别用，均可照辦，非要挾也。尚餘千七百萬未付，芝老堅持繼續。近因謡傳中國人主張撤參戰處，芝老從前所允達詮辦法，現已不允。六、無此表示。七、歐美使館異常不平，極力推重顧、王，而力勸我政府不可退讓。八、政府仍力進行，惟主張和緩出之，不欲過於開罪近鄰。而最近數日，小幡言論日趨平和，已允我將山東借款密約及《二十一條》於會議時宣露，並請我政府將近日實情登報，以免再有誤會。微電各節，已向外人表示。英美允即電滬，勸促早日開議。日亦電其滬領婉勸矣。美使主張，兩方開議，首先决定裁兵大綱，簽字互换。

電請元首特派代表並選派南北軍財要人,延請英、美、法、日軍事家合組裁兵委員會,即日在京會議南北一律裁兵各種方法。此條實行,一面續議其他事件,庶免糾纏延誤。所持不無可采,聞已電其特派員提倡矣。總之,英、美與日猜忌愈深,感情愈壞,我尤須審慎堅定,不爲何方利用,方有自立之地。外交方面,對北甚好,對南頗生厭惡,以南方缺愛國心,終置國家於冷静地位也。餘續陳。齊。願。(《南北議和文獻》103)

二月十五日,岑春煊致電先生,質問未赴滬之故。

《質問未赴滬之故致朱啟鈐電》(民國八年二月十五日):未赴滬之故?(《岑春煊集》陸)

原注:《本館專電》,《中華新報》1919 年 2 月 16 日。

二月(十七日前),參與南北和平會議途經南京期間,江蘇省長齊耀琳約請先生觀江南圖書館,獲見丁丙八千卷樓舊藏李誡《營造法式》鈔本。

民國八年三月朱啟鈐《營造法式前序》:啟鈐專使南下,道出金陵,承震巖省長約觀江南圖書館,獲見影宋本《營造法式》一書,都三十四卷,爲絳雲樓劫餘,展轉流傳歸嘉惠堂丁氏,經湮陽端匋齋收入圖書館。(石印本《營造法式》卷首)

齊耀琳《營造法式序》:宋李明仲《營造法式》刊本未見。今江蘇圖書館所藏爲張蓉鏡氏手鈔本,卷帙完整,致稱瑰寶。紫江朱桂辛先生奉使過寧,瀏覽圖籍,深以尊藏秘笈,不獲流播人間爲憾,存古詔後之意蓋汲汲焉。(石印本《營造法式》卷首)

陶湘《營造法式》識語:民國八年己未,紫江朱桂辛氏啟鈐過江南，獲見是書，縮印行世，上海商務印書館踵之，尺寸照鈔本原式。惟以孫、黄諸跋證之，知丁本係重鈔張氏者，亥豕魯魚，觸目皆是。（陶湘重刊本《營造法式》卷末）

按：先生一月二日到達南京，二月十七日離寧至滬參加南北議和會議，直至五月離滬。其《營造法式序》作於三月，則發現《營造法式》鈔本，當在一月二日至二月十六日間。

二月（十八日前），北京政府外交部致電先生、南方總代表唐紹儀。

二月十七日唐紹儀《致廣州軍政府暨參衆兩院電》過録此電文：唐少川、朱桂莘二公鑒：准法京陸專使八日電稱"國際聯合關於世界安危，我國參與其間，關係尤切。自威總統主席以來，正在竭力進行，而我國内各界尚未於威總統之前有所表示。請速商參衆兩院，即用兩院名義直接電達美國議院，表示中國四百兆人民對於國際聯合會之組織，欽仰威總統爲世界造福無涯，不勝禱祝云云。即請美議院將原電轉呈威總統"等語。除商參衆兩院，即日照電外，竊以二公領袖群賢，中外欽仰，南北會議既爲全國安危所攸繫，亦爲世界觀聽所同趨。如以會中名義電威總統，尤足喚起世界注意，於巴黎會議前途，裨益匪淺。（《唐紹儀發電稿》密電6）

按：先生與唐紹儀收到外交部電當不晚於十七日。

二月十七日，由南京抵達上海。會晤署銓叙局許寶蘅。

大隱居士手摘《政聞紀要》二月十七日：朱總代表已抵滬與唐少川會晤。（《近代史資料專刊：一九一九年南北議和資料》）

《許寶蘅日記》正月十七日（2月17日）：晤蠖公、汪子健、王叔魯、吴達詮、江漢之、李碩遠、施鶴雛、方立之、徐佛蘇、劉鯉門諸代表。

按：二月八日許寶蘅於南京晤先生後逗留數日，十二日赴杭州訪親，十五日再赴上海，直至此日方有與先生見面記載，先生抵滬時間當在十七日。

二月十八日，唐在章致電先生。

《唐在章致朱啟鈐電》(1919年2月18日發，19日到)：上海朱總代表鈞鑒：彰密。合肥昨見日本訪員，述國防軍意見：一、予自清末迄今，有志改良軍制，歷年變亂未遑，將從國防軍着手。二、中央必先有優厚軍力，方能使各省實行改良或裁減軍隊，國防軍即爲中央地步云云。乞密存。又熊克武寒電，九日就川督職，仍乞提攜等語。並聞。巧。(《南北議和文獻》109)

二月二十日，錢能訓復電先生。江蘇督軍李純通電宣布結束所任南北議和相關工作。

《錢能訓致朱啟鈐電》(1919年2月20日發，21日到)：朱總代表：密。哿二電悉。陜事自五條辦法覃日通電以後，北方軍隊次第收束。三原、涇陽一帶，因係于右任駐在地，迄未向該處進攻，原爲將來劃分地步。滬上所傳三原克復之説，確係譌傳。明日會議請公抱定五條辦法，覃日以前當然不受五條拘束，覃日以後自應停戰。並請明日當由兩方代表推定張瑞璣，以正式電告中央，即日照辦，此事便有結束。特將真實情形據告。能訓。哿。(《南北議和文獻》115)

原注：此電末尾朱啟鈐批有“陜事帶會閲”字樣。當即二月二十二日朱啟鈐在第二次會議時所説的陜事來電。

《李純陳南北和平會議日期已定本人所任之事可告結束電》：比由朱桂莘、唐少川兩總代表商定，於本年二月二十日在上海開會。是純與王、陳兩督軍二年以來千回百折所希望，於護國、護法兩方面有兩全而無兩傷者，幸已達其目的。遂其請求，凡所擔任已可告一結束……李純。習。(《天津市歷史博物館館藏北洋軍閥史料》黎元洪卷二)

同日，上午九時，參加在上海德國總會舉行的南北和平會議開幕典禮。先生與南方總代表唐紹儀分別發表演説。

《和平會議紀事》(1919 年 2 月 20 日)：民國八年二月二十日上午八時五十分，唐總代表紹儀、朱總代表啟鈐及南方代表章士釗、胡漢民、繆嘉壽、曾彦、郭椿森、劉光烈、王伯群、彭允彝、饒鳴鑾、李述膺，北方代表吴鼎昌、王克敏、施愚、方樞、汪有齡、劉恩格、李國珍、江紹杰、徐佛蘇先後臨黄浦灘會議事務所。九時，唐總代表、朱總代表及各代表，由執事員引導入會場，行開會式，向國旗行三鞠躬禮入席。席係長桌，兩總代表於中間東西對坐，各代表以次環坐，旋執事員退出。南方秘書易次乾、鍾文耀，北方秘書賈士毅、周詒春入席。南秘書席設西面，北秘書席設東面。坐定，唐、朱兩總代表先後發宣言。言畢散會，同拍一照，以留紀念。(《中華民國史檔案資料彙編》第三輯政治分册《重大歷史事件和問題・南北議和》)

原注：朱啟鈐檔案。

二月二十日唐紹儀《致廣州軍政府各總裁及西南護法各省區通電》：謹於今日午前九時，會同南北雙方全體代表

在上海德國總會舉行平和會議開幕典禮,禮成。(《唐紹儀發電稿》明電 24)

《唐紹儀演説》(1919 年 2 月 20 日):今日爲和平會議開幕之期,鄙人無似,獲躬與其畫,欣愧交併。溯自法紀凌夷,生民塗炭,年來南北所受痛苦,人民所蒙損失,不可以縷述。國家不幸莫逾於此。然今日兩方代表猶幸得聚首一堂,討論國家百年大計,實人民厭亂之心理與友邦友誼的忠告,交相促迫,始有此和平會議之組合。此不可謂非不幸中之幸也。今日爲第一次會,對於國家具體問題,當俟諸以後逐期會議詳細討論。惟有一事不能不先爲聲明者,此次西南護法之争,揆諸正誼公理,實爲不得已之正當防衛,並非挾持意氣,故與北方爲難。所謂西南反對北方,此種不當之名詞,西南絶不能承認。至年來戰事蔓延,民生憔悴,南北兩方同感此痛。熟審世界之趨勢,知公義之方張,敢信以後世界上必無戰争發生。徵諸美總統威爾遜之演説,當可了然。况吾國數千年來人民心理,皆酷愛和平,歷史具在,班班可考。民國成立以來,國家政權多握於武力派之手,故戰争紛亂,迄無寧歲耳。邇者時勢所趨,潮流相迫,將化干戈爲玉帛,換刀劍以犢牛,一切干羽戈矛,皆應視爲過去陳舊之骨董,後此戰争當無從起。西南唯一之希望,亦豈有他,不過欲使合法之和平,期其千萬世,不祥之兵氣,銷爲日月光,俾勠力同心,以發展民治精神,圖謀國家鞏固而已。若夫對外,則雙方雖在戰争,而彼此實共同一致。際此歐洲和平會議時期,吾國尤不能不争國際上之地位。西南本極願國有强固之政府,使教育、交通、實業事項積極發展,以利民生。内政修明,則外侮自無從侵入。矧世界和平之説,美總統倡於前,舉世人和於後。近且國際聯盟之議,將形諸事實,則外侮之慮,更可無虞。且也近世外交,多主秘密,故爾虞我詐,誠所不免。兹者外交主義世界已趨於開明,則虞詐之患可無,斯侮辱之虞自免。我西南主張宜趁此世界推誠相與之時,實行全國開放主義,借友邦資財,發展吾國實業,以吾人物産供給世界需求,民國前途殊未可遽抱悲觀也。今日與諸公爲第一次之會晤,鄙人所最感觸不安者爲"南北"二字。夫吾國實一家耳,安有所謂南北?即以此次雙方代表而論,南方所派出者固有北人,北方所派出者尤多南人。鄙人極願爾後南北界綫勿復再印於腦際。此外,更有最切要之事,爲鄙人所舌敝唇焦,迄仍未獲解决者,厥爲陝西問題。自停戰迄今,經已兩月,而陝西戰事仍未停止。陝民何辜,遭此荼毒?鄙人於各代表未抵滬之前,與徐菊人先生函電交涉不下十數次,直至於今,仍無效果。今且和平會議已第一次開會矣,而據昨日所得消息,尚有三原失守説。果爾,則以前所下停戰令,不成爲一紙空文耶?務望諸君鑒陝西人民受此額外痛苦,首將此事解决,免使全國皆躋和平,而西陲一隅尚遭塗炭,則幸甚。國内戰争,至今日已告一結束,然推厥禍原,外力實有以助長之。蓋武人派苟非藉助外力,則金錢無自來,軍械無從購,兄弟鬩牆,早已言歸於好矣,何至兵連禍結,延至今日,使人民痛苦,至於此極哉?此著要之點,務望諸君格外注意。所願由今以後,雙方代表彼此相見以誠。蓋會議討論範圍,悉關國家大計,非一人一家之事,惟推誠相與,始易解决。並願此等不祥之會議,從

速終了,俾人民獲早日安寧,當亦爲諸君所贊許也。(《南北議和文獻》110)

《朱總代表演説》(1919 年 2 月 20 日):頃唐總代表所述各節,與啟鈐感想亦有同者。邇年以來,内争擾攘,迄於今日,國民希望和平,有如饑渴。又值歐戰告終,列邦將以大同主義貢獻於世界,我國豈可長此紛争?故政府有派遣代表會議之舉。今者兩方代表團聚一堂,捐除畛域,共謀國是,自當有解决辦法,以慰内外之望。惟是南北糾紛各事,原因複雜,其造因不盡在民國八年中,因沿歷史而來者甚多,自應爲根本之觀察,定遠大之計劃。至唐總代表所謂外交問題一節,一致對外,争國際上之地位,啟鈐極表贊同。民國六年,政府加入參戰,亦爲注重國際地位起見,排萬難而爲之,久爲人所共知。經營年餘,始獲此結果,得在歐洲和會席上,以公允正當之言論,供獻於各友邦之前。我國民自當以一致之精神,爲政府之後盾。唐總代表所謂須建設强固政府一節,啟鈐尤爲同感。欲求政府之强固,必須内外相維,共策進行。至軍事方面,尤應順世界之潮流,副國民之責望,合財政之狀況,力事裁汰。惟其辦法,極應詳慎,當爲妥籌收束,引歸正軌,不可因銷弭兵禍,轉啟争端,致使人民瘡痍未蘇,又遭塗炭也。再,停戰以來,因地域遼闊,一時致有衝突,容或有之。辛亥和議時,亦不免有此種現象。自當從速設法,以紓民困。今日爲會議開始之期,不及討論具體辦法,略述一二而已。諸公以國家安危爲重,啟鈐不敏,願共勉之。朱啟鈐。三月二十日。(《南北議和文獻》111)

《譯〈中法新匯報〉本日評論》:會議開始。無謂空渺數月之談判，至今日方有結果，在上海正式開會矣。其中所當解决之問題，或與法律或於事實上有關係者，約可分爲五項：（一）閩陝問題，（二）國防軍，（三）國會，（四）懲辦南北啟釁之禍首，（五）善後事宜。第四問題無足輕重，因欲懲罰北方軍閥，必致再啟兵釁而召外人干涉，國計民生，益不可問。至其餘四端，綜爲一事。陝閩一帶，武人不遵命令繼續作戰，因恃有國防軍爲後盾，故敢如此猖獗。段派之不欲去國防軍，因南北兩方悉有軍隊，南北國會之争，亦恃有軍隊爲後盾也。故欲解决一二三事，必須先决第五問題。所謂善後問題，不外減除軍費，廢去督軍。至國防軍，既與日本有密切關係，尤須首先裁撤。倘段派必欲維持之，南方應稍忍耐，俟其餘軍隊裁撤後，國防軍亦必不能獨存矣。代表諸公，應知爲國民而開議，而非爲軍人而來者也。（《南北議和文獻》116）

原注：原爲抄件，無日期，似爲 1919 年 2 月 20 日或 21 日。

大隱居士手摘《政聞紀要》二月十七日：府院方面接有朱桂莘總代表，已與南方商定以抽籤法定議題先後之報告。（《近代史資料專刊：一九一九年南北議和資料》）

二月二十一日，南北和談代表召開第一次會議。

《第一次會議記事録》：二月二十一日上午九時，南北總代表暨各代表均出席，會議陝西問題。兹將會議情形分録於左：

唐總代表首先發言，謂：去年十一月十六日徐東海所宣布之停戰命令，所有軍事省份均包括在内；然北方竟將陝西、福建兩省劃出停戰範圍，指爲土匪，屢次進兵攻擊。後以福建一方北軍武力稍弱，且離北京較遠，不如在陝北軍戰鬥力充足，且距京較近，故以全力攻擊陝西。旋經南方力争、陝民反對，江蘇李督出而調停，於是乃有五條辦法之調處。按五條辦法實根據去年十一月十六日之命令而來，未嘗非解决陝事之一辦法。乃南北一面磋商解决辦法，而北軍仍陸續暗中進行，則雖有辦法亦等於無辦法。本席深信東海先生對於停戰確有誠意；然陝西用兵是否違反命令，抑或另出於一部分人故意如此，實不可知。查國防軍、奉軍、甘軍本各有統轄，各有防守地點，何以對於陝西則聯合各軍從事攻擊，此事實難索解。微特代表對於此事不能明瞭，即全國人民亦咸懷疑慮。夫由東北調遣兵隊進攻西北，中間生出許多糾紛，當未與諸公會晤之前，曾電東海請令許蘭洲退出原駐處，並撤换陳樹藩以解决陝民困苦。貴總代表及各代表諒表同情。深望以統一國家爲前提，以陝民疾苦如己受，彼此同電東海，要求將上列兩事照辦，以解陝民危困。

朱總代表曰：陝西黨派甚爲紛雜，剿辦土匪已非一日。當時並無明了之護法軍，而土匪遍地，該省長官告急請兵，故閩陝不在停戰區域範圍之内。旋因軍政府屢次抗議，往返商論，有直接電致中央者，有由李督轉達者，電文具在，此事實在派遣代表之前，甚有因此不派代表之傳説。嗣後李督從中調停，提出五條辦法。自提出後，又復往返磋商，在其期内，兩方軍隊或不免有衝突之事。現在李督提出五條，中央政府及軍政府業已同意。而五條中之公推監視員一條，商明由代表開議後實行。至停戰一層，中央政府已於十三日通電,其電文已轉達唐總代表。現在監視員張瑞璣已來,應相接洽,令其速赴陝西,遵照五條辦法實行監視劃界事宜,以紓民困。

唐總代表曰:陝省土匪係發生於停戰命令後,抑在命令發表之前?

朱總代表曰:陝省確有土匪在前,事實具在。既有土匪,政府即當有剿辦之事。

唐代表曰:停戰命令之後,北軍仍事進攻,且遠調奉軍,究屬何故?

朱總代表曰:奉軍於總統就任前已駐河南洛陽觀音堂一帶,並非停戰後方始開拔。

唐總代表曰:軍隊入陝,係在停戰命令之後。

朱總代表曰:軍隊入陝,確在停戰命令之前。至雙方軍事行動,本席間有不甚詳明之處。

唐總代表曰:停戰命令原以表示和平,乃將陝閩兩省劃出,强加以土匪名目,殊與和平宗旨大相違背。當時山東、河南各處土匪未嘗不充斥,何以只對於陝西方面調兵攻擊?

朱總代表曰:河南、山東同時剿匪,非止陝西,此有公報可證。

唐總代表曰:命令中何以不言河南、山東亦爲剿匪區域,而獨指陝閩兩省?

朱總代表曰:十六日命令,只言土匪擾亂地方,兩省土匪較多。

唐總代表曰:吾輩應綜陝事始末,研究其實在。

朱總代表曰:曾對各方面聲明,若言已往之是非,不免互相抗論,只有就現在事實商量辦法。從前經過情形,彼此均非當局,未能盡悉,故已往之事,不能不據文電加以研究,分別答復。此時惟有就已定辦法,促監視員迅速前往,遵照五條辦理,間有困難之處,再由雙方電告一切。

唐總代表曰:雙方派員辦理固善。惟不如由此間討論一切實辦法,俾委員辦理更有把握。自十一月十六日停戰令下後,至二月十三日五條公布。在此期間,北軍所占領地方,何一非南方範圍,當然不能以土匪論。如仍視爲土匪,則北軍亦可目爲土匪矣。若北軍堅持土匪區域之説,委員將如何?又東海雖下令宣布五條,倘彼方軍隊不奉命令,委員又將如何?此爲今日所先應研究者。况陝西現有北軍,究奉誰人命令?是否直隸於國務院,抑別有機關指揮此項軍隊?殊不明了。萬一二月十三日以後,北軍仍從事攻擊,北京政府將如何?張君此去亦不過劃界而已,倘北軍强詞奪理,界綫不明,軍匪不辨,則困難立見。如此若不定辦法,則張君之去亦不過令其照五條辯論。即見錢幹丞,而錢亦不過令其照五條前往而已。故今日應决定一切實辦法,方易解决。不然,即使張君雖往而解决終難也。

朱總代表曰:陝西北軍民軍所在地域互相參錯,故須劃清界限,彼此擔任剿匪。而劃界一層,以湘西辦法最善。李督提出五條,亦係仿照湘西辦法,由雙方軍隊長官照五條直接商定停戰區域。我輩在此距陝甚遠,若懸擬劃界辦法,亦與實際情形不合。故此事應由雙方將領自相協商酌定辦法。湘西亦係如此,自劃界之後,永無衝突,是其明證。即與政府往返商量,而政府亦是轉飭軍隊辦理。總之,雙方軍隊有協同之精神，方可持久。且衝突絶非一方之事，必因兩方相抗而成。現在張君已到，當囑其速往與雙方前敵軍隊接洽辦理。

唐總代表曰：此語甚是，但恐斯事内幕實非如此。

朱總代表曰：只須兩方有和平真意，自免衝突。

唐總代表曰：所謂衝突，界説不一，陝省則北取攻勢，南取守勢，與湘西勢均力敵不同。福建則南取攻勢，北取守勢，若南方亦如北方破壞和局，則福建早陷於危境矣。

朱總代表曰：湘西劃界在停戰前，鄂西劃界在停戰後，現狀均好。此刻陝西如劃清界綫，雙方負責，便可解決。

唐總代表曰：此固情形各有不同，惟雙方有同等兵力，始可辦到。閩省南軍力厚，北軍即不敢過問。陝省南軍力薄，北軍爲擴張地盤計，即視爲土匪，猛下攻擊。即此可知各地情形不同，實不能以一概論。湘西、鄂西彼此均有同戰鬥力，安可同日而語？至雙方負責一層，即如陝之于總司令方面，我可負責任。試問貴代表對於前方各軍隊能負責任否？負責須雙方一律，事乃易辦；若推諉於前敵將領，更難解決。前敵將領，只知武力强弱，遑問公理。本席極願雙方負責，務使前方軍隊遵照命令及五條辦法劃界駐兵。于總司令方面，本席負完全責任，北軍方面，亦請貴代表負責，並請先將陳樹藩撤换。十一月十六日停戰命令後，北軍所占地方須完全退還。許蘭洲所統入陝之奉軍，即日退出原駐地。此非過於要求，實一部分之事，極易解決。

朱總代表曰：今日所討論者，在實行五條辦法，若地方軍隊長官不能奉行，我可負請政府飭陝軍實行之責。至貴代表可指揮于司令，本席則不能直接指揮全國軍隊。

唐總代表曰：並不是指全國，只就陝西而言。

朱總代表曰：軍隊當然聽政府之命令。

唐總代表曰：陝軍究竟爲誰管轄，其直轄於國務院，抑直轄於其他政府？

朱總代表曰：斯語本席不能承認。

唐總代表曰：現在北京政出多門，如最近借入外債一千七百萬，余知實非東海本意，尚有一政府操縱於其間，故有此問。

朱總代表曰：此另一問題。

唐總代表曰：借外債即爲攻陝張本，吾知東海不至贊成。然其他部分人違反和平本意，究竟東海能以命令制止與否，係另一問題。惟東海既表示和平，其有破壞和平、不奉命令者，東海當如何？故今日張君之赴陝，徒持此空空洞洞之五條辦法，似於事仍無濟，雙方須討論實際辦法才是。

朱總代表曰：貴總代表是否欲商量劃界辦法？恐彼此之所懸度者，定一標準交與張君，到陝亦未必即能辦到。

唐總代表曰：五條辦法辦到與否，有益與否，尚不可知，不能謂有此五條，其他可以不加討論。况北方軍隊仍未奉命，張君此行，有何結果。

朱總代表曰：此次公推張君，以張君爲兩方信任之人，能與雙方接洽。將來到陝之後，必能有公正之解决報告於北京政府、軍政府及本會。總之，此事以前未有協定辦法，故有糾紛。刻下已有協定辦法，當有圓滿之解决，若有不遵之事，當由政府强令遵照。

唐總代表曰：二月十三日以後，貴代表負責，既聞命矣。惟十一月十六以後，二月十三日以前，中間發生之戰事如何辦法。況讓一步言，即就北京所誣爲匪者，只盧、郭二軍耳。然邇來所進攻佔領之地，均非盧、郭駐軍範圍。且三原一帶，實在于總司令駐軍區域，此又何以自解？

朱總代表曰：貴代表之意是否以于司令爲正式軍隊，其餘皆非南軍，目前只知有盧、郭，或者將來於盧、郭之外，别有他種土匪。

唐總代表曰：所謂土匪係北方單獨之主張，南方始終未有承認。如盧、郭二人均經李根源、陳樹藩任用，今日忽指爲土匪，於道理上説不過去。假如目下雙方情形與北京所指者不同，前方北軍不聽張君勸告，尤爲難决之問題。故無論如何，吾輩今日必須商量有實際辦法，與張君决定，庶張君前往乃有把握。

朱總代表曰：張君對於陝事甚爲熟習，當先與面商交换意見。張君此去須負事實上之責任，故吾輩所懸度者，不能責之張君也。

唐總代表曰：今日會議乃欲除去武人佔據地盤之禍。前東海曾謂，俟和平會議開議後，自有辦法。目下當趁此機會，減少一般武人之跋扈。

朱總代表曰：本席未聞此説。

唐總代表曰：五條辦法只有四條，而最難者爲劃界。倘吾輩不商定辦法，恐張君徒憑五條條文前往，亦無辦法也。

朱總代表曰：原定條文，應由雙方將領自行分劃簽字；而以公推之大員監視之，而所派大員事前僅負介紹及疏解之責。

唐總代表曰：欲免除不肖武人專横，當以何者爲保障？又劃界事宜，究以何者爲標準？

朱總代表曰：停戰劃界當遵二月十三日所布之五條辦理。

唐總代表曰：雙方協定界綫，當以十一月十六日命令爲準，不能以二月十三日爲準，吾輩應主張公道。依東海和平本旨，則十一月十六日以後，北軍不應以大軍進攻陝西。貴代表所云以二月十三日情況爲標準，殊欠公允。

朱總代表曰：劃界一事，只可以二月十三日情況爲準。不然，又將繼起紛擾，陝民重遭塗炭。凡事須從事實上注意，若一言可決固佳，否則反不如從事實方面着想也。

唐總代表曰：若有要求貴代表同意一事，即撤消陳樹藩是也。據各方面報告，均謂陳樹藩縱容土匪，殺戮平民，中外輿論，同聲指摘。今本席代表陝西人民請求貴代表，即電東海將陳樹藩撤消，就令一時辦不到，貴代表職責上亦當如是。倘北京政府能將陳氏撤消，則吾輩亦當電軍政府將于右任督軍命令取消，以昭平允。

朱總代表曰：此時尚在兩軍對峙之時，當求息争之法。若先更調軍事長官，轉恐另起波折。總之，整理軍事極爲贊成，但不可操切，當詳細商酌，逐漸辦理。

唐總代表曰：貴代表以撤陳樹藩爲操切乎？陳爲陝西蟊賊，和平障礙，北京政府應有覺悟。

朱總代表曰：若不按諸實際，操切辦理，假如有人對南方亦提出同等對人問題，恐難成爲事實也。

唐總代表曰：吾輩討論，只憑公理，斷不爲無理之袒護。貴代表如須提出，本席絶無所容心，只有付諸中外正誼公論之裁判而已。

朱總代表曰：今日討論五條辦法，自是正當，倘及其他急劇辯論，轉失感情。

唐總代表曰：傷感情一説，本席不承認，本席只認定失不肖武人之感情，於吾輩代表及其他之感情絶無妨礙。且本席之要求撤消陳樹藩，非絶無根據，前東海曾云及和平會議如主張撤消，則我當將他撤消。我輩今日不過代表國民心理，向貴代表要求同意，並非逾分，亦非極端主張。且會議之前，曾向東海請求，又非臨時貿然提出者。尚望同意，爲國家去一大惡物。

朱總代表曰：五條以外，如涉及對人問題，恐無益於陜西目前之争。

唐總代表曰：是否五條以外不能發言？

朱總代表曰：並非不能發言。不過此外問題不能同意，容俟將來從長計議。

唐總代表曰：不同意，即不贊成。

朱總代表曰：先討論五條辦法，若提出對人問題，本席以爲於將來收束軍隊等事有所妨礙。

唐總代表曰：五條辦法，當按十一月十六日命令爲標準，若按二月十三日宣布之日爲標準，殊不公允。

朱總代表曰：劃界剿匪，仍當根據二月十三日所布之五條辦法，以電文達到之日爲準。

唐總代表曰：撤消陳樹藩之要求，未得貴代表同意，然本席總希望可以辦到。若此項問題作爲暫時中止討論,俟今日與張君瑞璣接洽後,再行討論。

鈐,二月二十一日。(《南北議和文獻》117)

三月六日《北京軍政府麻電》:大要在停戰劃界,雙方各任剿匪而已。經徵得西南同意,於本年二月十三日電令宣布施行。雙方代表始於二十日在滬集議,公同推定張瑞璣赴陝監視區分。(《議和文獻輯存》29)

同日,錢能訓致電先生。

《錢能訓致朱啟鈐電》(1919 年 2 月 21 日發,22 日到):朱總代表鑒:密。哿電悉。陝事已於哿二電内詳述,當不致十分困難。惟外交事,原因複雜,因争論青島而牽及參戰軍,又因參戰軍而牽及軍事協定。其間英日之論調,中央之解釋,與夫政客接洽之鼓蕩,又皆互有出入,而不能貫徹其主張。若分别言之:在英美方面,欲推倒日本從前在中國之自由行動,而又值一般輿論反對合肥之所爲,遂因禁付參戰借款而並及於參戰軍。日本方面,則值此歐會開始,時局將有變更,不能顯然抵抗,遂一面要結法國爲消極之抵制;一面對於參戰借款,囑松井疏通香山,不可提出會議。中央方面,則以參戰名義在軍事協定之先,本無連屬關係。目下歐和尚未簽字,各國軍隊亦未盡撤,且俄屬不靖,西比利亞一帶,各國皆有軍隊出發,是此時參戰軍未便解除。在香山方面,則向以美爲重心,故欲藉外交問題,一方拘束日本,以見好於美,一面攻擊合肥,以見好於一般政客之心理。至於陸相田中之言,與小幡不符者,所謂不用以對内,則中央本有此宣言,其謂將來裁撤軍隊,又不能不藉參戰軍之力,意在中央先有實力,然後裁撤各軍,無抵抗敷衍之弊。且此説係注意於驕縱之北軍,不得以裁兵之用,即謂有對内之嫌疑也。有吉之言,可謂明白了當。參謀部之電,係疏通少川不使提議,故含蓄其詞耳。歐戰終了,另加解釋,係在弟任内事。當時確無他項附約,終了之期,以和會簽字、各國退兵之日爲限,亦尚明了。且此係另一問題,與參戰軍不相連屬。即使參戰軍裁撤,亦不能涉及於軍事協定,以該條文本不根據參戰而發生也。現中外人士均疑中日必有密約,實在無之。報載借款續練十師之語,尤係訛言。此事既如此複雜,倘籠統提出議題,政府雖限於困難,尚有片面理由。竊慮提案未終,一困於英日之對付;再困於政黨之流言,如再有北軍鼓蕩陰謀利用情事,則解鈴繫鈴,兩方總代表又何以善其後耶?平心論之,此時欲使政府明發宣布確實辦法,以阻其提出,勢難辦到。誠以政府必須維持合肥,以收束北洋軍隊。且合肥排除衆難,加入戰團,以有今日。當時協約各國亦頗韙之,公今日對會宣言亦是此意。參戰軍即由此發生,不聞各國有異議也。今和議尚未簽字,自未便遽爾解除。中央已將此意,屬外部向日使聲明。是已定有辦法。假使明日宣布,香山仍必藉英美以責言,亦未必默然而息也。誠欲有相當之解釋,謂宜層層劃分,不可糾紛束縛。青島事已交大會,自可静候解决。其軍事協定原文亦在陸子欣處,本擬陸續提出,是宜催其相機提交大會,由外解决,自可無國内之糾紛。至於參戰軍一事,和議簽定,當然同時解除名義,彼時自應歸陸部統轄。至應裁與否,宜併入裁兵案内,由陸部統籌辦理。蓋此軍既非對内,當然不生問題。藉曰對内,即無此參戰軍,豈即束手而聽西南之宰割。藉曰應裁,此時亦無裁費,何必先此齗齗。總之,當將此事區别而言,歸外交者仍結束於外交,歸軍事者仍結束於軍事,若併爲一談,是作繭自縛矣。用將詳情縷達,可酌告香山。或將參戰軍歸入裁兵案内,外交各事當候歐議解决。且所以各舉代表之緣起,原係因護法而致兵爭。則今日欲謀和平統一,亦必有一定之範圍,相當之權限。若欲舉必不可能之事,爲高掌遠蹠之談,其何能濟?公之議案,冷待協商者,意正在此。軍事協定條件,日前已郵寄,購械及參戰借款兩約,俟再調取續寄。紫。馬。(《南北議和文獻》118)

《北京政府馬電》:外交問題、軍事協定及參戰軍三事,政府馬電主張辦法:一、青島事已交大會,應静候歐會解决。二、軍事協定原文,已在陸子欣處,催其相機提出大會,由外解决。三、參戰軍事,俟和議簽定,解除名義,彼時歸陸軍部管轄,應裁與否,宜併入裁兵案内辦理。來電要點:一、參戰軍與軍事協定爲兩事,參戰軍裁撤不能涉及於軍事協定,以該條文不根據參戰而發生也。二、和議未簽字,各國軍隊皆未盡撤。西比利亞一帶不靖,各國皆有軍隊出發,參戰軍當然不能裁撤。三、軍事協定終了之期,以和會簽字、各國退兵之日爲限。解釋係在錢閣之時。原文養電聲明録後。(原注:文中未附養電。)四、參戰軍不用以對内,中央本有宣言。五、借款續練十師之説,實無其事。六、確無他項附約。七、青島問題、軍事協定及參戰軍三事,不可混爲一談。歸外交者應結束於外交,歸軍事者應結束於軍事。八、不可假此等事爲攻擊參戰首功之人。(《南北議和文獻》119)

原注：原爲抄件，無標題。據内容推斷，發電日期應爲1919年2月21日。

二月二十二日，南北和平會議代表召開第二次會議，會議討論陝西問題。

《第二次會議議事録》：二月二十二日上午九時，南北總代表及各代表全體入席。玆將會議情形録之如左：

甲、陝西問題

朱總代表首先發言，謂：張君瑞璣昨已晤見，於陝中情形極爲明了。玆有來電一通，請查閲。至張君赴陝，應否由本會備具公函，送交張君作爲委托之證？

唐總代表曰：請大衆決定辦理。

朱總代表曰：按錢幹丞所來之電文，則北軍進攻三原、涇陽之謡，可證明其不實。

唐總代表曰：三原失守之説，係訛傳，自是幸事。惟電文中稱于右任駐在地不進攻，是否于以外他處悉爲匪，皆可進攻耶？電意似屬如此。

朱總代表曰：于司令爲彼方領袖，故單提于司令；例如北方言陳樹藩，實則在陝軍隊，亦不止陳軍而已。

唐總代表曰：幹丞電於體制殊未合，吾輩定須遵守彼之訓電耶？

朱總代表曰：京電專對北方代表而言。

唐總代表曰：照李督勘電，所開五條辦法，第三條稱陝南將領，第四條稱陝省内部，意義殊有出入，非解釋明白，張君無從着手辦理。

朱總代表曰：條文所稱陝南將領，或陝省内部，均在陝西範圍之内；而第四條重在公推大員監視劃界一層。

唐總代表曰：勘電閩陝係各爲一事，陝南似又爲一事。

朱總代表曰；第三條兼包閩、鄂、陝等處，均須劃界，第四條之意閩鄂無須派員監視，獨陝西尚有派員監視之必要，而陝南與陝省内部同屬陝境，係屬一事。

唐總代表曰：昨曾與張君研究勘電五條，稱劃定區域由陝南雙方將領直接商定；而陝省内部則由張君監視劃界分區，似界綫權限均不明了。本【席】爲早决陝事起見，以爲須有明白確當之解釋，張君方易辦理。

朱總代表曰：現在爲解决糾紛起見，應以現在兩方軍隊所在地劃分區域，中間應留防衛綫，彼此距離稍遠，使不衝突。此事雙方均須讓步。

唐總代表曰：辦理此事，權限應須分明，不分明則困難立見。

朱總代表曰：張君此去，本席以爲須由本會付以委托之證，並電中央接洽，加發命令；當入陝時，通電前方將領保護，方爲周密。

唐總代表曰：請貴代表告北方，以後對於陝滬來往電文，萬勿阻擱。吾輩總以接到于右任電，方敢信在陝北軍已實行停戰。

朱總代表曰：陝經兵事，電杆毁壞，故往返電文，因之稽擱。以後自當電告政府，轉飭電局遵照。

唐總代表曰：劃界一事，當以十一月十六日以前狀況爲根據。

朱總代表曰：現既公推張君爲公正人，完全委諸張君遵照五條辦法，相機辦理。俟其到陝，當有公正之評判。

唐總代表曰：因條文不明了，本會更須定一辦法，俾張君辦理有所依據。

朱總代表曰：界不能不劃，匪不能不剿，已成不易之論。劃界原在息争，當以維持現狀爲主。張君負有監視之名，應行疏通之實，惟有請張君到陝根據五條相機辦理，若由本會預爲擬定辦法，深恐於事實上多所捍格。

唐總代表曰：第三、第四兩條條文殊太參差；且第四條所規定張君不過監視劃界而已。據張君稱：不有一定界綫與彼，彼亦無從着手。

朱總代表曰：三四兩條之精意，已述於前。劃界一事，仍宜按照湘南辦法，由雙方將領協商辦理。張君前往，事前設法疏通，事後保證界綫，方能有濟。

唐總代表曰：閩湘與陝情形不同，湘南本勢均力敵，且雙方將領均有覺悟，故相約停戰。福建北不敵南，知戰無益，故亦停戰。至陝西狀況，北方厚集各路軍隊，下總攻擊；南方僅以有限之兵，不完之械，東撑西拒。北方乃利用此弱點，相率競争地盤，與閩湘情形迥異。藉使陝西南軍兵力與閩湘等雙方覺悟亦如湘南將領等，則何至有今日之争持。此節大衆均應明白，陝事何可斷定照湘南辦理，本會總須討論一監視劃界辦法。

朱總代表曰：劃界辦法，當以二月十三日五條公布後兩方軍隊所在地爲準，本此標準從事解决較易且速。若必追溯以往，甚爲困難。頗思以此種意見委托張君秉公辦理；且雙方將領張君均素熟識，一經疏解，不難化除意見。

唐總代表曰：公正人自是向雙方調處，但有一方吃虧，公正人亦難於調處也。

朱總代表曰：陜事重在疏解目前之紛争，並非爲永久之解决，亦非爲雙方劃分地盤。就令强爲劃分，將來統一後，亦豈能雙方長此對峙耶？

唐總代表曰：張君因無一定標準，實無辦法，且五條辦法實由停戰争議而起，故不將停戰争議關於一切界説劃分清楚，張君亦無根據。

朱總代表曰：汎指地域一層，種種困難，前晤張君並未向本席要求予彼以界説。

唐總代表曰：張君如肯擔任前往，亦未嘗不可。

朱總代表曰：應敦勸張君前往。

乙、軍事問題

唐總代表曰：昨日之會，對於參戰國防軍曾略有討論。今日路透電載：北京政府有接受日本參戰借款餘額一千七百萬之説。刻歐戰已終，無戰可參，需此鉅款，究屬何用？本席前經屢次電争，今日望本會代表全體電争爲盼。

朱總代表曰：現在果有續提斯款之事，誠足引啟各方之疑慮，自當向政府陳述，請勿提用。

唐總代表曰：原始日本以關於對付西伯里亞問題而有中日軍事協約之訂立，由協約所規定而發生應辦事項，乃有參戰軍之組織。歐洲戰事終了，參戰軍遂變爲國防軍，此國防軍所由來也。至日本與國防軍之關係，有如左要點：一、日本參謀部曾寄語，於和平會議時，勿提議國防軍。二、日本參謀部駐滬員松井，曾主張南方亦須練國防軍。三、日本參謀部主張,南方有名人物加入北方國防軍。四、日本面請本席向南方接洽,要求勿撤國防軍。五、本年二月十一日,日首相原敬曾對田中陸相反對國防軍,惟田中則堅持國防軍有存立之必要。六、日本國民對於國防軍,多持反對説。七、關於國防軍及借用日款事,本席曾屢電外交團,聲明反對;外交團亦極表同情,復電甚爲滿意。八、對於國防軍借用日本款事,上海各團頗有暗潮,現須設法禁止,免日人藉端生事。九、各國對此事,在歐洲和議席上極爲幫忙。十、國防軍結果完全受支配於日本。凡此皆實在情形。目下關於裁縮軍隊、整理財政,以爲急須進行。姑無論國防軍隊與日本有種種秘密關係,固當裁撤。即無上列各種關係,然此際擴充軍隊實與此次和平會議之本旨違反,與友邦忠告之善意違反,與全國人民希望之心理違反。况國防軍原於中日軍事協約發生者,近北京政府有令使赴歐特使將中日密約隨時宣布。既可宣布於外人,自可宣布於全國,毋使切膚之國民茫然不知本國國權喪失何等程度。此事應由雙方代表迅電北京政府,要求將中日軍事協約及一切附件宣布於國民,使全國國民得以研究救亡之法。

朱總代表曰:本席前在南京,適值外交事件發生,曾向政府建議,昨日談話會時,商量向政府索取軍事協定諸約,同人均贊成。且對外方面,政府與國民應取一致之態度,國民外交實爲政府外交之後盾,政府失敗,亦即國民失敗。至收束軍隊,本席亦同此意。昨日面致整理軍事、政治計劃書,希望爲將來討論收束軍隊之參證。而收束軍隊之標準,當本國家經濟之能力酌定,全國每年軍費之額,以求財政上收支之均衡。至向政府索取各種條約,其中應守秘密者,閱人仍應負秘密之責。夫對外固宜以民氣爲後盾,尤應審慎進行;如有過激之舉,亦非有利於外交也。

唐總代表曰:現在先討論要求北京政府將軍事協約及一切附件宣布,並對於北京政府支取殘餘借款一千七百萬元之質問,亦應同時電發。

朱總代表曰:贊同,即擬電稿拍發。

遂隨意談話,十一時半散會。並商定以後會議時期,星期一、三、五爲正式會,二、四、六爲茶話會。均上午九時開會。(《南北議和文獻》120)

同日,錢能訓兩次致電先生;唐在章致電先生;陳光遠致電先生等南北代表。

《錢能訓致朱啟鈐電》(1919年2月22日發,23日到):朱總代表鑒:和密。養電悉。路透電所載,國務院並無此項通告。但歐戰雖停,和議尚未簽字,各國軍隊亦未完全撤回,參戰軍純係對外性質,此時自未便解除。且參戰事務之發生,協約國亦均一致主張。當時借款聲明不作他用,自是另一問題,於現在和議進行,中央認爲並無障礙。又查參戰事務之發生,不但協約國一致主張,且借械、借款以及運輸等事,英美亦願代籌。如謂參戰軍不應再用外款,此有合同關係。假使借用他國之款,亦將廢止耶?國人疑慮,誠屬不免,似應明白解釋。若歐戰終了,則參戰軍自應同時收束。希轉告唐總代表無生誤解,仍望協力進行,俾得早息糾紛,是所至盼。能訓。養。(《南北議和文獻》122)

《錢能訓致朱啟鈐電》(1919年2月22日發,當日到):

朱總代表鑒,密。馬電敬悉。議場討論各節,至協機宜,記録盼速郵寄。至劃界一節,自應以宣布五條辦法之日爲斷,務希毅力堅持,是爲至要。紫。養二。(《南北議和文獻》121)

《唐在章致朱啟鈐電》(1919 年 2 月 22 日發,23 日到):上海朱總代表鈞鑒:密。國防軍三師駐近畿,現由靳管。日本由阪西接洽,有款而無械。西北邊防軍三大旅,分駐洛陽、廊坊,每旅萬人,實同三師,現由徐管。日本由齋藤接洽,械彈充足,惟苦無款。後者有實力,而前者僅徒手;後者易説話,而前者不易説話。南方昧於情形,徒知攻擊前者。如能移其注意及於後者,則事易解決。應否由京訪員電滬鼓吹,乞密示,並轉吴次長。章。禡。(《南北議和文獻》127)

《陳光遠電》(1919 年 2 月 22 日發,24 日到):和平會議總代表朱桂莘先生、唐少川先生暨代表諸先生鈞鑒:奉國務院哿電,欣悉群賢畢至,和會宏開,德星聚於一堂,仁風揚於八表。諸公皆當代名賢,負時重望,萬流鏡仰,四海傾心。際兹旋乾轉坤之交,同膺排難解紛之任,化干戈爲玉帛,以揖讓行折衝,允協輿情,共决國是,大局有賴,兆庶騰歡。溯自國步多艱,戎車再駕,或因仁智異見,遂致兄弟鬩牆。光遠躬忝疆寄,目擊時危,每聞鼙鼓之聲,輒深猿鶴之痛,椎心泣血,被髮纓冠,謹隨諸賢,共謀調解,幾經挫折,終乏轉圜。兹幸當事諸公,一心同德,積志精誠,力戢寧息,於是我全國士民兩年來和平之希望,今乃撥雲霧而見曙光。快慰私衷,莫與克比。我代表諸公,抱公忠體國之心,感風雨同舟之誼,鑒世界之大勢,以國家爲前提,圖長治久安之規,去入主出奴之見,利害熟權其輕重,【偏】頗務底於均平,執兩用中;

先求統一，終求軌物，躋世泰和，扶危定傾，安内對外，博施福利，宣濟艮難。額手以虔祝，數十國友邦所引領以仰望者也。翹首海天，無任頌禱。陳光遠，養。（《南北議和文獻》130）

二月二十三日，致電李純；錢能訓兩次致電先生。

《朱啟鈐致李純電》（1919 年 2 月 23 日發）：南京李督軍鑒：桂密。第一次會議，即提陝事，辯論情形已將紀事録密告台察。昨日開會，張君瑞璣已由雙方推定。張君人頗明瞭，其意亦在了事。惟少川處陝人環繞，不免提出許多要求。箇日會議，唐即以五條雖經宣布，北軍仍未奉命爲言，要求將監視劃界切實辦法，由代表會議先行商定。禡日會議，持之尤力。唐謂五條内第三條專指陝南，而第四條又言陝省内部，條文既有出入，自當另定辦法。陝南劃界，姑以二月十三所布五條之時爲準，其餘各處劃界，應以十一月十六日停戰令下之時爲準，方昭公允。〇以條文所稱陝南或陝省内部，均在陝西範圍之内，第三條兼包閩鄂兩處，均須劃界。第四條之意，閩鄂兩處無須派員監視，獨陝省尚有派員監視之必要。至其劃界辦法，均係仿照湘南成規，統由雙方將領協商。假使此間憑空懸擬標準辦法，决難與事實相符。劃界原在息争，當以維持現狀爲主。既推張君爲公正人，應以監視等事委諸張君，俟其到陝相機辦理。名爲監視，實以疏解爲務，其劃界手續仍由雙方將領協商，如有困難，臨時盡可電商。至軍事行動，兩方應照覃日所布五條時各軍駐紮之地爲準，南由唐負責，北軍亦當恪遵，如有違抗，當由〇負請政府强制之責。再三辯論，唐始無異言。此事在會，似已告結束。張在滬，與晤談兩次，持論平允。陝人之激切主張，聞渠已力爲疏解。日内到寧，敬希延見，指示方略，並將尊處與軍政府往來討論經過情形，詳切告知，俾能貫徹此次主首。再，陝地將領中，諒多熟友，並乞台端致函紹介，或由中央另派一人伴送，尤爲妥洽。已電告中央，表示此意。統候卓裁，示復爲荷。漾。(《南北議和文獻》125)

《錢能訓致朱啟鈐電》(1919 年 2 月 23 日發，當日到)：密。養電悉。參戰處係因加入戰團，執行參戰事務而設；至軍事協定條件，則因中日共同防敵之關係，另與日政府商訂，本屬兩事。現歐戰雖緩，和議未成，即協約各國之戰備，亦以敵謀莫測，未能盡弛。則我國久經成立之參戰處，自不容遽爾裁撤，此就軍事言之，未能實行收束之理由也。歐會主張國際公開，我政府亦決將各項密約提出大會，此項軍事協定條件，業經電達陸使，屬其相機提出。對外如此，對於國内要人，自可據實告知，釋其疑慮。此就條件言之，政府未嘗堅守秘密之實情也。此項條件並無附件，惟關於"歐戰終了"一語，因日政府要求解釋，續經訂明，事在能訓任内，所訂條文亦極簡單。承屬抄寄各代表公同展看，藉可消弭對外風潮，解釋國民誤會，用意周匝，至表贊佩。當玆將原約及解釋條文一併抄寄，以備閲覈。更有陳者，雙方既經開會，則所派總代表固已互相承認，既承認代表，自必互認派遣代表之機關。來電所云稱謂問題，揆之事理，似無關係，並望酌達。能訓。漾。(《南北議和文獻》123)

《錢能訓致朱啟鈐電》(1919 年 2 月 23 日發，當日到)：密。蠖公鑒：禡電悉。軍事協定並無附件；其正件業與中日密約《二十一條》及濟順、高徐借款合同一併抄就，由郵寄滬;其解釋期限全文,亦於昨日電達,屈計均當達覽。頃因少川要求交會公閲,已電請我公就近檢交。此事既囑陸使在歐會發表,則對内會議自無秘密之必要。且香山所述,華人公憤及日人挑撥各情,此間亦已見及。能由香山極力勸壓,足見顧全大局,至爲佩慰。所慮華人藉端暴動,致墮日人之計,若事前協力消弭,當無可逞。現日政府對於各項密約,亦贊成提出。且本無何項喪失權利之特别密約,若能就此等内容,剴切告知,益可解除誤會,較空言解釋爲有力。中央於此等密件,認爲可以交會公閲,意亦在此。至該約之是否有效,既經提交歐會,應俟公議解決。若此時中外認此等密約爲無效,揆諸事理,恐有未能。此其迭據歐會報告,似歐會中英美代表對於日本之論調,與在華英美人言論迥然不同。我政府於此困難問題,亦惟有持以定見,出以毅力,固不可爲一部分言論所摇,亦决不可爲外界潮流所卷。公謂如何?參戰借款一節,昨已另復。尊電謂密約在軍人手中,有爲政府所不知者。以弟考究所得,除參戰借款及軍械借款兩約外,並無何項密約。當日弟雖非與聞其事,而議席討論所聞止此,倘其另有密約,則非弟所敢知矣。購械及參戰借款兩約,當即寄。紫。漾四。(《南北議和文獻》124)

按:此電署"紫。漾四",則本日錢能訓致先生電應尚有三電。

二月二十四日,南北和平會議代表召開第三次會議。

《第三次會議議事録》:二月二十四日開第三次會議,各代表均列席。朱總代表謂接北京來電:一、關於軍事協約事,原約及其解釋允即寄交本會閲看,並聲明該約並無附件。二、關於參戰軍事,歐洲和議尚未簽字,參戰機關未便裁撤，但當時借款已聲明不作他用，認爲於和平進行並無障礙。唐總代表謂昨接錢幹丞來電，關於八年公債事，稱財政竭蹶，如不維持，恐妨害秩序。國會在開會期間，當然咨交同意。又接陝西于右任十五日來函，稱乾縣、盩厔之圍依然，陳樹藩之旅長劉世瓏仍在東路進攻。各函電宣布畢，開始討論。

唐總代表曰：錢幹丞來電，殊不明瞭。據稱協約並無附件。查軍事協約，據本席調查所得，並徵諸日本方面消息，僉謂該約確有附件，不能宣布者，第恐幹丞未知其詳耳。請貴代表再電幹丞，務須將一切附件及關於該事之往返文牘，悉數抄寄。本席以外交事項來往文件亦可作據，固不限定於條約也。

朱總代表曰：據政府來電所抄寄者，即陸海軍協定各一件，及解釋歐戰終了期限換文一件。貴代表所述，外交事件不限定條約一項，即往來函件亦可作據，本席亦同此意。昨日電致政府，凡屬協定内所關各項文件，請其開具清單注明有無。俟各項抄件到後，公同閱看，再行討論。

唐總代表曰：軍事協約係完全由中國與日本訂定者，與協約國無關。

朱總代表曰：參戰處之設，係本於出兵法國之議，而爲協約國所同認者。至軍事協約，則係西伯里亞出兵，故由中國與日本單獨協定。

唐總代表曰：參戰事因中國未曾遣兵赴法，本已作罷。後以西伯里亞事，協約國之一之日本，遂與中國訂立軍事協約，吾輩須分別清楚。

朱總代表曰：軍事協約乃由參戰處與日本所協定者，蓋參戰處係辦參戰全局之事。至軍事協約，乃參戰之一部分事也。

唐總代表曰：軍事協約係由中國高級軍官發動，先向日本協商者。

朱總代表曰：所謂高級軍官，乃發生於協定之後，未有協定之前，無所謂高級軍官。現在未看協約全文，亦有不能懸度之處。

唐總代表曰：協約全文，刻未寄到，暫不辯論。但幹丞電稱無附件。幹丞恐亦未明個中真相，原可相諒。但本席敢斷言，該約必有附件。又日本是協約國之一，不是協約國全體，此語務望注意。

朱總代表曰：仍俟抄件寄到，閱看之後，再行斟酌。設有不合之處，自當爲之補救。

唐總代表曰：歐戰終了，參戰處本無存在之必要。刻下美國赴歐之兵，經已撤回。英法軍隊已滿布德國境内，防備事項，周密無遺，此刻協約國與德已無戰事。幹丞來電稱不容遽爾裁撤，及此時未便解除等語，殊屬武斷。我南方對於該電所稱不能同意，兹提出抗議。以爲歐洲既無戰事，則參戰機關不能存在。至軍事協約事項，應付本會解决。蓋國民已將討論國家大計之權，付托於本會也。請貴代表再去電聲明。

朱總代表曰：應俟抄件寄到看過有無疑義，彼時再向政府竭力請求。

唐總代表曰：據于右任十五日由陝來函，劉世瓏進攻及乾縣、盩厔被圍。前貴代表曾稱十三日以後負責此事，務請負完全責任。萬一和議破壞,南方不負其責。

朱總代表曰:劉世瓏所部想係支隊。查五條辦法十三日始公布,距十五日僅隔二日,未必即能達到散在各處之支隊。當致電政府請其嚴令前方遵照五條辦理。

唐總代表曰:查劉世瓏駐軍之地與陳樹藩相距不過數十里,十三日之電豈能諉爲不知?

朱總代表曰:陝西軍隊複雜,不知劉世瓏軍屬何部,須待考查。

唐總代表曰:劉世瓏乃陳樹藩之旅長。

朱總代表曰:此事當即日致電政府。

唐總代表曰:按幹丞電云,參戰款不作他用,並云與和議進行並無障礙。此事我南方須抗議。試問此借款尚須用於西伯里亞方面乎?抑向其他方面别有作用乎?於和議有無障礙,須由本會討論,方能斷定,不能以幹丞認爲無障礙便可斷定。况關於此事,南方曾屢向外交團聲明,此次和議係發生於外交團之忠告,促成於人民之心理,中外輿情均希望本會有良好之結果。故關於中國以前種種經過,及以後種種計劃,須完全由本會討論决定,北京政府須静候本會解决,不能妄下斷語。即如軍事協約確有附件,乃妄斷爲無。參戰借款何嘗有分毫用於西伯里亞,實完全爲攻陝、湘、閩之用,乃謬言不作别用。刻下參戰已成爲中日兩方行爲,乃指爲與協約國有連帶關係。至公債募集,不知有何作用,竟謂交國會同意。自和會開始,雙方爲慎重國家前途使和議有良好結果起見,對於國會問題尚未議及,乃幹丞電居然稱“國會”二字。試問國會究在何處?所謂交國會同意者,係指何種國會？凡此支吾之詞，絶無誠意。本會代表二十一人，係受國民信托，凡關於除去國家障礙、減輕人民負擔、增進公共利益事項，本席只認貴代表有發言權，本會有完全處決權，北京政府絶無發言地位，錢幹丞亦不過一掌理公牘之書記而已。本席再三聲明。務望貴代表及本會同人認定此旨。

朱總代表曰：關於公債事，貴代表曾有電致京抗議。以後如有電致北京政府，望事前先行接洽。至貴代表所言應行聲明及抗議諸事，本席以爲宜分別事之性質，决定辦法。現在本會進行之時，北京政府及軍政府均各有執行之事，故各方面事務日有變化，因此不能不向兩方詢問情形。且兩方對於本會看法，亦有因事而異之時，有認爲委托者，有認爲付與本會决定者。是以一事之來，當分别事之關係，應查考者查考，應討論者討論，若事事參雜，殊覺不便。即就國民方面而言，其對於本會觀察亦不相同，有向本會請願者，有以各事均應由本會裁决者。而本會自提之事，亦有關係於一方者，有關涉兩方者。本席以爲將來處理事務，應以國家將來之建設爲目的者。所議之事既多且繁，尤不能不分案解决，使有綫路之可尋。

唐總代表曰：邇來所接京電，多令人不滿意。即如幹丞關於答復八年公債之電，以財政支絀爲理由，實屬巧於迴護。本會既經開會，此等關於人民負擔之鉅款，不應由北京政府擅行募集。想貴代表亦以爲然，務望電京阻止。

朱總代表曰：募集八年公債一事，前吴代表回京調查財政狀况時，尚未有此議。軍事收束及政治改革，均以國家經濟狀况爲根據，必須通盤籌劃，始克有濟。今忽發生此項公債，數目若干，擔保若何，均不知悉，亦於將來整理財政有礙。假如政府因事實上之必要須募公債，亦應先將計劃告知代表。容當向政府陳述一切。

唐總代表曰：本會宗旨是謀國家和平，除去和平障礙，減輕人民負擔，此爲重大責任，均在吾輩身上。若公債募集與夫參戰借款、軍事協約、鐵路借款等，無一非於國家主權有妨害，於人民負擔有增加者，本會必須抗議。如北京政府與本會反對，則本會當以刑事犯待之。以後違犯本會之事，或可減少。

朱總代表曰：本會現正討論國家建設各端，雖不負行政之責，而於兩方現狀及維持之方，本會亦當注意。至國民負擔已重，不可再增，自是正論。似當對於負行政之責者與以範圍，責其不可超越，而在此限度内，以籌維持現狀之法。至整頓財政，絶非一言可決。上次本席所提計劃書，其中關於財政一項，情形甚詳，請貴總代表閲看一過。將來即可根據於此，分條逐項設法整頓，應改良者改良，應維持者維持。此係將來建設之根本計劃。至目前維持現狀，若抑之過甚，馴至現狀不可維持，仍是無益於事也。

唐總代表曰：貴代表所提計劃書極完備周詳，將來即可作改良標準，然辦理程序必須先去不良，而後可進於良。目下未能改進於良，而不良者尚日增而日盛，則結果可知。近世門户大開，非閉關可比，倘不進步，則將來在世界位置上，實無良好希望。北京以財政困乏，則設法維持現狀，斯可矣，何以既擬接受一千七百萬參戰餘款，又欲發行四千萬公債？夫内外戰争經已收束，需此鉅款又胡爲者？豈飲酖不顧,尚欲爲國内作戰之準備耶?此等所謂不良之現象,尚日有增進,爲國家計,非先去此障害,實無改良之可言。請本會注意。

唐總代表又曰:湖南迭遭兵禍,金融枯竭,米珠薪桂,死亡枕藉。此間所接湘民請願日有數起,倘不從速設法,則湘民靡有孑遺。請貴總代表將此情狀,速電北京,並將張敬堯撤退,同時兩方軍隊將領退出,並妥籌善法,以蘇湘民困苦。

朱總代表曰:湘南自民國以來,屢經政變,本極凋殘。經此兵燹,金融恐慌尤甚於前,故湘南問題,當從經濟方面入手。惟此事情形複雜,而事關財政,又非空言所能解決,亟須切實研究,否則,雖撤退兵隊,未必即能拯救湘民也。

唐總代表曰:救濟湘省雖宜從經濟方面入手,然非金融活動,糧食充足,使可生活。蓋張敬堯等各種軍隊,充斥其間,雖有金錢菽粟,庸足以供彼輩之搶掠乎?湘事須從根本解決,本席主張將此問題指定代表審查。

朱總代表曰:贊成審查。

唐總代表曰:公債之外,尚有關於鐵路借款,將與日本换訂合同,其内容包含森林、礦産,恐不知幾許,此項交通實業如入於日人之手,亦足以亡國而有餘。且在會議期中尤不應有此事。宜電詢北京政府,將所有外人訂立之合同,一併交出。

朱總代表曰:鐵路借款關係財政。高徐、濟順合同,因關係青島問題,已寄歐洲和會,政府已允與《二十一條》一併交本會閲看。其他各種借款,均列入本席所提計劃書中之一覽表内,可查照標目,向政府索取合同閲看。至换訂鐵路借款合同一事,在此時似不相宜,可與八年公債一同審查,電致政府阻止。

唐總代表曰:鐵路合同不知內容,俟寄來閱後再議。八年公債案可先付審查。惟今日之會最要而又最急者,莫如軍事協約問題,內有附件爲外間不知者。據本席所知附件中有日本代中國練兵二十師,期限二十年,由日本借給中國開辦費二千萬元;此外經常費每月二百萬元,目前暫練三師,軍械供給以五千萬元爲額等項。此事異常秘密,由日本參陸兩部與中國訂定。日本參謀部要人親爲本席説及,即田中陸長亦曾向本席謂軍事協約確有附件,但不能宣布。可知幹丞昨日所來之電不能作據。蓋此事即幹丞亦不知,難怪其如此。最好即電北京政府將公私函件完全交出。

旋唐總代表指定章君士釗、彭君允彝,朱總代表指定徐君佛蘇、方君樞,審查湖南問題。唐總代表又指定胡君漢民、劉君光烈;朱總代表又指定王君克敏、吴君鼎昌審查八年公債案。遂散會。

鈐。二月二十四日。(《南北議和文獻》129)

同日,先生致電唐在章;李純致電先生;錢能訓兩次致電先生;唐在章致電先生。

《朱啟鈐致唐在章電》(1919 年 2 月 24 日發):禡電悉。參戰軍與外交問題應分別而定,不可混爲一事,愈滋紛擾。參戰事終了時,參戰軍自有正當結束辦法,此間已分作兩事研究。至該軍内部之事,此刻不宜言及,以免問題複雜,枝節横生。由京訪員電滬鼓吹一節,千萬停止爲荷。蠖。(《南北議和文獻》128)

《李純致朱啟鈐電》(1919 年 2 月 24 日):特急。朱總代表鑒:桂密。漾電敬悉。陝事賴鼎力斡旋,佩仰無既。張君昨已到寧,面談一切,所有經過情形,均與略述,並告以陝省内部異常複雜,障礙必多,恐一人之力難以辦到,應請中央加派人員會同辦理,方爲穩妥。張亦頗以爲然。擬到京請示總理商訂。純已將此請密電幹老矣。李純,迴。(《南北議和文獻》126)

《錢能訓致朱啟鈐電》(1919 年 2 月 24 日發,25 日到):朱總代表密。蠖公鑒:此次開會以來,所討論者均係枝節問題,於南北善後辦法尚無正式議案。目前中央最注目者爲裁兵一舉,前曾電請我公將裁兵委員會辦法於開議時首先提出。誠以此項委員會必須先行成立,然後善後借款乃可設法進行。且此舉爲南北趨勢所同,較易通過。祈商首先提前辦理。但僅此一案,或嫌單簡,應否再酌定一二案,以爲支配,並希卓籌,密示。紫。敬。(《南北議和文獻》131)

《錢能訓致朱啟鈐電》(1919 年 2 月 24 日發,25 日到):朱總代表鑒:密。此間前派秘書佘詒赴陝調查情形,頃據報告,陝省土匪均集重於西北兩路。如郭堅、樊老二、盧占魁、高景娃、曹世英,各匪佔據地方,其殘殺人民方法,有炙背、人堆雪等名目,拉票勒贖尤其餘事。葉荃佔據鳳翔,與郭、樊相援應。至涇原一帶,爲胡景翼叛兵所據,傳聞尚無燒殺搶掠行爲。東路自潼關以及華陰、華州、渭南各縣,均爲張錫元所部駐守。各該縣地方,經匪蹂躪不堪,張接防後,招集紳商共籌救濟,漸復舊觀。該旅軍紀嚴明,防禦周密,頗盡保護人民之責,即陝軍在該防區内有不法行動,亦必嚴加懲治。以故土匪絕跡，商民無擾，甚至他屬人民，亦多爭附該旅防區，以求保護。行經各縣訪諸耆老，無不對於中央軍隊額手稱慶等語。所述均經目擊，自屬實情，縷陳以備考證。能訓。敬。(《南北議和文獻》132)

《唐在章致朱啟鈐電》(1919年2月24日發，26日到)：上海朱總代表鈞鑒：彰密。陝許、張等復電，遵令停戰。又英、法、美三使向小幡嚴詰，小幡承認已交款，允轉勸合肥中止進行，並轉吴次長。敬。(《南北議和文獻》134)

二月二十五日，致電北京政府，嚴令前方軍隊切遵十三日令，速行停戰，違者嚴重處分；錢能訓致電先生；吴笈蓀致電先生。

二月二十五日唐紹儀《致廣州軍政府電》：嗣以討論結果復由朱總代表電請北廷嚴令前方軍隊切遵十三日令，速行停戰，違者嚴重處分。(《唐紹儀發電稿》密電14)

二月二十六日唐紹儀《致廣州軍政府電》：朱(總代表)答以："進兵一事係據一方面報告，其確實狀况須待劃界人員抵陝後實地調查，方能明瞭。"又昨日已電北京，痛陳"政府必須有强制陝西軍事長官遵守命令之能力，如果未停戰，應予嚴重處分"等語，俟復電再議辦法。若此時持之過激，恐反生變動。(《唐紹儀發電稿》密電16)

《錢能訓致朱啟鈐電》(1919年2月25日發，26日到)：朱總代表鑒：密。敬電悉。于右任十五日之函，當係十三日以前之事。迭已嚴飭各軍恪遵五條辦法，一律實行。至陝省往來電報一節，已函交通部轉飭各局查照矣。能訓。有。(《南北議和文獻》133)

《吴笈孫致朱啟鈐電》(1919 年 2 月 25 日發,26 日到):朱總代表鈞鑒:護密。頃接長沙張督軍上主座漾電,文曰:“寶防情形業經屢電上陳,並逕電譚延闓交涉。據其復電,均以一面之詞,自爲辯護。並請田使樹勳與周偉商劃寶、武界綫,均由堯電飭酌量辦理在案。兹據田使皓電内稱,姚斌前在寶慶南鄉被我擊潰,嘯聚周旺鋪,復被我二十七團擊潰,竄至桃花坪,經周收斂,仍騷擾如故,屢經商民懇請剿辦。今譚電云,桃花坪、巖口鋪爲姚斌歷駐之地,此語甚屬失實。職查前與周偉劃界,擬報據前約,寶、武之間以紫陽爲中心點,周偉欲改以巖口鋪爲中心點,彼此相持,迄未據約。今譚復提劃界之議,若仍照周偉主張,則與我軍極有妨礙,實難許可。本日周偉來函云,陳光斗已受程總司令命令,不日開往新寧,伊部亦受命令各在現地不動,請我軍亦勿前進等語。窺其意旨,似在退出桃花坪後仍取無形劃界之意。職只息事寧人,免再爲界限争執起見,擬從權變,准照周函,彼此均暫守觀駐防綫,以俟大局解决。是否有當,請示遵行等情。前方情形,彼此即願各守防綫,而田使之意又不明議劃界,再滋争議,似可准其各就原狀,以俟解决。除電譚延闓轉飭周偉約束所部,嗣後勿有隨意前進之舉,以免再生交涉,並電復田使外,擬懇轉電李督軍,加電彼方,確實遵辦,以期促進和平,至深企禱。”等語。特聞。笈。有。

(《南北議和文獻》137)

二月二十六日,南北和平會議代表召開第四次會議。南方代表宣告,本日起暫行停議他事,至撤换陳樹藩,實行停戰後再議,否則惟有以和議决裂昭示中外。

《第四次會議記事録》：二月二十六日上午九時，開第四次會議，南北總代表及各代表均列席。兹將會議情形分列於左：

唐總代表謂：昨晚接于右任十七日由陝來函，報告陝西有幾處尚未停戰，且盩厔縣靖國軍於十六日退駐鄠縣。查五條停戰辦法二月十三日已宣布，何以十四五六七日尚有戰事？貴總代表所發去北京之電，究竟若何？

朱總代表謂：第一次開會，唐總代表云接于右任十五日信，陝戰未停，當即電致政府。昨得政府敬日復電，謂于右任十五日之函，當係十三日以前之事，迭已嚴飭各軍恪遵五條辦法，一律實行。至陝省往返電報一層，已函交通部轉飭各局查照等語。昨日唐總代表云，接于右任十六日信，仍有戰事。本席同日又電政府，力言陝戰不停，於會議恐有窒礙。此方謂停戰已實行，而彼方報告仍云進攻，本席無由證明，而五條辦法達到後，雙方軍隊之真實情形，目前亦難懸測。

唐總代表曰：據于右任報告，十三四五六七日，每日均有戰鬥情形，且盩厔縣之靖國軍十六日退至鄠縣，可以證明北軍猛下攻擊，靖國軍因無力防守，向後方退卻。似此文電往返，徒費時日。陝西雖係一部分事，然南方軍政府認爲先決問題，只因爲大局起見，故委曲求全。十二月十六日以後、二月十三日以前之事，姑不苛求，暫按五條辦法商榷。今並此五條尚未實行，如何解決？當初本席要求撤换陳樹藩，原是一種根本解決方法。今既若此，非即將陳樹藩撤换，北京命令必不能行，陝戰亦無解決之法，惟有極力要求即將陳樹藩撤去。如此事不解决,和議必不能進行,我等固難負此重責,恐貴代表等亦不能負此責任。我等惟有每日到會,專候陝事解决爲唯一之任務。

朱總代表曰:陳樹藩之不洽輿情,本席亦非爲之辯護。即北京政府對於更换軍事長官,亦非不可能之事。不過,此時重在息争,不可激起反動。貴代表連日所得于右任信,係屬一方之報告,似亦不能據爲定案。本席所接政府之電,謂已嚴飭停戰,而雙方將領奉到之後,情形如何,尚不可知。或者須候張君瑞璣到後,方有劃界互守辦法。昨日本席又有電致政府,措詞尤爲懇切。俟此次復電到後,情形如何,再行酌定辦法。

唐總代表曰:陳樹藩在陝,全陝人民固欲去之爲快,即北京政府亦不以此人爲然。今以袒護一人之故,與全陝人民心理違反,障礙和議,困苦人民,殊爲不值。且本席主張撤陳,蓋深知其必不遵守北方政府命令,特爲陝民代達痛苦之要求,絶非與陳個人有何種關係及爲靖國軍謀地盤也。北京政府本力所能及,乃不能容納人民痛苦之伸訴,試問何以辦理國事!本席再聲明:南方代表以後只有每日到會,聽候何日將陳樹藩撤换,方議其他各事。試觀我軍在盩厔防守已兩月餘,乃於十六日退至鄠縣,即此可證明十三日以後至十七日以前,此數日中戰鬥甚力,無可辯護。南方對於關係重大之參戰事及國防軍本有正當完善之主張。但陝事不决,只可暫不進行,惟有通電中外,布告吾等爲陝民疾苦起見,專候陝事解决,然後進行而已。

朱總代表曰:本席深知政府絶無不希望和議早成之意,

亦絕無不欲陝事解决之理。不過陝西軍事將領,或因局部觀察不同,以致雙方軍隊互不相下,亦未可知。且連日所接陝信,皆係就十三日至十七日之情形而言,但此事須有寬餘時間,以觀其真確之情形。政府最近已有嚴令通飭恪遵,應看政府嚴令到後情形如何。況本席昨日致政府之電,亦詳言必須有强制陝西軍隊長官恪遵電令之辦法,否則陝戰不能停止,和議前途甚有妨礙。此時張瑞璣亦已到京,與當局晤商辦法,俟其到陝後實地調查情形如何,當有詳確之報告。倘果仍有戰事,自當予以嚴重之處分。

唐總代表曰:貴代表所説本席已領會。但今姑不論如何,即就從前專制時代,假如有一極不洽輿情之長官,爲人民參劾,專制政府且不能不采納,而况共和時代以民爲主體乎?今本席代表陝民公意,要求撤去害民之長官,保地方之生靈,促和議之進行,並非爲某人要求位置。乃並此而不得,前途可知。故我南方代表已决議,每日到會只待陳樹藩之撤去,不再討論别事。請以此意電告北京。陝事爲大局一部分最要緊之事,此外各大問題,亦均有刻不容緩之勢。務望將陝事先决,免使其餘重要問題受連帶影響。本席以爲今日係正式會,如貴代表以爲對於解决陝事有不便發言,各代表亦或另有意見發表,今爲容納各人意思便於解决起見,可以將今日之正式會改爲談話會。

朱總代表曰:本席以爲本會對於陝事,當請政府强令陝西恪遵電令,一面仍須商量别項問題,兼籌並顧,以謀和議之迅速。貴總代表所謂陝戰不停,即須停止討論他事一層,本席甚望貴總代表再加以考慮。因陝西雙方軍隊之真實情形,似難僅憑一方之報告爲據。

唐總代表曰:貴總代表所言,未免有爲陝西將領袒護之意。本席對於陝西靖國軍向未加以辯護,且爲大局計委曲求全,允照五條辦法,苦心孤詣,當可共諒。乃十三日以後,並此五條辦法而不照行,即張君瑞璣到陝亦有何效果。北京政府於權力範圍内,盡可施行威信。如不徇陝西人民之哀求,不撤不洽輿情之陳氏,則和議必無結果。茫茫前途,殊抱悲觀。

朱總代表曰:貴代表因陝西報告提出抗議,本席並無爲陝西軍隊長官辯護之意。惟此次會議,係爲解決時局糾紛起見,不可因一部分之紛争,反致影響於本會。

唐總代表曰:二十一日開議,即係陝西問題,乃至今日並無辦法,此可爲北京政府痛惜者。和議一開,國内大事皆應由本會議決。乃對於陝西一不洽輿情之長官,尚且不容納吾人之要求,實無議和誠意。

朱總代表曰:從前因政治之糾紛而啟争端,在後因國民之催促而開和議。本會一方在解除紛争,一方在籌議建設,似未可因陝事遂至停頓。

唐總代表曰:停戰公例,萬國所同。今因陝西不停戰,我南方自當主張公理。在公理未白之前,不能討論他事,此等主張,理由極充分,無論中外,不能加以責備。如謂主張錯誤,我南方完全負責。此刻除每天到會静候撤陳樹藩之外,餘事均暫不議。

朱總代表曰:貴總代表之主張,如以此爲最後及最堅決之宣言,本席尚望貴總代表再加考慮。頃貴總代表謂,陝事討論已極困難,擬將本日會議改爲談話會,本席亦甚贊成。

遂改爲談話會,互相談話而散。

鈐。二月二十六日。(《南北議和文獻》135)

同日,先生致電李純;致電錢能訓;錢能訓致電先生;唐在章致電先生;李純致函先生。

《朱啟鈐致李純電》(1919年2月26日):南京李督軍鑒:桂密。迴電敬悉。關於陝事問題,連日討論情形,業將第一、二次議録交郵寄,諒已達覽。本日會議,少川謂接于右任十七日函稱:"乾縣、盩厔戰事較前益烈,盩厔已無法支持,十六日,退至鄠縣。東路戰事亦烈,關山、興市等處,劉世瓏、姜鴻模復日攻我軍。而陳氏復有甘晉各軍,分八路圖攻三原。李際春一旅已到榆林。國務院所派余詒等均被陳監視。並宣言反對李督五條辦法,即張瑞璣到陝,亦無從着手。"等語。要求弟等負責。並謂代陝民哀請,速電政府立撤陳樹藩,另簡賢良地方長官。弟即以政府來電交閲,謂于函所云各節,當屬十三日以前之事。並告以昨又致電政府,請再嚴令前方將領,恪遵五條電令,免妨和議進行。而少川則謂陝事原爲先決問題,嗣以李督軍調停商定五條辦法,南方讓步,允先照辦。不意一面言和,一面作戰。陳樹藩如此抗令,此間陝人異常憤激,渠亦無可解説。且廣東方面議論激昂,如陝戰不停,恐將牽動閩贛再起戰争。最後乃謂非下令撤陳,決不再議他事。南方代表唯有每日到會,詢問已否下令撤陳而已。觀此情形,陝西不實行停戰,則撤陳之説不能打消,和議即不能進行,言念前途,殊深焦灼。除已電陳政府,請再頒明令,借圖轉圜外,知關廑注。特以

奉聞。再,第三、四次議録另寄,並希詳閲。鈐,宥。(《南北議和文獻》140)

《朱啟鈐致錢能訓電》(1919年2月26日):錢總理鑒:和密。本日會議,少川謂:接于右任十七日來函略稱“乾縣、盩厔戰事較前益烈,盩厔已無法支持,於十六日退至鄠縣。東路戰事亦烈,關山、興市等處,劉世瓏、姜鴻模復日攻我軍,而陳氏復有甘晉各軍,分作八路圖攻三原。李際春一旅已到榆林。國務院所派余詒等均被陳監視。陳並宣言反對李督五條辦法,即張瑞璣到陝,亦無從着手”等語。要求鈐等負責,並謂代陝民哀請速電政府,立撤陳樹藩,另簡賢良地方長官。鈐即以有日等電交閲,謂于函所云各節,當屬十三日以前之事,並告以昨日致電政府,請再嚴令前方將領,恪遵五條電令,免妨和議進行。而少川則謂,陝事原爲先決問題。嗣以李督調停,商定五條辦法,南方讓步,允先照辦。不意一面言和,一面作戰。陳樹藩如此抗令,此間陝人異常憤激,渠亦無可解説。且廣東方面議論激昂,如陝戰不停,恐將牽動閩贛再起戰争。最後乃謂,非下令撤陳,决不再議他事,南方代表唯有每日到會,詢問已否下令撤陳而已。觀此情形,陝西不實行停戰,則撤陳之説不打消,和議即不能進行。即以剿匪而論,亦須在劃界之後方免口實。否則鈐等此後到會不過專供彼方之詰責。務乞准如昨電,迅頒明令。再,少川迭電三原,迄未得復,希飭前方將領毋扣三原電報。若得于右任一電,則滬證明實已停戰,即可轉圜續議他事。又此間會場情形,外人極爲注目,路透訪員日有專電。今少川主張陝戰未停,緩議他事,會議停頓,責在我方,

恐此消息傳出，將受中外輿論攻擊，請政府注意應付。啟鈐。宥二。（《南北議和文獻》136）

按：此電署“宥二”，則本日先生致錢能訓電應至少還有一電：宥。

《錢能訓致朱啟鈐電》（1919年2月26日發，27日到）：朱總代表鑒：密。世湘（原注：吴笈蓀，字世湘）交到尊處有電敬悉。少川原電所述小幡赴外部聲明一節，據外部云，確無其事，倘若到部陳述，自當以詳情電聞，希先告少川爲荷。能訓。宥。（《南北議和文獻》138）

按：“有電”，即二十五日電。

《唐在章致朱啟鈐電》（1919年2月26日發，27日到）：上海朱總代表鈞鑒：彰密。張瑞璣今午抵京，三點見總理，極歡洽。李督電加派一員赴陝，此間不謂然。本日徇張請，再電前綫飭遵五條，張已以此電慰滬上陝人。美銀團代表阿卜德抵奉後，忽先赴滬，似在察看南北情形而來，專爲善後借款，似宜注意。並轉吴次長。章。宥。（《南北議和文獻》139）

《李純致朱啟鈐函》（1919年2月26日發，3月5日到）：桂莘仁兄大鑒：連奉兩函，並承抄示第一、二次議事録，準情酌理，因應咸宜，佩仰無既。張君瑞璣前者過寧，已與暢譚，業經電告。現在湘省寶慶方面，因紫陽駐兵事，雙方將領各執一詞。刻已由張督電令田鎮守使與周偉商分界綫，未知如何。閩省則李督來電，謂陳炯明部下結連土匪，圖攻永泰，而彼方來電則謂臧師長進攻沙樞、小波嶺一帶，亦復各執一詞，比正在交涉中，知關廑念，附以奉聞。復頌台綏。弟李純啟。二月二十六日。（《南北議和文獻》156）

二月二十七日，江蘇督軍李純致電先生；國務總理錢能訓七次致電先生。

《李純致朱啟鈐電》(1919年2月27日發，28日到)：朱總代表鑒：桂密。宥電敬悉。捧讀第一、二次議録，藉悉議場内情。對於陝事，因應得宜，苦心孤詣，令人拜服讚歎。現會議既因此停頓，除實志停戰，别無解决之法。吾兄旬日以來，可謂備嘗艱苦。然欲求和議之速成，終非雙方開心見誠、信義爲重不可，否則，國家前途有不堪設想者。奉電前因，殊深焦灼。比蒙元首派劉文泉來寧問疾，明日回京，弟已將一切情形，托其轉陳，藉爲兄同聲之應。尊處如得中央復電，尚希隨時見示，以慰懸懸。承寄示第三、四次議録，至感，尚未奉到，並聞。純。沁。(《南北議和文獻》141)

《錢能訓致朱啟鈐電》(1919年2月27日發，28日到)：朱總代表鑒：密。此間接岑春煊禡電稱："歐戰既停，吾國爲維持國際地位，不得不勉息内争。斯時何時，苟非别有肺腸，當不忍再梗和議。乃南北之代表已集，閩陝停戰監視、劃界之員既行，而事出意外。據秦中報告：乃有在陝北軍乘我不戒，大舉來攻，事孰主宰是其意[原注：原文"孰主宰是其意"六字加()號，旁注"電碼有誤"四字]居，豈惟難奈解人，恐左右且無以自解。吾國今日之所以有和，凡屬國人應識定此爲國際得失之關係，非復内力消長之問題。和也而倖存，則楚人失弓楚人得之，攻陝胡爲者？戰也而召亡，則皮之不存，毛將焉附，攻陝又胡爲者？而況烽火連年，瘡痍滿地，關中父老，水深火熱，無南無北，其有人心，乘天心悔禍之機，念人民厭亂之極，激發天良，可已則已。若夫軍隊之收束,盜匪之清理,及一切善後部署,則和會既開,從長計議,盡有辦法,正不必背約棄信,多殺士卒,重累人民而後快。來日方長,苟能政理清明,則遐邇卒服,又豈特一陝西而已。勢至今日,若猶是不揣其本,執地盤之謬見,肆軍閥之暴行,以强取豪奪,挾詐逞威,風示天下,浸假如響斯應,遂爲風氣,則横流潰决。南方爲自衛計,抑安伈伈俔俔坐待背割。傳曰'未聞以千里畏人'。南方士氣激昂,戎馬亦非不躍躍欲試,若必激之太甚,恐非春煊等所能制止。而戰端再啟,亦非南方所能任咎矣。唯力是視,誰願雌雄。死争雞蟲之得失,終釀猿鶴之浩劫,吾爲此懼。"云云。當復電稱:"奉誦致元首禡電,敬悉。罷戰之議,最初發自中央,其間幾經商促,而始有會議機關之成立;又以南方藉口陝事,幾經籌議,而始有五條辦法之宣布。所不惜瘏口嘵音、委曲遷就者,蓋以求國内之和平,亦正以歐戰告終,爲維持國際地位計,舍此别無畦徑。元首明令及迭次通電,固已屢言之。不料遷流至今,我公猶以此相督責也。夫南北會議,孰預導之?監視劃界辦法,孰提倡之?中央果不欲言和,則作戰布告何必瘏口嘵音,委曲遷就,而召此無聊之責難也!秦中報告謂北軍大舉來攻。報告出自何人?大舉來攻係在何時何地?如其在五條辦法未經宣布以前,則元首明令固未嘗諱言剿匪。且陝匪爲患閭里,此間據確切報告,陝匪殘殺方法,有炙背、人堆雪等名目,姦淫劫掠,人所共知。南中亦認劃界以後,各任剿匪。然則劃界以前,中央遂坐視土匪之縱横而不加制正耶?國際得失,盡人皆知,於此時而利用機會擴張權利者,天實厭之。如云内力消長問題,則中央於西南五省未嘗簡畀一官,派遣一卒,何獨注意於一隅之陝? 執事既知關中父老水深火熱之可念,則中央不忍陝民塗炭之意,當在洞察之中。此事五條辦法既經宣布實行,則一切軍隊之收束,盜匪之清理及一切善後部署,自當俟從容籌劃,豈猶待我公之一言耶? 總之,陝省夙隸中央,不在西南五省之内,無所謂强取,無所謂豪奪,更無所謂地盤問題。朔方健兒,豈無身手。第當此振導和平之際,我公徒以横戈躍馬相矜,非能訓所敢聞命也。"等語。特録奉聞。紫。沁。(《南北議和文獻》143)

《錢能訓致朱啟鈐電》(1919 年 2 月 27 日發,28 日到):朱總代表鑒:密。敬電悉。軍事協定全文,前已寄達,其關於歐戰終了時期之解釋條文,亦已續寄。來函所詢陸軍正約第一段括弧内所稱"參照附録第一、第二、第三、第四"等語,係指駐日章使與外部换文而言。此項换文頃甫覓到,亦當即日抄寄。至"按照協定條文另行協定"一節,詳詢靳總長及海軍當局,均稱並未另行協定。惟作戰開始日期,詢之參戰處及海陸軍部,尚未得復,俟復再達。能訓。沁。此案當時往來文件,此間所知只此。緣全案不在國務院,亦不在外交部,此外有無他項函件,容從速詳細調查,再行奉告,究未免稍需時日耳。陝事頃亦另電詳達中央,爲迅速劃界起見,于張瑞璣未到以前,已暫擬定劃界範圍,似可本此立論。至如何分劃,仍俟張瑞璣到陝監視,方爲確定也。八年公債事,昨來電已詳復。此事屢經閣議決定,已經明令頒布,朝令夕改,實有困難。目下財政枯竭,舍此亦别無辦法。我公設身處地,當亦知其痛苦。現惟有俟新國會開會後提交同意，聽其解決。在北方尚能自圓其説。南中各界，仍望能設法解釋。固知會議結果，方可商議借款，而當此需款孔殷，豈能一律停付，悉待將來之善後借款。來電所示各節，外交現已明白宣布。陝省停戰已詳另電，固已不成問題。濟順、高徐、滿蒙等路借款，事屬已往，此時並無進行之舉，所審酌者内債而已。開議以來，南方所提議者，大抵皆枝節問題，於根本計劃尚未議及。議案似宜從簡，時期似宜縮短。事實問題之最重要者，莫如裁兵以及法律問題，將來亦必須開議。若因彼方枝節争持，致重要議案轉爲懸擱，對内對外均非所宜。願公以此意與少川切實商之。至深企禱。紫。沁。(《南北議和文獻》144)

《錢能訓致朱啟鈐電》(1919 年 2 月 27 日發，28 日到)：朱總代表鑒：密。宥二電悉。于右任連日去函，香山亦連日詰難，實則此間預擬分劃範圍早經電達尊鑒。三原一帶因係于右任駐扎，爲尊重和平起見，無論爲軍爲匪，决不進攻。所謂八路圖攻三原，確非事實，特于右任私懷危懼，飾詞告急耳。余詒近日尚有來電，未嘗被陳監視。至陳督反對劃界，此間未有所聞。以鄙意揣之，陳督上年被匪包圍，幾於不免；近來剿匪漸次得手，忽爲劃界辦法打斷，平居積憤，發爲危論，或在意中，可斷其必無事實。試思陝省匪患頻年，陳督果有平匪之力，何至有今日之劃界。故陳督去留與今日陝事决無關係。第當此陝事未定，中央萬無撤换陳督之理。且原議對人問題不得提出，尤無因南方要求而撤换陳督之理。南方以撤换爲先决問題，既違原議，且重視陳督矣。公謂剿匪辦法須在劃界之後，方免口實，斯固然已。第中央認爲劃界辦法,因監視專員未到,暫時未能着手而不能懸以久待,故預擬劃界範圍,俾免延誤。劃界既暫有範圍,則於我軍範圍以内之土匪擔任剿捕,亦非過舉。况中央固迭電陝省尊重和平耶?電報事已函交通部辦理,此時于右任如確知中央計劃,務從寬大,當不靳一電之證明,即不然,而飾詞告急之快函,亦不至聯翩南發。特苦於張瑞璣尚未到陝,此間和平計劃及雙方接洽情形,于右任未之知耳。頃另電詳復陝事,並附電陝原文,望我公切商香山解釋誤會,賡續集議,俾善後問題有可進行。此間於陝事亦必毅力維持,照五條辦法迅圖解决。若其枝節争持,置正文於腦後,危局日迫,載胥及溺,北之不利,未必爲南之利也。斡旋和會,悉賴槃籌,詳情如何,仍祈速示。紫。沁四。(《南北議和文獻》145)

《錢能訓致朱啟鈐電》(1919 年 2 月 27 日發,28 日到):朱總代表鑒:密。據閩督敬電稱:“據周旅長轉據駐防梧桐尾營長劉漢祥報稱:現有敵軍率叛變之前營長朱得才,由永春帶隊五百餘人,連土匪共約千餘人,於二十一日入仙遊城,圖攻永泰。刻已有四百餘人進踞永泰,三十周之巢氏書陳請增隊預防。復接嵩嘈高團副報稱仙遊敵隊加增,以圖進攻各等情。查彼軍意圖攻我。業於養日電陳在案。此等詭謀,厚基早經逆料;今則狡謀見諸事實,其用意已可概見。除飭前方戒備外,理合電請嚴詞向南方質問,以免破壞大局。”等語。特録奉達,請轉知少川,速電彼方,務令退駐原防,毋得有意挑釁,致礙大局爲要。能訓。感。(《南北議和文獻》146)

《錢能訓致朱啟鈐電》(1919 年 2 月 27 日發,28 日到):朱總代表鑒:密。宥電悉。陝事自元日將五條辦法電令飭遵去後,至于右任十七日函,中間相距才五日耳。無論十三日以前,當然不受五條之拘束,即該電當日到省,再由省轉遞前方各軍隊,試問五日内能否周知?即當日南方通飭停戰,試問該軍隊於未奉到以前及奉到以後,何日方一律遵行?事實昭彰,中央未嘗責難也。至陳督樹藩既有治軍專責,不能遏止匪亂,醞釀及今,匪區益廣,匪號日多,以致爲人利用,貽害地方,不可收拾,因循貽誤,無可諱言。但留此根株爲西南競争之資料,尚有地盤一綫之希望者,非該督之貽誤不至此。功罪定評,適成相反。今唐總代表於正當開議時,要求撤陳,果何爲者?不撤陳即不開議,又何爲者?撤防命令,中央創之,遲之又久,而西南始有停戰之電。代表出發,中央先之,遲之又久,而西南始有選派之舉。即對於陝事五條辦法發於李督,而首先贊成於中央。西南以于右任爲靖國軍司令,中央即對於三原、涇陽之匪,亦概從放任。且曲徇唐總代表之請,歡迎張瑞璣爲赴陝監視專員。凡此種種,中央委曲求全,以冀促進和平,中外人士,當有定評。若僅借于右任之函,遂欲强制要求,以不討論别項問題爲挾持之具,則中外輿論之攻擊,必有所歸,會議停頓,中央斷不任過也。掬臆質陳,尚祈酌達前途爲幸。能訓。感。(《南北議和文獻》147)

《錢能訓致朱啟鈐電》(1919 年 2 月 27 日發,28 日到):朱總代表鑒:密。此間接粤中六總裁號電稱:“頃得滬電:北方雖曰言和,依然借軍費、接收軍火。計十二月初旬,由日本交款三百萬,月底交七十萬,正月五十萬。正月二十一由秦皇島上岸軍火一萬四千箱,過山炮、戰炮各二門,機關槍二架,子彈一千箱,急急成立國防軍。對於陝西一意作戰,除許蘭洲、張錫元等重兵加入外,且開進國防軍一部協力攻擊等語。復接于督軍右任報稱:在陝北軍乘我舊曆元旦不備,四路進攻:西路則管旅攻我鳳翔,鎮嵩軍攻我盩厔,奉軍全部及陳樹藩所部在武功方面與我第三、四路軍隊及葉荃所部激戰。東路則張錫元全旅克渝攻我渭南屬之小社、大神、官道等,劉世瓏勾結□城李天佐所部攻我興市鎮,段祺瑞復接濟劉存厚槍彈二百五十箱,現正激戰甚烈等語。綜上報告,若合符節。尊處一面派遣代表商開和議,一面增購軍械急急備戰,一面言而不信,力攻陝西。究竟居心何若?且當此和議開始,中外輿論切望裁兵之時,忽又假借國防名目擴充軍隊。現今布滿全國由國庫養給之各軍,何一非國防之用?國民方苦兵多,痛心疾首,乃復別張異幟,如火益薪,汲汲耽皇,究何爲者?况以犧牲無數權利所得之軍械,復又供之陝省繼續作戰,中梗和議。是否尊處無寧息之决心,抑係部下爲自由之行動?前李蘇督擬具解決陝、閩、鄂西辦法五條,第一條即云命令實行停戰,尊處業已贊同。如果軫念民困,有意和平,應請即日明令陝中北軍實行停戰,昭示天下,以全信義,以保和局。否則,破壞和平之咎,必有尸其責者。佇候電復。"云云。當復電稱:"奉誦致元首號電,敬悉。自罷戰以來,政府未嘗另借一款,增購一械,所謂十二月初旬交款若干,月底交款若干,正月交款若干,敢斷言决無其事。至接收軍火,或指參戰軍械而言,此項軍械久經訂購，日人照約續交，未便停止，其决不至爲對内之用，則亦可以斷言也。滬電出自何人？所云何據？外間頗傳日人有接濟南省軍械情形，中央以彼此開誠相見，未嘗以一語相加，豈區區至誠而不能見諒於諸君子耶？陝省患匪已久，剿匪亦已久，前此明令停戰，及此次商訂之五條辦法，均未嘗諱言剿匪。果爲陝民疾苦計，則剿匪計劃不能一日停止，中央所以暫置陝民疾苦而迅訂五條辦法者，則以姑息縱匪者患在一隅，因剿匪而牽及會議有礙進行，則其患極於大局，故寧忍一隅之疾苦，以促大局之和平，委曲斡旋，苦衷共見。至五條辦法未經商定以前，陝省剿匪計劃當然不受拘束。若必以剿匪計劃，認爲侵及南軍，則當未經商劃以前，孰爲土匪，孰爲剿軍，果有如何之標準耶？國防軍之名義，實所未聞，殆指參戰軍而言。此項軍隊本爲參戰而設。目下歐會和議未成，德國實力未衰，歐美諸邦方以協約條件，德未遵行，火車、潛艇亦未遵照交齊，岌岌然以死灰復燃爲慮，謀所以防範之，此固協約各國所同。且各國逼迫俄邊，近日激黨益肆，阿省劇戰，日軍傷亡甚多，流民散卒紛竄我境，正在設法遏止，爲防邊計，亦非有得力軍隊不足以資策應。況此項軍隊之招募，固屬原定計劃，而不始於今日。借曰兵多應裁，此語固南北所公認，何去何留，則當開誠商榷，通盤籌定。謂政府無寧息之决心，則南軍裁編計劃，其果先有成算否乎？李督五條辦法，早經通電宣布，事由政府提議，自以毅力持之，豈此項通電尊處尚未見及。重勞下問，祇益屏營。"等語。特録奉陳，以備參考。能訓。沁。(《南北議和文獻》148)

《錢能訓致朱啟鈐電》(1919年2月27日發,28日到):朱總代表鑒:密。徑二電悉。于右任快函一節,少川致元首電亦云接有于右任十五日快函,大致略同。雖日期或云十五,或云十六,其係十三日以前之事,當無疑義。現已通令照五條辦法實行,中央於劃界辦法主張甚力,因前此張瑞璣未經正式推定,無從着手商劃,是以將應劃地點,先行區劃,所有分劃大致範圍,已由參陸處電致我公,計當察閱。南中注重于右任所駐地方,中央亦於于右任特爲注重,故於三原、涇陽一帶前電已劃歸南軍範圍,不但於南軍停止進攻,即該處屯聚土匪,中央亦概置不問,以示尊重和平之意。現張瑞璣已到京,不日前往,即可實行商劃。至明令一節,前既預發電令,業經通飭照辦,如其尚有戰争,當是電令寄達需時,前方或未周知之故。中央既允停戰,自必切實施行。公既表示負責,決不能徒托空言,亟應再申電令,藉釋斐疑。兹經電致陜督,轉致南方將領,其文曰:"本月十三日由國務院參陸部電令陝西前方將領遵照五條辦法,實行停戰,並派張瑞璣前往監視劃界,以息紛争。查陝西頻年以來,兵災迭經,瘡痍滿目,關懷民瘼,軫念尤深。政府内察輿情,外觀大勢,亟應統籌全局,促進和平。所有前方將領,務當共體斯意,各以國家地方爲重。所有停戰劃界事宜,應即查照前頒五條辦法,切實施行。其在陝軍隊,仍應依照五條辦法擔任後方剿匪事宜,以符定議。"云云。特録奉聞,即請查照。能訓。沁三。(《南北議和文獻》149)

按:上述錢能訓致先生七電,依《南北議和文獻》輯録原序排列。其落款分別爲:紫,沁;紫,沁;紫,沁四;能訓,感;

能訓，感；能訓，沁；能訓，沁三。依據其編號，本日錢氏致先生電應至少尚有二電：紫，沁三；能訓，沁二。

二月二十八日，上午九時，南北和平會議代表召開第五次會議。唐紹儀要求撤換陳樹藩，重申四十八小時限期之議，如逾期仍無圓滿解決辦法，應停止和議，由南方代表通告外交團，以正北政府破壞和局之罪。下午四點，南北和平會議全體北方代表致電北京政府提出辭職。

《第五次會議紀録》：二月二十八日上午九時，開第五次會議，南北總代表及各代表均列席。茲將會議情形列之於左：

朱總代表報告：中日軍事協約全文已由北京寄到，計《中日軍事協定文書》一件、《陸軍共同防敵協定條文》一件、《海軍共同防敵協定條文》一件、《解釋歐戰終了文書》一件，共四件。並聲明寄交歐洲專使，相機披露者，亦只此四件，此外別無附件。

唐總代表曰：關於中日軍事協約，須詳細查閱，此事暫行擱置。先行提議陝事，請問貴總代表已否接北京復電。

朱總代表曰：北京復電，此刻尚未接到，僅接私人來電。聞政府因陝事未決，本會停議他事，甚爲焦灼。張君瑞璣業已到京，正與當局接洽，不久有明確之辦法。

唐總代表曰：個人私電，不能作據。惟北京至今未有復電，微特對於北京政府不可解，對於貴總代表亦不可解。十三日五條辦法宣布後，貴總代表已聲明負完全責任。今已多日，屢次開議，吾輩均主張以陝事爲先決問題，貴總代表亦贊成此説。十五六七八日接于右任關於陝西戰事來函，均經向本會報告。今又接于右任十九日由陝所來快信稱，北軍均移集東路，十九日向相橋、交口、紅崖頭、千都村、興市、關山等開始攻擊，戰爭極烈。以上各處與三原相距僅數十里，三原亦恐難堅守。以前北軍向西路攻擊，尚可謂西陲僻處偏隅，或有彼此衝突之處。今圍攻東路，又何以自解？今日須問貴總代表，所謂負完全責任，究竟如何擔負之法？兩方總代表本有“全權代表”字樣，當然有全權解決之權，不必與北京往返文電後，方能發生效力。若聽北京命令，必無辦法。除非：(一)决裂和議；(二)貴代表向北京聲明陝戰不停，即不能再負代表之責；(三)雙方代表一致向本國人民及外交團聲明，北京處理陝事之不當。舍此以外，恐别無辦法。

朱總代表曰：本席對於陝事前次曾聲明，在和議期中有此不幸之事，甚爲可惜。連日貴總代表報告，逐日接于右任信，陝戰現尚未息。亦曾迭電政府，請嚴令停戰，並將陝戰不停有妨和議進行情形詳切陳説。現在尚未接到政府復電。此事政府須考查事實，責問前方將領，文電往返，稍費時日。本席前次致電政府聲明，如陝西在五條令下後仍有戰事，前方將領應加以嚴重處分。此時政府須證明陝西真實情形後，方能再定處分之辦法。至通告外交團一層，本席不能同意。假使政府回電之後，對於本席所懇切陳述者，仍不能有一確實辦法，則本席惟有以去就力争而已。

唐總代表曰：本席對於貴總代表所言，不能滿意。陝西停戰之事，並非一種案件，無須調查及費如何手續。停戰期間如發生戰事，當然即令其實行停戰。倘北京政府並此權力而無之,尚足稱爲政府乎? 貴總代表所謂困難之説,殊令人對於北京政府深爲婉惜也。準此以觀,即將來議和有何效力。

朱總代表曰:政府對於陝事絶無不欲停戰之理。五條令下之後,陝戰仍尚繼續,其中原因如何,政府當有一番考查。或是前方將領誤會,或是將領不遵,俟考查明確,然後再定辦法。

唐總代表曰:北京久不答復,豈認爲與和議無關耶? 抑不欲言和耶? 兹切實聲明:從本日起四十八時内,如尚未得北京政府圓滿之答復,惟有向外交團聲明,停頓和議。

朱總代表曰:本席極希望本會議迅速進行,惟貴總代表要求通告外交團一事,尚望貴總代表詳加考慮。

唐總代表曰:貴總代表不過欲替北京政府拖延時日耳。但陝民水深火熱,日益增重,且以前不過西路人民受此痛苦,今則並移於東路矣。救死扶蘇,如何可待!

朱總代表曰:張君瑞璣到京後,對於貴總代表有無報告?

唐總代表曰:未有報告。兹向貴總代表爲最後之請求:請貴總代表及各代表諸公聯電北京政府,聲明如四十八小時内不得圓滿之答復,以後不能負代表之責。至雙方同電外交團聲明一節,貴總代表未予同意,南方代表惟有單獨向外交團聲明此事真相,及和議停頓理由。因此會議係發生於外交團之忠告,刻和議停頓,自不能不向彼聲明。本席以爲最善由雙方代表共同聲明,使外交團知我雙方代表並未決裂,不過向北京方面加增一種催促力而已。貴總代表不表同意，殊爲可惜。關於陝事未決問題，此爲本席最後之語。至北京寄來中日軍事協約文件，吾輩須詳加考察。惟既據北京政府聲明，除已寄交本會之四件外，並無附件。本會雙方代表當以全體名義，向中外鄭重宣言，聲明關於中日軍事協約，除此次抄寄本會之文件四種外，絶無附件。將來如發現與何國政府、何國人民私行訂立關於中日軍事協約之附件，全國人民不能承認，即不能發生效力。

朱總代表曰：本席第一次電致政府，請其將中日協定全文寄交本會閱看。因次日開會，貴總代表對於協定尚有許多疑慮，故本席第二次電致政府，謂所指附件不必拘定簽字之約文，即關係協定一切文電，皆應抄交本會。現政府所抄寄者，想係對於第一次電請之答復。至第二次要求抄交文件之電，政府尚未復到。現應一面考查，一面再向政府催問。俟得復後，再定辦法。

旋互相談話而散。

鈐。二月二十八日。(《南北議和文獻》150)

三月一日唐紹儀《致廣州軍政府電》：北方代表因陝西問題北廷尚未有解决辦法，已於昨日下午四點，全體電京辭職。結果若何，容再電達，謹聞。(《唐紹儀發電稿》密電 21)

同日，先生致電江蘇督軍李純。

《朱啟鈐致李純電》(1919 年 2 月 28 日發)：南京李督軍鑒：桂密。沁電悉。本日會議，仍繼續討論陝事。少川先詢問政府對於陝事有無解决辦法之復電，並謂："自二月十三日五條停戰辦法宣布後，每日均接有于右任報告陝軍攻擊詳情函件。昨又接十九日由陝來信，報告連日戰事增劇。

近且各軍移其東路向相橋、交口、紅崖頭、千都村、興市、關山等處攻擊,與三原相距僅數十里。是非北京政府威令不行,即係無議和誠意,實屬不顧議和前途,不恤陝民呼籲,與世界和平宗旨大相違反。由今日起,於四十八小時内,北京如無圓滿答復,即應停會。"等語。弟並未答復。但事實上中央若無明確辦法,會議必將停頓,(原注:自"即應停會等語"至"必將停頓"共二十九字,係改訂稿,初稿爲:"請貴代表諸公向政府聲明,以後不能負責。並請同時由雙方代表將此實情向外交團切實聲明等語。弟以政府雖有復電,而對陝事仍以後方剿匪爲名,實無一律停戰之意。對於頒發停戰明令一節,並未提及,萬難據以答復少川。")應付俱窮,極爲焦灼。同人等自審才力不及,電請辭職。餘詳本日議録,另寄台覽。特聞。鈐。勘。(《南北議和文獻》151)

三月一日,會晤唐紹儀。

三月一日唐紹儀《致廣州軍政府電》:本日晤朱桂莘,言北政府有由伊處轉復公等之電,所説離題愈遠,彼此辯論,徒生枝節,似屬無益云云。(《唐紹儀發電稿》密電 23)

三月二日,在南京召開全國和平期成會聯合會,選舉熊希齡爲會長,梁士詒、張一麐爲副會長。(《中華民國史》第三卷第六章第一節)

同日,先生致電江蘇督軍李純;李純致電先生;國務總理錢能訓致電先生。南方代表向中外電宣停止南北和議。

《朱啟鈐致李純電》(1919 年 3 月 2 日):李督軍鑒:桂密。奉讀冬電,衹增慚悚。本日奉幹揆電,其文曰:"密。儉電悉。尊述息争方法三端，正在趕速商辦。惟第一條辦法最難，陳、于本有宿怨，未必能互相款曲，當以他法證明之，但非限期所可辦到。第二、三條自易商辦，惟少川聲明四十八小時内如無滿足答復，即向外交團聲明停議云云，此係外交界最後宣戰之名詞，同屬國内，寧非笑柄，此間無法承認。請轉告少川，必有確實答復，惟不能拘以時日耳。”等語。東電中所謂第一層，係指由陳督電告于右任，由于通電來滬，證明停戰而言。中央視爲困難。二層，劃界未定，緩言剿匪。三層，係發明令，實行停戰。二、三條似允許可辦之意。已將電意屬人轉致少川，未必視爲滿意也。餘容續達。鈐。冬。(《南北議和文獻》153)

《李純致朱啟鈐電》(1919 年 3 月 2 日)：朱總代表鑒：桂密。勘電敬悉。會議開始，以小問題即已發生如此險象，將來果有重大百倍者，更何堪設想。不唯兄等焦灼，即弟身居局外，亦同情也。惟是陜西方面，中央不能如約停戰，度必有不得已苦衷。現既因此停頓，惟望吾兄顧全大局，堅忍負重，設法轉圜，以謀度此難關。弟力所能及，定爲聲應之助。政府復電如何之處，乞隨時見示，以慰懸念，是所盼禱。李純。冬。(《南北議和文獻》152)

《錢能訓致朱啟鈐電》(1919 年 3 月 2 日發，3 日到)：朱總代表鑒：密。儉電悉。陜事賴公匡持，一則曰當以五條辦法發表時爲根據，再則曰五條辦法未布以前當然不受拘束，三則曰陜事除五條辦法外不應涉及他事，持議扼要，至佩藎籌。徒以于右任連日去函飾詞告急，致政府與雙方代表並陷於困難之境。明知香山强硬主張，限期答復，其中别有苦衷，斷非得已，但以哀的美敦書施於國内，何能承認。細思陜事重要争點，在南中以匪爲軍，故一言剿匪，即有反對南軍之嫌，若鯁在喉，無由一吐。今且以此争點馴至停議以待，若長此相持，則因一隅牽及全局，數月心血盡付東流。尊示息争方法三端，如第一項方法，陳、于宿有嫌怨，何能彼此款洽，前電已略言之。陳固不肯與于接洽，于亦豈肯爲陳證明。且以南軍將領片面報告爲斷，勢必至不合事實之報告，皆將據爲定證，不如由陜省公共團體及聞望夙著之紳耆電述停戰實情，以爲保證，但事頗繁重，非限期所可辦到也。第二項謂劃界以前，軍匪既無標準，則剿匪須暫中止，以事實論，匪果當剿，不能以未經劃界不治，且匪與軍異，南軍可互商停戰，匪則自由行動，我不剿匪，能保匪之不犯我軍乎？借曰匪不應剿，則五條辦法又何以有擔任後方剿匪及雙方各認剿匪之規定？特剿匪之舉，爲陜計也。今在南一部分陜人既自願犧牲陜人之生命財産，中央亦何必堅持初議，以善意而被惡聲。鄙意既經停戰，决計將剿匪事一併暫停，匪之竄擾地方者，隨時設法防堵，勿使滋蔓已耳。第三項所云明令院令皆以表示政府誠意，本無區别，西南既知元首一言爲重，何以少川來電反復痛詆，不爲元首稍留威信。惟頒令一節公既表示贊許，弟亦認爲可行，頃照我公前電大意擬辦命令，其文曰："陜省兵災頻年，瘡痍滿目，眷言民瘁，軫念殊深，亟應促進和平，早日安集。前由國務院依照協定辦法，通飭停戰劃防，其陜省内部並照第四項辦法派張瑞璣馳往監視、區分，務在一律實行，克期竣事。各該將領自應共體斯意，恪遵辦理，倘或奉行不力，職守所在，不得辭其咎也。

此令。"云云。以上三端已具解决辦法,至前日去電所述預擬劃界範圍,係因張瑞璣尚未到陜,而我軍駐守各處,爲實行停戰計,不能無暫時之防禦綫,將來如何商劃,仍俟張到陜監視劃定,非以片面計劃,强雙方遵守也。我公既有懷疑,故申言之。惟能訓更有言者,會議甫開,如裁兵、分治等重要議案,中外注目,豈宜久擱,致遺各方口實。萬一因停議之故,别生枝節,影響大局,如國事何。務須切致香山,賡續正式開議,並將議題宜少、議期宜簡之意,切實轉商,能限定於較短時間内,求一正當結束,則國家之幸也。敢布腹心,佇候裁復。能訓。冬。(《南北議和文獻》154)

南方議和代表聯名《致廣州軍政府電》(1919 年 3 月 2 日):萬急。廣州軍政府政務會議及參衆兩院公鑒:並轉護法各省督軍、省長,各軍總司令、總指揮,各師、旅長,各督辦、省議會、商會、教育會,各團體,各報館均鑒:本日向中外宣言停止和議,(文略)。唐紹儀、章士釗、胡漢民、繆嘉壽、曾彦、郭椿森、劉光烈、王伯群、彭允彝、饒鳴鑾、李述膺叩。冬。印。(《唐紹儀發電稿》明電 30)

《三水梁燕孫先生年譜》三月二日:先是二月二十日南北會議雖經開幕,而陝西北軍仍着着進攻南軍,且段對於取銷參戰軍問題不特置之不理,且積極招募擴充。又發表本年二月八日徐樹錚與日本陸軍代表東乙彦所訂協約。未幾復將參戰軍改爲國防軍。南代表對此異常憤慨。總代表唐紹儀在和議席上,質問北代表,限四十八時答復,否則北政府無誠意。北政府逾期不答,是日遂通電停止和議,北代表等亦聯向政府總辭職。

三月三日，南京平和期成會聯合會致電大總統、國務院、參謀部、軍政府、督軍省長、唐紹儀、朱啟鈐暨各代表、省議會、教育會、商會，通告平和期成會聯合會成立及正副會長名單；吴箕蓀致電先生。

《南京平和期成會聯合會電》(1919 年 3 月 3 日發)：大總統鈞鑒：國務院、參謀部、軍政府、督軍、省長、唐總代表、朱總代表暨各代表、省議會、教育會、商會鑒：本會由各地平和期成會代表組織，冬日成立，票選熊希齡爲會長，梁士詒、張一麐爲副會長。特聞。平和期成會聯合會。江。(《南北議和文獻》155)

《吴箕蓀致朱啟鈐電》(1919 年 3 月 3 日發，5 日到)：上海朱總代表密鑒：親譯，護密。陝事自明令發後，又分别切電前敵各軍遵守。陳督已先有電來，遵照五條辦法辦理，此後必不至再有戰事，請釋廑繫。至此事内容，實緣彼攻陝南，被北軍驅出後，西路剿匪乃大得手。彼時五條辦法尚未議定，有詞可措。連下數城，各軍擬乘勝將西路肅清，則陝甘要道可通。鈞座前月來電，亦有和議未定之先，速請陝事計劃，故先實積極進行，特注重只在西路。于右任所駐三原等處，乃在北路，並無一兵前往。現西路只有鳳翔、岐山等縣未復，然均已合圍，故在軍人方面，頗覺不肯放手。但爲大局所迫，及中央信用計，不能不强使犧牲。現既分别嚴飭遵守，可保一律奉行。惟彼方所得報告，均係廿日前之事，俟得近報，難保不有責言。謹將詳情撮要奉陳，以備預籌應付，千祈秘鑒。箕。江。(《南北議和文獻》159)

同日，北京政府頒發第三次停戰命令。

三月十六日南方議和代表聯名《致各省省議會教育會商會各報館電》:北京政府迫於公義,本月三日亦曾頒發第三次停戰命令。(《唐紹儀發電稿》明電 37)

三月四日,江蘇督軍李純致電先生。

《李純致朱啟鈐電》(1919 年 3 月 4 日發,5 日到):朱總代表鑒:桂密。劉君恩源奉命來視弟疾,於其晉京時,曾囑轉達陝事,力請中央設法轉圜。茲接到劉君來電云"冬日抵京,當將攜電面呈元首。奉諭陝事業將發布明令,嚴申誥誡,可無他慮"云云。知注特聞。李純。支。(《南北議和文獻》157)

三月五日,國務總理錢能訓致電先生;吴笈孫兩次致電先生。

《錢能訓致朱啟鈐電》(1919 年 3 月 5 日發,當日到):朱總代表鑒:密。陝事已頒明令,茲又由院部另發電令,其文曰:"以陝省劃區停戰辦法,前於二月元日電行在案。現在和議進行,中外屬目,亟應切實照辦,以息糾紛。乃近日于右任等迭函上海告急,南方代表振振有詞,堅求一定時刻,以明令約止諸軍,且有通告領團解散會議之主張。中央渴望和平,始終一致,既不欲以一隅起各方之誤會,又不願以停頓召外人之責言。昨已奉明令飭依照元電協定辦法停戰劃防,仍候張瑞璣抵陝區分後,再定後方剿匪計劃。公等關懷時局,當能深悉中央企望和平之意,希再即嚴飭所部恪守現在防地,勿得輕啟釁端,致貽口實。"等語。通飭在陝各等遵照,請即查照。紫。歌。(《南北議和文獻》160)

《吴笈孫致朱啟鈐電》(1919 年 3 月 5 日發,6 日到):上海朱總代表鑒:護密。昨日下午英公使請謁主座。接見時,主座先與聲明,今日係以至朋友談話。伊述香山電文内有停戰及要求更易陝督二事。主座停戰令已發布,飭前方各軍嚴切遵守,陝督則目下不能更易。伊問參戰軍事,告以條約不能廢止,俟歐戰一經簽約,諸事自皆終結。伊之斷斷於此,似有人位之關係,亦與力爲解釋。伊云:“中國南北統一,若在歐議簽約之後,中國即不能得有利益,應速籌議。”主座云:“君此語余極注重,亦請轉告少川同爲注重,速議進行。”於裁兵計劃及憲法問題,提議各設機關,便可早謀統一,中國前途,關係至重。伊甚以爲然。撮要奉達,希即酌量轉達香山。再,主座談次,又曾告以“我與少川多年至好,非同恒泛,與君亦係老朋友。君關心中國大局,我與少川彼此均是六十外老友,亦甚願乘此時機,爲國家人民同做成一件事,一家同享和平”等語。並及。笈。歌。(《南北議和文獻》161)

《吴笈蓀致朱啟鈐電》(1919 年 3 月 5 日發,6 日到):上海朱總代表鑒:護密。電陳朱使會晤各節,諒蒙鑒及。聞美公使對於南北和議停頓,意頗淡寞,不似朱使之幫唐態度,對陝明令亦頗滿意,對於參戰軍問題,近日論調亦似不甚注重。特聞。再,今日路透電載,南方代表俟陝西問題解決後,即將提出軍事協約、裁兵及裁撤國防軍問題,祈注意。笈。歌二。(《南北議和文獻》162)

三月六日,國務院發布通電,通告全國和平會議過程及延期原因。先生致函江蘇督軍李純,致電李純,致函唐紹儀;張瑞璣致電唐紹儀和先生;國務總理錢能訓致電先生,轉告本日國務院通電内容;唐在章致電先生。

《北京國務院麻電》(1919 年 3 月 6 日發):各省經略使、巡閱使、督軍、省長、護軍使,各區都統、都護使、辦事長官、海軍總司令,廣西岑西林先生、伍秩庸先生、林悦卿先生,南寧陸幹卿先生,雲南唐蓂賡先生,成都熊錦帆先生,貴州劉如周先生,上海孫中山先生,和平期成會、和平聯合會,各報館均鑒:南北紛争,於兹兩稔。自政府首倡和平之議,於七年十一月十六日頒發明令,罷戰退兵,通電各方,敦切商洽。復由江蘇李督軍疏通意見,函電交馳,積牘盈尺。其始西南一争名稱,再争地點,政府皆曲意從之。迨中央代表既經出發,遲之又久,南方代表始克集滬,又以陝、閩問題,延不開議。政府爲促進和平計,斷不令以一隅之故牽及全局,遂不惜使陝民忍痛須臾,允准李督軍所擬之五條辦法。辦法維何?大要在停戰劃界,雙方各任剿匪而已。經徵得西南同意,於本年二月十三日電令宣布實行。雙方代表始於二十日在滬集議,公同推定張瑞璣赴陝監視區分。在政府以爲陝事可告一結束矣。乃唐總代表以迭接于右任連日來函,謂陝省迄未停戰,遂於二十八日會議要求撤换陳督樹藩,並限四十八小時,如無滿足答復,即向外交團聲明停議。以國際慣例,施之國内,寧非怪事?溯自二月十三日,將協定五條辦法電陝飭遵,嗣復迭電申告,陳督均先後復電謹辦,固未嘗抗違命令。至于右任十七日去函,其間相距僅四五日耳。無論十三日以前,當然不受拘束,即該電到省,再由省轉遞前方各軍隊,試問四五日内,能否周知。即當日西南通飭停戰,該軍隊何日奉到,何日遵行,中間亦展轉多時,事實具在,可復按也。此次唐總代表僅據于右任私函,遂欲强制要求，以停議爲挾持之具，致政府各代表不得已而相率辭職。政府已將陝事確況及彼方誤會情形，據實宣示。惟念大局爲重，不忍聽其破裂，一面慰留代表，催促開議，一面明令前方將領，依照五條辦法，恪遵辦理，期在一律實行，克期竣事。復經切電在陝軍隊，各守原防，静俟劃界，俟實行劃界之後，再定後方剿匪辦法。剴切申諭，務期共曉。現張瑞璣克期馳往，着手監劃。無論唐總代表是否滿意，上海會議是否停止，政府維當抱定五條辦法，將陝省劃防等事，積極推行，以重信誼。至開議以來，唐總代表所斷斷争持者約有數端：曰取消參戰借款，曰取消參戰軍，曰取消軍事協定條件。在中央則認爲歐戰尚未終了，取消暫非其時。既不能取消，則參戰借款當然支付。俟歐戰簽字，軍隊撤退後，所謂軍事協定及所謂參戰軍者，皆應同時消滅。彼時參戰軍應裁與否，應由陸軍部併入裁兵案内統籌辦理。此中重要争點，在目前歐戰是否認爲終了。政府認爲尚未終了者，遠則有見於和平條件，德國未盡履行，近則有見於俄邊激黨之尚在肆擾，在華敵僑之尚須驅遣。然默揣歐戰情形，和約簽字，爲期不遠，彼時自有正當解決。且此次會議緣起，乃因護法以啟兵争。則議題所列，自應以法律爲重。即因護法問題牽及事實，亦必有一定之範圍。乃迭次開議，於彼方根本關係之法律問題，未嘗一語道及。即政府代表所提出裁兵及軍民分治各議案，皆有關善後重要計劃，亦以開議以後枝節糾紛，束之高閣。徒摭舉外交、内政種種事實，以詰難政府。既失集議本旨，且軼權限範圍。果一切外交、内政，皆處决於此項會議，則政府固可不設矣。日以促進和平告於中外，而究其所爲，乃使和平曙光相去益遠，則會議之延滯，中央固不任其咎也。此中經過情形，我國人或未深悉，用特據實摘告，俾釋群疑。凡我邦人，其共鑒之。院。麻。印。(《議和文獻輯存》29)

原注：原載北京《政府公報》1919 年 3 月 10 日第 1112 號。

三月十日《熊希齡致錢能訓電》：南北會議因陝事停頓，齡特由寧赴滬，正在設法疏解。忽得尊電，反起糾紛，甚爲詫異。京滬相距太遠，真象莫明。中央只宜持重發言。按照慣例，亦應先與北代表預行接洽，方可發表文電，庶不致南轅北轍，另生枝節。蓋有責任者之言論，與無責任者大相懸殊也。今若麻電所云，雙方代表皆爲失望。政府體制重在判別是非，居於正中地位，不可於未經查明之案爲人辯護，致失尊嚴。譬如陝西問題，須俟張瑞璣到陝電告虛實，乃爲確證。今麻電種種剖白，是替陝西説話矣。又如參戰軍問題，日本報迭次載明日本政府願意中止。今麻電種種解釋，是替日本政府説話矣。又如法律問題，中央屢次主張先事實而後法律。今麻電忽言注重法律，是替軍政府説話矣。在政府雖存無我之意，而天下即疑爲挑釁之端。差之毫釐，失之千里。一言興邦，一言喪邦。樞機之發，不可不慎也。(《南北議和文獻》172)

按：熊希齡時任平和期成會聯合會會長。

《朱啟鈐致李純函》(1919 年 3 月 6 日)：秀山督軍台鑒：昨奉電示，具悉。此間停議情形，至勞廑注。自會議停頓以來，南代表一方仍堅持撤陳之議。現各方有持調停説者,謂中央既有嚴令停戰,陳督自當遵從,但期于右任來電報告,使停戰之事得以徵實,則撤陳一説,或可勸告轉圜云云。弟連日電致中央,大致亦本此立論,並請政府電飭陳督勿扣三原電報,冀早日證明停戰,藉可解紛。本月四日,政府業經嚴令停戰,並由院部另發軍令,飭照元電協定五條辦法,停戰劃防,仍候張瑞璣抵陝區分後,再定後方剿匪計劃。是政府於陝西軍事,不但對於靖國軍實行停戰,且在未劃界以前,並將剿匪各事亦一律停止。似此委曲求全,或可希彼方諒解。弟已將迭次文電抄送少川查閲,並據情正式致函促其早日繼續開議。一俟得復如何,即當電告台端,用慰藎繫。少川日來抱恙,弟今日特往問候,因其體熱未退,未能暢談,大約兩三日内,當可占勿藥矣。兹將政府最近來電暨致少川一函,一併抄奉,希加鑒閲爲荷。專上,敬請台安。弟朱〇〇。(《南北議和文獻》158)

《朱啟鈐致李純電》(1919 年 3 月 6 日):南京李督軍鑒:頃接張瑞璣來電,文曰:“(作者注:即本日《張瑞璣致唐紹儀朱啟鈐電》,文略。)”等語。特聞。鈐。魚。(《南北議和文獻》163)

《和議停頓中之消息》之《北方代表辦事處消息》:朱總代表於本月六日致唐總代表函聲明:陝事業由政府嚴令申儆按照五條辦理,應請賡續開議。原函已經宣布。(民國八年三月十一日《申報》)

三月六日《朱啟鈐致李純電》録《張瑞璣致唐紹儀朱啟鈐電》:唐、朱兩總代表鑒,並轉李龍門先生鑒:余詒來電稱,陝已停戰,于、陳亦有使往來。昨令電當已收效。敬聞。瑞

璣叩。魚。(《南北議和文獻》163)

《錢能訓致朱啟鈐電》(1919年3月6日發,8日到):朱總代表鑒:密。前擬將會議詳情宣示,曾經電述。兹於本日通電全國,其文曰:(文略)。紫。麻。(《南北議和文獻》165)

《唐在章致朱啟鈐電》(1919年3月6日發):上海朱總代表鈞鑒:彰密。陜督參長致京辦公處電徐云:"頃返,于亦派人來。田、岳二團可先就撫,于、張亦願速了,三數日即定局。可告衡玉速來。禔。江。"又電:"停戰令到,即確實奉行。另電:復請中央以之告南方,于張口台辦法已妥,日内辦到。田、岳撫事,同時成,請告諸公。禔。支。"又陳、張確實停戰,復電另由府達。章。魚。(《南北議和文獻》164)

三月(五日後),因陜西戰争及參戰軍,中華民國軍政府總裁唐繼堯致電大總統徐世昌、國務總理錢能訓、上海和平會議各代表等痛斥北京當局。

《因陜西戰争及參戰軍痛斥北京當局電》:北京徐菊人先生、錢幹丞先生,上海和平會議各代表、孫總裁、張季直先生、熊秉三先生,廣東軍政府各總裁、各部長、國會議長、議員、武鳴陸總裁,各省督軍、省長,各省議會均鑒:前因上海會議停頓,誠恐和局破裂,戰端復開,國事益難收拾。曾於真日通電各省,協力維持。所冀北京容納各代表之主張,速謀解決,以免人民再罹兵燹,國家致陷危亡也。乃頃接錢君幹丞麻電,殆欲以和局停頓之故,歸咎於南方,而於陜西戰事及參戰軍則强辭以爲之辯護。查北京自上年十一月十六日已明令罷戰退兵,陜西自應一律照辦,何以謂"本年二月十三日以前,當然不受拘束"?十三日既將協定辦法五條電陝飭遵，乃昨接于右任三月四日由三原來函云：陳樹藩仍聯絡奉軍、劉鎮華等舉行總攻擊。以京陝通電便利，豈相距廿餘日，而北京電令前方軍尚未周知？何以謂"陳樹藩均先後遵辦，未嘗違抗命令"？至參戰軍隊，原爲歐戰發生，今歐戰既終，何所用其參戰？如謂休戰條約，德國未盡履行，此不過歐洲和會之小有争持，豈足爲歐戰未終之證？若俄過激黨之擾亂，以東省軍隊防制之而有餘，驅遣敵僑，尤無需乎兵力。乃自六年十一月督辦參戰軍務處成立以來，未聞出一兵以赴歐洲之急。今於歐戰告終之後，反岌岌以編練新軍，此何爲者？參戰借款，先取之三百萬元，已不識用途所在，今更欲續取一千七百萬元以重吾民之負擔，此又何爲者？以上所陳，事實具在，本無庸以口舌争。惟繼堯不憚辭繁，以爲國人告者，誠以國事俶擾，皆緣主戰派之激迫而成。近因内外大勢所趨，始有上海會議之舉。唐總代表提出陝西停戰及參戰軍撤廢兩事爲先決問題，蓋以剷除擾亂國家之禍根，建立永久和平之基礎，此全國人民所希望，而並非唐總代表一人之主張也。北京當局如以憂國愛民爲心，誠不必予人以口給，毅然廢除此全國側目之軍隊，示天下以不復用兵，則國事糾紛，當可迎刃而解。若狃於武力統一之政策，而不惜推翻和平，則年來主戰派之力徵經營，其效已可立睹，不過大傷國力、重苦民生而已。繼堯身歷行間，誠不忍再睹戰禍，主戰派如仍阻兵，安忍當惟力是視，以相與周旋，拂全國之輿情，以生戰亂；解數人之兵柄，以奠國家？何去何從，一惟北京當局之自擇。特電布臆，佇候復音。（《唐繼堯函電》）

按：真日，十一日。麻電，六日。據電文，唐繼堯發電當不早於三月六日。

三月七日，致電陳樹藩；唐在章致電先生。

《和議停頓中之消息》之《陳樹藩覆朱啟鈐電》：朱總代表鑒：虞電敬悉，查敝處於前月刪日奉到院部元日電示辦法五條，當即轉行前方各軍遵照辦理在案……陳樹藩。庚。（民國八年三月十一日《申報》）

《唐在章致朱啟鈐電》（1919年3月7日發）：上海朱總代表鈞鑒：彰密。申刻，英、法、美、意四使赴外交部，聲明"日本已認付參戰借款，中政府勿再向借"云云。此舉純係牽制日本，並非勸告，亦不涉和議。特聞。章。虞。（《南北議和文獻》166）

三月八日，致書江蘇督軍李純；李純復函先生；陳樹藩復電先生。

《李純致朱啟鈐函》（1919年3月8日）：桂莘仁兄大鑒：頃奉三月八日惠書，並承抄示各件，讀悉一切。此次南代表因陝事爭持，和議幾至決裂，賴我公運廣長之舌，持堅果之心，施無邊之法力，得以勇猛精進，伏息群魔。功在河山，名垂宇宙，匪獨三秦父老銘勛頌德而已。迭示辦法，手腕靈敏，智勇深沉，尤極佩仰。現在中央委曲求全，實已表示十分誠意。少川病愈後，當可繼續開議。此後小小波折雖或不免，然得公鼎力維持，亦不難範我馳驅也。耑復。敬頌勛綏。弟李純敬啟，三月八日。（《南北議和文獻》167）

《和議停頓中之消息》之《陳樹藩覆朱啟鈐電》：朱總代表鑒：虞電敬悉，查敝處於前月刪日奉到院部元日電示辦法五條，當即轉行前方各軍遵照辦理在案。本月微日奉到大總統江日電令，並院參陸部兩支電，復經分行陝境各軍隊一律遵照固守原防……陳樹藩。庚。（民國八年三月十一日《申報》）

按：虞電，七日電。

三月（十日前），函請唐紹儀迅電軍政府，嚴查制止廣州方面對於閩省增加軍隊。

三月九日唐紹儀《致廣州軍政府電》：頃接朱總代表函稱：據閩省探稱，廣州方面對於閩省有增加軍隊消息，囑爲迅電軍政府，嚴查制止等因。除復朱總代表勿輕信探報外，現在和議停頓，正在相持，準備固不容稍疏，而釁端則萬不可自我輕啟。諸公成竹在胸，諒無煩緦緦過慮。所祈慎重防範，毋貽北廷口實，是所切禱，並盼示復。（《唐紹儀發電稿》密電26）

三月九日，唐紹儀發布致各省各團體各報館通電，駁斥國務院六日通電。河南平和期成會致電先生。

《致各省各團體各報館通電》（1919年3月9日）：各省各團體各報館鑒：錢幹臣麻電諸公想已寓目。該電着眼處謂此次會議緣起，乃因護法以啟兵争，則議題所列，自惟以法律爲重，即因護法問題牽及事實，亦必有一定之範圍云云。幹臣此電，揭明内争之原因，尊重護法之主張，不特詞嚴義正，實獲我心，且在幹臣等方面，尤見遷善悔過、服從法律之真意。幹臣果本此義以求和平，則和平自可拭目而至。年來戰禍綿延，生民塗炭，誠如幹臣所言，純因護法而起，然亦因一部分人公然違法，故乃啟護法之兵争。如護法問題迎刃而解,則所謂陝西問題、軍事協約問題、參戰借款問題、國防軍問題,悉在法律制裁之中,儀於此等問題固不必争持,亦無所用其争持也。電文中對於陝西戰事、軍事協約、參戰借款、國防軍諸項,强詞自辯。然會議以求和平,不先去和平障礙,則和平會議何自而進行?全國趨向和平,何忍陝西一隅獨遭兵禍。既曰注重裁兵,何以雙方停戰後,猶借外款以添兵,借名目以賣國?尤奇者,謂北方首倡和議,然軍政府要求對等,和平會議之公電已於十月卅號發出,北京因迫於友邦之勸告,乃於十一月六日承認軍政府之要求。凡此種種,事實具在,天下自有公論,非筆墨所能辯護。抑幹臣既認定在法律範圍内解決,則君子之過,如日月之食,即不斤斤致辯,國民且進而嘉勉其改過矣。要之,幹臣麻電主旨,實認定此次和平會議純係解決法律問題。法律問題一解決,則他項問題盡爲枝節。幹臣可謂一語中的,能見其大。此後惟要求幹臣言行相顧,速將北京政府一切法外之行動悉納入於法律之中,我軍政府既貫徹護法之初衷,則一切問題悉聽法律解決。國民希望合法之和平者久矣,儀知幹臣見義勇爲,必有以副國民之期望,則法律效力之回復正指顧間事,而儀今日所争持之陝西問題、軍事協約、參戰借款、國防軍問題,一切亦將依法解决,無復猶豫矣。我國民試拭目以俟之可也。唐紹儀叩。青。印。(《唐紹儀發電稿》明電 32)

《河南平和期成會快郵代電》(1919 年 3 月 9 日發):上海探投朱總代表鈞鑒:大亂頻年,生民塗炭,方幸會議開幕,和平有期,乃以陝西一隅,牽動全局,和會梗阻,全國驚心。伏望我總代表懔淪胥之將及,以民意爲依歸,忍辱負重,務

達國民最後之希望，實所切禱。河南平和期成會。青。(《南北議和文獻》168)

三月十日，唐紹儀偕全體南方代表往晤先生，就與南北繼續議和有關之陝西停戰及撤换陳督，中日軍事協定與參戰軍，以及國會等問題了解情況，並交换意見。(《中華民國史.大事記》)先生致電北京政府；函悼劉人熙；江蘇督軍李純致電先生。

《朱啟鈐致北京電》(1919年3月10日發)：午間，唐屬南代表全體來云，繼續會議，須先詢朱意見：(一)李代表所得消息，陝戰似尚未停。至五日朱函，對唐撤陳及以十一月十六日頒令爲劃界標準，何以未復。朱答：陝事，政府嚴令申儆，陳亦復遵，俟張瑞璣到時查考，如有違令，必當嚴懲。至撤陳及照十一月十六日劃界，會議時本不贊成，故亦未請示，不能承認。(二)詢軍事協定、參戰軍事主張如何。朱答：政府協定主張宣布，參戰軍自有正當辦法。(三)詢國會問題，據麻電以法律立言，轉責南方不提，是將來當先是著，公同意否。朱答：此問題早遲必提議，當與我方之軍事政治各大問題公同研究，以平允解決時局云。南代表回。又唐病，醫云三日後可出門。(《南北議和文獻》170)

《朱啟鈐悼劉人熙函》：朱總代表昨復旅滬湘紳公函云：敬復者：頃接公函，敬悉劉艮生先生逝世，時局阽危，老成凋謝，傖言茂㮣，良用欷歔。先生學有本原，才爲世出，革新政治，實導先河。辛亥以來，國家多故，攖冠被髪，艱鉅不辭，憂國之誠，尤爲世所共仰。此次瑟居滬瀆，組織國民策進永久和平會，救民水火，彌具熱忱。鈐等夙企英耆，方期藉登高之呼,爲將伯之助,迺和議甫經開幕,先生遽返道山,誦垂絶之遺言,知九原之未瞑。承示冀獲全國隆禮,以報賢勞,海内人士當表贊同。先此布復,並致悼懷。敬頌台綏。朱啟鈐敬啟。(民國八年三月十一日《申報》)

按:劉人熙卒於三月六日。

《李純致朱啟鈐電》(1919 年 3 月 10 日發,11 日到):朱總代表鑒:桂密。頃准陜西陳督軍庚電開"陜省前奉院部元電開示閩、陜、鄂西辦法五條,當經通行前方各軍隊遵照在案。復奉大總統江日電令,飭即實行停戰,以國安集。遵即通行前方各部隊切實奉行,静候張瑞璣到陜區分辦理。特聞"等語。謹電轉達,即希察照。李純。蒸。(《南北議和文獻》171)

三月七日至十一日間,唐紹儀據漳州陳炯明總司令七日電,函告先生,請先生轉電北京政府飭遵辦理。

三月十一日唐紹儀《致漳州陳總司令電》:虞電悉。已據此函告北方朱總代表,請其轉電北京,飭遵辦理。(《唐紹儀發電稿》明電 35)

按:陳總司令,爲陳炯明,號競存。虞電,七日電。唐函當作於七日至十一日間。

三月十一日,三原總司令于右任致書唐紹儀和先生;唐在章致電先生。

《于右任致南北代表書》:少川、桂莘兩總代表鈞鑒:和議頻危,國人失望,瞻念前途,曷勝浩歎。閱《京報》(三月二日)載北京二月二十七日復朱總代表電如下"陜事自元日將五條辦法電令飭遵至中央未嘗詰難也"等語。據以實事,其何能誣。查省西乾、鳳，省東蒲、富、臨、渭前方各北軍一電之發頃刻可達，豈待五日？何得借當日北南停戰之事，以爲之證耶？即五日未能周知，試問元日去江日二十餘日矣，其宜周知固也。何以尚須江日之停戰命令。則二十餘日之仍未停戰，不言可知。今日三月十日，其去江日又七日矣，而乾、鳳圍急，興市被攻，紅崖渡今午又向我攻擊。頃得省中確實消息，陳氏六七日已電飭前敵軍隊，查照中央江日停戰命令，遵即停戰，並已通電各省。而六日午後又電飭張金印激勵將士，趕掘地道，以期轟克乾城。七日又派機器局熟於爆炸術之劉某，攜帶地雷、黄色炸藥並磨電機等前往乾縣助攻。則陳氏迄無停戰誠意可知。且不僅陳氏已也，北京又發給陳氏七九、六五槍彈各三十萬粒，五生七、七生五及七生六炮彈各一千五百枚，已運至觀音堂云云。由以上各節觀之，北京與陳氏對於陝西實有所不甘心之處，必千方百計拖延掩飾，以殺盡此六七萬義軍然後快。非必北京之令出不行，亦非陳氏之抗命不遵也。今北方代表全體辭職，既經籠統慰留矣。南方代表要求限時答復，又已不得要領。和議前途如何，尚不可知。如和會而存也，務望雙方代表速電北京，嚴詞阻止觀音堂之大批軍火運入陝境。如果和議決裂，戰禍重開，孰爲戎首，責有攸歸，則陝西靖國軍雖覆亡之日，此存在之年也。此肅，即頌議安。弟于右任啟。三月十一日。（西北革命史徵稿《陝西靖國軍紀事》四《附録》）

《唐在章致朱啟鈐電》（1919 年 3 月 11 日發）：上海朱總代表鈞鑒：彰密。今早公使團卒議，因滬會久停，有提勸告訊，現候東京復電。陸子欣赴瑞士，電京辭職，似因伍朝

樞問題,現去電切留。張瑞璣明晚七點行。章。真。(《南北議和文獻》173)

三月十二日,財政總長龔心湛致電先生;國務總理錢能訓兩次致電先生。

《北京財政部致朱啟鈐文電》(1919年3月12日):本部此次發行八年内國公債,本屬萬不得已之舉。兹閱報載唐總代表通電一件,似於本部爲難情形尚未深悉,且於事實亦有未符之處。用再詳爲申述,以明真相而釋群疑,幸垂察焉:溯自軍興以來,支款日增,收款日減,每月收入不敷,爲數甚鉅。處此風雨飄摇之際,開源節流,兩無所施。仰屋彷徨,非舉債無以應付,而各方索款,迫於燃眉,實有難緩須臾之勢。用是議定發行内國公債,變通手續,先請大總統以教令公布,俟國會二次開會,再請追認。此本部萬不獲已之苦衷,當爲邦人所共諒者也。綜計目前用款,自以軍費爲大宗。雖經籌議裁減,然事未實行。每月餉需,勢難停發。況大部軍隊,半在前防,接濟稍疏,立虞嘩變。唐總代表謂募鉅債以充軍實,責其破壞和平。然則停止募債,迅致軍餉無出,試問前方軍隊,將何法羈縻?使之枵腹以守紀律?倘因餉缺兵潰,糜爛地方,則破壞和平,恐本部又不能辭其責矣。至謂此項債票已向銀行抵押鉅款,實係傳聞之誤。無論本國銀行無力擔承此項押款,外國銀行則牽掣甚多,更難協定。即云外人樂於承受,而債票尚未發行,何能預爲作抵。衡情度理,不辯自明。且舉募内債,本非咄嗟立辦之事。民國三、四年間所行公債,皆累月經年,始獲集事。以此例推,亦可概見。本部之意,亦惟就目前最急之需,量爲支配,藉以騰挪，爲周轉一時之計，别無絲毫作用於其間。區區之愚，可質天日。總之，本部以維持現狀爲職責，同具愛民護國之心，斷無黷武窮兵之理。惟盼會議早成，庶財政前途或可徐圖整理。倘會議日事延期，即財政日趨窘境，僅此救濟目前之計，亦將有時而究，百孔千瘡，時時可裂。萬一和平之曙光未睹，而國家之破産先形，恐亦非唐總代表所忍聞也。披瀝直陳，即乞轉達。龔心湛，文。（《議和文獻輯存》30）

原注：原載北京《政府公報》1919 年 3 月 16 日第 1118 號。另有北京財政部通電一通，向全國人申述本電全文，署名爲“財政部”。

按：龔氏電文中言及“報載唐總代表通電一件”，係指三月九日唐紹儀致各省通電，詳見本譜。

《錢能訓致朱啟鈐電》（1919 年 3 月 12 日發，當日到）：朱總代表鑒：密。頃據許司令蘭洲電稱：興平一帶電綫損壞，又因遞送前方相距將三百里，院支電於陽日午後十一時奉到，已恪遵停戰，暫就原防駐守。陽日以後，確無戰事。知注並聞。再，尊電所詢本月一號夜車運陝子彈及漢陽兵工廠撥給劉存厚子彈三十萬，頃經詳查，據述並無其事。祈轉復。能訓。文。（《南北議和文獻》174）

《錢能訓致朱啟鈐電》（1919 年 3 月 12 日發，當日到）：朱總代表鑒：密。蒸電所詢運陝子彈一節，經參陸處查詢，並無其事，惟從前發過子彈，間有已經起運尚在中途者。而陝省沿途等處各軍均設有兵站轉運局，其領到軍械隨地撥存，不時運往，殊難一一稽考。但所可確切聲明者，目前對於陝省決無撥給子彈之事。此後陝省亦決不致發生戰事。

頃發一電,語有未盡,用以密陳,統希察照。紫。文二。(《南北議和文獻》175)

三月(十一日後),唐紹儀將漳州陳炯明總司令所擬辦法七項鈔轉先生。

三月十二日唐紹儀《致漳州陳總司令電》:虞電奉悉。當將尊擬辦法七項,鈔轉朱總代表察覈。一俟决定,再行電聞。(《唐紹儀發電稿》明電 36)

三月十三日,于右任致函先生,報告陝西東、西戰場情形,指出"陝戰未停","陳(樹藩)氏一方通電停戰,實欺北京,並欺國人耳"。(《中華民國史.大事記》)

三月十四日,致函江蘇督軍李純。

《朱啟鈐致李純函》(1919 年 3 月 14 日):秀帥麾下:頃接唐總代表來函,内述陳總司令炯明議具閩省停戰劃界辦法七條,並廣州政務會議電開閩省劃界辦法,屬爲覈復,並將陳電轉陳政府等因。除函復外,兹將來函並復稿一件録副奉覽,即祈察照爲幸。專此,敬頌勛祺。再,昨日南方各代表又來質詢陝事,當即據電中央。原電並奉。又及。附抄函電各二件。鈐。(《南北議和文獻》176)

三月十五日,國務總理錢能訓兩次致電先生。

《錢能訓致朱啟鈐電》(1919 年 3 月 15 日發,當日到):朱總代表鑒:密。近日陳督與于右任確有接洽,多係由林少和、張聚廷互通款曲,兩方均有信使往復。尊處致于電,確已由張聚廷賫往轉交,並非扣留。又據許司令蘭洲報告,陽日在岐山軍次,奉到院部節(原注:據 174 電文,許蘭洲於陽日奉到“院支電”,“節”字疑爲“支”字之誤。)電,現已確遵停戰云云。此事因駐地遠近不同,郵遞交通不便,致實行期間不無先後,當在鑒中。又聞鳳翔城内郭堅、樊鍾秀等與葉荃意見决裂,已成互鬩。現屬我軍務持鎮静態度,勿得希功輕進。俟得續報再聞。紫。咸。(《南北議和文獻》177)

按:“174 電文”,即《錢能訓致朱啟鈐電》(1919 年 3 月 12 日發,當日到),詳見本譜。

《錢能訓致朱啟鈐電》(1919 年 3 月 15 日發,16 日到):朱總代表鑒:密。據許師長蘭洲電稱“郭堅、樊鍾秀、葉荃等,在鳳翔城内互鬩,槍聲甚烈,居民紛紛逃避,流離載道。我軍未能設法安撫,只能賑以粥米,情形極慘”等語。特聞。紫。咸二。(《南北議和文獻》178)

三月十六日,南方代表聯名致電各省省議會、教育會、商會、各報館,發表第二次宣言。先生致電國務總理錢能訓;國務總理錢能訓致電先生;唐在章致電先生;吴笈蓀致電先生。

南方代表聯名《致各省省議會教育會商會各報館電》(1919 年 3 月 16 日):(前略)。凡此諸點,皆中外之所周知,儀等不敢謂北京政府爲無信義能力不負責任,並有意拂逆全國之公意以行,但議和期内不得有戰事,爲萬國公例,而北方犯之,表面停戰並不實行,於再三抗令之陳樹藩袒庇而不肯懲辦。參戰軍與一切禍國喪權妨害和平之計劃,更著著進行,置雙方代表之公意於不顧。似此情形,和議何從説起? 方今大局未定,紛亂益增,將來發生何種可怖之變局舉不可知。諸公想望和平,素所欽佩,有何良策,使和平會議

不至從兹中輟,儀等不敏,竊願聞知。(《唐紹儀發電稿》明電37)

《朱啟鈐致錢能訓電》(1919年3月16日):集靈囿譯電處譯呈:梓密。紫公鑒:寒電悉。軍事案大致就我範圍,已另電詳陳。善後借款,今日亦大致討論,擬定以二百兆元爲額,王叔魯、方立之、曾彦、繆嘉壽四人起草,不難限日歸束。惟地方制度案,本推定施、汪、方、胡、章、彭六人審查,此案政論紛紜,因革損益,率爾操觚,談何容易?持高論固難適合國情,對空策又不足以饜時人心理。平情討論,雙方頗感困難。即令審查得有結束,亦不過成爲建議案而已。其他問題,滇、黔、川、桂各代表所最注意者在補充一條;湖南代表在撫恤救濟一事。倘目前於善後款中有承認之明文,將來得中央公平分配之保障,餘題當不難還就歸納矣。自賡續開會以來,雙方代表鎮日在會場集合,感情較易融洽,討論各案尚屬順手。少川近日態度亦極和緩,昨於休息時間密談國會問題,亦苦無平允辦法使雙方下臺。渠自云,某派主張用六年會員在南京制憲,乃一種陰謀,事實上亦難使在新會之舊議員改顔合併。報載北京方面反對甚力,此説當可打消。渠又言擬用消極辦法,和平會議如他案均已妥治,惟法律一案雙方不能讓步,只好付之國民公决;或由本會組織一法律會議案,由各省議會每省推舉三五人,在南京開會,解决此事。既可延長時日,各省局面容有變遷,北方省會既占多數,中央亦可操縱云云。問弟意見如何。弟仍主張簡捷辦法,先申甲説:由和會議定西南五省補選議員,加入北京憲法會,依據舊會二讀案完成公布修正選舉法後,即行閉會。並戲言此爲借胎還魂法,民黨中堅分子在西南當然入選，到京後當然可自由行使其憲法主張。京會亦不能不容納西南一部分之意見，因此達到完成憲法之手續，與用六年舊議員還魂制憲同一作用，比較另借他種調停辦法尚屬易行，不過南方代表有犧牲護法之精神耳。次申乙說：即由本會自爲國家直接負責整理原案，述而不作之意，但兩方代表均涉議憲之嫌。反復譬喻，雜以滑稽之語，二者請其作答。渠於變更國會組織縮減人數之案，雖口中時有主張，而於約法之條文理路不甚了了，故未能作明瞭答復，但以甲說爲降服辦法耳。昨日接洽情形，大概如此。本擬俟達詮回滬，再進一步接洽，因得尊電，都中風傳反對代表議法之説甚盛，如果政府有所顧慮，即就唐國民公决之説推諸和平會之外，徐圖變化，未始非一了法。倘軍事借款案果能單獨成立，軍事委員會之組織西南要人均入彀中，彼時舊會已失依據，自然消滅亦未可知。此層望趁達詮未行時密爲計議，並盼速回。關於此等密要之事，非靈活腦筋不能迎機披導。弟早作夜思，心力已覺不繼，報告屬他人爲之，每不盡意，自擬則日不暇給也。螻。銑。(《南北議和文獻》180)

《錢能訓致朱啟鈐電》(1919 年 3 月 16 日發，17 日到)：朱總代表鑒：和密。元二電悉。陜事雙方報告各異。此間僅據陜電轉述，自非另有證明，不足昭信。惟道路遥遠，一時無從取證。張瑞璣已於元日兼程入陜，一星期内可到。俟張到後來電報告，當可分曉。目前已先照尊電轉告陳督，務得于右任一電，證明停戰，以釋群疑。俟得復再告。能訓。銑。(《南北議和文獻》179)

《唐在章致朱啟鈐電》(1919 年 3 月 16 日發)：上海朱

總代表鈞鑒：彰密。外部昨答復四國先日對參戰借款勸告事。謂“係内部行政，政府正在籌議辦法”云云。乞密。又錢總理派許寶蘅來滬面陳。章。諫。(《南北議和文獻》181)

《吴笈蓀致朱啟鈐電》(1919年3月16日發，17日到)：朱總代表鑒：螻密。中日軍事協約各項，已由部商明日使，彼此同於十四日登報發布，並擬將各密約陸續公布。巴黎會中新添財政、經濟兩股，我國加入經濟股一員，即以施公使擔任；財政股亦得加候補一員。陸子興至瑞士稍事休養，十日忽來電辭職。經府院堅切電留。據聞係因前過日本與其外部談話，曾有“中日兩國在會，當親密愛助共圖進行”之語，日人用爲話柄，到處傳布。又有某公使等要求有議事表决權。兩事交相逼迫，因思走避，刻又電催速回巴黎矣。笈。銑。(《南北議和文獻》182)

三月十七日，吴笈蓀致電先生；中華民國軍政府總裁唐繼堯致函先生，介紹美國人安德森拜訪先生；南方總代表唐紹儀復函先生。

《吴笈蓀致朱啟鈐電》(1919年3月16日發，18日到)：朱總代表密鑒：親譯，護密。陝省岐山、鳳翔兩事，幹揆聞已電告。此事内容，岐山確係六日所下。許蘭洲電告七日接到電令，七日後，實無戰事。至鳳翔係郭堅、樊老二與葉荃衝突，郭、樊欲將葉逐出，投誠於許蘭洲。有電致奉軍司令部，謂郭、樊、葉均已移駐城外地方，紳商請求維持秩序。詳情尚未據報。已由奉司令部電許，不得入城，必不得已，即以文官與商會安撫居民。又聞樊、郭仍在鳳翔，許蘭洲仍住横水鎮。此均實在情形。特密聞。又，參戰軍經四國勸告後,日本屢次間接表示不贊成裁撤該軍。小幡並謂前次勸告時,朱公使本有不干涉中國内政之議。此次四國勸告,朱爾典來約,小幡仍以不干涉中國内政拒之,故未加入云云。主座對此事,擬以改歸陸軍部復外,靳翼青初意不敢贊成,各方面再三磋議,漸可就緒。芝老辭參戰督辦,主座當時原呈退回,外間尚無多知者。統容續報。笈。霰。(《南北議和文獻》184)

按:霰,十七日。

《唐繼堯致朱啟鈐函》(1919 年 3 月 17 日):桂莘先生侍史:久欽重望,無任依馳。會以上海議和,德星臨聚,仰懷相與,愈仰宏謨。近因陝省問題又生障礙,深恐國事復起糾紛,曾於真日通電各省,切勸以和議不可破裂,大局必須維持。誠以民困已深,外交益迫,内争未息,必陷淪亡,故國民希望和議之成,群趨一致。乃猶有横加梗沮以逞私圖者,此真國家之罪人,南北之公敵也。尚冀主持正誼,促進和平。翹企偉謨,不勝冀幸。兹有美國人安德森,由滇返滬,藉便致箋布悃,並介紹與公一晤。此君熟悉我國情事,亦極愛重和平,幸與接洽。並祝健康,不既。期唐繼堯敬啟,三月十七日。(《南北議和文獻》183)

《唐紹儀復朱啟鈐函》:敬復者:接三月十五日函開,王安瀾於停戰期内,進犯平利。三月十六日函開,郭堅、樊鍾秀、葉荃等在鳳翔城内,意見决裂,互鬨擾民。又一函開,王安瀾於雙方停戰時,率眾横竄,勒索商民各等由,均悉。查此間距陜,道遠電阻,究竟有無上述等情,尚難懸揣。惟來函一則曰停戰期内,一則曰雙方停戰。據中外報紙所傳,陳樹藩實未遵令停戰，皆可復按，不獨于總司令一面之詞爲然。興平、醴泉、武功、扶風、寶雞、汧陽、隴縣、盩厔、郿縣等縣，本爲陝靖國軍所有，於去年十一月十六日，北京第一次下令後相繼失去。岐山、鳳翔、乾縣在包圍中。交口、相橋、興市、關山、修石頭、紅崖渡等處戰争，尚極激烈。施家坡已於本月十二日爲陳軍劉世瓏所陷。此皆事實彰彰可考者也。至於疊函所開各情，自應以速電詢，以證虚實。乃此間屢次與于總司令去電，均未接復。且據電局通知，去電均爲陳樹藩之陸軍檢查員扣阻。兹欲通電詢辦，從何着手？尚祈有以教之。特函匯復。此致朱總代表。唐紹儀，三月十七日。（西北革命史徵稿《陝西靖國軍紀事》四《附録》）

三月（二十日前），致函南方總代表唐紹儀；陳樹藩致電先生，確認在陝北軍確已停攻，並承諾將三原電綫即行修復，往來電信不至阻隔。

三月十九日唐紹儀《致漳州陳總司令電》：據朱總代表函稱：粤軍旅長杜忠信於停戰期内率軍往惠安籌款，越境啟釁。又函稱我軍攻陷順昌仁壽縣，驅逐縣佐，奪取印信各節，是否屬實，希查明見復。又函稱所定劃界七條辦法已由錢能訓交李厚基商辦，惟須將南軍駐地及將領姓名開送云云。希即查填電復，以便轉交爲盼。（《唐紹儀發電稿》密電27）

按：陳總司令，即陳炯明。據唐氏此電，收到先生函當不晚於十九日。

三月十九日唐紹儀《致三原于總司令電》：近據錢幹臣復電，則稱在陝北軍確已遵令停戰，陳樹藩致朱總代表電亦稱確已停攻，並將三原電綫即行修復，往來電信不至隔阻等

語。惟迄今仍未接尊處來電證明,焦灼無似。(《唐紹儀發電稿》明電41)

按:據唐氏此電文,陳樹藩致先生電當不晚於十九日。

三月十九日,國務院署銓叙局局長許寶蘅到上海面見先生,轉授政府關於和談意見。

《許寶蘅日記》二月十五日(3月16日):又奉揆命赴上海接洽事件。十六日(3月17日):謁主座。夜接紫丞函,知二哥明日由杭行,余明日由京行,後日即可相聚於上海。

按:《日記》二月十七日(3月18日)至三月十七日(4月17日)缺失,許氏面見先生時間乃據十六日記録推算而來。許氏時署銓叙局局長。

三月十六日《唐在章致朱啟鈐電》:外部昨答復四國先日對參戰借款勸告事。謂"係内部行政,政府正在籌議辦法"云云。乞密。又錢總理派許寶蘅來滬面陳。(《南北議和文獻》181)

三月二十日,陝西停戰劃界專員張瑞璣自渭南致電唐紹儀和先生。

《張瑞璣由渭南來電》(1919年3月20日發,23日到):上略。唐、朱兩總代表鑒:號日抵渭南。查張旅長錫元與靖國軍岳維峻、曹世英在交口、相橋一帶,均已遵令停戰。刻有兩方會議,各退四五里,岳、曹軍退至少青河以西,張軍退至田市、油房街,以免衝突。惟查浮水一帶,時有潰匪出没搶掠,擬由張旅分駐省東大路,剿防各匪,以安閭閻。已將此情分電中央矣。璣明日即由渭入省。餘俟續陳。瑞璣叩。號。(《南北議和文獻》187)

三月二十一日，唐紹儀致函先生，揭露北京政府以大批軍火運陜，不實行停戰，請轉電北京立即停止，以維和局。(《中華民國史.大事記》)致電國務總理錢能訓；河南省議會致電先生和唐紹儀暨諸代表。

《朱啟鈐致錢能訓電》(1919年3月21日)：集靈囿譯電處譯呈錢總理鑒：和密。准唐總代表函："以接三原于右任本月十一日函稱，三月十日尚有戰事，如乾、鳳圍急，興市被攻，紅崖渡又向我攻擊。並得省中消息，六日午後，陳氏又電飭張金印激勵將士，趕掘隧道，以期轟克乾城。七日又派機器局熟於爆炸術之劉某，攜帶地雷、黄色炸藥並磨電機等前往乾縣助攻。則陳氏無停戰真誠可知。又據關外來人言，北京近又發給陳氏七九、六五槍彈各三十萬粒，五生七、七生五及七生六炮彈各一千五百枚，刻已運至觀音堂。由以上各節觀之，北京與陳氏對於陜西實有所不甘心之處，必千方百計拖延之，掩蓋之，以殺盡此六七萬義軍然後快，非必北京之令出不行，亦非陳氏之抗令不遵也。今北代表全體辭職既經籠統慰留，南代表要求限時答復，又已不得要領，和議前途尚不可知。如和會而存也，務望雙方代表速電北京，阻止觀音堂之大批軍火運陜。如其決裂，戰禍重開，責有攸歸"等語。兹將原件送呈，即祈查照，據情電京，並盼示復等因。謹此轉陳，請飭查復。啟鈐。馬。(《南北議和文獻》185)

《河南省議會快郵代電》(1919年3月21日發)：上海朱桂莘先生、唐少川先生暨諸代表先生鈞鑒：昨接滬電，因陜事未能解決，和議行將破裂，人情惶惶，全國震驚。諸公膺代表重任，實國家存亡所繫，一發千鈞，關係至重，萬勿以局部之波折，置全國於不顧。尚祈委曲求全，雙方忠告，務祈和議告成，南北統一而後止。異日山河再造，皆諸公之賜也。謹此電懇，盼切禱切。汴議會叩。馬。印。（《南北議和文獻》186）

三月二十二日，國務總理錢能訓致電先生。

《錢能訓致朱啟鈐電》（1919年3月22日發，23日到）：朱總代表鑒：和密。據上海商業工團聯合會箇電稱"本會商業五十三公團，於嘯日集議，僉謂日來商貨壅滯，上海商店紛懸白旗，書寫'和平'字樣，而停止裝貨，停止交易之聲，喧然以起。伏乞立電停戰，並電催代表於七日内續開和議"等語。查陝西確已停戰，迭經電達在案。兹張瑞璣自渭南來電，已達台端，足資證明，是南方停議理由已可銷釋。商民呼籲迫切，當亦在南代表憫念之中，似可據以轉催，彼此開議。尊意以爲何如？再本日據劉督存厚信稱"厚部自奉停戰命令以來，早經遵守現防。值兹和議進行，益當仰體成謨，静候解决，已轉飭諸軍一律遵照"云云。並以附達。能訓。養。（《南北議和文獻》188）

三月二十三日，國務總理錢能訓兩次致電先生；陝西停戰劃界專員張瑞璣自西安致電大總統、國務院、陸參處，廣東軍政府岑春煊、伍廷芳，唐紹儀、朱啟鈐，李純等，報告陝西停戰情况。

《錢能訓致朱啟鈐電》（1919年3月23日發，24日到）：朱總代表鑒：和密。禡三電悉。張瑞璣渭南來電，可爲停戰證明，昨已電達。並請尊處根據商界聯合會函電，促彼方賡績開議,與尊意正同。本日據陳督電稱:張瑞璣養日正午抵省。張抵省後,尚無直接來電。附聞。能訓。漾。(《南北議和文獻》189)

《錢能訓致朱啟鈐電》(1919年3月23日發,24日到):朱總代表鑒:密。頃接福州李督軍號電稱“據厦門臧司令報告,南軍近日復於南美、江東橋、東尾等處,增兵運械,逼近我軍防綫,意在挑釁,籌備進攻,毫無疑義”等語。原電業由李督分致,想經察及。又接武昌王督軍箇電稱“兹據鄖陽張鎮守使皓電稱,據駐平利王團長報稱,盤踞鎮坪之匪,日漸增加,現已有三千餘人,設卡放哨,逐漸前進,並有全隊攻平之説。又據張使電稱:據平利王團長報告,王安瀾派人手持知照,至距鎮坪七八里之古牛渡、白竹峽等處勒逼各團紳準備柴米。各處聲言,全軍將赴平利,沿途必須應用等語。寒日又搜出王安瀾所部司令施憲武致竹山、竹谿商會公函,内云:平利、磚坪一帶,業已劃入該軍管區,恐鄂軍未得真知,越境衝突,特行通知等語。查際兹停戰期間,該匪等無端侵越我境,任意滋擾,殊屬有礙和局。曾于□(原注:原爲空格,有小注“碼不明”三字)日電詢南方諸將領。兹接黎天才皓電,稱王安瀾所部,向未受敝軍指揮。此次到鎮坪騷擾者,是否確係王氏所部,或屬另股匪徒,無從懸揣。惟既騷擾地方,無論是兵是匪,均應查明辦理等情。其唐繼堯、熊克武則至今尚未答復。除再電唐、熊兩司令速查電復外,謹陳”等語。務即一併轉詢唐總代表爲盼。能訓。漾。(《南北議和文獻》190)

《張瑞璣由西安來電》(1919年3月23日發,25日到):

特急。北京大總統、國務院、陸參處，廣東軍政府岑、伍兩總裁並轉各代表、各部長、趙其相先生，上海唐、朱兩總代表並轉各代表，南京李督軍鑒：養日抵西安，陝省雙方軍隊刻俱停戰。前蒲城小有衝突，今已平息。調查主客各軍駐紮地點：陳督所部分駐大荔、朝邑、潼關、臨潼、蒲城、藍田、安康、榆林、膚施、寶雞、咸陽等處；奉軍許蘭洲所部駐興平、武功、扶風、岐山，張錫元部駐渭南、華縣、華陰、零口；鎮嵩軍駐鄠縣、盩厔、郿縣；川軍駐南鄭、沔縣、寧羌、褒城；鄞〔鄂〕軍駐白河、平利；甘軍駐邠縣、永壽、旬〔栒〕邑、隴縣、汧陽、三邊；晉軍駐韓城、郃陽，綏軍駐横山、靖邊；靖國軍部駐乾縣、鳳翔、享〔淳〕化、耀縣、三原、富平、美原、涇陽、同官、宜川及渭北小青河以西蒲城附近一帶。唯聞郭堅、樊鍼秀已高懸奉旗，投歸許旅矣。統計南北主客駐陝軍約十三萬，集八省之兵，合數省之匪，星羅棋布於關内一隅，縱卸甲坐食，秦已不堪。瑞璣入關，所經市闤，比户墟落斷煙，聞西路尤甚。陝南已搜括無遺，陝北則糜爛殆盡。父老相見，拮手失聲，咸謂兵火之慘十倍□亂。但願自今以後，再勿多生偉人英雄，使愚民得稍稍安集，於願已足。若欲復元氣，非三十年後未易言也。其言甚愴，聞之惻然。瑞璣擬一二日親赴興平、三原各戰綫與許、于各方接洽，會商停戰劃界事宜。務求兩免衝突，暫息民喘。和議既開，則是非曲直聽之南北公判。陝人受禍較烈，故陝人希望和平之心較他省尤爲迫切。此電入覽，八百萬呼籲之聲隱隱紙上矣。瑞璣叩。梗。（《南北議和文獻》191）

三月二十四日，國務總理錢能訓致電先生。

《錢能訓致朱啟鈐電》(1919 年 3 月 24 日發,25 日到):朱總代表密。蠖公鑒:昨電計達。嗣又致電張君瑞璣,催其速與陳、于接洽,俾有相當通告。並望另有切實通電,分致各方,以爲繼續集議之據。一面另電陳督,請其速與張君商洽進行。此電到後,張君當有詳切辦法,當再奉聞。目下能即據商界聯合會函電,及張君自渭南證明停戰來電,先行開議,尤所盼跂。日前秀督來電,謂:叔魯談及少川頗有悔意,而苦無轉圜地步,謂可躬任疏通。最好由中央明令申責陝省將領,或另派大員前往查辦。當復以陝省確已停戰,未便加以申責。至另派大員往查一節,前雖已派宋聯奎前往,如能以此爲轉圜地步,則另派亦無不可云云。日來尚未得復。未知秀督曾否接洽進行也。元首擬日内再頒明令,剴切申明渴望和平之意,並宣布陝省停戰情形,不及他事。此項明令,能否借爲轉圜,於空氣上有作用否?祈速密示。至盼。紫。敬。(《南北議和文獻》192)

三月(二十六日前),致函南方總代表唐紹儀;與唐紹儀會銜致電北京政府,要求從緩履行發行八年公債。

三月二十五日唐紹儀《致漳州陳總司令電》:頃得朱總代表函稱:接北京來電,以閩省劃界辦法經於養日電致閩督,催其會商。童副司令查照五條辦法,與陳直接商洽。兹據復電云"養電已悉。已電童副司令、臧司令先行與陳直接磋商矣"等語。特此電達。能訓回等因。相應函請查照轉電陳總司令接洽商辦,俾得早日劃防,實所企盼云云。(《唐紹儀發電稿》明電 44)

三月二十七日唐紹儀《致廣州軍政府電》:據朱總代表

函稱:"閩省劃界事,已得錢能訓電稱,經於養日電李厚基,催其會商童葆暄,查明五條辦法與陳炯明直接商洽。李復電云:'已電童葆暄、臧致平先行與陳直接磋商。'"等語,轉知前來。(《唐紹儀發電稿》密電 32)

按:據唐氏電,其收到先生函當不晚於二十五日。

三月二十七日唐紹儀《致廣州參眾兩院電》:北京違法發行八年公債,前經電徐菊人速即停止,並昭告中外。嗣經和會議決,與朱啟鈐會銜電京,從緩履行。(《唐紹儀發電稿》密電 33)

按:據唐氏此電,會銜致電當不晚於二十五日。

三月二十五日《張瑞萱等致吴景濂電》:徐世昌近因朱桂莘全爲少老所用,同主張撤參戰軍,止發八年公債,於己多不利,故對【桂莘】頗爲懷疑,别籌釜底抽薪辦法。(《吴景濂函電存稿》78)

《劉奇瑶致吴景濂函》(1919 年 3 月):參戰軍問題,少老前密云,近得確實消息,與徐大有關係。以伊得總統之前,陸、曹獻策云,欲得總統,非有財力不可。所謂財者,即日人有協助我北方款之意,必先表示登臺後對借款一事當爲維持。所謂力者,即芝泉之參戰軍必有確實之保證,登臺後不加反對,芝泉方可爲力;且萬一戰後不能存在,必另設法維持,以作對抗南方之主力。徐以心熱總統,勢不得不一一承諾矣。以致和議開議以來,徐世昌對參戰軍問題百方解釋。少老當南北代表已表示,參戰軍决無存在之理由。朱桂莘亦極端贊同。徐以少老之主張固屬當然,而朱則竟違己意,陷於左右難爲人之境,憤怨交迫,遂改方針,對南方决取釜底退薪之計,對和議聽其自生自滅。(昨徐密電朱云,近以少老對陝西問題主張如是堅决,將來有問題又當若何。伊對總統决無戀棧之意,對錢閣亦無維持之心。法律問題自有多數之主張云云。其不滿意朱之行動自在言表,對付之方法當然改變。)由此情形觀之,吾輩對廣東問題,似取調和態度爲好,或冷静更妙。否則少有不周,則形勢破裂,而徐計乘間而入,自爲易易。至徐世昌之行動若是,吾黨亦無留秋波之必要。改變進行方針,又關根本大計,是不得不審慎研究。(《吴景濂函電存稿》85)

原注:《一九一九年南北議和資料》203 頁,張瑞璣 3 月 23 日(25 日到)致電南北議和兩總代表,報告陝省雙方軍隊停戰。據此知此函當在 3 月 24 日以後。

三月二十五日,陝西停戰劃界專員張瑞璣自西安致大總統徐世昌、國務院、參陸處,軍政府岑春煊、伍廷芳,唐紹儀、林森、吴景濂、褚輔成、朱啟鈐、李純等;署銓叙局局長許寶蘅致電先生。

《張瑞璣由西安來電》(1919 年 3 月 25 日發,26 日到):大總統、國務院、參陸處,軍政府岑、伍兩總裁並轉各代表、各部長,參眾兩院林、吴、褚三議長,唐、朱兩總代表並轉各代表、李督軍鑒:陝事已兩電奉聞。查陝省軍匪不分,近來土匪蠭起,如北山曹老九等皆借名靖國,佔據滋擾,三秦人民疾首痛心。惟述及胡景翼軍隊,則感贊不已。足見人心不死,是非昭然。近因陝西一隅,牽掣大局,至和議不能進行。瑞璣竊謂陝事完全解决,當待和議公判。戰事既停,和會即當續開。至劃界一事,南北所争皆與事實相遠。瑞璣入關以來,耳目聞見,較爲親切,日與三秦父老及各界紳民研究息事寧人方法,過偏則争,過激則變,只求雙方退讓,攻者解圍,戰者避舍,不至再起衝突,使小民暫時省安。若如南方所争劃界以十一月十六日原狀爲準,北方以二月十三日爲準,是停戰以後又起紛争。地點之争,時日之争,鄉鎮距離遠近之争,各持一説,不肯相讓,雖千筆萬舌,亦無從而調停之。一有決裂,則戰事立起,民又遭殃矣。瑞璣擬明日親赴興平、三原與許、于接洽,實行息戰安民爲第一。至陝省各種重要問題,俟和會開議,自當連帶解决。務請繼續開議,判决一切。大局幸甚,陝西幸甚。瑞璣叩。有。(《南北議和文獻》193)

《許寶蘅致朱啟鈐電》(1919年3月25日發,26日到):朱總代表鑒:親譯,護密。蘅漾晚到京,進謁主座,幹揆將二十一日所談各節詳晰陳述。知公近來接洽情形,甚慰。惟法律問題極費研究,以舊法召新會,此説流行已久,北方心理多不主張,外交方面亦不謂然。良以兩院人數過多,其性質無所差别,皆舊法不良之點。年來南北擾攘,皆由於此。若果仍用舊法,則數年之争謂何?且民國已八年,而憲法未定。主座謂國會須由憲法産出,方能根本肅清,若仍扶牆摸壁,則亂無已時。幹揆意擬先提憲法問題,以舊會所草憲法二讀案提出,認爲有效,以示尊重舊會之意。由舊會將二讀案完成,交新會通過;或由兩會合組憲法委員會,將二讀案完成通過,再本憲法案以修此組織法,庶於新舊會兩方面皆無妨礙。刻下正在草擬此項辦法,俟擬定再與公接洽,並與朱使接洽。二十日所談朱使方面一節,刻下尚未續與接談也。公與香山所接洽,揆意香山既尚不敢承認,希望公暫停頓。至裁兵案,外交方面最爲注重,主座亦極注意。揆意須與法律同提。其餘問題,不妨從緩。世湘丁艱,蘅奉命暫兼代。遲數日或端甫或蘅當南來,並聞。蘅叩。有。(《南北議和文獻》194)

三月二十六日,南方總代表唐紹儀函請先生致電北京政府力爲阻止發行八年公債一事。陳樹藩、劉鎮華聯名致電先生和唐紹儀。

三月二十七日唐紹儀《致廣州參眾兩院電》:昨又經根據五種理由,函請朱啟鈐電京力爲阻止。(《唐紹儀發電稿》密電33)

三月二十六日《張瑞萱等致吴景濂褚輔成函》:兩日來有兩種現象可樂觀者。一、和議内容。北代表表同情於南方者,實亦不少。如陝西國防八年公債各問題,南北代表一致電責北廷,而覆電語多支吾。南代表對之固爲憤激,而北代表亦多露不滿之意。少公閲後於議席中正言厲色大加訓詰,北代表不惟無一人反駁,且多加詆罵北廷語,遂有今日(明日若不得北廷免陳樹藩職之電,即不開議之電)之决議。此南、北文治派確有欲推倒武力派之决心之現象也(其中亦有抱陰謀者,但是少數)。(《吴景濂函電存稿》80)

《陳樹藩劉鎮華致朱啟鈐唐紹儀電》(1919年3月26日發,4月2日到):朱總代表、唐總代表並轉各代表鑒:張專員瑞璣養日抵陝,會商之下,備極款洽。業於宥日離省前赴興平,仍擬由興平赴三原與于右任君就商辦法。除派憲兵護送,並報明中央、分電各處,令飭各軍知照外,特聞。陳樹藩、劉鎮華。宥。(《南北議和文獻》209)

三月(二十八日前),南方總代表唐紹儀函請先生速電北京政府,嚴飭李厚基遵照五條切實辦理;唐紹儀致函先生,告知王揖唐等將九江鐵礦密押外款,並請先生轉北京政府,將其所領礦權根本撤消。

三月二十七日唐紹儀《致廣州軍政府電》:除函朱速電北京,嚴飭李厚基遵照五條切實辦理外,應請軍府電知陳炯明省長,依照五條與童、臧二人切實商洽,從速劃防。(《唐紹儀發電稿》密電32)

三月二十七日唐紹儀《復南昌省議會電》:王揖唐等將九江鐵礦密押外款,現已抄原電函知朱總代表請轉北京政府,將該所領礦權根本撤消。如該等與外人密約業經成立,亦請北京政府負責速向外人取消矣。(《唐紹儀發電稿》明電45)

按:據唐氏上述二電,其致先生函當不晚於二十七日。惟所述內容通過一函或兩函陳述有待確定,姑定兩函。

三月二十七日,訪晤唐紹儀,希望諒解北方之困苦,早日續開和議。唐表示如陝西停戰,參戰軍收束,參戰借款停支,八年公債緩發,始能談及開議。(《中華民國史.大事記》)致函江蘇督軍李純;國務總理錢能訓六次致電先生。

《朱啟鈐致李純函》(1919年3月27日):秀帥麾下:近日迭接張衡玉(原注:張瑞璣,字衡玉)君自陝西來電,證明該省確已停戰情形。此項電文,尊處度亦鑒及。當由弟處復電,並請將三原、興平各地狀況隨時電示,俾慰遠懷。一面由弟今早晤商少川促其繼續開會。惟少川意以張君來電,係由西安所發,在陳督勢力之下,所言有所顧忌,非候張君抵三原、興平與于右任接洽後發來密電,不足徵信。並於二月十三以後未能停戰之責任問題,執爲口實,似此糾纏不已,會議前途,未敢樂觀。鶴雛兄來滬,傳述尊意,至感殷拳。特將張電到後情形奉聞,並附繕復張君電寄上,即希台覽爲荷。耑此,即頌勛安。附抄件。弟朱〇〇敬啟,三月二十七日。(《南北議和文獻》195)

《錢能訓致朱啟鈐電》(1919年3月27日發,28日到):朱總代表鑒:和密。據福建和平期成會電稱"粤軍近迫前綫,每夜吶喊擊射,曷勝驚駭"等語。又據建省議會電略同前因。該電均已分致,想邀鑒及。務希轉詰唐總代表,速電粤中及陳炯明,嚴飭該軍退守原防,毋令再啟戰端,致滋枝節,是爲至要。能訓。沁二。(《南北議和文獻》196)

《錢能訓致朱啟鈐電》(1919年3月27日發,28日到):朱總代表鑒:和密。據福州總商會、教育會等電稱"閩受兵禍,日望和平,近因會議停頓,人心惶惑。連日官電,仁壽被占,惠安境内亦有南軍侵越之耗。此間去電質問,迄未見復。又報漳州陳炯明軍右翼迫近五百米,達左翼下天竺山,夜間吶喊射擊。似此情形,深恐戰禍復開。除面懇李督軍仍遵行停戰外,另急電請飛電朱總代表向南方代表交涉,務使在閩粤軍勿挑釁端,諸待和局解决,以全閩民"等語。特聞,祈查照轉達爲要。能訓。沁三。(《南北議和文獻》197)

《錢能訓致朱啟鈐電》(1919年3月27日發,28日到):朱總代表鑒:密。頃據張瑞璣有電稱:"陝事完全解决,當待和議公判。戰事既停，和會即當續開，請繼續開議。"等語。查原電已分致尊處，想當鑒及。既有此切實證明，務請轉促彼方從速續議，勿再延宕，實爲至盼。能訓。感。(《南北議和文獻》198)

《錢能訓致朱啟鈐電》(1919年3月27日發，28日到)：朱總代表鑒：和密。晉閻督有電稱："前奉中央停戰電令，當飭援陝晉軍遵照停戰，静候劃界，並將一部分陸續撤回東岸，餘俟陝督派隊换防，即全行撤回。乃頃據前敵報稱：彼方乘虚相逼，分道進攻。離郃城數十里時，經派軍使前往，告以停戰劃區之事，竟龐强不理，仍向城前進，去城僅五里許。若再逼進，恐生戰事。"等語。查自奉令停戰之後，已飛飭前敵各軍停止前進。詎意彼方乘晉軍調回之際，進逼郃陽，刻下近在咫尺，倘再前進，恐難免發生戰事。事機緊迫，請察覈示等因。查中央自頒布停戰命令，在陝各軍均能確守原防，未越雷池一步，其援陝晉軍，且將陸續撤回東岸。希冀和平之心，當可共諒。乃竟此退彼進，逾益逼近，實屬有意尋釁。萬一衝突，誰尸其咎？除電晉督飭部固守原防、勿輕開釁外，希即向唐代表嚴重詰問，將該處隊伍從速撤回原綫，免啟釁端。特電盼復。能訓。感二。(《南北議和文獻》199)

《錢能訓致朱啟鈐電》(1919年3月27日發，28日到)：朱總代表鑒：密。宥電悉。陝南停戰區域由雙方將領直接商定，係依據五條辦法。尊意仍應與張君瑞璣接洽，益臻周匝。此間已電劉督、管使查照矣。能訓。感三。(《南北議和文獻》200)

《錢能訓致朱啟鈐電》(1919 年 3 月 27 日發,28 日到):朱總代表鑒:密。宥二電悉。陝事得張瑞璣兩電,一切症結可以頓解。彼方代表全體既經討論辦法,當有接近之望;若仍藉詞延宕,咎將在彼。尊意宣告經過情形,以俟公論,極得要領。承擬令稿,借賑撫以收人心,詞意均屬周協,日内即發表。紫。沁。(《南北議和文獻》201)

按:上述錢能訓致先生六電,依《南北議和文獻》輯録原序排列。依據其編號,本日錢氏致先生電應至少還有一電:能訓,沁。

三月二十八日,邀請上海商業公團聯合會代表談話,告以已面請唐紹儀星期一(三月三十一日)開議,要求各代表再向唐敦促。(《中華民國史.大事記》)致電陝西停戰劃界專員張瑞璣。

《朱啟鈐致張瑞機電》(1919 年 3 月 28 日):西安電局探送張衡玉先生鑒:接錢總理敬電開:"據陝督箇電,轉據劉旅長二十日電稱:昨晚有匪千人潛至荆姚以南,佔據甘井、李家、王家等村,時向我步哨綫擊射。蒲城亦仍被匪圍困。我軍皆遵令確實停戰,此種土匪仍任意竄擾,可否准予禦剿等情。查我軍實行停戰,彼乃得寸進尺。興圍撤後,匪勢更逞,彼且以非其所部不能制止爲言,後患不堪設想等語。陝省自停戰後,土匪乘機竊發,到處皆是,究竟是兵是匪,亦無從辨别。除令陳督就近與張瑞璣趕速將劃界事宜商定以免匪徒混淆外,應希轉向唐總代表聲明,嗣後該省遇有匪警經南軍所認爲非其部不遵命令者,陝軍將本其維持治安之責任加以制止也。務希詢得唐總代表確復,以便辦理。"等因。

當經函致唐總代表查照,頃接復開:“查所云是否真有匪徒,抑欲借剿匪爲名伸其大欲?要之,一方面之詞未克爲憑。現在張專員瑞璣已入陜,應俟張將界綫劃定,如果真有匪徒,亦應各就所轄區域施以剿治,免生枝節。專復,即希查照。”各等因。除電復政府外,應請執事查明情形,與雙方商洽迅定界綫,以便分任剿匪,以免蔓延多生枝節,實所企禱。並希將辦理情形隨時見示爲盼。朱啟鈐。勘。(《南北議和文獻》202)

三月二十九日,江西旅滬同鄉會呈文先生,懇求取消王揖唐等人擅以商辦名義將九江城門礦山向日本三井洋行抵借款之契約。

《江西旅滬同鄉會公呈》:江西旅滬同鄉會爲攘奪公産,擅訂契約,抵借外債,徒滋亂源,懇求提議取消事。竊江西九江城門山鐵礦,於李烈鈞督贛時,由實業司購買,確定爲省有産業,列入預算在案。現王揖唐呈部開采,而徐樹錚、李盛鐸、曾毓雋、李經芳、夏棣三、孫寶琦、饒孟任及盛宣懷之子盛澤臣等,均爲合辦人。業經江西實業廳長夏同龢出席省議會報告,並聲明此係北京政府主持,地方官吏無力挽回。查王揖唐、徐樹錚等爲主戰派之首領,舉國皆知。今乃擅以商辦名義,將九江城門礦山向日本三井洋行抵借一千二百萬元。事關本省礦權,贛省議會決不承認,已有哿、養、敬三電請求貴會議阻止。敝省旅滬同人以此案不特爲地方礦權所關,且爲此次和戰問題所繫,實與參戰借款、八年公債、鳳凰山借款等案,同爲和平之先決問題。若不先事預防,共圖抵制,一旦借款成立,戰禍恐不免因之再起,此則全國人心所痛惜，亦决非貴會議之所願聞。務請嚴電北京政府，明令取消，以保和局，實紉公誼。謹呈和平會議朱總代表。湯漪、湯祚賢、鄒維良，中華民國八年三月二十九日。

(《南北議和文獻》203)

三月三十日，國務總理錢能訓致電先生，令續開和議。

《錢能訓致朱啟鈐電》(1919 年 3 月 30 日發，當日到)：朱總代表鑒：密。勘電悉。賑撫昨已布。元首意另頒一令，宣布政府愛重和平之意，爲轉移外交空氣作用，亦於本日宣布。現無續行勸告之説。少川以此爲外交手段之勝利，正其失敗也。參戰軍、八年公債兩事，更在停議主因之外，似此波譎雲詭，逆料開議前必有幾許紆迴，即開議後，亦必有無數艱棘。其意在投機，而非圖了事，已可概見。吾輩意指，皆欲於極短期間之内求一結束。若曠日持久，毫無辦法，不特外交財政情形可慮，且難保不發生他項問題。彼時大局破裂，未始非一般投機者利用之資，而於少川個人，則斷斷有害無利。公晤見時，能否以此意切諷少川，促其覺悟。望斟酌爲之。此後對待步驟，補救方法，以及各方空氣，如何布置，均須詳切研究，有所决定。此間正在籌慮，適得尊電，佩慰實深。達詮何日北來？尤所盼跂。祈以尊意密告達詮兄，俾資商榷。和密豔電，恕不另復。紫，三十。

(《南北議和文獻》205)

三月三十一日，唐紹儀函促先生鼎力負責排除一切障礙，俾南北和議得以繼續開議。(《中華民國史.大事記》)施愚致函先生。

《施愚致朱啟鈐函》(1919 年 3 月 31 日):桂老大鑒:承示唐總代表交廣東來電一件。查此事最初政府派愚就近赴滬,與伍君朝樞接洽,擬任伍君爲歐會專門全權代表,俟得同意,然後發給證書。彼時伍君以專門全權名義,能否列席,殊難預料,如不能列席,則派猶不派。又代表員額南北相懸,要求加派王寵惠、王正廷兩君,而於名義争持尤力,至少須得二人加入全權之列,雖已額滿,仍求撤换。當即據報政府。彼時政府以全權派定,早經通知友邦,難於更變。此電到寧,伍君已先去滬赴粤,去時與愚約有秘碼,屬爲轉達,因以此本由南京督署電粤,久不得復,迭次公電查詢,迄無着落。然同時發有快郵,告以王君寵惠堅持不就,王君正廷已就職赴歐,而名義則已成一律,無全權、專門之分,列席則定爲輪班,臨時由代表推選。勸伍君爲國勉行,毋再争持。及得伍君最後來電,第云已奉軍府特派赴歐,不日出發,應商之事屬張鎔西(原注:張耀曾,字鎔西)、谷九峰兩君與愚接洽。此次到滬,始承谷君見訪,與述前項情形,則此事已成過去。谷君亦謂無可再商,歐會經時已久,政府實難於中途添派代表參加列席。政府最初於伍君原無所吝,以伍既無明確表示,政府何能以明令發表,授以證書?現伍君赴歐時,亦無請求政府任命及給予證書之語,則政府無所謂負約也。愚於兩方之意,不過據實轉達,兹奉交閲來電,謹將經過情形具陳大略,即希鑒察。並頌道祺。愚啟,三月三十一日。(《南北議和文獻》206)

三月末,南方總代表唐紹儀函請先生致電北京政府勒令張敬堯停止將水口山礦地押借外債。

三月三十一日唐紹儀《復廣州軍政府電》:張敬堯擅將水口山礦地押借外債,實屬包藏禍心,理應反對。除函請朱總代表電京勒令停止外,謹此奉復。(《唐紹儀發電稿》密電 38)

三月,作石印本《〈營造法式〉序》。

《〈營造法式〉序》:制器尚象,由來久矣,凡物皆然,而於營造則尤要。我中華文明古國宫室之制,創自數千年以前,踵事增華,遞演遞進,蔚爲大觀。溯厥原始,要不外兩大派别:黄河以北,土厚水深,質性堅凝,大率因土爲屋。由穴居制度進而爲今日之磚石建築,迄今山陜之民,猶有太古遺風者是也。長江流域,上古洪水爲災,地勢卑濕,人民多棲息於木樹之上,由巢居制度進而爲今日之樓榭建築。故中國營造之法,實兼土、木、石三者之原質而成。泰西建築則以磚石爲主,而以木爲骨幹者絶稀,此與東方不同之點也。惟印度天方參用中式而變其結構,佛教東來,我國廟宇殿閣亦間取法焉。然積習輕藝,士夫弗講,僅賴工師私相授受,藉以流傳。書間有闕,習焉不察,識者憾焉。自歐風東漸,國人趨尚西式,棄舊制若土苴,不復措意。迺歐美人來遊中土者,睹宫闕之輪奂,棟宇之翬飛,驚爲傑構,於是群起研究,以求所謂東方式者。如飛瓦複簷、蝌斗藻井諸式,以爲其結構之精奇美麗迥出西法之上。競相則仿,特苦無專門圖籍可資考證,詢之工匠,亦識其當然,而不知其所以然。夫以數千年之專門絶學,乃至不能爲外人道,不惟匠氏之羞,抑亦士夫之責也。啟鈐專使南下,道出金陵,承震巖省長約觀江南圖書館,獲見影宋本《營造法式》一書,都三十四卷,爲絳雲樓劫餘,展轉流傳歸嘉惠堂丁氏,經浭陽端匋齋收入圖書館。此書係宋李誡奉敕編進，内容分别部居，舉凡木、石、土作以及彩繪各制，至纖至悉，無不詳具。並附圖樣，顔色、尺寸尤極明晰。惜係鈔本，影繪原圖不甚精審，若能再得宋時原刻校正，或益以近今界畫比例之法，重加彩繪，當必更有可觀。至卷首釋名一篇，引證詳確，允爲工學詞典之祖。自宋迄今，雖形勢不無變革，然大輅椎輪，模範俱在，洵匠氏之準繩，考工之秘笈也。爰商之震巖省長，縮付石印，以廣其傳。世有同好者，倘於斯編之外，旁求博採，補所未備，参互考證，俾一綫絶學發揚光大，蕲至泰西作者之林，尤所忻慕焉。書印成，震巖省長來索弁言，啟鈐喜古籍之弗湮，而工業之將日以發皇也，因不辭而爲之序。中華民國八年三月，紫江朱啟鈐。（石印本《營造法式》卷首）

按：據陶湘重刊本《營造法式》識語，丁本乃重鈔張蓉鏡藏本者。據一九二五年重刊本《營造法式》陶湘識語，錢氏述古堂藏《營造法式》二十八卷《圖樣》六卷《看詳》一卷《目録》一卷，計三十六卷。序文言"都三十四卷"，乃不包括《看詳》一卷《目録》一卷。

四月一日，北京政府電告先生，張瑞璣已由三原來電，望即敦促南北和會開議。（民國八年四月二日《申報》）國務總理錢能訓致電先生，教育總長傅增湘致電先生和唐紹儀，介紹教育部向美國借款情况；王占元等致電先生和唐紹儀；張瑞璣在西安致電大總統徐世昌、國務院、参陸處、岑春煊、伍廷芳、林森、吴景濂、褚輔成、唐紹儀、先生、李純等；張瑞璣在西安致電岑春煊、伍廷芳、林森、吴景濂、褚輔成、唐紹儀、先生、李純等。

《錢能訓致朱啟鈐電》(1919 年 4 月 1 日發,當日到):朱總代表鑒:密。三十一電悉。教育部借款,係因庫儲奇絀,直轄學校經費數月未發,故向美國借美金五十萬元,暫資應付。詳情另由傅總長電達,希鼎力維持。同荷。能訓。東。(《南北議和文獻》207)

《傅增湘致朱啟鈐唐紹儀電》(1919 年 4 月 1 日發,2 日到):總代表朱桂莘、唐少川兩先生鑒:音塵遠隔,渴想爲勞。本部轄各學校,以庫儲奇絀,凡四閱月無款可發,勢將停歇。曾商美使向花旗銀行訂借五十萬美金,尚未定約。近復重申前議,並將用途詳悉開單,聲明確無他項挪用情事,可以應允。惟美使爲慎重起見,以須得兩先生同意爲便。茲特電聞,務懇俯念教育困難情形,此款專爲維持學校,決不移作別用,即請力予贊成,無任禱切。傅增湘。東。(《南北議和文獻》212)

《王占元等致朱啟鈐唐紹儀電》(1919 年 4 月 1 日發,2 日到):朱總代表、唐總代表並請轉各代表諸君同鑒:自諸君子集滬開議,時局入和平之軌,國家有統一之機,中外聞之,莫不喁喁而望。方冀敦槃樽俎,永息糾紛,不謂因陝省一隅而議場忽然停頓,樂觀之始,旋抱悲觀,人心皇皇,大局岌岌,而國際地位受其影響,又險象之最著者也。占元等兩年以來,奔走呼號,千回百折,幸而達其目的者,乃獨虧此一簣之功。夙夜徬徨,疚心何極。竊謂中國之安危,繫於和議,和議之成否,繫於陝事。是陝事雖小,而所關固甚大也。自中央頒布嚴令一律停戰,陝陳督軍固已通電聲明遵令實行。

雖于君右任尚無證明文電,而畫界員張君瑞璣行抵陝省,陝已一律停戰,有張君迭電可證。是則陝省方面解決有期。至於傳聞異詞,蓋由内容複雜。此時所應商者,辨明以前之是非,保障以後之衝突而已。占元等比復陳明中央,一面另派大員查辦陝事,以昭大信,一面責成陝省切實約束,以杜後虞。在中央不惜委曲求全,在各方當亦足紓憂念。當此時機危迫,一髮千鈞,潮流所趨,實爲公理,人心所嚮,咸在和平,眾欲未可拂違,武力斷難存在。故非迅速開議,無以慰中外之望;非慎循軌轍,無以救國家之亡。占元等所希望於諸君子者,厥有三端:曰即日繼續開議;曰雙方議題作一次提出,爲一定範圍;三提出議題以後,以今日時勢及事實所必要,而確能辦到者爲標準,總期早日解決,免致徒託空言。諸君子類負一時重望,同抱愛國熱忱,尚祈俯采芻蕘,重聯議席。外以塞鄰邦之望,庶國際地位得以保全;内以安浮動之心,庶四百兆民重登衽席。時乎不再,來者可追。敢陳呼籲之詞,敬達賢人之聽,惟諸君子其圖之。鵠候德音,毋任翹跂。王占元、陳光遠、吴佩孚、李純。東。(《南北議和文獻》208)

《張瑞璣由西安來電》(1919 年 4 月 1 日發,2 日到):大總統、國務院、參陸處,軍政府岑、伍兩總裁,並轉各部長、各代表、趙其相先生,參眾兩院林、吴、褚三議長,唐、朱兩總代表並轉各代表、李督軍鑒:與陳督商,乾縣戰綫均退後五里,關山軍退至關道及下邽,興市軍退至荆西北各村堡。晨晉督及郃陽縣公民電報:高峻侵擾郃陽一事,已由于右任飛飭高峻速勒部下謹守原防矣。三原密電亦通,璣今日已回省。

敬聞。瑞璣叩。東。(《南北議和文獻》210)

《張瑞璣由西安來電》(1919 年 4 月 1 日發,2 日到):軍政府岑、伍兩總裁,並轉各部長、各代表、趙其相先生,參衆兩院林、吴、褚三議長,唐、朱兩總代表,李督軍鑒:本日致北京大總統、國務院電文曰:"一日由三原回西安,始奉三月三十日令,撥銀五萬元交瑞璣同官紳撫恤陝災,瑞璣不勝惶詫。瑞璣此次受雙方代表公推入陝監視停戰,前曾聲明不能受一方約束。瑞璣主張,只以息陝禍、促和議爲第一義。陝戰能停,和議能開,是瑞璣職務既盡,目的亦達,便當束裝出關。毁我譽我,均非所計。若留陝會同官紳辦理賑務,瑞璣萬不敢任,請責成陝省官紳接款承辦,和議開後,便請東歸。瑞璣叩。東。"等語。敬聞。瑞璣叩。東。(《南北議和文獻》211)

四月二日,國務總理錢能訓兩次致電先生。

《錢能訓致朱啟鈐電》(1919 年 4 月 2 日發,3 日到):朱總代表鑒:和密。三十一電計達,頃復准陝督三十電:"准劉督號電開,據陽平關孫團長震電稱:安樂河敵軍忽增營餘,攜帶子彈甚多;大灘子敵亦增兩連,並隨時運動步隊在八海河及黄河垻附近時來時去,大有乘隙進犯之意。又據鍾師長面稱:前日南路敵軍增加營餘,攻我西河口防地。又據劉督巧電,准陝軍張旅長函開,轉據駐嵐紫何、陳兩營長報告,上月敬、宥等日,王安瀾屬犯界嶺,復由八仙街竄出二南垻、鎮平等處,殺擄焚掠,備極慘毒。又准劉督敬電,據田旅長頌堯轉據孫團長報稱:大灘新增之敵,係江防隊一營餘;安樂河所增加者,則爲但懋辛所部約六連,攜帶子彈甚充,並附有大炮二門、機關槍四架。其步哨綫逐漸逼近,已距我步哨綫僅四里許之松樹坪。"各等語。查熊克武於劉督軍劃界之電,迄未答復,近復於後方節節增兵,時相侵逼,其意安在?倘因侵逼不已,發生衝突,阻礙和平,誰尸其咎?希查照三十一電,轉致少川,電熊阻止。並將劃界一事,迅由劉、熊雙方商定,免生枝節。並盼復。能訓。冬。(《南北議和文獻》213)

《錢能訓致朱啟鈐電》(1919 年 4 月 2 日發,3 日到):朱總代表密。蠖公鑒:陝省内部及陝南南軍增兵圖舉,已迭電奉達。我軍自實行停戰後,戰備已弛,僅各就原防駐守。若彼包藏禍心,萬一釁端猝啟,勢成束手,何以處之?此輩自由行動,是否少川所能制止。正恐右任對於陝省内部,錦帆(原注:熊克武,字錦帆)對於陝邊川軍,亦未必悉能制止。但彼此既以和平爲重,自宜各任銷弭,免滋糾紛。希密詰少川,共圖挽救之策,至所盼跂。紫。冬二。(《南北議和文獻》214)

四月三日,國務總理錢能訓致電先生。

《錢能訓致朱啟鈐電》(1919 年 4 月 3 日發,4 日到):朱總代表鑒:和密。冬電悉。閩省劃界事,依照五條辦法,應由雙方前敵將領直接商定。薩林監劃之舉,萬難承認,務望堅持拒絶。前據李督電,已將劃界事委托童、臧(原注:童葆暄和臧致平)兩司令與陳炯明直接商辦。童、臧已在接洽辦理,中央亦屢電催其速辦,當可迅圖解决,以杜口實。兹又將來電照轉閩督矣。能訓。江。(《南北議和文獻》215)

四月四日,國務總理錢能訓三次致電先生;三原總司令于右任、張鈁聯名發表致唐紹儀、先生、熊希齡、軍政府各總裁、錢能訓、李純等通電。

《錢能訓致朱啟鈐電》(1919 年 4 月 4 日發,5 日到):朱總代表:梓密。蠖公鑒:頃得王、陳、李、三督及吴將軍會電:“請速派大員查辦陝事,以明前之曲直,並責成陝省約束前方將士遵令,勿生枝節。”又接李秀督電,謂:“此事已與少川接洽,彼意亦願藉此轉圜,得純電即可開議。但要求派員查辦,須選素孚衆望之人而已。”各等語。派員查辦一節,果能轉圜開議,中央亦何惜委曲斡旋。惟陝事既確經停戰,若追論既往,則彼此各有是非,且恐前方將領滋生誤會,影響實多。前既由雙方公推張瑞璣赴陝監視,則職務權限亦不宜抵觸。再四思維,擬以宣慰陝省被難人民爲名,派員前往。並委其就近查明現在停戰確情具復。毋庸頒發明令,亦未便論列以前是非。似此辦法,較少流弊。如能就此轉圜,即當照派前往。已以此意電告秀督,俟復再電。尊意如何?密示爲盼! 聞三原電已到,不日即可續議,確否? 並祈示我。紫。紙。(《南北議和文獻》216)

《錢能訓致朱啟鈐電》(1919 年 4 月 4 日發,5 日到):朱總代表:密。蠖公鑒:肴電悉。伍朝樞赴歐一事,前後情形複雜。來電所述,鶴雛接洽情形,至爲周晰。當日彼方慨然承諾,自必早經派往,乃因磋争名義,悻悻回粤。何謂北京變更前議,何嘗有人反對? 今以軍政府特使名義赴法,不特中央斷難承認,即協商各國亦豈能認可【南】方之特使。伍到歐後,與陸如何糾纏,此間未據報告。惟先據陸使電請加派全權,中央復駁。嗣又來電謂“伍將此間及施愚迭次勸其赴歐函電交閱，並謂各全權討論，粵中原有主張單獨派員赴歐列席之議，獨伍主張南北對外一致，足見深知大義”等語。中央以全權既經派定，未便增加，迄未照允。最後，因加派胡、汪諸使參預和會，又電請以伍君參預和會。除對外仍由全權列席外，内部討論同以全權待遇。當因陸使再四陳述，且所擬辦法尚與對外無關，已有電令派伍參預歐洲和會事宜，内部討論，准其一並列席，但仍無全權待遇明文。似此辦法，在我已屬委曲求全，並無加派伍爲代表之事。據前後各電，似陸受糾纏，自在意中。昨李秀督轉西林等來電，仍請加派全權，並謂全權中有自願抽換者，此間已據以上理由復拒。仍請酌量轉達，一致堅持爲要。紫。支。(《南北議和文獻》217)

《錢能訓致朱啟鈐電》(1919年4月4日發，5日到)：朱總代表鑒：梓密。江電悉。前者迭據陝督電稱：“南軍約六七百人，敬日至平利、八仙街一帶，攻陷鵐子、鐵絲各寨，將進侵嵐皋。”又電稱：“王安瀾潰兵由城口竄至鎮平。”又電稱：“岳西峰(原注：岳西峰即岳維峻)由三原帶兵三營，已到軍寨。”又電稱：“高、岳、楊等軍多集於軍寨，一部往攻興市之我軍，一部向荆姚等處。”又電稱：“王安瀾現附合王天縱一部分約千餘人，已抵嵐皋、三温口，分抵平利、八仙街。”又電稱：“蒲城附近彼軍日增，高峻、楊九娃、曹世英之眾，皆由三原指使，分由美原、白水等處竄擾東路。”又電稱：“楊九娃襲我興市，高峻佔據漫川河及蒲西之十里鋪。”又電稱：“彼軍千人潛至荆姚以南，佔據甘井、李家、王家等村。”又電稱：“彼方乘晉軍撤退，近逼郃陽。”各等語。是皆足爲彼方於陝西内部進兵之據。各電均經轉達,請查閲便得其詳。我軍停戰實況證明已極明瞭。乃彼方於開議一舉多方延宕,至推及於其他問題。其展轉推延,用意何居,殊不可解。公能探示一二否? 此時爲大局關係及空氣作用,均不能聽其遷延。且現狀具在,曲直昭然,延誤和局,咎不在我。亟應内外協力,預籌對付之策。達詮到京,當與熟商奉聞。紫。支二。(《南北議和文獻》218)

《于右任張鈁通電》(1919 年 4 月 4 日發,11 日到):唐、朱總代表並轉各代表,平和各會熊秉田諸先生,軍政府各總裁,錢幹臣先生、李督軍、吴師長鑒:陜局蒙念,忍痛陳辭。本日軍探回報,乾縣敵軍仍行攻擊。兹將江日致張衡玉先生一電録呈。其文曰:"西安張衡玉先生鑒:冬電敬悉。保持戰鬥隊伍之退圍,附帶條件之通電,我兄對此不加釐正,何耶? 適間乾縣軍探回報,槍聲時聞,隧道尚未停工,徵發附近數百里間居民猶未已。如此可謂之停戰也! 我兄在原時謂和平會議少俟數月。竊思乾縣附近居民早爲炮火轟逐而去,僅退五里,無異附郭。城内食薪早已告罄,不出采買,將成餓莩。遠出徵求,則伯生前電所謂,内匪突出,犯彼防綫云云,適爲將來藉口之資。是退兵等於未退,停戰亦猶未停,未來争端,自在意中。弟意即已釋戈修好,原議退回醴泉原防,自是正當辦法。伯生既愛和平,又曉軍事,想必見諒。況攻關山之隊,向駐下邽,來電云分駐關道;攻興市之隊,向駐同州,來電云退駐荆姚一帶;紅崖渡之隊,本由草灘進攻者,來電以紅崖爲原防,事實不符。況相距隔一涇水,炮火仍相接觸,非退至渭水之南,難免不生衝突。以上數事,除乾縣紅崖渡礙難照辦外,興市、關山等處,弟等當照來電辦理。凡此皆臨時辦法,以爲和平之先導。秦民甚苦,早在洞鑒,促進和平,是有責任。臨電神馳,無任禱祝,弟于右任、張鈁。江。印。”等語。敬聞。于右任、張鈁叩。支。(《南北議和文獻》245)

四月五日,國務總理錢能訓致電先生;江蘇督軍李純致電先生;唐寧儉致函先生。

《錢能訓致朱啟鈐電》(1919 年 4 月 5 日發,6 日到):朱總代表鑒:和密。准閩督江電“閩省劃界事宜,電由童、臧兩司令先與陳炯明直接商洽,業經於上月漾日電陳鈞院在案。現經擬定以厦門鼓浪嶼爲會議地點,各派熟悉前綫情形兩員,先從海澄、江東橋及同安一帶磋商,已得彼方同意。容俟商定,另行奉聞。請先代呈”等語。特電聞。能訓。歌。(《南北議和文獻》219)

《李純致朱啟鈐電》(1919 年 4 月 5 日發,6 日到):朱總代表鑒:桂密。江電敬悉。弟人微言輕,發電無效,本在意中。惟彼方既云俟衡玉赴三原後,再來電證明,即可開議。今既來電矣,何以又生反復?國家前途,危險萬狀,即使開議,能否補救,尚不可知。若復以私利之競争,置信義於不顧,國既不保,權利何存?此誠可爲痛哭太息者也!子春、秀峰、子玉諸公處,已轉告之矣。尊處質詢之函,如已見復之,祈略示慰懸懸。李純。微。(《南北議和文獻》220)

《唐寧儉致朱啟鈐函》(附《農民事物表》,1919 年 4 月 5 日發):桂莘先生偉鑒:兹聞浦口扣留蘇米數車,不准出省。當此春令氣候,扣留之米漸見霉爛,各處米商相戒不敢入蘇境,蘇屬米行家因商販不通,相率罷市。夫蘇屬本爲裕米之區,農人米無可糶,用度無着,莫不憂形於色。當此仲春播種之時,以陳米腐爛,金融竭蹶,亦相率停耕,坐視膏腴荒蕪,影響所及,勢必至商停於市、工罷於場不止。況聞前清京、津、閩、粤向由蘇省采運米石,輪船裝載素無留難,而蘇省亦未聞有缺食之患。況當共和之世,反不能流通省界,自誤誤人,言之可慨!尚望我公設法疏通,體恤民艱,顧全公誼,實爲萬幸。附摘汪稼門先生《荒政輯要》數條録呈鈞覽,不盡瞻依。得能流通,則商民受益出自我公所賜也。肅此奉布,敬請鈞安。唐寧儉謹上。各代表先生祈代達。(《南北議和文獻》228)

四月六日,兩次致電江蘇督軍李純;張瑞璣自西安致電唐紹儀、先生、全國平和期成會、和平聯合會等。

《朱啟鈐致李純電》(1919年4月6日):急。南京李督軍鑒:桂密。微電敬悉。少川態度近又少變,已協定明日先開談話會。並聞昨由行嚴擬稿,電復尊處,詞甚謙順,似又有轉機。又聞昨午旅滬陝人往逼少川,少川頗表示堅絶之意。但唐意頻爲外界所轉移,開會以後,究竟如何,尚不敢謂有把握也。容再續聞。〇〇。魚。(《南北議和文獻》221)

按:微電,五日電。

《朱啟鈐致李純電》(1919年4月6日):南京李督軍鑒:桂密。頃接張瑞璣君電開,陝省停戰事云云,關中諸父老也(原注:張瑞璣電全文,原稿未録)等語。敬以奉聞,以便參考。〇〇。魚二。(《南北議和文獻》222)

《張瑞璣由西安來電》(1919年4月6日發,當日到):

唐、朱兩總代表並轉各代表、全國和平期成會、和平聯合會鑒：陝戰已停，屢經電聞。前者右任所争，在乾縣圍兵退駐地點之遠近，本非争戰與不戰也。今則郭堅指乾縣爲渠舊部，請許蘭洲赴乾收撫，是乾縣又爲許有矣。其餘各處，更無戰事可言。事實昭然，非可飾言。敬聞。瑞璣叩。魚。（《南北議和文獻》223）

四月七日，南北和平會議代表恢復開談話會，討論陝西問題及其他問題，並討論和議進行辦法。

《南北和會的恢復及其破裂》：四月七日上午九時，南北代表在德國總會開談話會，停頓了一個多月的和議又得到恢復。是日第一項議題爲陝西問題。因先一天張瑞璣又有兩電到上海，一是致和議各代表及全國和平期成會、和平聯合會，電文説："陝戰已停，屢經電聞。前者右任所争，在乾縣圍兵退駐地點之遠近，本非争戰與不戰也。今則郭堅指乾縣爲渠舊部，請許蘭洲赴乾收撫，是乾縣又爲許有矣。其餘各處，更無戰事可言。事實昭然，非可飾言。"（原注：《和議續開前一日之消息》，《申報》，1919 年 4 月 7 日）另一密電指出："江電敬悉。三原電已通，查詢電局，由粤滬致右任電已照轉，而右任迄未去電，想不久亦有電去也。戰事確已停止。"（原注：《和議續開之第一日》，《申報》，1919 年 4 月 8 日）故會議討論陝西問題時，没有發生争執。南方代表希望實行長江三督的主張，另派大員赴陝西查辦，辨明以前的是非，保障以後避免衝突。接著討論其他議題，唐紹儀提出：一、取銷中日軍事協定；二、裁撤國防軍機關及所屬兵士；三、參戰借款不得提用；四、和平會議未終了以前，雙方不得借入外債及發行公債；五、陝西問題；六、湖南問題，共六項問題，並逐一詰問朱啟鈐如何辦法。朱答稱：關於軍事密約，北京政府本擬宣布，因和議停頓，以致延擱；參戰借款因日本已交付政府存匯業銀行，本可自由提用，已屢電阻止，迄無效果；八年公債不僅南方反對，北方亦有人不贊成，亦已迭電勸阻。其他如國防軍停募等問題，均應確實商量解決方法。最後協議開會方式，雙方决定，各種議案一次性提出，並議決限兩星期完結。(《中華民國史》第三卷第六章第二節)

四月七日唐紹儀《致廣州軍政府電》：今日談話會認張瑞璣所來密電已足證明陝西實行停戰。至參戰借款、國防軍、中日協約、八年公債等，從前只表决大體，須開會討論，方有辦法。討論結果，决定於本月九日繼續開議，謹聞。(《唐紹儀發電稿》密電47)

同日，先生致函江蘇督軍李純，抄録致北京政府有關當日議和代表談話會大概情形密電；致電北方代表吴鼎昌；吴鼎昌致電先生；張瑞璣致電國務院、參陸處、唐紹儀、先生等；國務總理錢能訓三次致電先生；江蘇督軍李純致電先生。

《朱啟鈐致李純函》(1919年4月7日)：秀山督軍麾下：本日上午與南代表開談話會後，即將大概情形密電政府。兹抄録一份，寄請台覽。專此奉布，祗頌節綏。附抄電一件。弟朱〇〇敬啟，四月七日。(《南北議和文獻》224)

《朱啟鈐致吴鼎昌電》(1919年4月7日)：北京雨兒胡同吴次長鑒：鋘密。本日談話會情形，已於陽電報告政府。□(作者注：此處空缺一字，似爲“扃”)門會議一節，彼方内部大有争執,反對者實居多數。行嚴負氣未到。少川今日對於此事,語極游移,斷難辦到。現雖定九日開正式會,彼方議案一次提出。據聞以軍政府所交之案,及西南各省所要求之條件,彼方下午開會,有一併提出之説。其案必拉雜不堪,會議結果可想而知。同人會商,我方仍抱計劃書提議,其法律問題再謀相當之對待。兄與政府接洽情形,及京中外交空氣如何,均盼電示。再,少川今日到會場,病後强支,殊爲困憊。渠定以後每日早午開會兩次。能否如此進行,亦屬疑問。鈐。陽。(《南北議和文獻》230)

《吴鼎昌致朱啟鈐電》(1919 年 4 月 7 日):朱總代表鑒:梓密。微、魚三電奉悉。昌昨晚抵京。本日謁見主座、揆席,詳述從前接洽情形,咸以非萬不得已時,不可决裂;至應付少川,態度仍以强硬爲是。本日會議結果見告後,當再與政府商酌。餘事均已詳談,另函密陳。昌。虞。(《南北議和文獻》231)

《張瑞璣由西安來電》(1919 年 4 月 7 日發,8 日到):國務院,参陸處,唐、朱兩總代表並轉各代表鑒:頃接于右任由三原來函云:三原至西安安設軍用電話多處,與電報同用一綫,以致電報每爲電話截阻,來往電報甚屬困難。請與陳督商,自西安至三原,雙方加修一綫,以便交通。當與陳督商妥,一面飭由電局加修,一面由陳督逕行報部。此聞。瑞璣叩。虞。(《南北議和文獻》232)

《錢能訓致朱啟鈐電》(1919 年 4 月 7 發,8 日到):朱總代表鑒:和密。准福建李督軍支電開:“劃界事宜,經擬定以厦門鼓浪嶼爲會議地點。各派熟習前綫情形兩員,先後從海澄江東橋及同安一帶磋商。已得陳炯明同意,業於江日電陳在案。一俟下游一帶議有辦法,即將上游劃界事宜賡續進行。此層亦經電商陳炯明。得陳冬日電復,已飭所派人員遵照辦理。請將彼此商洽劃界情形,電請朱總代表轉知唐總代表查照。"等因。希即轉達唐總代表查照。能訓。虞。(《南北議和文獻》233)

《錢能訓致朱啟鈐電》(1919年4月7發,8日到):朱總代表鑒:密。陝陳督電稱:"先後據軍民報告,曹匪據宜川後,四出劫掠,將闔城數十村概付一炬。人民迫不得已,始集團抵抗,益觸匪怒,殺斃人民及團丁數百人;又將城内老幼男女綁赴東山勒贖,其他慘酷情形,筆難盡述。再過半月,不獨宜民靡有孑遺,陝北全局亦不堪設想。"等語。望告唐總代表轉電于右任,如係所部,即行撤回懲辦,以保民命而顧和局。若非所部,可來電聲明,勿任影射。特電盼復。能訓。陽。(《南北議和文獻》234)

《錢能訓致朱啟鈐電》(1919年4月7日發,8日到):朱總代表鑒:和密。前接熊克武三月文電,以安樂河、廣平河等處界綫,斤斤爭辯,曾經迭電劉督查復,並令將劃界一事迅速辦理在案。兹准劉督三十電復稱:"查安樂河、廣平河之屬於陝境,載在寧羌版圖,界綫分明,豈容淆混?存厚前請電熊退還者,蓋因迭奉我中央嚴守陝邊之電述,熊克武亦屢以守封疆爲宣言,非彼此各不相侵,不足以符原議而昭公允。至於南江、廣元方面,熊軍鳴槍挑戰,先後斃傷我防守西秦關及兩河口之兵二十餘名。日來彼軍且於安樂河、廣平河及曾家河一帶,增兵進逼,到達松林坪附近,時向我防兵發射。此挑戰之實據也。又奉皓電,飭與熊克武逕商劃界一節。存厚前於江日電熊,指定地點派員協商,迄今尚未得復,實屬無從辦理。仍乞我鈞院、大部迅電熊克武剋日派員會商,大局幸甚。"等語。查劉、熊兩軍逼處太近,非先將界綫區劃,難息糾紛。熊克武對於劉督派員洽商劃界之電,迄不答復,實屬阻礙和平。遷延日久,更恐益生枝節。應請查照迭電,轉告唐總代表電熊迅速將劃界事項與劉督接洽辦理,以促進和局,實所至盼。除電復劉督外,特達盼復。能訓。陽二。(《南北議和文獻》235)

《李純致朱啟鈐電》(1919 年 4 月 7 日發,8 日到):朱總代表鑒:魚兩電均敬悉。張君之電已證明完全停戰,聞之甚慰。少川態度少變,皆我公旋轉之功。昨接其歌日復電,語甚平易近情,並云已決定本月七日繼續開議,想已實行。惟於另派大員赴陝查辦一節,視爲甚關重要,切詢人選如何,進行如何,已商之中央矣。中央之意,擬派員宣慰,就近委令確查現在停戰確情,並勿追究既往。愚見以宣慰名稱,兼令查辦,似亦可行,不追既往,亦無不可。但"查辦"二字,表面總須做到。俟商定後再聞,先請密之。李純。虞。(《南北議和文獻》236)

四月八日,致函南方總代表唐紹儀;國務總理錢能訓致電先生;北方代表吴鼎昌兩次致電先生。

四月九日唐紹儀《致西安張瑞璣電》:昨准朱總代表函稱:"接北京電開'陝西曹匪據宜川後,四出劫掠,將閤城數十村概付一炬。人民迫不得已,始集團抵抗,益觸其怒。殺斃人民及團丁數百人,又將城内老幼男女綁赴東山勒贖。

望告唐總代表轉電于右任,如係所部,即行撤回懲辦,若非所部,可來電聲明,勿任影射,特電盼覆'等由。相應函請迅電于右任、張衡玉兩君,查明制止見復。”等語。查前電所稱各情是否屬實,應得執事與于總司令一言爲證,即希查明電復。如于君處電仍未通,即以快函見復爲盼。(《唐紹儀發電稿》明電 52)

《錢能訓致朱啟鈐電》(1919 年 4 月 8 日發,9 日到):朱總代表:密。蠖公鑒:陽日兩電均悉。少川提議三端,我公所答均極扼要,佩甚。于右任通電一事,已電陳督速予通行。今日張瑞璣來電謂:“三原一帶電綫因軍用甚繁,致多遲滯,現已商准陳督添設一綫。”云云。頃復張電,並已屬其嚮于接洽,令速與滬人通電,以釋群疑。此次會議期間,少川擬於兩星期内完結。如能照此辦理,豈非快事? 至借外人爲斡旋,似含有借重外援之意,我公駁之極是。扃門會議方法,頃達詮談及已難實行,第未知今日續開談話會時,所商若何? 仍希隨時電示。至盼。紫。庚。(《南北議和文獻》238)

《吴鼎昌致朱啟鈐電》(1919 年 4 月 8 日發,9 日到):朱總代表鑒:鋘密。虞電計達。昨因前日電示,扃門會議可望成功,不無希望,故對主座、揆席陳詞稍婉。兹奉陽電,事又中變。以後進行,愈無把握,已將情形告之幹老,定明日再詳細討論辦法。萬不得已時,以代表决裂,爲政府留餘地一節,昨已陳述府院,均以爲然,明日討論後續告。直接接洽非自動,係彼方派人來者。昨晚,陸派蔡、王兩人已到,其他各方面亦均有接洽。上海會議爲中外觀瞻所繫,府院面告,亦非萬不得已時，不出此途。又錚（原注：徐樹錚，字又錚）丁憂回徐。鏡潭、雲沛（原注：吴炳湘，字鏡潭。曾毓雋，字雲沛）方面則以會議不可决裂，遷延以觀其變爲是。外間議論，對於會議亦抱悲觀。外交方面，亦漸厭南方枝節之要求。惟無論何派，均確知由和轉戰之不可能。國會問題，日昨討論最久，府院甚以根本解决之法爲然，縱有犧牲，亦屬值得。現在既不扃門，恐無討論之機會矣。參戰軍事，府院面告，外交方面已表示决不再提。英使爲此事頗窘，有回國之傳説。美使亦不以英使之態度爲然。府中希望會議，不必再提此事。餘續陳。昌。庚。（《南北議和文獻》239）

《吴鼎昌致朱啟鈐電》（1919 年 4 月 8 日發，9 日到）：朱代表鑒：錁密。此電勿示人。國會事，過南京時，秀山已爲王、谷等專議憲法之説所動，經昌力陳利害，似已了然。因追詢昌之主張，不得已，以積極、消極兩説密告。秀贊成積極説，謂如府院同意，渠可與西南當局暗中接洽。陸派鈕、蔡、王三人適抵寧，席中忽談，鈕留，蔡、王來京。過蚌埠，丹忱（原注：倪嗣冲，字丹忱）病，忽晤炳文、幼丹，告以情形。渠云，决裂後亦須另想和平辦法。主座屬又錚留京待昌，不意其母先一日死，忽回徐州。晤鏡潭，詳述情形。主座並告又錚與西南軍界有接洽者，均隨時將原電呈閲，與伯文之説不同。主座告，陸要一百五十萬元，先給五十萬，中央已允匯往，陸並未來催。唐亦派人來。惟慮陸先内向，力量對於廣東能否達到，陸不無躊躇，故陸刻正在粵布置，非有把握，不敢催款。幹老以爲非至時機，不可輕舉。且對外交上必須視上海會議最後情形，否則，中央有聯絡武人破壞會議之嫌疑。此種接洽,亦非盡由秀山。國會問題與外人接洽者,另函告。府、院均以整理二讀會條文宣布,爲根本解决之法,極表贊同。主座謂,即犧牲金錢,亦無不可。第二案,府、院均難决定。款事,主座甚以爲必要,已屬端甫進京會商。陝事查辦之説,幹老云難辦到,此事恐有糾纏,公不必與聞。扃門之事,不能辦到,以後枝節之事甚多。昌意同人態度似應强硬,力往决裂一方做去,再以金錢爲餌,或可使少川就國會問題之範圍,此事或有萬一之結果。如何,盼告,以便進行。正譯電間,往晤合肥,談甚久。合肥亦以國會辦法照第一案,代表爲國家負責任極是,並舉與西南接洽内容見告。其説甚長,另詳。昌。庚。(《南北議和文獻》240)

四月(十日前),致函南方總代表唐紹儀。

四月九日唐紹儀《致廣州軍政府電》:准朱總代表函稱:"閩省劃界事宜,軍政府卅一戍電所開各節係李厚基支電以前之事。現在該省劃界,既由雙方將領商定以鼓浪嶼爲會議地點,並准陳炯明復電照辦,當可早日解决,毋庸推員監視。"等語。(《唐紹儀發電稿》明電 50)

四月九日,南北和平會議代表召開第六次正式會議。

《第六次會議記録》(1919 年 4 月 9 日):上午九時開會,先由兩方總代表將具體議題提出。計唐總代表所提出者,承前續議問題六項:一、取銷中日軍事協約;二、裁撤國防軍機關及所屬兵士;三、參戰借款不得提用;四、和平會議未終了以前,雙方不得借入外資及發行公債;五、陝西問題;六、湖南問題。新提出者十三項:一、國會完全行使職權;

二、實行軍民分治,確定地方制度;三、廢督裁兵,劃分軍區,釐定軍制,實行徵兵制,開通全國道路及修濬河道,以安插兵士;四、補充西南各省各軍及海軍軍費、軍實;五、善後借款,南北共同辦理;六、輸入外資,發展各種實業;七、軍政府一切命令認爲有效;八、指定的款,實行强迫國民教育,及鼓勵社會教育;九、整理財政,免除釐金;十、販賣人口,販賣煙土、嗎啡,栽種罌粟及一切賭博,嚴行禁絶;十一、懲辦禍首;十二、各省治安善後問題;十三、整頓海軍問題。朱總代表所提出者:第一、軍事問題。甲、擬留軍隊之編制問題。乙、額外軍隊之收束問題:(一)裁減標準與其方法;(二)安插方法;(三)裁減時期;(四)裁減費用。丙、軍需獨立問題。第二,政治問題。甲、軍民分治。乙、釐定地方制度:(一)省之改革;(二)道之改革;(三)裁汰中央各署冗員,增設地方佐治官吏;(四)擴充全國教育;(五)推行全國警察。丙、地方自治:(一)縣自治;(二)省自治;(三)振興自治事務辦法。丁、發展國民經濟:(一)興築國道;(二)改革幣制;(三)廢除惡税;(四)革除條約及習慣上之束縛。戊、善後借款問題:(一)借款額數;(二)借款用途。兹將會議情形分録于左:

朱總代表謂:貴總代表所提之案,其中有許多與本席所提者實相吻合,可以合併討論。惟本席所提出者,悉關國家以後建設問題,絶無南北新舊之見。而貴總代表所提者,其中有關於國家建設及興革之事,爲本席所未擬及之處,自可參合討論。至有數條含有對抗形式,于建設問題無關者,刻和會既開,南北已成一家,所應討論者,爲全國大計及將來之建設,以共謀國家永久之和平。若所議之事,逾此範圍,恐反於國家建設之事有礙。故本席以爲兩方議案意義相同者,可以合成一氣,或大體討論,或分案審查。至貴總代表所提其他各條不關建設及興革各事,非本會所應討論者,望貴總代表撤銷。

唐總代表謂:南北代表均承雙方政府委托,代表會議,就理論上説,雖屬一家,就事實上説,本係對抗。蓋統一以後,自然是一家;統一以前,則爲對抗。否則,北京政府命令,南方政府命令,可以行於各省,安用會議?惟以對抗之故,乃有南北派出代表,會議全國大計,此節須要認明。至貴總代表謂本席所提之案,有應議者,有須撤銷者,尚望指出。以本席所提之案而論:第一條,所謂國會完全自由行使職權,乃南方根本問題。蓋既爲民國,自不能無國會,此條無論如何,决不能放棄。第二條,實行軍民分治、確定地方制度,想貴總代表亦必表同意。第三條,廢督裁兵,開通道路、河道,以安插兵士,此固事實所必至。第四條,西南以人民不平之故,而有護法之争。然一年以來,未嘗借入一外債,未曾購入一外械,所恃以相持者,就地方籌款耳,統一以後,政府自不能不予以相當之補給。第五條,共同辦理借款,係指關於善後借款,南北共同商辦而言。第六條,輸入外資,發展實業,邇來全國均有此種覺悟,中國人民並非貧乏,第以政治未良,人民投資均不放心,此時不得不如此辦理。第七條,軍政府自護法以來,成一對抗政府。以對抗政府之故,關於一切自不能不有命令,統一以後,自不生問題;然未統一以前,自不能不分别承認。第八條,關於教育事項,自當力爲振興。九、十兩條,亦想能同意。第十一條,禍首問題，追原禍始，一年以來，國家何以陷於危險，人民何以受此痛苦，責有攸歸，孰尸其咎，想全國人民亦不肯放任不問也。雖本會不能遂作執行機關，然本會此時不能不伸明公理。第十二條，各省治安善後，統南北而言。第十三條，整頓海軍問題，吾國十數年來，未嘗於海軍船艦及海軍人材稍爲注意，目下設法整頓，實不容緩。綜所提各案，據本席意見，以爲均有討論之必要。至貴總代表謂，或討論大體，或分案審查，本席均表同意。至貴總代表所提各案，本席均未有異議，應付審查，或分别討論。

朱總代表謂：今日對於議題，當有細詳討論。貴總代表謂須采對抗性質。然本席以爲自和平會議成立以來，雙方應互相勉勵，以國家爲前提，彼此均須有協同之精神，以共謀國家建設，本會前途方有希望，否則，必陷於不幸地步。第一，國會問題，本爲此次南北争持之起點。若各抱一種學說，各持一方意見，極端主張，必無結果。現爲消弭國内之紛争起見，不應有極端的主張，方有解决。第二、第三、第五、第六各條均係建設之事，貴總代表有無詳細之案，如有具體之案，本席甚願閲看，若無具體之案，亦可使雙方代表協同討論辦法。第四，補充西南軍實、軍費，此條關係收束軍隊與夫增加人民負擔，須有詳細之節目，方可討論。第七，西南命令，認爲有效，此條過於含糊，須按各事之性質分别辦理。第八，普及教育，如有具體之案，尤爲歡迎。第九，整理財政、裁撤釐金，此條關於國家經濟與國民經濟，自當歸案討論。第十條，嚴禁販賣人口、嗎啡、煙土，栽種罌粟及一切賭博，國家均有法律規定，軍興以來，因(原注："因"後疑有漏字）廢弛，將來自當切實履行。第十一條，懲辦禍首，本席屢次表示對人問題，於和會極不相宜，亦非本會職權以内之事，本席認爲非本會所應議及，務望貴總代表撤銷。第十二，各省治安善後問題，自可討論。第十三，整頓海軍亦軍事之一，亦當研究。統觀貴總代表所提各題，如第一、第七、第十一等類，均有對抗性質，會議將陷於難决之境。

唐總代表謂：我輩今日地位總是對抗形式。至何以有此對抗形式，尋流溯源，則自解散國會始。國會解散後南北乃拆爲兩家，南北拆爲兩家，乃成今日對抗之形式。貴總代表既認爲國會南北争持之起點，則撥亂反正，自當從根源着想，如何不議。國家根本在此，戰争原因在此，若此等重大問題可以不議，則南北代表所議者何事？蓋事未有重於此者。至第七條，軍政府自護法以來，當然與北京政府爲對抗之狀。既係對抗政府，自有對抗政府命令。此刻西南各省，已發生效力，當然須付審查。第十一條，貴總代表謂非本會所應議及，本席以爲殊非確論。如謂此事屬於司法範圍，自有法庭執行繩判則可；若謂本會並討論權而無之，將此題廢置，則以爲不可也。至先後次序，自須有斟酌於其間。如國會問題，彼此意見既相去太遠，則先議其他各項。即於會議期間，彼此接近或可瞭解一切，想出一相容之法，以解决國會。貴總代表謂本席所提之案有走極端者，本席不能承認。本席提出各議題，均極斟酌，且極公平，對於北京各行政機關未嘗稍有涉及，良以謂和議促進，不得不審慎也。

朱總代表謂：今日應先討論議題如何編列，本席對於貴總代表所提第一、第七、第十一三條，其内第十一條，認爲絶對不能列入議題,第一條即使列入議題,應改稱爲國會問題。此次南北争持,皆由於此一國之内,不幸而有兩種國會。試問去某一國會,留某一國會,是否本會所能主張?只可協商雙方對於國會之意見。至第七條,須有界綫,此事因俟各種問題完全解決,和議告成時,方可議及。

唐總代表謂:貴總代表謂,第一條應改爲“國會問題”四字,就將此四字列入議題,本席亦可以勉從。即第七條俟各問題討論就緒後,再行討論,亦未嘗不可。本席對於議題先後毫無成見。

朱總代表謂:第十一條,請貴總代表表示意見。

唐總代表謂:本席對於第十一條不能廢置,已反復説明,若緩議則可,若撤銷不議,恐難辦到。

朱總代表謂:本席以此條既傷各方感情,又非本會所應裁决之事,務請貴總代表撤銷。

唐總代表謂:貴總代表意思是否不撤銷第十一條,則其餘各題均不開議。

朱總代表謂:今日所討論者爲議題,本席認第十一條爲不成議題,既非議題,何必列入?

唐總代表謂:先休息一刻,再行討論。

下午二時繼續開會。

唐總代表謂:若繼續討論第十一條,本席原認定第十一條有討論之必要。然貴總代表既堅持謂不能成爲議題,按照會議規則第三條,“議題由雙方總代表協定”。换言之,即有一方不承認,不能成爲議題。

朱總代表謂:十一條既不成爲議題,自應不列入議案,本會即不議此事,其意是否如此?

唐總代表謂:既難强貴總代表以同意,則第十一條作爲未經協定,暫未成立。

朱總代表謂:貴總代表及本席所提議題,有相同可以歸併者,有不能歸併爲一者,本席以爲應由雙方將雙方所提議題另行編列,應歸併者則歸併之,應改列者則改列之,藉以整理議題,以便討論。貴總代表所提承前續議各事,係前次議而未决之件,俟他項問題解决之後,自可隨之而决。至編列議案一事,可否將今日會議改爲談話會,俾雙方各代表發表意見,商酌如何編列之法。再本席所提各條,皆有一貫之主張,其中均按國家之財政立論。詳言之,國家財力爲各事之基礎,並有印出計劃,就席分布,須先審度現在財政之實况,然後能定其他各事之辦法。

唐總代表謂:貴總代表謂擬改談話會,將雙方議案編列次序,本席表同意。但於改談話會之先,本席有一言,請各位注意。此次雙方所提之案,均關國家大計,然罣漏之處,尚恐不免。如有關於國家建設之真知灼見,爲雙方提出之案所未及者,即在談話會亦不妨增入。吾國地大物博,天然之富無窮,實爲世界公認。然以未發展之故,遂貧弱至此。吾輩對於此等事,不可不有一種完善的計劃,幸勿以爲一時辦不到,即不考求具體之辦法也。

朱總代表謂:貴總代表所言,係采何種主義?對外方針,是否采開放主義?

唐總代表謂:開放問題兹事體大,然領事裁判權不能收回,則所謂開放,終生窒礙。又如現行礦章,百端束縛,無論中外資本家,均無從着手。吾國礦産雖極豐富,然按現行礦章辦理,無不虧折者。所以除煤礦外,其他各種礦務,均未睹成效。以最著名之漢冶萍鐵礦論,若與世界各鐵礦比較,則瞠乎後已。此種障礙,談話會不妨切實研究,提出辦法。

朱總代表謂:貴總代表所言,不外發達國家經濟、國民經濟、世界經濟三種。此三者之中,自當以輸入外資、發展國家經濟與國民經濟爲先。然輸入外資,因法權不能完備,其中甚有困難。即如外商在我國營業而須注册一事,尚不能尊重我國法律,往往一方在我國注册,一方又在英國注册,究與法律通例不符。現在外商希望與我國商民自由在各地經營販買及製造各業,而於商事行爲又不願遵用我國法律。此法權不能貫徹,以致輸入外資,發生種種困難也。

唐總代表謂:外資輸入與收回領事裁判權有連帶關係,此語信然。假使國家對於實業事項有完善之保護,則外資輸入亦未嘗絶無希望。吾國辦實業者,往往困於部章,資本家到部領照,非熟識有力者爲之照拂,鮮有不遭部令斥駁者。故國内資本家對於政府多持不信任態度,實業何從發展。吾輩當首先希望國内有財力者於實業事項信任投資。至希望外資輸入,第救濟目前權宜之法而已。若使國内資本家放心投資,則此種苛困之部章,不得不亟謀改革也。

朱總代表曰:現在改爲談話會,討論編列議題方法。(《南北議和文獻》237)

四月十日唐紹儀《致廣州軍政府電》:(青日開會議)結果,將雙方協定之議題編爲大綱六章:第一章,國會問題。第二章,軍事問題。第三章,政治問題。第四章,財政問題。

第五章,善後問題。第六章,續議案。所有節目,均分別隸屬此六章大綱内。(《唐紹儀發電稿》密電50)

同日,先生致電北方代表吴鼎昌;致函江蘇督軍李純;吴鼎昌兩次致電先生。

《朱啟鈐致吴鼎昌電》(1919年4月9日):北京雨兒胡同吴達詮兄鑒:鋘密。庚電密。本日會議情形,已於佳電報告政府。財政案不日開議。此案關係全盤計劃,亟盼即日來滬。再,國會問題,現已接洽,定爲最後商議之案,除根本解决外,幾無别法可想。然少川心中最近抱何主張,尚難捉摸。中央各方面既贊成我輩主張,不惜點綴,請兄與府院預商辦法,俾臨時應手。至少川所提承前續議各案,今日在會並未深説,窺其意,似僅結束從前宣言手續,以待時機。我方應付之法,非俟别種問題完全解决後,不與彼明瞭商及。請密達府中放心爲荷。螻。佳。(《南北議和文獻》241)

《朱啟鈐致李純函》(1919年4月9日發):秀師麾下:頃奉惠書並抄示關於閩事來去電三件。此事得我公斡旋其間,大致已漸就緒。派員監視,徒生枝節,經弟迭次拒絶。兹將日内與少川往來信函各一件,抄奉台覽。即祈賜察爲荷。專復。敬頌勛綏。附抄函來、去。(《南北議和文獻》244)

《吴鼎昌致朱啟鈐電》(1919年4月9日):朱總代表鑒:梓密。庚電計達。本日在院與揆席詳細討論法律問題,决定采根本解决之法,不必遷就兩會致遺後患。裁兵案能以五年預算軍費爲標準最好,若空氣上不可争執,即根據前次所擬計劃書之數目,亦無不可。彼方情形複雜,少川言動遊移。我方主張既决,只好强硬應付。至萬不得已,必須以

代表名義决裂時，使政府可有餘地，以便另籌應付辦法。特聞。昌。青。(《南北議和文獻》242)

《吴鼎昌致朱啟鈐電》(1919 年 4 月 9 日)：朱總代表鑒：梓密。親譯。庚二電計達。法律問題，决不遷就兩會。議憲之説，已詳□電，府院意照此决定。一面以强硬手段對付少川，一面只好□□犧牲金錢。府、院意款分兩項，一項爲其將來辦選舉之費，數稍大，可陸續撥付，一項爲少川個人之費。中山個人之須□，政府自當準備决裂後之辦法。此係日前面陳主座、本日與揆席密商，决定之結果。特另陳。昌。青二。(《南北議和文獻》243)

四月十日，和平會議代表開審查會，審查軍事案。國務總理錢能訓致電先生，對雙方議題改編爲五案表示認同。

四月十一日唐紹儀《致廣州軍政府電》：蒸日開審查會，討論軍事案，大致係釐定軍費，改正軍制。俟條文整理完竣，提出正式會討論。(《唐紹儀發電稿》密電 51)

按：蒸日，十日。

《錢能訓致朱啟鈐電》(1919 年 4 月 10 日發，11 日到)：朱總代表：密。蠖公鑒：佳日兩電均悉。彼方提出問題，紛紜龐雜，經我公據理抗議，已定改編五案，較見賅括。新議題，第一、第七、第十一各項，經公切駁，尤佩藎籌毅力。各案條目，盼早日寄示。條目中如有不可能之事件，仍望留意設法打銷。五案所有問題，大抵皆統一後實行之事。既云統一，自應悉由中央主持。中央斷不能專顧北方，西南亦何可仍存對峙之見。即如合辦借款各辦善後，均未脱此窠臼。一面言裁兵，一面言補充西南各軍，尤屬可笑。殆南代表所處地位不能不如此措詞耳。國會問題,似不如法律問題之明瞭,但亦視内容如何,名義可不争也。軍府命令問題,尊意承認範圍當以何者爲界限,如别種問題完全解決,其時統一已成,似軍政府命令更無研究餘地,是否借此推宕,可以虛下,並望密示一二。此次來電,當嚴守秘密。佳二電已抄示達詮,日内稍與接洽,即催南下。並聞。紫。蒸。(《南北議和文獻》246)

四月十一日,和平會議代表開審查會,審查財政案。

四月十二日唐紹儀《致廣州軍政府電》:真日開會,討論財政案,議決大體三條:一、改革幣制,催促進行。二、免除釐金,趕速交涉,實行照約加税,並籌抵補辦法。三、商改條約及慣例上之束縛。俟起草完竣,即提交正式會議決。(《唐紹儀發電稿》密電 52)

按:真日,十一日。

同日,國務總理錢能訓兩次致電先生。

《錢能訓致朱啟鈐電》(1919 年 4 月 11 日發,當日到):朱總代表鑒:密。蒸電悉。尊意擬先將裁兵辦法議有端緒,並提前商定此事,以占地步,卓見至佩。少川態度變動靡常,趁其目前尚有了事之心,或可略有成議,此後得尺得寸未可知也。此間已與達詮詳細接洽一切。尊處致達詮密電,亦已閱及,統由渠回時面達。日來其太夫人稍有感冒,須一兩日方能南下,並以附聞。紫。真。(《南北議和文獻》247)

《錢能訓致朱啟鈐電》(1919 年 4 月 11 日發,當日到):朱總代表鑒:密。准陳督電稱:"庚電敬悉。查于右任請求拍發西南明密各電,前准張專員電商到署,業於上月卦一日電復，所有明密各電，均准拍發。惟有拍致三原稱'督軍會辦'字樣者，概不照轉，以符名實。並令行西安電局，歷准遵辦各在案。茲奉前因，除再飭西安電局，凡有于右任致滬密電，務即遵照加急拍發，勿稍延滯外，謹此電復。"等語。特達查照。能訓。真。(《南北議和文獻》248)

四月十二日，國務總理錢能訓致電先生；三原總司令于右任、張鈁聯名致電先生。

《錢能訓致朱啟鈐電》(1919 年 4 月 12 日發，當日到)：朱總代表鑒：密。准閩督電稱："據童副司令陽電稱：本日前方代表開談話會，討論開議程序。佳日開正式會議，彼方代表交上左翼各將領名單：軍長許崇智駐永安，所部蔣旅長國賓駐將樂，吴司令忠信駐永安，黄旅長國華駐大田，關總辦國雄駐永安；陶旅長質彬駐永春、德化，朱旅長得才駐仙遊。關於劃界總接洽事宜，請派永安方面將領與許崇智相商，較爲便捷。至我方所派出各將領姓名駐地，統請見示，以資接洽等情。除將上游及興化、泉州方面將領姓名電復轉達，並分飭遇事妥爲接洽外，謹先電陳。"等語。特達查照。能訓。文。(《南北議和文獻》249)

《于右任張鈁致朱啟鈐電》(1919 年 4 月 12 日發，14 日到)：朱總代表鑒：英密。張瑞璣來原之日，宣告停戰、發電二事，非進省面與陳氏接洽不能辦到，次晨即行返省。今時逾旬日，而前項交涉並無詳確之通知。現乾縣圍尚未解，紅崖渡亦未退撤，興市蒸日報告敵又襲我一次。戰事未已，張君果否據實電聞，或竟受陳愚弄，均未可知。張君處陳勢力範圍中，其言論行動難保不爲所利用，一切電函，切祈慎察，切

盼。于右任、張鈁由渭南電局發。文。印。(《南北議和文獻》253)

四月十三日,電告北方代表吴鼎昌第六次會議内容;國務總理錢能訓兩次致電先生。

《朱啟鈐致吴鼎昌電》(1919 年 4 月 13 日):北京雨兒胡同吴達詮兄鑒:鋘密。文電悉。老伯母清恙,想已告痊,至深馳繫。此間會議情形,已逐日報告政府,想均接洽。近日會議時,我方態度,時作强硬拒駁之詞,少川反恐有决裂之意,故措詞不敢相逼。昨日提及懸案時,弟答復極爲空泛,渠雖不能滿意,亦不復往下追問。目下困難問題,仍在國會。前編議題次序時,曾約定國會問題最後商議。現在各種議案已陸續分別審查,恐兩三日内,即須提到國會。昨日少川表示,國會問題應先由各代表互相接洽,其畏怯情形,更可想見。少川見我方對於國會問題屢屢表示决絶態度,故恢復民國六年國會之主張,亦知其難。又知國會在廣州開會,人數日益寥寥,補選制憲,决辦不到,故對於國會一事,益覺束手無策。此後會議國會問題時,究竟如何情形,現實不能預定。微窺其隱,希冀之心甚切,而又不敢放膽做去。日内討論席中,對政治上所發言論,可笑者甚多。其對於法律之條理,尤難使之明白貫徹下此决心也。同人竊揣,國會問題不能解决,則其他問題討論審查即有結果,亦屬泡影。現擬研究萬一因法律問題無法進行,裁兵借款案,能否設法使之單獨成立。此中機括,極爲重要。同人分任審查,日不暇給。切盼兄即日來滬,共商一切。何日起程,並希示復。蠖。元。(《南北議和文獻》250)

《錢能訓致朱啟鈐電》(1919 年 4 月 13 日發,當日到):

朱總代表:梓密。蠖公鑒:文電悉。政治案,指定代表細商辦法;善後案,甲乙兩項亦俟彼方先提出具體意見,再行討論。此後是否即議國會,抑先議懸案,盼示及。歐鳳墀來京略談一切,切云關於地方制度,少川亦不主省長民選。確否? 紫。元。(《南北議和文獻》251)

《錢能訓致朱啟鈐電》(1919 年 4 月 13 日發,當日到):朱總代表鑒:和密。准閩督電開:"據駐沙第一支隊高司令官報稱,現有吴忠信、孫本戎均來三元,設立公署,以劉佐爲知事,徵收錢糧,並有王得貴帶百餘人駐紮該處,勒餉擄人等語。查沙縣三元地方,完全爲我軍防綫範圍,當此劃界之時,彼方忽又有此舉動,實屬意圖挑釁。除電陳炯明查明速飭退回外,敬乞電詰南方,俾令迅速退回,免因一隅牽動大局。"等因。特達查照,即希轉請唐總代表速電陳炯明查明制止爲要。能訓。元。(《南北議和文獻》252)

四月十四日,和平會議代表開審查會,審查軍事及善後案。

四月十四日唐紹儀《致廣州軍政府電》:刻已開始審查關於補充西南各省各軍軍費軍實及地方善後問題。軍府、國會款項若干,未據列表,無從臆測,請急電復。(《唐紹儀發電稿》密電 53)

四月十四日《錢能訓致朱啟鈐電》:今日審查會討論善後案,情形如何?(《南北議和文獻》254)

同日,致電國務總理錢能訓;錢能訓致電先生。

四月十五日《錢能訓致朱啟鈐電》:寒電悉。(《南北議和文獻》255)

按:寒電,十四日電。

《錢能訓致朱啟鈐電》(1919 年 4 月 14 日發,15 日到):朱總代表:梓密。蠖公鑒:元電悉。討論各項辦法,以建議案爲歸宿地步,卓見極爲扼要。會議有無結果,仍視根本問題之能否圓滿解决。故此案一面將各案迅圖歸束,一面對於根本問題仍不能不預爲計劃。南中近日盛傳南京制憲之説,無論舊會開幕後行使職權難於限制,即就制憲而論,新會完全撇開,勢必激起反動。日來新會亦開議討論,並質詰政府。故南京制憲之説,中央已難贊同。達詮所述,我公預擬辦法,既可斬釘截鐵杜絶流弊,且述而不作,亦不爲侵立法之權,鄙意極爲贊佩。惟此間頗有謂兩方代表無議法之權者,此項辦法宣布後,難保兩方國會不激切抗議,屆時或南會發生暴動,或北會另標護法,均不可知。固屬必經階級,但亦須預有對待計劃,以免臨時艱棘。能否由兩代表將憲法草案及選舉組織法覈定後,仍交兩國會通過公布。但得新會公布,則法律上手續已可自圓其説,舊會布否,不妨聽之。姑述鄙見,以質諸公,妥否仍盼裁示,弟亦無成見也。今日審查會討論善後案,情形如何?紫。寒。(《南北議和文獻》254)

四月十五日,和平會議代表開審查會,繼續審查軍事案,並開始審查國會案。

四月十六日《張瑞萱等致吴景濂褚輔成函》:昨國會問題已提出,除胡、繆、曾三代表表示堅持外,餘多默然。北代多向胡等婉勸,希望對此總宜讓步爲好,終無結果。即付審查,約一周内當開正式談判矣。少公雖主張國會非完全自由行使職權不可，而贊襄之力太弱，實爲可慮。且北方日有反對之聲，更有示威之舉動，而我南方亦應多方電争，以作對抗之勢，則各代得此厚援，必能堅持主張。否則徒恃舌争，危險實甚。千鈞一髮，務希奮勉是荷。(《吴景濂函電存稿》98)

同日，兩次致電國務總理錢能訓；錢能訓致電先生；北方代表吴鼎昌致電先生；三原總司令于右任、張鈁聯名致電南北方總代表唐紹儀和先生。

四月十六日《錢能訓致朱啟鈐電》：删二電悉。(《南北議和文獻》259)

按：删，十五日。

《錢能訓致朱啟鈐電》(1919 年 4 月 15 日發，當日到)：朱總代表：梓密。蠖公鑒：寒電悉。少川所言借款額未免過鉅，各省積欠軍費何能如數撥還，應由政府公平處置。滇代表亦謂當可勉力撙節，均尚能深明大局，至慰。此事現只能討論大體，如何支配須臨時籌酌。達詮日内南行，如有應商之處，仍盼密示，以便面告達詮較詳晰也。紫。咸。(《南北議和文獻》255)

《吴鼎昌致朱啟鈐電》(1919 年 4 月 15 日)：朱總代表鑒：鋘密。此電勿示人，親譯。今日赴院辭行，幹老囑再留二三日，因款事尚未商妥，昌即回滬，亦難應手。國會問題，若少川無膽，根本辦法不能解決，則須另想他法。幹老之意，俟款事定，昌回滬與公面商後，再行接洽辦法較易成功。如何？立盼電示。元電之意，已面陳政府，並聞。昌。咸。(《南北議和文獻》256)

《于右任張鈁致唐紹儀朱啟鈐電》(1919 年 4 月 15 日發,16 日到):唐、朱兩總代表鑒:英密。張瑞璣受南北公推,劃界來陝,關於停戰、通電二事,造電(巷堪)(原注:原文如此)顯背事實,蒙蔽和會,污蔑我軍。甚且派員四出運動,陳得煽惑謡言,假接洽之名,輕棄職權,大施伎倆。文電具在,可案而知。竊思該員如此行爲,其陝西劃界監視員資格當然喪失,前後所發文電,敝軍概不承認。此間通電,時被阻擱,嗣後貴會所有詢徵敝軍事項,請即改由許盡田、張古民兩處收轉,是爲至禱。于右任、張鈁。删。印。(《南北議和文獻》257)

□月十六日,湖南全省公民大會會長曾廣鈞及副會長聯名暨會員致函先生等各界,反對將"譚延闓督湘"加入議和條件。

《湖南曾廣鈞等快郵代電》(1919 年□月 16 日):北京大總統、國務院、段督辦、上海和會南總代表唐少川先生、北總代表朱桂莘先生、各代表先生、廣州軍政府、舊國會、北京參眾兩院、雲南唐督軍、廣西陸總裁、保定曹經略使、奉天張巡閲使、南京李督軍、湖北王督軍、江西陳督軍、安徽倪督軍、貴州劉督軍、廣東莫督軍、廣西譚督軍、浙江楊督軍、上海盧護軍使、熱河姜都統、天津熊秉三先生、通州張季直先生、上海和平期成聯合會、各法團、各報館均鑒:(文略)。(《議和文獻輯存》37)

原注:原爲印件,無月份。據内容推斷,當爲一九一九年春某月十六日發。

按：五月十三日和議破裂，故曾氏等人發郵當不晚於四月十六日。

四月十六日，和平會議代表開審查會，繼續審查軍事案、國會案。

四月十六日《朱啟鈐致錢能訓電》：本日開會，就軍事案繼續討論，於軍事委員會一項辯論最多。（《南北議和文獻》264）

按：會談情況詳見"四月十六日，兩次致電國務總理錢能訓"電文。

四月十七日《羅家衡等致吴景濂等電》：國會問題，南北代表現正交換意見。南主復舊，北未允。今日南代表全體電軍府徵求意見，復意如何，殊關重要。望即邀同各要人，要求軍府復電，主張堅持復舊，不得讓步，萬不可委諸代表斟酌辦理。蓋以北方及南方某，現詭言陸、唐對於國會復舊並不堅決，堅決者只唐總代表一人。今軍府復電若不堅決明瞭，則將指爲只唐總代表一人堅持，及軍府護法不堅之證據，此以與段派全體極力主張存新廢舊者相抗，萬無倖免。（《吴景濂函電存稿》99）

四月十八日《羅家衡致吴景濂褚輔成函》：近日國會問題討論中，弟曾擬應行使職權理由書分交各代表，爲主張之參考。另開一簡明理由書，分十餘節，交唐總代閲看。蓋恐代表不留意也。自聞討論此問題，即向各代表面陳不可不復舊之理由。現胡、曾、繆、饒、王已表示堅決之態度。昨日電兄等要軍府復電堅持，蓋爲求後援起見。近日與信公細談徐、段情形。據稱，徐真護段，實無其事。不過馮爲徐所恐，不願於未得總統之先，將段勢消滅，則或有此用心。國會復舊，徐尚緩决者，亦恐國會復舊，總統歸馮也。故今日表示遷就徐之法，即爲復舊會之法。前日已商由信公，電叫鄭某回滬，並由信公電北方某人，就近告知老徐速决贊成復舊。朱非徐允，恐不敢允。(《吴景濂函電存稿》100)

同日，兩次致電國務總理錢能訓；致電北方代表吴鼎昌；錢能訓三次致電先生。

《朱啟鈐致錢能訓電》：紫公鑒：梓密。本日開會，就軍事案繼續討論，於軍事委員會一項辯論最多。原定軍事委員會由和平會議公推八人及陸軍、財政總長組織之。少川對於"公推"二字不甚贊同，擬改爲南北各推四人，且以加入陸、財總長，則人數成爲北六南四，不能平均，主張删去。弟以原文"公推"二字，全爲表面好看起見，實質上仍是平均推舉，與各推之結果並無出入，故對於各推一節不加嚴駁。惟彼方重用"南北各推"字面，顯與統一有礙，當即駁復。嗣經再三磋磨，改爲由和平會議雙方總代表各推四人。所推四人，彼方意在參入文人，當有所爲。至删去陸、財總長一層，弟以軍事收束問題與陸軍、財政當局極有關係，若非以同一身分加入委員會，則將來執行各事必隔膜，自以規定加入爲宜。少川對此亦認爲實際上之必要，惟不欲列爲明文，受南北人數不均之指摘。辯論結果，擬將此項留俟將來商定委員會詳密組織時再行加入。至委員會成立時期及地點，亦經詳細討論。彼方多數主張地點設在天津。弟以委員會與政府非在同一地點，諸事不能接洽，力主北京之説。並以條文内若不定明地點，則將來争議必多，轉使委員會成立時期及收束軍隊期限因是或致延擱。嗣又議及委員會成立期限，弟謂此會關係立國大計，被推之人須負重望，且須親自到京，方有協洽作用，非先與被推之人預爲接洽，得其同意後，不能於條文中限定日期。討論結果，將軍事委員會一項上半段文字，修正爲"軍事委員會由和平會議雙方總代表各推四人，自推定之日起，於若干日内在北京成立"。下文同前。少川已無異議。關於收束費用之計算，另有説明書由郵寄閲。此案同日已告結束，並向少川聲明電政府覈定，以杜彼方再生枝節。敬希從速電復爲盼。螻。(《南北議和文獻》264)

原注：本文與下一電文，原爲抄件，無月日，據内容應與上文朱啟鈐致李純函同時。下四月十八日紫致朱啟鈐電，似復本電。

《朱啟鈐致錢能訓電》：紫公鑒：梓密。本日開會，由軍事案審查員報告審查結果，全體再行詳細討論。分擬辦法如下：(一)(二)(三)(四)(五)(六)(七)，其中惟收束費用一款，因計算用費尚須更求明確，復交審查，俟修正後再行奉聞。此項費用於酌定善後借款額數時，極有關係，故應精密計算。至其用途之分配及會計稽覈之方法，並聘用專門人員，自須容納借款方面意見，擬歸入善後借款案内妥議，而本案内不必提及，似較得體。善後借款案已由軍事審查員擬草，日内即可告竣。軍事案開議之始，彼方論調甚高，擬將現有一百五十師於十六個月内全數裁去，改行徵兵制度，實行廢止督軍等職。後經多方磋磨，並於審查兩方，熟權利害，分別疏通，始將本案成立。照此辦法已與政府原定計劃不甚懸殊，將來實行或亦無多困難。惟此案雖經兩方同意，

尚未正式確定,務希嚴守秘密爲要。再,軍事委員會人數一項,另電詳述。並聞。螻。(《南北議和文獻》265)

按:上兩電原注"據内容應與上文朱啟鈐致李純函同時",查《朱啟鈐致李純函》(《南北議和文獻》263),作於四月十七日。四月十八日《錢能訓致朱啟鈐電》(《南北議和文獻》268)言"銑兩電均悉",銑爲十六日,《朱啟鈐致錢能訓電》二電當早於《朱啟鈐致李純函》,作於十六日。

《朱啟鈐致吴鼎昌電》(1919年4月16日):北京雨兒胡同吴次長:鋘密。咸電悉。執事行期展緩,殊爲失望。會中情形,逐日均有報告。軍事案已就我範圍,他事不難歸束。法律密與唐交换意見,另電紫公,請趁兄未行時,密爲計劃。此等事此間無人可以參預。電文在寓自擬,如有不明了語,想兄可以意會,代爲解釋。少川屢以執事不回爲問,其意可知。就目前接洽而論,作用在先定辦法,不必急需實質。安福部狀况如何?盼示一二。螻。銑。(《南北議和文獻》258)

《錢能訓致朱啟鈐電》(1919年4月16日發,當日到):朱總代表鑒:梓密。删二電悉。軍事委員會辦法,此間前次計議,亦擬將財、陸當局加入,緣職權所屬,若不加入,則辦事必多牽礙也。此項委員會應否設置會長,或由南北代表推定,並盼籌示。紫。銑。(《南北議和文獻》259)

《錢能訓致朱啟鈐電》(1919年4月16日發,17日到):朱總代表鑒:密。删電悉。裁兵限度、時期及釐定軍制,經已分擬辦法,爲收束軍費之準。至將來如何實行,仍由軍事委員會妥籌酌辦,用專門人員另歸善後借款案内籌劃,至爲

得體。現既未正式確定,當共守秘密。餘續陳。紫。銑二。(《南北議和文獻》260)

按:刪電,十五日電。

《錢能訓致朱啟鈐電》(1919年4月16日發,17日到):朱總代表鑒:和密。頃接武昌王督軍寒電稱:"接熊克武、唐繼堯轉據援陝第二路總司令顏德基陷電稱,據前綫報告,鄂省現派兵五連,子彈十餘挑,駐紮白河塘,距本軍防區僅八十里地。又據報告云:東日東鄂軍步兵二連、騎兵四十名,分途進攻鎮坪,將王安瀾全軍擊敗;鄂軍已聯營進駐貓子廟一帶,距本軍防地雞心嶺僅二十餘里。又據該總司令魚電稱:據報前方指揮官洪汝彤報稱:洋縣近增有秦軍一團,城外復駐有秦軍。施南方面,亦增有北軍等語。先後電詢前來。查鄂軍向未越界前進,只於前此陝軍赴鎮坪剿匪時,曾經派隊一連前赴豐溪防堵,該處距雞心嶺實九十里,現已調回。施南方面,更無增兵之事。熊君所云,顯係出自謡傳。除電復唐督軍等聲明勿滋誤會外,理合電陳。"等語。特達備考。能訓。銑。(《南北議和文獻》261)

四月十七日,和平會議代表繼續討論並決定軍事草案。

四月十七日《朱啟鈐致李純函》:連日開議,軍事案業已審查報告,經數次精密討論,始獲告成,已電政府覈定。(《南北議和文獻》263)

四月十八日唐紹儀《致廣州軍政府電》:軍事草案已由審查會決定。茲將全文電達:軍事案:軍興以來,南北擴張兵備,數逾百萬。所需軍餉幾及全國歲入三分之二,以國家財力而論,實無力擔負如此鉅額之軍費。現在南北妥協,自應力謀收束整頓,以紓民困。茲定辦法如左:(一)收束限度及時期:第一期,以民國六年六月全國之兵額爲標準。第二期,全國之兵額以五十師爲標準,警備隊在内。第一期自裁兵實行之日起,限六個月内裁竣。第二期自第一期裁竣後限一年内裁竣。其裁減方法以同一之比例行之。(二)收束費用:第一期所需費用,合恩餉、欠餉等項計算,約計五千萬元。第二期所需費用約計二千一百五十萬元。第一期内按照現在實支軍費不敷之數,約計三千五百萬元。第二期内除第一期已裁之軍隊外,其餘實支軍費不敷之數,約計二千萬元。統計裁減費及不敷之數共約一萬二千六百五十萬元。(三)軍事委員會:由和平會議雙方總代表各推四人組織,自推定之日起,於若干日在北京成立。所有收束軍隊、釐定軍制各事,均由該會籌辦。至該會詳密組織,由各委員自行商訂,俟軍隊收束完竣即行撤消。(四)裁撤軍官、士兵。安插方法分爲左列五項,統由軍事委員會妥籌辦理:甲、此次收束軍隊退職之軍官之優待。乙、改編工程隊,設立全國土木工程局,修築國道。丙、濬疏河道。丁、屯墾。(五)前此由軍事徵調之各處軍隊自應退回原防,俟軍事委員會成立後,妥籌收束,分別辦理。(六)軍隊收束後,釐定軍制關係重要,由軍事委員會妥爲籌畫,期於必行。茲將要目列左:甲、實行徵兵制。乙、劃分徵兵區域。丙、釐定統一軍制。凡軍令及軍事行政統歸參謀部、陸軍部主辦,各師、旅長官僅有統率、訓束之職權。丁、規劃軍隊駐紮地點。戊、軍需獨立。(七)徵兵制實行後,另行規定全國之常備兵額，以財政案所定之軍費爲標準。軍事案收束費用說明書：第一期約計裁減七十師，約計官長三萬員，每員給以三百元，合計九百萬元，約計士兵七十萬名，每名月餉平均八元，欠餉、恩餉各以三個月計算，每名共約五十元，合計三千五百萬元；預備費六百萬元。以上三項，共計五千萬元。第二期約計裁減三十師，約計官長一萬三千員，每員平均給以三百元，合計三百九十萬元，約計士兵三十萬名，每名月餉平均八元，欠餉、恩餉各以三個月計算，每名共約五十元，合計一千五百萬元；預備費二百六十萬元。以上三項，共計二千一百五十萬元。查最近預算，全國全年歲入共計三萬七千萬元，國債、政費二項共需二萬五千萬元，所餘以充軍費之數，僅一萬二千萬元。現在全國實支軍費約需二萬六千萬元，比較不敷之數約計一萬四千萬元。第一期約計裁減七十師，需時六個月，即於該期内分月遞裁。其不敷軍費，平均以三個月計算，尚須補充之費三千五百萬元。至第二期，除第一期已裁之七十師外，所餘軍隊八十師，限一年内裁減三十師，即於該期内分月遞裁。其不敷軍費平均以六個月計算，尚須補充之費二千萬元。附：本案所列全國軍額一百五十萬人，係假定之數，俟軍事委員會成立後，派員檢查各軍確數，或不足假定之數，亦未可定，一師之中人數不足，亦未可定。其有自報成軍，有兵無械，甚至無兵者，均不能按照本案所定裁減之數發給。以上三端，應由軍事委員會特别注意。本案所列收束軍事費用内，發給裁減士兵欠餉、恩餉二項，係就全國軍隊平均約計。至各處軍隊入伍年月，各有等差，欠餉多寡亦有不同，應由軍事委員會確切調查實數,分别發給。設本案所定收束經費不敷支付,亦應統計各軍欠餉、恩餉平均分配。惟此案未付正式大會,雙方絶對互守秘密,萬勿對外發表。(《唐紹儀發電稿》密電57)

同日,致電北方代表吴鼎昌;致函江蘇督軍李純;吴鼎昌致電先生;北京國會議員王郅隆等致電先生。

《朱啟鈐致吴鼎昌電》(1919年4月17日):北京雨兒胡同吴達詮兄鑒:鋘密。删電諒悉。連日會議,軍事案情形已迭電報告政府,當均接洽。軍事案内,關於軍事委員會組織一項,討論甚久。原擬由平和會議公推會員四人,並以南北高級軍官爲限,係爲推舉馮、段、陸、唐四人伏根。弟曾向少川表示此意,少川亦極贊成。故此案付審查時,彼方指定繆、曾,我方指定叔魯、立之。翌日審查會提出具體案時,少川又主張四人增爲八人,删去軍人限制,以便參入文人,並將公推形式改爲雙方各推。揣其原因,不外數端:(一)陸、唐派以外之人有所推戴,故遊説少川,主張增加人數。(二)少川欲對於某偉人表示好意,故主張增加人數。(三)我方推舉馮、段,彼雖不反對,然亦不欲由彼推舉,改公推爲各推,則無此嫌疑。(四)彼方所推之人一,必有我所不滿意者,改公推爲各推,可免將來争持。少川之意,决不出上列數端。弟以原定會員四人,北推馮、段,南推陸、唐,而表面以公推形式出之,最爲得體得法,可杜許多争競。今增爲八人,我方尚易分配,彼方必成逐鹿之勢,可謂自尋煩惱。至公推各推,實質上毫無區别。即采用公推方式,彼方所推之人,我亦頗難拒絶,故已照彼意定議。至會長一席,本擬推戴元首。嗣因有人主張此會係裁兵機關,裁兵與善後借款有密切關係,會中所辦各事,必不免外人稽覈,以元首爲會長,恐於體制有礙。故會長問題,暫不規定。將來或以元首爲會長,或由會員互推,或竟不設會長,由會員輪流主席,屆時由該會因時制宜,自定辦法。總之,此會除辦裁兵一事外,尚有融洽南北之作用。所推各人聚晤一堂,則意見必易疏通,諸事皆可商量。平和會議所定辦法,如有窒礙疏漏,俟此會成立後,盡有變通或補充之餘地。故弟本主張陸、財兩長加入會員,今已允暫勿規定,逆料將來勢必加入也。以上情形,並希酌達,以期明瞭。善後借款案,亦已繼續審查,並聞。篠。(《南北議和文獻》262)

《朱啟鈐致李純函》(1919 年 4 月 17 日):秀山仁兄督軍麾下:滬上和會續開以後,曾將雙方協定議題目次郵奉,度塵簽閣。連日開議,軍事案業已審查報告,經數次精密討論,始獲告成,已電政府覈定。兹將本案内容,别紙録陳,務祈密察。本案開議之始,彼方論調極高,擬將全國現存一百五十師於十六個月内全數裁去,而於改行徵兵制度,廢除督軍制等問題,持之尤力。經弟多方陳説,告以收束軍隊,期於實行,陳義太高,將生阻障。復由審查員熟權利害,設法疏通,舌敝唇焦,僅能成立。其中軍事委員會一項,原定公推南北高級軍官四人組織之。繼而少川忽變初議,力主增爲八人,删去軍人限制,意在參入文人,藉以調和各面。並將“公推”二字改爲“各推”。弟以委員會設置之本旨,原期南北魁碩聚晤一堂,則意見必易疏通,諸事無難商榷。且軍事收束,經緯萬端。將來此會成立之時,非將軍事上之專門學家及各省之執行當局,設法網羅,詎能推行無阻。故關於組織之方法,均留待委員推舉後,由各委員自行協商詳細規定。本會所定辦法,不過略舉大端,藉引其緒。即有窒礙疏漏之處,盡多變通補苴之方。此時委員人數之多寡,殊無争執之必要也。惟國會一案,最屬難題。現擬將各項議案先行决第議定,而以此事留爲最後之解决。知關廑注,並以奉聞。再,軍事案雖已成立,尚未正式簽定,務乞萬分秘密爲荷。匆布。敬頌勛綏。外抄軍事案一件。鈐。(《南北議和文獻》263)

《吴鼎昌致朱啟鈐電》(1919 年 4 月 17 日):朱總代表鑒:梓密。銑電悉。昌明日出京,十九日特别快車由津回滬。法律案,今日爲與主座、揆席詳細討論,略有辦法,容當面陳。軍事委員,我方應推之人,除馮、段外,亦與主座接洽矣。安福部主要分子尚無問題。政客造謡,本其慣技,只好置之不理。滬寧車請囑筱山代爲預備,並轉告家人爲荷。昌。洽。(《南北議和文獻》267)

《北京國會議員王郅隆等致朱啟鈐電》(1919 年 4 月 17 日):本日同人致朱桂莘君一電如下:"近閲報載,尊處會議現竟涉及法律問題。查法律問題,質言之,即國會問題。國會根據約法,總統由斯選出,内閣由此通過,中外具瞻,國本所繫,一有動摇,牽及全局。况執事係受國務院委任,其權限不能出乎行政範圍,國會係國家立法機關,斷非行政委任人員所能議及。倘若越權擅議,則紊亂國憲,摇動國本,必有尸其責者,郅隆等爲擁護法律、鞏固國本計,特電聲明,尚希照察。國會議員王郅隆等(原注:下列安福國會三百餘人名單,從略),篠。印。"(《議和文獻輯存》32)

原注:原爲抄件。

四月十八日,國務總理錢能訓兩次致電先生;陝西議員楊直等致電李述膺轉唐紹儀、先生及各代表。

《錢能訓致朱啟鈐電》(1919 年 4 月 18 日發,當日到):朱總代表梓密。蠖公鑒:銑兩電均悉。軍事委員會組織,少川意在南北人數平均,惟北方省分較多,裁兵數亦較多,本未便平均分配。若能於公推之外,加入財、陸當局,則表面平均公推,而實際較有操縱。且事實上亦非加入陸、財當局不可。惟既經尊處商定,俟將來詳密組織,再行加入,此時是否有磋商之地,尚希酌之。至雙方所推人物,亦須預有標準。此間之意,段、馮、王諸公;南方如岑、陸、唐者爲宜。能否由公與少川先行商洽,以期得手。其餘討論結束,修正文字各節,均屬妥協。補充軍費一節,爲滇、黔、川、桂各代表所注意。惟南方既議補充,則北方應否補充,亦一問題。故中央公平分配一層,萬不可少也。法律問題頃與達詮熟商,渠尚有一種計劃,擬將兩國會憲法起草會分子約計各七十人左右,召集完成二讀舊案,並修正選舉組織各法,在代表無議憲之嫌,而法律有下臺之地,用意不無可采。達詮歸時,當可詳陳。鄙意此事最好仍用簡捷辦法,一了百了。少川亦思了事,但於法理不甚明瞭,且畏怯不敢擔當,似可由公陳述利害,爲更進一步之接洽。若少川所擬兩説,國民公决易生枝節,因不可行,即所謂法律會議辦法,將來雖有操縱餘地,而大局久懸不定,夜長夢多,亦屬可慮。欲照法律會議辦法,則事前必有先决問題。一則新、舊兩國會須同時閉會,以俟解决。一則須認爲統一已成,元首業經全國承認,西南一律取消獨立。果如是,則法律問題雖暫時解決,尚不致發生意外之變化。公謂如何?近日會議進行甚猛,想見賢勞。達詮今日晚車南下,知注附及。紫。巧。(《南北議和文獻》268)

按:銑,十六日。

《錢能訓致朱啟鈐電》(1919年4月18日發,19日到):朱總代表鑒:密。本日眾議院要求國務員全體出席,先質問國會問題及代表權限。當由弟摘要報告要點如下:一、政府不能屆非法之名;二、舊國會不能復活;三、代表權限不能不討論法律。蓋彼方主張恢復舊會,我不置喙,便成默認。各議員尚無異辭。嗣又質問八年公債,財政總長報告不得要領。弟謂發生公債之政策,係因財政枯竭,救濟目前起見。所以未交國會者,則以發布時值國會閉會,法律上無追認明文也。此係對於安福派之言,與我公進行,當不發生何等困難。恐南報傳聞異詞,用以密聞。紫。巧二。(《南北議和文獻》269)

《陝西議員致李述膺等電》(1919年4月18日發):李龍門先生轉唐、朱總代表及各代表諸先生均鑒:和議重開,國人欣望,顧瞻陝局,隱憂方深。先决之問題既未解决,善後之條件何由提起?直等代表陝民,忝列議席。今當和會開議之時,溯陝西致禍之由,敢舉陳樹藩諸大罪狀,爲我諸公陳之:自陳氏督陝,歲無寧日,兵不歸隊,匪不入山。始則縱軍爲匪,繼則收匪爲軍。軍紀蕩然,民生塗炭,其罪一。甫接督篆,即發省債,殘民以逞,竭澤而漁。購田數百萬,蓄妾十餘人。爲一己永久之謀,置全省生靈於不顧,其罪二。

且秉性凶殘,居心狠毒,信用私人,摧殘善類,稍非同調,即被逐殺。政綱紊亂,民怨沸騰,其罪三。禁種罌粟,基於中英協約。辛亥以還,委員查禁,例極嚴厲,銷耗幾許國幣,草菅幾許民命,始告肅清。該督及劉鎮華大開煙禁,廣收煙徵。釀國際之交涉,貽陝禍於無窮,其罪四。擅借外債,私購軍火,向來禁令至嚴。該督私向日商借款數百萬元,以南山一帶礦産作抵,購運槍炮,數值鉅萬。爲個人固權位,爲桑梓延戰禍,其罪五。議會爲立法機關,負代表民意之責,有監督行政之權。該督視若眼中釘,嗾買公民,任意摧殘,曾經敝會迭電各省,想當共見,其罪六。販賣土藥與播種罌粟,其罪相等。該督在陝省各處設立運販機關,派隊護運,獲利額鉅,是禁民放炮,己反縱火,其罪七。自南北和議將開,停戰命令早經頒布。該督違抗命令,破壞和局,致令和議停頓,中外交責,其罪八。總其禍陝之罪,罄竹難書。陳氏不去,陝亂未已。直等爲民請命,披肝直陳,敢祈諸公俯念陝西八百萬生靈呻吟於陳氏虐政之下之苦,主張即日撤陳樹藩,消後患於無窮,謀永久之和平,陝西幸甚,全國幸甚!陝西省議會議員楊直、程運鵬、寇之蘇、柏堃、韓春第、王希哲、折克家、劉之潤、劉肇豐、張玉汝、楊嗣震、王濬明、馬嗣援、王壽、王樹楷、□志升、李□文、馬騏、李駿材。巧。(《南北議和文獻》270)

四月(二十日前),和平會議代表開審查會,通過善後借款草案。

四月十九日唐紹儀《致廣州軍政府電》:善後借款草案,已由審查會决定。兹將全文電達:善後借款案:民國以還,時事多故,外債遞增,識者痛之。軍興之後,兵費浩繁,各省因軍事,損失亦極重鉅,自應力謀收束軍隊,兼籌安插善後之法。惟欲實行前項之計劃,須先籌備經費。兵燹之餘,瘡痍滿目,斷難募集内債,擬照民國初年商借善後借款,分别用途,以資挹注。一面裁減軍費,力求收支適合,庶幾源流既清,財政可免破産之虞,國事自有轉旋之望。兹擬借款條件如左:(一)總額:借款總額以實收本國銀元二萬萬元爲準。收束軍隊費約須一萬二千六百五十萬元,建築國道費約須四千六百二十六萬餘元,所餘之二千七百二十三萬餘元,即撥充西南各省善後經費。再,前項總額,係實收銀元之數,須先將外國貨幣折成本國銀元,並將應扣之虚數除去,合成二萬萬元實收之數。(二)用途:借款用途分爲三種:甲、收束軍隊經費(附表)。乙、建築國道經費(附表,另有計劃書)。丙、補充西南各省善後經費(附表)。上列甲項係爲裁減一百師之用。乙項建築國道,於安插退伍兵士之中寓擴張交通實業之意。丙項係爲用兵各省善辦籌後之需。(三)利息及期限:借款利息年息四釐五。至期限一層,按照民國二年善後借款分償期限,參酌辦理。(四)擔保品:借款以鹽餘作抵。查鹽務餘款,每年約有四千餘萬元,足敷擔保之用,自毋庸再以他税作抵。(五)稽覈權限:稽覈辦法亦分三種:甲種用途:當提用借款,須將領款憑單經軍事委員會及會計員簽字後,將發款命令隨同支票送交銀行代表覈對,再行提款。將來各軍裁遣時,並由軍事委員會監察員前往監視,以昭覈實。乙種用途:當提用借款時,須將領款憑單經土木工程局長官及工程師、會計員簽字後,將發款命令隨同支票送交銀行代表覈對,再行提款。軍事委員會之會計員、監察員,土木工程局之工程師、會計員等,依事務之分配,應聘用外人時,俟借款時商定。(六)本案所開借款額數,均經確定用途,不得挪作他用。所有近年來之各項墊款,如政府或銀行團認爲應即須借款償還者,皆須另列一單,不在本案所開總數之内。本案所開借款用途,皆係分期提用,爲時甚長。將來借款時亦應妥籌分期募集之法,以免募集之款存而不用,虚耗利息。民國二年大借款,匯兑虧耗,爲數至鉅。此次商借之始,即應妥籌補救之法。軍事早一日收束,財政早一日舒展。如借款手續繁多,一時未能成集,應照第一次善後借款辦法,先與銀行團籌辦墊款,以期擬辦各事早爲結束。收束軍隊經費表:第一期裁減七十師,各費計洋五千萬元;第二期裁減三十師,各費計洋二千一百五十萬元;第一期實支軍費不敷之數,計洋三千五百萬元;第二期實支軍費不敷之數,計洋二千萬元。總計一萬二千六百五十萬元。建築國道經費表未定草:第一年修路一萬六千〇三十八里,需費九千二百五十三萬三千四百八十元;第二年修路一萬五千七百十五里,需費六千七百四十七萬四千四百五十元;第三年修路一萬五千二百二十里,需費六千五百三十八萬〇六百元;第四年修路一萬二千四百九十里,需費五千三百八十三萬二千七百元;第五年修路一萬二千六百六十里,需費五千四百五十五萬一千八百元。統上五年共修路七萬二千一百二十三里,需費三萬三千三百七十七萬三千〇三十元。路工規模,至爲宏大,所需經費亦極浩繁,雖擬分期舉辦,絶非一蹴可幾。查此次借款總額不過二萬萬元,所有收束軍隊及各省善後經費,亦皆取足於此。故建築國道一項,只能就第一年内所需之款,預籌半年路工經費四千六百二十六萬餘元。其餘不敷之數,應俟路工興築之後,設法籌集,次第擴充,或募内債,或繼續借款,届時再行酌定。惟各案經雙方議定,絶對互守秘密,以後關於此等案,萬勿對外發表。(《唐紹儀發電稿》密電 58)

四月十九日,國務總理錢能訓致電先生。

《錢能訓致朱啟鈐電》(1919 年 4 月 19 日發,20 日到):朱總代表鑒:梓密。嘯及嘯二電均悉。善後案協商結果,所擬辦法略有商榷:一、借款總額以實收本國銀元二萬萬元爲準。按之外國貨幣原數當爲若干,如何折合計算,其折扣數目若何? 一、善後借款原議於裁兵善後各款外,可將一切重要建設費一併商借,爲一勞永逸之計。來電所擬辦法,除收束軍隊外,僅及建築國道及補充西南善後經費,而於此外建設費概未之及,應否一併計劃在内,尚須詳酌。且西南軍隊固需補充經費,其中央軍隊亦應有補充之款。前由亞博特將各項軍政、財政列表請填,渠意二萬萬元斷不敷用,尚可設法多借。但此言甚秘。鄙意重要建設費,中央軍隊補充費,似不妨酌量增入。一、近來歐洲借款利息增高,不特四釐五難以辦到,即五釐亦不易商。若預定五釐標準,恐臨時過於束縛,難期就緒。至鹽務餘款,每年雖約計有四千餘萬元,但其中除已抵借他款外,爲數無多,不足爲擔保之用。此間擬以全國煙酒作抵,但若借至二萬萬元以外,則煙酒項下仍屬不敷,尚須另籌擔保。此節亦與尊處計議不同。一、從前各項墊款及小借款,如政府或銀行團認爲爲即借款償還者,雖不在本案所開總數之内,亦須並入此項大借款内,統籌辦理。以上各端,仍盼酌示。至嘯二電所云,西南各省所得之數,究竟用諸何途,應由政府切實覈定,語極扼要。陸軍、財政當局加入委員會一節,既由公在議席聲明理由,將來當無問題。惟此次修正原文,該會詳密組織,係由各委員商定。倘各委員或有反對,能否以元首名義加派,並望留意。借款事關外交,來電謂此項辦法係片面意思,將來銀團交涉結果如何,尚不可知,洵已洞見症結。此間亦只能先據管見,大略答復;至爲實行起見,仍須徵求財陸當局及外交銀團之意見,方能作準。容俟接洽再聞。墊款一層萬不可少,乞商妥加入爲荷。紫。皓。(《南北議和文獻》271)

四月二十日,國務總理錢能訓致電先生。

《錢能訓致朱啟鈐電》(1919 年 4 月 20 日發,21 日到):朱總代表鑒:梓密。補充軍費一節,中央軍隊亦須一律補充,昨電達,祈注意。軍事委員會詳密組織,由各委員自行商訂,似仍須呈商總統方爲周妥。丙項借款提取一節,僅由財政部簽字,恐銀團未必滿意。此節可先照此與商,如未允洽,再行酌改。尊意如何? 餘續陳。紫。號。(《南北議和文獻》272)

四月二十一日,國務總理錢能訓致電先生,商榷軍事案。

《錢能訓致朱啟鈐電》(1919 年 4 月 21 日發,22 日到):朱總代表:梓密。螻公鑒:軍事案全文已密呈主座鑒閲。所有籌劃各節均甚周匝,惟有商榷數端:一、時期僅限一年六個月,一律辦竣,爲時較促,事實上不無滯礙。一、兵額以五十師爲準，尚可如期辦到，惟警備隊必須在外。緣警備與陸軍性質不同，近年各省巡防各隊多有剿匪得力者，裁減則地方防務不敷分配；若改編陸軍則轉失其作用。且爲實行分治計，武裝警察宜隸内務，亦未便併入陸軍計劃之内。即論吾國幅員遼闊，邊防繁重，兹僅釐定軍額爲五十師，將警隊另行劃出，亦復不爲多也。一、西南軍隊如需補充經費，則中央軍隊亦須一律補充，綜計需款頗鉅。且銀團重在收束軍隊，此項補充名目，恐難通過。在西南得此，未必實歸民用，或以此爲選舉組黨種種作用，資地詘力（原注：原文在“資地詘力”旁注“此處電碼不明”六字）適以自擾，在中央亦殊失計也。第四款所列各項，除修築國道經費已經指定外，其退職軍官優待費、疏濬河道費、屯墾費及續加之養成僑工費，均未於借款内開列，此款既爲安插裁兵，似應一併計及。一、徵兵制度係屬舊法，此時歐洲方面漸已不甚采用。若舉爲標題，似與近今時勢稍有未合。一、釐定統一軍制，依照丙項所列，軍事行政統歸參陸部主辦，辦法甚善。上文所謂釐定軍掣〔制〕歸軍事委員會妥爲籌劃者，當係僅籌議概目，以不侵參陸主辦之權爲妥。抑更有應研究者，軍事委員由雙方代表公推，北如馮、段、王，南如岑、陸、唐，固可饜人望，無而〔如〕各人地望既崇，意見歧出，勢必彼此牽掣，無從措手。此次補充計劃，委員會特其表面，暗中仍不能不借外交團、銀行團之力，以策進行。若該會内部先起紛争，更無辦法。究竟有無何項良策，或仍用公推，或由元首委派，總以得人了事爲主。統望裁酌密示。餘續陳。紫。箇。（《南北議和文獻》273）

四月二十二日，國務總理錢能訓致電先生；交通總長曹汝霖致電先生。

《錢能訓致朱啟鈐電》(1919年4月22日發，23日到)：朱總代表鑒：密。馬電悉。此間迭接陝電，謂乾縣確已停戰退圍，與于電適得其反。皓〔十九〕日尚接陳督電稱："圍乾部隊經于、張專員商定，全綫退出五里後，即令張、白各旅團遵照實行。旋據張旅長金印電稱，遵已全行退後，乾縣城南面距原防綫五里許之如臺村、小對村，秦寅莊、北原上之綫，圍集固守。據白統領鴻儀電稱，遵將防綫退後固守，旅部及原營駐羊紅店，楊營退駐如臺村，郭金榜全部退駐好兒村及上下底洞村，齊營退駐南好幾村，蒙營退駐東奇五村，均距原綫約五里。據張團長鴻電稱，遵將城下防綫全行撤退至乾城西北金家堡、張家堡、邀駕宮、玉皇洞一帶駐守各等語。所有該部退駐情形，與張專員往返商定者無異。乃了〔遼〕東白旅甫退，乾衆即將東城外安家寺、兩青人村等處佔據，比及函知張專員，迄未見復。嗣准張專員轉據許司令電商派員入乾宣撤，當即電飭各旅遵照保護。旋據張旅長報稱，奉軍陳副官入城宣示後，即行出城。據稱，王珏、郭英甫決意死守，不願退去，將來究歸何部，尚無一定宗旨。復據張旅長電稱，自奉軍副官入城後，乾衆仍每日修補城牆，派出多人，於城下邨堡大肆搶掠，見我哨兵即開槍射擊等語。似此負固頑强之態度，恐無掩護歸鳳之決心。我軍雖一退再退，而彼則節進節逼，終且以開釁相咎誣。其實各軍自退駐以來，力固防綫，不知何嘗有襲擊情事。樹藩並迭電各軍，嚴約所部，不許還擊，致滋藉口。數日以來，無論彼方如何横挑,亦決不過問。惟乾眾是否依附秦軍,許司令始終並未直接來商,均由張專員往返轉達。合併電聞。"云云。查閲陳電,我軍確已遵令退圍,決無戰事,來電恐別有用意。除再電張專員瑞璣查明究竟是何情形外,特復查照。能訓。禡。(《南北議和文獻》274)

《曹汝霖致朱啟鈐電》(1919 年 4 月 22 日發,23 日到):朱總代表,咫密。桂老鑒:有英人亨利波,曾充駐日總領事,精嫻日語,來華遊歷。因中日問題,英日不免有所誤會,頗思盡力疏解。此次偕日人渡瀨到滬,擬晉謁左右,有所陳見,乞賜晤談,並介紹達銓爲盼。霖。禡。(《南北議和文獻》275)

四月十七日至二十三日間,收到南方代表轉達廣州軍政府總裁林葆懌十七日電文,復函頗不謂然。南方代表再函先生。

四月二十三日唐紹儀《復林總裁電》:廣州軍政府林總裁鑒:總密。筱電奉悉。曾轉達朱總代表,復函頗不謂然。已再函痛駁。此事係進行當然手續,似可各行其是,無須多與之辯也。(《唐紹儀發電稿》密電 60)

按:筱電,十七日電。

四月二十三日,張作霖致電大總統徐世昌、國務總理錢能訓、段祺瑞、各部院長、眾參兩院,各省督軍、省長,各巡閲使、經略使,各都統,各總司令,各師旅長,各護軍使,各鎮守使,海軍各總司令,軍政府各總裁,各部長,各督辦,先生、唐紹儀及各議和代表等;國務總理錢能訓致電先生。

《張作霖漾電》(1919 年 4 月 23 日):大總統、國務總理、段督辦鈞鑒;各部院長、衆參兩院,各省督軍、省長,各巡閱使、經略使,各都統,各總司令,各師、旅長,各護軍使,各鎮守使,海軍各總司令,軍政府各總裁,各部長,各督辦,黄州、汕頭、潮州各總司令、各總指揮,上海朱唐兩總代表、各代表均鑒:接奉林、莫諸公佳日通電,展誦之餘,不禁拍案叫絶。民國成立,八載於兹,四民痛苦,萬姓瘡痍,蒿目時艱,我心如搗。推原其故,實由法治未立,内亂相乘,號令紛歧,事權莫屬。軍人不知治體,乃攜武力以侵權;政界雖有完人,群攝兵威而不出。相沿既久,權責混淆,政治不能進行,民生永無樂利,國本未立,奚以能存?瞻念前途,不亡何待!作霖以爲軍政之軌不分,天下永無寧日,此中症結,早徹隱微,口每欲言,迄不能達。今幸諸公通電宣示,剴切著明,崇論宏詞,洞見肺腑。作霖不敏,取詡所見略同,願以片言與諸公證袍澤之親,即爲國家謀太平之策。從此内争永息,和局促成,軍事修明,政治穩進,權不相擾而義益相親,力戒相持而事圖相濟,南北自成一家,天下皆吾袍與。自經此次宣誓,復何成見之可言。區區此衷,統希垂察。除養日已由曹經略使主稿、作霖附名,另電奉達外,不盡之義,用再布聞。張作霖。漾。印。(《議和文獻輯存》34)

原注:原爲電報原件四葉。此電四月二十五日北京收到。

《錢能訓致朱啟鈐電》(1919 年 4 月 23 日發,24 日到):朱總代表鑒:密。此次伍朝樞以南方代表名義赴歐,要求列席,中央斷難贊同,即列邦亦難承認。惟爲愛惜人才起見,已派其參預和會，對於内部討論，得與胡、汪諸使一體計議，在我已屬委曲求全。頃得陸總長來電謂："昨接伍君交閲粵中政務會議去電云'不能列席，何取任命。已電少川力争抽换或加派，並托李純斡旋，如北廷固執，即向和會要求列席，並宣言北派不能代表全國。倘因此兩敗俱傷，固大可慮，然非始願。陸使向顧大局，希與切商轉圜'云云。並據王全權來商，吾國業經提出之二十一條問題，將來請由伍君出席和會説明，伍君並有請由祥通知和會逕派伍爲全權，不必候政府命令之意。王全權等節節進行情形，顯有政治作用。此事關係至鉅，祥實焦頭爛額，窮於應付，不但無餘暇以資對外，且恐貽患大局"等因。當經電復陸使，切實拒絶，並囑其以個人交誼，借勸伍君蠲除成見。我國全權委員對外久經宣布，誠未便無端抽换加派。爲伍君計，參預和會已不患無建言之地。和會進行關係至重，若徒譸張爲幻，志在兩敗俱傷，神州陸沉，載胥及溺，必有尸其咎者。此時滬議漸臻接近，時局可期解决。且少川素知愛國，當知對外要端，宜從審慎。希以中央苦衷切實轉達，請其迅致軍政府悉力勸阻，共維大局爲要。紫。漾。(《南北議和文獻》276)

四月二十四日，國務總理錢能訓致電先生。

《錢能訓致朱啟鈐電》(1919 年 4 月 24 日發，25 日到)：朱總代表鑒：和密。皓電祇悉。查國有各鐵路之有督辦，皆因借款合同之關係而設，然此亦僅以建築時代爲限，迨路工告竣而入營業時代，所設督辦即行取消，改爲局長。津浦鐵路是其先例。此次南代表提出統籌速辦滇、川、黔、粤、桂、湘鐵路一案，經畫西南，亦作爲國家謀永久之宏略，是誠當務之急。惟欲以一督辦而轄六省鐵路，是於各鐵路之所以設置督辦，暨督辦之設置僅限於各該路建築時代之先例，均有不符。而况如已訂借款合同之欽渝、株欽、沙興三路，其債權或屬於法，或屬於美，或屬於英，依合同之規定，固可分別就各路各設督辦一員，主持其事，若强以各路隸於一督辦之下，不但交涉滋紛，抑於路務之進行亦多障礙。此次和議原所以謀統一，鐵路既有交通部綜其成，若於該六項鐵路特設一督辦以專轄之，於交通行政有失統一之嫌。尚希詳酌。能訓。敬。（《南北議和文獻》277）

四月二十五日，致電錢能訓。

四月二十六日《錢能訓致朱啟鈐電》：徑電悉。（《南北議和文獻》278）

按：徑電，二十五日電。

四月二十六日，國務總理錢能訓致電先生。

《錢能訓致朱啟鈐電》（1919年4月26日發，27日到）：朱總代表鑒：梓密。徑電悉。子興昨日來電謂："伍至今以軍政府代表自任，並未請示服從命令。儒堂爲伍極力設法。對外列席，請示中央應否抽換。當復以派遣全權，應由中央主裁。在伍保持彼方名義，主張個人權利，本可置之不論。惟爲愛惜人才，故派其參預和會，足徵並無畛域之見。現在全權久經派定，草約亦已簽字，對外名義既定，豈宜輕有更選？仍請其切勸伍君，蠲除成見，並勸導儒堂一致主持。"等語。頃秀山轉到西林、秩庸來電，亦主抽換、加派，已照前意婉切復之。少川所云秩庸舐犢之愛，或係實情，由渠電致儒堂，設法消弭，當可得力，仍盼早日拍發耳。紫。宥二。（《南

北議和文獻》278)

《錢能訓致朱啟鈐電》(1919 年 4 月 26 日發,27 日到):朱總代表鑒:梓密。乾縣情形,前經電詢張瑞璣。頃據復稱:"乾縣確已退圍停戰,瑞璣已歷次電滬。右任電據乾縣函稱云云,蓋藉詞也。瑞璣於乾縣歸許、歸于一事,迭用明電通告南方,可惜許、于乾縣收撫事無甚把握,遂不免續生轇轕。"等語。特達備考。紫。宥三。(《南北議和文獻》279)

按:上兩電署"宥二""宥三",則本日錢能訓致先生電應至少還有一電:宥。

四月(二十九日前),南北和平會議繼續開會。

四月二十九日唐紹儀《致廣州軍政府電》:查和議雖已續開,各案尚未能解決,將來能否成功,殊難預料。(《唐紹儀發電稿》密電 62)

四月三十日,國務總理錢能訓致電先生;張瑞璣自西安致電大總統徐世昌、國務院、參陸處、各報館、軍政府、參眾兩院、唐紹儀、先生、各代表、李純。

《錢能訓致朱啟鈐電》(1919 年 4 月 30 日發,5 月 1 日到):朱總代表:梓密。蠖公鑒:豔電悉。國會問題若不能並圖解決,則軍事及善後借款各案縱能單獨簽字,亦不易實行。緣此間於善後各案吹求者多,頗滋牽礙,前電已略申其意。與其逐案反抗,枝節横生,不如將根本問題之國會案,由會迅速籌商解決。無論歸宿如何,届時會議既了,統一已成,在各方雖有種種困難,凡所以勉圖斡濟者,自當由政府悉力任之。遠伯、贊侯赴滬,代達各語,當能洞悉。爲大局計,務望我公極力策劃,並以利害切勸少川,撇開門面話頭,勉任仔肩，以了此局。至國會問題，尊電謂恢復民國六年國會及南京制憲之説，爲害甚大，洵爲扼要之論，此間亦認爲此二説均不可行。北京報紙贊成舊會制憲，係屬一部分逞臆之談，並無根據。近來新國會發生兩會自行解決之説，亦恐頭緒紛歧，難得要領。前此多數輿論，僉以制憲爲解決時局之階梯。就目下情形而論，制憲手續繁重，亦有困難，如避開制憲一層，以改定國會組織選舉法爲解決之方，是否可期辦到？並望密示。紫。卅。(《南北議和文獻》283)

《張瑞璣西安來電》(1919 年 4 月 30 日發，5 月 2 日到)：大總統、國務院、參陸處、各報館、軍政府、參眾兩院，唐、朱總代表，各代表、各報館、李督軍鑒：乾縣停戰事，前電已略言之。頃接李龍門兄電稱："于右任漾電，陳督又以全力攻擊乾縣。恐兄入陝後，謂陝戰全停之言，被陳督完全破壞，再不得以此欺人矣。"等語。詞意怏怏，苦相詰責，一若乾縣確有戰事，而瑞璣故爲隱飾者。夫停戰與否，必有確證確據，非一人一言所能僞造也。一月以來，右任自三原函電致滬，總以乾縣未停戰爲詞。一則曰襲擊，再則曰合圍，三則曰全力攻擊。如右任所言，則一月内之乾縣，無日不在炮轟槍擊中也。即以漾日之電爲開始攻擊之日，距今已十日矣。請陝西旅滬諸君電右任探問，此十日中陳督攻擊情形如何？乾軍守禦方略如何？城垣有無破壞？雙方有無傷亡？陳督共分幾路？距城里數若干？駐紮何地？攻擊何方？右任既爲總司令，軍事上之報告當必較他人明白詳晰也。若乾縣方面果有全力攻擊之舉，陝西八百萬父老子弟當共聞共見。瑞璣負監視之責，而不聞不見，或聞之見之而隱而不言，則瑞璣罪當萬死矣。夫此次陝西停戰，亦時勢所迫使然，非瑞璣之功。陝戰既停，不待右任之電而和會即開，亦時勢所迫使然，非瑞璣之力。和會之不可停頓，全國人之心理也。和會之開，非特中國之利，亦陝西之利，亦靖國軍之利也。瑞璣向勸右任速整理内部，俟和會告成，以便編制。右任不暇計此，乃如報館訪員有聞必録，日書一紙以告滬。每一紙到滬，滬上諸君即據函電譁然，與和會争，與瑞璣争。試平心静氣一研究之，陝西未宣戰以前情狀何如，今何如也，乾縣未停戰以前情况何如，今何如也。乾縣戰事，右任日日言之，諸君日日信之，而乾縣仍日日無恙也。掩紙思之，當憬然悟矣。總而言之，瑞璣此次入關，一言一舉不曲求人諒，人亦不諒。故謡諑横生，不惜破壞大局，使乾縣之戰禍再生，滬上之和會再閉，箝瑞璣之口而唾駡之，而其心始快。殊不知停戰與否，此何等事，豈能以一手掩盡天下人耳目？瑞璣雖愚，亦當自謀立足地。乾縣果有戰事，瑞璣職司何事，早當布告天下矣，又何至陳督日日攻擊，右任日日告急，諸君日日詰責，而瑞璣尚日日推諉掩飾耶？此不待辨而可决者。今和議行將告成，陝西問題隨大局而解决有望矣。請諸君勿輕信謡言，横生枝節。和會幸甚！中國幸甚！陝西幸甚！靖國軍幸甚！瑞璣叩。卅。（《南北議和文獻》284）

四月，與唐紹儀、張伯苓、周詒春等人擔任中國參加菲律賓遠東運動會籌款委員會委員。（《周詒春圖傳・傾心文教・中國營造學社》）

五月一日，國務總理錢能訓致電先生。

《錢能訓致朱啟鈐電》(1919 年 5 月 1 日發,3 日到):朱總代表鑒:和密。近據確實探報:“岑春煊計劃以陳炯明充閩省長,由陳其年等在滬組織機關,號爲閩省善後協會,僞造民意,爲岑、陳之後盾。該協會中黨人詭計,均有函件爲憑,往來運動,人人皆知,閩省各界皆不以爲然。劃界事,厦門、漳州一帶磋商雖有頭緒;而泉州及上游一帶彼欲將我界内地域劃入彼界,由泉而仙,而德,而尤,而沙,而順,以達邵武,數百里貫通一氣。人民知彼軍‘多係土匪’,到處姦淫擄掠,擾害不堪,皆生畏懼,群起反對。現經李督軍電致厦門抗議力争。彼方此種行爲别有用意。以爲此種要求,知我必不承認,彼可藉口請求派林葆懌來閩監視,以便於中取利。”等因。查閩省劃界,自應就現在兩方駐軍地點,彼此商定,各守防綫,不相侵撓,静待解决,何得於界綫外爲無理之要求,範圍外爲陰謀之舉動。應請告知少川,轉致陳炯明,令其公平商議,勿得故意爲難,致礙和局。能訓。東。(《南北議和文獻》285)

五月三日,致函南方總代表唐紹儀。

《朱啟鈐致唐紹儀函》(1919 年 5 月 3 日):敬啟者:頃接北京來電,内開:“近據確實探報,閩省劃界事云云,應請告知唐總代表轉致陳炯明,令其公平商議,勿得故意爲難,致礙和局。能訓,東。”等因。相應函達,即祈查照,轉電陳炯明君,對於閩省劃界,務必公平協商,免礙和局,是所切企。此致唐總代表。朱啟鈐敬啟,五月三日。(《南北議和文獻》286)

按:東,一日。

五月四日,“五四運動”爆發。(《中華民國史.大事記》)

五月五日,致電京師警察廳總監吴炳湘;致電任鳳苞;吴炳湘復電先生。

《朱啟鈐致吴炳湘電》(1919 年 5 月 5 日):北京吴總監:鋘密。路透電傳,爲青島問題,京中學生暴動。詳情如何? 盼速電示。鈐。歌。(《南北議和文獻》288)

《朱啟鈐致任鳳苞電》(1919 年 5 月 5 日):急。北京交通銀行任振采鑒:宜密。聞京中學生暴動,曹宅被焚,章使毆傷,軍警拘捕學生並有槍斃之説。滬上謡傳甚盛,恐激起對外風潮。詳情如何? 盼隨時電示。蠖。歌。(《南北議和文獻》290)

五月六日,上午十時,南北和平會議代表召開第七次正式會議。討論山東問題,决定由雙方總代表聯名致電巴黎和會中國專使。先生與唐紹儀分電大總統徐世昌、國務總理錢能訓,對“五四”遊行示威咸表同情,並請對被捕學生從寬處理;(《中華民國史.大事記》)任鳳苞復電先生;國務總理錢能訓致電先生。

《第七次會議紀事》:五月六日上午十時,開正式大會,討論山東問題。結果由雙方總代表致電巴黎中國專使,電文如左:巴黎中國使館轉陸專使暨各專使均鑒:青島本中國領土,租借德國,並非何國之屬地。中國既對德國宣戰,租借條約當然無效,青島當然爲中國所有,不能任聽何國之處分。故吾人對於和會要求,退還青島,實爲至當不易之舉。近聞和會有不能容納中國主張之説,人心激昂,舉國一致,北京及其各地人民,連日均有激烈之表示。不知和會情形究竟若何。倘和會承認他國之要求,不容納中國之主張,我四萬萬國民爲公理正義計,斷無承認之理,應請勿予簽字,以伸公道而保存國際之地位。謹代表國民公意,特電奉聞,並盼復示。朱啟鈐、唐紹儀,五月六日。(《南北議和文獻》287)

按:兩總代表聯名《致巴黎和會專使電》(1919年5月6日)收録於《唐紹儀發電稿》(明電61),惟落款爲"唐紹儀、朱啟鈐"。

《任鳳苞復朱啟鈐電》(1919年5月6日):上海朱總代表鑒:宜微。歌電悉。四日事,昨電滬信,諒可鑒及。章使受傷甚重,現經日醫診治,可望無虞。此事發生在午間一鐘。其時警察業已戒備。而章使被毆,曹宅被毀,乃在四點後。警察過於文明,迨至鏡潭到場,發令拘人,始行解散,拘捕在場學生二十餘人,在廳優待,無槍斃之事。但聞於七日在中央公園舉行大會,政府恐再滋事,正在設法解散,並聞今日將有處分明令。容續電。再,京中秩序甚安,金融上亦未發生影響。並聞。苞。魚。交行。(《南北議和文獻》291)

按:歌電,五日電。

《錢能訓致朱啟鈐電》(1919年5月6日發,8日到):朱總代表鑒:密。據童副司令(原注:童保暄)電稱:"前奉鈞院養電,頒發劃界五條辦法,節經電總司令請示去後,旋奉電諭,與陳炯明直接商洽辦法。暄以此事應籌閩省全局,漳厦方面由暄知照陳炯明,各派員協商;泉州及上游方面,雙方戰綫未能詳悉,應由總司令電請陳炯明,將各地正式將領與駐地詳細開出,即令各該地軍隊長官就近商辦。當將此意電稟總司令。繼復陳會議辦法三條:一、雙方各派熟識前綫情形者兩員會議,公推洪宇卿、吴耀和君爲介紹人。二、會議地點在厦門鼓浪嶼。三、先從同灌、江東橋、海澄一綫着手。均經允准,陳炯明亦表贊同。當派定李旅長燃章、高旅長全忠爲劃界代表,彼方派出葉參謀處長舉及鄭參謀荃蓀二君。於四月九日開第一次會議,雙方提出全綫各將領姓名駐地,並議决以原防綫爲界綫。同灌方面,恪守原防,惟江東橋方面過於逼近,易生誤會,議各撤退若干距離。雙方代表以須經請示,未决。寒日開二次會議,同灌方面,彼退至山□安溪,我軍仍駐原地,相距約二十餘里,大致議妥。江東橋方面,磋議撤退地點,争持未决。時彼方代表又以上游雙方防綫遠隔約十里,各守原防,議結較易。請即在厦門議,以期早日告竣,並開出其上游防綫人名地點,即泉州方面,亦請於下次開議。暄以上游情形未明,即電請李總司令示遵。嗣奉復電允准,並許將防綫地點草圖俟繪就寄厦。至泉州方面,經飭賈旅長派員來厦與議。迨梗日開第三次會議,議决江東橋方面各撤退約六七里。泉州方面,據葉代表稱,該處係靖國軍,接林葆懌來電,欲另派劃界人員等語。當以迭奉鈞電,均令與陳洽商,未嘗及林。今忽生枝節,因電請總司令示復,故該方面現暫擱議。儉、豔兩日續開會議,只得先就漳厦方面完全議妥,議案全文及界綫圖亦經辦楚。除派員帶省呈請總司令鑒覈再行稟陳外,合將劃界會議就緒及經過情形,謹電奉聞。"等語。查此次閩省劃界,係根據五條辦法,自應由雙方將領直接商訂,而林葆懌來電云云,殊與原議不符。務希轉達少川,迅電阻止,以免别生枝

節，是爲至要。能訓。魚二。（《南北議和文獻》295）

按：此電署“魚二”，則本日錢能訓致先生電應至少還有一電：魚。

五月七日，京師警察廳總監吴炳湘復電先生；唐在章致電先生。

《吴炳湘復朱啟鈐電》（1919年5日7日）：上海朱總代表鑒：鋘密。奉歌電並立之電，均敬悉。四日，北京大學等十數學堂學生二三千人，因青島問題，在天安門前露天集合，擬赴各使館争議。經派員警竭力解説勸阻，旋有代表數人赴美使館。嗣後分途前至曹宅。其時已飭區隊防護。卒以人衆蜂擁入宅搗毁，復縱火焚宅。章公使適由曹宅出門，學生等圍毆致傷。炳湘聞警，立即馳赴彈壓。當奉總統諭令嚴拿，比經當場拿獲三十餘人。一面護送曹總長出宅、章公使入醫院。其餘學生均立時解散。所有逮捕學生，現已一律移送法庭解決。本日各大學均照常上課。仍嚴飭區隊加意防範，地方秩序尚無他虞。請紓廑繫，並乞轉致立之諸君。炳湘。陽。（《南北議和文獻》289）

按：此爲復本日先生電。方樞，字立之。

《唐在章致朱啟鈐電》（1919年5月7日發，當日到）：上海朱總代表鈞鑒：彰密。本日警廳未得錢許，擅放擾事學生。錢即晚提辭呈，請靳暫代。又，錚自蚌埠回，商定倒閣。吴此次行爲似受徐意。乞密。章。虞。（《南北議和文獻》292）

五月（九日前），復函南方總代表唐紹儀。

五月八日唐紹儀《致廣州軍政府電》：前奉箇電，比即函請朱總代表電京查明禁止。頃接朱復函稱：“昨准台函，以接政務會議箇電，謂張敬堯以長沙商埠抵借日債，進行甚力。屬即電京飭令停止等因。當經轉電飭查，兹接北京復電，内開：‘前接東電，當即電湘查復。兹准張督電稱：長沙雖有開埠動議，苦無的款。值此時勢，中央尚難借債，何論分省？甚爲謡諑，不辯自明等語。特此電聞，並希轉達。能訓。微。’等因。相應函復，即祈查照。”(《唐紹儀發電稿》密電 64)

按：箇電，二十一日電；東電，一日電。

五月九日唐紹儀《致湘西張學濟電》：頃復准朱總代表函開：“據報稱：湘西保靖地方有靖國聯軍湖南第二軍左翼司令方漢儒及其參謀長兼保靖縣知事艾暉午等，以兵與綏靖鎮總兵宋祚永之乾城兵互相攻擊，地方糜爛已極。湘西南軍時生内鬩，將來必有一股東竄，萬一侵及北軍防綫，自應正當制止，並非無故開釁，預爲聲明。應請迅電該處軍隊速行停戰，以免糜爛地方。”云云。(《唐紹儀發電稿》明電 63)

五月八日，銓叙局局長許寶蘅致電先生；唐在章致電先生。

《許寶蘅致朱啟鈐電》(1919 年 5 月 8 日發)：上海朱總代表鑒：親譯，護密。學生滋事詳情，想均悉。逮捕諸生，揆意原主從寬。六日下午會議決定，如七日各校照常上課，學生不再出外，即予赦免，於法律、事實皆可兼顧。乃警廳於七日上午即准保釋，事前不先請示，釋後又不報告。幹揆本以各方暗潮，應付困難，攘有退志，因此擬即辭職，閣亦擬總辭。特此密聞。蘅。庚。(《南北議和文獻》296)

《唐在章致朱啟鈐電》(1919 年 5 月 8 日發)：上海朱總代表鈞鑒：彰密。本日閣議決用外交名義，全體同辭。昨晚

遣人訪合肥,詢組閣同意,合肥辭,但又錚口氣頗活動。外交界有意見。章。庚。(《南北議和文獻》297)

五月九日,唐在章致電先生。

《唐在章致朱啟鈐電》(1919 年 5 月 9 日發):上海朱總代表鈞鑒:彰密。内閣辭呈發還。主座召閣員面留。段亦表示意見,謂“丁此會,不宜易閣。學生宜公判,吴鏡潭宜處分,地面秩序宜責成軍警,予亦可幫忙。至有人利用外交推翻總統,予當首阻”云云。聞馬二(原注:馬二,指馮國璋)聚某派,確有非分運動。又王揖唐組閣説頗盛。章。青。(《南北議和文獻》298)

五月十日,南北和平會議代表開會,南方代表以書面向北方代表提出八項條件。

五月十一日唐紹儀《致廣州軍政府電》:蒸日開會,對於外交禍首法律等問題,要求北代表八項,大旨如下:(一)對於歐洲和會所擬山東問題條件,宣告不承認。(二)中日一切密約,宣告無效,並嚴懲訂約關係之人。(三)立即裁撤參戰軍、國防軍、邊防軍。(四)惡劣昭著、不洽輿情之督軍、省長,即予撤换。(五)由和會宣告前總統黎元洪六年六月十二日命令無效。(六)設政務會議,由平和會議組織之。議和條件之履行,由其監督,統一内閣之組織,由其同意。(七)議决各案及已付審查提議各案,分别整理决定。(八)由和會承認徐世昌爲臨時大總統,至國會舉出正式總統之日止。(《唐紹儀發電稿》密電 67)

按:蒸日,十日。“前總統黎元洪六年六月十二日命令”,即六月十三日解散國會令。

五月(十二日前),致函南方總代表唐紹儀,要求陳光斗所部軍隊退駐原防,毋得越界進兵,致滋衝突;要求制止川東軍種植煙土。

五月十一日唐紹儀《致湖南程總司令電》:頃接朱總代表函稱:"接北京電開:陳光斗所部在新化縣屬大橋邊、半山市、仙姑嶺等處暫住,近忽向地方勒收煙税,種種擾民,漸及距新城十餘里之官渡橋附近,而所部亦進駐距孟公橋、楊家邊岡,與北軍駐洋溪隊伍距離甚近,邇來且加兵近至距北軍三里内外砍嶺之間,冬日竟三路來攻洋溪,現戰鬥未已。湘督不欲大局破壞,電令楊司令纘緒退出洋溪,固守官渡橋,彼方竟率衆襲擊官渡橋。轉請電商,迅飭該處軍隊退駐原防,毋得越界進兵,致滋衝突,而礙和局。"(《唐紹儀發電稿》密電 65)

五月十一日唐紹儀《致成都熊督軍電》:頃准朱總代表函稱:"接北京電開,據吴光新報告,川東竟以兵力督種煙土,勒捐虐民。轉請電商,飭令剷除,以免破壞煙禁。"(《唐紹儀發電稿》密電 66)

按:兩電所言先生函件,無法確定是否爲同一函,姑作兩函。

是年(五月十三日前),作上海和平會議提案《興築國道議》。(《蠖園文存》卷中)

是年(五月十三日前),在南北和會宣布財政政見。

《朱啟鈐總代表在南北和會宣布之財政政見》:七年秋南北和會開議,朱總代表曾提《軍事政治整理計畫書》。其宗旨,係根據國家財政之現狀,與其財力之程度,爲整理軍事、政治之方策，故謂之財政方針亦無不可。兹就原文摘其要點録之如左：今日國家之根本計畫，不外整理軍事、革新政治兩大問題。竊以軍事、政治解决之標準，自應隨世界之趨勢，籌議建設的進步的國家之根本計畫，惟其計畫在事實上，必須審查國家之經濟狀况與其能力。詳言之，即所謂軍事整理、政治革新之計畫，務常根據國家財政之現狀，與其財力之程度，爲設施之順序，方免空泛之弊，而收實行之效。（文略）。以上所述，係軍事、政治兩端根本之計畫，而其計畫之宗旨，絶無中央、地方、南北、新舊及各種派别之觀念與成見，純本當事者良心上之主張。專以國家團體及國民個人之福利爲目的，考察世界趨勢，審度國力民情，詳定計畫，爲進行之步驟。至其計畫之要點，可得而數者有五：（一）就現在財政之實力，整理軍事、革新政治，以期國家基礎得以鞏固。（二）就現在預算上收入之分配，定軍費政費之標準。（三）本所定軍費之標準，整理軍事。所有預算不足之臨時出款，借用外債，以爲善後過渡之用。（四）本所定政費之標準，先實行軍民分治，刷新民政，同時籌議國家行政制度，發展國民經濟及其行政經費增加之方法。以期實行改良制度，擴張政務，並將所增之經費，專供教育、實業、交通與夫金融幣制之用，藉以發展國力。（五）保持地方自治固有事業，同時籌議地方自治制度及其自治經費增加之方法，以便分期分地實行自治。以上計畫，議定後應由政府按照所定，負責實行。蓋謀國内永久之和平，正所以圖國家健全之發展也。（《民國續財政史》第四章第一節）

按：民國七年十二月十一日代理國務總理錢能訓電告

廣州軍政府七總裁,委派先生爲北方議和總代表。先生提出《軍事政治整理計畫書》,當在本年,且在五月十三日和談結束之前。

五月十二日,兩次致電國務總理錢能訓;錢能訓致電先生;徐樹錚致電吴鼎昌、方樞,由先生轉達;徐樹錚致電先生。南方代表向北方代表提出三點意見。

五月十三日《錢能訓致朱啟鈐電》:文二電悉。(《南北議和文獻》307)

按:文,十二日。

《錢能訓致朱啟鈐電》(1919 年 5 月 12 日發,13 日到):朱總代表鑒:庚電今日始到。敬悉滬上各團體主張各節,我公與少川分別允駁,語極扼要,至佩。此間被捕各學生,次日已由警廳取保釋放,現歸法庭隨時傳訊。聞已預審一次。將來結果如何,自應由法庭酌覈辦理。外間所傳處以死刑及解散學校諸説,全係謡傳,毫無根據。已通電各省長官,屬轉達各界,以免誤會矣。至青島問題,近日所傳歐會消息甚惡,唯條款全文尚未寄到。此事簽字與不簽字之利害,現正詳細研究。今日特開茶話會,延集兩院議員到院公同討論,俟定有辦法,再行奉聞。紫。文。(《南北議和文獻》302)

《徐樹錚致吴鼎昌方樞電》(1919 年 5 月 12 日發):上海朱總代表,唄密。轉達詮、立之兩兄鑒:聞兩兄建議於桂老,謂東海可由兩方代表簽字承認爲總統,而國會則簽字兩消之云云,不勝駭異。總統之承認與否,只是國體改革之際,外國有其説,豈有國内而需承認之理?東海就職以來,國論欣然,各國一體款洽,何待公等二十一人之承認。二十一人承認以後，二十一人以外之人是否照舊承認，恐非公等所敢斷言。然則目下之不統一，尚僅五省。一經公等無病而呻，兒戲從事，必致天下騷然，使東海不安於位而後止。如東海何？如國家何？天無二日，國無二會。國會爲東海惟一保障，國中有力之人肯爲東海出力者，賴有此耳。必由公等代撤藩籬，使願出力者亦無所倚傍，則凡有奢欲皆可乘間抵隙，投袂而起。公等愛國家、愛東海，定不出此。桂老老成謀國，諒不至爲尊策所誤。樹錚憂戚之中，更復何心預聞國事，徒以治亂之幾，危於一髮，恐將國憂之不暇，欲居家憂而不可得，故不敢不以宜聞，統祈酌察，幸賜垂教。李贊侯兄到滬，代述鄙見，諒亦入聽矣。在苫樹錚。文。(《南北議和文獻》303)

《徐樹錚致朱啟鈐電》(1919 年 5 月 12 日)：上海朱總代表：唄密。桂老台鑒：昨聞達詮、立之兄獻策誤公。當局則迷，智者容有失。冀公明察，或不爲奪。弟亟思與明利害、具魄力而有肝膽者一晤。計我公一行中，惟叔魯兄爲最，擬請轉商設法來京，容弟面與剖析大局癥結，少效壤流，庶免公等爲五里霧所眩。何如？候示。在苫樹錚。侵。(《南北議和文獻》304)

《張瑞萱等致吴景濂等電》(1919 年 5 月 12 日)：今日南代表對北代表提出三條：一、由和會宣言六年解散國會之命令無效，國會分子及時期由議會依法辦理；二、取消中日所有密約；三、嚴懲與密約有關之人。唐等於條件萬分堅決。(《吴景濂函電存稿》112)

五月十三日，上午十一時，和平會議代表召開第八次正式會議，會談最終破裂。會後，南方代表聯名向軍政府電提辭職。晚，北方代表亦聯名向中央政府電請辭職。

《第八次正式會議》(1919 年 5 月 13 日)：五月十三日上午十一時正式會議。

唐總代表謂：此次和平會議所議各案，大致同意。至法律問題及國家應辦之事，已列爲八條，於本月十日開送貴總代表，兹爲逐條申述如左：第一條“對於歐洲和會所擬山東問題條件，表示不承認”。此次歐洲會議結果，對於青島處分問題，當然不能承認，然必須有不承認之表示，以後方有辦法。第二條“中日一切密約宣布無效，並嚴懲當日訂立密約關係之人，以謝國民”。中日一切密約，辱國喪權，令全國人民痛心疾首；且未經正式國會同意，按照約法，當然不能承認。而此立約有關係之人，引入特殊勢力，只便私圖，貽害國家，至今爲梗，必須嚴行懲辦，以謝國民。第三條“立即裁廢參戰軍、國防軍、邊防軍”。參戰軍係根據軍事協約而生，現歐洲和會對德和約，已交給德國，未有何等反動，是歐戰已了，參戰軍當然不生問題。國防軍、邊防軍俱由中日協約發生，全賴日本援助，須即裁撤。第四條“惡跡昭著，不洽民情之督軍、省長，即予撤换”。此等軍民長官，即無本會之提議，北京政府亦應以懲辦，我輩不過代表人民向貴總代表達其呼籲而已。第五條“由和會宣布前總統黎元洪六年六月十三日命令無效”。民國國會於六年六月十三日張勛威迫前黎總統下令解散，約法無解散國會明文，不依據法律之命令，是爲違法。且黎總統於解散國會之同日，曾通電全國，自認違法。當時閣員均不敢負責，代理國務總理伍廷芳亦以不敢負責之故至於辭職。乃臨時以一步軍統領江朝宗爲代理總理，副署命令，而江朝宗亦於同日通電全國，自認違法。此種違法命令，應由本會宣告無效。第六條“設政務會議，由和平會議推出全國負重望者組織之。議和條件之履行，由其監督，統一内閣之組織，由其同意”。國會未開會之前，正式内閣無由産生，故設此爲臨時機關。第七條“其他已經議定及付審或另行提議各案，分别整理決定”。此乃結束各案自不待言。以上七項，除第一項對新發生事項而言，餘二、三、四、六皆係承前討論，第五條本已編列爲第一案。第八條“由和會承認徐世昌爲臨時大總統，執行職權至國會選舉正式總統之日止”。此爲吾人承認統一之表示最大之讓步。國家無法律則一切失所依據，故要求貴總代表宣布六年六月十三日之命令無效。貴總代表如容納本席要求，並由第一條至第七條均一一同意照辦，是北方政府已容受南方所代表之國民公意，本席本互讓之精神，亦可爲承認統一之表示。且更須鄭重聲明者，此第八條絶不能單獨討論，必須有第一條至第七條之實行，乃有第八條之結束，如第一條至第七條不能實行，則第八條仍屬無效，故特編爲最後一條也。請貴總代表表示主張。

朱總代表謂：貴總代表所提八條辦法，本席請先就前提言之。當本會開議之始，經雙方協定議題，爲討論便利起見，從事編列分爲六項。内如軍事、財政、善後各條，彼此意見均甚融洽，惟政治案見解稍有歧異，亦因其與法律問題有關，故尚懸而未決。今貴總代表提出八條，與前協商之議題間有未盡吻合之處。即以八條而論,第一條爲青島問題。本席在寧時屢次表示,對外須有一致之精神,嗣後到滬,關於前事與貴總代表均爲同一之主張。此次歐洲和會消息傳來,與貴總代表公電歐洲專使力争主權,如不能達,不予簽字。即北京政府亦經電令專使抗議,並囑不予簽字,是與本會及國民趨向亦相同也。至第五條國會問題,年來戰事即由此發端,實爲本會議中極重要之事。貴總代表對於第五條是否認爲絶對主張恢復舊國會?倘爲絶對之主張,北方對於時局現狀,實無迴旋之餘地,應請貴總代表再加考量爲幸。

唐總代表謂:外交問題,國家應有一種堅決正當之表示,亦不徒對於和會本國專使發一電止其勿簽字而已也。况即不簽字,亦應研究一辦法。此事失敗,陸使殆難辭溺職之咎。歐洲和會關係如此重大,乃竟遨遊瑞士幾兩星期。又對德條約,原定陸、王二人簽字,忽於交約期近,電京請示何人簽約,是何用意?况伊電京之時,外交上想已生變化,何以於英、法助日及日本最近主張如何,不詳細報告。刻對德和約經已交付陸、王二人,已否簽字是一疑問。就令不簽,亦應發表一種宣言,聲明三國附和日本所主張之條件,吾國不能承認,將來乃有説話餘地。如此時不言,便作默認,以後即無發言餘地。查德國原約爲期九十九年,今所謂日本繼承德國權利,是否將原訂之九十九年約完全繼承,抑英、美、法與日本訂有何種交還條件此時不能宣布者,亦應切實查考,表示不承認態度。至如何表示,或令外交部向駐京各公使聲明,或以宣言書發表,此後方有收回希望。日專使牧野氏雖屢次謂青島將來交還中國，然“將來”二字，恐遥遥無期。今所應注意者，爲縮短期限及無何等條件兩節。此問題如無正確不承認之表示，即係默許，以後即不忍言矣。此外本會最要之問題有二：一爲法律問題；一爲統一問題。所謂法律問題者，即第五條國會問題是也。中華民國既有依據約法之國會，而解散爲違法，則違法之命令當然無效。國會受此故障，致不能行使職權，若去其障礙，國會職權自然回復，國家紛亂實緣於此。今爲國家謀減少糾紛，自應由本會將當日不依法之命令取銷，撥亂反正，正本清源，在此一舉，請予同意。

朱總代表謂：青島問題，非僅不簽字即可了事，本席甚以爲然。各國未能容納我國專使主張，遽決定以青島付諸日本，此爲吾人極端反對者。凡可爲外交後盾者，無不竭力爲之。惟此事究應如何主張，似應調查實情，方可建議。至國會問題，爲國内糾紛之主因，本會於其他各案，均已議有頭緒，欲期此案解决，兩方須有互讓之精神。當此外交緊急之時，欲求國家之統一，尤以解决國會問題爲樞紐。若各持絶端的主張，使無從討論，則殊可惜。况法律上之學説甚多，各持一説，徒自糾紛，何由解决？值此外交危迫、急謀統一之時，尤不可專務空言，無益事實。故本席以爲第五條辦法，不惟與貴總代表力謀統一之旨背道而馳，即於以下各條中亦有不能貫徹之處，是以認爲無可討論。

唐總代表謂：謀國家統一，彼此均有同情，然欲使舍根本法律而不言，必另造新法，則糾紛愈甚，去統一愈遠。六年解散之令，本係違法，違法之令，本會宣布其無效，本席以爲此乃最平允之主張，絶非趨極端者。貴總代表徒謂無討論餘地，絶未有何種主張及何種理由之表示。究竟此而無討論餘地，則所可討論者爲何，所能辦得到者爲何，願聞明教。

朱總代表謂：北方國會本無問題，此案係貴總代表提出，應請表示南方之意見；但從統一國家着想，似以力求公允爲宜。如持絶端主張，則就北方法律上之觀察，惟有請南方五省補選議員而已。若貴總代表尚能開誠商榷，未嘗無磋商餘地也。

唐總代表謂：本席所提出之八條，實爲最低讓步及最後之意思。至法律問題未解决之前，第七條所載，應否分别辦理。

朱總代表謂：貴總代表既絶對主張恢復舊國會，則本會所議各案，均無拘束之力，只可讓之國會之議决。況本會議决各案，須由統一政府執行，如國會問題不能解决，南北既難統一，亦難望其實行也。

唐總代表謂：貴總代表謂第五條無辦法，則其他各案，不必討論。本席今爲最後意思之表示，以爲本席所提出之第五條實最公平，貴總代表既不能容納，則本席惟有代表南方各代表，以至誠致謝於北方代表等屢次會議俱能和衷商榷之盛意而已。本席智能薄弱，無濟時艱，當本責任問題向軍政府辭職，以謝不敏。

朱總代表謂：貴總代表所云辭職，在此國家危急之時，尚望加以審量。本會關係國家前途至爲重要，似不可因一事之争執，遽萌辭職之念，甚願和衷共濟，以國家統一爲重。

唐總代表謂:軍政府交付議和之案,以法律問題爲最先,第恐事實不談而驟及此,萬一雙方意思迥不相容,以致和議停頓,則歐洲和會將以我國不統一爲口實,國家前途將蒙不利。故法律問題遲延未討論者,實以此,而今已矣。外交失敗無可諱言,已無所容其顧忌。第五條所擬,實再三斟酌,于法理事實俱至平允,而第八條所載本席與各代表實負莫大責任。爲謀互讓及統一起見,始有此最大之犧牲。且第八條與上列七條係互繫的,如第一至第七條不能照辦,則第八條亦無效。今日本席雖辭職,然對於北方諸位代表感情依然,且此舉純屬本席責任問題,和議絶非决裂。

朱總代表謂:本會開會之始,即希望早日解決國會問題,不料開會至今已逾數月,國會問題仍無轉圜之方。貴總代表因此堅决辭職,實屬失望已極,本席自慚才力不逮,亦惟有引退而已。

唐總代表謂:本席感想與貴總代表不同,本席有全權,而辦事不力,自認無能,所以引去,不可認爲和議因此决裂。軍政府如有辦法,仍可易人,於和會絶無牽涉也。

朱總代表謂:際兹時局危急之時,貴總代表爲各方情勢所迫出於辭職,其影響於國家前途至鉅。極盼以國家爲重,再加審慎,是爲至幸。

唐總代表謂:雙方意思已盡於斯,請改爲談話會,或即閉會。

朱總代表謂:請改談話會,請各分代表發表意見。

遂開談話會。(《南北議和文獻》300)

葉恭綽《一九一九年南北和議之經過及其内幕》:在和

議開會之前，安福系在代表之中已作好準備，遇有機會即設法破壞，吳鼎昌即擔任這個主要脚色。會議中的重要布置及文電，多由吳主持起草，總代表受成而已。會議中途，吳鼎昌曾回北京當面向政府報告情況，因爲國會問題牽涉到徐世昌本人地位並北方國會是否合法，因此和議就很難進行。吳鼎昌在京與徐世昌、錢能訓、段祺瑞等研究了對策，使北方代表采取强硬態度，不惜决裂。(《文史資料選輯》第二十六輯)

五月十三日《唐紹儀等致軍政府電》：儀等智盡能索，愧恨交併，自以才力不勝此任，謹即申述愚情，懇將儀等總代表及分代表各職一律開去。其如何繼續和會，並更换代表之處，並懇迅賜施行，以重和議。儀等解職，純爲個人負責問題，與和會本身不相牽涉。(《南北議和文獻》301)

五月十四日《朱啟鈐致李純電》：十三日正式會議，少川提出八條，類多不能討論之件。經弟分别拒辯，少川意仍堅持，並宣告須向軍府辭職，勸阻不獲。弟等亦已於昨晚聯電中央，懇予解除責任，另派賢員。(《南北議和文獻》308)

吳叔班記録、張樹勇整理《吳景濂自述年譜》：上海南北和平會議，南方總代表唐紹儀提出和平條件，重要之點：(一)徐世昌降爲臨時大總統。(二)第一届國會由粤還京，開大總統選舉會，選舉正式大總統。(三)南北軍隊另定名額，不在額内者，均遣散，開赴邊地屯墾。其他另計。北方徐世昌聞信，大爲震動，即日將北方總代表朱啟鈐撤退，南北和平會議由此停頓。(《近代史資料》總 107 號)

《吳景濂褚輔成致羅家衡等電稿》(1919 年 5 月 18

日):上海金星公司速轉羅厚笙暨瑞、勤、炳、信、乾、衡諸兄鑒:景密。此間照霞樓銑日開會,對第六、第八兩條大加攻擊,除電責少公外,並要求開聯合會,主張撤消代表,彈劾主席總裁。弟亦於銑日開會,主張挽留,並推人與各派協商,聲明信任代表。對八條大體滿意。預料可得大多數同情。結果再聞。軍府方面弟親往談,西林決定始終挽留,任少公全權辦理,並派人與陸、唐協商。印泉軍府方面,岑表面去電挽留,並言派人與陸、唐協商。印泉亦出面奔走,其實極密之内幕,與徐勾結已成。少公再辭,即將代表全體撤回。將來由岑直接與徐議和,犧牲國會。陳强回粵,即爲此事。今午接到消息,北代表撤回。此舉如出徐派,與粵中作用即符。如出段,北方恐有劇變。請速設法探告。弟等與楚兄密商,以爲此時少公不宜再辭,並設法鼓吹南方萬不可撤代表,以博中外同情。請其衡兄速電幹老,一致主張,非至再行開戰時,決不撤消代表。如幹老能密電蓂公協同行動,尤足破其陰謀。以上應守秘密。兄等務勸少公持以鎮静,力任艱難,沈機觀變,勿中奸計。濂、輔叩。巧。極密之。(《吴景濂函電存稿》122)

按:銑日,十六日。

同日,京師警察廳總監吴炳湘致電先生;國務總理錢能訓兩次致電先生。

《吴炳湘致朱啟鈐電》(1919 年 5 月 13 日):萬急。上海朱總代表鈞鑒:鋘密。昨有人自滬來,極言鈞右於北代表會議席上主張國會兩廢,是第三届國會顯在取消之列。於是同人群生憤激之論,以爲第二届國會爲北方大局勝敗之樞機,亦即此派同人存亡之關鍵。北總代表乃秘密出此下策,於利害關係毅然不顧,不解係何用心。體察各方面論調,其激烈情形,非言可狀,於鈞右怨毒至深。愚見以爲國會問題,對於北方宜公開不宜秘密,前已與達詮切言,蓋確知各擬之意見,與事實之解決,必有種種之討論經過,而後有水到渠成、快刀斬絲之一日。固知鈞右極肯負責,極肯任怨,但目前遽以秘密主張此事,終恐對於自身結怨太深,而對於全局釀禍愈大。緦緦過慮,既有所聞,敢以密陳,伏乞垂察。炳湘。元。(《南北議和文獻》305)

《錢能訓致朱啟鈐電》(1919 年 5 月 13 日發,14 日到):朱總代表鑒:密。青島問題,吾國先主張由德直接交還,因日人一再抗議,協商方面極力調停,先決議由五國暫收,嗣又決議由日人以完全主權歸還中國,但得繼承一部分之經濟權。政府以本旨未達,正在躊躇審議。近得子興來電,謂美國以日人抗爭甚力,恐和會因之破裂,勸我審酌。英法亦以對日密約關係,不免有所瞻顧。故於"交還中國"一語,未允加入條文。此事國人甚爲注重,既不能圓滿解決,乃並無交還中國之規定,吾國斷難承認,但若竟不簽字,則於國際地位亦不無影響,故簽字與否,頗難決定。本日招集兩院議員,開談話會,僉以權衡利害,斷難簽字,尚可爲事後之補救;一經簽字,則並前此由日交還之宣言亦恐因此搖動。討論結果,眾論一致。現擬以此問題正式提交國會,一面電囑子興暫緩簽約。近日滬上群言龐雜,風潮震蕩,政府采納民意,堅持拒絶,固以表示態度。對我國人,似當共體時艱,勿再藉口外交有所激動。希將此意酌告少川,並望卓籌見教

至幸。紫。元。(《南北議和文獻》306)

《錢能訓致朱啟鈐電》(1919年5月13日發,14日到):朱總代表鑒:密。文二電悉。南代表提出條件八項,論調偏激,與中央尊重和平之旨適相刺謬。即如第五項取消六年六月解散國會命令,關於法律問題,持論已趨極端,其他各項,更屬無從討論。中央開誠商洽,期在和平解決。若必摭取不可能之事實,務爲高論,勢必去題愈遠,解決愈難,似非彼此促進和平之誠意。務望切勸南代表蠲除成見,撤回此項條件,另商解決辦法,能訓雖屬輇鈍,和平願望始終不渝,但能於雙方法理事實兼籌並顧,求一妥善之解決,無不樂從教益也。敢布悃忱,即希代達。能訓。元二。(《南北議和文獻》307)

按:文,十二日。上述錢氏二電署"紫,元;能訓,元二",則本日錢能訓致先生電似應至少還有一電:能訓,元。

五月十四日,上午,大總統徐世昌在北京召集特別會,討論上海和會相關事宜。先生致電江蘇督軍李純;京師警察廳總監吴炳湘致電先生。

《徐世昌日記》:召集兩院議長、各國務員、軍警各領袖官特別會議。

《許寶蘅日記》四月十四日(5月13日):上海來電,南代表提出條件八項,情形甚有决裂之虞。定明早九時在府公集會議。十五日(5月14日):九時會議,閣員之外兩院議長、段合肥、段司令、張參謀、總監、步軍統領、京兆尹、軍警督察長均列席。一外交,二滬會,三財政,四軍事,五治安。

《朱啟鈐致李純電》(1919 年 5 月 14 日):秀帥麾下:十三日正式會議,少川提出八條,類多不能討論之件。經弟分别拒辯,少川意仍堅持,並宣告須向軍府辭職,勸阻不獲。弟等亦已於昨晚聯電中央,懇予解除責任,另派賢員。負民負國,祇切慚皇。知係藎懷,特囑叔魯今早赴寧代陳會中詳情。此後方策,諸待明教。敬頌勛綏。兹録記事録並弟等辭職電文,並希賜察。愚弟朱〇〇拜啟。五月十四日。附抄紀事録一册、電稿一件。鈐。(《南北議和文獻》308)

《吴炳湘致朱啟鈐電》(1919 年 5 月 14 日):上海朱總代表鈞鑒:鋘密。元電想邀鑒察。頃各方同人復互相討論,皆與鈞右非恒泛者。其討論大致僉以爲國會兩消一語,非言之艱,行之惟艱。設南方不撤軍府,非常國會不肯自散,將奈之何? 而北方已先讓步,使根本動摇。此就不能實行言之。果南北均能實行,而新會已散,遂成非法。則所謂總統回爐、總統臨時等説,不惟南方有是語,即北方亦必激而出此。愈止亂而亂愈甚,勢所必至,爾時挽回無及。且南方無統系,唐紹儀不能負責,人所共知。倘再攜北派之激烈者與爲搗亂,恐和會益無維持之法,而總代表已爲衆矢之的。或謂兩消之説,爲東海所授意,代表不能不實行。顧東海於外交宗旨,偏美英而開罪日本,巴黎會議合而處分中國,此等政策失敗,已有明徵。如國内和議行其兩消政策,失敗殆可逆睹。犧牲不能救國,爲總代表不值等語。炳湘體察各方同人所慮,亦尚非一偏之論。愚見以爲今日局面,西南斷無再行用兵之能力,充其量不過再行割據,且相持既久,能否割據,亦未必不有變化。即使長此遷延,於北方現狀仍屬有利無害。設因此項爭執，和會慮即停頓，似尚非遽無救濟之餘地。目前能姑與委蛇，待兩方爭持至於極端，而後口舌既疲，再趨於斬截一途，似於鈞右責任及大局前途，皆可轉爲圓滿。謹再瀝陳，務乞垂察。不盡之意，非電可詳，已屬常朗齋明日赴滬面謁上陳，並聞。炳湘。寒。(《南北議和文獻》309)

五月十五日，致電國務總理錢能訓；徐樹錚致電北方代表吴鼎昌、方樞，請其懇勸先生速早回京，電文由先生轉達；京師警察廳總監吴炳湘致電先生；國務總理錢能訓致電先生，要求將南方代表所提條件即日撤回，倘仍膠執前見，北方代表應剋期回京。

《朱啟鈐致錢能訓電》(1919 年 5 月 15 日發)：集靈囿譯電處：梓密。譯呈紫公鑒：元三電悉。國會問題，少川近日受孫伯蘭派攻擊太甚，故决意不敢擔當。國會既無讓步辦法，會議即無成功結果。故趁政府外交失敗之際，全國人民憤怒之時，夾雜國會、外交兩問題提出八條，投合國民之心理，貫徹民黨之主張。明知我方斷難承認，彼即借此下臺，博名而去，已無繫戀，其態度與從前迥不相同。弟知國民心理對於外交失敗憤極發狂，倘以外交問題爲拒絕口實，則我方極形不利。故前日弟在會議席上專就國會辦法立論，謂國會問題彼方既主張絕端，此外已勿庸討論，對外發表記事，對政府辭職電文，均專就國會立論，免因外交問題挑動國民之感情。此中苦衷，當蒙鑒察。彼方辭職電文及記事已披露，仍牽入外交，用意可知。惟彼方尚無宣言書發表，俟體察情形，若有宣言書發表之必要，仍擬就國會發言，免涉外交,致生紛擾。少川堅絶如此,無可挽回。但前日會議雙方均聲明和議並未破裂,彼方若准許少川辭職,似可以互换代表爲轉圜之地。尊處可否本此意與軍政府接洽之處,並盼裁奪。惟無論少川辭職准否,我方代表必須另派;否則此間過激派,仍指爲唐、朱實有結合,疑障横生,彼方内部意見亦不能調協也。且弟等智窮力索,萬無再行擔任之理。至局部接洽一節,係事實問題,能否辦到,弟無以懸揣,並希詳審見示。蠖。咸。(《南北議和文獻》311)

按:元電,十三日電。

《徐樹錚致吴鼎昌方樞電》(1919年5月15日):上海朱總代表:唄密。轉達詮、立之兄鑒:迭電諒均入覽。滬議已無可爲。黄粱將熟,夢可醒矣。聞伊老氏十一人已全辭,請懇勸桂老速早回京,另謀救國之方,歇浦鶯花不足久戀也。夫以交通、北洋、安福三派實力,戴東海之德望,據二十四省區之大地,得桂老之明幹,左右扶掖,導我輩後進以先路,稍從根本整理,何患不氣吞歐亞,若五省之就範,直瞬息間事耳!何至低首下心,專向流氓胯下討生活哉!迷途未邇,無事徘徊。析肝布誠,伏懇鑒納。叔魯、子健均性情中人,又皆一時健者,尚祈以鄙言相示,聯袂歸來,言尋舊景,不勝企盼之至。在苫樹錚。咸。(《南北議和文獻》312)

《許寶蘅日記》四月十七日(5月16日):安福派以此次滬會八項之提出,爲政府與南北代表勾結倒段之謀。此説前日即有聞,昨又有聞,惟曾雲沛以爲推測過深,今日又聞一堂亦有此議論。前日安福派議員要求即撤代表回京,昨聞人言北方將破裂。參互觀之,陰謀正多。

《吴炳湘致朱啟鈐電》(1919 年 5 月 15 日):上海,朱總代表鈞鑒:南方結合,醞釀□□,在數月以前,徒以各要人自身立足之地,恐失社會上之價值,遂乃遊移觀望,不肯遽先發言。近已慚次合拍,莫榮新業與林、李等接洽一氣。佳日有林葆懌、莫榮新、李烈鈞、吕公望、方聲濤、李根源、陳〔程?〕潛等七人公電,想鈞處當亦接閲。體察此電用意,自係第一步。三數日北方各督亦自有相當之答復。嗣後彼方必有第二步接近辦法,大局實可慶幸。惟聽有代表現深悉彼方情事,已意在積極進行。湘意以爲此時權衡操縱,關係至鉅,若一總不甚重要之件,不妨立即照允,以示融合。其有極關重要問題,正宜堅持强硬態度,留以稍待徐圖解决,務使就我範圍,以謀國家根本之利,而免政府各方之困難。鈞見自已熟籌至當,敢貢愚忱,敬乞垂察。炳湘叩。删。(《南北議和文獻》313)

《錢能訓致朱啟鈐電》(1919 年 5 月 15 日發,16 日到):朱總代表鑒:梓密。南代表所提條件,除一、二兩項,歐會所擬山東問題,中央現已一致堅拒,中日密約既在歐會宣布,事關國際,非可臆定,該兩項未便置復外。至訂立密約情形複雜。即如《二十一條》密約,本由彼方强制,當日在事人員悉力争持,多方補救,均有案牘可考。時勢所迫,在政府亦非得已,豈能追溯既往,罪及關係之人。揆度情勢,無此辦法。三、四兩條本已在懸案之内。近來蒙邊情形益緊,急在調度出師,萬難遽議裁廢。至對人問題,未便議及,前此已累及言之。第五項取消解散國會命令。持論趨於極端,實屬萬難辦到。國會所以代表民意,舊會成立以來閲時過久,豈能合今日之民意。況解散命令因反對參戰而起,事實具在,豈能取消?此時中央國會團已依法選舉,並已行使職權,以根本問題斷難遷就。唐總代表以此爲主張讓步,然則不讓步又將如何?第六項所云政務會議監督履行,是於政府之上另設機關。揆諸法理,衡諸事實,均不可行。至閣員同意之權屬於國會,以此項會議代之,果何所據?第八項承認總統一節。元首當選以來,中外共認,乃加以“臨時”字樣,復另有正式選舉之議。動摇國本,詒誚鄰邦,影響所及,淪胥立見,此尤中外人士所斷難贊同者也。至第六項已經議定,或付審查各案,當須分别决定。所决定者亦不可恃,將何能恃以解决大局?以上各端,此間公同計議,均認爲毫無理由,必應堅拒。南代表既以和平爲重,乃以此等不可能之事實列爲條件,其中語和平非出誠意,無可諱言。務希切實駁拒,要求將所提條件即日撤回。倘仍膠執前見,則是彼方於和平問題已無磋商餘地,我代表等應剋期回京,另籌解决。即希照辦爲要。能訓。咸。(《南北議和文獻》314)

五月十九日《張瑞萱等致吴景濂褚輔成電》:北代表已定同歸北京。一、倒錢换王,重開局面。一、向南方局部媾和。又聞北方當局不欲决裂,並責朱處之不當,如何轉圜方法,續聞。(《吴景濂函電存稿》124)

五月十六日,徐樹錚致電北方代表吴鼎昌,電文由先生轉達。

《徐樹錚致吴鼎昌電》(1919 年 5 月 16 日):上海朱總代表:唄密。達詮兄鑒:寒電敬悉。政客謡諑,何足動原形硜硜之聽。惟前承教及所謂停頓云者,皆串合一氣,藉促各方之視聽。更考之諸公素日口吻，以及非外人不能統治中國等憤激之論，故此次決裂，不能不疑其别有隱情，似將故啟外人干涉，以爲制内之計，恐徒陷於喪權辱國，而無從救挽，遂不覺大聲而疾呼也。然諺雖憨直，心實無他。外人干涉，雖不足喝人，惟慮法律破墜，無以維繫國家耳。以弟素性而論，守法至於極點。法之所許，無論何等危苦，均不難掀天揭地而行；至法所不許者，分寸不敢挪移。使此時撤去法律，遂可恣睢自爲，豈不甚便於己？峻如法所□挾限我者，亦遂無以限人。天地之大，材勇百倍於我者，何能數計？將皆自行其是，而無復顧忌，其時如我輩者何以自存？即能竟而倖存，更復成何團體！是耿耿不能釋也。如何善後，當軸諒爲權衡。咸電所陳，倘足備一日之慮，幸常察教。桂老、立兄諸同人，恕不另。在苫樹錚。銑。(《南北議和文獻》315)

按："寒電敬悉"原爲"電敬悉"，葉恭綽《一九一九年南北和議之經過及其内幕》作"寒電敬悉"。

五月十六日至十七日間，國務總理錢能訓復電先生，請暫留寧，徐俟後圖。

五月十七日《章士釗致岑春煊電》：筱電計達。頃間情形略異。錢復電朱，請暫留寧，徐俟後圖。(《吴景濂函電存稿》120)

五月二十二日《張瑞萱致吴景濂等函》(1919年5月22日)：北代表辭職，北廷始而慰留，繼而准辭，終又慰留，其中純係以手段制手段之策。朱之充總代表也，徐、錢原以朱爲可以分賫之人。孰意朱氏滑頭，狡獪多端，徐、錢大有不滿之意。及唐總代表提出八條,朱氏拒絕討論,南代表陷於窘境,辭職宜也。而北代表亦繼以辭職者,朱氏爲見好於安福系也。意謂錢氏留我,嗣後讓步,責在錢氏。安福系亦必責錢氏,己不與焉。詎錢氏默知其意,遂用順水推舟之法,電准其辭,此出朱氏意料所不及。而錢氏准朱辭職之後,亦難覓得相當之人,此所以准其辭又不准其辭也。總之,徐、錢對朱之處置,大不滿意。徐、錢決無決裂之意,惟後來之辦法如何,須朱氏定去留後方能發表也。(《吴景濂函電存稿》132)

按:章電未言及錢電時間。十五日錢氏曾致電先生,言及"倘仍膠執前見,則是彼方於和平問題已無磋商餘地,我代表等應剋期回京,另籌解决",則錢能訓復先生電當在十五日之後,且不晚於章電十七日。

五月十八日,早,赴杭州。

五月十七日《章士釗致岑春煊電》:朱明早赴杭。(《吴景濂函電存稿》120)

五月十八日至十九日間,到達南京。

五月十七日《章士釗致岑春煊電》(1919 年 5 月 17 日):朱明早赴杭,擬一日赴寧。在此時間,秀山擬切電徐、錢留朱。軍府及公留唐電已到。少川對公共同負責語極表滿意,可望轉圜。明日開會公决。(《吴景濂函電存稿》120)

《許寶蘅日記》四月廿一日(5 月 20 日):聞廣東軍政府慰留南代表,幹撲囑余赴寧留桂公,定明日南下。

按:先生到南京,當不早於十八日,不晚於十九日。

五月二十一日,南方總代表唐紹儀再次致密電廣州軍政府,提出辭職要求;北京政府發布《停止議和令》。

五月二十一日唐紹儀《致廣州軍政府電》：昨與各代表復尊處銑電，述北代表辭職已准，政局變動，個人去留更無關係等情，想蒙鑒察。在儀個人，對於此次和議主旨，政治與法律並重，冀收永久和平之功效。然開議以後，種種經過，外交内患，又相逼而來。以現在北方政府之狀態言之，無論法律問題爲彼方所嚴拒，就令國會完全恢復，而政治狀態苟無變更，即和議幸成，亦不過維持最短小時間之局面。儀内審個人志願，外察大勢所趨，自惟總代表一職，萬不宜繼續擔任。和平會議雖自儀始之，斷難自儀成之也。區區微忱，萬乞鑒納，切禱。(《唐紹儀發電稿》密電 70)

按：銑電，十六日電。

《徐世昌停止議和令》(1919 年 5 月 21 日)：大總統令：國步多艱，民生爲重，和平統一，實今日救國之要圖。本大總統就任以來，屢經殫心商洽，始有上海會議之舉。其間群言嘵雜，而政府持以毅力，喻以肫誠，所期早日觀成，稍慰海内喁喁之望。近據總代表朱啟鈐等電稱"唐紹儀等於十日提出條件八項，經正式會議，據理否認。唐紹儀等即聲明辭職，啟鈐力陳國家危迫情形，敦勸其從容協商，未能容納，會議已成停頓。無從應付進行，實負委任，謹引咎辭職"等語。所提條件，外則牽涉邦交，内則動摇國本，法理既多抵觸，事實徒益糾紛，顯失國人想望統一之同情，殊非彼此促進和平之本旨。除由政府剴切電商撤回條議續開會議外，因思滬議成立之初，幾經挫折，嘵音瘏口，前事未忘，既由艱難擘畫而來，各有黽勉匡持之責，在彼務爲一偏之論，罔恤世艿，而政府毅力肫誠，始終如一，斷不欲和平曙光由兹中絶，尤不使兵争墋黷再見國中,用以至誠惻怛之意,昭示於我國人。須知均屬中華,本無畛域,艱危夙共,休戚與同,苟一日未底和平,則政治無自推行,人民益滋秏斁,甚或横流不息,坐召淪胥,責有攸歸,悔將奚及?亟望周行群彦,勠力同心,振導和平,促成統一。若一方所持成見,終戾事情,則輿論自有至公,非當局之不能容納。若彼此同以國家爲重,凡籌慮所及,務期於法理有合,事實可行,則政府自必一秉夙誠,力圖斡濟。來軫方遒,泯棼何極。凡我國人,其共喻斯恉,勉策厥成焉。此令。國務總理錢能訓。(《議和文獻輯存》36)

原注:原載北京《政府公報》1919 年 5 月 22 日第 1184 號。

《三水梁燕孫先生年譜》五月十三日:右令既下,北總代表朱啟鈐等便離上海。和會希望竟爲最後之破裂。本年八月間,北方易王揖唐爲總代表,而和議終不成。其中隱秘,亦大有令人尋味者。蓋和議之成功,足以鞏固東海之地位。安福系則頗有功自我成之意,故自始中多扞格。當朱氏南下之際,汪兆銘至南京迎之,談次,北方某分代表當衆言南方總代表不知可以代表各分代表否,汪曰:“此係當然。”某曰:“恐不然罷,即如朱先生何嘗可以代表我們各分代表!”汪愕然,一座駭然,以爲某何爲於斯時而發斯言也。和議之不成,蓋早爲某某數人預定之策矣。方徐東海派遣朱啟鈐南下日,密約除總統不再易人外,餘事俱有磋商餘地,即使犧牲北方國會,而統一成功,亦所不惜。可知東海就任,固爲安福系所擁,然東海鑒於安福之驕横,亦欲借南方之勢力以折之也。故朱、唐周旋之間,已相視而笑,莫逆於心,未聞將國會問題互相争論。及方樞、劉恩格、江紹杰等探得其隱，密電北京，安福本部聞而大譁，乃密令兩院開會，招請内閣總理錢能訓出席質問。而東海始終不悟調人之苦心，亦頗疑先生等欲見好於南方，予渠以不利。此爲後來易總代表之原因，而南北和議亦遂終於無望。先生每與人談及此事，輒歎息不置也。

按：右令，即《停止議和令》。

葉恭綽《一九一九年南北和議之經過及其内幕》：一九一八年第一次世界大戰結束，而巴黎和會即將召開，國際上表面出現了和平空氣，國内人民十分渴望南北統一，以蘇民困，而圖争取國際上之地位。在此之前，南北軍閥派系之間，亦不斷有談和之聲浪，但雙方迄未獲得較接近之機會。嗣因國内外和平空氣之高漲，南北執政首腦以及各實力派均希望藉此時機提出和平口號，解决當時所存在之問題。雖然免不了各爲其自己的地位和利益來作打算，而且還有一部分人，如安福系的一些人，仍堅决主張以武力統一，但卻不欲公然提出反對和平，以冒天下之大不韙。一九一八年九月徐世昌當選大總統，繼馮國璋執掌政權，欲趁國際和平空氣高漲，國内人民企望南北統一的機會，積極進行和談的準備。這一方面是爲了提高他自己的聲譽，來鞏固地位，另一方面是希圖借此擺脱各軍閥的挾制。他與南方的岑春煊皆屬前清之督撫，有同僚的關係，與唐紹儀更有悠久的友誼。而南方軍政府亦同樣希望利用時機，與徐進行和談，所以就明商暗契，互相遣使通函，來磋商一切。初意北方代表爲李純，南方代表爲岑春煊，並有不少擬議中的人物。北洋軍閥當時分爲直系及皖系兩大派：直系以馮國璋爲首，曹錕、李純及後起之吴佩孚等皆爲其重要人物；皖系以段祺瑞爲首，亦稱爲安福系，其中實徐樹錚操縱一切。各省之督軍、省長及師旅長等大半皆隸屬直、皖兩系。後來以奉系獨樹一幟的張作霖，此時尚接近直系。馮國璋、段祺瑞早先雖同隸袁世凱部下，長期以來，暗鬥甚烈。在張勛復辟失敗之後，馮國璋代理總統，段祺瑞以馬廠起義之功繼續任國務總理，府院摩擦日形激烈，直、皖兩系之争遂更明顯。皖系實力較充足，掌握了北方各省大部分的軍權政權，一向主張武力統一。皖系背後有日本帝國主義支持，所以在對德參戰後，利用日本借款練兵並購買軍械，實際上是欲假借參戰名義來充實自己的武力，以達到其武力統一之目的。直系是根據馮國璋“和平統一”政策，希圖與西南滇桂軍聯繫，來搞南北和議以抵制安福系之專横。如長江三督之首李純與南方醖釀和談，及曹錕得力部下之吴佩孚進入湖南後按兵不動，均是“主和派”。安福系所組成的新國會，於一九一八年九月選舉徐世昌爲大總統，馮國璋遂下野。安福系認爲這次選舉既能倒馮，又舉一個毫無軍權實力的北洋元老徐世昌來作傀儡，那末段祺瑞仍居有參戰督辦地位，無論是出面組閣與否，實際上操縱全部軍政大權。但是徐世昌並非甘心作傀儡，他這次能被選出爲大總統，亦正是利用直、皖二系之争，坐收漁人之利。徐世昌就職以後，觀察國際和國内形勢，爲了自己提高名譽、鞏固地位，所以積極籌措南北和議。適在此時，國際正將召開巴黎和會，帝國主義英、美、法、意、日等亦正想進一步向中國伸開侵略的魔爪。所以徐世昌之提出南北和議，不僅是國内的形勢所促成，還更有帝國主義者的威迫利誘在背後鼓動。和議聯繫伊始，首先是代表的人選問題。北方總代表先有直系李純之説，又有安福系王揖唐之説，當然都有偏於一方之嫌。最後徐世昌挽出舊友朱啟鈐爲總代表，可以説朱是代表徐的，而不屬於直或皖那一系者。在代表名單中，不難了解，安福系占半數以上，吴鼎昌爲中堅分子，直系以王克敏爲中堅分子。在整個會議前後過程中，幾乎一切均操之於吴、王之手。直系的首腦馮國璋，已被安福系逼迫下臺，退居幕後。當時直系中有實力者爲直隸督軍曹錕及其部下率兵入湘的吴佩孚；長江三督之首李純不僅擁有實力，而且與桂系早有密切聯繫，這次議和，他有十分重要關係。在會議期間，朱總代表每日向南京報告情況，看來李純實爲和議之背後主持者。直系的目的是要借這次和議成功來擊敗安福系，而且是表面擁護徐世昌，實際要想趁國會問題來重捧馮國璋爲總統。在一九一八年選舉徐世昌爲大總統時，原内定選曹錕爲副總統，以拉攏直系。徐世昌卻不願有一個擁有兵力的副總統，以防可隨時取而代之，於是巧妙地説，大總統和副總統全是天津人影響不好，應該把副總統一席空著留給南方軍政府。以便得到合作。徐世昌密囑周自齊在議院中設法破壞，幾次召集開會選舉，均因出席不足法定人數，遂結果未選出副總統，曹錕爲此大怨。所以直系實力派與南方桂系暗中勾結，欲招國會問題喧騰起來，以便牽連到徐世昌成爲非法當選總統。他們主張召開國民會議，在口頭上説將來國民會議仍選舉徐世昌爲總統，而實乃是一個騙局，準備在改選時選出馮國璋來。照這個預謀如果實現,則直系大獲全勝。我們從吴鼎昌自北京致朱啟鈐電報中,可以看到李純與陸榮廷勾結情形,亦可看出吴鼎昌在會議中活躍之姿態。以上是北方内幕情形。南方的派系亦甚複雜。當時廣州軍政府有七個總裁:唐紹儀、唐繼堯、陸榮廷、伍廷芳、孫中山、林葆懌、岑春煊,以岑爲主席。這幾個人之中,雲南唐繼堯、廣西陸榮廷爲實力派,亦就是所稱滇系、桂系。另外的廣東、福建、貴州、四川、陝西、湖南,皆在各地軍閥勢力範圍之下,軍政府亦無指揮之力。從南方代表名單中可看出,是每省推有代表,各自爲政,没有一個統轄機構。岑春煊既屬赤手空拳的主席,唐紹儀亦是新自日本回來,並無實力。所以當時南方的重要勢力,還是在滇、桂兩系,尤其以桂系陸榮廷爲中堅。南方軍政府本是風雨飄摇的,軍政之費甚爲拮据,若不趁此國際國内和平空氣高漲之時積極與北方政府談和,前途甚爲陰暗,桂系所以與直系有了很密切聯繫。孫中山自從通電斥責滇、桂兩系後,不久即離開廣州赴上海,只派了胡漢民當代表參加南北和議,對於當時南方軍閥亦很難指揮。總之軍政府是全在桂系支配下,這次南北和議主要亦是由桂系暗中與直系聯絡的。唐紹儀之爲總代表,一方面由於與徐世昌的舊關係,一方面背後有國際上的支持,南方亦就利用這兩點而推他出來。陸榮廷想借和議成功後,可以選爲副總統,其他西南各省當然亦各有其目的,以圖各有所獲——充實力量,鞏固地位。(《文史資料選輯》第二十六輯)

葉恭綽《一九一九年南北和議之經過及其内幕》附録朱

啟鈐《關於南北和議事復葉遐庵》：關於一九一九年南北和議一事，距今已四十餘載，更以年老健忘，回溯舊影，十不及一，寒舍所幸存之殘檔，亦屬零篇斷簡，不能首尾銜接。今承遐翁以超然之態度，本傳信之方針，記述成篇，以供史學家之參考，並承參稽質証，僅就我所能回憶者，説明於後（偏重在吴鼎昌庚電一事），聊作補充，容或尚有出入之處，尚希有關方面諒恕爲幸。我以不才，荷徐東海（世昌）多年知遇，及畀以北方總代表之重任時，私意其時所倡議的南北和平統一爲全國所渴望；且徐乃文治派，聲望頗高，或可藉以調和各派，而減少軍閥的横恣，更恃有各分代表之鼎助，可以分工合作，故勉膺其責。固不料事與願違，且適得其反，轉以釀成後來長久糾紛。我自愧無能，虚勞往返，固不足論，但追窮原委，似亦有不少應負其責之人。今者事過境遷，不妨姑舉其要。此事病根實在代表權之不能統一。蓋南北既各有總代表又各有分代表，各分代表既分别代表某一方面，自必負有聽命於其所代表的一方面之責，且有時或須聽命於其所代表的一方面中之某有力者。而各代表復有時各别自有其目的與行動，其中參差矛盾，早已是先天不足。即以北方而論，各分代表皆敏幹之才，尤以吴鼎昌、王克敏二人爲最。王係代表直系者，而屬於馮國璋的一系，於定開和議之前，早已與李純結合，欲藉此擁馮上臺。李與南方陸榮廷亦早有穿插，陸又除李純一綫外，又别有通徐東海之綫，以期左右逢源。其時安福系徵南之計，既因所派攻粤浙軍童保暄所部之觀望而受挫，暫不能展其武力統一的意圖，表面上只得同意召開南北和議，因而安福國會議員等出面參加和議，而以吴鼎昌爲其總指揮。故自始形成各一系統，其中鈎心鬥角，世所周知，無待贅論。厥後，兩方圖窮匕見，痕跡顯著者即爲吴鼎昌之庚電，今避瑣屑，姑以庚電作爲綫索而加以銓釋，以便推尋（庚電原文見前，不重録）。庚電之由來，係因南北開議累月，仍無結果，其後始探知安福系固不欲和議成功，而直系亦别有企圖，根本難期合拍，不得已令吴北上，詢探一切，期得真相。及得吴的庚電，始恍然大悟，直、皖兩派都不是肯與東海合作，且於此亦可推見吴的態度與做法。蓋吴到南京晤李純，過蚌埠晤倪嗣冲之子姪，已備知直方的計劃。吴到京後，知陸榮廷已派人直接與京中各方聯繫，而安福系亦擬乘此另出計策，傾復南方軍政府。此是否亦係吴之獻策，不得而知，但離題愈遠則係事實。我因此深感對東海無法交代，遂决計辭職。吴鼎昌庚電中所謂以金錢爲餌一語，據我瞭解，唐少川不會接受金錢運動，南方分代表亦不會受北京政府的餽遺。在會議期間，南方代表辦事處没有經費，我曾囑盧信公代致一萬元，作爲南方開支。唐少川毅然拒絶，而在金星保險公司自行籌措，亦衆所具知。李思浩、張志潭二人曾經到滬，係爲了討論善後大借款問題，以備諮詢。至於徐端甫（世章）乃是奉其兄徐總統之命，來滬致意慰問大家的。因爲徐（世昌）、唐二人在東三省爲同僚，私交甚厚，在前文内所引徐致唐的電文中，亦可瞭解，一般普通酬應或不能免，若言到以金錢爲餌一事，我從未聞及，以理推之，亦斷不會有此事。吴電中之語，可能是當時北京政府的一種打算，所惜當年參與和議的代表，大半作古，各種經過皆無人可助詢証矣。至徐樹錚各電文的措辭等於漫駡，正與吴佩孚態度同科，不值一笑，僅爲收場鑼鼓之一幕，其真關鍵固不在是也。吴鼎昌到達南京時，與李督晤談，已証實王（克敏）、谷（鍾秀）等主張另行組織新舊國會議員來南京制憲。案李督爲最先與岑公（春煊）接洽和議之原動力，本心希望北以李督爲總代表，南以岑之親信爲總代表，於南京舉行會議。其後因章行嚴（士釗）任軍政府秘書長，以事去日本，晤見唐少川，請他出任南方總代表，北京乃提出以我爲北方總代表。李督當時主張在寧開會，以東道主自居，大肆鋪張。時北方代表已到南京待命，而唐少川提出要在上海開會，並反對善後會議名稱。幾經磋商，北方屈從南方意見，以上海租界内舊德國俱樂部作會場。其中委曲周折，已大傷李督面子。迨和議開後，王、谷等與李督協商，認爲上海之會議難有進展，必須改弦更張，别開蹊徑，爲解决兩個國會根本問題，只有從天壇制憲會議繼續完成二讀會憲法草案，再組織一個國民會議通過憲法，重新選舉總統，來解决南北争端，爲收拾時局之大計劃。吴鼎昌在寧受李督威脅，及王、谷等鼓吹之下，不免有所警惕，乃以積極消極二語對付李督，爲機動退出重圍之計。我推測吴所謂積極是要和會屈從王、谷主張，直接與西南軍閥陸（榮廷）、唐（繼堯）聯繫，進行另一套辦法；消極辦法即是北方堅持强硬態度，不惜停止會議。但時隔不久，五四運動勃發，北方政府已張皇失措，革命火焰燃遍全國，庚電中所説的種種已不復有研究價值。據我個人看來，此電所云云者，不過是一場幻影，無論積極或消極，絶無絲毫有意義之結果，徒留一痕跡以供人指摘而已。綜合觀之，此一場戲劇，前後綿歷三年方始了結,其間與第一次世界大戰的巴黎和會、中國新民主主義革命開始的五四運動及華盛頓九國會議等等巨大變遷,均有因果根苗的關係。雖會議本身一事無成,卻爲當時歷史上不可缺少的一頁。其足紀者,惟有響應五四運動阻止巴黎和會中國代表簽字的通電及要求公布中日秘約等,不失爲有價值有影響的行動,其他則全是浮光掠影也。蟆公筆述。(《文史資料選輯》第二十六輯)

按:《文史資料選輯》第二十六輯刊印於一九六二年六月。吴鼎昌庚電,詳見四月八日吴鼎昌致先生電。

五月二十二日,許寶蘅受國務卿錢能訓委派到達南京挽留先生,先生行意甚决,遂同行起程返京。

《許寶蘅日記》:入城至督軍署,晤桂老、達詮、齊震老、李秀督,略談滬事。桂老行意甚决,遂同行,三時乘專車北上。七時過蚌埠,倪督軍及幼丹來談,至九時始開行。

五月二十三日,傍晚六時到北京。拜訪大總統徐世昌,久談。

《許寶蘅日記》:早九時過濟南,冕士來,余適卧未起,未得見。午後三時到天津,六時到京。

《徐世昌日記》:朱桂辛等人自上海歸,來久談,初更始晚飯。

五月二十四日,下午,與錢能訓拜訪大總統徐世昌,久談,上燈良久始去。(《徐世昌日記》)

五月二十五日《羅家衡致吴景濂等電》:昨天中華新報接京電報,僞内閣於迴日議决,仍【令】朱速返滬,續開和議。

惟據探,朱恐不來。(《吴景濂函電存稿》138)

五月二十六日《張瑞萱等致吴景濂等電》:北力留朱,朱尚未允。(《吴景濂函電存稿》141)

六月二日《張瑞萱等致褚輔成等電》:昨接津電,北確派吴鼎昌、汪有齡先來滬接洽總代。聞總代仍係朱。察唐、胡意,非照八條開議,决再辭。(《吴景濂函電存稿》149)

五月二十六日,熊克武發表致廣東軍政府各總裁、各部長、徐世昌、錢能訓、上海和平會各代表、各省督軍、省長通電,呼籲挽留代表,延續和議。

《熊克武通電》(1919 年 5 月 26 日):廣東軍政府各總裁、各部長、北京徐菊人先生、錢幹臣先生、上海和平會各代表、各省督軍、省長均鑒:頃奉軍政府軍務會議刪電,並幹臣先生巧電,敬悉和平會議雙方代表,以和議不協,通電辭職,不勝駭詫。竊以和會爲全國人民托命之機關,兩年血戰以來,國民所爲忍痛茹苦,尚未絶其一綫之希望者,徒以有和會在耳。况山東問題,禍延眉睫矣。國家危急存亡之秋,正億兆同心禦侮之日。勠力匡濟,猶懼後時。乃外難方張,内憂反劇。萬一各代表稍有動摇,和會爲之久頓,將何以解决時局而共圖挽國家之危亡於萬一耳?危機四伏,險象環生,繞室旁皇,不寒而栗。諸公護國之忠,夙所深佩,務祈一致挽留各代表,萬勿聽其辭職。南北意見無論相去若何,務請代表諸公始終以一貫之誠,相磋相切,調協之點,終有可尋。内繫人心,外攝急難,凡我國民,實利賴之。熊克武叩。宥。印。(《南北議和文獻》318)

五月二十八日,上海平和期成會聯合會致電先生,挽留先生賡續和議。

《上海和平期成會聯合會致朱啟鈐電》(1919年5月28日發,29日到):國務院轉朱總代表鑒:使節行後,和會氣脈隨而中絶,憂痛曷極?按當時會議情形,實未達破裂程度。唐總代表所提八條,依照會議規則,第一條解釋,足下既未同意,協定本未成爲議題,盡有妥協餘地。乃南代表率爾辭職,公且翻然遠去,以致和會爲之中斷。現時人言之嘖嘖,均以公輕於一擲,借此爲脱身計,並謂破壞和局,責有攸歸。道路之言,竊□不敢謂然。惟府、院既切電慰留,各界復奔走攀挽,竟弗邀諒,殊深介繫。玆本會已分電南北政府,勿再固執條件,迅即賡續開議,冀挽危局。敬懇我公師法古人,引天下爲己任,剋日邀同分代表諸公,聯袂回滬。一人行止,關係一國存亡。國人視公,不謂不重,願公有以副國人之望也。臨電迫切,不任主臣。全國和平期成會聯合會叩。勘。印。(《南北議和文獻》319)

五月二十九日,西南軍政府陸榮廷、陳炳焜、譚浩明、莫榮新聯名通電徐世昌、國務院、廣東軍政府各總裁、上海和平會議南北總分各代表、各省督軍、省長、各巡閲使、護軍使、各都統、各師長、鎮守使,呼籲重開南北方和議。

《陸榮廷等通電》(1919年5月29日發):徐大總統、國務院、廣東軍政府各總裁、上海和平會議南北總分各代表、各省督軍、省長、各巡閲使、護軍使、各都統、各師長、鎮守使均鑒:比因政争,兩載以來,民窮財盡,舉國騷然。天誘其衷,幸成和議。海内喁喁,想望寧息,如大旱之望雲,長夜之待曙。軍士枕戈而候命,商賈輟業以候時,以爲庶幾寧處,復安生業。乃和會開始數月於兹,結束之期,遥遥難卜。初因陜事小有波折,現復因提議條件意見不同,全體代表辭職,聞之不勝慨懣。方今歐洲和會將次告竣,我國際發言地位亟宜全力保持。内訌不息,外交失力,國權一失,萬劫不復。存亡攸繫,咎將誰尸? 四民失業,怨咨在途。一聞和局中輟,莫不汹懼,以爲分裂在即,大亂將至。當此千鈞一髮之際,國民渴望和平之趨向既如此其殷,國際交涉危急之情形又如此其亟,嗟我和會,豈尚容一再停頓,重釀禍端。應請雙方政府迅速力予維持,尤望各代表屏除私意,重開會議,各憑良心上之主張,兩方極端讓步,折衷辦理。限以最速期間,回復統一,俾得同心禦侮,挽救危局。倘復成見膠持,遷延不決,蟲沙將化,鷸蚌猶争,小民何辜,大局坐誤,國事前途,真有不堪設想者。廷等負有護國之責,不能無最後之表示。事機危迫,竭誠相告,幸鑒愚忱,實力圖之。國家幸甚! 大局幸甚! 陸榮廷、陳炳焜、譚浩明、莫榮新。豔。印。(《南北議和文獻》320)

五月三十日,南方軍政府岑春煊等聯名通電唐紹儀、先生、南北代表,各省督軍、省長,各巡閲使,各都統,各護軍使,各省議會、商會、教育會,各平和期成會,各和平聯合會,各團體,各報館,希望繼續和議。

《當先定繼續和議辦法後進和議條件開誠相見解决與軍政府通電》(民國八年五月三十日):上海唐、朱總代表、南北代表,各省督軍、省長,各巡閲使,各都統,各護軍使、各省議會、商會、教育會，各和平期成會，各和平聯合會，各團體，各報館均鑒：頃復錢幹臣電，文曰："北京錢幹臣先生鑒：翰、宥電均悉。和會再停，誠時局之不幸。以國際之危迫，民生之痛苦，如此其甚，彼此既拋其所信而降心言和，而又一停再停，撫心自問，實無詞可告無罪於國人。故引咎於全國父老之前，則春煊等無所避舍。如翰電因提出八條之故，欲以詞勝理，有所歸咎，是則期期所不敢承者。夫南北兩總代表之派出，本各界以全權，勿論提出何案，兩方當局只可於會議後加以裁定，斷不能於會議前遽爲干涉。且既名會議，勿論提案如何，要自有磋商討論之餘地。自滬上開會以來，此間始終認定全權與會議兩義，絶不從而牽制其間，此海内外所共見者。而北方則一面開會，一面攻陝，停戰命令之效力至今猶未能完全證實。此次唐總代表提出八條，不過一二日間，北方當局之逐條痛駁，北總、分代表之辭職及赴寧待命，種種警報，絡繹而至。不惟南代表意見不見容納，即北代表之權能亦無從行使，全權之謂何？會議之謂何？同一辭職，南方方極意挽留，北代表已紛紛離滬矣。然則和會之所以再停，誰令致之，自有國人公判，無待詞費。春煊等所不釋然者，以北代表紛紛離滬，疑有重大變遷，重爲吾民累耳。今奉宥電，始知北方亦挽留代表，此又國脈民命斷而復續之會，如天之福。時局不致破裂，抑又何求？惟繼續和議，非有交讓之精神，更無接近之機會，此無可疑者。來電撤回八條全案，或表示切實讓步之説。竊以爲今日之和會，非若城下尋盟，只有一方之意思。彼此既不能相强以必承，又何能明禁其不提？提與承之間，尚有會議在焉，竊認撤回兩字不成論據。又和成基於交讓,既撤回代表,明明示人,安能責人之讓?以今日之混沌,所謂切實讓步,亦不知從何説起。若來電愛護國家、尊重和平之説果出至誠,竊謂當先定繼續和議之辦法,然後進議條件,開誠相見,自有解決之方。如何?即候酌復。岑春煊、伍廷芳、陸榮廷、唐繼堯、林葆懌、孫文、劉顯世、莫榮新、譚浩明、譚延闓、熊克武,卅。”等語。合轉聞。岑春煊、伍廷芳、陸榮廷、唐繼堯、林葆懌、孫文、劉顯世、莫榮新、譚浩明、譚延闓、熊克武。卅。印。(《公電・廣東軍政府來電》,上海《申報》1919 年 6 月 6 日)(《岑春煊集》陸)

原注:此電上海《時報》、上海《民國日報》有録,分别題作“岑西林等關於繼續和議之通電”“軍府對於和談之要電・不允撤回八條”。見上海《時報》1919 年 6 月 6 日,上海《民國日報》1919 年 8 月 7 日。

六月二日,盧信致電先生,由京奉鐵路局局長徐廷爵轉交。

《盧信致朱啟鈐電》(1919 年 6 月 2 日發,3 日到):京奉鐵局徐局長轉朱桂老鑒:運密。聞北方因財政困難,戰既不可,單獨及直接媾和又無效果,故擬進續和議。但信爲兄及少老二人計,雙方如未決定辦法,二公豈可再出?雙方如已決定辦法,二公又何必再出?此極簡單明瞭之事。就令和會非二公結束不可。然弟意國會問題必不能再在和會討論,即他項問題,結束則可,討論亦不可。香山近因愛女殤逝,對於治亂益形消極。北方擬派分代表來滬接洽,然唐無可語,繆、曾、胡又非北分代表所能深洽,所接洽者不外章、郭等,與事何益? 要之,北方步調太亂,南方情形複雜,和議何從説起? 現時國會問題較前稍易解決。前照吴達詮與弟所談之辦法,雙方取消舊法,召集六年選出未到院之參議員仍有效。總統則照兄所私談之意見,承認徐爲總統,新國會再選。此一辦法似可以辦到,然必非南北當局所能辦。二則舊國會自決,即在粤開會,選舉及宣布憲法,即行閉會。此事似煩,實不難辦。粤會不足人數,全因無款,議員到粤數日即行他去。倘能籌二個月之經費,則此事可辦。鄙意此辦法極簡單,只一有責任之人赴香港,與兩院鉅要分子接洽各件:一、選舉;二、憲法内容;三、現在歲費如何撥給,將來歲費、黨費如何保證。三事一定,上海和會可以負結束之責。此則簡單而易行者也。惟默察北方情形,如無舵之舟航行鉅海,未足以語及辦法。爲兄及少老計,當以暫時旁觀爲妥。弟信叩。冬。(《南北議和文獻》321)

六月三日,河南平和期成會致函先生,由國務院轉交。

《河南和平期成會快郵代電》(1919 年 6 月 3 日):北京國務院轉朱總代表鑒:使節北旋,和議再梗,哀我國民,憂痛曷極! 查南方所提八條,雖屬過於嚴酷,豈無協商餘地? 現聞南代表辭職未准,全體留滬,是已不啻爲退讓之表示。伏望我公顧全危局,剋日知會各分代表回滬開議,以慰國民之望。臨電迫切,伏惟察納,無任盼禱。河南和平期成會叩。江。(《南北議和文獻》322)

六月十三日,國務總理兼内務總長錢能訓被免去本兼各職。(《辛亥以後十七年職官年表》)

六月十六日,聯合段芝貴、周學熙、施肇曾、梁士詒、周自齊、許世英、曹汝霖、王克敏、張弧、吴頌平、雍濤、任鳳苞、汪有齡、李士鑑、吴鼎昌等人，報送内務部和直隸省《組織北戴河海濱公益會呈》。

才樹驤《朱啟鈐在北戴河的建樹》：一九一九年六月十六日具呈組織北戴河海濱公益會，請内務部鑒覈。（《蠖公紀事》）

公益會報給内務部和直隸省的呈文：呈爲組織北戴河海濱公益會，擬具章程，呈請鑑覈事：竊查北戴河海濱介在昌黎、榆關之間，背倚聯峰，面臨渤海，天風浪浪，雲山蒼蒼，爲北方避暑勝地。往歲西人攬勝，聯袂偕來，小築幽棲，藉消長夏。自前年京奉局展修海濱鐵路，每逢夏令，國内士夫亦復紛如雲集。一弓既拓，百堵皆興，人境結廬，樂郊共適。惟是地方交通、衛生，以及保存古蹟事宜，屬在海濱，未遑議及。查東西各國，對於山川名勝以及公共事業，或由政府設備，或由地方整理，或由團體提倡修飭，均不惜鉅資，俾臻完備。蓋山川草木之菁英，實爲國民高尚之精神所寄，而公共事業之興舉與否，尤爲居民自治能力之表示也。北戴河東山一帶，教會與外賓雖有樂克保會之設，然按其組織情形，蓋僅以謀私人感情之聯絡。際兹居民日繁，百端待治，交通、衛生尤關緊要，苟無處理公共事務之集合，何以促進村市自治之精神，矧爲《自治條例》尚未公布，公共組合尤爲必需。啟鈐等爰發起公益會以爲之倡，並捐助款項，先從修築西山馬路入手，逐漸擴充於東、南二山，並徐圖興辦其他善舉。謹擬章程，呈候覈示。如蒙俯准，即當依據章程，剋期成立，並乞飭令臨榆縣知事及海濱警察局妥爲保護。除分呈省長、警察處外，理合呈請鑑覈，迅賜批示，實爲公便。謹呈。發啟人：朱啟鈐、段芝貴、周學熙、施肇曾、梁士詒、周自齊、許世英、曹汝霖、王克敏、張弧、吴頌平、雍濤、汪有齡、李希明、吴鼎昌。（劉宗漢《朱啟鈐與公益會開發北戴河海濱拾補》）

六月二十六日，唐紹儀致書先生。

《唐紹儀致朱啟鈐函》（1919 年 6 月 26 日）：桂辛先生大鑒：歲月不居，謦欬未聞者又彌月有半矣。世變驟亟，已如暴濤怒潮，官中設置，適反揚湯止沸。危幕之燕，争啄春泥，卧道之羆，尚噬殘骨。俯仰塵寰，真欲哭無淚矣。我公遁跡海濱，養疴林下，優遊杖履，艷甚，羨甚。儀自辭職以還，久屏塵俗，死灰槁木，已厭見聞。長夏無事，偶檢滬報，見有京聞秘密費一則，閲竟不禁發噱，何物"炭金"竟與"南代表"三字相聯屬。儀素矢硜硜，即一介之微，向嚴取與。凡稔儀者，均能悉之。苟禮義之不愆，又何恤夫人言？横議之來，本無庸芥蒂。弟念民國以來，是非混淆，皂白顛倒也久矣。八年中幾經變亂，迄今大節無虧始終如一者，尚有幾人？古人崇德報功，不外鼓勵來者之作用。苟以政見異同之故，對於個人故肆汙詳，將黠者信口騰雌，愚者亦相驚有虎。於是操行純正者，漸灰其任事之心；有志向上者，亦生其墮落之念。滄海横流，社會上寧復有完人乎？儀爲世道人心計，不禁生無限之哀感矣。偶有棖觸，順抒積愫。如晤幹丞，希便詢究竟。時借鴻便，並盼鱗復。北戴河空氣清新，山川明秀，幸安居珍重爲禱。專此。敬候起居。附呈滬報京聞一則。弟唐紹儀頓【首】，六月二十六日。（《南北議和文獻》326）

六月，中興煤礦公司董事會改組，黎元洪接替先生任董事會長，先生連任總經理。

《主要領導人更迭》：一九一九年六月，中興公司總公司董事會長黎元洪、總經理朱啟鈐。（《棗莊煤礦志·管理體制》第一章第九節）

七月八日，北京政府電促先生，早日自津赴滬重開和議。（《中華民國史.大事記》）

七月十日，電復代理國務總理龔心湛，拒絕再任南北和會北方總代表職。（《中華民國史.大事記》）

七月，撰《北戴河海濱公益會報告書》。

《北戴河海濱公益會報告書》：本會發端於中華民國七年之七月，啟鈐實創此議，同人氣求聲應，地方官廳亦樂贊助，本會於焉成立。草創伊始，百端待舉，而道路崎嶇，游海濱者咸感不便。入手之始，以修馬路爲第一步，啟鈐既創議，不得不勉爲其難。當時情事大類苦行頭陀沿門托鉢，同人不以爲愚，慨然助之，爰勘路綫，稽工料。九月興始工作，拆牆讓地，紛争競起。賴吴頌平君奔走其事，嘵音瘏口，不以爲勞，卒使棼絲就理。八年四月，西山馬路成，於是草創會章呈報官廳立案。續有蓮花石公園之興築，環以馬路，並商借公家房屋爲會所，皆計日可觀厥成。惟東山達金沙渚、鴿子窩之馬路，亟宜興築，使全部平坦。本會頃正併力計畫，同人始願將使北戴河海濱爲北方之模範自治村。願力宏而能力薄，號召同志期入會者日多，用以扶助本會拓展其事業，是所望也。中華民國八年七月。（《蠖園文存》卷上）

七月，北戴河海濱公益會議禁沙灘買賣建屋，限制私相買賣沙灘。

才樹驤《朱啟鈐在北戴河的建樹》：一九一九年七月，公益會議禁沙灘買賣建屋，亦限制了唯利是圖者私相買賣沙灘。其時，由警察局出示布告："北戴河沿海沙灘本係沙灘公地。近查有人私相賣買，憑空立契，臨灘建屋，既阻礙官道之交通，復損害沿海之風景，實屬有損公益。於將來開闢海濱馬路、建設海濱公益娱樂場所之計劃，諸多窒礙。特此通知，凡有人擅賣沿海靠近沙灘官道各地與人建築房屋者，本局必須根追查究，絶不寬貸；買地建屋者尤須注意，或契之先應來局詢明詳查，否則買賣成交亦不得有效，至沙灘已建各屋應候本局查明，另行辦理，特此布告。"（《蠖公紀事》）

是年（八月十日前），爲北戴河海濱公益會捐款一千元。

《會員捐款姓氏録》：朱桂辛啟鈐捐，一〇〇〇元。（《北戴河海濱公益會報告書》民國十年一月）

按：本年八月十日，先生參加北戴河海濱公益會成立大會，並被公推爲會長，據《北戴河海濱公益會章程》第二條"凡捐助本會經費千元以上及創辦時執行事務熱心贊助者，均爲發起人"，捐款應在召開成立大會之前。

八月十日，北戴河海濱公益會假王克敏宅召開成立大會。先生與王克敏、吴鼎昌、楊以德、張弧、雍濤、吴頌平、徐廷爵、蘇企瞻、陳義安、李宣韓、黄稼壽、張文孚、李律閣、管鳳龢、廖世經、段芝貴、馮耿光、任鳳苞、方仁元、衛國垣、闞鐸、林行規、周作民、梁士詒、顧思浩、劉垣、鄭洪年、梁士訏、諸以仁、施省之、陳祀邦、嚴修、盧木齋、卞肇新、柯貞賢、王郅隆、岳乾齋、王郅卿、周自齊等四十人出席會議，周學熙函約李士鑑代表，胡筠、梁汝成函約任鳳苞代表，臨榆縣長周嘉琛、北戴河海濱警察局長袁澤鳳和吴器堂等地方行政官蒞會。會議公推梁士詒爲主席，推舉先生爲會長，王郅隆爲副會長，王克敏、楊以德、李士鑑爲董事，張弧、施肇曾爲監事，吴頌平、吴鼎昌、管鳳龢爲幹事。先生在會上發表講話。

《會議録》：中華民國八年八月十日，假王叔魯君宅開成立會。列席會員簽名：王克敏、吴鼎昌、朱啟鈐、楊以德、張弧、雍濤、吴頌平、徐廷爵、蘇企瞻、陳義安、李宣韓、黄稼壽、張文孚、李律閣、管鳳龢、廖世經、段芝貴、馮耿光、任鳳苞、方仁元、衛國垣、闞鐸、林行規、周作民、梁士詒、顧思浩、劉垣、鄭洪年、梁士訏、諸以仁、施省之、陳祀邦、嚴修、盧木齋、卞肇新、柯貞賢、王郅隆、岳乾齋、王郅卿、周自齊。以上到會者四十人，周學熙君函約李希明君代表，胡筠君、梁汝成君函約任振采君代表。地方行政官蒞會者：周嘉琛、吴器堂、袁澤鳳。公推梁燕孫君主席。吴頌平君報告略言："本會經過情形，已略具於報告書。憶去年修路之始，朱桂莘君勘定路綫，僕與袁局長插定標識。當時費廿餘元無着落，袁局長捐廉應付，初不料今日有此結果。僕不能不代表本會致謝捐款諸君暨地方官之輔助，繼述經過困難窒礙，及盼望將來會員之始終不懈。"朱桂辛君報告:"本會發端在上年七月,亦即在王叔魯君宅,甫越一年,本會成立,實非始願所及。地方不自治,他人將代治,本會進行之初志如是。修路祇自治之一端,已修之路,歲修以保護之;未修之路,如東山等處,皆不可緩。款皆無着,顧部省各官廳既注意及此,予本會以試辦地方自治之權,本會曷敢不勉?雖海濱區域,限於臨榆縣境之一村市,吾輩夏期卜居來去無定,地方無興起之實業,侈言自治良不易。然外人所設石嶺會,力謀避暑者之便利,如房舍樹木地址,不必有人居守,無虞盜竊侵占,石嶺會代爲管理也。即此一事,公共團結之勝於個人自爲謀不煩言解,本會又何肯甘居人後?瑞士以世界公園著聞,是以各國人士不憚遠涉往游。北戴河海濱風物,外人亦稱道不置,徒以人事未盡,引爲缺憾,盡人事以次第經營責在本會。東山馬路自車站至金沙嘴,其間又通至鴿子窩,石嶺會曾函政府籌修,地方官廳亦推重本會,頃正向部局協商。海水浴宜有公共浴場,宜有繩網球圈之設備;海灘宜通馬路;夏期人多,宜有臨時醫院,是皆有志未逮者。聯峰山爲載在縣志之名勝,古蹟宜保存,山之樹木宜愛護。若富人自由買山,後來者藩籬自守,將無可以登臨憑眺之地。樹木刊伐無裁制,將陵谷變遷,氣候殊異。積善堂張叔誠君贊成本會此議,捐地交會創建公園,張君之熱心足爲本會開始之第一紀念,用於今晚張燈綵燃煙火,以志不忘。此外進行事宜,是在會員諸君之共同擔負,群策群力,相與有成,是所望也。"主席宣讀會章第五、六條文,提議推舉職員。推舉朱桂辛君爲會長,全體贊成。朱桂辛君宣言:"以過客言自治,上年出自遊戲三昧之舉，不定名義，無論何事皆可引爲己責。若任期三年之會長，或因病或因事不克始終，其事恐貽笑，請會員別舉本籍人士。鄙人非謙退，尊重本會期事業之發展，萬不能居會長之名，諸君亮之。”王叔魯君起言：“舉本籍人士爲副會長，以補會長所言之困難，如何？”主席詢徵會員意見。張岱杉君起言：“法律無本省外籍之界説，會員僉在海濱置産住居，更無省界可分。”吴頌平起言：“會員多數主張，推舉嚴範蓀先生，未得同意，並聲明年來無論何會概未與聞。地方自治非他會比，盡力則可，名義職司不可相强。”推舉王祝三君爲副會長，全體贊成。推舉王叔魯君、楊敬林君、李希明君爲董事，全體贊成。推舉張岱杉君、施省之君爲監事，全體贊成。會長報告，幹事擬指定吴頌平君、吴達詮君、管洛聲君，衆無異議。臨榆縣周縣長演説：“邑乘四十年未修，舊志於海濱僅載聯峰山。庚子之役，各國聯軍避暑於此，北戴河之名稱始著。曩年咸以秦皇島爲避暑地，比年中國人士趨此海濱，未幾而有公益會之自治團體。言交通基礎已具，言公共愉樂之公園亦開始工作，在會諸君子熱誠毅力，張叔誠君捐地於公園，皆今日不可多得之舉。推之其他教育種種事業，助地方之發展，補官力所不及，無限樂觀，無量希望。”警察局袁局長演説：“公益會成立後，警察相與奔走，凡昔日願望所及力不能任之事，次第興舉，僕當代表地方致謝在會諸君。”段香巖君提議：“東山馬路修築款宜籌，此後常年養路費亦宜籌。鐵路附加捐及房地捐應如何計畫？”會長答言：“東山路綫大略已定，其款擬請求鐵路局籌二萬元，交通部允籌六千元，正在接洽捐款。集冬期可興工，其時農忙已畢，人工極省，鐵路附捐亦當提議。但昨日徐局長、吴幹事約略計算，恐爲數無多。現已辦車驢等捐，歲入不足供掃地夫之用。至於房地捐，亦恐所得無多，轉阻礙地方之發達。總之，無論如何，持猛進主義。若去歲着手伊始稍一瞻顧，斷不能有今日之成績。”會員咸鼓掌。宣告散會。攝影。王叔魯君設筵讌全體會員。（《北戴河海濱公益會報告書》民國十年一月）

《北戴河海濱公益會章程》：第一條：本會以辦理海濱地方公益事業爲宗旨。第二條：凡捐助本會經費千元以上及創辦時執行事務熟、熱心贊助者，均爲發起人。第三條：凡居住海濱或係地主者，均有入會之資格，但須得發起人三人之介紹。第四條：本會辦理之事項如左：一、關於交通事項；二、關於衛生事項；三、關於慈善事項；四、關於土地調查及公共營業事項；五、關於公共捐助事項；六、關於官廳委託事項；七、關於請求官廳維持協助事項；八、關於保持風景古蹟事項；九、關於冬令公共房屋保管事項。第五條：本會應設職員如左：一、會長一人；二、副會長一人；三、董事三人；四、監事二人；五、幹事三人；六、名譽董事無定額。第六條：會長、副會長、董事、監事均由會員公推之，三年均改選，再舉者得連任。幹事之進退，由會長專行之。第七條：本會一切事務，會長有完全處理之權；幹事秉承會長之命分理事務；會長有事故時，副會長代行其職權。（《北戴河海濱公益會報告書》民國十年一月）

才樹驤《朱啟鈐在北戴河的建樹》：内務部於同年七月十五日，即批復“照准”。建公益之初聯合十五人發起，至開

成立大會達四十六人，至一九二四年達一百〇五人。(《蠖公紀事》)

劉宗漢《朱啟鈐與公益會開發北戴河海濱拾補》：公益會開始並没有辦公處所，籌備會議的開會地址是在王胡莊的王郅隆的别墅。一九一九年公益會在内務部和直隸省申請立案的同時，又曾向直隸省交涉署借房，以爲辦公處所。一九二二年公益會的辦公室建成後，即改在新建房屋辦公。(《蠖公紀事》)

按：《蠖園年表》民國九年"創北戴河海濱公益會"，當不準確。

八月十一日，午後四時，北戴河海濱公益會在臨時事務所同功堂新屋召開職員會，先生與副會長王郅隆，董事楊以德、李士鑑，監事張弧、施肇曾，幹事吴頌平、吴鼎昌、管鳳龢參會。董事王克敏闕席。

《會議録》：中華民國八年八月十一日午後四時，在臨時事務所即同功堂新屋開職員會。列席者：會長朱桂辛君，副會長王祝三君，董事楊敬林君、李希明君，監事張岱杉君、施省之君，幹事吴頌平君、吴達詮君、管洛聲君。闕席者：董事王叔魯君。會長提議："一、每年應以七月爲常會期，上年所辦事爲第一期，今日爲第一次行政會議。應將第二期應辦事預爲决定，以便幹事分頭籌辦。"無異議。"二、東山馬路不能不即修，討論如何修法。劉莊是否讓開，抑穿過？路綫宜定，庶便進行。"楊敬林君主張："劉莊污穢不潔，宜收買其地另闢市場，使之遷居，庶海濱不留污點。需款較巨，本會不能認，則另行集資爲公司，如是，則路綫無須遷就。"多數贊成,即推楊敬林、李希明兩君調查計畫,並向居民商略。吴頌平君主張:“石嶺會已修之一段太狹,宜一律重修。”衆贊成。“三、海濱馬路人所最希望者,工程巨,應議分段修築。”討論結果:多數主張先修蓮花石公園下之一段,公共浴場即在此一段内。“四、公園已闢,其中山徑如何修?草萊如何治?花木如何點綴?應即着手規畫。”衆無異議。“五、苗圃爲提倡種樹之豫備,兼整理固有山林,亟應着手設備。”衆無異議。“六、本會會所及苗圃,擬用舊德營地址逐一布置。”議决:即由本會呈外交部、省長立案,聲明原案决非敵僑財産,以後外人不能借用立案後着手經營。“七、夏期醫院之設置。”施省之君主張:“請求中央醫院備藥物,夏期派醫生二人來此作爲分設之療養所,擬簡章交會公决,第房屋應由本會預備。”多數贊成。“八、上列進行事宜,應按款項之多寡爲標準。”吴達詮君報告:“昨會場寫認捐款一萬六千九百元,補收上年各捐款四千七百元,共二萬一千六百元。除上屆金城墊款二千七百七十三元外,現在可以供用之捐款,計一萬八千八百二十七元。又,可以希望交通部補助款二萬元。第二期馬路已支三千元;掃地夫等雜支五百元;修東山馬路,平治舊有土路、種樹,約計二萬元;海灘馬路約分四段,擬修一段,設公共浴場,道旁鋪草地、種樹,仿青島辦法,約二萬元;公園布置點綴,設事務所、苗圃、醫院,公園馬路山徑,約計一萬五千元。以上豫算,大概共五萬八千五百元。量入爲出,不敷在二萬元左右。以上爲事業費常年經費,如已僱之掃地夫,將來會所設立後應僱傭書記人役,大概年須二千元。已收車驢捐年只二百元,希望鐵路加收附捐亦只八百元，尚須另行計畫。”議决：凡會員分任籌集捐款之種種方法，就現有之項着手次第進行；交通部補助款，公推王副會長在京商略。張岱杉君建議：“以後用文字布告，稱本會名義或用警察局名義，宜臨時斟酌，以期畫一。”衆無異議。（《北戴河海濱公益會報告書》民國十年一月）

八月十二日，北京政府代理國務總理龔心湛電告廣州軍政府岑春煊等七總裁：特委任王揖唐爲南北議和北方全權總代表，偕同代表吴鼎昌、王克敏、施愚、方樞、汪有齡、劉恩裕、李國珍、江紹杰、徐佛蘇等克期莅滬，“希告知尊處所派各代表接洽一切”。（《中華民國史.大事記》）

八月，撰《蓮花石公園記刻石》。（《蠖園文存》卷上）

九月八日，與周詒春等中國太平洋問題討論會理事通電南北，請速泯紛争、一致對外。（《周詒春圖傳・傾心文教・中國營造學社》）

九月十一日，自津赴京拜訪大總統徐世昌，久談。（《徐世昌日記》）

九月三日至十三日間，江蘇省長齊耀琳應先生所請，將江南圖書館藏丁氏鈔本《營造法式》縮付石印成書。

朱啟鈐《重刊〈營造法式〉後序》：己未之春，曾以影宋鈔本付諸石印。（陶湘重刊本《營造法式》卷首）

民國八年三月朱啟鈐《〈營造法式〉前序》：爰商之震巖省長，縮付石印，以廣其傳。書印成，震巖省長來索弁言，啟鈐喜古籍之弗湮，而工業之將日以發皇也，因不辭而爲之

序。(石印本《營造法式》卷首)

《許寶蘅日記》閏七月廿一日(9 月 14 日):訪蠖公,見南京新印之宋李誡編《營造法式》。此書於建築工程頗有用處,原爲丁氏鈔本,蠖公得之於南京圖書館,囑齊震巖省長印行。

按:石印本《營造法式》卷首齊耀琳序作於民國八年九月二日,則石印本印成當在三日(齊序後)至十三日(許氏見到書前)間。

九月十四日,下午,大總統徐世昌約先生與梁士詒、錢能訓、周自齊、曹汝霖、陸宗輿諸人至北海畫舫齋遊覽、宴集,晚歸。

《徐世昌日記》:(下午)到北海畫舫齋約朱桂辛、梁燕孫、錢幹丞、周子詒、曹潤田、陸閏生諸君遊覽、宴集,晚歸。

九月二十四日,因深恐將尚未經營的聯峰山、鴿子窩兩處略賣,尤恐外人永租,北戴河海濱公益會呈請内務部咨行外交部,令行直隸交涉署,防止外國人永租;並申明,公益會擬凡名勝古蹟及地產所在,均要保存,締造經營。

呈内務部文:爲呈請事。案查聯峰山一名蓮蓬山,在臨榆縣城西南七十里,東西二峰相去三里許。聯峰山東有雙峰,若人立相對語,曰説話石。聯峰山東南隅,有海嘴半入於海,曰金沙嘴。是皆載在縣志者。夷考其地,即在今之北戴河海濱。本會成立後,會員協議,僉以瑞士有世界公園之稱,固由於山川風物之美,亦彼都人士締造經營之所致。北戴河海濱風景，外人旅居其地者，咸道不置人事不修，引爲缺憾。本會擬凡名勝古蹟所在，以群力保存之。並次第規劃，以供中外人士公共游觀之地。其地凡三處，一曰蓮花石。在聯峰山南麓，巒石起伏，嚮背有致，遥望似蓮花，因有蓮花石之號，本會業已闢治爲公園。二曰聯峰山。山巔及山石之崖，高者巖，秀者峰，層疊環抱，林壑具美，本會將來擬點綴亭榭數處，並整理其道路樹木。三曰鴿子窩。在金沙嘴迤東之海角，西人名之曰鷹角，懸崖絶壁，崭峭嶺奇，本會將來擬並葺治爲第二公園。以上三處，蓮花石已成公園，可以永久保存。聯峰山、鴿子窩之兩處，一時未能着手經營，深恐中外人士不知其爲名勝古蹟所在，一經略賣，便費周章。本會業已函致臨榆縣知事，查明志乘，出示禁止買賣。謹繪具略圖，聲明聯峰山及鴿子窩地點所在。呈請大部咨行外交部，令行直隸交涉署。遇有外人永租聯峰山及鴿子窩範圍以内之地，其契一律不准投税，以杜紛争，以保存地方名勝古蹟。此外，海濱地方可供中外人士卜築之地尚多，聯峰山及鴿子窩兩處，所占北戴河海濱全部地位面積極小，證以圖例，便可瞭然，限制買賣，留爲中外人士登臨憑眺之所，絶無窒礙。合併聲明，謹呈内務部。（才樹驤《朱啟鈐在北戴河的建樹》）

按：據《朱啟鈐在北戴河的建樹》，呈文作於一九一九年九月二十四日。公益會同時致函臨榆縣知事，出示禁止買賣。内務部接呈後，於九月三十日咨行外交部，令行直隸交涉署查照辦理。同時，臨榆縣知事周嘉琛亦於同年九月二十六日、十月六日連續發布告二紙。第一紙布告，緣地方勢力者賁文閣爲盜賣計,在聯峰山之中峰及韃子墳、話石一帶私埋界石多處,臨榆縣案准北戴河海濱公益會"請縣長先予出示曉喻,凡聯峰山現存範圍以内山地禁止中外人私相買賣,並飭知警局撤去新埋墳記界石,調查民間影射假捏名契,懲辦一二,以儆其餘"之所請而出示。第二紙布告案准北戴河公益會保存鴿子窩所請,"示仰閤邑人民一體知悉,嗣後金沙嘴迤東之鴿子窩地方嚴禁私相買賣,俾留爲第二公園,中外人士公共遊觀之所"。(《蠖公紀事》)

九月,海濱公益會開始建苗圃;建設夏期醫院。

才樹驤《朱啟鈐在北戴河的建樹》:建苗圃。一九一九年九月始,於會所四周地七十一畝建苗圃,後經歷年努力,商借會員所在地,拓展爲三二三畝,引進樹種,培育苗木,數年之間售出花木果苗約四十萬株,至一九二七年總結存圃仍有苗木二九〇九五八株。設立夏期醫院。一九一九年九月始興建築,十二月,朱公與中央醫院施肇曾簽訂協議建夏期醫院。每年夏曆五月望日至八月望日,北京中央醫院派醫生、看護應診。一九二四年改稱中央醫院分院。(《蠖公紀事》)

是年(九月十二日後),唐繼堯致書先生,託安德森轉交。

《致朱桂莘》:桂莘先生侍史:和議久停,先生竟不再出,天下失望,耿耿予懷。北方另派總代表,不協輿情,反對之聲軒然大起,足見公是公非之所在不約而同。北方能否省悟,另派妥員,殊未可知,國事前途大可危慮。先生愛國夙具熱忱,度亦難於終恝獨居深念之中,當有匡濟之道。兹因

安德森君北旋，託致一牋，敬候起居，並囑面達一切，藉聆明教。便鴻南嚮，佇盼瓊雲。（《會澤靖國文牘》卷七）

唐紹儀《致廣州軍政府各總裁電》（1919 年 9 月 12 日）：頃接北京王揖唐來電，文曰："……而乃以揖唐承乏總代表一席，並畀以全權。"（《唐紹儀發電稿》70）

按：信言"北方另派總代表，不協輿情，反對之聲軒然大起"，當作於軍政府得知王揖唐接任南北議和北方總代表之後。

十月，北戴河海濱公益會商請直隸省和内務部批准，借德國兵營舊木房，成立公益會事務所。

《借用舊德兵營原始》：本會既决議設事務所爲治事之地，並附夏期醫院以保中外避暑人士安寧，設苗圃以培養森林爲名勝風景之點綴，爰有請求省長借用舊德兵營之舉。迨民國八年八月，本會呈省長請借用。是年十月，省長指令交涉署准其借用舊德營全部。（《北戴河海濱公益會報告書·紀事》民國十年一月）

秋，約請前交通總長許世英同遊北戴河蓮花石公園。

民國八年八月朱啟鈐《蓮花石公園記刻石》：今年秋，余約静仁來遊，歡聚累日。（《蠖園文存》卷上）

劉宗漢《朱啟鈐與公益會開發北戴河海濱拾補》：一九一六年七月，當時的交通總長許世英在京奉鐵路北戴河站開闢了一條支綫，直達海濱。（《蠖公紀事》）

按：本年九月十六日（陽曆十一月八日）立冬。

是年，親往杭州，訪得石筍峰下宋時功德院永福寺前地一區作爲瞿鴻禨墓地。

朱啟鈐《姨母瞿傅太夫人行述》：是年，禀太夫人之命，追體文慎遺志，卜葬西湖。啟鈐親往相度，爰得宋時功德院永福寺前地一區，處靈隱西偏石筍峰之下，高矚重湖，吐納空秀，竊以爲文慎之靈當顧而樂之。其後卜吉壤於他處，皆不協，遂以己未九月奉安兹山。(《蠖園文存》卷下)

十一月二十一日，下午，瞿鴻機靈柩離滬赴杭安葬，張元濟、張美翊、左孝同、章梫、劉承幹、錢綏盤等人前往上海南火車站送行。

十一月二十二日《申報》：前清軍機大臣瞿鴻機靈柩定於昨日由滬運赴杭州安葬。昨日下午二時許，瞿宅送喪親友人等齊集南車站，將靈柩裝入花車，其行李已裝行李車，其餘送殯人員分乘花車頭等車，該車即附掛於下午三時開行之特別快車赴杭云。

劉承幹《求恕齋日記》：上午早起，十一時後至南火車站，送瞿文慎公鴻機靈柩至杭州安葬。至則尚未到，待久之不來，錢履樛來，二人遂步行至半淞園午膳。至二時，乃返車站，見張菊生、張讓三、左子異、章一山，知彼等從湖南會館送後而來，靈柩即可到矣。未幾果至，予等恭送靈柩上火車。

十一月二十二日，瞿鴻機落葬，張元濟赴杭州送葬。

《張元濟年譜長編》：午後赴杭，送瞿鴻機葬。

《止盦年譜》：以十月奉喪營葬焉。

朱啟鈐《姨母瞿傅太夫人行述》：遂以己未九月奉安兹山，復於其旁買地葺廬，爲奉祠之所。(《蠖園文存》卷下)

按：十一月二十二日，爲陰曆十月初一日。《行述》“己未九月”、《止盦年譜》“十月”，當皆爲陰曆。

十二月三日，許寶蘅赴先生天津寓賀壽。

《許寶蘅日記》：朱桂辛生日，熊秉三之太夫人開弔，均在天津。早八點附車赴津。到讀樓寓午飯，飯後到朱家。

十二月十三日，自天津赴京拜訪徐世昌，久談。（《徐世昌日記》）

是年，購置段芝貴别墅。

楊炳田《朱家墳始末》：一九一九年，他又用八七二二元買下了相鄰的段芝貴的别墅（即現在的西一路五十六號，段曾任北洋政府陸軍總長）。（《蠖公紀事》）

是年，從妹仲湘以朱氏先世遺像、譜録歸於先生。

朱啟鈐《紫江朱氏家乘序例》：光緒之末，大伯父没於綏寧。其次子亦宦於湘，未幾辭世，無子，長房絶嗣。從妹仲湘嫁於黔陽施氏，遂以先世遺像、譜録歸於我，維時則民國八年矣。（《紫江朱氏家乘》卷首）

是年，獲得一等寶光嘉禾勳章。

葉祖孚《關於朱啟鈐的文物賬册》：民國八年給一等寶光嘉禾章證書，一件。徐總統任内。（《蠖公紀事》）

是年，在北京西山爲外舅于德楙購買塋地。

葉祖孚《朱啟鈐與〈存素堂賬目〉》：民國八年，他爲岳父于森圃在西山購買塋地，花建築費六七八八元，植樹費三〇〇元。（《蠖公紀事》）

按：于德楙民國二十三年十月二十五日卒於天津。

是年，外孫章强生。

按：據劉宗漢提供資料，朱淇筠次子章强，生於一九一九年，娶妻吴棣棠。

朱啟鈐年譜長編

下册

李楚君 著

浙江古籍出版社

朱啟鈐舊照（朱天提供）

朱啟鈐舊照（朱天提供）

朱啟鈐照像（《蠖園文存》）

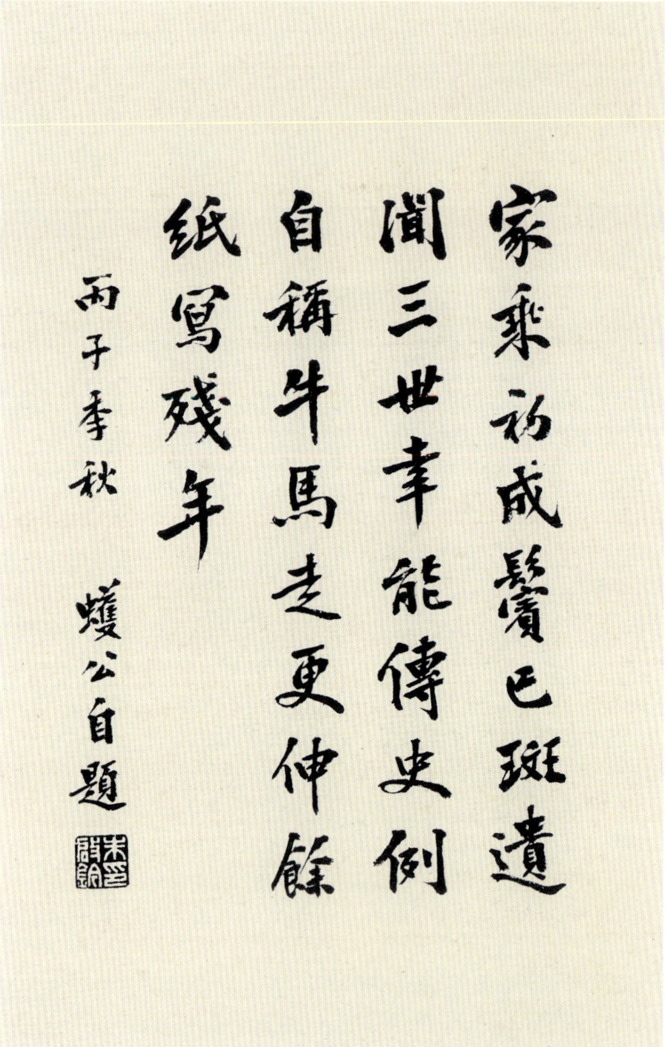

朱啟鈐自題（《蠖園文存》）

20世紀20年代南開大學學生王乃寬在佟樓郊遊時
所攝朱啟鈐別墅（杭州朱紹平藏）

朱啟鈐（右四）與家人在北戴河（朱天提供）

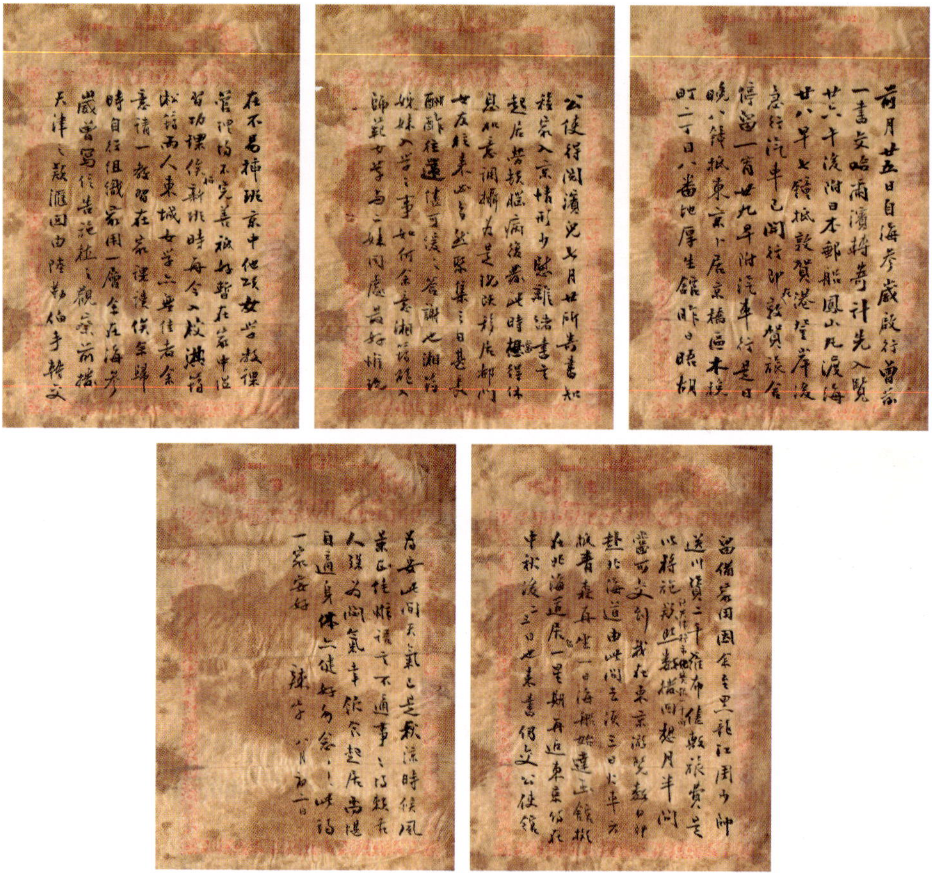

朱啟鈐致于寶珊家書（1909 年）

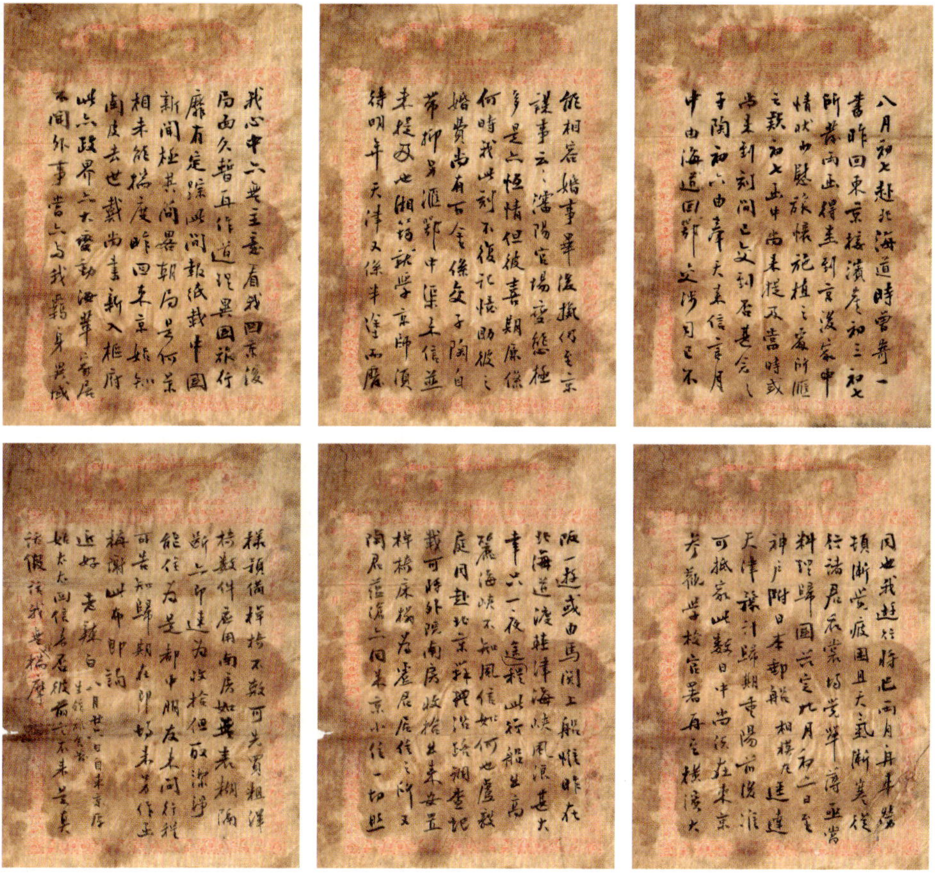
八月初七赴北海道時曾寄一
書，昨回東京接讀[illegible]初三、初七
所發兩函，得悉到京後家中
情狀，如慰旅懷。施植之家所匯
之款，初七函中尚未提及，當時或
尚未到，刻間已交到否，甚念。
子陶初六由奉天來信言，月
中由海道回鄂，文[illegible]日已不

能相晤，婚事畢後擬仍至京
謀事云云。瀋陽官場[illegible]懸極
多，是亦恆情，但彼書期原係
何時，我此刻不復記憶，勖彼之
婚費尚有百金，係交子陶自
帶。柳昇匯鄂中渠之信並
未提及也。緗筠就學京師，須
待明年，天津又係半途而廢

我心中亦甚主意，看我回京後
局面，久暫再作道理。異國旅行
靡有定蹤，與間報紙載中國
新聞極其簡略，朝局是何景
相，未能揣度。昨回東京始知
南皮去世，戴尚書新入樞府，
此亦政界之大變動。海華之[illegible]居
不聞外事，[illegible]亦與我羈身異域

同也。我遊於此已兩月，舟車勞
頓，漸覺疲困，且天氣漸寒，從
於諸君後完此考察，亟當
料理歸國，定九月初二日至
神戶附日本郵船相模丸遄達
天津，預計歸期重陽前後，准
可抵家。此數日中尚須在東京
參觀學校、官署，再至橫濱、大

阪一遊，或由馬關上船。惟昨在
北海道渡輕津海峽，風浪甚大，
[illegible]吐一夜，遠程此行船[illegible]高
麗海峽，不知風信如何，也慮殺
庭[illegible]赴北京[illegible]細查記
我可將外院南房收拾出來，安置
梓椅床榻等[illegible]居，居住之所又
陶君[illegible]濱之同來京，小住一切照

樣預備。梓椅不敷，可先買粗洋
椅數件，應用南房如無表糊兩
[illegible]亦即速為收拾，但取潔淨，
能住為是。都中朋友未聞行程，
可告知歸期，在即好來，暫作[illegible]
梅謝此布，即詢
近好。[illegible]白。八月廿二日自東京[illegible]
姑太太回信否？[illegible]來不來[illegible]
[illegible]假，[illegible]我要揣摩

朱啟鈐致于寶珊家書（1909年）

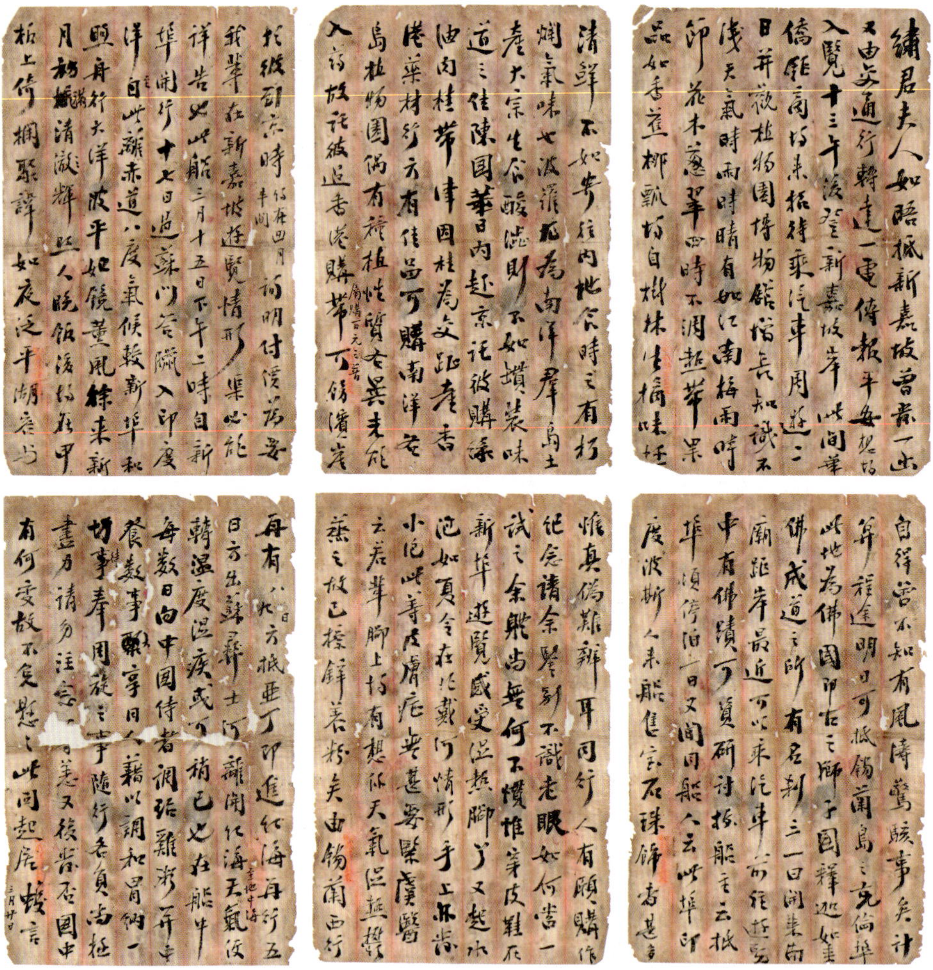

朱啟鈐致于寶珊家書（1921 年）

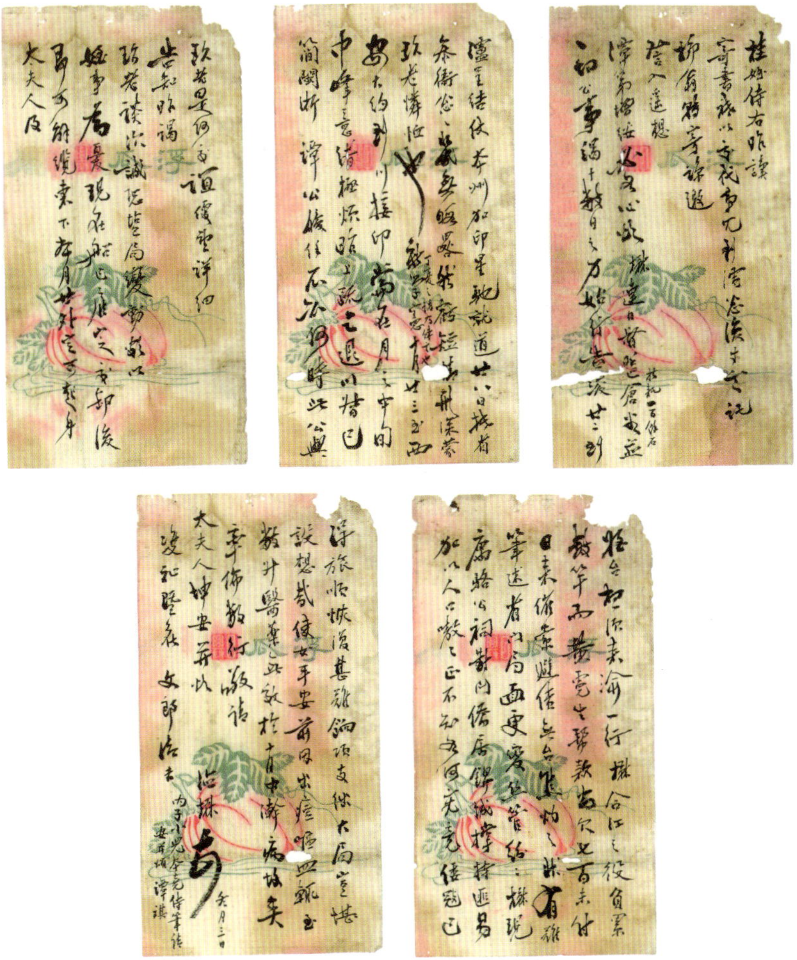

于德楙致朱啟鈐書札（1894 年）

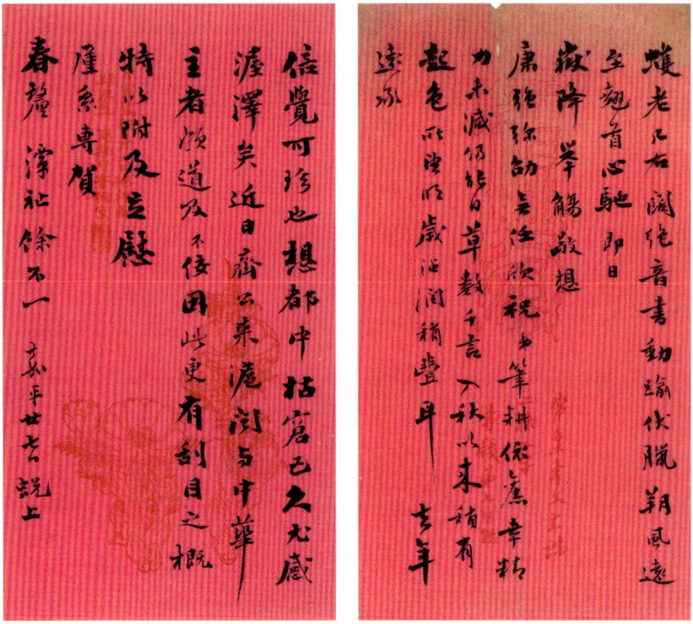

瞿宣穎致朱啟鈐書札（1955年）

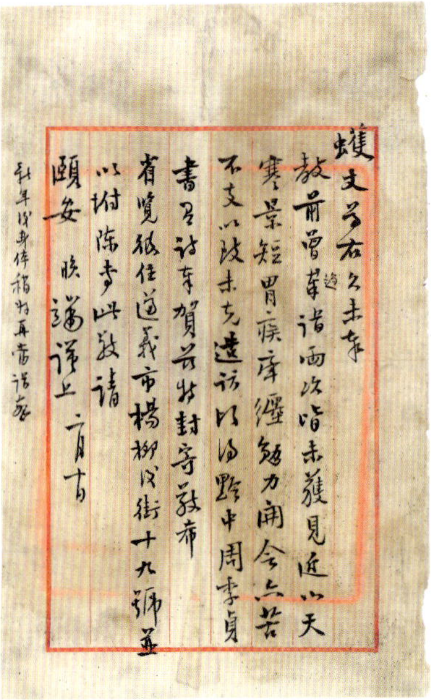

邢端致朱啟鈐書札（1956年）

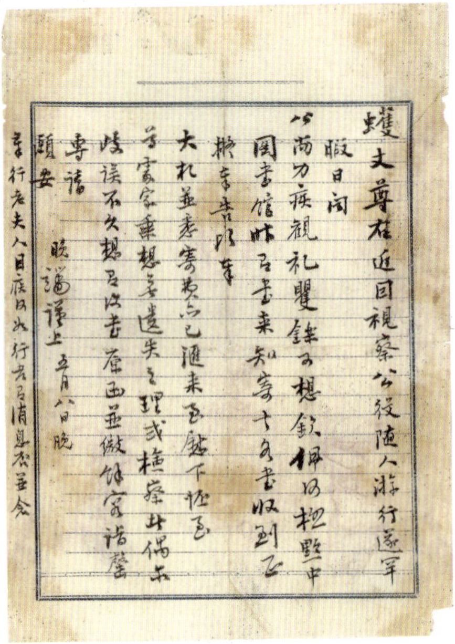

邢端致朱啟鈐書札（1957年）

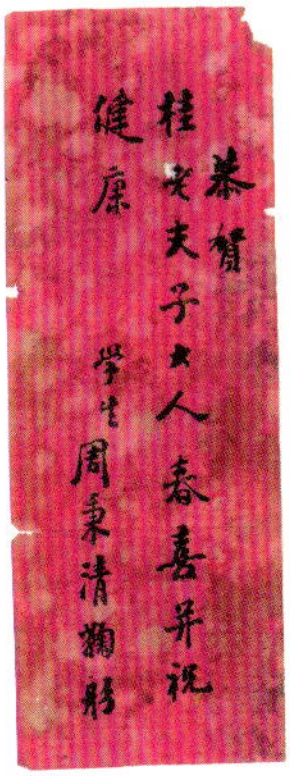

恭賀
桂老夫子大人春喜并祝
健康
學生周秉清鞠躬

周秉清致朱啟鈐
（1963 年）

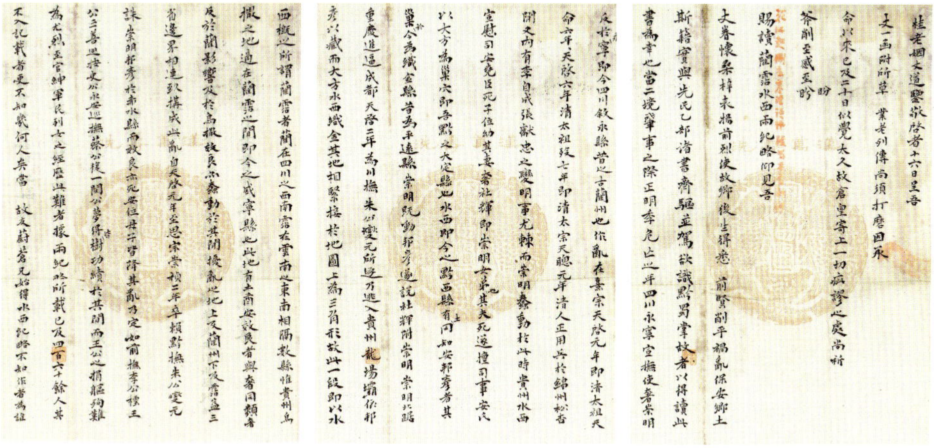
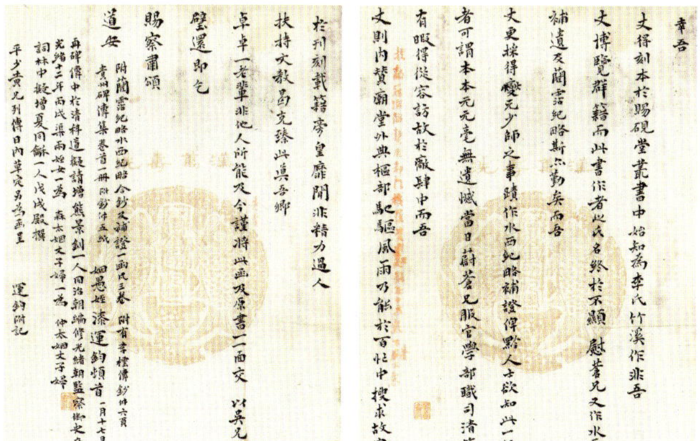

桂老姻丈道鑒：敬啓者，十六日呈吾
丈一函，附所草業老列傳，尚須打磨，因承
命以來已及二十日，似覺太久，故倉皇寄上，一切疵謬之處，尚祈
斧削，至感至盼。
賜讀藺露、水西兩紀略，仰見吾
丈眷懷桑梓，表揚前烈，使故鄉後生得悉前賢削平禍亂、保安鄉土。
斯籍實與先民乙部諸書齊驅並駕。欲識黔蜀掌故者，以得讀此
書為幸也。當二境肇事之際，正明季危亡之年，四川永寧宣撫使奢崇明
反於寧，即今四川敘永縣，昔之古藺州也。作亂在熹宗天啓元年，即清太祖天
命六年。天啓六年，清太祖殁，七年即清太宗天聰元年，清人正用兵於錦州、松杏，
關之內有李自成、張獻忠之變，明事尤棘，而崇明蠢動於此時。貴州水西
宣慰司安堯臣死，子位幼，其妻奢社輝，即崇明女弟也，其夫死，遂擅司事。安氏
以大方為巢穴，即吾黔之大定縣也。水西即今之黔西縣。有同知安邦彥者，其
巢今為織金縣，昔為平遠縣。崇明既動，邦彥遂說社輝附崇明。崇明北踞
重慶，進逼成都。天啓二年，為川撫朱公燮元所逐，乃逃入貴州龍場壩，依邦
彥以藏。而大方、水西、織金其地相緊接，於地圖上為三角形，故此一段即以水
西概之。所謂藺露者，藺在四川之西南，露在雲南之東南，相隔數縣，惟貴州烏
撒之地適在藺露之間，即今之威寧縣也。此地有土酋安效良者，與奢同類。奢
反於藺，影響及於烏撒，效良亦蠢動於其間，擾亂之地上及藺州，下及露益三
省邊界，相連致構成此亂。自天啓元年至思宗崇禎二年，卒賴黔撫朱公燮元
誅崇明、邦彥於赤水縣，而效良亦死，安位母子皆降，其亂乃定。如前撫李公標、王
公三善、巡按史公永安、巡撫蔡公復一、閻公夢得皆樹功績於其間，而王公之捐軀殉難
為尤烈。至官紳軍民列女之經歷此難者，據兩紀略所載，已及四百六十餘人，其
不入記載者更不知幾何人矣。當
故友蔚蒼兄始得水西紀略，不知作者為誰，
幸吾
丈得刻本於賜硯堂叢書中，始知為李氏竹溪作，非吾
丈博覽群籍，而此書作者之氏名終於不顯。慰蒼兄又作水西紀略
補遺及藺露紀略，斯亦勤矣。而吾
丈更採得燮元少師之事蹟，作水西紀略補證，俾黔人士欲知此一段掌故
者可謂本本元元，毫無遺憾。當日蔚蒼兄服官學部，職司清簡，公餘
有暇，得從容訪故於祕府中，而吾
丈則內贊廟堂，外典樞部，馳驅風雨，乃能於百忙中搜求故實，生平
於刊刻載籍，旁皇靡閒，非精力過人
扶持文教，曷克臻此，真吾鄉
卓卓一老輩，非他人所能及。今謹將此函及原書一一面交，以吳兄代為
璧還，即乞
賜察。肅頌
道安
附藺露紀略、水西紀略合釘又補證一函凡三卷，附有李標傳，釘什六頁
貴州碑傳集卷首一冊，附釘什五紙
姻愚姪漆運鈞頓首 一月十七日
再碑傳中於清科道擬請增熊景釗一人，同治朝編修，光緒朝監察御史，卒於
光緒十二年丙戌，渠兩女一為 森太姻丈子婦，一為 仲太姻丈子婦。
詞林中擬增夏同龢一人，戊戌殿撰。
平步青兄列傳日內草定，另為函呈。
運鈞附記

漆運鈞致朱啟鈐書札（1961 年）

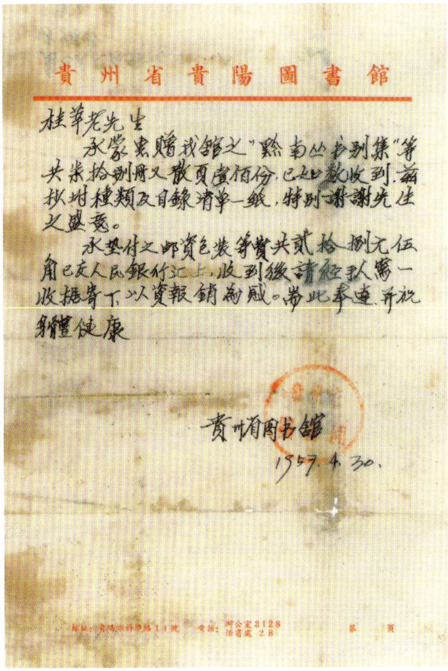

貴州省貴陽圖書館

桂莘老先生

承蒙惠贈我館之"黔南叢書別集"等共柒拾捌冊又散頁壹佰份，已如數收到。茲奉附種類及目錄清單一紙，特別謝謝先生之盛意。

承墊付之郵資包裝等費共貳拾捌元伍角已交人民銀行匯上，收到後請給我們寫一收據寄下，以資報銷為感。專此奉達，并祝

身體健康

貴州省圖書館

1957.4.30.

貴州省圖書館致朱啟鈐函

（1957 年）

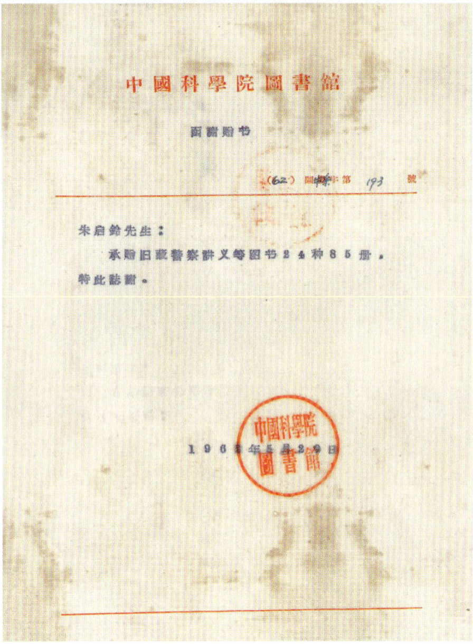

中國科學院圖書館

函謝贈书

（62）圖[illegible]字第 193 號

朱启钤先生：

承贈旧藏警察讲义等图书24种85册。

特此誌謝。

196[illegible]年5月29日

中國科學院圖書館

中國科學院圖書館致朱啟鈐函

（1962 年）

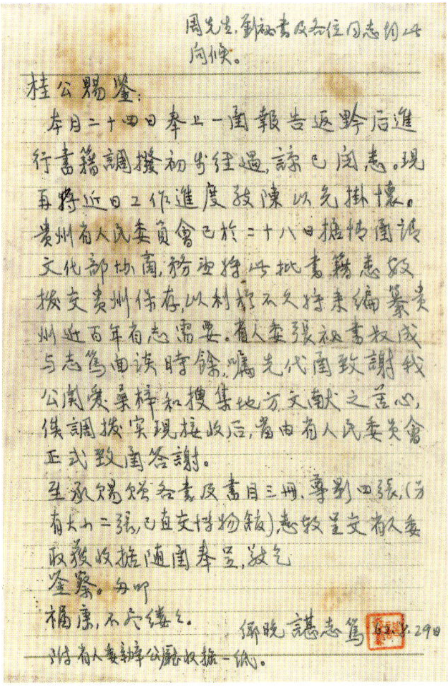

周先生、劉秘書及各位同志均此問候。

桂公賜鑒：

本月二十四日奉上一函報告返黔后進行書籍調撥初步經過，諒已閱悉。現再將近日工作進度敬陳，以免掛懷。貴州省人民委員會已於二十八日按照貴函與文化部協商，務必將此批書籍悉數撥交貴州保存，以利於不久將來編纂貴州近百年省志需要。省人委張秘書長戌與志篤面談時，餘囑先代函致謝我公關懷桑梓和搜集地方文獻之苦心，俟調撥實現接收后，當由省人民委員會正式致函答謝。

至承賜贈各書及書目三冊、專影四張（另有大小二張已直交博物館），悉數呈交省人委取獲收據，隨函奉呈，敬乞

鑒察。再叩

福康，不盡縷縷。

鄉晚 諶志篤 62.5.29日

附省人委辦公廳收據一紙。

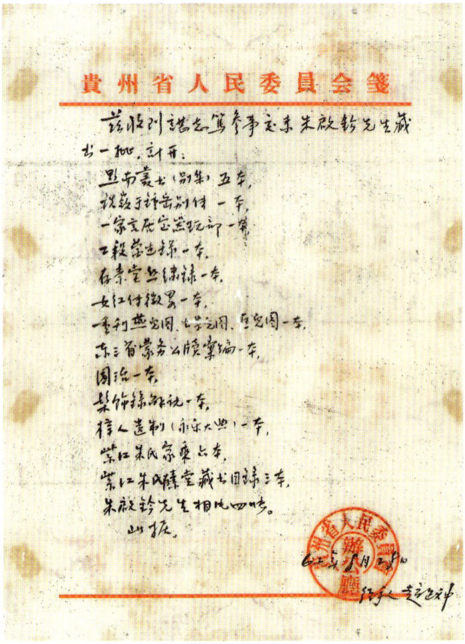

貴州省人民委員会箋

茲收到諶志篤參事交來朱啟鈐先生藏書一批，計開：

黔南叢書（別集）五本，

[illegible]一本，

一家言居室器玩部一冊，

工段營造錄一本，

存素堂絲繡錄一本，

女紅傳徵略一本，

重刊燕几圖、蝶几圖、匡几圖一本，

東三省蒙務公牘彙編一本，

園冶一本，

髹飾錄解說一本，

梓人遺制（永樂大典）一本，

紫江朱氏家乘六本，

紫江朱氏存素堂藏書目錄三本，

朱啟鈐先生相片四帳。

此據。

62年5月28日

經手人

貴州省人民委員會辦公廳

諶志篤致朱啟鈐書札附省人委辦公廳收據（1962 年）

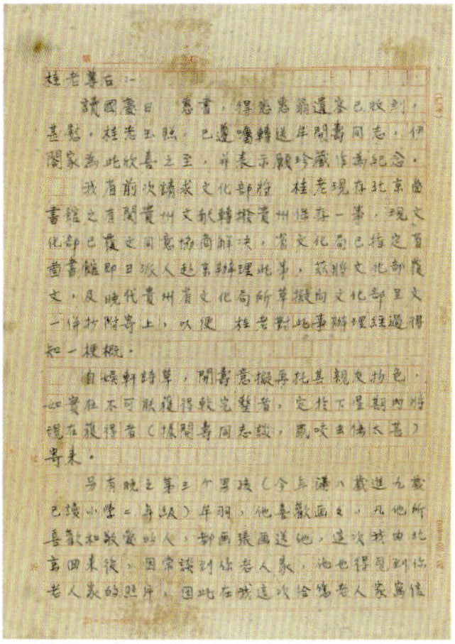
桂老尊右：

讀國慶日惠書，得悉愚翁遺容已收到，甚慰。桂老玉照，已遵囑轉送牟閬壽同志，伊闔家為此欣喜之至，并表示願珍藏作為紀念。

我省前次請求文化部將桂老現存北京圖書館之有關貴州文獻轉撥貴州保存一事，現文化部已覆文同意協商解決，省文化局已指定省圖書館即日派人赴京辦理此事。茲將文化部覆文，及晚代貴州省文化局所草擬向文化部呈文一併抄附寄上，以便桂老對此事辦理經過得知一梗概。

自娛軒詩草，閬壽意擬再托其親友物色，如實在不可能獲得較完整者，定於下星期內將現在獲得者（據閬壽同志談，尚缺五係之甚）寄來。

另有晚之第三个男孩（今年滿八歲進九歲，已讀小學二年級）年羽，他喜歡画々，凡他所喜歡和敬愛的人，都画張画送他，這次我由北京回來後，因常談到你老人家，他也得見到你老人家的照片，因此在我這次給您老人家寫信

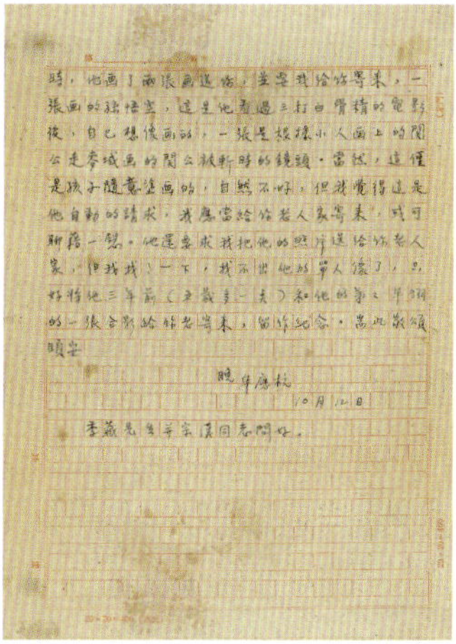
時，他画了兩張画送你，並要我給你寄來，一張画的孫悟空，這是他看過三打白骨精的電影後，自己想像画的，一張是根據小人画上的關公走麥城画的關公被斬時的鏡頭。當然，這僅是孩子隨意塗画的，自然不好，但我覺得這是他自動的請求，我應當給你老人家寄來，或可聊博一笑。他還要求我把他的照片送給你老人家，但我找了一下，找不出他的單人像了，只好將他三年前（五歲多一点）和他的弟々半歲時的一張合影給你老寄來，留作紀念。專此敬頌

頤安

晚牟應杭

10月12日

季薇先生并宗濂同志問好。

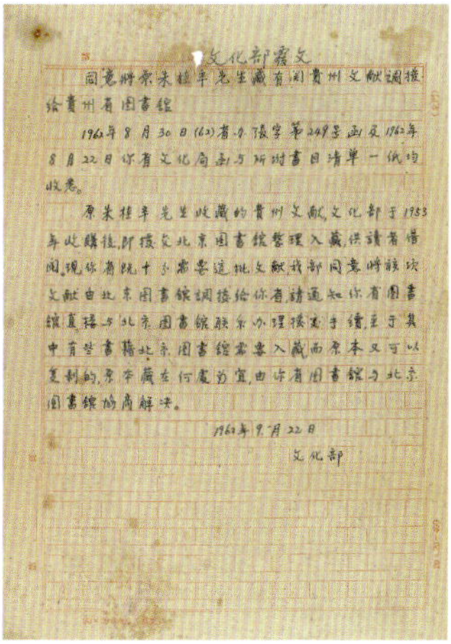
文化部覆文

同意將原朱桂辛先生藏有關貴州文獻調撥給貴州省圖書館

1962年8月30日(62)省文張字第249號函及1962年8月22日你省文化局函与所附書目清單一紙均收悉。

原朱桂辛先生收藏的貴州文獻，文化部于1953年收購後，即撥交北京圖書館整理入藏，供讀者借閱。現你省既十分需要這批文獻，我部同意將該項文獻由北京圖書館調撥給你省，請通知你省圖書館直接与北京圖書館聯系办理接交手續。至于其中有些書籍北京圖書館需要入藏而原本又可以复制的，原本藏在何處為宜，由你省圖書館与北京圖書館協商解決。

1962年9月22日

文化部

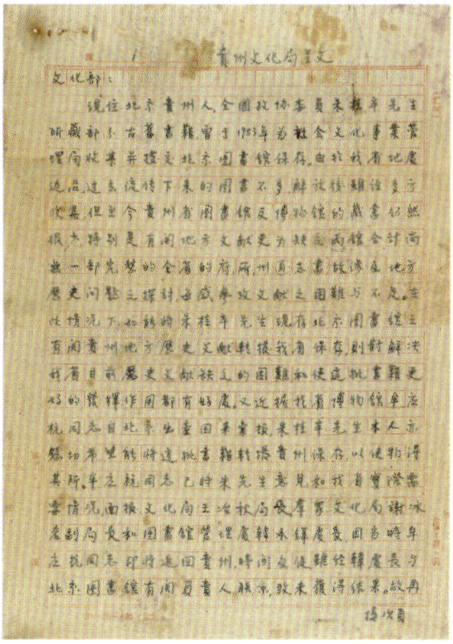
1

貴州文化局呈文

文化部：

現住北京貴州人、全國政協委員朱桂辛先生所藏部分古舊書籍，曾于1953年為社會文化事業管理局收集并撥交北京圖書館保存。由於我省地處邊區，過去流傳下來的圖書不多，解放後雖經多方收集，但至今貴州省圖書館及博物館的藏書仍然很少，特別是有關地方文獻更為缺乏，兩館合計尚無一部完整的全省的府、廳、州、縣志書，致使本地方歷史問題之探討與借參考文獻之困難与不足。在此情況下，如能將朱桂辛先生現存北京圖書館之有關貴州地方歷史文獻，轉撥我省保存，則對解決我省目前歷史文獻缺乏的困難和使這批書籍更好的發揮作用，都有好處。又近據我省博物館牟應杭同志自北京出差回來彙報，朱桂辛先生本人亦熱切希望能將這批書籍轉撥貴州保存，以使物得其所。牟應杭同志已將朱先生意見和我省實際需要情況面報文物局王冶秋局長、羣眾文化局謝冰岩副局長和圖書館管理處韓水鐸處長，因當時牟應杭同志即將返回貴州，時間匆促，雖經韓處長与北京圖書館有關負責人聯系，致未獲得結果。故再

接次頁

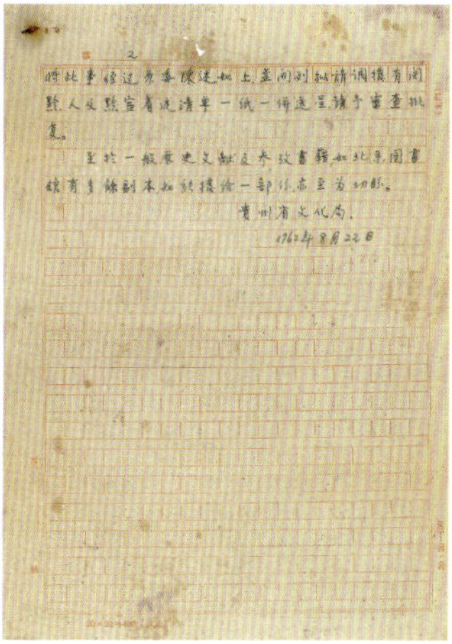
2

將此事經過原委陳述如上，並開列擬請調撥有關黔人及黔宦著述清單一紙一併送呈，請予審查批复。

至於一般歷史文獻及參考書籍，如北京圖書館有多餘副本，如能撥給一部份，亦至為切盼。

貴州省文化局

1962年8月22日

牟應杭致朱啟鈐書札

附文化部覆文及貴州省文化局呈文（1963年）

中華民國九年庚申　一九二〇年　四十九歲

本年,徐世昌在大總統任。

是年,居於天津英租界。(劉宗漢《有關朱啟鈐先生史料的幾點補正》)在中興煤礦公司總經理任。

一月六日,午刻,大總統徐世昌約請先生與梁士詒、周自齊、葉恭綽、曹汝霖、陸宗輿、吴鼎昌、吴笈蓀宴集,談實業各事良久。(《徐世昌日記》)

二月二十七日,下午,自天津至京拜訪徐世昌。(《徐世昌日記》)

四月二十三日,許寶蘅函告先生,徐世昌請先生出任勸業會總裁。

《許寶蘅日記》:致朱桂老書,府主囑其任勸業會總裁。

按:府主,即大總統徐世昌。《許寶蘅日記》三月二十日(5月8日):"樸老約明日到晚晴簃謁府主面談。"

五月二十四日,瞿宣穎到天津晤先生。

《瞿兑之日記》(外三種):四月七日(5月24日),到天津晤桂兄,當日回家。

五月二十七日,自津到京,瞿宣穎訪先生不遇。

《瞿兑之日記》(外三種):四月十日(5月27日),桂到。偕仙游雍和宫、國子監,便訪桂,不遇。

五月二十八日,晨,瞿宣穎訪先生,先生贈送其一百元。

《瞿兑之日記》(外三種):四月十一日(5月28日),晨訪桂。訪君衛。〇君衛、君實昆仲請於來今雨軒,旋訪林季丈。○發叔瑜五號信。○桂贈＄100.00。

五月二十九日，訪許寶蘅於集靈囿。見瞿宣穎。

《許寶蘅日記》：（早）六時半到集靈囿，朱桂老來談，十時半歸寓。

《瞿兑之日記》（外三種）：四月十二日（5月29日），見桂及任振采。

六月十七日，未刻，北戴河海濱公益會假李思浩宅召開職員會，先生與幹事吴鼎昌、管鳳龢、吴頌平參會，吴鼎昌代表副會長王郅隆、先生代表董事王克敏、楊再田代表董事楊以德、管鳳龢代表董事李士鑑、吴鼎昌代表監事張弧參會，臨榆縣長周嘉琛、警察署長袁仞千列席會議，監事施肇曾闕席。

《會議録》：中華民國九年六月十七日未刻，假李贊侯君宅開職員會。列席者：會長朱桂辛君、副會長王祝三君、吴達詮代表。董事王叔魯君、朱桂辛代表。楊敬林君、楊再田代表。李希明君、管洛聲代表。監事張岱杉君、吴達詮代表。幹事吴達詮君、管洛聲君、吴頌平君。闕席者：監事施省之君。地方行政官列席者：知事周衡峰君、警察署長袁仞千君。會長首述："上年八月職員會議决應辦各事，以工程爲大宗，本年次第舉辦，大致告成。所有經過情形及用款大略，應由幹事報告。此後本會應繼續興辦暨關繫地方之事，請諸君群細討論。"吴達詮君報告："本年度按上年八月職員會議决計畫分別辦理，有業經實行者，有正在進行者，有因事實及款項之關係而變更擴充者，逐項報告如左：一、東山馬路。自車站而東爲幹綫，中分三支綫達海，以便沿綫居户海岸往來。末分二支綫，一達金山嘴，一達鴿子窩，以便名勝之遊覽。石嶺會舊築馬路一段，亦重築以歸一律。惟經過劉莊問題尚未解决。計自去歲興工迄今，全工業將告竣，共工費一萬九千三百元。二、西山馬路。西山馬路除去歲業經修築外，本年復於公園旁添築一支路，公園前添築二支路，凡以謀遊覽者之便利，其他道路亦間有增益，共工費七千餘元。此項工費中，園旁支路有涵洞八處，石橋二處，用費較巨，占三千八百餘元，公園前支路占二千五百餘元，餘工只千元有奇。三、事務所。事務所建房十二間，已竣工，計建築及器具各費共九千五百餘元，種樹、築路並略有所需。四、醫院。醫院建房五間，亦經竣工，計建築及器具各費共五千四百元，並經會員施省之君介紹中央醫院訂立合同，醫藥均由院具備，旬日後即可開診。五、公園。蓮花石公園工程，計建橋、築路、種樹、鋪草、栽花各項，均次第興作，計需工費五千一百八十元，以天旱不雨未克竣工，然大致均已楚楚。比復於蓮花石之北建築咖啡館，爲遊園者憩息之所，計估工費二千七百元。六、苗圃。海濱樹木宜提倡培植，因於公益會所屬隙地及廟前後開闢苗圃，搜羅樹秧、樹種分區培植，兼以供售居户，計用固定費二千元左右，流動費三千元左右。七、廟宇。聯峰山舊有廟聯峰寺，夙爲十三排各村居民所信仰，叢林古刹亦名勝之一，惜年久失修，泰半傾圮。張積善堂與十三排本有歲修之約，本會商諸會員張叔誠君，承踐約重建，計需工費六千餘元，悉由積善堂捐助。吴鏡潭先生捐送古銅鐘一具，其佛像、經龕，本會暨都中信善士女布施供奉。

另於廟前闢路曲達公園。八、海灘馬路。海灘馬路，上年開職員會時籌款尚無把握，未敢遽議全修，若分段節節修築，又恐費時、費工、費款，事實上亦不便。本年度幸公私補助款項稍裕，遂決議全段興修，東自西山第三橋起，西至河東寨海邊止，計長二千五百米達，寬二十二米達，六中分人道、車馬道，環以茵草，層列刺槐，護以石堤，附有橋梁四、涵洞七，共估工費四萬三千九百元。本年三月興工，已平基鋪石，而天旱水枯，土乾石散，無法輾軋。輟工待雨，幾已月餘，本年能否竣工殊不可必。九、旅館。旅館建築爲海濱不可少之設置，惟需款巨，必合資乃可集事。會員王叔魯君介紹中法銀行賽利爾君合辦，依中國法律創北戴河海濱旅館公司，集資五十萬元，先收二分之一，本會會員擔任募集半數，業已收齊。擇地於西山東首海濱馬路起點處，年内即可興工。綜以上所列工程，按原定計畫大致均就緒，且更有變更擴充之處。雖年内未克完全竣工，而循序漸進，必可計日觀成。至本年度收支款項數目，均有詳細賬册另行製表刊布，無庸贅及，惟關於籌集基本金之辦法，有應行陳述者。查本會經費，兩年以來均賴公私捐助用資興創，此後事業有定，用費無窮，不謀長久之計，必有中輟之虞。因購元年公債十萬元，作爲本會基本金，常年計可得息六千元，益以臨時捐款，當可維持久遠也。（《北戴河海濱公益會報告書》民國十年一月）

按：袁仞千，疑似即北戴河海濱警察局長袁澤鳳，待考。

七月七日，瞿宣穎抵津，赴先生寓所下榻。

《瞿兑之日記》(外三種)：五月二十二日(7 月 7 日)，抵津，在少石家小坐，即赴桂宅下榻焉。五月二十三日(7月8日)，與桂辛小談，即赴中孚午餐。晚車到京。

七月十四日，直皖戰争開始。(《中華民國史.大事記》)

八月十一日，周自齊署財政部總長，葉恭綽署交通部總長。(《辛亥以後十七年職官年表》)粤桂戰争爆發。(《中華民國史.大事記》)

九月十九日，午刻徐世昌約先生與梁士詒、顔惠慶、張志潭、葉恭綽諸人宴集，久談。(《徐世昌日記》)

十月九日，受徐世昌委派，負責督辦用法國退還庚子賠款影印《四庫全書》事宜。

《中華民國史.大事記》：十月九日，徐世昌派朱啟鈐督理印行《四庫全書》事宜。

《水竹邨人年譜》稿本：是月，法總理班樂衛來華，建議退還庚子賠款，影印《四庫全書》。公允影印後分贈法總統及巴黎之中國學院，並明令派朱啟鈐督辦其事，派陳垣清查京師圖書館文津閣書之架函册頁確數，以便計劃影印。

《景印四庫全書全景書後》：民國九年，啟鈐奉東海徐公之命，董景印《四庫全書》之役……法故總揆班樂衛者素尚儒術，尤以溝通中西文化爲己任。先是葉玉甫恭綽銜命赴歐，與彼都人士壇坫相接，協議於巴黎大學設中國學院。黔人韓汝甲爲譯學館及門高材，介其辭於兩國之間，創借用《四庫全書》之議，列舉十四端，騰爲書説……班氏遂以九年五月來聘，歷訪朝野，親加商榷，爰定由我國刊印全書，而以三部贈諸法國。未幾，遂由巴黎大學贈奉徐公以名譽博士，蓋文化互通其途愈密矣……啟鈐遍歷諸邦，訪問最巨之圖書館，其結構皆不能容此鉅製……歸而陳之政府，徵集專家折衷討論……政局旋變，而事遂中寢。（《蠖園文存》卷下）

《葉遐庵先生年譜》民國九年：建議設立通儒館，經營國立圖書館，影印《四庫全書》，保存公私藏書、釋道藏版片、軍機處檔案。先生平昔主張闡揚我國文化甚力，至是遂條陳大總統曰："……《四庫全書》宜速爲影印流通也。有清類書之鉅，莫鉅於《圖書集成》；叢書之鉅，莫鉅於《四庫全書》。《圖書集成》原有刊本，光緒間曾石印一次，又用鉛字排印一次，故海内流布尚多。《四庫全書》祗傳寫本，分置七閣及翰林院。洪楊之役，文宗、文匯毀其二；英法聯軍之役，文源燬其一；庚子□亂，翰林院又毀其一。於是存者惟文淵、文溯、文津、文瀾四部，文瀾本已多散佚，文津、文溯兩本年前輦載來京，及今不圖，恐此區區亦復難保。近日法國學院有商借全書之議，此書卷帙比《圖書集成》不過十倍，從事影印非不可能。文津本讐校未精，間有譌謬，是宜速將文淵閣本由政府提倡集資影印，以廣其傳。不獨國内都會可各儲一部，即東西各國孰不歡迎，發揚國光，莫此爲盛。恭綽於此事已略有計畫，需費雖鉅，尚不十分困難……至辦理上列各事，有並不需費者，有需費較鉅者。一、二兩項自可立見施行，其第三項比較爲難，然苟上下同心，似亦非絕無辦法。再前此國人希望各國交還庚子賠款，其預定用途尚無定準，竊意應將上列圖書館、博物院及常年搜存圖書古物費一併列入用途之内。事關文化,度國内外無不贊成,尚盼政府記注及之,以爲進行基礎。”上項建議頗爲徐總統嘉納,然卒以費鉅款絀迄未果行。提出閣議請刊行《四庫全書》,先生以《四庫全書》爲吾國最大典籍,書成不及百載而文匯、文宗、文瀾、文源次第燬於兵燹。頃所存者祗文淵、文溯、文津三本,若不亟爲影印以廣流傳,恐遂飽羣蠹。且此書負世界重名,日本圖書館近欲出貲重寫一分,法國巴黎大學亦請借閱影印,亟宜乘此機會由政府提倡辦理設立《四庫全書》刊行會,由大總統派定專員主持其事,並指定文淵或文溯閣本由原管官廳交會中保存招商發印。准其發行預約券,由内外官紳實力襄助,並須籌定官款以爲後盾。經即提請閣議議決施行,然全書底本存北京者計有三部,宜據某部影印不易判斷。先生知陳援庵垣對此素有研究,乃采用其說,主用文淵閣本,並主交由商務印書館承印。與該館往返商榷,張菊生元濟因此事特至北京,張以事體重大,須先知全書葉數始能估計。詢之教部及該館職員,皆瞠無以對,先生乃屬陳援庵約知友樊右善等數人義務的將全書逐册數計一次。大暑時期,凡兩月而畢,計全書册數三六二七五,葉數二二九零九一六,于是該館始得據以覈估,定出辦法。説者謂此種繁瑣工作,非先生莫肯從事焉,然此實即科學化之治事也。厥後,因教部中人與該館意見不洽,卒不果印行。至民國十四年段政府時又議影印,仍與商務印書館商議承印,該館復申前議,又以部中阻格而罷。又越十年,國府教部又議印行,已知全書付印之不可能,因有選印之議,但標準頗不易定,部中所擬選印之目,輿論頗不謂然。先生與同志争之教部,

結果乃用陳援庵之議，專印由《永樂大典》輯出之本，事始解決，但不及全書十分之二也。（《葉遐庵先生年譜》）

按：文中引用葉恭綽《闡揚文化條陳》作於民國九年，收録於《遐庵彙稿》上編《公牘（條陳）》。

十一月十三日，第二次京師書畫展覽會在中央公園舉辦，先生提供十三件藏品參展。（萬君超《葉恭綽鑒藏編年事輯》）

十二月十五日，下午，自天津至京拜訪徐世昌。（《徐世昌日記》）

十二月十九日，徐世昌頒布第二千九百九十七號大總統指令，特派先生代表前往法國巴黎大學接受博士學位。

徐世章《巴黎大學監督會及文科大學分科會議關於贈授徐世昌榮譽博士決議譯文》：十一月初八日大學監督會會議關於贈給徐大總統榮譽博士問題宣布原文譯下："巴黎大學監督會經班樂衛先生由遠東歸來報告其委托職務之後，全體一致贊成贈與中華民國大總統徐公世昌榮譽博士學位。"文科大學分科會議宣布原文譯下："文科大學分科經文科學長建議並由格拉雷報告，全體會員贊成贈與中華民國大總統榮譽博士，庶足獎勵該大總統之著述技藝，兼表感謝中華民國政府之好意。"（《天津市歷史博物館館藏北洋軍閥史料》徐世昌卷九）

按：譯文列入一九二〇年。

《徐世章轉呈班樂衛就巴黎大學贈授徐世昌文學博士學位事致外交部交通部電譯文》：謹譯法國前總理班樂衛自

巴黎來電，恭呈鈞鑒："外交部轉交通部徐次長鑒：巴黎大學校正式議決贈中國大總統博士學位，授與式及日期同時訂定公布，謹此先達。班樂衛。"徐世章謹呈，十一月十三日。(《天津市歷史博物館館藏北洋軍閥史料》徐世昌卷九)

按：譯文列入一九二〇年。

《徐世昌特派朱啟鈐代表接受巴黎大學贈授博士學位指令》(大總統指令第二千九百九十七號)：《令署外交總長顏惠慶呈擬請特派大員赴法接受學位由》：呈悉。此次法國巴黎大學以最高博士學位贈與本大總統，不特有關吾國學術榮譽，並足爲邦交敦睦及兩國文化互輸國民輯協之明徵。我躬當此，實深欣謝，祇以身膺國政，未克親往，特派朱啟鈐代表前往接受，以昭鄭重，即由外交部查照轉達。此令。中華民國九年十二月十九日。(《天津市歷史博物館館藏北洋軍閥史料》徐世昌卷九民國九年十二月二十一日吳笈蓀轉呈徐世昌指令致朱啟鈐函附件)

徐世章《法國代理公使爲贈授徐世昌文學博士學位照會顏惠慶譯文》：大法國駐華代理全權公使頭等參贊慕(作者注：原文此後空缺數格)爲照會事。茲准本國外交總長來電，以據巴黎博學院現已贈與中華民國大總統徐世昌君榮譽文學博士學位，特囑本總長代爲陳明其欣賀之誠，謹爲達知等因，前來。本代使准此相應備照奉達，即祈貴總長敬爲呈諸貴國大總統之前，實爲感荷也。須至照會者。右照會大中華民國外交總長顏。中華民國九年十二月六日。(《天津市歷史博物館館藏北洋軍閥史料》徐世昌卷九)

按：《中華民國史．大事記》一九二一年五月二十五日

"駐京法使館代辦慕古海就中俄關係問題訪北京政府外交部","大法國駐華代理全權公使頭等參贊慕"當即"慕古海"。

十二月二十一日,吴笈蓀致書先生,抄送委派先生赴巴黎大學代領博士學位之大總統指令。

《吴笈蓀轉呈徐世昌指令致朱啟鈐函》:桂老總長鈞鑒:敬啟者:外交部請派大員赴法接受學位一案,昨經呈奉指令,兹特照録送呈,即請察閲。祇頌台安。吴制笈蓀謹啟,十二月二十一日。附抄指令一件。(《天津市歷史博物館館藏北洋軍閥史料》徐世昌卷九)

按:隨函抄録十二月十九日《徐世昌特派朱啟鈐代表接受巴黎大學贈授博士學位指令》(大總統指令第二千九百九十七號)。

十二月三十一日,具呈大總統徐世昌文,推選前往巴黎大學代爲接受學位隨行人員。

《朱啟鈐爲遴調赴法國參隨人員呈徐世昌文》:《呈爲遴調參隨人員藉資贊助仰祈鈞鑒事》:竊查此次法國巴黎大學特贈我大總統最高博士學位,實爲國際上莫大榮譽,接受典禮至爲隆重,啟鈐忝蒙特派代表前往,非得賢員贊助,彌恐隕越貽羞。查有公府秘書交通部諮議周詒春、公府禮官外交部參事上行走王廷璋,或久著學譽,或諳習禮儀,足備參贊。又查有虞順德、章以吴二員,均在交通部鐵路局供差,嫻習外國語言,堪以派充隨員。此次調員隨使,係屬承辦接受學位特典,擬請免開原有差缺,並免扣俸薪,以示優異。如蒙俞允,即請飭由秘書廳暨外交部、交通部分别行知。除將應行籌備事宜分別接洽，一俟定期放洋再行呈報外，所有擬調參隨人員緣由，理合恭呈。伏乞鈞鑒訓示，謹呈大總統。特派接受學位代表朱啟鈐。(《天津市歷史博物館館藏北洋軍閥史料》徐世昌卷九)

《瞿兑之日記》(外三種)：十一月二十二日(12 月 31 日)，早間見桂兄交去條陳。

按：呈文未署時間，《北洋軍閥史料》將其置於民國二十年末。瞿宣穎日記所言條陳，當即指呈文。

冬，由先生出資贊助的櫻桃斜街老貴州會館修復工程完成。

《蠖園年表》：改建北平櫻桃斜街貴州會館，是年落成。(《紫江朱氏家乘》卷三)

朱啟鈐《重修貴州會館記》：吾黔在京師會館凡七。櫻桃斜街老館爲周漁璜先生康熙乙未歲捐金所置……光緒戊戌，李苾園尚書復捐置南横街新館，規模壯鉅，爲諸館冠。歲時祭饗、冠裳之會，咸集於彼。老館湫隘近市，公交車不至，漸僦爲私邸。毀垣徹屋，無復有顧惜者……斯館鬱埋於此中垂二百年，始得通幽入顯。而地當孔道，房基下陷數尺，蛀樞支户，危椽礙車，東傾西癧，岌岌不可終日……銅仁徐君尚之頗致力於館事，往返京津時相過從，促余賡續前議……今大總統徐公受任，明令罷戰，天下厭聞兵革久矣，南北方有和平之望，乃辱徵辟，使備顧問。歲給厚禄，居恒無所表見，出任上海和會，又勞勞無功，引咎歸休，廩人饋遺如故，欲辭則不得請。爰師孔子與爾鄰里鄉黨之義以營吾館，遂出賜粟授匠氏，鳩工庀材，不期年而落成，全部結構就原址略事變更,大致仍不失漁璜先生之舊。其正棟大厦五楹,合爲南北廳事,用供讌饗;厢房三楹,宜於治事;次進神堂三楹,爲奉祀先賢之所;西偏室五楹,雜蒔花木,爲賓從遊憩之地。餘如門庭廊舍、厨庫群屋等,都爲六十七間,器用供張,設備稱是。綜計工款爲銀圓一萬四千有奇,是皆出自府主徐公之賜,余亦幸而觀成,聊以解吾父老昆季之憂,惟願重睹宇内統一。(《蠖園文存》卷上)

按:記文作於民國十年一月九日。

蒙育民《朱啟鈐與貴州會館》:老館舊址恰在被改造范圍,會館值年貴陽唐公柔、吴伯寅及部分國會議員等與朱啟鈐籌商,將原館房舍全部撤除,升填地基,再共同籌集資金新建。舊房撤後不久,朱氏因以洪憲帝制案去職,被通緝避居天津。貴州部分議員便以此攻訐朱氏,責其賠償會館,並公推銅仁籍議員徐尚之一再赴津向朱交涉。至直民國七年,朱氏通緝解除,還應大總統徐世昌之聘爲上海南北議和的北方總代表。朱氏回北京後,乃以其所得總代表俸給,移作新建會館費用,共計一萬四千多銀元。兼因朱氏主管北京營造工程,富有經驗,在其指導下,會館年餘建成。共有房屋六十七間,規模宏麗,設備完善,焕然爲各館之冠。(館中)壁間刊刻會館文獻碑刻及朱啟鈐自撰《重修貴州會館記》等。此館重修,原議集資,最後係朱氏獨資完成,可見朱氏對貴州鄉情之重,處理得體。(《冉冉流芳驚絶代》)

是年,參加中華全國鐵路協會第二次定期大會,並與周自齊、權量、孟錫珏、會長梁士詒、副會長葉恭綽等人合影留念。(據《中國近代珍藏圖片庫》之《袁世凱與北洋軍閥》卷圖 241

《中華全國鐵路協會第二次定期大會》説明)

是年,迎七姑母居於其家。(《蠖園年表》)

按:據先生回憶,七姑母早適宜賓趙氏,嫠居多年,隨其嗣子寓江西吉安,至是以兵燹流離失所,嗣子又故,因迎居於先生家。

本年,李純卒。

中華民國十年辛酉　一九二一年　五十歲

本年,徐世昌在大總統任。

是年,居天津英租界。(劉宗漢《有關朱啟鈐先生史料的幾點補正》)在中興煤礦公司總經理任。

王作賢、常文涵《朱啟鈐與中興煤礦公司》:一九二一年,中興煤礦公司的股金便成了五〇〇萬元。(《蠖公紀事》)

一月二日,瞿宣穎爲先生起草在巴黎大學講演稿。

《瞿兑之日記》(外三種):民國九年十一月廿四日(1921年1月2日),夜草桂公演稿。

一月九日,作《重修貴州會館記》。

按:《記》收録於《蠖園文存》卷上、《開陽縣志稿》第十一章《藝文》。作於"民國十年歲次庚申嘉平初吉",即民國九年庚申陰曆十二月初一日(陽曆爲民國十年一月九日)。

一月十日,十一時,許寶蘅訪先生。(《許寶蘅日記》)北戴河海濱公益會假先生宅召開職員會,先生與董事王克敏、楊以德,監事施肇曾,幹事吴鼎昌、吴頌平、管鳳龢參會,管鳳龢代表董事李士鑑、吴鼎昌代表監事張弧參會。

由於副會長王郅隆因事不能蒞海濱任事，會員推舉施肇基代理副會長。

《會議録》：民國十年一月十日，假朱桂辛君宅開職員會。列席者：會長朱桂辛君，董事王叔魯君、楊敬林君、李希明君，管洛聲代表。監事施省之君、張岱杉君，吴達詮代表。幹事吴達詮君、吴頌平君、管洛聲君。會長述："上年六月職員會報告各事，因未開常會，未即公布。今截至十二月末，擬作一結束，應由幹事分别報告。"幹事管洛聲君報告："（文略）。以上統合爲五十一宗卷檔，目録如是，即所辦之事實也。撮其要録爲紀事篇，前此會議所未及者略述如左：一、會計出内。本會自開辦至九年十二月末，用過款項共十六萬〇三百五十一元六角五分，已分期具帳略括其用途：道路工事及橋梁，九萬九千二百二十五元二角三分；建設事業及建築，三萬二千九百七十九元七角；補助學校及常年事務費，五千九百〇六元七角二分；備充常年經費購元年公債，二萬一千五百元；備學校補助購元年公債，七百四十元。收入各款：計公家補助，九萬五千元；會員特别捐，四萬〇三百〇五元四角；利息及附加捐，八千〇三十九元八角三分。以收抵支，不敷一萬七千〇〇六元四角二分，業由銀行暫時借墊。九年九月，以經費拮据，湊集難乎爲繼，呈交通部請援莫干山成案，凡本會在海濱已建設之事業及其他應辦各端，飭由路局接管繼續進行。經部局覈議，應仍由本會自行管理。自十年一月起，由京奉路局按季捐助本會經費一千二百元，年共四千八百元，本會得此補助，益以原有公債利息六千元，似可以維持永久。第所欠銀行債款，宜别籌償還之方法。二、道路工事。東山路綫經劉莊市街之一段，初視爲極困難者，今已通過；海灘路迤西，經過俄婦巴圖業福氏門前，横生阻力，應静候地方官廳之解决，今擬即此作爲終點，作一段落；東山路及海灘路興修時，商承楊處長、陳明曹省長借用天津警察廳軋道汽輾一具，京奉路爲免費運致海濱，上年所修西山幹支路亦一律用重汽輾軋壓之，以期經久，人工煤炭等費三千元有奇；第三橋之西山溝叢雜，夏秋大雨，登涉殊不便，今又添一支路通聯峰山麓，費一千四百五十元。以上工事，凡所計畫悉已竣工。三、醫院。定名爲聯峰醫院，夏期開辦後，咸以爲便，惟原建築面積儘二百三十四平方米，地址較窄。施省之君别籌萬二千元，擴充面積四百三十五平方米。附近原有木板舊營房一所，亦即併入醫院。頃工作已將及半。四、苗圃。營業收入，售花草樹木款五千四百五十餘元。現在種植場所，栽培成活之花果樹苗十萬二千七百四十四株，併收穫樹子棉花，估其所值，益以存儲之園藝用器，計共三千二百元有奇。按帳略所領基金及事務費，共四千〇三十元三角。計其盈虧損失七百九十餘元。海濱農藝粗略，擬提倡植美棉，以興地利。種棉五十二畝，以天時奇旱，虧倍四百十餘元。此虧倍款，即包含於前條所列損失七百九十餘元之内。五、大旅館。股款已集，構造圖已投標，擇定地邊亦已填土築堤，惟豫算集股五十萬元尚不敷用，電燈須自安，機飲水用水問題亦極困難。此項公司議决，暫時解散，將來另議組織。六、觀音寺。原議張叔誠君捐款六千元修復，嗣以廟宇觀瞻所繫，未便因陋就簡，續添油飾各工，先後共費八千餘元，仍由張叔誠君一力擔任。

七、補助學校。購七年長期公債爲補助學校基金，已詳述於紀事篇。附近學校有援劉莊前例請補助者，本會無以應其求，嗣值元年公債市價低落，爰售所存七年長期債券，改購元年公債額四千圓，仍交天津金城銀行代爲保存。歲入利息爲二百四十圓，增益數固無幾，積少或可成多。以上撮舉大要，前者會議已有紀録而事實無變更者，不再複述。"衆無異議。會長："依據會章第九條，請監事查覈會計出内簿籍及單據，以便刊布《會計帳略》。"衆贊成。會長提議："修自來水案：海濱飲水咸賴井泉，其不潔而不適衛生，醫學家咸以爲言，且謂幼孩飲此尤非所宜。本會商之天津自來水公司，專門技師赫蘭格柏君親往勘查。北戴河河流入海處，即在聯峰山之西，水源充足，導引分布工事尚不甚難，頃正委托其代爲計畫，並豫算工費。兹事在所必辦，如何籌辦之處，俟確定需款多寡再議。"衆贊成。會長報告："副會長因事不能莅海濱任事，應由職員推舉代理。"衆推舉施省之君代理副會長。會長報告："因公將赴歐美，往復約六閲月，會長職權即由副會長施君代行。"衆贊成。散會。(《北戴河海濱公益會報告書》民國十年一月)

一月十一日，訪許寶蘅。(《許寶蘅日記》)

一月十四日，中央公園董事會公推第三届常任董事。先生與吴炳湘連任正副會長。

《本園董事會歷届常任董事名録·第三届常任董事名録》(民國十年一月十四日公推)：會長：朱啟鈐。副會長：吴炳湘。評議部：江朝宗、王達、江庸、袁乃寛、于寶軒、闞鐸、常耀奎、周作民、喬保衡、權量、沈化榮、馮恕、陸夢熊、任鳳苞、程源深、王文蔚、鄧文藻、劉景山、何瑞章、楊德森、周秉清、王景春、賀頎、水鈞韶、馮耿光、陳炳崙、李殿璋、傅潤璋。事務部管理課：孟錫珏、治格、董玉麐、陳時利、吴承湜；建築課馬榮、華南圭、吕鑄；會計課方仁元、馬榮兼。(《中央公園二十五周年紀念册》第三章《本園章制摘要及人事變遷》)

一月二十六日，午刻大總統徐世昌約請先生與顔惠慶、周自齊、范源濂、張志潭、葉恭綽、郭則沄、吴笈蓀、許寶蘅諸人宴集，徐世昌十弟徐世章同座。

《徐世昌日記》：午刻到西園，約朱桂辛、顔俊人、周子詒、范静生、張遠伯、葉玉虎、郭嘯麓、吴士緗、許季湘諸人宴集，十弟亦同座。

一月，作《北戴河海濱公益會報告書弁言》。

《弁言》：九年夏，北方戰事起，阻交通，欲開常會而未果，編次報告亦未付刊。今届歲杪結束，其經營之事彙録爲一册刊布之。本會今日未敢言規模既具，但道路修治延長萬八千密達，約當三十華里。瀕海别修海灘路，徜徉安步，如履康莊。視昔之崎嶇高下，晴則颺塵，雨則泥潦，跬步維艱，東西山邈若秦越者，殆有間矣。事務所、醫院、苗圃次第建設：醫院房舍較少，施省之君續籌萬二千金擴充之，計日可落成；苗圃集國内外造林之樹移植播種，成活者達十萬株，假以歲月，行將有葱鬱之觀。蓮花石公園之麓，綴以石橋，環拱如虹。橋下鑿石爲池，雨後泉流有聲，海潮松濤若應弦節。樹蔭繁密處建草堂，可供觴詠。花徑蹊間，分布石坐具，可休遊屐。聯峰山高，萬壑松風，别有天地。其巔懸崖壁立，峰巒異形。其西即志乘所稱之話石。盤桓臨眺，足以豁心目而滌塵慮。特仄徑蜿蜒,僅通樵採,攀躋咸病其難。今已闢治平坦,策蹇可循途上下。古刹觀音寺行且傾圮,敦勸張叔誠君一力修復。寺與公園間,以山澗十數丈,可望不可即,架木爲橋以通之。參天古樹,掩映梵宇,夜静鐘聲,别一境地。此皆人事之點綴,亦海濱本有之風景。淵明記桃花源,曰:"此中人語云:'不足爲外人道。'"東坡謂"使武陵太守得至焉,則已化爲争奪之場久矣"。同人之於海濱也,皇皇汲汲謀公衆游息嘯傲之地,固樂有踵至問津者履其境,物我都忘,或且用息舉世之塵擾。淵明、東坡之論,狹隘不足道矣。顧以言地方自治,待興舉之事不可指數,亦何可即此侈然自足耶? 所需經費,同人解囊相資,公家力籌補助,初以爲畧可相當,今借貸於銀行萬七千圓,是更有待於同人之通力合作者。啟鈐將有巴黎之役,豫計歸程秋以爲期,游轍所至,將以海濱之天然佳勝與世界公園之瑞士絜短較長,迨届避暑時,或當更有以餉我同人者。中華民國十年一月,紫江朱啟鈐書。(《北戴河海濱公益會報告書》民國十年一月)

按:《弁言》收録於《蠖園文存》卷上《北戴河海濱公益會報告書》其二。

二月十五日,晚,許寶蘅與先生商酌答復法國外交部亞洲股長所詢各節。(《許寶蘅日記》)

二月十六日,午後,范源濂、張志潭約請先生至故宫傳心殿,許寶蘅陪坐。

《許寶蘅日記》:一時到傳心殿,范静生、張遠伯約陪桂辛,三時散。

二月十八日，午，郭則沄於寓所公宴先生，許寶蘅陪坐。(《許寶蘅日記》)下午四時，中華工程師學會、鐵路協會、電氣協會、鐵路技術委員會、統一鐵路會計會、鐵路同人教育會等六個團體在中央公園來今雨軒開大會，歡送先生赴法。會上交通總長葉恭綽被公推爲臨時主席，並致開會詞，繼由先生致答詞。

《歡送朱桂莘先生渡歐紀略》：朱桂莘先生被命赴法，代徐大總統行接受巴黎大學博士學位典禮。本會暨鐵路協會、電氣協會、鐵路技術委員會、統一鐵路會計會、鐵路同人教育會等六團體，於二月十八日下午四時，在中央公園來今雨軒開歡送大會，屆時公推交通總長、本會名譽會長葉玉甫先生爲臨時主席。先由葉主席致開會詞，略謂："朱桂莘先生實吾國交通事業之先河，十年以來，微先生之指導翊贊，曷克有目下之成蹟？此次膺命赴法，代大總統接受學位之餘，必將考慮歐西近年來之交通最新法則，取其切實可用者，還饗吾國。而吾國十年來交通進化之成蹟，亦將藉朱桂莘先生，以宣白於天下。此後星旌所指，同人當引領祝之。"繼由朱使致答詞，略謂："鄙人爲自信家，歷來所辦事業，不據一格。凡遇一事，必先之以攷慮，繼之以研究，然後籌畫辦法，期以必成，於交通事業亦然。然此區區者，皆六會諸君辛勞之成效，鄙人只浪得虛名耳。歐洲戰後，百事更始，交通事業之革新，定在意料之中。此次奉命赴法，於使命告成以後，亦將探討考求，翼或有所得，以副諸君之雅望。諸君若有委託代辦事項，鄙人極願領教云云。"詞畢，茶點、攝

影而散。是日天色絕佳，交通界名人皆惠然蒞止，蹌蹌鏘鏘，頗極一時之盛也。(《中華工程師學會會報》第八卷第二期《紀載》)

二月十九日，京師譯學館校友會在中央公園歡送先生赴法。

《譯學館校友歡送朱啟鈐合影》題記：京師譯學館校友會歡送名譽會長朱桂辛先生代表大總統赴法國接受學位，於民國十年二月十九日在中央公園撮影。(《中國近代珍藏圖片庫》之《袁世凱與北洋軍閥》卷圖 288)

二月二十三日，晚，内務部諸人於東興樓宴請先生，許寶蘅陪坐。(《許寶蘅日記》)

二月二十四日，在懷仁堂展示先生到法蘭西等國預備贈送之文具各物品。徐世昌、許寶蘅諸人先後前往觀看。

《徐世昌日記》：(上午)到懷仁堂，看朱啟鈐到法蘭西等國預備贈送文具各物品，照相，又試筆寫字。

《許寶蘅日記》：四時到懷仁堂觀贈巴黎大學紀念品及贈饋物品，除文玩中有數古器外，餘皆近時之工作，如瓷器、景泰藍器、織錦、印刷、雕漆、鑄銀，多甚精美，均由郭世五承辦。

二月二十七日，下午，訪許寶蘅，並向徐世昌辭行，久談。

《許寶蘅日記》：午飯後入府，桂辛來談。

《徐世昌日記》：(午後)朱桂辛赴法國代受巴黎大學贈

送博士學位，來辭行，久談。

二月二十八日，徐世昌在大禮堂爲先生餞行，法國公使柏卜及其參贊等和中國文武官在座。隨後先生偕外交部參事唐在章、北洋政府秘書交通部諮議周詒春、禮官外交部參事上行走王廷璋、交通部鐵路局章以旲等人啟行離京。

《蠖園年表》：二月，出使法國。（《紫江朱氏家乘》卷三）

《徐世昌日記》：午刻到大禮堂宴客，爲朱桂辛餞行並約法國公使柏卜及其參贊等，又約本國文武官作陪。宴會後，桂辛即啟行。

《許寶蘅日記》民國十年七月初七日（8 月 10 日）：（晚）七時抵岸泊定，桂老與其女公子三及伯文、寄梅、子琦均歸，同坐車至津，至桂老寓，談至十時半。

按：伯文，唐在章，時任外交部參事。寄梅，周詒春。子琦，王廷璋。

《中央文史研究館館員傳略·章以旲》：一九二一年再度被借調，擔任赴法國接受學位專使秘書。

三月十三日，醉花林俱樂部於新加坡歡送先生赴法。

《北京醉花林俱樂部歡送朱啟鈐合影》説明：攝於一九二一年三月十三日。（《中國近代珍藏圖片庫》之《袁世凱與北洋軍閥》卷圖 289）

按：二月二十八日先生已離京，照片當攝於新加坡醉花林俱樂部，與十五日離開新加坡也相吻合。

三月十五日，乘船離開新加坡。（據三月二十日先生致于寶珊家書）

三月十七日，過蘇門答臘進入印度洋。（據三月二十日先生致于寶珊家書）

三月二十日，致書夫人于寶珊。

致于寶珊家書：繡君夫人如晤：抵新嘉坡曾發一函，又由交通行轉達一電傳報平安，想均入覽。十三年後登新嘉坡岸，此間華僑鉅商均來招待，乘汽車周遊二日，並觀植物園、博物館，增長知識不淺。天氣時雨時晴，有如江南梅雨時節。花木葱翠，四時不凋，熱帶果品如香蕉、椰瓢均自樹林生摘，味極清鮮，不如寄往内地食時之有朽爛氣味也。波羅尤爲南洋群島土産大宗，生食酸澀，則不如罐裝味道之佳。陳國華日内赴京，託彼購緑油、肉桂帶津，因桂爲交趾産，香港藥材行方有佳品可購。南洋各島植物園偶有種植，性質各異，未能入藥，故託彼過香港購帶，屬購百元之普。可飭濱崖於彼到京時約在四月半間。詢明付價爲要。我輩在新嘉坡遊覽情形，渠必能詳告也。此船三月十五日下午二時自新埠開行，十七日過蘇門答臘入印度洋，至此離赤道八度，氣候較新埠和煦。舟行大洋，波平如鏡，薰風徐來，新月初滿，清輝照人。晚飯後均在甲板上倚欄聚譚，如夜泛平湖，容與自得，曾不知有風濤驚駭事矣。計算程途，明日可抵錫蘭島之克倫埠，此地爲佛國，即古之獅子國，釋迦如來佛成道之所。有名刹三，一曰開來南廟，距岸最近，可以乘汽車前往遊覽，中有佛蹟可資研討。據船主云：抵埠須停泊一日。又聞同船人云：此埠印度、波斯人來船售寶石珠飾者甚多,惟真僞難辨耳。同行人有願購作記念,請余鑒別,不識老眼如何,當一試之。余體尚無何不慣,惟穿皮鞋在新埠遊覽,感受濕熱,腳丫又起水泡,如夏令在北戴河情形,手上亦發小泡,此等皮膚症無甚要緊。虞醫云若輩腳上均有,想係天氣濕熱鬱蒸之故,已擦鋅養粉矣。由錫蘭西行,再有八九日方抵亞丁,即進紅海,再行五日方出蘇彝士河。離開紅海,至地中海,天氣便轉温,度濕疾或可稍已也。在船中,每數日向中國侍者調治雞粥並中餐數事,大享同人,藉以調和胃納。一切侍奉周旋之事,隨行各員尚極盡力,請勿注念。舊恙又復發否?國中有何變故?不免懸懸。此問起居。螻言。三月廿日。(朱氏家藏稿本)

按:信文"十三年後登新嘉坡岸",指宣統元年先生赴俄羅斯屬西伯利亞東海濱省及日本北海道遊歷,曾途經新加坡。

四月七日,廣州國會召開非常會議,孫文當選中華民國非常大總統。(《孫中山年譜長編》)

四月十六日,到達法國。

《許寶蘅日記》三月十二日(4月19日):朱桂辛來電,定十六到巴黎。

四月十九日,謁法國總統亞歷山大·米勒蘭,轉交大總統徐世昌致其書信,獲贈法國政府大十字勳章(Grand Croix),並受到款宴。

《許寶蘅日記》:朱桂辛來電,定十六到巴黎,今日謁法總統。

《徐世昌因身膺政務特派代表接受學位致法國總統米勒朗書》:法國大總統閣下:前據本國外交總長呈報,巴黎大學贈與本大總統榮譽文學博士學位,中法兩國素稱輯睦,乃承文人薈萃、學術崇遠之泰西最古大學,以此項高尚學位致贈,微特本大總統之榮幸,實爲兩國誠實涵遠友好及貴國崇尚中國古道之明徵。本大總統深信,在此世紀之中,以如斯親善之中法兩國,倘更圖學術之交換,必能使兩國民之友誼益加保證。現巴黎大學已經增設中國學院,此後兩國學術上互換知識,邦交亦必愈臻鞏固。本大總統因身膺政務不克遠離,兹特派國務員前内務總長朱啟鈐代表前赴貴國接受巴黎大學贈與本大總統之學位,並令該代表專誠晉謁貴大總統,將本大總統景仰之意代爲面陳。特此具書奉達,順祝貴大總統政躬安泰、大法國國運日隆。徐世昌。(《天津市歷史博物館館藏北洋軍閥史料》徐世昌卷九)

按:此爲草稿。

葉祖孚《關於朱啟鈐的文物賬册》:法國政府贈 Grand Croix 寶星執照。一張。一九二一年即民國十年。(《蠖公紀事》)

在法國,參觀克魯梭兵工廠。

《許寶蘅日記》三月十九日(4 月 26 日):昨、今連接朱桂辛巴黎電,述謁見法總統、款宴、參觀克魯梭兵工廠、受學位等情形,擬電復之。

四月二十三日,在法國巴黎大學參加代受學位典禮儀式,並發表演説。致電大總統徐世昌,撮要典禮情形。

《朱啟鈐謹將法國贈授學位典禮情形撮要致徐世昌電》：大總統鈞鑒：本日午後四時，巴黎大學舉行贈授學位典禮，先由大學派侍衛官前來迎迓，沿途觀者甚衆，校門及禮堂内外交懸中法國旗。開會時有掌儀學士四員，持節前導，啟鈐並參隨人員衣大禮服並佩勛章，大學校長、各科學長及教授各衣制服，以次入座。大學校長、主席居講壇中座，代表居右，再右爲文科學長；陳使居左，再左爲班樂衛先生，餘人列座於後。首奏中法國樂，次由文科學長宣述我大總統之學術政績，語極推崇，繼則大學校長阿拜爾起述中國文化發達之早與東西學術交换之必要，旋將學位證書一件、博士服章一襲、鑄金徽章一枚遞交。啟鈐當即恭代接受，並以漢文敬致答辯辭，由翻譯譯述。陳公使籙及法前總理班樂衛亦相繼演説，文辭繁衍，容另譯呈。禮畢，大學校復設站食會款待來賓，並引人參觀我國贈與大學之紀念物品，咸多稱羡。其禮堂建築極形壯麗，能容五千餘人，上下四層，席爲之滿。我國駐歐各使及法國名人，如前總統普嘉萊，霞飛、發玉二元帥，杜伯益柏、多萊二將軍，巴黎衛戍總督、教育總長邦那，通儒院及法蘭西學院全體會員，以及名宿學者，俱在座，法總統米勒郎遣派秘書長貝的代表參列。禮節隆重，群情歡洽，濟濟蹌蹌，一時稱盛，此皆我大總統提倡文化，德望遠孚所致。啟鈐仰承寵命，克與盛典，恪恭將事，幸免隕越，謹將舉行典禮情形撮要電陳，伏希鑒察。啟，二十三日。再國務院、外交部、教育部，請秘書廳譯後加銜分致爲叩。

（《天津市歷史博物館館藏北洋軍閥史料》徐世昌卷九）

《朱啟鈐使團關於法國政府邀請參加贈授徐世昌學位

典禮知名人士記録》：法國總統，因中國總統係派代表來受學位，故亦派秘書長代表參與典禮；法國政府，因贈授學位係法教育部發表部令，故由教育總長代表；法國議院方面，有阿拉哥下議院副議長等；軍界方面，有霞飛、發佑兩元帥等；政界方面，有上議院議員、前任總統般格來等；教士方面，有巴黎大教主杜霸等；實業方面，有法國煤油大王莫特及中法經濟協會副會長雷偉等。巴黎大學曾請駐法外交團，如美、英、義、比等數十國；而吾國駐歐各使，亦特致函邀請到者，如英、法、比、義、荷、瑞、西班牙、葡萄牙、俄共九國公使代辦。特録一函，以志紀念。（《天津市歷史博物館館藏北洋軍閥史料》徐世昌卷九）

《朱啟鈐專使代表徐世昌在接受學位典禮上演説詞》：中華民國大總統徐公世昌因身膺政務，不克遠離，是以特派鄙人來此代表。首先正式致謝巴黎大學授與徐大總統之榮譽博士學位，徐大總統以爲，此種榮銜非特爲其個人光榮，實乃保證東西文化聯絡貫通一新紀念之開創。鄙人與徐大總統相交既久，想能傳達其本意而不致誤會也。方纔貴大學校長在其各言高論之中有云：世界雖大，惟科學足以縮小之。海中、陸上、空間運輸趨於極端之迅速，至於思想之傳達，乃成一刹那間事。是以今日世界民族，可以將其歷來所有富源，或由地中開闢之富源，用和平之方法以供請大眾，而謀其最高幸福，互相崇敬，堅立此志。惟因民族遠隔，常生無根臆説誤會推想，非互相深知，不能互爲崇敬也。於是徐大總統決計印刷《四庫全書》，包容五百萬頁之鉅集，供請世界學者追求中國五千年文明之遷變。此種確實之典籍實與中國偉大文化相比肩，而於吾輩今日所創之事業可生莫大之裨益。徐大總統又欲在各大都會之大學創辦中國學院，庶使東西兩球學術道德界永相往來，則思想意見方面得守永久中和。徐大總統引領以望西方，首先注視法蘭西學界，以謀此種真誠親和事業之實現。吾人少年共和國所以與法蘭西共和接近之趨向，固甚自然，蓋彼此均以自由、平等、博愛爲主義。法國方面，此種主義由於個人良心之發展，且以法蘭西革命宣布哲理思想之交換而造成之，千九百十一年中國創建民國，根本此種主義，因而法蘭西國家大受敝國歡迎。中國方面，此種主義由來甚古。孔子有云“四海之内皆兄弟也”，其他先哲一以民權爲國家之本，而元首官吏應爲人民之公僕。此種思想成立，遠在十八世紀時西方民治思想潮流波及吾國人民之先，則千九百十一年最近之革命更無論矣。敝國大總統於千九百二十年在巴黎創辦中國學院，承世界最古之巴黎大學無涯優待，肯出提攜，而法政府以其聲望出作奧援，爲種種義勇先覺之事業贊和，此爲吾人之所悦服者也。班樂衛先生爲吾國最早之良友，近來往遊吾國，挾其科學之光明四射，與其思想之超勇，自然而受吾全國學界之深遠敬慕，誠懇友誼。今日得充吾人所抱最高希望之中國學院院長，深慶得人。大學校長方言學術上及道德之萬里長城，則中國學院者爲此長城初築之一根基，由此萬里長城而繞其周圍，處處均受自理及公道之保障，蓋此長城者，不啻爲世界文明民族密接親善之代表也。大學校長親手授給徐大總統榮譽博士文憑、章服，以作其所辦學術事業上之敬慕紀念，謹爲轉呈，諸公所發偉言高論，亦當信守報告。向徐大總統云"人類大同之準的,亦即歐陸大共和國之思想與亞歐大共和國之思想完全貫通爲一",均可於此典禮之中尋得之。更有進者,中國據其道德教化,歷爲一禮教平和之邦,是以敝國歷代先哲之教人,皆以平和謙遜之道德爲本。而歷史一面足以證明,吾國民族永與强暴武力不公舉動爲敵,惟對於實質生活則甚輕忽,然爲今日文明民族應有社會之一主要點,是以在吾國傳播泰西實用科學亦爲最要。以中國道德爲體,泰西科學爲用,爲我遠東應取之新公式,此不特爲鄙人個人之私見,今日敝國學界大多數之意向實如此也。亦即大學校長方纔所云:科學之價值,視用之者之道德爲轉移,其用之之時,當爲自由及人權之保障。質言之,誠不愧爲西方文化宣布之一種專使,也當爲公共幸福之保障,此種思想又爲吾國學界全體之所贊同。西方文明首推法蘭西,中國文明古而且深,自無可駁,兩國思想相同,而其在人類中最高道德亦莫或異,故祝禱今日開創之正大光明事業可以完全成功。(《天津市歷史博物館館藏北洋軍閥史料》徐世昌卷九)

按:以上皆爲草稿。

《徐世昌日記》:今日爲法國巴黎大學贈余博士學位,朱桂辛代表到彼國舉行接受學位典禮之期。據柏卜公使云,巴黎大學此種學位最爲隆重,本國多年學問家僅有五人得此學位,美國威爾遜總統暨余兩人得此,亞洲惟余一人開端也。

《許寶蘅日記》:今日朱桂老在巴黎大學行代受學位典禮,府主於午刻宴法使於居仁堂,余與陪席。十一時换午服赴居仁堂,與座者主客二十三人。

在巴黎期間,獲贈巴黎大學名譽勳章。

葉祖孚《關於朱啟鈐的文物賬册》:巴黎大學贈名譽章,一件。一九二一年即民國十年。(《蠖公紀事》)

四月二十五日,駐法大使陳籙在使館舉行歡迎先生晚宴。

陳籙題《朱啟鈐在駐法使館晚宴上合影》識語:四月念五晚,駐法使館歡迎朱專使夜讌之紀念,並呈蠖公先生鑒存。陳籙敬識。(《中國近代珍藏圖片庫》之《袁世凱與北洋軍閥》卷圖292)

在法期間,赴法代表團成員吴鼎昌負有向法國交涉借款事宜的秘密使命,消息泄露,激起旅法留學生强烈抗議,借款事因而流産。先生因與吴氏同船到達法國,被時人認爲是此次借款主持人而受到抨擊。

朱海北《朱啟鈐向留法勤工儉學學生捐款》:至於吴鼎昌此次作爲團員赴法,事後才知,彼係另受當時國務總理段祺瑞之秘密使命,向法國交涉借款,爲擴充其邊防軍之用。關於此事,史料中亦有記載。盛成的《華法教育會與勤工儉學生》一文中説:"民國十年,同朱專使來者有吴鼎昌。巴黎同學極關心吴之使命,聽説來交涉借款伍億元。"郭春濤在《憶若飛老友》一文中説:"有一次,北洋軍閥政府派吴鼎昌到法國借款,總額五億法郎。留法同學四百餘人齊集巴黎示威反對借款,法國政府答應考慮學生之意見。借款之吴氏亦一時銷聲匿跡。"借款之事,兩文未涉及先父。(《蠖公紀事》)

劉宗漢《回憶朱桂辛先生》：桂老赴法時，正值吴鼎昌也同船去法，接洽挽救中法實業銀行的借款。中法實業銀行是法國設立在中國的一家銀行，由於經營不善，到一九二一年初已瀕於破産。當時的北洋政府準備向法國借款三萬萬法郎，用來挽救該行，其中兩萬萬法郎存入該行以維持營業，七千五百萬法郎歸北洋政府，貳千伍百萬法郎給經手人作回扣。這筆借款用中國的煙酒税和印花税作擔保，北洋政府並保證向法國購買振興全國實業的材料。吴去法是秘密的，他到法後，法國報紙揭露了借款的内幕。這種有損中國權益的借款，當然激起了旅法留學生的極大義憤。旅法學生開聲討會抗議，國内各報也報道了這次借款的内幕及旅法學生抗議的經過。因吴與桂老同船到達法國，當時人激於義憤，認爲桂老是這次借款的主持人，紛紛對他予以抨擊。（《蠖公紀事》）

在法期間，接受法國記者采訪，嚴詞拒絶記者將其講話灌成唱片的建議；捐獻國幣五萬元資助留法勤工儉學學生；北洋政府駐法蘭西公使陳籙、外交官王曾思分别簽題照片贈與先生。

劉宗漢《回憶朱桂辛先生》：在桂老訪法的時候，法國記者曾采訪過他，並打算把他的講話灌成唱片。不意他對此勃然大怒，説："你拿我當戲子了。"在桂老看來，他是政府高級官員，總統的專使，怎能和戲子一樣供人録音。這件小事，反映了他對文藝演員的一般看法，也在一定的程度上從側面反映出他的精神面貌。（《蠖公紀事》）

徐特立《回憶留法勤工儉學時代的王若飛同志和黄齊生先生》:平民留學生和貴族留學生兩個營壘的對立,在法國最爲明顯。徐世昌任總統時,曾捐國幣十萬元。徐的代表朱啟鈐到法時,捐款五萬元,其名義均是救濟勤工儉學生。但前十萬元是支給華法教育會間接分配,結果得款者不是勤工儉學生,而是不勤工的學生。後五萬元直接分配給勤工儉學生。因此華法教育會出版的報紙,對於徐世昌登報致謝,對於朱啟鈐的五萬元,則稱之爲收買勤工儉學生的收買費。(《赴法勤工儉學運動史料》第三册)

陳籙題《陳籙像》識語:桂老專使先生惠存。陳籙敬贈於巴黎。(《中國近代珍藏圖片庫》之《袁世凱與北洋軍閥》卷圖341)

王曾思題《王曾思像》識語:桂師總理鈞存。王曾思謹呈,十年四月法京隨侍。(《中國近代珍藏圖片庫》之《袁世凱與北洋軍閥》卷圖343)

四月二十八日,收到大總統徐世昌賀電。同日離開法國。

《徐世昌爲朱啟鈐在巴黎交誼活動爲國增光致賀電》(四月二十八日到):朱使鑒:十九、二十二、二十三等日四電均悉。法總統款宴歡洽,巴黎大學典禮隆重,執事周旋壇坫,增我國光,惟衰朽當此,祗深慙荷念。自與歐洲交通以來,未有如斯之盛舉,此可爲欣幸者耳。參觀克魯梭廠撫慰華工,藉得增進僑工愛國之觀念,亦使歐人視我華工加重關係頗重,尤爲欣慰。昨宴英使,言及執事到英,極表歡迎,執事去時,可先與顧使接洽。陳、顧、王、唐、魏、汪、劉、章諸使會集,極盛承賀並希致意。致法總統暨巴黎大學謝電,另由外交部逕發府。宥。(《天津市歷史博物館館藏北洋軍閥史料》徐世昌卷九)

《巴黎大學致駐歐中國各公使代辦函》:據國賓招待日程單,中國來游美歐使團於本月十六日至二十八日正式在法住留。(《天津市歷史博物館館藏北洋軍閥史料》徐世昌卷九)

五月五日,中華民國正式政府在廣州成立,孫文就任非常大總統。(《孫中山年譜長編》)

五月(十五日前),致電許寶蘅,有取消訪問日本之意。

《許寶蘅日記》四月初八日(5 月 15 日):朱桂辛來電,有不到日本之意,擬復電。

五月十四日,内閣改組,靳雲鵬繼任國務總理。周自齊、葉恭綽去職,李士偉接任財政總長,張志潭接任交通總長。(《辛亥以後十七年職官年表》)

六月(四日前),先生等人到達比利時。

六月三日,北洋政府駐比利時公使魏宸組簽題照片贈與先生。

魏宸組題《魏宸組像》識語:桂老專使惠存。魏宸組敬贈,十年六月三日。(《中國近代珍藏圖片庫》之《袁世凱與北洋軍閥》卷圖 329)

在比利時期間,獲贈王冕一等大綬寶星章。

葉祖孚《關於朱啟鈐的文物賬册》:比國贈王冕一等大綬寶星,一件。一九二一年即民國十年。(《蠖公紀事》)

七月二十三日，中國共産黨第一次全國代表大會在上海召開。（《中國共産黨歷史》第一卷第一編《中國共産黨的創立》第二章《五四運動和中國共産黨的誕生》四《黨的第一次全國代表大會》）

考察期間，先生等人還順便遊歷英國、意大利、德國、美國。

《蠖園年表》：並遊歷英、意、比、德、美、日六國。（《紫江朱氏家乘》卷三）

《景印四庫全書全景書後》：徐公既受巴黎大學之贈，命啟鈐代表使法接受，便道周歷英、意、比、美、日各邦，考察印書事宜。出國時，以文淵閣藏書内景製彩色版十二幅裝潢成册，投贈各國皇室、學府，用作羔雁。（《蠖園文存》卷下）

八月一日，到達日本東京。（《中華民國史.大事記》）

八月二日，向日本外務大臣内田康哉遞交徐世昌關於山東問題的親筆信。

《中華民國史.大事記》：八月一日，徐世昌特使朱啟鈐抵達東京，次日向内田康哉遞交徐世昌關於山東問題的親筆信。

按：内田康哉時任日本外務大臣。

八月四日，日本陸軍大臣中將山梨半造、元帥川村景明、特命全權大使伊集院彦吉、教育總監大將秋山好古、陸軍大將柴五郎、大將大井成元、陸軍中將尾野實信以及中國駐日本國特命全權公使胡惟德、參事官王鴻年等人歡迎先生等中國代表團成員。

《朱啟鈐訪日與日本官員合影》説明：一九二一年八月

四日,朱啟鈐訪問日本。合影中人員包括日本陸軍中將尾野實信、參事官王鴻年、日陸軍大將柴五郎、外交部參事王廷璋、日特命全權大使伊集院彥吉、駐日特命全權公使胡惟德、日陸軍大臣中將山梨半造、日元帥川村景明、外交部參事唐在章、日教育總監大將秋山好古、總統府秘書長周詒春、日大將大井成元。(《中國近代珍藏圖片庫》之《袁世凱與北洋軍閥》卷圖 293)

訪日期間,獲贈旭日大勳章;並獲日本實業家大倉喜八郎款宴。

葉祖孚《關於朱啟鈐的文物賬册》:日本帝國贈旭日大勳章證書,一張。大正十年八月五日即民國十年。(《蠖公紀事》)

朱海北《存素堂絲繡散記》:先父於一九二一年歷訪歐美各國歸途訪日時,大倉曾經設宴招待。(《蠖公紀事》)

八月十日,偕周詒春、王廷璋等赴法隨員回到天津,許寶蘅前往塘沽迎接。

《許寶蘅日記》七月初六日(8 月 9 日):朱桂辛由日回國,聞明日可到天津,元首命往迎,擬明早赴津。初七日(8 月 10 日):(晚)七時抵岸泊定,桂老與其女公子三及伯文、寄梅、子琦均歸,同坐車至津,至桂老寓,談至十時半。

八月十五日,赴京。

《許寶蘅日記》:十一時半到東車站候迎桂老,十二時半到西站食堂午餐。小幡公使進謁遞日皇復朱使到日謝函。

《水竹邨人年譜》稿本民國十年八月十五日:朱啟鈐專使,歸自歐洲,齎到博士文憑、紀念章、衣帽及贈品多件,又英王所贈書籍、座鐘、掛鏡等品。

八月十六日，上午，偕赴法隨員拜謁徐世昌，獨留久談。（《徐世昌日記》）

《許寶蘅日記》：（早）六時入府。桂辛入謁，談三時許。

《水竹邨人年譜》稿本民國十年二月二十八日：朱氏此行係派爲溝通東西文化之專使，前此未之有也。啟鈐到法，至其大學代受學位，典禮隆重。禮成，復歷聘諸邦。自是巴黎大學附設中國學院，嗣推而及於歐美各國，多至數十處，東方文化漸被歐美實自此始。

八月十七日，午刻徐世昌在居仁堂宴請先生暨國務員及曾辦外交各員、赴法隨員。（《徐世昌日記》）

《許寶蘅日記》：十一時半到居仁堂，陪宴桂老，宴罷照相。

八月十八日，上午，拜訪徐世昌，久談。（《徐世昌日記》）

是年，赴法回國後接受記者采訪，表示其與吴鼎昌向法國借款事没有關係。（劉宗漢《回憶朱桂辛先生》）

自此次出訪歸來以後，徹底脱離政界。

十一月十一日，五十歲生日。許寶蘅赴津爲先生祝壽。

《許寶蘅日記》：十時到東車站附津浦特别快車赴津，爲朱桂老祝五十壽。一時半到津，即至桂老寓，談至三時到祝讀樓處。

十二月二十四日，梁士詒任國務總理。（《辛亥以後十七年職官年表》）

按：十二月十八日國務總理靳雲鵬辭職，外交總長顏惠慶暫行代理國務總理。

十二月二十五日，葉恭綽接替張志潭復任交通總長。（《辛亥以後十七年職官年表》）

冬，于夫人大病幾殆。（《蠖園文存》卷下《繼室于夫人墓志銘》）

是年，施肇基簽題照片贈與先生。

施肇基題《施肇基像》識語：桂翁專使惠存。施肇基持贈。（《中國近代珍藏圖片庫》之《袁世凱與北洋軍閥》卷圖 328）

是年，旅京貴州同人團拜，公讌先生。

《貴州同鄉宴請朱啟鈐合影》題記：民國十年夏歷辛酉，朱桂老重修貴州老館落成，旅京同人團拜，公讌朱公，同撮此影以留紀念。（《中國近代珍藏圖片庫》之《袁世凱與北洋軍閥》卷圖 296）

是年，詩賀何星聯六十壽辰，壽詩由瞿宣穎代作。

瞿宣穎《何星聯六十壽詩代桂公作》：視履康愉引考祥，玉鳩扶老聖觀鄉。清門奕代傳名德，亮節平生志退藏。三徑雲松齊茁秀，九秋叢桂晚霏香。綺裘合奏南飛曲，爲助髯仙一舉觴。（《雙海棠閣詩鈔》稿本）

按：《詩鈔》封面題："辛酉秋日，宣穎自署"。扉頁首署："九年九月入都後作，宣穎手録。"姑存此。

是年，瞿宣穎賦詩壽先生五十歲。

瞿宣穎《朱桂辛表兄五十壽詩一百韻》：溯我勝衣歲，瞻公奮翼年。聲華新位業，門族舊姻連。撫事論平昔，推時有變遷。依仁親氣概，奉義感周旋。授簡文章富，開觴景物鮮。敢辭勞者曲,來上壽人篇。清水源浮玉,銅山柱冠天。帝孫開甲族,道統紹儒先。黔楚家聲舊,荆湘宦跡聯。風儀分綺席,世業重青氈。謝舅當時望,何甥並代賢。同門俱逸足,二父最隨肩。鵩鳥憎年厄,龍蛇惜命煎。歸尋君子館,望隔孝廉船。雛鳳聲初引,高桐蔭已偏。母殷韋逞教,孤比范汪憐。襦袴聰明早,羅囊好尚捐。風規貽仲郢,義訓秉僧虔。澡厲神逾瑩,光芒膽已堅。每期心擺落,不共俗拘攣。鵰鶚騰身始,驊騮導路前。玉衡依北斗,晝鷁向西川。璧彩初含璞,琴音早辨絃。弱齡覘遠大,妙譽廣登延。捧檄驚喬喜,鳴環鳳兆翩。家移吴市月,身拂滬濱煙。稠疊諸侯禮,招邀上客筵。輶軒俱並載,隴墓又新阡。薄海氣初歛,回鑾日再懸。蒙塵思在莒,卜佐得於畋。元老經綸密,英僚翊贊專。遂扶官道柳,來植府中蓮。司棣官新置,同文學舊沿。賓書披象譯,環衛静郛廛。講舍尊陽嶠,豪家畏鮑宣。華階看峻起,新政美初傳。牛李争方厄,蕭朱去共牽。一時辭省闥,歸路向平泉。腐鼠徒爲耳,焦明逝邈然。遠游看俊峰,直道任高褰。會合塵蹤隔,憂虞國步邅。故園雖阻絶,清望日芊眠。遼瀋金城戍,單于玉帳旃。侯狦歸按節,充國奏營佃。暫息乘軺僅,還爲鑿空騫。河橋横淼淼,馳道隱平平。金埒將雲矗,飈輪迅火燀。溝通盡南朔,控引極齊燕。製作殫經畫,風塵忽繞纏。帝朝俄改玉,滄海即成田。新命降資震,中樞赫用乾。網羅該俊乂,瑕穢蕩腥羶。撥亂勞紆策,乘時早著鞭。卿雲輝旦旭,辰極儼珠躔。奮發群倫彦,操持不世權。周綱威稍整,秦法弊能蠲。乍可民勞息,仍期舊俗湔。周行列騏驥,勠力衆鷹鸇。公望推崇極,新猷布濩駢。

前民求利賴，垂制必精妍。寰宇周滂薄，經塗勢蜿蜒。廣論分十二，方軌里三千。表道竿如束，司南鼓不愆。行師過枕席，綰轂搤喉咽。畫地蛛絲錯，循山螘孔穿。楚材收晉用，漢税出賨錢。寶物收清禁，離宫斥籞堧。重闉開奕奕，廣陌藹芊芊。宗器羅圭卣，宸居焕璧鈿。郊壇春樹静，金水碧漪漣。締搆宏規起，爬梳片羽全。唐京坊巷志，周禮考工箋。試吏三科格，登庸九品銓。百爲齊矩度，萬彙入陶甄。下令如行草，懷才各試鉛。共歸冰鑑朗，同仰智珠圓。運會難知矣，波流遂忽焉。障瀾雖有柱，批逆枉空拳。人外求三徑，歸與守一椽。珠從疑薏苡，泥豈汙瑶璇。濱海林泉秀，芳時卉木妍。小園規静隱，佳興寄幽便。高柳秋迎雁，叢篁夏拂蟬。攜節雲浩渺，駐屐水潺湲。懸解超名物，冲襟洞道玄。藝能窮藻繢，神理契魚鳶。佩瀫風從古，琴書望若仙。過庭饒玉雪，列屋屏嬋娟。憶昨勞籌筆，憂時礙穩眠。虚聞菹尊俎，無復止戈鋋。試玉三洲節，乘桴萬里舷。仍還謝安石，空起馬文淵。志業風雲上，勛名日月邊。執躬仍素履，窺貌未華顛。降嶽今申甫，求真古偓佺。泉甘酈菊泛，香綻庾梅嫣。願我霑披拂，依人尚屈跧。楹書慙廢忘，囊粟困貧緣。鄭重延年意，殷勤述德編。奉公千萬壽，難老邁彭籛。（《雙海棠閣詩鈔》稿本）

是年，與陶湘開始校印李誡《營造法式》。（《蠖園年表》民國十二年）

自本年起，北寧路局每年補助北戴河海濱公益會四千八百元。

《北戴河海濱公益會董事會議紀録》（中華民國二十二

年十一月二十七日）：吴達詮董事報告大概：民國十年，始由路局每年補助四千八百元。（《北戴河海濱公報》第三期）

《公益會會計帳略》第十五期中華民國二十一年一月至六月末：經常收入：一、收北寧路局補助款二四〇〇元．〇〇。（《北戴河海濱公報》第三期）

中華民國十一年壬戌　一九二二年　五十一歲

本年，徐世昌在大總統任。

是年，居天津英租界。（劉宗漢《有關朱啟鈐先生史料的幾點補正》）在中興煤礦公司總經理任。

王作賢、常文涵《朱啟鈐與中興煤礦公司》：一九二二年，公司又有了重大發展，爲適應發展的需要，提交股東會議決，把股本擴充到一〇〇〇萬元，先招足七五〇萬元。這次招股更加容易，認股股東，除按時交足外，還超額五〇多萬元，最後由董事會分别退還。（《蠖公紀事》）

一月，作《北戴河海濱公益會報告書》。

《北戴河海濱公益會報告書》其三：去歲啟鈐歸自海外已入秋矣，本會事固皆施省之君力爲維持者，凡所經畫略具報告，不再贅言。歐美避暑海岸，啟鈐足跡所及，不能不羨其締造之完備、規畫之宏大。一草一木，咸使之整齊畫一，夫固非旦夕間事。以視我海濱，豪奢寒儉，寧可同日語？雖然，崇樓傑閣櫛比雲連，大好湖山坐雕鑿疊架，而失其本來面目。欲如我海濱之卜築，恒有十畝數十畝之隙地，供其治場圃、樹扶疏，在歐美固未易求則得之者。平疇深谷，海闊天空，自然風物亦足豪矣。特是百廢不舉，將穢蕪不治，蹈西子蒙不潔之誚。今日待興舉之事未易更僕數，非一手足之力所能勝，凡我會員盍急起直追以共圖之。中華民國十一年一月。（《蠖園文存》卷上）

四月二十九日，直奉戰爭爆發。（《中華民國史．大事記》）

五月五日，國務總理梁士詒、交通總長葉恭綽被免職。（《辛亥以後十七年職官年表》）

五月，中興煤礦公司董事會改組，黎元洪連任董事會長，先生連任總經理。

《主要領導人更迭》：一九二二年五月，中興公司總公司董事會長黎元洪、總經理朱啟鈐。（《棗莊煤礦志・管理體制》第一章第九節）

六月二日，徐世昌宣告辭去大總統職務，攜八弟徐世襄、十弟徐世章於下午自京到達天津，住徐世章宅，徐世昌二弟徐世光、五弟徐世綱在宅迎候。先生前往久談，並在徐世章宅晚飯。

《徐世昌日記》：因昨日天津集合舊國會一百數十人，宣布請黎黄陂復職，南北統一。余今日依據《約法》因病不能行使職權，將印信移交國務院攝行職務，依法辦理，余即宣告辭職，發命令後即登車赴津。抵津，住十弟宅，二弟、五弟均在十弟宅迎候久談。八弟、十弟自京同來，朱桂辛亦來久談，王懷慶由京送來，均在此晚飯。

按：徐世昌二弟、五弟、八弟、十弟，分别爲徐世光、徐世綱、徐世襄、徐世章。

六月七日，上午，拜訪徐世昌，久談。（《徐世昌日記》）

六月十一日，下午，徐世昌偕十弟徐世章來訪閒談，留晚飯。(《徐世昌日記》)

七月八日，晚，訪徐世昌，院中閒坐。(《徐世昌日記》)

八月三日，晚，偕醫生爲徐世章診病，與徐世昌久談。(《徐世昌日記》)

是年(八月五日前)，爲地質調查所圖書館捐款。(據本年八月五日條目)

八月五日，農商部地質調查所名譽所長丁文江宴請爲地質調查所圖書館捐款人士。北京大學教授胡適初次見到先生，評價其爲“近十年内的第一個能吏，勤於所事”。

《胡適日記全集》：在君邀我吃飯，請的客都是曾捐錢給地質調查所圖書館的人，有朱啟鈐、劉厚生、李士偉……等，共十三人。這是我第一次見著朱啟鈐，此人自是一個有能幹的人；聽他的話，竟不覺得他是一個不讀書的人。他是近十年内的第一個能吏，勤於所事；現在他辦中興公司，每日按時到辦公室，從不遲誤。交通系的重要分子，以天資的聰明論，自然要推葉恭綽；以辦事的真才論，没有可以比朱啟鈐的。

按：丁文江時任農商部地質調查所名譽所長。

九月八日，上午，訪徐世昌於新居，久談。(《徐世昌日記》)

九月十二日，上午，訪徐世昌。(《徐世昌日記》)

九月十四日，上午，訪徐世昌，久談。(《徐世昌日記》)

九月十六日，晚，訪徐世昌。(《徐世昌日記》)

九月十七日，下午，赴徐世昌宅，爲安排客廳陳設各事。（《徐世昌日記》）

十月十五日，下午，訪徐世昌，閒談良久。（《徐世昌日記》）

十月二十日，上午，赴徐世昌宅爲其夫人祝壽，久談。

《徐世昌日記》：（上午）諸弟偕家人均來爲室人祝壽，親友來拜壽者甚衆，京中親友亦有來者。桂辛、範孫諸人在此久談。

十二月六日，下午三時二刻，大總統黎元洪以浙江水災募集賑款大會會長資格，在懷仁堂招待中外人士，共同籌款賑助災民，先生列名與會。

《懷仁堂茶會與會之外交團外國新聞記者銀行家紳商顧問並各教會會員及本國各機關並各項人員銜名單》：中華民國十一年十二月六日下午三時二刻懷仁堂茶會，與會之外交團、外國新聞記者、銀行家、紳商、顧問並各教會會員及本國各機關並各項人員銜名單，計開：……各界人員：……朱督辦桂莘。（《天津市歷史博物館館藏北洋軍閥史料》黎元洪卷十）

年底，中興公司股本增至七百五十萬元，成爲當時中國民族資本經營的最大煤礦。（《棗莊煤礦志·大事記》）

是年，爲夫人養痾計，始營螻園於天津南郊之吴窑村。（《螻園年表》）

是年，爲重修北戴河觀音寺捐置几案坐卧諸具五十四件，折款五百三十元。（楊炳田《北戴河公益會會員捐款情況》）

是年，北寧路局補助北戴河海濱公益會四千八百元。

《北戴河海濱公益會董事會議紀録》(中華民國二十二年十一月二十七日)：吴達詮董事報告大概：民國十年，始由路局每年補助四千八百元。(《北戴河海濱公報》第三期)

中華民國十二年癸亥　一九二三年　五十二歲

是年，居天津英租界。(劉宗漢《有關朱啟鈐先生史料的幾點補正》)在中興煤礦公司總經理任。

一月七日，約請徐世昌至朱宅晚飯，並出示所藏真顧繡畫册、貼絨畫册。(《徐世昌日記》)

按：徐世昌時居於天津。

一月二十一日，徐世昌約請先生與陸宗輿、吴笈蓀、朱寶仁及其五弟徐世綱、十弟徐世章晚酌，閒談。曹汝霖患病未到。(《徐世昌日記》)

按：徐世昌時居於天津。

二月二十六日，上午，徐世昌偕十弟徐世章訪先生小坐。(《徐世昌日記》)

三月六日，上午，與徐世章偕瑞典副領事柯洛夫斯拜訪徐世昌。

《徐世昌日記》：(上午)瑞典國副領事柯洛夫斯來謁，朱桂辛、十弟偕其同來。去歲瑞典公使來謁，云其君主向余索新製《四庫全書目録》及影印《文華殿文淵閣》一册，兹交其寄去。

三月二十日,下午,徐世章偕先生訪徐世昌,談良久。(《徐世昌日記》)

三月二十四日,倡辦之山東嶧縣中興煤礦私立中興小學校正式開學。

中興公司總礦經理處致總公司啟:(“興”字第陸百肆拾伍號)逕啟者:頃據王電師函稱,前月總理在礦談及本礦擬設小學一節,屬具《籌辦意見書》。兹已擬就,並附圖表合函送上,即祈鑒覈示遵。此致總公司。總礦經理處啟,中華民國九年十二月十七日。附意見書一册圖表附。(棗莊新中興公司博物館藏原件)

中興煤礦有限公司來函會簽單:礦經理來函件《爲送籌辦小學校意見書請覈由》附《意見書》及圖表。中興煤礦有限公司,民國九年十二月十八日收到。(棗莊新中興公司博物館藏原件)

吴慶華《中興學校史略》:一九二二年冬,駐礦公司經理戴緒萬向公司總經理朱啟鈐(桂辛)提出“利用礦上閒房開辦學校”的建議。朱經理審時度勢,認定辦學是挽留人才、發展礦區的“當務之急”,便指示:在利用閒房籌辦小學的同時,籌建標準化的小學校舍;以公司的公益基金的息金作爲辦學經費,從息金中提取建校籌建費;由總公司編輯科的掌管方伯超爲小學籌備主任,籌組“保管同人公益基金董事會”及小學校“校董會”。一九二三年二月,公司召開了職工大會,選舉出兩會董事各七人。朱啟鈐被選爲保管公益基金董事會會長;新調來的駐礦公司經理吴炳湘爲小學校董事長;駐礦副經理胡希林爲董事主任。擔任兩會董事的還有總礦師朱培元、收支處總管王沛湘、工務處總管姚毓麟、總公司編輯科掌管方伯超等。董事會推定方伯超爲小學校長；先期招收職員中子女五十六人，編爲三個班，分成一、二、五年級；決定於三月二十四日舉行開學典禮。接著公司撥款三點六萬元，於礦西南鞠仁醫院東側（原市供電局稍東）興建了一所規模爲六個年級，可容納二百四十名學生的新校。定名爲"山東嶧縣中興煤礦私立中興小學校"。一九二四年秋，新校竣工，又招了一班新生。全校共有學生一〇七人，籍貫分屬八個省，三十八個縣。嶧縣籍的學生僅六名。學生年齡最大的十七歲，最小的七歲。（《棗莊市中區文史》第3輯）

四月十五日，上午，徐世昌、徐世綱、徐世章同遊徐世章濠園看杏花，並遊覽他姓諸園林，與先生相遇，共遊。

《徐世昌日記》：十弟、五弟來，偕室人攜諸幼稚到十弟濠園看杏花，並遊覽他姓諸園林。遇朱桂辛，共遊。

四月二十八日，下午，許寶蘅訪先生於寓齋。（《許寶蘅日記》）

按：許寶蘅時在天津。

九月十四日，上午，訪徐世昌。（《徐世昌日記》）

九月二十五日，下午，訪徐世昌。（《徐世昌日記》）

十一月十八日，約請徐世昌及其五弟徐世綱、十弟徐世章午飯閒談。（《徐世昌日記》）

十二月十二日，進呈溥儀宫中《四庫全書目録》一册,書由治格帶交紹英。

《紹英日記》十一月初五日:巳刻,治二大人來談,爲朱啟鈐擬進石印《四庫全書目録》一册,原件交來,擬於初七日代爲進呈。

按:十一月初五日,陽曆爲十二月十二日。

十二月十四日,下午,訪徐世昌。(《徐世昌日記》)

《徐世昌日記》:(下午)朱桂辛、十弟來。瑞典國副領事來,送其國王前索余印《四庫全書目録》圖册今來謝函。

是年,與陶湘校印完成李誡《營造法式》。

《蠖園年表》:前年與陶蘭泉校印李明仲《營造法式》,今始告成。(《紫江朱氏家乘》卷三)

《涉園七十年記略》:公舉山東嶧縣中興煤礦公司董事。是年,倣宋崇寧本校刊宋代李明仲《營造法式》三十八卷。乙丑完成。

是年,撰《絲繡録》《女紅傳徵略》。(《蠖園年表》)

是年,在北戴河"蠡天小築"附近選地作爲朱家塋地。(劉宗漢《朱啟鈐與公益會開發北戴河海濱拾補》)

是年,北戴河海濱公益會抵制英國人李德立爲首的外國勢力在海濱的擴張。

才樹驤《朱啟鈐在北戴河的建樹》:一九二三年英人李德立覬覦海濱,在其北戴河海濱私宅召集各國避暑之人開會集議,欲挈領各國私人團體擴張勢力,將來聯合請願,舉行地方市政,操縱一切權利,其意旨均屬有礙我國主權。公益會當即反對。臨榆縣警察廳亦積極配合公益會,即具呈上聞，直隸省警務處轉呈省長，省長即咨行内務部總長並分咨外相，預籌事前制止，加之公益會極力抵制，致李德立之陰謀未逞。(《蠖公紀事》)

王嶽臣《赤子之忱溢於言表》：一九二三年直隸省長王承斌咨送内務總長的議案中説："查八月十八日有英人李德立在其北戴河海濱私宅召集各國避暑之人及我國海濱公益會會員等開會集議，所提議條文，意在挈領各國私人團體，擴張勢力，將來聯合請願，舉行地方市政，操縱一切權利。當場，我國海濱公益會列席會員，以其用意不經，即表示不贊同之意……該英僑所擬草案，原文詳加抽繹，察其意旨，均屬有礙我國主權，就中如對於我國人士及本地村民之待遇問題，北戴河地位問題，機關大小問題，募捐問題，執行管理事權問題種種，詞旨均甚武斷，既背國際禮儀，且有越俎代庖之患。現在雖尚屬言論時代，萬一進行，不但足以引起地方人民之反響，尤於我國主權及地方行政皆發生直接關係。又傳聞該英僑在我國江西廬山方面時，有干涉地方市政之行爲，頗與輿論所不直。"(《蠖公紀事》)

是年，北寧路局補助北戴河海濱公益會四千八百元。

《北戴河海濱公益會董事會議紀録》(中華民國二十二年十一月二十七日)：吴達詮董事報告大概：民國十年，始由路局每年補助四千八百元。(《北戴河海濱公報》第三期)

本年，周自齊卒。

中華民國十三年甲子　一九二四年　五十三歲

是年，居天津英租界。(劉宗漢《有關朱啟鈐先生史料的幾點補正》)在中興煤礦公司總經理任。

王作賢、常文涵《朱啟鈐與中興煤礦公司》:到一九二四年建成第二大井,還增開了山家林、陶莊、湯莊、佟婁、韓家嶺小井多處。(《蠖公紀事》)

一月二十日,中國國民黨第一次全國代表大會在廣州開幕,孫文任主席。(《中華民國史.大事記》)

一月,陳請直隸省長電飭臨榆縣暨警察廳先行禁止地霸劉升伯强占張積善堂移交公益會之聯峰山山場,聚眾脅迫,編埋界石,砍伐山樹之行爲,並具文呈報内務部,隨之付諸訴訟,公益會勝訴。(才樹驤《朱啟鈐在北戴河的建樹》)

二月二十日,徐世昌約先生與王懷慶、吴笈蓀、朱寶仁、馬少眉、二弟徐世光、五弟徐世綱、八弟徐世襄、十弟徐世章同宴集,飯後與先生、王懷慶、吴笈蓀久談。

《徐世昌日記》:約王懋軒、朱桂辛、吴士緗、朱鐵林、馬少眉暨光弟、五弟、八弟、十弟同宴集。飯後懋軒、桂辛、士緗在此久談。

五月十二日,上午,訪徐世昌。(《徐世昌日記》)

六月十日,約請徐世昌至其新居午飯,飯後閒談良久。(《徐世昌日記》)

夏天,在北戴河療養,晤黎元洪。航空署督辦張學良在北戴河組織水上飛機試飛期間,前往朱家别墅拜訪先生。

朱海北《風雲變幻的北戴河海濱》:一九二四年夏天,張學良來到了北戴河。當時正在醞釀第二次直奉大戰,張學良將軍花費重金在法國購進水上飛機,由秦皇島來北戴河海濱進行試飛。當時他自兼航空署督辦,同來的有航空署副署長馮庸,原南苑航空學校教育長姚錫九、少校飛行駕駛員吴敬安、少校秘書朱光沐、飛行員衣里布(蒙族)、法籍教官布雷等。張學良到海濱後立即來拜訪先父。還熱情邀請我們全家到海邊觀看飛行。午間,我父親設便宴招待學良將軍一行。(《蠖公紀事》)

《張學良朱啟鈐黎元洪等在北戴河》説明:一九二四年初夏,下臺的大總統黎元洪與中興煤礦總經理朱啟鈐及奉系少帥張學良同在北戴河"療養"。(《中國近代珍藏圖片庫》之《袁世凱與北洋軍閥》卷圖 207)

八月十九日,上午,訪徐世昌,閒談良久。(《徐世昌日記》)

八月二十八日,致函農商部總長顏惠慶。

致顏惠慶函:呈爲請通飭各省實業廳取締在職人員詐取礦權規程事。竊查礦商請領礦區手續綦嚴,載在條例,絲毫不容假借。本會迭據各省礦商電函紛陳:近來各省在官職員,竟有將呈請人擬領之礦區暗示與極有關係之人,臨時捏造商人名義,仿造草圖,倒填年月,蒙混備案,更有僞造卷宗種種違法徒遂其詐取優先權各等情前來。理合據情呈請大部轉飭各省實業廳,嚴訂取締辦法,以肅官箴,實爲公便。謹呈農商部顏總長。中華民國礦業聯合會朱啟鈐謹呈,十三、八、廿八。(私人藏稿本)

按:顏惠慶,民國十三年一月十二日任農商總長,九月十四日免職。

八月，作《北戴河海濱公益會報告書》。

《北戴河海濱公益會報告書》其四：海濱避暑固足以提倡吾人之高尚精神，特兒童於盛暑炎日中，騎驢奔逐，最易致病，游泳不加節制亦甚危險。有暑期學校訓練之，使兒童勿流於縱恣，固今日海濱之急務矣。西人今歲在海濱刊行郵報，論本會年來成績斐然，在遠東罕有其匹，惟興舉悉由私人捐資，能維持至於何時不可知。啟鈐讀之悚然，懼懼爲所逆億而言中也。郵報責備石嶺會之居户知坐享便利，不肯解囊維持，使石嶺會陷於無可發展之境。其所主張各國人民，應聯合其已有之團體，更謀萬國居留地之建設。因境内均税之助，享安全於市政府之下，使坐享權利不知義務者無可托足，應堅決表示其要求，而由使館敦促之，不因公益會之不肯合作，遂寢其議。啟鈐悚然懼懼，我不自爲，他人將代我爲之也，我同人其勉之。中華民國十三年八月。(《蠖園文存》卷上)

九月二日，致函農商部實業會議籌備處。

致農商部實業會議籌備處函：逕啟者：本會所推實業會議代表在京住址另單開送台督，此後如有致各該代表公函，或交由本會轉交，或逕交各代表住所均可，總期敏捷勿致有誤爲荷。此致農商部實業會議籌備處。礦業聯合會朱啟鈐啟，十三、九、二日。(私人藏稿本)

九月十五日，第二次直奉戰爭爆發。(《中華民國史.大事記》)

九月二十一日，上午，徐世昌過先生園小坐。(《徐世昌日記》)

九月二十三日，與徐世昌八弟徐世襄、十弟徐世章攜照相人赴徐世昌寓照像，以倩人畫小像。(《徐世昌日記》)

十月四日，與徐世昌、常熟翁氏等人赴言敦源午飯之約，並於言宅賞木芙蓉及各家攜去書畫。

《徐世昌日記》：赴言仲遠午飯之約，至其宅看木芙蓉盛開，看各家攜去書畫。常熟翁氏攜去宋、元、明、清多件，以高房山《夏山雨霽》卷、明趙文度左《山水》長卷、王石谷《長江萬里圖》卷、王石谷臨各家小册二爲最精。朱桂辛明繡《雪景山水》大幅甚佳，山右渠氏錢松台小卷、戴文節《六橋煙雨》卷亦精美，展玩良久。

按：常熟翁同龢藏書，經翁斌孫傳至翁之憙、翁萬戈。翁斌孫卒於一九二三年，此日赴約者似爲翁之憙。

十月十日，許寶蘅與曹秉章訪先生於津寓，觀先生所作《存素堂絲繡記》及所輯《漆略》《繡略》。

《許寶蘅日記》：十二時同理齋赴田蘊山約，二時同訪桂辛，觀其所作《存素堂絲繡記》及所輯《漆略》《繡略》。

十一月五日，清廢帝溥儀移出故宮。(《中華民國史.大事記》)

十一月二十四日，段祺瑞任臨時執政府執政。葉恭綽任臨時執政府交通總長，章士釗任司法總長。(《辛亥以後十七年職官年表》)

十二月十五日，召開第一次礦業聯合會常會。(據民國十四年十一月三日先生致河南六河溝煤礦董事長李組紳函)

十二月二十日，上午，訪徐世昌。(《徐世昌日記》)

是年，閉户讀書，以蠖園爲冬居，蠡天小築爲消夏之所。(《蠖園年表》)

是年，中興煤礦更新設備、拓展礦源，業績迅猛發展，成爲僅次於撫順(日資)、開灤(中英合資)的中國第三大煤礦。

《棗莊煤礦志・概述》：1921 年至 1924 年，建成北大井，在陶莊正式建立分礦，在山家林、湯莊、佟樓等地增開小井多處，同時從國外購置新式的提升機、抽水機和采掘機械，這時的中興公司資産已增至九百一十七萬一千元，擁有兩座新式大井和一百四十餘口小井，年産煤八十二萬吨；近百座煉焦池，年産焦炭一萬六千吨，分銷廠棧二十餘處；還有台棗鐵路、運煤船舶和數座輔助廠，從而成爲當時僅次於撫順(日資)、開灤(中英合資)的中國第三大煤礦。

是年，外孫章通、外孫女陳敏生。

按：據劉宗漢提供資料，朱淇筠三子章通字行之，生於一九二四年，娶妻何淑蘭；朱淞筠長女陳敏，生於一九二四年，婿徐福承。陳敏之父爲陳清文。

是年，北寧路局補助北戴河海濱公益會四千八百元。

《北戴河海濱公益會董事會議紀録》(中華民國二十二年十一月二十七日)：吴達詮董事報告大概：民國十年，始由路局每年補助四千八百元。(《北戴河海濱公報》第三期)

本年，錢能訓卒。

中華民國十四年乙丑　一九二五年　五十四歲

是年,居天津英租界。(劉宗漢《有關朱啟鈐先生史料的幾點補正》)在中興煤礦公司總經理任。

一月十八日,下午,訪徐世昌商酌印硯譜事,閒談良久。(《徐世昌日記》)

《徐世昌日記》一九二四年十一月十九日:十弟來商訂印硯譜各事。

徐緒玲《先父端甫公事略》:請當時譽稱中國第一拓手的周希丁及其助手傅大卣長期住家七年拓製拓片,自己親手記録下每方古硯的名稱、形制、尺寸、質料、圖案、銘文,考訂藏主身世、流傳原委,然後分品論級,撰成一部宏偉的《硯譜》專著,可惜後來此事未竟,所存拓片資料均一同捐入天津市藝術博物館。(《徐世章捐獻文物精品選》)

按:徐世章以收藏名硯著稱,先生此日與徐世昌商酌印硯譜事,或與其有關聯。

一月三十日,上午,約請徐世昌和徐世章至先生家花園看雪。(《徐世昌日記》)

二月十日,徐世昌約先生與鐵良、汪士元、陶湘、李士偉、華世奎暨其八弟徐世襄、十弟徐世章晚宴。

《徐世昌日記》:約鐵寶臣、朱桂辛、汪薌述、陶蘭泉、李伯芝、華弼臣暨八弟、十弟晚宴。

三月十二日,孫文在北京逝世。(《中華民國史.大事記》)

是年,約請闞鐸來津商略《營造法式》後序,兼談《宫史》之事。

《闞鐸致陳垣書》：昨夕赴京，應紫江之招商略《營造法式》後序，兼談《宫史》之事。今夕返舍。（《陳垣來往書信集》闞鐸）

按：闞書作於"卅日"，未署年款，當作於本年五月先生撰《重刊營造法式後序》之前。

五月三日至十二日間，撰《重刊營造法式後序》。

《後序》：李明仲《營造法式》三十六卷，己未之春曾以影宋鈔本付諸石印。庚辛之際，遠涉歐美，見其一藝一術皆備圖案，而新舊營建悉有專書，益矍然於明仲此作爲營國築室不易之成規。還國以來，搜集公私傳本，重校付梓。幸有明仲此書於制度、功限、料例集營造之大成。古物雖亡，古法尚在，後人有志追求，舍此殆無塗徑。（陶湘重刊本《營造法式》卷首）

按：後序作於"中華民國十四年歲次乙丑孟夏中澣"，即陰曆四月中旬（陽曆五月三日至五月十二日）。序文收録於《蠖園文存》卷下，名《重刊營造法式後序》。

五月（二十二日前），與陶湘所校印李誡《營造法式》刊成。

《營造法式》牌記：民國十有四年歲在乙丑孟夏，武進陶氏刊印。（《營造法式》卷末）

《涉園七十年記略》民國十二年：是年，倣宋崇寧本校刊宋代李明仲《營造法式》三十八卷。乙丑告成。

按：孟夏，本年陰曆四月爲陽曆四月二十三日至五月二十一日。

《張元濟傅增湘論書尺牘》一九二五年第十二封《張元濟致傅增湘》(十四年十月五日):蘭泉所印《營造法式》極欲購藏。昨拔可亦有信來傳述尊諭。即請代購一部。書價四十五元。由京館繳呈。

五月三十日,在上海由於英國巡捕槍殺示威群眾,引發"五卅慘案"。(《中華民國史.大事記》)

六月九日,上午,訪徐世昌,閒談良久。(《徐世昌日記》)

六月十一日,與梁啟超、李士偉、顧維鈞、范源濂、張國淦、董顯光、丁文江聯名針對"五卅慘案"的宣言,刊登於《申報》。

《梁啟超等宣言》:這幾天上海所發生的不幸的事實,演成一種局面,對於居留中國的外國人同中國國民與友邦人民將來關係都有重大影響。所以凡有知識的人,凡熱心國際諒解同好意的人,(尤其在中國)應該盡他們的能力,和緩上海目前緊張的狀況,並且在一種平靜空氣中想法子,解決這種困難。無論當日實際情形如何,我們可以無成見的説,上海工部局的巡捕,屢次對於徒手參與游行的人開鎗,以致中國徒手的市民死了數十個,傷者更多,這種舉動,是否合乎公道,是否爲當時實際所必要,應該給中國人和全世界人以一種滿意的證明。提出這種證明,我們認爲是上海租界當局不能躲避的責任。現在上海工部局説當時要行使他們職權,除去開鎗没有别的法子。但是中國人方面也同樣説巡捕舉動,是任意殘殺的行爲,不是當日情形所必要的,以致中國全國人民發生了極大的感憤。據最近的報告,對於英日兩國銀行及其他公司有了經濟絶交的趨向，罷工運動，也同時各處蔓延。要使得目前緊張的局面不再增加，我們希望兩方面應該注意以下的步驟：(一)希望北京有關係的外國使館，趕緊訓令上海領事團，通告工部局，對於徒手的市民，不再用武器，並且不靠武器的力量，處置目前嚴重的局面；(二)希望上海市民始終保持穩健同有秩序的態度，不拿他們的生命肢體再冒危險，而且不令將來有責任的機關用和平手段來解決時增加困難；(三)雙方當局應該立刻派公正的中外代表，共同組織委員會，會同自由調查殺傷人的實在情形，來決定責任究竟在誰身上。並作一個報告，作爲解決這件事的根據。同時應該承認如果殺傷的行爲，照世界公認的法律原則和公理不是必要的，那麽對於此案應有充分的處分。爲使前項步驟，得達我們所希望的效果起見，深願駐京有關係國的使館，須本坦白的心，來應付上海的現狀，將此次慘殺的責任問題，留待上文提議的公平自由調查的辦法來確定。如此次使團答復我國照會，事先抱定成見，説“責任應歸諸示威運動者”，我們不能不認爲武斷。……這幾種規則的内容價值，姑且不提，但爲雙方的諒解和公共的利益起見，我們卻要鄭重聲明，中國的情形，與幾十年前已經不同了，雖則是平民教育和我們實際的需要還遠不相符，但普通知識標準，比較以前已增高了許多。外國和在中國的外國人二十餘年前可以自由處分的事件，在現在不能不問問本地有關係的中國人意見，和中國全國的輿論。在中國的外國居留人民和商業上的利益，全靠有一種雙方諒解和信任的精神，所以縱然不爲公理，至少爲目前的利害起見，外國國家和他們的代表（他們還享受在政治性質的權利和特別的利益，這種權利和利益，都是在其他文明國家所没有的），應該要想法子了解中國人民的觀點；與他們有影響的事件，至少要問問他們的利益。尤其是在租界裏面大部分的税，是中國人納的。工部局大部分的收入，是中國人出的。然而中國人没有外國納税人所共有的選舉權，同時我們也不願意中國人單因爲在中國的外國人享受特别的權利就反對他們。總之，修改條約和改良中國與外國的根本關係，任何方面不能靠威嚇仇視武力暴動就能得到圓滿結果的。在現狀之下，此項大問題，應該要用友誼的磋商，同情的諒解，同雙方的和衷來解決他。梁啟超、朱啟鈐、李士偉、顧維鈞、范源濂、張國淦、董顯光、丁文江。（《申報》民國十四年六月十一日）

按：七月，宣言又刊登於《東方雜志》第二十二卷《五卅事件臨時增刊》之《重要函電彙録》。

七月一日，中華民國國民政府在廣州正式成立。（《中華民國史．大事記》）

七月二十八日，章士釗調署教育總長，楊庶堪署司法總長。（《辛亥以後十七年職官年表》）

八月二十二日，王國維接到先生寄贈《營造法式》一部。

七月初四日王國維致闞鐸書：霍初先生有道：頃由郵局遞到朱桂老贈弟新刊《營造法式》一部。此書自宋以後，久絶開板，今得此精刊精印，令人不復貴宋刊矣！附録數卷，尤有功於此學。辱承遠賜，感荷殊深。晤桂老時，祈代達謝

意，並致拳拳。(《海寧王忠慤公遺書》)

按：《營造法式》刊印於本年陰曆四月，信言"新刊《營造法式》"，當作於本年。

八月，山東軍閥張宗昌部進入中興煤礦公司，以徵收煤炭生產税爲由，勒取巨額軍餉，公司入不敷出而停産。

《棗莊煤礦志・大事記》：八月，山東軍閥張宗昌部進礦，以徵收煤炭生産税爲由，勒取軍餉四十六萬五千元。

《棗莊煤礦志・概述》：一九二五年後軍閥混戰，津浦鐵路車輛和運河船隻徵用軍運，中興公司煤炭運銷陷於停頓。軍閥張宗昌部隊進駐礦區，横徵暴斂，勒索軍餉四十六萬五千元，使煤礦入不敷出，導致停産，大批工人失業。

九月八日，上午，訪徐世昌，閒談良久。(《徐世昌日記》)

九月，作《北戴河海濱公益會報告書》。

《北戴河海濱公益會報告書》其五：民國十有三年爲本會成立之第六年度，經濟困乏，未能多所興舉。會員或奔走政治，或經營實業，未蒞海濱者居多，是皆同人所引爲缺憾者。顧履其境，樹木欣欣向榮，頓改舊觀。前數年，輒以卉木缺乏，就京津遠道運致之，頃所種樹苗漸苦無造林之地。在昔競植德國槐，喜其成陰之易，比且視爲面海看山之障，從而芟夷之。歐美人士僑居吾國習與僕隸處，其趾高氣揚，偭規越矩，無或繩其失。獨海濱則本會所懸爲禁約者，率皆遵履奉行：乘醉馳怒馬、采折公園花木者，科罰之；恃强爲壤畔之侵略與欺凌我華人者，干涉之。宜若開罪外人矣。而英文、法文報紙之評論，有揄揚無詆毁。領事因事抗議，必先稱述本會成績之優良，而後就事論事。他日者實行門户開放，内地雜居之制，海濱將爲先河之導，固不負同人數年來苦心經畫矣。又本會所斤斤焉，唯力是視者，保存名勝山林之一舉。細人貿利，或不惜毛舉，深文羅致其罪，思有以破壞之。講讓型仁，化其俗爲善良，是以同人之職責也。西人來遊，咸盛稱其風物佳勝，爲東亞避暑地之冠。我同人詎可以妄自菲薄，略感困難遽怠其力謀進步之始願耶？中華民國十四年九月。（《蠖園文存》卷上）

十月十日，故宫博物院成立。（《故宫學百廿題》四《故宫學研究對象之三：故宫博物院》51《故宫博物院》）

同日，作《中央公園記》。（《蠖園文存》卷上）

朱海北《中央公園記》前言：北京中山公園（原爲中央公園），創建於一九一四年。一九二四年，該園添建長廊時，决定於該園大門内建過廳三間，並在大廳左右兩壁各嵌石兩方，準備鎸刻《中央公園記》及董事會董事題名之用。一九二五年，《中央公園記》始由先嚴朱啟鈐撰文，並由董事孟玉雙書寫。孟玉雙曾親自將所書底稿附於石面之上進行勾勒，與董事會題名録同時鎸刻於大廳兩壁嵌石之上。嗣後公園擴建過廳，石刻拆除，後之與覽斯文者鮮矣。（《蠖公紀事》）

十一月三日，致函河南六河溝煤礦董事長李組紳。

致河南六河溝煤礦董事長李組紳函：逕啟者：查本會簡章第十三條規定“本會每年開常會一次”等語，兹查自十三年十二月十五日開大會一次，截至現在，已届一年，特定期於十一月十四日下午三時，召集常會，假天津義界三馬路中興煤礦公司爲會場，召集大會，届時務請貴理事李組紳撥冗惠臨，並祈預將提議事項擬具議案先期交由本會列入議程，以便公同討論，是所至幸。專頌時祺。礦業聯合會朱啟鈐啟，十四、十一、三日。（私人藏稿本）

十一月十四日，下午三時，於天津義界三馬路中興煤礦公司召開第二次礦業聯合會常會。（據十一月三日先生致河南六河溝煤礦董事長李組紳函）

十一月二十八日，葉恭綽被免去執政府交通總長職。（《辛亥以後十七年職官年表》）

十二月三十一日，章士釗被免去署教育總長職務，易培基接任教育總長。（《辛亥以後十七年職官年表》）

是年，四女朱津筠適江寧吴敬安。

《蠖園年表》民國十三年：是年，遣嫁四女津筠於江寧吴氏。（《紫江朱氏家乘》卷三）

《紫江朱氏世系表》：四津筠適江寧吴敬安。（《紫江朱氏家乘》）

葉祖孚《朱啟鈐與〈存素堂賬目〉》：民國十四年："津筠喜事用洋七千圓（大洋）"。（《蠖公紀事》）

朱海北《風雲變幻的北戴河海濱》：在張學良將軍和馮庸的撮合下，我四姐津筠與吴敬安於一九二五年結了婚。（《蠖公紀事》）

按：葉祖孚文章所記以賬目爲據，與朱海北記載亦相吻合，姑從之。據朱海北《風雲變幻的北戴河海濱》記載，吴敬安時任少校飛行駕駛員。

是年，中興煤礦公司董事會改組，黎元洪連任董事會長,先生連任總經理。

《主要領導人更迭》:一九二五年,中興公司總公司董事會長黎元洪、總經理朱啟鈐。(《棗莊煤礦志·管理體制》第一章第九節)

是年,創立營造學會。(《蠖園年表》)

是年,與闞鐸、瞿宣穎搜輯營造散佚書史,始輯《哲匠録》。(《蠖園年表》)

是年,北寧路局補助北戴河海濱公益會四千八百元。

《北戴河海濱公益會董事會議紀録》(中華民國二十二年十一月二十七日):吴達詮董事報告大概:民國十年,始由路局每年補助四千八百元。(《北戴河海濱公報》第三期)

本年,孫文卒。

中華民國十五年丙寅　一九二六年　五十五歲

是年,居天津英租界。(劉宗漢《有關朱啟鈐先生史料的幾點補正》)在中興煤礦公司總經理任。

一月四日,中國國民黨第二次全國代表大會在廣州召開。(《中華民國史.大事記》)

四月,北洋政府駐葡萄牙公使王廷璋簽題照片贈與先生。

王廷璋題《王廷璋像》識語:廿年久作春明夢,驚心又縈離緒。鯨海波深,蜃樓雲矗,都是昔曾游處。騫槎愧賦。悵迢遞馳夫,關河延佇。眷戀餘情,好憑一舸載將去。　良朋珍重嘉貺，念瓊琚贈別，還引尊俎。鯷俗光陰，鴈臣況味，長憶輭紅塵土。頭顱如許。願聊作行看，有同對語。它日相思，暮雲千萬樹。《齊天樂》。共和十五年四月奉使葡萄牙，留別桂老夫子大人惠念，兼媵小詞，以志依依，並博雅粲。王廷璋敬贈。(《中國近代珍藏圖片庫》之《袁世凱與北洋軍閥》卷圖344)

六月五日，國民政府特任蔣介石爲國民革命軍總司令。(《中華民國史.大事記》)

六月二十八日，攜傅壽彤詩稿訪徐世昌，商酌重刻各事。(《徐世昌日記》)

七月九日，國民革命軍誓師北伐，蔣介石就任總司令。(《中華民國史.大事記》)

八月，夫人于寶珊中風，病勢轉劇。

朱啟鈐《繼配于夫人行述》：丙寅六月十五日，爲外舅八十正壽，夫人力疾歸祝。時當溽暑，逐致感冒，大病復發，昏厥不醒者數日。西醫診斷言：腦血充溢，恐有迸裂之患。旋易進中藥，服犀羚之劑，始見轉機，惟右手右足卒致偏廢。冬令進滋補之品，調理氣血，並用電氣按摩，筋絡稍舒。惟藥石補助，有時奏静止之效，有時得反應之功，或能强起跬步，或賴扶掖遊觀。然精神必呈異狀，動止靡不待人，殆入風痺二期之候矣。(《朱母于夫人行述》)

按：先生外舅于德楙生於道光二十八年戊申六月十四日。

疾中兒女環侍蠖園，先生遂親課次子渤、五女湄筠、

六女洛筠讀書。(《蠖園年表》)

九月二日,顔世清致書先生。

顔世清致先生書:蠖公總長:前日來津,匆匆晤教,未盡所懷,不審尊夫人近日病體安善否。清昨日歸京,疊聞武漢不保,子武臨行曾告以蔣介石未可藐視,奈彼等不聽耳。今不幸而言中。今日告効坤,急電漢卿回京商榷軍事,蓋南軍既得武漢,决不攻武勝關,必以偏師由襄陽直趨樊城,入豫到河南,得與樊軍結合,至葉縣,薄開封,斷黄河北岸。另以一支隊由龍駒寨到陝,與馮軍結合。若如所料,則不可設想。清雖非老於軍旅,較之現在軍人,視綫高出彼輩不可以道里計。方今文酣武嬉,真不可救藥矣。不審高明以爲如何。昨與日使署參贊談及,爲之扼臂,彼謂中國有人才而不能用,宜國内大亂也。吴子玉現退至廣水花園,軍隊無從整飭,恐武勝關亦不能守。此公剛而不斷,公而不明,見善不能舉,惡惡不能去,宜其敗也。子玉有一張子武不能盡展其抱負,合肥有一徐又錚竟至首領不保,調人盲昧一至於此,中國前途安有希望。專此於悒,不盡縷縷。即頌大安。清白。九月二日夕。(朱氏家藏稿本)

按:“疊聞武漢不保”,與一九二六年十月十日(陰曆九月四日)北伐軍攻克武漢吻合;“不審尊夫人近日病體安善否”與八月于寶珊中風亦相吻合。顔書當作於民國十五年。

八月至九月上旬間,始增補重刊外祖父傅壽彤詩集《澹勤室詩》,並作《澹勤室詩補遺跋》。先生收集、整理、刊印貴州文獻自此始。

《澹勤室詩補遺跋》:兹者舅氏書來,擬重印湘中燼餘諸書，商略鉛槧，並以家傳相屬，因以大梁原刊之《澹勤室詩》六卷及新輯《補遺》一卷重校付梓。中華民國十五年丙寅七月。（《蠖園文存》卷下）

劉宗漢《朱啟鈐先生的貴州情結》：先生注意收集、整理、刊印貴州文獻，是從一九二六年開始的。一九二六年八月，先生夫人于寶珊突然中風，且"病勢轉劇"，先生爲了在天津寓居的蠖園進行照料，其他活動自然減少。恰在此時，遠在湖南的舅父又來信，"擬重印湘中（外祖父傅壽彤）燼餘諸書"，同先生商量印刷事宜，同時又要求先生撰寫傅壽彤的傳記。有此契機，先生便開始整理與傅壽彤有關的資料。（《冉冉流芳驚絶代》）

按：《蠖園文存》所記"丙寅七月"當爲陰曆（陽曆八月八日至九月六日）。

十月十七日，徐世昌約先生與曹汝霖、陸宗興、李士偉、華世奎宴集，徐氏五弟徐世綱、八弟徐世襄、十弟徐世章均來同飲。飯後又久談。

《徐世昌日記》：徐敬宜自北京來閒談良久，留其晚飯。今日約朱桂辛、曹潤田、陸閏生、李伯芝、華弼臣來宴集，五弟、八弟、十弟均來同飲，光弟未到。飯後又久談。

十月，作《張使君毓蕖鑄像記》。（《蠖園文存》卷下）

冬，次子朱渤娶香山徐廷爵之女徐恭如於天津。

《蠖園年表》：是年，爲次子渤娶香山徐氏。（《紫江朱氏家乘》卷三）

《紫江朱氏世系表》：渤配徐氏：香山徐廷爵女。生光緒丁未四月十二日卯時。子：文模、文榘。（《紫江朱氏家乘》）

朱海北《風雲變幻的北戴河海濱》:一九二六年冬,我在天津舉行婚禮,張學良將軍親來祝賀。(《蠖公紀事》)

按:朱海北,原名朱渤。

葉祖孚《朱啟鈐與〈存素堂賬目〉》:民國十五年:"老鐵(即朱海北)喜事用洋八千二百圓(大洋)。"(《蠖公紀事》)

葉祖孚《關於朱啟鈐的文物賬册》注釋:徐建侯,朱海北先生岳父,當時任京奉鐵路局局長,曾協助朱啟鈐修建前門城垣。(《蠖公紀事》)

按:徐廷爵,號建侯。據劉宗漢提供資料,徐氏,名恭如;朱渤繼室周季藏,生於一九一〇年,卒於一九九〇年。

是年,外孫女吴棣棠生。

按:據劉宗漢提供資料,朱津筠之女吴棣棠,生於一九二六年,婿章强。章强乃朱淇筠次子。

是年,北寧路局補助北戴河海濱公益會四千八百元。

《北戴河海濱公益會董事會議紀録》(中華民國二十二年十一月二十七日):吴達詮董事報告大概:民國十年,始由路局每年補助四千八百元。(《北戴河海濱公報》第三期)

本年,張謇卒。

中華民國十六年丁卯　一九二七年　五十六歲

是年,居天津英租界。(劉宗漢《有關朱啟鈐先生史料的幾點補正》)在中興煤礦公司總經理任。

一月(十四日前),與陶湘訪晤傅增湘,商議轉讓《營造法式》版權事。

《張元濟傅增湘論書尺牘》一九二六年第三十三封《張元濟致傅增湘書》(十五年十二月一日):二、蘭泉擬售去《營造法式》。前此夢旦復信曾以示弟,並稱種種爲難。定價既難過高,銷路又甚污滯,幸能售完。製圖工本甚巨,斷無再版之望,重以諄屬。已將原函轉去,請其重爲考慮,他日即由夢旦徑復。

一九二七年第三封《傅增湘致張元濟書》(十六年一月十三日):一。《營造法式》,桂辛及蘭泉來,言館中前還價六千元,刻下可割讓,請貴館决定運交之法。

原注:"張批答:請即商定運交之法。"

一九二七年第六封《張元濟致傅增湘書》(十六年一月二十一日):一。《營造法式》,已承桂辛、蘭泉兩公慨讓,甚幸。如何運交,已由公司函達京、津兩分館接洽,此間不知所有書版圖片在京抑在津也。前承開示。此書中有版權一項,未知曾否在内部注册領到執照,倘未辦妥,仍應由桂辛諸公具呈先行注册領照,辦妥後再行呈請轉移。此係古書,雖不能禁人印行,然費去巨貲,刊成木版,他人竟據以影印,亦終受損失也。

一九二七年第九封《傅增湘致張元濟書》(十六年二月二十五日):《營造法式》,頃告蘭泉版權事,屬在内部辦理。圖交津館,版交京館。至裝箱須定做木櫃。已商伯恒與文楷矣。

一月十九日,張作霖函告内務部成立外交、財政、政治討論會。先生受聘爲政治討論會會員。

《國軍總司令部公函》(秘字第一號):逕啟者:國是艱屯,日趨險惡,内憂外患,相迫而來,政令失效,百凡停滯。本總司令勉膺艱鉅,環顧情形,非贊助政府摯領提綱,不足以振弛舉廢;尤非禮羅耆碩,集思廣益,不足以宏策進行。兹先就外交、財政、政治重要諸端,分别設會討論,並敦聘孫君寶琦、陸君宗輿爲外交討論會正副會長,王君寵惠等爲外交討論會會員;曹君汝霖、葉君恭綽爲財政討論會正副會長,張君弧等爲財政討論會會員;梁君士詒、曾君毓雋爲政治討論會正副會長,嚴君修等爲政治討論會會員,並覈定三會簡明條文,以資依據。除分函外,相應檢同簡明條文暨延聘名單,函請察照。此致内務部。計簡明條文一紙、名單三紙。中華民國十六年一月十九日。

一、爲廣集衆議,贊助政府,特分設外交討論會、財政討論會、政治討論會。

二、外交、財政、政治三會會員,各以二十人至三十人爲額,每會設正副會長二人,正副會長及會員均由總司令聘任,以示優禮。另設專門委員若干人,由總司令選任,由秘書廳函知。每會由會長派事務員若干人,惟會員皆不給薪津。

三、以上三會之議决事件,除徑請總司令采用施行外,並得請由總司令送交主管機關察覈施行。

政治討論會:會長:梁士詒。副會長:曾毓雋。會員:嚴修、田應璜、柯劭忞、汪有齡、梁鴻志、章士釗、宋伯魯、施恩、鄭洪年、馬君武、楊度、陳任中、鄧漢祥、朱深、湯漪、徐佛蘇、方樞、張名振、張百苓、王印川、朱啟鈐、李慶芳、潘守廉、馬

其昶、齊耀珊。(《中華民國史檔案資料彙編》第三輯政治分册《重大歷史事件和問題·張作霖主政》)

原注:北洋政府内務部檔案。

一月,山東軍閥張宗昌又率其部一萬三千餘人駐棗莊,連續二個月的給養全部由中興煤礦公司擔負。公司所損頗鉅。(《棗莊煤礦志·大事記》一九二五年)

《蠖園年表》:中興煤礦連年遭兵革之擾,遂致停工待食者萬家,勞資交困,嗟怨莫能釋也。(《紫江朱氏家乘》卷三)

二月,作《髹飾録弁言》。

《弁言》:此名著碩果僅存,日儒抱殘守闕,奉爲楷模,大村西崖氏珍如枕秘,贊美不置。迻書求索,幸得寓目,惜展轉傳鈔,譌奪過甚。賴有壽碌堂主人博引群書,加以疏證,推繹數四,方得卒讀。頃者斠校既竟,先復録注舊觀即付剞氏。殺青甫就,又聞大村氏遽歸道山。(紫江朱氏刊本《髹飾録》卷首)

按:弁言作於"民國十六年丁卯二月",並收録於《蠖園文存》卷下,名《重刊髹飾録序》。

《大村西崖致朱啟鈐》全文:朱先生執事:辱承雅教,不勝忻慰。《髹飾録》一書,初木村孔恭字世肅,堂號蒹葭,以博識多藏聞於世,享和九年即清嘉慶二年卒。藏鈔本一部,文化元年嘉慶九年。昌平阪學問所德川幕府所置儒教大學。購得之,維新之時入淺草文庫,後轉歸帝室博物館藏,並有印識可徵焉。我美術學校、帝國圖書館及爾餘兩三家所藏本皆出於蒹葭堂本,未曾有板本及别本。但轉寫之際,往往生異同而已。眉批及夾注並壽碌堂主人所筆,㊀、㊁、○、△、增、案等亦皆然。恨壽禄堂主人者遍索未能詳其人，或思昌平阪學問所之一篤學者歟？黄氏正文與楊注之區别，例"天運，即旋牀；有餘不足，損之補之"是正文，"其狀"云云以下雙行，是楊注；"坤集"雙行亦是楊注，大字悉是爲正文：請準此以校理。異日得見貴刊印本，則何快如之。專此奉復，即頌文安。西崖頓首，六月九日。

按：引自高夕果《中國文化遺産研究院藏朱啟鈐往來書信箋注》一文，據影印手稿重新釋文標點。高文考證此信作於一九二六年，待考。

三月，作《劉君本草目録序》。

《劉君本草目録序》：英人伊博恩博士及京兆劉汝强研究博物學有年，兹爲溝通中西醫學方術起見，就《本草綱目》所載，依盎格拉氏方式，分門别類，整理秩然。（《蠖園文存》卷下）

按：序文作於"民國十六年三月"。

四月十八日，南京國民政府成立。（《中華民國史. 大事記》）

六月，將所輯外祖父傅壽彤《澹勤室詩》委托陶湘重刊。

書牌標注：丁卯六月涉園重刊。

朱啟鈐《澹勤室詩補遺跋》：前六卷古近體詩四百三十八首，皆同治壬申以前所作。後一卷古近體詩十五首、詞二首，得自墨跡、拓本中，於重刻詩集時補録者也。（《蠖園文存》卷下）

八月一日，周恩來、賀龍、葉挺、朱德、劉伯承率領北伐軍二萬餘人在南昌舉行武裝起義。（《中國共産黨歷史》

第一卷第三編《黨在土地革命戰爭時期》第八章《武裝反抗國民黨反動統治的鬥爭》）

十月，辭去北戴河海濱公益會會長職。（才樹驤《朱啟鈐在北戴河的建樹》）

按：先生一九一九年八月擔任會長，詳見本譜。

十二月五日，繼室于寶珊卒於蠖園，享年五十一歲。

《紫江朱氏世系表》：啟鈐繼配于氏，卒民國丁卯十一月十二日寅時。（《紫江朱氏家乘》）

《蠖園年表》：繼配于夫人又於十一月十二日卒於蠖園，年五十有一。（《紫江朱氏家乘》卷三）

朱啟鈐《繼配于夫人行述》：本年夏秋苦熱，入冬尚煊燥不可耐，天氣反常，尤不適於病體。十月初，忽覺舌根木僵，言語蹇澀。勺水爲飲，胃納不化。醫以滋腎行氣及消導之品，無大效。至夏曆十一月十一日倉猝暴發，遂至不治。是日午前，方居蠖園，因次媳將就蓐，欲回宅視之，乃進午餐，談笑仍如平時也。湯甫入口，逆嗆而出，面色微變。忽一發笑，上下脣遽斜掀，尚欲告余，以痛苦而不能成聲矣。驚愕間即作傾跌之勢，從此不復省事。分召中西醫，皆束手，進藥既不納，注射亦無效。入夜呼吸漸緊，延至十二日寅刻竟溘然長逝，得年僅五十一耳。（《朱母于夫人行述》）

按：《繼室于夫人墓志銘》（《蠖園文存》卷下）“丁卯十月十一日，疾再作，不能言。次日遂卒”，顯然將“十一月”誤作“十月”。又十二月九日“徐世昌偕十弟徐世章赴先生宅吊慰其喪偶”，則《世系表》《蠖園年表》《行述》所記當爲陰曆時間。于氏生於光緒三年十一月二十九日。

十二月八日，辰時，三孫文模生。（《蠖園年表》）

《紫江朱氏世系表》：渤長子。字達孫，生民國丁卯十一月十五日辰時。（《紫江朱氏家乘》）

按：據《蠖園年表》，文模生於于夫人卒後三日，《世系表》所記當爲陰曆時間。據劉宗漢提供資料，文模未婚。

十二月九日，上午，徐世昌偕徐世章赴先生宅弔慰其喪偶。（《徐世昌日記》）

十二月十一日，下午，許寶蘅赴天津先生寓齋弔唁于夫人。（《許寶蘅日記》）

十二月，作《于夫人哀啟》。

朱啟鈐《哀啟》：古人悼亡之作，率發乎至情，或詠歎而爲詩歌，或詮次以成行狀，皆其情之所不能自已者。故絶藻飾之陋，屏延重之辭，傳之家乘，足以徵信。近世告哀之啟，臚舉逝者生平，乞言於當世賢士大夫，以光銘誄，往往於其庸言庸行，隱約而不肯深言。蓋微賤之事，恒人所不願自宣，而悲歡之迹，又高士所不屑道，此所以遺事實而諠文辭也。夫夫婦之倫，以情合而以義終。庸言庸行，本多見於微賤之時；至性至情，亦每發於悲歡之頃。苟嫌瑣屑，則逝者之潛德能無湮没之憾乎？而生者不自已之情，抑亦因之而掩矣！比歲海内多故，親知散處四方，每以書郵時相問訊。拙荆卧病數載，函電尤勤，今遭痛悼，不能不體平昔廑眷之懷有以陳告，用舉喪舍中所追憶，詮次以付家乘者，因訃告之便，附塵省覽，惟矜察之。朱啟鈐謹啟。（《朱母于夫人行述》卷首）

是年，闞鐸箋證《髹飾録》付印。

闞鐸《識語》：甲子、乙丑間，紫江朱公桂辛於校刊宋李明仲《營造法式》之暇，命鐸搜輯古今治髹漆之書，理董以成漆書。求朱遵度《漆經》，苦不可得。適讀日儒大村西崖氏《支那美術史》，極道此書之美，亟移書索之，歷數月始以此本郵寄。朱公又與西崖商榷體例，親加讎校，先以正文付梓，以復明本之舊。以原鈔本付鐸裝訂，謹受而識其緣起如右。中華民國十五年八月，合肥闞鐸。（紫江朱氏刊本《髹飾録》卷末）

王世襄《合印蒹葭丁卯兩本髹飾録後記》：桂老校訂後，於一九二七年丁卯刻版付印，世稱丁卯本。當時衹印二百册，旋即隨同《營造法式》刻版寄存上海商務印書館涵芬樓。"一二·八"事件，日寇轟炸閘北，兩書刻版，同付劫灰。（王世襄編《髹飾録》）

是年，北寧路局補助北戴河海濱公益會四千八百元。

《北戴河海濱公益會董事會議紀録》（中華民國二十二年十一月二十七日）：吴達詮董事報告大概：民國十年，始由路局每年補助四千八百元。（《北戴河海濱公報》第三期）

中華民國十七年戊辰　一九二八年　五十七歲

是年，居天津英租界。（劉宗漢《有關朱啟鈐先生史料的幾點補正》）在中興煤礦公司總經理任。

一月七日，蔣介石恢復北伐軍總司令職務。（據《中華民國史．大事記》）

同日，作《繼配于夫人行述》。（《朱母于夫人行述》）

按:作於"中華民國十六年歲次丁卯十二月十五日",陽曆爲民國十七年一月七日。

二月(十五日前),至京。

二月二十二日,于驅興致書先生。

于驅興致先生書:桂公先生閣下:前奉大函並尊夫人行述,展誦數四,敬維夫人才能賢達莫與比倫,誠曠世之女宗、德門之壼範也,凡屬知交,靡不欽慕。矧在我公伉儷素篤,遺褂在室,落葉打門,觸緒悲來,自有不能已於情者。然逝者長已矣,劉瓛幽銘但述婦德,潘岳悼亡或云詞費,若必神傷太甚,一哭損身,則蒙莊通命之謂何? 誠非賢者所宜出也。兹特略撮紀述,賦七古一章,抒揚懿德,冀紬哀忍,勉學忘情,藉資珍攝。順頌春祺,不盡洄溯。于驅興謹上,二月廿二日。(種芸山館藏稿本)

按:夫人陳氏卒於光緒二十三年四月初四日,繼室于寶珊卒於民國十六年十二月五日,此書當作於于寶珊卒後。

二月十五日至二月二十四日,在京受到各方宴請。

《許寶蘅日記》正月廿四日(2月15日):(傍晚)六時到東興樓,陳劍秋約,因朱桂辛來京,故約内務部舊友一聚,未入座先辭。廿五日(2月16日):(傍晚)到方灌青家,與殷、沈、于、方同作主人,宴桂老,飲十餘碗,又召伎,至二時散歸。廿九日(2月20日):(傍晚)六時出,赴郭世五約陪桂辛,二時後方歸。二月初三日(2月23日):(傍晚)七時赴乾齋諸君約陪桂老,三時歸。初四日(2月24日):一時到馨撲宅,陪桂老,熊秉三、江叔海、王書衡、沈硯裔、葉玉虎、向之、向叔、少溥同座。

二月二十六日，晚約請許寶蘅至春艷院。

《許寶蘅日記》：（晚）九時到春艷院，桂老約。十二時後歸。

二月，中央公園董事會公推第四届常任董事，先生與吴炳湘連任正副會長。

《本園董事會歷届常任董事名録·第四届常任董事名録》（民國十七年二月公推）：會長：朱啟鈐。副會長：吴炳湘。評議部：江朝宗、于寶軒、江庸、闞鐸、陸夢熊、王文蔚、王景春、馮耿光、周作民、沈化榮、楊德森、賀頎、喬保衡、馮恕、劉景山、水鈞韶、李殿璋、傅潤璋、傅增湘、衛國垣、陳興亞、蔣式瑆、葉恭綽、梁汝成、畢桂芳、蔣尊禕、祝書元、伍錫河、崔呈璋、王蔭泰、郭葆昌。事務部：孟錫珏、治格、董玉麐、陳時利、吴承湜、袁乃寬、張廣建、常耀奎、華南圭、方仁元。（《中央公園二十五周年紀念册》第三章《本園章制摘要及人事變遷》）

按：先生於董事會期間與部分董事合影，影印於《中央公園二十五周年紀念册》卷首。

三月三日，午，曾維藩、王文豹、林彦京、吴承湜約請先生到北海畫舫齋，許寶蘅陪坐。飯後，同許寶蘅、葉恭綽到慶霄樓參觀北京圖書館，館長袁同禮導觀藏書、編目各室。

《許寶蘅日記》：一時到北海畫舫齋，曾介伯、王紹荃、林笠士、吴甘侯約陪桂辛。散後同桂辛、玉虎到慶霄樓參觀北京圖書館，袁守和導觀藏書、編目各室，並贈中華圖書館所編《圖書館學季刊》一册，五時方出。

三月四日，晚飯後約請許寶蘅至春艷院。

《許寶蘅日記》：晚飯後到春艷院，桂老約飲，十一時歸。

三月二十日，晚，唐紹儀約請先生與葉恭綽、吴鼎昌、張孝移、沈國均、許寶蘅至紅韻閣。

《許寶蘅日記》：(晚)十二時後到紅韻閣，少川約，有桂辛、玉虎、達詮、棣生、治臣諸人，二時半歸。

三月二十二日，下午，許寶蘅來訪。(《許寶蘅日記》)

春，在北京中央公園舉辦展覽會，展出歷年收集的圖畫、製作模型等。

一九三〇年二月十六日《中國營造學社開會演詞》：又訪購圖畫，摹製模型，亦頗有難得之品，曾於十七年春間，假中央公園陳列一次。

四月十二日，國民軍佔領山東棗莊。

《中華民國史．大事記》：四月十二日，蔣介石電告國民黨中央黨部、國民政府，第四軍於是日佔領棗莊。

四月十七日，日本内閣會議討論山東形勢，決定以魯軍撤退濟寧及北伐軍中斷膠濟鐵路爲由，斷行出兵，由横須賀派陸戰隊二百五十名乘"春日"艦赴青島。是日，日本海軍省公佈：在該隊開到前，令第二艦隊所屬軍艦"古鷹號"泊於青島，與第二遣外艦隊之"球磨"及"對馬"協力警備。(《中華民國史．大事記》)

按：二十日，"春日"艦陸戰隊在青島登陸。

同日，戰地政務委員會以臨城業已克復，特設整理中興煤礦公司委員會，訂定整理委員會暫行條例，委俞

飛鵬、陳家棟等五人爲委員，俞兼整理委員會主任，陳爲副主任。是日，俞等五委員赴臨城開始工作。（《中華民國史.大事記》）

《棗莊煤礦志·大事記》：四月十七日，國民黨政府派俞飛鵬等人組成“整理中興煤礦委員會”，施以“軍閥奸商，阻撓軍餉”等罪名，强行接管中興駐礦經理處的經營權。

五月十八日，徐世昌偕徐世章到先生宅弔祭于夫人，與先生閒談良久。（《徐世昌日記》）

五月十九日，繼室于寶珊出殯。

《徐世昌日記》三月二十九日（5月18日）：十弟來，同到朱桂辛宅弔祭，其夫人明日出殯。

五月三十日，葬繼室于寶珊於河北臨榆縣北戴河海濱蓮花石畔，先生作《繼室于夫人墓志銘》，並穿石爲生壙。

朱啟鈐《繼室于夫人墓志銘》：四月十二日，葬於臨榆縣北戴河蓮峰山之原，乾山巽向，留左壙以爲余他日藏魄之所。（《蠖園文存》卷下）

《蠖園年表》：四月，營葬于夫人於蓮峰山之麓，並穿石爲生壙。（《紫江朱氏家乘》卷三）

按：五月十九日于寶珊出殯，《墓志銘》《蠖園年表》所記時間當爲陰曆。“蓮峰山”，或作“聯峰山”或“蓮蓬山”。

本年（民國十六年）度，陶湘捐助營造學社六千元。

《中國營造學社經費歷年統計表》乙《本社歷年捐款之數》十六年：陶蘭泉先生捐助（出售重刊《營造法式》版權），

洋六〇〇〇.〇〇。(《上海圖書館藏葉恭綽友朋尺牘·朱啟鈐》1933年6月7日書札附件)

原注:以上二款在本社未成立前供給研究及繪圖之用。

六月四日,張作霖在皇姑屯車站遇炸身亡。(《中華民國史.大事記》)

六月三十日,俞飛鵬將蔣介石豔(二十九日)電内容轉達中興公司,並通知中興公司將遵令著手籌備接收手續,定期交接。(《中華民國史.大事記》)

《中華民國史.大事記》:六月二十九日,蔣介石自漢口致電整理中興煤礦委員會主任俞飛鵬稱,中興之款如三十日前不付清,是軍閥奸商朋比抵抗,著即用總司令名義,公佈將該礦完全充公,"並由兄組織委員會監理接辦"。

六月,兼中興煤礦公司代理董事會長。

《主要領導人更迭》:黎元洪一九二八年一月病故,朱啟鈐代董事會長。(《棗莊煤礦志》第三篇管理體制第一章第九節)

章炳麟《大總統黎公碑》:十七年夏六月,蔣中正以兵攻作霖。時公病已亟,南軍薄天津,公薨。(《辛亥人物碑傳集》)

按:《棗莊煤礦志》時間記載有誤,黎元洪卒於六月三日。

七月五日,蔣介石下令没收中興煤礦公司。第一集團軍克復棗莊後,戰地政委會委俞飛鵬爲整理該礦委員會主任,與該公司議定,由公司報效軍餉百萬,未能實現。蔣介石以該公司希圖阻撓軍餉爲由,遂於是日下令將該公司所有財產一律充公,並責成俞飛鵬負責接收。

(《中華民國史.大事記》)

《棗莊煤礦志·大事記》:七月五日,蔣介石下令沒收中興公司全部礦產,並在上海降價標售中興存煤三十萬噸(價值約三百萬元)。

七月(五日後),中興公司在天津召開臨時股東會,議決邀約各大銀行董事長、經理和宋子文、陳景韓等人向蔣介石遊説,要求發還礦權。(《棗莊煤礦志·大事記》)

七月十日至三十日間致電蔣介石,要求發還礦權。

《中興煤礦宣布沒收後之朱啟鈐呈蔣文》:中興煤礦公司,曾經蔣總司令布告沒收,已志前報。但一般股東及與公司有關係各方面,均感恐慌,業已分途運動,籲請發還財產,債券銀行及錢新之等皆有呈蔣總司令之文件。兹又覓得朱啟鈐呈蔣總司令文一件,披露於後:爲呈請批示遵行事。前以中興煤礦公司成立經過暨遵令籌款助餉各情形,陳明鈞座,並乞寬予原諒,准以公司存煤,抵充助餉,懇請明令批示各在案。鈞座鑒諒公司艱苦,曾有從緩執行充公之諭,具仰鈞座體卹商艱,維持實業。公司久處水深火熱之中,今甫有來蘇之望,群情欣幸,正擬盡力籌措,藉副盛意。乃迭接礦經理胡希林來電,俞主任暨夏、唐兩委員帶同人員,於七月十日到礦,並宣布訓令:實行接收所有各機關、本礦各種財產存煤,及臨台等處機關及煤斤器具,概行點收,將駐礦經理取銷,在職重要人員,分別撤换,限期交代。聞命之餘,無任惶惑,查本公司創立於前清光緒二十五年,爲純粹商業公司,初非藉近今軍閥而成,股東名册,均經呈報官廳在案,有無逆股、不難稽考。就令查明，果有逆股在内，則依法没收，亦只限於□□□□□□□□□□□□□□□(作者注：此處殘損)能遵限措繳第二次百萬元助餉之款，實緣公司借貸俱窮，押品無出，初非有意觀望，何敢藉詞要挾，更無軍閥奸商朋比抵抗情形。凡此經過事實，胥詳前次呈文，鈞座洞察民隱，俯允從緩執行充公，而俞主任仍到礦實行接收，所有公司股東及職員，均惶恐異常。且因公司欠債達五百萬，礦中財産早經抵押，一旦宣布没收，債權無着，人心慌恐，影響金融，亦非淺鮮。揆之鈞座愛護實業之意，當不若此，意者交通阻隔，鈞座從緩執行之諭，未及傳達，可否再行諭知，並乞迅賜批示，俾有遵循，不勝感激屏營之至。謹呈總司令蔣。中興煤礦公司經理朱啟鈐。(《益世報》天津版，民國十七年七月卅一號)

七月，中央公園董事會吴鏡潭副會長經與北平市長何其鞏協調，市府同意撤銷將公園收歸市府管轄的方案，改訂董事章程，改設委員會，由市府派委員二人加入，共同管理。

《本園章制摘要及人事變遷》：民國十七年七月北平市政府成立，議收本公園歸市府管轄，市長何其鞏派葛敬應、王業璋等爲接收委員。經吴鏡潭副會長以同鄉關係就商於何市長，議定免予接收，僅改訂董事章程，改設委員會，由市府派委員二人加入，共同管理。(《中央公園二十五周年紀念册》第三章)

八月四日，張作霖喪儀在瀋陽大元帥府舉行。張學良行點主儀式，瀋陽各級官吏及東三省軍務及民政長官,均麇集奉垣,吊問者絡繹不絶。日關東軍司令官村岡長太郎、齋滕恒參謀長、秦特務機關長亦前來祭吊,自是日起,開吊三天。(《中華民國史.大事記》)

按:先生時在遼寧。

八月七日,張作霖出殯,執紼者達萬人以上。(《中華民國史.大事記》)

按:先生時在遼寧。

八月,蔣介石在社會輿論的壓力下,終以勒索一百萬元軍餉發還中興公司礦權、礦産,但以“逆股”名義没收倪嗣冲、張敬堯的股本二十六萬元作爲官股。(《棗莊煤礦志・概述》)

《蠖園年表》:是年國民軍攻克山東,曾没收中興煤礦議改國營,集股東會請願,輸餉百萬方免。(《紫江朱氏家乘》卷三)

按:據劉宗漢向筆者回憶,曾於朱家獲觀相關文獻,中興煤礦股東托請易培基從中調解,礦權礦産方得發還。

九月,中央公園委員會公推第一屆委員。先生與吴鏡潭任正副主席。

《本園董事會歷屆常任董事名録・本園委員會第一屆委員名録》(民國十七年九月公推):主席:朱桂辛。副主席:吴鏡潭。評議部:江宇澄、張勛伯、陳劍秋、賀雪航、蔣性甫、殷鐵菴、陸渭漁、蔣賓侯、傅沅叔、于治昂、祝竺樓、闞霍初、傅子如、畢植丞、李楓圃、魏子丹、吕漢雲、周作民、梁節卿。事務部:管理課葛敬應府派、趙仲昭府派,繼葛委員、吴甘侯、孟玉雙、董翔周;會計課王業璋府派、夏肅初府派,繼王委員、郭耀宗府派，繼夏委員、方灌青、常朗齋、周叔廉；建築課華通齋、衛心薇、沈治丞。候補人崔露華、郭世五、關伯衡、沈吉甫、岳乾齋、談丹崖、曾叔度、齊耀棠、曾仙舟、治罽清。（《中央公園二十五周年紀念册》第三章《本園章制摘要及人事變遷》）

九月，作《芋香館詩跋》。（《蠖園文存》卷下）

按：《芋香館詩》刊印於民國十八年。

十月八日，蔣介石當選爲國民政府主席。（《中華民國史. 大事記》）

十月十日，蔣介石在南京就任國民政府主席。（《中華民國史. 大事記》）

十月，《美術叢書》第四集第二輯收録先生輯、闞鐸校《絲繡筆記》二卷付印。

按：《美術叢書》第四集第二輯書牌：戊辰十月付印。

十月，撰《存素堂絲繡録弁言》。

《弁言》：童時在外祖家，見法書名畫之褾帙多爲宋錦刻絲，愛其雅麗工緻，眩然莫忘。先慈傅太夫人擅女紅，每於篋笥之側時見綴緝宋錦斷片製爲香囊佩帨，或碎裁花樣作針黹之譜録，鬭錦之智，穿紗之巧，手澤所存，歷歷至今，如在心目。通籍北來，每於都門荷包巷及廟市冷攤采集錦繡刻絲衣飾，改作屏幛帖落。朋好知余嗜此，往往舉以投贈，估人有得即持來求售，然斷帛零縑，不過童而習之，僅供玩賞而已。咸豐庚申圓明園之劫，陳寶重器，播及歐西，博物家有同嗜焉。辛亥以後，舊家散出流溢日多，而恭邸於壬子斥賣故物，陳列經目，瓌奇山積，刻絲刺繡宋元精品每羼雜於書畫捆載中，發見於市肆之手，輾轉以入余家者有之，拙藏朱克柔刻絲牡丹、山茶即在此中……余以童時篤嗜，四十年來物聚所好，内府及墨林、麓村、蕉林、意園諸家所藏亦間爲吾有。近來蟄居，涉獵群籍，見有與藝事故實收傳譜録或女紅人物諸端有關者，輒依類抄纂，置之案頭，用備印證。兹篇隨筆札記於頻年所得，志所自來，以示兒輩，本無意於刊行，且於名款注釋多未諦當，新得數事亦尚闕略，因索觀者衆，姑鋟活字以省鈔胥。年事日增，心境瞀瞀，爰舉鈔纂諸篇，屬闞君霍初整比，公諸同好。倘能於碩果僅存之今日，就公私文物以科學眼光爲有系統之研究，俾絶藝復興，古法不墜，斯固童年志學所存，抑亦非始願所能及矣。中華民國十七年戊辰十月，紫江朱啟鈐識。(《存素堂絲繡録》卷首)

按：《弁言》收録於《蠖園文存》卷下，名《存素堂絲繡録序》。

七月二十日闞鐸致葉恭綽書：桂老刻絲已編成一册，蓋以著録大内及古物陳列所所貯成書七册，其見於《故宫物品點查報告》者，一一表出。又古書所記綿、繡、織成、刻絲，一一摘出，分紀事、辨物二類。其《元典章》《蜀錦譜》之類，亦依類附入，益以《女紅傳》凡四種。此書現已整比，如不及印行，擬先寫一正本，以備赴會時宣傳之用。

按：本年《存素堂絲繡録》刊行，闞鐸書札當不晚於本年。

十一月，中興煤礦公司在上海召開第十七次股東會。先生任董事會長，錢永銘接替先生任總經理。並決定董事會由天津遷往上海。(《棗莊煤礦志·大事記》)

《棗莊煤礦志·概述》：爲圖謀發展，公司不得不進一步依靠銀行財團。因而於一九二八年十一月改組董事會，十三名董事中，新增四席銀行財團的代表。他們都是南北財團有勢力的人物，分別擔任中興公司的總經理和董事會長等職。

《主要領導人更迭》：一九二八年十一月，中興公司總公司董事會長朱啟鈐，總經理錢新之。（《棗莊煤礦志·管理體制》第一章第九節）

十一月，日本《文字同盟》雜志第十八、十九、二十號合刊刊登《朱桂辛啟鈐之文化事業一斑》。

《朱桂辛啟鈐之文化事業一斑》，内容包括：一、《朱氏略年譜》、《朱氏照像》；二、《重刊李明仲營造法式》、《重刊營造法式序》、《李明仲補傳》、《營造法式宋崇寧本殘葉》（寫真）；三、《元明清營造法式》、《目録》；四、《重印天工開物卷》；五、《刊印髹飾録》、《朱氏弁言》；六、《存素堂絲繡目録》、《朱氏弁言》、《目録》；七《女紅傳略一卷》、《絲繡筆記》二卷、《刻絲書畫考七卷》、《漆書九【卷】》；八、《對於華藥華醫之研究》、《本草新注序》、《内府秘本〈本草品彙精要〉序例凡例》；九《議定祀天通儀祭祀冠服制》、《創設古物陳列所》、《督印四庫全書》、《設中央公園》。（《文字同盟》第十八、十九、二十號合刊）

按：《文字同盟》，由日本橋川時雄主編。第十八、十九、二十號合刊，刊行於民國十七年十一月。

十二月二十九日，張學良、張作相、萬福麟、翟文選、常蔭槐聯名通電全國，宣佈東三省易幟。（《中華民國史.大事記》）

十二月三十一日，國民政府特任張學良爲東北邊防軍司令長官。（《中華民國史.大事記》）

是年，作《楊劍潭先生傳略》。

《楊劍潭先生傳略》題記：此傳作於戊辰。（《蠖園文存》卷下）

按：楊劍潭，名文照。

是年，合刻外祖父傅壽彤《澹勤室詩》及先生所校楊文照《芋香館詩集》竟。

《蠖園年表》民國十八年：合刻外祖父傅青餘公（澹勤室）、楊劍潭先生《芋香館詩》成。（《紫江朱氏家乘》卷三）

《澹勤室詩》書牌標注：丁卯六月涉園重刊。

《芋香館詩集》書牌標注：刊刻於中華民國戊辰。

朱啟鈐《芋香館詩跋》：丁卯六月，啟鈐既重刊外王父《澹勤室詩》，乃發願輯刻楊劍潭先生遺詩，於黔中徧尋，並無刊本。陳庸庵尚書《黔詩紀略後編》所選祇二十餘首，吾家所藏先生手寫卷册及先嚴所蓄詩箋、詩册暨手鈔者凡百二十六首。外舅森圃于公爲石雲老人勉之先生胞姪，年逾八十，以默記所得口授數十首及斷句，並憶及壯年曾有手鈔之册在里中敝簏，不知存否，姑馳書索之，已不可得。又屬于氏内弟涪生、子勤昆仲於黔中故家廣爲搜訪，先生有第三女適于氏，爲石雲子婦，曾從遊嶺外，檢諸遺篋，得《芋香館詩》舊抄本一册寄來，並注明“内有七律三十二首，爲先生手書，乃集中所無者，今補録之”云云。内有趙河感舊詩六首，只録其半，而無跋語，又黔中感事詩，只有後十八首，而無前九首……越明年，又别寄一册來，所收較少，而次序較爲整飭，似是後人應徵之選本。（《蠖園文存》卷下）

朱啟鈐《瞻懷外紀》：外祖跋其（作者注：楊劍曇先生《梁

園留别詩》卷)尾云:"昨歲守宛,適劍曇自春明來,居之來秋聲館中,命兒女及梓皋輩受業。"故於民國戊辰收輯芋香館遺詩,於故都黔中戚黨展轉尋索,所得徽墨皆於此卷數語中啟之,遂能裒然成集。(《紫江朱氏家乘》卷一《先世傳略》二附録)

是年,再次爲北戴河海濱公益會捐資八百元。(才樹驤《朱啟鈐在北戴河的建樹》)

按:一九一八年,先生曾首捐大洋一〇〇〇元。

是年,在北戴河選址修建完成朱家的塋地。

楊炳田《朱家墳始末》:後來,朱看到西山一帶確是一片風水吉地,於是從一九二八年始又在别墅的北面修建塋地,並於當年建成,共用款五千一百二十七元。(《蠖公紀事》)

是年,《存素堂絲繡録》二卷付印。

按:鄭孝胥題簽於"己巳首夏",書刊成當在民國十八年。

是年,外孫女陳慧、外孫吴棣萼生。

按:據劉宗漢提供資料,朱淞筠次女陳慧,生於一九二八年,婿酈宇彰;三女陳智,生卒年不詳。陳慧、陳智之父爲陳清文。朱津筠之女吴棣萼,生於一九二八年,卒於一九九九年。妻方子□。

是年,北寧路局補助北戴河海濱公益會四千八百元。

《北戴河海濱公益會董事會議紀録》(中華民國二十二年十一月二十七日):吴達詮董事報告大概:民國十年,始由路局每年補助四千八百元。(《北戴河海濱公報》第三期)

本年,黎元洪、張作霖卒。

中華民國十八年己巳　一九二九年　五十八歲

是年，居天津英租界。(劉宗漢《有關朱啟鈐先生史料的幾點補正》)在中興煤礦公司董事會長任。

一月四日，中華教育文化基金董事會在杭州開第三次常會，修改該會章程，並議決董事郭秉文、顧維鈞、張伯苓、顏惠慶、周詒春、胡適辭職，由汪精衛、孫科、李石曾、伍朝樞、任鴻雋、趙元任繼任，選舉蔡元培爲董事長，蔣夢麟爲副董事長，任鴻雋爲秘書。(《中華民國史．大事記》)

　　《中華教育文化基金董事會之起源》：退還庚子賠款之舉，倡始於美國。其第一次於前清光緒三十四年(西曆一九〇九年)，退還賠款一部分以之創辦清華學校，並繼續派遣學生赴美留學，以迄今兹。此第一次退款興學之大概也。民國六年，我國對德宣戰，與協約諸國有緩付賠款之議。同時中美兩國之有識者，爲增進兩國之邦交及文化之關係起見，更倡議請美政府將前次退款餘存之部分一併退還，是爲第二次退還庚款之運動。此運動發生後，深得美國政界及社會各方之贊同。舉例言之，美上議院議員勞治君，下議院議員濮爾德君，外交部東方局長瑪慕理君，哥侖比亞大學教授孟禄君，此外在華美僑，如韋棣華女士等皆於退還賠款多所盡力。而我國政府當局與社會中之熱心者，亦不憚煩勞，開誠商洽。於是此繼續退還庚款於中國之一案，乃於民國十三年(西曆一九二四年)完全通過於美國議會兩院，並表示此款當用以發展中國之教育及文化事業。我國政府接到美國政府之通告，表示同意，遂設中華教育文化基金董事會，爲保管及處置此款之機關。同年九月十三日，大總統令派顔惠慶、張伯苓、郭秉文、蔣夢麐、范源濂、黄炎培、顧維鈞、周詒春、施肇基、孟禄、杜威、貝克、貝諾德、顧林爲董事。十月三日，復令派丁文江爲董事，合成十五人之數。民國十三年九月，在北京外交部開第一次會議，於是中華教育文化基金董事會遂告正式成立焉。(《中華教育文化基金董事會第一次報告》)

《董事會報告》：(一)成立會。中華教育文化基金董事會，於民國十三年九月十八日在北京外交部開成立會。出席董事爲顔惠慶、顧維鈞、范源濂、黄炎培、張伯苓、蔣夢麐、郭秉文、周詒春、孟禄、貝克諸君。貝諾德君因事未能列席，具函委託孟禄君代表。顧維鈞君以外交總長資格，代表中國政府致開會詞。推舉董事會臨時職員，結果如下："會長：范源濂。副會長：孟禄。秘書：周詒春。"(二)第一次年會。第一次年會於民國十四年六月二日至四日在天津裕中飯店舉行，共集議四次。根據本會章程第二節丁項之規定，通過左列之議决案："兹决議美國所退還之賠款，委託於中華教育文化基金董事會管理者，應用以(1)發展科學知識，及此項知識適於中國情形之應用，其道在增進技術教育，科學之研究，試驗，與表証，及科學教學法之訓練；(2)促進有永久性質之文化事業，如圖書館之類。"(《中華教育文化基金董事會第一次報告》)

《中華民國史．大事記》一九二四年：五月二十一日，美國總統柯立芝批准交還中國庚子賠款餘額議案，並説明此款作爲發展教育文化事業之用。六月十四日，美國國務卿休斯照會中國駐華盛頓公使施肇基，悉數退還庚子賠款餘額。六月九日，中國科學社胡適、天文學會高魯、遠東生物學會李石曾、考古學會沈兼士、史地學會陳垣、地質學會翁文灝、氣象學會蔣丙然等代表各學術團體，是日及十日兩度在北京集會，討論美國退還庚款事，議决如下："一、退款中酌提相當成數發展科學研究；二、退款應作爲固定基金，以維久遠，基金之保管及其利息用途之具體支配，成立基金委員會負其全責；三、基金委員會組織中之中國委員，應由有經驗、有聲望之人充任。"九月十七日，曹錕據外交總長顧維鈞、教育總長黄郛呈請，指令設立中華教育文化基金董事會，派顔惠慶、張伯苓、郭秉文、蔣夢麟、范源濂、黄炎培、顧維鈞、周詒春、施肇基及美籍人士孟禄（萬國教育協會理事長）、杜威（哥倫比亞大學哲學教授）、貝克爾（北京政府交通部顧問）、噶理恒（協和醫學院董事）、白納脱（花旗銀行經理）爲董事。

《董事會及執行委員會會務》：（第五次執行委員會）第二次年會於民國十五年六月二十四日午後八時三十分在北京歐美同學會開會。選舉職員結果如左："董事長：顔惠慶。副董事長：孟禄、張伯苓。秘書：周詒春。會計：貝諾德、周詒春。執行委員：顧臨、顧維鈞、黄炎培。"（《中華教育文化基金董事會第二次報告》）

《中華教育文化基金董事會》：一九二八年，南京國民政府改組中華教育文化基金董事會。任命胡適、貝克、貝諾德、孟禄、趙元任、司徒雷登、施肇基、翁文灝、蔡元培、汪兆銘、伍朝樞、蔣夢麟、李石曾、孫科、顧臨等爲董事。一九二九年一月二十九日,任鴻雋當選幹事長。(《周詒春圖傳·傾心文教·中華教育文化基金董事會》)

一月,周詒春、任鴻雋、丁文江來,詢續編《營造法式》事,深以運行中輟爲惜。

《組織營造學會日記》:一月,周寄梅、任永叔、丁在君來詢續編《營造法式》事,深以進行中輟爲惜。余以心境不舒、資力有限,閉户探索。(中國文化遺産研究院藏稿本)

三月十二日,晚,徐世昌宴請先生與顏惠慶、曹汝霖、黄榮良、高凌霨、吴毓麟、張志潭、梁寶鑒及徐世章,飯後又閒談良久。

《徐世昌日記》:晚宴客顔俊人、朱桂辛、曹潤田、黄榮良、高澤畬、吴毓麟、張遠伯、梁寶鑒及十弟,飯後又閒談良久客始去。

按:徐世昌時居天津。

三月二十四日,撰寫《中國營造學社緣起》。

《中國營造學社緣起》:中國之營造學,在歷史上、在美術上,皆有歷劫不磨之價值。啟鈐自刊行宋李明仲《營造法式》,而海内同志始有致力之塗轍,年來東西學者項背相望,發皇國粹,靡然從風。方今世界大同,物質演進,兹事體大,非依科學的之眼光,作有系統之研究,不能與世界學術名家公開討論。啟鈐無似,年事日增,深懼文物淪胥,傳述漸替,爰發起中國營造學社,糾合同志若而人,相與商略義例,分别部居,庶幾絶學大昌,群材致用。

工藝經訣之書非涉俚鄙,即苦艱深,良由學力不同,遂滋隔閡。李明仲以淹雅之材，身任將作，乃與造作之匠詳悉講究，勒爲《法式》，一洗道器分塗、重士輕工之錮習。今宜將李書讀法用法先事研窮，務使學者融會貫通。再博采圖籍，編成工科實用之書。營造所用名詞、術語，或一物數名，或名隨時異，亟應逐一整比，附以圖釋，纂成《營造辭彙》，既宜導源訓詁，又期不悖於禮制。古人宮室制度之見於經史百家者，皆宜取證，並應注重實物，凡建築所用一甓一椽，乃至塚墓遺文、伽藍舊蹟，經考古家、美術家、收藏家所保存、所記録者，尤當徵作資料，希其援助。至古人界畫粉本、實寫真形，近代圖樣、模型、影片，皆擬設法訪求，以供參證。李書於制度、功限、料例，固已示營造之津梁；而北宋迄今，又逾千載，世運推遷，質文遞嬗，遼金元明之遺物，塔寺宮殿，碩果尚存，明清《會典》及《則例》《做法》，令甲具在，由此推求，可明制度之因革。曩年於李書圖樣付印之際，就現存宮闕之間架結構，附撰今樣，一併印行，已見一斑。功限、料例爲民生物力隆替所關，于時代性尤易表著。清代雍乾年間，工部物料價值以及各省工料價值諸書，與内庭、圓明園等《工料則例》，皆屬官書，居今稽古，不難推知傭值之高下，物力之變遷。蓋工部所營，如壇廟、宮殿、城垣及廨舍、倉庫，崇庳有度，經制悉準典章。其内庭及圓明園所營苑囿、寺觀，及裝修陳設，穹奇侈巧，結構恢詭，然匠心所運，不規矩。歷史象徵，固班班可考者也。

　　輓近以來，兵戈不戢，遺物摧毁，匠師篤老，薪火不傳，吾人析疑問奇，已感竭蹶。若再濡滯，不逮數年，闕失彌甚。曩因《會典》及《工部工程做法》有法無圖，鳩集師匠，效《梓人傳》之畫堵，積成卷軸。正擬增輯圖史，廣徵文獻，又與二三同志閉門冥索，致力雖劬，程功尚尠。刼運無常，吾爲此懼，亟欲喚起並世賢哲共同討究，或以智識相爲灌輸，或以財物資其發展。就此巍然獨存之文物，作精確之標本，又不難推陳出新，衍繹成書，以貢獻於世界。學社使命不一而足，事屬草創，亦無先例之可循。顧所以自勵及蘄望於社會衆者，厥有數端，誠知罣漏，姑舉一隅。一、屬於溝通儒匠，濬發智巧者：（文略）。二、屬於資料之徵集者：（文略）。三、編輯進行之程序：（文略）。

通藝之事，既重專攻，又貴在集思廣益。北平爲文化中心，亦即營造學歷史、美術之寶庫，自宜暫以北平爲社址。如能與中外專家交換學識，尤所忻盼。所冀大雅閎達，不我遐棄，切磋孟晉，何幸如之。中華民國十八年三月二十四日，紫江朱啟鈐。（《中國營造學社彙刊》第一卷第一册）

按：《中國營造學社彙刊》第一卷第一册，刊印於一九三〇年七月。《營造學社緣起》又收録於《蠖園文存》卷下。

王世襄《清代匠作則例彙編序例》：最早對則例的價值有比較全面認識的是朱桂辛先生。他早在一九二九年於《中國營造學社緣起》一文中便闡述了對則例的估價，並指出應當通過考察實物、訪問匠師、補繪圖式、詮解術語等方法來展開對則例的整理和研究。在朱先生的主持下，營造學社做了許多這方面的工作。（《清代匠作則例彙編（佛作、門神作）》）

三月下旬，在北平中山公園營造學社董事會，展覽圖籍及營造學之參考品。

《社事紀要》:三月下旬,在北平中山公園(營造學社)董事會,展覽圖籍及營造學之參考品,固應同志之要求,亦以頻年以來編摩及采集所得之成品及其資料堆積緘縢,不得不加整理。且一經披露,中外朋好聲應氣求,更各出所藏或以所知所見相助,裨益亦多。(《中國營造學社彙刊》第一卷第一册)

三月,約集闞鐸、孟錫珏、華南圭、陶洙、劉南策,在中央公園一息齋討論營造學會繼續進行方法。

《組織營造學會日記》:三月(作者注:此處空缺)日,在中央公園一息齋,約集闞霍初、孟玉雙、華南圭、陶心如、劉南策討論繼續進行方法。同人咸主張公開研究,合儒匠以溝通中西建築專家爲有一系統之學説,擬定名爲中國營造學會。余猶遲疑不決。(中國文化遺産研究院藏稿本)

六月三日,致函中華教育文化基金董事會,呈送《繼續研究中國營造學計畫之大概》。

《十八年六月三日致中華教育文化基金董事會函》:敬啟者:夙聞貴會對於科學文化極力提倡,甚深佩仰。鄙人研究中國營造學已二十餘年,近因環境關係無力完成,尚擬繼續進行,甚願貴會格外設法予以協助。兹特以《研究計畫之大概》送請察及,如荷同意,不勝感幸(下略)。附:《計畫大概》一通,《圖樣目録》、《參考書目録》各一册(略),圖樣樣本紙(略)。

《繼續研究中國營造學計畫之大概》:(文略,與《中國營造學社緣起》相似)。中華教育文化基金董事會爲科學文化研究之協助者,蓋營造學實包括美術、科學及文化三者,而文化委員會實負有扶持發育之使命。鄙人昌明絶學,闡揚國光,慨念世界之大同,重違同仁之公意,用特具函貴會,商請協助預計完成中國營造學之專門著述,期以五年。此五年中,其前三年經費年約需萬八千元,後二年或須稍增,如荷贊同,擬照下列各條爲工作進行之程序。(下略,與《中國營造學社緣起》相似)。此項工作係屬團體事業,鄙人自揣若僅以個人心力或恐未必能勝鉅任,但以平昔篤好與歷年研究所得,更參以知好之輔助暨現存實物及文獻之參考,自信當能使前此所苦心探索之各種材料終成爲一有統系之著述,承先啟後,可以公諸世界矣。唯上述之應用經費,實已不能再減,至於鄙人前後所完成之作品,皆願貢獻社會,爲學術界研究之資,倘得署名書尾,爲幸多矣。(《中國營造學社彙刊》第一卷第一册《社事紀要》)

六月十四日,到奉天,晤王蔭泰、沈鴻烈、許寶蘅。

《許寶蘅日記》五月初八日(6 月 14 日):王孟群來,談匯業事,知朱桂老亦來此。初九日(6 月 15 日):赴孟群約,遇朱桂老、沈鴻烈同座。十五日(6 月 21 日):大元帥週年,下半旗志哀,各機關舉行公祭。張公遇難係舊曆四月十六,至本日始發喪,故以今日行週年禮。九時半到南院公祭,遇熟人甚多。

按:許寶蘅時在奉天。先生與張作霖爲兒女親家,此次赴奉或當爲參加公祭而來。

《八月九日致中華教育文化基金董事會函》:鄙人現因私務旅遊遼寧,一俟摒擋就緒,即行回平着手組織,繼續工作。(《中國營造學社彙刊》第一卷第一册《社事紀要》)

六月二十三日,晚,許寶蘅與陳紫駿宴請先生、何豐林、沈瑞麟、羅文幹、湯鼐、王蔭泰、閻延瑞、董右臣、孔昭焱。

《許寶蘅日記》:(晚)六時到交通行,與紫駿同作主人,約朱桂辛、何茂如、沈研裔、羅鈞任、湯爾和、王孟群、閻延瑞、董右臣、孔希白晚宴。

本年(民國十七年)度,爲營造學社捐款四千元。

《中國營造學社經費歷年統計表》乙《本社歷年捐款之數》十七年:朱桂辛先生捐助(出售弘治《本草類證》),洋:四〇〇〇.〇〇。(《上海圖書館藏葉恭綽友朋尺牘·朱啟鈐》1933年6月7日書札附件)

原注:以上二款在本社未成立前供研究及繪圖之用。

按:《統計表》製作於中華民國二十二年三月二十日。

(民國十七年七月)至六月,贈送北平北海圖書館《清乾隆欽定四庫全書簡明目録》一册。(《北平北海圖書館第三年度報告》,民國十七年七月至十八年六月)

七月五日,中華教育文化基金董事會覆函先生。

《同年七月五日中華教育文化基金董事會覆函》:桂莘先生台鑒:敬啟者:鄙會於六月三十日在津舉行第五次年會,議決補助台端研究中國營造學費用,每年最多壹萬伍仟元,暫以三年爲限。至將來研究所得結果及編繪成式之一切書籍圖畫,應與所收集之材料一併交北海圖書館收存等因,相應函達,即希查照,迅將預算暨計畫書檢寄過會,以憑審覈發款爲荷。(下略)(《中國營造學社彙刊》第一卷第一册《社事紀要》)

《國民政府教育部中華教育文化基金董事會合組國立北平圖書館辦法》:第一條:國民政府教育部(以下簡稱教育部)爲促進學術、發展文化起見,特與中華教育文化基金董事會(以下簡稱董事會)合組國立北平圖書館。第二條:國立北平圖書館一切進行事宜,由教育部及董事會合組國立北平圖書館委員會(以下簡稱委員會)主持之。(《中華教育文化基金董事會第五次報告》附録三)

七月七日,下午,許寶蘅訪先生,並觀所藏絲繡。

《許寶蘅日記》:(午餐後)到翟公寓,同到大陸飯店觀張叔誠所陳列之古玩書畫,又同訪朱桂辛談,並觀其所藏絲繡諸品,近世每以乾隆製爲佳,而進而明而元而宋,一比較之,瞠乎後矣。

八月九日,在遼寧致函中華教育文化基金董事會。

《同年八月九日致中華教育文化基金董事會函》:敬啟者:接奉七月五日大函,祇悉對於鄙人提出研究中國營造學聲請書得荷貴會議決,每年補助費用壹萬五千元,暫以三年爲限,並以將來研究所得結果及編繪成式之一切書籍圖書暨其他材料一併交北海圖書館收存等因。鄙人蓄志所存,今幸貴會熱心贊助,無任欣感,自應依照貴會議案積極進行。鄙人現因私務旅遊遼寧,一俟摒擋就緒,即行回平着手組織,繼續工作。先此覆布,敬祈查照。(下略)(《中國營造學社彙刊》第一卷第一册《社事紀要》)

八月,中興公司依靠向銀行借款、發行債券,籌得復工資金,恢復煤礦生産。

《棗莊煤礦志·大事記》一九二九年八月:中興公司依

靠向銀行借款、發行債券，籌得復工資金，恢復煤礦生產，封閉小井，集中兩個大井出煤。

《蠖園年表》民國十八年：煤礦復業始解去總經理職。(《紫江朱氏家乘》卷三)

《主要領導人更迭》：一九二八年十一月，中興公司總公司董事會長朱啟鈐，總經理錢新之。一九三一年四月至一九三四年五月，中興公司總公司董事會長朱啟鈐，總經理錢新之。(《棗莊煤礦志・管理體制》第一章第九節)

按：《蠖園年表》云“解去總經理”，當不準確。

十月四日，晚，與何豐林、湯鼐、王樹翰、夏仁虎、陳紫傲、許寶蘅及交通銀行陳、劉、□等人聚會於奉天。

《許寶蘅日記》：(晚)赴交通銀行陳、劉、□三君之約，有朱桂辛、何茂如、湯爾和、王維宙、夏蔚如、陳紫傲同座。

按：許寶蘅時在奉天。

十月三十一日，中華教育文化基金董事會覆函先生，催促營造學社上報預算及計畫書。

《同年十月三十一日中華教育文化基金董事會來函》：敬啟者：查關於敝會議決補助執事研究中國營造學費用一事，前於七月五日函達請將預算暨計畫書送會審覈嗣准，八月九日台函對於敝會議案表示同意，並稱願依照該案積極進行，惟因事須旅遊遼寧，事竣即回平工作各等因。聆悉之餘，良用欣慰。惟接奉此函以後，瞬已多時，本年度各受補助機關補助費均已先後發出兩期，而尊處預算暨計畫書迄未寄來，以致應發之補助費久懸未決，實切繫念。現在本年度已逾四月，此款實有從速處理之必要，用特專函奉答，務

請迅予見復,以資辦理,至爲企盼。(下略)(《中國營造學社彙刊》第一卷第一册《社事紀要》)

十月,中興煤礦公司召開一百八十六次董事會議決定,恢復總礦生産,取消總礦經理處,改設駐礦辦事委員會;取消駐礦處正副經理,改設駐礦辦事委員會由五人組成,推舉主任委員一人,受總公司領導,辦理總礦一切經營業務。(《棗莊煤礦志·管理體制》第二章第二節《中興公司的管理機構》)

十一月十日,復函中華教育文化基金董事會,提出研究中國營造學費用擬自民國十九年一月起照所編預算按季支用,並申請由本年度補助費内開支移居及設備等項費用。

《同年十一月十日致中華教育文化基金董事會函》:敬啟者:頃奉十月三十一日台緘,敬承一是。鄙人研究中國營造學費用,擬自十九年一月起照所編預算按季支用。兹將預算單隨函附上以備審覈,至所有計畫仍照本年六月間所提出之計畫大概内容辦理,應請查照。(下略)敬再啟者:鄙人研究營造學,爲平生志願所存,重以貴會扶持之雅,年事日增,期成尤切。但數月以來遠遊遼瀋,原擬摒擋私計,早日就緒,即當排除俗累,移居來平,安定身心,集合同志專致力於工作。乃以時局影響,家計謀畫多沮,未能如願,遷延日久,此爲總因。然個人旅行中之踏查遼金遺物及同志分擔之采集資料,於事實上、精神上之進行固未嘗或輟。至提出預算一事,初擬在北平覓屋,須近故宫三海且與相類之文化機關往還便利而設備較省、租價較廉爲宜，迭經托人尋覓，久未合式，而住居未定，一切組織皆難着手。鄙人久寓津門，圖籍器物一旦移平，勞費甚鉅，願得永久之住居爲安全之處置，經費有限，尤不得不慎重出之。現正積極覓屋移居，在此期内，必要用費爲事實上所不可少。所有本年度之補助費，可否提出一部份作爲另單之臨時支出，以便早爲設備著手工作。並祈審覈見復爲幸。（下略）(《中國營造學社彙刊》第一卷第一册《社事紀要》)

十一月十九日，中華教育文化基金董事會覆函先生。

《同年十一月十九日中華教育文化基金董事會覆函》：逕復者：准十一月十日台函稱，擬自十九年一月起開始研究中國營造學，同時依照所編預算按季支用補助費，擬請由本年度補助費内開支移居及設備等項費用，並附修正預算及臨時開支預算各一份等因，俱經領悉。查研究處所及設備爲從事研究所必須，執事於工作之進行、款項之支配籌畫周詳，實深佩慰，所有請將臨時開支由本年度補助費内支付一節，敝會可表贊同。惟開辦各費，仍希撙節支用，將來如有餘額，仍須移入經常費内開支，以符原案。除俟動用臨時款項再行發放外，兹先將補助費登記及稽覈辦法一本隨函附奉，用備查參，統希鑒察爲荷。（下略）(《中國營造學社彙刊》第一卷第一册《社事紀要》)

是年，斥賣故藏絲繡、書畫了清宿債。(《蠖園年表》)

葉祖孚《朱啟鈐與〈存素堂賬目〉》：民國以後，他的收入漸少，有時不得不靠變賣他費心收集來的古玩度日，但他卻捨不得賣掉這些緙絲文物。日本人大倉喜八郎願出一百萬元買下他的全部緙絲,他不肯。最後寧肯以二十萬元代價賣給了張學良將軍,交奉天博物院收藏。他在一九三〇年《賬目》的總結中寫道:"故民國十八年度爲吾家最窘之境……在此羅掘無聊之際,忽有一意外援助,即張漢卿以二十萬元收買我家所收藏之緙絲書畫,歸諸奉天博物院是也。"這批緙絲,僞滿政府定爲"國寶",曾印《纂組英華》行世。在朱啟鈐的《賬目》中,一九二九年後每年都有一筆支出用於建設"中國營造學社"。(《蠖公紀事》)

是年,中華教育文化基金董事會補助營造學社經費一萬五千元。

《中國營造學社經費歷年統計表》甲《中華教育文化基金董事會補助費之數》十八年度(十八年七月至十九年六月):洋一五〇〇〇.〇〇。(《上海圖書館藏葉恭綽友朋尺牘·朱啟鈐》1933年6月7日書札附件)

是年,七女朱湄筠以腦膜炎卒於天津,年十八歲。

《蠖園年表》:七女以腦膜炎卒,年才十七。(《紫江朱氏家乘》卷三)

按:朱湄筠生於民國元年,未婚,葬於北戴河朱氏祖塋西側。《蠖園年表》作"十七歲"不確,當爲十八歲。據劉宗漢提供資料,湄筠卒於天津。

闞鐸致葉恭綽書札:桂老昨赴海濱,爲其七女公子下葬在彼,約住一月。(《上海圖書館藏葉恭綽友朋尺牘·闞鐸》)

歲末,由天津移駐北平寶珠子胡同七號。

《社事紀要》:訖於年歲杪,始租定北平寶珠子胡同七號

一屋，由津移住。(《中國營造學社彙刊》第一卷第一册)

《葉遐庵先生年譜》：與朱桂莘啟鈐組織中國營造學社。先生與朱桂莘啟鈐對於我國古代建築之研究素具熱心，十數年來嘗相切磋，因特發起組織斯社，邀集現代建築專家梁思成等共同研究，推朱爲社長。

是年，北寧路局補助北戴河海濱公益會四千八百元。

《北戴河海濱公益會董事會議紀録》(中華民國二十二年十一月二十七日)：吴達詮董事報告大概：民國十年，始由路局每年補助四千八百元。(《北戴河海濱公報》第三期)

本年，梁啟超卒。

中華民國十九年庚午　一九三〇年　五十九歲

是年，居北平寶珠子胡同七號。在中興煤礦公司董事會長任。

一月一日，中國營造學社工作開始。

《蠖園年表》：僦居北平，組織中國營造學社。(《紫江朱氏家乘》卷三)

《社事紀要》：於十九年一月一日，開始工作。(《中國營造學社彙刊》第一卷第一册)

二月十六日朱啟鈐《中國營造學社開會演詞》：本社命名之初，本擬爲"中國建築學社"，顧以建築本身，雖爲吾人所欲研究者最重要之一端，然若專限於建築本身，則其於全部文化之關係，仍不能彰顯。故打破此範圍，而名以"營造學社"，則凡屬實質的藝術，無不包括。由是以言，凡彩繪、雕塑、染織、髹漆、鑄冶、摶埴，一切考工之事，皆本社所有之事。推而極之，凡信仰、傳説、儀文、樂歌，一切無形之思想背景，屬於民俗學家之事，亦皆本社所應旁搜遠紹者。

是年，營造學社聘請闞鐸等人爲常務專家，華南圭、陳垣、梁思成等爲名譽專家。

《社事紀要》：乃延訂左列諸君，爲本社常務及名譽各職：(1)常務：編纂兼日文譯述闞鐸，編纂兼英文譯述瞿兑之，編纂兼測繪工程司劉南策，編纂兼庶務陶洙，收掌兼會計朱湘筠，測繪助理員宋麟徵。(2)名譽：評議華南圭、周詒春、郭葆昌、關冕鈞、孟錫珏、徐世章、吴延清、張文孚、馬世杰、張萬禄、林行規、温德、翟孟生、李慶芳，校理陳垣、袁同禮、葉瀚、胡玉縉、馬衡、任鳳苞、葉恭綽、江紹杰、陶湘、孫壯、盧毅、荒木清三，參校梁思成、林徽音、陳植、松崎鶴雄、橋川時雄。(《中國營造學社彙刊》第一卷第一册)

二月十六日，中國營造學社召開成立會，先生發表演説，介紹學社胎孕之由，以及今後進行之準則。同日，在外交部街寶珠子胡同七號朱宅舉辦建築學書籍模型展覽會，吴宓、黄子通、葉企孫、張耘等人參加展覽會。

《中國營造學社開會演詞》：今日本社假初春勝日，與同志諸君一相晤聚，荷蒙聯袂偕臨，寵幸何極。溯本社成立以及經過情形，與今後從事旨趣，有應舉爲諸君告者，請得以自由之形式略抒胸次所懷，惟諸君察焉。啟鈐個人問學無成，年事又衰，曷敢以專門之學相標尚？顧一生經歷，所以引起營造研究之興會而居然忝竊識途老馬之虚名者，度亦諸君所欣然願聞者也。溯前清光緒末葉，創辦京師警察，於宫殿苑囿，城闕衙署，一切有形無形之故蹟，一一周覽而謹識之。於時學術風氣未開，學士大夫所競競注意者，不過如《日下舊聞考》、《春明夢餘録》之所舉，流連景物而已。啟鈐則以司隸之官，兼將作之役，所與往還者，頗有坊巷編氓、匠師耆宿。聆其所説，實有學士大夫所不屑聞、古今載籍所不經覯，而此輩口耳相傳，轉更足珍者。於是蓄志旁搜，零聞片語、殘鱗斷爪皆寶若拱璧，即見於文字而不甚爲時所重者，如《工程則例》之類，亦無不紬讀而審詳之。啟鈐之學不足以横覽古今，然心知故書所存尚有零墜晦蝕待吾人之梳剔者，實自此始矣。民國以後，濫竽内部兼督市政，稍稍有所憑借，則志欲舉歷朝建置，宏偉精麗之觀，恢張而顯示之。先後從事於殿壇之開放，古物陳列所之布置，正陽門及其他市街之改造。此時耳目所觸，愈有欲舉吾國營造之瑰寶，公之世界之意。然興一工、舉一事，輒感載籍之間缺，咨訪之無從，以是蓄意再求故書，博徵名匠。民國七年過南京，入圖書館瀏覽所及，得睹宋本《營造法式》一書，於是始知吾國營造名家尚有李誡其人者留書以詒世。顧其書若存若佚將及千年，迄無人爲之表彰，遂使欲研究吾國建築美術者莫知問津。啟鈐受而讀之，心欽其述作傳世之功，然亦未嘗不於書中生僻之名詞、詭奪之句讀，興望洋之歎也。於是一面集貲刊布，一面悉心校讀，幾經寒暑，至今所未能疏證者，猶有十之一二。然其大體，已可句讀，且觸類旁通，可與它書相印證者，往往而有。自得李氏此書，而啟鈐治營造學之趣味乃愈增，希望乃愈大，發見亦漸多。向者已云“營造學之精要，幾有不能求之書册，而必須求之口耳相傳之技術者”。

然以歷來文學與技術相離之遼遠,此兩界始終不能相接觸。於是得其術者,不得其原;知其文字者,不知其形象。自李氏書出,吾人然後知尚有居乎兩端之中,爲之溝通媒介者在。然後知吾人平日所得於工師,視爲若可解、若不可解者,固猶有書册可證。吾人幸獲有此憑藉,則宜舉今日口耳相傳不可長恃者,一一勒之於書,使如留聲攝影之機,存其真狀,以待後人之研索。非然者,今日靈光僅存之工師,類已躑躅窮途,沉淪暮景,人既不存,業將終墜,豈尚有公於世之一日哉?雖然,猶有進者。李氏生當北宋,去有唐之遺風未遠,其所甄録固粗可代表唐代之藝術。由此以上溯秦漢,由此以下視近代。若者爲進化,若者爲退步,若者爲固有,若者爲輸入,此皆可以慧眼觀測而得者也。然史跡之層累,若挾多方之勢力,積多種之原因而成,李氏書其鍵鑰也。恃此鍵鑰,可以啟無數之寶庫。然若抱此一書而沾沾自足,則去吾曹所擬之正鵠猶遠也。故因李氏書而發生尋求全部營造史之塗徑,因全部營造史之尋求,而益感於全部文化史之必須作一鳥瞰也。夫所以爲研求營造學者,豈徒爲材木之輪奂,足以炫耀耳目而已哉?吾民族之文化進展,其一部分寄之於建築,建築於吾人生活最密切。自有建築而後有社會組織,而後有聲名文物,其相輔以彰者,在在可以覘其時代,由此而文化進展之痕跡顯焉。晚近王國維先生著《古宫室考》,於"中霤"一名辨其所在,爲《禮記》"國主社稷而家主中霤"一句,獲一確切不移之解。知中霤爲四宫之中央,則知明堂爲古代建築通式,宜乎爲一切號令政教所從出也。知中霤爲一家之中心,則知五祀之所以爲民間普通信仰,而數千年來盤踞民眾心理者，其來有自也。循此以讀群書，將於古代政教風俗、社會信仰、社會組織，左右逢原，豁然貫通，無不如示諸掌。豈惟古代，數千年來之政教風俗、社會信仰、社會組織，亦奚不由此以得其源流，以明其變遷推移之故？凡此種陳義，固今世治史學諸公所共喻，無俟繁徵曲譬。假若引其端而申論之，將窮日夜而不能罄，今兹立談之頃，更不暇多所引述。總之，研求營造學，非通全部文化史不可，而欲通文化史，非研求實質之營造不可。啟鈐十年來粗知注意者，如此而已。言及文化之進展，則知國家界限之觀念，不能亘置胸中。豈惟國家，即民族界限之觀念，固亦早不能存在。吾中華民族者，具博大襟懷之民族。蓋自太古以來，早吸收外來民族之文化結晶，直至近代而未已也。凡建築本身及其附麗之物，殆無一處不足見多數殊源之風格，混融變幻以構成之也。遠古不敢遽談，試觀漢以後之來自匈奴、西域者，魏晉以後之來自佛教者，唐以後之來自波斯、大食者，元明以後之來自南洋者，明季以後之來自遠西者，其風範格律，顯然可尋者，固不俟吾人之贅詞。至於來源隱伏，軼出史乘以外者，猶待疏通證明，使從其朔。然後，不獨吾中國也，世界文化遷移分合之跡，皆將由此以彰，此則真吾人今日所有事也。啟鈐於民國十年歷游歐美，凡所目睹，足以證東西文化交互往來之故者，實難盡記。往往因爲所見而觸及平日熟誦之故書，頓覺有息息相通之意。一人之智識有限，未啟之閟奥實多，非合中外人士之有志者，及今舊跡未盡淪滅，奮力爲之不爲功。然須先爲中國營造史闢一較可循尋之塗徑，使漫無歸束之零星材料得一整比之方，否則終無下手處也。啟鈐之有志鳩合同志從事整理，蓋始於此矣。近數年來，披閱群書，分類鈔撮，其於營造有關之問題，若漆、若絲、若女紅、若歷代名工匠之事蹟，略已纂輯成稿。又訪購圖畫，摹製模型，亦頗有難得之品，曾於十七年春間假中央公園陳列一次。嗣是以來，承中華文化基金委員會之贊助，撥給專款，俾得立社北平，粗成一私人研究機關。草創之際，端緒甚紛，布置經月，始有眉目。今兹所擬，克期成功，首先奉獻於學術界者，是曰"營造辭彙"。是書之作，即以關於營造之名詞，或源流甚遠，或訓釋甚艱，不有詞典以御其繁，則徵書固難，考工亦不易，故擬廣據群籍，兼訪工師，定其音訓，考其源流，圖畫以彰形式，繙譯以便援用。立例之初，所采頗廣，一年後當可具一長編，以奉教於當世專門學者。然逆料是書之成亦非易易。何也？古代名詞經先儒之聚訟久難論定，以同人之學識，即僅徵而不斷，固已舛漏堪虞，一也。專門術語未必能一一傳之文字，文字所傳亦未必盡與工師之解釋相符，二也。歷代文人用語往往使實質與詞藻不分，辨其程限，殊難確鑿，三也。時代背景有與工事有關，不能不亦加詮列者，然去取之間難免疏略，四也。顧啟鈐以爲，不有椎輪，曷觀大輅？是書姑爲營造學索引而已。有此一編，不獨讀者可以觸類旁通，即同人編纂此書，亦於整比之餘，得以濬發新知。平日所視爲無足經意者，兩相比附，而一綫光明突然呈露矣。同人今日原不能於此學遽有貢獻，然甚望因此引起未來之貢獻也。類乎此者之整比工作，則有各種《工程則例》之編訂。蓋考工之書人患難讀者，其字句無意義可尋也。平時連楹列架，展卷一視，則滿眼數字，讀之輒苦無味，檢之則又費時。此非就其原料重加排比不可也。試以表格之式編之，則向之臭腐悉化爲神奇矣，豈惟有助於所謂名詞之訓釋而已。凡工費之繁省、物價之盈縮、質料之種類來源、構造之形式方法，胥於此見之。由此而社會經濟之狀況、文化升降之比較，隨仁者、智者所見之不同，盡有可研索者在也。雖然，平面之觀察未盡也。啟鈐所有志者，更爲一縱剖之工作，自有史以來，關於營造之史跡是也。初民生活之演進，在在與建築有關。試觀其移步換形，而一切躍然可見矣。周之明堂爲其立國精神之所寄托，其始於何時邪？其創邪？其因邪？《孟子》記齊宣王有毀明堂之議，其遺留迄於何時而後毀邪？後之繼起者，其規模有以異於其初邪？秦始皇併六國，然後有阿房宫之建，其以何因緣而成邪？出自何人之力邪？其創邪？其因邪？其受影響何自邪？其遺留迄於何時而後盡毀邪？其後有效之而繼起者邪？其規模有尚存於後代者邪？凡此皆史乘上絶巨問題，即其一而研究之，足以使吾人認識吾民族之文化更深一層。是宜有一自上而下之表格，以顯明建築興廢之跡。匪獨此也。一種工事之盛於某時代、某地域，其背景蓋無窮也。齊之絲業發達，自其始封時而已然。有周一代，惟齊衣被天下，齊之在周，正如曼徹司特之在今日。漢初猶有三服官，其後遂漸無聞。漢初繡業盛於襄邑，而季漢以來，織錦盛於巴蜀，巴蜀之富半亦以此，歷唐迄宋，莫不皆然，此後亦復無聞。近年樂浪漢墓中掘出之髹器，銘文多云“蜀西工”及“廣漢工官”，始知漢之漆工集中巴蜀，與金銀釦器同一地域（見《漢書・貢禹傳》）；而唐代漆器出產地則移於襄州。試思此於社會經濟勢力之推遷,關係爲何等邪? 更不獨此也。凡工匠之産生,亦與時代有關。名工師之生,有薈集於一時者,有亘數百年而闃然無聞者。契丹入晉,虜其工匠北遷,以達其北朝藝術。蒙古立國,亦屢徵天下名工集之定州。其南方之工藝,則靖康南渡名工集於吴下。洪武營南京,悉爲吴匠,吴匠聚於蘇州之香山。永樂營北京,復用北匠,聚於冀州。此其故,皆不可不深察也。故工匠之分配,亦縱斷之觀察所不可不及也。縱斷既竟,請言横斷。吾國太古之文明實與西方之交通息息相關,近來治西北史地者,致力於是,已不少創獲之新解矣。凡一種文化,决非突然崛起而爲一民族所私有,其左右前後,有相依倚者,有相因襲者,有相假貸者,有相緣飾者,縱横重疊,莫可窮詰,爰以演成繁複奇幻之觀。學者循其委以竟其原,執其簡以御其變,而人類全體活動之痕跡,顯然可尋。此近代治民俗學者所有事,而亦治營造學者所同當致力者也。有史以來,中外交通史跡之最顯著者,若《穆天子傳》爲一期,漢通西域爲一期,法顯爲一期,玄奘爲一期,蒙古帝國爲一期,鄭和下南洋爲一期,耶穌會教士東來爲一期。試就循其往來之跡,此横斷之法也。有縱斷之法以究時代之升降,有横斷之法以究地域之交通,綜斯二者以觀,而其全庶乎可窺矣。綜以上諸説,本社胎孕之由,與今後進行之準則,差具梗概。抑有進者,啟鈐老矣,縱有一知半解不爲當世賢達所鄙棄,亦豈能以桑榆之景肩此重任? 所以造端不憚宏大者,私願以識途老馬作先驅之役,以待當世賢達之聞風興起耳。本社命名之初,本擬爲"中國建築學社",顧以建築本身，雖爲吾人所欲研究者最重要之一端，然若專限於建築本身，則其於全部文化之關係，仍不能彰顯。故打破此範圍，而名以“營造學社”，則凡屬實質的藝術，無不包括。由是以言，凡彩繪、雕塑、染織、髹漆、鑄冶、摶埴，一切考工之事，皆本社所有之事。推而極之，凡信仰、傳説、儀文、樂歌，一切無形之思想背景，屬於民俗學家之事，亦皆本社所應旁搜遠紹者。今日在座諸君，學有專長，興有獨寄，或精神上得互助之益，或物質上假參考之便，無論直接、間接，皆本社最親切之友朋。即今日未惠臨，而多少與本社之事業有同情者，亦無不求其繼續贊助。且也學術愈進步，則大同觀念愈深，民族觀念愈淡。今更重言以申明之，曰：中國營造學社者，全人類之學術，非吾一民族所私有。吾東鄰之友幸爲我保存古代文物，並與吾人工作方向相同；吾西鄰之友貽我以科學方法，且時以其新解予我以策勵。此皆吾人所銘佩不忘，且日祝其先我而成功者也。且東方人士近多致力於南部諸國之考索者，西方人士多致力於中亞細亞之考索者，吾人試由中國本部同時努力前進，三面會合，而後豁然貫通，其結果或有不負所期者。啓鈐向固言之，學問固無止境，如此造端宏大之學術工作，更不知何日觀成，啓鈐終身不獲見焉，固其所矣。即諸君窮日孳孳，亦未敢即保其收穫至何程度。然費一分氣力，即深一層發現，但務耕耘，不計收穫，願以此與同人互勉焉耳。中華民國十九年二月十六日。(《中國營造學社彙刊》民國十九年七月第一卷第一册)

按：《中國營造學社開會演詞》又收録於《蠖園文存》卷下。

《吴宓日記》：正午至東興樓，宓及葉崇智君宴客於此。

客爲陳垣、黄子通、瞿兑之、袁同禮、楊震文、葉企孫、陳總、楊振聲、吴之椿、鄧以蟄、金岳霖、余上沅、熊佛西、陶履恭、楊宗翰、張耘、張真如、馮友蘭、瞿國春、李相宏、羅邦傑等二十一人。宴畢,2—4偕黄、葉諸君至遂安伯胡同二十五號張耘宅中小坐。4—6同至外交部街寶珠子胡同七號朱啟鈐桂莘宅中,赴中國建築學書籍模型展覽會茶會。朱氏子女進茗點。到者極多,均所謂名流,中西兼有。朱氏又出家藏畫示客。

《許寶蘅日記》:赴朱桂辛營造學社約,所搜羅材料甚多,亦頗不易,遇熟人甚多。

三月四日,下午,訪徐世昌於寓所,談各應辦事良久。(《徐世昌日記》)

按:徐世昌夫人三月一日卒於天津,徐時居津。

三月七日,攜全家人赴徐世昌寓上祭徐夫人。(《徐世昌日記》)

三月十八日,與徐世昌東三省舊僚屬梁如浩、王懷慶、張志潭、郭則沄、張弧、徐鼐霖、饒風璜、董元亮、劉尚文、朱寶仁、陳繼鵬、楊葆益、李廷玉、管鳳龢、羅振方、董遇春、婁裕熊、薛之珩、吴笈蓀、常耀奎、鄒致鈞、孟錫珏、熊植、黄玉等二十餘人公祭徐夫人。(《徐世昌日記》)

三月二十一日,營造學社發起舉辦李誡逝世八百二十週年紀念會,先生等人並作祭文。

《第一次工作報告》(辰)李明仲之紀念會:本年三月二十一日,爲李明仲先生八百二十週忌,本社發起紀念會,又

刊行出版物，名曰“李明仲之紀念”，以志景仰。（《中國營造學社彙刊》第一卷第二册《社事紀要》）

《祭文》：（文略）。（《中國營造學社彙刊》第一卷第一册《李明仲八百二十週忌之紀念》附録二）

按：李誡，字明仲，卒於北宋大觀四年（1110 年）。

三月二十三日，梁思成自瀋陽致書先生。（據三月二十五日復梁思成書）

三月二十五日，復書梁思成。

《復梁思成》：思成世兄大鑒：接三月廿三日自瀋陽來函，敬悉一是。連日紀念李先生，頗甚忙碌。而深盼執事之來，冀可相助，兼與同仁有晤對之便，乃音問闃然，方切疑慮。今接台緘，始得釋然。承示七月回平，共同作業，甚所希望。而在瀋教學中猶努力於北陵之測繪，至可欣慰，此正可爲測繪北平故宫之預備，務乞加意進行。前次在津，奉借之日本伊藤氏《支那之建築》一書，現因需用，請速爲寄還。弟四月二十左右可以到瀋，定可快晤。今別封寄上此次開會印品各件，祈收閱，並分示同仁，至荷至荷。此頌台綏。朱〇〇啟，三月廿五日。

按：引自高夕果《中國文化遺産研究院藏朱啟鈐往來書信箋注》一文，據影印手稿重新釋文標點。高文考證此信作於一九三〇年。信文後標注“發”。

三月，爲營造學社創立紀念書聯：是斷是度是尋是尺，如切如磋如琢如磨。

按：影印於《中國文物研究所七十年》，圖注作於一九三〇年三月。

四月十四日，偕子赴徐世昌寓上祭徐夫人。(《徐世昌日記》)

按：四月十五日出殯。

四、五月間，中華教育文化基金董事會致函營造學社，徵求進展實况之報告。(《中國營造學社彙刊》第一卷第二册《社事紀要》之《第一次工作報告》)

五月十一日，中原大戰爆發。(《中華民國史．大事記》)

五月，致書中華教育文化基金董事會，建議購存樣房雷舊存宮殿、苑囿、陵墓模型圖樣。

《建議購存宮苑陵墓之模型圖樣》：本年五月，因樣房雷舊存之宮殿、苑囿、陵墓各項模型圖樣四出求售，有流出國外及零星散佚之虞。及朱先生乃建議於文化基金會設法籌款，旋由北平圖書館購存，先行著手整理，將來供本社之研究。兹將建議原函及最初目録照録如左：

敬啟者：明清宮苑陵寢各項官工雖掌於工部，而繪畫燙樣及估算向由樣房、算房承辦。蓋工部官員既非世官，又無技術之知識，一遇興作，不能不假手於樣、算兩房。在習慣上，每有大工，先由樣子房根據工程做法則例繪圖燙樣，定案以後再由算房估計工料，此項圖樣即由樣房保存，蓋以技術專門，非盡人可以從事，較他部之檔房書吏更爲重要。樣房於一切圖樣模型視爲神秘，不以示人，名爲慎重官物，實則居爲奇貨，蓋以世守之業爲生利之門。全工總價例得百分之幾以爲酬報，並得議叙虚銜之恩典，故樣子雷與算房劉在當日北京社會上，有左右官商之勢力。雷氏自明代北遷，即以工程設計爲世業，歷辦大工，不傳他族。庚子亂後，尚有樣房雷思起之職名見諸奏牘。民國初建，雖經當軸設法訪求此項圖樣，彼時雷氏猶以爲將來尚有可以居奇之餘地，乃挈家遠引，並將圖樣潛爲搬運，寄頓藏匿，以致無從蹤跡。近年窮困愈甚，時事日非，聞其四出求售，而零星購得者頗有數起。曾經往觀，見其陳列之品多係圓明園三海及近代陵工之模型，雖無百年以上之舊物，而黄籤貼説，的係當年進呈之原件尚居多數，詢其家世，亦尚相符。在雷氏世守之工，自明初以迄清末歷代相承，有五百年之歷史，而保存之圖樣亦不得不視爲前民藝術之表現。即如圓明園等，實物無存，得此可以考求遺蹟；故宫三海等處，並可與實物互相印證；至陵寢地宫，向守秘密，今乃藉此爲公開研究，實於營造學、考古學均有重要之價值。鄙意北平現有文化各機關如圖書館、博物院若能及時收買，再由專門家加以整理，或擇要印行，在學術上亦有相當之收穫。倘不幸而全部流落國外，或任聽肆賈隨意抽賣，俾有系統之資料零星散失消歸烏有，豈不可惜？至所需價格，從前欲望頗奢，索價三萬元，近據原介紹人報告，疊經磋減至七千五百元，似可就範。鄙人正在研究中國營造學工作之際，故於雷氏家藏遺物樂爲考求，並希望於最短期間使此項圖型得一妥善之安置。貴會主持文化，保存國粹，想於斯舉興趣必有同感，用特縷述經過及鄙見所存專函奉答，尚希籌議及之，幸甚幸甚。此致。

《原開列目》：（略）。以上係就各介紹人交來雷氏藏品目録略加排比所作，務於原目不失真相。又原目有“照賬完全出售，絲毫不存”等語，應即附記。（《中國營造學社彙刊》第一

卷第二册《社事紀要》）

《建議購存宫苑陵墓之模型圖様》：此次第一批出售圖型者爲雷獻春，住西直門西觀音寺，即爲雷氏嫡支。又有别支雷耀亭，名文元，住西成水車胡同。（《中國營造學社彙刊》第二卷第三册《本社紀事》《十九年度中國營造學社事業進展實况報告附英文》）

《贈書及採購》：本年該館又購藏工程模型一批，頗可記述。明清兩代各大官工，向由様房根據工程做法，先行繪圖盪様。雷氏世守其業，職如書辦，隸屬工部。自明迄清，垂五百餘年不替，世稱爲“様子雷”。其家所藏宫苑陵寢各項官工圖様模型甚多。近年雷氏家計窘迫，擬將此項模型出售。十九年六月，由該館商得本會同意，用款五千元，購得該氏家藏模型全份，共三十七箱，計爲圓明園、三海及普陀峪等處陵工圖様，黄簽貼説，確爲當年進呈之原件。尚有各項工程之圖様，爲數亦復繁夥，頗可供研究工程學者之參考。現該館已將圓明園部分整理完竣，而三海等處亦即繼續整理。雖非全豹，已可窺見一斑，於前民藝術及營造考古各種學術上，均極關重要云。（《中華教育文化基金董事會第五次報告》之《本會事業之概況》二《合辦事業》甲《國立北平圖書館》二）

五月，營造學社呈送中華教育文化基金董事會《工作報告》。

《第一次工作報告》：本年四、五月間，文化基金會來函，徵求進展實况之報告，當經編成第一次工作報告書一通。兹照録於左：（甲）改編《營造法式》爲讀本；（乙）增補《工部工程做法圖式》並編校《則例》;(丙)《園冶》之整理;(丁)編集《辭彙》資料;(戊)編訂《營造叢刊》目録;(己)采輯《營造四千年大事表》;(庚)《哲匠録》之編輯;(辰)李明仲之紀念會;(壬)發行《中國營造學社彙刊》。(《中國營造學社彙刊》第一卷第二册《社事紀要》)

六月二日,國民政府令公佈《古物保存法》。(《中華民國史.大事記》)

六月七日,姨母傅幼瓊逝世。

《姨母瞿傅太夫人行述》:民國十九年六月七日,我姨母瞿傅太夫人棄養。(《蠖園文存》卷下)

六月二十一日,蔣介石任命張學良爲陸海空軍副司令。(《中華民國史.大事記》)

六月,日本東京帝國大學名譽教授工學博士伊東忠太前往營造學社訪問先生。

《歡迎日本伊東博士》:本年六月,日本東京帝大名譽教授工學博士伊東忠太君來社訪問朱先生,晤談竟日,頗恨相見之晚,旋由故宫博物院特别招待,朱先生陪同周覽故宫全部。復由本社公宴於中山公園董事會,由介紹與在座之名流學者相見,並請伊東博士演講"支那建築之研究",經錢稻孫君譯以華語。伊東博士爲日本工學泰斗,專研究東洋建築史,庚子之役,親自將北京故宫實測製圖成《清國北京皇城寫真帖附述解》及《北京皇城建築裝飾》,又發見大同雲岡石窟,著《支那山西雲岡石窟寺》(載《國華》第一九七及一九八兩期)諸書。(《中國營造學社彙刊》第一卷第二册《社事紀要》)

本年(民國十八年)度,爲營造學社捐款三千四百元。

《中國營造學社經費歷年統計表》乙《本社歷年捐款之數》十八年：朱桂辛先生捐助，洋三四〇〇．〇〇。（《上海圖書館藏葉恭綽友朋尺牘·朱啟鈐》1933 年 6 月 7 日書札附件）

按：《統計表》製作於中華民國二十二年三月二十日。

民國十八年度（民國十八年七月至本年六月），中華教育文化基金董事會董事會成員包括：董事長蔡元培，副董事長孟禄、蔣夢麟，名譽秘書胡適，名譽會計翁文灝、貝諾德，執行委員顧臨、趙元任、翁文灝，董事任鴻雋、司徒雷登、伍朝樞、貝克、李煜瀛、施肇基、孫科。任鴻雋兼幹事長。（《中華教育文化基金董事會第五次報告》附録七《民國十八年度本會董事及職員一覽》）

七月一日，遵姨母傅氏遺命，撰《姨母瞿傅太夫人行述》，由瞿宣穎潤色。

《蠖園年表》：瞿姨母傅太夫人逝世，遺命撰行述，授兑之表弟潤色。（《紫江朱氏家乘》卷三）

《傅太夫人行述》：作於民國十九年七月一日。（《長沙瞿氏家乘》卷五）

按：《行述》收録於《蠖園文存》卷下，名《姨母瞿傅太夫人行述》。

七月二日，中華教育文化基金董事會在南京教育部會議室開第六次年會，議決本年補助各文化教育機關三十五萬元；金紹基接替翁文灝爲董事兼名譽會計。（《中華民國史．大事記》）

《第六次年會》：原定於十九年六月二十八日在南京舉

行，嗣因顧臨董事在滬患病，改於十九年七月二日上午九時，在南京教育部會議室舉行。出席者蔡元培、蔣夢麟、李煜瀛、孫科、胡適、翁文灝、趙元任、任鴻雋諸董事。顧臨董事因病託胡適董事代表。教育部派孫本文司長，外交部派徐謨司長列席旁聽。（十五）選舉董事及董事會職員，其結果如左：甲、李煜瀛、伍朝樞及貝克三董事任滿，俱一致推舉聯任。乙、翁文灝董事因欲專力於學術研究，堅決辭去本會董事之職，經會眾懇留無效；議決准其辭職，並聲謝其指導本會事業，管理本會財政之特殊成績。丙、票選金紹基君繼翁文灝君爲本會董事。丁、一致推選蔡元培君聯任董事長，蔣夢麟、孟録二君聯任副董事長，胡適君聯任名譽秘書，貝諾德君聯任名譽會計（貝諾德君未回華時，由顧臨君代理），顧臨、趙元任二君聯任執行委員。戊、票選金紹基君爲名譽會計，繼翁文灝君之任。己、票選金紹基君爲執行委員，繼翁文灝君之任。（《中華教育文化基金董事會第五次報告》之《董事會及執行委員會會務》）

七月（三十一日前），前往北戴河。（據七月三十一日闞鐸致先生書）

七月三十一日，闞鐸致書先生。

闞鐸致先生書：蠖老如侍：廿九到瀋，此間頗涼爽，似新秋，以雨水較多也。不知海濱如何。致念尊座，近頃起居何似？途中繙《馬可波羅遊記》，注中引《金石索》，有元人尺度，歸平即檢出考之。又酒公瓦亦曾親見，此足充《大都宮苑考》補充資料者。《史料匯篇》，已着手繙閱，人事率率，不能伏案，奈何奈何。怱怱。肅叩鈞綏。鐸叩上，七月卅一早。

按:引自高夕果《中國文化遺産研究院藏朱啟鈐往來書信箋注》一文,據影印手稿重新釋文標點。高文考證此信作於一九三〇年。

七月,致函中華教育文化基金董事會,決定所有個人研究所名義改爲中國營造學社。

《本社名義之確定》:本年七月,年度更始,本社致函文化基金會,正式宣布:以後適用中國營造學社名義,仍由朱先生擔任主任,對於文化基金會完全負責。玆録其原函如左:敬啟者:鄙人研究中國營造學,本期聯合同志組織中國營造學社合力進行,曾經發表宣言一通,並於一八年六月三日致貴會函附計畫大概内鄭重聲明。嗣經貴會議決,屬鄙人先以個人研究所名義接受補助,移平組織。造端以來,承中外學者參加研究日益增多,在事實上已成爲學術團體,所有對外一切皆以學社名義行之。玆當年度更始之際,所有個人研究所名義,應即改爲中國營造學社,嗣後關於款項及一應事務均適用之,至鄙人仍擔任學社主任,對於貴會完全負責,將來組織如有變更,届時再爲通知。玆檢同本社《彙刊》第一期一册專函奉達,即希查照備案爲荷。此致。(《中國營造學社彙刊》第一卷第二册《社事紀要》)

七月,《中國營造學社彙刊》創刊,刊登先生撰寫的《中國營造學社緣起》《中國營造學社開會演詞》。(《中國營造學社彙刊》第一卷第一册)

按:《中國營造學社緣起》,寫於一九二九年三月二十四日。《中國營造學社開會演詞》,作於一九三〇年二月十六日。

截至七月，營造學社常務工作人員：主任朱啟鈐、編纂兼日文譯述闞鐸、編纂兼英文譯述瞿兑之、編纂兼測繪工程司劉南策、編纂兼庶務陶洙、收掌兼會計朱湘筠、測繪助理員宋麟徵。名譽社員：評議華南圭、周詒春、郭葆昌、關冕鈞、孟錫珏、徐世章、吴延清、張文孚、馬世杰、張萬禄、林行規、温德、翟孟生、李慶芳，校理陳垣、袁同禮、葉瀚、胡玉縉、馬衡、任鳳苞、葉恭綽、江紹杰、陶湘、孫壯、盧毅、荒木清三，参校梁思成、林徽音、陳植、松崎鶴雄、橋川時雄。(《中國營造學社彙刊》第一卷第一册《社事紀要》)

九月，中央公園委員會公推第二届委員。先生連任主席，孟錫珏任副主席。

《本園董事會歷届常任董事名録·本園委員會第二届委員名録》(民國十九年九月公推)：主席：朱桂辛。副主席：孟玉雙。評議部：江宇澄、張勛伯、李潤章、賀雪航、蔣性甫、曾叔度、王君宜、蔣賓侯、傅沅叔、陳劍秋、祝竺樓、闞霍初、徐星曙、畢植丞、李楓圃、魏子丹、吕漢雲、周作民、王蘅侯。事務部：管理課趙仲昭府派、蔣登翔府派，繼夏委員、吴甘侯、孟玉雙兼、董翔周、王紹賢；會計課樓兆梓府派、蔣毅府派，繼樓委員、方灌青、常朗齋、劉一峯；設計課華通齋、衛心薇、徐仲琳。候補人：郭世五、關伯衡、卓君庸、岳乾齋、談丹崖、汪逢春、齊耀棠、曾仙舟、紹幼琴。(《中央公園二十五周年紀念册》第三章《本園章制摘要及人事變遷》)

九月九日，閻錫山在北平就任“國民政府”主席。(《中華民國史.大事記》)

九月十八日，張學良在瀋陽發出和平通電，宣布擁護中央，東北軍入關。（《中華民國史.大事記》）

九月，序白敦庸《市政舉要》。

《市政舉要序》：白君敦庸負笈國外專研市政，實頗受鄙人之暗示，其時能措意於此科者固絶無僅有，今其學成有聲於時，又已數年。頃出所撰《市政舉要》，於吾國市政沿革頗有論列，非僅臚譯法令、侈陳方案而已，乃其立論必從吾國國情民俗著想，是其所見有超出恒流之上者，良足稱也。（《市政舉要》卷首）

按：《市政舉要》，大東書局一九三一年出版。序文作於民國十九年九月，收録於《蠖園文存》卷上，名"題白君市政考"。

九月，致書張學良，由朱光沐代轉。（據十月一日張學良致朱啟鈐電）

十月一日，張學良致電先生，請先生任北平市長，電由危道豐轉遞。致電李煜瀛，辭任北平市長。

《張學良致朱啟鈐電稿》：機織衛危處長譯。密。送北平東城寶珠子胡同七號朱桂老勛鑒：秀峰回瀋，奉書領悉。頃接李石曾先生儉電，稱"報載云云，至深望先生使之實現"等語，尚望爲平市人民着想，勉抑謙懷，至深企盼。張學良，機印。（《遼寧省檔案館珍藏張學良檔案》四《張學良與中原大戰》下）

原注：中華民國十九年十月一日上午九時譯發。

《蔣介石對張學良進關所許條件》：朱啟鈐爲北平市長；臧啟芳爲天津市長；張學銘爲天津市公安局長。（《京報》民國十九年十月二十三日）

《中央文史研究館館員傳略·朱啟鈐》：一九三〇年，張學良委任爲北平市市長，未就任。

按：儉電，二十八日電。民國十六年危道豐任奉軍駐北平代表，後長期居平。

十月二日《危道豐致張學良電》：朱桂莘先生復鈞座電文如下：張總司令勛鑒：東電敬悉，石曾儉電並承逕達，昨已復電，據實辭謝。（《遼寧省檔案館珍藏張學良檔案》四《張學良與中原大戰》下）

十月二日，復電張學良，辭任北平市市長。（《中央文史館館員傳略》）

《危道豐致張學良電》（北平來第一九九九號）：急。瀋陽司令長官張鈞鑒：平密。朱桂莘先生復鈞座電文如下："張總司令勛鑒：東電敬悉，石曾儉電並承逕達，昨已復電，據實辭謝。仍盼別選適任之材，俾得安心調攝。專覆並謝，諸望鑒原。啟鈐。冬。"等語，謹以轉陳，職道豐叩，冬亥。印。（《遼寧省檔案館珍藏張學良檔案》四《張學良與中原大戰》下）

原注：民國十九年十月四日下午六時卅分到。

按：冬亥，陰曆十月初二日，電文中代指二月二日，根據底稿標注時間，這里應爲陽曆十月。

十月九日，張學良在沈陽就任陸海空軍副司令。（《中華民國史.大事記》）

十月二十五日，致函國立北平圖書館副館長袁同禮，提出將所藏德人穆麟德遺書移存北平圖書館暫庋。

《專藏之寄存》（一）《朱先生來函》：守和仁兄館長大鑒：啟者民國三年，會任寧波稅務司德人穆麟德在華逝世，身後鬻其藏書，弟會與梁燕孫、周子廙兩君集資購得，計裝二十二箱。當時因掌内務、籌辦古物陳列所諸事，以傳心殿爲辦事地點，此書購到即置殿旁閒屋。旋以出京多年，迄未搬取。本年九月始悉移存保和殿夾室，乃與古物陳列所柯主任商妥，提至咸安宫内會議室開箱點查，並承執事撥派岳君良木及打字生四人，幫同清理箱内華洋各書，始得全份草目，並以一份奉上，計已賜閲。嗣因敝宅插架未齊，暫存咸安宫右側屋内，並接該所來函，囑即隨時移運在案。弟在當年因莫利遜遺書已爲外人購去，動於激刺，故將此書全份購存，並置之完全著名之國家圖書館整個保存，仍不令原藏此書之人姓字湮没。兹值貴館新築落成，插架宏富，中外圖書類别群分。穆氏生前於東方文史蒐集甚勤，弟近日研究中國營造，整理故籍，追懷穆氏，頗具同感。閲貴館收受寄存圖書條例，知有專室庋藏、公開閲覽及附加條件各項辦法，殊於處置此項書籍最爲適宜。但該規則第三款各項紀載，在事實上非俟全份書籍清理完竣不能着手此項書籍。擬請先向古物陳列所就近移取，置館專室庋藏，一面剋日整理，一面由弟處隨時接洽，根據現存規則商訂限制條件，正式結約，以期完善。兹先附上憑函一件，即祈貴館派員會同弟處代表，向古物陳列所接洽搬取書箱。此外各節如荷同意，亦希示覆爲幸。此頌台綏。朱啟鈐，十月二十五日。（《國立北平圖書館館務報告》，民國十九年七月至二十年六月）

按：時蔡元培任國立北平圖書館館長，袁氏任副館長，主持館務工作。

十月二十六日至二十八日間，將當年所購德人穆麟德遺書移存北平圖書館暫庋。

《專藏之寄存》:十九年十月,朱桂莘啟鈐先生復以舊藏德人穆麟德 Paul George von Mollendorff 遺書慨然寄存本館。穆氏自一八六九年即在中國海關服務,於一九〇一年病歿於寧波稅務司任内,生平治文字學及東方學有年,所藏書籍頗多珍本,計二千一百五十種,三千三百零七册。(《國立北平圖書館館務報告》,民國十九年七月至二十年六月)

《十九年度中國營造學社事業進展實況報告附英文》(乙)社外委托辦理事項(3)德人穆麟德氏遺書之整理:民國三年,朱先生曾購德人穆麟德氏遺書二十二箱,約計數百餘種,當時因無適當之圖書館可以公開研究,遂暫寄古物陳列所。上年十月,經北平圖書館員之協助,在所開箱檢查,移存北平圖書館暫庋,並經圖書館長袁守和先生,調查穆氏尚有未亡人,曾經通訊往復,寄來所撰穆氏傳記及其書目,現正在查對中。穆氏曾充李文忠公文案、天津德國領事、浙海關稅務司,生平於東方語文最有研究,故所藏書籍,亦以此類爲多。(《中國營造學社彙刊》第二卷第三册《本社紀事》)

按:《中國營造學社彙刊》第二卷第三册刊印於民國二十年十一月。

十月二十八日,北平圖書館函告先生,已派人員赴古物陳列所取回穆麟德遺書二十二箱。(國家圖書館檔案,檔采藏 3.17)[《中國國家圖書館館史資料長編(1909—2008)》第二章第六節三《接受捐贈寄存　補充名人專藏》(三)《朱啟鈐寄存穆麟德藏書》]

十一月三日,前往徐世昌宅祝壽,談良久。

《徐世昌日記》:各親友均未見。惟鐵寶臣、朱桂辛、華弼臣三人先後來定要下車，各入談良久。

《徐世昌日記》九月十二日（11 月 2 日）：余因有期服，所有預祝及明日拜壽一概不准舉行，亦不備酒食。

按：徐世昌生於咸豐五年九月十四日，十一月四日（陰曆九月十四日），爲徐氏生日。

十一月四日，閻錫山通電下野，中原大戰結束。（《中華民國史.大事記》）

十一月十四日，張學良、蔣介石磋商北方善後，決定：一、北方政局由張學良全權處理；二、整理山西、西北兩軍之具體辦法，待軍事善後會議決定；三、該兩軍之整理辦法決定後，張學良負責執行。張發表談話，宣稱此次來京任務，純爲完成中國統一及研究保持永久和平之適當方策，以期今後不再有因個人或黨派不同而發生内争之事件。（《中華民國史.大事記》）

（七月）至十二月，榮厚（以上任評議）、王蔭樵、盧樹森、劉敦楨（以上任校理）、翁初白、許寶騤、闞祖章（以上任參校）加入營造學社。（《中國營造學社彙刊》第一卷第二册《本社職員最近題名》）

按：據《中國營造學社彙刊》第一卷第二册附録《營造學社名録》與第一卷第一册《社事紀要》比對而得。

《劉敦楨先生生平紀事年表》一九三〇年：加入我國最早成立的民間研究中國古建築學術機構——中國營造學社。（《劉敦楨先生誕辰 110 週年紀念暨中國建築史學史研討會論文集》附録一）

十二月一日，申時，四孫朱文榘生，適與先生六十初度同日，字曰式同。（《蠖園年表》）

《紫江朱氏世系表》：文榘：渤次子。字式同。生民國庚午十月十二日申時。（《紫江朱氏家乘》）

按：朱文榘卒於二〇〇九年七月一日。

十二月，《中國營造學社彙刊》第一卷第二册刊印。（《中國營造學社彙刊》第一卷第二册）

冬，再次介紹北平圖書館購存樣式雷模型。

《十九年度中國營造學社事業進展實況報告附英文》（甲）本社所辦事項之（4）建議購存宫苑陵墓之模型圖様：又有别支雷耀亭，名文元，住西成水車胡同。同年冬間，又以耀亭所藏模型一宗出售，計三部分：一爲南海勤政殿，二爲頤和園戲臺，三爲地安門，皆光緒年間之物。燙様亦與前次式様不同，足證前次所售時代較古，又經介紹仍歸北平圖書館購存。（《中國營造學社彙刊》第二卷第三册《本社紀事》）

按：本年五月，先生曾介紹北平圖書館購存雷氏嫡支雷獻春舊存之宫殿、苑囿、陵墓各項模型圖様。

是年，陳衡哲約請先生撰寫關於北平建築論文在太平洋會議發表，瞿宣穎筆述《從燕京之沿革觀察中國建築之進化》，葉公超君節譯英文。

《十九年度中國營造學社事業進展實況報告附英文》（乙）社外委托辦理事項之（4）預備在太平洋會議發表北平建築之論文：上年陳衡哲先生發起，徵集各專家論著在太平洋會議發表。請朱先生撰一論文，以北平爲主體，朝代爲背景，就各地屬於建築美術之史實，爲之舉證，標題爲"從燕京之沿革觀察中國建築之進化"。漢文約兩萬言，由社員瞿兑之君筆述，葉公超君節譯英文。(《中國營造學社彙刊》第二卷第三册《本社紀事》)

是年，自韻古齋主人張新梧購得《岐陽世家平番得勝圖》卷，並得識岐陽裔孫同壽兄弟，遂盡窺其世守之岐陽世家文物。

《題岐陽世家平番得勝圖卷》：庚午歲暮，韻古齋主人張新梧攜示一手卷，云出自舊家。卷中引首已褫去，又無題跋。繼而新梧又持犀甲殘片以來，云亦得之此氏。余稍疑之，蓄意尋討，知其出自李岐陽故家，介新梧以識其裔孫同壽兄弟，遂盡窺其世守之文物，而斯圖實其管鑰也。(《蠖園文存》卷下)

是年，與胡若愚、何瑞常、王如玖遊遼寧本溪湖，參觀鐵礦。

《蠖公遊本溪湖參觀鐵礦合影》題記：民國十九年，蠖公遊本溪湖參觀鐵礦攝影。同遊者胡若愚、何次衡、王如玖，招待爲周華章及大倉組之礦主、技師也。(朱氏家藏原照)

是年，五女湄筠適山陰朱光沐。(《蠖園年表》)

《蠖園年表》：是年，遣嫁五女湄筠於山陰朱氏。(《紫江朱氏家乘》卷三)

《紫江朱氏世系表》：五湄筠，適山陰朱光沐。(《紫江朱氏家乘》)

按：朱光沐生於一八九七年，字秀峰，浙江紹興人。畢業於國立北京大學法科。曾任東北邊防軍司令長官公署秘書兼東北電政管理局局長、國民政府陸海空軍副司令行營總務處處長。據劉宗漢提供資料,朱湄筠有三子一女:長子朱山壽,朱光沐原配所生,妻孫□□;次子朱君壽,妻周蕙先;女朱萱壽,婿李□□;三子朱民康,生於一九四七年。

是年,得北平圖書館新購《園冶》殘卷,合之先生所藏影寫本補成三卷。校録未竟,陶湘即將其收入《喜詠軒叢書》影印。

朱啟鈐《重刻園冶序》:庚午得北平圖書館新購殘卷,合之吾家所蓄影寫本補成三卷,校録未竟,陶君蘭泉篤嗜舊籍,遽付影印。(《蠖園文存》卷下)

按:陶湘將《園冶》收入《喜詠軒叢書》影印。

是年,中華教育文化基金董事會補助營造學社經費一萬五千元。

《中華教育文化基金董事會補助費之數》十九年度(十九年七月至廿年六月):洋一五〇〇〇.〇〇。(《上海圖書館藏葉恭綽友朋尺牘·朱啟鈐》附件《中國營造學社經費歷年統計表》甲)

《中國營造學社》:該社之補助,議決時係給予朱啟钤君,業見上次報告。朱君自接受是項補助後,即在北平組織學社,一面聯絡同志,期收集思廣益之效;一面聘定專家,在其指導之下,同作中國營造學之研究。兹將該社進行之重要工作,擇録於次。李明仲撰《營造法式》重刊本一書,原以制度、工限、料例諸門爲經,以壕寨等十三作爲緯,讀者每苦其繁複。圖説字句,亦多難瞭解。兹由該社將全書覆校,成校記一卷,計應改應增應删者,凡百數十事。並將全書悉加句讀,以便讀者。又以各作爲綱,其他爲目,通盤歸納,用便繙檢。其中名詞有應訓釋或圖解者,亦擇要附入。此項工作，於研究中國營造學者便利匪尠。○清工部《工程做法則例》七十四卷，内中祇大木作二十七卷每卷卷首列圖一幅，已甚簡單。其他各作，並此無之，學者殊難領悟。該社乃招致舊時匠師，按則例補圖大小六百餘幅，一依重刊《營造法式》之式，於必要時，兼繪墨綫及彩繪兩份，以便讀者。現將原本重別整理，並將增補圖樣就北平現有宫殿實樣，作比較之審訂。將來全書告竣，於吾國之建築美術，貢獻必多也。○明季計成氏有《園冶》一書，一名《奪天工》，專紀吴楚間造園營舍之法；點綴林泉，别饒野趣，足以表現南方園居之風尚。原書凡三卷，分十章，附圖二百餘幅，誠足珍貴。其行世僅在李笠翁《一家言》之前數十年，而國内竟無傳本，殊堪惋惜。幸該社由日本覓得鈔本，俟整理完畢，即可刊行。此外正在編集之中者，尚有《辭彙》、《營造叢刊目録》、《營造四千年大事表》及《哲匠録》諸作，俟有成稿，再爲報告。（《中華教育文化基金董事會第五次報告》之《本會事業之概況》四《補助機關》乙《學術團體》三）

是年，先生輯、闞鐸校《絲繡筆記》二卷付印。

按：《絲繡筆記》，曾收録於民國十七年《美術叢書》第四集第二輯。

是年，娶許曼頤。

葉祖孚《朱啟鈐與〈存素堂賬目〉》：一九三〇年朱啟鈐又續娶許曼頤爲夫人，許氏於一九七〇年去世。（《蠖公紀事》）

《紫江朱氏世系表》：啟鈐側室許氏。（《紫江朱氏家乘》）

是年，北寧路局補助北戴河海濱公益會四千八百元。

《北戴河海濱公益會董事會議紀録》(中華民國二十二年十一月二十七日):吴達詮董事報告大概:民國十年,始由路局每年補助四千八百元。(《北戴河海濱公報》第三期)

中華民國二十年辛未　一九三一年　六十歲

是年,居北平寶珠子胡同七號。在中興煤礦公司董事會長任。

二月十六日,初校《園冶篹邀集》,並作題記。

題記:《園冶篹邀集》終。未見原刊本,缺譌尤多。庚午小除,蠖公初校。(《園冶篹邀集》舊抄本卷末)

按:據王建亭考證,《園冶篹邀集》書名乃鈔寫者臆造,實即爲計成《園冶》。

二月,營造學社成立琉璃瓦料研究會。

《琉璃瓦料之研究》:本年二月,成立琉璃瓦料研究會。(《中國營造學社彙刊》第二卷第一册《本社紀事》)

二月,營造學社組織《營造辭彙》商定會議改爲每周三次。

《十九年度中國營造學社事業進展實況報告附英文》(甲)本社所辦事項之(3)編訂中之《營造辭彙》:自上年九月起,組織《辭彙》商訂會議,準每星期二、六日晚七時至九時舉行。至今年二月,又因每星期會議兩次進行太遲,乃改爲每星期三次,於一、三、五之晚八時至十時舉行。至參預此項會議者,有闞鐸、荒木清三、劉南策、宋麟徵、陳大松,而朱先生亦多親自列席。(《中國營造學社彙刊》第二卷第三册《本社紀事》)

按:《中國營造學社彙刊》第二卷第三册刊印於民國二十年十一月。

三月三日,章梫爲先生題其尊人繪《湘江紅葉圖》於津門。

章梫題跋:(文略)。辛未上元節題於津門。(《紫江朱氏家乘·紫江朱氏三世遺墨·湘江紅葉圖》卷後)

三月二十一日,下午,參加中國營造學社與北平圖書館聯合在中山公園水榭舉辦之圓明園遺跡與文獻展覽,胡適、容庚、闞鐸、江瀚、洪業、錢稻孫、洪有豐、方壯猷、朱希祖、尹石公等人前往觀展。

《圓明園遺物與文獻之展覽》:本社近年工作,專注意於北京宫殿,而圓明園工程,又與内廷小異,一則爲一朝法物,一則專備宸遊,猶風詩之有正變,畫派之有南北也。本社網羅散失,於遺物及文獻兩方面致力有年,上年與北平圖書館購求樣子雷之圖型,整理之結果,得屬於圓明園部分者,計圖式一千八百餘件,模型十八具。又故宫文獻館存有慎德堂模型殘品甚多,尚待修理,復迭次派人,就現在廢址,采取斷磚碎石,記明地點,約有二百餘事。而最爲中外人注意者,爲諧奇趣西洋樓水法圖二十頁,此圖係乾隆銅版,現在已發見者,北平故宫及遼寧熱河兩行宫所藏。本年三月二十一日,李明仲八百二十一週忌,特與北平圖書館聯合在中山公園水榭開會展覽,旋以學界要求延長一日,計兩日之參觀者達萬人以上。(《中國營造學社彙刊》第二卷第一册《本社紀事》)

《容庚北平日記》:(上午)至中央公園"圓明園遺跡展覽會",亦未開會。二時復往中央公園展覽會,晤朱啟鈐、胡

適、陶洙諸人。(《容庚北平日記》)

《胡適日記全集》:到叔永家吃飯。飯後到公園看中國營造學社展覽圓明園遺跡及文獻。會場中來者多半是熟人,見著朱啟鈐、闞鐸、江瀚、洪煨蓮、錢稻孫、洪有豐、方壯猷、朱逷先、尹炎武……諸先生。與李濟之、丁丁山同回到我家,大談。

三月二十八日,國民政府明令公佈《管理英國退還庚款董事會章程》;派朱家驊、葉恭綽、王家楨、陳其采、李書華、黄漢樑、程振鈞、曾熔甫、宋子良、曾養甫、馬錫爾、卜隆、賀耐、端納、康得利爲管理中英庚款董事會董事,指定朱家驊爲董事長。(《中華民國史.大事記》)

按:規定董事長由政府指定。《大事記》作黄漢梁,《國民政府職官年表》第一册《行政院直屬機構·管理庚款委員會》作黄漢樑,姑從《職官年表》。

四月八日,中英庚款董事會在南京正式成立。董事長朱家驊報告稱:英退庚款分兩部分:一、積存部分,自民國十一年底至本年三月止,共存三四四.二七三一萬鎊;二、未到期部分,自本年四月至民國三十四年(1935)十二月止,應存七七〇.九六三八萬鎊,該款原作教育費用,因建設鐵道,極關重要,乃決定以三分之二借充建築鐵道,三分之一借作水利電氣之用,但借用機關須給年息五釐。董事會決議,所有英庚款全數存入中央銀行。(《中華民國史.大事記》)

《管理庚款委員會》:國民政府爲管理英國退還庚款,特設管理中英庚款董事會，隸屬於行政院，二十年四月成立。首屆董事包括（三月二十八日派）：朱家驊、葉恭綽、王家楨、陳其采、李書華、黄漢樑（九月八日免）、程振鈞、曾熔甫、宋子良、曾養甫、馬錫爾（英）、卜隆（英）、賀耐（英）、端納（英）、康德利（英，九月八日派）、顔德慶。（《國民政府職官年表》第一册《行政院直屬機構》）

按：董事十五人，由國民政府選派，其中中國董事十名，英國董事五名。

四月，中興煤礦公司董事會改組，先生連任董事會長，錢永銘連任總經理。

《主要領導人更迭》：一九三一年四月至一九三四年五月，中興公司總公司董事會長朱啟鈐；一九三一年四月，總經理錢新之。（《棗莊煤礦志·管理體制》第一章第九節）

四月，《中國營造學社彙刊》第二卷第一册刊印。（《中國營造學社彙刊》第二卷第一册）

（民國十九年十二月）至四月，何遂（以上任評議）、金開藩、唐在復、劉嗣春（以上任校理）加入營造學社。

按：據《中國營造學社彙刊》第二卷第一册與第一卷第二册附録《營造學社名録》比對而得。

五月，與華南圭、葉公超、周詒春、瞿宣穎、盧樹森、陳垣、闞鐸、劉敦楨、袁同禮、梁思成、關祖章、林行規、林徽音、彭濟群、馬衡、陳植、汪申等聯名致函中英庚款董事會，請撥庚款利息設立建築學研究所，及編製營造圖籍。

《建議請撥英庚款利息設研究所及編製圖籍附英文》：本年五月，經本社致函管理中英庚款董事會，請予分期撥款設立建築學研究所及編製營造圖籍。

（甲）《本社致英庚款董事會函》：逕啟者：我國歷代營造之學，在歷史上、美術上皆有歷劫不磨之價值，以累經變亂，文物淪胥，傳述無人，精英盡失。又向來學者多鄙視斯道，於一切原理原則及應用方法，不能利用學術爲之推進，即昔人專門著述及僅存遺製亦罕學者爲之釐折整理，遂致斯學晦而不彰。迄於近年，東西各國學者以吾國建築爲世界建築學派之一大系，極力精研，圖書迭出，而國内之沉寂如故，遇有建築，除乞靈歐式外，間欲參用國有之式，主其事者輒莫知所從，惟恃鈔襲外人所擬吾國之圖樣以充藍本，此實爲一國之恥。同人等深懼更歷歲時，圖籍散亡，遺構傾毀，工師失傳，斯學益無由掔討。不揣棉薄，除由啟鈐等倣覓宋李明仲《營造法式》，精刊即行，並加詮釋外，復搜集明清大工之圖繪册籍及工師秘本等等，以爲研究之資。復以同人散處各方，不能無機關以爲鈐轄，因於民國十八年春，由啟鈐在津埠發起組織本社，羅致技術專家及歷史學者，以完成中國營造學之研究爲主旨。所有關於我國古今土木、彩繪、雕塑、染織、髹漆、鑄冶、摶埴一切考工之事，凡實質的藝術與全部文化有關者，均在敝社研究範圍之内。嗣經中華教育文化基金董事會議決，給予補助費，每年壹萬伍千元，暫以三年爲限，遂將會所移設北平。二年以來，中外學者紛紛加入研究，敝社因時勢之要求、社會之引重，遂由私人講習，進而爲學術團體。惟中華教育文化基金董事會之補助，年限既短，數目又微，以敝社研究範圍之廣、計畫之鉅，此款實不敷過甚。敝社雖不以此自餒，然阨於經濟狀况，使我國建築學僅具之基礎不能得滿足之進展，實同人所深切疚心。現計吾國建築學上所亟需要之事有二：一、設建築學研究所。學術研究非有科學之組織、專門之計畫不可，敝社現爲造就高深之建築學專門人材起見，擬籌辦建築學研究所。專收各大學畢業生、於建築學卓有心得者或與之有同等資格者，使之爲深切之研究，務令其研究所得，能有所貢獻於斯學，並補助凡百建設之進行，庶以後一切要工不必借材異域，而我國建築程式亦得以發揚光大，不致因潮流之關係而淪於廢隳或減色。惟此項計畫規模既大，所費自不能不隨之增多，約計開辦、設備諸費，以十年計，約共需用銀三十萬元，當爲極少之數，其臨時需要，尚不在内。二、編製營造圖籍。晚近以來，兵戈不戢，遺物摧毀，匠師篤老，薪火不傳，繼是以往，恐不逮數年闕失殆盡，同人爲是悚懼。故敝社主要工作，即以增輯圖史，廣徵文獻，以科學方法整理古籍爲事，舉凡古人宫室制度之散見於經史百家者，及宋遼金元明之遺物、塔寺宫殿，暨清代壇廟、宫室、苑囿、寺觀、城垣、廨舍、倉庫等，以及其他古人界畫粉本、實寫真形、金石拓本、紀載圖志等，凡營造所用，不論古今器物，即一甓一椽之微，均擬爲之考求其則例法式，並就其間架結構爲撰圖樣以作一精確之藍本，俾傳於世。即以考查研究、製圖撰説，程功已鉅，而况綜合古今營造史上各項材料，更爲之排比搜繹，歸納研究，俾各成專書，則其事之繁重更非累年不爲功。約計此項計畫上所需用搜采資料研究著作以及事務各費，以十年計，亦約需洋三十萬元正。上列兩項計畫,共需銀六十萬元正,尚係撙節計度,勢難再少。敝社同人以此項計畫關係於我國文化前途之發展者綦鉅,不敢不以此自勉,現在規模粗具,聲譽漸敷,所徵集之研究資料亦復不尠,若止而不進,實爲可惜,惟經費一項實無從出。查此次英國退還庚款協定,有關於協助教育文化事業之規定,素仰貴董事會同人熱心文化事業,用特提出請求書,敬懇貴董事會議决,於所收利息内照撥,並將此項計畫所需用之銀六十萬元,自本年起分爲十年撥給。如是則每年補助費平均不過六萬元(惟建築學研究所開辦時,所需建築設備開辦各費,均須在第一、二年内撥清,此爲一種事實上之需要,當然不在此例),數既不多,而鄙社因以得從容盡力於文化事業之發展,豈惟敝社之幸,抑亦貴董事會所造於吾國文化事業之惟一功烈也。相應函達,即希查照辦理示覆爲荷。此上。朱啟鈐、華南圭、葉公超、周詒春、瞿兑之、盧樹森、陳垣、闞鐸、劉敦楨、袁同禮、梁思成、關祖章、林行規、林徽音、彭濟群、馬衡、陳植、汪申。(《中國營造學社彙刊》第二卷第三册《本社紀事》)

是年,管理中英庚款董事會致函營造學社。

《建議請撥英庚款利息設研究所及編製圖籍附英文》(乙)《管理中英庚款董事會第一次來函》:逕啟者:前準貴社函請"分期撥款,用爲設立建築學研究所及編製營造圖籍"等由,經於本會第三次董事會提出討論,因英國退還庚款,按照中央政治會議議决及解决中英庚款換文規定,係將庚款全部借作鐵道及其他生産事業之用,即由借用機關撥付利息,用以補助文化教育。目前款項尚未過付,利息更無從計算,所有各教育文化機關請款補助各案,經本會議決,俟將來收到利息時參照支配標準原則再行討論,准函前由。相應函復查照爲荷。此致。(《中國營造學社彙刊》第二卷第三册《本社紀事》)

是年,管理中英庚款董事會第二次致函營造學社。

《建議請撥英庚款利息設研究所及編製圖籍附英文》(丙)《管理中英庚款董事會第二次來函》:逕啟者:案準貴社函請"分期撥款六十萬元,藉以設立建築學研究所及編製營造圖籍"等由,准此。查關於文化教育事業之補助事項,迭據各處請求,前經鄙會第二次大會議決,待本會將利息支配標準詳細規定後再行覈辦等語,記録在案。貴社請款協助一節,姑先提付下次大會討論可也。相應函復,即希查照爲荷。此致。(《中國營造學社彙刊》第二卷第三册《本社紀事》)

六月,作《重刻園冶序》於北戴河蠡天小築。(《蠖園文存》卷下)

按:民國二十一年,營造學社重校印《園冶》。

本年(民國十九年)度,爲營造學社捐款四千三百二十一點一元。

《中國營造學社經費歷年統計表》乙《本社歷年捐款之數》十九年:朱桂辛先生捐助,洋四三二一·一〇。(《上海圖書館藏葉恭綽友朋尺牘·朱啟鈐》1933年6月7日書札附件)

按:《統計表》製作於中華民國二十二年三月二十日。

六月,爲《穆氏遺書目録》撰寫《緣起》。

《專藏之寄存》(二)《緣起》(將印入《穆氏遺書目録》):民國三年,余長内務,適浙海關稅務司穆麟德氏之遺族鬻其遺書二十二箱，其中頗有研究東方語文及史料。時苦心搜𡲟與工作上重要參考之品，乃與梁君燕孫、周君子廙醵金購存，共謀整個保存及不令穆氏之姓字湮没之策。徒以爾時北京尚無完全之圖書館，遂暫存余處。當日因籌辦古物陳列所，長日起居於傳心殿，此書購到即置殿旁閒屋，旋以出京多年，迄未理董。去年春間，因創立營造學社，移家北平，始悉此書已移貯於保和殿夾室，緘縢完好。適北平圖書館新築將成，有收受寄存圖書規則之頒布，乃商之袁守和館長，先就陳列所開箱點查編成草目，旋即悉數移存圖書館，依梁任公遺書寄存先例，訂約寄存。守和又聞穆氏未亡人年事已高，尚在德國，乃介德友飛函相告。今春得覆，並寄來《穆麟德》一書，即未亡人所著。内中專叙穆氏生平，並有遺像及當日華文名刺。又有書目，爲未亡人所手録，以與點查之草目斠校，略有異同。其中漢文諸書，雖多當日通行之本，然在今日已不多得；而西文各書，頗多孤本秘籍，確有參考之價值，顧吾人購存迄今荏苒幾二十年，今子廙已歸道山，燕孫又遠在粤中，世變方棘，姑以己意先爲謀一安全公開之地。他日得晤燕孫，或有較永久之處置，余亦當忻然從之。守和館長頃徇鄙意，允於館中專室庋藏，公開閱覽。編成目録將付印行，爲志緣起，以諗覽者。中華民國二十年六月，紫江朱啟鈐。（《國立北平圖書館館務報告》，民國十九年七月至二十年六月）

七月十七日，致函中華教育文化基金董事會，通報民國二十年度變更組織及預算情況。

《函文化基金會》（七月十七日）：敬啟者：本社自十九年

一月創立以來，對於繼續研究營造學一切工作，均照原定計畫努力進行。當時原擬分設文獻、法式兩股，物色專門人材分工合作，現經聘定梁思成君充法式主任，而以原有編纂闞鐸君改充文獻主任，並將其他職員酌量改組。○○年來因各方諉誣及籌度北平繁榮之故，環境紛擾，重以衰病，往往不能專心研究，自顧欿然。兹以專任得人，分股辦事，仍由○○負責督促指導，以貫徹最初之目的。至經費一節，既經改組，本年度之預算案自不能不量予變更，内中如辦公經常費及職員薪水兩項，擬就貴會本年度補助金範圍之内，按月儘數支配，作爲甲種預算。其事業所需，如旅行調查費、出版費、照相費、繙譯及臨時鈔繕費、雇用匠作費、購置專用品費，約共九千餘元。内中四千餘元，有上年度結餘之款，本係開辦費及常年所節存，可以流用，下餘不敷約五千餘元，即由○○另行籌補，此項費用均作爲臨時費，列入乙種預算。本社事業複雜，需款浩繁，從前個人創業及同人集合，所費本已不貲。即十八年提議原案，本係五年，前三年每年萬八千元，後二年尚須增加，旋經貴會議決，削減爲萬五千元，暫定三年，又值金價騰貴，迴出意外。而學術上之要求日甚一日，即如調查旅行照相及傭用匠作、翻譯外籍等類工作，連年爲經濟人材所限，多未實行。近來中外社會責望日奢，且有主張將本社擴大，公開爲永久機關學術團體者。然個人籌措力有所窮，貴會補助限於定數，惟有一方致力於研究，一方竭盡吾人之智能，共謀社務之進展，期與貴會熱心扶助原則不相剌謬。此次改組，利用節存之餘貲，增加分工之能率，雖屬過程，亦研究進行中應有之步驟。此後仍希格外援助，匡其不逮，無任企幸。茲送上《二十一年度改正預算案》，即希查照備案爲荷。此致。（《上海圖書館藏葉恭綽友朋尺牘·闞鐸》1931年7月22日書札附件）

按：函稿發表於《中國營造學社彙刊》第二卷第三册《本社紀事》二《本社二十年度之變更組織及預算》，未署時間，後附有《改正預算案》（略）。文中"○○"寫作"啟鈐"；"二十一年度改正預算案"當作"二十年度改正預算案"。

七月，與關野貞、伊東忠太等人發布《古瓦研究會緣起及約言》。

《古瓦研究會緣起及約言》：古今瓦甓爲建築惟一之用材，向來瓦當附於金石之末，近年發見日多，收藏益廣，好古專家已有獨立研究之個性。文字之外，進而及於紋樣，乃至尺度、質料、重量、形式，均有考察之價值。不獨爲考古家之新科目，抑亦予營造學者以重大之裨益。茲發起古瓦研究會，以中日及安南等用瓦地帶爲範圍，舉現存實物，摹拓真形，别擇真贋，汰其重複，參以舊籍，標明出處，勒爲一書，製成圖録，以供世界學者公開研究。約言數則，敬俟雅教：（文略）。發起人：關野貞、伊東忠太、朱啟鈐、今西龍、何遂、富田晉二、闞鐸。通信地址：北平市寶珠子胡同七號中國營造學社内古瓦研究會辦事處。（《中國營造學社彙刊》第二卷第二册《本社紀事》）

按：《古瓦研究會緣起及約言》未署時間，《中國營造學社彙刊》第二卷第二册出版於七月。本年二月，營造學社成立琉璃瓦料研究會。

七月，營造學社依照改組計劃，分爲文獻、法式兩組。聘定社員梁思成爲法式組主任，於九月一日開始工作；社員闞鐸任文獻組主任。(《中國營造學社彙刊》第三卷第一期《本社紀事》)

七月二十二日闞鐸致葉恭綽書：蠖老對於本社因庚款緩不濟急，他方面亦難成事實，而梁思成已辭館而走，乃不能無改組之舉。(《上海圖書館藏葉恭綽友朋尺牘·闞鐸》)

七月，《中國營造學社彙刊》第二卷第二册刊印。(《中國營造學社彙刊》第二卷第二册)

(四月)至七月，營造學社人員變動：艾克加入營造學社，任評議；葉公超加入營造學社，任校理；趙深加入營造學社，任參校。

按：據《中國營造學社彙刊》第二卷第二册與第二卷第一册附録《營造學社名録》比對而得。

八月九日，致書錢永銘、唐在章。

《朱啟鈐致錢新之唐伯文》：新之仁兄、伯文賢從同鑒：得伯文五、六日兩書，市况轉佳，承新兄主持補進關券三十萬，均價六七零三，與預定計畫相差不遠，費神至感。文牘課抄寄最近事由單，運輸在軍事緊張時期，似感困難，大陸存貨不出，忽涉及算利問題、保管問題，有意狡賴，必是銷售不動。徐州大水，利國衝斷，我礦山洪必暴發，井下電機抽水必有異變，產額增減如何，至以爲念。叔誠已回礦否？伯文預定同行，未知能否前往？便中望以近狀示知。弟舊曆七月十五前仍在海濱也。專布，敬請大安。弟鈐頓首，八月九日。此間立秋日始得透雨，北方苦旱，江南苦水，災祲均不免也。(《上海市檔案館藏中國近現代名人墨蹟》上)

按：據《棗莊煤礦志》，錢新之一九二八年投資中興煤礦，同年十一月接替先生任總經理。“承新兄主持補進關券三十萬”，此信應在錢氏參與公司管理之後。一九二九年八月九日先生在奉天，與“弟舊曆七月十五前仍在海濱”不相符合，此書當不早於一九三〇年，與所用中國營造學社（一九三〇年二月在京成立）箋紙也相吻合。書言“徐州大水，利國衝斷，我礦山洪必暴發”，查一九三一年七月中國長江流域暴發特大洪水，江蘇徐州也爲重災區。七月初蔣介石親自指揮對中央蘇區發動第三次“圍剿”，與“運輸在軍事緊張時期，似感困難”；六月二十五日（陽曆八月八日）立秋，與“此間立秋日始得透雨”；六月間先生已在北戴河，與“弟舊曆七月十五前仍在海濱”，皆相符合。此書應作於本年，姑存此。

九月十八日，日本關東軍發動“奉天事變”。（《中華民國史.大事記》）夜，日軍攻陷瀋陽，先生次子朱渤時肄業東北軍講武堂，間道馳赴山城鎮，其婦孺依、五女湄筠家處危城中，遇人營救，乃得脱難。（《蠖園年表》）

十月，文獻組主任闞鐸辭職，先生兼任文獻組主任。（《中國營造學社彙刊》第三卷第一期《本社紀事》）

十一月二十日，上海《時事新報》以《馬君武感時近作》爲題，刊登了廣西大學校長馬君武的打油詩《哀瀋陽》二首，其中一首涉及先生五女朱湄筠：“趙四風流朱五狂，翩翩蝴蝶最當行。温柔鄉是英雄塚，哪管東師入瀋陽。”引起民衆一片嘩然。因這首詩迅速傳播，朱湄筠也成了輿論人物。

十一月二十一日，先生六十歲生日，在那家花園舉辦家宴。（據劉宗漢講述）

十一月，序《重刊京師譯學館校友録》。

《重刊京師譯學館校友録序》：京師譯學館創始於癸卯，停辦於辛亥。不佞承乏校務謹及朞年，於今已星紀再周矣。相處暫則情感難深，相違久則懷思思沫。矧以不才，學殖夙荒，罷官十餘年，與勞庸市賈相習，廣厦細氊之舊侶，因衰朽而見遺宜也。不謂久而益親，遠而不棄。居恒裙屐之往來，書問之酬答，未嘗或閒。今且以重刊校友録索敘於余，同學人數有日減，無日增，前此之刊刻校友録已歷六次，是豈不可以已乎？吾聞之，君子篤於親，則民興於仁；故舊不遺，則民不偷。諸君子博習異邦文字，啟瀹新知，而仍覃國粹，故篤舊懷人之念有不能自已者，斯亦其表現之一端也。兹編體例較密於前，且徵求肖像並及已故同人，不惟慰風淒雨晦之懷，抑稍殺宿草寢門之戚，余心於此蓋怦怦焉。國難方殷，群倫思奮，期以歲月禦彼貪殘，惟自固之道有虧，則所期望者將末由。遂有民而無學，則智不足競；有學而無德，則力不足存。諸君子相摩於學，相勉以仁，此國家前途所屬望者也。用志數語，樂觀厥成，若夫本館之沿革，編輯之内容，具載編中，不復贅述。中華民國二十年十一月，紫江朱啟鈐。（《重刊京師譯學館校友録》）

按：《重刊京師譯學館校友録》，陳初輯。

十一月，《中國營造學社彙刊》第二卷第三册刊印，

收録先生覆校《工段營造録附《揚州畫舫録》涉及營造之紀述識語校記》。(《中國營造學社彙刊》第二卷第三册)

《工段營造録附《揚州畫舫録》涉及營造之記述識語校記》覆校識語:《工段營造録》前列校記,係闞君依《揚州畫舫録》原本摘出,校訂所編。玆付手民排印,又發現排字譌誤三十餘條,另作覆校記於左。至斷句、空格仍不免錯落之病,術語名詞最難點斷,惟望讀者精研時以意求之可耳。蠖公覆校並識。

十二月十五日,國民政府主席蔣介石辭職,林森代理國民政府主席。(《國民政府職官年表》)

按:十二月二十八日,林森正式當選國民政府主席。

十二月三十日,葉恭綽任國民政府鐵道部部長。(《國民政府職官年表》)

是年,吴鼎昌作有《蠖公六十生日詩》。

吴鼎昌詩:少年才名殷雷鬨,鬱發黔山撼雲夢。劍南塞北匹馬過,大河長江一帆送。飛騰早入明光宫,如何老作李明仲。靈臺靈沼述經營,劫灰劫塵姿飛控。故國萬人傷禾黍,新朝幾輩思梁棟。肯信時兮未可爲,自稱老矣不能用。交君雖晚情則親,知君未盡已殊衆。及今初筵看歌舞,發我狂情踏破甕。去冬寫贈蠖公六十生日詩一首,承命重録於此。壬申春,前谿吴鼎昌。(《中國營造學社彙刊》第三卷第一期)

是年,中國營造學社發布《十九年度中國營造學社事業進展實況報告》。

《十九年度中國營造學社事業進展實況報告附英文》:

（甲）本社所辦事項。（1）譯印歐美關於研究中國營造之論著；（2）英倫研究李書之趨勢；（3）編訂中之《營造辭彙》；（4）建議購存宮苑陵墓之模型圖樣；（5）圓明園遺物與文獻之展覽；（6）琉璃瓦料之研究；（7）《營造四千年大事表》之繼續編輯；（8）《哲匠録》原稿之增輯；（9）《園冶》原本之發見，與參考品之搜集；（10）搜輯禮經宮室考據家專著之略目；（11）燕京故城建置沿革之考據；（12）日本伊東博士之講演。（乙）社外委托辦理事項。（1）勘驗報告紫禁城南面角樓城臺修理工程；（2）審定新建北平圖書館彩畫圖案；（3）德人穆麟德氏遺書之整理；（4）預備在太平洋會議發表北平建築之論文。（《中國營造學社彙刊》第二卷第三册《本社紀事》）

是年，中華教育文化基金董事會補助營造學社經費一萬五千元。

《中國營造學社經費歷年統計表》甲《中華教育文化基金董事會補助費之數》二十年度（二十年七月至廿一年六月）：洋一五〇〇〇．〇〇。（《上海圖書館藏葉恭綽友朋尺牘·朱啟鈐》1933 年 6 月 7 日書札附件）

是年，與女婿朱光沐合資四萬元，用“均和堂”名義購買北平東城趙堂子胡同原北洋政府財政次長賀德麟的房産，開始居住於此。（葉祖孚《朱啟鈐與〈存素堂賬目〉》）

是年，外孫女章梅生。

按：據劉宗漢提供資料，朱淇筠之女章梅，生於一九三一年，婿戴戈之。

是年，北寧路局補助北戴河海濱公益會四千八百元。

《北戴河海濱公益會董事會議紀録》(中華民國二十二年十一月二十七日):吴達詮董事報告大概:民國十年,始由路局每年補助四千八百元。(《北戴河海濱公報》第三期)

是年,闞鐸致書先生。

闞鐸致先生書:蠖老侍側:頃晤阪西,談及觶齋所印瓷書已見様本云云。此間尚未得見,可否商之觶翁,先以様張或説明書見寄一二分,能以裝成者見畀一部尤爲盼切,此間銷行必爲盡力也。此叩暑祺。鐸叩,廿三。

按:引自高夕果《中國文化遺産研究院藏朱啟鈐往來書信箋注》一文,據影印手稿重新釋文標點。高文考證此信作於一九三一年。

本年,孫寶琦卒。

中華民國二十一年壬申　一九三二年　六十一歲

本年,朱家驊在管理中英庚款董事會董事長任、葉恭綽在董事任。(《國民政府職官年表》第一册《行政院直屬機構·管理庚款委員會》)

是年,居北平東城趙堂子胡同。在中興煤礦公司董事會長任。

一月二日,日軍侵佔錦州。(《中華民國史.大事記》)

一月十二日,日軍侵佔青島。(《中華民國史.大事記》)

一月二十八日,淞滬抗戰開始。(《中華民國史.大事記》)

一月三十日,國民政府發表遷都洛陽宣言。(《中華民國史.大事記》)

二月五日，日軍侵佔哈爾濱，東三省陷落。(《中華民國史.大事記》)

二月八日，葉恭綽辭去鐵道部部長職。(《國民政府職官年表》)

三月九日，僞滿洲國成立。(《中華民國史.大事記》)

三月十五日，函請中華教育文化基金董事會繼續補助營造學社經費。

致中華教育文化基金董事會函：敬啟者：曩者承諸君之推重，采用鄙人提議之大旨，於北平組織營造學社，集合同志從事研究。原定有五年之計畫，足資循序進行，嗣經貴會第五次年會議決案補助本社研究費用，每年一萬五千元，暫以三年爲限。本社由是依據上項決議，於貴會覈定預算範圍内勉力進行，每屆年度終了照章編造決算，並將工作情形繕具報告在案。溯自移平以來過去二十七個月中(自十九年一月至二十一年三月)，已往之工作，如整理圖籍、紹介編著、搜輯史料，並訪求匠師、詳定法式，使青年建築家得有以近代科學眼光整理固有技術之機會，而於中西文字之迻譯，以期新舊知識之溝通，尤三致意焉。夫中國之建築已成絶學，絶學之整理非少數人所能肩任。鄙人雖篤嗜此道，卻非專家，自從創立本社以來，即抱廣覓同志各盡所能、分途並進之宗旨，乃以經濟關係所擬羅致之人材兼騖者不免淺嘗而即止，同嗜者又以個人生活問題不能無所卻顧。在此過程中，進步迂緩，成就未能如鄙人所預期者，此其重要原因也，故非有經久之設備不能使爲充分之發展明矣。鄙人對本社進行宗旨，於積極方面固有待時會之來，而物色專攻之人材以作小規模之試驗，亦未嘗稍懈。曾於本年度改正預算函中奉達貴會，於社内分作兩組：法式一部，聘定前東北大學建築系主任教授梁思成君爲主任；文獻一部，則擬聘中央大學建築系教授劉敦楨君兼領。梁君到社八月，成績昭然，所編各書正在印行；劉君亦常通函報告其所得，並撰文刊布。兩君皆青年建築師，歷主講席，嗜古知新，各有根底。就鄙人聞見所及，精心研究中國營造，足任吾社衣缽之傳者，南北得此二人，此可欣然報告於諸君者也。鄙人於創立之始，宣言有云：啟鈐老矣，縱有一知半解不爲當世賢達所鄙棄，亦豈能以桑榆之景肩此重任？所以造端不憚宏大者，私願以識途老馬作先驅之役，以待當世賢達及後來學者之聞風興起耳。鄙人非欲於此斥斥於成績之報告，但過去事實或有爲諸君所欲知者，計列如左：（一）《彙刊》。不定期刊物，已出六期，自第六期起（廿一年三月廿一日出版），内容將改前介紹古籍之主體而爲研究心得之發表。（二）展覽。已展覽二次，於十九年及二十年三月廿一日舉行。（三）古籍三種（作者注：實爲四種）之翻印整理。（甲）《工段營造録》（清李斗著），（乙）《一家言居室器玩部》（清李笠翁著），（丙）《園冶》（明計成著），（丁）《營造算例》（木匠秘抄本）。（四）中西著者關於中國建築著述翻譯足備參考而尚未出版者，在十種左右。（五）專著。《清式營造則例》，梁思成著，圖版二十餘幅，外附說明書及插圖二十餘幅。尚未完全脱稿之書二種：《哲匠録》，鄙人輯及梁述任校補；《中國建築史略》，瞿兑之著。與其他各機關合作者：《模型之搜羅搜集》（與國立北平圖書館合作），《舊建築之保存及修葺》（與故宫博物院合作)。自本社創立以來,國外學者英國葉慈博士Yetts首先通訊,對李明仲刊本多所指證,並以英倫博物院所藏《永樂大典》彩畫樣印本一章見示。德國鮑希曼博士Boerschman來函,願爲本社通函研究,並寄示"塔之專著"屬爲討論。日本伊東忠太、關野貞博士先後蒞平,參觀、講演、交换刊物。是本社對於國際學術界供獻所知之使命,日以密接。而鄙人個人胸目所獲得之知識與感想,日有所增,逾覺中國五千年來不斷之建築史遞嬗錯綜,事事物物均有世界文化藝術之議題相牽率,非可掉以輕心也。至於來年工作大綱,將以實物之研究爲主,測繪攝影則爲其研究之方途,此項工作須分作若干次之旅行。關於南方實物之研究,則擬與中央大學建築系合作,此實爲三年文獻研究所産生自然之結果。而此種研究法,在本社爲工作方針之重新認定,而其成績則將爲我國學術界空前之貢獻,是鄙人所樂爲諸君道者也。鄙人認爲,欲獎勵有志青年專門家爲繼續之努力,必須有經濟上更充分更長久之設備。一年以來,曾經努力於社會上作鄭重之呼籲,希望得一較巨之基金額爲下開之永久建置:(一)設建築學研究所。專收各大學畢業生、於中國建築卓有心得者或與有同等資格者,使之爲深切且實在之研究。(二)編製營造圖籍。注重調查傳寫編印,舉一切法式爲有系統之流布。標此兩項事業,期於後來學者以十年之繼續專攻,以爲貴會之後盾,乃在現今大局之下,希望實幾於絶。基於上述之情形,同人深覺所負任務之嚴重而不能已於腳踏實地之進行,故決定先於最短期内先完成明清法式之工作,於下期開始再進而從事金遼元之遺物調查，一面討究漢唐六朝之文獻，北方搜采先從近地着手，南方探討則與中央大學建築系合作。全部費用及旅行調查極力節縮，每年共需洋二萬五千元，擬仍暫以五年爲期，尚祈貴會繼續補助是禱。此外尚有不能不略述於此而同時向貴會致其希望者，是曰續《營造法式》之圖樣。此係本諸大清工部做法，繪成平面、立體剖視諸圖及裝飾彩畫圖樣，用精美之彩色模繪，重加科學上之整理。已約二百餘幅之多，每幅上包含圖二三種、四五種不等，現從事於排比説明，約再經數月之力可以告竣。惟如欲出版，則需費殊屬浩繁，在本社所擬訂之常年預算範圍内尚談不到。此項事業爲社會人士所亟願觀成，而諒亦貴會諸君所深注意者，應如何辦法，亦亟應附帶聲明者也。在此嚴重時局之下，個人能力如何雖不可知，而一息尚存，絶不忍吾社擔任專攻之少數學者斷其發展之機會，故不憚斥斥陳述，一本其最初提案之原則，希望貴會成其未竟之功，無使戛然而止。用是遵章提案附同預算函達左右，務祈予以公平切實之考慮，或照案支配，或展寬年限，本社之爲興爲廢，均一惟貴會諸君之熱誠是賴矣。中國營造學社社長朱啟鈐啟，民國廿一年三月十五日。（《中國營造學社彙刊》第三卷第二期《本社紀事》）

一九三二年一月八日中基會第六次常會上，周詒春再次被選爲董事，與徐新六接替辭職的趙元任和蔣夢麟，周詒春並被選爲副董事長。（《周詒春圖傳・傾心文教・中華教育文化基金董事會》）

是年（三月中旬前），得明岐陽王李文忠世家文物，爲之著録。（《蠖園年表》）

三月二十一日瞿宣穎作《舊京發見岐陽王世家文物紀事》：此一叢故物中，有明祖所賜之墨敕，有親御之服物，有其歷世之畫像，有紀功之圖册，在在與明之國史有關。（《中國營造學社彙刊》第三卷第一期）

按：先生得到岐陽王世家文物當不晚於三月中旬。

三月二十一日，撰《哲匠録》叙例。

《叙例》：本編所録諸匠，肇自唐虞，訖於近代。不論其人爲聖爲凡，爲創爲述，上而王侯將相，降而梓匠輪輿，凡於工藝上曾著一事，傳一藝，顯一技，立一言，若以其於人類文化有所貢獻，悉數裒取，而以"哲"字嘉其稱，題曰"哲匠録"，實本表彰前賢、策勵後生之旨也。群書所載，凡與本編有關涉者，瀏覽所及，多至千數百言之傳記，少至隻詞片語，靡不甄録。甄録之準則，以兹編以刊載古今工藝顯家爲主恉，故姓名爵里及生存年代而外，間采其言論行事有關工藝者，餘如德業功勳，瑣聞軼事，或擇尤酌舉，或概從闕略。惟以"無徵不信"，故凡所引據，附録原文；且俾閲者有所依據而正其疵誤。本編分十四類：營造，疊山，鍛冶，陶瓷，髹飾，雕塑，儀象，攻具，機巧，攻玉石，攻木，刻竹，細書畫異畫，女紅。每類之中又分子目。其奄有衆長者則連類互見。本編次比，斷代相承，又以其人之生存年代爲先後。間有時代全同，難以區分者，則視其所作藝事之先後爲準。凡無類可歸，無時代可考，事近夸誕，語涉不經……者，均暫入附録。書畫篆刻，作者如林；和墨斫琴，別有記述；其餘類此，卓爾不群。今略依李氏《藝術家徵略》舊例，暫不著録。余蓄意搜集哲匠事實亦既有年，炳燭讀書，隨付札樸。友朋同好輒復各舉所知，奔走相告。所采既多，容有偶忘來歷，久不董理，慮將墜佚。爰屬梁君述任分别部居，發凡起例，一一爲之疏通證明，咸如其朔，俾釐然可觀焉。古今載籍，浩如煙海，涉獵所届，奚及萬一？掛漏之譏，固所難免。顧念作始本難，而兹業又復偉大，原非竭一二人之駑鈍所能集事。同人不揣棉薄，創此椎輪，冀以嚶鳴之誠，幸獲麗澤之益，而俾大輅。博洽君子，或餉以資料，裨補其闕漏；或錫以鴻文，糾繩其謬訛；惠而教之，則幸甚矣。中華民國二十一年三月廿一日，紫江朱啟鈐識。(《《中國營造學社彙刊》第三卷第一期)

按：《哲匠録》，連載於《中國營造學社彙刊》第三卷第一期(民國二十一年三月刊印)至第六卷第三期(民國二十五年九月刊印)。二〇〇五年一月，中國建築工業出版社出版先生輯録、梁啟雄校補、劉敦楨校補、楊永生續編《哲匠録》標點本。

三月，中國營造學社函請管理中英庚款董事會補助經費，以設立建築學術研究所及編製營造圖籍。

民國二十三年五月一日中國營造學社致管理中英庚款董事會函：逕啟者：敝社於民國廿一年三月，爲設立建築學術研究所及編製營造圖籍二項計畫，曾請求貴會補助在案。(《中國營造學社彙刊》第五卷第二期《本社紀事》)

(民國二十年十一月)至三月，梁啟雄入職，任編纂；梁思成由社員參校入職學社；鮑希曼、彭濟群加入學社，任評議；吴其昌、汪申加入學社，任校理；瞿祖豫加入學社，任參校；編纂劉南策離職，改任社員參校；林徽音由參校改任校理；校理盧毅退出學社；文獻組主任闞鐸離職。改組後職員組成：文獻組，朱啟鈐兼任主任，瞿宣穎、梁啟雄、陶洙爲編纂；法式組，梁思成任主任，邵力工、宋麟徵爲圖繪；陶洙兼庶務；朱湘筠爲收掌。（《中國營造學社彙刊》第三卷第一期《本社職員》《本社社員》）

按：據《中國營造學社彙刊》第三卷第一期與第二卷第四册附録《營造學社名録》比對而得。闞鐸離職後，梁思成接任法式組主任。

三月，《中國營造學社彙刊》第三卷第一期刊印，刊登《朱桂辛先生六十造像》、吴鼎昌重録《蠖公六十生日詩》手跡及梁思成識語。連載先生輯録、梁啟雄校補《哲匠録》。（《中國營造學社彙刊》第三卷第一期）

梁思成識語：先生生於同治十一年壬申十月十二日，今年適爲周甲之期，前溪先生贈詩紀公出處，最爲時下傳誦。蓋公晚年退居，致力於營造學社，孜孜不倦，故有“老作李明仲”之句。同人日侍硯席，飫聞講論久矣。壬申初春，社刊更始，各獻研究所獲爲先生壽，並以公六十造像及前溪贈詩揭諸簡端，用志景仰。後學梁思成謹識。

吴鼎昌重録《蠖公六十生日詩》：（詩略）去冬寫贈蠖公六十生日詩一首，承命重録於此。壬申春，前谿吴鼎昌。

按：《中國營造學社彙刊》第一、二卷分册刊行，自第三卷起改爲分期刊行。

四月，營造學社法式組梁思成等人赴薊州獨樂寺調查。

梁思成《薊縣獨樂寺觀音閣山門考》：至廿一年四月，始

克成行。(《中國營造學社彙刊》第三卷第二期)

《調查遼代寺剎》:本年四月、六月間,法式組曾兩次出發,調查古代建築,計得薊縣獨樂寺及寶坻廣濟寺二遼剎。(《中國營造學社彙刊》第三卷第二期《本社紀事》)

民國二十一年八月五日劉敦楨致葉恭綽書:春間梁思成先生調查薊州獨樂寺及寶坻廣濟寺,皆遼代古剎,足與《營造法式》互相發明,極有價值。(《上海圖書館藏葉恭綽友朋尺牘·劉敦楨》)

五月十日,許寶蘅到營造學社訪先生。(《許寶蘅日記》)

五月十一日,十一時,許寶蘅到社壇,晤先生。

《許寶蘅日記》:十一時到社壇晤桂辛、玉雙,十二時歸。

按:社壇,當即社稷壇,位於中央公園。

五月十二日,許寶蘅訪先生,福開森、章鈺、葉景葵、邱君在座。

《許寶蘅日記》:一時到來今雨軒,敬一約。三時至桂辛處,遇福開森、章式之、葉揆初、邱君。桂辛囑題岐陽王世家各像册卷。

按:來今雨軒位於中央公園,許氏見先生似應在公園内。

五月十四日,下午,攜新得明岐陽王《固原得勝圖》卷並洪武帝朱元璋墨敕訪徐世昌,閒談良久。(《徐世昌日記》)

《徐世昌日記》四月十一日(5月16日):五弟、十弟來同觀朱桂辛新得明岐陽王李氏家舊物《固原得勝圖》、洪武墨敕。

五月，在中山公園公開舉辦岐陽王世家文物展覽會。

《明岐陽王世家文物之影印》：朱桂辛先生發見明岐陽王李文忠家歷代畫像，曾於本年五月在中山公園公開展覽。（《中國營造學社彙刊》第三卷第二期《本社紀事》）

五月，李位中致函先生。

《明岐陽王世家文物之影印》節録李位中來函（民國廿一年五月）：兹以月之三日，讀天津《大公報》大社所載之《岐陽世家文物考略》一文，不禁欣忭鼓舞，以敝族求之數十年而不得竟披露於一朝，數百年將泯而不傳之私史從此布顯於天下。設非先生之熱心求古，曷易言哉？敝族岐陽裔也，敝族所居岐陽故里也，謹爲先生大社略陳梗概……何期以先生之好古，大社之研求，遂使我祖宗文物一旦大露於天下，豈只敝族所欣幸已也。復蒙編輯釐訂，搜蠹理殘，加以保護，倘此後能永貯於大社不致淪胥，較之秘於私室者尤爲慎妥，此又敝族所泥首銘感者也。自讀報後，族人僉謂當先奉蕪箋，謹申葵隱。一俟南方稍定，將遴派人來藉伸蟻悃，亦將有所校覈，想亦先生所樂許也。李位中啟（明光鎮適園）。（《中國營造學社彙刊》第三卷第二期《本社紀事》）

按：李位中，盱眙縣明光李氏故里二十世裔孫。

五月，河北省政府頒定區自治章程，成立海濱自治區，接管海濱公益會工作。張學良建議公益會舉北寧鐵路局局長高任旃爲會長，並指定東北行政長官公署地畝管理局局長臧啟芳爲副會長執行區經理、康明震爲公安局長。

楊炳田《朱啟鈐與公益會開發北戴河海濱》：公益會自民國八年成立後至民國二十一年五月河北省政府采納該會的建議成立海濱自治區止，共十三年，其間朱啟鈐領導公益會對海濱的開發建設主要做了以下八件事：聚義募捐；築路建橋；設立醫院；興辦教育；開闢蓮花石公園；引進樹種，興建苗圃；整修名勝古蹟；對海濱的管理。（《蠖公紀事》）

《北戴河海濱公益會董事會議紀録》（中華民國二十二年十一月二十七日）：吴達詮董事報告大概：二十一年，省政府頒定區自治章程，其時適國聯調查團將次蒞止，張漢卿主任以鐵路於地方至有關係，建議本會舉高任旃局長爲會長，並指定臧啟芳君爲副會長執行區經理，以康明震君爲公安局長。（《北戴河海濱公報》第三期）

按：高任旃時任北寧鐵路局局長，臧啟芳時任東北行政長官公署地畝管理局局長。

六月十一日，營造學社法式組梁思成等人赴寶坻廣濟寺調查。

梁思成《寶坻縣廣濟寺三大士殿》：一直等到六月十一日，才得成行。（《中國營造學社彙刊》第三卷第四期）

《調查遼代寺刹》：廣濟寺之發現，爲薊行之結果。蓋在薊得聞廣濟寺之存在，且得悉其形制之大略。歸平後，在文獻方面搜得各種記録，又自寶坻購得照片，得先定其確爲原物。六月十六日，由梁思成君偕調查隊出發。（《中國營造學社彙刊》第三卷第二期《本社紀事》）

按：梁文與《調查遼代寺刹》所記赴寶坻時間相異，姑從梁文。

民國二十一年八月五日劉敦楨致葉恭綽書：春間梁思成先生調查薊州獨樂寺及寶坻廣濟寺，皆遼代古刹，足與《營造法式》互相發明，極有價值。（《上海圖書館藏葉恭綽友朋尺牘·劉敦楨》）

（三月）至六月，營造學社人員變動：謝國楨加入學社，任校理；韓振魁、劉家祺入職學社，分任收掌兼庶務、事務員；宋麟徵離職，改任社員參校。社員評議榮厚、温德、評議荒木清三，校理王蔭樵，參校翁初白、許寶騤退出學社。職員編纂兼庶務陶洙離職，改任社員校理；參校瞿祖豫入職、校理劉敦楨入職，分任文獻組編譯、文獻組主任；參校劉南策改任校理；法式組圖繪邵力工改任助理。編纂瞿宣穎、梁啟雄從文獻組分出，成爲學社直屬人員；職員收掌朱湘筠改任會計。錢永銘、周作民、徐新六、裘善元加入學社，任幹事；評議周詒春、華南圭、孟錫珏，校理陳垣、袁同禮、葉恭綽、陶湘，改任幹事。

按：據《中國營造學社彙刊》第三卷第二期與第一期附録《營造學社名録》比對而得。

六月，營造學社籌設幹事會，聘請朱啟鈐、周詒春、葉恭綽、陶湘、陳垣、孟錫珏、華南圭、袁同禮、錢永銘、周作民、徐新六、裘善元爲第一届幹事會幹事。

《籌設幹事會》：兹就本年度更始之際，擬籌設幹事會，釐定社約竝規劃本社進行大綱以奠永遠基礎，凡海内賢達，曾辱爲本社發起人，或以精神物力扶掖本社，如周寄梅、葉玉甫、陶蘭泉、陳援庵、孟玉雙、華通齋、袁守和、錢新之、周

作民、徐新六、裘子元諸先生，經本社聘爲第一届幹事會幹事。（《中國營造學社彙刊》第三卷第二期《本社紀事》）

民國二十一年八月五日劉敦楨致葉恭綽書：並組織幹事會，奠學社永遠基礎。前奉呈幹事聘緘，未審曾否達到。除先生外，尚有周詒春、孟錫珏、袁同禮、陶蘭泉、陳垣、華南圭、周作民、錢新之、徐新六、裘子元諸位。（《上海圖書館藏葉恭綽友朋尺牘·劉敦楨》）

按：本年六月《中國營造學社彙刊》第三卷第二期版權頁，刊登有幹事會名單，先生列名其中。

六月，《中國營造學社彙刊》第三卷第二期刊印。連載先生輯録、梁啟雄校補《哲匠録》。（《中國營造學社彙刊》第三卷第二期）

本年（民國二十年）度，爲營造學社捐款三千六百五十元。

《中國營造學社經費歷年統計表》乙《本社歷年捐款之數》二十年：朱桂辛先生捐助，洋三六五〇.〇〇。（《上海圖書館藏葉恭綽友朋尺牘·朱啟鈐》1933年6月7日書札附件）

按：民國二十年度，自二十年七月至二十一年六月。《統計表》製作於中華民國二十二年三月二十日。

七月七日，中華教育文化基金董事會覆函營造學社，同意一次補助國幣一萬五仟元，以作中國建築學研究之用。

《請中華教育文化基金董事會繼續補助本社經費函》附《中華教育文化基金董事會覆函》：逕啟者：敝會第八次董事會已於七月一日在北平敝會會所舉行，關於本届請款事項，因自庚款停付，敝會經費頗形拮据，經議决：凡本年初次聲請補助者，暫不考慮；其繼續聲請補助者，以原給補助爲最高數額，並規定補助時期均暫以一年爲限。尊處請款之件，經提出討論後議決：一次補助國幣壹萬伍仟元，以作中國建築學研究之用，即請開具詳細預算函送到會，以憑審覈發款。相應函達，統希查照爲荷。中華教育文化基金董事會啟，二十一年七月七日。（《中國營造學社彙刊》第三卷第二期《本社紀事》）

七月十三日，復函中華教育文化基金董事會。

《請中華教育文化基金董事會繼續補助本社經費函》附《復中華教育文化基金董事會函》：敬復者：接奉七月七日大函，祇悉對於敝社提出繼續聲請書得荷貴會第八次年會議決，一次補助國幣壹萬伍仟元，暫以一年爲限，並屬開具詳細預算送會，以憑審覈發款等因。查敝社聲請原案，全年預算爲二萬五千元，分爲經常、臨時二門，此次貴會經費雖形拮据，仍維持原給補助數目，俾敝社研究工作繼續進行，曷勝銘感？敝社祇得依照貴會覈定範圍極力撙節，玆將貴會本年度補助費一萬五千元列爲甲種經常門。他如出版、調查、編譯、雜支等款爲研究學術所必需，或已在進行不能中輟者，概列入臨時門，其不敷之數假定爲一萬元，由敝社另行設法籌募，共策進行。相應連同本年度經常門預算，一併緘送查覈發款爲荷（附本年度預算）。中國營造學社社長朱啟鈐啟，二十一年七月十三日。（《中國營造學社彙刊》第三卷第二期《本社紀事》）

七月中旬，營造學社社址遷至中央公園。

《本社社址之遷移》：本社年來社務逐漸擴充，頗感社所狹隘不敷支配，爲便利工作計，爰於本年仲夏承商中山公園董事會，租借該園行健會東側舊朝房十一間，即皇城天安門内社稷街門南首之千步廊爲新社所。本社一俟新社所修葺完竣，即於下月内遷入辦公云。(《中國營造學社彙刊》第三卷第二期《本社紀事》)

《緘中華教育文化基金董事會報告社務實況》：本社自本歲七月中旬遷移中山公園新社址以來，照預定工作程序賡續進行。(《中國營造學社彙刊》第三卷第四期《本社紀事》)

民國二十一年八月五日劉敦楨致葉恭綽書：學社於前月中旬遷來中央公園。即天安門内西朝房，在公園行健會東側。(《上海圖書館藏葉恭綽友朋尺牘・劉敦楨》)

七月，中央大學建築系教授劉敦楨辭去教職，赴北平中國營造學社任文獻組主任。

民國二十一年三月十五日朱啟鈐《請中華教育文化基金董事會繼續補助本社經費函》：文獻一部，則擬聘中央大學建築系教授劉敦楨君兼領。劉君亦常通函報告其所得，並撰文刊布。(《中國營造學社彙刊》第三卷第二期《本社紀事》)

《劉敦楨先生生平紀事年表》一九三二年：七月，辭去中央大學建築系教職，前往北平中國營造學社專門從事中國古建築研究。任社研究員及文獻部主任。(《劉敦楨先生誕辰110週年紀念暨中國建築史學史研討會論文集》附録一)

陳從周《朱啟鈐與中國營造學社》：劉士能師敦楨嘗告我其參加中國營造學社之經過。朱、劉原屬世誼(劉曾祖長佑湘軍，任雲貴總督)，曾以所著請益于朱先生，並在《彙刊》發表。朱過南京，劉往謁，邀往北京入學社，遂脱離中大。

其時梁思成之薪金月支三百元，劉少梁五十元（後各加五十元），蓋留日故也。此時以留英美歐洲並具學位者爲貴。（《梓室餘墨》）

七月至八月間，釐訂營造學社社章，自私人研究團體改爲公開學術機關。

民國二十一年八月五日劉敦楨致葉恭綽書：桂老擬乘茲年度更始及遷居之際，釐訂社章，自私人研究團體改爲公開學術機關。社章正在起草，一俟脱稿，即寄呈斧正。（《上海圖書館藏葉恭綽友朋尺牘·劉敦楨》）

按：年度更始始自七月。

七月至八月（五日前）間，劉敦楨離開中央大學，至北平營造學社工作。營造學社改組文獻、法式二組，聘任梁思成爲法式組主任、劉敦楨爲文獻組主任。

民國二十一年八月五日劉敦楨致葉恭綽書：楨自滬變後僕僕寧、湘途中，嗣中大學閥交閧有解散之厄，楨應桂老電召來平，暫代文獻一席。（《上海圖書館藏葉恭綽友朋尺牘·劉敦楨》）

民國二十二年六月七日朱啟鈐致葉恭綽書：迨廿一年秋間，改組文獻、法式二組，聘梁思成、劉敦楨二君爲主任。（《上海圖書館藏葉恭綽友朋尺牘·朱啟鈐》）

是年（八月五日前），在滬爲營造學社募捐一萬元。

民國二十一年八月五日劉敦楨致葉恭綽書：經費除庚款仍照撥外，桂老前在滬捐募一萬元，足敷本年開支。（《上海圖書館藏葉恭綽友朋尺牘·劉敦楨》）

八月五日，囑托劉敦楨代爲函約葉恭綽提供修理棲霞山隋塔及保存角直塑像經過的稿件。

民國二十一年八月五日劉敦楨致葉恭綽書:修理棲霞山隋塔及保存角直塑像經過,桂老囑轉懇先生早日惠賜,俾可登入《彙刊》,喚起國人維護古物之注意。(《上海圖書館藏葉恭綽友朋尺牘·劉敦楨》)

八月二十三日,中國營造學社根據第一次幹事會會議議決案,依文化團體組織法向教育部申請立案,將中國營造學社由私人研究團體改爲永久學術機關。

《呈請教育部立案文》:呈爲組織中國營造學社呈請立案事。竊我國營造之學,肇源遠在三代。周官匠人營國經野,儕於六職,有世守之工。秦漢以還,迄於趙宋,將作匠監,代設專官,垂千餘年。而明清工部算、樣二房述守相承,亦能世修其職,不墜家聲。由是可知文質相因,道器同塗,民族文化所關,初不因貴儒賤匠,遂斬其緒。惟自來興作大役,長吏綜覈簿書,僅總其成,實際事權操諸工隸,於是士夫營造知識日就湮塞,斯學衰微之因蓋非一朝一夕於此矣。洎自歐風東漸,社會需求頓異曩昔,舊式法規既因鑿枘不適日就湮廢,而名師巨匠相繼凋謝,及今不治,行見文物淪胥,傳述漸替。啟鈐殫心絶學垂廿餘年,於民國八年影印宋李明仲《營造法式》以來,海内同志景然風從,於是徵集專門學者,商略義例,疏證句讀,按圖傅彩,有倣宋重刊《營造法式》之舉。嗣以清《工部工程做法》有法無圖,復糾集匠工依例推求,補繪圖釋,以匡原著不足,中國營造學社之基於兹成立。顧其間屢因款絀,幾頻中輟,迨民國十八年受中華教育文化基金董事會補助,始於社内設法式、文獻二組,着手整理故籍、審訂辭彙、調查古物、迻譯外著，並訪問匠師、研究各作法式。邇來發行《彙刊》及各項專著，三稔於兹，中外學者聲應氣求聞風興起，析疑問難不絶於途。數年之間，以私人講學進爲國際學術團體，殆非始料所及，而斯學復振，殆繫望於此焉。惟營造範圍千門萬類，凡屬藝術靡不包容，同時歷代政治宗教學術交通，下及風俗材料，罔不關連彌切，苟無完備組織分門析類賡續研求，則始願雖閎，成功不易。同人等爰相集議，擬由私人研究團體改爲永久學術機關，庶足繼往開來，闡揚絶藝，發皇國光。爲此檢同社章及刊物呈請鈞部准予立案，俾中國營造學社得鞏基礎而利進行，實爲公便。謹呈。附《簡章》一份、刊物九册。具呈人中國營造學社社長朱啟鈐等八月廿三日。(《中國營造學社彙刊》第三卷第三期《本社紀事》)

是年(九月前)，中國營造學社向北平市市黨部及教育部申請將學社由私人研究團體改爲永久學術機關立案，均獲得批准。

本年十二月《緘中華教育文化基金董事會報告社務實況》：根據第一次幹事會會議議決案，向本市市黨部及教育部，依文化團體組織法申請立案，均荷批准立案。(《中國營造學社彙刊》第三卷第四期《本社紀事》)

是年(九月前)，聘請謝國楨編訂營造書目提要。

《編訂營造書目提要》：本社有鑒於斯，爰登聘謝剛主先生整理社中圖籍目録，並編訂營造書目提要。(《中國營造學社彙刊》第三卷第三期《本社紀事》)

是年(九月前)，營造學社應市政府函邀，與各文化

機關參加圓明園遺址保管委員會，公同議决保管章程十四條，交由工務局進行。（《中國營造學社彙刊》第三卷第三期《本社紀事》）

（六月）至九月，營造學社人員變動：社員校理謝國楨入職學社改任編纂。

按：據《中國營造學社彙刊》第三卷第三期與第二期附録《營造學社名録》比對而得。

九月，《中國營造學社彙刊》第三卷第三期刊印。刊登有瞿宣穎《社長朱桂辛先生周甲壽序》，並連載先生輯録、梁啟雄校補《哲匠録》。（《中國營造學社彙刊》第三卷第三期）

瞿宣穎《社長朱桂辛先生周甲壽序》：……若夫起自艱貞，獨探遐秘，能如實齋所稱古人之學不遺事物者，則蠖公朱先生爲尤難焉。公以紫陽正脈，毓秀黔南，贈公梓皋先生吾姨丈也，懷靈均之高行，殉汨羅之遺跡。吾姨母傅太夫人銜恤撫孤，督教備至，然公無意於當時帖括之學，跅弛頗異常兒，既隨外祖青餘先生歷官中州，弱冠以後，從我先君文慎公入蜀，縱目山川之雄奥，接席幕府之名賢，衿抱益宏，頭角漸露。先君喜公駿邁，事無大小，必以咨焉。又公先娶於陳，茶陵松生先生之嗣女也，軺車之返，多載奇觚，公博覽周咨，所聞彌富。慰親捧檄，爰宦蜀中，監雲陽灘工，緬離堆之舊績，慕石門之泐頌，躬督鎚鑿，不避險艱，其精練工事，發軔於此。改官吴下，入覲帝都，值戊戌維新，海内厨顧鱗萃闕下，公始聞朝政。歸佐先君改革學校，籌設農場。庚子變作，適丁内艱，公方監税上海，感邦家之多難，悲風樹之不寧，追念周南顧托之意，近瀃滂母立身之訓，篤志奮發，不皇啟處。先君内值樞垣，朝政鼎新，公負知時務名，入都以後，凡所經畫，有若京師譯學館之籌設，有若北洋警察之創辦，皆垂爲常典。而警政尤草創艱棘，成效昭灼，廷議嘉之，移於輦轂。按漢家有彈室之置，蒙哥制警巡之院，肅清姦宄，納民軌物，其必自此。而廢弛千年，上下自恣，聞兹新令，往往震驚。公手定規條，身親遊徼，魏絳僇揚干之僕，董令逢帝主之威，見赤棒之尊嚴，返舊章於司隸。雖見疾勢豪，卒以去位，而事下各省，奉爲圭臬，至今蕭規曹隨，猶以北都警察爲稱首，此公通政學之效一也。公嘗東遊扶桑，求殖民之策，歸任蒙邊墾務，將移冠帶之族，化湩酪之風，興安以南，濡水以北；山林未啟，寶藏所萃，倘斯策得行，則上繩秦皇實邊之美，下減漢兵防秋之費。規畫未終，移督津浦鐵路，午貫南北，樞紐江津，自上都以迄海壖，棣通無阻。辛亥更始，遂長交通，入參國務，定幹路國營之策，以攬全局，預擬交達之綫，尤要者凡四：自江寧以達長沙曰寧湘，以溯黔楚上遊，以闢豫章腹裏；自大同以達成都曰同成，以避夔巫之險，以奪荆襄之隘，出於其途者可以朝辭白帝，莫馳紫塞；自浦口以達信陽曰浦信，以疏申蔡舒霍之富，而輸之江滸；自蘭州以達東海曰隴海，以搜秦隴之天府，而濬汴洛之隩區。廿載以還，惟隴海獲成東段，思公之功，已成陳跡，此又公通政學之效二也。燕京自會同定鼎以來，移累代文物之重，垂中原制作之休，至元肇業，永樂重光，兼中外之名工，定古今之通制。夫其植槐成市，絲柳被渠。通衢十二，離宫卅六，身毒寶鏡，西域蒲陶，釋曇曜則鑿石武州，宇文愷則疏渠龍首，葛稚川之記西京，羊衒之之疏洛邑，以視建業偏安，臨安行所，論夫體國經野之謨，創業垂統之意，夐乎遠矣。公受内務部長之任，則發故書，陳策府，諏遺老，集名工，質劉侗《景物》之略，審德符《野獲》之編，按竹垞《舊聞》之記，覈退谷《夢餘》之録，别風餘阯，含元舊基，渠鑊尚存，按行可識。以爲宣和博古之圖，多殘於龍劫；米家虹月之舫，空羡於人間。宜罄内府之珍秘，以快有識之摩挲，於是有移載熱河行宫古物，庋藏文華武英二殿之舉。又以爲雉免不往，義乖衆樂，宫殿潛行，空傷野老，斥池陽禁籞之田，闢唐京樂游之苑，可以美風俗，厚民生，於是有開放社壇郊宫以爲公園之舉。又以爲秦皇馳道，隱以金椎，漢儀乘傳，必馳駟馬，經塗洞達，形於孟堅之賦，坊巷齊整，亦載韋述之記。考之近事，平治道路，臺規部例，並有專條，於是有興修城郊衢路、夷闢墻堧之舉。又以爲高標層穹，凌雲雙闕，赬壤飛文之制，鮑照所侈談，白樓映日之景，道元所詳寫，庚子之災，國門夷陊，無以壯觀，於是有改建正陽門樓之舉。又以爲高梁澄淥，作洗馬之池，通惠名渠，唱得寳之曲，郭守敬行水之道，金章宗建橋之區，環繞畿甸，其來已舊，於是有疏濬京畿河道之舉。是以燕京一隅，易世以後，景物逾新，中外争慕，遊屐相接，追思偉績，有餘愛焉。此又公通政學之效三也。嗣是公嘗以國事未定，任南北議和代表，思息鬩墻之争，而武將多負固之思，辯士逞縱横之技，治絲益棼，卒不副願，爰有歷聘三洲之舉。始持英簜，躬奉盤匜，驛騎初臨，鳳麟争識。昔者甘英奉使，空臨紅海之濱，法顯求經，不踰師子之國。公博稽載籍，周訪名都，烏弋山離，蔚宗之所曾記；白衣大食，杜環之所親經。拂菻記時之表，馳説於唐書；罽賓王面之錢，詳疏於漢傳。阿提拉之突騎，垂西陸新建之邦；成吉思之王廷，會殊方重譯而至。玩條支之大鳥，撫大夏之胡桐，然後知穆滿羣玉之遊，必非鑿空；子年《拾遺》之記，亦異憑虚。種族宜出一源，政教本無殊致，是以安敦之盛治，爲漢土所豔稱；震旦之宗風，亦大秦所遥慕。公精心默識，秘籥潛闚，挈其長短之效，存其會通之跡。以視子雲之訪輶軒，止於奇字；裴公之志西域，不越傳聞。非其倫矣，歐西人士，爰有闢中國學院，刊《四庫全書》之議。此又公通政學之效四也。然公之所以紹墜緒而振來學者，猶不繫乎此。蓋自冬官書亡，疇人職失，制器尚象之方，利用前民之義，爲儒家所不道，學者所弗詳，然猶賴一二哲匠，濬發巧思，張皇幽眇，技進於道，思通乎神。迄今中原文物之美富，猶爲環海士民所稱羡。昔者魯般王爾，能製作而未嘗筆之於書；張衡杜預，能著述而未嘗紀所親驗。惟有宋元祐之六年，大哲李先生明仲，茂挺異才，紹緻絶業，本其天授之魁奇，益以畢生之探討，上導源於舊籍之遺聞，下折衷於目驗之時制，蔚然成一家之言，褎然立一朝之典，以有《營造法式》之纂。此書告成，亦越八百餘年，而後公於塵封蠹蝕之中，表而出之，以詔當世。公之篤嗜工藝也，肇始童齡，長遊四遐，周歷官政，所至尤與引繩正槷之工、握算持籌之賈相周旋。驗其庀事之能，兼考飭材之要，非徒故書雅記，羅於心胸而已。較其身世，差與李君同符，千載相思，益有遥集之雅，有開必先，非偶然也。公嘗謂明堂茅覆，辟雍水環，經國而先冢土，立家而主中霤。佩容刀而觀流泉，揆中星而作楚室。先民卜居之始，乃禮經垂制之原，是曰明禮。又謂山節藻梲，通袞繡之文；反宇重簷，本車轄之象。金莖承露，出燕齊迂怪之談；藻井垂蓮，亦楚越神巫之説。施於宫室，義有本原，是曰考象。又謂通道褒斜，爰獲隴西之木；取材台栝，方知雁蕩之勝。是曰辨材。又謂睢涣織文，泐於鄦訓；廣漢釦器，見諸班書。髹工有襄樣之稱，錦官見蜀江之利。近則曲陽世家，專元都琢石之技；吴門匠氏，典明代冬官之職。是曰别地。是以營造之學，通於羣藝，諸如此比，更僕難終。非唯侈技巧之末流，争暖姝之成見而已。比歲以來，爰就故都闢營造學社，集諸同好，晨宵鑽穴，每有懸解，得其環中。自二次編校李氏《法式》而外，一有《哲匠録》之輯，再有《漆書》之製，三有《女紅傳》之草，四有《絲繡録》之訂，五有黄氏《燕几圖》、計氏《園冶》之校，六有圓明園文獻之編録，七有明岐陽世家文物之甄輯。海内外聞風馳訊，奉贄請益，騰溢門籍，闐咽户限，而公應接不勌，切磋彌勤。綜公一生，以視實齋所謂古人之學通於事物者，不其誠有合與？余奉教於公者，於兹四十年，當風雨之如晦，守蕪城之寂寥，往事追論，則感深桑海；新知互證，則契喻針磁。兹當覽揆之辰，宜上引觴之頌。凡夫仲遠之官閥，郭令之子孫，徒供塵俗之欣，無預浮雲之抱，固宜刊落浮藻，屏去陳言。唯夫儒素風規，汗青事業，公之志行，竊所深喻。敢舉所知，撰爲兹序。享黄髮之遐祉，竟千秋之偉業，公之事也，國之光也，謹以是頌。

按：此文與瞿氏《蠖園文存序》文字内容大致相同。

九月，中央公園委員會公推第三届委員。先生與孟錫珏連任正副主席。

《本園董事會歷届常任董事名録·本園委員會第三届委員名録》(民國二十一年九月公推):主席:朱桂辛。副主席:孟玉雙。評議部:江宇澄、張勛伯、岳乾齋、賀雪航、談丹崖、曾叔度、王君宜、關伯珩、傅沅叔、陳劍秋、祝竺樓、卓君庸、徐星曙、畢植丞、汪逢春、魏子丹、吕漢雲、周作民、鮑書徵。事務部:管理課蔣登翔府派、湯頗公府派,繼蔣委員、吴甘侯、孟玉雙兼、董翔周、王紹賢;會計課:蔣毅府派、翟貞階府派,繼蔣委員、方灌青、常朗齋、劉一峯;設計課:華通齋、方石珊、徐仲琳。候補人:惲公孚、吴扶青、王澤民、喬亦香、馮公度、崔露華、孟覲侯、紹幼琴、馬輝堂、王者香。(《中央公園二十五周年紀念册》第三章《本園章制摘要及人事變遷》)

十月十日,上午,徐世昌偕徐世章前往觀看先生陳設明岐陽王李氏家故物。

《徐世昌日記》:十弟來約同往觀朱桂辛陳設明岐陽王李氏家故物,畫像内有張三丰像,甚奇古。

十月上旬,北平圖書館、故宫博物院、古物陳列所、歷史博物館、天文博物館、中央研究院、古物保委會及營造學社等,發起組織北平學術團體聯合展覽會,以所收票價救濟東北避難同胞。(《中國營造學社彙刊》第三卷第四期《本社紀事》之《緘中華教育文化基金董事會報告社務實況》附《二十一年度上半期工作報告》)

秋,經劉敦楨介紹,得見姚承祖著《營造法原》。

朱啟鈐《題姚承祖補雲小築卷》:民國壬申秋,余因劉士能君之介,得知吴門姚君補雲所著《營造法原》一書。(《蠖園文存》卷下)

按：本年十月初十日（陽曆十一月七日）立冬。

劉敦楨《營造法原跋》：一九二六年秋，余執教於蘇州工業專門學校，始識姚先生承祖。姚氏自清嘉、道以來，累葉相承，爲吴匠世家，至先生益爲光大，巋然爲當地木工之領袖。先生晚歲本其祖燦庭先生所著《梓業遺書》，與平身營建經驗，編《營造法原》一書，以授工校諸生。書中所述大小木、土、石、水諸作，雖文詞質直，並雜以歌訣，然皆當地匠工習用之做法，較《魯班經》遠爲詳密。不僅由此可窺明以來江南民間建築之演變，即清官式建築名詞因音同字近，輾轉訛奪，不悉其源流者，往往於此書中得其蹤跡。余因促其付刊，以惠同好，而先生遜謝未遑。一九二八年春，余移教於南京中央大學。翌年，先生抵書於余，謂年近古稀，精力日敝，而舊作蕪雜，無所增益，希爲釐訂，俾免散佚。顧余浮沉人海，荏苒數載，無以報命。一九三二年余入中國營造學社，遂挾其書北上。先生慮原稿簡略，復以家藏大、小木圖册及《補雲小築》繪卷見貽。社長朱啟鈐先生，曾窮數月之力，躬自整比。然南北術語差違殊甚，書中圖式復無縮尺，形象比例無法懸擬，卒廢然中輟。（《劉敦楨文集》三）

十一月二十三日，復函上海市建築協會。

《北平朱啟鈐先生來函》：本會謀國内建築學術界之聯絡，以圖改進我國建築事業起見，嘗致函北平中國營造學社社長朱啟鈐先生，旋得復書，兹録刊如後：敬復者：奉誦大示，並荷惠錫《建築月刊》二册；鴻篇巨作，觸目琳瑯。領受之餘，銘感無既。啟鈐留心斯學，久成痼癖。自民八影印李氏《營造法式》以來，復組織中國營造學社，糾集同志，研求歷代建築結構與歷史二類，旁及琉璃、髹漆、絲繡各項工藝；惟造端雖宏，而才力、經費兩感困竭，益以年事漸長，時虞隕越，尚望時賢不吝南針，以匡不逮，是所企盼。專復。即頌公祺。朱啟鈐謹啟，十一月二十三日。（上海市建築協會《建築月刊》第一卷第二期）

按：《建築月刊》第一卷第一期、第二期分別刊行於民國二十一年十一月一日、十二月一日。先生復書當作於本年。

（九月）至十二月，營造學社人員變動：單士元入職學社，任文獻組編譯；林志可加入學社，任參校。

按：據《中國營造學社彙刊》第三卷第四期與第三期附録《營造學社名録》比對而得。

十二月，致函中華教育文化基金董事會，報告社務實況。

《緘中華教育文化基金董事會報告社務實況》：敬啟者：本社自本歲七月中旬遷移中山公園新社址以來，照預定工作程序，賡續進行，於兹半載。鄙人鑒於年來社會要求，及貴會誰諉之重，務求社務刷新，澈貫初衷。故本年度軔始之際，首設幹事會，釐定社約，規劃社務進行大綱，以奠永遠基礎，業聘定周寄梅、葉玉甫、孟玉雙、袁守和、陶蘭泉、陳援庵、華通齋、周作民、錢新之、徐新六、裘子元諸先生爲本社第一届幹事會幹事。根據第一次幹事會會議議决案，向本市市黨部及教育部，依文化團體組織法申請立案，均荷批准立案。其餘社内組織，亦力求適應環境，充實内容，增進工作之效能，所有法式、文獻二組工作均經聘定專員擔任。經費一項，除經常門由貴會補助費支給，另案報告外，其臨時門額外編輯翻譯及旅行調查出版事務購置諸項,本年度上半期共約支出六千元左右。在兹國事蜩沸,百業凋零,集款本屬不易,幸賴海内賢達熱心贊助,俾本社社務進行能如預定計劃,未致中輟,曷勝欣慰。兹當二十一年度上半期照章編送報告之際,理合附帶聲明。此致中華教育文化基金董事會。附《工作報告》一份。中國營造學社社長朱啟鈐啟。

《二十一年度上半期工作報告》:(甲)實物調查:(一)寶坻廣濟寺三大士殿;(二)北平智化寺;(三)杭州六和塔之雕刻。(乙)古建築之修葺計劃:(一)北平故宫文淵閣;(二)北平内城東南角樓;(三)故宫南薰殿。(丙)古籍之整理:(一)《工程做法則例》;(二)《營造法式》;(三)姚氏《營造法原》之整理;(四)刊行《梓人遺制》;(五)圖書編目。(丁)史料文獻之搜集:(一)明《北京宫苑圖考》;(二)《哲匠録》;(三)《中國建築史料》。(戊)雜項:(一)參加芝加哥博覽會;(二)組織北平學術團體聯合展覽會。(《中國營造學社彙刊》第三卷第四期《本社紀事》)

十二月,作《梓人遺制弁言》。

《弁言》:古者審曲面勢,飭材辨器,以給日用者謂之工,然先民創物之始,共工董治百工,决無後世分業之顯,畛域之嚴也。《周禮》考工營國經野,自城壝迄於溝洫,皆匠人職掌,非獨宫室一門。而匠與輿、弓、輪、廬、車、梓數者同隸攻木一類,其規矩準繩下及分件名稱,器用種類,往往類出一臼,就中車匠二者,關係尤切。蓋太古之世,自穴居野處進爲遊牧生活,必因車爲居,利遷徙往來無常處,及易遊牧爲耕耘,營構家室,始有匠人之職。若藩,若箱,若蓋,若軒,若旌柱，若轅門，皆導源車輅，未能忘情舊習，其跡至爲顯著。故按名釋物，定其音訓，推其嬗蜕之故，窮其締造之源，顓之外又必旁及群藝，求其貫通融會，始無遺憾。職是之故，本社成立伊始，徵求故籍，首舉薛氏此書。薛氏元中統間人，其事蹟漫無可考。僅據段序知以礱斵餘暇，求器圖所起，參酌時制，而爲此書，非訓詁之儒徒騖架空之論者。其書著録焦竑《經籍志》，近世除文廷式筆記自《永樂大典》撮録“五明坐車子”一節外，未見單行本行世。嗣由國立北平圖書館館刊，知英倫 C. H. Brewill Tayer 氏所藏《永樂大典》卷一萬八千二百四十五，收有此書一卷。經北平圖書館館長袁守和先生，向倫敦英倫博物館攝取原書影片，並承以副本見貽，計三十有四面，屬《永樂大典》十八漾匠氏十四。前有中統四年癸亥段成已序，稱書中取數凡一百一十條。今按影片所收五明坐車子、華機子、泛牀子、掉籰座、立機子、羅機子、小布卧機子七項，其用材分件共一百十一條，與段序略同，豈原書止此數者，段氏所稱指後者言耶？其書叙次贍雅，圖釋詳明，可窺一代製作情狀，並由段序知有姜刻《梓人攻造法》一書，與此書先後同期，足覻胡元創國之初，百藝繁興，顓書續出，其勝狀迥出吾人意表。爰將舊藏影片整理付刊，並與劉君士能校注，俾易理解。意者此書除《大典》本外，尚有刊本、抄本，流落人間，藉此羔雁，得復舊觀，尤啟鈐企盼不已者也。建國二十一年十二月，朱啟鈐識。(《中國營造學社彙刊》(第三卷第四期))

按:《弁言》又收録於《蠖園文存》卷下，名《梓人遺制書後》。

十二月，《中國營造學社彙刊》第三卷第四期刊印，刊登先生校注、劉敦楨圖釋元薛景石著《梓人遺制》。（《中國營造學社彙刊》第三卷第四期）

是年，薛景石著、朱啟鈐校注、劉敦楨圖釋《梓人遺制》，由中國營造學社刊行。（《中國營造學社彙刊》第三卷第四期《本社紀事》）

是年，先生輯撰《岐陽世家文物圖像册》攝影本，由故宫印刷所出版。（《中國營造學社彙刊》第三卷第四期《本社出版書籍》）

是年，故宫博物院協助會成立，先生與周詒春等均爲會員。（《周詒春圖傳・傾心文教・中國營造學社》）

是年，闞鐸借閲日本内閣文庫藏《園冶》加以重校，交付營造學社重印。

書牌標注：共和壬申，中國營造學社依明崇禎甲戌安慶阮氏刻本重校印。

朱啟鈐《重刻園冶序》：庚午得北平圖書館新購殘卷，合之吾家所蓄影寫本補成三卷。校録未竟，陶君蘭泉篤嗜舊籍，遽付景印，惜其圖式未合矩度，耿耿於心。闞君霍初近從日本内閣文庫借校重付剞劂，並綴以識語，多所闡發，爲中國造園家張目。（《蠖園文存》卷下）

是年，北寧路局補助北戴河海濱公益會四千八百元。

《北戴河海濱公益會董事會議紀録》（中華民國二十二年十一月二十七日）：吴達詮董事報告大概：民國十年，始由路局每年補助四千八百元。（《北戴河海濱公報》第三期）

本年，楊度卒。

中華民國二十二年癸酉　一九三三年　六十二歲

本年，朱家驊在管理中英庚款董事會董事長任、葉恭綽在董事任。(《國民政府職官年表》第一册《行政院直屬機構・管理庚款委員會》)

是年，居北平東城趙堂子胡同。在中興煤礦公司董事會長任。

一月十三日，故宫博物院協助會召開臨時緊急會議，商議故宫文物南遷上海事，與周詒春等出席會議。(《周詒春圖傳・傾心文教・中國營造學社》)

二月二十八日，與周詒春等東北熱河後援會常務理事通電北京市各團體、市民，呼籲捐款，爲前方抗日將士做後盾。(《周詒春圖傳・傾心文教・中國營造學社》)

二月，先生校注、劉敦楨圖釋《梓人遺制》(永樂大典本)，由中國營造學社鉛印發行。

三月，營造學社向中華文化基金董事會提出本年度預算。

《中國營造學社民國廿二年度預算書》(本年三月提出中華文化基金會之預算)：甲經常門。第一款辦公費：(一)房租，洋五十元；(二)電燈、電話、自來水，洋三十元；(三)工役工食，洋三十元。以上每月洋一百十元，全年一千三百廿元。第二款職員薪水：(一)法式主任一人，洋四百元；(二)助理一人，洋一百二十元；(三)繪圖生二人，洋七十元；(四)文獻主任一人，洋三百元；(五)助理一人，洋一百元;(六)收掌兼庶務一人,洋五十元;(七)書記一人,洋三十元。以上每月洋一千零七十元,全年一萬二千八百四十元。第三款文具費:(一)筆墨紙張等,洋三十元。以上每月三十元,全年三百六十元。第四款雜項:(一)煤炭,洋三十元;(二)雜支,洋三十元。以上煤炭四個月,計一百廿元,雜支每月三十元,全年四百八十元。經常門四款預算,共洋一萬伍千元,由基金會補助範圍撙節支配。乙臨時門。(一)旅行照像調查費,洋三千元;(二)出版費,洋四千五百元;(三)編譯費,洋三千元;(四)繪圖材料,洋一千元;(五)參考圖書,洋二千元;(六)設備費,洋五百元;(七)雇用匠作工食,洋五百元;(八)雜支,洋五百元。以上臨時門八項預算,共洋一萬五千元,由本社另行設法籌募。(《上海圖書館藏葉恭綽友朋尺牘·朱啟鈐》1933年6月7日書札附件)

(民國二十一年十二月)至三月,文獻組編譯單士元改任編纂;職員謝國楨離職,改任社員校理;評議闞冕鈞退出學社。(《中國營造學社彙刊》第四卷第一期《本社職員》《本社社員》)

按:據《中國營造學社彙刊》第四卷第一期與第三卷第四期附録《營造學社名録》比對而得。《彙刊》第四卷第一期延遲三月有餘後出版,其版權頁標注仍爲"民國廿二年三月出版",故此處從其版權頁時間。

三月,《中國營造學社彙刊》第四卷第一期刊印,連載先生輯録、梁啟雄校補《哲匠録》。

《彙刊出版愆期》:本社彙刊自第三卷起,改爲定期刊物以來,第四卷第一期原定本年三月底出版,詎意易歲以還,强鄰壓境,時局惡化,莫可端倪。其時故都文化機關紛紛南遷，本社研究工作雖未中輟，然多年收集之貴重圖書標本勢不能不移藏安全地點，社員工作因之略爲遲鈍。已成之稿亦不能按期付刊，致第一期出版日期約遲三月有餘，勞海内同好遠道緘詢，殊深慙仄。特此道歉，諸希亮原。（《中國營造學社彙刊》第四卷第一期）

按：《彙刊》版權頁標注爲“民國廿二年三月出版”，姑存此。

四月二十日，葉恭綽連任管理中英庚款董事會董事。（《國民政府職官年表》第一册《行政院直屬機構・管理庚款委員會》）

四月二十三日，與江庸、熊希齡、王克敏、曹汝霖等北平追悼會同人聯名作公祭梁士詒文。

《北平追悼會同人公祭文》：維中華民國二十二年四月二十三日，江庸、熊希齡、朱啟鈐、王克敏、曹汝霖、周作民、任鳳苞、方仁元、吴鼎昌、楊德森、何競武、錢宗澤、關葆麟、高恒儒、袁同禮、冷家驥、徐承燠、俞人鳳、馮千里、王繼曾、湯國楨、邱煒等，謹以清酌庶羞，致祭於梁公燕孫之靈（下略）。（《三水梁燕孫（士詒）先生哀輓録・祭文》）

按：梁士詒卒於民國二十二年四月九日。

四月二十八日，與朱慶瀾、葉恭綽、章士釗等戚友同人聯名作公祭梁士詒文。

《戚友同人公祭文》：維中華民國二十二年四月二十八日，朱啟鈐、朱慶瀾、葉恭綽、章士釗、張學銘、汪有齡、張奏農、江天鐸、嚴家熾、黎照寰、張仲平、謝作楷、李思浩、許世英、顧鰲、劉樑、謝天錫、謝會鏘、吕道象、蔣康侯、鍾文耀、王景岐、李景邁、樊守執、梁蕚聯、梁汝成、區宗洛、區紹安、胡少坡、陸興祺、林守堅、張莆田、鄭洪年、盧學溥、羅明佑、方培壽、吴徵、何伯述、關漢光、夏啟瑜、游麟章、梁棪芳、蘇應銓、陳福頤、周樹福、張元濟、陸家鼐、吴光新、梁鴻志、薩福懋、嚴直方、唐在禮、陸仲安、任傳榜、唐在復、黄贊熙、任祖芬、熊少豪、石祥和、梁思補、岑學吕、賀得霖、黄家謙、梁澧、詹伯承、區季獻等，謹具清酌素羞之儀，致祭於三水梁燕孫先生之靈(下略)。(《三水梁燕孫(士詒)先生哀輓録·祭文》)

四月，爲梁士詒作輓聯：圯上書隆中對都關天下安危，客座時聞，後死應持千載論；曲江吟新亭哭更傷故人憔悴，孤城日落，垂老惟餘百事哀。(《三水梁燕孫(士詒)先生哀輓録·輓聯》)

四月，與葉恭綽、盧澗泉、黄炎培、周作民、陳光甫、胡筆江、林熙生等籌議爲梁氏設立紀念會。(《三水梁燕孫先生年譜》)

四月，營造學社法式組主任梁思成赴正定調查古建築。

二十二年八月梁思成《正定調查紀略》：今春四月正定之遊，雖在兵荒馬亂之中，時間匆匆，但收穫卻意外的圓滿。(《中國營造學社彙刊》第四卷第二期)

六月五日，致書葉恭綽。

六月七日朱啟鈐致葉恭綽書：再者，五日曾寄一書，仍寄吕班路，不知先到否。爲定蜀續假。(《上海圖書館藏葉恭綽友朋尺牘·朱啟鈐》)

六月七日，致書葉恭綽。隨函附有《中國營造學社民國廿二年度預算書》和《民國廿一年七月至廿二年五月底止支出結算表》、《中國營造學社經費歷年統計表》。

致葉恭綽書：遐庵先生賜鑒：奉接手示，殷殷爲學社前途謀出路，籌劃周詳，至深感戢。查學社受中華教育文化基金會補助，移平工作始於十八年冬季，自是以來每年領受補助金一萬五千元，不足之數，前數年由私人隨時籌墊，每年約四五千元不等。迨廿一年秋間，即本年度伊始。改組文獻、法式二組，聘梁思成、劉敦楨二君爲主任，研究工作雖云進展，支出亦隨之膨脹。除以文化基金會補助金列入甲項外，其《彙刊》編輯出版、旅行調查、購置參考圖籍及事務工臨時之支出，統納入乙項。本年度承社員捐助萬元，聊資應付，而研究論文與編譯稿件猶以款絀不能全部付印。兹將本年度預算大綱臚列如次：（甲）項支出（屬於庚款補助者）：（一）薪俸；（二）辦公費；（三）雜支；（四）文具。以上每月約一千二百五十元，全年共一萬五千元。（乙）項支出（屬於本社自籌捐款者）：（一）出版費，五千元；（二）編輯稿費，二千元；（三）旅行調查、照像、繪圖等；（四）雜支。以上約需一萬五千元。前項（乙）項支出，截至本年五月底止，已支九千五百餘元，預計年度終了，《彙刊》二期出版費與其他待支之款尚須三千餘元。根據以上數目，下年度預算，除（甲）項仍向文化基金會照案提出請求繼續補助外，非另籌萬五千元不足供研究工作之進行。而實際需要隨工作之進展必日益增多，殆可斷言。年來同人等受經濟制限，不敢急趨旁騖，拘拘如轅下駒者，職是故也。至於出版一項，從前《彙刊》一、二各卷每期印費不過三百元，三卷以降，因内容充實、圖版增多與紙質改良，每期印費自六七百元增至千元以外，超過預算幾達三倍。現印四卷，方擬擴大篇幅，精製圖版，估計工料每期千册非二千元以上莫辦。如果年出四期，出版一項，即將近萬元，而此項費用更有繼長增高之勢。故《彙刊》精印一議，只能留備專著特刊之用，普通四期仍依雜志體裁，每期以千元爲度。專著及特刊待印之稿，則擬歸入不定期刊物内，另行募捐之法行之。何人捐貲，即以何人名義志之卷首。校印發行，仍由本社負責辦理，諒此辦法或能通行。美庚款以撥付尚有阻力，致董事常會臨時延期，本社補助問題懸而未决。雖前途希望未曾斷絶，然未免使人顰蹙，數米爲炊，既如上述。設竟無米爲炊，更不能不别求出路。尊緘所示，亦以接受美款補助爲前提，在美款未决之先，謹就尊提方案爲下列之商榷：（一）假定中華教育文化基金會下年度補助費照案通過，本社對於該會繼續之維持，當然須遵守已定之原則。前送該會申請書及預算案，已將梁、劉二君薪俸列入經常費（甲）項内，此時未便變更。如果接受他方面委托事項及補助金，亦應向該會聲明情由。在該會補助將决未决之際，本社實不能不維持如是之立場，故擬定美庚款補助金仍充本社（甲）項經常開支之用（即第一補助金）。（二）中央研究院酌給維持之款，列爲第二補助金，其用途由研究院指定研究題目。本社根據款額編造預算，或增加專門研究主任；或在同人等指導之下，酌添研究員及助手協力進行。所有搜集材料及調查報告，概歸研究院發表，印刷亦以院中名義行之。（三）本社自籌捐款爲編纂、調查、出版之用者，作爲第三補助費，其籌集、支出，遵照社約，取决於幹事會會議，會計獨立，細則另定。以上原則，係尊重各個立場,分清前後順序,故有此擬議。如果美庚款不能繼續補助,上述方式便難成立。研究院方面如以整個力量接受本社之事業,梁、劉二君本以終身研究斯學爲職志,獻身國立學術機關從事永久之探討,尤爲得計。至於區區私衷,只務耕耘,不問收穫,十數年搜集之圖籍材料,咸庋社中,作吾門之衣鉢。但從前與文化基金會有成約,畢世之後,無論研究有無成就,所有圖書材料概歸國立北平圖書館保存。信約在前,繼承斯業者似宜履行。如研究院將來與前方磋商變换保管方法,同爲國立機關,同爲保存公物,諒無不可辦到之事。惟弟刻下立場不便自食其言,故社址所在,根據前項約定與目前工作之便利,似暫以北平爲宜。中央機關未嘗盡遷,似亦不必徙置而南也。以上諸端一唯卓裁是仰,並乞代表學社及弟向研究院諸公接洽。其餘研究題材與預算、用人等項,一俟回示到平,即派士能前來磋商細目。專覆,即頌道祺。朱啟鈐啟,六月七日。(作者注:此前爲劉敦楨代筆,以下爲先生親筆)再者,五日曾寄一書,仍寄吕班路,不知先到否。爲定蜀續假。現尊寓新遷何所,住址不甚記憶,覆復故交中與探投。連日陰雨,飛機不至,航空快信仍由陸行,此書到時必稍遲也。對於尊函答案,與同人細密討論,具覆各條由弟草定,付士能代繕。未竟之意,本擬推士能先赴滬説明並備前途咨詢,適其婦臨蓐在即,未能遽行,故先以答案奉告。美款董會,聞改期七月十四在滬開會,撥款問題不决,其本身亦無辦法也。餘再達。鈐又啟。定蜀假期,聞新局長允准十日,務屬早返爲要。(《上海圖書館藏葉恭綽友朋尺牘·朱啟鈐》)

按：書言“迨廿一年秋即本年度伊始”，營造學社從七月至次年六月作爲本年度，民國二十一年立秋日爲八月八日（陰曆七月七日），此書當作於二十二年。據《中國營造學社彙刊》第四卷第一期《彙刊出版愆期》“第四卷第一期原定本年三月底出版，詎意易歲以還，强鄰壓境，時局惡化……已成之稿亦不能按期付刊，致第一期出版日期約遲三月有餘”，此時《彙刊》第四卷第一期尚未出版，與信文“現印四卷，方擬擴大篇幅，精製圖版”亦相吻合。書札後《中國營造學社民國廿二年度預算書》、《民國廿一年七月至廿二年五月底止支出結算表》、《中國營造學社經費歷年統計表》（中華民國二十二年三月二十日製），當爲隨函所附。

是年（二十一年度），中華教育文化基金董事會補助營造學社經費一萬五千元。

《中國營造學社經費歷年統計表》甲《中華教育文化基金董事會補助費之數》廿一年度（廿一年七月至廿二年六月）：洋一五〇〇〇.〇〇。（此内有廿一年度第四期補助費三千七百五十元未經領訖）（《上海圖書館藏葉恭綽友朋尺牘·朱啟鈐》1933年6月7日書札附件）

按：《統計表》製作於中華民國二十二年三月二十日。自民國十八年，四個年度補助費共計洋六萬元。

《中國營造民國廿一年七月至廿二年五月底止支出結算表》：甲、經常費。由中華教育文化基金董事會補助費項下支付。（一）辦公費，一千零七十一元一角；（二）職員薪水，一萬零九百四十三元；（三）文具費，三百十九元一角七分；（四）雜支，一千二百十五元四角七分。總計洋一萬三千五百四十八元七角四分。乙、臨時費。由捐款項支付。(一)旅行調查費,一千零三十四元二角二分;(二)出版費,二千五百六十三元八角四分;(三)編輯費,三千二百零五元六角;(四)繙繹費,二百五十一元九角四分;(五)繪圖材料,一百七十七元四角四分;(六)雇用匠作工食,一千零二十五元二角;(七)參考品,五百三十九元二角一分;(八)遷移設備費,九百三十六元九角八分;(九)雜支及其他,二百八十二元五角六分。總計洋一萬零十六元九角九分。(《上海圖書館藏葉恭綽友朋尺牘·朱啟鈐》1933年6月7日書札附件)

是年(七月前),校訂《營造法原》,並題署。

朱啟鈐《題姚承祖補雲小築卷》:民國壬申秋,余因劉士能君之介,得知吴門姚君補雲所著《營造法原》一書。姚君舊執教鞭於蘇州工業學校,是書其平日課本也。書中所輯住宅、祠廟、佛塔、泊岸及量木計圍諸法,未見官書,足傳南方民間建築之真象。數月來,余躬自整比,校訂一過。姚君又慮是書所圖或有遺漏,復以畫册與補雲小築繪卷見寄,並囑爲題署。中華民國癸酉,紫江朱啟鈐識。(《中國營造學社彙刊》第四卷第二期)

劉敦楨《營造法原跋》:社長朱啟鈐先生,曾窮數月之力,躬自整比。然南北術語差違殊甚,書中圖式復無縮尺,形象比例無法懸擬,卒廢然中輟。(《劉敦楨文集》三)

是年(七月前),爲姚承祖題《補雲小築圖》卷。

《題姚承祖補雲小築卷》:姚君又慮是書所圖或有遺漏,復以畫册與補雲小築繪卷見寄,並囑爲題署。中華民國癸酉,紫江朱啟鈐識。(《中國營造學社彙刊》第四卷第二期)

按：識語又收録於《蠖園文存》卷下。

六月，編製《民國二十一年度收支表》。

《本社經費狀況報告》：本社自二十一年七月，遷移中山公園新址，仍由中華教育基金會補助經費一萬五千圓，作甲項經常費用，其乙項編輯、出版、調查等費，經本社幹事周作民、錢新之、徐新六三先生熱心捐募，共籌集一萬元。茲值本年度終了之際，合將甲、乙兩項收支狀況列表於左：

《民國二十一年度甲項收支表》（中華教育文化基金董事會補助費）：收入：上年度結存，十八・三六元；本年度補助費，一五〇〇〇・〇〇元；銀行存款利息，六三・四二元；照相機出讓，一〇〇〇・〇〇元。以上合計洋壹萬六千〇八十一元四角八分。支出：辦公費，一一六五・九三元；薪津夫馬費，一一九九三・〇〇元；購置專用品，四一〇・〇七元；雜項，六七三・七七元；購經緯儀及照相機各一具，一五七三・二〇元。以上合計洋壹萬五千八百十五元九角七分，結餘洋貳百六十五元五角壹分。

《民國二十一年度乙項收支表》（本社經募捐款）：收入：經募捐款，一〇〇〇〇・〇〇元；刊物售款，六七七・五七元；銀行存款利息，六八・七〇元。以上合計壹萬〇七百四十六元二角七分。支出：旅行調查費，一三四二・五二元；出版費，二五六三・八四元；編輯費，三四七五・六〇元；繙譯費，二七一・九四元；繪圖材料，一八二・五四元；雇用匠作，一一一五・二〇元；參考品，五六二・四一元；遷移設備，九三六・九八元；雜支，二八二・五六元。以上合計洋壹萬〇七百三十三元五角九分，結餘洋拾貳元六角八分。

(《中國營造學社彙刊》第四卷第二期《本社紀事》)

按:《彙刊》第四卷第二期版權頁標注出版時間爲六月。

(三月)至六月,喬家鐸入職,任庶務;社員校理葉瀚退出學社;職員文獻組編譯瞿祖豫、收掌兼庶務韓振魁、工務員劉家祺離職。

按:據《中國營造學社彙刊》第四卷第二期與第四卷第一期附録《營造學社名録》比對而得。

六月,《中國營造學社彙刊》第四卷第二期刊印,刊載有先生撰寫的《題姚承祖補雲小築卷》。(《中國營造學社彙刊》第四卷第二期)

本年(民國二十一年)度,爲營造學社捐款二千零三十元。

《中國營造學社經費歷年統計表》乙《本社歷年捐款之數》二十一年:朱桂辛先生捐助,洋二〇三〇. 〇〇。(《上海圖書館藏葉恭綽友朋尺牘·朱啟鈐》1933年6月7日書札附件)

七月五日,葉恭綽致書先生,附寄寶俶塔内陣照相二紙。

七月十日朱啟鈐致葉恭綽書:接七月五日手翰並寶俶塔内陣照相二紙,中心柱非塔杇不得照見,尤爲珍貴。(《上海圖書館藏葉恭綽友朋尺牘·朱啟鈐》)

七月十日,致書葉恭綽。

致葉恭綽書:遐庵有道:接七月五日手翰並寶俶塔内陣照相二紙,中心柱非塔杇不得照見,尤爲珍貴。士能近著《説塔》之中心柱得此佳證,爲之狂喜,將照相登入四期《彙刊》,著録版權爲公贈予。特爲致聲。社事尚待美會解決,董事諸公均於日内去滬開會，補助金之存續與否，在此數日可以揭曉。守和所譚言外之意，似難望中央合作然否。公之前函，五日函有“前函計達”一語。係交何人轉寄，竟未收到，殊懸懸也。譚巽卿博聞弇雅，當然羅致，酬報如何，社中刻未敢必定。謝剛主酬金原與圖書館分任，今年已不能續供，故辭去耳。北平雨多苦熱，想南方尤甚，暑期惟珍重不盡。弟鈐頓首，七月十日。梁燕老紀念會通知函，已閲悉。基金未交到，尚不少促進之法。如何如何！（《上海圖書館藏葉恭綽友朋尺牘·朱啟鈐》）

按：梁燕老，爲梁士詒，卒於民國二十二年四月九日。書言“梁燕老紀念會通知函”，當作於其去世後。又言“謝剛主酬金原與圖書館分任，今年已不能續供，故辭去耳”，查《中國營造學社彙刊》：第三卷第四期（民國二十一年十二月）《本社職員》有謝國楨；第四卷第一期（民國二十二年三月）《本社職員》已無謝氏，《本社社員》中謝氏任校理。此函當作於民國二十二年。

八月十一日，與李盛鐸、陳垣、顧燮光、沈士遠、張允亮、顧頡剛、徐鴻寶、劉復、葉恭綽、馬廉、湯中、董康、冒廣生、陳寅恪、傅增湘、馬衡、陶湘、江瀚、徐乃昌、趙尊岳、朱希祖、張之銘、劉承幹、沈兼士等人聯名向教育部長王世杰致公開信，發表對影印《四庫全書》未刊珍本之建議。（萬君超《葉恭綽鑒藏編年事輯》）

九月四日，營造學社法式組主任梁思成、文獻組主任劉敦楨、社員林徽音、繪圖生莫宗江等人赴大同調查

古建築。(《中國營造學社彙刊》第四卷第三、四期合刊梁思成、劉敦楨《大同古建築調查報告》)

九月,營造學社受北平市工務局邀請參加鼓樓修理工作。

《參加修理鼓樓》:本年九月,北平市工務局修理鼓樓平座及上層西南隅角梁,曾邀本社幫同設計,由文獻主任劉敦楨君暨法式助理邵力工君前往查勘,並繪具簡圖,附加説明,送該局參考。(《中國營造學社彙刊》第四卷第三、四期合刊《本社紀事》)

十一月二十七日,午後六時,北戴河海濱公益會董事會在天津法租界鹽業銀行大樓召開,會長殷同,當然董事魏鑑、魯穆庭、史靖寰,董事朱啟鈐、嚴智怡、曹汝霖、吴鼎昌、任鳳苞、徐濟,監事卞壽孫、張鋭,幹事吴熙忠、管鳳龢和河北省政府主席于學忠參會。殷同繼任會長,先生致辭歡迎殷會長。

《北戴河海濱公益會董事會議紀録》:時間:中華民國二十二年十一月二十七日午後六時。地址:天津法租界鹽業銀行樓上。列席人名:會長殷桐聲同,當然董事魏镜如鑑、魯際青穆庭、史敬一靖寰,董事朱桂辛啟鈐、嚴茈玥智怡、曹潤田汝霖、吴達詮鼎昌、任振采鳳苞、徐濟甫濟,監事卞白眉壽孫、張伯勉鋭,幹事吴頌平熙忠、管洛聲鳳龢。地方官長涖會者:于孝侯省主席。朱桂辛董事致詞歡迎殷會長。吴達詮董事報告大概:二十一年,省政府頒定區自治章程,其時適國聯調查團將次涖止,張漢卿主任以鐵路於地方至有關係,建議本會舉高任旃局長爲會長，並指定臧啟芳君爲副會長執行區經理，以康明震君爲公安局長。嗣臧迄未到會，康亦以經費不繼，於今年一月辭職，繼援例舉錢慕霖局長繼任爲會長。值國軍退却，七月收復戰地，以李寶琛爲副會長執行區經理兼公安局長。至是，本會之執行責任乃有專屬，照章居於區議會地位，帳款文卷亦於其時交新區經理接收。未幾，入匪軍紛擾之非常時期，匪退，臨榆縣長派人接收公安局，暫時維持地方。今復援例舉殷局長爲會長，一切仍照省頒區自治章程辦理，以期完成自治，提高國際地位，留國家體面。而鐵路方面，謀地方發達，以發達其營業，亦本一貫之宗旨進行。希望殷會長本錢會長呈部批准建設事項之端緒，進而謀澈始終之計畫行政事項，並與省政府切實合作進行，實公益會同人所翹首以待者。(《北戴河海濱公報》第三期)

按：吴頌平，名熙忠。

十一月，營造學社法式組主任梁思成偕社員林徽音再次赴正定調查古建築，赴河北趙縣調查安濟橋。

《二次調查正定》：梁思成君於四月間調查正定古建築，因正值灤東緊急時期，多所疏忽遺漏。故於十一月間，偕林徽音君作再度調查。《調查河北趙縣石橋》：正定二次測繪完畢後，梁君又繼往趙縣。其主要目標爲歌謡中著名之“大石橋”——安濟橋。大石橋外，更有“小石橋”——永通橋。(《中國營造學社彙刊》第四卷第三、四期合刊《本社紀事》)

(六月)至十二月，職員編纂單士元離職，改任社員校理。

按：據《中國營造學社彙刊》第四卷第三、四期合刊與第四卷第二期附録《營造學社名録》比對而得。

十二月，《中國營造學社彙刊》第四卷第三、四期合刊刊印。連載先生輯録、梁啟雄校補《哲匠録》。（《中國營造學社彙刊》第四卷第三、四期合刊）

是年，爲七姑朱幼珊作《姑母朱孺人墓表》。

《蠖園年表》：七姑母逝於余家，爲作墓表。（《紫江朱氏家乘》卷三）

按：朱幼珊，生於咸豐六年十二月十六日，卒於民國二十二年七月十二日。《墓表》收録於《蠖園文存》卷下。

是年，先生輯、闞鐸校《絲繡筆記》二卷再版。

按：一九三〇年《絲繡筆記》刊印後，先生陸續進行增校後再版。

本年，梁士詒、岑春煊卒。

中華民國二十三年甲戌　一九三四年　六十三歲

本年，朱家驊在管理中英庚款董事會董事長任、葉恭綽在董事任。（《國民政府職官年表》第一册《行政院直屬機構·管理庚款委員會》）

是年，居北平東城趙堂子胡同。在中興煤礦公司董事會長任。

二月，作《存素堂校寫几譜三種》校刊記。（《存素堂校寫几譜三種》卷首）

按：收録於《蠖園文存》卷下，名“燕几圖蝶几譜校刊記”。

二月,故宫博物院委托營造學社代擬修理景山五亭計畫。(《中國營造學社彙刊》第五卷第二期《本社紀事》)

《修理景山五亭竣工》:故宫博物院修葺景山萬春、觀妙、輯芳、周賞、富覽五亭工程,由本社設計,並推社員汪申伯、劉南策二君擔任監修,業於本年十二月竣工。(《中國營造學社彙刊》第六卷第二期《本社紀事》)

按:《彙刊》第六卷第二期刊行於民國二十四年十二月。

三月三日,與王克敏、周作民、湯爾和、胡適等人聚餐。

《胡適日記全集》一九三四年三月三日:王叔魯約吃飯,有周作民、朱啟鈐、湯爾和諸人。我談自傳事,諷朱桂老寫自傳,叔魯也似有意。

三月二十六日,"滿日文化協會"會長榮厚致書先生,希望營造學社指導並援助協會開展對熱河各有名廟宇的修復工作。

榮厚致先生書:昨函度先達覽。此間近創一滿日文化協會,對於熱河各有名廟宇已頹廢工程,議以分年修復,修復方法及實行鳩工庀材各事,均希望貴學社有所指導,並隨時援助。此舉本霍初生前承允向貴學社商洽,霍近病歿,會中咸推弟與日友水野梅曉君繼任其事,特預爲函達,即希荃察。敬頌春綏。桂老仁兄大人。弟制榮厚拜上,三月二十六日。(朱氏家藏稿本)

按:霍初,即闞鐸,卒於民國二十三年三月十五日。書言"霍近病歿",當作於民國二十三年,榮厚時任滿日文化協會會長。

三月,作《〈存素堂入藏圖書河渠之部目録〉緣起》。

《緣起》:考工之學,所涵至廣。啟鈐昔以營造名吾社,意以宫室之構築爲主;旁及範金合土之藝事,觸類引申,本隱之顯者,已不勝其繁複。而《考工記》中匠人一職,所謂溝防之工者,猶未遑及焉。我國文化自神禹始奠其基。六府孔修,庶士交正,而一切政令制度乃有所附麗。水政之在吾國,精微浩博,其際未易窺矣。雖後世政失其紀,學亡其師,而藎臣魁儒,彊力閎達顯精之士,或爬梳穿穴於芒昧棼賾之中,或搘拄困衡於汹譎震撼之境,以成其絶業,以施及來葉者,猶復森然無窮。欲嚌其一臠,且未易言也。啟鈐嘗於梓人之書,窮搜幽秘,然多旁見側出,鱗爪不完。惟治水專書,於名物制作,工料計算,言之最覈。由此以推及其他工事,常可互相濬發,且歷代守修之方,軍工民工,以及徵材力役,靡不賅備。凡國家之大工大役,釐然成統系之紀載者,莫此若也。近代都水失官,漸致散佚,爰蓄志從此蒐羅,使之部居不紊。啟鈐留意於此,雖積歲年,向若之歎,久而彌篤。嘗以爲欲明其源流,稽其得失,而察其盈虚倚伏之所致,則必自博考圖籍始。四庫著録河渠之屬,所收甚隘,自餘更無措意於此者。乾嘉以來,河漕爲經國大猷,工官之掌録,幕客之秘笈,方州文獻,臣僚奏議,故家架藏,往往而出,閭坊泠肆,經眼漸多。允宜别成一録,以集考工之大成。今之所藏,亦未有殊珍鴻寶,足侈觀聽;然亦欲最舉其目,以諗同好,庶幾聞見相通而漸廣。大抵爲類者五:一曰水道之屬,二曰水政之屬(工程附),三曰漕運之屬,四曰治水名人傳記之屬，五曰治水工程期刊之屬，都約若干種。凡已入藏及雖未入藏而嘗經眼者，更擬爲提要一書，俟陸續别行。海内方聞君子，有以藏或所聞相埤益者，擁篲清塵，跂予望之矣。民國二十三年三月，朱啟鈐識於北平。（《中國營造學社彙刊》第五卷第一期）

按：《緣起》收録於《蠖園文存》卷下，名《存素堂入藏圖書河渠之部目録叙》。

三月，《中國營造學社彙刊》第五卷第一期刊印，刊登先生撰《存素堂入藏圖書河渠之部目録》。（《中國營造學社彙刊》第五卷第一期）

四月十三日，函請中華教育文化基金董事會繼續補助營造學社經費。

致中華教育文化基金董事會函：逕啟者：敝社自受貴會補助以來，五載於兹，在我國營造學古籍及文獻之整理與遼、宋以來遺物之研究，自問尚無忝於貴會之補助。歷來工作狀況，已迭次報告在案，工作成績之一部分，亦經數次展覽並在本社刊物陸續發表。竊查敝社目前常年開支約三萬元，除半數由貴會補助外，其餘半數係由啟鈐個人籌募。惟啟鈐年事日增，際此國内實業萬般蕭索之際，東塗西抹，所獲實屬有限。每際年終，即不知明年之能否繼續工作，工作人員亦因前途不定而生疑慮之心。竊念敝社爲我國學術界研究中國建築唯一之機關，數年來對於中國建築界亦有相當之貢獻，而歐美考古專家引爲同調者，發疑問難及探索材料、交换刊物，莫不認本社爲標的。假使一旦停閉，則非但使國内青年研究斯學者感覺參考材料之斷絶，而且使國際上自詡包辦東方文化者所快意，此敝社同人所惴惴不甘者也。用敢請求貴會按每年經常實用範圍暫補助三萬元，爲數既屬無多，在貴會似亦輕而易舉。如蒙惠准，則豈唯敝社得以繼續工作，即中國建築界之前途亦將永拜其賜。若前項請求暫難辦到，應如何繼續給予補助，俾不致絃歌立輟，是啟鈐所企禱者也。此致中華教育文化基金董事會。中國營造學社社長朱啟鈐，民國二十三年四月十三日。(《中國營造學社彙刊》第五卷第二期《本社紀事》)

四月十四日，朱家驊連任管理中英庚款董事會董事長。(《國民政府職官年表》第一册《行政院直屬機構·管理庚款委員會》)

五月一日，中國營造學社函請管理中英庚款董事會補助學社經費。

致管理中英庚款董事會函：敬啟者：敝社於民國二十一年三月，爲設立建築學研究所及編製營造圖籍二項計畫，曾請求貴會補助在案。兹因事隔二載，前所請求事項業經局部實施，不得不另提修正案，敬祈貴會仍予援助。竊敝社同人以國内建築隨時勢要求日就繁興，而營造方式迄無融貫中西、發皇民族固有文化之途徑，故數載以來不揣棉薄，以闡明我國建築藝術爲唯一職責。所有工作首重調查遺蹟，次及蒐集文獻、整理舊籍，並計畫修葺古物及爲國内外學術團體供給參考資料。其已測繪之古建築計有：隋趙縣大石橋；遼薊縣獨樂寺，寶坻縣廣濟寺，大同華嚴寺、善化寺，應縣佛宫寺；宋正定龍興寺、陽和樓、天寧寺、開元寺，正定縣文廟；金正定臨濟寺，應縣净土寺；元正定府文廟；明大同鼓樓、城樓，北平智化寺，趙州柏林寺，大小建築三十所。研究成績與整理舊籍之出版者有:《營造彙刊》一卷至四卷、《清式營造則例》、《營造算例》、《元大都宫苑圖考》、《哲匠録》、《牌樓算例》、《園冶》、《梓人遺制》、《工段營造録》、《一家言居室器玩部》、《燕几蝶几匡几圖考》。編製與整理中者有:《清欽定工部工程做法補圖》、《宋營造法式新釋》、《明北京城及宫苑考》、《營造法原》。其參預各機關團體計畫修理之古建築物有:薊縣遼獨樂寺,應縣遼佛宫寺塔,北平故宫南薰殿、角樓、景山亭及内城東南角樓、鼓樓等處。此外,供給國内外學術團體及私人參考資料則有:國立中央大學講授用中國建築模型及彩畫標本,國立北洋工學院講授用中國建築模型,國立交通大學唐山土木工程學院講授用中國建築模型,上海華蓋建築事務所彩畫標本,丹麥加爾斯堡研究院中國建築模型。諸項惟敝社經費年支約四萬元,數年來,除受中華教育文化基金董事會每年補助一萬五千元外,餘數概歸自籌,第際此國事蜩沸,百業凋零,集款極屬不易行。見此略有生機之絶學,受經濟打擊,不能遂其充分之發展,而國内青年學子研究斯學者,亦將受其影響。用特請求貴會,每年酌量給予補助,俾敝社研究工作得以賡續進行,則中國建築界之前途亦將永拜其賜也。此致管理中英庚款董事會。中國營造學社啟,民國二十三年五月一日。(《中國營造學社彙刊》第五卷第二期《本社紀事》)

五月二日,致書葉恭綽,隨函附有《致中英庚款會各董事緘稿》《致中英庚款董事會修正案稿》。

致葉恭綽書:遐庵二兄賜鑒:承示英庚款進行辦法,甚感。頃擬就修正補助案,分寄會中各董事,措辭悉遵尊意,以發揚固有文化、爲國内新興建築闢融貫中西之塗徑爲主恉。惟聞英款用於補助一項者爲數有限,故儘請求酌量補助未確定數目若干,俾有伸縮餘地。如能成爲事實,不問多寡,只求與庚款發生關係,將來即有進一步請求之希望,未識高見以爲如何?各董事處已另緘諄託,並各寄刊物數種。李書華、休士、丁在君,聞尚在平,擬日内分頭接洽。惟李四光已南下,與朱、宋二處均乞公與鶴卿先生代致拳拳,是爲企禱。專覆,即頌道安。朱啟鈐啟,五月二日。再,公超來,述及公欲作北地之遊,亟慰渴想。敝寓已掃榻以待,牡丹時節,是否果行,未得覆電。是否在庚款會後方能抽身,盼示一確音爲企。又及。鈐又頓首。(《上海圖書館藏葉恭綽友朋尺牘·朱啟鈐》)

隨函附有《致中英庚款會各董事緘稿》:逕啟者:啟鈐自民國八年影印宋《營造法式》以來,由私人講習改爲中國營造學社,區區願望,惟冀繼往開來,發揚民族固有藝術之精神,爲新中國建築界闢一塗徑。年來對國内新興建築不無相當貢獻,而國外研究斯學者發疑問難及探索材料、交換刊物,莫不認敝社爲標的。惟爲財力所限,社中研究工作尚未獲盡如預定計畫進行。前曾請求中英庚款董事會撥給補助費在案,兹因事距二載,復提出修正案送會,請求酌量津貼。素諗先生熱心文化事業,敬祈賜予援助,俾中國營造學之前途,不因經費竭絀斬其一綫希望。臨潁不勝企禱之至。此致○○先生。

隨函又附有《致中英庚款董事會修正案稿》。

按:《致中英庚款董事會修正案稿》,即爲本年五月一日中國營造學社致管理中英庚款董事會請求補助經費函。先生致葉恭綽書當作於民國二十三年。

春，始編《紫江朱氏家乘》。

《蠖園年表》民國二十二年：始着手編家乘，撰《瞻懷外紀》，並整理先世手澤。（《紫江朱氏家乘》卷三）

民國二十七年六月朱啟鈐《〈紫江朱氏家乘〉序例》：始事於甲戌之春，鉤稽凌雜，時作時輟。（《紫江朱氏家乘》卷首）

按：《年譜》與《家乘序例》記載有異，姑從《家乘序例》。《紫江朱氏家乘》刊行於民國二十七年。《瞻懷外紀》收録於《紫江朱氏家乘》卷一《先世傳略二》附録。

本年二月四日立春，五月六日立夏。

五月七日，馬衡任故宫博物院院長。（故宫博物院官網之《院史編年》）

五月，中興煤礦公司改組董事會，葉景葵接替先生擔任董事長，錢永銘連任總經理，黎紹基任駐礦委員會主席委員。先生與葉景葵、陳冷等五人任組織編史委員會編委。（《棗莊煤礦志·大事記》）

《棗莊煤礦志·大事記》一九三四年五月：一九三六年九月《山東嶧縣中興煤礦概述》由中興小學印刷部印刷出版。

六月二十五日，管理中英庚款董事會董事長朱家驊復函中國營造學社，同意補助營造學社編製圖籍費國幣貳萬元，分兩年平均撥給。

朱家驊復營造學社函：查本會自成立以來，所接各方請款函件，業經教育組依照呈准行政院備案之息金支配標準，逐案詳加審查，並已彙報第二十四次董事會議分別決定。只以此次審查案件，多至一百二十餘起，請款總額達五千六百萬元以上；而息金收入可供支配者，截至本年度止，僅有一百三十三萬七千餘元。其中除甲類中央博物圖書兩館補助費、丙類留學經費、丁類小學教科書獎勵金及戊類農村教育經費等外，所餘乙類項下可供各高等教育及研究機關之補助者，更不過四十二萬元。況此次各方所請，又以乙類爲數特多。故欲普遍支配，既恐數目分散，各無裨益；欲集中補助，復慮記此遺彼，有失輕重。所以爲折衷之計，一面唯有就需要最切者，作比較集中補助；一面仍予可能範圍以內，力求普遍，例如所請之款在兩種以上者，則斟酌情形，擇一補助：補助建築費者，不復補助設備之費；補助設備費者，不復補助建築之費。貴社前請補助六十萬元設立建築學研究所一案，亦經彙案審查，議決補助編製圖籍費國幣貳萬元，分兩年平均撥給。本會對貴社計畫極表同情，雖補助之費未能如數撥給，然在前述困難情形之下，實覺已盡棉薄，區區此衷，當荷諒察。兹特檢附請款規則及本届領受補助金應請注意事項各一份，敬希查照，迅就所定補助數範圍以內，將擬編圖籍種類，連同費用估計，詳細開送過會，俾憑審查，是爲至感。此致中國營造學社。管理中英庚款董事會董事長朱家驊，民國二十三年六月二十五日。（《中國營造學社彙刊》第五卷第二期《本社紀事》）

按：此爲本年五月一日中國營造學社致管理中英庚款

董事會書之復函。

六月底，營造學社法式部主任梁思成《清式營造則例》出版。

《清式營造則例出版》：本社法式主任梁思成君所述《清式營造則例》，自去歲十一月付印以來，已於本年六月底出版。（《中國營造學社彙刊》第五卷第二期《本社紀事》）

六月，編製《民國二十二年度收支表》。

《本社經濟狀況報告》：本社廿二年度，仍由中華教育文化基金董事會補助經費一萬五千元，作甲項經常費用。其乙項編輯、出版、調查等費，經本社社長朱桂辛先生捐募一萬元，不足之數，在廿三年度捐款内提用一千七百元。兹值本年度終了之際，合將甲、乙兩項收支狀況列表於左：

《民國廿二年度甲項收支表》（中華教育文化基金董事會補助費）：收入：上年度結餘，二六五・五一元；本年度補助費，一五〇〇〇・〇〇元；銀行存款利息，六〇・八六元。以上合計洋壹萬伍千叁百貳拾陸元叁角柒分。支出：辦公費，一一七二・四九元；薪水夫馬費，一一七一〇・〇〇元；購置專用品，五六六・五一元；雜項，五八五・五九元；未列預算，九三一・〇〇元。以上合計洋壹萬肆千玖百陸拾伍元伍角玖分，結餘洋叁百陸拾元零柒角捌分。

《民國廿二年度乙項收支表》（本社經募捐款）：收入：上年度結餘，一二・六八元；經募捐款，一一七〇〇・〇〇元；刊物售價，五九四・〇六元；銀行存款利息，二四・六九元。以上合計洋壹萬貳千叁百叁拾壹元肆角叁分。支出：旅行調查費，一五九三・六九元；出版費，三五六五・一五元；編輯費,二五〇五・〇〇元;繙譯費,二〇・〇〇元;繪圖材料,二五三・八五元;雇用匠作,一二七四・〇〇元;參考品,九三〇・三〇元;遷移設備,三四五・九〇元;雜支,四三一・一五元;墊支《清式營造則例》,一〇〇〇・〇〇元。以上合計洋壹萬壹千捌百拾玖元〇肆分,結存洋陸百玖拾貳元叁角玖分。(《中國營造學社彙刊》第五卷第二期《本社紀事》)

(民國二十二年七月)至六月,贈送國立北平圖書館《泰山磚瓦有限公司泰山薄面磚用法説明書》一册。(《國立北平圖書館館務報告》,民國二十二年七月至二十三年六月)

(民國二十二年十二月)至六月,夏昌世、趙世暹加入學社,任校理;參校松崎鶴雄退出營造學社。

按:據《中國營造學社彙刊》第五卷第二期與第四卷第三、四期合刊附録《營造學社名録》比對而得。

六月,《中國營造學社彙刊》第五卷第二期刊印。連載先生輯録、梁啟雄和劉儒林校補《哲匠録》。(《中國營造學社彙刊》第五卷第二期)

本年度(民國二十二年),錢永銘、周作民、徐新六爲營造學社經募捐款一萬元。

《中國營造學社經費歷年統計表》乙《本社歷年捐款之數》廿二年:錢新之、周作民、徐新六先生經募捐款,洋一〇〇〇〇.〇〇。原注:本年四月至九月乙項預算不敷約五千元。乙項結至五月底,止相差約三千元。(《上海圖書館藏葉恭綽友朋尺牘・朱啟鈐》1933年6月7日書札附件)

按:《統計表》製作於中華民國二十二年三月二十日。

七月十三日，中華教育文化基金董事會復函營造學社。

中華教育文化基金董事會覆函：逕啟者：查貴社前向敝會繼續聲請補助一案，兹經第十次董事年會議决，補助國幣壹萬伍千元，以爲研究中國建築學之用，期限一年等因。相應函達，並檢付敝會印就之空白預算書兩紙，即希查收，按照補助費數目填寫寄會，以便審覈發款爲荷。此致中國營造學社。中華教育文化基金董事會啟，民國二十三年七月十三日。（《中國營造學社彙刊》第五卷第二期《本社紀事》）

按：此爲四月十三日先生致中華教育文化基金董事會函之復函。

八月，營造學社法式組主任梁思成偕社員林徽因赴山西調查古建築。（《中國營造學社彙刊》第五卷第三期《本社紀事》）

按：據相關學者研究，目前所見文獻中，林徽音於本年五月《學文》第一卷第一期，首次署名爲林徽因。

九月下旬，營造學社文獻組主任劉敦楨偕研究生莫宗江、陳明達赴河北西部調查古建築。（《中國營造學社彙刊》第五卷第四期《河北省西部古建築調查紀略》）

九月二十六日，故宫博物院聘任先生等四十三人爲通信專門委員、朱文鈞等十二人爲特約專門委員。

《故宫專門委員會》：一九三四年四月馬衡任故宫博物院院長。一九三四年九月二十六日的故宫理事通過了馬衡提出的各種專門委員人選提案。這是故宫專門委員會發展的第二個時期，此時的專門委員分兩種：一爲特約專門委員，一爲通信專門委員。特約專門委員直接參與故宫文物清理、鑒定及審查工作，通信專門委員是給予知名學者的榮譽性職銜，也在文物審定等工作中以備諮詢，給予指導。此次會議審議通過的專門委員人選名單共計五十五人，其中擬聘任爲通信專門委員的共四十三人：朱啟鈐、汪申、梁思成、容庚、沈尹默、王禔、鋼和泰、鄧以蟄、俞家驥、金紹基、柯昌泗、錢葆青、狄平子、凌文淵、嚴智開、吴湖帆、葉恭綽、陳寅恪、盧弼、陶湘、洪有豐、江瀚、馬裕藻、蔣穀孫、錢玄同、蔣復璁、劉國鈞、朱希祖、徐炳昶、吴承仕、朱師轍、傅斯年、羅家倫、周明泰、齊如山、顧頡剛、蔣廷黻、鄭穎孫、吴廷燮、姚士鰲、溥侗、張珩、徐駿烈等；特約專門委員十二人：朱文鈞、郭葆昌、福開森、陳漢第、唐蘭、張允亮、余嘉錫、趙萬里、陳垣、孟森、胡鳴盛、馬廉。後來又陸續增聘龐萊臣、夏劍丞、褚德彝、張宗祥、劉澤榮、王之相、瞿宣穎、張大千、鮑奉寬、劉衍淮、楊遇夫、張修甫（名厚穀）等爲專門委員。一九三四年十月，根據上述理事會議通過的專門委員人選名單，故宫博物院分别組織書畫審定委員會、陶瓷審定委員會、銅器審定委員會、美術品審定委員會、圖書審定委員會、史料審查委員會、戲曲樂器審查委員會、建築物保存設計委員會、宗教經像法器審查委員會等九個委員會。（《故宫學百廿題》五《故宫學研究與機構》76）

九月，中央公園委員會公推第四屆委員。先生與孟錫珏連任正副主席。

《本園董事會歷屆常任董事名録·本園委員會第四屆委員名録》（民國二十三年九月公推）：主席：朱桂辛。副主席:孟玉雙。評議部:周作民、岳乾齋、傅沅叔、江宇澄、賀雪航、王君宜、魏子丹、汪逢春、惲公孚、吴扶青、徐星曙、鮑書徵、馮公度、陳劍秋、卓君庸、張勛伯、朱博淵、吴言欽、崔露華。事務部:管理課湯頗公府派、吴甘侯、孟玉雙兼、董翔周、王紹賢;會計課:翟貞階府派、常朗齋、劉一峯、王澤民;設計課:華通齋、方石珊、徐仲琳。候補人:王者香、樂詠西、紹幼琴、郭世五、關燕平、朱俠黎、水夢賡、孔希白、馬輝堂。(《中央公園二十五周年紀念册》第三章《本園章制摘要及人事變遷》)

九月,赴長沙掃墓,且爲母親置辦墓田。(《蠖園年表》)

十月十六日,與徐世昌、徐世章、曹汝霖、張志潭、任鳳苞、郭則沄、陸宗輿、陶湘諸人於中原酒樓登高宴集。

《徐世昌日記》:十弟來,同赴曹潤田、張遠伯、任振采、朱桂辛、郭嘯麓、陸潤生、陶蘭泉諸人中原酒樓登高宴集之約,閒談良久。

按:此日爲重陽節。

十月(二十五日前),赴天津看望外舅于德楙。

朱啟鈐《外舅于森圃先生行狀》:彌留中,猶令家人召啟鈐往訣。亟自北平馳往,則甫屬纊矣。(《蠖園文存》卷下)

十月二十五日,外舅于德楙逝於天津,享年八十七歲。

《蠖園年表》:十月,于森圃外舅逝於天津,經紀其喪,遺命葬萬安公墓。(《紫江朱氏家乘》卷三)

朱啟鈐《外舅于森圃先生行狀》:時民國二十三年甲戌十月廿五日也,距其生以道光二十八年戊申六月十四日,春秋八十有七。(《蠖園文存》卷下)

按：于德楙，爲先生繼室于寶珊之父。

十月，營造學社法式組主任梁思成偕社員林徽因赴江浙調查古建築。其間應浙江省建設廳之邀，赴杭州商討六和塔修理計劃。(《中國營造學社彙刊》第五卷第三期《本社紀事》)

十月，作《理堂公佚事補遺》題記。(《紫江朱氏家乘》卷一《先世傳略二》補遺)

十月，故宫博物院爲各理事成員、專門委員、特聘顧問頒發相應徽章，先生得到通信專門委員徽章。

故宫博物院編《故宫博物院早期院史》：當時通過的通信專門委員共四十三人，徽章編號從三十一到八十號，爲朱啟鈐、汪申、梁思成、容庚、沈尹默、王禔、鋼和泰、吴湖帆、葉恭綽、陳寅恪、盧弼、陶湘、江瀚、錢玄同、蔣復璁、朱希祖、徐炳昶、傅斯年、羅家倫、顧頡剛、蔣廷黻、張珩等。

按：此條引自萬君超《葉恭綽鑒藏編年事輯》。

是年，任故宫博物院理事。

《故宫博物院理事會》：一九三四年的第二届理事會名單中，就有張伯苓、翁文灝、張家璈、朱家驊、李書華、李濟、顧頡剛、朱啟鈐、傅斯年、周詒春、陳垣、滕固等當時教育界、文化界的學者和專家。(《故宫學百廿題》四《故宫學研究對象之三：故宫博物院》52)

《院史編年》：一九三四年四月四日，院理事會改選，推舉蔡元培任理事長。(故宫博物院官網)

《故宫博物院》民國二十三年理事：孔祥熙、周鍾獄、陳立夫、李煜瀛、張人傑、葉楚傖、張伯苓、吴稚輝、張繼、蔣夢麟、邵力子、王世傑、翁文灝、張家璈、朱家驊、李書華、李濟、顧頡剛、朱啟鈐、傅斯年、周作民、周詒春、劉哲、傅汝霖、陳垣、馬超俊、張道藩、魏道明、蔣廷黻、滕固、羅家倫、杭立武。(《民國職官年表》下編《中央之部》6《南京國民政府其他中央重要直屬機關職官年表》2)

是年,石印完成《存素堂校寫几譜三種》。

《燕几圖》書牌:歲在癸酉季秋,營造學社印。

按:卷首《校刊記》作於民國二十三年二月,成書當不早於撰序時,書牌"癸酉季秋"當爲始印時間。《燕几圖蝶几譜校刊記》《匡几圖序》收録於《蠖園文存》卷下。

楊祖愷《朱啟鈐對我國古建文化及貴州歷史文獻的貢獻》:"几"是我國古代流傳的小桌,一種叫燕几,是一種用三種廣、高相等而長度不同木几(長爲7尺、5.25尺、3.5尺三種)各二隻,可以縱横錯綜組合爲二十體,變爲四十名,叫做骰子桌;後再增一几,名七星桌,衍爲二十五體,六十八名,傳爲宋人黄伯思撰,圖名"燕几圖",《四庫總目提要》已指其爲後人所托。另一種叫蝶几,是改變燕几的長短相參的組成形式,而爲以勾股之形作三角形相錯的組合,形如蝶翅,故名蝶几。其變化之式,可以多達一百餘種,更較燕几爲工巧。《四庫總目提要》注明爲明人嚴澂撰(據朱詳細考證,應爲明戈汕撰)。還有《匡几圖》一種,爲朱老所發現的一種小几,可分可合,舒卷自如,小之可如巾箱,廣之可庋萬卷,卯榫相銜,自然牢固,十分精巧,但不知作者姓名。經朱老考訂實物後,集入《存素堂校寫几譜三種》中,於民國二十二年由中國營造學社石印發行。(《冉冉流芳驚絶代》)

是年,所纂輯《(民國)開州志補輯》出版曬印本。

是年,六女洛筠嫁張學銘。

朱海北《風雲變幻的北戴河海濱》:六妹和學銘雖早相識,卻是一九三四年在德國結的婚。(《蠖公紀事》)

按:張學銘(1908—1983),字西卿。張作霖次子。曾任天津市市長。

本年,闞鐸卒。

中華民國二十四年乙亥　一九三五年　六十四歲

本年,朱家驊在管理中英庚款董事會董事長任、葉恭綽在董事任。(《國民政府職官年表》第一册《行政院直屬機構·管理庚款委員會》)

是年,居北平東城趙堂子胡同。

一月二十九日,樣式雷後人雷獻瑞致書先生。

雷獻瑞致先生書:總長鈞鑒:久慕仁風,未瞻道範,欽仰之餘,無任神馳。敬啟者:緣獻瑞先人任樣式房一職已經數世,前所售出之圖樣模型多種,皆係舊存之物,只以入不敷出,致將先人遺澤未能保守,撫心自問,愧憾無地。近悉六胞弟獻華謬荷提攜在津位置一事,不勝心感,且悉總長曾派人探詢,適獻瑞蟄處東城,始致交臂,失此良機,徒自悵悵已耳。惟獻瑞兄弟三人早經析居,而獻瑞居長,生齒亦繁,困難情形大有朝不謀夕之概。兹聞總長胞與爲懷,殷殷下詢,爰敢上書陳情,懇乞破格栽培,量材位置,則獻瑞先人亦當感激宏恩于九原矣。謹此。敬頌鈞祺,伏候賜示。如蒙傳見,面呈詳細履歷。雷獻瑞上陳，壹月廿九號。

舊居西直門東觀音寺，今住東四，合併聲明(現住船板胡同東口外五顯廟廿一號)。

按：引自高夕果《中國文化遺産研究院藏朱啟鈐往來書信箋注》一文，據影印手稿重新釋文標點。高文考證此信作於一九三五年。

雷獻瑞致先生書：總長大人鈞鑒：敬禀者：刻下獻瑞又找出各處紙圖樣，特禀知總長大人，請示何時閲看，敬候示下。今將各圖名列下：大陵平立樣代尺寸作法説明全圖，多分；圓明園北路全圖並零星小圖裝修作法；南苑總全圖並行宫等圖；黄縣龍口圖；北京至東陵圖。候示下。雷獻瑞鞠躬，壹月廿九日。瑞現住東四北船板胡同東口外五顯廟廿一號。

按：引自高夕果《中國文化遺産研究院藏朱啟鈐往來書信箋注》一文，據影印手稿重新釋文標點。高文考證此信亦作於一九三五年。

一月，營造學社被北平市文物整理實施事務處緘聘爲技術顧問，參加市内古建築修葺工作。(《中國營造學社彙刊》第五卷第四期《本社紀事》

(民國二十三年十月二十五日)至是年(二月三日前)，撰《外舅于森圃先生行狀》。(《蠖園文存》卷下)

《蠖園年表》民國二十四年：四月葬于森圃外舅於北平，爲撰行狀。

《外舅于森圃先生行狀》：今歲夏秋酷熱，老人拳踞斗室中，頗苦不能轉側，而飲饌未減。入秋遂牽動痰喘，自知不起……爰督孤孫卜以明年乙亥之春，自津移靈，安窀穸焉。

按：朱啟鈐外舅于德楙卒於民國二十三年，據狀文當作於去世之年，即民國二十三年陰曆十二月三十日（陽曆民國二十四年二月三日）之前，在于氏安葬之前。

二月十四日，函請中華教育文化基金董事會繼續補助學社經費。

致中華教育文化基金董事會函：逕啟者：敝社自受貴會補助以來，六載於兹，對於國内古建築之調查研究與文獻故籍之整理，業於敝社刊物内陸續發表並分期報告貴會在案。年來敝社工作更力求有效之發展，對於學術上之諮詢與古建築之修理保存，無不竭誠服務。敝社既爲研究斯學唯一機關，故國内公私團體凡修理古物計畫，多惟敝社是托，年來歷受内政、教育兩部，北平故都文物整理委員會與浙江建設廳等處聘請，計劃修葺北平、曲阜、杭州、薊縣、應縣各處古建築物多處。而國内外學校及公私團體會由敝社供給設計或教育用參考標本模型者，亦有十餘處之多，足徵敝社成績已漸爲社會一般所認識及推重。同時，此不絶如縷之藝術漸獲重放光輝，實復興民族文化之絶好現象，此皆貴會多年獎掖之結果，同人等應爲斯界深致謝忱者也。惟我國營造學術幾成絶學，絶學之整理决非短期間所能奏效。敝社數年來之工作，以時間論，自明清上推遼宋雖已略窺崖岸，但上溯漢唐、遠窮三代爲期尚遥；以空間論，則實物調查僅及晉、冀兩省，尚須徧視全國，始能完成初步調查。同人等深感使命之重與研究工作之須賡續進行及社會服務之不可一日或緩。用敢請求貴會自下年度起，繼續補助本社經費三年，每年以國幣三萬元爲度，俾本社工作仍能繼續貢獻於社會，不勝馨禱之至。再本社繁重刊物印刷費，係臨時性質，不包括在上項經費三萬元內，合併陳明。此致中華教育文化基金董事會。中國營造學社社長朱啟鈐啟，民國二十四年二月十四日。(《中國營造學社彙刊》第五卷第四期《本社紀事》)

二月，營造學社法式組主任梁思成應内政、教育兩部之聘，赴曲阜孔廟勘察，作重修計劃。(《中國營造學社彙刊》第五卷第三期《本社紀事》)

(民國二十三年六月)至三月，裘善元、章元善、任鴻雋、李書華、李四光、李濟、關頌聲加入學社，任幹事；楊廷寶、鮑鼎加入學社，任校理；評議張文孚改任幹事；劉儒林、劉致平入職學社，分任編纂、法式組助理；編纂梁啟雄、會計朱湘筠離職；庶務喬家鐸兼管收掌；幹事陶湘、陳垣、華南圭、參校橋川時雄退出學社。(《中國營造學社彙刊》第五卷第三期《本社社員》)

按：據《中國營造學社彙刊》第五卷第三期與第二期附録《營造學社名録》比對而得。

三月，《中國營造學社彙刊》第五卷第三期刊印。(《中國營造學社彙刊》第五卷第三期)

三月，僞滿洲博物館精選先生舊藏宋元明清四代刻絲刺繡五十餘幅，編爲《纂組英華》，由日本座右寶刊行會以珂羅版印行。

一九三五年三月榮厚《纂組英華解説書後》：景印《纂組英華》一書，經始於“大同二年”秋，至“康德二年”春畢事。(《纂組英華》卷末)

扉頁題字:“康德二年”版。(《纂組英華》卷首)

《凡例》:一、《纂組英華》内載宋元明清四代刻絲刺繡,乃選印紫江朱氏啟鈐舊藏物,其全部現藏奉天“滿洲國立博物館”。一、“滿洲國立博物館”訂於“康德二年”五月開幕,因以所藏《纂組英華》製版發行,用志紀念。(《纂組英華》卷首)

四月十九日,中華教育文化基金董事年會在上海國際飯店開第十一次董事年會,董事長蔡元培、副董事長孟禄、周詒春、名譽秘書胡適、名譽會計貝諾德、金紹基、執行委員顧臨、周詒春、金紹基聯任。批准補助中國營造學社一萬五千元,期限爲一年。

《董事會及執行委員會會務》:第十一次董事年會於二十四年四月十九日在上海國際飯店舉行。出席者爲蔡元培、孟禄、周詒春、胡適、貝諾德、金紹基、貝克、司徒雷登、李煜瀛、孫科、徐新六、丁文江及任鴻雋諸董事。列席旁聽者有教育部代表顧樹森君,外交部代表王光君,美國駐華公使代表克銀漢君。此次會議除通過執行委員會、名譽秘書、名譽會計及幹事長報告外,並議決要案如次:……(五)通過左列補助金額,期限俱爲一年:“……中國營造學社,一五,〇〇〇【元】,研究中國建築學……”(九)改選本董事會職員,結果如左:“董事長:蔡元培君,聯任。副董事長:孟禄君,聯任;周詒春君,聯任。名譽秘書:胡適君,聯任。名譽會計:貝諾德君,聯任;金紹基君,聯任。執行委員:顧臨君,聯任;周詒春君,聯任;金紹基君,聯任。”(《中華教育文化基金董事會第十次報告》)

《中國營造學社》:該社工作,多仍舊貫,如實物調查,史料搜集，舊籍整理，皆屬多年之工作。本年新增事業，則有制作古建築模型與清式綵畫標本，及計畫修葺孔廟暨其他古建築等項。該社社員梁思成、林徽音兩君於二十三年暑期中，旅行并汾，作山西初步調查，參詣古剎四十餘所，其中尤以晉祠正殿獻食棚及趙城廣勝寺之各殿宇，饒有歷史價值。調查報告將在該社彙刊發表。同年十月，梁、林兩君應浙江省政府之邀，南下設計重修杭州六合塔，並在該省各屬及歸途中，對於江南古寺、民居及橋梁等建築物，加以調查。曲阜之孔廟及北平古建築多處，亦經由該社查勘，擬定修葺計畫。本年度調查工作，尚有河北中部各縣暨河南安陽等處之實物調查，報告俱已在撰述中。史料搜集，多屬繼續上年度之工作。《哲匠録》仍繼續編輯，新成攻守具類一章。特別出版物，有歷年古建築調查報告，將列爲專刊，第一期專論各時代之塔，如應縣之遼代木塔，杭州閘口及靈隱寺之宋代石塔，及其他遼金宋各代所建之塔。該計所存像片畫片，擬自本年度起，擇其有關圖案設計者，依各件性質，分類出版。預定年出四集，以供建築界研究及設計之參考。現經編就付印者，已有四集，屬於斗栱者二集，臺基一集，店面一集。製作工程做法則例補圖，爲該社成立以來重要工作之一，現大部分業已完成，並已將關於大木之二十七卷，逐條注釋。又該社自民國十四年印行《營造法式》仿宋本以來，經近年實物調查及《永樂大典》殘本與故宮本之發現，知該本應行釐正之處尚多。現正編造校勘表，預定年内即可出版。（《中華教育文化基金董事會第十次報告》之《本會事業之概況》三《補助機關》丙《教育及文化團體》二）

四月，葬外舅于德楙於北平。(《蠖園年表》)

五月三日，營造學社文獻組主任劉敦楨偕陳明達、趙法參再次赴河北西部調查古建築。(《中國營造學社彙刊》第五卷第四期劉敦楨《河北省西部古建築調查紀略》)

按：民國二十三年九月下旬，劉敦楨偕研究生莫宗江、陳明達首次赴河北西部調查古建築。此次爲第二次。

五月十日，中華教育文化基金董事會復函營造學社，決定補助學社國幣壹萬伍千元，期限一年。

《中華教育文化基金董事會覆函》：逕啟者：查貴社前向敝會繼續聲請補助一案，兹經第十一次董事年會討論，以敝會經費受美匯跌落之影響，大爲減縮，對於補助各款，不得不量予節縮。因之貴社請求款項未能全數通過，經議决補助國幣壹萬伍千元，以爲研究中國建築學之用，期限一年等因。相應函達，並附空白預算書一份，即希查收，按照補助費數額填寫，於七月一日以前寄送到會，以便審覈撥款爲荷。此致中國營造學社。中華教育文化基金董事會啟，民國二十四年五月十日。(《中國營造學社彙刊》第五卷第四期《本社紀事》)

按：此爲二月十四日先生致中華教育文化基金董事會函之復函。

五月，貴州受災。先生與何應欽等人在京組織黔災救濟會。

《朱啟鈐與黔災救濟會同人》題記：黔災救濟會同人攝影。二十四年五月十七日。

照片說明：一九三五年五月貴州遭災，朱啟鈐等組織黔救濟會。國民黨軍事委員會北平分會委員長何應欽,亦參加了黔災救濟會。(《中國近代珍藏圖片庫》之《袁世凱與北洋軍閥》卷圖297)

五月,營造學社法式組主任梁思成赴河南省安陽縣調查,發現城内天寧寺大殿係金代建築。(《中國營造學社彙刊》第五卷第四期《本社紀事》)

民國二十三年度(民國二十三年七月至本年六月),中華教育文化基金董事會董事會成員包括:董事長蔡元培,副董事長孟禄、周詒春(兼執行秘書),名譽秘書胡適,名譽會計貝諾德、金紹基(兼執行委員),董事司徒雷登、丁文江、任鴻雋、貝克、顧臨(執行委員)、李煜瀛、施肇基、孫科、徐新六。任鴻雋兼幹事長。(《中華教育文化基金董事會第五次報告》附録七《民國十八年度本會董事及職員一覽》)

(民國二十三年七月)至六月,贈送國立北平圖書館《存素堂入藏圖書河渠之部目録》一册。(《國立北平圖書館館務報告》,民國二十三年七月至二十四年六月)

六月,中英庚款董事會批准補助營造學社編製圖籍費國幣貳萬圓,分兩年撥付。

民國二十五年六月朱啟鈐《致管理中英庚款董事會函》:去歲六月,蒙貴會議決補助敝社編製圖籍費國幣貳萬圓,分兩年撥付。十月底,初期補助費撥到後,自十一月始敝社即按照預定計劃進行工作。(《中國營造學社彙刊》第六卷第三期《本社紀事》)

六月,編製《民國二十三年度收支表》。

《本社經濟狀況報告》:本社二十三年度,仍由中華教育文化基金董事會補助經費壹萬伍千圓,作甲項經常費用;其乙項編輯、出版、調查等費,承張漢卿、張西卿、周作民、錢新之、張叔誠、胡筆江、黎重光、吴幼權諸先生各捐助壹千伍百圓,葉揆初、徐新六二先生合捐助壹千伍百圓,莊達卿、錢馨如二先生各捐助伍百圓,中國建築師學會捐助貳百圓,共計一萬肆千柒百圓;復承管理中英庚款董事會補助編製圖籍費壹萬圓作爲丙項編印特刊開支。兹值本年度終了之際,合將甲、乙、丙三項收支狀況列表於左:

《民國二十三年度甲項收支表》(中華教育文化基金董事會補助費):甲項收入:(一)上年度結餘,三六〇·七八圓;(二)本年度補助費,一五〇〇〇·〇〇圓;(三)銀行存款利息,六一·四四圓。以上合計收入洋壹萬伍千肆百貳拾貳圓貳角貳分。甲項支出:(一)辦公費,一二七〇·四四圓;(二)職員薪水,一三二四五·〇〇圓;(三)文具費,二九八·三〇圓;(四)雜支費,五九三·六〇圓。以上合計支出洋壹萬伍千肆百零柒圓叁角肆分,除支結存洋拾肆圓捌角捌分。

《民國二十三年度乙項收支表》(本社經募捐款):乙項收入:(一)經募捐款,一四七〇〇·〇〇圓;(二)銀行存款利息,一〇一·九一圓;(三)本社刊物售價,四九二·三五圓。以上合計收入洋壹萬伍千貳百玖拾肆圓貳角陸分。乙項支出:(一)旅行調查費,一八八九·一七圓;(二)《彙刊》出版費,五二二七·〇〇圓;(三)臨時整理舊籍費,二六四〇·〇〇圓;(四)繪圖材料,三二七·七九圓;(五)製造模型,一七〇〇・〇〇圓;(六)參考品,八一二・三四圓;(七)設備費,五二八・〇〇圓;(八)雜支(内有上年度不敷七・六一),四五四・五二圓;(九)《清式營造則例》印刷費預付金,一五〇〇・〇〇圓。以上合計支出洋壹萬五千零七十八圓捌角二分,除支結存洋貳百拾伍圓肆角肆分。

《民國二十三年度丙項收支表》(管理中英庚款董事會補助費):丙項收入:(一)本年度補助費,一〇〇〇〇・〇〇圓;(二)銀行存款利息,一二四・五七圓。以上合計收入洋壹萬零壹百貳拾肆圓伍角柒分。丙項支出:(一)編輯員薪水,二四四〇・〇〇圓;(二)文具照像費,三四・〇〇圓。以上合計支出洋貳千肆百柒拾肆圓,除支結存洋柒千陸百伍拾圓零伍角柒分。(《中國營造學社彙刊》第五卷第四期《本社紀事》)

(三月)至六月,幹事會改爲理事會,全體幹事轉任理事;朱湘筠再次入職,任會計;莫宗江、陳仲篪、麥儼曾、陳明達、王璧文入職,任研究生;馬輝堂加入學社;編纂劉儒林離職。(《中國營造學社彙刊》第五卷第四期《本社社員》《理事會》《職員》)

按:據《中國營造學社彙刊》第五卷第四期與第三期附録《營造學社名録》比對而得。

六月,《中國營造學社彙刊》第五卷第四期刊印。(《中國營造學社彙刊》第五卷第四期)

七月四日,葉恭綽致書先生。

七月十日朱啟鈐致葉恭綽書:四日手書奉悉一是。(《上海圖書館藏葉恭綽友朋尺牘・朱啟鈐》)

七月十日，致書葉恭綽。

致葉恭綽書：遐庵二兄大鑒：四日手書奉悉一是，尊恙如何，殊切馳繫。古物保管會裘善元、董國賓二君前函詢思成就會中餘存三千元修葺古物辦法，思成回信，聞以個人名義向保管會建議修理獨樂寺屋頂。現該會委托學社，抑思成私人，無從懸揣，只有待發表後再作計較。惟屋頂揭瓦後，勢必牽及椽望梁檩，三千元是否敷用，尚須詳細估算。本年度乙項籌款，由揆初、新之、震飛諸君認捐，與基泰關頌聲代向建築工廠代集五千元，兩數合成不足萬元，此外尚費周章，尚祈隨時鼓吹。徐仲宣刻未晤面，其人是否仍在平綏服務，抑尚羈滯南方？故不知尊意所示如何犧牲而求一當之喻，盼另函指示機宜是幸。復請痊安。弟鈐頓首，七月十日。附寄上年度工作報告。(《上海圖書館藏葉恭綽友朋尺牘·朱啟鈐》)

《計畫修理趙縣大石橋》：二十四年十月，中央古物保管委員會根據社員梁思成君計畫，匯款三千元，委托本社修理河北薊縣遼獨樂寺觀音閣。本社爲徹底修葺起見，並緘商北平市文物整理委員會加撥三萬元，俾能根本修治，嗣因時局變遷，未獲實現，現擬將此款移爲修理河北趙縣大石橋之用。(《中國營造學社彙刊》第六卷第三期《本社紀事》)

按：信中言及擬將古物保管會會中餘存三千元作爲修復獨樂寺經費，尚未移作修理趙縣大石橋之用，據《計畫修理趙縣大石橋》，此書當作於民國二十四年。

是年(八月前)，致書凌惕安，甚爲推許陳法《河干問答》。

八月凌惕安《重刊河干問答序》：余既感於安平陳定齋先生之風義，爲刻《塞外紀程》一書，復涉想及於《河干問答》。顧黔中久經變亂，圖籍灰劫，幾經層累曲折，始於江都莫君經農許得其先德郘亭先生手勘寫本，繼於陳氏譜牒中見其孫若疇初刊序文，知此書曾於道光八年刻於京師。其後貴陽黄氏藏書佚出，道光刻本居然具在。適紫江朱桂辛丈自北平録示其《存素堂入藏圖書河渠之部目録》，且曰："《河干問答》在平狂求不得，故鄉想可蹤跡？"余因以莫氏寫本影鈔寄去。已而復書至，曰："定齋所著《河干問答》，北方竟無傳本，細讀一過，此老於八十年前已論及河當北徙，咸豐中遂有銅瓦廂之決改道利津。今利津海口高仰，又有屢決長垣之事，貫臺決口若竟不能堵，河必北趨而灌津沽；幸而獲堵，恐又將逼之南徙，重亂淮泗。治水專家方汲汲於潘季馴《束水攻沙》之議，定齋則力反其説，可謂特識。又定齋主變漕運爲海運，均有先見，後數十百年皆不出其所料，自當力爲傳播，以促治水專家之認識。世之論者，每以道學經師視定齋，事功不顯，未免失之。"(《黔南叢書别集》本《河干問答》《定齋河工書牘》《塞外紀程》合刊本《河干問答》卷首)

按：此爲凌序中所言先生致凌氏第一書，序文引用先生第三次來書"月前曾以寄示黄河水利委員會長李儀祉"，則此書當應在先生寄示李儀祉《河干問答》之前。

是年(八月前)，再次致書凌惕安，請其撰寫《河干問答》序文。

八月凌惕安《重刊河干問答序》：(朱桂辛丈)第二書又曰："《河干問答》，承補寄其孫若疇始刊序文，屬爲印行，已付梓人仿《黔南叢書》格式排印,並將《塞外紀程》附入。此間索鈔此書者不少,愈堅我傳布之志。原擬詳查河工諸書,考陳家浦决口一案河督白鍾山獲罪之由,與定齋自願同受譴責不自規避之義,並就其籌河諸條所持先見作一索隱,顧遍覓御史楊開鼎所參原摺及定齋呈部爲鍾山辨白書,皆不可得。吾黔陳松山給諫田爲定齋作傳,至指爲書生之見,而開鼎參摺則指鍾山出納慳吝,任情減駁,致誤大工,皆與定齋所言參商。元明以來河工痼習太深,徙南河、廢堤防、改海運、裁河官,皆人所不敢言,更中河員所深忌。孫文定公嘉淦以其書進呈,留中不發,必有密授河臣計議之事。陳家浦之决,外爲河工人員逞刁計以苦河臣,内而部中反對改制者乂聳動言官以相攻訐也,蛛絲馬跡大可尋索。最可異者,乾隆十年上諭云:'陳家浦未决以前,工員四次禀請發帑,河臣只給銀數千,以致緩不濟急。蓋河臣係河員出身,工程熟練,綜覈太甚,工員含怒,俱有幸災樂禍之心。此朕得諸訪聞者,其言實中白鍾山之病。'又諭鍾山曰:'禹之治水未聞備料建堤也,古今時勢不同,只得行其下策耳。此而不勉責有攸歸矣。'高宗上諭,隱隱針對定齋不宜筑堤及河自北而淮自東各行故道之説,定案亦極平恕。不一年而鍾山起用,定齋《賜環》《荷戈》之詠,附入《河干問答》,實屬切合本事。而定齋不磨之議論與見解見諸百年之後者已有數端,今之治水家所當引爲圭臬者也。吾子於定齋《塞外紀程》前曾作序,而於《河干問答》搜索傳寫大費氣力,請即酌采前證作一序言,弁之簡端。"(《黔南叢書别集》本《河干問答》《定齋河工書牘》《塞外紀程》合刊本《河干問答》卷首)

按：此爲凌序中所言先生致凌氏第二書，序文引用先生第三次來書“月前曾以寄示黄河水利委員會長李儀祉”，則此書當應在先生寄示李儀祉《河干問答》之前。

是年（八月前），以《河干問答》寄示黄河水利委員會長李儀祉，請其就河工今昔情形對定齋主張作一評論。

八月凌惕安《重刊河干問答序》引用先生第三書：“月前曾以《河干問答》寄示黄河水利委員會長李儀祉，請其就河工今昔情形對定齋主張作一評論，吾知其必有合也。”（《黔南叢書别集》本《河干問答》《定齋河工書牘》《塞外紀程》合刊本《河干問答》卷首）

是年（九月前），第三次致書凌惕安。

八月凌惕安《重刊河干問答序》：（朱桂辛丈）第三書曰：“《定齋全集》，友人尹石公家庋有一部，曾借校莫氏鈔本，得訂正十數字。又見《猶存集》中有論河工書牘數篇，塞外與友人書亦在集中。《塞外紀程》尊序引定齋牒部科之文，《猶存集》無之，未知出於何處，幸示來歷。月前曾以《河干問答》寄示黄河水利委員會長李儀祉，請其就河工今昔情形對定齋主張作一評論，吾知其必有合也。”云云。（《黔南叢書别集》本《河干問答》《定齋河工書牘》《塞外紀程》合刊本《河干問答》卷首）

八月，作《景印四庫全書全景後記》。

民國二十四年八月《景印四庫全書全景書後》：民國九年，啟鈐奉東海徐公之命，董景印《四庫全書》之役……法故總揆班樂衛者，素尚儒術，尤以溝通中西文化爲己任。先是葉玉甫恭綽銜命赴歐，與彼都人士壇坫相接，協議於巴黎大學設中國學院。黔人韓汝甲爲譯學館及門高材，介其辭於兩國之間，創借用《四庫全書》之議，列舉十四端，騰爲書説……班氏遂以九年五月來聘，歷訪朝野，親加商榷，爰定由我國刊印全書，而以三部贈諸法國。未幾，遂由巴黎大學贈奉徐公以名譽博士。蓋文化互通，其途愈密矣。徐公既受巴黎大學之贈，命啟鈐代表使法接受，便道周歷英、意、比、美、日各邦，考察印書事宜。出國時，以文淵閣藏書内景製彩色版十二幅，裝潢成册，投贈各國皇室、學府，用作羔雁。(《文淵閣藏書全景》)

按：《後記》收録於《蠖園文存》卷下，名"景印四庫全書全景書後"。

九月上旬，營造學社文獻組主任劉敦楨偕社員梁思成、盧樹森、夏昌世至蘇州調查古建築。(《中國營造學社彙刊》第六卷第二期《本社紀事》)

(六月)至九月，宋華卿、趙雪訪加入學社。(《中國營造學社彙刊》第六卷第一期《本社社員》)

按：據《中國營造學社彙刊》第六卷第一期與第五卷第四期附録《營造學社名録》比對而得。

九月，營造學社法式組主任梁思成率研究生麥儼曾等測繪攝影故宮外朝東部文華殿文淵閣。(《中國營造學社彙刊》第六卷第二期《本社紀事》)

九月，《中國營造學社彙刊》第六卷第一期刊印。(《中國營造學社彙刊》第六卷第一期)

九月，時任國立北平研究院史學研究會會員。

《國立北平研究院職員録・史學研究會》(民國二十四年九月)：吴敬恒、顧頡剛、徐炳昶、吴世昌、吴豐培、張江裁、石兆原、何士驥、邵君樸、常惠、許道齡、劉師儀、蘇秉琦、龔元忠、范綬青、張子玉、馬豐、白眉初、朱希祖、朱啟鈐、沈尹默、沈兼士、金兆棪、孟森等人。

按:國立北平研究院,是國民政府設立在北平的學術研究機構,隸屬於教育部。

十月下旬,營造學社接受中英庚款第一期輔助費。

民國二十五年十二月二十日朱啟鈐致葉恭綽書:學社接受中英庚款第一期輔助費事在去冬十月下旬,翌月始遴聘助理人員開始工作。(《上海圖書館藏葉恭綽友朋尺牘·朱啟鈐》)

十月,爲劉敦楨、梁思成《清文淵閣實測圖説》作跋語。

跋語:文淵閣建築年代,高宗御製《文淵》《文源》二記俱未叙述。惟記末題乾隆三十九年孟冬中瀚御筆,距寅著查勘寧波天一閣之命不逾四月,竊嘗引以爲惑。劉君士能據高宗御製詩,疑是閣工事,經始於乾隆四十年夏,至四十一年春季落成。而論者又以《文淵》《文源》二記不符,疑莫能定。余按《高宗實録》,曾載乾隆三十九年六月二十五日乙未查勘天一閣上諭,末附寅著覆奏概略,其文如左:(作者注:文略)。《實録》所附寅著奏摺,雖無年月,以當時交通情狀與繪圖燙樣時日計之,其覆奏抵京殆在是歲八、九月之交。益以選地錫名,幾經籌畫,故十月十五日乙未始有建閣之命。《實録》亦著其事:(作者注:文略)。前載《文淵閣記》及《實録》年月,覈之現存碑記,悉皆符合,則此記或預撰於建閣之始,非閣成而後爲之也。惟有司鳩工庀材,絶非咄嗟所能措辦,而燕地苦寒,實際工程必創始於翌歲解冰以後。

故乾隆四十一年二月高宗題文淵閣詩,謂"肇功始昨夏,斷手逮今春"。而春仲經筵詩注,亦有"文淵閣爲貯《四庫全書》之所,今始落成"之語也。(作者注:詩略)。綜上所述,此閣於乾隆三十九年六月末詔察勘天一閣制度,十月中旬降諭興建,至四十一年春季始告厥成。證以同年六月頒定文淵閣官制,其前後關係,亦恰能銜接。惟閣位於文華殿後,拓地不廣,僅容一棟,而前庭後垣,鑿池疊山,偪促已甚,不若文源處御苑之内,地曠景幽,亭橋曲沼,得自由配列。觀《文淵閣記》"宫禁之中,不得其地,爰於文華殿後建文淵閣",足徵其時固不洽高宗之意也。顧文源毁於劫火,今日蔓草荒煙,斷垣殘砌,依雷氏舊圖,雖可識其大凡,而木構物蕩然無存。獨文淵一閣,易世以來,犹巍然峙於故宫内。且此閣實爲創建初型,當時諸閣準繩悉折衷於是,故言《四庫》建築者應以文淵爲主體,其餘文溯、文津,取證不易,概未闌入,亦以免本末倒置之議也。閣之結構,經實測結果,自大木間架,下及裝修彩畫,凡與清宫式建築異者,無不詳記以供參考。惜其奏銷圖册,求之内務府舊檔與内閣黄册,俱未發見,致術語一部,幾經審度,未得其當,姑代以習用之語,留竢後證耳。至於民國十年余於巴黎所製彩印全景諸圖,誤緑髹爲朱髹,實與天一生水之義不符,得士能此文,矯其失檢,尤引爲深幸者也。建國二十四年十月,紫江朱啟鈐識。(《文淵閣藏書全景》)

按:先生跋語中未言及梁思成,《清文淵閣實測圖説》作者署名劉敦楨、梁思成。

十月,作《安平陳定齋先生事狀》識語。

《安平陳定齋先生事狀節録《衍石齋記事續稿》謝陳二先生事狀》識語：（文略）。啟鈐既以《河干問答》刊入《黔南叢書》，復增輯《定齋河工書牘》。兹獲是篇，爰以刊之卷首，俾世之尚論陳先生者，匪特於經義之外得明河工原委，而風節行誼施於朋友者，亦得有所互證焉。民國二十四年十月鄉後學朱啟鈐識。（《黔南叢書别集》本《河干問答》《定齋河工書牘》《塞外紀程》合刊本《河干問答》卷首）

冬（十一月），病暈眩。（《蠖園年表》）

十一月，處分家務，托請林斐臣撰成遺囑。

《蠖園年表》民國二十五年：去冬病暈眩，處分家事，立遺囑。（《紫江朱氏家乘》卷三）

十二月二十日朱啟鈐致葉恭綽書：前月曾將家務自作處分，投林斐臣撰成遺囑，遺留文物亦推舉數友將來爲之整理或贈與。（《上海圖書館藏葉恭綽友朋尺牘・朱啟鈐》）

十二月二十日，致書葉恭綽。

致葉恭綽書：遐庵二兄如握：數月均在病中，又受種種刺擊，苟活益復無聊。前日暈眩劇作，繼以嘔吐。醫謂心臟衰弱，胃囊增壓，心房跳得快時可在百數以上，遂有此等現象也。刻養病三女家中，書來投思成、士能酌度，以與社事前途信譽有關，須若輩努力繼進，乃能得社會之助，不然殆矣。美庚款明年補助與否，在此時局之下殊不可必。乙項自籌之費，弟任五千，今缺半數，幸關頌筌以生力軍由各營造廠家籌得五千，差可渡過殘年，明春用度尚費躊躇。而未完工作積稿待印頗多，近以故都文化機關俱感恐慌，印揨店亦有相率停歇之勢，社事所受影響不小，曾有收檢書箱事實。

英庚款補助應出圖籍因而延期,包工而不交活,非特公意不安,弟亦覺愧對也。明年對美款提出請求,别開新徑,不知如何亦可入彀。據梁、劉腹案,欲測故宫,或調查南中民間建築,弟既嫌其不合時勢,而前年度覈准編印之圖籍或因新題目發生轉致抛棄,更不成話,故弟主一貫前請,繼續編印圖籍爲策。時日迫蹙,不及往復討論,已令具稿待命。再發壽州發掘,組織必甚擴大,參加團體以何人爲中堅?野外工作要有經驗而能應付地方,人選極難,思成、士能書生耳,未必能勝。如參加其中,爲一部分之考察遺物工作,或有相當貢獻。發掘組織何時進行?故望詳示者也。往年赴巴黎時,曾印成文淵閣内外全景十二幅,去歲商務印書館發售《四庫珍本》,原擬托菊生、雲五接受,附入廣告發行,菊生覆函不要。兹與世五合力籌畫,裝潢成册,又加《文淵閣實測圖》一册,統名之曰"文淵閣藏書全景",由學社發行,以免廢棄,收回印貲爲補助學社乙項經費不足之用。樣本初成,特先郵呈一册,弟作後記一篇,叙述當時印書經過,平鋪直叙,文字本無足觀,且無作用。但不知於時人眼光有何刺語耳。再,精神就衰,或竟一瞑不起。前月曾將家務自作處分,投林斐臣撰成遺囑,遺留文物亦推舉數友將來爲之整理或贈與。現在亟欲完成而不得者,惟《家乘》及《自訂年譜》耳。知注並以附聞。鈐頓首,十二月廿日。(《上海圖書館藏葉恭綽友朋尺牘·朱啟鈐》)

按:"兹與世五合力籌畫,裝潢成册,又加《文淵閣實測圖》一册,統名之曰'文淵閣藏書全景'"與十二月《中國營造學社彙刊》刊登《文淵閣藏書全景出版》消息吻合。《中國營造學社二十五年度預算草案》(《上海圖書館藏葉恭綽友朋尺牘·朱啟鈐》1936年7月22日書札附件):"《文淵閣藏書全景》一書,初版五百部,本社於二十四年十二月即開始發行。"

(九月)至十二月,徐敬直、陸根泉、張毅加入學社。(《中國營造學社彙刊》第六卷第二期《本社社員》)

按:據《中國營造學社彙刊》第六卷第二期與第一期附録《營造學社名録》比對而得。

十二月,中國營造學社所輯《文淵閣藏書全景》發行。

《文淵閣藏書全景》版權頁:中華民國二十四年十二月出版。編輯兼發行者:中國營造學社。

《文淵閣藏書全景出版》:社長朱桂辛前將文淵閣藏書全景,在巴黎製爲彩色圖,近復以社員郭世五藏紀曉嵐昀手書《四庫全書簡明目録》、陸耳山錫熊手寫《文淵閣碑記》及社員劉敦楨、梁思成所撰圖説,合刊一册,由本社發行。(《中國營造學社彙刊》第六卷第二期《本社紀事》)

十二月,《中國營造學社彙刊》第六卷第二期刊印。連載先生輯録、劉敦楨校補《哲匠録》。(《中國營造學社彙刊》第六卷第二期)

十二月,跋曾祖父朱燮和舊藏宋本《玉版十三行》。

朱啟鈐跋語:右先曾祖桑植府君所藏宋本十三行,祖考麗生公、伯祖曉瀛公皆嘗傳習,奉爲枕中秘。咸、同間,黔中苗亂,徙家汴梁,祖妣劉太夫人以授先君梓皋公。間關懷挾,以出險阻,在吾家近百年,歷三世矣。中間又幾爲戚串賺去,雖幸贖歸,而先世題跋竟遭割棄,先母傅太夫人每垂涕以語孤兒,引爲憾事。啟鈐不肖,敬謹受持,不敢須臾離者,又三十餘年。老客故都,摩挲故紙,證諸朋好,頗以此本紙墨特精,較之近世流傳者損字差少。雖青箱世守,闃焉不求表褾,然天壤間名跡故應廣傳,彌足彰先人寶護手澤之勤,且示子孫以善繼之道。爰付景印,並志之家乘云。民國二十有四年十二月,朱啟鈐謹識。(《紫江朱氏家乘·先妣傅太夫人遺念·宋本十三行》)

是年,始搜集貴州鄉賢遺著,擬修《開州志》。(《蠖園年表》)

按:先生作有《開州志補輯緣起》,收録於《蠖園文存》卷下。

是年,《存素堂入藏圖書黔籍之部目録》油印本出版。

劉尚恒《朱氏存素堂藏書著書和刻印書》:《存素堂入藏圖書黔籍之部目録》。一九三五年油印本一册,收録圖書四百種,分爲甲、乙兩類。甲類爲黔人著述,乙類爲黔省地方史料。一九四九年十月上海合眾圖書館印本封面題:"朱桂辛所藏黔人書目,二十四年歲暮止。"並有著名版本目録學家顧廷龍先生題記,云:"紫江朱桂辛先生寄居外省,切念鄉關,當倭患之際,高卧北平,杜門卻掃,整比歷年所收黔邑及旅黔人士著述,成目録一卷。"(《冉冉流芳驚絶代》)

劉宗漢《朱啟鈐先生的貴州情結》:先生搜集貴州文獻,大體有三個途徑:一是舊書商人的送貨;二是友朋提供;三是通過與貴州地方人士的聯繫,從貴州獲得有價值的文獻資料。經過大力搜尋，先生的貴州文獻收藏，已蔚爲大觀，其中不乏像《黔風鳴鸞録》之類稀有的善本，或像《語嵩語録》之類，在北京罕見的貴州地方刊本文獻。先生搜集貴州文獻的工作，到抗戰勝利後就中止了。（《冉冉流芳驚絶代》）

按：一九四九年十月油印本名爲《紫江朱氏存素堂所藏黔南文獻目録》。

是年，九女洪筠適歷城吴泰勳。

《蠖園年表》：遣嫁九女洪筠於歷城吴氏（原名汀筠）。（《紫江朱氏家乘》卷三）

按：吴泰勳（1912—1949），字幼權。黑龍江督軍吴俊陞之子。吴俊陞祖籍山東歷城，咸豐末年遷至奉天省昌圖府。據劉宗漢提供資料，朱洪筠有二子：吴鐵威（猛），妻Marianne；吴鐵羽（翔）。

是年，刊印《黔南叢書别集》之《河干問答》《定齋河工書牘》《塞外紀程》合刊本。

《河干問答》書牌：據獨山莫氏寫本校印。（《黔南叢書别集》本《河干問答》《定齋河工書牘》《塞外紀程》合刊本）

民國二十四年十月朱啟鈐《安平陳定齋先生事狀節録《衎石齋記事續稿》謝陳二先生事狀》識語：（文略）。啟鈐既以《河干問答》刊入《黔南叢書》，復增輯《定齋河工書牘》。兹獲是篇，爰以刊之卷首。（《黔南叢書别集》本《河干問答》《定齋河工書牘》《塞外紀程》合刊本《河干問答》卷首）

按：未署刊刻時間。凌惕安《河干問答序》作於民國二十四年八月，《塞外紀程序》作於民國二十二年三月。據先生識語，當刊印於本年。

是年，所輯《紫江朱氏家乘》刊印。

《紫江朱氏家乘》書牌：民國二十四年乙亥。

劉宗漢《朱啟鈐先生的貴州情結》：《家乘》用宣紙鉛印，有兩種版本：一種是簡本，只有《家乘》，接近十六開本大小，硬封精裝。一種是接近八開本，除《家乘》之外，附有《紫江朱氏三世遺墨》二册和先生自著《蠖園文存》二册，盛以藕色花紋織錦函套。（《冉冉流芳驚絶代》）

是年，朱文楷娶金仲聰。

按：據劉宗漢提供資料，朱沛次子朱文楷妻金仲聰，生於一九一四年，一九三五年來歸。

是年起，兼任舊都文物整理委員會技術顧問。（《中國文物研究所七十年·朱啟鈐》）

中華民國二十五年丙子　一九三六年　六十五歲

本年，朱家驊在管理中英庚款董事會董事長任、葉恭綽在董事任。（《國民政府職官年表》第一册《行政院直屬機構·管理庚款委員會》）

是年，居北平東城趙堂子胡同。

是年，續任國立北平研究院史學研究會會員。

據《國立北平研究院職員録》（民國二十五年），同時任會員者有于省吾、朱啟鈐、孟森、洪業、梁思成、陳垣、張星烺、陶希聖、湯用彤、劉敦楨等人。

按：此條轉録自《瞿宣穎年譜》。

一月十四日，致書葉恭綽。

致葉恭綽書:遐庵二兄青鑒:覆書敬悉。英庚款請求書正副本譯成,準於月底寄出。人事之當盡者,自應於會外努力,騮公非素識,間接游説又不知如何而可。美庚請求亦在同時並進,寄梅爲會内中堅,繼續原案一年。或冀通過。《文淵閣全景》,知邀鑒許,推銷殊感不易,廣告附寄另寄。廿分,英庚、美庚諸董事以及曾捐助巨資,社中擬各贈送一部。裝訂因凍工遲滯,舊臘未能發出,而會前必達,順以奉聞。賤體久坐必眩,眠食均減,如上述瑣瑣,不自區分,便無條理。雖拜嘉言,排遣之術,尚未得間也。新居當較安適。公超時將歸省,渠來敝齋,每談移晷,必能具述近狀。專上,敬候春祺。弟鈐頓首,一月十四日。(《上海圖書館藏葉恭綽友朋尺牘·朱啟鈐》)

按:民國二十四年十二月《中國營造學社彙刊》(第六卷第二期)刊登《文淵閣藏書全景》發行消息,與信文"裝訂因凍工遲滯,舊臘未能發出,而會前必達"吻合,此書當作於民國二十五年。騮公,朱家驊,時任管理中英庚款董事會董事長。寄梅,周詒春,時任中華教育文化基金會董事兼總幹事。

二月三日,函請中華教育文化基金董事會繼續補助學社經費。

致中華教育文化基金董事會函:敬啟者:敝社在過去七年中,受貴會補助,對於國内古建築之調查及圖籍編製,業經分期報告在案。邇來社中工作,更爲有效之進展:如實物調查,已自晉、冀二省推及江南;社會服務,自北平一隅展至全國;而圖籍編製方針,除整理舊籍外,並求切合實用,俾能供給國内外研究中國建築者設計參考之助。惟敝社經費，向分(甲)、(乙)二項：其中(乙)項調查研究費一萬五千元，由鄙人逐年自籌外，所有(甲)項經常費及專任研究員薪俸，概於貴會補助費内支給。去歲以來，雖又受管理中英庚款董事會每年補助出版費一萬元，劃歸(丙)項開支，然(甲)項經費實爲敝社存在之根基，苟使一旦無着，則調查、出版二項主要工作勢必戛然中止，同時國内建築界與青年學子究心斯學者，亦必頓感參考材料中絶之痛苦。同人等深感使命之重，與研究工作之須賡續進行，將伯之呼，實不容已。爲此請求貴會自下年度起，繼續補助敝社經費三年，每年以二萬元爲度。竊念敝社爲國内研究中國建築唯一之機關，歷年成就既賴貴會扶掖於前，對於此次之請求，尚希予以協助。如荷惠准，不僅敝社九仞之功無虧一簣，即中國建築界之前途亦拜賜無涯矣。臨穎無任禱企。此致中華教育文化基金董事會。中國營造學社社長朱啟鈐，中華民國廿五年二月三日。(《中國營造學社彙刊》第六卷第三期《本社紀事》)

三月五日，橋川時雄致書先生。

橋川時雄致先生書：桂辛社長閣下：辱承教言，藉譾文祺清適，爲頌爲慰。關於霍初遺著印行，諸荷賜示，捧讀之下，感激莫名，敬伸謝忱。閣下謂此稿非霍初手筆，弟亦疑之，但霍初壯歲墨跡不似晚年舒朗有致，此稿或係其壯歲所爲亦未可知。適有霍初舊友野崎某由津來平，謂此稿確此霍初手筆，並舉例爲證。然兹經清鑒，定爲非其真蹟，是則此稿本不用付之可羅版景印，以排字精印可也。閣下又謂此稿乃霍初匆率之作，不甚經意，故遺佚仍多，印行以前應有所增補，俾成完璧。尊見甚善，但以弟之譾陋無才，愧未能負此事。近幸貴社左右人才薈萃，弟夙所欽紉，倘得指示，推薦篤有研究者一位，以成此舉，實爲榮幸，未悉尊意若何。敝邦關野博士去年已歸道山，弟等刻擬發起爲博士刊布一追悼記念論文集，藉慰英靈。將其貴社學人修補前稿指霍初稿本。之文稿，重載於該論文集中，以增光采，此亦一翰墨因緣也。如蒙慨允共襄其事，弟亦與有榮焉，不勝懇企之至。區區之意，不盡欲言。附霍初原稿本，再呈簪閱，專此奉上。順頌台安。弟時雄拜手，三月五日。

按：引自高夕果《中國文化遺産研究院藏朱啟鈐往來書信箋注》一文，據影印手稿重新釋文標點。高文考證此信作於一九三六年。

三月二十八日，葉恭綽連任管理中英庚款董事會董事。（《國民政府職官年表》第一册《行政院直屬機構・管理庚款委員會》）

四月十日，下午，在張國淦宅，晤顧頡剛。

《顧頡剛日記》：到張宅，晤石公先生及朱啟鈐先生。

按：石公，當爲張國淦，張號石公，顧頡剛辦禹貢學會與之交往甚篤。

四月，營造學社法式組主任梁思成率助理邵力工等測繪北平宫城角樓四處及南海新華門。（《中國營造學社彙刊》第六卷第三期《本社紀事》）

四月，營造學社參加在上海市舉行的中國建築展覽會。

《參加上海市中國建築展覽會》：二十五年四月，上海市博物館舉行中國建築展覽會，本社出品有遼獨樂寺觀音閣及歷代斗栱模型十餘座，古建築像片三百餘幅，實測圖六十

餘張，並由社員梁思成君出席講演我國歷代木建築之變遷。（《中國營造學社彙刊》第六卷第三期《本社紀事》）

五月一日，中華教育文化基金董事會復函營造學社，同意補助國幣一萬五千元，以爲研究中國建築學之用，期限壹年。

《中華教育文化基金董事會復函》：逕啟者：查本届貴社向敝會繼續聲請補助一案，經第十二次董事年會議决，以敝會爲財力所限，對於請求之款未能全數通過，當决議補助國幣壹萬五千元，以爲研究中國建築學之用，自二十五年七月起至二十六年六月止，期限壹年等因，相應函達，並檢付空白預算書兩份寄上，即希查收，按照通過補助數額逐項填寫。將來敝會須憑此項預算審覈撥款，務請於七月一日以前寄送到會，是所盼荷。此致中國營造學社。中華教育文化基金董事會啟，二十五年五月一日。（《中國營造學社彙刊》第六卷第三期《本社紀事》）

按：此爲二月三日先生致中華教育文化基金董事會函之復函。

春，接管理中英庚款董事長朱家驊書札。

七月十日朱啟鈐致朱家驊書：春間再奉惠書，於敝社工作垂注甚殷，感荷無地。（《上海圖書館藏葉恭綽友朋尺牘·朱啟鈐》1936年7月22日書札附件）

按：本年二月五日立春，五月六日立夏。

春，營造學社應蒙藏委員會邀請，參加北平護國寺修理工程。（《中國營造學社彙刊》第六卷第三期《本社紀事》）

五月，營造學社社員林徽因率助理劉致平、研究生

麥儼曾等測繪北海静心齋建築。(《中國營造學社彙刊》第六卷第三期《本社紀事》)

五月十四日,營造學社文獻組主任劉敦楨率研究生陳明達、趙法參赴河南調查古建築。

劉敦楨《河南省北部古建築調查記》上篇《紀行》:民國二十五年五月十四日自北平出發,至七月十一日回平,往返約計兩月光景。(《中國營造學社彙刊》第六卷第四期)

五月下旬,營造學社法式組主任梁思成、社員林徽因與劉敦楨會於洛陽,共同踏查龍門石窟後,即轉赴濟南,會同研究生麥儼曾調查山東省古建築。(《中國營造學社彙刊》第六卷第三期《本社紀事》)

是年(六月二日前),前往滬上養病,得到葉恭綽相助。(據六月二日致葉恭綽書)

六月二日,回到北平後,致書葉恭綽。

致葉恭綽書:遐庵先生青鑒:滬上養疴,諸荷匡掖,潭水深情,臨别惘惘。是日同車適遇令嫒攜小外孫北上,兩家會合,談笑頗解寂寞,且幸氣候涼爽,暈眩未作。抵平則覺煩躁,祝醫温劑竟不能受,擬過夏至暑雨作時再試前方。梅醫胃藥,每食必服,隔日不瀉,胃囊滿時便起暈象,下導之法仍未能竟廢,習慣使然,末如何也。注射劑,遵梅醫屬過十針須停兩週,此間繼約鄭鶴先診察,依方注射。津榆道上種種變態,人心惶恐,海濱悠遊恐不能如我意,衹好閉户潛蹤,消此永夏。士能、思成分道赴豫、魯調查,七月中方能歸。社中無人,日行瑣事亦須兼爲料理也。社中乙項經費,廿四年度僅獲捐款一萬有奇,不敷甚鉅。此次赴滬展覽及調查出組旅費,又超過預算四千餘元,挪支保管會指定修理觀音閣款,亟應有所彌補,弟竟一籌莫展。在滬承公指示開成清算餘緒可以酌措補助,行時曾向唐伯文探詢,據云:劃給開成成數,至多在叁仟五百元,再增恐爲債團所不許。處分内容困難,略爲道及焦點所在,應使包工方面欣然具結,乃獲圓滿解決。伯文定當詣公面譚,已晤商否?弟昏眊不耐思索,士能等出遊,下年度如何布署,都無計算。如英庚提案不能如數通過,非大加節縮不可。至於在滬面商遞嬗方案,歸檢歷年所草社章,都不適合環境。最近士能所擬一案,有理事會卻無常務理事,現在列名理事,皆係社長通函延請,殊無何項責任。組織側重社長,開會亦由社長合集,微有不合,原案附呈審正。社員種類係采用其他學術團體通例,本社實無如許社員運用。選舉既難適合,然不用推舉,理事、社長如何産生亦是問題。本社成立六七年,對於社之組織章程,悠悠忽忽總覺説不下去。處此絶續之交,欲覓經久方案,對内不亂固有步趣,對外又不失社會之同情,過渡津筏。懇公爲吾社團之原草,此間無副本,請就稿批乙擲還,俟思成、士能回平討論,再采取若輩意見。此外同人,非不暇及此,即無關痛癢者,竟無法請教也。耑布,敬頌著祺。弟鈐頓首,六月二日。

(《上海圖書館藏葉恭綽友朋尺牘·朱啟鈐》)

按:"社中乙項經費,廿四年度僅獲捐款一萬有奇,不敷甚鉅",書札當作於民國二十四年七月至二十五年六月間。據本譜,本年五月十四日劉敦楨赴河南調查古建築;五月下旬梁思成與劉敦楨會於洛陽,共同踏查龍門石窟,隨後即轉赴濟南調查山東省古建築。與此札中"士能、思成分道赴豫、魯調查"吻合,故書於民國二十五年。

六月(十八日前),函請管理中英庚款董事會繼續補助學社編製圖籍費及調查費。

致管理中英庚款董事會函:敬啟者:去歲六月,蒙貴會議決補助敝社編製圖籍費國幣貳萬圓,分兩年撥付。十月底初期補助費撥到後,自十一月始敝社即按照預定計劃進行工作,至今已一年零一個月。原擬定計劃工作三種,除(一)《工程做法則例補圖》,尚在繼續修正,須至兩年終了時方克出版外,其餘兩種中:(二)《建築設計參考圖集》,已編就十集,已付印者六集,已出版者二集;(三)《古建築調查報告》,第一集塔已付梓,第二集元代建築及第三集正定古建築正在陸續編纂中。以上工作,預計二十五年十月以前,(一)之全部,(二)預定之八集,(三)預定之四集,可以全部出版。上三項中除(一)項外,(二)、(三)兩項,依敝社現有及將來收集之資料,尚可源源編纂,以供建築家、考古家、美術家研究之需。竊敝社經費,除受貴會補助上述"編製圖籍費"外,其研究人員及職員薪給,大半出自中華教育文化基金董事會補助費項下,而旅行調查費及《彙刊》出版費,則由敝社另行籌募。年來國内經濟凋蔽,籌款奇艱。今貴會補助行將滿限,用敢懇求貴會,除繼續補助敝社編製圖籍費外,並加調查費,每年共計壹萬捌千肆百圓,暫以三年爲限。預計工作印刷項下,除原有(二)、(三)兩項仍舊繼續編製外,另將敝社《彙刊》印刷費亦求補助半數,俾得繼續刊行。調查工作擬分兩組,每組四人或五人,春秋各出發一次,每次期限約兩個月至三個月。調查範圍:第一年在晉冀魯豫,次及陝甘蜀,第三年長江一帶;如有餘暇,並可達南部諸省。每次每組費用貳千圓。按敝社以往調查工作,以限於經費,衹及冀、晉兩省,至於西北及南方諸省,雖有志而未遂,不免有偏於一隅之憾。今爲求其範圍普及全國起見,故特請求貴會補助。至於敝社《彙刊》編纂費,對於上項工作研究人員職員薪金,及敝社平時工作費、經常費等等,皆在中華教育文化基金董事會補助費及敝社自募捐款項下支付。爲繼續此項調查工作,並求公諸社會計,上列預算已爲最低限度,實屬極刻苦辦法。貴會對於敝社工作素荷關懷,而於文化之宣揚鼓舞不遺餘力。所請補助每年國幣壹萬捌千肆百圓,爲數本屬無多,但當此經濟凋蔽之際,籌募實感艱難,行將見工作有停輟之勢。如蒙允予繼續補助,暫以三年爲限,俾鑽研不至中輟,則豈惟敝社之所引領翹望,抑我國建築界亦將拜受其賜也。此致管理中英庚款董事會。中國營造學社社長朱啟鈐啟。(《中國營造學社彙刊》第六卷第三期《本社紀事》)

按:《彙刊》未録函件時間,其所附管理中英庚款董事長朱家驊復函,作於民國二十五年七月十五日,先生函件亦當作於同年。函言"去歲六月蒙貴會議决補助敝社編製圖籍費國幣貳萬圓……至今已一年零一個月",可知此函作於六月。又據六月二十日先生致葉恭綽書"接十八日手書,敬悉審查會消息,進行無阻",此函當作於六月十八日之前。

六月十八日,葉恭綽致書先生。

六月二十日朱啟鈐致葉恭綽書:接十八日手書,敬悉審查會消息,進行無阻,於心少慰。(《上海圖書館藏葉恭綽友朋尺

牘·朱啟鈐》)

六月十九日，大暈，鄭姓醫生爲注射强心劑。

六月二十日先生致葉恭綽書：弟昨又大暈一次，或由於氣候轉變之故。夏至前二日。仍由鄭醫施强心劑。注射。(《上海圖書館藏葉恭綽友朋尺牘·朱啟鈐》)

六月二十日，致書葉恭綽。

致葉恭綽書：遐庵大鑒：接十八日手書，敬悉審查會消息，進行無阻，於心少慰。開成事又有波折，清算處不知如何主張，已另函伯文探聽，渠已由山東回滬矣。本社於二十一年呈教育部立案時，提出簡章寥寥數條，原則確以理事會爲主體，但理事會議細則未經制定耳。原案抄送審覈。弟昨又大暈一次，或由於氣候轉變之故。夏至前二日。仍由鄭醫施强心劑。注射。今日憊甚，强起作書，殊不能耐。思成、士能均未歸，並聞。此候夏祉。弟鈐頓首，六月廿日。(《上海圖書館藏葉恭綽友朋尺牘·朱啟鈐》)

按：書言“開成事又有波折，清算處不知如何主張，已另函伯文探聽，渠已由山東回滬矣”，與民國二十四年六月二日先生致葉恭綽書“在滬承公指示開成清算餘緒可以酌措補助，行時曾向唐伯文探詢”相接續。五月下旬梁思成與劉敦楨會於洛陽，共同踏查龍門石窟，與書中“思成、士能均未歸”相吻合。本年夏至爲六月二十一日，與“弟昨又大暈一次，或由於氣候轉變之故。夏至前兩日”亦相吻合。此書當作於民國二十五年。

六月三十日，復函北平市政府。

致北平市政府復函：敬覆者：頃接大函，備悉一是。查敝社係純粹學術研究機關,此次貴府組織土地徵收審查委員會,事屬行政範圍,未便逕行參加。謹此辭謝,即希查照爲荷。此致北平市政府。中國營造學社社長朱啟鈐啟,六月三十日。(北京市檔案館藏稿本 J1—6—275)

按:據劉宗漢提供資料,一九三四年六月二十九日,北平市政府擬由科長何元瀚、財政局科長李大偉與北平市商會、平津會計公會、北平新聞記者公會、中國營造學社各出一人組織收用五牌樓房地審查委員會,此爲中國營造學社復函。

七月初,葉恭綽、周詒春、李書華、袁同禮、徐新六、錢永銘、李濟、張文孚、裘善元等人連任中國營造學社理事,朱家驊、孫洛、葉景葵、林行規、趙深等五人新任理事,葉恭綽、朱家驊、周詒春爲常務理事。

七月十日朱啟鈐致朱家驊書:本月初間,社中因年度更新推選理事,除葉玉甫、周寄梅、李潤章、袁守和、徐新六、錢新之、李濟之、張叔誠、裘子元諸先生連任外,同人等又公推執事與孫洪芬、葉揆初、林行規、趙深五先生爲本届理事,並舉台端及玉甫、寄梅二先生爲常務理事,主持社務,提挈後進,共策進行。(《上海圖書館藏葉恭綽友朋尺牘·朱啟鈐》1936 年 7 月 22 日書札附件)

七月十日,致書葉恭綽,討論學社本年度預算及組織常務董事方案,並請其轉致朱家驊擔任首届常務董事聘函,書寄上海。

致葉恭綽書:遐庵二兄大鑒:月前郵寄社章數份祈代酌

定，諒塵左右。此次學社請求中英庚款補助，得獲原案通過，皆兄與騮先、潤章諸公將護之力，感戢無量。日來酌量情形，擬就本年度經費草案及促進理事會辦法數種，但是否可行，尚祈卓裁，是所感盼。

（一）經費支配。社中甲項中美庚款補助費萬五千元，歷年來皆劃作經常辦公費與主要研究人員薪俸，未便遽予變更；丙項中英庚款萬八千元，又僅供調查出版之用，故乙項自籌之款仍須另行籌畫，供額外編輯與研究生薪俸及其他雜項開支。際此社會經濟淪於絶境，各方籌募談何易易，然厲行裁員減政，將乙項全部删除，又爲事實所不許可。因以往進行之工作一旦中途廢輟固屬可惜，即以丙項補助之圖籍出版而言，苟使人手不足，必致圖繪粗率，考訂疎漏，影響社譽，無殊飲酖止渴。日來幾經考慮，擬定補救方法三種：（甲）裁汰少數人員，並停止不必要開支；（乙）工作人員暫停加薪一年，另以工作效率獎金代之；（丙）一部分研究繪圖生薪俸擬援前二年之例，列入丙項圖籍編輯費内，惟是款原以印刷出版爲主，每月薪俸只能以二百元爲度。根據上述三項擬定本年度預算如次：（一）甲項補助費一萬五千元，供經常辦公費及一部專任研究人員薪俸；（二）乙項自籌之款約七八千元，暫定五千元作額外編輯及研究生薪俸，餘款供再版圖籍與獎金雜支等費；（三）丙項補助費一萬八千四百元，照請求原案分調查旅行及圖籍出版二項。現擬於後者内列入繪圖人員薪俸二千二三百元，以資挹注。上列概算數目，係根據事實於無可如何中力求解決之策，然丙項預算即使能獲當局同意如數認可，而乙項自籌之款現有着落者，亦僅《文淵閣全景》售價收入與關頌聲代募之款，約計二千餘元，不足之數尚待同人等努力捐募，始能渡此難關。

（二）理事會。理事會主持對内對外一切重要社務，其組織能否健全，人選能否適當，即此後學社能否充分發展之關鍵。故本年度起，擬定改進方策數項：（甲）理事會人選，原則以中英、中美庚款董事爲主體，再輔以學術界、實業界、建築界關係較切之人物，似最爲合理。兹敦請兄與寄梅、潤章、守和、頌聲、新六、新之、濟之、叔誠、子元諸兄仍舊蟬聯，此外再加聘朱騮先、葉揆初、孫洪芬、林行規、趙深五人爲本屆新任理事。（乙）前在滬討論，增設常務理事爲社事嬗遞準備，但弟意修訂社章從事選舉，手續繁賾，耗時頗久，故決計先行敦聘常務理事三人，便於籌劃一切。兹推定兄與寄梅、騮先二兄爲首屆常務理事，附致騮先一緘，乞費神轉寄前方，並希加緘勸駕，以免唐突。（丙）理事會細則久懸未決，祈椽筆代擬。（丁）社長、副社長及理事長、會計、幹事，將來應由理事會推選，始爲合法。惟就目下情形言之，弟精力日衰而社務進行百端待理，私意欲以此席相煩，以息仔肩，幸勿遜讓。如萬不獲已，亦望暫時擔任副社長一席，諒不以不情見卻。以上各項，統希斟酌示復，俾便實施。

至於社中帳目財産，刻正重新分類清理，以專責成刊物出版。自思成、士能返平後，亦加緊進行。知注並聞，即頌暑祺。弟朱啟鈐頓首，廿五【年】七月十日。（《上海圖書館藏葉恭綽友朋尺牘·朱啟鈐》）

七月二十二日朱啟鈐致葉恭綽書：前寄滬一緘，討論社中本年度預算及組織常務董事方案，並請朱騮先擔任首届

常務董事聘函一件，祈兄加緘轉致前方。(《上海圖書館藏葉恭綽友朋尺牘・朱啟鈐》)

同日，函聘葉恭綽、朱家驊爲營造學社首届常務理事，致朱函托請葉轉遞。

致葉恭綽函：敬啟者：本社年來社務辱承台端熱心襄助，著著進展，無任銘感。兹爲規劃社務促進工作起見，擬自本年度起增設常務理事三席，夙諗執事對於本社事業素具同情，且荷獎掖於前，特此敦聘擔任首届常務理事。尚希俯諾爲幸。此致葉玉甫先生。中國營造學社社長朱啟鈐，廿五年七月十日。(《上海圖書館藏葉恭綽友朋尺牘・朱啟鈐》)

朱啟鈐致朱家驊書：騮先先生偉鑒：春間再奉惠書，於敝社工作垂注甚殷，感荷無地。原擬赴滬之便面述謝悃，乃因旅中勞頓，未獲如願，殊深悵耿。曾托玉甫兄代致拳拳，諒達左右。此次社中請求中英庚款補助，承鼎力多方維護，垂絶之學得以日就昌明，凡屬士林，靡不感忭，非僅弟一人所當致謝。惟斯學方始萌芽，而弟年事日增，精力衰退，凡百施設，每虞隕墜，尚希高明不吝指教爲幸。本月初間，社中因年度更新推選理事，除葉玉甫、周寄梅、李潤章、袁守和、徐新六、錢新之、李濟之、張叔誠、裘子元諸先生連任外，同人等又公推執事與孫洪芬、葉揆初、林行規、趙深五先生爲本届理事，並舉台端及玉甫、寄梅二先生爲常務理事，主持社務，提挈後進，共策進行。素仰執事熱心文化事業，且於敝社已往工作關注彌切。用特專緘敦懇，尚祈慨諾，無任禱祈。耑此，順頌台綏。(《上海圖書館藏葉恭綽友朋尺牘・朱啟鈐》1936年7月22日書札附件)

七月十五日，管理中英庚款董事會董事長朱家驊函復營造學社，同意補助營造學社伍萬肆千圓，自二十五年度起分三年撥給，每年一萬八千元，指定專充編製圖籍費之用。

《管理中英庚款董事會復函》(管理中英庚款董事會公函第一九三二號)：查貴社前請繼續補助編製圖籍費及調查費每年壹萬捌千肆百圓，以三年爲限一案，業經本會教育委員會彙案審查，建議第三十九次董事會議議决，補助伍萬肆千圓，自二十五年度起分三年撥給，每年一萬八千元，指定專充編製圖籍費之用。相應録案函達，即請查照。惟上述補助費，較原請數額計相差每年四百圓，因係零數，不易支配，故擬即請貴社自行籌措，並希示知籌措情形，俾資查考爲荷。此致中國營造學社。董事長朱家驊，中華民國二十五年七月十五日。(《中國營造學社彙刊》第六卷第三期《本社紀事》)

按：此爲六月先生致管理中英庚款董事會函之復函。

七月(二十二日前)，營造學社編製民國二十五年度預算草案。

七月二十二日朱啟鈐致葉恭綽書札後附《中國營造學社二十五年度預算草案》。

七月二十二日，致書葉恭綽，討論中英庚款補助費預算修正方案。附有《致中英庚款董事會函稿修正預算案》、《中國營造學社二十五年度預算草案》以及七月十日先生致葉恭綽書札鈔件。

致葉恭綽書：遐庵二兄賜鑒：前寄滬一緘，討論社中本年度預算及組織常務董事方案,並請朱騮先擔任首届常務董事聘函一件,祈兄加緘轉致前方,不知已塵左右否?中英庚款會補助費,已有正式通知寄平,惟弟前擬預算内列入助理人員薪俸二千餘元,恐違會中原則,不易通過,擬以《文淵閣藏書全景》再版墊款名義暫時彌補,將來售價收入仍可陸續歸還。其餘各項刊物印刷部數,酌量,實際情形亦略有更動。惟助理薪俸爲數不多,擬分期攤入刊物成本内,不立名目,以免駁斥。兹寄上本年度預算草案及復中英庚款會緘稿一份,祈費神斟酌賜復。又前上一緘並致騮先緘托公轉交,聞公赴青,恐適相左,特重録附後,以供參考。專此,即頌暑祺。弟朱啟鈐啟,七月廿二日。(《上海圖書館藏葉恭綽友朋尺牘·朱啟鈐》)

書札後附《致中英庚款董事會函稿修正預算案》:敬啟者:前奉一九三二號大緘,祗悉敝社請求補助編製圖籍一案,荷貴董事會第三十九次會議議決,自二十五年度起,補助國幣五萬四千元,分三年平均撥給;並詢原請求額年差四百元,應如何籌措以資查考等因。竊惟敝社已往工作,辱承貴會熱心扶掖,曾爲有效進展;本年度復荷撥給的款,繼續協助,銘感奚似。惟查前次敝社所提出版物概算,覈之最近售銷情形,每嫌部數過多;而遺跡調查,又因時局關係,不得不提前調查北部諸省。凡此種種,均足使原案有修改必要,爲此提出本年度實施預算如次。(一)《中國建築設計參考圖集》:原案每年六集,每集印刷一千部,準根據最近國内外推銷狀況,每集擬減爲五百部,而收回之印刷成本,則僅及六成。(二)《古建築調查報告》:本項刊物,年出二輯,每輯五百部，已屬無可再減，準據編輯結果，圖版數量每較預定增多，故每部成本應加至五元。又因刊物内容過於專門，將來售價收入，只能以五成覈計。《三》《中國營造學社彙刊》：《彙刊》預定每年四期，每期印刷一千五百部。兹擬自本年度起，倣國内各文化機關前例，所有團體及私人贈送一律停止，故每期部數減爲一千部。餘仍舊。附《印刷費預算（原案）表》、《印刷費表》。（四）調查費：敝社鑒於最近華北環境日趨惡劣，決於本年度内，集中全力調查河北、山西、山東、河南四省古物，因此旅程減短，約可撙節旅費九百元。附《調查費預算（原案）表》《調查費表》。以上出版、調查二項，並計一萬五千六百四十元，節餘之款，擬移爲下項出版物墊款之用。（五）《文淵閣陳設全景》再版墊款：《文淵閣陳設全景》，自春間出版後，除贈送及銷售外，存書無幾，而國内外索購者，猶絡繹不絶。嗣檢鄙人前在巴黎所製彩色圖，尚餘三百餘份，而其餘圖版，俱可利用，因決計重版三百五十部，以應需求。估計每部刷印成本六元四角有奇，共計二千三百六十元，擬以本年度補助費餘款移爲本項刊物之墊款，俟售價收入後，再行歸入下年度圖籍出版項内。所有本年度預算變更原案之處，特此緘達，即祈審查見復，實紉公誼。此致管理中英庚款董事會。中國營造學社社長。（《上海圖書館藏葉恭綽友朋尺牘・朱啟鈐》1936年7月22日附件）

按：《致中英庚款董事會函稿修正預算案》，爲七月十五日中英庚款董事會董事長朱家驊致營造學社函之復函，未知寄出否。

書札後又附《中國營造學社二十五年度預算草案》：

(甲)項。收入,中華教育文化基金會補助費。一五〇〇〇元。支出:(一)辦公費:房租,月支五十元。六〇〇元;電燈電話自來水,月支二十五元,三〇〇元;夫役工食,月支四十元。四八〇元。(二)職員薪俸:法式組主任一人,梁思成,月支四百五十元。五四〇〇元;文獻組主任一人,劉敦楨,月支三百五十元。四二〇〇元;研究生三人,莫宗江、陳仲篪、麥儼曾,各月支六十元。二一六〇元;書記一人,韓振棠,月支三十元。三六〇元;庶務兼收掌一人,喬家鐸,月支六十元。七二〇元。(三)文具費:筆墨紙張,月支三十元。三六〇元。(四)雜支:新聞紙、煤球、茶葉,月支三十元。三六〇元;煤炭,全年以冬季四個月計算。二〇〇元。以上四項共計一萬五千一百四十元整,不敷之數由社自行彌補。(乙)項。收入:上年度結存款,一一〇〇元;《文淵閣全景》售價,一二〇〇元;普通刊物售價,五八〇元;關頌聲先生募款,一〇〇〇元。以上共計收入三千八百八十元。支出:(一)職員薪俸:助理一人,邵力工,月支一百四十元。(但十一月以前由丙項支出。)一一二〇元;研究生二人,王璧文,月支五十元;趙法參,月支四十伍元。一一四〇元;書記四人,林熾田、蔡申之、韓仲文,月各支三十元;單少康,月支二十元。(但十一月以前,林熾田由丙項支出。)一二〇〇元;貼寫一人,月支十八元。二一六元。(二)稿費:《清代建築大事年表》稿費,單士元,月支四十元。四八〇元;《營造法原》稿費,九〇〇元。(三)出版費:《明代建築大事年表》印刷費,八〇〇元。(四)工作獎金,六〇〇元。(五)雜支,每月以五十元爲最高限度。六〇〇元。以上五項共計七千〇五十六元,出入相抵,不足計三千一百七十六元,由同人等設法籌募。又《營造法原》與其他再版圖籍費，在募得的款前，暫不計入。（丙）項。收入，中英庚款補助費。一八〇〇〇元。支出：（一）調查費，七一〇〇元。（二）印刷費：《建築設計參考圖集》補助費，二〇四〇元；《古建築調查報告》補助費，二五〇〇元；《彙刊》補助費，四〇〇〇元；《文淵閣全景》再版墊款，二三六〇元。以上二項共支出一萬八千元整，出入相抵。《文淵閣藏書全景》一書，初版五百部，本社於廿四年十二月即開始發行，除預約購買及贈送社友與各大圖書館外，所存無多，而樣本發出後，國內外購買者，頗有供不應求之勢。嗣檢朱桂莘先生在巴黎所製彩色圖完整無缺者，尚餘三百七十餘套，而其餘圖版，亦可利用，爰委托觶齋書社，照初印款式重印三百五十部，並加譯英文説明一册，以備歐美人士之需求。估計印工裝璜，每部約合計六元四角有奇，計共需成本二千三百六十元。此款擬於二十五年度丙項編製圖籍費内墊付，將來售價收回，陸續歸還丙項，爲續印他項圖籍之用。再《文淵閣藏書全景》，初版標價四十元，實際收入，平均不過六折有餘，而邊遠省分文化機關及各處讀者來緘，僉請減價，以惠同嗜。此次再版，擬劃出一部，廉價發行，以期普及，縱有虧折，絶不令侵損成本限度，合併聲明。又本年度編製《參考圖集》與《古建築調查報告》之助理劉致平、月支一百四十元，自十一月份起不在丙項支薪。研究生陳明達月支五十元。應共支薪一千七百二十元，擬於丙項刊物出版費内，按月攤入，不另立名目。

《葉遐庵先生年譜》七月：赴青島。時全國圖書館協會及博物館協會開聯合年會於青島，請先生任主席，故前往開會，凡六日。

按：書中言及聘請葉、朱二人擔任營造學社首届常務理事，當作於本年。先生七月十日曾致書葉氏，寄至上海，因“聞公赴青，恐適相左”，遂重録七月十日寄上海緘稿及延聘朱家驊爲營造學社首届常務理事函附於書後。

夏，跋《楊劍潭書梁園留别詩》卷。

朱啟鈐識語：右楊劍潭先生手書《梁園留别詩》卷。當同治甲子，先生客遊南陽外王父館之署中之來秋聲館，先父、先母及竹湘舅氏、静漪姨母皆從受業學詩。次年，先生去汴梁，作詩留别，諸弟子皆有和作。先母並以送行詩句繡之扇絡，先生亦手書此卷留贈吾父母，而外王父爲之跋。一卷之中，師友情話、香火因緣具在焉。先母以授小子，至今什襲，不敢失墜。其間吾家故實，尤深切也。白石山人者，芋香館中仙史之一，先父母常侍香案，有題句存《湘江紅葉圖》中，吟壇雅趣，亦不可以不傳。戊辰，啟鈐校刊《芋香館詩》，附録卷尾，終不如依墨蹟景印一一存其真，謹復撮記其略於此。丙子夏日，啟鈐謹識。（《紫江朱氏家乘·先妣傅太夫人遺念·楊劍潭先生手書梁園留别詩》卷後）

按：本年五月六日立夏，八月八日立秋。

八月十四日，葉恭綽致書先生。

八月十九日先生致葉恭綽書：十四日手書，奉悉一切。（《上海圖書館藏葉恭綽友朋尺牘·朱啟鈐》）

八月十九日，復書葉恭綽。

復葉恭綽書：遐庵二兄大鑒：十四日手書，奉悉一切。近歲社中調查之古建築亟待修理者，無如薊縣遼獨樂寺觀音閣。去夏，弟曾提請故都文整會撥款三萬元，期於年内着手,不意忽有冀東之變,無形擱置。應縣佛宫寺木塔,前次募款未成,當地士紳竟將各層木骨灰墻內有斜撑。全部撤去,易以槅扇,設遇勁風,難保不無傾側之虞,然無鉅款,恐不易恢復原狀矣。此外,北平古物稍具歷史或藝術價值者,均提交文整會辦理,此時亦不便越俎代庖。惟趙州大石橋與正定龍興寺佛香閣宋塑壁二處,修葺費用尚與尊處規定數目相差不鉅,已囑思成等擬具圖説計畫提出,並擬將去秋中央古物保管委員會交社修理趙州橋之三千元一併加入。但尊處如恐賬目淆混,或將古物保管會之款專劃作保護正定壁塑之用,亦無不可,統希酌覆爲盼。其餘擬修古物,如大同善化寺大殿西樓,正定龍興寺藏殿、摩尼殿,天寧寺木塔,陽和樓花塔,山東神通寺四門塔、朗公塔,嵩山三闕、净藏禪師塔,定興石柱,蘇州雙塔,大同城樓,宣平延福寺大殿,北平智化寺萬佛閣、法海寺大殿及雲岡、龍門等處石刻,雖一時財力不逮,亦擬另列簡單概算,附帶聲述希望,引起一般注意,分年進行,或於古物防護前途不無小補。本年度英庚補助費,前參酌實際情形,提出局部更正預算書,徵求當局同意,尚未獲覆,不知已提出常務會否。弟昨朝暈眩復作一次,仍用梅醫士注射,並聞。即頌道祺。弟朱啟鈐頓首,八月十九日。再者,趙州橋詳細預算,須由思成帶領石工前往實地估計,始有把握。但刻下正屆雨季,河水泛濫,道濘不便,旅行最早亦須九月底始能登程,未諳與提案截止日期有妨礙否。(《上海圖書館藏葉恭綽友朋尺牘·朱啟鈐》)

《計畫修理趙縣大石橋》:二十四年十月,中央古物保管委員會根據社員梁思成君計畫,匯款三千元,委托本社修理河北薊縣遼獨樂寺觀音閣。本社爲徹底修葺起見,並緘商北平市文物整理委員會加撥三萬元,俾能根本修治,嗣因時局變遷,未獲實現,現擬將此款移爲修理河北趙縣大石橋之用。(《中國營造學社彙刊》第六卷第三期《本社紀事》)

按:書中言及"擬將去秋中央古物保管委員會交社修理趙州橋之三千元一併加入",據《計畫修理趙縣大石橋》,此書當作於民國二十五年。"冀東之變",當指一九三五年十一月二十五日,日本扶持殷汝耕,在通縣成立傀儡政權"冀東防共自治委員會"。

八月二十一日,攜眷到海濱。

九月三日朱啟鈐致葉恭綽書:弟於八月廿一號攜眷屬來海濱,到此精神差好,惟跋涉則不能如往時奮興耳。(《上海圖書館藏葉恭綽友朋尺牘·朱啟鈐》)

八月,葉恭綽致書先生。

九月三日朱啟鈐致葉恭綽書:尊書自平寓轉來聆悉,益增感喟。(《上海圖書館藏葉恭綽友朋尺牘·朱啟鈐》)

九月三日,致書葉恭綽。

致葉恭綽書:遐庵二兄青鑒:弟於八月廿一號攜眷屬來海濱,到此精神差好,惟跋涉則不能如往時奮興耳。尊書自平寓轉來聆悉,益增感喟,開成餘款捐入社中,實拜嘉惠。收據具名不欲顯寫開成,社中往來經手捐款亦有事例可循,如霍初曾捐萬元則書弟經募,四行會捐來一筆閑款則書周作民等經募,載在社刊,皆前證也。此次捐項,擬援案書公經募,略紀事所由來,使後進生徒知所觀感,較另立堂名者爲恰當。唐伯文曾有函去通知,囑將該款逕匯社中,刻尚未到,已授意士能在平接洽辦理。修葺古建築提案,前數日由梁思成具稿,寄至海濱覈定,送平繕正,已於九月一日遞審。另以副本屬士能加函逕寄尊處,想先入覽。大石橋工事頗鉅,絶非萬元可修,基腳埋沙中,應掘視,其舊石券基礎最當研究。地方人事亦頗繁複,如果施工,必須有意外費用,故列爲二萬元。如分配不敷,再爲覈減工作範圍,弟意非另覓土木梁橋專家及當地石工逐細勘查不可輕舉也。附表所列,皆最近劉、梁調查各地認爲有保護修理價值者,藉此可供會中參考。如他處請修款内有重複者,即委托當地較有認識鑒别之機關,分類分年進行。社中人少事多,絶不能獨攬此許多工作也。專復,敬候秋祺。弟鈐頓首,九月三日在海濱。附社中捐款統計表,在概況册内。(《上海圖書館藏葉恭綽友朋尺牘·朱啟鈐》)

按:信中關於開成餘款捐入學社及大石橋修復費用内容皆與六月二日先生致葉氏書札相接續,此書當作於本年。

九月,入協和醫院割治鼻瘤。(十二月二十日朱啟鈐致葉恭綽書)

九月,青島市工務局函請營造學社梁思成批評湛山寺擬建佛塔圖案,梁指導助理劉致平另行設計,製成草圖詳圖,寄青島備用。(《中國營造學社彙刊》第六卷第三期《本社紀事》)

(民國二十四年十二月)至九月,朱家驊、杭立武、孫洛加入營造學社,成爲會員;朱家驊、杭立武、孫洛、葉揆初、趙深、林行規增選爲理事;趙法參入職學社,任研究生;孟錫珏、周作民、李四光、任鴻雋退出理事會。

按:據《中國營造學社彙刊》第六卷第三期與第二期附

録《營造學社名録》比對而得。孫洛，字洪芬。

九月，《中國營造學社彙刊》第六卷第三期刊印。連載先生輯録、劉敦楨校補《哲匠録》。(《中國營造學社彙刊》第六卷第三期)

九月，中央公園委員會公推第五届委員，先生與孟錫珏連任正副主席。

《本園董事會歷届常任董事名録·本園委員會第五届委員名録》(民國二十五年九月公推)：主席：朱桂辛。副主席：孟玉雙。評議部：周作民、岳乾齋、傅沅叔、江宇澄、賀雪航、王君宜、魏子丹、汪逢春、惲公孚、徐星曙、鮑書徵、馮公度、陳劍秋、卓君庸、朱博淵、崔露華、王紹賢、祝雨人、關燕平。事務部：管理課：湯頗公府派、吴甘侯、孟玉雙兼、董翔周、方石珊；會計課：龔維彊府派、龔蔭森府派，繼龔委員、常朗齋、劉一峯、王澤民；設計課：華通齋、徐仲琳、汪申伯。候補人：朱俠黎、郭世五、孔希白、樂詠西、王者香、楊郎川、紹幼琴、馬輝堂、水夢賡、吴扶青。(《中央公園二十五周年紀念册》第三章《本園章制摘要及人事變遷》附録)

季秋，初步編成《紫江朱氏家乘》並書自題詩：家乘初成鬢已斑，遺聞三世幸能傳。史例自稱牛馬走，更伸餘紙寫殘年。(《蠖園文存》插頁)

按：署款："丙子季秋，蠖公自題。"

十月中旬，營造學社文獻組主任劉敦楨率研究生陳明達、王璧文、趙法參赴河北、河南、山東等省調查古建築。(《中國營造學社彙刊》第六卷第四期《本社紀事》)

十月下旬，營造學社法式組主任梁思成率研究生莫宗江、麥儼曾等赴山西、陝西二省調查古建築。（《中國營造學社彙刊》第六卷第四期《本社紀事》）

十一月至十二月十二日間，内政部部長蔣作賓致函先生，商調劉敦楨赴南京内政部工作。

《蔣部長來函》：桂辛先生道鑒：久不奉教爲念。前聞先生在平創設營造學社，羅致專才從事學術之研究，辦理以來成績懋著，曷勝敬佩。本部邇以掌理土地使用暨公共建築事項，增設建築一科。惟建築行政事屬創舉，關於法規之釐訂、計劃之審擬，必需專才擔任，尤以此項行政初步規劃，工作繁雜，遴才不易。前由中央大學方面介紹劉君士能，經函本人，以與貴社有聘約關係，不便改就。惟本部此項工作，如非對於中西建築俱有深邃研究如劉君者不能勝任。敬請（作者注：此後闕失）（《上海圖書館藏葉恭綽友朋尺牘・劉敦楨》12月30日書札附件）

按：本年十二月先生復函言“日前尺書下賁，邇來正擬裁覆，突聞陝變爆發，台旂被困西安”，則此函當作於十二月十二日“西安事變”發生之前。又十二月十四日先生致葉恭綽書，“内務部之發端在前一月中”，則此札當不早於十一月。十二月三十日劉敦楨致書葉恭綽：内政部蔣部長日前又來緘調楨赴寧工作，桂老囑抄録來信及覆緘寄滬，供先生參考。兹附呈緘末，敬祈賜收。（《上海圖書館藏葉恭綽友朋尺牘・劉敦楨》）

十二月十二日，張學良、楊虎城發動西安事變。（《中華民國史.大事記》）

十二月十四日，致書葉恭綽。

致葉恭綽書：遐庵再鑒：弟接尊書，正在考慮。昨聞西安劇變，感觸國事，忽又暈眩，頻施注射，今始强起。特召集梁、劉二人並與關繫較切理事，作一度討論，均覺此時觀念較重較切在國家整個問題，社事存續亦不僅在二人之去就已也。内務部之發端在前一月中，士能於調查魯豫途中，屢接中央大學同人來書，邀其反校擔任建築系主任，彼曾卻之；後又接内部徵調渠往充技正兼組織建築科之事，渠又卻之。歸平曾與弟聲述經過，弟在病中，以爲過去之事，未曾追問内容。兹奉來書，陶君仍殷殷不已，雖云二人，其實注重在士能，蓋主動在中央大學，同系師徒所切望士能回南京，以内務部技正而兼校務也。士能若去，思成一人不能獨擔社務，弟亦更無所倚重者，前功盡棄，坍臺必矣。士能在社，事勞而薪少，上下調協，且自刻苦以勵同事，從未提及薪資厚薄。弟爲應付，難得平衡，亦實愧對。中央挖脚手段，亦知校薪不過如社中待遇，若兼部員，則可增多不少。且以弟之衰病，社易摇動爲聳聞，想亦意中必有之説。士能對弟表示，如社不關門，絶不放棄研究功作。其堅決可佩，故正函屬其代草，請以轉示陶公。如尚不能諒解，是非迫我關門不可也。再，中樞百忙之會組織建築科，或亦因局勢變動從而緩辦，更可虚作委蛇，惟請婉達是禱。社事前途可慮，美款中人放言：社中工作爲不急之務。弟病日深，非有徹底討論，兄既不能北來，弟體如此，萬難南去，相見無由，悵鬱不堪，擬過冬至新年假中，遣士能赴滬一行，就近商洽一切。再候冬祉。弟鈐頓首，十二月十四日。時局看法，望便中示一方

針,此間近日消息悶悶。(《上海圖書館藏葉恭綽友朋尺牘·朱啟鈐》)

按:先生書信所言内務部當爲内政部。“西安劇變”,當指民國二十五年十二月十二日發生之西安事變。“内務部之發端在前一月中,士能於調查魯豫途中,屢接中央大學同人來書”與本譜“十月中旬,劉敦楨赴河北、河南、山東等省調查古建築”相吻合,此書當作於本年。

十二月三十日劉敦楨致書葉恭綽:桂老前囑楨赴滬報告社中工作,適值舍親中有人病故,未克抽身,擬待廢曆年節前後再南下面陳一切。(《上海圖書館藏葉恭綽友朋尺牘·劉敦楨》)

十二月十六日,葉恭綽致書先生。(十二月二十日朱啟鈐致葉恭綽書)

十二月二十日,致書葉恭綽。

致葉恭綽書:遐庵二兄大鑒:昨奉十六日手書,備諳一是。弟自夏間返平後,身體時感不適,九月又一度入協和割治鼻瘤。最近暈眩常作,精力益衰,致久未以社中工作奉告,殊深歉仄。學社接受中英庚款第一期補助費事在去冬十月下旬,翌月始遴聘助理人員開始工作。原與普通年度稍異,業於工作報告内再度向董事會聲明在案。惟實際工作,因編輯印刷困難叢生,致出版日期較預定計畫稍遲。現《建築設計參考圖集》已印就一、二兩集,即日郵呈,三、四兩集正在印刷中。《古建築調查報告》專刊一、二集亦大體編竣,其圖版一部且已付梓,至遲來春可以問世。經費一項,前後三次共收到補助費一萬五千元(二十四年度下期五千元未領),專款儲存浙江興業銀行,與社中原有甲、乙二項開支不相淆混,現除助理員薪俸暨印刷雜費等共支四千餘元外,尚存一萬元有奇。以上經過情形,祈便中代向諸董事剖解,俾免誤會。承示下年度提請補助辦法,銘感無似。弟原擬提出發掘壽州古物一案,嗣因思成、士能二人對於考古發掘,既乏素養,尤無經驗,恐難肩此重任。此外,調查全國民居建築與完成北平故宮測量,又恐題材過於專門,不足引人注意。抑弟尤爲偲偲過慮者,即新事業增加後,所有助理人員薪俸與雜項開支不能仰給於補助費者,必另行設法籌募。際此社會經濟瀕於絶境之時,社中每年捐募乙項事業費一萬五千元已感十分困難,將來支出日增,勢必難以爲繼。再四籌維,與其另立名目,不如將《古建築調查報告》及《建築設計參考圖集》與《營造彙刊》三種刊物,使之賡續進行,成爲學術上與實用上重要參考圖籍,或與環境更爲切合。故下年度擬仍用編製圖籍名義申請繼續補助,不知尊意以爲若何。壽州周末遺跡發掘關係甚鉅,社中決計參加,惟現在南方中堅團體擔任野外工作者爲何人?組織有無具體方案?亟欲知其概要。因思成、士能均難長期駐外,且對發掘技術極形隔膜,只能待工作開始後發掘與建築有關之遺物,再行南下耳。即祈代爲接洽,並希賜覆爲禱。專覆,順頌道祺。弟朱啟鈐啟,十二月廿日。(《上海圖書館藏葉恭綽友朋尺牘·朱啟鈐》)

按:函中言"二十四年度下期五千元未領""承示下年度提請補助辦法",此信當作於民國二十四年、二十五年間(二十四年度自七月至二十五年六月)。"學社接受中英庚款第一期輔助費事在去冬十月下旬”與民國二十四年六月中英庚款董事會首次批准補助營造學社編製圖籍費國幣貳萬圓吻合，此書當作於民國二十五年。且“弟自夏間返平後，身體時感不適”與本年六月前去上海養病也相吻合。

十二月二十二日，作《蠖園文存》識語。

《蠖園文存》識語：啟鈐壯服官政，老求異書。歲月超忽，姿性瞢鈍，志業所存十不逮一。以是零札片言，即有所獲，未嘗自惜。眷戀景光，感懷疇曩。撫陵谷而屢遷，對友朋而思舊，乃稍思掇輯，以示後人。凡以從政時公牘文字得諸篋笥者，爲卷上；復從官書中撮録若干以資互證者，爲卷中；而近歲所著，或論學術，或紀家事，則録爲卷下。隨輯隨印，參錯其例在所不免。朋好代筆，掾屬具草，其事有當紀者，竟亦附焉。晚年纂述，數典輒忘，兑之表弟助我獺祭，他山之功，尤不可没。蠖園者，余天津别業之名，頃已鬻去。故廬不守，琴鶴皆非。則此寥寥所寄，將與斯園同蕪，藉曰存之，不過於榛莽中重尋泥雪而已。民國廿五年丙子冬至，蠖公自識。(《蠖園文存》卷末)

按：本年十二月二十二日(陰曆十一月初九日)冬至。

十二月十四日至三十日間，復函内政部部長蔣作賓，婉拒其調劉敦楨赴内政部工作之請。

《覆蔣部長函》：雨巖部長偉鑒：未通音候，瞬逾十稔，遥企音塵，彌深馳繫。日前尺書下賁，藉悉勛業隆懋與日俱增，快慰何似。邇來正擬裁覆，突聞陝變爆發，台旂被困西安，翹首隴雲，彷徨無既。所幸吉人天相，脱險南歸，忝在知交，曷勝欣忭。弟自謝政以還，糾合同志創立中國營造學社,冀以科學方法闡揚吾國固有之文化。顧以經濟、人力俱感竭絀,凡所籌計,難睹速效,猥蒙飾獎,愧何敢承。辱示貴部擬增設建築一科,鋭意整理全國土地使用及公私建築法規,碩畫宏謀,欽遲無地。所囑調用敝社劉君士能赴寧工作一層,日前譽虎兄來緘亦曾道及。惟敝社歷年經費因接受中英中美庚款會補助,一切工作只能以申請補助之事項爲前提,不得任意改變或半途中止。又以平日經費有限,用人極少,舉凡研究調查、圖籍出版以及訓練新進學生,胥由梁、劉二君擔任。而近歲國内公私團體委托敝社計畫修葺古建築者,尤爲紛至沓來,應接不暇。二君中設有一離社,則各項工作勢必發生阻滯,不但百里半途至足惋惜,抑亦無以副歷來熱心扶助敝社者之殷望。言念及斯,無任悚懼,左右思維,唯有重違雅命。敬祈尊處另擇賢能一法耳。耑覆。諸希諒原,順頌勛安。(《上海圖書館藏葉恭綽友朋尺牘·劉敦楨》12月30日書札附件)

十二月三十日劉敦楨致書葉恭綽:内政部蔣部長日前又來緘調楨赴寧工作,桂老囑抄録來信及覆緘寄滬,供先生參考。兹附呈緘末,敬祈賜收。(《上海圖書館藏葉恭綽友朋尺牘·劉敦楨》)

按:函中言及"突聞陝變爆發,台旂被困西安",當指"西安事變"蔣氏隨同蔣介石被扣西安,十二月十四日先生致葉恭綽書並未言及復函蔣氏,則此信當不早於十二月十四日。此與蔣一九三五年十二月至一九三七年十一月擔任内政部部長時間也相吻合。又劉敦楨致葉恭綽書札附有此札鈔件,先生復函當不晚於十二月三十日。

是年,捐雙橋路地皮九點六畝换取雍濤地皮十畝,爲北戴河草場莊建成區立完全小學一座。(楊炳田《北戴河公益會會員捐款情況》)

原注:折洋一萬元。後協修公園路東下坡,特捐八百元。

是年,促印《家乘》,請瞿宣穎整理《蠖園文存》。

《蠖園年表》:促印《家乘》,倩瞿兑之表弟整理叢稿,名曰"蠖園文存"。(《紫江朱氏家乘》卷三)

是年,《蠖園年表》完成,瞿宣穎協助先生編輯。

一九六二年二月三日瞿宣穎致先生書:當年我幫忙編輯《家乘》、《年譜》,忽忽將及三十年。(朱氏家藏稿本)

按:《蠖園年表》止於本年,姑存此。

是年,刊印《蠖園文存》。

《蠖園文存》牌記:民國二十有五年丙子,紫江朱氏刊。

按:章梫題書籤於"丙子冬月";祝書元作序於"民國丙子冬至後十日",即一九三七年元月一日(陰曆丙子十一月十九日),瞿宣穎序作於"民國二十六年春"。《蠖園文存》面世當不早於民國二十六年春。

本年,段祺瑞卒。

中華民國二十六年丁丑　一九三七年　六十六歲

本年,朱家驊在管理中英庚款董事會董事長任、葉恭綽在董事任。(《國民政府職官年表》第一册《行政院直屬機構·管理庚款委員會》)

是年，居北平東城趙堂子胡同。

一月一日，祝書元序先生《螻園文存》。（《螻園文存》卷首）

按：祝序作於民國丙子冬至後十日。丙子冬至，爲民國二十五年十一月初九日（陽曆十二月二十二日）。

二月二十四日，函請中華教育文化基金董事會繼續補助營造學社經費。

《致中華教育文化基金董事會函》：敬啟者：敝社自受貴會補助，整理我國營造學術已八稔於兹，所有研究成績業經分期報告在案，諒邀鑒察。年來社中工作，除仍繼續完成我國建築史外，舉凡實物調查與圖籍編製，胥以切合實用爲前提；而服務一門，迭受政府與國内公私團體之委托，協助北平文物整理，計畫雲岡石窟、趙縣大石橋、正定龍興寺、青島湛山寺等處重要史蹟之修復，並供給教學用與展覽用標本模型，及於上海、北平二處舉行建築展覽會，圖斯學知識之普及。惟是敝社經費，除經常辦公費及一部分研究員之薪俸向於貴會補助費内支給，與調查、出版費用每年接受管理中英庚款董事會補助費一萬八千元外，其餘薪俸與出版二項不足之數由敝社自行籌募者，每歲且達萬元左右。際此國事蜩沸，社會經濟極端凋弊，私人集款原極不易，而年來義務服務工作，復紛至沓來，有增無已，遂使敝社人力經費俱苦無以應付。竊念敝社爲國内研究營造學術之唯一機關，對此類保存文化史蹟及促進建築事業之工作，職志所在，雖屬義無反顧，然以經費竭蹶如彼，而工作之亟待推行如此。遥矚前途，實感使命之重，爲此繼續申請貴會自下年度起，每年補助敝社經費二萬元，暫以三年爲度。如蒙惠准，豈惟敝社工作得以賡續進展，抑亦全國建築界之所引領翹望者也。臨穎無任禱企。此致中華教育文化基金董事會。中國營造學社社長朱啟鈐啟，中華民國廿六年二月廿四日。（《中國營造學社彙刊》第六卷第四期《本社紀事》）

二月，營造學社借用北平萬國美術會陳列室舉行中國建築展覽，爲期一周。（《中國營造學社彙刊》第六卷第四期《本社紀事》）

按：展覽陳列漢魏迄清照片二百幅，各附以簡明説明；模型十餘件；實測圖、復古圖及工程做法補圖共十餘幅，並營造學社全部出版物。

三月，營造學社法式組主任梁思成率助理邵力工等，繼續測繪文華、武英等殿及宫城東、西華門等處建築。（《中國營造學社彙刊》第六卷第四期《本社紀事》）

春，瞿宣穎序先生《蠖園文存》。（《蠖園文存》卷首）

四月二十日，朱家驊連任管理中英庚款董事會董事長。（《國民政府職官年表》第一册《行政院直屬機構·管理庚款委員會》）

五月十日，中華教育文化基金董事會復函營造學社，同意補助國幣一萬五千元，用於古建築調查之用，期限壹年。

《中華教育文化基金董事會復函》：敬啟者：查本屆貴社向敝會繼續聲請補助一案，經提請第十三次董事會討論，以敝會爲財力所限，對於請求之款，未能全數通過，當決議補助國幣壹萬伍千元，以爲古建築調查之用，自廿六年七月起，至廿七年六月止，期限一年等因，相應函達，並檢附空白預算書兩份，即希查收，按照通過補助數額，編製預算，於七月一日以前寄送到會，以憑審覈撥款爲荷。此致中國營造學社。中華教育文化基金董事會啟，廿六年五月十日。（《中國營造學社彙刊》第六卷第四期《本社紀事》）

按：此爲二月二十四日先生致中華教育文化基金董事會函之復函。

六月，營造學社法式組主任梁思成偕莫宗江、林徽因及技工一人赴山西調查古建築。（《中國營造學社彙刊》第七卷第一期刊載梁思成《記五臺山佛光寺建築》）

（民國二十五年九月）至六月，張起颾加入學社，成爲會員。（《中國營造學社彙刊》第六卷第四期《本社社員》）

按：據《中國營造學社彙刊》第六卷第四期與第三期附録《營造學社名録》比對而得。

六月，《中國營造學社彙刊》第六卷第四期刊印。（《中國營造學社彙刊》第六卷第四期）

本年（民國二十五年）度，爲營造學社捐款五千元。

民國二十四年十二月二十日朱啟鈐致葉恭綽書：美庚款明年補助與否，在此時局之下殊不可必。乙項自籌之費，弟任五千。（《上海圖書館藏葉恭綽友朋尺牘·朱啟鈐》）

七月七日，盧溝橋事變爆發。（《中華民國史.大事記》）

七月二十九日，北平、天津失守。（《中華民國史.大事記》）

是年，“七七事變”後，北平淪陷。江朝宗聯合舊官僚發起組織“維持會”，曾要求先生具名參加，遭到拒絕。（劉宗漢《回憶朱桂辛先生》）

按：後江氏自任“維持會”會長兼北平特別市市長。

七月，中興輪船公司成立，先生任董事會長。

《朱啟鈐》：一九三七年還擔任了中興輪船公司董事會長。（《棗莊煤礦志·人物與榮譽》）

一九三七年，經股東會議決設立中興輪船公司。七月呈交通部覈准給照，開始營運。（《棗莊煤礦志·大事記》一九三四年）

八月，中國營造學社經費來源斷絶，暫時解散，學社的照相機、重要的學術文檔資料等貴重物品運至天津英租界維多利亞路麥加利銀行保存。（赫俊紅《一九四〇年中國營造學社"水殘文件"搶救保護〈工作日記〉記略》）

九月五日，梁思成、劉敦楨、楊廷寶等營造學社職員攜家人離開北京。

馮棣、黄沁雅、黄福丹《中國營造學社西南編年事輯（1937—1940）——長沙、昆明》：九月五日，梁思成、劉敦楨、楊廷寶等攜家人離開北平。

《劉敦楨先生生平紀事年表》一九三七年：八月，與梁思成、楊廷寶等共舉家離開北平。（《劉敦楨先生誕辰110週年紀念暨中國建築史學史研討會論文集》附録一）

按：《紀事年表》與《西南編年事輯》所記載離京時間有異，姑從《西南編年事輯》。

陳從周《朱啟鈐與中國營造學社》：抗日戰争始，學社内遷，周詒春代理社長。（《梓室餘墨》）

劉宗漢《回憶朱桂辛先生》：抗戰時，營造學社遷於重慶附近的李莊。留在北京的資料圖書存在中山公園，由桂老自己出資僱人保管。（《蠖公紀事》）

九月二十九日，梁思成、劉敦楨、楊廷寶等人抵達武漢。［馮棣、黃沁雅、黃福丹《中國營造學社西南編年事輯(1937—1940)——長沙、昆明》］

九月三十日，梁思成在旅舍中接受記者采訪，表示學社能否在長沙繼續工作，取決於中華教育文化基金董事會方面能否繼續撥予經費，如果可能，絶不容此唯一研究中國建築之組織夭折。［馮棣、黃沁雅、黃福丹《中國營造學社西南編年事輯(1937—1940)——長沙、昆明》］

十月一日，梁思成、劉敦楨、楊廷寶等人抵達長沙。［馮棣、黃沁雅、黃福丹《中國營造學社西南編年事輯(1937—1940)——長沙、昆明》］

十月，梁思成、劉敦楨在湘成立長沙工作站，調查長沙附近民居及近歲發現之周漢遺墓；劉致平不久後抵達長沙，與梁、劉匯合；在先生的幫助下，陳明達與莫宗江隨身帶著學社儀器離開北平南下後各自回了老家。［馮棣、黃沁雅、黃福丹《中國營造學社西南編年事輯(1937—1940)——長沙、昆明》］劉敦楨自長沙返故鄉新寧。(《劉敦楨先生誕辰110週年紀念暨中國建築史學史研討會論文集》附録一《劉敦楨先生生平紀事年表》)

馮棣、黃沁雅、黃福丹《中國營造學社西南編年事輯(1937—1940)——長沙、昆明》：劉致平隻身從北平南下後，在火車上遇到的同學告知其梁、劉到了長沙，便決定前往匯合。(《建築史學刊》2023年第2期)

十一月十二日，上海淪陷。(《中華民國史.大事記》)

十一月，中國營造學社在北京東城宏通觀C6號設保管處及保管專員，經費由先生私人資助。(赫俊紅《一九四

○年中國營造學社“水殘文件”搶救保護〈工作日記〉記略》)

十二月(八日前),中國營造學社常務理事周詒春兩次赴湖南與梁思成、劉敦楨會商社務,提出兩條建議:第一,嗣後工作人員暫定集中貴州,其可代爲照顧;第二,中華教育文化基金董事會三、四期補助款,逕匯南方,由梁思成負責保管。先生在北平聞訊極表贊同,正式具函邀請周詒春理事執行營造學社社長職權,就近主持南遷社務。經學社成員商議,劉致平一人先去昆明探路,梁、林隨後,劉敦楨則帶長沙的親眷暫回老家新寧,長沙工作站宣告結束。[馮棣、黄沁雅、黄福丹《中國營造學社西南編年事輯(1937—1940)——長沙、昆明》]

十二月八日,凌晨五點,梁思成一家自長沙汽車站啟程前往昆明。當晚抵達官莊。[馮棣、黄沁雅、黄福丹《中國營造學社西南編年事輯(1937—1940)——長沙、昆明》]

林徽因《一九三七年十二月九日致沈從文》:決定了到昆明以便積極的作走的準備。本買二日票,後因思成等周寄梅先生,把票退了,再去買時已經連七號的都賣光了,只好買八號的。(《林徽因文存》)

十二月十三日,國民政府首都南京淪陷。(《中華民國史.大事記》)

十二月十四日,僞中華民國臨時政府在北平成立,設議政、行政、司法三委員會。湯爾和爲僞立法委員會委員長,王克敏、齊燮元、朱琛、王揖唐、董康、江朝宗、高凌霨爲僞行政委員會委員,王克敏爲委員長;董康爲僞司法委員會委員長。王克敏與日本密約,僞政府行政、經濟、軍事、教育等大權均由日人控制;日本派出由平生劍三郎率領的顧問團任僞政府最高顧問團;僞政府一切行政事務,均需要事先徵得該顧問團同意方得施行。僞政府成立後,僞冀東防共自治政府,平、津及河北各僞維持會均解散,河北、山東、山西、河南各省僞組織均屬僞中華民國臨時政府。(《中華民國史.大事記》)

劉宗漢《回憶朱桂辛先生》:桂老在北洋政府中資望較高,而且從事過北京的市政工作,便成爲日方重點拉攏對象。當時桂老和王克敏住隔壁(桂老與王都住在北京東城趙堂子胡同,他住二號,王住三號),王克敏便利用與桂老的舊關係親自勸説他出任僞職,另一名漢奸潘毓桂也出面進行這種拉攏活動。桂老以自己正在編纂《貴州碑傳集》,無心涉足政治爲理由,拒絕了日僞的拉攏。(《蠖公紀事》)

(至晚)是年,開始編輯《貴州碑傳集》。

劉宗漢《回憶朱桂辛先生》:桂老以自己正在編纂《貴州碑傳集》,無心涉足政治爲理由,拒絕了日僞的拉攏。(《蠖公紀事》)

劉宗漢《朱啟鈐先生的貴州情結》:將名人傳記集中在一起刊印出版,始于宋杜大珪的《名臣碑傳琬琰集》,後世清代錢儀吉等人也編有幾種《清碑傳集》。先生將這種體例用之於地方文獻的整理,於是產生了編纂《貴州碑傳集》的構想。由於貴州地處偏僻,發展較晚,搜集各類人物傳記,編成《碑傳集》,對地方文獻的搜集、整理,無疑有重大意義。(《冉冉流芳驚絶代》)

中華民國二十七年戊寅　一九三八年　六十七歲

本年，朱家驊在管理中英庚款董事會董事長任、葉恭綽在董事任。(《國民政府職官年表》第一册《行政院直屬機構・管理庚款委員會》)

居北平東城趙堂子胡同。

一月十五日，梁思成一家抵達昆明，與劉致平匯合，住進巡津街盡頭的市長府“止園”。[馮棣、黄沁雅、黄福丹《中國營造學社西南編年事輯(1937—1940)——長沙、昆明》]

林徽因《一九三八年春致沈從文》：昆明的到達既在離開長沙三十九天之後，其間的故事也就很有可紀念的。(《林徽因文存》)

按：一九三七年十二月八日梁思成攜家眷離開長沙，經過三十九天，應於一九三八年一月十五日到達昆明。

二月，中國營造學社昆明工作站成立。身在昆明的學社成員僅梁思成、林徽因、劉致平三人。[馮棣、黄沁雅、黄福丹《中國營造學社西南編年事輯(1937—1940)——長沙、昆明》]

馮棣、黄沁雅、黄福丹《中國營造學社西南編年事輯(1937—1940)——長沙、昆明》：這一期間，因庚款未至，學社資金匱乏，梁、林不得不爲生計奔波。兩人爲當地富人設計房子换取報酬(後因梁思成患了嚴重的脊柱關節炎和肌肉痙攣，這類短暫的打工生涯不得不停止)，林徽因還要每週兩次去雲南大學教英文補貼支出。(《建築史學刊》2023年第2期)

四月，營造學社研究生莫宗江、陳明達抵達昆明。

馮棣、黄沁雅、黄福丹《中國營造學社西南編年事輯(1937—1940)——長沙、昆明》:莫宗江沿北平—天津—廣州路綫抵達廣州,陳明達先在長沙、祁陽處理家務事,後與莫宗江匯合,之後兩人從香港前往河内,再去昆明。四月中,研究生莫宗江、陳明達先後到滇集中。(《建築史學刊》2023年第2期)

四月,中興總公司在漢口召開董事會議,先生作爲董事監察人和董事們一致作出"决不與日人合作"的决議。

《棗莊煤礦志·大事記》)一九三八年:四月,中興總公司在漢口召開董事會議,作出"决不與日人合作"的决議。

《人物與榮譽·朱啟鈐》:日軍侵占中興公司後,作爲董事監察人的朱啟鈐和董事們一致决議,"决不與日僞合作"。(《棗莊煤礦志》)

《山東嶧縣中興煤礦股份有限公司章程》(一九三二年修訂)第四章"董事與監察人":董事任期三年,被選舉者得連任;監察人任期一年,被選舉者得連任。(《棗莊煤礦志·附録》)第一章《文獻資料》)

五月下旬,劉敦楨到達昆明。此時學社昆明工作站的計劃分爲兩類:一類是田野調查,包括雲南省和川康黔三省兩部分;另一類是出版工作,包括《營造法式新釋》、《中國建築詞典》、《中國建築大事年表》、《雲南古建築調查報告》等。

馮棣、黄沁雅、黄福丹《中國營造學社西南編年事輯(1937—1940)——長沙、昆明》:劉敦楨帶家人離開老家湖南新寧，取道湘桂二省間的小路到達廣西全州，經桂林、柳州、南寧，繞道越南，於五月下旬到達昆明，安頓在昆明西北角興國街的張姓住宅中(但很快患上了嚴重的傷寒症，經過三個月才慢慢轉好)。此時學社昆明工作站的計劃分爲兩類。一類是田野調查，包括雲南省和川康黔三省兩部分。前者由劉敦楨帶隊，分兩次完成；後者由梁、劉兩人帶隊，爲學社最後一次大規模田野調查。另一類是出版工作，包括《營造法式新釋》、《中國建築詞典》、《中國建築大事年表》、《雲南古建築調查報告》等。其中《雲南古建築調查報告》由劉敦楨負責，《營造法式新釋》由梁思成負責，在西南時期均未能完成，而其他幾項都未見稿。(《建築史學刊》2023 年第 2 期)

《劉敦楨先生生平紀事年表》一九三八年：三月，由新寧過廣西全州、桂林、南寧、鎮南關，經越南至昆明。此時抵昆之營造學社成員已有梁思成、林徽因、劉致平、陳明達、莫宗江，在城南巡津街設立工作地點。(《劉敦楨先生誕辰 110 週年紀念暨中國建築史學史研討會論文集》附録一)

六月，作《紫江朱氏家乘序例》。(《紫江朱氏家乘》卷首)

七月十月，致書葉景葵。

致葉景葵書：揆老左右：月初奉到覆書，敬諗起居迪吉，欣慰無既。弟入夏以來，氣燥心煩，目痛不已，執筆時少，百事俱廢。擬輯《黔南碑傳集》，積稿在案，昏聵亦無何成就耳。《家乘》早歲排印，散置未裝，劫火頻驚，懼不能守，遂促付訂工，草草成卷。分寄南中，郵程又阻，聚置一隅，深慮不測。前以一部托之鄴架，乃荷矜視，感怍交集，聞序例偶有脱簡疏略，爲手民常態。兹檢別本廢葉一張，惟尺度微弱，先以補奉，俟得便另寄精裝全函易置，如何？尚擬裝箱寄滬，懇分貽各大圖書館也。危巢無可告語，溝壑蒞俎，苟免抑復難過。率復，敬候暑祺。弟鈐頓首，七月十日。（《二十世紀北京大學著名學者手蹟》）

按：先生所撰《序例》作於"民國二十七年六月"。此前所貽贈葉景葵《家乘》當爲初刻本，未有《序例》，故待《序例》寫成，裝成新本，乃與葉氏前收到之本交換。書言"遂促付訂工，草草成卷"，當作於《家乘》裝訂後不久，姑置於本年。

七月底，梁思成因脊柱關節炎復發被迫卧床。［馮棣、黄沁雅、黄福丹《中國營造學社西南編年事輯(1937—1940)——長沙、昆明》］

梁思成患病卧床期間，由劉敦楨組織學社的田野調查工作。［馮棣、黄沁雅、黄福丹《中國營造學社西南編年事輯(1937—1940)——長沙、昆明》］

馮棣、黄沁雅、黄福丹《中國營造學社西南編年事輯(1937—1940)——長沙、昆明》：學社在雲南時一共進行了三次大規模的田野調查。第一次爲一九三八年十月十日至十一月十二日，對昆明及附近古建築進行調查，調查建築物五十餘處。第二次爲一九三八年十一月二十四日至一九三九年一月二十五日，考察了雲南昆明至西北一帶，包括安寧、楚雄、鎮南、大理、麗江等地區，調查建築物約一百四十處，實測十處建築及若干民居，又於一九三九年四月補行調查數處。由於梁思成患脊柱關節炎，這兩次調研均由劉敦楨帶陳明達、莫宗江完成。第三次爲一九三九年八月二十六日至一九四〇年二月十六日，對重慶、四川、西康一帶進行考察。由梁思成、劉敦楨帶隊，隨行隊員有莫宗江、陳明達。此行共訪三十五個縣、七百三十餘處調查對象，重點爲漢闕、崖墓和摩崖石刻等石構。除了這三次大型的田野調查外，劉致平亦在雲南展開沉浸體驗式民居田野調研。(《建築史學刊》2023 年第 2 期)

九月十八日，中央公園委員會公推第六届委員。先生不再擔任主席，朱博淵、吴甘侯分任正副主席。

《本園董事會歷届常任董事名録·本園委員會第六届委員名録》(民國二十七年九月十八日公推)：主席朱博淵，副主席吴甘侯。(《中央公園二十五周年紀念册》第三章《本園章制摘要及人事變遷》附録)

十一月十七日，致書葉恭綽。

致葉恭綽書：遐庵二兄賜鑒：一别經年，恍如隔世，滄桑之感，得無相同。公超回平，略聞近況，而敝居生活，其歸途奉省，想必以目睹耳聞者具達左右矣。頃接交行轉來尊處一電，爲士能覆公超者，電到擬托台端由港轉昆明，正本已由津寄昆明，但恐被扣，故另備副本别行。請閱後付郵爲幸。學社南遷，轉徙流離中工作頗少，士能到滇一病三月，方幸脱體，思成又以骨椎硬化，將成廢人。此間保管文物未完之事，仍不能不强起料理，衣鉢何托，思之惘然。現在惟公超已行，索取物品已交太平公司直接運至海防，因此等儀器出入關口，旅客自攜殊多不便。至於屬運取前存麥行箱件，往歲經林斐臣手存寄，且訂有嚴密契約，公超來此，疊經商量，運取手續尚未得有便捷安全辦法。附抄致梁、劉兩君函稿副本，士能實際服務應付同舍，用心頗苦。寄梅遥領社長，聞又他往，聞去貴陽往重慶。大約除監督美款外，他皆不允通融，故不如在平時取求方便。此間通訊異常困難,想士能常有書致公懸求援助也。悤覆,敬請冬安。弟鈐頓首,十一月十七日。(二〇二三年一月中國嘉德國際拍賣有限公司第四十三期文物藝術品網絡拍賣會《葉恭綽舊藏友朋書札文稿》專場手稿)

按:信言"士能到滇一病三月,方幸脱體,思成又以骨椎硬化,將成廢人",本年五月下旬劉敦楨到達昆明,此書當作於本年。又據《葉遐庵先生年譜》,民國廿六年十一月廿七日葉氏赴港,此後居港數年。與信文"一别經年"吻合。麥行,即麥加利銀行。林行規,字斐成,律師。

十二月一日,劉敦楨於昆明致書先生。

劉敦楨《雲南西北部古建築調查日記》(1938 年 11 月 24 日—1939 年 1 月 25 日)十二月一日星期四:下午四時返寓,作書寄桂師及寄梅先生。(《劉敦楨文集》三)

是年,趙堂子朱宅遭到日僞强行低價徵購,先生被迫移租北平東城北總布胡同。(劉宗漢《回憶朱桂辛先生》)

葉祖孚《朱啟鈐與〈存素堂賬目〉》:一九三八年,開始賣房子和家具。(《蠖公紀事》)

劉宗漢《有關朱啟鈐先生史料的幾點補正》:這樣,朱先生被迫遷居東城東總布胡同七十五號,後又遷居東城東裱褙胡同一直住到北京解放前夕去上海。(《北京文史資料》65 輯)

按:據劉宗漢提供資料,侵住趙堂子胡同的爲日本控制中國淪陷區經濟機構之一的"中紡總公司";東總布胡同七十五號爲租賃性質,故爲租住。

是年,與周詒春等人任故宫博物院第四届理事會理事。

《中國營造學社》：一九三四年、一九三八年、一九四〇年，周詒春與朱啟鈐均被任命爲故宫博物院理事會理事，參與對故宫管理。（《周詒春圖傳·傾心文教·中國營造學社》）

《故宫博物院理事會》：從一九三四年第二届理事會起，又經過一九三六年第三届、一九三八年第四届、一九四〇年第五届……（《故宫學百廿題》四《故宫學研究對象之三：故宫博物院》52）

本年，唐紹儀、孟錫珏卒。

中華民國二十八年己卯　一九三九年　六十八歲

本年，朱家驊在管理中英庚款董事會董事長任、葉恭綽在董事任。（《國民政府職官年表》第一册《行政院直屬機構·管理庚款委員會》）

是年，居北平。

按：據劉宗漢提供資料，民國二十七年先生遷居東總布胡同七十五號，爲租賃性質。其遷居東城東裱褙胡同時間待考。

四月十六日，前往探視徐世昌。

《水竹邨人年譜》稿本民國二十八年四月十六日：朱桂辛來，猶於病榻見之。

四月十七日，復書汪詒年。

致汪詒年書：仲閣仁兄先生惠鑒：南朔暌違，時深馳溯。比奉手翰，猥荷注存，兼承頒寄《穰卿先生年譜》、《遺文》二册，展卷摩挲，百感交集。迴思當日，追隨驂靳，抵掌盱衡，其憂國之深，瞻言之遠，凡在朋僚，無不欽服。何意日斜庚子之後，遂見群龍海水之災。我輩白髮餘生，丁兹世變。會合無期，祇益山陽鄰笛之感；前塵若夢，何限漢南移柳之思。執事誼篤友于，勤收放佚，昭示來許，必獲解人。穰翁之閎識孤懷，亦當稍白於後世，此固確然無疑者也。弟以衰遲，久疎世事，惟於故人文字曾未忘情，風雨晦冥，關河契闊，相存之雅，中心藏之。鉛槧之暇，眠食自將，養性益壽，是爲至祝。泐箋布謝，不盡欲言，敬承道履，諸惟惠察。弟朱啟鈐上，四月十七日。（《汪康年師友書札·朱啟鈐》）

按：汪詒年，字仲策，號頌閣，又號仲閣。其兄汪康年，字穰卿。"《穰卿先生年譜》、《遺文》"，即汪詒年編《汪穰卿先生傳記》、《汪穰卿先生遺文》。《汪穰卿先生傳記》爲《汪穰卿先生遺文》附録，刊行於民國二十七年十月，此信姑置於本年。

八月，天津發生嚴重水災。中國營造學社寄存在麥加利銀行庫中之圖紙、資料、底片等遭到浸泡，先生組織進行緊急搶救、晾曬、清理。

赫俊紅《一九四〇年中國營造學社"水殘文件"搶救保護〈工作日記〉記略》：一九三九年八月天津遭遇水災，學社寄存在麥加利銀行地下室的物品和文稿資料被水淹達二三個月。這批寶貴資料被稱爲"水殘文件"。

傅熹年《朱啟鈐——研究中國建築的倡導者和引路人》："抗戰開始後，營造學社的主力南遷，先後在雲南、四川等地艱苦地開展工作。桂辛先生雖困處敵後，但他仍在很困難的情況下主持了兩件很重要的大事。其一是營造學社的大部分圖紙、資料、底片等自抗戰起即寄存於天津銀行庫中,卻不幸在一九三八年天津大水災中遭到浸泡。於是桂辛先生命人進行緊急搶救、晾曬、清理,把損失減少到最低程度,爲建國後展開文物保護工作和建築歷史研究工作保存下珍貴的基礎學術資料,其中一些實物毀於戰争,已成爲不可再得的珍貴史料。(《冉冉流芳驚絶代》)

按:"一九三八年天津大水災"有誤,實際發生於一九三九年。據十月二十九日劉敦楨致先生書,天津銀行爲麥加利銀行。

九月三十日,致書開陽縣縣長解幼瑩。

《復解縣長幼瑩書》:迢遠天末,聞聲相思。承賚手遥,知有纂輯邑乘之舉,賢令尹之所爲,誠有以異於流俗,感佩曷既。弟流轉四方,忽焉暮齒,每懷水源木本之思,頗志徵文考獻之事。近年梓里人士,轉相告語,輒用欣然。猥以久居北都,讀書較便,嘗鈔纂《開州志補輯》一帙寄黔,此外,稍有見聞,悉以相告,郵簡往復,何啻盈愢。事變勃興,聲息阻絶,偷生念亂,亦無復曩時意興。今承開示,真空谷之足音也。從前所寄史料,恐尊處未易覓得,兹勉將《開州志補輯》再寄一通,但不卜果能遞到否。寒家丁口單寡,數十年來,尤多羈旅在外,念及松楸,常懷耿耿。乃聞賢侯故老,猶敦式墓之古風,凡在後嗣,能不零涕。謹將先世家乘遺墨及拙稿檢奉若干,敬候采擇,至應如何慎選,悉聽史筆,非弟所敢置喙。志稿目録,拜讀一過,斟酌盡善,允稱三長,將來必爲信史,梓里之光,同深欣頌,弟衰病之軀,猶願拭目以觀厥成也。專此布覆,敬頌台安。弟朱啟鈐啟。廿八年九月三十日。(《開陽縣志稿》第十二章《藝文》)

原注：據另函，其所補輯《開州志》，因郵局拒遞包裹，只得抽原書，另將家乘殘存散篇，摘出函寄云云。故本會收到，僅其家乘散篇，補輯之志，無緣寓目也。附記。

按：先生作有《開州志補輯緣起》，收録於《蠖園文存》卷下。

十月十五日，劉敦楨致書先生。

劉敦楨《川康古建調查日記》（1939 年 8 月 26 日—1940 年 2 月 16 日）十月十五日星期日：作函寄桂老、斐成及麥行經理。（《劉敦楨文集》三）

十月二十日，六孫朱文相生於北京。

按：朱文相，朱渤三子。曾任中國戲曲學院院長。卒於二〇〇六年十一月十五日。配：宋丹菊，宋德珠之女。據劉宗漢提供資料，一九六七年結婚；宋丹菊生於一九四二年。

十月二十九日，劉敦楨致書先生，商量整理天津水災中遭到浸泡之營造學社文獻及補救方法。

劉敦楨《川康古建調查日記》（1939 年 8 月 26 日—1940 年 2 月 16 日）十月二十八日星期六：接徽因信，知津件爲夏潦所淹，十載辛苦，付之東流，痛心無以。二十九日星期日：致函林斐成及桂老，商提取麥行存件，及整理、補救方法。（《劉敦楨文集》三）

十月三十一日，梁思成致書先生。

劉敦楨《川康古建調查日記》（1939 年 8 月 26 日—1940 年 2 月 16 日）十月三十一日星期二：徽因轉來林斐成君電，悉津件被淹慘甚。比由思成擬稿復林君一函（内附上桂老函）及簽字信紙數份，請逕向麥行代取存件，以便早日

整理。(《劉敦楨文集》三)

十一月(九日前),復書梁思成。

劉敦楨《川康古建調查日記》(1939年8月26日—1940年2月16日)十一月九日星期四:又接徽因、致平來函,内附桂老及林斐成君信,述津件被淹慘況,讀之泫然。(《劉敦楨文集》三)

十一月十六日,梁思成、劉敦楨聯名復書先生。

劉敦楨《川康古建調查日記》(1939年8月26日—1940年2月16日)十一月十六日星期四:晚,思成擬函覆桂老,余與簽署。(《劉敦楨文集》三)

十一月二十二日,瞿宣穎爲先生起草《中央公園二十五周年紀念册》序文,並前往祝壽。

《瞿兑之日記》(外三種):十月十二日(11月22日),爲蠖公草社園志序,詣祝其生日。

按:本年十二月《中央公園二十五周年紀念册》出版,序文署名先生,日記所言"社園志序",當即指《紀念册序》。

十二月五日,瞿宣穎在先生處就餐。

《瞿兑之日記》(外三種):十月二十五日(12月5日),晚,在蠖公處飯。

十二月十三日,劉敦楨、莫宗江、陳明達和林徽因等人抵達李莊。

馮棣、黄沁雅、黄福丹《中國營造學社西南編年事輯(1937—1940)——長沙、昆明》:(劉敦楨與林徽因等人)經畢節、敘永、瀘州等地,於十二月十日到達宜賓,與莫宗江、陳明達匯合。十二月十三日上午，一行人從宜賓乘坐小木船到達李莊，立即前往離李莊鎮約一公里的上壩村月亮田張家院子。張家院子的主要部分都被中央博物院租用，而營造學社僅使用了其西側的一處獨院。(《建築史學刊》2023 年第 2 期)

十二月十四日，妹朱徵莲卒，時年六十六歲。

《瞿兑之日記》(外三種)民國二十八年：十一月四日(12 月 14 日)，仙嫂五十九生日，詣之，旋赴儀鸞之宴。宴將畢，澤農姪告余錢表姊恐不起，亟馳車同往，至則屬纊矣。時正亥初，恰好一面。追念吾母歿時光景，曷勝悲哽。十一月五日(12 月 15 日)，撰書錢表姊挽聯："當地變天荒之時，五濁又何貪，六親終有分離，願此去早登極樂世界；竟佇苦停辛以没，一編曾屬我，平生幾多心事，更那堪追紀外家遺聞。"旋又至錢宅，已蓋棺矣，不忍再見。表姊長余二十歲，近二十年，相依尤密，三年前曾捉筆代述其一生，皆含悲茹苦之言也，仍當爲詩以傳之。十二月二十七日(1940 年 2 月 4 日)，晚間作《錢表姊墓志銘》。民國二十九年：二月二十五日(4 月 2 日)，朱宅送來錢夫人墓志銘拓本。

《瞿兑之日記》(外三種)民國二十八年十二月二十七日(1940 年 2 月 4 日)録《吴縣錢君夫人朱氏墓志銘》：夫人貴州紫江朱氏，父諱慶墉，績學穆行，潛曜弗彰。光緒元年赴試，道出玉屏，覆舟及難，遂與孤兄啟鈐隨母依外王父母以居。外王父傅公，諱壽彤，以翰林治軍河南，洊官按察，攝布政。後緣吏議，鐫秩去，卜居長沙，優游林壑者十年。夫人依膝下，佐家政，箴紉調膳女子之事，自然嫻習。旁及方藥、數術、書詩餘藝，所以解親憂者，罔不嘿識而通其意。長適吴縣錢君濟勳，故湖北施南協副將諱林之子也。筮仕於楚，歷官至知府，銜興山縣知縣。改革以後，復官京曹，出爲遼寧鎮東縣縣長。夫人幼遭家艱，備歷劬瘁，年十四見母刲臂以療外王父之疾，泣不成聲，嘗私爲文記其事。其後母就養於蜀，舟中感風痺，自此起居不豫。夫人已嫁，不得隨比還於吴，疾甚而往，猶及聞治命，道衷曲，號痛隕絶，而夫人之躬亦瘁矣。錢君勞於四方，家無素蓄，夫人拮据支柱，儉不違禮。君姑耄期，頤養愉悦，秉持大體，事無留滯。戚鄙推重，有所患苦，必就諮焉，可謂明智有士行者也。嘗從官海寧，榷廨爲濕厲所乘，疢疾八年，不去藥餌。歲己卯十一月初四日日加亥，歿於北京寓邸，年六十有六。明年春，錢君率孤有森舉葬於西郊之萬安公墓從姑之側，以宣穎嘗受夫人之屬，次其平生事，爰與夫人之兄啟鈐謀，令爲埋幽之文。撫存念往，秉筆汍瀾，不敢溢美，但紀行實，遂爲銘曰：寓形宇宙，數盡則澌。其生也勞，其息胡悲。天親之從，魂無弗之。青青松柏，以永懷思。千秋萬載，視此刻詞。

按：墓志銘收録於《補書堂文録》，文辭略有不同。

十二月二十九日，晚，遭到浸泡的中國營造學社珍貴資料，自天津麥加利銀行庫中運回北京。

《工作日記》首頁記：廿八年十二月廿九日，晴：本日晚間，天津水殘文件運抵來京，共計十件。（赫俊紅《一九四〇年中國營造學社"水殘文件"搶救保護〈工作日記〉記略》）

十二月，中央公園委員會出版《中央公園二十五周年紀念册》，收録先生所撰序文及《一息齋記》。

《中央公園二十五周年紀念册》，民國二十八年十二月和平印書局出版。

朱海北爲先生《一息齋記》所作“寫在前面的話”：老人家常親去指揮規劃（中央公園建設工程），遂在社稷壇正門的三間北屋裏設一辦公地點，親題匾額曰“一息齋”，係出自宋朝理學家朱熹的“一息尚存，不容稍懈”的箴言。後來公園董事會辦公室在來今雨軒東面建成，這裏即不再辦公。但大家爲了紀念啟鈐公當時忍辱負重，在謗言四起的攻擊聲中，任勞任怨地興辦了這項具有卓識遠見、造福後人的公益事業，對一息齋始終保持著原來的陳設和格局。一九三八年（民國二十七年），啟鈐公以年届古稀，便辭去了公園董事會職務。時中山公園建園將届二十五週年，同人等正編纂紀念册記述沿革興廢，乃敦請啟鈐公撰文記事，先父遂寫下了這篇《一息齋記》。（《蠖公紀事》）

《中央公園二十五周年紀念册序》：余曩掌内曹，與同僚闢舊社稷壇，創爲中央公園，經邦人君子之協力，卒底於成，回首前事，忽忽廿五稔矣。其間屢經兵革，迭逢事變，獨此園林毫無殘毁，且逐年營繕，日臻完美之境，謂爲董事會自治之精神，毋寧謂爲市民公同之愛護，乃克有此。今秋值斯園廿五週紀念，僉推湯君頗公執筆主編，將此期間園中故實及目前景物勒爲一帙，走示於余並索序言。披覽之餘，觀其搜輯之勤、排比之洽，洵足以潤色鴻業，昭兹來許，顧余則重有感焉。原夫文物制度之形而下者，見諸棟宇，服御器用；其形而上者，則播爲風俗思想，總爲一體，不可判析。凡所貴乎古物者，非徒以歷時久遠、制作精異、價值連城堪爲重寶,乃以其爲古人精神之所寄,由此可見文化之總體也。斯園也,乃古之國社。《國語》曰:“觀民於社。”《周禮》曰:“祭州社,則屬其民而讀法。”是斯園爲我先民奕世精神所寄托,亦已偉矣重矣,固非以園林視之,徒侈耳目之游觀已也。抑斯園邱壑無多,殊不知南北海得瓊島瀛臺之勝,特以地近闕右,前當東西長安街之中,古木參天,四時不彫,道路平治,隨方中矩,遊人跬步可達。故衣冠文物之會,歲時祓禊之事,大衆集合每在於斯。若夫朝曦出而雲霏開,夕陽下而林陰合,老人矍行,穉子弱弄,扶者挈者若有常課。況以登臨無跋涉之勞,出入鮮呵殿之阻,乘興即來,適性乃止,平易宜人,此亦差勝。至於牡丹稱盛,花好時節,士女傾城,聯袂接踵,命侣儶儔,以遨以嬉,恒增於尋常百倍。歲取園符合廿五年,更番計之,曾不下幾千萬人。似此悠久之紀載,豈僅爲吾儕董治經營之成績,而人情之好尚,取捨於斯,亦可概見。今也異國觀光連袂來遊者日衆,停車問俗,每乏濟勝之導言。斯刊陳詩以見民風,寫景以示名物,尤足以引起瞻眺之興趣,是蓋有裨於首善市政之發皇,其貢獻於社會益大。繼自今本此規模,毋怠毋荒,依時盂晉,或十年五年一加增葺,必更可觀,則異日探討燕京掌故者,又豈讀《洛陽名園記》之徒供嗟歎哉?中華民國二十八年十月,蠖公朱啟鈐。
(《中央公園二十五周年紀念册》卷首)

按:十一月二十二日瞿宣穎尚在爲先生代寫序文,序文所署“十月”,或爲陰曆。

是年,長媳孟廣慧卒,年五十三歲。

朱文極、朱文楷《緬懷先祖朱啟鈐》:一九三九年先母棄世，即營葬於（北戴河朱氏塋地）西側六穴之中。

按：孟廣慧，先生長子朱沛元配，生於光緒十三年。

本年，徐世昌卒。

按：卒於六月五日。

中華民國二十九年庚辰　一九四〇年　六十九歲

本年，朱家驊在管理中英庚款董事會董事長任、葉恭綽在董事任。（《國民政府職官年表》第一册《行政院直屬機構·管理庚款委員會》）

是年，居北平。

一月一日，到中國營造學社，召集舊同人磋商整理遭到浸泡資料的整理方案，議定計劃書。

《工作日記》廿九年一月一日，晴暖：今晨社長到社，召集舊同人磋商整理方案，當經議定計劃書一紙，遵循辦理。孟昭威君取走第一、二號照相機及附件，代爲修理。協和醫院照相部烘乾。潤華閣李福雲承做修理石印本代眉批《營造法式》一部及《營造法式校勘記》一册，議價壹佰元，外贈其水殘本版《營造法式》兩部。限舊曆年底交卷。（赫俊紅《一九四〇年中國營造學社"水殘文件"搶救保護〈工作日記〉記略》）

一月三日，午後，到營造學社視察。

《工作日記》一月三日，晴暖：午後，社長來社視察，囑爲工作人員製避穢口罩。（赫俊紅《一九四〇年中國營造學社"水殘文件"搶救保護〈工作日記〉記略》）

一月七日，午後，偕同孟昭威到營造學社。

《工作日記》一月七日，晴和：本日午後，社長偕同孟昭威君來社。將工作實蹟分别攝影，並攝殘物照片數幀，以存鴻爪。（赫俊紅《一九四〇年中國營造學社"水殘文件"搶救保護〈工作日記〉記略》）

一月十一日，午後，偕朱湘筠到營造學社察視。

《工作日記》一月十一日，晴暖：蠖公午後偕朱湘筠去社察視。致林斐成詳函，説明還平整理經過，並寄照片十張。（赫俊紅《一九四〇年中國營造學社"水殘文件"搶救保護〈工作日記〉記略》）

一月十五日，午後，到營造學社察視，並發寄昆明詳函。（赫俊紅《一九四〇年中國營造學社"水殘文件"搶救保護〈工作日記〉記略》）

一月二十六日，偕朱湘筠到營造學社察視。（赫俊紅《一九四〇年中國營造學社"水殘文件"搶救保護〈工作日記〉記略》）

二月二十五日，下午，到營造學社察視。（赫俊紅《一九四〇年中國營造學社"水殘文件"搶救保護〈工作日記〉記略》）

二月，周詒春提名梁思成爲中國營造學社社長。

馮棣、黄沁雅、黄福丹《中國營造學社西南編年事輯(1937—1940)——長沙、昆明》：梁思成在回龍泉鎮（作者注：梁思成、劉敦楨、陳明達、莫宗江於一九四〇年二月十六日抵達龍泉鎮麥地村興國庵）不久，周詒春提名梁思成爲學社社長。此時梁思成得知中華教育文化基金董事會（下稱中基會）中有人認爲營造學社的工作是"不急之務，且不能自立"，不願繼續補助，甚感焦慮。三月五日，傅斯年在寫給胡適的信中專門提到營造學社，一是稱贊了其工作，二是陳列了學社的經濟困難，希望胡適能向中基會申請撥給學社一萬五的原數；並請胡適逢機請美國人捐款資助（當時美金與國内兑换率約爲 1∶18）。三月十日，梁思成也致信胡適，信中提到，傅斯年瞭解營造學社的情況後，大爲著急，並告訴梁思成，胡適一句話就可以影響許多人的觀點。梁遂請求胡適在四月十五日中基會開會以前爲學社進言幾句，並請勿覈減。從《中國營造學社彙刊》第七卷第一期的復刊詞中可見，至遲到一九四四年，中基會依舊每年補助學社。據《中華教育文化基金董事會第十六次報告》後附録，自一九四〇年六月一日至一九四六年十二月三十一日，中基會共補助營造學社一百一十三萬五千元，但因通貨膨脹等原因，營造學社仍然時常處於經費欠缺狀態。（《建築史學刊》2023 年第 2 期）

三月二十六日，妹徵蓮葬於北平西郊萬安公墓。

《瞿兑之日記》（外三種）：二月二十五日（4 月 2 日），朱宅送來錢夫人墓志銘拓本，拙書實不堪上石，義不容辭耳。表姊以此月十八日下窆，未能執紼，中心已負疚，覩此更衋然。

《吴縣錢君夫人朱氏墓志銘》："明年春，錢君率孤有森舉葬於西郊之萬安公墓從姑之側。"

三月三十日，汪僞國民政府在南京成立。僞華北臨時政府、僞華中維新政府發表宣言，宣佈自即日起解散。僞華北政務委員會成立，王克敏任委員長，常務委員王克敏、汪時璟、齊燮元、湯爾和、王蔭泰、殷同，委員爲朱琛、王揖唐、董康、蘇體仁、余晉和、趙琪、江朝宗、馬良、

潘毓桂。(《中華民國史.大事記》)

十月十九日,營造學社成員開始分批次從昆明前往李莊。

馮棣、黄沁雅、黄福丹《中國營造學社西南編年事輯(1937—1940)——長沙、昆明》:(一九四〇年)十月十九日,劉致平與王崇武押運第四批史語所古物圖書前往李莊;十一月二十九日,莫宗江和吴金鼎、趙青芳等,隨叙昆鐵路局車押運第八批史語所文物檔案前往李莊,林徽因帶著孩子和母親,與劉敦楨一家隨車同行;十二月中旬,梁思成和李濟、陶孟和、王志維一起,隨第九批史語所資料從昆明出發。(《建築史學刊》2023 年第 2 期)

《劉敦楨先生生平紀事年表》一九四〇年:十月,學社由昆明内遷,經貴陽至四川瀘州,轉水路抵南溪縣李莊鎮。駐月亮田村張宅,與中央博物院(今南京博物院)隔垣相對。(《劉敦楨先生誕辰 110 週年紀念暨中國建築史學史研討會論文集》附録一)

十一月林徽因致費慰梅、費正清書:我們將乘卡車去四川,三十一個人,從七十歲的老人到一個剛出生的嬰兒擠一個車廂,一家只准帶八十公斤行李。(《林徽因集》)

是年,河北省政府設立北戴河風景區管理局,直隸河北省公署,北戴河海濱公益會遂名存實亡。(才樹驤《朱啟鈐在北戴河的建樹》)

是年,與周詒春等人任故宫博物院第五届理事會理事。

《中國營造學社》:一九三四年、一九三八年、一九四〇

年,周詒春與朱啟鈐均被任命爲故宫博物院理事會理事,參與對故宫管理。(《周詒春圖傳·傾心文教·中國營造學社》)

《故宫博物院理事會》:從一九三四年第二届理事會起,又經過一九三六年第三届、一九三八年第四届、一九四〇年第五届……(《故宫學百廿題》四《故宫學研究對象之三:故宫博物院》52)

本年,蔡元培、陶湘卒。

中華民國三十年辛巳　一九四一年　七十歲

本年,朱家驊在管理中英庚款董事會董事長任、葉恭綽在董事任。(《國民政府職官年表》第一册《行政院直屬機構·管理庚款委員會》)

是年,居北平。

是年,變賣紫檀木家具。(葉祖孚《朱啟鈐與〈存素堂賬目〉》)

一月二日,梁思成抵達李莊。

馮棣、黄沁雅、黄福丹《中國營造學社西南編年事輯(1937—1940)——長沙、昆明》:(梁思成和李濟、陶孟和、王志維一起)於一九四一年一月二日全部抵達李莊。(《建築史學刊》2023年第2期)

一月中旬,劉致平到達李莊。至此,在昆明的營造學社成員全部到達李莊。

馮棣、黄沁雅、黄福丹《中國營造學社西南編年事輯(1937—1940)——長沙、昆明》:十一月十日,因民生公司貨船傾覆,史語所第五批貨物在瀘州落水。十一日撈起,十

五、十六兩日徹夜開箱、經檢驗估計損失後開始救護工作。晾曬了接近三個月，(劉致平與王崇武)於一九四一年一月中旬才到達李莊。(《建築史學刊》2023年第2期)

十月八日，顧廷龍接到葉景葵交來的先生書信。

《顧廷龍日記》：揆丈交來陳豪畫《歲莫歸書圖》，朱桂莘、邢冕之函。

十一月十五日，顧廷龍致書先生，感謝贈送《貴州文獻目録》。

《顧廷龍日記》：十一月十三日，嚴鷗客來，交到朱桂莘贈揆老《貴州文獻目》。十五日：致朱桂莘書，謝贈《貴州文獻目録》。

十一月三十日，七十歲生日，在東興樓舉辦家宴。(據劉宗漢講述)

十二月七日，瞿宣穎致書先生。

瞿宣穎致先生書：蠖公侍右：奉手書，欣承壽康綏福。頌詞粗有成竹，以不欲漫同恒例，思别出機杼，久不能就，蓋亦才退之故。忽然興至，援筆成章，公若讀至"騎竹之童七十矣"之句，料必掀髯耳。别屬記室寫一副本，或資傳觀也。先公書札，似亦不必詳注，只須於可以説明之處，夾一便條，將來或仍由弟代繕重裝再寄回，由公籌所以保存之法，何如？草草。載頌曼祉。蜕上，十二月七日。周君所攜之件，仍未到。(朱氏家藏稿本)

十二月九日，中華民國政府正式對日宣戰。(《中華民國史.大事記》)

是年，先生七秩之辰，營造學社同人設置"桂辛獎學

金”。自民國三十一年度起,每歲置論文及圖案獎金各一名額。(《中國營造學社彙刊》第七卷第二期《中國營造學社桂辛獎學金》)

按:民國三十三年度論文獎金因故停止授予。

是年,夏仁虎爲先生七十歲作壽序;葉景葵賦壽詩;瞿宣穎作壽頌。

夏仁虎《蠖公總長古稀壽序》:(文略)。稷園社友恭祝。舊屬夏仁虎拜撰。(《朱蠖公先生九十壽言集》附録)

葉景葵壽詩:九門曠蕩物皆春,行者無煩扇障塵。今日康衢都忘帝,當年篳路是何人?怨咨忽聽歌誰嗣,勞作原非厲爾民。輿誦未休玄鬢改,蕭然高卧一綸巾。○艱難回憶辛壬後,煦沫相逢百感深。北際輪輿多覆轍,中間笙磬幾同音。亞歐通軌心猶昨,蘇浙聯鑣利至今。最憶錢江潮上下,橋頭鬱勃作龍吟。○嶧陽地寶比琳璆,共濟由來仗老謀。趙璧既淪何日返?楚弓復得亦堪憂。昔賢盡瘁蠶三起,同種相煎貉一丘。佇望衮衣還信宿,無邊桑土要綢繆。○法式刊訛仍李氏,燕居憑几學黄公。本無碌碌因人意,彌見孜孜格物功。補訂黔書識苗裔,評量河論到光豐。藏山傳世無窮業,盡在君家藥籠中。桂辛社長七秩開慶。卷盦葉景葵拜撰。(《朱蠖公先生九十壽言集》附録)

瞿宣穎《蠖公先生社長七十壽頌》:(頌文略)。昔龔定盦爲阮尚書年譜弟一序,實壽頌也。乃臚陳學術之事,以告當世操觚之輩,所以示其人有不朽之業,則不復假世俗浮諛之獻。蠖公朱先生篤志營造之學,爲海内外所共歸往。手創學社,於今踰十年。當先生六十時,不佞嘗爲文以紀焉。今值七十攬揆之辰,念夫同聲之雅已有遐阻之隔,其幸能追隨杖履，浮湛舊都於艱難中相慰藉者，彌不能無言以抒悃款。視彼藻頌太平文物者，固不可同日語，但祝長年過於阮公，復覩清泰且勝於阮公，則皆同人所昕夕馨香以祝者也。爰師羽琌山民之意而變其體，各爲頌一章，以屬不佞緝而録之，用侑康爵。歲在辛巳孟冬穀旦，瞿宣穎書後。（《朱蠖公先生九十壽言集》附録）

按：頌文分爲“黔乘”、“建築”、“歷聘”、“籌蒙”、“行水”、“營都”、“職方”、“路政”、“警政”、“閣書”、“采卝”、“苑囿”、“庫物”、“絲繡”、“雕塑”、“禮制”十六章。

是年，延請建築專家張鎛對紫禁城宫殿進行測繪。

《領命重任　測繪故宫》：“朱桂老係清末的工部大臣，精通中國建築。他認爲從歷史上看，各朝的都城都難免在五〇〇年左右遭受一次大劫。歷史上改朝换代都是先焚燒舊都，北京從十五世紀建都以來，已近五〇〇年，雖然已經淪陷爲敵佔區，將來反攻復國，大有全毁歷史名城的可能，應該按老營造學社的法式和文獻的辦法，把舊物精益求精地實測紀録下來，至少可以作爲子孫後代參考、探索的原始資料。朱桂老説，營造學社的創始人之一，現任敵僞政府的都市局長，他可以從中出資找人承攬此事。他們認爲，‘基泰’歷來對文物很有研究，楊師也曾親自動過手，希望我能繼承大業。”《穿梭京津　疲於奔命》：“這時我的主要精力放在北京故宫中軸綫上各古建的測繪工作上。工作人員百分之九十是我在天津工商學院教書時的學生。我們的工作地點就設在天安門後端門前的西朝房中。爲了保存真跡，圖紙是用厚的橡皮紙，每張尺寸爲 42 英寸×60 英寸（相當於

1.07m×1.53m)。因此在比例尺上至少爲1：100,某些細部爲1：50或1：20。這些青年與我相處很好,工作十分認真。測繪時攀登高點不畏危險。把每一構建都作詳測,即使有雷同之物,也不放過,甚至連玉石臺階、欄杆也是步步實測。原始材料十分可貴,認真負責精神可嘉……這件工作,給我們學習和提高創造了難得的條件。我當時僅三十歲左右,不斷跟他們一起到瓦面屋脊處親手測量,不斷鑽入木架内部去觀察細部,並照相留下真跡。原因是愛惜祖國文物,以便他日重修時有較逼真的資料可循。在實踐中,我對中國傳統的建築結構構造和外形風格有了比較深刻的體會,進一步培養了我對傳統建築物的喜愛。”(《回到故鄉——建築師張鎛回憶録》)

是年,劉致平抵達李莊後,與中央研究院歷史語言研究所、國立中央博物院籌備處的學者一起考察李莊乾道辛卯墓;國立中央博物院籌備處派吴金鼎組織發掘團前往彭山開展考古工作,中國營造學社派陳明達協助測繪;梁思成在重慶籌款期間,孔祥熙委託營造學社進行重慶文廟的修復設計,梁思成提交了《重慶文廟修葺計劃》;劉致平與陳明達調查成都清真寺;國民黨廣漢籍官員擬以新體例重修廣漢縣志,營造學社參與了縣志的編纂;劉敦楨完成國立中央博物院籌備處委託營造學社調查西南諸省建築與附屬藝術的工作;莫宗江和劉致平前往舊州壩調查白塔。[馮棣、黄沁雅、黄福丹《中國營造學社西南編年事輯(1941—1946)——李莊》]

是年,外孫張鵬舉生。

按:據劉宗漢提供資料,朱洛筠有二子:張允冲,妻鄭世吾(離異),再娶祝狄英;張鵬舉,生於一九四一年,卒於二〇〇〇年,妻吴量積。

是年,曾孫朱延瑞生。(據朱延琦提供資料)

按:朱延瑞,朱文極長子,妻王秉均。

本年,陸宗輿卒。

中華民國三十一年壬午　一九四二年　七十一歲

本年,朱家驊在管理中英庚款董事會董事長任、葉恭綽在董事任。(《國民政府職官年表》第一册《行政院直屬機構·管理庚款委員會》)

是年,居北平。

一月,國立中央博物院籌備處與中國營造學社組織"建築史料編纂委員會"。五名學社成員成爲博物院正式職員:梁思成、劉敦楨、劉致平任中國建築史料編纂委員,莫宗江、陳明達任編纂助理員。營造學社成員作爲一個整體編入博物院繼續開展古建築研究工作。

馮棣、黄沁雅、黄福丹《中國營造學社西南編年事輯(1941—1946)——李莊》:(一九四一年)八月二十五日,傅斯年致信董作賓、梁思永。信中説梁思成受通貨膨脹打擊甚重,爲維持生計,其必須先取得"公務員"的資格和"教授待遇"。傅斯年設想了大小兩個辦法,大辦法是將營造學社"複製"一下,營造學社的成員組成一個"中國建築學研究所”，爲博物院的一部分，明年博物院預算中將他們列入……一九四二年一月，中博院與中國營造學社組織“建築史料編纂委員會”。在中博院一九四二年度的職員名單中，五名學社成員在列。梁思成、劉敦楨、劉致平任中國建築史料編纂委員，莫宗江、陳明達任編纂助理員。營造學社成員作爲一個整體編入中博院繼續開展古建築研究工作。成立建築史料編纂委員會的目的是爲中博院製作展覽品，包括製作模型、攝像、采集拓本、繪彩色圖數項内容。（《建築史學刊》2023 年第 3 期）

三月，作劉書年《黔亂紀實》題跋。

《黔亂紀實》題跋：右劉仙石太守《黔亂紀實》一卷，予初自北平圖書館寫本迻録。吾黔凌惕安編《咸同軍事史》亦采及之，蓋亦自北平傳抄者。去冬，聞寧河李響泉翁得獻縣故家所藏太守手稿若干帙，皆躬自莊書，詩文日記而外，《黔紀》其一也。太守於咸豐辛酉自黔歸，旋即下世，故其手稿鐍存梓里殆經八十年矣。今幸得藉手響翁謀爲傳布，欲以手蹟影印，乃工值艱鉅，逾於梨棗，且丁兹時會，事難猝就。因憶昔韓南溪四種，予友汪穰卿刊入《振綺堂叢書》，乃得流傳。南溪與太守同時宦黔中，同與軍事，功績聲聞初亦相埒，而韓之四種固已在人耳目，何獨於太守躬在行間之作，匪特海内鴻碩未嘗寓目，即吾黔之獲讀是篇者亦寥寥無幾人。冷籍晚出，轉不如玩寇回目得喧諸好事者之口，爲可慨也。爰介邢冕之太史走商響翁，先用活字版印行，附入《黔南叢書》，以備鄉里文獻之徵。其詩鈔日記亦次第分印别行，以餉其邦人。君子南北分傳，庶於述德表微之義兩不相悖。又太守説經數十條,曾搜入《滂喜齋叢書》,潘氏標題曰“劉貴陽經説”。兹從其例,於卷端署曰“劉貴陽遺稿”,以示次於《經説》云爾。民國三十有一年三月,紫江後學朱啟鈐謹識。(《劉貴陽遺稿》卷一《黔亂紀實》卷末)

五月九日,顧廷龍接到葉景葵交來的先生贈書四種。

《顧廷龍日記》:揆丈交來朱桂莘贈書四種,即謝。

五月十九日,葉恭綽連任管理中英庚款董事會董事。(《國民政府職官年表》第一册《行政院直屬機構·管理庚款委員會》)

夏,將劉書年《劉貴陽遺稿》原稿、馬士英《永城紀略》收入《黔南叢書别集》中印行。

民國三十一年初夏邢端《劉貴陽遺稿序》:吾鄉朱丈桂辛自謝政後,即以網羅文獻、導揚學術爲職志。比雖年登大耋,而蒐訪之博,勘校之勤,乃絶儕輩。劉公所著《黔亂紀實》,丈已先自他所迻録,予因以日記、詩稿進丈,慨然爲付手民,且躬任校讐之責。(《劉貴陽遺稿》卷首)

《劉貴陽遺稿》書簽:壬午夏,貴陽邢端署。

民國三十一年夏曆五月劉修鑑《歸程日記》跋語:民國壬午春,紫江朱桂辛先生裒而刻之,題曰“劉貴陽遺稿”……邢先生乃轉謀之於紫江朱公,公得之喜甚,謂於鄉邦文獻所關匪淺,斥鉅貲任梓行。並親事校讐,發微闡幽,用力綦勤。(《劉貴陽遺稿·歸程日記》卷末)

《永城紀略》牌記:民國三十一年,紫江朱氏存素堂付印。

是年(陰曆五月後),致書劉修鑑,隨函附送新刊《黔南叢書》本《劉貴陽遺稿》。

致劉修鑑書：式三仁兄足下：貴陽公遺稿，頃始印成，兹以先訂之叢書本送請快覽。新印本，冕翁處已送去二分，或已轉響翁矣。共四種合訂本，裝訂略須時日，書比此本放寬，影印墨跡亦較舒展。尊跋於印時遷就行款，略有增損字句，不識當意否。手此。順候時祉。弟朱啟鈐頓首。（中國書店2003年秋季書刊資料拍賣會拍品）

按：劉修鑑《歸程日記》跋語作於民國三十一年陰曆五月；《劉貴陽遺稿》刊印於本年夏。此札當作於《劉貴陽遺稿》即將面世之前。劉修鑑乃劉書年之子。

七月，梁思成成爲中央研究院史語所的兼任研究員。

馮棣、黄沁雅、黄福丹《中國營造學社西南編年事輯(1941—1946)——李莊》：（一九四一年）八月二十五日，傅斯年致信董作賓、梁思永。信中説梁思成受通貨膨脹打擊甚重，爲維持生計，其必須先取得“公務員”的資格和“教授待遇”。傅斯年設想了大小兩個辦法……小辦法是，將梁思成由通信研究員改聘爲史語所兼任研究員，每月支付百元或百數十元的薪水，聲明不在他處支生活補助費，即可在本院支生活補助費……（一九四二年）四月十八日，傅斯年致信朱家驊和翁文灝。陳述梁思成、梁思永的艱難處境，請朱家驊與陳布雷向蔣介石進言，説明情況，申請資助。六月十六日，由李濟擬寫初稿，傅斯年删正後寄給蔣介石，詳述梁、林夫婦與梁思永分别在建築學和考古學上的卓越貢獻，説明其經濟拮据之原因，請求撥款救濟。七月一日，史語所所務會議決定，自七月一日起聘請梁思成先生爲史語所兼任研究員（原爲通信研究員）以減輕生活上的壓力，至一九四六年爲止。九月二十八日，翁文灝接到蔣介石派來的官員送來贈給梁思成、梁思永的“醫藥暨學術補助金”二萬元整，並到李莊轉交給傅斯年。（《建築史學刊》2023年第3期）

八月四日，復書葉景葵，請傳鈔黄國瑾《訓真書屋雜稿》，願爲刊印。

《顧廷龍日記》：朱桂辛復揆老信，請傳鈔《訓真書屋雜存》，願爲刊印，盛事也。

癸未暮春朱啟鈐《訓真書屋遺稿叙》：去年上海葉君揆初書來，忽以收得《訓真書屋雜稿》四册見告，爲之狂喜，急屬其録副見示。見眉端有識語，似出繆藝風手，詢其蹤跡所自，則常熟瞿君所藏也。揣其初必從手稿輯録而成，或本未成篇，或幾經竄改，展轉迻録，深費爬梳。（《訓真書屋遺稿》卷首）

八月，自海濱歸京，右目暴腫，收得俞燿《滇南隨宦集》《梅隱山房詩稿》。

十一月朱啟鈐《梅隱山房詩稿書後》：壬午八月自海濱歸，徂暑嬰疾，右目暴腫，僵卧斗室寂如也。忽肆人持一故家流出手稿來，曰“滇南隨宦集”，而著者姓名已剗去，僅餘“古北平”三字。幸卷前有姚江沈梅史文熒一序，起句大書“歲癸酉俞子雪岑自西塞歸”，始確定爲俞雪岑燿遺稿。初閲其《滇南集》中，有讀楊劍潭夫子《芋香館詩卷》及侍遊送別之作，知爲劍潭先生詩弟子，且與吾黔老輩文字因緣不淺。余方搜索黔滇間宦遊名著，遘此珍籍，更不容交臂失之。嗣檢東海徐公所刊《雪岑殘稿》，謂曾求遺稿不得，乃出篋中所存詩箋六十餘首序而刊之。而《晚晴簃詩話》及《憶舊吟》於雪岑之生平行蹟，歷歷俱見。因是推知，滇南隨宦，蜀中流寓，實起自道光丁巳，止於咸豐乙卯，蓋少年時之作。其間由壯及老，於楚，於梁，於吴越，於秦晉齊魯，車塵馬足遍天下，其遺著絶不只此。嚴詰書賈並啗以重值，越數日又持二巨册來，則有"漢上從軍"、"巴東返棹"、"豫中過客"、"澤畔行吟"、"隴上行軍"、"淮南載酒"、"潁北來巢"、"燕南按轡"諸集在焉，乃起於乙卯，迄於同治庚午。合觀前後四册，紙墨如一，皆手自楷寫而點竄塗乙之句，朗朗可誦。後二册有自署"梅隱山房詩稿"簽題，卷中姓名卻未剗削，且夾有草稿及朋好投贈詩箋，大都爲汴中淮上名宿題寫，其爲家藏底本無疑。庚午爲同治九年，是年曾赴京兆試，報罷仍歸潁上，時寄家陳州且就商水令葉貞甫刺史幕，故居柳湖最久。徐公與之相見亦在陳州，謂其垂垂老矣。然徐公通籍爲光緒十二年丙戌，此翁依然健在，距庚午又十餘年，不應無詩，是則遺稿之散佚者尚多，今所獲諸集猶不得視爲全璧也。更屬肆人求之，竟無以報。越月持一册，云出自俞家，乃抄本楊劍潭《海禪詩卷》，此余求之多年不獲者。細審筆跡似爲雪岑所抄，皮紙薄如蟬翼，亦黔中産物。卷中多劍潭先生卅歲以前詩，又不禁爲之躍起，蓋先君子有《讀海禪詩卷》之詠，載在《先世手澤》。（《中和月刊》第四卷第一期）

本年度（一九四一年七月至一九四二年八月），共計捐贈合衆圖書館圖書十二種，十四册。［《顧廷龍日記》附録《一個圖書館的發展——從合眾圖書館到上海圖書館(1939—1958)》"合眾圖書館第三年紀略"]

按:《一個圖書館的發展——從合眾圖書館到上海圖書館(1939—1958)》中,年度起止時間不一致,分别爲:"1939年—1940年7月"、"1940年7月—1941年6月"、"1941年7月—1942年8月"、"1942年7月—1943年8月"、"1943年7月—1944年8月"、"1944年8月—1945年8月"、"1945年8月—1946年8月"、"1946年8月—1947年8月"、"1947年8月—1948年8月"、"1948年8月16日—1949年8月15日"、"1949年8月16日—1950年8月15日"、"1950年8月16日—1951年8月15日"、"1951年8月16日—1952年8月15日"。因無從覈對,本譜姑從之,以後數年條目中不再另予注釋。

十月二十六日,顧廷龍接到先生所贈《營造學社彙刊》第五、六兩卷。(《顧廷龍日記》)

十一月(七日後),作《梅隱山房詩稿書後》。

《梅隱山房詩稿書後》:(前文略)。曩年輯刻《芋香館集》,搜求遺稿於黔中,僅得《碧城仙詠》一册附刊外集《海禪》一卷,迄未得寓目。玆何幸假手於俞氏之巾箱,塵封蠹食者近百年,然後復入余家,得以補訂《芋香館集》諸詩之闕聞。且吾先君亦嘗執贄於楊先生之門,雪岑遊豫,於保安驛遇楊夫子,有詩;入南陽幕贈外祖傅公,有詩。時楊先生館南陽署中,先君請業正在斯時,同侍吟壇,周旋樽酒,是與吾家或有雅故,鍼芥相引詎有不期然而然者在耶?賤子鄙僿未嘗學詩,於雪岑詩格不敢妄贊一詞。但讀沈梅史、王子壽及徐公諸家品騭，莫不驚爲瑰奇磊落之士。窺其胸襟吐屬，頗具燕趙豪俠氣概，當仗策從曾左諸軍風雲之會，每鄙肉食，所如輒不合而去。晚年羈栖梁苑，識徐公未達時，獨加青眼，托以文字之交，寥寥殘稿因是以傳其人。《畿輔文學傳》叙述蓋如《詩話》，其先世則略而未書，余偶檢家藏《道光二十九年滇黔同官録》，得安寧州牧俞良傑者，蓋爲雪岑父，其三代出身仕歷俱有可得考者。倩邢冕之太史爲作小傳，冕之又爲《俞雪岑詩稿編年小記》，以爲微求遺稿之驂靳焉。夫物之顯晦有時，而兹世之變幻難測，雪岑遺稿雖只半部，既恐得而復失，付之鉛槧驟難集事，而搜求散佚抑或尚有所待，爰將原卷賻以棉紙，重裝爲五册，其浮置箋題附粘各卷餘葉，以免零落。啟鈐昏眊無似，懼不克終其傳布之方，聊紀其經過如此。惜乎弢齋老人歸道山今已三年矣，不然賤子持此卷以獻函丈，其忻快嘉勉爲何如耶？顧其生平事實及他種著述必尚有未盡爲人所知者，尚望海内藏書家及鄉邦耆彦多聞往事者相與綴緝其遺佚以彰幽潛，俾啟鈐得救其弇陋，抑又所企禱不能自已者矣。中華民國壬午初冬，紫江朱啟鈐書於勤秉燭齋。(《中和月刊》第四卷第一期)

按：本年十月初一日（陽曆十一月八日）立冬。

十一月十五日，美國駐華大使館特别助理兼新聞處主任費正清訪問梁思成於李莊。

馮棣、黄沁雅、黄福丹《中國營造學社西南編年事輯(1941—1946)——李莊》：（一九四二年）九月二十六日，梁思成前往重慶向教育部和中英庚子賠款委員會請求撥款，與費正清會談，並邀請費去李莊時拜訪營造學社。當年十一月十日,費正清和陶孟和一起從重慶登船前往李莊,十五日訪問梁思成一家,目睹了他和朋友們惡劣的生存條件,被其繼續從事研究的堅韌精神所感動。(《建築史學刊》2023年第3期)

冬,作朱逢甲《間書》稿本識語。

朱啟鈐《間書》題跋:《間書》一卷鈔本,自贈太常寺卿貴州候補道于鍾岳家得之……近歲余搜求黔南文獻,書肆乃捆載其家藏故帋並殘蝕不堪觸手者歸之。余既爲一一整比,擇其有關其家乘及吾黔地方史料,各從其朔矣。此書册面題有"蓮生撰,贈伯英寶之"八字,知爲鍾岳手跡。復檢蓮生爲華亭朱逢甲字,而逢甲如何人,與鍾岳有何因緣,不之審也……玆所謂《間書》,雖雜采古今史事,而當時時事亦藉以保存,固亦近代文獻所繫,非獨爲存其人焉而已。壬午冬,朱啟鈐識。(《上海圖書館善本題跋真蹟》第捌册)

癸未夏五月韓承鐸《間書》稿本題跋:其遺書、墨稿近年散出,桂師留意鄉邦文獻,頗有所獲。余得此册於書肆,既刺要著録於《續四庫》兵家類稿,復亟以奉之。師狂喜無藝,爲文述其行誼,頗有可考。今歲重事裝潢,囑附識一言,因記於此。(同上)

按:"《續四庫》兵家類稿",當指《續修四庫全書總目提要》,韓氏參與編撰。

冬,延請表弟瞿宣穎任《訓真書屋遺稿》校勘之役。

癸未暮春朱啟鈐《訓真書屋遺稿叙》:乃屬表弟瞿君兑之任校勘之役,稍去其枝蔓,而疑者闕焉,與《詩存》合爲一編,署曰"訓真書屋遺稿"。經始於壬午之冬,越半歲而蕆事,排印舛繆仍所不免,然釐然可讀矣。(《訓真書屋遺稿》卷首)

（民國二十七年三月二十四日）至本年十二月三十日間，殷同致書先生，道及先生轉讓水利書籍之事。

殷同致先生書：桂老侍右：前日枉駕，失迓爲歉。韓君仲文來，奉到賜書，如親謦欬。水利書籍，我公以積年之心力，旁搜遠紹，蔚爲鉅觀。辱承不棄檮昧，慨然割愛，果然鑽研有得，藉資建樹，皆長者之賜。區區不腆，寧足以仰酬搜集之苦心？乃荷齒及，益增汗顔。肅復。敬頌道安。殷同再拜，八日。（朱氏家藏稿本）

按：據《民國職官年表》，殷同民國二十七年三月二十四日至二十九年間，任僞中華民國臨時政府建設總署署長；民國二十九年三月三十日至三十一年十二月三十一日間，任汪僞國民政府建設總署督辦；十二月三十一日卒。此信使用"建設總署"專用信封及箋紙，當作於民國二十七年三月二十四日至三十一年十二月三十一日間。

是年，出讓王宸册頁和王穀祥手卷等文物。（葉祖孚《朱啟鈐與〈存素堂賬目〉》）

是年，朱沛任僞臨時政府實業部總務局一科科長。

劉宗漢《有關朱啟鈐先生史料的幾點補正》：朱先生與子女早已分家另過，而朱先生幾個子女中朱沛先生的經濟情況最差，三十年代後期又在家賦閑。這樣，王蔭泰便在自己主管的僞臨時政府實業部（一九四〇年"華北政務委員會"成立後，改爲實業總署）中安排了一個總務局一科科長。（《北京文史資料》65 輯）

按：朱沛入職僞臨時政府實業部時間不詳。

本年，郭葆昌卒。

中華民國三十二年癸未　一九四三年　七十二歲

本年,朱家驊在管理中英庚款董事會董事長任、葉恭綽在董事任。(《國民政府職官年表》第一册《行政院直屬機構·管理庚款委員會》)

是年,居北平。

一月,所撰《梅隱山房詩稿書後》刊登於《中和月刊》第四卷第一期。

按:作於民國三十一年初冬。

二月,所撰朱逢甲《間書》稿本識語刊登於《中和月刊》第四卷第二期。

按:作於民國三十一年冬。

暮春,撰《訓真書屋遺稿叙》。

《訓真書屋遺稿叙》:黄再同侍講丈殁於光緒辛卯,及今五十三年矣。先是遺孤嘗輯刊《訓真書屋詩存》二卷於長沙,刊成未及印行,而遭多難,世無知者。訪求歷歲,始於燕市購得一本,驗其校改筆跡,知出其女夫蘇厚龕郵部手。又末葉有增補一首,則其孤本甫孝廉所録也,意即本甫篋衍流落市上者,裔緒凋零,不堪重問。每念表章吾黔文獻,是余宿昔私願,况托肺附〔腑〕,其敢恝然。然據《國史傳》稱"著《訓真書屋集》八卷",則當日寫定之遺著必不止此。未得完璧,猶不能無憾,則姑少待,終冀延津之復合也。去年上海葉君揆初書來,忽以收得《訓真書屋雜稿》四册見告,爲之狂喜,急屬其録副見示。見眉端有識語,似出繆藝風手,詢其蹤跡所自，則常熟瞿君所藏也。揣其初必從手稿輯録而成，或本未成篇，或幾經竄改，展轉迻録，深費爬梳。乃屬表弟瞿君兑之任校勘之役，稍去其枝蔓，而疑者闕焉，與《詩存》合爲一編，署曰"訓真書屋遺稿"。經始於壬午之冬，越半歲而蕆事，排印舛繆仍所不免，然釐然可讀矣。嗟夫！人間何世陵谷無常，而數卷叢殘猶得不淪澌滅，得非鬼神呵護，光采不終閟，而苦心卒得償邪！余與兑之，矻矻一編，相與賞析，流離暮齒，居然宿願不虚。彌念母黨諸親半成隔世，今日得從事於斯，有如王仲瞿之於舒鐵雲，慨歎何極。癸未暮春，朱啟鈐敬識，時年七十有二。(《訓真書屋遺稿》卷首)

按：本年四月初三日(陽曆五月六日)立夏。

五月(五日後)，將黄國瑾《訓真書屋遺稿》收入《黔南叢書别集》付印。

瞿宣穎題跋：姨丈黄再同先生，早入承明，績學雅望。一時名輩，交相推重。顧以數奇，未獲一乘軺傳，年未及艾，遽以毁卒。殁後遺書散失莫收，尤可痛惜。昔年嘗從朱蠖公表兄處，借得《訓真書屋詩存》二卷，手録一過，意謂片羽一鱗，止於斯矣。近忽又獲見雜文稿四册，詳其格式，必是家人從手稿中葺録而成，以俟刊定者，不知何緣流落。然賴此獨爲藏書家所珍庋，不致長薶塵壤，益歎顯晦有時，而冥冥中自有呵護者也。承蠖公之命，謀與《詩存》並付印行，以廣流傳。蠖公既毅然任之，使瀕亡之書復行於世，其於文獻之功，可謂至偉，豈止爲鄉邦戚黨之私而已？(《訓真書屋遺稿》卷末)

《訓真書屋遺稿》牌記：民國三十二年初夏，紫江朱氏存素堂刊。

按：本年四月初三日（陽曆五月六日）立夏。

六月十日，致書葉景葵。英中科學合作館館長李約瑟於李莊造訪營造學社。

致葉景葵書：揆老賜鑒：久未通訊，疏慵爲罪。弟近來目力大差，文字之事亦都停頓。《訓真書屋遺稿》往歲即付瞿兑之表弟校印。聚紙徵工，經過許多波折，忽忽六閱月，近始蕆事。《雜存》中殘斷之稿，無從補全者，只得割棄，《詩存》則略有增葺，合爲一卷，用紙係葦漿所造，性質脆弱，絶不經久，草草完成，殊不足觀，而費錢幾增印《劉集》時一倍。此次印刊由兑之經理，且墊貲甚多，除弟擔負百部，彙入《黔南叢書》分寄黔中外，餘作單行本，托人發售北方，由編譯館代理。上海擬懇尊處轉屬合衆圖書館代理，聯鈔與儲鈔懸絶，定價頗費評量，此間每部標價十元，合計滬匯當作五十元。兑之以此比例標明卷末，究不知與市况相宜否。特先奉商，還祈賜予援助爲感。裝訂工事尚未就緒，並先寄散葉二册，上備審正。合衆組織當益全健，有無代理寄售之例，亦唯命進止耳。專布，敬候道安。弟朱啟鈐頓首，六月十日。（《舊墨記——世紀學人的墨蹟與往事》）

按：據劉宗漢考證，此信寫於一九四三年。

馮棣、黄沁雅、黄福丹《中國營造學社西南編年事輯（1941—1946）——李莊》：（一九四三年）六月六日晚，李約瑟到達李莊拜訪各個科研機構和科學家，在造訪了板栗坳的史語所後，也於十日造訪了營造學社和中博院。（《建築史學刊》2023 年第 3 期）

七月九日，顧廷龍接到先生寄贈黄國瑾《訓真書屋遺稿》,即復。

《顧廷龍日記》:朱桂老寄《訓真書屋遺集》來,四十七部,即復。

八月三日,顧廷龍接到先生所贈《營造學社彙刊》第三卷。(《顧廷龍日記》)

是年(八月十日前),梁思成、林徽因與周詒春、胡適合議變更中國營造學社隸屬關係事宜。

朱啟鈐書札:……與清華大學合同,前年台端索閱,竟未尋着,兹在散亂卷軸中獲有副本一分。此件爲梁、林在重慶與周寄梅、胡適之合議吞併侵占社産之謀畫也。士能在渝梗議,所以辭而之中央。

原注:"侵占"二字,原信即圈掉。

按:八月十一日,劉敦楨離開李莊,前往重慶沙坪壩到中央大學任教。信中所言"梁、林在重慶與周寄梅、胡適之合議吞併侵占社産之謀畫",當在一九四三年。

八月十一日,劉敦楨退出營造學社,離開李莊前往重慶沙坪壩中央大學建築系任教。

馮棣、黄沁雅、黄福丹《中國營造學社西南編年事輯(1941—1946)——李莊》:(一九四三年)八月十一日,劉敦楨離開李莊,前往重慶沙坪壩到中央大學任教,同時兼任重慶大學建築系教授。(《建築史學刊》2023年第3期)

《劉敦楨先生生平紀事年表》一九四三年:因健康狀況日下及學社經濟匱乏,致使研究工作停頓,故接受中央大學建築系聘,於八月赴重慶沙坪壩任教。又兼任重慶大學建

築系教授。(《劉敦楨先生誕辰110週年紀念暨中國建築史學史研討會論文集》附録一)

陳從周《朱啟鈐與中國營造學社》:劉士能師敦楨嘗告我其參加中國營造學社之經過……梁、劉固各有己見,在北京朱先生盡爲調和,至學社遷西南,朱先生未往,二公矛盾遂突出矣。其時雖梁處外務,劉主内政,但終不能釋其學術上之互争也。劉卒率陳明達脱離學社,劉返中大,陳另有所就,陳爲劉湖南同鄉(長沙人)也。(《梓室餘墨》)

本年度(一九四二年七月至一九四三年八月),共計捐贈合衆圖書館圖書七種,十五册。[《顧廷龍日記》附録《一個圖書館的發展——從合衆圖書館到上海圖書館(1939—1958)》"合衆圖書館籌備第四年紀略"]

十月,跋于鍾岳《伯英遺稿》。

《伯英遺稿跋》:啟鈐童時,侍先母居長沙,讀書外祖傅公青餘家。一日,忽有旗裝女客自黔中來,艤舟河干,向外家告貸。外祖母劉方赴鄂,外祖命吾母出應客。偕來者,有衣冠少年,冠四品,詢姓氏,似曰"楊",即其子也。則命余與敬之表兄夔陪坐,飯於書齋。云尚有一女,守靈舟中,以輿往迓,未果來。彼時,聞吾母呼旗婦爲姨母,敬之兄告余:"此嫗與吾祖母及外祖母爲通譜姊妹。"外家款接甚殷,又念其窮途,贐以二百金,信宿始去。余睹漢軍旗裝,詫爲初見;而少年則作黔語,舉止談吐猶帶貴胄氣息,其行色至今猶憧憧在心目。是爲光緒十二年丙戌冬間事。後六十年,蟄居舊京,蓄意蒐採鄉邦文獻,初得于公鍾岳《西笑山房詩鈔》刊本,繼再探索,肆人又捆載其生前手稿及家世事,悉歸於我。

整比而綴讀之，知于公殉難後，遺族羈滯黔中者廿餘年，扶櫬回旗，正在是歲。嗣子延忠方成年，承襲騎都尉世職，故厥冠四品。舟中守靈之女，則字佩蘭者也。稽其家乘，一行三人情事都合。當時余誤聽傳呼，以少年爲“楊”姓，蓋旗俗以官名首字爲稱，“延”“楊”聲混，遂致迷離。童時懵懂，今始恍然，悟及向所見者，即于公之繼室楊夫人也。楊既與吾家有雅故，其歸櫬之舟，以冬令水涸，自沅紆道入湘，鈐也適侍吾母寄居外家，得一日之瞻對，此中殆有夙因。不意易世而後，其家流出遺牘，乃展轉入於余手，冥冥中若有主使者，誠不可思議已。楊夫人保守其叢殘文件，鐍存行篋，與孤女佩蘭，什襲珍重，不輕示人。洎北歸，佩蘭適貴筑許穎初丈，未期年而殞。又數載，延忠亦歿。楊夫人遂裒取佩蘭手鈔稿，及延忠生時官私文書，囊括入之。余既無意中得此，摩挲永日，幾忘寢食。顧凌亂殘蝕，不可爬梳，而手稿之涂乙潦草，首尾不完者，彌難卒讀。就中惟鄭子尹先生手寫《贈伯英太守長歌》一首，及所寄詩箋，皆字墨完好，人知寶重。遂先付裝池，乞傅沅叔宗伯、邢冕之太史爲長跋，述其來歷。于公遺烈，遂得彰聞於都人耳目。余終以其事狀未能刊布，有慊於心。荏苒數年，衰疾稍間，復發願整理殘楮，就其有關故實之作，蠡漉一過，詣商邢君執筆纂述。邢君以殘牘不足以盡其生平，黔中方志所載本傳又多絓漏，乃夷考《平黔紀略》，備叙戰緒，旁徵其先世著述，補入家世。闡幽發微，凡所見知，靡不甄采。爰輯成《别傳》一卷、《遺稿》三卷，斯真所謂“收拾斷句遺編，功同掩骼埋胔”者，不特足慰于公於九原，即余於窮年短景，得遂觀成，默憶前因，亦快然如釋重負。至編餘手册、家乘無所附麗者，衹可緘縢，付之國立書藏，以待鐵嶺于氏子孫後起之賢矣。烏乎！天時人事，茫茫若此。邦家遺獻，毅魄幽光，但得猶存天壤，不終泯滅，斯即吾曹後死者之責。邢君所以惓惓於此者，其亦同兹微尚也歟？民國三十有二年十月，紫江朱啟鈐書，時年七十有三。（《伯英遺稿》卷末）

十一月十六日，莫宗江、盧繩開始測繪永陵。

馮棣、黄沁雅、黄福丹《中國營造學社西南編年事輯（1941—1946）——李莊》：（一九四二年）八月，葉仲璣和盧繩赴李莊營造學社。兩人皆是中央大學建築工程系一九四二年的畢業生，葉仲璣以中央大學助教的身份，在學社指導下編製中國建築史掛圖；而盧繩則是來學社進修的。在營造學社進修期間，盧繩的正式工作是畫清式營造則例的模型圖，這屬於"建築史料編纂委員會"的工作範疇。一九四三年，盧繩作爲編纂助理員領取生活補貼和薪水。除繪圖工作外，盧繩也做過田野調查和測繪工作，兩個主要對象是宜賓舊州壩塔墓和南溪旋螺殿。（一九四三年）十一月十六日，莫宗江、盧繩測繪永陵。測繪内容包括永陵墓室建築、雕塑及部分出土物品，同時檢查並記録了墓室建築的殘損狀況。次年春工作結束，盧、莫於二月十八日啟程返回。（《建築史學刊》2023 年第 3 期）

十一月底，陳明達退出營造學社，攜劉叙傑離開李莊，前往重慶。（《中國文博名家畫傳：王世襄》）

馮棣、黄沁雅、黄福丹《中國營造學社西南編年事輯（1941—1946）——李莊》：（一九四三年）十一月底，陳明達完成中博院的模型製作工作,攜劉叙杰離開李莊前往重慶,次年進入重慶中央設計局公共工程組研究院工作。(《建築史學刊》2023 年第 3 期)

十二月,將于鍾岳《西笑山房詩鈔》收入《黔南叢書别集》印行。

《西笑山房詩鈔》牌記:癸未冬十二月,紫江朱氏印。

楊祖愷《評介朱啟鈐整理的幾種歷史文獻》:《黔南叢書》是前貴州省文獻徵集館印行的貴州人著作,先後共出版了六集,又别集一集,每集十册,計有經學、文字學、史學(如遊記、筆記、逸史、雜記等)及文、詩、詞、曲等。朱氏又將他所收集的黔人或來黔人士的著作八種,即:明馬士英的《永城紀略》,清人陳法的《河干問答》、《河工書牘》和《塞外紀程》,黄國瑾的《訓真書屋遺集》,近人邢端所輯《清代黔人館選録》、《鐵嶺于鍾岳别傳》,還有曾任貫陽知府劉書年的《劉貴陽遺集》,輯《黔南叢書》第八集,版式裝潢都和前各集同一形式以便收藏,這是朱氏收集、整理並出資印行的黔省文獻的一部分。(《冉冉流芳驚絶代》)

冬,將邢端《于鍾岳别傳》收入《黔南叢書别集》印行。(牟昆昊《朱啟鈐刊印〈黔南叢書别集〉考辨》)

是年,將邢端《清代黔人館選題名》收入《黔南叢書别集》印行。(牟昆昊《朱啟鈐刊印〈黔南叢書别集〉考辨》)

是年,《國立華北編譯館館刊》刊登熊先鏈致先生函。

《顧廷龍日記》十一月五日:拔翁送《華北編譯館館刊》,

載有熊先鏈致朱桂辛函，自言素習漆業，對於栽培以及漆工等類文字莫不細心搜求。

是年，將于鍾岳《伯英遺稿》收入《黔南叢書别集》印行。

是年，賣出鋼琴和一些文物。(葉祖孚《朱啟鈐與〈存素堂賬目〉》)

是年，朱沛任北京頤和園管理所所長。

劉宗漢《有關朱啟鈐先生史料的幾點補正》：一九四三年實業總署撤銷後，王(蔭泰)改任農務總署督辦，又給朱沛先生安排爲北京頤和園管理所所長。(《北京文史資料》65 輯)

中華民國三十三年甲申　一九四四年　七十三歲

本年，朱家驊在管理中英庚款董事會董事長任、葉恭綽在董事任。(《國民政府職官年表》第一册《行政院直屬機構·管理庚款委員會》)

是年，居北平。

一月，王世襄到達四川李莊，加入營造學社，任助理研究員。(《中國文博名家畫傳：王世襄》)

馮棣、黄沁雅、黄福丹《中國營造學社西南編年事輯(1941—1946)——李莊》：(一九四三年)十一月，王世襄在重慶求職，梁思成邀請他加入中國營造學社，擔任助理研究員，王世襄欣然加盟，於次年一月隨梁思成自重慶前往李莊。(《建築史學刊》2023 年第 3 期)

春，營造學社成員前往調查李莊鎮南唐家灣宋墓。

馮棣、黄沁雅、黄福丹《中國營造學社西南編年事輯

(1941—1946)——李莊》:是年(一九四四年)春,李莊鎮南唐家灣宋墓因修路工程而被發現,學社成員前往調查。成果由王世襄寫成《四川南溪李莊宋墓》,羅哲文協助繪圖。(《建築史學刊》2023 年第 3 期)

五月十一日,國立中央博物院籌備處和營造學社共同啟事。自一九四四年五月十四日至六月十八日的每個周日,將在李莊張家祠舉行中博院之建築史料編纂委員會及中國營造學社歷年來所調查測繪的中國歷代建築圖像展覽。[馮棣、黄沁雅、黄福丹《中國營造學社西南編年事輯(1941—1946)——李莊》]

本年度(一九四三年七月至一九四四年八月),共計捐贈合衆圖書館圖書二種,七册。[《顧廷龍日記》附録《一個圖書館的發展——從合衆圖書館到上海圖書館(1939—1958)》"合衆圖書館籌備第五年工作報告"]

十月,《中國營造學社彙刊》在四川南溪縣李莊復刊,第七卷第一期刊印。

《復刊詞》:《中國營造學社彙刊》第六卷第四期出版的時候,正值"七七"抗戰爆發。此後本社南遷到長沙,到昆明,又到了四川南溪的李莊。雖然在建築調查研究及服務方面,我們都極力不使中輟,但本社刊物則因印刷方面的困難無法解決,停頓至今已滿七年了。我們始終是心有餘而力不足的。所以在"七七"以前已經本社在華北、江浙各地測繪攝影的若干建築實物之圖録,都未得機會發表。這些建築物中有許多是兼有歷史藝術價值的,頗爲珍罕。我們對於牠們的研究及報告,還没有整理出來同國内學界相研討，實屬憾事。在抗戰期間，我們在物質方面日見困苦，僅在捉襟見肘的情形下，於西南後方做了一點實地調查。但我們所曾調查過的雲南昆明至大理間十餘縣，四川嘉陵江流域、岷江流域，及川陝公路沿綫約三十餘縣，以及西康之雅安、蘆山二縣，其中關於中國建築工程及藝術特徵亦不乏富於趣味及價值的實物。就建築類别論：我們所研究的有寺觀、衙署、會館、祠、廟、城堡、橋梁、民居、庭園、碑碣、牌坊、塔、幢、墓闕、崖墓、券墓等。就建築藝術方面言：西南地偏一隅，每一實物，除其時代特徵外，尚有其他地方傳統特徵，值得注意。此外如雕塑、摩崖造象、壁畫等"附藝"，在我們調查範圍者，多反映時代及地方藝術之水準及手法，亦頗多有趣味之實例，值得蒐集研究。爲急於見到我們所調查的紀録及報告，本社社友們曾多次建議我們恢復刊物。但因已往我們這種工作，最重照片及測繪圖之清晰印刷，需用極精良之銅版鋅版甚多，故在抗戰後方未能努力做到。直至今年我們經再三躊躇考慮之後，始決定改絃更張，暫時因陋就簡，降低印刷標準，改用石印。我們將插圖直接繪版，而不用照片，衹希望這簡單圖解，仍能將建築結構之正確印象，略示梗概。原物藝術方面僅能努力在可能範圍內表現一二，更經譎之圖録衹有俟諸將來。(《中國營造學社彙刊》第七卷第一期卷首)

按：《中國營造學社彙刊》第七卷第一期出版於民國三十三年十月。民國二十六年六月《中國營造學社彙刊》第六卷第四期刊印後，因戰亂刊物停印。據《圖説李莊》：一九四四年楊廷寶等贊助二二五〇〇元，出版了《中國營造學社彙刊》第七卷第一期、第二期。

是年，賣出李公麟手卷和舊錦一批。（葉祖孚《朱啟鈐與〈存素堂賬目〉》）

是年，梁思成於李莊完成《中國建築史》中文文稿的寫作。［馮棣、黄沁雅、黄福丹：《中國營造學社西南編年事輯（1941—1946）——李莊》］

是年，曾孫朱延琮生。（據朱延琦提供資料）

按：朱延琮，朱文極次子，卒於一九七六年，未婚。

本年，汪精衛卒。

中華民國三十四年乙酉　一九四五年　七十四歲

本年，朱家驊在管理中英庚款董事會董事長任、葉恭綽在董事任。（《國民政府職官年表》第一册《行政院直屬機構·管理庚款委員會》）

是年，居北平。

是年（抗戰勝利前），盧繩離開營造學社，進入重慶中央大學擔任劉敦楨助教。［馮棣、黄沁雅、黄福丹：《中國營造學社西南編年事輯（1941—1946）——李莊》］

一月八日，訪瞿宣穎，以貴陽陳氏新刊楊龍友《洵美堂集》二册相示。

《瞿兑之日記》（外三種）民國三十三年：十一月二十六日（1945 年 1 月 9 日），昨日蠖叟來，以貴陽陳氏新刊楊龍友《洵美堂集》二册見示，行款大小，全仿明刻。此書久不流傳，莫郘亭憾未之見，今新刊之板已燬，傳世亦復無多，亦書林一重要故實也。其詩不脱明人習氣，而差爲醇實。龍友尚有《山水移》一種，惜余未嘗寓目，彼爲少作也。

三月九日，梁思成致信梅貽琦，建議清華工學院成立建築系。

馮棣、黄沁雅、黄福丹《中國營造學社西南編年事輯(1941—1946)——李莊》：（一九四五年）三月九日，梁思成致信梅貽琦，提到國内大學之有建築系者，現僅中大（中央大學）、重大（重慶大學）兩校而已，建議清華工學院成立建築系，提議課程采用德國包豪斯(Bauhaus)方法。（《建築史學刊》2023年第3期）

五月八日，德國無條件投降。（《中華民國史．大事記》）

六月三十日，致書陳垣。

《朱啟鈐致陳垣書》：援庵大師左右：閉户索居，百無聊耐（原注：原文如此，似應爲“賴”）。近復兩耳癱閉，不能對語，屢欲詣訪探討滇黔方外故實，而趑趄不前者，恐晤面轉不如筆談耳。緣於去夏發願搜輯貴州碑傳，抄録已近數百篇（清代尤多），惟方外一門，黔籍記載殊鮮。幸得尊著《明季滇黔佛教考》，廣搜旁證，取材甚宏，不惟足補黔志之缺略，而各篇觸類引伸，啟發陋聞，增我認識。循環尋譯，受益不少。爰時莫氏《紀略》中所録傳證諸家，如大錯、無盡、利根、丈雪、天虞、皀庵、于斯，業於傳後補入尊撰考證（其他尚在輯録中，未能即完）。今日寫至語嵩時，始開箱取出息峰縣署重刊《語録》，抄寫大錯所撰塔銘及方于宣序文。原來殘蝕文字太多，竟難貫串。及檢尊著“方于宣”條，有尹石公抄寄塔銘一語，如在案頭，當借讀一校缺字。又《語嵩語録》,往歲台端似未曾寓目,玆以重刊本賫奉乙覽。語嵩行實,就此《録》中可充新證不少。蠡窺所及,略引如次,並懇指正。鄙意擬懇吾兄於語嵩塔銘作一書後,藉以闡發此僧之言行,其觸類可補證之問題,亦不難附見也。聞方著力於《通鑑發微》,尚能以餘閑及此否?附呈抄件,聊證伏處之工作。塔銘殘脱字句,煩先批校尤盼。拉雜奉商,語不達意,惟希亮鑒及之。弟啟鈐拜上。六月卅日。

語嵩碑傳請作書後,並附格紙六葉,留備揮翰。所呈他傳抄稿,閱後擲還爲感。援庵先生。鈐再啟。

(一)語嵩亦蜀僧,"滇黔多蜀僧"篇可補一人。(二)語嵩開闢西望山,"拓殖"篇可補其事蹟。(三)《語嵩語録》,"僧徒撰著"條應補入。(四)語嵩書問雜編中,與明末居士往來,除大錯、神生外,尚有相國文安之(稱鐵庵),相國吕居士,不知是何許人。其他禪侶、禪人名號可觸發疏證尤多。(五)語嵩塔銘爲大錯丁未所撰,而大錯云甲辰秋過湘潭,與師同遊南嶽。是年並同寓淡齋庵結臘,可補大錯入楚以後行跡。(六)《黔南燈録》不收語嵩,西望山近在省城,隱居與諸僧隔絶,或亦有門户之見耶?(《陳垣來往書信集》朱啟鈐)

按:陳垣復書作於乙酉七月四日,此書應也作於一九四五年。

七月四日,陳垣復書先生。

《陳垣復朱啟鈐書》:承示《語嵩語録》,求之十年,不知貴陽近有刊本,陋甚。民國廿四年江蘇圖書館第八年刊,曾載語嵩塔銘,撰《滇黔佛教考》時,亦未之見,蓋自事變後杜門索居,見聞不得不陋也。屬爲塔銘書後,無甚新意,年來從事《通鑑胡注表微》，諸内典早束高閣，僅就記憶所及，疏其一二，幸垂教焉。(後文略)。匆匆不具。乙酉七月四日。(《陳垣來往書信集》朱啟鈐)

八月十五日，日本宣布無條件投降。(《中華民國史.大事記》)

同日，梁思成攜梁從誡乘坐江輪"長虹"號從李莊前往重慶。[馮棣、黄沁雅、黄福丹:《中國營造學社西南編年事輯(1941—1946)——李莊》]

八月二十八日，毛澤東應蔣介石邀請，同赫爾利、張治中以及周恩來、王若飛等同機飛渝，參加國共和平談判。(《中華民國史.大事記》)

是年(抗戰勝利後)，教育部有意將營造學社併入史語所或國立中央博物院籌備處，但梁思成考慮戰後重建需要大量營建人才，决定回到北平籌辦清華大學建築系。[馮棣、黄沁雅、黄福丹:《中國營造學社西南編年事輯(1941—1946)——李莊》]

九月十三日，梁思成在重慶與梅貽琦面談清華設立建築系問題。[馮棣、黄沁雅、黄福丹:《中國營造學社西南編年事輯(1941—1946)——李莊》]

九月，任北平文物整理委員會委員。(《中國文物研究所七十年》)

按:主任委員爲馬衡，委員還包括:胡適、袁同禮、谷鍾秀、梁思成、關頌聲、熊斌、何思源。任期至一九四九年十一月。

九月，王世襄擔任清理戰時文物損失委員會平津區助理代表，退出營造學社，離開李莊。(《中國文博名家畫傳：王世襄》附《生平簡表》)

十月十日，國共和平談判雙方代表簽署《政府與中共代表會談紀要》(即《雙十協定》)。(《中華民國史.大事記》)

十月，梁思成與吴良鏞在重慶面談清華建築系一事。

馮棣、黄沁雅、黄福丹《中國營造學社西南編年事輯(1941—1946)——李莊》：(一九四五年)同爲十月，梁思成和吴良鏞在重慶聚興村面談清華建築系一事。梁表示梅貽琦校長已經批准他在清華創辦建築系，並表示當前的建築教育太保守，他想讓即將創立的清華建築系具有現代新思想，能够適應第二次世界大戰後的學術發展新思維。梁請吴任清華大學建築系助教，吴欣然答應，於次年八月赴任。(《建築史學刊》2023 年第 3 期)

十月，劉敦楨任中央大學工學院院長(仍兼任建築系主任)。[馮棣、黄沁雅、黄福丹：《中國營造學社西南編年事輯(1941—1946)——李莊》]

十月，《中國營造學社彙刊》第七卷第二期在四川南溪縣李莊刊行。(《中國營造學社彙刊》第七卷第二期)

是年(十月二十七日後)，王世襄回到北京，向先生匯報中國營造學社在川西李莊的情況。先生提醒其注意《髹飾録》的重要性。

王世襄《我與〈髹飾録解説〉》：一九四五年秋，我從重慶到北京，向桂老匯報中國營造學社在川西李莊的情況。他隨即談起《髹飾録》,問我曾否見過此書,要我注意它的重要性。當時因任教育部清理戰時文物損失委員會平津區助理代表,忙於追還被敵僞掠奪去的文物,未能遵照桂老的教導閱讀此書。(《錦灰二堆》壹卷)

《到大後方去》:一九四五年十月六日,他們兩人(作者注:王世襄與翟蔭來)搭乘美軍的便機離開重慶,十月二十七日從上海飛往北平。(《中國文博名家畫傳:王世襄》三)

十二月十五日,蔣介石在北平懷仁堂舉行盛大茶會招待中外來賓,對華北人民八年來在敵僞壓迫之下,忠貞不屈之精神,備致讚揚。先生與靳雲鵬、張作相、谷鍾秀、陳垣、陸志偉及美軍駐平、津長官,英、美記者等未附敵的各界知名人士與會。先生提出發還趙堂子胡同住宅的要求。(《中華民國史.大事記》)

按:蔣介石十二月十一日抵達北平,十八日離開北平。劉宗漢提供朱文榘回憶:蔣介石到京後不是單獨宴請朱啟鈐,而是宴請未附敵的各界知名人士。

十二月十八日,趙萬里致書先生,介紹明刻本丘禾實《循陔園集》。

趙萬里致先生書:紫江先生座右:日前晉謁崇階,得侍教席,無任欣幸。蒙惠賜《營造法式》一帙,厚誼高情,感何可言。容據各本校後再行奉告。前談丘禾實《循陔園集》,頃從友人許君處覓得書共文集八卷:萬曆刻,明裝,棉紙,初印。開卷有墨書"抽毁"字樣,卷中"虜"字悉塗去,細檢各文俱全,似未遭抽毁也。清初黄虞稷《千頃堂書目》稱丘氏尚有詩集四卷,則已佚矣。此爲天壤間僅存之帙,現許君擬出以易米,作價法幣三萬五千元,未知尊意如何。乞便中賜復,以便轉告爲幸。丘氏與郭青螺同時,故卷中與青螺往返之什亦較多,青螺所著《黔記》亦丘氏爲之序,並以附聞。肅上,敬請鈞安。後學趙萬里再拜。卅四、十二月十八日。(《上海圖書館善本題跋真蹟》第拾叁册丘禾實《循陔園集》附録)

十二月十九日,復書趙萬里,索閲《循陔園集》,論校勘《營造法式》,並詢《黔記》可否運平。

致趙萬里書:手示敬悉。《循陔園集》既經覓得,如在尊齋,可否先假一讀?索價甚高,非棉力所能獨任,當與鄉人商之,必悉内容始可着力。至校勘《管造法式》,敝處亦略有發見,陶本訛奪字句記在江本,然未敢遽斷。聞思成在蜀中有新釋之作,(偏重於技術、尺寸及圖繪諸點。)擬俟其北來再作合勘。如執事於休假時過我,一審江本記注,或有助於點勘之異同也。此上趙萬里先生。弟朱啟鈐頓首,十九日。郭青螺《黔記》,守和館長行前,弟曾力請到滬設法運致北平,不知果能辦到否。邢冕之先生聞信,亦極爲起興。吾等皆六七十歲老翁,惟願於未瞑前一慰積年渴望也。(原函存趙府)

按:引自《趙萬里先生年譜長編》,落款和時間爲劉波補充提供。

十二月二十八日,趙萬里致書先生,遣人送交明刻本丘禾實《循陔園集》。

趙萬里致先生書:紫江先生座右:《循陔園集》八册一函已取到,茲遣人送上,請察閲。近代藏明人集,以陳松山田、劉翰怡承幹兩家爲最多,頃檢其目,均無此書,可知其罕見矣。又張刻《十三經》，現有人願得此書，先生亦擬出讓否？作價若干？亦請示知。《黔記》，昨已函告上海辦事處，覓便寄平，俟寄到當即送呈不悮。肅上，敬請道安。後學萬里再拜。十二月二十八日。（《上海圖書館善本題跋真蹟》第拾叁册丘禾實《循陔園集》附録）

同日，上午，受梁思成委托，王世襄前往北平朱寓拜訪先生，先生安排其當場將洽辦楊寧史藏青銅器、郭葆昌藏瓷器的經過及當前存在的問題簡要地撰寫成兩個“節略”。下午，宋子文來訪，先生請宋務必將現藏於長春的存素堂舊藏古代絲繡情況查明，注意保存。接著談到郭葆昌藏瓷器、楊寧史藏青銅器，並將兩個“節略”交給宋氏。宋氏答應馬上去辦。（王世襄《回憶抗戰勝利後平津地區文物清理工作》）

按：經過宋子文協調，一九四六年一月二十二日、二月二十四日楊寧史藏青銅器、郭葆昌藏瓷器先後由故宫博物院接收。

本年底，致書趙萬里，詢問購藏存海學社所藏海源閣善本書價。

致趙萬里書：海源堂書收歸國有，昨見報載，宋院長在津似有所表示，而書價究獲得解决否？昨屬韓生探問，不得要領。便希函示。守和館長有信來否？何時出國？尤念。此上趙先生萬里。朱啟鈐頓首。（原函存趙府）

按：引自《趙萬里先生年譜長編》，落款和時間爲劉波補充提供。

是年，多次約見王世襄，提到明黄成撰《髹飾録》是有關漆工藝最重要的著作，希望有人對它進行認真研究並撰寫解説。並建議王世襄整理清代匠作則例，尤其尚未有人整理過的有關園林苑囿、室内外裝修如隔扇、花罩、欄杆、畫舫等供觀賞娱樂設施，中有大量與傳統工藝有關的材料，值得整理研究，詮釋出版。

王世襄《感謝梁思成先生的啟蒙朱桂辛前輩的教誨》：朱桂辛前輩知道我到京，多次召見，詳細詢問學社在李莊的工作、生活情況。關注之殷切，瞭解之周詳，使人感動。他提到曾和《營造法式》同時刊版又同時被日冠炸毁的明黄成撰《髹飾録》，是有關漆工藝最重要的著作，希望有人對它進行認真研究並撰寫解説。桂老又談到多年來搜集到的清代匠作則例不下數十種，學社南遷，寄存文整會圖書室。其中有關宫殿、城垣、倉庫、橋梁的則例均有官方刊本，梁思成、劉敦楨、王璧文諸先生已進行研究整理，並有專著問世。唯有關園林苑囿、室内外裝修如隔扇、花罩、欄杆、畫舫等供觀賞娱樂設施只有抄本，未見刊行，殆因統治者恐奢靡淫巧之好廣爲人知之故。論其重要性遠不及宫殿廟堂，但中有大量與傳統工藝有關的材料，值得整理研究，詮釋出版。在得到桂老的指示後，我用了十年時間初步完成《髹飾録解説》一稿(1958 年油印本)。由於工作只我一人，效率甚低，只能從内容較少之作，與家具、髹漆有關之作和個人特别感興趣之作做起。耗時兩年，完成匯輯並付油印的有漆作、油作、泥金作、佛作、門神作、石作、裝修作、鐵作、銅作、鏤作等

(其中有幾作内容較少,不過數百字到千餘字)。遲至二〇〇二年,經北京古籍出版社排印出版的只有佛作及門神作一册,且僅撰寫《序例》及《概述》,未能將名詞、術語一一摘出,不過是一本距完成尚遠之作而已。(《錦灰不成堆》)

是年,瞿宣穎代先生作贈邵章《重游泮水詩四絶句》

《瞿兑之日記》(外三種):1945年日記末録近作詩《代蠖公贈邵伯絅重游泮水詩四絶句》:人文在昔重膠庠,世運匡扶要棟梁。接跡群英多後起,留君玉尺更裁量。〇玉鳩扶老地行仙,記得簪花最少年。叔寶車前應看殺,科名嘉話此初禪。〇淵源各接湘鄉脈,顧遇同深善化思。我更劉盧叨戚誼,人天多感被恩私。〇當君釋奠黌門日,我正游蹤在聖湖。同老京華看世變,東西城隔兩潛夫。

本年,王克敏卒。

中華民國三十五年丙戌　一九四六年　七十五歲

本年,朱家驊在管理中英庚款董事會董事長任、葉恭綽在董事任。(《國民政府職官年表》第一册《行政院直屬機構·管理庚款委員會》)

是年,居北平。

章文晉《回憶外祖父朱啟鈐》:記得一九四六年一月周恩來同志作爲軍事調處三人小組的中共代表到北京視察工作時,我隨從來京,當時即特别囑咐我,一定要去看外祖父朱啟鈐先生。我和他通了電話後,晚上就去看他。(《冉冉流芳驚絶代》)

一月十日,政府代表張群與中共代表周恩來簽署

《關於停止國内軍事沖突、恢復交通的命令和聲明》,與本月五日達成的《關於停止國内軍事沖突的協議》同時公佈。(《中華民國史.大事記》)

同日,致書趙萬里,決定購藏《循陔園集》。

致趙萬里書:百忍堂《十三經》,前途有意承受否? 論價若何? 務望明示。《循陔園集》敝處留置,可出價三萬圓。頃售去一玩物,得美金廿四元,或即以此價付(目前美金市售價一千三百餘,約合法幣三萬二千有奇)。祈鼎力促成爲荷。專布,敬候著祉。弟鈐上,一月十日。(原函存趙府)

按:引自《趙萬里先生年譜長編》,落款和時間爲劉波補充提供。

是年(二月十日前),邢端致書先生。

邢端致先生書:蠖丈尊右:《循陔集》,日昨大略披讀一過,文章爾雅醇厚,與孫淮海不易軒輊,惜敝處方志早送地質圖書館,無從參證,其中管見所及已略加條。《黔詩紀略》所載《憑靈洞記》,與此本文字小有出入,豈郘亭所見另一本耶? 尊齋有《郘亭知見書目》,何妨一查。是集本係禁書,故有"虜"字者均加塗抹,卷首無序跋,又有"抽毁"字樣,即其一證。尊見以爲何如?《滇南碑傳集》中可補入者數篇,瞿兑之《舊都史料》亦可插入其殿試一策。宛然子瞻上神宗書,可謂言人所不敢言,誠異才也。恐勞佇盼,亟以奉繳。大寒,未克趨謁,座上客多,伏希節勞珍攝爲幸。專此,敬請頤安。晚端頓首,三日。(《上海圖書館善本題跋真蹟》第拾叁册丘禾實《循陔園集》附録)

按:書言"日昨大略披讀一過",即將其歸還,應在邢氏力請先生留下此書之前。

是年(二月十日前),經邢端力請,先生以所藏珍本換取《循陔園集》明刻本。

二月十一日邢端《循陔園集》題跋:乙酉冬仲,螻廬朱丈忽以某君介紹見之,廠估索值甚奢,因攜歸假讀,知其中關於鄉里文獻者至眾,力請收弆。(《上海圖書館善本題跋真蹟》第拾叁册)

按:二月十一日邢氏爲先生作《循陔園集》題跋,確定置換此書當在之前。

二月十一日,邢端爲先生跋明刻本《循陔園集》。並致書先生,言及校對《循陔園集》,及所作題跋歲月題名事。

邢端《循陔園集》題跋:(朱丈)復從郭子章《青螺遺書》中見所著《循陔園集序》,適爲此集抽毁之作。爰屬不佞莊書一通,裝之卷首。於是此天壤幸存之秘笈復顯於世。而朱丈抱守殘闕之功,良足慰鄭、莫諸老於地下矣。迻録既竟,因志其顛末如此。丙戌新正立春後七日,後學貴陽邢端謹識。(《上海圖書館善本題跋真蹟》第拾叁册丘禾實《循陔園集》附録)

按:本年正月初三日(陽曆二月四日)立春,跋語作於二月十一日。

邢端致先生書:螻丈尊右:昨承交來郭集,取校尊鈔,間有脱誤。如"服膺"下脱"之"字;"相戒"下脱"馨挈"二字;"崇岡"下"漱"誤作"激";"老者言"下脱"言"字;"父没而不能讀"脱"能"字;"封公存日"下衍"所"字;"綸詞"誤作"綸語";"當不止是"衍"此"字;末句"耶"字誤作"哉";"情性"二字倒，均已改正。筆秃眼眵，媿不能工，末行歲月題名是否安帖，仍乞鈞正。倘需改書，儘可再繕。前假《花溪閒筆》兩册及《循陔園集》一册、《青螺遺書》一册，並繳。尊疾想已大痊，容再詣候。專此，敬頌頤安。晚端謹上。十日。（同上）

按：書言"筆秃眼眵，媿不能工，末行歲月題名是否安帖，仍乞鈞正"，應指二月十一日邢氏爲先生作《循陔園集》跋語中歲月題名"丙戌新正立春後七日"。此書當作於題跋後，陽曆十日顯然不妥，陰曆正月十日（陽曆二月十一日）應更合理。

四月，梁思成完成《圖像中國建築史》的英文寫作。

［馮棣、黄沁雅、黄福丹：《中國營造學社西南編年事輯（1941—1946）——李莊》］

四月，兩跋丘禾實《循陔園集》明刻本。

《循陔園集》題跋：（文略）。爰鈎稽集中所述事實，得其生平大略，以著於篇。丙戌三月，紫江後學朱啟鈐敬撰。（《上海圖書館善本題跋真蹟》第拾叁册丘禾實《循陔園集》附録）

按："丙戌三月"，陽曆爲四月。

《循陔園集》題跋：按《循陔園集》八卷，吾黔丘庶子禾實撰。莫郘亭《黔詩紀略》稱已佚；陳松山《補編》則云爲黔人某所獲，秘不示人，引爲遺憾。兩公搜羅吾黔文獻勤苦若斯，猶未獲見，將疑其永絶跡於塵世矣。乙酉歲暮，忽經友人趙君萬里於坊間訪得，卷帙完具，儼然本來面目，惟副葉有"抽毁"二字，書中"虜"字皆經塗抹，並有裂去一行者。簡端本有郭青螺序，見《青螺遺書》，而此本無之。乃亟斥篋中他珍本易之以歸……丙戌春三月，蠖公朱啟鈐識。（《上海圖書館善本題跋真蹟》第拾叁册）

春,《貴州碑傳集》成稿。

邢端《貴州碑傳集序》:紫江朱丈桂辛,耄年劬學,篤志文獻,感國事之淪胥,慮典型之廢墜,乃搜集鄉賢之傳狀,都爲一集。踵嘉興之義例,效滇南之命名,百方搜采,片楮必珍。造端既宏,程功匪易。語其艱鉅,厥有二難:蓋黔中置郡,肇始先秦,甌脱荒遠,羈縻弗絶。雖道真受學早見於范書,而文翁化行復限於蜀道。又五開隸楚,播州隸蜀,地處華離,語淆夷漢。日銷月鑠,難尋有道之碑;地老天荒,莫識岣嶁之字。欲訪銘刻,殆同揀金。此其一。明置行省,比於中土,始於顧鎮遠之南徵,終於李長垣之平播。江南大姓,湘贛寓公,或從軍占籍,或久客忘歸。既遷徙之靡常,遂譜牒之淆亂。徐卿伯之居白下,家乘無傳;楊龍友之葬桐城,首丘未正。且比年烽燧頻驚,衣冠垂盡,楮墨貴於珠玉,故書雜於薪櫄。欲求遺稿,苦乏相如之文;待訪陳編,或遭深源之使。此又其一。具此艱辛,咸思斂手,而公則羽陵搜蠹,二酉探奇,尋鄭莫之殘篇,訪郭邱之秘籍。沈驎士雪鈔螢纂,無待寫官;司馬公目眵神昏,猶資警枕。以皓首之高年,幸汗青之有日,詎非筑國之珍聞,黔靈之盛業也哉?抑聞錢氏之稿,定於吾鄉黄公,剞劂之工竣於丙戌。丈與黄公親屬盧李,斯集觀成,同符紀歲,洵文字之有緣,信風流之未沫。(《蟄廬叢稿·文存》)

劉宗漢《朱啟鈐先生的貴州情結》:先生"發願搜輯貴州碑傳"在一九四四年夏季,至一九四五年秋季,搜集"已近數百篇(清代尤多)"。《碑傳集》沿襲常例,按人物的身份分類編排,用先生專門用木板印製的一種黑欄單邊稿紙抄寫,書口下方好像還印有"貴州碑傳集"字様。共抄成大約二十册左右，分兩疊，裝在一個特製的小書箱中。《碑傳集》在哪一年完成，已不得而知。但建國後，先生根據原編纂時無法見到的資料，又對《碑傳集》作了局部的補充。上世紀六十年代初，我就協助他從《貴州文史資料》上，補充了貴州辛亥革命時領袖人物平剛的傳記。一九六四年先生去世後，經家屬研究，將《貴州碑傳集》捐獻給了貴州。（《冉冉流芳驚絶代》）

牟昆昊《朱啟鈐〈貴州碑傳集〉及相關新見材料研究》：從上述資料可以看出《貴州碑傳集》内容有以下特點：第一，書中所收人物多清代，也有不少民國時期人物，這些黔籍人士既有如李世傑、唐炯等官員，也有如楊文照、姚華等文人，最值得肯定的是還有部分平民傳記選入，如高文秀，皆可與卞抄目録互相印證。這些信息表明朱老編撰書稿時豐富且開放的思路。第二，書中人物傳狀來源豐富，有采自方志者，有録自他人稿本者，還有家集、詩文集等處輯出的資料，許多資料今日已不容易見到，且書稿本着不輕易删減的原則，不僅有利於文獻的保存，也符合卞抄凡例中材料收録的設計。尤其是部分人物，如蹇闇、唐炯等，並不以一篇爲限，但有足徵者，並選入書中。第三，書中分類較之《碑傳集》等書，更加細緻合理，也更合乎貴州歷史人物特點，如卷三十二清隱德，卷三十五清篤行，卷三十六清流寓、遊俠等類别的設置各有其獨特之處；另外部分類别中的小分類也體現書稿對碑傳類文獻撰寫體例的豐富，比如列女類之中，又分爲了賢淑、節婦、貞女、烈行、才學等，其中才學類應爲《貴州碑傳集》獨有。第四，書中人物傳狀如他書無存，朱老則搜集各處資料爲其立傳，如鄧第武、鄧維琪、何鼎、蘇鳳文、唐炯、楊文照等人，都是朱老親自立傳，史料價值更爲珍貴，其不僅爲該書的編輯者，也充當着傳狀的撰寫者，這和貴州文獻的流存情況有着密切的關係。例如楊文照，朱老之前刊印過《楊劍潭先生遺詩》，該書分别從《黔詩紀略後編》、家藏手卷、于德楙處、後人舊抄本等合輯出遺詩三百多首，較之《黔南六家詩選》多出將近一倍，可謂收録楊詩最全者。楊氏爲朱老外祖父傅壽彤至交，朱老對其生平較之他人更爲熟稔，而《楊劍潭先生遺詩》序中介紹文字限於體例未能全面，但在《貴州碑傳集》中則爲之單獨立傳，如無朱老之文，恐怕對楊氏的生平只能依賴《遺詩》中的記録。(《貴州文史叢刊》2023 年第 4 期)

五月五日，重慶臨時國民政府還都南京。(《中華民國史．大事記》)

五月，約王世襄至寓，請其用清理戰時損失委員會平津區辦公處及王個人的名義寫呈文，説明長春危急，存素堂舊藏絲繡十分重要，建議將其空運到安全地點。次日，王世襄將呈文交付先生。

王世襄《回憶抗戰勝利後平津地區文物清理工作》：一九四六年五月，長春已被解放大軍包圍，形成孤島。一日傍晚，桂老忽打電話叫我去看他。他對我説："現長春圍困，危在旦夕，如遭轟炸或發生巷戰，絲繡極可能被毁，所以最好是搶運出來，放到一個安全的地方才好。現在宋美齡已到北平，將去東北，你趕快用清損會平津區辦公處及你個人的名義，寫一個呈文，就説長春危急，這批絲繡十分重要，建議將它空運到安全地點。寫好呈文交給我,一切就不用你管了。”我照桂老的吩咐辦了,第二天上午送去。桂老略作修改,叫我重抄謄清,留在他處。此後呈文經誰送去,送到那裏,我都不詳。過了約一個月,我接到清損會秘書郭志嵩從南京寄來一信,寫道:“杭主任委員特告:絲繡上文一事,殊欠斟酌,今後切記,不得越級陳事,望加注意!”我閱信付之一笑,既未寫信向杭解釋此乃遵桂老之囑,也未告訴桂老我爲此事而受申斥。過了些時,聽桂老説絲繡已從長春空運到京,存在中央銀行保險庫。一九四七年三月我從日本回到故宫工作,聽説這批絲繡已撥交給故宫博物院,存在延禧宫庫房。大約在一九五一年聽説遼寧省博物館通過文化部要求將絲繡撥還給該館,因爲它來自東北而且最早也是用東北的款項買的。東北方面也搜集到若干册溥儀從故宫攜出的善本書,準備還給故宫博物院。這樣,兩館之間作了一次文物交换。(《錦灰堆》貳卷)

六月二十六日,全面内戰爆發。奉蔣介石之令,第五、第六綏靖區第一綫部隊十萬人,淩晨分路向中原解放區大舉進攻。(《中華民國史.大事記》)

七月三十一日,梁思成攜家人乘飛機離開重慶,回到北平。[馮棣、黄沁雅、黄福丹:《中國營造學社西南編年事輯(1941—1946)——李莊》]

九月至十月間,十女朱浣筠嫁盧致德。

葉祖孚《關於朱啟鈐的文物賬册》:秋梨皮刻“清白乃心”篆字墜頭,一件。給浣筠婚禮紀念,卅五年十月帶上海。〇紫晶製西服紐扣領針,一匣。卅五年帶上海贈盧致德作見面禮。○乾隆緑色織金壽字雲龍緞,一匹廿五尺。浣筠嫁妝用,三十六年九月。○改琦款設色牡丹圓光册頁,一開。給予浣筠作嫁奩,已改裱成軸,三十五年九月。(《蠖公紀事》)

按:"三十六年九月"似應爲"三十五年九月"。盧致德,生於一九〇一年,廣東中山人。民國十七年獲得美國紐約大學醫學博士。抗日戰争時期,任軍事委員會後方勤務部衛生處處長、軍政部陸軍中將軍醫署署長、軍政部部副兼軍政部戰時衛生人員訓練所主任。抗戰勝利後,盧被派至南京、上海、北平、天津等地主持軍醫部門的接收工作。一九四九年春遷往臺灣,任"國防醫學院"代理院長。一九五三年五月至一九七五年十月,任"國防醫學院"院長。後任臺北"榮民總醫院"創院院長。一九七九年六月十一日在臺北"榮民總醫院"病逝。

十月,與梁思成和清華大學校長梅貽琦、工學院院長陶葆楷簽訂協議,將中國營造學社併入清華大學"合設研究所"。部分資料和收藏也隨梁思成轉移到清華大學建築系。至此,中國營造學社正式解體。[馮棣、黄沁雅、黄福丹:《中國營造學社西南編年事輯(1941—1946)——李莊》]

朱啟鈐書札:復員,周寄【梅】、梅貽琦到北京乃提出原案,促成簽名。更我修改一條,乃有期限之合作,隨時可解脱之規定耳……

按:此信爲劉宗漢留存節鈔件,没有上下款及書寫時間。據内容判斷,當爲朱啟鈐書信,惜未知鈔自何處。原注:"後一'周寄'後,脱一'梅'字。"

十一月十七日，劉致平、羅哲文、莫宗江押運營造學社的員工行李和資料，乘招商局登陸艇自重慶起程回北平。

馮棣、黄沁雅、黄福丹《中國營造學社西南編年事輯(1941—1946)——李莊》：(一九四六年)十月十三日，中博院開始搬運存留李莊的公物，所有員工行李由莫宗江負責押運。於十一月十七日乘招商局登陸艇自重慶起程，二十九日到南京。劉致平、羅哲文和莫宗江一同行動，學社的資料也在三人的押運範圍。(《建築史學刊》2023年第3期)

是年，寓居上海。

十一月，中興公司在上海召開臨時股東會，改組董事會，先生任董事長，錢永銘連任總經理。(《棗莊煤礦志·大事記》)

十二月初，劉致平、羅哲文、莫宗江途經上海時，拜望先生。

馮棣、黄沁雅、黄福丹《中國營造學社西南編年事輯(1941—1946)——李莊》：(劉致平、羅哲文和莫宗江)於(一九四六年)十一月十七日乘招商局登陸艇自重慶起程，二十九日到南京。三人經重慶、南京轉往上海，拜望了寓居上海的朱啟鈐社長後前往北平，於一九四六年底抵達北平。至此，營造學社復員工作完成。(《建築史學刊》2023年第3期)

按：三人二十九日到達南京，拜望先生當在十二月初。

年末，劉致平、羅哲文、莫宗江到達北平。至此，營造學社復員工作完成。[馮棣、黄沁雅、黄福丹：《中國營造學社西南編

年事輯(1941—1946)——李莊》]

是年,撰寫啟事爲學社募捐資金。

劉宗漢《回憶朱桂辛先生》:光復後,營造學社遷回北京。我曾見過當時桂老親筆寫的營造學社募捐啟事。記得募捐啟事中有這樣幾句話:“絶學不墮,邦家之福,老朽之年,有厚望焉。”(《蠖公紀事》)

是年,趙堂子胡同住宅得到發還。

劉宗漢《回憶朱桂辛先生》:抗日戰争勝利後,蔣介石來北京時,發還了桂老趙堂子胡同的住宅。此後,這所住宅便由他的次子朱海北居住,他自己始終没有遷回。(《蠖公紀事》)

按:劉宗漢提供朱文桀回憶:可能反映後,此事交給行政院長宋子文,頒發了歸還文件。記憶其中有兩句,大意爲“朱啟鈐先生堅貞不屈,不肯附逆……朱光沐先生抗戰八年功勛昭著”等語(這兩句是大意,原文記憶不清),故判定將房産發還。

中華民國三十六年丁亥　一九四七年　七十六歲

本年,朱家驊在管理中英庚款董事會董事長任、葉恭綽在董事任。(《國民政府職官年表》第一册《行政院直屬機構·管理庚款委員會》)

按:本年十二月十五日,“管理中英庚款董事會”改名爲“中英文教基金董事會”,朱家驊繼續擔任董事長,馬錫爾(英)任副董事長,凱士爾(英)、艾浦森(英)、杭立武擔任董事。一九四八年,葉恭綽擔任“中英文教基金董事會”。

是年，居北平。在中興煤礦公司董事會長任。

一月，兼任行政院北平文物整理委員會委員。（《中國文物研究所七十年·朱啟鈐》）

四月，再次受聘爲故宫博物院專門委員。

《故宫專門委員會》：抗日戰争勝利後，隨著西遷文物的東歸、北平本院及南京分院的復員，故宫博物院的工作也逐漸得到恢復。一九四七年四月，故宫博物院重新聘請了四十七位專門委員：湯韓、張珩、蔣穀孫、朱家濟、胡惠椿、張政烺、吴榮培、鄧以蟄、張大千、張伯駒、于省吾、唐蘭、徐悲鴻、沈尹默、吴湖帆、張允亮、趙萬里、王重民、于道泉、周一良、陳垣、陳寅恪、余嘉錫、徐炳昶、王之相、齊宗康、周明泰、胡鳴盛、朱啟鈐、蔣廷黻、顧頡剛、姚士鰲、傅斯年、劉澤榮、鄭穎孫、胡適、啟功、鄭天挺、關頌聲、梁思成、劉敦楨、俞同奎、蔣復璁、哈雄文、酈承銓、聞鈞天、韓壽萱。（《故宫學百廿題》五《故宫學研究與機構》76）

按：一九三四年先生曾被故宫博物院聘爲通信專門委員。

六月三十日，晉冀魯豫野戰軍主力第一、第二、第三、第六共四個縱隊十二萬人，在魯西南東阿至濮縣横寬三百里的地段上，强渡黄河，揭開了人民解放軍戰略反攻的序幕。（《中華民國史.大事記》）

八月二十八日，葉恭綽致書先生。

葉恭綽致先生書：蠖公尊座：昨者惠談，竟不得暢所欲言，而從者不日北行，何以爲懷。公去後，悽感竟日，頭眩遂增。斯世本無可戀,所不能放下者,仍是衆生太愚而苦,但此恐釋迦基督末如之何,何況自身即苦惱叢集之一微塵也。時至則行,亦無須難舍矣。營造社事多年計畫,亦覓不得繼起之人,吾國人一切精神早經澌滅,但有目前一霎之享受(其實亦非享受),在其念慮中。於是異於禽獸之幾幸亦復不存,且禽獸之優點,人並不能學得,此是何世界。故六道之輪迴,不必待轉世,尚何言哉。公性與儒近,儒之大意,在生於憂患,死於安樂。又云:"樂天知命,故不憂。"似不妨於此,參得少許消息,庶略得受用,其餘世事付之流水行雲可耳。附上支票貳百萬元,聊助零用。懇督存爲幸。餘請頤安,不盡縷縷。辱知末吏葉恭綽謹上。卅六、八、廿八。伯文函請轉。(中國嘉德香港二〇二三年春季拍賣會《觀想——中國書畫四海集珍專場圖録》164號手稿)

是年,在院中散步時跌倒,引發高血壓病。(據葉祖孚《朱啟鈐與〈存素堂賬目〉》)

本年度(一九四六年八月至一九四七年八月),共計捐贈合衆圖書館圖書二種,三册。[《顧廷龍日記》附録《一個圖書館的發展——從合衆圖書館到上海圖書館(1939—1958)》"合衆圖書館第八年工作報告"]

十二月十三日,曾孫朱延琦生。(據朱延琦提供資料)

按:朱延琦,朱文極三子,妻趙樹環。

中華民國三十七年戊子　一九四八年　七十七歲

是年,居北平。在中興煤礦公司董事會長任。

北平市政府警察局内三分局《户口調查表》(181,民國三十七年十一月四日):户别:住户。住址:八條五十四號。居住年限:民國前九年一月。己產或租賃:租。房東姓名:朱湄筠。(北京市檔案局藏原件)

北平市政府警察局内三分局《户口調查表》(190,民國三十七年十一月四日):户别:住户。住址:八條五十四號。居住年限:久居。己產或租賃:己。(北京市檔案局藏原件)

按:據表可知,其地址當爲户口所在地。據劉宗漢提供資料,此時應居於東城東裱褙胡同。

六月,中興煤礦公司董事會改組,先生任董事會長,黎紹基任總經理。

《主要領導人更迭》:一九四八年六月,中興公司總公司董事會長朱啟鈐、總經理黎紹基。(《棗莊煤礦志·管理體制》第一章第九節)

九月十二日,遼沈戰役開始。(《中華民國史.大事記》)

十一月二日,歷時近三個月的遼沈戰役結束,東北及熱河全境解放。(《中華民國史.大事記》)

十一月六日,淮海戰役開始。(《中華民國史.大事記》)

十一月二十九日,平津戰役開始。(《中華民國史.大事記》)

本年度(一九四七年八月至一九四八年八月),共計捐贈合眾圖書館圖書一種,一册。[《顧廷龍日記》附録《一個圖書館的發展——從合眾圖書館到上海圖書館(1939—1958)》"合眾圖書館第九年工作報告"]

是年,開始親自記載其生活收支賬目。

葉祖孚《朱啟鈐與〈存素堂賬目〉》:這是朱啟鈐先生親

自掌管的家庭收支的賬本。這些賬本最初由朱啟鈐先生指定的韓振魁記録,後來又改由喬家鐸記録,韓和喬都是朱啟鈐組織的中國營造學社的職員。後來又改由孫輩文極、文楷等記録。每年朱啟鈐閲後親自簽署"蠖批"兩字。有時到年底看完賬本,還在賬本上寫上一段帶有總結性的跋語。一九四八年,朱啟鈐已臻七十七歲高齡,孫輩也都長大就業,他就親自握筆記載他的生活收支賬目,甚至每天的明細賬都自己記。一直到一九六四年二月他臨終前幾天,還在别人寫的"二月七日付王護士五天 25 元 3 角 3 分"條下用顫抖的手簽署了"蠖閲過。二月七日。"這是他最後一次爲賬目簽字。(《蠖公紀事》)

是年,移居上海。與章士釗交往密切。

一九四九年顧廷龍跋《存素堂入藏圖書黔籍之部目録》:"去歲,先生移家來滬。"

按:《存素堂入藏圖書黔籍之部目録》,合眾圖書館刊印於一九四九年十月。

童小鵬《周恩來與朱啟鈐的真摯友情》:解放前夕,朱啟鈐居住上海。當時章士釗也在上海,朱啟鈐和章士釗交往密切。(《中華讀書報》1996 年 4 月 24 日)

是年,四女朱津筠及女婿吴敬安、九女朱洪筠乘飛機從上海赴香港途中遇空難去世。(據朱氏家人回憶)

按:朱洪筠原名汀筠。

是年,外孫盧樂年生。

按:據劉宗漢提供資料,朱浣筠有一子盧樂年,生於一九四八年。

一九四九年　己丑　七十八歲

是年，寓居上海。（章文晉《回憶外祖父朱啟鈐》）在中興煤礦公司董事會長任。

一月十日，淮海戰役結束。（《中華民國史.大事記》）

一月二十一日，蔣介石發表"引退"文告。（《中華民國史.大事記》）

一月二十二日，副總統李宗仁就任代總統。（《中華民國史.大事記》）

一月三十一日，北平和平解放。歷時六十四天的平津戰役結束。（《中華民國史.大事記》）

二月十四日，章士釗離滬前往北平參加國共和談，先生託其帶信給北平家屬。

朱海北《周總理同先父朱啟鈐之間的交往》：一九四九年國共和談期間，章士釗先生曾經兩次到過北平。第一次是以上海一個民間代表團成員的身份到平，住在六國廣場。在他離滬前，先父曾托他帶一封信給我們在平的家屬。（《冉冉流芳驚絶代》）

《中華民國史.大事記》一月二十二日：行政院會議決議特派邵力子、張治中、黄紹竑、彭昭賢、鍾天心五人爲和談代表，以邵力子爲首席代表。二月十三日：上海和平代表團顔惠慶、邵力子、章士釗、江庸受李宗仁之托，在李宗仁私人代表黄啟漢陪同下於上午十一時在上海龍華機場乘中航專機啟程赴平。隨同前往的還有顔惠慶等四人的私人秘書，以及參予聯繫南北通航的金山、中航公司副主任雷仲仁等多人。次日下午五時抵平,受到葉劍英等的熱情接待。二月二十七日,上海和平代表團顏惠慶等一行於上午十時往西苑機場離平,葉劍英往送。下午返抵南。

三月二十四日,何應欽新閣召開首次政務會議。會議決定派張治中、邵力子、黄紹竑、章士釗、李蒸五人爲和談代表。(《中華民國史.大事記》)

三月二十六日,中共中央决定組成以周恩來爲首席代表,林伯渠、林彪、葉劍英、李維漢爲代表的中共和談代表團。(《中華民國史.大事記》)

四月一日,南京民國政府和談代表團張治中、邵力子、章士釗、黄紹竑、李蒸、劉斐,顧問屈武以及李俊龍、金山等一行十九人,於上午在南京乘中航專機赴平。下午專機抵平。(《中華民國史.大事記》)

四月十三日,國共雙方代表於中南海勤政殿舉行第一次正式會議。(《中華民國史.大事記》)

四月十五日,國共和談代表舉行第二次會議,中共方面將《國内和平協定》定稿八條二十四款送交南京和談代表團。(《中華民國史.大事記》)

四月二十日,國民黨中央常務委員會發表聲明,拒絕接受《國内和平協定》。同日,國民黨和談指導委員會通過給南京民國政府和談代表團訓令。(《中華民國史.大事記》)

四月二十一日，中共中央軍委主席毛澤東、中國人民解放軍總司令朱德向人民解放軍發佈《向全國進軍的命令》。中國人民解放軍發起渡江戰役。（《中華民國史．大事記》）

四月，章士釗第二次前往北平參加國共和談期間，周恩來授意其函勸先生留在大陸。章氏兩次致信，先生收到一封。和談破裂後，章氏留在北平，居於東四八條朱家後院。

朱海北《周總理同先父朱啟鈐之間的交往》：第二次章士釗先生是以李宗仁政府和談代表團正式成員的身份來北平的。和談破裂後，章留在北平，就住在東四八條我家住宅的後院。章士釗先生第二次來北平參加國共和談時，周恩來曾授意請章士釗先生寫信給先父，勸説他留在大陸，不要去香港、臺灣。章兩次寫好信後，交金山同志派人設法送往上海。據先父説，只收到一封。據金山同志説，第一封信因爲送信人中途犧牲，未能遞到。（《冉冉流芳驚絶代》）

童小鵬《周恩來與朱啟鈐的真摯友情》：一九四九年章士釗第二次到北平參加國共和談時，周恩來曾請章寫信給朱啟鈐，勸説他留下來，不要去香港或臺灣。章士釗兩次寫信，交由金山派人送到上海。在周恩來的關懷下，朱啟鈐留下來了。（《中華讀書報》1996 年 4 月 24 日）

五月十二日，上海戰役開始。（《中華民國史．大事記》）

五月二十七日，上海解放。（《中華民國史．大事記》）

九月二十一日，中國人民政治協商會議第一屆全體會議在北平中南海懷仁堂開幕，出席各黨派、各團體的

代表六百三十四人，被邀來賓三百人。(《中華民國史．大事記》)

九月三十日，中國人民政治協商會議第一届全體會議選舉政協第一届全國委員會委員一百八十人，選舉毛澤東爲中華人民共和國中央人民政府主席，朱德、劉少奇、宋慶齡、李濟深、張瀾、高崗爲副主席，陳毅等六十五人爲中央人民政府委員；討論通過了《中國人民政治協商會議第一届全體會議宣言》。(《中華民國史．大事記》)

本年度(一九四八年八月十六日至一九四九年八月十五日)，共計捐贈合衆圖書館圖書一種，四册。[《顧廷龍日記》附録《一個圖書館的發展——從合衆圖書館到上海圖書館(1939—1958)》"合衆圖書館第十年工作報告"]

十月一日，中華人民共和國成立。

十月，顧廷龍爲先生所編《紫江朱氏存素堂所藏黔南文獻目録》作題記，並將《目録》油印百部。

顧廷龍題跋：紫江朱桂辛先生寄居外省，切念鄉關，當倭患之際，高卧北平，杜門卻埽，整比歷年所收黔邑及旅黔人士著述，成《目録》一卷。嘗編印《黔南叢書别集》八種，又輯録《貴州碑傳集》如干卷。於鄉邦文獻發潛闡幽，蔚爲鉅觀，足爲吾輩模楷。去歲，先生移家來滬，曾以書目授葉丈揆初，付龍保存，並屬重爲釐訂。荏苒數月，卒卒未果。兹悉北地原藏，典守無人，完散莫卜，一時檢校無從，爰將此目先用謄寫版複印百本，以資他日考鏡焉。顧廷龍記。(《紫江朱氏存素堂所藏黔南文獻目録》卷末)

《存素堂入藏圖書黔籍之部目録》牌記：合衆圖書館印

行,一九四九年十月。

十一月,北平文物整理委員會更名爲北京文物整理委員會,先生擔任顧問。(《中國文物研究所七十年》)

按:馬衡任主任委員,梁思成任委員,先生與宿白任顧問,俞同奎任秘書。任期到一九五六年一月。

是年,王世襄從美國參觀訪問博物館歸來後,往謁先生,先生親授《髹飾録》,建議其進行注釋。

王世襄《我與〈髹飾録解説〉》:一九四九年八月,我從美國參觀訪問博物館歸來,再謁桂老。此次他把《髹飾録》親授我手並鄭重地説:"你現在回到故宫工作,是個有利條件,應該下些工夫注釋此書。"從此解説《髹飾録》成了我的研究項目。(《錦灰二堆》壹卷)

是年,兼任古代建築修整所顧問。(《中國文物研究所七十年·朱啟鈐》)

是年,以中興輪船公司董事長的身份與張叔誠、黎紹基、周叔廉、唐在章等常務董事,共同把已經跑到香港的九條輪船召回,支援海運。(倪景翔《朱啟鈐與中興公司》)

童小鵬《周恩來與朱啟鈐的真摯友情》:朱啟鈐來到北京後,對人民政府的各項措施頗有好感。他是中興輪船公司的董事長,與公司的常務董事張叔誠等商量後,决定把已開到香港的十幾條輪船召回大陸支援國内海運。由於有幾條輪船已被臺灣當局扣留,結果除中興號七千噸客輪仍留香港暫營客運外,其餘九條貨輪全部召回。(《中華讀書報》1996年4月24日)

是年,九女婿吴泰勳卒。

本年,章梫卒。

一九五〇年　庚寅　七十九歲

是年,寓居上海。在中興煤礦公司董事會長任。

一月五日,顧廷龍應先生所請,向北京圖書館善本部主任趙萬里建議由文物局接受先生所藏岐陽王文物,並與趙萬里訪先生,先生慨然允捐。

《顧廷龍日記》:朱桂老所藏岐陽王文物,曾屬余代謀安置之處,因告斐雲,可由文物局接受之。同訪桂老,慨然允捐。桂老托余代借前北平圖書館《貴州通志》,今日送還。

按:先生時在上海。

一月六日,顧廷龍訪先生,商談捐獻文物事宜。

《顧廷龍日記》:桂老屬擬捐獻文物函稿,即往商談。惟文物箱存倉庫中,由其女出面簽字,他人不能提,擬緩辦……斐雲來,岐陽文物事。

一月六日至七日間,函告顧廷龍,決定將岐陽王文物捐贈北京圖書館,並可即辦移交。顧廷龍與趙萬里訪先生,確定交接辦法。

《顧廷龍日記》:一月七日,桂老來函,岐陽文物決贈北京圖書館,並可即辦移交。倉庫中已查明,可由他人簽字提取也。斐雲來,同訪桂老,暢談,約星期一與章以和接洽領件手續。

按:一月六日顧氏曾訪先生,七日接到先生來函,此書應作於六日顧氏離開朱宅後至七日間。本年,先生將岐陽王李氏文物五十餘件捐獻故宫博物院。

一月十日,請顧廷龍題朱可庵《巡海圖》卷篆書引首。(《顧廷龍日記》)

一九四九年十一月至本年二月,共計爲合衆圖書館捐款二萬元。[《顧廷龍日記》附録《一個圖書館的發展——從合衆圖書館到上海圖書館(1939—1958)》"財務報告"]

三月八日,赴顧廷龍處送閲趙萬里書信,並屬代復。(《顧廷龍日記》)

四月八日,顧廷龍訪先生。(《顧廷龍日記》)

按:先生時仍在上海,尚未回京。

四月,中央財經委員會批准與中興煤礦公司組織合營。(《棗莊煤礦志·大事記》)

《棗莊煤礦志·大事記》五月二十四日:在中央人民政府私營企業局的主持下,於北京召開公私兩方關於組織合營的座談會,會議作出了三項决議:"(一)私人部分,覈定發還。企業改爲公私合營,待財産清理完畢,公私雙方股權比例確定後,再組織經營機構,規定合營開始日期。(二)組織清估委員會,由中央燃料工業部和中興公司及私營企業管理局各派一人組成,以私營企業管理局所派代表爲主任委員。(三)清估委員會的職權是對該範圍内的財産進行清查估價,如雙方發生異議協商不成時,請雙方能承認的專家鑒定。"六月五日:財産清估委員會舉行第一次會議,决定了清估範圍、清估標準和清估原則。

是年（四月十九日前），章文晉、張穎夫婦赴滬探望父母時，動員先生留在大陸，並轉達了周恩來總理歡迎其回京的邀請。

章文晉《周恩來和我家四代人》：進城後不久，周總理聽説我準備到上海探望父母，特地把我和愛人張穎叫去，囑咐我們説："朱啟鈐先生是個實業家、建築學家。他可以爲新中國服務。請你們轉告他，人民政府歡迎他回到北京來。"總理還特别囑咐：對老先生不能只講大道理，不能勉强。到上海以後，我們遵照總理的指示，多次去老人處請安問候，向他轉達了周總理的邀請。（《走在西花廳的小路上》增訂本）

劉宗漢《對拙作〈有關朱啟鈐先生史料的幾點補正〉的補正》：我所寫的《有關朱啟鈐先生史料的幾點補正》在《北京文史資料》第六十五輯刊出後，承朱先生的外孫媳、章文晉先生的夫人張穎女士電告，文中"上海解放後，周恩來總理即委託章文晉先生同先生次孫朱文楷先生到上海將朱先生接回北京"，與事實小有出入。章文晉先生夫婦解放初在天津工作。一九五〇年，他們到上海看望章文晉先生的母親朱淇筠女士時，周恩來同志囑付他們，順便去看望一下朱啟鈐先生，動員他留在大陸，不要去香港。朱先生見到章文晉先生夫婦後，經介紹，對新的人民政府有了初步的認識，決定暫時不去香港。（《北京文史資料》67輯）

四月十九日，離滬回京，次孫朱文楷專程自京赴滬接迎，顧廷龍等人前往送行。回京後居住東四八條。

一九五一年十一月二十九日瞿宣穎《蠖公長兄八十壽詩二百韻》：蠖公北歸經年，今歲孟冬八旬上壽，宜有文字之獻，爰屬草爲長篇五言，未及就而公已南來。

按：先生回京當在一九五〇年。

《顧廷龍日記》四月十九日：送桂老行。

按：此日即爲先生離滬回京日期。

章文晉《周恩來和我家四代人》：到上海以後，我們遵照總理的指示，多次去老人處請安問候，向他轉達了周總理的邀請。不久，朱老先生就返回北京，還當上了全國政協委員。(《走在西花廳的小路上》增訂本)

劉宗漢《對拙作〈有關朱啟鈐先生史料的幾點補正〉的補正》：承朱先生的外孫媳、章文晉先生的夫人張穎女士電告，至一九五二年，始由次孫朱文楷先生接回北京，住在東四八條五十四號，直至去世。(《北京文史資料》67 輯)

按：文中"至一九五二年，始由次孫朱文楷先生接回北京"有誤，當爲一九五〇年。

夏，委托王世襄將《漆書》草稿本補充整理出版。

王世襄《漆書序》：記得在一九五〇年夏，我剛剛將《髹漆録箋注》上卷的草稿寫完，送到桂老那裏，請求教誨。他看了很高興，在指示我如何繼續工作之後，取出這部書，交給了我，並對我説："這些資料，是我在民國十三四年時收集的。當時因研究古代建築而兼注意到漆工。《宋史・藝文志》著録朱遵度著有《漆經》，但遍訪不能得，於是我就想將髹漆方面的材料，彙輯起來，以備參考。親友之間，知道我在做這工作，遇到有關的材料，也往往抄寄給我。積累到了一定的數量，經中國營造學社社友闞霍初君(鐸)協助我作了一次初步的編排，名之曰"漆書"，便是現在這部稿子。不過當時總覺得此書尚未完工，所以没有付印。近年以來，長沙等地有重要的漆器發現，使我更加感覺到《漆書》的内容不够完備。現在我精力已衰，只好將這部稿子交給你，希望你加以補充整理之後，將來把它印出來。”（《漆書》卷首）

按：《髹漆録箋注》，似即《髹飾録箋注》。

本年度（一九四九年八月十六日至一九五〇年八月十五日），共計捐贈合衆圖書館圖書一種，一册；文物羅振玉《臨小臣宅彝》一軸。［《顧廷龍日記》附録《一個圖書館的發展——從合衆圖書館到上海圖書館（1939—1958）》“合衆圖書館第十一年工作報告”］

八月二十二日，故宫博物院絲繡專家李濂鏜致書先生。

李濂鏜致先生書：桂翁先生尊鑒：屢接清光，渥聞教誨，上週趨謁，蒙賜序文、《存素堂絲繡録》及刻絲扇囊等多種，歸來捧讀序文，爲之流汗。鏜之不敏，真不知吐何辭以謝。鏜之淺陋，蒙先生呵護誘掖如此，惟有竭其駑駘，著録前賢之心血，啟發後賢之智慧，以從事於絲繡之學，以仰副先生期望之殷，亦即《存素堂絲繡録序》所謂存古翻新也。先生序文，鏜僭注數語，録另紙，仍求閱正。專此申謝，敬請痊安。後學李濂鏜拜呈，庚寅八月二十二日。（朱氏家藏稿本）

按：李濂鏜，字杏南。一八九六年生於河北省冀縣。故宫博物院絲繡專家。編有《小品織繡圖案》（1953 年 6 月出版）、《明錦》（1955 年 6 月出版）。

是年，唐益公賦詞壽先生八十歲。

唐益公壽詞：紫陽風度卓。肯抽簪獨蚤，隱憂先覺。當年在黄閣。歎才情如海，一時鸞鷟，塵襟掃卻。伴閒中、紅梅白鶴。杖朝年，存素堂高，自有悦情花藥。　　今昨。滄桑何限，一老巋然，不遂初嚼。棲心述作。經寒暑，費商略。把鄉邦文獻，流傳千里，至德尊同齒爵。喜連枝、三褎曾孫，興添矍鑠。公去冬得孿生曾孫三，誠異瑞也。庚寅十月十二日爲蠖公總長八十誕辰，敬賦《瑞鶴仙》詞，用舊藏白雲精舍筆、裦芸閣墨、虚白金牋寫祝。鄉後學唐益公謹撰。（《朱蠖公先生九十壽言集》附録）

是年，將明岐陽王世家文物五十六件捐獻給故宫博物院，文化部頒發奬狀予以表彰。

《捐獻銘記》：一九五〇年，朱啟鈐先生將自己收藏的明岐陽王李氏文物五十餘件捐獻故宫博物院。

《中央文史研究館館員傳略·朱啟鈐》：一九五〇年，朱氏將珍藏的明岐陽王世家名貴文物五十六件捐獻給故宫博物院，文化部頒發奬狀予以表彰。

按：一九五九年，故宫博物院將此批文物撥交中國歷史博物館，現藏於中國國家博物館。

本年，吴鼎昌卒。

一九五一年　辛卯　八十歲

是年，居北京東四八條。

一月九日，中興煤礦公司清估工作結束，分别確定了棗莊、陶莊、滬存三地的公司產權。（《棗莊煤礦志·大事記》）

按：財產清估工作始於一九五〇年六月。

春，次女朱淇筠卒於上海。

朱文渠《統一戰綫工作的偉大典範》注釋四“章以吴”：

一九五一年春,朱淇筠於滬病故。(《冉冉流芳驚絶代》)

按:朱淇筠,生於一八九八年。

五月五日,上午,偕次子朱海北夫婦遊中山公園,遇許寶蘅,在來今雨軒坐談良久。

《許寶蘅日記》:八時半到中山公園。又遇朱桂辛,其次子海北與婦隨侍,步履尚健,體甚充實,談論猶昔,惟耳聾需用傳音器,在來今雨軒坐談良久。

六月六日,捐獻文化部文物局文物一七一項,計四百三十二件;捐獻故宫博物院明清書畫、法書、瓷器等文物四十九項,計六十九件。

故宫博物院官網"捐獻名録":一九五一年,朱啟鈐先生向故宫博物院捐獻明清書畫以及法書、瓷器等文物四十九項,共計六十九件。

故宫博物院陳列部主任王世襄、保管部副主任李鴻慶《呈馬衡院長關於接收朱啟鈐捐獻國家文物局和故宫博物院文物文》:查存素堂朱啟鈐先生捐獻的文物,已經於六月六日由職等隨同文物局徐邦達同志前往東四八條朱氏家中接收竣事。計捐獻文物局部分一七一項共四三二件,分裝十箱六捆一包,由文物局派員收存位育齋中。捐獻我院部分四十九項共六十九件,分裝三箱一捆,由是日下午第一組收存於延禧宫庫房。謹將接收文物清册二册送請鑒閱。謹呈院長馬【衡】。附上存素堂捐獻文物清册(甲册捐文物局部分,乙册捐故宫部分)二册。陳列部主任王世襄、保管部副主任李鴻慶,一九五一年六月七日。故宫博物院院長馬衡簽批:報局。衡。(故宫博物院藏稿本)

故宫博物院收藏朱氏存素堂部分文物：于灝草書論鍾繇帖軸、王問草書五言古詩卷、宋曹草書臨王獻之帖軸、張芾行書録文軸、張瑞圖行書五律詩軸、陳奕禧行書詩軸、傅山草書七絶詩軸、勵杜訥行書七絶詩軸、無款行楷書唐大般若波羅蜜多經等殘卷、太平天國璽文、滿洲開國璽文、清拓好大王碑（四件）、近拓闕特勤碑（七件）、清拓諫敦軸、清拓秦權軸、朱昂之倣唐寅山水軸、元人江山樓閣圖軸、明人盧舍那佛像軸、清人畫朱氏家慶圖像卷、近人倣元人樓閣圖軸、觶齋主人款粉彩嬰戲圖瓶。（故宫博物院提供）

葉祖孚《關於朱啟鈐的文物賬册》：《紫光閣武成殿大檔黄册》，一函，一九五一年提出捐故宫。（《蠖公紀事》）

本年度（一九五〇年八月十六日至一九五一年六月），共計捐贈合眾圖書館圖書一種，七册。［《顧廷龍日記》附録《一個圖書館的發展——從合眾圖書館到上海圖書館（1939—1958）》“合眾圖書館第十一年工作報告”］

按：原文標注：“捐贈結算至一九五一年六月。”

七月二十九日，中央人民政府政務院文史研究館成立，符定一受聘任第一任館長，葉恭綽、柳亞子、章士釗爲副館長。（《中央文史研究館館員傳略》前言）

按：據《中央文史研究館館員傳略》附録《中央文史研究館館長副館長任職時間》，葉恭綽於一九六八年八月離任。

七月，章士釗賦詩送先生遊北戴河。

章士釗送行詩：秦皇島畔海東偏，拄杖重來看野煙。一代玄黄開國手，幾人魏晉問津緣。文章誤我悲今日，襆被從君憶昔年。野鶴自飛雲自逸，眼中寥廓也翛然。右詩奉送

蠖公社長遊北戴河。孤桐章士釗，辛卯七月。(《蠖公紀事》插頁)

十月，爲馬世良録舊作詩。

舊作詩：四十九年經百憂，敢將寸木比岑樓。攙鎗夜落沉牛渚，孤嶼横行斷蟹簖。矇叟奏工惟赤手，草人解體賸焦頭。天涯飄泊勞君憶，三徑何堪問兔裘。録舊作步章行嚴先生韻，籥雲世兄索書，聊以應教。蠖公朱啟鈐書，辛卯十月，時年八十。(馬延玉舊藏稿本)

十月三十日至十一月二十八日間(陰曆十月)，章士釗詩壽先生八十生辰。

章士釗《壽蠖公八十》：五十年前兩瞀儒，老來相伴亦蘧蘧。登殘晉祖三垂石，閱盡冬郎九局圖。北郭不時看杖履，南榮無事曝詩書。齋頭屢見曇花發，胸有千秋歲月俱。士釗，辛卯十月。(中國嘉德香港二〇二三年春季拍賣會《觀想——中國書畫四海集珍專場圖録》154號手稿)

按：先生本年生日爲十一月十日(陰曆十月十二日)，"十月"當爲陰曆。

十一月下旬(三十日前)，赴上海。

十一月二十九日瞿宣穎《蠖公長兄八十壽詩二百韻》：蠖公北歸經年，今歲孟冬八旬上壽，宜有文字之獻，爰屬草爲長篇五言，未及就而公已南來。

十一月二十九日，瞿宣穎賦詩壽先生八十歲。

瞿宣穎《蠖公長兄八十壽詩二百韻》：辛酉公五十，我吟百韻詩。辛未以文獻，細字引烏絲。辛巳復奉觴，群賢共陳詞。而我序其綱，聯爲珠百琲。今兹歲辛卯，又當介壽時。

康彊開九袠，歡慶騰親知。我雖遠睽隔，北望心常馳。不能豫賓筵，一醉舞僛僛。長謠博掀髯，敢惜詞弇媸。昔者元武昌，寄詩胡靈之。見元微之集。舅族夙所倚，姨兄恒肩隨。蹤跡等蛩駏，將攜自提孩。古人情不淺，今事堪相毗。傅遷自湘鄉，朱徙從江西。遠占貴州籍，永好聯璧珪。羽書偶休暇，仕路同攀躋。信陵昔城郭，孝王舊陂池。贈公藴恒榦，振鷺嘉羽儀。尺波忽電謝，長慟留髽縗。弱妹甫免乳，孤童未勝衣。從母念門户，復須事親闈。其間備百艱，忍淚憯骨肌。外祖謝簪綬，蘭澤搴芳蕤。長沙郡東城，近傍定王臺。其鄰曰芋園，亭館秀參差。一母將二雛，衹作榆枋飛。父書有遺匧，家業無立錐。時時問襦袴，不敢恣翺嬉。婚宦望有立，乘時慎初基。吾父方蜀輶，皇華勤周咨。後車陪掌記，峻阪造倭夷。冬陽薄淫豫，秋雪霏離崔。華陽士女傳，益州丞相祠。甲午我墮地，官閣春初迴。想當咳名始，繡褓壓文犀。從母與吾母，相顧顔融怡。我家先出峽，君家江之湄。奉親賴微禄，判司敢云卑。稍從令長秩，篋舫仍東來。煌煌節度牙，聽鼓寇纓緌。蘇臺與暨陽，來往乘輕颸。顧余隨親舍，瞢然蠟鳳堆。竊聞父兄語，時事滋憂疑。朝報突兀至，昨是而今非。宮鄰氄已伏，卿士膺其災。龍種笑狗腳，鵩義蒙虎皮。花門來餧肉，飛火射罘罳。訛言日朋興，一隄蔽江淮。流離黎侯詠，歎詑長安棊。從母時寢疾，清羸屏饘酏。擾擾山松城，孤燈炯緇帷。風樹無寧日，俄興陟屺悲。越雞慘不晨，巴猨聞遠啼。行行復趑趄，上泝城陵磯。負土湘上山，雛松手自栽。木落洞庭波，百卉日以腓。吾父急奔問，叩額行殿墀。吾母寄鄂州，兩家復相依。素韠具慘戚，青旆摇紛掀。壬寅清宫闕,春色還郊圻。元豐定新法,始置條例司。絲綸清切地,其敢語及私。亦於退食際,顧公諮所宜。初桄置譯學,使才儲狄鞮。三舍制略備,英彦益多師。異書抉鳥篆,逸足驤龍媒。能令士論伏,遠隆覘國資。再領警巡院,禁虣清皇畿。真避驄馬使,重彰赤棒威。離宫萬年瓦,旗亭九市逵。四方以爲則,宏兹周漢規。三行松漠部,雨雪四牡騑。馬前氈裘長,轅門繡羽旗。解辮獻區脱,挏乳撓留犂。四拓奇肱車,千里鳴輕雷。塹山復堙谷,無勞穆滿驪。瞬息指吴會,騰踔來燕齊。五開徐兖利,斧斤出煤炱。地既不愛寶,工商占高貲。凡公所經畫,鋭意殫鉨摫。改步參大計,遠猷量尤恢。匡時要良棟,黄圖猶霧霾。騏驥志服遠,豈爲貪金羈。丈夫行己志,難避流俗嗤。吾父昔秉均,孤立召傾危。誠知任寄艱,何況時勢違。雨雲手翻覆,弦筈心厓柴。何如脱人海,還復探園扉。嗟我兩銜恤,勞公奠深卮。戊午來滬瀆,喪帷含淚披。未及旅塵浣,先助節踊哀。再行武林山,贏糧乘楯樏。曰於靈隱右,度地誅茅茨。永福寺欲廢,石筍峰將頽。殘礎想蘿户,曲磴隱竹埤。湖光送蕩漾,山勢環厜㕒。封兆既永臧,稍慰慈親懷。墓旁啟三楹,歲時奉盤匜。近聞招提磬,遥辨鄰村雞。花竹頗便娟,傍舍又暎籬。不意海西鴈,翱翔乍分乖。家艱遘連歲,倚門徒歔欷。奉親始北轅,板輿向長街。事往難具陳,公來慰母悲。戴河莊暫臨,黄米宅重開。垂暮話親戚,淒凉問池灰。海棠增新甃,藤蘿牽舊坯。春來燕將雛,銜泥羽毰毸。門前無行跡,垂蔭猶雙槐。嗟余廢居諸,宦學俱蹇疲。養志悔無術,用世又不諧。疢憂損年壽,一昔傾慈暉。棁衣待公舉,沐椁待公治。池柳出國門,素旐翩纖纚。九衢樹葉零,風煙慘路歧。遠送到靈隱,不憚馬虺隤。崇封尚依然,原草潤霜荄。投杖啟玄堂,地潔無片泥。山静竹柏隝,氣藏煙雲谿。瞻望不忍舍,循階思履綦。顧此皆夢寐,重尋無端倪。載念文字好,自幸同鍼磁。余性躭泛覽,若涉無津涯。公則富懸解,窾隙善導批。四游盡六幕,萬象森三才。既入囊底智,亦從隙中窺。豁然一旦通,快如觸藩羝。公之治匠藝,余固乏所裨。特以削札餘,相將助鈎稽。工師昔分途,賤役遭輕詆。士夫所誦習,未嘗親纆徽。冬官學曠絶,疇能探其微。百家九流中,公獨揚幟麾。近古得李誡,遥胄紹工倕。旁通更多術,利用盡五材。刻鏤錯文繡,銀鏐漆犀比。頗聞童年事,雅尚在斤錘。古來若此者,張衡及戴逵。技也進乎道,宜爲晉儒譏。晚歲值世變,玉貌居重圍。矯首望八荒,實畏羅弋施。長安有突騎,曲江泣龐眉。我輩無遠翮,遜詞避嫌猜。暫免兜鍪訶,復從鉛槧提。鬼方昔荒索,風物成奇侅。境或太古鑿,民或中原遺。順元宣慰長,奢氏土官妻。墜簡偶一拾,菑翳勞爬篩。公緣述家乘,梓桑尤低回。手輯先賢傳,淡墨行斜欹。叢殘滿燕几,分我照書藜。丙戌春逮夏,舍我東城隈。舊情增款款,新知益孜孜。但恨管易髡,不惜手頻胝。芳序殊苦短,宵燭映連簃。所樂有不易,安用顧家爲。自顧殊敖曹,世業等敝箄。南來就波臣,分當化枯骴。相念只公在,顛頓慰孤畸。迢迢故時侶,一一雪見曦。去歲公北還,不忍見行輜。驛柳被輕塵,春闌景淒其。爲公一長吁,復爲公神移。回首六十年,茹荼皆成飴。曾孫繞膝前,兒亦霜滿髭。視膳問寢興,不盡答以頤。内外門鼎盛,譜牒羅光輝。

本支及百世，繩繩燕翼詒。撫序御輕紈，當食含芳餈。娟古暱綈帙，棲神對華榱。古人之所樂，今人之所稀。貧而不隕穫，貴而不顛隮。苕穎發孤孑，自奮淩丹梯。恭惟明德遠，餘慶鍾於斯。雖無三釜養，遺憾已能彌。在天或下視，一笑神所綏。因之念外氏，門祚殊陵遲。當年釣游處，竹裏風光迷。年深存若没，諸舅與諸姨。中外昆季行，散落無能追。安得會一堂，共潑葡桃醅。知公當此際，永感亦含悽。置此且勿道，剥復逢昌期。吾生復何幸，曠宇開雲霓。滌瑕蕩穢盡，相與流淳熙。壯者食其力，惠養逮鮐梨。近亦買牛犢，遐方停徵鼙。赤幟漢家風，梗化無鯨鯢。公乎但安居，扶杖望泰階。不用安期棗，不用青城芝。余亦述所聞，徵引佐笑咍。方瞳映丹輔，自視猶嬰兒。鬻熊與吕尚，古事昭元龜。國有此黄髮，寶當逾宗彝。而我一豎儒，測海但以蠡。安能揍懿美，聊將寫心脾。寒宵思如潮，缺月照我楣。累紙詞未罄，墨瀋餘淋漓。忽聞公南來，相就如奔猊。此歌戛然止，勿添葉與枝。公宜飲我酒，恣我啜其醨。蠖公北歸經年，今歲孟冬八旬上壽，宜有文字之獻，又不可以尋常諛頌之語進，爰屬草爲長篇五言。傭書晷短，日綴數句，未及就而公已南來，遂以一日夜之力縱筆成之。述往事，詔來者，其詞皆出衷懷，屏斷虚飾，庶幾可附唐賢叙親情、追昔遊之作。檢篋中舊箋録之，惟哲工鑒焉。重光單閼仲冬月朔，瞿宣穎記於上海蜕園。（《朱蠖公先生九十壽言集》附録）

十一月，葉恭綽賦詩壽先生八十歲。

葉恭綽《蠖公八十壽詩》：不用磻溪掛釣蓑，老懷猶喜得春多。閒勤炳燭供求闕，公至今手不釋卷，多所掔尋。静愛栽花助養和。入水詎須資象罔，移山猶足傲夸娥。公闢建鐵路，勛績丕著。應憐陪從南樓客，蒲柳雖衰未改柯。余小公九齡，近年精力大遜。○微塵卌載附同岑，長仰陶公百煉金。公幹局閎遠，在割能斷，極類陶士行。余追隨卌載，愧未能效法百一。單騎蒙疆開草昧，公曾單騎周歷東蒙，從事開拓墾牧，諸政至今利賴。萬槐燕市勝棠陰。北京市政爲公創建，規隨至今不替。所植德種槐樹，所在成陰，小焉者也。考工好致通經用，將作能鈎大匠沉。公研求歷代建築營造，鈎深導窾，若有神悟。所搜集資料凡數萬事，所闡述凡數十萬言，承學之士資其膏沫，以爲標榜羔雁者頗衆，公不校也。公以此馳譽國内外。言吾國古代制作者，咸推爲祭酒焉。祇惜韓門多叛去，漫從籍湜共題襟。蠖公長老八十生日述往志祝，敬乞教正。葉恭綽上。（中央文史館藏稿本）

葉恭綽《蠖公八十壽詩》：不用磻溪掛釣蓑，老懷還喜得春多。閒勤炳燭供求闕，静愛栽花助養和。入水詎須資象罔，昔人所謂"入水不濡"，公得其理，但罕爲身謀耳。移山猶足傲夸娥。公平生一切設施，多自開其端，而聽人樂其成，自處於勞，而聽人居於逸，亦性使然也。應憐陪從南樓客，蒲柳雖衰未改柯。○微塵卌載附同岑，長仰陶公百煉金。公幹局似陶士行，袁宏所謂"精金百煉，在割能斷"也。單騎蒙疆開草昧，公昔年曾單騎周歷東蒙，規畫宏遠。萬槐燕市勝棠陰。京師德國槐樹，由公廣植數萬株，至今衆蒙其陰。考工好致通經用，將作能鈎大匠沈。公藝事精能，出於天授，凡建造技術，皆能洞明藴奥，推極源流，援古證今，歸於通貫。昔創立營造學社，搜集名勝建築圖繪至數萬事，發揮闡述至數十萬言，名馳中外，至今得其鱗爪資爲聲氣者，不知凡幾。然公不自有也，即此更以見公之量矣。祇惜韓門多叛去，漫從籍湜共題襟。述懷二律上蠖

公先生，即頌其八十生日。葉恭綽呈稿。（朱氏家藏稿本）

按：本年先生陽曆生日爲十一月十日。

仲冬，在滬爲趙静侯作《重刊營造法式》跋語，由瞿宣穎代書。

朱啟鈐《重刊營造法式題跋》：《營造法式》本爲不甚經見之書。距今三十餘年前，鈐涉目及此，慮其閟而弗彰，久或湮没，遽屬友人取丁氏景宋鈔本，石印傳布。嗣是海内藏書家各舉所聞相詔，助成新刊，其所據本，似較勝矣。而剞劂之工，取諸北京，鈐以妻病居津，未遑逐一審視。鐫印既畢，仍覺校讐未能盡饜人意。營造學社成立，乃屬社中諸君廣搜群籍，並取唐、宋、遼、金構築實物，參互疏證，兼以算式鈎稽，求其丈尺比例數字之準確。歲月累積，所獲漸增，謝君國楨更於故宫發現四庫開館時浙江進本。持與相較，方悟第四卷明言"造栱之制有五"，而實止於四，文義不符，乃脱簡所致。多年積疑，頓獲匡補，匪細故也。又第四卷"門砧限"條，亦漏刊數語。至彩畫施色，有與所注不符者，亦據海外《永樂大典》殘本得以糾正。維時友人陶蘭泉君尚健在，乃命剞氏先將卷四抽换數葉，依式重刊，惜印書之紙出於特製，所存無多，莫從增購，僅將訂正本印成二十五部，是雖訂正而猶未盡如願也。抗日軍興，友朋、圖籍南北分散，鈐亦日就衰老，無能爲役。惟學社諸君續以所校見示，擇其善者，手過一本，以備他日之晚蓋。抑鈐於是書校刊之經歷，重有所感者：故籍傳鈔譌謬，本所難免。況考工之書，名物象數，或口傳而多歧，或筆録而致舛。欲求是正精審，倍艱於他書。此後若假以時日，重刊以行，於灼然之誤，固當糾削。至於徵引故書,偶有與通行本不合者,或因北宋時所見本有不同,或因行文之便,不能一字無爽。此在治漢學者,於唐以前引書之例,已闡明無遺。若輕於據後以改前,恐反失真而滋繆,且如《看詳》中引《韓子》"雖班爾不能成方圓","爾"字以傳鈔而誤爲"亦",固顯然一誤。然今本《韓非》作"王爾",單舉"爾"而不及"班",亦不如作"班爾"者之長。明仲身爲儒彦,汴宋猶富遺書,或轉能賴此書,以證他書之失。何者宜改,何者不必輕更,是在後之博識君子,學古有獲,運以精思。此其一。是書卷帙雖非甚繁,然其精華端在名作制度,其文不宜輕有變異。至功限、料例,在今日未嘗不可以横行算式圖表列之,期於删繁文而明實效。如能不盡拘舊刻之形式,而可益彰古人之精神,亦有助於流傳光大之一道。此其二。要之,校書如掃落葉,一字之忽,幾成巨謬。如鈐原序"柳宗元作《梓人傳》而不著匠人姓氏","不"字實"始"字之訛,當時竟未之覺——況全書之難讀者乎?今歲以事南來,趙君静侯出所收是本見示,歲月如流,距刊成時又二十餘年矣。老無炳燭之光,爲校補尤要者數條,並舉近年之發見與懷念,記之簡端,以俟達識鑒焉。辛卯仲冬,朱啟鈐時年八十,記於上海寓次。(王世襄舊藏《重刊營造法式》後序書眉)

按:題跋爲瞿宣穎所代書。據劉宗漢告知,於朱啟鈐寓所曾經見其自用《重刊營造法式》,上有瞿宣穎代書朱筆題跋,並爲過録於張允中藏本。

十二月三日,顧廷龍訪先生,午睡,未見。(《顧廷龍日記》)

《顧廷龍日記》:十二月二日,兑之來,言桂老來滬,念余,明當往訪之。

十二月四日,顧廷龍訪先生,並借先生《營造法式》自校本。

《顧廷龍日記》十二月四日:訪桂老,别一年矣,暢談,見借《營造法式》自校本,録一卷。五日:録《營造法式》校。六日:録《法式》校。七日:録《法式》校。

十二月十日,攜朱海北訪顧廷龍,並與顧廷龍訪張元濟。

《顧廷龍日記》:桂老來,子海北侍,偕訪菊。

十二月十七日,顧廷龍訪先生,並借鈔先生新撰《營造法式》題跋。(《顧廷龍日記》)

十二月十八日,顧廷龍送還先生書。(《顧廷龍日記》)

下半年,中國營造學社"水殘文件"與其他圖書資料轉爲北京文物整理委員會代管保存。(赫俊紅《一九四〇年中國營造學社"水殘文件"搶救保護〈工作日記〉記略》)

一九五二年　壬辰　八十一歲

是年,居北京東四八條。

七月,燃料工業部在京主持召開公私合營座談會,達成了"關於發展棗、陶兩礦並組織合營機構的協議"。規定了合營範圍和棗、陶兩礦的關係"今後應視爲兩個生產單位,分别經營,各計盈虧"。合營日期自一九五二年七月一日算起。(《棗莊煤礦志·大事記》)

九月三十日,在北京正式成立棗陶莊煤礦公私合營委員會，宋竹庭爲主任委員，李祖芬爲副主任委員，通過了關於公私産權、合營組織機構和領導、煤礦恢復程序、合營機構的臨時費用等四項決議。同時組成公私合營棗莊煤礦經理處。（《棗莊煤礦志·大事記》）

《棗莊煤礦志·大事記》一九五六年六月十六日：經煤炭工業部濟南管理局批准，將棗陶莊公私合營委員會更名爲棗莊煤礦公私合營委員會。七月二十四日：撤銷棗莊煤礦公私合營委員會，成立公私合營棗莊煤礦董事會，保留上海辦事處。八月十六日：召開公私合營棗莊煤礦董事會議，公私雙方一致通過了將棗莊煤礦改爲國營的決議。二〇〇〇年十一月十八日：棗莊煤礦公司召開十四届職工代表大會第十三次會議，經職工代表討論，通過了棗莊煤礦關閉破産的決議。

是年，當選爲公私合營棗莊煤礦董事會長。（《棗莊煤礦志·人物與榮譽·朱啟鈐》）

《中央文史研究館館員傳略》：一九五二年中興煤礦公司改爲公私合營，繼任董事長。

一九五三年　癸巳　八十二歲

是年，居北京東四八條。

是年，向章士釗薦李濬之爲中央文史研究館館員。因李氏去世而未及發表。

《許寶蘅日記》二月十二日：聞紹戡言，李響泉病大頭瘟而逝，年八十四。朱桂辛謂其耄而好學，囑章行嚴徵取入文史館,未及發表,行嚴爲之言於政務院,致賻百萬。

按:李濬之,號響泉,美術家。

五月五日,中央人民政府政務院總理周恩來簽發聘任先生爲文史研究館館員通知書。張祖馥、劉放園、沈炳儒、石鍾秀同時成爲館員。(《中央文史研究館館員傳略》附録《中央文史研究館館員入館時間》)

中央人民政府政務院《中央文史研究館館員聘任通知書》(政聘字第122號):兹聘任朱啟鈐先生爲文史研究館館員。特此通知。總理周恩來,一九五三年五月五日。(朱氏家藏原件)

是年(六月二十四日前),托濮彦珪請人摹寫紅崖刻石及劉心源釋文。

《許寶蘅日記》六月二十三日:十時紹戡來,言桂辛托其倩人摹寫紅崖刻石及劉心源釋文,問余何如。余謂桂辛之物姑試寫之。

六月二十五日,函贊許寶蘅摹寫紅崖刻石,並約過談。

《許寶蘅日記》六月二十四日:寫劉釋文一通,摹刻石五紙。六月二十五日:紹戡來,以所摹録文件交之。紹戡來箋,並得桂辛箋,極稱摹寫精妙,並約過談。桂辛舊日相知較深,而余向來不願詣達官之門,故蹤跡較疏,桂辛在達官之中習氣較好,而余猶趑趄不前。

六月二十九日,許寶蘅同濮彦珪訪先生,葉恭綽在座。

《許寶蘅日記》六月二十九日：九時訪紹戡，同訪桂辛、行嚴，適譽虎亦在座，桂辛談紅崖石刻及舊日諸友事及其子女事，留午飯。又過行嚴小坐，遂與紹戡同出。六月三十日：爲桂辛寫紅崖刻石諸家記跋、詩歌。七月七日：紹戡來，以桂辛寫件交其轉交。

七月二日，文化部社管局將所收購先生圖書一千二百零二種五千六百七十五册、圖片十二種二百九十八張、奏摺一種四束、手稿一種、卷軸三種、詩文稿件七束一百五十一件撥交北京圖書館。（《趙萬里先生年譜長編》）

劉宗漢《朱啟鈐先生的貴州情結》：除了《貴州碑傳集》之外，先生還匯集明清兩代遊宦貴州人的詩文，共一百五十二家，成《黔南遊宦詩文徵》一書。一九五三年，先生捐獻圖書時，《詩文徵》與其他有關貴州圖書一起，捐獻給北京圖書館……一九五三年秋，經王世襄協助，先生將自己所藏"貴州文獻及普通圖籍"捐獻給北京圖書館。（《冉冉流芳驚絶代》）

夏（五月六日至八月七日間），囑朱文極、葉恭綽、劉敦楨、劉致平、陳明達、單士元、陳從周、羅哲文等商於朱宅，擬恢復營造學社，諸人皆認爲國家現有研究機構，學社似可不必再辦，劉致平獨以爲不然。（陳從周《朱啟鈐與中國營造學社》）

按：本年五月六日立夏，八月八日立秋。

八月八日，午，約請章士釗、許寶蘅、夏仁虎、葉恭綽、俞同奎、周作民、邢端、濮彦珪、王世襄等人於宅中小集，六女朱洛筠陪侍。

《許寶蘅日記》：遂出門赴桂辛、行嚴約，同座爲夏蔚如、葉玉虎、俞星樞、周作民、邢冕之、濮紹戡及王世襄與桂辛之第六女，左右應客，三時餘散，桂翁以車送歸。

章士釗《癸巳立秋日蠖公約老者九人在宅小集即席有作》：九老渾類洛下賢，桂林先詡一枝堅。眉軒袂舉都如故，澗媿林慙却未然。碑以崖紅煩論勘，水□鴨緑帶腥膻。笑言偶示參賓戲，□賴文姬接席傳。孤桐章士釗初稿。（朱氏家藏稿本）

八月十三日，濮彦珪代先生轉交許寶蘅三十萬元，許氏作箋復謝。

《許寶蘅日記》：（晚）七時紹戡來，交桂辛餽卅萬元，不便卻，作箋復謝，托紹戡轉致。

按：似爲支付許氏摹寫紅崖刻石潤金。

八月二十二日，上午，許寶蘅訪先生，觀瞿子純刻紅崖拓文。歸後爲先生寫《安順沿革篇》。

《許寶蘅日記》八月二十一日：爲桂辛寫姚芒父《紅崖古蹟》詩並注及瞿子純《紅崖碑跋》。八月二十二日：九時訪桂辛，見瞿刻紅崖拓文，乃全不成文字，與吴、吕諸本大異，且僅十餘字，絶非真相，殊爲失望，照樣摹寫一通，姑存之。篇幅高廣與芒父所得潘藏本相似。留午飯，一時半歸。爲桂辛寫鄒叔績《安順沿革篇》。

八月二十八日，上午，許寶蘅訪先生。（《許寶蘅日記》）中央人民政府文化部社會文化事業管理局聘請先生爲北京文物整理委員會委員，自九月開始領薪。

中央人民政府文化部社會文化事業管理局致先生書：茲聘任先生爲北京文物整理委員會委員。每月支薪四百三十二元，自九月份開始。特此函達。此致朱桂莘先生。中央人民政府文化部社會文化事業管理局，一九五三年八月二十八日。（朱氏家藏稿本）

按：據先生批注，聘函由中共中央統一戰綫工作部夏聚英轉遞。隨函附有夏氏便箋一紙，字跡褪色，無法辨識。

九月四日，下午，許寶蘅訪先生，並爲題莫友芝、鄭珍卷册四件。濮彦珪在座。

《許寶蘅日記》：五時到桂辛處，紹戡已先至，爲題莫、鄭卷册四件，留晚飯，九時歸。

九月十九日，許寶蘅接先生書，再次獲贈二十萬元。

《許寶蘅日記》九月十二日：紹戡來，以所鈔吴羽駡《紅崖碑考》托其交桂辛。九月十九日：得桂辛箋，又贈二十萬，即復謝。

按：先生八月十三日曾貽贈許氏三十萬元。此後，許氏續爲先生鈔録紅崖相關文獻，此款似亦當爲付其潤金。

十月三日，下午，許寶蘅往候先生。（《許寶蘅日記》）

十月二十一日，與章士釗、葉恭綽聯名致書中華人民共和國主席毛澤東，對人民英雄紀念碑興建委員會的設計方案提出修改意見。

童小鵬《周恩來與朱啟鈐的真摯友情》：五十年代初期，人民政府決定擴建天安門廣場，修建人民英雄紀念碑。周

恩來指示有關部門徵求朱啟鈐的意見。(《中華讀書報》1996 年 4 月 24 日)

《朱啟鈐等給毛主席的信》:主席賜鑒:兹因英雄紀念碑事,略有意見,敬謹陳述如下。英雄紀念碑的建立,爲建國以來一大事,故所有設計,必須偉大壯麗,與天安廣場和附近其他新建築配合調和。而其要義尤必須能以表現我國藝術上的優良傳統,令民族風格與英雄事蹟融合爲一,方足示千秋的模範,隆萬國的觀瞻。兩年以來,但聞進行設計,未悉内容,日前得見該碑興建委員會印行的設計資料,啟鈐等詳加考閱,兼以視察和采訪,似其設計尚未足以云完善。現石料雖多運到,尚未動工,竊意此等巨工,關係歷史文化,非可僅由三數技術家綜司其事,似宜稍寬時日,多延專門老宿,詳慎審查,始行決定,以免一誤不可補救。兹將應行注意之點,約有數事,提供考慮。一、浮雕史實宜特别慎選也。該碑座上原擬十幅浮雕,後減爲八幅,即:1. 燒鴉片(或三元里),2. 金田起義,3. 辛亥,4. 五四,5. 五卅,6. 南昌起義,7. 遊擊戰争,8. 打過長江、解放全中國。此八幅的題目似可綜括近百年的重要史實,但其畫面的表現,則於二萬五千里長徵和建立人民共和國兩點,均嫌漏略,對締造新邦諸重要人物,自毛主席以次,均無一人列入,實係缺點。竊意必須有一幅建立人民共和國成立政府的圖畫,方足以示隆重。又各浮雕内人物的處理和制度事實的考訂,亦尚有缺陷,宜一併再加研究。又浮雕用漢白玉石,易受天氣人爲的毁壞,似乎不妨改用銅鑄,不但經久,且更美觀。二、整個圖形宜再行斟酌也。按該碑最近設計,地基和碑身采用挺拔式兩點,業成固定，又碑身中嵌青島花崗石，已經運到，均可不置議外，那么如何就此三者構成一個較完善的設計，似爲目前急迫之事，亦即係就最近該會設計的圖樣而加以修改之謂。這是目下還來得及的，我們的意見，擬先提出三點：新圖將下層的月臺加寬，而所有石欄均不加高加大，致碑身特形孤聳，遠望似成一個⊥形，氣勢不顯雄壯。補救之法：（甲）下層月臺，不須放的太寬，而將兩層月臺的石欄，一概加高加大，有類拱衛碑身形態，其氣勢自然緊湊。（乙）碑身所擬的尺寸既高，而碑頂復不够開張，碑帽又短，以致全碑更形尖秃。補救之法，應將碑帽碑頂另行設計，令全碑的分段比例約略如下：即碑頂碑帽共約占全碑四分之一，碑的中段，即毛主席題字的，約占四分之二或多些，碑座約占四分之一。（丙）碑頂應雕成飛檐式，下設斗拱，略仿兩漢石闕，碑帽另擬文様，大略如昆明湖、瓊島兩碑。如此則整個碑身會顯的肥短些，不論遠近，皆適觀矣。至已到的碑心石，似亦不必裁短，即令其天地頭縮短些便了。三、各部分紋様宜另行選擇也。據最後設計的須彌座各紋様，多取法於明清兩朝，在這様做坊表的大建築上，顯得纖弱無力，與整個設計要表示雄樸之意不符，似應另行選擇，或竟不用花紋，而但用粗壯綫條，構成圖案，或只用一小部分花紋，亦取簡勁有力的，不要繁複瑣碎，庶幾整個圖形，可以匀稱而大方。以上三條，不過係屬大綱，其詳尚待討論。專此，謹致敬禮。朱啟鈐、章士釗、葉恭綽，一九五三年十月二十一日。（《二十世紀北京城市建設史料集》上）

十月二十九日，毛澤東主席將二十一日先生與章士釗、葉恭綽等人來書批示給北京市市長兼北京都市計劃委員會主任彭真：請付人民英雄紀念碑興建委員會討論，並邀建議三人參加。

《毛澤東的批示》：彭真同志：此件請付委員會（原注："委員會"即"人民英雄紀念碑興建委員會"）討論，並邀建議三人參加。毛澤東，十月廿九日。（《二十世紀北京城市建設史料集》上）

按：彭真時任北京市市長兼北京都市計劃委員會主任。

是年，應邀參加市政府在舊司法部街老司法部内召開的人民英雄紀念碑設計方案座談會，並提出意見。

朱海北《周總理同先父朱啟鈐之間的交往》：五十年代初期，人民政府决定擴建天安門廣場，修建人民英雄紀念碑。周總理指示有關部門徵求先父的意見。當時北京市人民政府的秘書長薛子正派人將先父接去（我也陪同前往），參加市政府在舊司法部街老司法部内召開的座談會。記得在座的還有雕塑家劉開渠等人。會上，先父發表了以下幾點意見：（一）天安門廣場的周圍，不要修建高於天安門城樓的建築。（二）擴建廣場，移動華表時，要注意保護。特别是西邊的那座華表，庚子時被打壞過，底座有鋼箍，移動時要注意。（三）廣場上東西兩面的"三座門"，儘量不拆。（四）東西"三座門"之間南面的花牆是當初（約民國二年）爲了與東交民巷外國的練兵場隔絶，經我（即先父）手，在改建新華門的同時修建的，並非古跡，可以拆除。這些建議，有關部門大體上采納了。東西"三座門"開始並没有拆除，後來因爲有礙交通，才不得不把它移走。（《冉冉流芳驚絶代》）

童小鵬《周恩來與朱啟鈐的真摯友情》：當時北京市人民政府秘書長薛子正請朱啟鈐參加市政府召開的座談會。朱老提出了很好的意見。(《中華讀書報》1996 年 4 月 24 日)

十一月七日，中國建築學會聘請先生擔任學會中國建築研究委員會委員。

中國建築學會致朱啟鈐函：兹經我會第一届常務理事會第一、二次會議，推請台端擔任我會中國建築研究委員會委員，至希惠允爲荷。此致朱啟鈐同志。中國建築學會，十一月七日。附《中國建築學會第一届常務理事會成員名單》：理事長周榮鑫，副理事長梁思成、楊廷寶。其中《中國建築研究委員會成員名單》(共二十人)：主任委員劉敦楨，副主任委員劉致平、趙正之。(朱氏家藏稿本)

按：信封郵戳爲一九五三年。中國建築學會成立於一九五三年，十月二十三日至二十七日在北京召開第一次代表大會。

一九五四年　甲午　八十三歲

是年，居北京東四八條。

二月五日，瞿宣穎致書先生。

瞿宣穎致先生書：蠖公頤鑒：入此歲來，又已三日，每對朔風，輒深結想，福履康愉，以爲至祝。弟傭書自給，忽六七年，粗免凍餒，可紓垂念。近晤吴君諫齋，出示家藏《督運圖》卷，云：昔年曾持請鑒定，而未及著墨。吴君亦竟家有連城而不自知，弟一見之下，即斷爲桐鄉馮星實鴻臚應榴之物,灼然可考。斯圖關係漕運掌故,珍貴非常,爰徇吴君之請,代公撰一跋,以了宿緣。録稿乞鑒,如無不妥,即擬繕於卷尾。恐有妨頤攝,不賜復亦可,稿更可不置還也。吴君近况甚窘,意欲得善價歸諸政府,竊意此物亦誠宜實册府之藏,京中或多能欣賞者,能與葉遐公一談否?敬希。敬賀春釐。弟穎手上。甲午新春三日。行老想仍頗多相晤,同此祇候。(朱氏家藏稿本)

按:隨信附有瞿氏《潞河漕運圖記》手稿。

《潞河督運圖》卷:一九五四年,前輩著名歷史學家顧頡剛先生自江南訪購之,於次年元月捐獻中國歷史博物館(今中國國家博物館)。(中國國家博物館《中國國家博物館館藏文物研究叢書》繪畫卷·風俗畫)

按:《潞河督運圖》卷上有瞿氏爲先生代書《潞河漕運圖記》。

三月,中央文史館濮彦珪訪先生,告知黄彭年後人擬捐獻其日記之消息。

一九五九年七月十五日朱啟鈐《陶樓詩鈔識語》:甲午仲春,中央文史館濮紹戡君過訪,告余曰:"最近發現貴州黄子壽先生手寫日記四十餘册,爲其文孫襄成字君偉所保藏秘本。君偉現已卧病在床,家屬將以此捐獻政府,希望畀以文史館位置。素知我公搜羅貴州鄉邦文獻,敢以奉聞。公若有意於此,願爲致力説合。"余答曰:"黄壽老,吾先君之師,又爲至戚也。君偉爲吾姨丈再同先生胞姪,其先人秦生爲畿輔循吏,民國三年出任四川巡按使,淵源至深,非止桑梓之誼。"(《陶樓詩鈔》卷首)

按:濮彥珪,字紹勘。

十二月四日,中國人民政治協商會議第一届全國委員會常務委員會第六十二次會議在北京召開,先生作爲特別邀請人士,當選爲中國人民政治協商會議第二届全國委員會委員。(由中國人民政治協商會議全國委員會提供)

按:中國人民政治協商會議第二届全國委員會委員共計五百五十九人,任期自一九五四年十二月至一九五九年四月。

一九五五年 乙未 八十四歲

是年,居北京東四八條。

四月二十六日,中國人民政治協商會議北京市第一届委員會第一次會議在中山公園中山堂召開,先生當選爲第一届北京市政協委員。(據北京市政治協商委員會官網)

三月二十四日北京市各界人民代表會議協商委員會致函先生:朱啟鈐先生:本月十二日,經北京市各民主黨派各人民團體協商,提出先生爲中國人民政治協商會議北京市第一届委員會委員。兹特送上登記表一紙,請於□(作者注:此字殘損)日内填寫退給我處爲荷。三月二十四日。(朱氏家藏稿本)

按:函件未具寫信人名款,信封爲北京市各界人民代表會議協商委員會專用封。第一届北京市政協委員共計二百三十五名,界別二十七個。

四月二十八日,邢端改寫朱淑真《相思詞》寄呈先生。

邢端詞:相思欲寄從何寄,畫個圈兒替。整圈兒是團圓,破圈是别離。單圈兒是我,雙圈兒是你。還有那訴不盡的相思,將一路圈兒圈到底。午間園中所示,似近虐謔,歸憶昔人舊句,較有風懷,録博一笑。蟄人寫奉蠖丈雅賞。(朱氏家藏稿本)

按:改寫自朱淑真《相思詞》:"相思欲寄無從寄,畫個圈兒替。畫在圈兒外,心在圈兒裏。單圈兒是我,雙圈兒是你。你心中有我,我心中有你。月缺了會圓,月圓了會缺。整圈兒是團圓,半圈兒是别離。我密密加圈兒,你須密密知我意。還有數不盡的相思情,將一路圈兒圈到底。"信封郵戳爲一九五五年四月二十八日。

十一月二十日,瞿宣穎致書先生。

瞿宣穎致先生書:蠖老几右:闊絶音書,動踰伏臘,朔風遠至,翹首心馳。即日嶽降,舉觴敬想康强彌劭,無任欣祝。弟筆耕依舊,幸精力未減,仍能日草數千言。入秋以來,稍有起色,所望明歲沾潤稍豐耳。去年遠承分俸,至今耿耿,想公初不責償,但以弟尚能自食其力爲差足慰也。北土親庶幾斷知聞,殊爲悶損。餘詳上桐公書中,乞賜轉致。祇頌潭釐。不一。乙未孟冬七日,宣穎謹上。(朱氏家藏稿本)

是年,朱渤(海北)妻徐恭如卒。

按:據劉宗漢提供資料,徐恭如卒於一九五五年。

一九五六年 丙申 八十五歲

是年,居北京東四八條。

一月十三日至二月十日間，周沆賦詩奉和先生當選政協委員。

周沆詩：北京同鄉老輩，首推朱蠖公齒長，不見面近十年矣。頃閱報紙，人民政府新的政治協商會委員列有公名，康强逢吉，曷深欣慰，爲賦長句寄之。記得親承笑語温，十年睽隔望都門。杖朝可許肩隨入，梓里同欽齒德尊。槐棘尋蹤餘夢境，柏松歷劫欝靈根。雲車風馬群仙集，天籙新題姓氏存。○風雨空山老櫟樗，不材於我竟何如。耳聾詎可稱同病（公耳聾，予近亦半聾），眼暈猶能讀舊書。薇蕨甘時供晚食，豆瓜種處待親鋤。康寧遠祝公長壽，腰腳而今勝似初。乙未嘉平月，遵義周沆。（朱氏家藏稿本）

按：乙未嘉平月，爲公曆一九五六年一月十三日至二月十一日。詩稿附於二月十日邢端致先生書，當不晚於二月十日。

二月十日，邢端致書先生。

邢端致先生書：蠖丈尊右：久未奉教，前曾趨詣兩次，皆未獲見。近以天寒景短，胃疾牽纏，勉力開會，亦苦不支，以致未克造訪。頃得黔中周季貞書，有詩奉和，兹特封寄，敬希省覽。彼住遵義市楊柳後街十九號。並以附陳。專此，敬請頤安。晚端謹上，二月十日。新年後身體稍好，再當詣謦。（朱氏家藏稿本）

按：隨信所附周沆（季貞）詩稿，作於本年（乙未嘉平月）。

三月一日，許寶蘅前往章士釗寓唱鐘，順訪先生。（《許寶蘅日記》）

六月五日，邢端致書先生。

邢端致先生書:蠖丈尊右:不晤倏又半月,維興居安健爲頌。昨赴西郊民族學院參觀,談及苗族文字,因憶及紅崖碑鈎本。院中人亟思一睹,不諗我公尚須考校否。如不需用,乞交郵寄下,擬連同雲南爨碑一併付之。尊意以爲何如?專此,敬請頤安。晚端再拜上,六月五日。(朱氏家藏稿本)

按:信封郵戳爲一九五六年。

七月二十八日,孫朱文槼娶徐世章之女徐緒玲。(《朱文槼簡介》)

是年,經六孫朱文相介紹,劉宗漢始爲先生抄寫稿子。(劉宗漢《回憶朱桂辛先生》)

一九五七年　丁酉　八十六歲

是年,居北京東四八條。

四月二十日,邢端致書先生。

邢端致先生書:蠖丈尊右:頃奉大函並書目及郵寄費用單,敬悉一一。耄年煩勞,至爲佩仰。原單已函寄黔中友人,托其轉交圖書館,收到後必有回信。兹將圖書館前函又郵費單一併奉上,敬希察存爲幸。專請頤安。晚端謹啟,四月廿日。(朱氏家藏稿本)

貴州省圖書館致函邢端:我館奉悉您了解到朱桂莘先生處印有《黔南叢書别集》,特函請您能代爲接洽,煩朱先生能給我們寄來幾部,所需款項、郵費當如數付給。貴州省圖書館,一九五七年四月九日。(朱氏家藏稿本)

四月下旬,將《黔南叢書别集》等七十八册圖書及散頁壹佰份捐贈給貴州省圖書館。

貴州省圖書館致函先生：桂莘先生：承蒙惠贈我館之《黔南叢書別集》等共七十八册又散頁壹佰份，已如數收到，兹抄附種類及目録清單一紙，特别謝謝先生之盛意。承墊付之郵資、包裝等費共貳拾捌元伍角，已交人民銀行匯上，收到後請經手人寫一收據寄下，以資報銷爲感。耑此奉達，並祝身體健康。貴州省圖書館。一九五七年四月三十日。（朱氏家藏稿本）

按：一九五五年三月一日，中國人民銀行發行第二套紙幣，將舊人民幣與新人民幣按 10000∶1 兑换。

五月八日，邢端致書先生。

邢端致先生書：蠖丈尊右：近因視察公役，隨人游行，遂罕暇日。聞公尚力疾觀禮，矍鑠可想，欽佩何極。黔中圖書館昨有書來，知寄去各書收到，正擬奉告。頃奉大札，並悉寄費亦已匯來，至慰下懷。至尊處《家乘》，想無遺失之理，或檢察者偶爾歧誤，不久想有復書，原函並繳。餘容詣罄，專請頤安。晚端謹上，五月八日晚。章行老夫人目疾何如？行老有消息否？並念。（朱氏家藏稿本）

按：信封郵戳爲一九五七年。

九月二十七日，邢端致書先生。

邢端致先生書：蠖丈尊右：昨日人眾，未遑詳談。頃間湖北張難先丈過談武昌辛亥舉事，有鄉人興義王憲章君，實爲倡率之一人，繼爲人所戕歿於江寧，其友章君著有《事略》一篇，因請其鈔示一紙。頃已鈔來，是否可備《碑傳集》資料？兹特檢寄，敬希察入覈實爲幸。此請頤安。晚端再拜，

九月廿七日。(朱氏家藏稿本)

按:隨信附有章裕昆撰《王烈士憲章事略》鈔件。信封郵戳爲一九五七年。

十月一日,外孫章文晉陪同先生參加國慶觀禮,晚上前往章家觀看國慶煙火。(章文晉《回憶外祖父朱啟鈐》)

十月十一日,周叔廉致書先生,匯報棗莊煤礦第二季度股息情況。

周叔廉致先生書:桂老:上次接手諭並附公費收條,已照轉交。棗莊第二季度直至十月五日方匯到,定十月十日起發付。兹代尊處各户(另單開)領到現金二百四十六元五角四分,公債二百二十八元。除現金另由人行匯奉外,公債兹交郵寄奉,敬請察收爲幸。張西卿各户款及公債,均匯寄天津,並以奉聞。不一一。順候尊安。姪周叔廉拜啟,十月十一日。(朱氏家藏稿本)

書札附有《第二季度付息憑證》:前接寄來股票等件,業將付息登記手續辦竣。兹由人行匯上人民幣貳佰肆拾陸元伍角肆分,連同股票等件掛號寄還,希查收見復爲企。此致朱桂辛、朱湄筠、朱浣筠、吴棣棠、吴棣蕚股東。附件:公債票貳佰貳拾捌元、互助金收條叁紙。以上五户股票,均存周協理叔廉處。中興煤礦公司,公曆一九五七年十月十貳日。

又附《第二季度明細》:

户名	股數(新股)	第二季度定息	扣互助金	扣公債	現金
朱桂辛	2000	308.00	26.40	157	124.60
朱浣筠	250	38.50	3.30	13	22.20

户名	股數(新股)	第二季度定息	扣互助金	扣公債	現金
朱湄筠	300	46.20	3.96	16	26.24
吴棣棠	375	57.75	—	21	36.75
吴棣萼	375	57.75	—	21	36.75
共計	3300	507.40		228	246.54

此次第二季度,棗礦每股0.132,中興海運每股0.022,共0.154。上次因有補去年增資補息,數目故較多。互助金照條例規定,旅居歐美者均不扣,住港澳臺者照扣,故吴氏姊弟不扣。

按:原中興煤礦公司現已更名爲棗莊煤礦,故名稱不一致。第二季度定息共計"507.4"應爲"508.2"元。周叔廉,金融實業家,好收藏,一九四八年曾任中興煤礦總公司協理。

十一月二十七日,晚,國務院總理周恩來拜訪章士釗,順便前往朱宅看望先生。

朱文榘《統一戰綫工作的偉大典範》:大約晚上八時許,總理來到我家。在場的有我父親朱海北、大伯父朱澤農、二姑夫章以吴和繼二姑媽羅婉容。寒暄了一陣以後,總理問我祖父,他在北戴河看到一塊碑文,上面有他叔父周嘉琛的名字,問我祖父知道不知道。祖父回答説:"民國二年,我任内務部總長,舉辦縣知事訓練班時,周嘉琛是我的門生,他是臨榆縣知事。"總理打趣地説:"那您比我大兩輩,我和章文晉同輩了。"(《冉冉流芳驚絶代》)

童小鵬《周恩來與朱啟鈐的真摯友情》:一九五七年深

秋的一個傍晚,周總理來到東四八條章士釗先生住處,看望了章老並向他瞭解香港的情況。然後在章老陪同下,周恩來又去看望朱啟鈐。周恩來詳細詢問了朱啟鈐的起居和生活上有什么困難。又問:"送給你的《參考消息》收到了没有?"朱啟鈐説:"他們每天都拿給我看,字太小,没法看清楚。"周恩來説:"這些是專治我們老年人的,叫我們看不見。"他當即指示秘書,轉告新華社,以後給老年人專門印一種大字的《參考消息》。朱啟鈐請周總理抽煙。周説不吸煙,只是在同馬歇爾談判時偶爾吸過,因爲太費腦筋。但他又爽快地告訴朱老先生:我愛喝酒,茅臺酒能喝一瓶。朱啟鈐出於對總理這樣一位貴客的敬意,執意要家人上茶。總理的保衛人員爲了執行當時的安全規定,便向朱啟鈐的家人擺手,示意不要送茶,家人只得將茶杯和糖果放在中間的桌子上。朱啟鈐眼花耳聾,没看清情形,仍不斷催促家人上茶。家人正在左右爲難,没想到這時總理卻親自走過去,端起茶杯,呷了一口,然後將茶杯放在自己身旁的茶几上。(《中華讀書報》1996 年 4 月 24 日)

是年,纂輯《漆書》九卷由王世襄油印發行。

一九五七年六月四日王世襄《漆書序》:《漆書》九卷,是朱桂辛先生三十多年前所纂輯的書……這是桂老對後輩的鼓勵,纔交給我這樣一個任務,自然要努力去做。不過一著手纔知道這件事不簡單,做起來起碼要經過以下幾個步驟:首先應當根據《漆書》所收各條,找到原書,校對一遍;其次是將後來發現的材料補充進去;最後是按照内容重新分類編排。要這樣做,必須到圖書館去工作上幾個月,如果僅僅利用業餘時間,做起來是有困難的。加以幾年以來,遠處城郊,借閱圖書愈感不便,竟致一再遲延,無以報桂老之命。使我中心自疚,與日俱深。今年春間,中央手工業管理局爲了開展科學研究,徵求有關美術工藝方面的材料。我感覺到《漆書》的整理工作,與其多年不能交卷,不如先把它印出來,供給大家使用。因此,我在得到桂老的許可之後,向局方建議,將《漆書》作爲參考資料,由他們擔任印刷費用,先行油印出版。此事得到了他們的支持。慚愧得很,此次《漆書》的付印,我没有做什麽工作。原稿編次,一仍其舊,並未有何增減。我只不過用了三個星期的夜晚時間,將它圈點了一遍而已。由於我没有依各條的出處,尋找原書,逐一校對,故錯誤自然難免;再加上學識淺陋,就是句讀也一定有點錯的地方。這些都應當由我來負責。最後我想説明兩點:(一)桂老自己説《漆書》的内容不够完備,實在是過於謙虚。經統計一下,《漆書》共計約八萬字。《古今圖書集成》在類書中要算最繁浩的一種了,其中的《考工典・漆工部》纔只有三千多字。比起來,在篇幅上還不到此書的二十分之一。所以儘管《漆書》的内容尚有可補充之處,但在目前已不愧是髹漆文獻中材料最豐富的一部書。(二)這次油印,目的在供給大家參考。倘能因此而引起同志們的興趣,爲桂老此書進行補充整理,自然是再好也没有的事。(《漆書》卷首)

按:此次《漆書》油印一百册。

是年,章士釗致書先生。

章士釗致先生書:書堆中檢此條王伯琨誤傳一事,不憶曾奉達否？樹□者，虚雲之誤。虚雲和尚係寧鄉人，俗姓蕭，生於道光庚子（道光二十年），現年百十八歲。“土改”被打事出曹灣，並不在湖南被打，□□是事實。北京再電去救，由李任潮、葉裕甫等書名，亦非毛主席。他到過北京，辭任政協委員。虚雲現掛錫江西雲居山……（朱氏家藏稿本）

按：原件後部缺失。虚雲生於道光二十年（1840），書言“現年百十八歲”，當作於一九五七年。

約在一九五六年或五七年，章士釗致書先生，轉達徐特立對先生當年爲留法勤工儉學生捐款的謝意，並轉告毛澤東主席對先生近況的關注。

朱海北《朱啟鈐向留法勤工儉學學生捐款》過録章士釗致朱啟鈐書：玆有二事奉告：一、前日中央委員徐特立來訪，稱民國十一年（按：是十年之誤）公過巴黎，適值勤工儉學生瀕於飢餓，公慨然撥贈國幣五萬元。謝函乃彼起草，囑爲公追述此事，深致謝意。二、昨夜毛公（按：指毛主席）約談，於公手録鄙文極感興趣，因詳詢公之起居各狀。傾服之意溢於言表。對於拙作亦頗稱道，迥與外間浮淺議論不同。兩知，二十七日。（《蠖公紀事》）

一九五八年　戊戌　八十七歲

是年，居北京東四八條。

二月十一日，周叔廉代寄中興煤礦公司第一季度股份付息憑據。

《第一季度付息憑證》：前接寄來股票等件，業將付息登記手續辦竣。兹由郵局/人行匯上人民幣貳佰陸拾伍元三角貳分，連同/另將股票等件掛號寄還，希查收見復爲企。此致朱桂辛、朱湄筠、朱浣筠、吴棣棠、吴棣萼股東。附件：股票存周叔廉處。公債票貳佰玖拾肆元。工商界生活互助金收據叁張。中興煤礦公司，公元一九五八年二月十一日。（朱氏家藏原件）

三月八日，葉恭綽致書先生，受馬寅初、馮友蘭委托邀請先生爲北京大學建校六十週年撰文紀事。

葉恭綽致先生書：蠖公尊座：連日□（作者注：此字殘損。下同）席，不知身體如何。前晤馬寅初、馮友蘭諸公，托爲向公致意，因北大將做六十年紀念，欲請公做文紀事。□事似值得注意，特爲轉陳。餘頌頤安。恭綽，三月八日。（朱氏家藏稿本）

按：京師大學堂創建於光緒二十四年（1898），本年建校六十年。北京大學校慶日爲五月四日。

三月二十四日，下午，參加中國民主促進會召開的漫談會。

《顧頡剛日記》：到民進，開漫談會。今日下午同會：康同璧、羅儀鳳、麥家兩女（主人）、章士釗、朱啟鈐、李濟深、張江裁、金息侯、林宰平、梁啟勳、徐宗仁、陳君五，中央文史館同人，載濤、翁文灝，約五十人。

三月二十八日，上午，在中國人民政治協商會議全國委員會禮堂，聽國務院副總理兼外交部部長陳毅報告外交及思想改造。

《顧頡剛日記》：到政協禮堂，聽陳毅副總理報告外交及思想改造。今日會上所晤人：謝無量、趙啟騄、楊亦周、王家楨、馬毅、章士釗、朱啟鈐、魏建功、馬松亭、章廷謙、馬寅初、程希孟、陳修和、成覺。

按：陳毅時兼任外交部部長。

暮春，觀潘伯鷹藏章士釗書、謝稚柳畫《牡丹詩意書畫合璧》卷。

萬君超《葉恭綽鑒藏編年事輯》："春，題引首並跋章士釗一九五四年書、謝稚柳一九五五年畫《牡丹詩意書畫合璧》卷（潘伯鷹舊藏，今爲私人收藏）。"按語：葉跋後有朱啟鈐戊戌暮春觀款。一九五八年春，潘氏托北上之曹聚仁攜此卷至京，請京城諸老題詠。

按：本年五月六日立夏，八月八日立秋。

五月六日，上午，到嘉興寺公祭中央文史館館長符定一。

《許寶蘅日記》：九時到嘉興寺公祭符定一，晤陳叔通、邵力子、朱桂辛、章行嚴。

《中央文史研究館館員傳略》：符定一，字宇澄，號悔庵，湖南衡山人。文字學家，毛澤東的老師。中央文史研究館第一任館長。

六月十四日，致信故宮博物院副院長單士元，談及清末隆裕太后在宮中建水晶宮背景經過以及未果之因。

單嘉筠《朱啟鈐的親筆信談及清宮水晶宮》：近日在整理先父單士元的師友信札時，發現一封朱啟鈐的親筆信，時間是一九五八年六月十四日。這封信計六頁，談的就是一個内容,即清末隆裕太后在宫中建水晶宫事。朱氏作爲當事人之一,談及在親辦時前前後後的背景經過,以及未果之因。先父於一九三〇年轉入古代建築的研究領域,解放後被任命主管故宫古建修繕工作的副院長。朱桂老這封信就是先父主持院中工作時收到的。朱桂老給先父的這封信裏談的均爲水晶宫修建的親歷。水晶宫是建在清皇宫東六宫之一的延禧宫的院落。其事件起因緣於清末隆裕太后。她在寵信的總管太監張蘭德俗稱小德張的撺掇之下,以宫中防火爲名修建水晶宫。所以,朱老信中開始就寫到總管太監小德張倚仗隆裕對他的寵信,藉改建水晶宫之際,將原宫殿拆毁下來的木料,私自盗運宫外,竊爲己宅所用之事。信中是這樣寫的:"……隆裕皇太后信任司禮太監小德張,大興土木修建水晶宫,將景陽宫鳳□宫某一宫(是東路的某宫,我忘其名)(原注:東六路爲景仁宫、延禧宫、承乾宫、永和宫、鍾粹宫、景陽宫六宫,實爲在延禧宫址)原來建築全部拆毁,所有舊式木架及内檐裝修,他擅自移出神武門隅火廠中,堆積如山……小德張説是廢料,請求太后賞給他自營安定門大街私宅消滅蝕罄盡。内務府大臣也敢怒而不敢言。他這私宅後讓與張勛。我曾經去訪,聞定武受其宴享。其大客廳爲四面軒廊,内檐裝修全是宫内舊隔扇,雕刻極爲精致。其他内□院園是非外客所能到的,更無盡睹了。民國二年(原注:張勛擁遜帝溥儀復辟帝制在民國六年,可能是朱氏筆誤)復辟時,定武兵敗,其南河沿老宅被兵毁……"在信中朱老又寫水晶宫修建與未果之因:"宣統遜位不久,隆裕殯天,小德張失勢,這一巨大工程雖未完工,浪費内帑已不知多少。我曾問世、邵兩内務府大臣，他們撟舌而已。彼時正逢歐戰，内外訂器材不易運輸的。我辦古物陳列所向比利時訂購許多玻璃磚，作陳列架格之用，訂了合同付了一部分款子竟無下落。則水晶宫爲洋商設計，包工所需要的器材無法履行，勢必以歐戰藉口推遲，而皇室崩潰，廟寺失勢，此水晶宫之未建成之緣由，可以據此推知也。”朱老信中寫到了李煜瀛主持院務期間，曾被李先生邀請來院勘察未完工的狀況，以及當年朱老親歷中對水晶宫設計方案的回憶。朱老是這樣寫的：“至水晶宫建設未成，在李石曾主持故宫博物院時，特就其遺址改建混凝鐵筋儲藏庫在設計之，我曾被邀請到遺址勘察一次……見水晶宫僅存地室，用鋼梁裝成一個井架，下用水儲井，將來在地窖内安設機器電滚汲水上升入主殿四周玻璃牆夾壁，養魚點燈，一種外國博物院内所設的水産動物展室的建築方式，此等措造非北京木廠工匠所能做的，必然是由外國工程司及滬港工人來京晝辦行爲，故遺址剩餘鋼梁鐵件以及鏃床刨床應用工具不少……”朱老在信中還告誡先父單士元要注意保存已有遺物設備。另外，近日我也看到多篇介紹水晶宫修建一事的文章，一説爲光緒妃瑾倡議修建的以及其他説法，均與朱氏寫給先父信中介紹有些不同。但朱氏作爲承辦親歷當事人之一，我認爲是可信的。(《營造論》)

按：“世、邵兩内務府大臣”，當指世續、紹英。

七月二十六日，周叔廉代寄中興煤礦公司第二季度股份付息憑據。

《第二季度付息憑證》：朱桂辛、朱湄筠、朱浣筠、吴棣棠、吴棣蕚股東：來件收到，業將付息手續辦竣。兹由人行匯去人民幣 249.14，請查收見復爲企。此致敬禮。中興煤礦公司啟，一九五八年七月二十六日。【股】票存周叔廉處。（朱氏家藏原件）

憑據上並列有付息明細：

	互助金	公債	現金
朱桂辛	26.40	197.00	128.60
朱湸筠	3.30	18.00	22.70
朱湄筠	3.96	23.00	25.84
吴棣棠	免	30.00	36.00
吴棣蕚	免	30.00	36.00

八月十四日，邢端致書先生，言及代購《巢經巢全集》事。

邢端致先生書：蠖丈尊右：半年不見，徒深馳仰。聞尊體康彊多福，彌切仰慕。前十餘年代購《巢經巢全集》，迄未寄來，孫世兄至黔，亦不能攜歸。近舍姪來書詢及，此時郵寄甚便，尊購者是否寄京。敝處者已令寄來，雖紙墨粗劣，然收羅至富，計有四十册之鉅。公所得諸詩亦已印入，如亟須快睹，請即派人先將敝處之書取去，端當屬黔中速寄也。黄琴老壽考，家四代書畫十餘件又函札數十通，均由貴州博物館收購，可云付托得所矣，並此附聞。專此，敬請頤安。晚端再拜。八月十四日。（朱氏家藏稿本）

按：信封郵戳爲一九五八年。

十月九日，邢端致書先生。

邢端致先生書：蠖丈尊右：前承交來《陶樓文集》，參證詩中諸人，獲益不少。日記中，憶尚有文數篇未經録入，與詩中之漏鈔者相同。比來俗務蝟集，匆匆復校一過，硃籤悉揭去，照補入各行中，不諗有無遺漏。外篇辦法，洵屬補苴之策，宋風録十八首是否移入，仍希卓覈。跋尾數行略道始末，並乞是正。鈔本暨文集附繳。黄宅之本，亦遣人送還之矣。專此，敬頌頤安。晚端謹上。十月九日。（朱氏家藏稿本）

朱啟鈐《陶樓詩鈔》識語：此稿留我家月餘，又送冕之參閲，冕之爲録出目次一卷，時與地稍覺犁然……冕之云：濮君齋中留有君偉手鈔《陶樓詩集》四册，據其自記，全從日記中録出。其别集則從秦生丈所存卷册鈔附若干首，並未分卷。且日記本蟲蝕部分斷簡殘字無從辨證之詩，只以失題紀之，以待旁證。（《陶樓詩鈔》卷首）

按：朱氏識語作於一九五九年七月十五日，邢端卒於一九五九年三月三日，《陶樓詩鈔》油印於一九六〇年。此信當作於本年。

十二月三日，許寶蘅得先生來函。（《許寶蘅日記》）

十二月四日，許寶蘅復書先生。（《許寶蘅日記》）

是年（十二月九日前），王世襄《髹飾録解説》油印完成，詩呈先生。

《〈髹飾録解説〉初稿油印成册謹呈蠖公》：公刊《髹飾録》，小子方總角。不意二十年，手持授我讀。復期爲疏證，諄諄多勉勖。自慮駑駘資，終難窺此學。乃謂尚可雕，教誨不辭數。或示前代器，探索窮箱篚。或命校漆書，賅博擴心目。或述夙見聞，滔滔聲震屋。或爲匡謬誤，丹鉛遍簡牘。謦欬獲久親，稿本亦三續。書成呈座前，往事宛如昨。詮釋愧難詳，一粲幸可博。學術貴致用，今厚古宜薄。斯篇裨漆工，醬瓿或免覆。更當爭上游，諸藝勤述作。寸衷無他求，祝公長矍鑠。（《錦灰二堆》貳卷）

王世襄《我與〈髹飾録解説〉》：一九五八年秋，《髹飾録解説》初稿完成。當時不可能出版，而桂老年事已高，並許爲撰序、題題簽。我只好署名改用王暢安，將手稿送到謄印社，自費刻蠟版油印。事有湊巧，一日在研究所門口遇見謄印社來人找黨委送審我交印的稿件。頓時我大吃一驚，感到將有大難臨頭，惶惶不可終日。待所長李元慶同志找我談話，才知道他認爲《解説》還是一本有用的著作，同意謄印社爲我油印。（《錦灰二堆》壹卷）

王世襄《自珍集・圖書》之《油印本王世襄髹飾録解説》：此爲一九五八年初稿油印本。

十二月八日，許寶蘅訪先生，先生左耳復聰。

《許寶蘅日記》：（下午）又訪桂辛，左耳復聰，談話可以不用聽機，甚奇。詢兑之情況，四時餘歸。

十二月九日，致書南京博物院院長曾昭燏，隨函附贈《漆書》二本。

十二月十七日曾昭燏致先生書：前數日忽奉九日手書……承賜二《漆書》，今日才到，尚未及細讀。（朱氏家藏稿本）

十二月十七日，曾昭燏復書先生，補充曾氏家人信息。

曾昭燏致先生書：姨丈大人尊前：數載未能奉侍左右，時以起居安否爲念。前數日忽奉九日手書，知福履尚健，暇時且外出參加政協會，並常翻閱新出《考古》、《文物》等雜志，足徵高齡而神明不衰，百歲之壽可以預期，私心欣慰曷已。承賜二《漆書》，今日才到，尚未及細讀。此二書對文物工作者至爲有益，蒙垂注見賜，感紉何已，當敬謹詳觀之也。甥在去年又與院中諸同志寫成《南唐二陵發掘報告》一書，二陵係南唐國烈祖李昪及中主李璟之陵，一九五〇年曾加發掘，出土文物頗多。《報告》去年始成，惜此書手頭只一部，時時須檢閱，不能寄呈。他日來京，如能從文物出版社多得一部，當送呈敬請誨正。載伯舅家人存者尚多，惟因來往不密，不知其詳。舅氏之子昭鑾表兄在解放前夕往貴州，數年消息無聞，至一九五五年始出，傳在貴州以設攤置賣爲生。昭鑾有二子、二女，聞均在北京工作，李氏舅母依孫女爲生。舅氏長女昭凝，適童氏，其夫往九龍，其女在東北爲護士，昭凝現隨其女住。次女昭炳，在北京一中學教書，未曾適人；三女昭熙，適俞大紱，夫婦均工作，住北京西郊羅道莊農業大學宿舍，已有子二人，昭熙之生母周氏隨之同住。甥之所知如此而已。歲暮天寒，伏維珍重。不一。耑肅，敬請福安，並叩年禧。甥昭燏謹禀，十二月十七日。（朱氏家藏稿本）

按：信封郵戳爲一九五八年。

十二月，北京文物整理委員會編有《中國營造學社水殘稿清理目録》。

赫俊紅《一九四〇年中國營造學社"水殘文件"搶救保

護〈工作日記〉記略》：一九五四至一九五五年間，經時任文整會行政秘書兼文獻組組長俞同奎開箱拆包進行過整理，編有《營造學社水殘稿總目》(檔案文件號 DA00979-3)。一九五八年十二月再次整理時，編有《中國營造學社水殘稿清理目録》(檔案文件號 DA00891-1)，登記文件二百七十九項。

本年，符定一、柳亞子、周詒春卒。

一九五九年　己亥　八十八歲

是年，居北京東四八條。

一月二十七日，上午，到嘉興寺參加張國淦公祭。

《顧頡剛日記》一月廿五號：接歷史三所劉桂堂電話，悉張石公先生於今晨四時逝世，年八十三。一月廿七號：到嘉興寺參加石公先生公祭。十時半歸。今日同會：第三所范文瀾、劉大年、劉桂堂、聶崇岐、王愛雲、張瑋瑛等、朱啟鈐、李根源、陳叔通(主祭)、王紹鏊、翁文灝、陳垣、李培基、王家楨、潘梓年、申伯純、易禮容、邢端、李書城、王芸生。

按：張國淦(1876—1959)，字乾若，號石公。歷任民國總統府秘書長、教育總長、農商總長、司法總長。一九五三年受聘爲中國科學院近代史所研究員。一九五五年，任全國政協委員。

三月十四日，齊燕銘約請先生、許寶蘅、闞文彬、陳雲誥、邢之襄、闞賡麟、石榮暲、龍驤、劉道衡等在北海静心齋中央文史館午餐。

《許寶蘅日記》:十時三刻到北海静心齋即文史館,齊燕銘約午飯,同座有關賡笙九十二、朱桂辛八十八、陳紫綸八十三、邢贊庭八十、關穎人八十、石藎年七十九、龍麟振七十九、劉道衡,主客十人,略談史料檔案事,初次接談也。二時散,以車送歸。

按:除劉道衡不詳外,所宴請之人皆爲中央文史研究館館員。

三月三十日,許寶蘅接先生來函及所贈《漆書》及《髹飾録解説》各一册,並復書先生致謝。(《許寶蘅日記》)

四月十一日,中國人民政治協商會議第二届全國委員會常務委員會第五十四次會議在北京召開,先生當選爲中國人民政治協商會議第三届全國委員會特别邀請人士委員。

《中央文史研究館館員傳略》:是第二届全國政協委員。

劉宗漢《有關朱啟鈐先生史料的幾點補正》:出於對朱啟鈐先生的敬重,章士釗先生在一九五九年提名朱先生爲第二届全國政協委員,並獲批准(章先生當時是全國人大常委會委員)。(《北京文史資料》65輯)

按:中國人民政治協商會議第三届全國委員會委員共計一千零七十一人,任期自一九五九年四月至一九六五年一月。

四月,北京文教界著名人士舉行集會,先生與陳垣、陳叔通、王冶秋、翦伯贊、徐炳昶、曾昭燏、夏鼐、裴文中、黄文弼、吴仲超、吴作人、劉開渠、趙萬里、常惠等數十人發表談話，抗議臺灣當局精選文物前往巴西展覽。

《首都文教界著名人士集會　反對美國從臺灣劫奪我國的文物》：新華社七日訊：美帝國主義正在勾結蔣介石集團進行劫奪我國在臺灣珍貴歷史文物的新的陰謀活動。……據臺灣蔣幫《中央日報》最近發表的消息，蔣介石集團以"前往南美洲的巴西舉行特別展覽"爲名，已"精選一批古物、國畫文獻"，"即將啟運"巴西……美國史丹福大學提出"商借"不久，蔣介石集團就決定精選珍貴文物啟運鄰近美國的巴西，很顯然這是美帝國主義勾結蔣介石集團劫奪我國歷史文物的預定陰謀。我國文教界著名人士獲悉上述消息後，感到極大憤慨。在最近舉行的反對這一陰謀的集會上，陳垣、陳叔通、王冶秋、翦伯贊、徐炳昶、曾昭燏、夏鼐、裴文中、黄文弼、吴仲超、朱啟鈐、吴作人、劉開渠、趙萬里、常惠等數十人曾發表談話。他們一致指出，我國大陸解放前夕被蔣介石集團從北京、南京、上海等地運往臺灣的五千多箱歷史文物，都是我們偉大祖國極其寶貴的文化遺産，六億五千萬中國人民決不容許美帝國主義蓄意盜竊的陰謀得逞，不論這些珍貴文物被劫往天涯海角，中國人民一定要把它們追回。會上，他們還號召臺灣的愛國人士和愛國的文化工作者，擔負起保衛祖國文化遺産的職責，粉碎美帝國主義的陰謀。(《人民日報》1959年4月8日)

按：此條取自劉波《趙萬里先生年譜長編》。

七月(十四日前)，瞿宣穎應先生所請，來京勘定書稿。

一九五九年七月十三日黄炎培致書范文瀾、劉大年：前曾談及我朋友讀地方志最多、著有《方志考》者，瞿宣穎——

原號兑之，現號蜕園——來京了，住在他的表兄朱桂莘（啟銑）家，東四八條五十四號，電話42879。他來京爲的是朱桂老（八十九歲）招來，幫桂老審閲關於油漆的著作，不久仍將回滬。（《劉大年往來書札墨跡選》）

按：信文"啟銑"有誤，當爲"啟鈐"。

瞿宣穎《陶樓詩鈔序》：余既久住江南，頃復北遊，重寓螻公京邸，出是編屬爲勘定。行蹤倏忽，齒髮漸衰，已無能爲役。然螻公年將九十，猶勤勤若此，其敢諉謝而不綴一言乎？當世宏達，或有取焉。公元一九五九年七月，瞿蜕園。（《陶樓詩鈔》卷首）

七月十五日，作《陶樓詩鈔識語》。

《陶樓詩鈔識語》：甲午仲春，中央文史館濮紹勘君過訪，告余曰："最近發現貴州黄子壽先生手寫日記四十餘册，爲其文孫襄成字君偉所保藏秘本。君偉現已卧病在床，家屬將以此捐獻政府，希望畀以文史館位置。素知我公搜羅貴州鄉邦文獻，敢以奉聞。公若有意於此，願爲致力説合。"余答曰："黄壽老，吾先君之師，又爲至戚也。君偉爲吾姨丈再同先生胞姪，其先人秦生爲畿輔循吏，民國三年出任四川巡按使，淵源至深，非止桑梓之誼。"昔年余校勘再同丈《訓真書屋遺稿》，殺青既竟，遍贈鄉人，曾向君偉詢問其先世遺著可否彙入《黔南叢書别集》，彼僅以章式之集資刊行之《陶樓文鈔》相示，並謂盡在是矣，其他著作均在長沙堂兄黄厚成手中。厥後，貴州文獻編輯館凌惕庵來函，徵求貴州鄉賢遺像，邢冕之太史親詣其家訪求琴塢先生及壽老、再同丈三世影像，竟嚴詞峻拒不與，且詬及同鄉謀奪家珍。何以壽老日記手稿倩友代爲裝池而鄉人轉不得一見,吁,可怪也。兹聞其人已病廢不能起,始欲以此作干禄之階。余不忍坐視,乃與章行嚴兄協商,屬濮君致意慰問,若欲獻禮,請先將原書取出公開閲看。越數日,濮君果賫原書以來呈行老先閲,余亦得於旁席一一審視。雖經其友閩人陳蒓衷襯托裝訂,而中間蟲蝕水漬,僅餘半段,或四邊俱殘蝕不堪卒讀者尚若干卷,世家文物凋敝若此,誠不勝惋惜。此稿留我家月餘,又送冕之參閲,冕之爲録出目次一卷,時與地稍覺犁然。濮君奔走其家,君偉喑不能言,僅以石板著粉筆問答,更知其家境淒絶,非得急救濟不可。但文史館絶不能收容篤疾之人,且彼昔曾依附權門,猶爲衆所屬目,行老亦愛莫能助。遂以原書返還其家,我只屬濮君逐日至彼處細審日記,編一年譜,或將其記中古近體詩録出,以備繼再同丈遺稿印入《黔南叢書别集》,姑存其目作此幻想而已。不幸濮君亦得心疾,年譜既未編就,君偉又逝世矣,綫索因此中斷。冕之云:濮君齋中留有君偉手鈔《陶樓詩集》四册,據其自記,全從日記中録出。其别集則從秦生丈所存卷册鈔附若干首,並未分卷,且日記本蟲蝕部分斷簡殘字無從辨證之詩,只以失題紀之,以待旁證。君偉鈔稿既非一夕一朝之事,編寫草率,不免凌亂。濮君繼亦身故,黄氏子某來索詩鈔原本,我雖手鈔一過,尚待與日記一校。問其家人,則云:日記全部已賣與書估,只得數百元,爲君偉身後喪葬之費。嗚呼慘矣。壽老手寫日記,若果君偉於廿年前出示我輩,吾與邢君合力共籌一二千元,爲之刊行,尚屬可能。即不然,向貴州文獻圖書館紹介收購,亦不致爲貧販者所賺,竟使原書下落無從蹤跡也。總之,余交臂之失,由於處境拮据,正在斥賣長物度日之時,其遺憾抑何可言。兹就鈔存《陶樓詩鈔》四卷《外集》二卷,倩吾表弟瞿蜕園爲之審訂。再同丈遺稿,廿年前本出自蜕園訂正,方付刊行。此編關於國故鄉獻尤鉅且長,儻或觀成,何幸如之。公元一九五九年七月十五日,蠖公朱啟鈐識,時年八十有八。(《陶樓詩鈔》卷首)

七月二十八日,周叔廉致信先生,告知公司支付股息情況。

周叔廉致先生書札:蠖丈侍右:前奉手諭,以暑熱懶散,又以無可報道者,因此久稽作答。甚罪甚罪。蜕園先生想已到京,尊著想已開始寫作,以公之構思,加以蜕公大筆,此文必甚有價值,不知題目云何,以爲念念。聞北京副食品供應稍見充沛,大菜館所備尤爲豐富,似比上海爲勝。此處入夏以後,連日大熱,乾而不雨。每日中午返寓後,即畏再出門。所居三樓,日間缺水,晨八時後即斷水,須夜間再來,頗以爲苦。幸所居較高,納風無阻,尚稱涼爽。廉夫婦均好,接元章、天章兩孫來此過夏,明日下午即可到。雖可稍解岑寂,惟不免有一番喧鬧耳。祖芬於六月十一日曾發一明信片致其夫人,云"我因歷史問題,於五月三十一日被逮捕,須候審結後再詳告"云云。其餘别無所聞,亦須四五個月審結後方有消息矣。薪水自六月起已停,公司第二季度股息,自今日起發付,計代領尊處各户,列開於下:

	扣除互助金	現金
公名下	二八.九〇	二五九.二〇
朱浣筠		三六.〇〇
朱湄筠	三.六〇	三九.六〇
吴棣棠		五四.〇〇
吴棣萼		五四.〇〇
共計		四四二.八〇

本埠股東領到股息後，響應本市號召，須酌認上海市建設儲蓄(二年或三年期利息：二年年息六釐三；三年年息六釐五)，外埠股東可以不必參加。已囑公司逕匯北京，兩三日内度可蒙照收到也。婉容姊入院動手術後，經過良好，聞已出院，是否已完全復元，能照常工作否？乞代致候。行老國慶前是否可以免再南行？均以爲念。餘不一一。敬叩鈞安。姪周叔廉拜啟，七月二十八日。(朱氏家藏稿本)

按：信封郵戳爲一九五九年。

八月一日，致書周叔廉。

按：據八月三十日周叔廉致先生書札。

八月九日，瞿宣穎致書先生，商量刊印黄彭年《陶樓詩鈔》事宜。

瞿宣穎致先生書：蠖老坐右：京華小住，適館授餐，稠疊拜教，殷勤執别，誠所謂"更爲後會知何日，忽漫相逢是别筵"。回首依依，此情何極。飛船安穩，漸祓徽塵。書篋寄來，即時取到，首先將《陶樓詩鈔》圈點一過，體例不純處亦已斠理，持與友人細商，逐條奉達如下：一、每葉寫印費一元三角,初步估計尚不足百葉,價尚不昂。一、寫手有極佳者,能作仿宋體。但此人甚忙且遲緩,須兩月後方動手,每日不過寫一葉。鄙意太費時日,與公亟欲觀成之旨不符。求其次者,亦不惡,即公所見《瓶粟齋詩話》字樣(行老處有此書)。但求不寫破體,不草率,即可矣。一、毛邊紙無法覓得,即有光紙亦無把握。回龍紙雖廉而可求,似覺太劣。兹思得一法,索性用宣紙,擬先購若干,已先付五十元購存。供印六七十部,餘數如實不足,全部用宣紙頗有可能。再以他人所存之少數毛邊紙補充,總不超出預算二百之外(連寫、印、裝訂算在內)。一、右均按百部計算,少於百部,所省無幾。如欲多印,亦不過紙費增加,如尊意有增減,請即示知。一、大小及封面字樣均照《訓真書屋集》,已交與作樣,惟内容、字體、行款均不得不縮小耳。此事既承諄屬,自當盡力爲之。倘無其他意見,亦不必示復,即當着手也。藉頌起居益勝,潭府均此致謝。行老處,乞先候,稍遲另有詳函。八月九日,蛻上。(朱氏家藏稿本)

按:一九五九年七月瞿宣穎《陶樓詩鈔序》:"余既久住江南,頃復北遊,重寓蠖公京邸,出是編屬爲勘定。行蹤倏忽,齒髮漸衰,已無能爲役。然蠖公年將九十,猶勤勤若此,其敢諉謝而不綴一言乎?"(《陶樓詩鈔》卷首)又據一九五九年七月十三日黄炎培致書范文瀾、劉大年:"瞿宣穎——原號兑之,現號蛻園——來京了,住在他的表兄朱桂莘家。他來京爲的是朱桂老(八十九歲)招來,幫桂老審閱關於油漆的著作,不久仍將回滬。"(《劉大年往來書札墨跡選》)與信文"京華小住"相吻合,則此信作於一九五九年。

八月三十日，周叔廉致書先生。

周叔廉致先生書：桂老尊鑒：八月四日接奉八月一日發手諭，承示尊著《北京今夕》，觀之内容結構，敬悉一一。此文關係首都建設，文獻至鉅且大，以爲國慶獻禮，至爲寶貴也。公司近一切如常。祖芬毫無消息。上海市推行建設儲蓄，成績不佳，工商聯已開過幾次大會，設法推動，注重於第三季度定息及本年中籤公債本息兩項。因此，中興第三季度股息不免要擔任若干，數目尚未談到，故擬付辦法亦尚未定。上海副食品供應，蔬菜尚多，惟毛豆等比較難買，有時亦有河魚供應，肉憑票供應，亦需半夜二三時排班。各菜館自七月一日起增加菜種調整價格後，比較豐富，各館無不十分擁擠，在飯前二三時即需前去佔座。遲到無座，只有壁立候補，其吃者在衆人圍繞環視之下，自亦不能雍容細嚼，此真是一種怪現象，殆爲别處所無。尚有人遠赴南京、蘇州、杭州、嘉興等處，以圖一飽者，可謂各顯神通。特接新書，陳以貢公一笑也。餘不一一。敬頌鈞安。姪周叔廉拜啟，八月三十日。（朱氏家藏稿本）

按：信封郵戳爲一九五九年。

十月，章士釗繼任中央文史研究館館長。（《中央文史研究館館員傳略》附録《中央文史研究館館長副館長任職時間》）

□月二十三日，瞿宣穎致書先生，商議刊印黄彭年《陶樓詩鈔》事宜。

瞿宣穎致先生書：蠖老坐右：廿日手示奉到，適與前函相左，兹再就來示各節復陳如下：（一）頃已親往詢悉，寫手已愈，又繕就十餘紙，惟尚未油印。據云儘陽曆年内竣工。此後决不致稽遲。(二)行老題字作封面爲宜,尊書則摹於扉頁。背面除遵囑開寫目次外,擬綴一行文,曰:"己亥冬,紫江朱氏編印《黔南叢書》之一。"有無可酌,仍候裁示。(三)鋅版不能製,亦不能印,只可由寫手鈎摹。略得形似而已,不能求工也。(四)頁數或不至溢出,確數不久即可覈出。一切均請釋念,餘續布。敬頌起居。二十三日燈下,蜕上。外致遐公一書,乞便中加封飭交爲荷。(朱氏家藏稿本)

按:己亥,一九五九年。同年七月十五日,朱啟鈐作《陶樓詩鈔識語》。七月,瞿宣穎作《陶樓詩鈔序》。《陶樓詩鈔》書牌:"公元一九六〇年一月,紫江朱氏編印《黔南叢書》之一。"則書札所言刊印之圖書,應即是黄彭年《陶樓詩鈔》。書言"據云儘陽曆年内竣工",此書札當作於一九五九年冬季。

本年,邢端卒。

一九六〇年　庚子　八十九歲

是年,居北京東四八條。

一月二十日,周叔廉致書先生。

周叔廉致先生書:桂老惠鑒:日前復陳一椷,計塵鈞案。臘鼓催殘,一年又將結束矣。四季度股息已發,臨時上海市又發行建設儲蓄,由工商聯傳達,各業發息時須普遍搭發,以期收取遊資,無法拒絶。且建儲期短息高,比公債期長者不同。經洽定分三成、新股四〇〇以上。四成、一〇〇〇股以上。五成,新股五千股以上。分别搭付。至海運公司息款部分,以中興是一個單位，所搭成數較多，亦仍以轉分各股東。兹將本届代收尊處各户息款列單如次：

户名	應收股息總數	扣互助金	搭建儲數	收現金數
公名下	312	31.20	145 元 （煤礦搭 105） （海運搭 40）	135.80
朱湄筠	46.80	3.96	5 元 （海運搭）	37.84
朱浣筠	39.00	3.30	5 元 （海運搭）	30.70
吴棣棠	58.50	/	5 元 （海運搭）	53.50
吴棣蕚	58.50	/	5 元	53.50
共計	514.80	38.46	165 元	311.34

（除扣匯費 309，計匯奉 308.25 元）

現款已由公司逕行匯奉，兹特將建設儲蓄存單一百六十五元隨函寄奉，敬希察收。又公司通函一紙，亦併附奉。京師過年副食品供應如何？上海每户有雞一支、粉絲一斤、筍乾半斤，花生、瓜子等乾果，另外每人可購肉一斤，有人説是一斤半，須明天發表。頗稱豐富。天氣頗暖，恒在攝氏十度上下，前冷亦不過零下一二度，比北京相差有十度之多也。昨接小孩文枚函，現在出差東北，尚須到天津、上海，陰歷年底到滬，即在家過春節後回京。藉此可以團聚。已經三載不見矣。祖芬仍無消息，不知年底有還家之望否。餘不一一。順候鈞安。姪周叔廉拜啟，一月三十日。尊府各位代候，不一一。（朱氏家藏稿本）

隨函附《棗莊煤礦董事會上海辦事處啟》：各位股東：隨著生産建設的日益發展，國家需要建設資金越來越多。上海市六〇年繼續發行建設儲蓄，諸位股東經過一九五九年偉大的全民性增産節約運動，和總路綫的學習，自必踴躍響應八届八中全會決議中關於"在城鄉居民中都要大力提倡儲蓄支援建設事業，於國於家都是有利"。爲此，特在此次發付五九年第四季度股息時，酌爲參加一部分建設儲蓄，想諸位股東愛國素具熱誠，自必蒙惠然同意。棗莊煤礦董事會上海辦事處啟，一九六〇年一月十八日。

一月二十七日，瞿宣穎致書先生，告知《陶樓詩鈔》刊印情況。

瞿宣穎致先生書：蠖老坐右：正以久未奉手示，又聞行老移居，或兩家都在忙於布置，馳念不置，頃間書至，欣悉一是。近日學習加緊，天寒日短，尚未能顧及運書事，且車運正繁，交通不便，日在躊躇中。《陶廬文鈔》、《于鍾岳別傳》及旅行袋，均當奉還。陳天佐君既不日南來，必有更簡便方法，不徒省□已也。此書印成百〇三册，以二册代贈經手之戴君，堅不肯受，另一册已郵上。擬將此二册均存敝處。此外有無分送滬友之必要，應酌留若干否？尚祈示知。此次結算，雖超出無多，而辦理諸多未善，亦不無虚糜。除來往豐資□尚餘若干，擬與戴君謀一醉，藉酬其勞，餘則懇免造報銷矣。一笑。匆匆。敬頌□□潭福。己亥除日，蜕上。（朱氏家藏稿本）

按：己亥除日，爲一九六〇年一月二十七日。據一九五九年冬季□月二十三日瞿宣穎書，此書所言刊印之書也是黄彭年《陶樓詩鈔》。

一月，與瞿宣穎整理黄彭年《陶樓詩鈔》四卷交付油印。

《陶樓詩鈔》書牌：公元一九六〇年一月，紫江朱氏編印《黔南叢書》之一。

按：五月二十四日黔東南苗族侗族自治州圖書館函告先生收到此書。

一月，章士釗搬離東四八條，移居史家胡同二十四號。（劉宗漢《有關朱啟鈐先生史料的幾點補正》）

一九六〇年一月五日謝無量致龍榆生書：行嚴聞將移居，亦久不見矣。（《近代詞人手札墨蹟》上）

《許寶蘅日記》一月三十日：惲公孚來……又言行嚴遷居史家胡同廿四號。

按：此條綫索來自胡文輝。

二月二十日，下午，到中國人民政治協商會議全國委員會禮堂，參加文化教育組抗議美國陰謀劫奪中國文物會。

《顧頡剛日記》：到政協禮堂，開文化教育組會，抗議美國陰謀劫奪我國文物，自三時半至六點半。今日同會：胡愈之、王冶秋、齊燕銘、朱啟鈐、陳垣、陳半丁、仇鰲、李麟玉、徐炳昶、鄧以蟄、韓壽萱、尹達、翦伯贊、常書鴻、趙萬里、許廣平、齊思和、張政烺、蘇秉琦、郭寶鈞、唐蘭、陳萬里、吴仲超、翁獨健、黄文弼、陰法魯、向達、王伯祥、葉聖陶、葉至善、沈從文、吕叔湘、張奚若、陳文彬、劉開渠、章士釗、陶孟和、胡厚宣、林仲易、浦熙修、楊鍾健、王振鐸、賀昌群、歐陽道達、謝國楨、馮友蘭、單士元。

三月十四日，堂弟朱啟鎔卒。（《中央文史研究館館員傳略·朱啟鎔》）

三月二十一日，周叔廉致書先生。

周叔廉致先生書:桂老尊鑒:奉手書,敬悉一一。行老八十大慶,回八條舊巢小住,不接待賓客,亦尚熱鬧否?全國人大及政協大會會期,不知已定於何日。而卿伉儷何時還京?以亟願一聞。三姊處所告各項消息,頗願先聞爲快盼。而卿歸程道出上海,不知是否能如此也。海北兄病况有進步否……頗擬四月上旬清明後(五月到十月之間)北上,惟聞京中副食品甚爲緊張,如此殊令居停主人難爲無米之炊,不知亦尚有法羅致否。又聞對臨時户口亦頗緊,對報進臨時户口是否亦有困難?這兩點聞之,頗有却步不敢北上之勇氣,萬望公指示爲幸。……專此。敬叩鈞安。姪周叔廉拜上,三月二十一日。(朱氏家藏稿本)

按:信封郵戳爲一九六〇年。

三月二十九日,章士釗自香港寄詩壽先生九十歲。

章士釗《桂老九十生日詩》:更上稀齡二十年,人生多壽古無前。東坡詩友誰難老,不數張先并樂全。〇耄期樂趣在能閒,閒到朦朧不計年。百里行來剛一半,更餘九十任蹁躚。行百里者半九十,古語也。〇平頭甲子最關懷,黯黯横衢小小齋。無恙主賓師弟子,發祥難忘大潮街。光緒辛丑吾館君家,今齊頭六十年矣。公今年九十,鄙陋八十,澤農七十,咸健在,這是難得。〇四紀稱孤五紀師,校來誰是自由姿。莫愁比並盧家婦,應是人生得意時。十二年爲一紀,李義山詩"如何四紀爲天子,不及盧家有莫愁",乃弔馬嵬之作。公得天獨厚,當今人瑞,自當别論。臨風懷想,無任瞻依。耑肅,順候頤安。小弟章士釗謹啟,庚子三月三日,自香港寄。(《朱蠖公先生九十壽言集》)

五月十三日,上午,許寶蘅到東四八條訪周叔廉,便

候先生。(《許寶蘅日記》)

五月至六月間,分贈黔東南苗族侗族自治州圖書館、貴陽市政協、貴州大學《陶樓詩鈔》。

一九六〇年五月二十四日黔東南苗族侗族自治州圖書館致朱啟鈐函:您贈送我館貴筑黄子壽先生遺稿《陶樓詩鈔》一書已收到。(朱氏家藏稿本)

六月四日貴陽市政協致朱啟鈐函:承你贈送我會貴筑黄子壽先生遺稿《陶樓詩鈔》一册,已由貴州省圖書館轉交我會。(朱氏家藏稿本)

六月二十三日貴州大學圖書館致朱啟鈐函:由貴州省圖書館轉來您贈送我館的《陶樓詩鈔》一册已收到。(朱氏家藏稿本)

六月二十九日,致書章以吴、羅婉容夫婦。

致章以吴、羅婉容書:以吴、婉容仝覽:一九六〇年第二季度存單,應於七月廿日届期。我所有的儲單,計有人【民】幣弍百十五元可以取現,彌空朱筠記虧空。兹將原封各單交你倆位設法登記,托人民銀行代向上海收取本利。但查存單所填期日不清,容有誤認,煩請代爲覈對,照例兩週前寄滬,一切費心處理爲托。明日下午在八條上供,劉太夫人忌辰。湊有時魚、鴨子、紅燒肉一席,請來舍聚餐。暑濕中人,兩腳肥腫,頗爲難過,不多說了。蠖白,六月六日。附原封各件,請酌查。(朱氏家藏稿本)

按:先生祖母劉氏卒於同治十一年(一八七二)六月初六日。本年劉氏生日,陽曆爲六月二十九日。書信所署時間當爲陰曆。章以吴原爲先生次女朱淇筠夫婿,一九五一年淇錡卒後，章氏續娶羅婉容。

七月，邢贊亭、徐森玉、陳寅恪、沈尹默、謝無量、商衍鎏任中央文史研究館副館長。（《中央文史研究館館員傳略》附録《中央文史研究館館長副館長任職時間》）

是年，陳從周作詞壽先生八十九歲。

陳從周壽詞：海上蟠桃易熟，世間好事常逢。韶光八九未匆匆。兒孫環繞膝，欣作太平翁。 問字車來多後輩，清歌談笑從容。只今遥祝倚東風。明冬堂上拜，人壽更年豐。調寄《臨江仙》。恭祝桂老太夫子上壽。小門生陳從周故繪祝。（《朱蘡公先生九十壽言集》）

一九六一年 辛丑 九十歲

是年，居北京東四八條。

一月十六日，漆運鈞致書先生，隨函附有其《于德坤傳》手稿。

漆運鈞致先生書：桂老姻丈道鑒：敬啟者：運鈞於去年十二月二十六日晉謁高齋，蒙丈惠予接納，榮幸之至。承賜鄉先賢傳、楊兩先生詩集及大著《蘡公文存》凡四卷，容運鈞從容拜讀。此二十日中，虔讀《藺霑》、《水西》兩紀略，幸已畢業，猶有《貴州碑傳集》一册尚須細讀。因吾丈急望得于、平二公列傳，運鈞已就業乾太姻丈在日京加入同盟會以及其回黔遭難之故實，就運鈞與業老接洽以來之終始本末，據實直書，句句皆真，字字皆實，呈丈賜覽。惟當年遇害之地名及月日，年久忘記，起草時抱憾之一要端。如吾丈能記憶,乞俯予加入,至感。平君一傳,亦即於日内寫呈,惟運鈞文筆拙劣,難符大雅之望耳。俟繳還《紀略》及《碑傳集》時,再有函呈。手肅,敬頌道祺,即乞垂鑒。于傳附。姻愚姪漆運鈞頓首。十六日。(朱氏家藏稿本)

《中央文史研究館館員傳略》:漆運鈞(1878—1974),字鑄城,號松齋,貴州人。日本早稻田大學政治經濟科畢業。留日期間,加入中國同盟會。曾就職於農商部、實業部。中央文史研究館館員。

按:信封郵戳爲一九六一年一月十六日。于公指于德坤,字業乾。平公指平剛,字少璜。

一月十七日,漆運鈞致書先生,奉還所借貴州文獻鈔本,托章以吴轉遞。

漆運鈞致先生書:桂老姻丈道鑒:敬啟者:十六日呈吾丈一函,附所草業老列傳,尚須打磨。因承命以來已及二十日,似覺太久,故倉皇寄上,一切疵謬之處尚祈斧削,至感至盼。賜讀《藺霑》、《水西》兩紀略,仰見吾丈眷懷桑梓,表揚前烈,使故鄉後生得悉前賢削平禍亂、保安鄉土。斯籍實與先民乙部諸書齊驅並駕,欲識黔蜀掌故者,以得讀此書爲幸也。當二境肇事之際,正明季危亡之年,四川永寧宣撫使奢崇明反於永寧,即今四川叙永縣、昔之古藺州也。作亂在熹宗天啟元年,即清太祖天命六年。天啟六年清太祖殁,七年即清太宗天聰元年,清人正用兵於錦州松、杏間。又内有李自成、張獻忠之變,明事尤棘,而崇明蠢動於此時。貴州水西宣慰司安堯臣死,子位幼,其妻奢社輝即崇明女弟也。其夫死,遂擅司事,安氏以大方爲巢穴,即吾黔之大定縣也。

水西即今之黔西縣，有土同知安邦彦者，其巢於今爲織金縣，昔爲平遠縣。崇明既動邦彦，遂説社輝附崇明。崇明北踞重慶，進逼成都。天啟二年爲川撫朱公燮元所逐，乃逃入貴州龍場壩，依邦彦以藏。而大方、水西、織金其地相緊接，於地圖上爲三角形，故此一段即以水西概之。所謂藺霑者，藺在四川之西南，霑在雲南之東南，相隔數縣，惟貴州烏撒之地適在藺、霑之間，即今之威寧縣也。此地有土酋安效良者，與奢同類：奢反於藺，影響及於烏撒；效良亦蠢動於其間，擾亂之地，上及藺州，下及霑益。三省邊界相連，致搆成此亂。自天啟元年至思宗崇禎二年，卒賴黔撫朱公燮元誅崇明、邦彦於赤水縣，而效良亦死。安位母子皆降，其亂乃定。如前撫李公橒、王公三善、巡按史公永安、巡撫蔡公復一、閔公夢得，皆樹功績於其間，而王公之捐軀殉難爲尤烈。至官紳、軍民、列女之經歷此難者，據兩紀略所載，已及四百六十餘人，其不入記載者，更不知幾何人矣。當故友蔚蒼兄始得《水西紀略》，不知作者爲誰，幸吾丈得刻本於《賜硯堂叢書》中，始知爲李氏竹溪作。非吾丈博覽群籍，而此書作者之氏名終於不顯。蔚蒼兄又作《水西紀略補遺》及《藺霑紀略》，斯亦勤矣。而吾丈更采得燮元少師之事蹟，作《水西紀略補證》，俾黔人士欲知此一段掌故者，可謂本本元元，毫無遺憾。當日蔚蒼兄服官學部，職司清簡，公餘有暇，得從容訪故於廠肆中。而吾丈則内贊廟堂，外典樞部，馳驅風雨，乃能於百忙中搜求故實、生平，於刊刻載籍旁皇靡間，非精力過人、扶持文教，曷克臻此！真吾鄉卓卓一老輩，非他人所能及。今謹將此函及原書一一面交，以吴兄代爲璧還。

即乞賜察,肅頌道安。姻愚姪漆運鈞頓首,一月十七日。附《藺霑紀略》、《水西紀略》合鈔及《補證》一函凡三卷,附有《李樗傳》鈔件六頁;《貴州碑傳集》卷首一册附鈔件五紙。再《碑傳》中,於"清科道",擬請增熊景釗一人:同治朝編修,光緒朝監察御史,卒於光緒十二年丙戌。渠兩姪女,一爲森太姻丈子婦,一爲仲太姻丈子婦。"詞林"中,擬增夏同龢一人:戊戌殿撰。平少黄兄列傳,日内草定,另爲函呈。運鈞附記。(朱氏家藏稿本)

按:由信文可知,此書當接續本年一月十六日函。

邢端《書藺霑紀略水西紀略合鈔後》:貴陽趙慰蒼同年,劬學好古,官京曹時留意搜輯鄉邦文獻,嘗於廠肆得《水西紀略》寫本,後附傳證,不署作者姓名。君病其疏略,乃參稽史乘,成《藺霑紀略》及《水西紀略補遺》《水藺紀略附録》各一卷,用力甚勤。君逝後,遺書不守,適紫江朱丈桂辛方輯印《黔南叢書》,余爲作緣,以《水西紀略》歸之,其《藺霑紀略》稿本歸他人者,復展轉假鈔,俾成完璧。丈耄學不倦,於《賜硯堂叢書》中獲《水西紀略》刻本,知爲皖人李珍字竹溪之作。繼又獲明督師朱襄毅燮元家傳,復取陳臥子、谷賡虞諸公著書中有關黔事者鈔成一卷。(《蟄廬叢稿·蟄廬文存》)

一月二十一日,漆運鈞致書先生。

漆運鈞致先生書:桂老姻丈道鑒:敬啟者:日前曾上一函,並附還《藺霑》、《水西》兩紀略及《碑傳集》,拜請以吴兄轉上,諒蒙鑒察。今將平少黄兄列傳大略草就,隨函郵呈。運鈞文筆拙劣,求吾丈指教。傅、楊兩鄉賢詩集及大著《文存》,從此一一誦習,俟有心得再爲奉報。此後如有命辦之

件，必能敬謹遵行。手肅，敬頌道綏。姻愚姪漆運鈞頓首。廿一日。平傳附。（朱氏家藏稿本）

按：信封郵戳爲一九六一年一月二十一日。

五月十六日，下午，到中國人民政治協商會議全國委員會禮堂，聽文化部副部長齊燕銘報告三年來文化工作。

《顧頡剛日記》：到政協禮堂，聽文化部齊燕銘報告三年來文化工作，自三時至六時半。今日所晤人：葉景莘、載濤、林耀華、鄭奠、傅樂焕、于學忠、趙啟騄、李明揚、黄芝岡、魏建功、涂允檀、吴昱恒、張知行、費孝通、章乃器、陳文彬、朱啟鈐。

按：齊燕銘時任文化部副部長。

五月二十三日，中國書店蕭新祺致書先生，告知發現牟思敬《自娱軒未是草》一册。

蕭新祺致先生書：今在檢書中發現《自娱軒未是草》一册稿本，牟思敬惠庵撰。貴筑監生，四川遂寧、南川、彭縣知縣。尊處欲收，函覆，即爲送上。蕭新祺上，六一年五月廿三日。（朱氏家藏稿本）

十一月十六日，劉敦楨函賀先生九十壽。

劉敦楨致先生賀信：桂師專鑒：旬前奉上寸柬，計達座右。回憶民國初季，先生發現《營造法式》抄本，究心宋法式與清做法，進而組織營造學社，以完成中國建築史，勉勵後進，培養人材。今日建築學術界，在黨領導下，蓬蓬勃勃，一日千里，然當年先生篳路藍縷之功，固亦垂諸不朽。敦楨親聆教益三十餘年於兹,受惠之深,楮墨難罄。際此九秩大慶,理應赴京祝嘏,乃疾病糾纏,不克北上,而朱君鳴泉來信云蘇州繡影不能如期付郵,下懷尤爲不安。謹此專函祝壽,兼述歉忱,尚懇海涵於格外。臨穎不盡萬一,專肅,敬叩壽安。門人劉敦楨上,陳敬同叩,一九六一年十一月十六日。(《朱蠖公先生九十壽言集》)

十一月十九日,九十歲生日。葉恭綽、章士釗、周叔廉等到訪賀客計一百零一人。周恩來贈送花籃;(朱海北《周總理和先父朱啟鈐之間的交往》)陳叔通、關賡麟、沈曾蔭作壽詩;梁思成致賀信;陳從周作《朱蠖公(啟鈐)先生九十壽言集序》。文化部副部長齊燕銘前往朱寓祝壽時,建議先生重新整理舊輯的《漆書》;先生即席向文化部副部長徐平羽建議,組織人力注釋宋版《營造法式》。

章士釗《書趙智庵》:蠖公九十生日,賀客一百零一人,余與遐庵、叔廉咸在。(《文史資料選輯》一九八五年第三輯)

劉宗漢《回憶朱桂辛先生》:一九六一年,桂老九十歲生日時,當時的文化部副部長齊燕銘同志建議他重新整理舊輯的《漆書》,王世襄先生便推薦我擔任了這項工作。自這以後,我便每日上午去桂老家,幫助寫一些往來信件,下午去科學院圖書館收集《漆書》資料。一九六一年在他的九十歲生日時,在京的學生送給了他一部宋版《營造法式》殘本的照片,他即席就向文化部副部長徐平羽同志提出了組織人力給《營造法式》作注釋的問題。後來因得知梁思成先生已經在做這件事,才没有再重新組織人力。(《蠖公紀事》)

按：據《中國文博名家畫傳：王世襄》中朱啟鈐題贈王世襄照片，張叔誠、周叔廉、茅以升、梁思成、王世襄、蔣君奇、馬崇恩（馬連良之子）、劉宗漢、馬昭淑（張叔誠夫人，紹英女兒）、張茂瑩（張叔誠女兒）在現場。

陳叔通《蠖園先生九十壽》：風光已是小陽春，鶴算欣逢正九旬。曾試經綸償夙志，爲諳掌故話前塵。塞聰未覺多聞礙，通訊猶能作答親。扶杖飽看新氣象，期頤賡續頌堯仁。陳叔通，公元一九六一年十一月十九日。（《朱蠖公先生九十壽言集》）

關賡麟壽詩：壽朋鼎峙聚神京，文史三冬屬老成。不佞與公及遐庵，皆以孟冬同月生，少歲竝如方朔所云"文史足用"。今隱京師，又同館職。耿介忝同先路導，民治初建，與公分長京漢、津浦鐵路，時有遵道得路之譽。顯榮早應後車迎。太公九十乃顯榮，今方兆是年，後福何限。百年數定符長算，劉宋山陰朱百年樵采，置薪路旁，人知爲隱士薪，即備價取之。今公期頤行届，將名符其實矣。萬卷書非浪得名。宋朱遵度、朱昂，同學，好讀書，人稱朱萬卷、小萬卷。公喜藏書，多刊布古籍，足當之。幾輩黔靈饒健筆，如今毓秀讓耆英。貴州有黔靈山、文秀峰、筆架山，篤生鄭子尹、莫郘亭諸賢，齒無及公者。一叟滄洲歸紫陽，朱元晦號滄洲病叟。彬彬學子各門牆。公任譯學館，弟子成材甚眾。不佞則在京一度長交通大學，尋別創私立學校，從事教育二十餘年。八齡班合肩隨列，論齒，較公稚八年，近於肩隨之歲。三館交難齒録忘。京師大學合招三館，新生時以第一人承管學，特撥入仕學。既登甲科，亦不入進士館，即奉派考察政治出國，於譯館迄無關係。而京師大學，則始終推爲同學會中主持者。集著晚聞聰未塞，詩人患重聽者，多以"晚聞"名集。余亦左耳偏聾。庵成老學卻何方。陸放翁詩："醫從和扁來，未著卻老方。"社醅兼趁治聾便，好爲

岡陵晉十觴。夏曆辛丑十有二日俚句，恭祝桂辛先生同志九齡華誕大慶，舊屬關賡麟拜上。(《朱蠖公先生九十壽言集》)

沈曾蔭壽詩：黔陽毓秀降耆英，眾望攸歸德自明。才展交通宏國軌，工興建築壯神京。經營太學惟先進，提挈文風博令名。我亦成均膺末職，沐承化雨久葵傾。○天護紫陽錫九齡，歲寒松柏共長青。晚晴乘暇研文史，盛世求賢慕典型。氣象萬千萊子彩，春秋八百老人星。今朝曲奏南飛鶴，更待期頤頌玉庭。辛丑孟冬之月十二日，爲桂翁先生九秩榮慶謹成俚句致頌，沈曾蔭仰放拜撰。(《朱蠖公先生九十壽言集》)

梁思成致先生賀信：一九三一年，初隨桂師治我國古代營造之學，悠忽卅載。解放以來，百廢俱興；建築事業百花齊放，推陳出新，卓有成績。辛丑初冬，欣逢師九秩大慶，謹奉此册，祝杖履康健，松柏長壽，諄諄不倦，教我後學。弟子梁思成敬祝，一九六一年十一月十九日。(《朱蠖公先生九十壽言集》)

陳從周序：當六十年前士人尚爲功令文字所束縛，莫肯親從工師之後，究心於審曲面勢飭材辨器之道，吾師朱蠖公先生於人所忽不加察者洞矚而默識焉。蓄之既久，濬之彌昌，前哲之奧藴，始昭布於共睹之事物，蓋其於所謂營造之學先河也，亦歸墟也。今者先民制作之顯，承焜燿爲邦家光者，既日增月盛，聲施遠被，先生亦躋期頤之壽，覩治化之成，《書》曰："尚猷詢兹黄髪。"《詩》曰："周王壽考，遐不作人。"宜乎人皆樂爲歌詠其盛也，而況於及門躬被作育者哉。從周著籍稍晚，禮當執簡於末坐。爰撮録時賢侑爵之作爲一編，而綴數語於其端。相從久而今居江南者劉士能教授師敦楨，未及爲文，而親與姑蘇哲工之治文繡者擘絲摹先生小像以爲壽，用符先生闡揚絲繡之微尚，謹附書焉。再傳弟子陳從周謹序。(《朱蠖公先生九十壽言集》卷首)

按：序文未署時間。序文又收録於《蠖公紀事》，署"時一九六一年辛丑十月十二日"，文中"濬之彌昌"作"凌之彌昌"；"作育者哉"作"作育哉"。先生生日爲陰曆十月十二日，序文所署時間當爲陰曆。

十一月，周叔廉、章士釗訪先生於寓所，章氏持《書趙智庵》一文請正，先生閲後爲補史實。

章士釗《書趙智庵》：(蠖公九十生日後)越日再往，客惟叔廉相陪，蠖急促閲文畢，慨然言："智庵有大管家一，軀幹甚偉，面微麻。幹才未知視安岐何如，而交通内監，與隆裕后之嬖人小德張往返綦密。智庵假此途徑，説服隆裕，就中所涉財賄，爲數可觀，智庵視之蔑如也。辛亥遜位詔之如期發布，都恃智庵此一機密路綫，項城坐享其成而已。當時北洋基層幹部，俱認共和之成，智庵功莫大焉，第一任内閣總理，非渠莫屬。顧南方坐井觀天，朦然罔知，挾唐少川爲唯一武器，與袁頂撞。袁雖表面不得不許南，而暗中對趙口諾心許，一步退路無着。如此明争暗鬥，勢因岌岌不可終日。即無宋案發生，癸丑之役，恐亦難免。趙唐鬥狠關係之大乃爾。少川之所以勢成騎虎，亦非無故。蓋少川粤人，與中山同鄉，當時南北議和之集團中，如伍秩庸、温欽甫、汪精衛、胡漢民等皆粤人。少川南下，即被粤人包圍，安置在一個小圈子裏，除趙鳳昌一人從中傳遞消息外，各路聯絡俱斷。楊士琦奉袁命赴滬，觀察形勢，相機運用。然不得其門而入，坐困月餘，一無所得，垂首喪氣而歸，無形中構成南北仇恨。南人卻謂：少川者袁之多年密友，議和之利，一人獨得，今以其人之道，還治其人，有何不洽？詎料棋錯一着，滿盤皆死……"蠖語至此，叔廉有事他去，余亦浩然有歸志，遂雜録其語而退。(《文史資料選輯》一九八五年第三輯)

十一月二十八日，中午，中國人民政治協商會議全國委員會爲一百位七十歲以上的老人舉行便宴，應邀出席宴會的人包括在京政協全國委員會委員、全國人民代表大會代表、民主黨派的中央委員以及社會名流。全國政協主席周恩來參加宴會並發表祝辭。先生代表到會的老人們，對周恩來主席的熱情祝賀、並對黨和政協對老人們的關懷，深致感謝之忱。(1961 年 12 月 3 日《光明日報》)

周恩來倡議請章士釗賦詩紀盛。

《政協設宴招待百老》並報道：董必武、謝覺哉、何香凝、沈鈞儒、黄炎培、程潛、陳叔通、徐特立等老人都出席了宴會。出席今天宴會的八十歲以上的老人還有：李根源、李燭塵、章士釗、陳垣、陳半丁、陳攖寧、王葆真、邢贊亭、施今墨、葉景莘、葉恭綽、仇鰲、劉定五、周震麟、俞寰澄等。七十歲以上八十歲以下的老人還有：張治中、熊克武、邵力子、蔣光鼐、朱藴山、陳劭先、翁文灝、楊明軒、鄧初民、張奚若、馬寅初、王紹鏊、季方、許德珩、錢崇澍、蒲輔周、陳其瑗、載濤、李書城、丁穎、黎錦熙、尤揚祖、莊希泉、李範一、林礪儒、王季範等。(1961 年 12 月 3 日《光明日報》)

朱海北《周總理和先父朱啟鈐之間的交往》：幾天以後又在全國政協二樓小禮堂爲先父舉行一次小型祝壽宴會。在祝酒時，周總理説："今天在座的都是七十歲以上的老人，我是個小弟弟。我們今天不只是給朱桂老祝壽（先父號桂辛），而且也是給在座的各位老人祝壽。"（《冉冉流芳驚絶代》）

童小鵬《周恩來與朱啟鈐的真摯友情》：國務院副秘書長齊燕銘、政協副秘書長張執一和我三人，因工作關係參加了宴會。散場時我們都以看到了"三朝總理"（朱啟鈐，北洋政府代總理；翁文灝，國民黨政府行政院長；周恩來，人民政府總理）歡聚一堂而高興。以後傳爲統一戰綫的佳話。（《中華讀書報》1996年4月24日）

葉恭綽《八千春辭》詩序：今歲十一月廿八日，政協全國委員會周恩來主席宴政協耆年諸老於政協禮堂。周主席倡議，請章行老賦詩紀盛。（朱氏家藏稿本）

十一月（二十七日後），葉恭綽呈送先生《八千春辭並序》詩稿。

葉恭綽《八千春辭並序》：今歲十一月廿八日，政協全國委員會周恩來主席宴政協耆年諸老於政協禮堂。凡百人，皆年過七十者，以朱蠖公先生爲首，年九十矣，余年八十一，忝與其列。周主席倡議，請章行老賦詩紀盛，余亦爲一章。諸老年齡平均八十，百人則八千年，故號"八千春"云。稱觴同祝八千春，壽域分明集壽人。萬壑争流趨大海，衆星拱極慶良辰。四朝聞見成書早，九老篇章韻事新。更喜衢尊豐歲卜，大酺和樂逮全民。（朱氏家藏稿本）

按：葉氏詩序收入《朱蠖公先生九十壽言集》，"余年八十一，忝與其列”作“余忝與其列”。

十二月三日，午宴王世襄。

十二月四日王世襄致朱啟鈐書：昨午賜飫盛筵，朵頤留芬竟日。（嚴復翰墨館藏稿本）

十二月四日，王世襄致書先生。

王世襄致先生書：蠖公夫子老伯大人尊前：昨午賜飫盛筵，朵頤留芬竟日。至謝。《光明日報》刊載“百叟宴”一則，兹剪下隨禀寄呈，乞存閲爲幸。專上，敬請道安。業姪王世襄叩上，十二月四日。（嚴復翰墨館藏稿本）

按：隨函附有一九六一年十二月三日《光明日報》之《政協設宴招待百老》剪報。

十一月八日至十二月七日間，田樹藩、潘伯鷹賦詩壽先生九十歲。

田樹藩《恭祝蠖園老師九旬大慶》：梅開嶺上會群英，壽享期頤祝老彭。百歲遐齡新國瑞，一門詩禮舊家聲。勳名事業標青史，化雨春風仰景行。南極星輝增鶴算，滿堂裙屐樂飛觥。七十七歲小學生田樹藩撰句敬祝，即祈誨正。辛丑十月。（《朱蠖公先生九十壽言集》）

潘伯鷹壽詩：元化親參締構時，考工猶仰太初師。運斤滿世風生堊，舉尺淩天手作規。更六百年長矍鑠，況三千日即期頤。屋烏賤子頭今白，喜共兒童晉壽卮。蠖丈百齡開秩大慶，敬賦爲頌。辛丑孟冬，愚姪潘伯鷹頓首拜書。（《朱蠖公先生九十壽言集》）

按：本年陰曆十月爲陽曆十一月八日至十二月七日。

十二月七日，中午，周恩來總理前往東四八條先生寓所就餐，章士釗、鄧穎超、孔原、童小鵬、羅青長以及章文晉、張穎夫婦作陪。（據朱海北《周總理和先父朱啟鈐之間的交往》、章文晉《回憶外祖父朱啟鈐》）

童小鵬《周恩來與朱啟鈐的真摯友情》：一九六一年十二月七日，周恩來約定到朱家作客。朱老全家興高采烈，特地從北京飯店訂了兩桌菜，又做了幾樣有貴州風味的家鄉菜。還做了總理喜歡吃的“獅子頭”。飯後，周恩來、鄧穎超和朱啟鈐全家合影留念。朱啟鈐十分高興，他將手書的“松壽”緙絲小條幅送給周恩來作爲紀念。（《中華讀書報》1996 年 4 月 24 日）

中冬（十二月十二日之前），瞿宣穎詩賀先生九十生日。

瞿宣穎詩稿：蠖公表兄自五十以後，每值開秩之年，必有歌詩奉祝。今兹壽登九旬，盛事殊常，歡騰親舊，自惜羈阻，未晉一觴，所懷萬端，勉成此什，但話親情，故以質而不以文，想展函一笑，無殊面對也。辛丑中冬，宣穎寫上。有松有松嵁巖裹，龍胡玃臂接天咫。流膏聳翠歲常新，坐閱滔滔不知紀。有蘿有蘿附之起，銅柯亦自纖莖始。陵風摇湯青霄中，俯仰非榮亦非萎。孰云膚體殊卉木，人之受性定猶此。剛者不折柔不撓，因物不輕怒與喜。朝華夕秀遞推移，如户樞復如流水。彭籛松喬豈寓言，久視長生具深旨。若云無徵即不信，古今遐算可屈指。衛武公曾緝之詩，丞相蒼曾勒於史。紫陽真人非異人，松身不老眼中是。根盤節錯試諸艱，谷變陵遷堅不徙。勞謙與人作矜式，上瑞爲國彰盛娬。言溯甲午我生初，公則巴中方筮仕。平生蹤跡最相關，於我真同弱弟視。尚憶牽衣索抱時，騎竹之童七十矣。日者忽出劫灰餘，先公手澤十番紙。西蜀東吴泛宅俱，書問班班情娓娓。桓禽一觸雜悲愉，遼鶴堪驚貿朝市。行年似我誠尚孩，話舊於今更誰齒。且當長吟罄一宵，不恨分飛越千里。遥知賓客競觴豆，笑頷曾玄滿階阯。顧我常爲百韻詩，退筆翻謝穿縞矢。心香日日誦岡陵，何待繁音奏下里。千尋之松美陰長，我似青蘿同猗靡。（朱氏家藏稿本）

按：此詩收入《朱蠖公先生九十壽言集》，名《蠖公九十壽詩》，惟"陵風摇湯青霄中"作"陵風摇湯青雲中"。

十二月十二日，章士釗賦詩壽先生九十歲。

章士釗《同兑之壽蠖公開秩百歲》：憶昔論交歲辛丑，北徵半道齊耕耦。二十世紀第一年，過從周甲古稀有。中間事變牽人住，我象南箕公北斗。暮年合轍非偶然，十載聯牀鎮相守。移居仍似東西陸，東頭發聲西頭受。蟠胸掌故渺無涯，萬應不辭大小扣。今年開秩躋百歲，公私友紀競奔湊。葉公不知龍幾見，公旦何止哺三吐。大廷公讌那得見，天聽自民賚耇耉。居然應教作詩篇，我媿龍頭勉回首。生平八十自嫌小，願隨老君躡其後。徐甲三百六十歲，柱下傭書寧肯苟。座中環顧少一人，良士瞿瞿别來久。此人高才壓雲夢，王鄧之間著一手。不論才華論風義，蘇程敦篤噪人口。忽得飛書千里至，岡陵嘉頌過瓊玖。詩稱松據層巖巔，自譬女蘿環左肘。有蘿有蘿女汎愛，烏屋相因爾我厚。自來拱北同一嚮，兩星熒熒光在牖。蘿如鶯也求友聲，有蔦來施去聲也不醜。我爰踊躍奉觴豆，不須唱諾和誰某。依稀記得騎竹童，大潮街頭待人負。六十年間一日耳，萬影憧憧掃若垢。獨見松身百丈高，人生安得等公壽。人生何得壽等公，相呼飛醽一鍾酒。奉同之歌歌以亂，洋洋盈耳君聞否。章士釗初稿，六一年十二月十二日。（《朱蠖公先生九十壽言集》）

十二月十七日，瞿宣穎作《減字木蘭花》四章，賀先生九十歲生日。

《減字木蘭花》四章：蠖老以九十歲生日全家攝影見寄，曾孫輩蘭玉盈前，余已幾全不識矣。歲序驚人，我輩所歷舊事，諸英英年少定皆茫然可知。公昔屆大衍之歲，余曾有百韻排律一首；六十歲，則仿龔定庵壽阮儀徵之例作序一篇；七十歲，集營造學社諸賢之名爲壽頌；八十歲，成五言古詩至二百韻。今慶期頤，復作一七言長古，詞意悉不重複。今見攝影，又覺尚有可述者，因又譜《減字木蘭花》四章，語雖俚而情自真，亦欲兩家後輩易於覽觀。異日彼等亦享遐齡，亦以之告彼之孫曾，豈非綿福祉於無盡，勝於尋常之頌禱乎？其一：孫曾滿眼，我已模餬都不辯。何況而翁，勝似唐朝郭令公。孤松歲久，美蔭於今盈百畝。美蔭方長，更與邦家作棟梁。郭子儀於子孫來問安者，僅能頷之而已，想公亦同此，概未必能辨誰某也。其二：初離繡褓，戲走階前曾索抱。抱向書齋，小印分明繫入懷。若論舊事，蓮姊仙游誰更記。巴雨吴霜，話到更深九轉腸。公來江陰學使署時，曾抱我至幕府嬉戲，幕府諸公以“小自在”印章贈我。不久，余即就傅矣。由蜀而吴諸瑣事，惟徵蓮表姊能言之。每於京邸，剪燈共話。今蓮姊下世已踰二十年，此段事惟公知之，余與澤農表姪皆稚齒不省也。【其三】：大朝街裏，聽我咿唔憑矮几。官柳成塵，二老猶勞記憶真。青燈歲晏，存素堂中同把卷。總似兒時，不道書癡老更癡。六十年前寓武昌大朝街，余從張劭希師受經，澤農則師章行老。今行老與公同居北京，恒話及此，行老云我髫齡佔畢時情景，猶在目前。第二己亥，余重到北京，二老同寓，朝夕論文，真渺如隔世矣。【其四】：東華久住，便掃巢痕何忍去。卻戀江南，花雨繽紛溼鬢衫。明年春暖，待我花前來引滿。不要人扶，也映衰黧入畫圖。余前歲即有陪公及行老合攝一影之意，明春當可償此願。蛻園，辛丑長至前五日。（朱氏家藏稿本）

按：長至或指夏至（本年爲五月初九日，陽曆六月二十一日），或指冬至（本年爲十一月十五，陽曆十二月二十二日），先生本年陽曆生日爲十一月十九日，信言"蠖老以九十歲生日全家攝影見寄"，則應作於冬至前五日。

十二月二十一日，瞿宣穎次章士釗壽詩韻，呈先生和章士釗。

瞿宣穎《行老見和壽蠖公長歌謹次韻一首兼呈二公》：六十年前一辛丑，天狼不復相人偶。龍蛇起陸海揚塵，幾使秦人有九有。恨無哲後破連環，空遣孱王抱威斗。崤函户限已全闢，桀矱高曾那容守。兩公一作焦明翔，百國寶書親詣受。一爲三司參條例，遠猷辰告青蒲叩。不妨躍水雙劍同，至竟歸墟百川湊。日窮于紀剥必復，大塊而今氣方吐葉。新國群看滿俊賢，舊聞亦賴諮胡耇。不數熙朝宴千叟，更博龜堂詩萬首。見説當筵念車胤，羈棲恨我摳衣後。人生蹤跡詎能量，文字因緣信非偶。卻憶髧髳就傅時，横渠門下淵源久。謂劭希師。思親重感文度膝，摩頂虚勞誌公手。銜玉深慙已涴泥，鑠金敢道憎多口。相知實難欲買絲，無言不讐寧報玖。自憐蚓竅尚能吟，微恐鶉衣將露肘。懷思永叔繼韓公，牽連夢得與子厚。唐花臘月進東華，灼灼春榮豔當牖。官柳風前憶武昌，依依此日成衰醜。七八九十相次升，師友主賓中有某。雁去魚來亦可欣，美具難并莫輕負。擊節爲公作和歌，振衣快若初離垢。徂徠之松新甫柏，等是岱宗金石壽。高山仰止風穆如，四方爲則宜此酒。當公牛弩力無前，我似年時黄犢否？第二辛丑長至前日，蜕園。（朱氏家藏稿本）

按：此詩收入《朱蠖公先生九十壽言集》，名《行老見和壽蠖公長歌謹次韻一首兼呈二公》，惟“天狼不復相人偶”作“天狼不復人相偶”，“遠猷辰告青蒲叩”作“遠猷展告青蒲叩”，“日窮于紀剥必復”作“時窮于紀剥必復”，“思親重感文度膝”作“思親感舊文度膝”，“美具難并莫輕負”作“美具難再莫輕負”，“第二辛丑長至前日”作“第二辛丑長至前五日”。本年十一月十五日（陽曆十二月二十二日）冬至。

仲冬（十二月二十一日之後），瞿宣穎再次章士釗壽詩韻續成一首，并柬先生。

瞿宣穎詩稿：行老賜同作蠖老壽詩，既疊韻一首矣。行老復屬仲輝録示戊子冬日賜題拙集一律，不勝感荷，因續成一首，不重用前韻字，并柬蠖老。北來魚書再三剖，春風入肢如破杻。兩公好我笙磬同，不辭土壤增岡阜。百齡開秩已張筵，相次駸駸亦及九。爝火還教傍大明，松柏何期植培塿。知音沈范兩尚書，緜邈含情結桃綬。十四年前詩四卷，曾邀大句龍蛇走。五雲章色下層霄，錯置珷玞亂鐘缶。雕蟲果見蒙記憶，舞鶴至今乖獎誘。濩落殊非衛足葵，玲瓏虚託通中藕。江湖頗願學天隨，興在笛牀與茶臼。冬暄比户能挾纊,歲稔餘糧足棲畝。處處迎來有鴈賓,年年相保無鳩婦。江南楓橘半丹黄,妝鏡晨開極清瀏。夔州或有菜把恩,昌谷何須肺肝嘔。自嫌雪鬢不堪冠,欲畫黛眉寧用帚。遙知來夜鳳城東,誦我新詩在燈右。緩腸爲我新開甕,下榻相期同剪韭。風前三起復三眠,猶是金城曾種柳。不似東陽生意微,懸待陽回除蠹朽。辛丑仲冬,蜕園。(朱氏家藏鈔本)

按:此詩收入《朱蠖公先生九十壽言集》,名《行老賜同作蠖老壽詩既疊韻一首矣行老復屬仲輝録示戊子冬日賜題拙集一律不勝感荷因續成一首不重用前韻字并柬蠖老》,惟"松柏何期植培塿"作"松柏何期相培塿","玲瓏虛託通中蕅"作"玲瓏虛託通中藕","緩腸爲我新開甕"作"緩腸爲我別儲甕"。當作於十二月二十一日之後。

十二月二十五日,中國書店蕭新祺致書先生。

蕭新祺致先生書:近在收藏家檢出明永樂時佛經錦緞圖面十五片,萬壽慶典六十段工程奏稿(從西直門到萬壽山),尊齋欲收,函復,即送上。順祝九旬大壽吉祥如意。蕭新祺敬拜書,十二月二十五日。(朱氏家藏稿本)

冬月,顧廷龍作詞壽先生九十歲。

顧廷龍壽詞:風流人傑曾名世,鴻猷偉業多少。黔南徵文,岐陽護獻,照眼星辰環寶。天工華藻,又圖繪絲繡,燕居技巧。傳遍珍槧,紫陽雨露耀梨棗。　　畫堂筵開盛世,正江梅訊近,庾嶺春早。萬卷星羅,千鍾客醉,共仰瑶階僊貌。香山耆老。更翊贊清明,未輸雄抱。遠郵俚吟,寸心頃頌禱。調寄《齊天樂》。恭祝蠖公先生九十大慶,辛丑冬月,後學顧廷龍。(《朱蠖公先生九十壽言集》)

是年，入住同仁醫院，徐蔭祥博士親爲先生割治鼻瘤。

本年葉恭綽致先生書中，其代爲賦詩詩注：鼻瘤患已有年，兹入同仁醫院，承徐蔭祥博士親爲割治，得離苦趣。（朱氏家藏稿本）

是年，葉恭綽致函先生，附呈代賦詩一首，詩酬先生主治醫生徐蔭祥博士。

葉恭綽致先生書：醫林翹傑老宗工，仁術仁心道固通。墐户久憐同塞向，運斤今喜見成風。不須掩袖愁遭劓，卻幸操刀割及鋒。□（作者注：此字殘損）笑衰翁狂態復，依然吐氣欲干虹。鼻瘤患已有年，兹入同仁醫院，承徐蔭祥博士親爲割治，得離苦趣。謹賦一律志感。公元一九六一年，朱啟鈐，時年九十。印。偶然信筆，衹尚工切而已。此種書啟工作曠廢有年，不知老長官以爲可用否。綽呈。（朱氏家藏稿本）

書札後先生批語：原稿殊不合格律，俚句通俗易懂，不新不舊，仍用遐翁屬筆爲是。蠖公注。

是年，邵力子、仇鰲、夏仁虎、葉恭綽、劉掣園、張效彬、蔡璐、言雍然、蔣君奇、夏緯明、王世襄、劉宗漢分賦詩詞壽先生九十歲。

邵力子《桂辛先生九十大壽》：老而彌健斯爲福，況際明時福更臻。九十回頭轉年少，羨君意氣尚青春。邵力子敬祝。（《朱蠖公先生九十壽言集》）

仇鰲《朱桂老九十生日招飲喜而有贈》：花溪君子獨年高，足壓游河五老艘。一夜輝煌王母下，九霄燦爛壽星敖。

乾坤俯仰驚陳跡，江海澄清羨晚遭。唱罷百年歌興永，還從臣朔學偷桃。古羅仇鰲時年八十有三。(《朱蠖公先生九十壽言集》)

夏仁虎《蠖園尊丈九十華誕》：新霜釀出菊花天，有酒來餐介祉筵。南極明星昌壽相，東華大老達尊年。經綸展後收方早，文獻搜勤晚節堅。我倚蒼松同閱世，猶思撰杖侍高賢。舊屬蔚如夏仁虎撰祝，時年八十八。(《朱蠖公先生九十壽言集》)

葉恭綽《蠖公尊者九十大慶》：八旬曾舉九霞觴，歷算今增十載强。編史合追周柱下，考工真是魯靈光。秋容正絢安陽菊，美蔭長存召國棠。頤養會看臻上壽，好同食乳相君蒼。葉恭綽敬上。(《朱蠖公先生九十壽言集》)

劉契園《蠖公老人枉臨觀菊復賜和佳什並以舊藏東籬采菊圖題籤見貺謹次元韻奉謝併祝九十大壽》：同浴春光浩蕩天，鏡清齋裏有依緣。身增幸福當忘老，眼望前途不羨仙。舊日衣冠忻已掛，晉人風度尚堪傳。啟期三樂原都備，奚止添籌邁百年。劉契園呈稿。(《朱蠖公先生九十壽言集》)

張效彬《桂老監督夫子大人九旬大慶》：於游膳飲慶頤年，就室珍從待問天。弱冠膠庠常立雪，抽簪津沽久聽泉。掀髯偶哂京秦劇，策杖時臨子弟筵。行健無勞頻啜乳，張蒼永壽看誰先。門下士張效彬敬祝。(《朱蠖公先生九十壽言集》)

蔡璐壽詩：魯靈光殿峙崔嵬，盛世耆英壽宇開。論政愛民留手澤，考工存古仰心裁。傳經久沐菁莪化，敬老群欽松柏材。嶽降東坡先一月，早春花發嶺頭梅。○籌晉期頤喜奉觴，躋堂趨謁祝康强。功勳早被斯民頌，碩德真爲吾黨光。城闕千門資筆路，稷園萬卉等甘棠。年豐人壽昇平世，菊酒盈尊慶滿倉。敬和遐公原韻。辛丑小春中浣恭逢蠖公夫子大人九秩大慶，謹製俚詞奉祝，録請教政。受業蔡璐謹呈，時年八十。(《朱蠖公先生九十壽言集》)

言雍然壽詩：德人宜壽昌，盛世禮耆宿。光榮養老得，晚福逍遥足。經緯公早備，群流共驚服。皓首心顔開，河清已入目。期頤容易到，覽揆辰正良。聽我蠡測詞，掀髯倘引觴。奇才萬夫稟，勁氣百錬剛。疇昔設施美，己忘人不忘。首善舉市政，改觀前三門。古物俾陳列，國寶千秋存。考工書刊成，技術窮根源。天衢公園闢，亦同不朽論。數端此略述，卓越立塵表。今日價再評，誰云勳勞小。從來出處閒，況乃明月皎。俊傑識時務，廢興指掌瞭。好學無倦意，始終豈自封。文章事最樂，貢獻情常濃。觥觥柱下史，矯矯人中龍。陶甄憶身被，老至仍凡庸。頗愧追隨疎，元知靈秀鍾。恒言託祈祝，作頌長青松。俚句二十二韻奉祝蠖公世丈九十大慶，即祈正吟。言雍然貢稿。(《朱蠖公先生九十壽言集》)

蔣君奇《恭祝桂老前輩九旬福壽》：景物分明認十洲，端居養壽更何求？琴書繼世香生掖，花萼涵芬色照秋。耄日杖藜傳藝事，頤年偎榻喜清謳。從知大隱歸休早，傲得高閒歲月遒。後學蔣君奇敬賀。(《朱蠖公先生九十壽言集》)

夏緯明壽詞：疏影横枝映壽觥，群仙佳句璧琳琅。一庭蘭玉張公宅，匝市榆槐召伯棠。　　鳩杖立，醴漿香，傳經還拜伏生堂。笥河風教南厓政，白首師生話序黌。《鷓鴣天》。蠖公仁丈九旬榮慶。晚夏緯明敬祝。(《朱蠖公先生九十壽言集》)

王世襄《恭祝蠖公老伯九旬大慶》：結社治營建，功高邁喻李。水利繫民生，遺文訪遐邇。遵度經不傳，九卷賅糅史。哲匠創新篇，幽潛起千祀。絲繡萃四朝，披圖散霞綺。典籍親校寫，巧思見三几。碑傳列黔賢，積稿盈尺咫。得一足不朽，公迺兼衆美。遂使百年來，藝苑尊獨峙。小子生最遲，相去殆四紀。遲生竟有幸，門墻許仰止。折簡時見招，教誨督頑弛。辨物窮本原，析理洞元旨。談笑動梁塵，不覺日移晷。餘意或未申，揮毫復數紙。愈信山嶽高，丘阜徒邐迆。愈信滄海寬，浩瀚無涯涘。丹黄絢梅菊，初冬亦旖旎。瑶觴奉嘉醑，小什陳下俚。上壽儕彭聃，期頤更無已。敢不常篤勤，追隨諸君子。十載儻有成，再博公顔喜。（《錦灰堆》卷三）

按：王世襄詩收録於《朱蠖公先生九十壽言集》，落款："蠖公老伯夫子大人九旬大慶。受業姪王世襄撰句恭祝。"

劉宗漢壽詩：越世垂青古罕同，公今九十我猶童。賜言常自銘心曲，問字時勞起座中。志録牂牁欣有獲，書賡遵度愧無功。十年待祝期頤壽，舉國歡呼百歲翁。恭祝蠖公太老伯大人九旬大慶。愚再晚劉宗漢呈稿。（《朱蠖公先生九十壽言集》）

是年，章士釗函請先生回憶吴道明（梁爾煦）案件始末。先生爲詳述案件經過。

章士釗致先生書：蠖公座右：手示讀悉。兑之薄文史館員而不爲故，以前未爲進行，今兒急時抱佛腳。此着諒不難辦到，容即圖之。弟此次至港，得了一些吴道明的材料，擬草成一文。而公所寫辦案經過存在我處的紙片，一時竟找不著。因公所知實爲第一手材料，勢不可少，擬請抽暇重述一通，即零星記在紙片上亦得。弟原擬今日奉訪，但因下午有會，不知來得及否。惟無論如何，明日準到。若同時能獲得尊寫吴案紙片，更爲企望。餘不一一。即叩暑祺。士釗謹啟，六日。（朱氏家藏稿本）

按：章士釗依據先生回憶，撰寫《吴道明案始末》一文，刊登於《文史資料選輯》一九六一年第十八輯。先生回憶詳情見本譜光緒三十二年六月二十八日條目注釋。

本年，華南圭卒。

一九六二年　壬寅　九十一歲

是年，居北京東四八條。

一月二十日，瞿宣穎致書葉恭綽和先生。

瞿宣穎致葉恭綽和先生書：遐、蠖二老賜鑒：昨接京中華總局來函，略云：某月日致齊部長之函已悉，擔任《文選集解》一事，頗表歡迎，屬將體例及工作計畫等寄去，以便進一步商量。足見齊已鄭重處理，似不致完全落空矣。北京、上海兩編輯所，向按史學、文學兩項分工，《文選》本應屬諸上編，今仍由總局處理，更足見齊有特別指示也。此事歷荷委曲關垂，今得此結果，敢以馳告。此間近方展開《太白集》新注工作，由走擔任初稿，頭緒頗繁，恐非短期可望殺青。拙集因寫手遲滯改由自寫，日可一紙，但以寒天艱於油印，仍不能求速，舍此亦别無善策矣。轉盼春生，一切當呈新氣象。容再詳布，祗頌頤祉。大寒日，蜕謹上。（朱氏家藏稿本）

按：上海古籍出版社高克勤先生回憶："齊燕銘任組長的古籍整理出版規劃小組是一九五八年二月成立的。中華書局上海編輯所是一九五八年六月成立的,一九六一年五月聘瞿蜕園爲特約編審,從事《李白集校注》,一九六五年完成。”一九六一年大寒日,爲陰曆十二月十五日,陽曆爲一九六二年一月二十日。

一月二十四日,致書瞿宣穎,委其作壽詩文集序。

二月三日瞿宣穎致先生書:一月二十四日手書奉讀一過。壽詩委作小引,是不難的。(朱氏家藏稿本)

二月三日,瞿宣穎致書先生,建議先生續補《蠖園年表》、撰寫回憶録。

瞿宣穎致先生書:蠖老:一月二十四日手書奉讀一過。現在將我的一點見解用口語寫出,以當筆談。《文史資料》,我在此間政協也是參加工作的一員,自己也寫了一點。就我所體會的,我們筆底下,固然不可强爲粉飾,致涉阿私。但,尤其重要的是:也不能按今天的要求來要求以往的人,更不能離開當時的環境條件,反致失實。如果專就我們所親聞目睹的事,據實而書,不必預存隱諱避嫌之意,自然於心安,於理得,政府所希望的也正是如此。壽詩委作小引,是不難的,但不宜與壽詩及壽文重複,寥寥數行,叙述原起就够了。當我接到您的信以後,就有一種感想,您以飽經世變壽至期頤的身分,僅僅印一薄本壽詩,還覺美中不足,總該自己説説一生的回憶。而且當年我幫忙編輯《家乘》、《年譜》,忽忽將及三十年,時移勢易,也應該加以續補,何況今當不諱之朝,往時不易形之筆墨的也不必再有顧忌。其他不論,但就今天個人的感想來説,也不宜默無一言。我本來就想建議您寫一篇九十歲之回顧。固然立言煞費斟酌,但我想如果用活筆來寫，還不致有太大的困難。您若有意，我可以抽暇寫點提綱，提供您觸類旁通的便利。等來京再面商完成。來京是没有問題的，只是必須有名正言順的根據，方好向組織請假，至於我個人方面，所苦者就是手頭任務急切不能結束，同時還要爲報刊撰稿，很費安排。所以即使來京，只怕真正幫忙的地方也不多罷了。關於先父的事，爲人子者也斷無謗議先人的情理，但也不願因一家之言反而失去真實價值。所以十餘年前已經將家中全部殘存的文件交給文獻圖書館，其中包括家信及賬簿，在他人以爲是不能公開的，我認爲倒可以讓將來的人了然於當時實際情況，免去道聽塗説之誤。舊時代的人當然不會替國家人民做出好事，這是不需要説明的，作爲史家來説，就必須更深入發掘一切原始資料，從其中得出正確的結論。論到“中俄密約”這件事，先父固然不容許有自己的主張，但若説同李站在一邊，力促楊簽字，那是不能置信的。因爲當時的空氣，反對的佔多數，特别是南方的開明分子，以劉、張爲中心。先父與劉、張雖並不完全一致，但是由於陳伯巖、汪穰卿諸人的關係，又由於新從南方入行在，受他們的影響較深，這是事實。這件事，劉厚生所著《張謇傳記》一書，特别説得詳細，引證當時先父所擬的廷寄，確認先父是站在主張廢約一邊的。劉是張季直的私人，張與先父頗不融洽，這件事也絶對不是我對劉説的，劉的話縱使不盡可靠，也斷非出於阿私。這項資料，不知行老認爲可采否。附帶我要説明一點，先父於乙未以後、丁酉以前，在京與康梁諸人是有往還的，因而也被認爲京僚中的進步分子，您對於這一點覺得與先父平日言行不符，而不知非也。先父與陳右銘父子至交，所以受他們的影響頗深。與岑西林的結合亦始於乙未、丙申之際。維新派之中，張菊生的關係是一直不斷的。陳右帥、譚敬帥都是先祖同年，劉艮老是先父同學。作爲一個有愛國思想的封建士大夫，熱心變法運動，是極自然的事。康梁主張君主，志同道合本不足爲奇。您還不知道譚復生和我們家裏關係也不淺呢，所有瀏陽的幾位急進派——劉艮生、歐陽節吾也是從小就很親密的，唐佛塵到我家正是歐陽的推薦。只是由於後來遭際的變化，有些成爲陳跡。保薦康梁，確是事實。不過究竟在什麼時候，采什麼形式，先公從没有對我們透漏過絲毫。只在對客隅坐的時候，微窺談話的語氣，得以體會一些。康的話縱使有些過分，按他晚年與先父往還交誼來判斷，絶非無故。而且不是康一人説如此，梁也親口對我説過，其時先父已經去世，梁與我也並不够深談的程度，其所以自動提起這句話，足見他的印象甚深。如果深入探討當時的思想傾向及政治内幕，這些都值得考慮。行老詩有調侃我的語句，足見情致之厚，同爲一笑。餘不多及，即頌新喜。辛丑小除夕，蜕上。（朱氏家藏稿本）

按：辛丑小除夕，爲一九六二年二月三日。“中俄密約”，指光緒二十二年四月二十二日（1896 年 6 月 3 日），清政府派遣特使李鴻章與俄國外交大臣羅拔諾夫、財政大臣維特，在莫斯科簽訂的《禦敵互相援助條約》，又稱“防禦同盟條約”。“同李站在一邊”之李，指李鴻章。據《清代職官年表》，楊儒于光緒二十二年十月十九日（1896 年 11 月 23 日）由出使美國大臣接替許景澄改差出使俄國大臣，任期至二十八年。“力促楊簽字”之楊，指楊儒。楊氏上任於協議簽訂半年之後，或瞿氏記憶有誤，或楊氏簽字乃補簽。

二月二十五日，劉敦楨致書先生。

劉敦楨致先生書：桂師尊鑒：一月上浣，接陳從周先生轉來先生所賜相片三幅，感謝無地。其時適雙目紅腫流淚，最近二年，入冬即如此。未即拜覆，伏希海涵。過去蘇州繡像，因面貌、鬚髮、衣飾等使用反光强烈之各色絲綫，愈求逼真愈無法調和。且針之方向隨鬚髮、面紋、衣褶而轉變，不僅過於規整，爲了表現面紋與鬚髮、衣褶之陰陽、濃淡，加工愈細，層次愈多，堆砌臃腫之痕跡亦愈甚。故繡成後，往往刻畫過深，失之自然。欲求雅致傳神者，什不一覩。去歲九月，楨在蘇州工藝美術局陳列所，見列寧像一幅，用單色亂針法，一洗上述諸弊。詢諸該局領導，知爲蘇繡廠指導員任慧閒同志作品。因與該廠負責人任慧蘋同志商洽，爲先生繡像一幅，作九秩大壽紀念，並央及門朱鳴泉君代爲監理。月前，又託朱君探詢任慧閒同志之貫籍、年齡、經歷，及單色亂針法創於何時，俾與陳從周先生託人了解之資料互相參證，供先生採摘。朱君昨接回信，悉任慧閒同志原籍丹陽，年四十七歲，畢業於丹陽正則女校，此校乃國畫家吕鳳子所辦。吕氏又精佛學，已謝世。曾任正則繡科與藝專及蘇州技術學校刺繡教師多年，平日擅長人物刺繡，好用亂針法。此法本爲多彩，“大躍進”後爲節約工料改爲單色，反而脱俗，自成一種風格。其作品流傳國内外頗多，希望先生賜予批評指教。兹將原函附後，敬祈察閲。專肅，敬候道祺。不一。門人劉敦楨謹上，一九六二年二月二十五日。（《朱蟫公先生九十壽言集》）

三月二十六日，瞿宣穎致書先生。

瞿宣穎致先生書：蠖老惠鑒：頃奉手書，知意興目力均未稍減，深慰馳繫。賤辰適在星期尾，衆望欣然留連詩酒也。來京之舉，聞李贊侯、章仲和諸公皆已北上，似前議已有變更，或可作罷，遂不復措意。今讀來示仍有四月中旬之語，未知準的如何。倘政府有命，自當遵照準時成行；倘無此意，則擬無論如何秋間亦必來就公等暢爲平原之飲。此時韜緩亦未嘗不佳，蓋鄙况於春節後漸覺不支，趁此多耕硯田，薄有所積。屆時自備資斧，只須尊處斥一斗室，得容膝之安足矣。實際情況如何，能向行老一探俾得妥爲安排尤盼。蓋此間中華書局亦深望此行能緩，倘必須即行，亦須早作部署也。近日陳從周又赴揚州，據云下月亦將入京，從周眷戀師門牽連及弟，堅欲弟爲繪《蠖園授稿圖》，固辭不獲，爰屬友人周煉霞寫像，而弟足成之並撰記一篇録於上方。從周將攜供清賞，兼求題署也。所示陳母易安人墓志跋文，微有一二字未安，容簽出另寄候酌。此際筆札紛繁，恕不多及。復頌頤祉。弟蜕謹上，三月廿六日。行老壽辰亦未及肅箋爲罪。文稿中行老猶能作蠅頭細書，可欽之至，擬代繕一清稿繳還。（朱氏家藏稿本）

按：據劉宗漢先生回憶，《蠖園授稿圖》作於一九六三年前後。瞿氏生於光緒二十年二月十二日，先生去世前數年瞿氏陽曆生日分别爲：一九六三年三月七日，星期三；一九六二年三月十七日，星期六；一九六一年三月二十八日，星期二；一九六〇年三月九日，星期三。惟一九六二年生日星期六與信文“賤辰適在星期尾”相吻合。

約三月，贈送蘇州市工藝美術研究所《存素堂絲繡録》《女紅傳徵略》，由顧公碩轉交。

一九六二年四月三日蘇州市工藝美術研究所致朱啟鈐函：日前由顧公碩先生轉來《存素堂絲繡録》及《女紅傳徵略》二書已收悉，此書對研究刺繡極有參考。承荷台端贈我，特函奉達，深表感謝。關於珍藏刺繡二幅，因目前無人赴京，待今後再行聯繫。（朱氏家藏稿本）

五月六日，方擎致書先生。

方擎致先生書：（前文缺失）囑事已函告林斐成夫人，兹録函稿呈閲，並頌建康。方石珊，一九六二年五月六日。函稿："昨在中山公園，隨朱桂老賞牡丹。桂老很關懷地叫我寫信給您説，他想到令郎此時不易來港看您，他與章老都希望您快些回北京。桂老不另給您寫回信了。專此奉告，並祝健康。"（朱氏家藏稿本）

按：方擎（1884—1968），字石珊，福建福州人。以官費留學日本千葉大學。曾任中華醫學會副會長、中華醫學會總幹事。

五月，捐贈中國科學院圖書館《警察講義》等圖書二十四種八十五册。

中國科學院圖書館致先生函：朱啟鈐先生：呈贈舊藏《警察講義》等圖書二十四種八十五册，特此志謝。中國科學院圖書館（公章），一九六二年五月二十九日。（朱氏家藏稿本）

是年，托請正在北京中央文化學院學習的貴州省博物館牟應杭，向有關領導反映其"將現存於北京圖書館先生舊藏黔人黔宦著述古籍轉撥家鄉貴州省保存”之願望。

一九六二年七月一日牟應杭致書朱啟鈐：老人積年收藏有關貴州之重要歷史文獻，貴州有關當局自應各方大力前行，使其運回貴州，以不負老人殷切關注桑梓之心，同時亦使物得其所，更有助於吾鄉文化事業之推進。對此事，我曾先後找王冶秋局長及文化部群眾文化局謝冰巖副局長與該局圖書管理處韓承鐸處長，他們均表示要尊重桂老意見，並考慮貴州實際需要，願向北京圖書館商洽辦理，並要我回貴州後，將此事面報貴州文化局，要該局給文化部去報告，以便更有助於解決問題。我現在正在積極進行此事，將來結果，當另專函報告老人。（朱氏家藏稿本）

八月二十二日貴州省文化局致函文化部：現住北京貴州人，全國政協委員朱桂辛先生所藏部分古舊書籍，曾於一九五三年爲社會文化事業管理局收集並撥交北京圖書館保存。由於我省地處邊沿，過去流傳下來的圖書不多，解放後雖經多方收集，但至今貴州省圖書館及博物館的藏書仍然很少，特別是有關地方文獻更爲缺乏。兩館合計尚無一部完整的全省的府、廳、州通志書，故涉及地方歷史問題之探討，每感參考文獻之困難與不足。在此情況下，如能將朱桂辛先生現存北京圖書館之有關貴州地方歷史文獻轉撥我省保存，則對解決我省目前歷史文獻缺乏的困難和使這批書籍更好地發揮作用都有好處。又近據我省博物館牟應杭同志自北京出差回來彙報，朱桂辛先生本人亦殷切希望能將這批書籍轉撥貴州保存，以使物得其所。牟應杭同志已將朱先生意見和我省實際需要情况，面報文化局王冶秋局長、群眾文化局謝冰巖副局長和圖書館管理處韓承鐸處長，因當時牟應杭同志即將返回貴州，時間匆促，雖經韓處長與北京圖書館有關負責人聯繫，致未獲得結果。故再將此事經過原委陳述如上，並開列擬請調撥有關黔人及黔宦著述清單一紙一併送呈，請予審查批復。至於一般歷史文獻及參考書籍，如北京圖書館有多餘副本，如能撥給一部分，亦至爲切盼。（牟應杭 1962 年 10 月 12 日致朱啟鈐書札附件）

八月二十九日諶志篤致書朱啟鈐：現再將近日工作進度敬陳，以免掛懷。貴州省人民委員會已於二十八日據情函請文化部協商，務望將此批書籍悉數撥交貴州保存，以利於不久將來編纂貴州近百年省志需要。省人委張秘書叔成與志篤面談時餘，囑先代函致謝我公關愛桑梓和搜集地方文獻之苦心，俟調撥實現接收後，當由省人民委員會正式致函答謝。（朱氏家藏稿本）

九月二十二日文化部覆文《同意將原朱桂辛先生藏有關貴州文獻調撥給貴州省圖書館》：一九六二年八月三十日(62)省辦張字第二四九號函及一九六二年八月二十二日你省文化局函與所附書目清單一紙均收悉。原朱桂辛先生收藏的貴州文獻，文化部於一九五三年收購後，即撥交北京圖書館整理入藏，供讀者借閱。現你省既十分需要這批文獻，我部同意將該項文獻由北京圖書館調撥給你省，請通知你省圖書館直接與北京圖書館聯繫辦理撥交手續，至於其中有些書籍北京圖書館需要入藏，而原本又可以複製的，原本藏在何處爲宜，由你省圖書館與北京圖書館協商解決。

(1962年10月12日牟應杭致朱啟鈐書札附件)

十月十二日牟應杭致書朱啟鈐:我省前次請求文化部將桂老現存北京圖書館之有關貴州文獻轉撥貴州保存一事,現文化部已覆文同意協商解决,省文化局已指定省圖書館即日派人赴京辦理此事。兹將文化部覆文及晚代貴州省文化局所草擬向文化部呈文一併抄附寄上,以便桂老對此事辦理經過得知一梗概。(朱氏家藏稿本)

十月十九日貴州省文化局致函先生:關於先生多年經心收羅、積累宏富的明清兩代黔人黔宦著作及方志等項,已由省人委徵得文化部同意,决定由北京圖書館撥歸本省保存。此一既裨益地方文獻,也符合先生使之歸諸本省素願之舉,當必樂聞。兹由本省圖書館李景倫館長赴京洽辦此事,同時拜訪,代表我局面致謝意!(朱氏家藏稿本)

十一月二十六日諶志篤致書朱啟鈐:公之各書,文化部同意全交貴州,而北京圖書館則認爲某些"孤本"須待"複製"後方可移交,因此李館長不耐久待,先去山東原籍省親,再回京領取,未回黔中。結果如何,俟李返後,當行續陳。(朱氏家藏稿本)

牟應杭《緬懷桑梓情深的朱桂老啟鈐先生》:我拜識朱老是在一九六〇年的夏天,那時我在北京中央文化學院學習,一天,在北京社會主義教育學院學習的貴州省參事諶志篤先生通知我説:朱桂老找我有要事相托,望即與取得聯繫! 於是我即按諶約定的時間,到了北京東四朱老的寓所。那時朱老已九十高齡,但仍精神矍鑠,他對我説:"我雖是貴州人,我和我的父親都從未到過貴州,但總難忘鄉土故情,很想在即將辭世之年，對貴州略盡桑梓之誼。”因爲他瞭解到，我們學院的負責人，和給我們上課及作報告的大多是文化部的領導。因此，他要我向中央文化學院有關領導反映他的要求，將他捐贈北京圖書館的書中，把黔人黔宦的著作轉交貴州。他認爲這樣做，這部分圖書就比保存在北京作用要大。並一再的囑托：要我這年輕人辦成這件事，了卻他晚年這番心願。還説：“我這想法，凡是貴州來北京開會的領導（省一級的領導），我都提了。都説辦，但回去就無消息了。”我回到學院後，就將朱桂老的這一要求向黄洛峰院長反映，那時辦事效率真高，不到一個星期，文化部圖書管理處就通知我：“我們已與北京圖書館聯繫好，朱啟鈐先生捐贈的圖書中，黔人黔宦著述部分，可以轉交貴州，但没有兩個以上副本的，仍保存北京。其中珍善孤本，給貴州縮微膠卷的複製品。”此事辦成後，我即將北京圖書館準備交貴州圖書館的書目寄交貴州省圖書館。後由李景倫副館長到北京去辦理接收手續。（《冉冉流芳驚絶代》）

按：牟氏文章中“一九六〇年”，似當爲一九六二年。

六月，《文史資料選輯》第二十六輯發印，刊登先生致葉恭綽書《關於南北和議事復葉遐庵》。

葉恭綽《一九一九年南北和議之經過及其内幕》附録朱啟鈐《關於南北和議事復葉遐庵》：（文略，詳見民國八年五月二十一日注釋）。（《文史資料選輯》第二十六輯）

按：《文史資料選輯》第二十六輯刊印於一九六二年六月。

七月初，致書中國書店蕭新祺，告知購藏牟思敬詩集鈔本一册。

七月八日蕭新祺致先生書：頃奉手書，敬悉牟惠庵詩集鈔本一册已歸尊齋購藏，可在書架檢看一番。（朱氏家藏稿本）

按：信封郵戳爲一九六二年。

七月，捐獻書籍、照片給貴州，委托貴州省參事諶志篤代爲辦理。

一九六二年八月廿四日諶志篤致朱啟鈐書：擲交書目三册、書籍、照片等件，志篤上月廿四日抵筑之後，次晨即概行呈交貴州省委統戰部長惠世如同志，一因渠素昔關心貴州文獻，對於黔人先賢著作頗多研究，次則吾輩係黨統一戰綫工作範圍所領導之無黨派民主之一，在政策原則上，亦不能不先通過也。惠部長詳閱後，十分欽敬我公愛護、搜集明清黔人及宦黔先輩先生數十年心血，囑代致敬。渠之詳覽各書，由於工作繁忙佔去了半月時間，近由惠轉送到貴州省人民委員會張秘書長叔成處辦理。按照行政手續，志篤係省人民委員會參事室參事，非博物館或圖書館工作人員；而且兹事體大，也須通過省人民委員會處理。因此公文呈報，手續周折，遷延一月，始獲覆命。（朱氏家藏稿本）

一九六二年八月二十九日諶志篤致朱啟鈐書：至承賜贈各書及書目三册、尊影四張（另有大小二張，已直交博物館）悉數呈交省人委，取獲收據隨函奉呈，敬乞鑒察。

諶氏書後附省人委辦公廳收據：兹收到諶志篤參事交來朱啟鈐先生藏書一批，計開：《黔南叢書别集》五本、《鐵嶺于鍾岳别傳》一本、《一家言居室器玩部》一本、《工段營造録》一本、《存素堂絲繡録》一本、《女紅傳徵略》一本、《重刊燕几圖蝶几圖匡几圖》一本、《東三省蒙務公牘彙編》一本、

《園冶》一本、《髹飾録解説》一本、《梓人遺制》(《永樂大典》)一本、《紫江朱氏家乘》六本、《紫江朱氏存素堂藏書目録》三本、朱啟鈐先生相片四張。此據。貴州省人民委員會辦公廳(公章),六二年八月二十八日。(朱氏家藏稿本)

十月一日,致書貴州省博物館牟應杭。

一九六二年十月十二日牟應杭致朱啟鈐書:讀國慶日惠書,得悉惠翁遺容已收到。(朱氏家藏稿本)

十一月八日,九十一歲生日,瞿宣穎、熊紹堃前往先生寓齋賀壽。

熊紹堃《蠖公九十一壽辰志賀》:既遂登龍願,還伸祝嘏情。難得高座上,更晤瞿先生。(作者注:此前殘損數字)兑之姻丈。○坐來成品字,佳日正立冬。小陽喜酒暖,蠖公以美酒飲余及兑之。詩記綺窗紅。祝壽詩詞均黏於窗上。○道藝融儒墨,文章仰斗山。弧懸吾亦老,步躋敢追攀。蠖公壽辰之次日爲余賤辰。敬呈蠖公姻長並祈教正。熊紹堃初稿。(朱氏家藏稿本)

按:先生本年生日陽曆爲十一月八日,是日立冬。

一九六三年二月八日熊紹堃致朱啟鈐書:去歲郵呈小詩三首,詞多未安,已加修改,兹謹以第二次稿呈請誨正。附詩題:夏曆十月十二,蠖公九十一生日,余往祝賀,兑之姻長亦來自滬,相與聚談,喜甚。次日又爲余七十五初度,因製小詩呈博一粲,並希斧政。(朱氏家藏稿本)

十一月十四日,孔嗣伯致書先生。

孔嗣伯致先生書:蠖祖大人尊鑒:幸承寵召,得赴吾祖九秩晉一之慶。即席命診六脈,均長天年享,本在料中。今年頤頰豐如往歲,耄期如此矍鑠老興,天下蒼生若全獲此養

生妙術,吾則直將棄此業而屏藥囊矣。附口占一絶,寄呈哂正。敬叩冬安。侍孫嗣伯頓首拜識,十四日。(朱氏家藏稿本)

按:孔嗣伯,近代"四大名醫"孔伯華之子,北京同仁醫院主任醫師。先生生日陽曆爲十一月八日(陰曆十月十二日),書言"幸承寵召,得赴吾祖九秩晋一之慶",當在生日之後,所署時間是否爲陰曆(則陽曆爲十日)有待確認。

是年,根據文化部指示,北京圖書館將原購先生書籍中有關貴州文獻部分二百九十九種一千一百一十八册,撥交貴州省圖書館。

《整頓書庫　清理積壓》:一九六二年,北圖調撥書刊概況。(一)根據文化部指示,將原購朱啟鈐書籍中有關貴州文獻部分二百九十九種一千一百一十八册,撥交貴州省圖書館。[《北京圖書館一九六二年工作總結》,《北京圖書館館史資料彙編》(二),748 頁,北京圖書館出版社,1997 年][《中國國家圖書館館史資料長編(1909—2008)》第八章第二節三]

是年,長子朱沛卒於天津,年七十四歲。

劉宗漢《朱啟鈐與公益會開發北戴河海濱拾補》:一九六二年朱沛先生病故後,將骨灰葬於其孟夫人墓中。(《蠖公紀事》)

按:朱沛生於光緒十六年。據劉宗漢提供資料,朱沛卒於天津。

一九六三年　癸卯　九十二歲

是年,居北京東四八條。

一月一日,中午,國務院總理周恩來在中國人民政治協商會議全國委員會禮堂三樓舉辦宴會，爲七十歲以上的所有政協委員祝壽，先生居於首席。

章文晉《回憶外祖父朱啟鈐》：總理也在一九六三年元旦在全國政協舉行宴會，爲七十歲以上的所有政協委員祝壽，外祖父居首席。（《冉冉流芳驚絶代》）

《顧頡剛日記》：政協車來，與静秋、葉叔衡、楊崇瑞同到禮堂三樓赴老人宴。一時半歸。今日又同會：政協周總理、徐冰、張執一、梅龔彬、劉孟純、徐伯昕、董必武、史永、孫曉村、陳毅、郭沫若、辛志超、包爾漢、易禮容、彭真、史良、范長江、申伯純等（以上主）、沈鈞儒、張難先、朱啟鈐（以上九十以上）、康同璧、葉景莘、李燭塵、李根源、謝無量、馬約翰、陳叔通、黄炎培、施今墨、章士釗、李書城、陳半丁、王葆真、俞夔丞、邢贊亭（以上八十以上，共四十二人）、竺可楨、李培基、何遂、劉定五、張之江、周叔弢、王伯祥、章元善、周勗成、張頤、唐鉞、周亞衛、王復初、李麟玉、范文瀾、王卓然、載濤、喜饒嘉措、徐行之、陳秋安、黄紹竑、吴研因、陳銘樞、張絅伯、金通尹、吴若安、林仲易、潘梓年、陳望道、陳鶴琴、吴晉航、周鯁生、李國偉、楊崇瑞、梁漱溟、胡庶華、張奚若、李明揚、熊慶來、周炳琳、許德珩、陳達、饒毓泰、吴昱恒、鄧初民、馬寅初、高崇民、周建人、黎錦熙、張治中、蔡廷鍇、熊克武、陳紹寬、蔣光鼐、楊明軒、王元信、王紹鏊、季方、陳其尤（以上七十以上，共一百七十三人）。周總理年必宴老人一次，限年七十以上，今日爲初次參加，除老人二百一十八人外，高級領導、政協幹部、老人家屬亦約二百人，共四十餘桌，盛會也。

一月下旬，周秉清函候先生。

周秉清致先生書：恭賀桂老夫子大人春喜並祝健康。學生周秉清鞠躬。（朱氏家藏稿本）

《中央文史研究館館員傳略》：周秉清（1879—1965），一九〇二年入京師大學堂譯學館法文班；一九一四年入北洋政府内務部，歷任工程顧問、技正、僉事科長；一九五二年被聘爲中央文史研究館館員。

按：據信封郵戳，寄出時間爲一九六三年一月二十五日。先生與周氏同年入譯學館任提調；周氏入内務部工作，先生時任内務總長。

五月，貴州省圖書館正式接收北京圖書館所劃撥先生舊藏明清兩代黔人黔宦著述古籍，計二九九種，一一一八册。

一九六三年五月十二日諶志篤、陳恒安聯名致朱啟鈐書：關於尊藏黔南文獻撥交此間圖書館保存事，經李館長在京洽辦運還後早應具復，但因該館覈對入藏，不得不有所等待，乃遲至今日。此次洽撥，殊有周折，因北京圖書館礙於規定，必有館藏複本而後可撥，不獲已，省方亦只有如此接受。雖未符公初願，然已逾半數。現既告一段落，謹就所知略陳如次：已撥獲者，計二九九種，都一一一八册鄉賢著述。爲此間所未備者，如黄琴塢、子壽喬梓，如陳息凡、朱焕文、但雲湖、李儀仙、邱叔山、傅竹莊、宦伯銘、劉麗珊、姚儷桓等别集皆是。其他此間雖有藏本，但不逮尊齋所收刻本之精。而黔宦及黔遊人士，若宋山言、黄端木、高其倬、沈丹崖、何子貞、郭蘭石、黎簡堂、岑彦卿、林贊虞、楊雪漁、易笏山等專帙,更爲當年通志局搜求所未及者,此一部分最可珍視。未撥來者尚有二四四種,册數未計。原擬全數鈔回,限於經費,最後確定惟有采取擇要複製之一法。就準備複製者言,已選出七十八種,同儕中歷年夢寐以求之萬曆本《循陔園集》,應居其首。它如《黔鳳鳴鸞録》、《蒲編堂詩存》、《畢節路氏三代詩》、《貴州志稿》鈔本及名宦陳香泉、陳密山、吴宜甫、吴荷屋、宋芷灣、平樾峰、戴商山所著,均在其列。委托北京圖書館,或影鈔,或膠片攝取,總之主要在於文字内容,視原書面貌不能不有參差耳。至此次撥到者,已由館方編卡上架,貯存三樓,保護完善,並指定專人經管,恒安常往檢視。(朱氏家藏稿本)

牟應杭《緬懷桑梓情深的朱桂老啟鈐先生》:現在朱老捐贈給貴州的這部分圖書,已經貴州省圖書館古籍部加以分類編目整理,分作經籍、史乘、地志、文學、藝術等十五個門類,有的還是朱老的親筆抄本。一百餘種縮微膠卷的複製品,也可通過閱讀機使用。(《冉冉流芳驚絶代》)

劉宗漢《朱啟鈐先生的貴州情結》:前此,先生購得一部明刊本的《黔牘偶存》。作者名劉錫玄,江蘇長洲人,明水西安氏之亂時,在貴州任提學僉事,參與守衛貴陽城,《明史》卷二百四十九有傳。《偶存》是劉在黔時的公牘彙編,並附有插圖,是研究水西安氏之亂的重要資料,也是一部非常罕見的善本書。先生曾叫我替他代筆寫過一篇書後,抄在該書的最後。在貴州來人接書時,先生考慮到《黔牘偶存》對於貴州歷史非常重要,且又非常罕見,便將它一併捐獻給了貴州。先生所購的這部《黔牘偶存》缺一册,是部殘書。先生便從北京圖書館善本部將北圖所藏的一部借出，連夜請人録副，裝訂成册，配成全本，以便與北圖撥交貴州的書，一併帶赴貴陽。(《冉冉流芳驚絶代》)

十月十八日，葉恭綽致書先生。

葉恭綽致先生書：蠖公座前：昨郵上一函，旋又接手書，其時寄陳君之書已經發出，未及追改矣。"公衆游覽"云云，乃"看竹何須問主人"之注解。《平江坊巷志》係一書名，故云備資料耳。至七言聯之刻絲與否，似自己不便主張，且兩旁跋語字僅約一寸二三分，能刻絲與否，尚未可知也。尊處訂件，未知已否付款及先要付款，因有他種書法想做刻絲耳。十八日，綽上。(朱氏家藏鈔本)

十二月十五日，致書南京工學院建築系童寯教授。

《致童寯函》：童寯教授有道：南北睽迤，相顧神馳。每於劉士能兄、楊廷寶兄來京接談中，探聽尊著《江南園林志》出版消息。此事關係三十年前由營造學社擔任刊行，爲盧溝橋事變所遭浩劫，以致貽誤進展。商務印書館在京分别爲此放棄責任，印未及耳，退回原稿，已屬意外打擊。在學社南遷之後，此稿又遭洪水浸壞，我之負君委托，惶惶不知所出。至於收拾殘存文物中，細加檢點，托人攜往南溪，交士能兄設法保留，得便奉趙。士能後負回到金陵，函告已經將原稿奉還，之間照片被水浸，已有模糊者，將由作者重加整理，加□纂述。而老朽於九十殘年，竟得再覽新刊，其質量比三十年前之稿本，增加倍蓰，而印刷新款，尤爲珍視，惜老眼昏髦之。括目細讀一番，認爲大器晚成，無任興奮，愛不釋手也。聞士能與陳從周兩君，亦曾致力於園林采綴，遠未出版，則尊刊先出實爲壓倒元白，不知他師生如何競賽耳。專此奉復。至於網師園一則，曾爲奉天軍閥張錫鑾購占，蓋爲其終老計也。張又字張今頗，渾名快馬，張能詩，有幹濟才，是吾友也。尊稿誤爲張廣建，是甘肅督軍，聲名甚劣，絶無在蘇州占有網師園關係，且今頗浙江人，廣建合肥人，亦不符也，似當更正。蠖叟加簽。謙稱對下□之荒陋矣，不敢當，題字在原書扉頁，聞之殊堪愧汗。再，在前數十年，寄稿與士能時，係托葉裕甫先生恭綽，由香港展轉而達南溪。此次新刊，應請□寄一册，贈與葉公。葉之住址在北京東城燈草胡同三十三號，敢請郵寄爲荷。順致敬禮。蠖叟朱啟鈐拜復，一九六三年十二月十五日。(《營造論》)

是年，致信陳從周。

陳從周《飲水思源憶恩師：寫給同濟大學函授同學》：九十二歲高齡時來信説"精神一天差一天，我不能如以往諄諄教你"，但是一如已往，還是累紙長函，論學論文，情深誼高，真催人淚下。(《蠖公紀事》)

本年，朱家驊卒。

一九六四年　甲辰　九十三歲

是年，居北京東四八條。

一月，爲章士釗新購何紹基書墓志銘手稿撰寫題跋。

劉宗漢《回憶朱桂辛先生》：在一九六三年底或一九六四年初，章士釗先生買到清何紹基寫的一部墓志銘手稿，請桂老寫一篇跋語，他答應後不久即動筆寫出。這篇文章寫得邏輯嚴謹，筆力也不弱，看上去不像九十多歲老人的文章。但是一個月以後他就與世長辭了。這篇文章也就成了絕筆。(《蠖公紀事》)

年初，患感冒。繼並發肺炎，住入北京醫院。

朱海北《周總理和先父朱啟鈐之間的交往》：先父於一九六四年初即患感冒，繼則並發肺炎，住入北京醫院。當時正值周總理出訪亞非各國，中央統戰部將先父病情向遠在國外的總理作了匯報。總理打來電報，請北京醫院的醫務人員盡力醫治。中央統戰部副部長徐冰同志還代表黨和政府到醫院看望了先父。(《冉冉流芳驚絶代》)

二月二十六日，病逝於北京醫院，享年九十三歲。

朱海北《周總理和先父朱啟鈐之間的交往》：先父終因年老體衰，於一九六四年二月二十六日逝世。(《冉冉流芳驚絶代》)

《顧頡剛日記》二月二十七日：朱啟鈐先生由氣管炎轉肺炎，到北京醫院十餘日，大聲呼喊，日夜不停，與我僅間二室，聞之慘絶。即於我出院日逝世，年九十三，與王姨丈訃告同日見報。

按：據《顧頡剛日記》，王姨丈，即王碩輔。

譜　後

一九六四年　甲辰

是年，先生追悼會在嘉興寺舉辦，中央統戰部部長李維漢代表周恩來總理主持。（朱海北《周總理和先父朱啟鈐之間的交往》）

是年，安葬於北京八寶山革命公墓。其墓地由梁思成設計。

朱海北《周總理和先父朱啟鈐之間的交往》：先父生前鑒於火葬日益普及，而北戴河塋地又劃作禁區，因此又在京郊萬安公墓買了壽穴，以爲死後埋骨之地。他去世後，全國政協徵求我們的意見，是否仍照先父遺願葬在北戴河塋地。我們經過考慮，説“老人生前已另有準備”，没有堅持葬北戴河。後來經總理批准，先父的遺體被安葬在八寶山革命公墓。（《冉冉流芳驚絶代》）

劉宗漢《試述朱桂辛先生從事中國古代建築研究的動因》：津浦鐵路北段由德國工程師設計，其中一名工程師魏迪錫在津浦路完工後，留在中國從事建築設計。此人在北戴河海濱有自己的一座小别墅。朱先生在北戴河修建别墅時，就請魏擔任設計，落成後自然是德式風格，使得朱先生個人對德式建築產生了偏好。一九六四年他逝世後，梁思成先生爲他設計墓地時，之所以借鑒了德式手法，便是這個原故。（《營造論》）

一九六六年　丙午

本年，曹汝霖卒。

一九六八年　戊申

本年，劉敦楨卒。

一九七〇年　庚戌

側室許曼頤卒。

按：據朱海北《周總理和先父朱啟鈐之間的交往》、葉祖孚《朱啟鈐與〈存素堂賬目〉》記載。

一九七二年　壬子

本年，梁思成卒。

二〇〇三年　癸未

六女朱洛筠卒。

按：據朱天提供資料，朱洛筠卒於二〇〇三年。

二〇〇六年　丙戌

五女朱湄筠卒。

按：據朱天提供資料，朱湄筠卒於二〇〇六年。

引用文獻

手稿及未刊文獻

北京市各界人民代表會議協商委員會:致朱啟鈐函,1955 年 3 月 24 日,朱氏家藏稿本

北平市政府警察局内三分局:《户口調查表》,民國三十七年(1948)十一月四日,北京市檔案局藏原件

諶志篤:致朱啟鈐書札,1962 年 8 月 24 日,朱氏家藏稿本

諶志篤:致朱啟鈐書札,1962 年 8 月 29 日,朱氏家藏稿本

諶志篤:致朱啟鈐書札,1962 年 11 月 26 日,朱氏家藏稿本

諶志篤、陳恒安:致朱啟鈐書札,1963 年 5 月 12 日,朱氏家藏稿本

方石珊:致朱啟鈐書札,1962 年 5 月 6 日,朱氏家藏稿本

《故宫武英殿古物陳列所前大幅合影》,一九一四年十月,西泠印社拍賣有限公司二〇二四年春季二十周年拍賣會《中外名人手跡與影像藝術專場》拍品

貴陽市政協:致朱啟鈐函,1960 年 6 月 4 日,朱氏家藏稿本

貴州大學圖書館:致朱啟鈐函,1960 年 6 月 23 日,朱氏家藏稿本

貴州省圖書館：致邢端函，1957 年 4 月 9 日，朱氏家藏稿本

貴州省圖書館：致朱啟鈐函，1957 年 4 月 30 日，朱氏家藏稿本

貴州省文化局：致中華人民共和國文化部函，1962 年 8 月 22 日，朱氏家藏鈔本（1962 年 10 月 12 日牟應杭致朱啟鈐書札附件）

貴州省文化局：致朱啟鈐函，1962 年 10 月 19 日，朱氏家藏稿本

郭則沄等：《民國三年府院會議紀録》，上海圖書館藏稿本

計成：《園冶饕邀集》不分卷，忘得亭藏舊抄本

孔嗣伯：致朱啟鈐書札，1962 年 11 月 14 日，朱氏家藏稿本

李濂鏜：致朱啟鈐書札，1950 年 8 月 22 日，朱氏家藏稿本

路槐卿：致朱啟鈐書札，光緒三十四年（1908），上海圖書館藏稿本

秘書廳、軍事處：《舉辦統一共和紀念日慶賀典禮啟》，民國四年（1915），私人藏稿本

牟應杭：致朱啟鈐書札，1962 年 7 月 1 日，朱氏家藏稿本

牟應杭：致朱啟鈐書札，1962 年 10 月 12 日，朱氏家藏稿本

聶緝槼：致朱啟鈐書札，約光緒二十八年（1902），長沙瞿氏舊藏稿本

漆運鈞：致朱啟鈐書札，1961 年 1 月 16 日，朱氏家藏稿本

漆運鈞：致朱啟鈐書札，1961 年 1 月 17 日，朱氏家藏稿本

漆運鈞：致朱啟鈐書札，1961 年 1 月 21 日，朱氏家藏稿本

黔東南苗族侗族自治州圖書館：致朱啟鈐函，1960 年 5 月 24 日，朱氏家藏稿本

瞿鴻禨:《知止園近作》,長沙瞿氏舊藏稿本

瞿宣穎:《減字木蘭花》四章,1961年12月17日,朱氏家藏稿本

瞿宣穎:《潞河漕運圖記》,1954年2月,朱氏家藏稿本

瞿宣穎:詩稿,1961年仲冬(12月12日之前),朱氏家藏稿本

瞿宣穎:詩稿,1961年12月21日,朱氏家藏鈔本

瞿宣穎:詩稿,1961年仲冬(12月21日之後),朱氏家藏鈔本

瞿宣穎:《雙海棠閣詩鈔》(民國九年九月入都後作),長沙瞿氏舊藏稿本

瞿宣穎:致葉恭綽、朱啟鈐書札,1962年1月20日,朱氏家藏稿本

瞿宣穎:致朱啟鈐書札,1941年12月7日,朱氏家藏稿本

瞿宣穎:致朱啟鈐書札,1954年2月5日,朱氏家藏稿本

瞿宣穎:致朱啟鈐書札,1955年11月20日,朱氏家藏稿本

瞿宣穎:致朱啟鈐書札,1959年8月9日,朱氏家藏稿本

瞿宣穎:致朱啟鈐書札,1959年□月23日,朱氏家藏稿本

瞿宣穎:致朱啟鈐書札,1960年1月27日,朱氏家藏稿本

瞿宣穎:致朱啟鈐書札,1962年2月3日,朱氏家藏稿本

瞿宣穎:致朱啟鈐書札,1962年3月26日,朱氏家藏稿本

榮厚:致朱啟鈐書札,民國二十三年(1934)三月二十六日,朱氏家藏稿本

蘇州市工藝美術研究所:致朱啟鈐函,1962年4月3日,朱氏家藏稿本

王世襄:致朱啟鈐書札,1961 年 12 月 4 日,嚴復翰墨館藏稿本

王世襄、李鴻慶:《呈馬衡院長關於接收朱啟鈐捐獻國家文物局和故宫博物院文物文》,1951 年 6 月 7 日,故宫博物院藏稿本

蕭新祺:致朱啟鈐書札,1961 年 5 月 23 日,朱氏家藏稿本

蕭新祺:致朱啟鈐書札,1961 年 12 月 25 日,朱氏家藏稿本

蕭新祺:致朱啟鈐書札,1962 年 7 月 8 日,朱氏家藏稿本

邢端:致朱啟鈐書札,1955 年 4 月 28 日,朱氏家藏稿本

邢端:致朱啟鈐書札,1956 年 2 月 10 日,朱氏家藏稿本

邢端:致朱啟鈐書札,1956 年 6 月 5 日,朱氏家藏稿本

邢端:致朱啟鈐書札,1957 年 4 月 20 日,朱氏家藏稿本

邢端:致朱啟鈐書札,1957 年 5 月 8 日,朱氏家藏稿本

邢端:致朱啟鈐書札,1957 年 9 月 27 日,朱氏家藏稿本

邢端:致朱啟鈐書札,1958 年 8 月 14 日,朱氏家藏稿本

邢端:致朱啟鈐書札,1958 年 10 月 9 日,朱氏家藏稿本

熊紹堃:致朱啟鈐詩稿,1963 年 2 月,朱氏家藏稿本(熊紹堃 1963 年 2 月 8 日書札附件)

熊紹堃:致朱啟鈐詩札,1962 年 11 月,朱氏家藏稿本

熊紹堃:致朱啟鈐書札,1963 年 2 月 8 日,朱氏家藏稿本

徐世昌:致朱啟鈐書札,光緒三十四年(1908),上海圖書館藏稿本

顔世清:致朱啟鈐書札,民國十五年(1926)九月二日,朱氏家藏稿本

葉韝丞:《調查錦州朝陽庫倫日記》,上海圖書館藏稿本

葉恭綽:《蠖公八十壽詩》,1951 年,中央文史研究館藏稿本

葉恭綽:《蠖公八十壽詩》,1951 年,朱氏家藏稿本

葉恭綽:致朱啟鈐《八千春辭並序》詩箋,1961 年 11 月末,朱氏家藏稿本

葉恭綽:致朱啟鈐書,1947 年 8 月 28 日,中國嘉德香港二〇二三年春季拍賣會《觀想——中國書畫四海集珍專場圖録》164 號

葉恭綽:致朱啟鈐書札,1958 年 3 月 8 日,朱氏家藏稿本

葉恭綽:致朱啟鈐書札,1961 年,朱氏家藏稿本

葉恭綽:致朱啟鈐書札,1963 年 10 月 18 日,朱氏家藏稿本

殷同:致朱啟鈐書札,民國二十七年(1938)三月二十四日至三十一年(1942)十二月三十一日間,朱氏家藏稿本

于德楙:致朱啟鈐書札,光緒二十年(1894)十一月初三日,朱氏家藏稿本

于駟興:致朱啟鈐書札,民國十七年(1928)二月二十二日,鍾芸山館藏稿本

袁世凱五子袁克權婚禮籌備檔案,私人藏稿本

曾昭燏:致朱啟鈐書札,1958 年 12 月 17 日,朱氏家藏稿本

章士釗:《癸巳立秋日蠖公約老者九人在宅小集即席有作》詩稿,1958 年 8 月 8 日,朱氏家藏稿本

章士釗:《壽蠖公八十》詩稿,1951 年 10 月 30 日至 11 月 28 日,中國嘉德香港二〇二三年春季拍賣會《觀想——中國書畫四海集珍專場圖録》154 號

章士釗:致朱啟鈐書札,1957 年,朱氏家藏稿本

章士釗:致朱啟鈐書札,1961 年,朱氏家藏稿本

政事堂禮官處:《四年一月四日正午十二點鐘本府公宴參政

院參政約法會議議員次序禮節單》附《公宴參政院參政全體約法會議議員全體啟》《一月四日正午十二點鐘本府公宴參政院參政約法會議議員銜名單》,民國四年(1915),私人藏稿本

政事堂禮官處:《四年一月六日正午十二點鐘本府公宴文武各官次序禮節單》附《一月六日正午十二點鐘本府公宴文武各官及駐京蒙古王公銜名單》,民國四年(1915),私人藏稿本

中國建築學會:致朱啟鈐函(附中國建築學會第一屆常務理事會成員名單及下設各委員會成員名單),1953年11月7日,朱氏家藏稿本

中國科學院圖書館:致朱啟鈐函,1962年5月29日,朱氏家藏稿本

中華人民共和國文化部:《同意將原朱桂辛先生藏有關貴州文獻調撥給貴州省圖書館》覆文,1962年9月22日,朱氏家藏鈔本(1962年10月12日牟應杭致朱啟鈐書札附件)

中興公司總礦經理處:致中興公司總公司啟,民國九年(1920)十二月十七日,棗莊新中興公司博物館藏原件

中興煤礦有限公司:《來函會簽單》,民國九年(1920)十二月十八日,棗莊新中興公司博物館藏原件

中央人民政府文化部社會文化事業管理局:致朱啟鈐函,1953年8月28日,朱氏家藏稿本

中央人民政府政務院:《中央文史研究館館員聘任通知書》(政聘字第122號),1953年5月5日(朱氏家藏原件)

周秉清:致朱啟鈐書札,1963年1月下旬,朱氏家藏稿本

周叔廉:代寄《棗莊煤礦第一季度付息憑證》,1958年2月11日,朱氏家藏原件

周叔廉:代寄《棗莊煤礦第二季度付息憑證》,1958 年 7 月 26 日,朱氏家藏原件

周叔廉:致朱啟鈐書札(附《棗莊煤礦第二季度付息憑證》《第二季度付息明細》),1957 年 10 月 11 日,朱氏家藏稿本

周叔廉:致朱啟鈐書札,1959 年 7 月 28 日,朱氏家藏稿本

周叔廉:致朱啟鈐書札,1959 年 8 月 30 日,朱氏家藏稿本

周叔廉:致朱啟鈐書札,1960 年 1 月 20 日,朱氏家藏稿本

周叔廉:致朱啟鈐書札,1960 年 3 月 21 日,朱氏家藏稿本

朱啟鈐:《大栅欄改修馬路飭》(督辦京都市政公所飭第六十一號),1915 年 8 月 27 日,北京市檔案館藏稿本

朱啟鈐:《蠖公遊本溪湖參觀鐵礦合影》題記,民國十九年(1930),朱氏家藏原照

朱啟鈐:書札,1943 年,劉宗漢鈔件

朱啟鈐:爲馬世良録舊作詩,1951 年 10 月,馬延玉舊藏稿本

朱啟鈐:《營造法式》題跋,1951 年仲冬,王世襄舊藏《營造法式》1925 年陶湘重刊本

朱啟鈐:《于業乾丈故實於家譜及家人談話中所聞瑣言彙録》,朱氏家藏稿本

朱啟鈐:致北平市政府,1934 年 6 月 30 日,北京市檔案館藏稿本(檔案號 J1—6—275)

朱啟鈐:致家人書,光緒三十四年(1908)二月二十五日,朱氏家藏稿本

朱啟鈐:致李組紳理事函,民國十四年(1925)十一月三日,私人藏稿本

朱啟鈐:致劉修鑑書札,1942 年,中國書店 2003 年秋季書刊

資料拍賣會拍品

朱啟鈐:致吕調元書札,1919 年,朱氏家藏稿本

朱啟鈐:致農商部實業會議籌備處函,民國十三年(1924)九月二日,私人藏稿本

朱啟鈐:致錢濟勳書札,光緒二十九年(1903),朱氏家藏稿本

朱啟鈐:致顏惠慶函,民國十三年(1924)八月二十八日,私人藏稿本

朱啟鈐:致葉恭綽書札,1939 年 11 月 17 日,中國嘉德國際拍賣有限公司 2023 年 1 月第四十三期文物藝術品網絡拍賣會《葉恭綽舊藏友朋書札文稿》拍品

朱啟鈐:致于寶珊書札,光緒二十八年(1902)二月十八日,朱氏家藏稿本

朱啟鈐:致于寶珊書札,光緒二十九年(1903)二月十五日,朱氏家藏稿本

朱啟鈐:致于寶珊書札,光緒二十九年(1903)二月二十八日,朱氏家藏稿本

朱啟鈐:致于寶珊書札,光緒三十四年(1908)五月十三日,朱氏家藏稿本

朱啟鈐:致于寶珊書札,光緒三十四年(1908)五月二十九日,朱氏家藏稿本

朱啟鈐:致于寶珊書札,宣統元年(1909)八月初二日,朱氏家藏稿本

朱啟鈐:致于寶珊書札,宣統元年(1909)八月二十六日,朱氏家藏稿本

朱啟鈐:致于寶珊家書札,民國十年(1921)三月二十日,朱氏家藏稿本

朱啟鈐:致章以吴、羅婉容書札,1960 年 6 月 29 日,朱氏家藏稿本

朱啟鈐:致朱啟鎔、漱仙、于寶珊書札,光緒三十四年(1908)三月初二日,朱氏家藏稿本

朱啟鈐:《組織營造學會日記》,民國十八年(1929),中國文化遺産研究院藏稿本

《王治馨墓志》拓片

已刊文獻

白敦庸:《市政舉要》,大東書局民國二十年(1931)

北京市檔案館:《二十世紀北京城市建設史料集》,新華出版社 2007 年 12 月

北京市政協文史資料研究委員會、中共河北省秦皇島市委統戰部:《蠖公紀事——朱啟鈐先生生平紀實》,中國文史出版社 1991 年 9 月

北平北海圖書館:《北平北海圖書館第三年度報告》(民國十七年七月至十八年六月),1929 年

卞孝萱、唐文權:《辛亥人物碑傳集》,團結出版社 1991 年 10 月

參議院公報科:《參議院公報》第一期第一册,中華民國七年(1918)九月

參議院公報科:《參議院公報》第一期第二册,中華民國七年

(1918)十月

參議院公報科:《參議院公報》第一期第四册,中華民國八年(1919)一月

參議院公報科:《參議院公報》第一期第五册,中華民國八年(1919)二月

曹汝霖:《曹汝霖一生之回憶》,中國大百科全書出版社 2016 年 1 月

岑春煊著,何平、李露點注,何平修訂:《岑春煊文集》,廣西人民出版社 1998 年

岑春煊著,譚群玉、曹天忠編:《岑春煊集》六册,廣東人民出版社 2019 年 10 月

岑學吕:《三水梁燕孫先生年譜》,文海出版社近代中國史料叢刊本

陳初:《重刊京師譯學館校友録》,民國印本

陳從周:《朱蠖公先生九十壽言集》,1961 年油印本

陳從周:《梓室餘墨:陳從周隨筆》,生活·新知·讀書三聯書店,1999 年 5 月

陳法:《河干問答》《定齋河工書牘》《塞外紀程》合刊本,民國二十四年(1935)紫江朱氏存素堂刊黔南叢書本

陳三立:《散原精舍詩續集》三卷,民國十五年(1926)上海商務印書館鉛印本

陳錫祺:《孫中山年譜長編》二册,中華書局 1991 年 8 月

陳旭麓、顧廷龍、汪熙:《盛宣懷檔案資料選輯》之一《辛亥革命前後》,上海人民出版社 1979 年 5 月

陳旭麓、顧廷龍、汪熙:《盛宣懷檔案資料選輯》之四《漢冶萍

公司》(三),上海人民出版社 2004 年 3 月

陳智超:《陳垣來往書信集》,生活・讀書・新知三聯書店 2010 年 11 月

晨舟:《中國文博名家畫傳:羅哲文》,文物出版社 2006 年 9 月

晨舟:《中國文博名家畫傳:王世襄》,文物出版社 2002 年 5 月

程道德:《二十世紀北京大學著名學者手蹟》,北京圖書館出版社 2003 年 5 月

崔勇、楊永生:《營造論》,天津大學出版社 2009 年 1 月

丁文江、趙豐田編,歐陽哲生整理:《梁任公先生年譜長編》(初稿),中華書局 2010 年 4 月

丁小明、梁穎:《上海圖書館藏葉恭綽友朋尺牘》,上海辭書出版社 2022 年 1 月

《東方雜志》第二十二卷《五卅事件臨時增刊・重要函電彙録》,民國十四年(1925)七月

東南大學建築學院:《劉敦楨先生誕辰 110 週年紀念暨中國建築史學史研討會論文集》,東南大學出版社 2009 年 11 月

方繼孝:《舊墨記——世紀學人的墨蹟與往事》,北京圖書館出版社 2005 年 5 月

傅壽彤:《澹勤室全集・古近體詩》六卷,光緒三年(1877)二月武昌重刊本

傅壽彤:《澹勤室全集・古音類表》九卷,光緒三年(1877)二月武昌重刊本

傅壽彤:《澹勤室全集・孔庭學裔》五卷,光緒三年(1877)二月武昌重刊本

傅壽彤著,朱啟鈐輯:《澹勤室詩》六卷《補遺》一卷,民國十六年(1927)涉園重刊本

故宫博物院:《捐獻銘記》,紫禁城出版社 2005 年 9 月

顧頡剛:《顧頡剛日記》十二卷,聯經出版事業股份有限公司 2007 年 5 月

顧廷龍撰,李軍、師元光整理:《顧廷龍日記》,中華書局 2021 年 10 月

郭存孝:《清末民初職官名録》(1908—1919),中華書局 2012 年 1 月

郭則沄著,馬忠文、張求會整理:《郭則沄自訂年譜》,鳳凰出版社 2018 年 6 月

國立北平研究院總辦事處文書課:《國立北平研究院職員録》,民國二十四年(1935)九月印本

國立北平圖書館:《國立北平圖書館館務報告》(民國十九年七月至二十年六月),1931 年

國立北平圖書館:《國立北平圖書館館務報告》(民國二十二年七月至二十三年六月),1934 年

國立北平圖書館:《國立北平圖書館館務報告》(民國二十三年七月至二十四年六月),1935 年

韓信夫、姜克夫:《中華民國史.大事記》十二册,中華書局 2011 年 7 月

何智霖:《閻錫山檔案·要電録存》,臺灣"國史館"2003 年 4 月

賀培新:《水竹邨人年譜》稿本,北京圖書館出版社 1999 年出版北京圖書館藏珍本年譜叢刊影印本

胡適著，曹伯言整理：《胡適日記全集》十册，聯經出版事業股份有限公司 2004 年

黄賓虹、鄧實：《美術叢書》，神州國光社印本

黄成著，楊明注：《髹飾録》，民國十六年(1927)紫江朱氏刊本

黄成著，楊明注，王世襄編：《髹飾録》，中國人民大學出版社 2004 年 1 月

黄國瑾：《訓真書屋遺稿》(《訓真書屋詩存》《訓真書屋文存》)，民國三十二年(1943)初夏紫江朱氏存素堂刊黔南叢書本

黄彭年著，朱啟鈐編：《陶樓詩鈔》四卷，1960 年 1 月黔南叢書油印本

計成撰，朱啟鈐輯：《園冶》三卷，民國十九年(1930)陶湘刊喜詠軒叢書本

計成撰，朱啟鈐輯，闞鐸重校：《園冶》三卷，民國二十一年(1932)中國營造學社重校印本

賈士毅：《民國續財政史》，商務印書館民國二十一年(1932)十一月中國經濟學社叢書本

《建築創作》雜志社、四川省李莊鎮人民政府：《圖説李莊》，中國建築工業出版社 2006 年 3 月

金富軍：《周詒春圖傳》，清華大學出版社 2019 年 9 月

李吉奎：《梁士詒》，廣東人民出版社 2005 年 8 月

李儉：《墨色將至：晚清關鍵事件中的名人和書札》，九州出版社 2020 年 8 月

李誡：《營造法式》三十六卷，1919 年石印本

李誡：《營造法式》三十六卷，1925 年陶湘重刊本

李誡著，傅熹年彙校：《營造法式合校本》，中華書局 2018 年 9 月

李希泌、曾業英、徐輝琪:《護國運動資料選編》二册,中華書局1984年7月

李新:《中華民國史》十六册,中華書局2011年7月

李致忠:《中國國家圖書館館史資料長編(1909—2008)》,國家圖書館出版社2009年8月

遼寧省檔案館:《遼寧省檔案館珍藏張學良檔案》,廣西師範大學出版社,1999年4月

林徽因著,陳學勇編:《林徽因文存》,四川文藝出版社2005年10月

林徽因著,梁從誡編:《林徽因集》,人民文學出版社2014年12月

劉波:《趙萬裡先生年譜長編》,中華書局2018年8月

劉敦楨:《劉敦楨文集》(一),中國建築工業出版社1982年11月

劉敦楨:《劉敦楨文集》(三),中國建築工業出版社1987年9月

劉路生、駱寶善、村田雄二郎:《辛亥時期袁世凱秘牘——静嘉堂文庫藏檔》,中華書局2014年9月

劉壽林:《辛亥以後十七年職官年表》,中華書局1966年8月

劉書年:《劉貴陽遺稿》四卷,民國三十一年(1942)紫江朱氏存素堂刊黔南叢書本

龍沐勛等,張壽平輯釋:《近代詞人手札墨蹟》,"中研院文哲研究所"2005年11月

路秉傑:《陳從周紀念文集》,上海科學技術出版社2002

年 5 月

駱寶善、劉路生:《袁世凱全集》三十六册,河南大學出版社 2013 年 11 月

馬士英:《永城紀略》,民國三十一年(1942)紫江朱氏存素堂刊黔南叢書本

"滿洲國立博物館":《纂組英華》,1935 年日本東京座右寶刊行會彩色印本

内務部:《内務公報》,中華民國二年(1913)十月十五日第一期

内務部:《内務公報》,中華民國二年(1913)十一月十五日第二期

内務部:《内務公報》,中華民國二年(1913)十二月十五日第三期

内務部:《内務公報》,中華民國三年(1914)三月十五日第六期

内務部:《内務公報》,中華民國三年(1914)五月十五日第八期

内務部:《内務公報》,中華民國三年(1914)六月十五日第九期

内務部:《内務公報》,中華民國三年(1914)七月十五日第十期

内務部:《内務公報》,中華民國四年(1915)五月十五日第二十期

内務部:《内務公報》,中華民國四年(1915)八月第二十三期

内務部:《内務公報》,中華民國四年(1915)九月第二十四期

内務部:《内務公報》,中華民國四年(1915)十月第二十五期

内務部:《内務公報》,中華民國四年(1915)十一月第二十六期

内務部:《内務公報》,中華民國五年(1916)一月第二十八期

内務部:《内務公報》,中華民國五年(1916)二月第二十九期

内務部:《内務公報》,中華民國五年(1916)七月第三十四期

内務部典禮司:《隨從制服規則附圖説》,京華印書局刊本民國四年(1915)

錢實甫:《清代職官年表》四册,中華書局 1997 年 5 月

錢實甫編著,黄清根整理:《北洋政府職官年表》,華東師範大學出版社 1991 年 9 月

清華大學中共黨史教研組:《赴法勤工儉學運動史料》第三册,北京出版社 1981 年 11 月

瞿鴻禨:《超覽樓詩稿》六卷,民國二十四年(1935)九月長沙瞿氏叢刊鉛印本

瞿鴻禨、瞿宣穎:《長沙瞿氏家乘》,民國二十三年(1934)六月長沙瞿氏叢刊鉛印本

瞿宣穎著,唐雪康整理:《瞿兑之日記》(外三種),上海人民出版社 2025 年即出

容庚著,夏和順整理:《容庚北平日記》,中華書局 2019 年 5 月

榮慶著、謝興堯整理:《榮慶日記》,西北大學出版社 1986 年 5 月

上海市建築協會:《建築月刊》第一卷第二期,新光印書館民國二十一年(1932)十二月一日

上海圖書館:《上海圖書館善本題跋真蹟》十七册,上海辭書出版社 2013 年 11 月

上海圖書館:《汪康年師友書札》四册,上海古籍出版社 1986 年 2 月

紹英:《紹英日記》,國家圖書館出版社 2009 年 3 月

紹英著,張劍整理:《紹英日記》,中華書局 2018 年 11 月

沈嘉蔚編撰,竇坤等譯:《莫理循眼裏的近代中國》,福建教育出版社 2005 年 9 月

沈津:《顧廷龍年譜》,上海古籍出版社 2004 年 10 月

舒新城:《中國近代教育史資料》三册,人民教育出版社 1961 年 10 月

臺北"故宫博物院"故宫文獻編輯委員會:《宫中檔光緒朝奏摺》(第二十五輯),臺北"故宫博物院"一九七五年六月《故宫文獻》特刊影印

唐才常著,湖南省哲學社會科學研究所編:《唐才常集》,中華書局 1980 年 6 月

唐繼堯撰,靖國聯軍總司令部秘書廳編:《會澤靖國文牘》七卷,1923 年印本

陶湘:《涉園七十年記略》,民國二十八年(1939)鉛印本

天津市檔案館:《袁世凱天津檔案史料選編》,天津古籍出版社 1990 年 12 月

天津市歷史博物館:《天津市歷史博物館館藏北洋軍閥史料》(袁世凱卷)二册(黎元洪卷)十四册(徐世昌卷)九册(吴景濂卷)八册,天津古籍出版社 1996 年 2 月

天津市藝術博物館:《徐世章捐獻文物精品選》,天津人民美

術出版社 1999 年 3 月

萬君超:《葉恭綽鑒藏編年事輯》,浙江人民美術出版社 2022 年 6 月

萬仁元:《中國近代珍藏圖片庫》之《袁世凱與北洋軍閥》卷,香港商務印書館 1994 年 7 月

汪康年著,汪林茂編校:《汪康年文集》二册,浙江古籍出版社 2011 年 7 月

汪榮寶著,韓策、崔學森整理,王曉秋審訂:《汪榮寶日記》,中華書局 2013 年 8 月

汪詒年:《汪穰卿先生傳記》,民國二十七年(1938)十月印本

王國維:《海寧王忠慤公遺書》,民國十六年(1927)刊本

王世襄:《錦灰堆》三卷,生活·讀書·新知三聯書店 1999 年 8 月

王世襄:《錦灰二堆》二卷,生活·讀書·新知三聯書店 2003 年 8 月

王世襄:《錦灰不成堆》,生活·讀書·新知三聯書店 2007 年 7 月

王世襄:《清代匠作則例彙編》(佛作、門神作),北京古籍出版社 2002 年 2 月

王世襄:《自珍集》,生活·讀書·新知三聯書店 2007 年 3 月

王錫彤:《抑齋自述》,河南大學出版社 2001 年

王揖唐:《揖唐日記》,學苑出版社 2006 年 4 月歷代日記叢鈔影印本

吴劍傑:《張之洞年譜長編》,上海交通大學出版社 2009 年 7 月

吴宓著,吴學昭整理:《吴宓日記》五,生活·讀書·新知三聯書店 1998 年 3 月

武漢大學經濟學系:《舊中國漢冶萍公司與日本關係史料選輯》,上海人民出版社 1985 年 7 月

遐庵年譜匯稿編印會編:《葉遐庵先生年譜》,民國三十五年(1946)鉛印本

解幼瑩等修,鍾景賢等纂:《開陽縣志稿》十三章,民國二十九年(1940)石印本

邢端:《蟄廬叢稿》,民國鉛印本

熊希齡、朱啟鈐:《改定各省重複縣名理由清單》,民國三年(1914)鉛印本

徐世昌:《水竹邨人集》十二卷,民國九年(1920)刻本

徐世昌著,吴思鷗、孫寶銘整理:《徐世昌日記》,人民出版社 2013 年 11 月

徐世昌:《退耕堂政書》五十五卷,民國三年(1914)刊本

徐一士:《一士譚薈》,中華書局 2007 年 10 月

許寶蘅著,許恪儒整理:《許寶蘅日記》,中華書局 2010 年 1 月

許同莘:《張文襄公年譜》,民國二十八年(1939)鉛印本

薛景石撰,朱啟鈐校注,劉敦楨圖釋:《梓人遺制》(永樂大典本),民國二十二年(1933)二月中國營造學社鉛印本

楊文照:《芋香館詩集》,民國十七年(1928)紫江朱氏校刊本

楊以德:《復先生等人函》,民國七年(1918)九月五日,劉宗漢舊藏抽印本

葉恭綽:《遐庵彙稿》三編,民國十九年(1920)印本

易國幹、宗彝、陳邦鎮:《黎副總統政書》三十四卷,上海古今圖書局民國四年(1915)一月刊印

佚名:《三水梁燕孫(士詒)先生哀輓録》,民國二十二年(1933)鉛印本

俞冰:《名家書札墨跡》二十四册,線裝書局 2007 年 2 月

于鍾岳:《伯英遺稿》三卷,民國三十二年(1943)紫江朱氏存素堂刊黔南叢書本

于鍾岳:《西笑山房詩鈔》三卷,民國三十二年(1943)十二月紫江朱氏存素堂刊黔南叢書本

袁世凱著:《袁大總統書牘彙編》八卷,文海出版社 1966 年袁世凱史料彙刊續編本

袁世凱著,駱寶善評點:《駱寶善評點袁世凱函牘》,嶽麓書社 2005 年 8 月

惲毓鼎著,史曉風整理:《惲毓鼎澄齋日記》,浙江古籍出版社 2004 年 4 月

《棗莊煤礦志》編纂委員會:《棗莊煤礦志》,中華書局 2001 年 9 月

張鎛:《回到故鄉——建築師張鎛回憶録》,中國文史出版社 2011 年 4 月

張朋園、沈懷玉:《國民政府職官年表》第一册(1925—1949),"中研院"近代史研究所 1987 年 6 月

《張謇全集》編委員會:《張謇全集》八册,上海辭書出版社 2012 年 12 月

張清平:《林徽因傳》,中華書局 2017 年 3 月

張人鳳、柳和城:《張元濟年譜長編》,上海交通大學出版社

2011 年 1 月

張維翰、阮忠樞等:《袁世凱史料彙刊》(《民初文獻一束》、《居仁日覽》),文海出版社 1967 年 6 月

張一麐:《心太平室集》,民國三十六年(1947)九月

張玉法:《中華民國建國文獻》(第一輯),1998 年 4 月

張元濟:《張元濟全集》,商務印書館 2008 年 12 月

張元濟、傅增湘:《張元濟傅增湘論書尺牘》,商務印書館 1983 年 10 月

章文晉、張穎:《走在西花廳的小路上》(增訂本),社會科學文獻出版社 2013 年 9 月

趙慶雲、馬忠文:《劉大年往來書札墨蹟選》,四川人民出版社 2021 年 8 月

鄭孝胥著,勞祖德整理:《鄭孝胥日記》,中華書局 1993 年 10 月

鄭欣淼:《故宫學百廿題》,商務印書館 2023 年 9 月

政事堂禮制館:《祭祀冠服制附説明書並圖》,財政部印書局民國三年(1914)八月

政事堂禮制館:《祀天通禮附理由説明書》,財政部印書局民國三年(1914)八月

政協廣東省三水縣文史資料研究委員會:《北洋政府國務總理梁士詒史料集》,中國文史出版社 1991 年 10 月

中共中央黨史研究室:《中國共產黨歷史》第一卷,中共黨史出版社 2002 年 9 月

中國第二歷史檔案館:《中華民國史檔案資料彙編》第三輯文化分册,江蘇古籍出版社 1991 年 6 月

中國第二歷史檔案館:《中華民國史檔案資料彙編》第三輯

財政分册,江蘇古籍出版社 1991 年 7 月

中國第二歷史檔案館:《中華民國史檔案資料彙編》第三輯政治分册,江蘇古籍出版社 1991 年 8 月

中國第二歷史檔案館、雲南省檔案館:《護國運動》,江蘇古籍出版社 1988 年 6 月中華民國史檔案資料叢刊

中國第一歷史檔案館:《光緒宣統兩朝上諭檔》,廣西師範大學出版社 1996 年 10 月

中國第一歷史檔案館、北京大學圖書館、故宫博物院圖書館、中國國家博物館:《中國國家博物館館藏文物研究叢書》(繪畫卷・風俗畫),上海古籍出版社 2006 年 12 月

中國國民黨"中央黨史委員會":《國父全集》三册,"中央文物供應社"1980 年 8 月

中國人民政治協商會議全國委員會文史資料研究委員會:《文史資料選輯》第二十六輯,中華書局 1962 年 6 月

中國人民政治協商會議棗莊市市中區委員會文史資料委員會:《棗莊市中區文史》第 3 輯,政協棗莊市市中區委員會文史資料委員會 1994 年

中國社會科學院近代史所:《近代史所藏清代名人稿本鈔本》第一輯,大象出版社 2011 年 11 月

中國社會科學院近代史所:《近代史所藏清代名人稿本鈔本》第三輯,大象出版社 2017 年 1 月

中國社會科學院近代史研究所《近代史資料》編譯室:《近代史資料專刊:徐樹錚電稿》,知識產權出版社 2013 年 1 月

中國文物研究所:《中國文物研究所七十年》,文物出版社 2005 年 11 月

中國營造學社:《文淵閣藏書全景》,中國營造學社民國二十四年(1935)年十二月

中華工程師學會:《中華工程師學會會報》第八卷第二期,中華工程師學會中華民國十年(1921)一月三十日

中華教育文化基金董事會:《中華教育文化基金董事會第一次報告》,1926 年 3 月

中華教育文化基金董事會:《中華教育文化基金董事會第二次報告》,1927 年 6 月

中華教育文化基金董事會:《中華教育文化基金董事會第五次報告》,1930 年

中華教育文化基金董事會:《中華教育文化基金董事會第十次報告》(民國二十三年七月至二十四年六月),1935 年

中華書局:《清實録》第五十七册《德宗實録》(六),中華書局 1987 年 6 月影印

中華書局:《清實録》第五十八册《德宗實録》(七),中華書局 1987 年 7 月影印

中華書局:《清實録》第五十九册《德宗實録》(八),中華書局 1987 年 6 月影印

中華書局:《清實録》第六十册附《宣統政紀》,中華書局 1987 年 7 月影印

中央公園委員會:《中央公園二十五周年紀念册》,和平印書局民國二十八年(1939)十二月

中央文史研究館:《中央文史研究館館員傳略》,中華書局 2001 年 9 月

中央文史研究館、貴州省文史研究館、開陽縣人民政府:《冉

冉流芳驚絶代——朱啟啟學術研討會文集》,貴州人民出版社2005年8月

朱紀華:《上海市檔案館藏中國近現代名人墨蹟》二册,上海書畫出版社,2014年11月

朱啟鈐:《存素堂校寫几譜三種》,民國二十二年(1933)營造學社印本

朱啟鈐:《存素堂入藏圖書黔籍之部目録》,合眾圖書館1949年10月

朱啟鈐:《存素堂絲繡録》二卷,民國十七年(1928)刊本

朱啟鈐:《東三省蒙務公牘彙編》五卷,宣統元年(1909)鉛印本

朱啟鈐:《東三省蒙務公牘彙編》五卷,文海出版社1985年6月近代中國史料叢刊本

朱啟鈐:《蠖園文存》三卷,民國二十五年(1936)紫江朱氏刊本

朱啟鈐:《(民國)開州志補輯》不分卷,民國二十三年(1934)曬印本

朱啟鈐:《漆書》九卷,1957年油印本

朱啟鈐:《朱母于夫人行述》,民國刊印本

朱啟鈐等:《致直隸警務處長楊君敬林函》,民國七年(1918),劉宗漢舊藏抽印本

朱啟鈐撰,闞鐸校:《絲繡筆記》二卷,民國十七年(1928)上海神州國光社美術叢書本

朱啟鈐撰,闞鐸校:《絲繡筆記》二卷,民國十九年(1930)刊本

朱啟鈐撰，闞鐸校：《絲繡筆記》二卷，民國二十二年(1933)刊本

朱啟鈐纂輯，闞鐸校：《紫江朱氏家乘》五卷，民國二十四年(1935)印本

朱啟鈐輯録，梁啟雄校補，劉敦楨校補，楊永生續編文獻標點：《哲匠録》，中國建築工業出版社 2005 年 1 月

朱宗震、楊光輝：《民初政争與二次革命》，上海人民出版社 1983 年 6 月（中國社會科學院近代史研究所中華民國史研究室主編《中華民國史資料叢稿》之一）

《北戴河海濱公報》第三期

《北戴河海濱公益會報告書》，民國十年(1921)一月

《京報》，民國十九年(1930)十月二十三日

《臨時公報》，中華民國元年(1912)二月二十日

《臨時公報》，中華民國元年(1912)三月二十三日

《民國日報》，1918 年 12 月 25 日

《民國日報》，1919 年 1 月 5 日

《群强報》，民國三年(1914)九月二十九日

《申報》，民國四年(1915)八月二十三日

《申報》，民國四年(1915)八月二十八日

《申報》，民國七年(1918)十月二十五日

《申報》，民國七年(1918)十月二十六日

《申報》，民國七年(1918)十二月二十二日

《申報》，民國八年(1919)一月一日

《申報》，民國八年(1919)一月三日

《申報》，民國八年(1919)一月四日

《申報》,民國八年(1919)一月五日

《申報》,民國八年(1919)一月七日

《申報》,民國八年(1919)一月十二日

《申報》,民國八年(1919)一月十六日

《申報》,民國八年(1919)三月十一日

《申報》,民國八年(1919)四月二日

《申報》,民國八年(1919)十一月二十二日

《申報》,民國十四年(1925)六月十一日

《盛京時報》,民國三年(1914)十月十六日

《盛京時報》,民國十年(1921)八月十四日

《益世報》(天津版),民國十七年(1928)七月卅一號

《娱閑録》,民國四年(1915)五月十六號第二十一册、第二十二册《四川公報增刊》

《政府公報》,印鑄局民國元年(1912)八月二十一日第一百十三號

《政府公報》,印鑄局中華民國二年(1913)一月九日第二百四十三號

《政府公報》,印鑄局中華民國二年(1913)九月十七日第四百九十二號

《政府公報》,印鑄局中華民國二年(1913)十月六日第五百十一號

《政府公報》,印鑄局中華民國二年(1913)十一月二十七日第五百六十三號

《政府公報》,印鑄局中華民國二年(1913)十二月五日第五百七十一號

《政府公報》,印鑄局中華民國三年(1914)三月六日第六百五十六號

《政府公報》,印鑄局中華民國三年(1914)三月十日第六百六十號

《政府公報》,印鑄局中華民國四年(1915)十二月二日第一千二百八十二號

《政府公報》,印鑄局中華民國四年(1915)十二月八日第一千二百八十八號

《政府公報》,印鑄局中華民國四年(1915)十二月十一日第一千二百九十一號

《政府公報》,印鑄局中華民國四年(1915)十二月十二日第一千二百九十二號

《政府公報》,印鑄局中華民國四年(1915)十二月十三日第一千二百九十三號

《政府公報》,印鑄局中華民國四年(1915)十二月十四日第一千二百九十四號

《政府公報》,印鑄局中華民國四年(1915)十二月十五日第一千二百九十五號

《政府公報》,印鑄局中華民國四年(1915)十二月十七日第一千二百九十七號

《政府公報》,印鑄局中華民國四年(1915)十二月二十日第一千三百號

《政府公報》,印鑄局中華民國四年(1915)十二月二十一日第一千三百一號

《政府公報》,印鑄局中華民國四年(1915)十二月二十二日

第一千三百二號

《政府公報》,印鑄局中華民國四年(1915)十二月二十五日第一千三百四號

《政府公報》,印鑄局一九一六年一月七日第二號

《政府公報》,印鑄局一九一六年一月九日第四號

《政府公報》,印鑄局一九一六年一月十四日第九號

《政府公報》,印鑄局一九一六年一月十七日第十二號

《政府公報》,印鑄局一九一六年一月十八日第十三號

《政府公報》,印鑄局一九一六年一月二十四日第十九號

《政府公報》,印鑄局一九一六年一月三十一日第二十六號

《政府公報》,印鑄局一九一六年二月二十日第四十五號

《政府公報》,印鑄局一九一六年二月二十九日第五十四號

《政府公報》,印鑄局一九一六年三月十五日第六十九號

《政府公報》,印鑄局一九一六年三月二十日第七十四號

《政府公報》,印鑄局一九一六年三月二十三日第七十七號

《政府公報》,印鑄局中華民國五年(1916)三月二十四日第七十八號

《政府公報》,印鑄局中華民國五年(1916)四月五日第九十號

《政府公報》,印鑄局中華民國五年(1916)四月十七日第一百二號

《政府公報》,印鑄局中華民國五年(1916)四月二十二日第一百七號

《政府公報》,印鑄局中華民國五年(1916)四月二十三日第一百八號

《政府公報》,印鑄局中華民國五年(1917)四月二十四日第一百九號

《政府公報》,印鑄局中華民國五年(1917)四月二十五日第一百十號

《政府公報》,印鑄局中華民國五年(1917)四月二十七日第一百十二號

《政府公報》,印鑄局中華民國五年(1917)五月三十日第一百四十五號

《政府公報》,印鑄局中華民國五年(1917)七月十五日第一百九十號

《中國營造學社彙刊》第一卷第一册,民國十九年(1930)七月

《中國營造學社彙刊》第一卷第二册,民國十九年(1930)十二月

《中國營造學社彙刊》第二卷第一册,民國二十年(1931)四月

《中國營造學社彙刊》第二卷第二册,民國二十年(1931)九月

《中國營造學社彙刊》第二卷第三册,民國二十年(1931)十一月

《中國營造學社彙刊》第三卷第一期,民國二十一年(1932)三月

《中國營造學社彙刊》第三卷第二期,民國二十一年(1932)六月

《中國營造學社彙刊》第三卷第三期，民國二十一年(1932)九月

《中國營造學社彙刊》第三卷第四期，民國二十一年(1932)十二月

《中國營造學社彙刊》第四卷第一期，民國二十二年(1933)三月

《中國營造學社彙刊》第四卷第二期，民國二十二年(1933)六月

《中國營造學社彙刊》第四卷第三、四期合刊，民國二十二年(1933)十二月

《中國營造學社彙刊》第五卷第一期，民國二十三年(1934)三月

《中國營造學社彙刊》第五卷第二期，民國二十三年(1934)六月

《中國營造學社彙刊》第五卷第三期，民國二十四年(1935)三月

《中國營造學社彙刊》第五卷第四期，民國二十四年(1935)六月

《中國營造學社彙刊》第六卷第一期，民國二十四年(1935)九月

《中國營造學社彙刊》第六卷第二期，民國二十四年(1935)十二月

《中國營造學社彙刊》第六卷第三期，民國二十五年(1936)九月

《中國營造學社彙刊》第六卷第四期，民國二十六年(1937)六月

《中國營造學社彙刊》第七卷第一期，民國三十三年(1944)十月

《中國營造學社彙刊》第七卷第二期，民國三十四年(1945)十月

《中和月刊》第四卷第一期，民國三十二年(1943)一月

《中和月刊》第四卷第二期，民國三十二年(1943)二月

《1912 年 9 月 7 日孫中山視察京張鐵路時與歡迎人員在張家口車站合影》，國家博物館藏品

文章及新聞報道

白蕉：《帝制之實現取消與袁世凱之死》

——莊建平《近代史資料文庫》第二卷，上海書店出版社 2009 年 1 月 1 日

白蕉：《袁世凱與中華民國》

——榮孟源、章伯鋒主編《近代稗海》第 3 輯，四川人民出版社 1985 年 7 月

才樹驤：《朱啟鈐在北戴河的建樹——中國第二歷史檔案館有關朱啟鈐在北戴河政績記載之摘要》；

陳從周：《飲水思源憶恩師——寫給同濟大學函授同學》；

陳從周：《〈朱蠖公(啟鈐)先生九十壽言集〉序》

——北京市政協文史資料研究委員會、中共河北省秦皇島市委統戰部《蠖公紀事——朱啟鈐先生生平紀實》，中國文史出

版社 1991 年 9 月

陳從周:《朱啟鈐與中國營造學社》

——路秉傑《陳從周紀念文集》,上海科學技術出版社 2002 年 5 月

陳雋如:《李廷玉所存電稿》;

大隱居士手摘:《政聞紀要》

——中國社會科學院近代史研究所《近代史資料》編譯室《近代史資料專刊:一九一九年南北議和資料》,中華書局 1962 年

馮棣、黄沁雅、黄福丹《中國營造學社西南編年事輯(1937—1940)——長沙、昆明》,《建築史學刊》2023 年第 2 期

馮棣、黄沁雅、黄福丹《中國營造學社西南編年事輯(1941—1946)——李莊》,《建築史學刊》2023 年第 3 期

傅熹年:《朱啟鈐——研究中國建築的倡導者和引路人》

——中央文史研究館、貴州省文史研究館、開陽縣人民政府《冉冉流芳驚絶代》,貴州人民出版社 2005 年 8 月

高夕果:《橋川時雄致朱啟鈐的那封信》

——《博覽群書》2021 年第 6 期

高夕果:《中國文化遺産研究院藏朱啟鈐往來書信箋注》

——《中國文化遺産》2022 年第 5 期

耿春亮:《新發現嚴復致朱啟鈐信函一通》

——《蘭台世界》2014 年第 13 期

光明日報社記者:《政協設宴招待百老》,《光明日報》1961 年 12 月 3 日

赫俊紅:《一九四〇年中國營造學社"水殘文件"搶救保護

〈工作日記〉記略》,《中國文化遺産》2023 年第 2 期

金磊:《讓歷史文化的光輝照進現實》

——《紀念朱啟鈐先生誕辰 150 週年建築文化感悟》

賴群力:《議和文獻輯存》

——中國社會科學院近代史研究所《近代史資料》編譯室《近代史資料專刊:一九一九年南北議和資料》,知識産權出版社 2013 年 1 月

劉尚恒:《朱氏存素堂藏書著書和刻印書》

——中央文史研究館、貴州省文史研究館、開陽縣人民政府《冉冉流芳驚絶代》,貴州人民出版社 2005 年 8 月

劉致平口述,劉進記録整理:《憶中國營造學社》

——崔勇、楊永生《營造論》,天津大學出版社 2009 年 1 月

劉宗漢:《"春節"與"來今雨軒"——記朱啟鈐先生的兩件小事》,《團結報》1987 年 8 月 15 日

劉宗漢:《對拙作〈有關朱啟鈐先生史料的幾點補正〉的補正》

——北京市政協文史資料委員會《北京文史資料》67 輯,北京出版社 2004 年 1 月

劉宗漢:《回憶朱桂辛先生》

——北京市政協文史資料研究委員會、中共河北省秦皇島市委統戰部《蠖公紀事——朱啟鈐先生生平紀實》,中國文史出版社 1991 年 9 月

劉宗漢:《試述朱桂辛先生從事中國古代建築研究的動因》

——崔勇、楊永生《營造論》,天津大學出版社 2009 年 1 月

劉宗漢:《有關朱啟鈐先生史料的幾點補正》

——北京市政協文史資料委員會《北京文史資料》65 輯,北

京出版社 2002 年 7 月

劉宗漢:《朱啟鈐先生的貴州情結》

——中央文史研究館、貴州省文史研究館、開陽縣人民政府《冉冉流芳驚絶代》,貴州人民出版社 2005 年 8 月

劉宗漢:《朱啟鈐與公益會開發北戴河海濱拾補》

——北京市政協文史資料研究委員會、中共河北省秦皇島市委統戰部《蠖公紀事——朱啟鈐先生生平紀實》,中國文史出版社 1991 年 9 月

馬世杰、馬世良:《紹太保公年譜》,《紹英日記》附録,國家圖書館出版社 2009 年 3 月

牟昆昊:《朱啟鈐〈貴州碑傳集〉及相關新見材料研究》

——《貴州文史叢刊》2023 年第 4 期

牟昆昊:《朱啟鈐刊印〈黔南叢書别集〉考辨》

——《貴州文史叢刊》2023 年第 1 期

倪景翔:《朱啟鈐與中興公司》

——中央文史研究館、貴州省文史研究館、開陽縣人民政府《冉冉流芳驚絶代》,貴州人民出版社 2005 年 8 月

瞿鴻禨:《恩遇記》,民國二十三年(1934)鉛印本

——瞿鴻禨、瞿宣穎《長沙瞿氏家乘》,民國二十三年(1934)六月長沙瞿氏叢刊鉛印本

瞿鴻禨編,瞿宣穎續編:《止庵年譜》

——瞿鴻禨、瞿宣穎《長沙瞿氏家乘》,民國二十三年(1934)六月長沙瞿氏叢刊鉛印本

單嘉筠:《朱啟鈐的親筆信談及清宫水晶宫》

——崔勇、楊永生《營造論》,天津大學出版社 2009 年 1 月

單士元:《朱啟鈐與中國營造學社》

——北京市政協文史資料研究委員會、中共河北省秦皇島市委統戰部《蠖公紀事——朱啟鈐先生生平紀實》,中國文史出版社 1991 年 9 月

唐繼堯:《唐繼堯函電》

——中國社會科學院近代史研究所《近代史資料》編譯室《近代史資料專刊:一九一九年南北議和資料》,知識産權出版社 2013 年 1 月

唐紹儀:《唐紹儀發電稿》(1919—1920)

——中國社會科學院近代史研究所近代史資料編輯組《近代史資料》總 51 號,中國社會科學出版社 1983 年 3 月

田吉:《瞿宣穎年譜》,復旦大學 2012 年博士論文

童小鵬:《周恩來與朱啟鈐的真摯友情》

——《中華讀書報》1996 年 4 月 24 日

王世襄:《回憶抗戰勝利後平津地區文物清理工作》

——王世襄《錦灰堆》貳卷,生活·讀書·新知三聯書店 1999 年 8 月

王岳臣:《赤子之忱　溢於言表》;

王作賢、常文涵:《朱啟鈐與中興煤礦公司》

——北京市政協文史資料研究委員會、中共河北省秦皇島市委統戰部《蠖公紀事——朱啟鈐先生生平紀實》,中國文史出版社 1991 年 9 月

吴景濂:《吴景濂函電存稿——一九一九年南北議和資料》

——中國社會科學院近代史研究所近代史資料編輯組《近代史資料》總 42 號,中華書局 1980 年 9 月

吴慶華:《中興學校史略》

——政協棗莊市市中區委員會文史資料委員會《棗莊市中區文史》第3輯,政協棗莊市市中區委員會文史資料委員會1994年

吴叔班記録,張樹勇整理:《吴景濂自述年譜》(下)

——中國社會科學院近代史研究所近代史資料編輯組《近代史資料》總107號,中國社會科學出版社2003年12月

西北革命史徵稿:《陝西靖國軍紀事》

——中國社會科學院近代史研究所《近代史資料》編譯室《近代史資料專刊:一九一九年南北議和資料》,知識産權出版社2013年1月

徐樹錚:《徐樹錚電稿》

——中國社會科學院近代史研究所《近代史資料》編譯室《近代史資料專刊第2號》,知識産權出版社2013年1月

許寶蘅:《夬廬居士年譜》

——許恪儒整理《許寶蘅日記》附録一,中華書局2010年1月

楊炳田:《北戴河公益會會員捐款情況》;

楊炳田:《朱家墳始末》;

楊炳田:《朱啟鈐與公益會開發北戴河海濱》

——北京市政協文史資料研究委員會、中共河北省秦皇島市委統戰部《蠖公紀事——朱啟鈐先生生平紀實》,中國文史出版社1991年9月

楊祖愷:《評介朱啟鈐整理的幾種歷史文獻》;

楊祖愷:《朱啟鈐對我國古建文化及貴州歷史文獻的貢獻》

——中央文史研究館、貴州省文史研究館、開陽縣人民政府

《冉冉流芳驚絶代》，貴州人民出版社 2005 年 8 月

葉恭綽：《爲蠖公所寫詩》

——北京市政協文史資料研究委員會、中共河北省秦皇島市委統戰部《蠖公紀事——朱啟鈐先生生平紀實》，中國文史出版社 1991 年 9 月

葉恭綽：《一九一九年南北和議之經過及其内幕》

——中國人民政治協商會議全國委員會文史資料研究委員會《文史資料選輯》第二十六輯，文史資料出版社 1962 年 6 月

葉祖孚：《朱啟鈐與〈存素堂賬目〉》；

葉祖孚：《關於朱啟鈐的文物賬册》

——北京市政協文史資料研究委員會、中共河北省秦皇島市委統戰部《蠖公紀事——朱啟鈐先生生平紀實》，中國文史出版社 1991 年 9 月

由雲龍：《護國史稿》

——中國科學院歷史研究所第三所《近代史資料》，科學出版社 1957 年 8 月第 4 期

于永純：《關於〈護國史稿〉的幾個問題》

——中國科學院歷史研究所第三所《近代史資料》，科學出版社 1958 年 10 月第 5 期

章士釗：《書趙智庵》

——中國人民政治協商會議全國委員會文史資料研究委員會《文史資料選輯》編輯部《文史資料選輯》一九八五年三輯，文史資料出版社 1985 年 11 月

章士釗：《吳道明案始末》

——中國人民政治協商會議全國委員會文史資料研究委員

會編《文史資料選輯》1961 年第十八輯。

章文晉:《回憶外祖父朱啟鈐》

——中央文史研究館、貴州省文史研究館、開陽縣人民政府《冉冉流芳驚絶代》,貴州人民出版社 2005 年 8 月

朱海北:《存素堂絲繡散記》;

朱海北:《風雲變幻的北戴河海濱》

——北京市政協文史資料研究委員會、中共河北省秦皇島市委統戰部《蠖公紀事——朱啟鈐先生生平紀實》,中國文史出版社 1991 年 9 月

朱海北:《周總理和先父朱啟鈐之間的交往》

——中央文史研究館、貴州省文史研究館、開陽縣人民政府《冉冉流芳驚絶代》,貴州人民出版社 2005 年 8 月

朱海北:《朱啟鈐向留法勤工儉學學生捐款》;

朱海北:《正陽門城垣改建史話》;

朱洛筠:《朱啟鈐與北戴河》

——北京市政協文史資料研究委員會、中共河北省秦皇島市委統戰部《蠖公紀事——朱啟鈐先生生平紀實》,中國文史出版社 1991 年 9 月

朱啟鈐:《蠖園年表》

——朱啟鈐《紫江朱氏家乘》卷三,民國二十四年至三十三年(1935—1944)鉛印本

朱啟鈐:《梅隱山房詩稿書後》

——《中和月刊》第四卷第一期,民國三十二年(1943)一月

朱啟鈐:《南北議和文獻》

——中國社會科學院近代史研究所《近代史資料》編譯室

《近代史資料專刊:一九一九年南北議和資料》,知識産權出版社2013年1月

朱啟鈐:《一息齋記》

——北京市政協文史資料研究委員會、中共河北省秦皇島市委統戰部《蠖公紀事——朱啟鈐先生生平紀實》,中國文史出版社1991年9月

朱慶奎編,朱啟鎔續編,朱啟鈐按語:《四十年艱辛記》

——朱啟鈐《紫江朱氏家乘》卷二,民國二十四年至三十三年(1935—1944)鉛印本

朱文極、朱文楷:《緬懷先祖朱啟鈐》

——北京市政協文史資料研究委員會、中共河北省秦皇島市委統戰部《蠖公紀事——朱啟鈐先生生平紀實》,中國文史出版社1991年9月

朱文榘:《統一戰綫工作的偉大典範》

——中央文史研究館、貴州省文史研究館、開陽縣人民政府合編《冉冉流芳驚絶代》,貴州人民出版社,2005年8月

《朱桂辛啟鈐之文化事業一斑》

——《文字同盟》第十八、十九、二十號合刊,民國十七年十一月

後　記

余自幼師從劉宗漢先生學習書法，因而得知先生自一九五六年至一九六四年擔任朱啓鈐秘書，日常與先生交往過程中，也常聽到先生談起蠖公軼事。數年前，有緣收得蠖公舊存往來書札手稿，並查閱到關於蠖公的大量文獻資料，對蠖公一生事跡有了全面的了解，其創辦營造學社對近代中國學術的巨大影響尤令我心生崇敬，産生了爲蠖公撰寫年譜的想法。此想法得到了劉先生及其他師友的支持，劉先生回憶了與蠖公的交往、家庭成員的情況，並提供部分相關文獻書目。

本書撰寫過程中，使用了朱氏家藏未刊手稿、朱氏捐獻手稿、公立機構和私家收藏手稿，朱啓鈐檔案，已刊文獻，並採訪了部分朱氏家屬及有關人員。朱氏家藏手稿，多爲家書及師友來函。家書包括譜主朱啓鈐早期未刊家書；師友包括教育家范源濂，營造學家劉敦楨、闞鐸，文博專家葉恭綽、曾昭燏、王世襄，鑒藏專家榮厚、顔世清，文史專家邢端、瞿宣穎，政治活動家殷同、章士釗、蔣作賓、許寶蘅、于駟興，地方文獻專家漆運鈞，中西醫學專家方石珊、孔嗣伯、徐蔭祥，實業家黎重光、周叔廉。這批手稿的内容涉及南北議和，營造學研究，中興煤礦運行，存素堂藏緙絲整理，貴州地方文獻刊印與捐獻，河渠類圖書編目等。館藏手稿包括上海圖書館藏瞿鴻禨存札、葉恭綽存札，文化遺産研究院藏營造學社存稿，包括朱啟鈐、劉敦楨、闞鐸致葉氏書札手稿，張百熙致瞿鴻禨有關開辦京師譯學館的函札手稿，朱啟鈐《組織營造學會日記》稿本，以及與梁思成、闞鐸、大村西崖、橋川時雄、雷獻瑞、張仲平、管鳳龢往來函札。

在年譜撰寫過程中，中華書局劉宗漢、廣東省圖書館林鋭、中華書局朱兆虎、中國戲曲學院朱天、北京建築設計研究院馬國馨、中國社會科學院近代史所馬忠文、國家圖書館劉波、蘇州博物館李軍、天津師範大學王振良、西泠拍賣公司樓望傑、收藏家曹勇、復旦大學唐雪康、王現超、王菲、陳斯文以及朱延琦等諸位師友提供了幫助；齊東方、徐俊、吴格、虞萬里等諸位專家對選題給予了肯定和鼓勵；中國工程院院士傅熹年先生爲本書題詞，中華書局劉宗漢先生題寫書簽，趙珩先生爲撰寫序言，首都師範大學桂梟先生審閲書稿，在此一併表示感謝。

圖書在版編目（CIP）數據

朱啟鈐年譜長編 / 李楚君著. -- 杭州 : 浙江古籍出版社, 2025. 4. -- ISBN 978-7-5540-3150-6

Ⅰ. K827=7

中國國家版本館CIP數據核字第202404GS16號

朱啟鈐年譜長編

李楚君 著

出版發行 浙江古籍出版社
（杭州市環城北路177號　郵編：310006）
網　　址 http://zjgj.zjcbcm.com
責任編輯 張紫柔
封面設計 吴思璐
責任校對 吴穎胤
責任印務 樓浩凱
照　　排 浙江大千時代文化傳媒有限公司
印　　刷 浙江新華印刷技術有限公司
開　　本 880 mm × 1230 mm　1/32
印　　張 39.25　　**插頁** 18
字　　數 920千
版　　次 2025年4月第1版
印　　次 2025年4月第1次印刷
書　　號 ISBN 978-7-5540-3150-6
定　　價 498.00圓（全二册）